히로히토 평전, 근대 일본의 형성

히로히토 평전,
근대 일본의 형성

허버트 빅스 지음 | 오현숙 옮김

삼인

히로히토 평전, 근대 일본의 형성

2010년 9월 20일 초판 1쇄 발행
2010년 10월 20일 초판 2쇄 발행

펴낸곳 (주)도서출판 삼인

지은이 허버트 빅스
옮긴이 오현숙
펴낸이 신길순
부사장 홍승권
책임편집 오주훈, 최인수
편집 강주한, 김종진, 서정혜, 양경화
본문디자인 김효중
마케팅 이춘호, 한광영
관리 심석택
총무 서장현

등록 1996.9.16 제10-1338호
주소 121-837 서울시 마포구 서교동 339-4 가나빌딩 4층
전화 (02) 322-1845
팩스 (02) 322-1846
전자우편 saminbooks@naver.com
홈페이지 www.saminbooks.com

표지디자인 (주)끄레어소시에이츠
제판 스크린그래픽센터
인쇄 대정인쇄
제책 성문제책

ISBN 978-89-6436-020-0 03910

값 35,000원

아내 도시에와 손자 마이아, 이사무, 손녀 릴리,
그리고 앞으로 태어날 후손들에게

차례

I

1989년 1월 7일, 111일간의 투병 끝에 천황 히로히토가 사망하자 일본 국민들은 슬픔에 잠겼고 천황폐하의 뒤를 따르겠다고 자살한 사람도 있었다.

그 당시 수상이었던 다케시타 노보루竹下登는 "돌아가신 천황께서는 늘 평화주의자이자 입헌군주였으며, 격동의 62년간 세계 평화와 국민의 행복을 기원하고 날마다 몸소 실천하셨습니다. …… 폐하의 뜻과 달리 발발한 지난 대전大戰으로 전쟁의 참화를 입고 고통 받는 국민의 모습을 차마 볼 수가 없어, 일신을 돌보지 않고 전쟁을 종결하는 영단을 내려주셨습니다"라는 내용의 공식 애도사를 발표했다.

히로히토의 전쟁 책임 문제가 전 세계적으로 항상 뜨거운 감자였고, 일본 내에서도 1970년대부터는 히로히토의 전쟁책임론에 대한 비판적인 연구가 이루어져왔던 터라 애도사의 내용이 사실인지 의구심이 들었지만, 논리적으로 반박을 할 수는 없었다. 그런데 이러한 의구심을 해소해주는 책을 번역하는 행운을 얻었다. 바로 허버트 빅스Herbert P. Bix의 대작 『히로히토 평전, 근대 일본의 형성Hirohito and the Making of Modern Japan』이다.

2000년 9월, 종래의 천황상天皇像을 완전히 뒤엎으며, 히로히토의 전쟁책임론을 주장한 이 책이 나오자 미국 역사학계에는 큰 논쟁이 일었다.

하지만 언론들은 대부분 빅스의 손을 들어줬다. 『뉴스위크Newsweek』는 "천황에 대한 환상을 깬 파격적인 평전으로 억눌린 기억을 자유롭게 풀어 내었다"고 평했고, 『LA타임스Los Angeles Times』는 "히로히토가 겁 많고 수동적인 허울뿐인 천황이라는 고정관념을 완전히 뒤엎었다"라고, 비즈니스위크Business Week는 "베를린장벽 붕괴 이래 가장 놀라운 수작이다. 치밀한 조사를 통해 대담한 주제와 심오한 내용을 함축하고 있다"라고, 『뉴요커The New Yorker』는 "작가의 정통적인 학문적 연구와 이해하기 쉬운 문체가 히로히토 천황의 세계로 독자들을 초대한다. 그곳에 발을 디딘 독자들은 현대사에 대한 생각을 바꿀 수 있을 것이다. 악惡을 정당화하려는 천황의 모습에 대한 묘사가 뛰어나다"라고, 『US 뉴스&월드 리포트 U.S. News&World Report』는 "새로운 분야를 개척한 연구물이다. 전쟁 중에 일어난 일들과 일본이 왜 과거를 마주할 수 없는지 다시 생각하게 만든다"라는 평을 내보냈다.

더욱이 2001년 4월 퓰리처상 논픽션 부문 수상작으로 선정됨으로써 이 책의 주장은 더욱 설득력을 얻었고, 급기야 2002년에는 일본에서도 『쇼와 천황』이라는 제목의 번역판이 나왔다. 전쟁 책임에 대해 일관되게 부정해왔던 일본 입장에서는 자신들의 치부가 적나라하게 드러나는 껄끄러운 책이고, 반면에 제국주의 일본이 자행한 만행에 엄청난 희생을 치러야 했던 아시아 국가로서는 가려운 데를 긁어주는 책이라고 할 수 있다.

II

빅스는 이 책에서, 히로히토가 단순히 상징적인 존재에 불과하며 군부의 꼭두각시 인형에 지나지 않는다는 견해에 정면 도전하여, 내각 인사에서부터 외교 정책에 이르는 여러 정치 상황에 적극적으로 개입했으며, 군의 최고사령관인 '대원수'의 역할도 매우 자각적으로 인식했으며, 군의 전쟁 확대 방침을 암묵적으로 승인했다는 것도 명백히 밝혀냈다. 또한 일본의 항복이 늦어진 것은 히로히토가 파국으로 치닫는 군사작전 입안자들과 손을 끊는 것을 주저했기 때문이라는 사실도 밝혀냈다.

빅스에 따르면 히로히토는 자신이 신권 군주이며 일본 국가의 무엇과도 바꿀 수 없는 중추라고 믿었기 때문에 파국에 이르러서도 퇴위하지 않았으며, 일본이 국외에서 저지른 만행에 대해 어떠한 개인적인 책임도 자각하지 못한 채, 13년 11개월에 걸쳐 수많은 목숨을 앗아 간 침략전쟁을 일으킨 죄를 단 한 번도 인정하지 않았다. 그런데 히로히토가 황위를 보전하고 전범 기소를 피할 수 있었던 것에는 일본국민을 통합시키는 구심점 역할을 하는 천황을 이용하려는 미국의 정치적 목적과 냉전 분위기도 한몫했다고 보고 있다.

빅스는 히로히토를 "20세기의 일본 역사에서 가장 흥미로우면서도 형용하기 어려운 정치적 인물"로 평가했다. 로이터와의 인터뷰에서 빅스는 히로히토에 대해 "그는 히틀러나 무솔리니가 아니다. 그러나 대단한 행동가, 개입주의자였으며 다이내믹한 황제였다"라고 평했다.

III

그러면 이 책이 지닌 의의에 대해 간단히 살펴보기로 하겠다.

우선 지적할 수 있는 것은 히로히토가 능동적 군주로서 점차 국책의 결정이나 중요한 군사적 결정에 대해 깊이 관여한 사실을 방대한 사료에 입각하여 구체적으로 해명한다는 점이다. 더욱이 분석 방법으로 히로히토의 언동을 기록한 모든 사료의 분석으로 천황의 사상과 행동의 특성을 명확히 하고자 한 점, 그리고 히로히토에게 영향을 미칠 수 있는 입장에 있던 사람들의 사상을 분석하여 천황의 사상과 행동의 특성을 해석하고자 한 점이 중요하다.

다음으로 미일 양국 정부의 정치적 의도가 뒤얽히는 가운데, 히로히토의 전쟁 책임이 봉인되어가는 과정을 미일 양국의 방대한 사료에 기초하여 구체적으로 해명한 점이다. 아시아 태평양 전쟁이 종결된 직후부터 히로히토의 면책에 대해서 미일 양국 정부는 공통의 정치적 이해를 가지고 있었다. 그 결과 도쿄 재판에서 엿볼 수 있듯이 양국은 물밑으로 연계를 하면서 히로히토의 전쟁 책임 면책에 커다란 힘을 쏟았다. 이러한 사실을 빅스는 방대한 사료를 아주 치밀하게 살피고 분석하여 밝혀냈다.

IV

지금까지 많은 번역작업을 해왔지만 『히로히토 평전, 근대 일본의 형성』만큼 힘든 작업도 없었던 것 같다. 방대한 양도 그렇거니와, 무엇보다도 영어 원서와 일본어 번역본의 내용이 일치하지 않는 부분이 상당수 있어 일일이 대조 작업을 하고 어느 것이 맞는지 확인해야 했던 것이 힘들었다. 이 책에는 수많은 일본 자료가 인용되는데 이것을 영어판 원서를 가지고 번역하면 도리어 중역이 되기 때문에 기본적으로는 일본어판을 가지고 번역을 하고 원서는 참조를 하는 형식을 취했다. 또한 영어판 원서에서 동양의 인명과 지명 표기나 연대 등이 일본어판과 다른 곳들이 있었는데, 이 부분은 일본어판을 출간한 고단샤講談社에 직접 메일과 전화를 하여 문의한 결과, 지은이가 일본어판 번역 과정에 직접 참여하여 영어판 원서가 잘못되었다는 사실을 인정하고 바로잡았다는 대답을 얻었기에, 이러한 부분은 일본어판을 따랐다. 본문 내용 또한 일본어판에는 누락이 되거나 수정이 되거나 첨가된 부분이 있었는데, 이 부분에 대해서는 확인할 길이 없어 영어판 원서를 따랐다.

이렇게 개인적으로는 무척 힘들고 지루한 작업이었지만, 보람되고 가치 있는 일이었다. 번역을 하는 사람으로서 일생일대의 역작이라 생각하며 심혈을 기울였다.

마지막으로 이런 좋은 기회를 마련해주신 삼인출판사 여러분께 감사의 말씀을 드린다.

먼저 이 책을 내 아내 도시에敏枝에게 바치며 고마운 마음을 전하고자 한다. 아내가 수고해준 덕분에 자료가 풍부해졌으며, 그 자료들을 문장으로 살려내는 데에도 아내의 도움이 컸다.

버지니아 주 밀버러의 셰넌도어 계곡에서 한가로이 지내는, 전 편집자이자 화가인 샘 하일먼Hileman, Sam은 원고의 세세한 부분에까지 재기 넘치는 논평을 해주었다. 특별히 감사한다. 그는 각 장의 흐름을 자연스럽게 해주었을 뿐만 아니라, 여러 가지 발상을 제공해주고 날카로운 비평가이자 좋은 친구가 되어주었다. 이 책의 내용이 풍성해진 데는 그의 도움이 크다. 하퍼콜린스 출판사의 팀 더건Duggan, Tim은 탁월한 편집자다. 예리한 비평의 눈을 지녔으며 잘 참아주었고 모든 면에서 버팀목이 되어주었다. 그에게도 무척 신세를 졌다. 더불어 전문에 걸쳐 훌륭히 교열해준 하퍼콜린스의 수전 루엘린Llewellyn, Susan에게 특별히 감사를 전하고 싶다. 저작권 대리인인 수전 라비너Rabiner, Susan는 이 책을 시작할 때부터 완성할 때까지 도움을 아끼지 않았다.

존 다우어Dower, John는 의논 상대가 되어주었고, 전쟁에 관해 기술한 두 장章의 초고에 매우 값진 지적을 해주었다. 10여 년 전 영국의 셰필드를 방문했을 때 옛 친구인 나카무라 마사노리中村政則는 전후 일본의 군주제를 다룬 저서를 선물해주었고, 셰필드에 사는 글렌 후크Hook, Glenn는 그때에 『쇼와 천황 독백록』을 보내주었다. 나는 이들 두 책에 깊은 감명을 받아 이 책을 집필하는 작업에 착수했다. 데이비드 스웨인Swain, David은 자료 조사와 집필의 초기 단계에 귀중한 의견을 제시해주었다. 마틴 셔윈 Sherwin, Martin은 초고에 예리한 논평을 해주었으며, 몇 년 동안이나 아낌 없이 도와주고 있는 마크 셀던Selden, Mark은 마지막 장에 관해 논평해주 었다. 그들 모두와, 원고 여기저기에 흔적을 남겨준 페로즈 아마드Ahmad, Feroz, 브라이언 빅토리아Victoria, Brian, 에드 프리드먼Friedman, Ed, 존 할리 데이Halliday, John에게 감사한다. 노엄 촘스키Chomsky, Noam는 최종 점검 단계에서 깊은 통찰력으로 친절한 제언을 해주었다. 앤드루 고든Gordon, Andrew은 내가 하버드대학교에 돌아와 1년 동안 학생들을 가르칠 수 있도 록 도와주었다.

또한 조사 연구의 장을 마련해준 하버드대 옌칭연구소 부설 도서관과 히토쓰바시一橋 대학 도서관에 감사한다. 그리고 7장 초고를 읽어준 엘리 클레이Clay, Elly, 하버드대 소장 자료를 수없이 청구할 때마다 일일이 응해 준 조너선 드레스너Dresner, Jonathan와 크리스틴 김Kim, Christine에게 감사 한다. 쇼와昭和히로히토의 통치 시기를 가르키는 연호-편집자 군주제에 관한 내 강 의의 수강생인 기쿠치 노부테루菊池信輝의 뛰어난 컴퓨터 기술과 수업 참 여에 감사한다.

미일교육위원단의 연구 장학금(풀브라이트 프로그램) 덕분에 1992년 도쿄 의 히토쓰바시대학에서 이 책을 구상할 수 있었다. 그곳에서 만난 요시다 유타카吉田裕와 와타나베 오사무渡辺治는 근대 군주제의 변모에 대해 방 대하면서 뛰어난 저작을 발표했다. 두 사람은 히로히토 천황에 대해 격론 을 주고받으며, 근대 일본의 군사軍史와 정치사, 헌법사에 대한 해박한 지 식을 내게도 나누어주었다. 여러 해 동안 그들은 내 질문에 답해주었으 며, 항상 이해와 아량으로 도움을 베풀었다. 소중한 내 오랜 친구 아와야 겐타로粟屋憲太郎는 도쿄재판에 관한 자료를 제공하고, 풍부한 발상과 좋은 제언을 해주었다. 이들이 없었다면 책의 내용도 빈약해졌을 터이고, 일본의 중요한 자료들을 많이 놓치고 말았을 것이다. 1990년대 말에 나는 히토쓰바시대학 사회과학대학원의 교수로 임명되어 그야말로 이상적인 환경에서 연구에 임해 최종 원고를 완성할 수 있었다.

자료를 공유하고 의견을 교환했던 오카베 마키오岡部牧夫와 야마다 아키라山田朗에게도 깊이 감사한다. 이 밖에도 수많은, 뛰어난 역사 연구자들의 방대한 저술에 힘입어 히로히토의 생애에 관한 지식을 넓힐 수 있었는데, 그중 다나카 노부마사田中伸尚와 후지와라 아키라藤原彰의 이름은 따로 밝혀야 마땅하다. 미출간 상태인 나라 다케지奈良武次의 회고록을 제공해준 다나카 히로미田中宏巳도 그러하다. 자료 찾는 것을 도와준 아카가와 히로아키赤川博明에게도 사의를 표한다.

10년도 넘게 이 책을 집필하는 작업에 매진하는 동안 장인인 와타나베 시게아키渡辺重秋는 쇼와 초기의 기억들을 들려주었다. 요시다 료코吉田了子 여사는 일본어로 된 자료들을 끊임없이 보내주었다.

13장의 일부분은 내가 『외교사Diplomatic History』지(1995)에 기고한 「일본의 뒤늦은 항복: 재해석Japan's Delayed Surrender: A Reinterpretation」을 기초로 하여 기술했다. 14장과 16장의 대부분은 『일본학 연구Journal of Japanese Studies』지(1995)에 발표한 「일본의 상징천황제 창출Inventing the Symbol Monarchy in Japan」을 바탕으로 했다. 원고를 사용할 수 있도록 해준 두 학술지에 감사한다.

일러두기

1. 이 책에 소개·인용된 논문과 저작 중에서 본래 일본어로 쓰인 것은 이 책의 일본어판에 근거하여 그 제목, 지은이, 문장을 옮겼다. 이 경우 영어판 원서를 직접 번역하면 그것이 도리어 중역이 되기 때문이다.

2. 영어판 원서에서 동양의 인·지명 표기나 역사적 사건의 사실관계가 일부 잘못되어, 지은이가 일본어판 번역 과정에 직접 참여하여 바로잡았으므로, 한국어판에서도 일본어판에 따라 바로잡았다.

3. 책의 말미에 붙인 후주에는 이 책에서 논거로 삼은 자료가 모두 소개되는데, 일본어판에서는 그중 일본어로 된 자료들의 최신판을 근거로 영어판 원서의 후주를 수정, 보충했으므로, 한국어판에서도 일본어판의 후주를 참조, 보완해서 실었다.

4. 외국의 인·지명 표기는 외래어표기법을 따르되, 중국 인·지명의 경우 외래어표기법에 따르면 도리어 읽고 기억하기 어려우므로 한국어 한자음으로 적었다. 다만 대만(타이완) 지명은 중국어 발음에 따른 표기가 널리 알려져 있어 예외로 했다.

5. 원서에 있는 후주는 후주로, 한국어판 옮긴이와 편집자의 도움말은 본문에 어깨주로 달았다.

6. 본문의 인용문 중에 대괄호 〔〕로 묶인 구절은 독자의 이해를 돕고자 지은이가 끼워 넣은 부분이다. 마찬가지로 독자의 이해를 돕고자 일본어판의 해설을 인용하거나 옮긴이·편집자가 끼워 넣은 부분은 대괄호 〔〕로 묶고, '일본어판' '옮긴이' '편집자' 표시를 달았다.

서장

1946년 초두의 겨울, 당시 마흔네 살이던 천황 히로히토는 일본 국내외에서 전범戰犯으로 기소될지도 모른다는 중압감에 시달리고 있었다. 기소된다면 1941년 도조 히데키東条英機를 총리대신에 임명하고 그 후 미국과 영국에 선전 포고한 죄로 재판에 회부될 것이었다. 천황은 선서를 하고, 진주만 공격 계획에 대해 언제 알았는지, 어전회의가 열릴 때마다 어떤 역할을 했는지, 포로들을 어떻게 취급했는지 등을 추궁당할 것이었다. 그리고 무죄가 증명되지 않을 경우 어떤 형태로든 처벌을 받는 치욕을 감수해야만 한다. 황족 중에서는 천황이 퇴위하여 정치적 책임을 모면하고 천황제를 지키라는 이들도 있었다. 또한 영향력 있는 자유주의 지식인들은 천황이 국가에 대한 도의적인 책임을 지고 퇴위하라고 주장했다.

한편 천황의 나라를 새로이 점령한 미국은, 군주제를 유지하되 군주의 정치적 실권은 박탈하는 새 헌법의 초안을 완성했다. 새 헌법 초안과 이에 따라 유명무실하게 된 천황의 지위를 놓고 국회 심의가 막 열리려던 참이었다.[1] 점령 정책을 원만히 실행하는 데에 천황을 이용하고자 하는 한편, 그의 전쟁 책임이 면책될 수 없는 것임을 알아차렸던 미국 쪽의 천황 옹호자들은, 히로히토가 자신의 이름으로 치러지고 패전으로 막을 내리고 만 전쟁에 대해 스스로 어떻게 생각하는지 알 필요가 있었다. 특히 그들은 천황이 종전 즈음에 국가를 항복으로 이끌 수 있는 힘을 지녔으면서도 왜 처음부터 그 힘을 발휘하여 전쟁을 막지 않고 수백만에 달하는 인명을 희생시켰는지 분명하게 해명하기를 요구했다.

황위와 자신을 지키려면 히로히토는 과거 20년 동안 일본 국가의 주권자로서 한 행위에 대해 변명해둘 필요가 있었다. 그러한 변명은, 어쩌면 시인하지 않고서도 지나갈 수 있을지 모르지만 피해 갈 수는 없을 비난으로부터 그를 지켜줄 터였다. 그리고 이는 비밀에 부쳐져야 하는 일이었다. 왜냐하면 이러한 자기변호는 필연적으로 전쟁과 패전의 책임을 그의 충신들에게 덮어씌우는 셈이 되기 때문이었다. 당시 이런 사실이 새어 나가기라도 하면 그렇지 않아도 약해져버린 천황과 일본국민 사이의 정신적 유대가 산산조각 나게 되고, 그렇게 되면 더글러스 맥아더 장군에게도 천황은 쓸모없는 존재가 되어버릴 것이었다.[2]

이러한 까닭에 1946년 3월 18일 그 쌀쌀한 일요일 아침 10시 30분, 히로히토는 감기 기운이 있었지만 궁 안의 콘크리트로 지은 방공 건축물에 마련된 집무실로 가장 신임하는 측근 다섯 명을 불러들였다. 태평양전쟁이 일어난 뒤로 천황은 이 건물에서 지내고 있었다(천황과 황후는 공습을 피하고자 1944년, 궁전에서 후키아게 어소(吹上御所: 후키아게고쇼) 황거 서북부, 천황이 생활하는 처소—편집자에 있는 철근 콘크리트 건물御文庫로 처소를 옮겼다—일본어판). 측근들은 그 기간에 일어난, 비상한 사건들에 관한 천황의 회고담을 듣고자 모였다. 방에 들어가 보니 천황은 임시로 옮겨진 서양식 싱글 침대에 기대 있었다. 발치에는 그들이 앉을 의자가 놓여 있었다. 천황은 하얗게 빛나는 비단 잠옷 차림이었으며, 베개도 누비이불도 얇고 부드러운 순백색 하부타에羽二重 비단으로 만들어진 것이었다. 이러한 흰옷 차림은 기독교에서는 참회를 상징하지만, 천황을 최고위 신관으로 삼는 신도神道에서는 의례적인 청정함을 나타낸다. 그들은 의자에 앉자 미리 적어놓은 순서대로 질문을 시작했다. 질문의 일부는 맥아더의 군비서관이 미리 귀띔해준 내용을 반영한 것이었다. 측근들은 질문에 답하는 히로히토의 구술을 들었고, 궁내성宮內省 내기內記궁중의 기록을 맡은 관리—옮긴이 부장인 이나다 슈이치稻田周一가 그것을 기록했다. 이나다는 나중에 비망록에 "사람들은 왜 그런 차림으로 서둘러 말씀을 하셨는지 의아하게 여길 수도 있겠지만, 그

즈음 전범재판을 두고 폐하의 책임을 거론하는 자도 있었으므로 폐하의 솔직한 심정을 있는 그대로 가급적 빨리 기록할 필요가 있었기 때문이었다"고 적었다.[3]

그날 아침부터 이후 3주 동안 다섯 차례 열린 천황 회고담 청취회의 개요는 뒷날 측근 한 사람을 통해 맥아더의 비서관에게 전해졌다. 그러나 별다른 반응은 없었는데, 아마 연합국총사령부(General Headquarters: GHQ)의 미군 고위 당직자들은 이미 가장 강력한 천황 옹호자로서 신화화神話化를 추진하는 당사자가 되어 있었기 때문일 것이다. 일본어로 쓰인 '독백록' 원문에서는, 1936년에 일어난 군 반란 사건(2 · 26사건)과 1945년의 종전 때를 제외하면 천황은 1928년 이후 정치에 거리를 두고 정책 결정에 직접적으로 관여하는 것을 꺼렸다는 인상을 심어주려 했다. 천황은 독백록에서 미국과 영국에 대한 전쟁이 불가피했다는 뜻을 은근히 내비쳤다. 곧 개인적으로는 마지막까지 전쟁에 반대했지만, 주도권을 행사해 전쟁을 막을 수는 없었다는 것이다. 군의 반발을 우려했기 때문이기도 했지만 근본적으로는 헌법상의 이유 때문에 그렇다는 것이었다. 천황은 "내가 개전開戰 시에 도조東条 내각의 결정을 재가한 것은 입헌정치하에 있는 입헌군주로서는 어쩔 수 없는 일이었다"고 했다.[4]

독백록을 완성한 지 약 열흘이 지난 뒤, 히로히토는 측근들로 하여금 영어로 같은 문서를 작성하도록 했다. 영어로 된 독백록에서는 변명의 요점을 정리하고 "실제로 나는 감옥에 갇힌 죄수나 다름없는 무력한 존재였다"고 주장했다.[5] 일본어 독백록은 영어판보다 훨씬 길고, 1989년 히로히토가 사망할 때까지 공개되지 않았다. 천황이 '군국주의자'의 무력한 꼭두각시였다고 강조하는 영어판은 1997년까지 일본 내에 알려지지도 출판되지도 않았다. 양쪽 다 그의 생애를 둘러싼 신비와 신화적 요소, 그리고 엄청난 오해를 상징하기에 적합한 문서였다.

20세기의 일본 역사에서 가장 흥미로우면서도 형용하기 어려운 정치적 인물인 히로히토는 1926년 말에 통치를 시작했다. 바야흐로 중일 관계에 대두될 새로운 분쟁의 전야였다. 그가 통치한 기간은 전쟁, 패전, 미국의 점령, 그리고 냉전하의 평화와 번영으로 이어지는 62년에 달한다. 처음 20년 동안 그는 정치 · 군사 · 정신적으로 깊숙이 국민생활의 중추 역할을 하여, 자신의 백성과 그들이 침략한 지역 주민들에게 재앙을 안겨줄 진로 결정에 권한을 발휘했다. 그가 통치했던 대동아제국의 기간은 짧았으나 그 잠재력은 거대했다. 그는 일본제국의 팽창을 주도했으며 (1945년 이후 일본정부가 발표한 공식 추계에 따르면) 2000만 명에 가까운 아시아인, 310만 명이 넘는 일본인, 그리고 6만 명이 넘는 연합국 사람들의 목숨을 앗아 간 전쟁으로 국가를 몰고 갔다.[6]

사태는 그가 기대했던 대로 진전되지 않았다. 그러나 그러한 사태에 그가 담당한 역할을 설명하고 간략한 기록을 작성하게 되었을 때, 그도 그의 측근들도 모두 솔직했다고는 할 수 없다. 그들은 히로히토가 시종일관 영국식 입헌군주이자 평화주의자였다는 결론이 도출되도록 문서를 교묘하게 작성했다. 히로히토는 자신과 측근들이 어떻게 군부를 도와 군비 확장을 추진하는 일대 정치 세력으로 작용했는지에 대해서는 언급하지 않았다. 메이지 헌법이 정치 제도의 민주적 · 비군사적 운용을 종종 방해했던 것도 무시했다. 그는 동기를 흐리거나, 증거가 되는 행위와 논리의 시기를 얼버무리거나 하여 군 통수권자이자 국가수반이었던 자신의 역할을 의도적으로 두루뭉술하게 만들었다. 또한 자신을 둘러싸고 대두했던, 새로운 천황 중심 국가주의의 이데올로기적 초점으로 부상함으로써 국민의 호전성을 조장했던 사실에 대해서도 계속 침묵을 지켰다.

측근 한 사람은 독백록의 서문에, 천황이 "대동아전쟁의 직·간접적 원인, 경과와 종전에 이르기까지의 사정"을 약술했다고 기록했는데, 이도 사실과 다르다. 히로히토의 진술에는 천황 자신과 궁정관료들이 차기 총리대신을 선임하고, 독자적인 국정 방침을 지시함으로써, 1920년대 중후반기에 발전한 정당정치 제도를 동요시켰던 사실도 들어 있지 않다. 중국에서 전쟁이 어떻게 시작되었는지도, 확전을 직접 주도한 일도, 일본군 육상부대와 항공부대의 움직임에 대해서도 말하지 않았다. 자신의 인생에 가장 큰 영향을 미친 경험이나 사건, 그로 인해 형성된 가치 기준, 행동을 규정하고 인격을 형성한 사상 등, 히로히토가 입을 다문 채 침묵으로 일관한 것은 이외에도 많다. 타인을 희생하면서까지 자신의 지위를 결사적으로 지키려 했던 점에서 그는 근대의 군주 가운데 가장 솔직하지 못한 인물 축에 들었다.

이 책이 의도하는 바는 군주 히로히토, 그리고 인간 히로히토를 형성한 사건과 이데올로기를 여러 층위에서 정확히 연구하는 것이다. 그의 사고와 행위를 형성한 힘에 초점을 맞춤과 동시에 아시아태평양전쟁(1931~1945년)이 일어나기 전부터 전쟁 중, 그리고 전쟁이 끝난 뒤까지 궁정의 측근이었던 사람들에 대해서도 같은 관찰을 시도한다. 정치의 중심이던 시기에 천황이 정책 결정에 실제로 어떠한 역할을 담당했는지 탐구한다. 그것은 당연히 복잡한 과제다. 히로히토의 할아버지인 메이지明治 천황 시대에 구축되어 일본국민을 군국주의와 전쟁과 신민화臣民化로 내몰았던 근대의 신권적神權的 군주제와, 전쟁과 그 공적인 기억으로부터 교묘하게 분리되어 오늘날까지 지속되고 있는 개혁된 군주제 양쪽 모두가 나의 관심사이기 때문이다. 이 책에서는 히로히토를 둘러싸고 천황제가 종교, 세속

양면에서 받은 충격, 그와 여러 국가기관의 상호 관계, 그의 통치하에서 일어난 군주제의 연속된 변용을 더듬어 본다. 결론적으로 나는 다른 어떤 일본인보다도 일본의 정치와 정부-군대의 폭넓은 관계를 잘 비추어주는 히로히토의 긴 생애 전체에 관심을 기울인다. 그의 일생은 20세기를 거치며 변해온 일본인의 정치관에 대해 우리에게 많은 것을 말해준다.

그렇다 하더라도 이 책은 전형적인 정치가의 전기와는 다르다. 히로히토는 자기에 대해 있는 그대로 솔직하게 말해줄 친구들이 많을 만큼 사교적이고 외향적인 인물이 아니었다. 오히려 아무것도 말하지 않음으로써 큰 웅변을 발휘하는 과묵한 성품의 소유자였다. 그는 공적인 불투명성에 걸맞게 개인적으로도 몸을 사리도록 교육받아왔다. 그는 자신의 사상과 자신이 경험했던 중요한 사건에 어떻게 대처했는지를 밝힌 개인적인 문서를 전혀 남기지 않았다. 할아버지인 메이지 천황과 마찬가지로 공식적인 기회에 와카和歌5·7·5·7·7을 기본 율조로 하는 일본 고유 서정시―옮긴이를 읊은 것은 사실이다. 주로 1945년 이후의 작품을 중심으로 860여 수가 출판되었으나[7] 회고록은 쓰지 않았다. 그의 생각과 의향은 대개 다른 사람을 통해 그려졌는데, 일본에서 신하가 천황을 비판적으로 표현하는 것은 불경스러운 일이었다.

또 그는 고독했다. 열한 살 때부터 꼬박꼬박 일기를 썼다고 전해지는데, 아마 사실일 것이다. 그러나 그 일기도 궁내청宮内庁에 비공개로 소장되어 있어서 연구자가 자유롭게 보는 것은 불가능하며 앞으로도 결코 볼 수 없을 것이다. 궁내청은 현재, 당시의 치세 연대기를 작성하고 있으나 이마저도 "공개 출간하지 않는다는 전제하에 추진되고 있다. …… 관계자들의 개인 신상에 관련되기 때문이다."[8] 이 밖에 가족에 대한 사적인 편지, '성단배청록聖斷拜聽錄' 천황의 성스러운 결단을 들어서 기록함—옮긴이의 모든 판본은 물론이거니와 천황을 섬겼던 사람들의 일기 등 수많은 미간행 기록이 공개되지 않고 있다. 이것들은 언젠가 히로히토의 실체를 모두 밝혀주겠지만 말이다. 또 미합중국 정부도 천황과 더글러스 맥아더의 회담 내용이나 국립기록보존소에 소장되어 있는, '히로히토裕仁'라는 이름이 들어간 문서군群 등 관계 문서들의 기밀을 해제하지 않고 있다.[9]

히로히토의 생애를 더듬어 보고 그의 동기를 탐구하려면, 그의 가까이에서 일했으며 그를 잘 알고, 기록이나 일기를 남기고, 또 그 기록이나 일기를 실제로 간행한 인물에 주목해야만 한다. 또한 전쟁 중에 천황이 발언한 내용을 기록한 고위급 군인들이나 외교관들에게도 주의를 기울여야 한다. 신세대 일본 연구자들의 노력에 힘입어, 새로 발견된 문서, 일기, 회상기, 그리고 전쟁 중과 전쟁 후의 히로히토와 크게 달라진 일본인들의 천황제 인식에 관한 학술 연구서가 최근 수백 가지 출판되었다. 그 덕택에 최근 구미나 일본의 연구자들은 히로히토의 일생을 형성한 지적, 도덕적, 사회적인 힘을 이해할 수 있게 되었다. 사료史料상의 제약은 아직도 많지만 새로운 자료들은 총력전 시대 천황의 발자취를 재구성하는 데 유력한 논거를 제공한다.

또한 일본 연구자들의 작업 덕분에 우리는 히로히토가 어떻게 백성들과 동떨어진 존재가 되었는지 밝힐 수 있게 되었다. 열광적인 자민족 숭배의 중심이 되고, 일부 사람들에게는 현인신現人神아라히토카미. 신이 인간의 몸을 입은 것—옮긴이으로 추앙받으면서도, 천황은 어디에 가더라도 일반적인 의미로 '인기인'이 되는 일은 결코 없었다. 관료적 군주제의 틀 안에서 행동하고, 단적으로 말하면 근대 중앙 집권 국가의 '기관' 중 하나였으며, 게다가 그의 '의사意思'가 모든 법을 초월하는 존재로 간주되었다.[10] 새로운 자료들은 무엇보다도 히로히토가 어떻게 근대 일본의 모순된 정치 발전 논리를, 다른 일본인들에게는 불가능한 형태로 구현해왔는가를 알려준다.

그러한 발전은 히로히토의 할아버지이며 사후 '메이지 대제明治大帝'라 불린 무쓰히토睦仁 천황 시대에 시작되었다. 1868년에 천황이 된 무쓰히토는 국가의 근대적 개혁을 영도할 수 있도록 자라났다. 19세기 말에 이루어진 그의 권력 확립과 제도화 과정은 결국 그 후 1945년까지 이어진 일본정치사 전개의 특질을 규정하기에 이르렀다. 궁정은 유럽의 군주제를 본으로 삼아 정부로부터 분리, 재편성되었다. 성문 헌법이 그 뒤를 따랐다. 1889년에 메이지 천황이 '선물'로서 국민에게 하사한 헌법은, 천황이 면면히 이어져 내려온 성스러운 혈통의 남자 후계자라는 것, 그 사실을 기초로 군주제하에 정부가 존재함을 선언했다.[11] 헌법은 천황을 '신성불가침'인 '국가원수', 군 최고 통수권자(대원수), 모든 국가권력의 총괄자로 규정했다. 천황은 제국국회의 소집과 해산을 명하고, 법률을 대신하는 칙령을 발효하며, 국무대신이나 문무관을 임명·해임하고 그 봉급을 정할 권한을 가졌다. 천황은 법의 원천으로서 헌법을 초월하며, 헌법 공포의 목적은 그 권력을 제한하는 게 아니라 반대로 천황을 보호하고 그가 무한한 권위를 발휘할 수 있는 기구를 제공하는 데 있다는 것이 헌법의 기본 전제였다. 이러한 정체政體는 입헌적 형태를 취하기는 하나 도저히 입헌군주제라고는 할 수 없는 것이었다.[12]

메이지 천황이 히로히토에게 남긴 또 하나 커다란 유산은 아시아 대륙과 여러 섬들을 식민지로 만들어 식민지 대국, 지역 강국으로서 새로운 위치를 차지하게 해준 것이다. 아시아 식민지화 경쟁에 합류해 서방 선진국을 따라잡기로 한 지 약 10년 뒤인 1894년, 국가의 과두정치 지도자들은 조선을 점령 지배하고자 중국에 선전 포고를 했다(청일전쟁). 중국은 패배하여 이듬해 타이완과 남만주의 요동(遼東: 랴오둥) 반도, 팽호(澎湖: 펑후) 군도를 일본에 할양했다. 또한 중국은 거액을 배상금으로 일본에 지불할 것에 동의했으며, 나중에는 일본 선박에 장강(長江: 양쯔 강) 통항권을 내주었고, 일본인에게 내륙과 연안의 조약항(천진, 상해, 광동 등)에서 공장을 경영할 수 있는 권리를 인정하는, 불평등한 통상항해조약에 조인했다.

청일전쟁에서 승전하자 메이지 천황의 권위는 더욱 높아졌다. 오직 과두 지배자들의 이해를 대변하는 보호자로서 천황은 마흔세 살에 국가의 표상이 되었으며, '신권 군주'와 '국정 전반을 결정하는 지배자'라는 두 가지 면모를 지니게 되었다. 1895년 청일전쟁에서 승리하자, 오랫동안 군에 관한 일을 자신들과는 상관없는 것으로 여겼으며 무사 계급을 신용하지 않고 또한 두려워하면서도 업신여겨온 백성들 사이에서 새로운 징병 군대를 지지하는 분위기가 일었다. 이는 또 배타적 국수주의와 함께 조선인이나 중국인에 대한 우월감을 불러일으켰다.

일본이 중국에 승리함으로써 동아시아의 국제정세는 더욱 복잡해졌다. 독일, 러시아, 프랑스의 위협 때문에 메이지 천황과 과두 정치가들은 요동반도를 중국에 반환하지 않을 수 없었다. 열강들은 지체 없이 중국에 영토와 통상상의 희생을 강요하는 경쟁에 돌입했다. 러시아는 요동반도 조차권租借權을 획득했으며 1898년에 만주에 침입하여 조선으로 영향력을 넓힘으로써 일본을 견제했다.[13] 같은 해 미국은 에스파냐와 전쟁을 벌여 하와이를 병합했으며 필리핀, 웨이크 섬 태평양 중부의 환초 ─편집자, 괌, 미드웨이 제도 하와이 서쪽에 있음 ─편집자를 탈취했다. 1900년 구미 열강이 의화단 운동을 진압하려고 중국에 군대를 파견했을 때에는 일본의 군대도 동참했다. 이듬해 일본은 구미 열강들과 함께 의화단 운동을 진압한 결과로 신축조약辛丑条約에 조인함으로써 중국으로부터 배상금을 받고, 거류민과 외교관을 보호한다는 명목으로 중국의 일부 도시에 영구히 군대를 주둔시킬 권리를 얻었다.

3년 후인 1904년 초, 일본이 여순(旅順: 뤼순)의 러시아 함대에 기습을 감행하여 러일전쟁이 시작되었다. 러일전쟁은 어림잡아 일본인 11만 명의 목숨을 앗아 갔으며, 미국의 중재로 배상금 없이 종결을 맞이했다. 그러나 훗날 러시아가 복수할 것을 예견하고 도쿄東京에서는 강화講和싸우던 두 편이 싸움을 그치고 평화로운 상태가 됨―표준국어대사전 반대 폭동이 일어났다. 메이지 천황이 전투에서 어떤 역할을 수행하지는 않았지만 그의 영광은 더욱더 빛을 발했다. 일본은 요동반도에 대한 러시아의 조차권, 700마일약 1100킬로미터―옮긴이에 달하는 남만주철도, 오호츠크 해의 사할린 남부를 차지했으며, 이 모든 것이 메이지 천황의 획기적인 위업으로서 칭송을 받았다.

히로히토는 아시아와 태평양에 걸쳐 제국 간 경쟁이 벌어지려는 새로운 시대의 여명기에 세계무대에 등장했다. 그의 치하에서 일본의 정치극은 전쟁과 패배라는 파멸적인 결말을 맞이했다. 백성들과 진정한 조화를 이루지 못하고 백성들의 생활에 대해서는 전혀 알지 못하며, 백성들의 실질적인 지지를 전폭적으로 얻지도 못했던 인물이 어떻게 전쟁을 치러내고 점령을 하게 되었는지, 20세기 후반에는 천황제의 전통을 이어나가기 위해 어떠한 방법으로 황위를 유지했는지를 검토함으로써 우리는 일본의 정치에 대해 새로운 관점을 얻을 수 있다.

히로히토와 일본국민은 감정과 이념을 기초로 하여 정치적으로 한 단위를 형성했으며, 또한 전쟁에 대한 기억을 공유했다. 그의 생애를 살펴

보면, 히로히토와 백성들 사이에 얼마나 깊은 공생 관계가 존재했는지를 알 수 있다. 그리고 이 관계를 조작하고 이용한 것은 언제나 천황 쪽이었다. 전쟁 전과 전쟁 중, 그리고 패배의 충격을 맛본 직후까지, 그는 '전통적으로' 높은 곳에서 백성을 내려다보는 구름 위의 존재였으며, 결코 결점을 드러내지 않는 이상화한 존재로서만 백성 앞에 모습을 보였다. 백성들은 현인신이자 이상적인 아버지의 본보기로서 천황을 숭배하고 존경하며, 경외의 대상으로 여겼다. 백성들은 천황의 권위를 높이는 데 봉사하고, 천황의 권력 행사에 대한 책임도 대신 졌다. 논리상 천황은 책임을 질 수 없기 때문이다. 백성들은 국민으로서 자신들의 생활에 존재하는 이러한 규범과 조직 원칙에 어떤 결함이 있는지 따위는 결코 생각하지 않는 존재였다(그렇다 하더라도 어느 시대든지 그런 생각을 하는 소수자들은 늘 있었다).

1926년 히로히토가 즉위한 뒤로 일본의 정국은 국내외 정치 문제로 끓어올랐다. 정치·군사 지도자들은 국가의 정체(政體, national polity), 곧 국체國體의 의미를 둘러싸고 논쟁을 시작했다. 황실을 중심으로 하는 국체는 일본 국가와 사회에서 가능한 최선의 원리로 여겨졌다. 사회에 대한 불만이 고조됨에 따라 천황의 권위를 빌려 개혁을 실시해야 한다는 신념이 확산되었다. 이러한 맥락에서 새로운, 정신적이면서도 강력한 국수주의인 '황도(皇道: 천황의 도)'가 제창되어 널리 유포되었다. 황도라는 것은, 천황이란 예나 지금이나 글자 그대로 일본의 살아 있는 화신이며, 모두가 따라야 하는 도덕적 우월성의 전범典範이라는 생각에서 파생되어 작동하는 정치 논리였다. 이는 일종의 사상 투쟁을 의미함과 동시에 실제적인 행동 계획이기도 했다. 황도는 서양 민주주의, 자유주의, 개인주의, 공산주의 등 외국에서 유입된 '~주의'로부터 일본을 해방시키는 것이었다. 해방된 일본은 자존심을 되찾고 서양의 정치 원리에 대한 '성전聖戰'을 수행할 수 있을 터였다. 황도 사상의 맹아는 위기의 시기였던 19세기 중엽에 싹텄는데, 1920년대 말에 부활하여 30년대 초에는 일본의 현실 외교에 실제 적용되었다. 이로 말미암아 일본은 그때까지 걸어온 노선에서 이탈했으며, 국가적인 선택의 폭이 극단적으로 좁아지고 말았다.

황도는 정신적, 경제적으로 구미에 종속되었다고 느끼는 일본인들의 울분을 달래는 특효약으로 작용했다. 이는 군사적인 면뿐만 아니라 사회 생활의 모든 영역에서 일본인들에게 사고와 감정의 통로를 제공했다. 황도는 일본인들로 하여금 자신들의 무자비한 침략성과 독선이 다른 민족에게 입힌 상처에 무감각해지도록 만들었다. 한때 미국이 '명백한 운명 Manifest Destiny' 이라는 미사여구로 국수주의를 고양했던 사실과 부합된다. 거의 하룻밤 사이에 일본의 외교 정책과 행동에서 국제 공조 정신은 자취를 감추었다. 이를 대신해 영미 정치 문화의 영향으로 오염된 아시아를 깨끗이 정화해야 한다는 신도神道적 자극이 공공연하게 표현되었다. 또한 황도에는, 일본 국가가 독특한 군주제를 갖춘 덕분에 전 세계를 통합하고 도덕을 가르칠 강력한 힘이 있다는 불교 종파들의 천년왕국식 신앙도 스며 있었다. 특히 이를 열창한 것이 니치렌종日蓮宗이다. 황도의 교리와 결합해 '팔굉일우八紘一宇' 팔방의 세계, 곧 전 세계를 한 집으로 보고, 그 가장은 천황이라고 하는 생각, 곧 천황을 으뜸으로 하는 세계관―옮긴이, '대어심大御心' 천황의 자비로운 마음―옮긴이과 같은 말이 상투적인 문구로 자리 잡았으며, 아버지와 같은 천황의 자비를 거부하는 자에 대해서는 적극적으로 무력을 휘두르려는 움직임이 뒤따랐다.

천황 중심제와 인종적 우월성을 내세우는 국가, 그리고 국가보다 더 지고한 존재는 없다고 생각하는 관료들, 이들을 배경으로 히로히토와 그 핵심 측근들은 직접, 독립적인 정책 결정권을 행사했다. 히로히토는 무대 뒤에서 정력적으로 활동하며 초기 총리대신 세 명의 행위에 영향을 미쳤고, 정당정치의 붕괴를 촉진했으며, 국제연맹의 평화기구 강화強化를 거스르는 재가裁可를 내렸다. 그의 정치 관여에 대해 군이 공공연히 비난하자 히로히토와 측근들은 후퇴했으며 군사적 침략을 묵인했다.

히로히토는 처음부터 기동적인 천황이었지만, 역설적으로 주의 깊고 수동적인 군주라는 인상을 주는 인물이었다. 주위에서 그에게, 정책 결정 과정에 실제적인 어떠한 구실도 못 하게 하고 특별한 지적 재능도 없이 무력한 원수라는 직책을 부여했다 할지라도, 히로히토는 그 누구보다도 현명하고 빈틈없으며 정력적이었다. 히로히토를 알려면 그가 무엇을 했는지, 그리고 동시에 무엇을 하지 않았는지도 주목할 필요가 있다. 통치 초기의 22년간 그는 지대한 영향력을 발휘했고, 어떤 분야에서도 무력했던 예는 없다. 히로히토가 정책에 영향을 미치지 않거나 계획된 행동 방침을 변경하지 않은 경우는 그가 재가한 정책이 그대로 실행에 옮겨졌다.

1937년 말 이후, 히로히토는 중국에 대한 전쟁 계획, 전략, 작전 지휘에 관여하고 장군과 제독의 임명이나 승진 과정에 참여했으며, 점차 진정한 전쟁 지도자로 자리 잡았다. 종전보다 효율적인 정책 결정 기구가 등장한 1940년 후반부터는 정책을 검토하는 각 단계에서 중요한 구실을 수행하게 되었으며, 이는 1941년 12월 미국과 영국에 대한 전쟁을 개시할 때 정점에 달했다. 동시에 히로히토와 그 측근들은 일본 통치 지배층의 분위기나 불만을 표시하는 풍향계 구실도 했다. 히로히토는 최고 결정권자 자리를 유지하면서, 국제관계의 새로운 전개에 대응하고자 할아버지인 메이지 천황이 정한 선례와 의도적으로 결별하고, 대외 정책 방향을 전환했다. 천천히, 그러나 분명히 히로히토는 영토 확대와 전쟁에 대한 정열에 사로잡혔다.

2차 세계대전에서 패배한 뒤, 히로히토의 생애는 새로운 단계에 접어들었다. 황위를 보전하고 전범 기소를 피하는 것이 초미의 과제로 떠올랐다. 그리하여 미국인들과 유착 관계를 구축하면서 히로히토는 자신의 장군이나 제독을 대할 때와 똑같은 수완을 발휘했다. 미국이 이루어낸 개혁은 상대적으로 독립된 군주제, (내각으로 대표되는) 정부, 그리고 일본 인민의 삼각관계를 파괴했다. 히로히토는 주권자의 지위를 박탈당하여 국민 통합의 '상징' 밖에 될 수 없었다. 그러나 설령 미국이 창조한 새로운 헌법 하의 '상징 천황제'라 할지라도 히로히토는 여전히 민주주의의 흐름에 대한 억지력을 발휘했으며, 일본이 미국의 강력한 주도하에서 소련에 대한 견제책으로 재등장하는 데 은밀한 영향을 미쳤다.

1952년 미국이 철군했을 때, 천황제는 전근대에 그랬듯이 상대적으로 무력하고 사적인 형태로 돌아갔으며, 모든 군사적·법적인 기능을 박탈당하고 또다시 국민생활의 주변부로 밀려났다. 히로히토는 장성한 이후 처음으로 자신의 정치적 역할이 실제로는 허울뿐임을 인정해야 했다. 그러나 일찍이 쫓겨났던 보수 지배층이 권좌에 돌아옴에 따라 히로히토는 잃어버린 권력을 다소나마 회복하고자 하는 소망을 품었다. 그러나 그의 정치 투쟁은 10년 정도 지속되다가 대실패로 끝났다. 그 후 군주제 자체는 약해졌으나 히로히토가 여전히 재위하고 국민들도 이를 의심치 않고 떠받드는 사실을 윤리적·정치적 문제로 삼는 일은 거의 없었다.

쇼와昭和 군주제와 이를 지탱한 이데올로기의 역사는 1945년까지는 일본의 군국주의·파시즘과 떼어서 생각할 수 없으며, 그 뒤에는 미 군정하의 개혁을 번복하여 평화주의를 억제하고 대국에 걸맞은 격을 되찾고자 하는 통치 지배층의 노력과 결부되었다. 히로히토의 생애 전반부는 할아버지인 메이지 천황과 마찬가지로, 정치조직의 구석구석까지 확장된 군사 권력의 성향을 보여준다. 그 시대에 민주적 제도는 있었어도 제 기능을 발휘하지는 못하여 일반 민중의 의견은 국정에 반영되지 않았으며, 군국주의의 성장을 억제하는 제도적인 감독 기능은 없는 것과 마찬가지였다. 신격을 박탈당해 헌법상의 권한을 빼앗기고 나서, 히로히토의 남은 반평생에 남겨진 과제는 더욱 복잡했다. 히로히토와 그의 측근들은 도쿄 전범재판에 대응해야만 했으며 그 후에는 미국과 군사동맹을 형성하는 일에 관여해야 했다. 점령기와 그 후에 히로히토와 천황제가 작용한 방식을 보면, 천황제의 힘이 얼마나 일본 인민의 해방을 저해하고 그들의 주권의식을 흩뜨려버렸는지 드러난다.

이 책에서는 태평양전쟁이 일어나기 훨씬 전에 만들어지고 그 후 연합국의 지도자들도 북돋워온 정설, 곧 히로히토는 독재적 천황제의 틀에서 단순히 상징적인 존재에 불과하며 군부의 꼭두각시 인형에 지나지 않는다는 견해를 비판하고자 한다. 또한 1930년대에서 1940년대에 걸쳐 일본이 일으킨 침략은 주로 일본 육군에 책임이 있다는 정설에 대해서, 지금까지 오랫동안 무시되어온 해군 상층부의 역할을 밝히고자 한다. 그들은 1920년대에는 군비 축소에 반대하는 정치 활동을 하고, 30년대에는 무방비 상태였던 중국의 도시를 폭격했으며, 40년대 초에는 태평양전쟁을 추진했다. 또한 이 책에서는, 1920년대 중반에 정당내각과 히로히토 자신이 침략전쟁을 범죄로 간주하는 국제적 평화 원칙(국제연맹 규약과 1928년의 켈로그-브리앙 협정으로 성문화했다)을 받아들였으면서도, 대중국 정책 면에서는 자발적으로 승인한 이들 조약에 대한 의무를 일방적으로 파기한 사실에 대해서도 논한다.

1945년 8월, 일본이 항복을 선언한 후에도 일본의 통치 지배층은 국제법이 모든 주권국가에 부과하는 의무에 여전히 냉담한 태도를 보였다. 일본제국이 전시에 자행했던 모든 행위를 우려하여 천황을 수호할 필요를 느낀 내각 대신들은 쇼와의 과거를 재구성할 수 있는, 그리하여 전범재판에 유용하게 쓰일 수 있는 문서들을 소각할 것을 명했다. 그 후 보수적인 정치가와 지식인들은 도쿄재판이 승자의 사법적 폭력이라고 주장했다. 이 재판 자체에 부분적인 결함이 있기는 했지만, 전쟁 전 국제법이 운용되는 데에 그러한 경향이 있었던 것도 그들의 주장을 뒷받침하는 사실이었다.

히로히토는 20년 넘게 서로 얽히고설킨 복잡한 제도 속에서, 정부 및 관료기구와는 별개로 실권과 권위를 행사해왔다. 전쟁과 외교 상황을 이해하고 정치와 군사 지식을 충분히 갖추어가면서, 국가의 정책 결정에 관여하며 야전 지휘관과 제독에게 대본영大本營전시에 천황 밑에 두었던 육해군 최고 통수 본부—옮긴이의 명령을 내렸다. 그는 일본의 전쟁전략 형성과 중국에서 실행한 군사작전 전반을 지휘하는 데에도 적극적인 역할을 수행했다. 1941년 히로히토와 궁정의 측근들은 육해군의 강경한 대영·미전 지지자와 손을 잡고 태평양전쟁으로 가는 길을 열었다.

전쟁이 시작된 지 2년, 일본이 주도권을 잃고 수세에 몰리게 된 지 한참이 지나서도 히로히토와 대본영은, 태평양 전선의 어딘가에서 전투에 이겨 미국의 공세를 꺾고 전쟁 국면을 다시 유리한 쪽으로 돌릴 수 있으리라는 희망을 품고 있었다. 전쟁의 마지막 해, 여전히 히로히토는 종종 군사작전에 직접적이고 중요한 영향력을 행사하며 그 신화적 존재를 태평양전쟁에 비추어 보였다. 히로히토는 1945년 전반 종전이 다가온 시점에서야 비로소 본토 결전을 결정하는 데 동요를 보였다. 일본의 항복이 늦어진 것은 히로히토가 파국으로 치닫는 군사작전 입안자들과 손 끊는 것을 주저했기 때문이다.

히로히토와 전쟁 지도자들의 관계에는 종종 팽팽한 긴장이 감돌았다. 히로히토는 자주 그들을 질책했고, 그들의 일방적인 행동을 저지했으며, 정책 실행을 감독했다. 그러나 그는 영토 확대를 지향하는 장군과 제독 편에 서서, 군사상 결과가 좋으면 명령 위반도 묵인했다. 대원수로서 그의 독자적인 수법과 작전에 미친 영향은, 일본에 결정적인 패배를 가져다준 많은 요인 가운데 가장 연구된 바가 적으며, 그만큼 재검토가 필수적이다.

히로히토는 정치·군사적 지도자였을 뿐만 아니라 자신의 국민에게 정신적인 최고 권위로 군림했다. 그는 위기에 처했을 때 일본의 정치 형태를 신정神政으로 규정할 수 있는, 종교성이 강한 군주제의 우두머리였다. 미야기宮城 남서 지방의 일각에 있는 목조 건축물 안에서 히로히토는, 신으로부터 유래하는 그 신비로운 혈통과 일본 국가 및 국토의 신성함에 대한 충성을 표시하는 복잡한 제사를 올렸다. 종교·정치·군사적 지도력이 한 사람에게 귀결되는 상황은 천황에 대한 연구를 복잡하게 만든다. 또한 그가 성인이 된 뒤로 항상 곁에서 영향을 미치고, 그럼으로써 타인에게도 영향을 미치며, 또한 교체를 반복해온 측근들의 중심에 히로히토가 위치한 것도 연구를 어렵게 만든다. 히로히토를 알려면 측근들의 변화와 사상에도 주의를 기울여야 한다. 또한 연구자는 결정적인 순간에 동생들에 대한 경쟁의식이 히로히토의 행동에 어떠한 형태로든 영향을 미쳤을 가능성도 염두에 두어야 한다.

이 책의 주요 관심사는 국가원수이자 군 최고 통수권자인 히로히토의 이름으로, 히로히토의 적극적인 지휘하에 수행된 전쟁에 대해 히로히토가 도덕적, 정치적, 법적인 책임을 공개적으로 인정하지 못한 점이다. 히로히토는 자신이 신권 군주이며 일본 국가의 무엇과도 바꿀 수 없는 중추라고 믿었기 때문에 파국에 이르러서도 퇴위하지 않았다. 일본이 국외에서 저지른 만행에 대해 어떠한 개인적인 책임도 자각하지 못한 채, 13년 11개월에 걸쳐 수많은 목숨을 앗아 간 침략전쟁을 일으킨 죄를 단 한 번도 인정하지 않았다. 황실의 선조에 대한 의무감에 따라 히로히토는, 제 손으로 거들어 폐허로 만들었던 자신의 제국을 재건할 것을 다짐했다. 미국의 정책과 냉전 분위기는 그가 국민과 민족의 지속성을 상징하는 인물로, 그리고 반복되는 정치 논쟁의 표적으로, 이후 43년 동안 황위에 머무르는 것을 용납했다. 결국 히로히토는 과거 전쟁에 대한 국민적 망각의 주요 상징이 되었다. 전쟁 때 히로히토가 핵심 구실을 했음을 추궁하지 않는 한 일본인들은 자신들의 역할을 문제 삼지 않고 지나갈 수 있었다. 그리하여 히로히토의 전쟁 책임 문제는 전쟁과 패전의 시대를 넘어서 이어졌다. 이 문제는 패배한 전쟁에 대한 일본인들의 의식 변화, 그리고 전쟁이 일어난 원인과 그 본질에 대한 인식의 맥락에서 논의되어야 한다.

과거 반세기 동안 일본의 역사가와 언론인, 그 밖에 여러 분야의 저술가들은 전쟁 중, 전쟁 후의 역사에 관심을 기울여 여러 가지로 의미를 부여하고자 했다. 사료가 충분치 않은 점도 있어 전쟁에서 히로히토가 수행한 역할에 대한 비판적인 연구는 1970년대 초에 이르러서야 비로소 시작되어, 지금까지 이어져왔다. 양심적인 연구자들이 노력한 덕분에 많은 일본인들이 일본의 행위를 합리화시키면서 변호하는 자, 대량 학살을 부정하는 자, 진실을 일부러 은폐하는 자들에 대항해 히로히토와 전쟁, 도쿄 재판, 미군정기에 일어난 중요한 사건들에 대해 끊임없이 재검토해왔다. 과거를 합리화시키고자 하지 않고, 오히려 객관적이고 비판적으로 과거를 들추어 그로부터 교훈을 얻고자 함이다.

이 책에 나오는 천황은 실수를 잘 저지르고, 욕망이나 충동, 본능에 좌우되기 쉬운 인물이며, 그러한 점에서 다른 모든 평범한 인간들과 다를 바 없다. 다만, 그처럼 오랫동안 쓰디쓴 경험을 몸소 체험하며 배워야 했던 사람은 이 세상에 아마 둘도 없을 것이다. 생애의 대부분을 권력의 중추나 그 언저리에 있으면서 자기 자신과 통치 지배층의 이해를 적극적으로 대변했다. 정부의 공식적인 결정이나 비밀공작에 관한 그의 지식은 다른 누구보다도 풍부했다. 그가 황실의 존속을 국가의 존속과 동일시한 것은 자기중심적이며 잘못된 판단이었다. 히로히토는 존재 바로 그 자체가 근대 일본의 가장 심각한 정치적 어려움을 체현한다고 말할 수 있을 것이다. 그는 흑막의 모략가도 독재자도 아닌, 굳이 말하자면 20세기 일본의 주요한 정치·군사적 사건에 주도적으로 관여한 사람이며, 그것들을 이해하는 데 필요한 열쇠를 쥔 인물로서 남아 있다. 그리고 나는 히로히토가 전후 일본의 헌법에 존재하는 민주주의 이념을 무시한 채, 지배 제도와 사회질서를 영속시키고자 노력하면서 다른 누구보다 긴장하고 고뇌했으며 스스로를 속여왔다고 생각한다.

황태자 교육 ^{1부}

1901년(메이지 34년) ~ 1921년(다이쇼 10년)

소년과 가족, 메이지의 유산 ^{1장}

1901년 4월 29일, 도쿄에 자리 잡은 아오야마 어소青山御所에서 메이지 천황의 첫 손자가 태어났다. 이는 온 국민이 기뻐하는 나라의 경사였으며, 궁정의 기쁨은 더할 나위 없었다. 선대 천황의 영령 앞에 '길조 실현'과 '황실 장손의 건승'이 고해졌다. 황자皇子의 탄생은, 고대로부터 이어져온 왕조가 적어도 앞으로 몇 세대는 '혈통도 바뀌지 않은 채' 일계一系를 이어갈 수 있으리란 것을 의미한다. 명호名号와 존칭의 복잡한 관례에 정통한 학자들이 협의를 거친 뒤, '덕을 깨우치는 자'를 뜻하는 미치노미야迪宮라는 칭호와 "풍요로워지면, 즉 백성이 평안하다"『상서(尚書)』에 나오는 裕乃以民寧(유내이민녕)을 가리키는 듯하다—편집자라는 중국 격언에서 유래한 이름 '히로히토裕仁'를 새로 태어난 아기에게 붙였다.[1]

메이지 천황의 황위를 이을 아버지 요시히토嘉仁 황태자는 지병으로 고생하고 있었는데, 당시 나이 약관 21세였다. 황태자비인 사다코節子는 방년 16세였는데, 그 후로도 아들 셋을 더 낳았다. 1902년에 야스히토(雍仁, 지치부노미야秩父宮), 1905년에 노부히토(宣仁, 다카마쓰노미야高松宮), 1915년에 다카히토(崇仁, 미카사노미야三笠宮)가 태어났다.[2] 한편 할아버지인 메이지 천황은 이때 48세로 34년째 황위 자리를 지키고 있었으며, 그 후로도 11년을 더 통치했다.

예로부터 일본 황실의 아이들은 부모에게서 떨어져, 적당한 후견인에게 맡겨져 양육되는 관습이 있었다. 히로히토의 아버지 요시히토도 생후 얼마 안 되어 이 관습에 따라 후견인에게 맡겨졌다. 요시히토는 1879년 태어난 직후 뇌막염에 걸렸는데, 메이지 천황은 서양 의학이 아니라 전통 한방으로 치료할 것을 고집했다.[3] 요시히토는 반응이 느렸고, 자주 병상에 누워 힘겹고 고통스러운 유년 시절을 보냈다. 자라면서 수년 동안 회복 기미를 보일 때도 있었으나 곧 다시 힘겹고 고통스러운 시기가 이어지곤 했으며, 결코 건강을 회복하지는 못했다. 황실과 귀족 자제들이 다니는 학교인 학습원(學習院: 가큐슈인)의 초등과를 겨우 졸업하고 중등과를 1년 마쳤을 무렵, 그는 황실의 낙오자로 전락하고 말았다.[4]

황태자의 이러한 문제는 얼마간 유전에 따른 것일까? 메이지 천황은 다섯 아내에게서 열다섯 명이나 되는 아이를 얻었지만, 11명은 요절하고 남자아이는 셋째아들인 요시히토만 살아남았다. 요시히토의 어머니는 황후가 아닌 후궁이었다. 당연히 궁정은 수백 년에 걸친 근친혼의 결과가 요시히토의 자녀 세대에 어떤 유전적인 문제로 나타나게 될까봐 두려워했다.

이 때문에 메이지 천황과 측근들은 황태자와 결혼해 아이를 낳아야 하는 황태자비를 선정하는 데 무척 신경을 썼다. 그들이 최종적으로 선택한 사람은 궁정 귀족 중 최고 일문에서 태어난 구조 사다코九条節子라는 규수였다. 구조 가家는 12세기 말 섭정을 도맡았던 후지와라藤原 가문에서 갈라져 나온 집안이었다. 사다코는 여자학습원女子学習院의 최고 재원이었다. 명민하고 말투는 또박또박했으며 몸집은 작았는데, 그녀의 밝은 성격과 고상한 품위는 특히 칭송의 대상이었다. 그녀는 모든 면에서 요시히토와는 정반대였다.[5]

시종들을 대동하고 몇 번 만난 후, 1900년 봄에 두 사람은 결혼했다. 해가 갈수록 사다코는 성장하여 자신감과 원숙미를 더해갔으며, 자식을 위해 그녀를 선택한 메이지 천황의 혜안은 더더욱 칭송을 받았다.

메이지 천황은 요시히토, 사다코와 상의하여, 손자인 히로히토를 근대적인 방식에 입각하여 군인 밑에서 교육받도록 했다. 이러한 교육에 합당한 후견인은 기혼인 육군이나 해군 장교라야 하며, 좋은 가풍과 함께 군인다운 영향도 끼칠 수 있는 인물이라야 했다. 메이지 천황이 처음 후견인으로 적당하다고 생각했던 오야마 이와오大山巖 원수는 그 중책을 고사했다. 이 때문에 옛 사쓰마 번(薩摩藩, 가고시마 현 서반부에 있었으며 거의 독립국과 같았던 봉건 영주의 봉토) 출신으로 퇴역 해군중장이며 전前 해군경卿인 가와무라 스미요시川村純義 백작을 선임해 새로 태어난 황자를 손자처럼 양육해줄 것을 청했다. 가와무라는 유학을 배웠고, 요시히토의 어머니와는 먼 인척 관계라는 사실도 그에 대한 신임을 더욱 두텁게 했다.[6] 생후 70일째가 되는 7월 7일, 히로히토는 궁정을 떠나 가와무라 가에서 양육되기 시작했다. 이때 가와무라는 히로히토를 이기적인 인간이 아니라, 타인의 생각에 귀를 기울일 줄 알며 어떤 어려움도 헤쳐 나갈 수 있는 용기 있는 인간으로 기르기로 결심했다고 한다.[7] 이중 마지막의 용기 부분을 제외하고는 모두 히로히토의 전 생애를 통하여 그의 성격으로 자리 잡았다.

히로히토가 생후 14개월이 되었을 때, 한적한 도쿄 아자부麻布에 자리 잡은 가와무라의 저택에 그의 첫째 동생인 야스히토(지치부노미야)도 들어오게 되었다. 두 아이는 그 후 2년 반 동안 가와무라 저택에서 지냈다. 그 동안 의사 세 명과 여러 궁녀들과 많은 고용인들이, 아이들의 서양식 식사부터 특별 주문 제작하는 프랑스제 의류까지 일상생활 구석구석을 주도면밀하게 관리했다. 그리고 러일전쟁이 한창이던 1904년 11월, 가와무라는 69세 나이로 세상을 떠났다. 세 살배기 히로히토와 두 살 된 지치부노미야는 부모 슬하로 돌아와, 처음에는 시즈오카 현靜岡県의 누마즈沼津에 있는 황실의 별저別邸에서, 나중에는 담으로 둘러싸인 광대한(80만 제곱미터) 아오야마 어소 구내에 신축된 황손어전皇孫御殿에서 살았다. 1905년에는 노부히토(다카마쓰노미야)가 태어나 그해 말에 황손어전에서 형들과 함께 생활했다. 황자들의 양육은 처음에는 요시히토 황태자의 신임 시종장인 기도 다카마사木戸孝正가 감독했고, 그 후에는 전담 시종이 그 일을 맡았다.

유년 시절에 히로히토를 돌보았던 궁녀 가운데 도쿄고등여자사범학교를 졸업했으며 후에 전시戰時 마지막 총리대신 스즈키 간타로鈴木貫太郎의 부인이 된, 당시 스물두 살이던 아다치 다카足立孝가 있는데, 이 사람이야말로 히로히토의 양어머니라 할 것이다. 그녀는 만년에 당시를 회상하며 유년 시절의 히로히토를 성격과 언행이 조용하고 신중하며 차분했던 아이로 평하고, 더 활동적이고 호기심 많고 변덕스러웠던 지치부노미야와는 대조되었다고 말했다.[8] 사실 두 사람은 어렸을 때는 물론이고 어른이 되어서도 성격이 매우 대조되었다. 그러나 성장해 군주제의 강력한 구현자가 되었을 때, 아직 젊은 히로히토는 아다치 다카가 말하는 것보다 더 강하게 자신을 주장했고, 그녀가 예견했던 것보다 훨씬 더 감정에 휩쓸리기도 했다.

히로히토가 열 살이 될 때까지 10년 동안, 아버지인 요시히토 황태자는 황손어전과 같은 담장 안에서 몇 분 안 되는 거리에 살며 매일같이 얼굴을 마주했다. 지치부노미야는 후에 곧잘 아버지에 대해 솔직하게 이야기하곤 했지만, 할아버지인 메이지 천황에 대해서는 얘기하는 일이 없었다. 지치부노미야가 기억하는 한 메이지 천황은 손자들을 자상하게 대하는 법이 없었으며, 손톱만큼도 애정을 표하는 일이 없었다. "〔할아버지는〕 한 번도 여느 가정집의 할아버지처럼 손자를 눈에 넣어도 아프지 않다고 할 만큼 귀여워해주지 않았다. …… 나는 한 번도 할아버지의 육성을 들어본 적이 없었다"고 그는 썼다.[9] 반면 히로히토는 아버지에 대한 기억이나 인상을 언급하는 일이 거의 없었으나 할아버지에 대해서는 언제나 경애를 담아 말했다고 한다.[10] 이것은 아마도 그가 어린 시절부터 아버지가 아닌 메이지 천황을 본보기로 삼도록 교육받았기 때문이리라.

다카의 말에 따르면, 메이지 천황은 손자들과 만나는 것을 극단적으로 피했으며 그들의 생일 외에는 거의 만나는 일이 없었다. 설령 만난다 해도 겨우 2, 3분에 지나지 않아, 할아버지와 손자 사이의 화기애애한 만남이라고 하기보다는 군주를 알현하는 것이나 진배없었다. 메이지 천황은 군복 차림으로 책상 앞에 서서 어린 손자들의 인사를 받고는 알았다는 듯이 고개를 끄덕였을 뿐이다. 그리고 손자들은 곧바로 물러가야 했다. 손자들에게 애정을 표한다고 해봐야 고작 장난감을 선물하는 정도였다. 그렇기에 히로히토가 경모했던 것은, 아마 결국은 알 수 없는 현실의 할아버지가 아니라 이상화한 천황 '메이지 대제'였다고 할 수 있을 것이다. 이러한 부자연스러운 정서 환경에서 자라는 가운데 히로히토는 자신의 아버지에 대해서는 모순된 감정을 품더라도 메이지 천황에 대해서는 그러한 감정이 적었을 것이다.

유치원 때 히로히토는 온순한 아이로, 궁녀들이나 일가친척들에게 늘 응석을 부리곤 했다. 귀족층의 다른 아이들과 마찬가지로 황자들은 러일 전쟁 놀이를 하며 자랐다.**12** 장차 천황이 될 히로히토─어린 '미치노미야'─는 놀이할 때도 경의의 대상이라야 했으며, 그에게 화를 내서는 안 되고 정중하게 대해야 했다. 전쟁놀이에서도 그는 언제나 이기는 쪽의 총사령관만을 맡았다. 지치부노미야는, 언젠가 자신이 미치노미야와 장난감을 두고 다투다가 화가 난 나머지 형을 장난감 소총으로 때린 일이 있었다고 회상했다. 함께 있던 궁녀는 경악하여 재빨리 지치부노미야를 붙들고 예배실('청정의 방お淸の間'이라고 한다─일본어판)로 끌고 갔다. 그리고 아마테라스오미카미天照大神, 부모인 황태자와 황태자비 전하의 초상 밑에서 사과하게 하고, 다시는 형에게 손을 대지 않을 것을 맹세하도록 했다. 그러나 지치부노미야는 그 후로도 자주 그 맹세를 어겼다고 한다.

네 살부터 여덟 살까지, 미치노미야는 아우들과 함께 마차를 타고 일본 근대사의 보고라고 할 수 있는 수도의 중심부를 자주 방문했다. 가끔 러일전쟁의 군사 지도자나 메이지 시대 과두 정치의 집정자들이 황손어전을 예방했다. 또한 히로히토 형제들은 군국주의와 전쟁에 친숙해질 수 있도록 군대의 사열식에도 참석하고, 러일전쟁 때 노획했던 무기를 전시한 유취관遊就館에도 따라가곤 했다. 요코스카橫須賀 진수부鎭守府진수부는 옛 일본해군의 지역 감독 기관─옮긴이도 방문했다. 1906년 8월에 히로히토와 지치부노미야는 군함 가토리香取에 행차했다.**14**

히로히토가 여섯 살이 되던 1907년, 후작 이토 히로부미伊藤博文가 러일전쟁 결과 일본의 피보호국이 된 한국1897년 고종은 '대한제국'을 선포했다. 대한제국은 1910년 한일병합까지 이어진다─편집자의 정치 상황을 보고하려고 도쿄로 돌아왔다. 이토는 1905년 12월부터 초대 한국통감을 맡고 있었다. 9월 메이지 천황은 이토에게 가장 높은 화족華族일본 옛 헌법 체제에서 작위를 받은 이나 그 가족—옮긴이 작위인 공작 칭호를 하사했다. 바로 그때 궁녀 다카가 히로 히토 형제에게 할아버지를 알현케 하고자 세일러복을 입혀 궁궐로 데리 고 갔다. 이들 형제 일행은 우연찮게 이토와 야마가타 아리모토山県有朋, 그리고 사쓰마 번과 조슈 번長州藩 출신인 과두 세력가 다섯 명과 만나게 되었다. 후에 '원로元老'라 불린 이들은 서작叙爵의 예를 고하러 입궁하 던 참이었다. 대기실에서 그들을 마주한 히로히토가 이토의 훈장을 물끄 러미 바라보자, 이토는 다가가 "황손 전하이신지요?"라고 물었다. 히로 히토가 주저 않고 그렇다고 대답하며 누구냐고 물었다. 이토는 자기를 소 개하고 그곳에 온 이유를 설명했다. 히로히토는 이토의 옷에 달린, 많은 훈장에 대해 자세히 물었는데, 실제 나이보다 훨씬 성숙하고 대화에도 익 숙한 듯해, 이를 보고 노년의 '원로'들은 무척 기뻐했다.

I

1901년 도쿄의 인구가 150만을 넘쳐섰다.[15] 아직 근대화가 완성되지는 않았지만, 이 도시는 활력이 넘쳐흘렀다. 메이지 천황은 히로히토가 태어 난 곳에서 그리 멀지 않은 데에 새로 지은 궁전에서 살았다. 새 궁전은 목 조 건물 30여 채가 복도로 연결되어 있는 구조였다. 천황은 이곳에 전기 설비를 하도록 허락하지 않았다.[16] 돌담으로 둘러싸인 광대한 궁궐은 넓 이가 약 1제곱킬로미터나 되는 데다 해자로 둘러싸여 있어, 마치 혼잡한 도심 한복판에 떠 있는, 푸르고 한적한 섬과 같았다. 한쪽 옆에는 국가의 주요한 금융·경제·행정 기관이 운집하기 시작한 마루노우치九の内 지구와 가스미가세키霞が関 지구가 있었다. 이 미래의 비즈니스 중심가에 새로 생겨난 의사당과 미쓰비시三菱 합자의 본사 건물, 일본의 첫 서양식 공원인 히비야日比谷 공원이 있었다. 광대한 궁궐은 동쪽으로 도쿄 만을 내려다보고 있었으며, 만 양쪽에는 경공업 및 중공업 지역이 집중적으로 형성되기 시작했다.

히로히토는 일본의 근대사 전체가 할아버지와 그를 도왔던 소수 유능한 관료를 중심으로 구축되었다고 배워왔다. 열다섯 살 때 교토京都에서 즉위하기까지 거의 무명이었던 메이지 천황은 첫 황손이 태어났을 때에는 일본 전역에서 숭배를 받고 있었다. 이 기간에 군주제가 성장해 정치적·경제적·군사적 권력을 수중에 넣은 한편, 일본국민은 '신민臣民'이라는 새로운 국가적 귀속성identity을 획득했다. 신민이라 함은 이념상 온 국민을 천황의 '자녀'로 간주하고, 천황을 확대 가족의 어버이(아버지이면서 동시에 어머니인 존재)라 여겨, 천황을 절대적으로 섬기고 충성하도록 하는 윤리적 이데올로기다. 신민들은 모두 근면과 경쟁을 숭상하고, 국가 기원 신화를 존중하며 신도를 숭배하고, 국가에 대한 봉공과 천황에 대한 복종을 개인의 이익과 쾌락보다 우선하는 것이 당연시되었다. 히로히토 또한 이러한 천황제의 이념하에서, 그러나 신민들의 충성과 봉사를 한 몸에 받는다는, 신민과는 정반대 위치에서 자라났다.

히로히토가 태어났을 때, 천황 숭배는 이미 공적으로 확립되어 있었다. 천황을 폄하하는 언론 등은 1893년에 제정된 출판법, 천황 및 황족의 초상과 국화 문양에 관한 1898년 및 1900년 내무성의 명령에 따라 금지되었으며, 1909년 억압적인 신문지법新聞紙法이 그 뒤를 이었다.[17] 천황과 황실에 관한 언론의 보도는 특수한 경어를 사용한 획일적인 형태를 띠었다. 천황에 대한 사진 촬영도 경찰법으로 규제되었다.

메이지 시대가 남긴 지극히 양의적兩義的인 유산 가운데, 메이지 천황이 손자에게 물려주었던 헌법 체제와 지배 이념은 가장 중요한 의미를 지닌 것이었다. 헌법에 따라 히로히토는 신중한 권력 행사를 덕목으로 삼는 전제 지배의 정치적 전통을 계승했다. 후에 황위 계승 준비 교육이 시작되자, 히로히토는 먼저 천황의 동의를 얻어야만 법률도 칙령도 제정할 수 있다는 사실을 배웠다.[18] 궁정과 내각은 천황에 의해 연결되며, 천황에게서 그 두 영역이 하나로 결합했다. 그러나 궁정과 정부 사이의 구조적 분리는 곧바로 양자의 의사소통 문제를 야기한다. 히로히토는 성장함에 따라 그 분리를 체험하고, 헌법 질서를 창설한 이가 국가의 최상층에 제도화시키고 만 어려움에 늘 직면한다.[19]

헌법에서는 천황이 입법권 행사를 제국의회와 공유하도록 했으나, 메이지 천황과 그 측근들은 의회가 의회 자신의 의사가 아니라 '천황의 의사'만을 반영할 것을 전제로 삼았다. 천황과 의회가 대립할 때는 천황이 재가를 보류함으로써 거부권을 발동할 수 있었다. 천황의 '선물'로서 성문화한 헌법 질서는 히로히토가 태어날 즈음에는 이미 바뀌고 있었다. 1900년 이토 히로부미는 새 정당인 '입헌정우회立憲政友会'를 창설, 과두 정부에 대한 의회의 지지를 이끌어내어 헌법의 기능을 보호하고자 했다.

주로 대지주와 기업가의 이익을 대변하는 정우회는 의회에서 정당정치를 지배했다.[20] 원로들은 메이지 천황을 설득하여 내각에도 정당정치가들을 등용하는 정당정치의 새로운 현실을 용인하도록 했다. 이토는 메이지 천황의 반대를 단념시키는 데 다시 중심 구실을 수행했다. 그러나 이때 이토는 총리대신과 국무대신의 임면권에 관해서는 정우회가 간섭하지 않고 100퍼센트 천황의 재량에 맡기기로 약속했다.[21] 이리하여 이토는 전제專制를 고집하는 천황의 편견에 굴해, 중의원衆議院의 다수당 당수들이 내각을 조직한다는 의회주의의 기본 원칙을 포기하고 말았다.

메이지 천황은 대체로 전제주의자였고, 헌법이 제정된 후에도 전혀 달라지지 않았다. 그는 내각에서 논쟁이 벌어질 때에는 항상 군부를 지지했다. 원로들은 그에게 독재 권력의 행사를 삼가고 합의제의 범위 안에서 행동하도록 줄곧 간언했다. 천황이 헌법 제정 이전에는 불가능했던 형태로 총리대신과 다른 고관들을 임면할 수 있다는 사실은 이토를 비롯한 원로들이 총리대신을 천거할 수 있는 독점권을 유지한다는 의미였다.[22]

또한 메이지 천황의 주요 측근들은 고대로부터 전해져 온 종교관과 국가의식意識의 융합에 기초해서 지배 이데올로기를 공들여 완성하고, 메이지 천황을 통해 이를 히로히토에게 전했다. 이토는 "모든 종교는 무력하여 국가의 기초가 될 수 없다"고 단정했다. 따라서 황권이 이를 대신하여, 황위를 잇는 자가 전 국가 조직에 권위의 원천이 되어야 했다. 1889년에 간행된 유명한 『헌법의해憲法義解』에서, 이토는 신권적 천황을 위한 고전적인 설명을 마련했다.

> 삼가 생각하건대, 천지가 열리고 신성한 지위를 세운다.(『고사기古事記』) 아마도 천황은 하늘이 내린 지극히 성스러운 신성한 존재이며, 신민군류臣民群類를 초월한 존재이다. 흠모는 하되 감히 범해서는 안 된다. 그러므로 군주는 법률을 존중하지 않으면 안 된다. 그러하나 법률은 군주를 문책할 힘을 갖지 아니한다. …… 비난과 논의의 밖에 존재하는 자이다.[23]

그러나 이 정도로 뚜렷이 종교적 신화로 채색된 천황제 이데올로기는 실은 고대에 성립된 것이 아니다. '종파 신도神道'에 대치되는 비교단非教

団적인 '국가신도'는 일본이 신도神道 신들의 수호를 받는 나라이며 태양 여신 아마테라스오미카미(天照大神)—옮긴이의 자손인 천황이 통치하는 성스러운 국가라는 믿음을 바탕으로 바로 메이지 천황 치세에 형성되었다. 신도의 핵심 요소인 국가주의화에 수반하여, 태양 여신을 받들어 모시는 대신궁 大神宮으로서 이세신궁伊勢神宮의 권위가 확립되었다. 이세신궁은 신도의 중심적 상징, 국민적인 숭배의 핵심, 전국 각지에 산재한 하위 신사를 통합하는 계층 질서의 정점으로 자리를 잡았다.

1890년 메이지 천황은 국무대신의 서명이 없는 간결한 「교육칙어」를 공포했다. 칙어에서는 '천황에 종속되는 관리와 그 명령에 순종하는 백성' 양쪽을 나타내고자 신조어인 '신민'을 사용하여 "그대 신민爾 臣民"이라 불렀다.[24] 그리고 어버이에 대한 효행을 포함하여 인간관계를 가르치는 유교적 덕목을 열거한 후, "일단 유사시에는 의용義勇을 국가에 바친다. 그럼으로써 하늘로부터 부여받은 무궁한 황운皇運을 위해 헌신할 것"이라고 했다. 마지막 줄에서는 천황이 모든 윤리 도덕의 원천이라고 못박았다.[25]

메이지 유신이 시작되면서 유교와 불교는 둘 다 국수國粹에 대해 외국에서 흘러든 불순물로 간주되었기 때문에 부정적으로 여겨졌다. 그러나 「교육칙어」는 메이지 후기의 반동 속에 등장하여, 진보적이고 민주적인 사상과 이념에 대항하고 '신민'이라는 새로운 관념을 불어넣고자 신도가 아닌 유교의 용어를 사용했다. 이로써 수세대에 걸쳐 일본국민은, 백성에게 이로운 바를 가장 잘 안다고 간주되는 관리들에 의해 가부장적인 수단에 따라 가부장적으로 통치되는 천황제 국가의 충실한 종으로 길들여졌다. 또한 「교육칙어」는 모든 일본인에게, 도덕이나 문화는 국가와 강하게 밀착되었으며 결코 이를 초월하는 것이 아니라는 관념을 주입했다.

교육과 군사, 모든 일본인의 국민생활에 관계된 이 두 가지 영역이 초헌법적인 천황의 직접 통치하에 놓이고, 천황은 신앙을 강제하는 성스러운 사부師父로, 또한 군 통수권을 지닌 대원수大元帥로 군림했다.[26] 천황의 지지와 협조가 없으면 내각이나 총리대신은 하루도 존속할 수 없었다.

메이지 헌법과 「교육칙어」가 공포되자 군주제는 더욱더 굳건해졌고, 그 결과 일본의 지적知的인 사조가 전면적으로 바뀌었다.[27] 히로히토의 유년기에 메이지 체제의 제도와 이데올로기는 더욱 확고해졌다. 1900년 내무성에 신사국神社局과 종교국이 설치됨에 따라 국가신도와 천황에 의한 '제정일치祭政一致'가 강해졌다.[28] 그 후로 어느 가정이라도, 불교 신자이든 기독교도(인구의 1퍼센트) 가정이든 가족 전원이 지역 신사의 구성원이 되어, 특정 신을 수호신으로 모셔야 했다. 지역의 신사가 고대 신화나 역사적 전설을 기초로 제신祭神을 선정하면 국가의 기준으로 사격社格이 정해졌으며, 각 신사의 제신은 황실의 조상신인 아마테라스오미카미의 계통과 결부되었다. 메이지 천황을 숭배하는 마음이 깊어져, 많은 사람들은 자신이 천황 덕택에 존재한다고 생각하게 되었다.[29]

히로히토가 일곱 살이 되던 1908년, 일본정부는 구미 열강이 벌여온 땅따먹기의 틀 안에서 아시아 대륙에 일본의 식민 지배를 확대하려는 외교 정책을 재확인했다. 같은 해 일본의 문부성은 교과서를 고쳐, 모든 국민이 천황과 연관되는, 유기적이고 화목하며 도덕적인 가부장제 '가족국가'로 일본을 묘사했다. 사회가 격변한 탓에 고문체로 쓰인 메이지 천황의 「교육칙어」에도 통일된 해석이 필요해졌기 때문이었다. 이로써 칙어는 1890년대에는 없었던 의미를 띠었다. 이전에도 아이들은 건국 신화를 통해, 자신이 천황의 신민이며 부모에게 순종하듯이 천황에 순종해야만 한다고 배웠다. 그러나 비인격적인 천황제 국가 자체가 다른 모든 가치에 우선하는 절대적인 존재로 여겨진 것은 이때가 처음이었다. 황실과 국민의 관계는 창시자의 직계 후손인 '본가'와 그로부터 갈라져 나온 '분가'의 관계로 설명되었다. 1911년에 교과서 수정이 완료되자 공교육에 군주의 절대권력 개념이 정착하여, 국가는 이론상 가족의 친애 관계에 기초를 둔 것으로 간주되었다.[30]

물론 현실적으로 모든 일본인이 정부를 지지하거나, 황실에 관해 새 교과서에서 주장하는 내용을 진심으로 인정하지는 않았다. 이를 상징하는 것이 1910년부터 1911년에 걸쳐 대대적으로 보도된 '대역 사건'이다. 급진적인 사회주의자와 아나키스트로 구성된 소집단이 메이지 천황의 암살을 꾀한 혐의로 대역죄에 기소되어 처형된 사건이다. 그중 한 사람인, 조동종曹洞宗의 젊은 선승 우치야마 구도內山愚童가 천황제 전체를 통렬히 비판한 글은 후에 널리 알려졌다.

지금의 정부를 무너뜨리고 천황이 없는 자유국으로 만든다고 하는 것이 왜 모반인이 하는 짓이 아니고 정의를 중시하는 용사가 하는 일인가 하면, 현 정부나 천황은 제군들이 소학교초등학교—옮긴이 교사들에게 속아 넘어간 대로 신의 아들도 그 무엇도 아닌 것이다. 지금 천황의 조상은 규슈九州 지방의 촌구석에서 나와 살인이나 강도질을 하여 같은 도둑 패거리인 나가스네히코長髄彦3세기 전반경에 존재하던 기나이 야마타이(畿内 耶馬台国)의 족장—옮긴이를 멸망시켰다. 말하자면 〔도적의 우두머리—옮긴이〕인 구마사카초한熊ざか·長範이나 크나큰 산의 술고래 동자童子가 성공한 것이다. 신도 아무것도 아니라 함은 조금만 생각해보면 금방 알 수 있다. 2500년이나 이어졌다고 하면 자못 신이라도 되는 것처럼 생각하기 십상이나, 대를 이어 밖으로는 오랑캐에게 괴롭힘을

당하고, 안으로는 신하들에게 장난감 취급을 받아온 것이다. 이렇게 뻔한 것을 대학의 박사라는 둥 학위자라는 둥 하는 비겁자들은 말하지도 쓰지도 못한 채 새빨간 거짓말로 남을 속이고 스스로를 기만하고 있다.[31]

II

히로히토는 일본 근대사 전체를, 할아버지와 할아버지를 충성스럽게 보좌해온 집단과 결부해 인식하고, 할아버지로부터 물려받은 제국의 테두리로 자신의 세계를 인식해갔다. 메이지 천황의 이름으로 두 차례 치러진 중요한 전쟁, 1894~1895년 청조淸朝 중국과 벌인 전쟁과 1904~1905년 제정帝政 러시아와 벌인 전쟁은 일본의 국민생활 여건과 일본을 둘러싼 국제 환경을 크게 바꾸어놓았다.

청일전쟁은 국민 통합을 더욱 심화시켜, 과두 권위주의 지배 체제의 위기 관리 메커니즘으로 천황제가 변질되도록 부채질했다. 동시에 청일전쟁은 의회에서 정당의 힘을 키워, 권위주의 국가에 자유주의적인 법률 도입을 촉진하는 결과도 가져왔다. 이후 일본경제가 급속도로 발전하자 군부, 관료, 의회, 기업계의 엘리트들은 서로 이해를 달리하여 첨예하게 대립했다. 이에 따라 내정內政은 이전보다 훨씬 더 어려워졌다.

10년 후, 러일전쟁을 치르고 나서 정당 활동이 더욱 활발해지고, 아시아 대륙에서 일본의 영유권을 유지하는 데 드는 군사 비용은 점점 늘어났다. 이 시기에는 육해군 통수부의 지휘권이 천황에게 직접 종속되어 군령軍令 조직은 내각의 통제 밖에 놓이게 되었다. 이토는 이를 위험하다고 보고 공식령公式令을 제정하여 대항했고, 그 결과 1889년 이후 내각의 손을 떠나 있었던 권력의 일부가 총리대신에게 돌아갔다.[32] 그러나 군부의 상대적 독립성은 억제되지 않았으며, 내각이 천황의 최고 자문 기관이 되는 일은 없었다. 1907년 3월, 해군대신은 천황에게 이토의 결정을 뒤엎도록 진언했으며 메이지 천황은 이에 동의했다.[33]

6개월 후, 육군대신과 해군대신은 "육해군의 통수에 관련하여 천황의 결정을 거친 규정은 이를 군령으로 삼는다"고 규정한 군령 제1호를 제정했으며, 메이지 천황이 이를 재가했다. 이에 따라 육해군은 '군령이라는 새로운 형식의 법령을 독자적으로 설정할 권한'을 갖게 되었다. 이렇게 메이지 천황이 군부를 지지함으로써 내각을 통일하는 총리대신의 권한은 여전히 미약한 채 남았고, 군부는 천황의 '통수대권'이란 정부의 통제 밖에 독립되어 있는 권한이라는 주장을 더 진전시킬 수 있었다.[34]

러일전쟁이 끝난 뒤인 1907년부터 1차 세계대전 전야에 이르는 히로히토의 재학 기간 중, 군부는 법적으로는 인정되지 않는 권력을 부당하게 인정받는다. 메이지 천황은 일본 국방의 새로운 방침〔1907년 결정된 '제국국방방침'—일본어판〕으로서, '메이지 37~38년(1904~1905년) 전쟁에 수만 명의 목숨과 막대한 재화를 바쳐 만주와 한국에 뿌리내린 이권'을 지킬 것을 허락했다.[35] 군대에 천황 이데올로기와 무사도 정신이 새로이 주입되기 시작했다. 보병조전操典과 군대 교육령이 개정되어, 전투 때에 정신력, 호전성, 소화기小火器개인이 휴대하고 전투할 수 있는 화포류—옮긴이, 백병전白兵戰적에 육박해서 칼·창·총검 들을 가지고 일대일로 맞붙어 싸우는 전투—옮긴이의 중요성이 강조되었다. 이와 더불어 천황 시종무관의 지위와 권위가 막중해졌다.[36]

1907년에는 대한제국 황실을 조종해 한국을 지배하려는 장구한 노력도 새로운 단계를 맞이했다. 한국의 고종 황제는 9월, 을사조약이 황제의 공식 허가를 거치지 않고 추진되었음을 호소하고자 네덜란드 헤이그에서 열린 만국평화회의에 사절 세 명을 파견했다. 열강은 일본의 피보호국인 한국에 외교권이 없다 하여, 고종이 보낸 사절이 회의에 참석하도록 허용하지 않았다. 일본을 당혹케 한 이 사건이 일어난 뒤, 메이지 천황은 한국 황실과 관계를 다지고자 요시히토 황태자를 한국에 파견했다. 요시히토가 10월 말에 귀국한 직후, 메이지 천황은 고종을 퇴위시키고 황위 계승자인 황태자 이은李垠영왕(英王) 혹은 영친왕(英親王)-편집자을 도쿄에 거주케 하자는 이토의 안에 찬성했다. 이은을 데려오는 것은, 공식적으로는 교육을 받게 하려 함이라고 했지만 실제로는 한국 황실이 반일 행동을 그만하도록 하려는 것이었다. 1907년 12월 15일, 열 살짜리 이은은 이토의 손에 이끌려 황손어전을 방문하여, 히로히토, 지치부노미야, 다카마쓰노미야를 만났다. 그 후 2년 넘게 메이지 천황은 이은의 보호자가 되어, 여태까지 자신의 손자들에게도 보이지 않았던 정성을 쏟으며 선물을 하사했다. 이 기간에 과두 정치가들은 한국의 지위를 피보호국에서 식민지로 전환한다는 중요한 결정을 내렸다. 이토는 히로히토 형제들을 방문할 때 언제나 이은을 데려갔다.

히로히토가 이토와 함께 이은을 마지막으로 만난 것은 1909년 9월 14일이었다. 그 직전에 이토는 한국통감을 사임하고 추밀원樞密院천황의 정치 자문 기관-옮긴이 의장에 취임했다. 6주 뒤인 10월 26일, 러일 관계의 절충을 꾀하던 이토는 만주의 하얼빈에서 한국인 민족주의자안중근 의사-옮긴이에게 암살되었다. 인질인 이은은 여전히 도쿄에 거주해야 했고, 1911년에 어머니가 사망할 때까지 한국 땅을 밟을 수 없었다.[37]

히로히토의 유년 시절은 물론 그 뒤에도 메이지 천황은 모든 덕목의 중요한 시금석으로 간주되었다. 메이지 천황은 진취적이고 선진적이며 '서구화된' 군주이며, 모든 도덕적 가치의 원천이자 정수로 여겨졌으나, 이는 실제와 거리가 멀었다. 그는 개인적으로는 '반서구' 성향을 띠었으며, 정치적으로는 복고주의자였다. 성격도 호인이라고 할 수는 없었다. 건강에 별로 신경을 쓰지 않았으며 뚱뚱했다. 그는 엄청난 식욕을 장시간에 걸쳐 해소했는데, 결국 포식과 음주로 건강을 해쳐 만성 지병에 시달렸다.[38]

일본의 통치 지배층이 메이지 천황의 덕을 초인적인 것으로 과장해서 전하고, 러일전쟁 후의 국가 정황을 정당화시키며, 천황 숭배를 강화하고자 교과서를 개정한 시기였던 1908년 봄, 히로히토는 일곱 살이 되어 학습원의 초등과에 입학했다. 학습원은 궁내성宮內省 관할로 30년 전에 설립되어 황족과 궁정 귀족 자제들을 교육해왔는데, 요츠야오와리초四谷尾張町에 있으며 옛 아카사카赤坂 어소의 정문과 가까웠다(황손어전에서 도보로 약 20분). 1884년에 공포된 화족령華族令으로 새로 작위를 받은 귀족(화족)도 입학할 수 있게 되어 학교가 확장되었다.〔화족령을 통해 궁정 귀족(공가公家)과 무가 귀족, 훈공勳功 귀족 들을 총칭하는 '화족'이라는 신분이 제도적으로 규정되었다.─일본어판〕메이지 천황은 러일전쟁의 영웅인 육군대장 노기 마레스케乃木希典를 제10대 학습원 원장으로 임명해 황손 교육을 맡겼다.

노기는 엄격한 군대식 교육을 지향했으며 유교, 무사도, 선禪의 가르침을 신봉했다. 그는 어린 황자들이 버릇없이 구는 것을 결코 용납하지 않았다. 노기의 지시에 따라 황자들은 매일 아침 시의侍医와 궁내성 직원 두 명의 호위를 받으며 걸어서 학교에 다녔다. 덕분에 그 근처를 지나다니는 사람들은 히로히토가 의연하게 앞서고, 그 뒤를 지치부노미야가 따르며, 다카마쓰노미야가 맨 끝에서 걸어가는 모습을 구경할 수 있었다. 비가 오는 날에는 마차를 타는 것이 용납되어 히로히토 혼자 앞쪽 마차에 타고 동생들은 뒤쪽 마차에 탔다. 그 밖에 누가 아플 때를 제외하고는 마차를

타고 학습원으로 가는 일이 없었다.[39]

히로히토는 원기 왕성한 아이는 아니었기 때문에, 학교 교사진은 노기의 뜻에 따라 예의범절 및 학업 성적과 더불어 체육과 건강에 특히 신경을 썼다. 동시에 노기는 검소, 근면, 인내, 남자다움, 어려움에 처했을 때의 자제심 등, 미래의 제왕에게 필수라고 생각한 덕목을 심어주는 데도 힘썼다. 노기가 보기에, 의무에 대한 헌신이나 군사에 대한 애착도 이상적인 군주가 되는 데 중요한 요소였다. 노기의 후견하에 히로히토는 자신의 신체적 약점을 일찍 간파하고, 각고의 노력으로 극복해냈다. 유년 시절의 이러한 경험을 통하여 히로히토는 적절한 교육만 받는다면 사람은 무슨 단점이든지 극복할 수 있다고 생각하게 된 듯하다.

노기는 근대 일본군대가 애초부터 천황의 군대이며, 천황의 직접 지휘를 받도록 되어 있음을 항상 의식했다.[40] 어린 황태자는 장차 군을 책임질 것이므로, 할아버지인 메이지 천황도 받아본 적이 없던, 최고 지휘관을 위한 특별 훈련이 준비되었으며, 학습원의 교원들에게는 "군무에 임하셔야 하니 그 지도에 각별히 주의를 기울여달라"는 지시가 내려졌다.[41] 1910년 메이지 천황은 황족 남자에게 군사교육을 받고 군무軍務에 임할 것을 요구하는 황족신위령皇族身位令을 내렸다.[42] 황실의 강제적인 군사화 과정은 이 법령으로 완료되었고, 군사화한 황실은 그 후 30년 이상 지속되었다. 그러나 어린 히로히토에게는 군사훈련이라고 해봐야 초등과 4, 5학년부터 시작된 승마 훈련과, 형제나 학우들과 당시의 전투를 흉내 내는 전쟁놀이에 한정되었다.[43]

노기는 이러한 스파르타식 교육 환경을 정비하면서 히로히토의 아버지에 대한 교육이 실패했던 것을 잊지 않았다. 요시히토 황태자에게는 이토 히로부미, 원수元帥 오야마 이와오 등 쟁쟁한 스승이 붙었으나 최종적으로 누가 교육의 책임을 맡을 것인지는 분명히 정해지지 않았다.[44] 노기는 확고한 이데올로기 교육 제도와 자신의 엄격하고 강인한 성격의 덕을 보았다. 노기는 매일 아침 소년들에게 '각하'에 대한 경례를 하도록 했으며, 히로히토 형제는 기꺼이 이에 응했다.[45]

히로히토는 학습원 재학 중, 겨울 학기와 휴가를 시즈오카 현의 누마즈에서 지냈고, 여름에는 군마 현群馬県의 이카호伊香保와 가나가와 현神奈川県의 하야마葉山에서 보냈다. 동생들과도 자주 만나기는 했지만, 그들보다 더욱 밀접하게 지냈던 이들은 그를 위해 특별히 선임된, 열세 명이었다가 나중에 아홉 명으로 줄어든 학우들이었다. 그는 이미 궁내성의 장전부掌典部에 속한 궁정 귀족에게서 신도의 제사 의식을 익혔다. 히로히토는 신도의 최고 신관으로서 정치적·종교적 군주가 될 신분이었다.[46] 신도 의식을 실천함에 따라 조상을 숭배하는 마음도 이미 성격이 형성되기 전부터 자리를 잡았다. 동생들과 황손어전에 살던 기간 내내 매일 아침 일어나면 세수를 한 후, 한 평 정도 되는 '청정의 방お清の間'오키요노마. 황궁 안에 있는, 양친의 위패를 모신 방—옮긴이에서 이세신궁과 궁궐 쪽을 향해 머리를 숙여 기도하도록 배웠다.[47] 히로히토는 성장하면서 신사나 황실릉 참배를 통해 조상을 존중하는 마음이 깊어졌다.[48] 그의 머리에 새겨진 종교적 자기 인식은 유년 시절 전반에 받은 교육의 성과였다.

이러한 자기 인식의 중심에 있었던 것은 히로히토 자신의 존재, 권위, 일족의 홍망, 그 밖에 그와 국가를 지탱하는 모든 것들의 사실상 원천인 황실 선조에 대한 강한 도덕적 의무감이다. 조상 숭배는 앞으로 가부장제적인 황실의 가장이 될 히로히토에게 지워진 짐이었다. 그에게는 조상을 위한 장엄한 제사 집행법을 배워야 할 의무가 있었다.[49] 전통과 공적 의무 사이의 이 관계는 '황조황종(皇祖皇宗, 황실의 창시자와 기타 선조)'이라는 표현으로 요약된다. 황조는 태양 여신인 아마테라스오미카미에서 시작되어 진무神武 천황에 이르는 신화상의 선조를 뜻한다. 또한 황종은 그 뒤를 대대로 이은 천황들, 역대에 황위를 계승해온 천황 계보를 의미한다.[50] 황조황종으로써, 신화와 인위적으로 만들어진 천황제의 전통에 히로히토가 직접 결부되었다. 이는 그의 도덕관의 연원을 형성했으며 후에는 국가관의 기초가 되었다. 영원한 공적 책무의 대상인 황조황종에 그의 생애는 바쳐졌으며, 재위하는 한 그는 '황조황종'에 의해 계승되어온 황위를 지켜야 했다.

'황조황종'과 '만세일계万世一系의 황통皇統'이라는 말에는 유구한 역사적 배경이 있다. 이는 8세기 말에 간행된 『속일본기続日本紀』같은, 황실에 관한 초기 정치적 사서까지 거슬러 오른다. 이것이 1889년, '대일본제국헌법'을 공포한 칙어와 상유上諭천황의 말—옮긴이, 「황실전범상유皇室典範上諭」, 1890년에 공포된 「교육칙어」를 비롯하여 메이지 천황의 수많은 칙어로 부활했다. 황조황종이라는 표현은 히로히토가 공포한 수많은 칙어에도 등장하며, 대영·미 선전포고에 가운家運을 걸었던 때의 칙어도 예외는 아니었다. 돌아가신 조상들로부터 정신적 권위를 상속받았다는 히로히토의 지배자 의식, 권위의 원천이 아니라 권위를 세울 대상일 뿐이었던 신민臣民에 대한 책임보다 선조에 대한 도덕적 책임을 우선시하는 지배자로서의 의식, 황조황종은 무엇보다 이러한 의식을 의미했다.[51] '신민'이 아닌 조상들에 대한 책임의식은 히로히토의 성격 가운데서도 줄곧 눈에 띄는 특성으로 자리 잡아간다.

1912년 열한 살을 맞이한 히로히토는 황태자가 되어 육해군 소위의 지위를 하사받았다.[52] 할아버지의 길고도 빛나던 통치는 그해 마침내 종언을 고했고, 이에 따라 히로히토의 생활도 완전히 바뀌었다. 1880년대에 정치를 잘 알게 된 뒤로 메이지 천황은 모든 국가기관의 중심이 되어, 과두 정치가(고령이 되어 원로라 불리게 됨)들을 반대파로부터 보호하고, 그들의 의견 대립을 조정하면서 권력을 행사해왔다. 그의 마지막 업적은 정적에게 둘러싸인 과두 정치가들이 현실에 완성해낸 제국의 영광을 드높이고 신성화한 것이었다. 그럼으로써 메이지 천황은 일본의 국수주의와 일본제국의 산 상징일 뿐만 아니라 천황제 자체의 정당성을 상징하는 존재가 되었다. 1912년 7월 29일, 61세에 생을 마감한 그의 죽음은 복합적 상징의 소멸을 의미하며 그 후의 바람직한 천황상을 모색하는 계기가 되었다.[53]

서른세 살에 천황이 된, 히로히토의 아버지 요시히토는 메이지 천황이 남긴 유산을 계승할 수 없었다. 몸은 허약하며 무기력하고, 정치적 결단을 내릴 수 없었던 그는 최고사령관이 되었지만 군사에 대한 지식은 전무한 상태였다. 그가 즉위하여 다이쇼 시대(大正, 1912~1926년)가 출범한 지 한 달도 채 지나지 않아 신문은 시의侍医의 수가 늘었다고 보도했다. 1912년 12월 해군대장 야마모토 곤베이山本権兵衛는 차기 총리대신으로 추대된 원로 마쓰카타 마사요시松方正義에게, 다이쇼 천황이 〔재주와 지혜 측면에서〕 "외람되지만 선대 황제의 경우와는 다른 면이 있다. 내 소신으로는 가령 〔다이쇼 천황의〕 분부일지라도 나서서 국가를 위해 이롭지 않다는 확신이 서면 그 분부에 따르지 않는 편이 충성하는 것이라 믿는다"고 말했다.[54]

제도상으로는 아무 변화도 일어나지 않았으나 1912년 다이쇼 즉위는 국정의 중요한 전환점이 되었다. 원로들, 특히 야마가타 아리모토는 궁정 일에 더욱 많이 관여했으며, 새로운 천황의 충동적이고 예측 불가능한 의사를 억압하기 시작했다. 법률과 같은 효력을 지니며, 통제하기 어려운 의회나 국무대신에 대항해 최근까지 과두 정치가들이 자주 이용해온 칙령은 갑자기 격론의 표적이 되었으며 적잖이 권위가 실추했다.[55] 새로운 헌법 해석, 국가를 더없이 높은 위치에 두어 군주도 한 기관으로서 국가에 종속된다는 미노베 다쓰키치美濃部達吉의 '천황 기관설機関説'이 등장했다. 의회 정치가들 사이에서는 메이지 천황의 비호를 받으며 일본을 통치해온 삿초바츠薩長閥사쓰마 번과 조슈 번의 무벌을 아울러 이르는 말─옮긴이의 자의적인 지배로부터 헌법을 수호하려는 '호헌護憲 운동'이 새롭게 대두했다.[1900년 중의원의원선거법을 개정하여─일본어판] 러일전쟁 후에는 선거권을 가진 자가 두 배로 늘어났기 때문에, 많은 정치가들이 남성 보통선거법 제정도 요구하게 되었다.[56]

역사학자들은 1912년의 정치 변동을 정점으로 하는 러일전쟁 후의 시대를 일본 '다이쇼 데모크라시' 운동의 시초로 본다. 영미에서 기원한 데모크라시democracy라는 용어는 남성에게만 허용되는 보통선거, 다수당의 당수가 조직한 내각에 의한 정치, 의회를 초월한 구시대적인 번벌藩閥번(藩) 출신 귀족─옮긴이 지배를 대신하여 의회정당이 주도하는 정치 실현을 추구하는 정치가, 언론인, 지식인 들을 중심으로 한 일련의 사회 운동을 일컫는다. 1차 대전 후, '다이쇼 데모크라시'는 미국의 문화적·정치적 산물, 생활양식, 개인주의 같은 이념까지 수용하는 데 이르렀다.[57] 그중에서도 개인주의 사조는, 개인보다는 국가가 더 높은 도덕성을 내걸고 고양할 수 있으며 또 그래야 한다는, 메이지 체제의 전제 조건에 대한 도전이었다.

III

할아버지의 죽음은 히로히토와 동생들의 생활에 커다란 전환점이 되었다. 이를 계기로 히로히토에 대한 교육은 새로운 단계에 들어섰다. 최고 지휘관의 지위를 계승할 준비로서 궁내성 고관의 감독을 받는, 새로운 시종과 시종무관이 붙여졌다.[58] 전 문부대신文部大臣으로 오랫동안 도쿄제국대학 총장을 역임한 하마오 아라타浜尾新가 동궁대부東宮大夫로 취임해 히로히토의 교육을 관리하며, 궁정과 사회의 지극히 복잡한 의례를 가르치게 되었다.

이와 같이 황태자만을 위한 교육 과정이 별도로 마련되면서, 히로히토가 동생들과 일상적으로 만날 기회는 줄어들었다. 이러한 와중에 그들의 스승은 마지막으로 동궁을 방문했다. 메이지 천황의 장례식 사흘 전인 1912년 9월 10일, 예순네 살인 장군 노기 마레스케는 '동궁어소東宮御所' 왕세자의 거처ー옮긴이로 이름이 바뀐 히로히토의 거처를 방문했다. 노기는 새 학교에 자신은 합류하지 않을 것임을 알리고는 면학에 힘쓰도록 훈계하고, 자신이 애독하는 역사서 두 권을 선물했다. 한 권은 17세기의 유학자이자 군사 전략가인 야마가 소코山鹿素行의 저서이고, 다른 한 권은 국수주의적인 수호학水戸学의 창시자 미야케 간란三宅観瀾의 저서였다.[59]

다이쇼 시대가 시작되는 가운데 메이지 천황의 장례식 당일, 노기 부처는 자택의 2층에 있는 거실 문을 닫고 목숨을 끊을 준비를 했다. 노기는 군복을 벗고 흰 소복으로 갈아입었고, 그의 아내는 검은 상복을 입었다. 그들 부부는 메이지 천황과 러일전쟁에서 전사한 두 아들의 초상 앞에 절을 하고, 장례식 종이 울리는 가운데 의식에 따라 자살했다. 먼저 노기 부인이 노기의 도움을 받아 단도로 목을 찌르고, 이어서 노기가 배를 갈라 창자를 꺼내는 셋푸쿠切腹할복 자살ー옮긴이 의식으로 최후를 마쳤다. 옛 러일전쟁의 영웅은 유서 10통과 임종을 맞이하여 지은 와카和歌 한 수[사세의 노래辞世の歌ー일본어판]를 남겼다. (세상을 하직할 때 와카를 읊는 것도 예로부터 전해지는 일본의 관례로 19세기에 부활했다.) 한 유서에서 그는 아내를 포함한 친족 네 명에게 자신의 행동을 사과하고, 1877년 서남전쟁西南戰爭정한론(征韓論)을 주장한 사이고 다카모리(西郷隆盛)를 추종하던 가고시마 무사들이 일으킨 반란─옮긴이에서 자신의 연대 깃발을 빼앗긴 뒤로 자살을 고려해왔다고 고백했다. 또한 자신은 늙었고, 자식들도 잃었다고 했다. 지인인 군의軍医 앞으로 남긴 다른 유서에서 그는 자기 시신을 의학 연구용으로 기증한다고 밝혔다.[60] 노기는 해군대령 오가사와라 나가나리小笠原長生와 육군소장 다나카 기이치田中義一에게도 유서를 남겼다.[61]

노기가 남긴 「사세辞世의 노래」에는 죽음으로써 자신의 군주를 따른다는 것을 국민에게 널리 알리고자 하는 의도가 있었다. 순사殉死라는 풍습은 도쿠가와徳川 막부에서조차 야만으로 간주하여, "1663년 시대착오로" 법으로 금했다.[62] 니토베 이나조新渡戸稲造, 미야케 세쓰레이三宅雪嶺 등 일본 전통 도덕이 붕괴한다며 비난해온 보수적 지식인들은 노기의 순사를 가리켜, 무사가 지킬 충성의 모범으로 국민과 군대에 큰 교훈을 준다고 말했다. 노기의 선禅 스승인 난텐보南天棒는 제자의 행동에 감동해서 장례식에 즈음하여 "만세! 만세! 만세!" 세 마디를 축전으로 보냈다.[63] 한편 『아사히신문朝日新聞』은 무사도를 부활케 해 새로운 도덕을 세우려는 사람들을 비판하고, 노기의 행동은 국민에게 아무런 교훈도 주지 못하는 해로운 행위라고 주장했다.[64] 또한 『시나노마이니치신문信濃毎日新聞』의 주필인 기류 유유桐生悠悠는 한발 더 나아가 노기의 죽음을 "어리석은 짓"이며 "무의미"하다고 비난하고, "죽는 것만을 충의인 줄 아는" 것은 나아가 "국제적으로 용납될 수 없는 일대 죄악을 장려하는 셈이 된다"고 우려했다.[65]

교육 책임자인 동궁대부에게서 '원장' 노기의 죽음을 전해 들은 황태자는 형제들 가운데 유일하게 감정이 복받쳐 눈물을 쏟아냈으며, 거의 말도 하지 못했다고 전해진다.[66] 물론 그는 시대착오적인 무사도가 국민에게 미칠 유해한 영향까지 포함하여, 노기의 행동을 진정으로 이해하기에는 너무 어렸다. 그러나 나중에 히로히토가 미국 기자에게 말했듯이 노기는 그에게 오랫동안 영향을 미쳤기에,[67] 절약이나 인내, 품위 있는 절제와 같은 가르침이 완전히 그의 몸에 배어 일생 동안 변하지 않았다고 한다. 히로히토에게 '용사' 노기는 그 말과 군주에게 목숨을 바치는 의지로써 규범이라는 것을 전수해준 인물이었다. 히로히토는 노기에게 동화되었으며, 또한 강한 결의가 있다면 허약한 몸도 극복할 수 있다는 확신까지 얻었다. 히로히토의 관념 속에서 노기는 또 다른 영웅인 메이지 천황에 버금가는 존재였다.

히로히토에게는 아직 초등과 2년이 남아 있었다. 그리하여 새로운 두 인물이 히로히토에 대한 교육을 주도하게 되었다. 그중 한 명은 함대 제독인 도고 헤이하치로東鄕平八郎이며, 또 한 명은 해군대령이자 자작인 오가사와라 나가나리小笠原長生다. 오가사와라는 규모가 작았던 가라쓰 번唐津藩 마지막 번주의 장남으로, 전쟁사와 군사사軍事史에 관한 책을 많이 저술했다. 이들 두 사람은 후에 히로히토가 재가한 첫 국방 정책의 주요 반대자가 된다.

IV

열세 살부터 열아홉 살까지, 히로히토는 학습원에서 특별히 선발된 다섯 학우와 함께 어학문소(御学問所: 오가쿠몬조)에서 군사와 일반교양 교육을 받았다. 그 또래 다른 일본인들은 대개 군사훈련이 없는 소학교를 나

와 5년제 일반 '중학교'에 다녔다.[68]

어학문소는 황태자를 위해 다카나와高輪의 동궁어소 안에 세운, 하얀 서양식 목조 건물이다.[69] 도고와 오가사와라가 이 학교를 구상했고, 메이지 천황이 임종하기 직전에 허가했다. 도고는 교장으로서 어학문소를 총괄하고, 오가사와라는 전 교수진을 선임하고 감독했다. 오가사와라와 그 배후에 있는 원로, 그리고 궁중이 교사를 선정하는 기준은 겉으로 보기에는 지극히 간단했다. 그들은 미래의 군주를 교육하는 최선의 방법은 일본의 가장 우수한 군인과 도쿄제국대학 출신 학자가 교육을 담당하는 것이라는 데 의견을 모았다. 오가사와라가 뽑은 교사들은 한 사람만을 제외하고는 모두 학계의 일인자였기 때문에, 광적인 천황 숭배자는 아니었다. 뒤에 독재·전쟁 시기에 히로히토가 이쪽 부류의 인물들과 조화를 이루지 못한 데에는 이것도 한 요인이 되었을 것이다.

어학문소는 군사교육의 필요성에 따라 설치되었다. 젊은 장교들이 승마나 군사훈련을 담당했다. 이 밖에도 히로히토와 학우들은 지도를 독해하고 작성하는 법, 군사사, 군대 통솔 원리와 전술, 전략, 그리고 체스를 배웠다.

군사교육 담당자는 러일전쟁에서 활약했던 육군대장이면서 학습원 원장인 오사코 나오토시大迫尚敏, 해군소장 두 명, 현역 해군중장 네 명 들이었다. 그들 대부분은 외국 주재 경험이 있으며 해군병학교의 교관이기도 했다. 1919년부터 해군 이론가인 해군대령 사토 데쓰타로佐藤鉄太郎는 히로히토에게 미국 해군제독인 앨프리드 세이어 머핸Mahan, Alfred Thayer의 제해권 이론을 강의했다. 머핸은 대함대를 이용해 통상 항로를 확보하는 것이 대외 팽창 정책의 요점이라고 주장했다. 또한 머핸은 일본해군이 장차 태평양에서 미국의 이권 확보에 직접적인 위협으로 작용할 것이라고 단언했는데, 사토가 히로히토에게 이 점을 설명했는지 여부는 분명치 않다.[70] 사토는 서양과 일본의 해전사(도고가 이끈 연합함대가 러시아의 발틱함대를 섬멸한 쓰시마 해전도 포함하여)도 강의했다.

어학문소에서 가르쳤던 해군장교 중에는 독일 군사 이론 전문가이며 히로히토의 아저씨뻘인 후시미노미야 히로야스伏見宮博恭도 있었다. 그는 감성이 풍부한 10대 후반에 제정帝政 독일에서 교육을 받고 1895년에 킬Kiel 해군대학을 졸업했다. 어학문소를 관리하는 오가사와라에게 후시미노미야는 황실과 연결되는 유용한 통로이자 친구였다. 후시미노미야가 해군인 아들들의 경력을 위해 청탁을 하면 오가사와라는 늘 받아들일 수밖에 없었다. 히로히토에게 후시미노미야는 1916년 7월부터 시작된 해군 교육의 첫 단계를 담당한 친척으로, 어렸을 때부터 친숙하게 지내온 인물이었다.[71] 그가 무엇을 가르치고 히로히토가 무엇을 배웠는지는 알려지지 않았다.

육군 쪽 교관은 1차 세계대전 때 중국에서 부대를 지휘했던 두 교관과 육군소장 우가키 가즈시게宇垣一成, 나라 다케지奈良武次였다. 육군성의 포병과장이었던 나라를 제외하곤 모두 육군대학 교장 경력자였다. 우가키는 신식(독일식) 육군사관학교 제1기생(1890년 졸업)으로, 1900년에 육군대학교를 졸업했다. 또한 1917년에는 시베리아 출병 계획에 관여했다. 러시아 혁명의 파급을 막고, 동시베리아에 완충국을 세우고자 했던 계획이었다. 1919년 4월 어학문소에서 강의를 시작했을 때 그는 쉰 살이었다. 마침 그가 육군대장 다나카 기이치田中義一의 후원을 받으며 정당에서 두각을 드러내기 시작하던 때였다.[72]

군사에 관해 히로히토에게 영향을 미친 인물 가운데 가장 중요한 이는 외교 수완이 좋기로 유명한 나라 다케지이다. 나라는 1920년 7월 18일,

52세 나이로 동궁 시종무관장에 임명되어 그 후 시종무관장으로서 1933년까지 근무했다. 나라는 러일전쟁에 출정했고, 독일에 부임한 바 있으며, 천진(天津: 톈진)의 중국주둔군 사령관이 되었다가 육군성에 근무한 경력이 있었다. 파리평화회의에도 참석했으며, 1920년에는 아무르 강(흑룡강) 하구 니콜라옙스크에서 러시아 빨치산이 일본 군인과 민간인 600여명을 학살한 사건에 대한 조사위원회를 주재하기도 했다.

나라가 어학문소에서 군사 과목 강의를 담당한 때는 1920년 9월부터 시작한 황태자의 마지막 학기뿐이다. 원로 야마가타 아리모토의 요청에 따라 그는, 황태자가 군사를 중시하고 육해군을 실제 지휘하는 데 깊은 관심을 가져야 한다는 데 주안점을 두고 향후 황태자 교육의 기본 방침 7개조를 기안했다. 그는 "이를 위해 근위 보병대를 유치하여 가령 중대 이하의 소부대라 할지라도 실제로 병사들의 지휘를 시도해봐야만 한다는 것, 야마가타 원수는 메이지 천황의 젊은 시절에 있었던 실례에 비추어 특히 이 점에 비중을 두었다"고 기록했다. 다른 교육 목표는 황태자에게 승마를 익히게 하고, 또한 황태자가 무기에 관심을 가지고 실제로 다루어보게끔 하는 것이었다. 1920년 10월 초, 나라는 기관총을 조작할 수 있도록 동궁어소 안에 참호를 파게 했다. 나라는 2차 세계대전에 대한 회고록〔지은이가 이 책을 쓸 때에는 아직 책으로 묶이지 않은 상태였으나, 2000년 11월에 일본에서 『시종무관장 나라 다케지 일기 · 회고록(侍從武官長奈良武次日記 · 回顧錄)』이 출판되었다. 이 책의 일본어판에서는 나라 다케지의 회고록에서 인용한 문장을 번역할 때 이 출판된 회상록을 저본으로 삼았다. 한국어판도 일본어판에 따른다―옮긴이〕에서 "고요가카리御用掛(황실 담당관―옮긴이)인 가토加藤 중위를 지도하여 대체로 실행했다"고 썼다. "그러나 궁 안에서는 단지 금수를 살생하는 것조차도 군주의 덕을 손상하는 것이라는 의견이 있어, 시종장에게서 사격을 시행하는 것에 대해 탐탁지 않게 여기는 기색을 엿볼 수 있었다."[73]

어학문소의 교육 과정은 교관이 주로 러일전쟁의 경험에 기초하여 교육을 실시하는 육해군 대학교의 본을 따랐다. 모든 사관들과 미래의 최고 지휘관은 특히 항상 전략보다 전술을 중시하라고 배웠다. 또한 군사의 요체는 전투에 전념하고 전투에서 승리하는 것이라고 강조되었다. 전쟁을 '국정의 한 요소'로서 이해하는 것, 곧 전쟁을 단행하느냐 마느냐 하는 결정이나 전쟁의 궁극적 목적을 달성하고자 부대를 동원, 배치하는 문제는 상대적으로 경시되었다.[74] 해군 교관들은 히로히토에게, 전쟁에서 해군의 목적은 해상 교전의 완벽한 모범으로 일컬어지는 쓰시마 해전처럼 결정적인 해전 한 번에 강력한 대함대를 투입하여 승리하는 것이라는 생각을 심어주었다. 육군 교관들은 보병이 육군의 핵심이며 전쟁의 승패는 화력보다 백병전에 달렸다고 가르쳤다. 포병이나 기병(최근에는 전차나 비행기)은 보병의 총검 돌격을 지원하려고 존재하며 이용될 뿐이었다.[75]

어학문소의 일상생활은 오가사와라와 도고에 의해 철저히 관리되었다. 월요일부터 토요일 오전까지 일과는 매우 규칙적이었다. 학우인 화족 소년 다섯 명은 아래층에 기거하며, 하인들이 오전 여섯 시에 깨우면 아침 식사를 한다. 황태자는 2층에 기거한다. 아침 채비를 끝내면 융단이 깔린 커다란 공부방('준비실'이라 함)으로 이동한다. 종이 울리면 2층으로 올라가 황태자에게 인사하라는 신호다. 소년들은 각자의 책상과 책꽂이가 놓인 방에 들어가 정렬하고는, 고개 숙여 황태자에게 인사한다(황태자는 일본에서 유일하게 국화 문장을 장식한 모자를 쓴 사람이다). 그들은 모두 자리에 앉아 7시 45분 정도까지 잠시 수업할 내용을 예습한다. 그리고 나서 "실례하겠습니다"라고 말하고 자리에서 일어나, 각자 방으로 돌아가서 신발을 신고 학용품을 준비한다. 그리고 어학문소의 교실 문 앞에서 선생들과 만나, 학습원에서와 마찬가지로 히로히토가 도착하기를 기다린다.

보통은 오전 중에 교실에서 네 시간 동안 수업하며, 수업이 끝나면 점심시간이 된다. 교실 뒤편에는 수시로 방문하는 참관자들을 위한 의자가 있다. 참관자는 대체로 오가사와라와 도고, 시종무관들, 황족, 궁내성 관리들이다.[76] 황태자의 동향이 항상 감시당하기 때문에 이로 인해 교실 안팎에서 발생하는 긴장이 어느 정도일지는 쉽게 상상할 수 있다. 정오가 되면 황태자는 학우들의 인사를 받고, 혼자서나 시종무관과 함께 점심 식사를 하러 별실로 향한다. 그는 보통 양식을 먹으며 마지막에 우유 한 잔을 마신다. 다른 소년들은 일본식 식사를 한다. 토요일만큼은 가끔 학우 한두 명이 황태자와 함께 식사를 할 수 있다.

오후에는 대체로 한 시간 정도 교실에서 수업을 하고, 이어서 체육과 군사훈련이 이어진다. 그 시간에 소년들은 승마나 테니스, 검도, 권총 사격 등을 한다. 히로히토는 운동 신경이 무뎌서 스포츠(스모나 검도, 유치원 때부터 시작한 수영, 그리고 나중에 시작하게 된 골프도)는 무엇 하나 능숙하게 하는 것이 없었지만 결코 지지 않겠다는 굳은 결의로 열심히 체육 수업을 했다. 초등과부터 중등과까지 13년간 학우였던 나가즈미 도라히코永積寅彦는 황태자가 무엇이든 성실하게, 매우 열심히 임했다고 회상했다. 오후 수업이 끝나면 소년들은 다시 한 번 히로히토 앞에 정렬해 인사한다. 그들은 놀 때에도 황태자를 '전하'라고 예를 갖추어 부르고, 황태자는 그들을 성姓으로 부른다. 방과 후에는 어소의 뜰에서 아무런 감독도 받지 않고 놀 수 있는 자유 시간이 있었다. 밤에도 학습이 있어, 시종무관들이 사적으로 황태자의 거처를 방문하여 지도 읽는 법을 가르치거나 그와 함께 전략 게임을 했다. 히로히토가 성장하자 해군 시종무관은 극비 군사 계획을 들려주고 이에 대해 질문했다. 밤 9시 반에는 일과가 끝나, 소년들은 잠자리에 들었다.

3학기—1월에서 3월까지—가 되자 교직원들과 학생들은 기후가 온화한 누마즈의 저택으로 옮겼다. 교실 수업에서 딱딱한 분위기가 약간 사라졌다. 학우들이 부모에게 돌아가는 6월에서 9월까지 여름 방학 중에도 히로히토는 매우 짧은 동안만 부모와 함께 지낼 수 있었다. 그의 여름 방학은 일본 국내의 주요 육군 주둔지나 해군 기지, 그리고 무기창을 시찰하는 빽빽한 일정으로 꽉 짜여 쉴 틈이 없었다.[77] 또한 그는 육해군 대학교를 방문했으며 육군참모본부와 해군군령부를 정기적으로 탐방하고, 구축함과 순양함으로 원양 훈련 항해를 하며 해군사관 경험을 쌓았다. 대포 발사 시험에 참석하고 사단이나 연대의 군사훈련을 지켜보았다.[78]

히로히토의 교사들은 메이지 천황을 본으로 삼아 그가 다면적인 역할을 수행할 수 있는 천황으로 자라나도록 부심하며 일본 국가의 기원 및 역사에 대한 공식 해석을 가르쳤다. 이는 신에게 기원을 둔 조상 신화에서 볼 수 있는 국수주의·인종주의적 요소와 결탁하는 것이었다. 황태자로서 권력과 권위를 행사하는 데 대해 개인적으로 책임을 추궁당하지 않는 위치에 있었지만, 히로히토에게도 나라 전체의 소학교나 군軍 관계 학교에서 읽히는 것과 똑같은 신화가 주입되었다. 국가적 지배 구조의 정점에 있는 황족과 그 아래 계급인 훈공 화족勳功華族의 모든 사람이 황태자 히로히토를 신의 자손으로 인정하지는 않는다 할지라도, 그 자신은 이러한 관념의 유효성을 이해했다. 이는 궁극적으로 히로히토 자신의 정체성에 기여할 터였다.

히로히토는 고도로 군사화한 황족의 우두머리가 되려고 태어났다. 장성한 황족의 남녀는 일본사회에서 독특한 공적 역할을 수행했다. 황족은 여러 종형제와 종자매로 이루어지며, 황위에 이르기까지 아홉 서열로 구성된, 자립적이고 균질적인 집단이었다. 서열의 상위에는 황후와 천황의 장남 내지는 황태자, 황태후, 그리고 친왕, 내친왕친왕은 황태자가 아닌 천황의 아들, 내친왕은 천황의 딸—편집자과 그 자녀들이 있었다. 히로히토의 형제들은 '지키미야直宮'라 하여 황족 내에서 특별한 서열을 이루고, 연령에 관계 없이 다른 황족과는 확연히 구분된 언동을 하게끔 되었다. 영원한 황실의 가장인 천황은 엄밀하게는 황족의 '일원'이 아니라 그들의 수장首長으로 서 그들 위에 서서 긴밀히 감독하고 통제했다. 황족의 둘째아들과 셋째아 들은 성인이 되면 자연히 세습 귀족(화족) 신분이 되어 대부분은 백작에 봉 해졌다.[79] 황족들 대부분은 토지나 주식, 국공채, 여러 저택과 하인들을 받고, 궁내성에서 넉넉하게 나오는 연금으로 풍요로운 생활을 누리며 외 국 여행을 하는 등 다수 보통 일본인들보다는 훨씬 자유로운 생활을 보낼 수 있었다. 일부 황족은 '자유주의적' 견해를 표명하기도 했다. 그러나 히로히토의 어머니와 아우인 지치부노미야와 다카마쓰노미야, 그리고 아 저씨뻘로서 후에 육해군과 히로히토 사이의 지렛대 역할로 추대되는 원 수元帥 간인노미야 고토히토閑院宮載仁, 해군중장 후시미노미야 히로야스 伏見宮博恭에게 그러한 일은 불가능했다.

황족의 성인 남자는 천황에게서 직접 귀족원貴族院 의원으로 임명될 수 있는 자격을 가지며, 귀족원은 제국의회에서 중의원과 동등한 권한을 누 렸다. 또한 그들은 황실전범皇室典範의 규정에 따라 황족회의를 구성했다. 황족회의에는 내대신內大臣과 추밀원枢密院 의장, 궁내대신宮內大臣, 사법 대신, 대심원장大審院長이 참석했다.[80] 황족회의에서는 오직 황실에 관련 된 제반 문제에 대해 논의했으나 회의가 소집되는 일은 매우 드물었다. 황족이 공식적인 정치 참모로서 천황을 보좌하는 일은 법률상으로 불가 능했으나, 군대를 통솔하는 중추 지위를 차지하는 점, 또한 종종 천황을 만날 수 있는 위치에 있다는 점에서 적지 않은 영향력을 지녔다.

유복한 토지 소유 계급이며 군 장교로서 국가 활동에 참여한다는 점에서 황족은 프로이센의 융커에 견줄 수 있을지도 모르겠다. 물론 융커처럼 편협한 신분 의식이나 경건한 종교심을 갖지도 않았으며, 직업 군인이라기보다는 부르주아적인 특성이 강하다는 차이가 있기는 하지만 말이다. 그러나 제국이 군사적 색채를 강하게 띠어가는 가운데, 황족 남자들은 본인의 의사나 적성에 관계없이 학습원 시절부터 군사 교육을 받았다. 그들은 군인이 되면 육해군의 고급 지휘관 지위에 올라, 해외 유학 기회도 얻었다. 군부 엘리트로서 그들은 군 내부에, 천황에 직속된 존재라는 의식을 침투시키는 구실을 했으며, 그들의 중요성을 강조하는 것은 결코 과대평가가 아니다.[81]

청소년 시절 히로히토가 처음 4년 동안 받은 군사교육은 1차 세계대전이 한창인 때 이루어졌으며, 이어서 3년 동안은 시베리아 원정 기간 중이었다. 1914년부터 1918년 초에 이르는 1단계에서, 유럽의 전쟁은 아직껏 러일전쟁의 영광에 젖어 있던 일본 군인들의 기를 꺾기에 충분했다. 일본은 영·미 쪽에 서서 직업 군인의 모범을 보여주었던 독일에 맞섰지만, 전면전mass warfare에서 나타난 근대 무기의 결정적인 역할을 배우지는 못했다. 상비군을 구성한 17개 사단의 장교들은 모두 무사도의 이념적 전통에 사로잡혀 있었다. 고전 『하가쿠레葉隱』에서 표현된, 죽음과 죽음에 이르는 충의를 가장 높은 가치로 삼는 전통이었다.[82] 가혹한 훈련과 잦은 처벌, 군인정신 강조, 그리고 향토의식 함양(각 연대는 같은 지방 출신자로 구성되며, 이 때문에 병사들은 향토의 명예를 걸고 싸웠다) 등이 육군의 기본적인 성격을 이루었다. 무사도와 '일본정신(야마토 혼大和魂)'이 철저히 함양, 주입되었는데, 그 속에는 인종적 우월감과 불패不敗 신념이 들어 있었다.[83] 무사도와 일본정신은 1882년에 공포된 「군인칙유軍人勅諭」가 강조하는, 천황 중심 국가 체제, 곧 국체国体와 '불가분의 관계'로 연결되었다.[84] 가혹한 처벌과 상관들의 제재가 만연함에 따라 군대의 사기는 저하되었고, 규율을 유지하고 부대를 통솔하고자 공공연하게 폭력이 확대되었다.[85]

1918년부터 1921년 초에 이르기까지 히로히토가 어학문소에서 후반 3년을 보내는 사이, 규율 유지가 군軍의 긴급한 과제로 떠올랐다. 또한 시대의 추이와 더불어 군인에 대한 사회의 평가도 달라졌다. 1차 세계대전은 국외에서는 볼셰비키 혁명을, 일본 국내에서는 '쌀 폭동'을 야기하여 육군 자체의 성격을 재검토해야 한다는 목소리가 높아졌다. 쌀 폭동은 1918년 여름에 전 일본을 휩쓸었으며 이를 가라앉히고자 병력 5만 7000명 이상이 동원되었다. 이 저항 운동에 이어 약 3년 동안 노동운동과 소작쟁의, 남자 보통선거 운동이 고양되면서 불온한 정세가 확산되었다. 이 시기에 도쿄 포병공창(東京砲兵工廠, 1919, 1921년), 가마이시광산(釜石鉱山, 1919년), 아시오동산(足尾銅山, 1921년 4월), 야하타제철소(八幡製鉄所, 1920년), 고베神戸의 가와사키川崎와 미쓰비시三菱 조선소(1921년 여름) 들에서 역사상 가장 격렬한 노동쟁의가 집중적으로 일어났다. 고베의 조선소 총파업에는 3만 5000여 노동자가 참가했는데, 여기에도 군대가 파견되어 여느 때처럼 경영자 편에서 개입했다. 이 쟁의에서 300여 노동자가 다치고 250여 명이 체포되었다.[86] 이와 같이 군대가 그 임무를 국내의 법과 질서를 유지하는 데로 전환하자, 군의 명망은 땅에 떨어졌다. 특히 농민운동과 노동쟁의 진압에 출동한 군대는 가는 곳마다 원성을 샀다. 군이 공공연하게 비판의 대상이 된 것은 군대가 창설된 뒤로 이번이 두 번째(처음은 1870~80년대)였다.[87]

노동자를 고용하는 일본 내의 주요 무기창이나 조선소와 마찬가지로 군대도 사회를 가늠할 수 있는 축도縮図였다. 1914년 1차 세계대전이 일어난 때로부터 1920년에 전쟁 경기景気가 끝나기까지 6년 동안 일본사회에 생겨난 변화에 따라 군부와 군주제의 관계도 새로운 국면을 맞이했다. 공업의 생산성은 이미 농업 부문을 능가했으며, 천황의 통치 영역은 축소되었다. 대원수 다이쇼 천황의 괴팍한 언동과 그로 말미암은 카리스마 결여, 그리고 묵과할 수 없을 정도로 지나친 원로들의 개입은 정치계에 잘 알려진 사실이었다. 1918년 이후 다이쇼 천황은 차츰 육해군의 대대적인 군사훈련이나 군사학교 졸업식 등 매년 열리는 행사에도 참석할 수 없게 되었으며, 의회 개원식에 참석하는 것도 어려워졌다. 이념과 사상의 흐름이 매우 불안정하고 군부가 사회적 고립을 극복하고자 노력하던 시기에, 다이쇼 천황은 대중의 눈앞에서 차츰 멀어져갔다. 이러한 상황에서 상관의 명령을 곧 천황의 명령으로 떠받들도록 신병에게 주입하기는 어려웠다.

군부는 새로운 사상 경향에 융통성 없이 대항하지 않고, 시대사조에 맞춰 교육 체계를 바꾸어 다이쇼 데모크라시의 다양한 요구에 탄력 있게 대처하고자 했다.[88] 육군장교 가운데는 노동운동이나 농민운동의 사회적 원인을 규명하고자 한 이도 있었다. 그들은 곧 건국 신화에 근거한 국체 관념이 과연 군이 제도적으로 존재하는 이유의 정신적 근거로서 적절한지 고민하기 시작했다. 곧 육군의 공식 기관지인 『가이코샤 키지偕行社記事』에 군대와 사회를 통합하는 상징으로서 황실이 지니는 중요성을 암암리에 낮게 평가한 논설이 실렸다.[89]

V

메이지에서 다이쇼로 넘어가는 전환점인 1912년에 과두 정치의 위기로 시작된 사회 동요는 1921년에 히로히토가 어학문소를 졸업할 무렵에는 훨씬 심각한 상태에 이르러, 군주제의 정당성을 묻는 데까지 나아갔다. 국외에서는 조선과 중국에서 일어난 반식민지 운동이 일본제국에 타격을 주었고, 국내에서는 전투적인 성격을 띤 노동운동과 소작쟁의가 급격히 확산되어 현실에 대한 민중의 불만이 커지고 있음을 내비쳤다. 일본 민중이 자신들의 국체관觀을 강하게 주장하며 관료·군부·자본가에 의해 지배되었던 사회질서의 불평등을 문제 삼으려 하던 이 시기, 1차 세계대전 후에 벌어진 이 새로운 상황에서 조화로운 가족국가라는 메이지 후기의 관념은 이제 통용될 수 없게 되었다.

어학문소의 교사들은 이러한 변화에 전혀 관심이 없었다. 1918년 이후 천황의 군대(황군)라는 의식이 떨어지고 다양한 이익집단이 급속도로 권리 의식을 가지게 되었지만, 사회 개혁을 요구하는 목소리가 어학문소의 교육 과정에는 전혀 반영되지 않았다. 히로히토의 가족과 세계, 그 자신에 대해 그가 배운 것과 교실 문밖에서 일어나는 일 사이에 생긴 골은 점점 더 깊어만 갔다.

교사들이 대원수로서 히로히토가 장차 수행할 역할에 관해 그들 나름대로 생각한 이유를 알려면, 일본제국 군대의 두 가지 특징을 염두에 둘 필요가 있다. 군대를 창설할 당시부터 근대 일본의 군대는 천황이 통솔한다는 견해가 있었다. 천황이 친히 통솔한다는 원칙은 유신전쟁 기간 내내 유지되었다. 메이지 헌법에서 천황에게 군 통수권을 부여한다는 조문을 명시하기 한참 전부터 천황이란 신들의 뜻을 실현하는 매개체라는 오래

된 생각이 있었고, 그 속에 군을 이끄는 도덕적 권위는 천황에게만 있다는 관념이 이미 존재했다.[90]

또한 군대에 대한 천황의 통수권은 헌법에 우선하는 권위이며, 다른 나랏일에 대한 천황의 권력보다도 우선한다고 여겨졌다. 이는 대통령에게는 최고사령관의 권한만을 부여하는 한편, 전쟁을 선언하고 육해군의 '규율에 관한 규칙'을 제정하는 '권한'은 의회에만 부여하는 1787년 미합중국 헌법과는 전혀 다르다. 천황에게는 군사에 관해 전제적 권한이 있으며 이를 행사하는 데는 헌법상 정부의 조언도 자문도 전혀 필요치 않았다.[91]

1870년대부터 1880년대에 걸쳐 창설된 황군은 외견상으로는 유럽을 본보기로 삼은 근대식 군대이지만 그 정신과 가치관은 근대와 거리가 멀었다.[92] 징병의 근간을 이루는 농민들은 농업의 봉건적인 사회관계에 얽매여 상관의 권위에 반항적이었으며, 당초에는 장남을 군역에서 면제해주는 징병 제도에 강하게 반발했다. 전제적인 창설자가 강구해낸 해결책은 극단적으로 엄격한 처벌과 규율을 도입하고, 천황의 도덕적 권위를 대입하여 상명하복 관계를 설정하는 것이었다. 하급자는 '상관의 명령이 바로 천황의 명령'이라고 배웠다. 이는 명령에는 잘못이 없으며 무조건적으로 절대 복종해야 한다는 의미였다.[93]

과도한 질서와 규율을 도입하면서 메이지 정부는 황군에 불명확한 이중 사명을 부여했다. 육해군은 유럽 국가들의 팽창에 대한 방위를 목적으로 삼는 한편, 육군은 중앙정부의 도구로서 법을 강제 집행해야만 했다. 군 창설의 배경이 된 최초 동기는 봉건 세력을 타도하여 일본의 근대화를 촉진한다는 것이었다. 군대가 존재하는 까닭이 외국의 침략을 막아 백성을 보호하려는 것인지 아니면 정책을 실시하는 정부를 보호하려는 것인지에 대해서는 메이지 천황의 생존 시에 명확하게 규정된 바가 없었다.[94]

불행하게도 히로히토의 교사들은 이 독립된 통수권을 행사하는 것이 언젠가 '입헌군주'의 역할을 침해할 것이라는 설명은 하지 않았다. 그들은 통수권의 영역이 시대에 따라 어떻게 확대되고, 어떻게 통수high command와 통치government의 괴리를 낳았으며, 육해군 지휘부와 각 국무대신 간의 대립을 불러왔는가도 가르치지 않았다. 요컨대 이 시기의 교육은 제도의 현실적 기능이 아니라 그 표면적인 작용만을 알려주는 것이었다. 히로히토는 스무 살이 되고 나서 노골적인 전제주의가 대두하기 시작한 시기에 오로지 경험으로 전제주의 정치구조의 역학과 병리를 터득했던 것이다.

천황 기르기 ^{2장}

교사들이 히로히토를 가르치면서 군사 면에 주력하도록 유의한 데에
는, 황실이 국가의 어떤 기구보다도 군사조직에 깊이 관여하고 있음을 가
르친다는 의미가 있었다.¹ 그러나 히로히토에게는 군사교육과 별도로 통
치술이나 교육 문제, 국제관계 등에 관한, 또 다른 측면의 군주 교육이 준
비되어 있었다. '제왕학帝王学'이 바로 그것인데, 이는 도쿄제국대학과 학
습원의 교수와 전문가들이 공식 수업을 했다. 메이지 헌법은 천황에게 군
사 권력만큼이나 중요한, 막강한 행정 권력civil powers을 부여했으며, 그
는 그러한 권한을 어떻게 행사할 것인지 배워야만 했다. 만약 메이지 헌
법이 진정한 '입헌군주제'를 창설하여 전제 정치와 결별했다면 제왕 교
육이 이렇게까지 강조될 필요도 없었을 테고, 영국의 왕이나 여왕처럼 대
충 교육받는 데 그쳤을지도 모른다.

또한 정치와 종교 양면에서 '제왕학'은, 민주주의 사상에 대항하고자

학교에서 주입할 공적인 이데올로기를 요구했다. 메이지 유신기에 국가의 행위에 종교적 의미를 부여했던, 제사와 정치가 통합된 신권 정치라는 이상理想, 곧 '제정일치'에 따라 천황은 제사법을 교육받아야 했다. 천황은 언제나 "선두에 서서 문명개화를 추진하는 카리스마적 정치 지도자라야만 한다"는, 유신기에 비롯된 굳은 신념도 제왕 교육의 또 다른 논거로서 중요했다.[2] 천황이 근대화와 서양화를 계속해서 주도할 거라면, 광범위한 실제적 과목이나 근대의 정치·사회·경제 사상에 대한 교육을 받아야만 했다. 이러한 견지에서, 히로히토가 17세가 될 때까지 일반인들과는 다른 세상에서 자유로이 신문을 읽는 것도 용납되지 않은 채 자랐다는 사실은 주목해야 할 점이다.[3]

히로히토는 1914년 5월 4일부터 1921년 2월 말―스무 살 생일을 맞기 두 달 전, 어학문소가 최종 해산되기 수주 전―까지 당시 천황 교육에 유용하다고 간주된 모든 과목을 공부했다.[4] 수학이나 물리학, 경제, 법률, 프랑스어(이 무렵의 외교 용어), 한문, 일본어, 서예, 윤리와 역사―이 모든 과목이 천황을 훈육하는 제왕학의 일부였다. 그리고 히로히토가 가장 좋아한 과목은 박물학博物学지금은 동물학, 식물학, 지질학(地質学) 광물학으로 나뉜다―옮긴이이었다.

군사 교관들은 위생과 건강을 중시하고 히로히토가 친히 군대를 통솔하는 것을 강조하며, 2세기 반에 걸친 도쿠가와 막부의 황실 교육 정책에서 근본적으로 벗어나려고 했다. 메이지 유신 이전의 황실에서는―메이지 천황의 친아버지는 주목할 만한 예외로 하고―정치나 군사에 관한 일은 막부가 관장하고, 그와 관련 없는 분야만을 가르쳤다. 그들은 관념적인 유학 고전을 배우고 신도의 축문祝文을 암송하며 정치는 피해 갔다. 그들의 영역은 제사와 와카和歌, 그리고 예능이었다.

메이지 천황이 국민에게 남긴 복잡한 국가조직 체계를 민감하게 의식하면서, 히로히토의 교사들은 군인이든 문관이든 모두 도쿠가와 시대의 전통을 폐지하고 대신에 세속적인 교육과 조직을 움직이는 치국책에 관한 지식에 중점을 두었다. 그들은, 군주는 황위를 계승할 뿐만 아니라 의식儀式이나 절차, 그리고 규칙 따위도 전수받아야 한다고 생각했다. 모든 권력의 정점에 자리하는 황위는 통합과 정통성의 중심이며 내각이나 각성省의 관료기구, 의회, 추밀원, 군부, 정당 등 모든 국가조직을 통솔하는 가장 중요한 거점이어야 했다.

히로히토를 이 지배 체제를 운영하는 데 적합한 군주로 '만들려고' 한 사람들은 거의 도쿄제국대학과 학습원에 관계된 중용中庸 학자들이었다. 그들은 낡은 구식 일본과 도처에서 근대화의 길에 매진하는 새로운 개혁 일본의 혼성hybrid이었다. 교사들은 메이지 천황을 숭배하고, 이상적인 군주는 응당 어떠한 존재이며 어떻게 행동해야 하는지 기준을 세웠다. 그들은 히로히토가 덕망 있고 평화를 사랑하는 유교적인 군주상과 무사도에서 말하는 이상적인 무인상이라는 서로 상반되는 윤리관과 규범 사이에서 양자택일을 강요받지 않도록 항상 주의를 기울였다. 히로히토는 이 두 가지 기준을 함께 받아들여 양쪽 모두에 부합되게 행동하고자 애쓰게 된다.

요컨대 히로히토는 이른바 혼성 교육의 산물이며, 그에 관한 진실을 논하고자 한다면 이 부분에서 생겨나는 긴장을 지나칠 수는 없다. 메이지 후기, 유신 정신에 입각해 전통이 창시된 일은 그의 자기 인식과 기본 방향을 결정했다. 근대 과학 공부는 전통과 충돌했다. 두 세계관 사이에서 발생하는 긴장은 히로히토가 하는 모든 행동의 저변에 자리 잡고 있었다.

I

히로히토는 어렸을 때부터 자연에 매력을 느꼈다. 학습원에 다니던 중, 조개와 곤충을 수집하던 시종의 권유로 그는 자연의 세계에 눈을 뜨게 되었다. 열두 살이던 1913년 그는 자신의 곤충 표본집을 만들어, 나비나 매미의 표본을 곁들여 식물과 곤충의 관계를 도해図解했다.[5] 이는 사물을 엄밀하게, 그리고 이성적으로 평가하는 능력이 꽃피는 첫걸음이었다.

1914년부터 1919년에 걸친 중등과 시절, 핫토리 히로타로服部広太郎 교수가 박물과 물리를 담당했다. 핫토리는 그 후에도 30여 년에 걸쳐 히로히토의 과학 연구를 헌신적으로 보필했다. 히로히토는 어렸을 때부터 곤충을 유달리 좋아했는데, 핫토리는 이러한 관심을 더욱 발전시켜 그가 일생 동안 해양생물학과 분류학에 강한 관심을 가질 수 있게 키워주었다.[6] 히로히토는 핫토리의 권유로 다윈의 진화론을 해설한 계몽주의자 오카 아사지로丘浅次郎의 『진화론 강화進化論講話』(1904)를 읽었고, 다윈의 『종의 기원』을 일본어로 번역한 책도 읽은 듯하다. 1927년경, 그는 조그마한 다윈 흉상을 선물받았는데, 이것을 에이브러햄 링컨과 나폴레옹 보나파르트의 상과 함께 쭉 서재에 장식해두었다.

섭정에 취임한 지 4년째인 1925년 9월, 히로히토는 아카사카 어소 안에 소규모이기는 하나 잘 정돈된 생물학 연구실을 갖게 되었다. 3년 후, 천황이 된 지 2년째가 되던 해에는 각각 표본실과 도서실을 갖춘 커다란 연구실 두 채와 온실로 이루어진 생물학 연구소를 후키아게 정원吹上御苑에 세웠다. 핫토리는 이 연구소에 합류하여 4년 동안 일주일에 한 번씩 천황에게 기초과학을 강의했다. 핫토리를 비롯한 협력자들은 1944년까지 1년에 서너 번은 하야마葉山에 있는 히로히토의 개인 해양연구소에서도 그를 도왔다. 그들은 그곳에서 나룻배 두 척과 어선을 개조한 약간 큰 배를 이용해 해양 생물을 채집했다. 나중에 핫토리는 『사가미 만산 후새류 도보相模湾産後鰓類図譜』후새류는 바다민달팽이류라고도 하는데, 연체동물문 복족강의 군소류나 나새류를 가리킴—옮긴이를 편찬했다. 이 책에서는 사나다 히로오真田浩男와 가토 시로加藤四郎가 채색도를 그리고 바바 기쿠타로馬場菊太郎가 해설을 맡았다. 이 책은 개혁 후의 궁내성이 저작권을 가지고 있기 때문에 히로히토가 저술했다고 추정되나[7] 책 어디에도 그의 이름은 없다. 이 때문에 실제로 히로히토가 어느 정도 수준으로 연구했는가 하는 의문이 생긴다.[8]

히로히토 자신은 생물에 대한 관심을 겉으로 강하게 표출하는 일이 없었다. 『후새류 도보』가 간행된 후 핫토리는 『선데이마이니치サンデー毎日』1949년 10월 2일자에서 옛 제자의 과학 애호를 높이 평가했다. 그는 천황의 연구를 아마추어 수준이 아닌 전문 과학 연구로 보아도 좋은가 하는 질문에 다음과 같이 답했다.

지난번 사토 다다오佐藤忠雄 씨(박사, 나고야대학 교수)가 나고야의 신문에 〔천황의 연구를〕 초보 연구 쪽에 포함시켜 이야기했는데 이는 관점에 따라 그렇다고 할 수 있습니다. 이는 천황 자신의 이름으로 나온 논문이라는 것이 하나도 없기 때문에 결국에는 여러 전문가들에게 1차적 자료를 제공한 것으로 끝났습니다. 우리의 일반적인 견해에서 본다면 역시 그저 채집가라는 데 불과할지도 모릅니다. 그러나 그것은 틀린 생각입니다. 그저 수집한 것을 학자에게 단순하게 건네는 것이 아니라 자신이 한번 제대로 조사하므로 역시 이러한 점은 초보 수준에서 상당히 발전한 것입니다.[9]

핫토리의 평가는 타당하다고 본다. 표본 채집과 분류 연구는 의심할 여지 없이 히로히토의 꼼꼼한 성격에 꼭 맞는 일이었다. 또한 일생에서 가장 활동적이었던 그 시기, 사회가 심각한 혼란에 빠지고 해결책이 보이지 않는 문제들로 둘러싸여 있던 그의 인생에 과학은 확실하고 변치 않는 평온함이었던 것이 분명하다. 천황은 핫토리가 이끌어주는 가운데 민달팽이나 불가사리, 히드로충류虫類. 해파리 등 바다에 사는 동식물 수집을 취미로 삼는 박물학자, 해양생물학 후원자로 성장해갔다.

준과학자이며 수천만 년에 걸친 해양생물의 진화를 진지하게 공부한 학생으로서 히로히토는 일본 황실의 그것과는 전혀 다른 시간 축을 인식하게 되었다. 근거도 없이 공식적으로 정해진 황실의 역사는 2600년에 지나지 않았다. 그러나 이 차이를 인식했다고 해서 오랜 세월에 걸쳐 배어든, 신성한 가계家系에 대한 신념을 완전히 부인하게 되지는 않았다. 히로히토는 어린 시절 자신에게 철저하게 주입된 가치를 언제나 우선시했다. 그는 성장할수록 공적인 행동 규범을 더욱 잘 따르는 가운데, 이념적 환상의 가치를 가장 존중하게 되었다. 히로히토에게 근대 과학과 다른 교사들이 가르친 '국체'에 대한 설명은 본질적으로 충돌하는 것이 아니었다.

어쨌거나 과학이 히로히토에게 이성적이고 과학적인 줏대를 키워주었다고 보는 것이 일반적인 관점이다. 그는 자기 자신을, 완고하지 않으며 이성과 물증에 기반을 둔 논쟁과 협의에 개방적인 사람으로 생각했다. 그러나 히로히토에게는 또 다른 면이 있었다. 그의 도덕관과 천황관으로 말미암아 그의 과학적인 성향과 습관은 '신성한 천황'이라는 강박관념과 타협하게 되었다. 여기다 그가 스기우라 시게타케杉浦重剛, 시라토리 구라키치白鳥庫吉, 시미즈 도오루清水澄에게서 받아들인 생각들은 더욱 영향력이 컸다. 그들은 히로히토의 합리적이고 객관적인 사고방식의 바탕을 형성했다.

II

초국가주의자인 유학 교육자 스기우라 시게타케는 영국에서 서양식 교육을 받고 귀국한 후 정교사政教社 창설에 참여하며 유명한 기관지 『일본인日本人』의 발행인이 되었다. 그는 잡지 발행 목적을 '국수国粹 보존'에 두었다.[10] 스기우라는 친구인 도야마 미쓰루頭山満와 함께, 메이지 유신에 이어 15년간 일본을 휩쓴 문명개화 운동에 대항한 보수적 지식인이었다. 나중에 문부성 관리가 되어 도덕 교육에 힘쓴 후, 1892년에 일본중학교를 창설하여 1924년 사망할 때까지 교장을 맡았다. 오가사와라가 스기우라를 히로히토의(나중에는 히로히토의 약혼자 나가코良子의) 윤리 교사로 추천했을 때에는 이미 그가 가르친 많은 제자들이 일본의 정치·경제계에 독보적인 위치를 점하고 있었다.

스기우라가 히로히토에게 언행의 지침이 될 도덕규범을 강의하기 시작한 때는 59세로, 이미 그는 체제의 이데올로그, 그리고 군주주의자로 명성이 자자했다. 그에게 도덕규범은 태양신인 아마테라스오미카미가 일본 백성을 다스리라고 손자인 니니기노미코토瓊瓊杵尊에게 하사했다는, 황위를 상징하는 3종 신기三種神器, 곧 검劍과 곱은옥曲玉, 청동 거울로 구현되었다. 이들 신기는 어떠한 군주라도 갖추어야만 하는 세 가지 덕, 곧 용기와 지혜, 인애仁愛를 상징했다.

히로히토는 이 가르침을 둘러싸고 공공연히 논하지는 않았으나 그 자신의 신기관神器観을 가졌으며, 그러한 것들을 자신의 정치적·도덕적 권위의 주요한 상징으로 간주했다. 그러므로 신기는 황위 보전의 증표로서 소중하게 관리되고 때때로 공개되었다. 히로히토는 통치권의 궁극적 기원을 혈통의 정통성에서 구할 수는 없었다. 14세기 북조北朝의 자손이라

는 그의 혈통에 대해서는 19세기의 '국학' 학자들이나 메이지 정부도 정통이 아니라고 간주했다.[11]

또한 히로히토는 5개조로 된 「서문誓文」(1868년) 메이지 천황이 도쿠가와 막부를 무너뜨린 뒤 통치 원칙을 공포한 선언문—편집자과 「교육칙어」(1890년)도 존중해야 한다고 배웠다.[12] 이들 문서는 메이지 천황의 권력과 권위를 드높이는 내용이었다. 스기우라는 (모든 신민이 복종해야 할) 이들 문제에 담긴 이상이 히로히토에게도 미래의 기준이어야만 한다고 생각했다.

「서문」에 대한 스기우라의 태도는, 서문에 담긴 예지를 강조하면서 정치적 시대 배경은 무시하는 것이었다. 이러한 부분에서도 히로히토는 스기우라보다 앞서 나가, 자신이 배운 19세기 일본사의 맥락에서 「서문」을 이해했다. 1868년 4월 6일에 거행된 「서문」 반포식에서 메이지 천황이 황실의 신화상 선조인 태양 여신에게 맹세한 「서문」 5개조에는, 봉건 영주나 교토의 궁정 귀족 등 잠재적 반대 세력을 회유하겠다는 의도가 들어 있었다. 반대 세력은 무력으로 개혁을 강행한 무사 집단의 지도자들에게 도전할 가능성이 있었다. 「서문」 반포식은 '성스러운 뜻' 그 자체를 권위로 끌어올리려는 첫 걸음이었다. 히로히토도 후에 「서문」은 역사와 시대를 초월한 헌장憲章—일본 자유주의의 '마그나 카르타(Magna Carta : 대헌장)'—이라고 말했는데, 그는 통치 초 20년간 그 '성스러운 뜻'을 실현하고자 노력했다.

스기우라가 「교육칙어」의 핵심 낱말들에 내린 해석도 히로히토에게 깊은 영향을 미쳤다. 그는 「교육칙어」를 처음 강의할 때, 황조황종皇祖皇宗이라는 말을 거론하며 이를 어떻게 인식해야 하는가에 대해 설명했다.[13] 스기우라는 "황조황종이란 천황 폐하 및 일본국민의 선조를 가리킨다. 우리의 선조가 이 일본국을 세우신 것은 천양무궁天壤無窮 하여 천지와 같이 무한한 일"이라고 말했다.**14** 이어서 그는 역대 천황들이 역사를 통하여 어떠한 방법으로 '황조황종의 유업'을 계승했는지 설명했다.**15** 스기우라는 일본의 군주에게 도덕적 우월성이 있다고 믿었기에, 일본 군주제를 다른 나라의 군주보다 높은 위치로 끌어올렸다.

외국의 경우 통치자와 피치자의 관계는 권위에 의거하는 복종에 한정되나 일본에서는 "천황께서는 백성을 대하심에 권위로써 하지 않으시고 인애를 백성의 마음속에 깊고 두텁게 심어주심으로써 군민君民의 관계가 저절로 확고해져 손상되지 않는다. 그럼으로써 백성은 기쁘게 복종한다"고 스기우라는 가르쳤다.**16** 황태자가 '권위에 기대지 않는' 통치라는 스기우라의 관점을 받아들였는지 여부는 확실치 않다. 그러나 '인애의 화신인 천황'이라는 관념에 히로히토는 대단히 매료되었다. 훗날 군사행동을 결정해야 하는 기로에 설 일이 많아질수록 도리어 '인애'의 매력은 더욱 커졌다. 스기우라는 미래의 군주에게 도덕관념을 심어주는 동시에 모순과 욕구 불만도 조장했다고 할 수 있다.

전후 초기에 히로히토 전기를 저술한 네즈 마사시ねずまさし는 히로히토와 학우들이 1학년 때 들었던 12개 서설과 2학년 이후의 수업 내용을 다음과 같이 요약했다.

> 1학년의 서설 열두 편에는 신기神器, 일장기日章旗, 국가, 병兵, 신사神社, 쌀, 칼, 시계, 물, 후지산富士山, 스모, 거울 등이, 2학년 이후에는 인애, 공평, 개과改過, 충성操守, 정의, 청렴 같은 추상적인 제목과 함께 즉위, 우에스기 겐신上杉謙信〔16세기 후반의 무장〕1530~1578, 전국 시대의 다이묘(大名)—옮긴이, 아코기시赤穗義士〔봉건 시대의 복수담〕1702년 아코 번(赤穗藩)의 무사 47명이 주군의 원한을 갚고 할복자살한 사건. 후에 가부키 〈주신구라

(忠臣蔵)〉의 소재가 되었다—옮긴이, 도쿠가와 미쓰쿠니德川光圀〔천황에 대한 충
성과 국가신도国家神道의 표본이 되는 인물〕1628~1700. 에도 전기 시대의 미토번주(水
戸藩主). 민중을 잘 보살펴 명군(名君)으로 유명했고, 후에 미토코몬(水戸黃門)이란 별
칭으로 널리 알려졌다—옮긴이 같은 구체적인 제목이 포함된다. 3학년 이후
에는 외국의 사례로 워싱턴, 콜럼버스, 맬서스의 인구론, 표트르 대제,
루소, 4학년에는 빌헬름 2세, 무함마드가 선정된다. 외국의 사례는 불
과 30가지이고 대부분은 유교 항목과 일본(실제로는 천황)에 관한 사례
다. 「무신조서(戊申詔書, 1908)」는 4회, 「군인칙유(1882)」는 5회, 「교육칙
어(1890)」는 11회나 강의했으나 헌법 강의는 단 한 차례밖에 하지 않았
다. 헌법을 경시했던 스기우라의 단면을 엿볼 수 있다. **17**

스기우라는 강의에서 일본의 국수주의와 팽창주의를 찬미했으며, 이로
써 황태자가 익히기 시작한 과학적 지식을 약화시키려고 했다. 그는 황실
의 문장紋章인 국화에 대해 이르기를 "유럽 열국을 일러 선진국이라 부른
다. …… 〔그러나〕 결국 국화가 최고라고 할 수 있듯이, 우리나라의 국력과
문명 또한 세계에서 으뜸이라"고 결론지었다. 또한 그는 인종 간의 대항
의식을 설명하며, "구미 여러 나라는 '아리아 종種'에 속하는 동일 민족
이다. …… 우리 일본제국은 장차 독자적인 힘으로 아리아 여러 민족과
맞서 대항할 각오"가 필요하다고 역설했다.**18** 히로히토는 스기우라에 대
해서는 핫토리와 같은 사적인 친밀감을 느끼지 않았다. 그러나 그는 국
제적 질서에 대한 스기우라의 신다윈주의적인 관점을 깨뜨리지는 않았
다. 또한 최후에는 우월한 도덕적·정신적 특질이 투쟁의 귀추를 좌우한
다고 스기우라가 심어준 신념도 버리지 않았다.
  스기우라가 즐겨 그 생애를 강의했던 외국 지도자들 가운데, 메이지 천

황과 자주 대비했던 인물이 두 명 있다. 메이지 천황 사후 약 5년 동안, 기자들과 관리들은 17세기 러시아의 표트르 대제, 독일의 빌헬름 2세와 메이지 천황의 업적을 거듭해서 비교했다.[19] 1917년 표트르에 대해 강의하면서 스기우라는 표트르가 스물다섯 살 때 기술을 배우러 외국으로 나갔으며, 귀국해서는 근대 러시아 제국의 기초를 쌓았다고 말했다. 그러나 표트르 대제가 쌓아놓은 기초 위에 집을 짓는 일을 그 후계자들은 하지 못했으며, 이 때문에 러시아는 혼란을 겪었다고 설명했다.[20] 빌헬름 2세에 대해 강의할 때는, 결점이 많고 인종주의자이기도 한 이 황제가 위대한 인물이기는 하나 유능한 조언자를 얻지 못했다며, 이에 반해 유능한 측근이 많은 일본의 천황은 행운이라고 역설했다.[21]

한편 18세기 프랑스의 사상가인 장 자크 루소에 대해 스기우라는 직업도 없는 떠돌이에다 독선적인 성격으로 평가할 만한 가치가 없는 사람이라고 했다. 루소가 주장하는 바는 "국가와 정부를 저주함에 이르는" 것인데 반해 일본의 경우 "윗사람上은 아랫사람下을 가엾이 여기고, 아랫사람은 윗사람에게 충성하며, 각각 그 처지를 이해하고 도를 지킴으로써 유럽의 자유사상에 잔류하는 독을 면할 수 있을" 것이다.[22]

히로히토는 이 인애와 상관에 대한 충성, 분에 맞는 처신이라는 강령을 결코 버리지 않았다. 그러나 외래 사상에 대한 그의 태도는 스기우라보다 훨씬 실용주의적이었다. 히로히토는 나라의 독립과 힘을 기르는 데 도움이 된다면 서양의 어떠한 사상 체계라도 수용할 수 있었다. 유일무이한 절대 가치는, 반동의 시대에든 자유주의 시대에든, 그가 20대 초반에 황위와 일체를 이룬다고 배운 국가였던 것이다.

스기우라의 강의에는 이 밖에도 '학문 애호', '사후死後의 명성', '충언忠言', '중용中庸', '경건敬虔', '현명賢明'과 같은 항목이 있었다. 그는 이와 같은 윤리 강의에서 주로 8세기에 일본식 한문으로 쓰인 일본 왕조사 『고사기古事記』와 『일본서기日本書紀』에 등장하는 과거의 천황들을 칭송했다. '벚꽃'이라는 제목을 단 강의에서는 벚꽃이 지는 모습을 들어 "우리 일본국민이 국가의 중대사에 임해서는 일로매진一路邁進하여, 용감하게 곧바로 나아가 굳이 자신의 몸과 목숨을 돌보지 않는 모습과 서로 닮았다"고 가르쳤다.[23] 또한 히로히토는 '과학자' 항목에서 다음과 같이 배웠다.

> 전쟁에도 대포나 비행기, 군함, 그리고 기타 최신식 무기를 충분히 준비하고, 이를 운용함에 충용의열忠勇義烈의 정신으로 임한다면 비로소 완전을 기할 수 있고, 그럼으로써 천하에 대적할 자 없음을 자랑할 만하다. 이것이 서문 제5조의 취지라고 생각한다.[24]

1919년에는 파리평화회의에서 인종 문제가 제기되어, 일본의 외무성은 몇몇 국가에서 일본인들이 당하는 인종 차별에 대해 항의했다. 스기우라는 이에 대해 '코카서스인(이른바 백인)'과 '몽골인(이른바 황인)'을, 각각이 내포하는 민족적 차이는 무시한 채 통틀어 취급하고 대비해 양자 간의 적대를 강조했다. 스기우라에 따르면 전 세계 일곱 인종 가운데, 이 두 인종만이 "세계에 유력한 국가를 이루고 진보할 문명을 가지고 있다."[25] 15세기 후반 바스코 다 가마da Gama, Vasco의 시대부터 1차 세계대전에 이르는 동안에 유럽인들이 아시아로 진출한 것은 다음과 같이 설명된다.

> 요즘과 같은 최근 유럽인의 동진은 백인종이 황인종을 압도해버리고자 함이다. 시암태국—옮긴이 같은 경우는 겨우 독립국이라는 간판은

내걸고 있으나 실질적인 힘이 없음은 물론이거니와 지나支那중국—옮긴이와 같은 대국이라 할지라도 오랫동안 내란이 계속되어 국가 통일의 결실을 맺지 못하고 도저히 백인 세력과 팽팽히 맞서기에는 역부족이다. 유일하게 극동에 자리한 우리 일본만이 서양인들의 동침東侵 기세를 억누를 수 있었다.

또한 미국인들도…… 제국주의를 취하여 차츰 동양으로 세력을 뻗쳐 하와이와 필리핀을 손에 넣고, 중국과 만주에도 상권을 확장하고자 하는 것이 오늘날의 실상이로다.

이렇게 보면 세계의 역사는 황색인과 백색인 양 인종 간의 경쟁과 각축의 역사로다. …… 그들은 즉 황화黃禍황인종이 백인종에게 주는 위협—옮긴이를 외치고 우리는 즉 백화白禍를 개탄한다.[26]

인종 항쟁이라는 명제에 대해 인종 간의 협조라는 명제를 제시하며, 스기우라는 '인종'이라는 수업에서 "많은 인종들이 존재한다 하더라도 서로 손을 잡고 문명의 경지로 진입하는 것을 인류의 이상으로 삼아야 할 것이다" 하고 말했다. 그러나 불행하게도,

구미인들은 걸핏하면 유색 인종을 경시하는 선입관을 가지고 있다. 인종 차별을 철폐하는 것은 어려운 일이다. 이를 우리 일본에 비추어 보면 왕정유신 이래 사민평등을 주의主義로 삼았는데도 오늘날까지 구시대의 에타히닌穢多非人[대대로 멸시받는 계층]사농공상의 네 신분 아래 있는, 주로 에타와 히닌을 주요 구성원으로 하는 천민 계층. 에타는 주로 가죽 제품을 생산하는 사람들, 히닌은 주로 시체를 처리하거나 걸식하는 사람들이다—옮긴이[27]을 경멸하는 분위기가 있으니…… 인종차별 철폐 주장을 관철할 수 있든 없든 간

에 의연하게 자신을 지키는 것이 가장 긴요하다. 다름 아닌 우리 일본, 우리 국민은 인애와 정의로써 시종일관 유럽인들로 하여금 따르게 함이 마땅하다. 만일 그렇게 된다면 인종적 차별 철폐 또한 우려하지 않아도 된다.[28]

이러한 윤리 강의는 황태자의 마음에 인애로운 군주를 뒷받침해주는 것은 무엇인가 하는 물음을 제기했다.

스기우라의 강의에서는 유교주의와 일본의 패권주의에 기초한 황실의 이상을 드높이고, 자유주의, 개인주의, 사회주의 등을 주장하는 외국의 사상가를 비난했다. 또한 스기우라는 구미가 주도하는 백색인과 일본인이 이끄는 황색인의 싸움이라는, 통속적 사회다원주의에 입각해 국제관계를 파악하는 관점으로 강의를 끌어갔다.[29] 요컨대 스기우라의 가르침은, 선조의 가르침에서 비롯된 천황의 권위는 황통의 성스러운 창시자로 거슬러 올라간다는 것이었다. 이러한 관점은 일본의 팽창주의와 인종에 다른 자타 구별, 일본—과 일본 정신—이 서양과 서양 정신보다 우월하다는 관념과 결합했다. 이는 신민이 다름 아닌 천황에게 자기 한 몸을 바치고자 존재하기 때문에 천황이 신민에게 의무를 부과하는 것은 극히 당연하다는 결론에 이른다.

Ⅲ

젊은 황태자에게 영향을 미친 또 한 사람은 일본과 서양의 역사를 담당했던 시라토리 구라키치白鳥庫吉이다. 그는 독일에서 공부했다. 1909년에 잡지 『동양시보東洋時報』에 기고한 글에서 그는 중국의 철인왕哲人王이라는 요堯, 순舜, 우禹는 유교적 전설의 주인공일 뿐 실제로 존재하는 인물이 아님을 논증하여 중국문화의 비합리성을 강조했다.[30] 시라토리의 중국관은, 관용 없는 '탈脫아시아' 사고방식(메이지 시대의 유명한 교육자 후쿠자와 유키치福沢諭吉가 주장한)과 청일전쟁 후 시라토리 세대에 대두한, 타자에 대한 경멸적 태도가 결합한 것이라 봐도 좋다. 시라토리는 19세기 독일의 역사가 레오폴트 폰 랑케Ranke, Leopold von의 계보를 잇는 자유주의적 실증사가로, 자타가 공인하는 동서양 역사 전문가로서 50세에 궁내성의 요청을 받아 어학문소의 교무주임을 맡는 한편 역사를 강의했다.[31]

황태자와 다섯 학우를 가르칠 무렵 그는 『국사国史』라는 간단명료한 제목을 붙인 '(일본) 민족의 역사' 전 5권을 저술했다. 『국사』 제1권 제1장은 「총설総説」로서, 일본인의 민족적 기원을 설명하며 시라토리가 지닌 국가관의 뼈대를 밝히는 것으로 시작한다.

> 이 민족은 유구한 태고 때부터 이 국토에 거주했고, 황실이 이를 통일하여 제국을 세우신 후에는 비단 국가의 원수로서 이를 통치하셨을 뿐만 아니라, 그 종가宗家로서 제국과 일가를 친애하시고, 화기애애한 정이 존재함으로써 국가의 기초를 매우 공고히 할 수 있으셨다. 그리하여 황실이 만세일계万世一系임과 마찬가지로 국민도 부자가 대를 잇고 일족이 번성하여 오늘날에 이르러, 일찍이 민족에 변동이 있은 적이 없다. 그러므로 나라를 세운 옛날 황실을 보좌한 국민의 자손은 조상들의 유지를 계승하여 길이 충성스런 국민이 되었고, 역대 황실은 선조의 신민臣民을 사랑하시고 위대한 계획에 따라 항상 협력함을 신뢰하셨다. 이것은 실로 우리 국체国体의 정화精華라 하겠다. ……

우리 국민은 예로부터 동일 민족이라고 일컫는 것도 결코 잘못된 것이 아니다.³²

너무도 명쾌한 시라토리의 이러한 국가관은 유례없는 일본 '민족'의 특성에서 시작해서 그 균질성을 논하며 끝을 맺는다. 그 속에서 신화가 굳건해지고 신성한 사람들은 그 기원부터 신성해진다. 그는 창시자인 여신으로부터 시작된 천황의 계통이 끊이지 않고 이어졌다고 강조하여 일본이 신의 자손에 의해 통치되어왔음을 암시했다. 국체의 독특함은 형언할 수 없는, 황실과 백성의 결합에서도 드러난다. 일본의 신민은 지금까지 그랬듯이 앞으로도 '영원히 충성'하고, 대대로 천황의 '유업遺業 실현'에 봉사할 것이다.

시라토리는, 메이지 시기인 1880년대 초기부터 공교육 제도 안에서 가르치도록 되어 있었던 '국체' 관념을 히로히토에게도 심어주었다. 그런 까닭에 역사 교육은 먼저 건국 신화부터 시작해야 했다.[33] 시라토리는 황통의 신성한 기원을 강조하고 이를 일본인의 민족적 우월성, 단일민족 신화와 결합하여 얼마간 일본사를 객관적으로 논하는 관점을 찾아냈다. 전쟁 발발 전, 천황제 이데올로기의 이러한 두 가지 핵심 관념은 황태자 히로히토의 정신을 형성하는 데 결정적인 요소로 작용했다.

『국사』에서 신화와 역사는 뚜렷이 구별되지 않는다. 천황을 국민의 정신적 중추에 놓고 국민으로 하여금 천황을 신으로 숭배하도록 이끄는「교육칙어」의 맥락에 따라, 신화로써 천황의 신성을 설명한다. '진무神武 천황'을 논하는 부분에서 시라토리는『일본서기』에 기술된 국가 기원 '설화'를 그대로 이어 말한다.『일본서기』에 등장하는 '진무(아마테라스오미카미의 직계 자손)'는 역사적 사실에 근거한 것이 아닌, 이상적으로 만들어진 허구의 인물이지만 시라토리는 그 차이를 책의 어느 곳에도 기록하지 않았다.

> 〔진무 천황은〕 각지에서 전쟁을 수행하여 군사들이 자주 패했고 갑자
> 기 거친 파도가 일어 여러 형들을 잃었으나, 재난에 굴하지 않고 고난
> 에 약해지지 않았으며, 고비가 닥쳐올 때마다 용기를 더했다. ……몸
> 소 군사들과 어려움을 함께하면서, 천조天祖의 음덕과 여러 신하의
> 도움으로, 마침내 대업을 완수하셨다. 이에 우네비야마畝傍山나라 현(奈
> 良県) 가시와라 시에 있는 산—옮긴이의 동남쪽 기슭인 가시와라橿原 땅에 궁
> 을 짓고, 신기神器를 봉안한 후 천황에 즉위하셨다.[34]

시라토리에 따르면 진무 천황이 위업을 달성할 수 있었던 것은 "국민이
황실을 경애하고, 충성과 용기로 난관을 잘 견뎌내며 힘을 합쳐 천황을
보필"했기 때문이다. 진무 천황은 즉위하자 공이 있는 자를 각 지역의 통
치자로 임명하여 "널리 국민을 어루만지셨다."[35]

시라토리는 실제로 자신이 받드는 근대 '천황제'에 부합되도록 '국
사'를 썼다. 그는 전설상의 국가 기원에 사료史料 비판 방법을 적용하지
않았으며, 고대 신화가 사실史実을 반영한 것이 아니라는 점을 명확히 해
두지 않았다. 시라토리의 교과서는 스기우라가 윤리 강의에 못지않게 종
교적 천황상을 형성하는 데 기여하는 것이었다. 시라토리가 황태자에게
어떤 말로 이야기했는지는 알 수 없다. 그러나 그 후로도 그는 천황의 신
성神性에 대해 그보다 자세한 설명을 글로 옮기지는 않았다.[36]

역사학자 도코로 이사오所功가 지적하듯이 다섯 권으로 된 『국사』에서
각 장의 제목은 진무 천황 이하 각 천황의 이름으로 이루어졌다. 그리고
시라토리는 성스러운 거울과 검이 어떻게 이세신궁伊勢神宮과 아쓰타신궁

熱田神宮에 모셔졌는지, 황실이 어떻게 각지의 지배자들에게 성스러운 물건을 넘겨주도록 요구했는지(일찍이 거울, 옥, 검은 그들의 권위를 상징했다), 그리고 이들 '신기神器'가 어떻게 황실의 정통성을 대변하는 상징이 되었는지 등등의 이야기를 전개한다.[37]

일본 역사상 대표적인 천황들의 '성덕聖德'을 검토하면서 시라토리는 (스기우라와 마찬가지로) 천황들이 누차 국가가 진보하고 발전하는 데 견인차 구실을 해왔음을 확신하고, 또한 그렇게 가르쳤다. 천황이 진보를 추진하는 자라는 것은, 메이지 초기에 비롯되어 근대 천황제 이데올로기의 또 다른 주요 개념으로 자리 잡은 견해다. 이는 군주가 그 나라의 물질적·정신적 개화를 적극적으로 추진한다는 의미이며, 어떠한 군주제라도 공통되는 단순한 노블레스 오블리주noblesse oblige, 곧 국민에 대한 군주의 도덕적 의무 이상을 의미했다. 시라토리가 천황의 지도력에서 이 '근대화' 측면을 강조했음은 명백하다.

시라토리의 역사 연구는, 권력과 권위를 겸비하고 적극적으로 활동한 많은 천황들의 실례를 히로히토에게 제시해주었다. 시라토리의 강의에는 도덕적인 선과 인애를 구현한 고대와 중세 천황들의 실례가 잔뜩 등장하지만, 한편 그는 중세의 일부 천황들이 그러한 덕을 지녔음에도 오랜 정치상의 혼란을 겪고 그에 따라 '점차 늘어만 갔던 백성의 고통'을 극복할 수 없었던 예에 대해서도 설명했다.[38] 천황이 어렸을 때나 다 자란 뒤에도, 그리고 퇴위한 경우에 섭정이 주도권을 장악한 시기도 있었으나, 막부(군사정권)가 일본을 통치하던 가마쿠라 시대(鎌倉時代, 1192년~1333년)를 맞이할 때까지 정치 경제 면의 교착 상태는 풀리지 않았다. 시라토리는 무사시대로 넘어가서, 정치와 군사의 실권을 막부에게 넘긴 후에도 황실이 얼마나 오래도록 통치상의 중요한 지위를 유지해왔는가 설명했다.

또한 그는 메이지 유신 때부터 무시되어왔으나 황태자의 조상에 해당하는 북조北朝를 적극적으로 조명했다. 겨우 몇 년 전인 1911년 가쓰라 다로桂太郎 내각 아래에서, 남북조南北朝 시대 천황의 정통성을 둘러싼 오랜 역사 논쟁이 "남조에 유리하게 결판나고, 그 뒤 [소학교의] 역사 교과서에서는 1336년부터 1392년에 이르는 시기를 '요시노조[吉野朝, 남조를 가리킴] 시대'라 하게 되었다."[39] 일본의 보통 교육대개 국가에서 공식적으로 가르치는 기초 지식과 교양—편집자 체계에서는 천황의 정통성에 대한 국민의 신념이 흔들릴까 봐 국가 역사상 중요한 왕조 분열이 있었던 사실을 용의주도하게 은폐했던 시대에, 시라토리는 분열이 있었음을 인정하고 북조北朝도 수긍하는 태도로 대우했던 것이다.[40]

마지막으로 시라토리는 메이지 시대의 대외 전쟁을 강의하며, 어떻게 근대 제국이 일관되게 '동양의 평화'를 추구했는지, 또한 어떻게 다른 나라의 이해利害에 관심을 가지고 인애와 정의로써 이웃나라에 승리를 거두었는지 황태자와 그 학우들에게 설명했다. 시라토리는 청일전쟁 후 일본이 타이완을 식민지로 삼은 일에 중국인들이 저항한 것은 언급했으나, 한국의 주권 상실 과정에 나타난 정의롭지 못한 처사에 대해서는 말하지 않았다. 오히려 한국을 식민지로 만든 것은 비단 한국인뿐만이 아닌 '동양' 전체의 이익에 부합한다고 주장했다.

동양의 평화를 확보할 이는 [일본—옮긴이]제국 외에 있을 수 없기 때문이었다. 따라서 제국이 이전에 청나라에 대해서, 이후에 러시아에 대해서 총칼을 잡지 않을 수 없음에 이른 것은 그 원인이 실로 한국에 있었고, 제국은 영원히 그 화근을 없애지 않으면 안 되었기에, 1904년 러일전쟁이 시작됨과 더불어 일종의 계약을 체결했고, 한국이 제국을 신뢰하여 일본의 충언을 듣도록 약속하게 했는데, 1905년에 이르러 다시 새로운 조약을 맺고 한국의 외교권을 제국에 넘기고[곧 외교권 박탈], 경성에 통감統監을 두어 이를 관리하도록 했다.

한국을 '다른 강국들'의 위협에서 '보호한다'는 명목으로 한국의 외교를 맡았던 일본은 '1907년에 이르러 이러한 조약을 위배'하고 나선 한국 궁중의 저항에 부딪히게 되었다. 이것이 새로운 조약을 체결하는 길을 열어 통감은 '내정 감독' 권한을 부여받고 '한국은 제국의 완전한 보호국'이 되었다.

그렇지만 이 제도는 한국의 시정을 더욱 개선하고 그 국민의 안녕 복리를 증진하는 데 유익한 것이었으므로, 메이지 43년[1910년]에 이르러 제국은 한국과 협약을 체결하여 영구히 이를 합병했다. 이로써 여러 해 제국을 고민케 한 동양의 화근은 완전히 제거되기에 이르렀다.[41]

한일 관계에 관한 시라토리의 해설은 합병 시기에 일본인들이 한국에 대해 일반적으로 품었던 도덕적 자기만족과 위선을 반영한다. 그리고 천황의 계획은 그 자체가 현명하고 합리적이며, 한국 합병은 지역에 평화를 이루고 한국인에게는 진보를 의미한다는 뜻이 깔려 있다.

시라토리는 황태자의 할아버지인 메이지 천황을 상세하게 묘사하면서 메이지 시대에 대한 장章을 매듭지었다. 시라토리에 따르면 메이지 천황은 유년 시절부터 활발하고 용감한 데다가 근엄하고 규율을 중시했으며, 검소하고, 관대하고, 영명하고, 신하에게 언제나 관용을 베풀었다. 또한 항상 측근들에게 도道를 묻고, 그들이 일러주는 말을 주의 깊게 잘 들었다. 그리고 "천황은 와카에 심취하여 밤낮으로 시를 벗 삼아 암송하셨으며, 직접 지은 와카를 통해 스스로 마음〔인애로운 마음〕을 자연스럽게 얻으셨다." [42]

황태자에게 실례를 들어 천황이 갖추어야 할 '인애'를 제시하고, 일본 역사의 발전 과정을 설명하여 역사 일반에 대한 관심을 자극한다는 시라토리의 목적은 성공했다. [43] 히로히토는 훗날 『메이지 천황기明治天皇紀』(메이지 천황의 연대기)를 읽고, 메이지 시대에 대해 더 자세한 지식을 얻는다. 『메이지 천황기』는 궁내성 관리가 편집하여 1933년에 완성했으나, 메이지 유신 100주년에 즈음하여 1968년 첫 권이 간행되기까지 궁내성에 비장秘藏되어 있었다. 지금도 학자들에게 『메이지 천황기』의 토대가 된 1차 사료史料 조사가 허용되지 않는다. [44]

황태자는 도쿄제국대학 교수인 미쓰쿠리 겐파치箕作元八의 서양사 강의도 들었는데, 미쓰쿠리의 저서 『서양사강화西洋史講話』는 황태자가 애독했던 교과서였다. [45] 『나폴레옹 시대사』(1923)와 두 권으로 된 『프랑스대혁명사仏蘭西大革命史』(1919~1920), 볼셰비키 혁명이 일어나고 유럽 각국에서 군주제가 붕괴한 직후에 출판된 『세계대전사世界大戰史』(1919) 등, 미쓰쿠리의 주요 저서를 황태자는 모두 탐독했다. 이들 책에서는 혁명과 전쟁이 군주제를 가장 위협하는 것이라고 규정하고, 혁명의 방파제로서 강력한 중산 계층이 중요함을 역설한다.

히로히토에게 미쓰쿠리의 저서는 러시아 로마노프 왕조와 프로이센 호엔촐레른 왕조의 몰락을 합리적으로 설명해주는 것 같았다. 이들 책으로 말미암아 히로히토는 역사와 유럽 정치에 대한 관심이 깊어졌고, 한층 더 폭넓게 생각하며 개개 사건들 사이에 존재하는 보편적인 연관성에 눈뜰 수 있었을지도 모른다. 이에 비해 시라토리의 저서에는 정책 결정 과정에 대립이 있을 경우 참조할 만한 역사적 교훈이 많이 담겨 있었다. 그러나 그것들은 공인公認된 역사관을 강요하여 일본인의 민족 기원에 관한 고정 관념을 퍼뜨리고, 히로히토에게는 천황이란 국력과 위신, 그리고 제국을 끌어올리는 존재라는 생각을 주입했다.

IV

학습원 교수인 시미즈 도오루淸水澄는 스기우라나 시라토리와 달리 명백하게 학계의 일인자로 인식되지는 않았다. 시미즈가 헌법 교사로 선정된 이유는, 오가사와라와 원로들이 생각하기에 호즈미 야쓰카穗積八束, 우에스기 신키치上杉愼吉, 미노베 다쓰키치美濃部達吉와 같은 당시의 대표적 헌법학자들이 황태자를 지도하기에는 너무나도 문제가 많았기 때문이다. 시미즈는 특정 학파에 속하지 않았고, 1904년에 자신의 헌법 학설을 두꺼운 책으로 출간한 바 있었다. 1915년 그는 궁내성의 촉탁에 따라 어학문소에서 강의하게 되었다. 어학문소에서, 그리고 나중에는 궁정에서, 시미즈는 헌법상 정부가 갖는 권한의 범위에 대해 유력한 학설 두 가지를 해설했다.[46] 첫째는 호즈미나 우에스기 들이 말하는 천황 친정설로, 천황의 절대성을 인정하는 것이다. 이에 따르면 천황이 국가의 모든 기관을 감독할 책임을 지며, 관리 임면권을 직접 행사한다. 이는 육군의 많은 장교(우가키 가즈시게宇垣一成는 주목할 만한 예외다)들과 도고, 오가사와라 등 해군장교들에게 지지를 받았다. 두 번째 학설은 자유주의적인 미노베의 '천황 기관설'로, 내각을 천황의 유일한 조언자로 삼고 천황에게 협력하는 헌법 외 기관의 권한을 제한하여 전제 권력을 억제할 것을 주장한다.

시미즈는 절충적이면서도 모순된 사상을 지녔으며 표면상으로는 어느 쪽에도 치우치지 않았다. 그러나 그의 글을 살펴보면 미노베보다 호즈미 쪽에 훨씬 더 가깝다는 것을 알 수 있다. 시미즈는 헌법 해석 문제의 중심점을 '통치권'에 두고, 천황과 국가 양쪽의 통치권을 다 인정했다. 그는 국가를 "토지와 인민, 그리고 통치권이 불가분하게 결합된" 것, "법리적 관념에서 인격을 가지고 통치권의 주체가 되는 것"으로 보았다.[47] 그리고 이어서 "우리 일본에서 통치권은 국가에 귀속됨과 동시에 천황에게 귀속되며, 국가와 천황은 이 점에서 상등하고, 유일무이한 통치권의 주체는 바로 천황이다"라고 했다.[48]

이러한 주장은 결국 시미즈가 군주와 국가의 관계를 명확하게 구별하지 못했음을 의미한다. 도쿄제국대학에서 호즈미에게 배운 헌법학자 우에스기는, 천황은 국가 그 자체이며 그가 하는 일은 아무리 제멋대로라 할지라도 모두 정당하다고 논했다. 시미즈는 국가를 독립된 도덕적 인격으로 간주했고, 천황은 언제나 국가의 이익을 위해 행동한다고 주장했다. 천황이 어떤 경우에도 국가의 이익에 부합하는 쪽으로 생각하고 행동하는 존재인 이상, 천황과 국가가 대립하는 일은 없다. 천황과 국가 중 어느 쪽이 우선하는가 하는 것은 시미즈에게 있을 수 없는 문제였다. 이 점에서, 역사상 천황은 항상 국가의 이익을 위해 행동해왔다고 하는 스기우라의 가르침을 시미즈는 강화했다.

'국체'를 우위에 놓는 관점에서 헌법을 해석하는 것은 미노베에게 불필요한 일이었지만, 시미즈는 그렇게 함으로써, 전쟁 전부터 전후 초기에 걸쳐 보수 이론가들이 내분으로 인해 '국체'가 파괴되는 것을 막고자 펼친 논리의 전형을 그대로 밟았다. 이들은, 위기 때에는 천황제 이데올로기를 확고히 믿는 관료들의 고위직 진출이 정치 제도 발전보다 훨씬 중요하다고 생각했다. 충실하고 잘 훈련된 관리가 지배하는 한, '국체'는 내부로부터 전복될 염려가 없었다.

시미즈는 의회와 그 권한, 추밀원이나 원로 같은 헌법 외 기관의 문제에 대해서는 직접 거론하지 않았다. 기본적으로 그는 천황을 보좌하는 몇몇 법적 국가기관의 권한을 제한하는 일이나 의회주의 원칙에 반대했다. 시미즈는 히로히토에게, 천황은 모든 국가기관과 동일 선상에 있으며 권력도 똑같이 가진다는 생각을 불어넣었다. 천황은 상황을 고려하여 어느 쪽 측근의 의견을 존중하고 지지할 것인가 판단하는데, 측근들의 의견이 일치하든 갈리든 간에 천황이 언제나 그들을 따라야만 하는 것은 아니었다.

시미즈가 천황의 정치적 행위에 대한 무답책無答責 군주가 정치적으로나 법률적으로나 어떠한 책임도 지지 않는 것—옮긴이 문제를 명백히 하지 않았던 것은 주목할 만한 사실이다. 메이지 헌법에 군주의 정치적 무책임을 밝힌 규정은 없으나, 헌법이 성립된 당초부터 주석가들은 대개 제3조 "천황은 신성하며 침해받지 않는다"는 구절에서 '침해받지 않는다(불가침)'는 표현에 그러한 뜻이 들어 있다고 여겨왔다.[49] 이 때문에 만일 천황이 국내법상 불법적으로 행동하고 죄를 범해도 그는 처벌되지 않는다. 또한 설령 정부가 불법적인 행위를 했다고 해도 국가원수인 천황에게 책임을 물을 수 없다. 천황이 헌법을 위반하지 않으리란 보장은 국무대신의 보필과 그 책임을 규정한 제55조뿐이며, 이 조항에 의해 책임 추궁을 받는 것도 어디까지나 국무대신이었다.

그러나 이와 같은 제도는, 사실은 정치적 책임을 지지 않아도 된다고 진정으로 보장하는 것은 아니었다. 왜냐하면 국무대신은 통수권에 관한 사항에 대해서는 관여하지 못하도록 되어 있었기 때문에 이 경우 천황이 대신들의 조언을 얻을 수 없었다. 천황에게 헌법상의 책임을 묻는 절차나 제도는 존재하지 않았다.[50] 시미즈는 '불가침'이라는 부분을, 천황이 정치적·도덕적인 절대권력을 보유하고 입헌군주제보다 높거나 그것을 넘어선 존재임을 표현한 것이라고 해석했다. 그는 이러한 점에서도 암묵적으로 호즈미와 우에스기 쪽에 기울어 있었다.

시미즈는 국가를 인체에 비유하여 천황을 두뇌 자리에 놓고, "마치 인체의 머리 같은, 집단의 구심점"이라고 말했다.[51] 히로히토는 자신이 국가의 두뇌에 해당한다는 이 비유가 마음에 들었고, 1930년대 초에 미노베가 공격을 받아 공적 지위에서 물러났을 때 이를 상기했다. 이러한 견해는 19세기 말 독일인들의 헌법 사상에 일반적으로 나타나는데, 특히 일본 헌법을 만든 이들에게 커다란 영향을 미친 법철학자 게오르크 엘리네크(Jellinek, Georg, 1851~1911년)가 그러했다. 미노베도 1912년에 천황을 인간의 머리에 비유했으나, 그는 천황이 아니라 국가 쪽을 유념해서 말했다. 결국 시미즈의 사상은 바로 그 애매모호한 부분이, 훗날 반대 주장을 펼치기는 하나 똑같은 경향이 있던 황태자의 마음을 사로잡았다 하겠다.

결국 시미즈는 메이지 천황에 대한 기억이 일본인의 위인偉人 개념 속에 여전히 살아 있는 가운데 완벽한 군주상으로서 그를 우상화시키고, 스기우라와 시라토리의 주장을 강화했다. 시미즈는 메이지 천황이 「서문」에서 밝힌 바와 같이 천황은 국가를 운영하면서 자의적으로 행동해선 안 되며 '공론公論'을 반영해야 한다고 강조하여, 메이지 신화에 한몫을 했다. 히로히토의 세 선생은 모두, 일본이 대제국으로 변모하도록 하는 대사업을 완성한 메이지 천황의 개인적 자질(다이쇼에게는 그러한 자질이 전혀 없었다)을 소재로 〔현실성 없는—옮긴이〕 옛날이야기를 한 셈이다. 세 사람 모두 자신만의 방법으로 미화했던 메이지 천황의 면모를 히로히토가 물려받기를 바랐던 것이다. 이 때문에 그들은 일본에 제2의 메이지 천황이 필요하며,

황태자가 그 역할을 완수해 할아버지에 못지않은 치적을 남길 수 있으리라는 생각을 깊이 심어주고자 했다.

황태자는 스기우라, 시라토리, 그리고 구제 불능인 모순덩어리 시미즈에게 감화를 받고, 자신과는 기질이나 성격, 관심사마저 다른, 우상이 된 할아버지를 좇아가려고 노력했다. 그리고 히로히토는 메이지 헌법에 규정된 대로 자기 권위가 신성함을 믿게 되었다. 미노베가 제창하고 1920년대에 정당내각이 따랐던[52] 자유주의적 '천황 기관설'에 대해서는 대학에서 논의되는 학설 정도로 대우했을 뿐 조금이라도 자기 행위의 기준으로 삼는 일은 없었다. 절대주의자들의 신학적 해석에 따르지도 않았다. 히로히토는 사실 **어떠한** 입헌군주제 이론에도 치우치지 않았던 것이다. 그에게 헌법은 정책을 결정하는 중요한 기준이 아니었다. 할아버지와 마찬가지로 자신이 모든 국법 위에 있다고 믿었기 때문이다. 그의 행동을 정말로 규제하는 것은, 메이지 천황의 정신적 유산을 포함하여 헌법과 연관된 것들이 아니었다. 그는 상황에 따라서 헌법을 무시하기까지 했다.

V

히로히토를 교육하는 과정은 끝이 없었다. 그 최종 목표는 정부와 통수부가 제출한 정책 문서를 보고, 문서 작성 과정을 둘러싼 정치적 투쟁이나 대립의 바깥쪽에서 객관적으로 이해하고 현실적으로 평가할 수 있도록 하는 것이었다. 또 다른 목표는 일본―천하무적이며 신성한 나라―의 운영 체계에 균형을 잡고, 관료들 사이에 벌어지는 파벌 투쟁을 통합과 합의로 이끌 수 있도록 하는 것이었다. 히로히토는 이러한 기능을 수행하고자 논리적으로 의문점을 바로잡고, 이론적으로 토론하는 방식은 취하지 않았을 것이다. 일본의 지도자들은 문제를 분명히 밝히고 논쟁을 해결하는 데에 토론이 효과를 거두리라고는 믿지 않았기 때문이다. 오히려 그는 문무文武에 대한 상세한 지식과 성스러운 권위가 합의를 이끌어내는 방법을 배웠으며, 그에 따라 일했다. 히로히토가 그 역할을 적절히 수행해나갔다면, 그의 판단과 의지는 지배 체제 내의 모든 집단에 파고들어 합일점을 찾아냈을 것이다. 이 지점에서 히로히토의 평범한 신체적 특징—호리호리한 체격과 날카롭고 높은 목소리, 지극히 평균적인 지성—이 효과적으로 작용하여, 위험한 신화적 선전에서 그를 되돌려 현실에 붙들어두는 닻과 같은 구실을 했다. 또한 그는 직감적인 이해력은 뛰어나지 않았지만, 필요에 따라 짧은 시간에 배울 것은 충분히 배우는 능력을 갖추었다.

현실 세계와 마주치다 ^{3장}

1919년 봄, 18세가 된 황태자 히로히토는 성년식을 자축했지만, 그 무렵 천황제의 권위는 떨어져 각 방면에서 거친 풍파에 시달리게 되었다. 의회와 총리대신의 힘이 커지고 정당은 더욱 강력해져갔다. 외국의 경우, 러시아의 로마노프 왕조와 독일의 호엔촐레른 왕조, 오스트리아와 헝가리의 합스부르크 왕조, 아나톨리아·발칸·서아시아를 지배하던 오스만 왕조 등 수백 년 동안이나 지속된 왕조가 하룻밤 사이에 몰락했다. 세습 군주제가 이렇게 맹점을 드러내고 국제 환경이 이다지도 적대적일 줄이야. 마침 그때 파리평화회의의 일본대표단은 전후 유럽과 세계를 휩쓴 국제 평화와 민주주의의 거센 조류에 직면했다.

메이지 천황과 자주 비교되곤 했던 독일 황제는 1918년 11월 초에 퇴위하고, 얼마 뒤에 초대 받지 못한 망명자로서 네덜란드로 도피했다. 1919년 1월 18일 파리평화회의가 시작되자 연합국은 즉시 전 황제인 빌헬름을, '국제도덕international morality'을 침해하고 조약의 신성성神聖性을 유린했다는 혐의로 특별 국제재판에 회부하고자 전쟁책임위원회를 설치했다. 회의가 열리던 1919년, 일본의 신문은 연합국이 인종 간의 평화에 관한 일본의 제안을 거절한 일과 일본이 전쟁 중에 탈취한 산동성(山東省: 산둥성)을 둘러싸고 벌어진 논쟁에 관해서는 보도했으나, 전前 주권자를 전범으로 재판에 부치는 것이 군주의 불가침성에 어떤 위협을 미치는지에 대해서는 거의 보도하지 않았다. 그러나 무대 뒤에서는 일본의 외무성도, 사절단의 대표인 마키노 노부아키牧野伸顕와 진다 스테미珍田捨巳도 국가원수에 대한 재판이 성스러운 '국체'에 관한 일본인의 믿음을 뒤흔들까봐 우려하고 있었다.[1]

국외에서는 군주제에 대한 불신, 일본 국내에서는 천황제에 대한 민중의 무관심과 사회·정치 제도에 대한 공공연한 비판 증대, 국가 개혁에 대한 요구 대두, 군주가 친히 다스린다는 관념 약화. 이러한 것들이 황태자의 성년식 즈음하여 남은 3년간(1918~1921년) 어학문소 교육이 대처해야 할 시대적 배경이었다. 당시의 통치 지배층에게는 황위의 안정성과 젊은 황태자의 장래에 대해 걱정할 충분한 이유가 있었던 셈이다.

황태자의 성격도 걱정거리였다. 그에 대한 많은 전기伝記는 다방면에 걸친 그의 활동을 다루면서 이 문제를 거론하지 않고 지나쳤다. 과묵한 성격, 높고 날카로운 목소리, '군인정신'을 결여한 것 같은 인상은 히로히토가 천황으로서 재위하는 동안 거듭 드러난 특색이다. 또한 그는 주위의 영향을 아주 쉽게 받았으며, 이는 1920년 열아홉 살 때 주위 어른들의 견해를 모방하여 쓴 작문 숙제에서도 명백히 엿볼 수 있다. 1921년 3월부터 9월에 걸쳐 서유럽을 여행한 경험은 성장의 밑거름이 되어, 귀국한 후 히로히토는 정치 문제에 관여하기로 결심하고 이를 위한 준비에 착수했다.

I

열여덟 살이 된 지 일주일 후인 1919년 5월 7일 새벽, 황태자는 근위기병대의 철통같은 경호를 받으며 마차로 아카사카 어소를 출발했다. 군중은 니주바시二重橋황궁의 내원과 외원을 가르는 해자에 놓인 다리—편집자를 건너 궁궐로 들어가는 노부鹵簿군주의 행렬—옮긴이에 환호성을 질렀다. 성년식 차림을 한 히로히토는 몸을 깨끗이 하고 궁궐 안에 있는 신전에서 신도神道 식으로 성년식을 치렀다. 예식이 거행되는 동안 예포가 울리고, 도쿄를 비롯한 전국의 도시에서 축하 의식이 열렸다.[2]

황태자는 중학교 과정의 대부분을 마치고 차기 군주 양성 교육을 받고 있었다. 스기우라와 시라토리를 비롯해 어학문소의 교사들은 성년식을 맞이하여 신문에 황태자의 덕을 칭송하는 기사를 기고했다. 교감인 오가사와라는 다음과 같이 썼다.

……황태자 전하께서는 원래부터 총명하신 데다 오로지 절차탁마의 노력을 쌓으심으로써, 황공하게도 여러 학과를 모두 터득하시고 비서관들이 여러 가지 질문을 드렸을 때 항상 더할 나위 없는 답을 하셨으니, 모두 감격했다. 게다가 때때로 구연口演 연습도 하셨는데 이 또한 착상이 탁월하시고 말씀이 명석하셨고, 목소리에 힘이 들어 있어 경청하는 일동이 모두 감탄했다. 또한 앞에서 말한 고등보통과高等普通科 가운데는 군사학, 무과, 체조 및 마술馬術 등이 포함되어 있어 군사상의 지식과 더불어 상무尙武의 정신을 함양하셨고, 동시에 신체의 강건함을 기하셨던 것이다……[3]

황태자의 지식이나 근면성, 학업에 대한 오가사와라의 평가는 히로히토를 직접 잘 알던 사람들이 남긴 기록과 일치한다. 문제는 오가사와라가 말한 '게다가'와 '동시에'라는 표현이다. 오가사와라가 황태자는 구연에 뛰어나며 '상무尚武의 정신'을 갖추었다고 단언하지 않은 듯이 여겨진다면, (역사학자 다나카 히로미田中宏巳가 지적한 대로) 이는 어학문소에 대한 비판을 염려한 데서 비롯된 처사다. 성년식 직전인 3월 말, 『시사신문時事新聞』은 어학문소라는 폐쇄된 환경에서 과보호를 받은 탓에 황태자가 사람들 앞에서 거의 말도 못 하고, 군인정신도 결여했다고 보도했던 것이다. 원로인 야마가타와 하라 게이原敬 수상(총리대신)의 측근인 미우라 고로三浦梧楼 자작도 현실과 동떨어진 어학문소의 교육 방침을 개혁해야 한다고 주장했다.[4] 오가사와라와 다른 교사들도 황태자가 내성적이며 언변에는 별 관심도 재주도 없다는 점을 잘 알았다. 사실 나중에 그의 시종무관이 된 나라 다케지는 히로히토의 성장에 대한 오가사와라의 공식 발언이 나온 후, 황태자가 5월 8일 성인식에 이어 거행된 만찬회에서 내내 침묵을 지켰던 것에 대해 이렇게 썼다.

……전하는 단지 배알을 허락하시고 연회에 착석하셨을 뿐 아무런 말씀도 하지 않으시고, 뭔가 아뢰어도 거의 응답이 없는 상태였으므로, 연회 후 휴식 시간에 원래 거리낌 없이 말 잘하기로 유명한 추밀고문관枢密顧問官 미우라 고로 자작은 많은 사람이 앉아 있는 자리에서 하마오浜尾 동궁대신에게 비난 공격을 가하여, 전하를 애지중지하는 교육의 결과라고 큰소리로 질타한 일이 있었는데, 이러한 상황 때문이었는지 야마가타와 사이온지 긴모치西園寺公望 두 원로 쪽에서 전하의 교육과 보도補導의 대혁신 필요론이 일어났다……[5]

나라奈良는 이어서 야마가타 원수와 나눈 대화를 기록했다. 야마가타는 일전에 황태자를 배알하여 몇 가지 질문을 했을 때도 그가 아무런 대답도 하지 않을 뿐더러 질문도 하지 않았던 것을 떠올렸다.

……마치 돌부처 같은 태도□ □〔지저분해서 해독되지 않는 부분〕심히 유감스럽다. 필시 하마오의 과보호 교육 방침에 기인하는 것으로 생각한다. 앞으로 더욱더 개방적으로 교육하고 자유롭고 활달한 기질을 길러야만 한다. 이에 따라 외유外遊도 필요하다고 느끼며, 반드시 실행하지 않으면 안 되고, ……하마오가 꾸물거리고 있는 것은 유감이다…….6

나라는 이제 어른이 된 황태자가 동생들과는 달리 사람들에게 어떤 식으로든 자신의 '인격personality'을 내보이지 못하며, 거동이 부자연스럽고 목소리가 여전히 높고 날카롭다는 점에도 주목했을 것이다. 그렇지만 히로히토가 말이 없다는 점을 어떻게 이해해야 할 것인가? 이는 경험 부족과 자신감 결여를 표출하는 것인가, 아니면 타인에 의해 형성된 성격으로 군주 교육이 의도적으로 조장한 것인가? 목소리가 나이에 어울리지 않게 높고 날카로운 이유는 무엇인가? 이 또한 인공적인 환경의 산물인가, 아니면 호르몬 분비가 늦은 것인가?

동생들도 마찬가지였지만 히로히토는 다른 사람보다 갑절은 강한 감정의 소유자였으며, 그러면서도 그러한 감정을 겉으로 나타내지 않도록 훈육된 인간이었다. 또한 그는 고독했으며 중등과 시절부터 긴장하면 혼잣말을 하는 버릇이 있었다.7 그에게 거의 말을 걸지 않았던 할아버지를 규범으로 숭앙한 것도 아마도 젊은 시절 그의 과묵함을 조장했을 것이다.

그런 데다 시라토리는 적은 말로 많은 것을 성취하는, 중국유교의 (그리고 대중 불교의) 일반적 군주상에 어울리는 선조 천황의 예를 그에게 수도 없이 제시했다. 히로히토가 말이 적은 것은 그를 주시하며 참견하는 교사들의 눈을 피해 자신을 지키는 전략이었는지도 모른다.

그에게 언어로 표현하는 기교가 부족한 것은, 거듭 말하자면 일본의 문화적·미적 전통에 부합했던 것인지도 모른다. 할아버지가 완전한 전제 군주였던 데 비해, 히로히토에게는 메이지 헌법하의(엄밀하게는 헌법하에 보호받는 또는 헌법으로 보호받는) 입헌군주라는 강한 자각이 있었다. 그에게는 다해야 할 헌법적 의무가 있으며 이를 수행하려 할 때는 더욱 솔직한 자신을 드러내지 못하고 가면을 쓰게 되었다. 이러한 가면은 히로히토가 종교적·의례적 의무를 실천할 때 입는 제복과 비슷한, 심리적 의상에 속했다. 그리고 그의 가장 중요한 의무는 일본의 도덕을 구현하는 일이었다.

침묵의 가면은 역설적으로 그의 내면에 주목하게 만들었고, 칭송받을 만해 보였다. 한편 정치적 군사적 의무를 수행할 때에는 이러한 침묵의 가면이 자주 물의를 빚었다. 히로히토에게 직접 보고하는 인물들은 그때의 상황에 비추어 그가 잠깐 내뱉는 말뿐만 아니라 그의 표정, 그리고 어느 정도 '마음이 움직인' 것처럼 보이는가 하는 것까지 파악해야 했다. 히로히토 자신에게 아주 중요한 문제일지라도 능변은 기대할 수 없었고, 그를 배알하는 자는 그의 안색을 보고 내면의 사고와 다음 행동을 암시하는 조그만 징후라도 알아차리는 법을 터득했다.[8] 가면을 쓰는 것을 역사상 높이 평가해왔으며, 이를 제일가는 상징적 표현으로 삼아온 사회에서 히로히토가 쓴 침묵의 가면은 큰 의미를 지니는 것이었다.

목소리에 대해서도 똑같이 말할 수 있다. 일본인들 대부분은 히로히토의 음성에서 그들의 국민의식을 '듣게' 된다. 1921년 11월 섭정에 취임하기 전부터 그의 목소리를 가까이서 듣는 소수 통치 지배층에게 이는 근심거리였다. 교사들이 걱정할수록, 히로히토가 정치 경험을 쌓아갈수록, 또한 일본이 전쟁에 깊숙이 빠져들수록 국민은 히로히토의 음성을 초인간적인 것으로 상상하게 되었다. 쇼와 천황의 음성은 1945년 8월 일본이 항복했을 때에도, 미군정하에서 국내 순행을 했을 때에도 이러쿵저러쿵 논란을 불러일으켰다.[9]

젊은 히로히토의 발음이 정확하지 않은 문제나 일본인들이 그 목소리를 받아들이는 각양각색의 반응과는 별개로, 1차 세계대전 후 일본의 지배층은 심신 모두 병든 그의 아버지를 어떻게 처리해야 할지, 민주주의는 용솟음치는데 군주제의 권위 쇠퇴로 이어질 것이 명백한 사회의 변화를 어떻게 할지 하는 문제와 씨름해야 했다. 이러한 상황에서 후계자의 외견적 신체 조건은 매우 중요한 문제였다. 자연히 원로와 그 후계자들은 요시히토嘉仁 천황의 말수 적고 허약한 아들이 메이지 천황의 인상적인 거동에 익숙해져버린 일반 대중에게 말로써 자신의 인격을 표현하지 못하는 문제에 골머리를 앓았다. 근시 안경을 낀 데다 마른 체격에 구부정한 자세, 신경질적이고 목소리가 작은 점을 생각하면, '상무정신'을 기대하는 정치 지배자들의 우려가 결국 신문에 반영되는 것도 무리가 아니었다.[10] 그러나 히로히토는 지적이며 의지가 강했다. 검약을 실천했으며, 근대적이고 전문적인 관점에서 군사적 성취와 군비에 높은 가치를 두었다. 바꾸어 말하면 그의 실제 성격은 소극적으로 보이는 겉모습과 전혀 달랐다.

히로히토는 자제심 훈련과 엄격한 일과를 통한 군사훈련을 유년 시절부터 받아왔다. 그의 할아버지는 외국 군대가 침입했을 때를 가정하여 수시로 실시되는 훈련에 참석하여 몸소 육해군을 지휘했고, 다이쇼 천황과는 무척 대조적으로 육·해군 학교의 졸업식에도 열심히 참석했다.[11] 그러나 메이지 천황은 군사 교육을 받지 않았으며 전략이나 전술 면에서도 사실상 무지했다. 군사에 관련된 훈련은 그를 야외로 끌어내어 불건전한 생활을 뜯어고치고자 계획되었다. 히로히토가 생애의 전범典範으로서 자리 매김한, 인위적으로 이상화한 메이지 천황의 행보를 뒤쫓는 것은 히로히토에게 가장 절실한 염원이었다. 그러나 사정에 따라서 메이지 천황의 선례는 언제라도 자유로이 변경될 수 있었다. 할아버지와는 달리 히로히토에게는 항시 시종무관이 따라붙어 군인답게 행동하도록 유도했다. 특히 1926년 12월 천황이 된 뒤로는, 전통적인 신도 사제 차림을 해야 하는 종교의례 때를 제외하고는 거의 항상 군복을 입었다. 이러한 일상적인 습관은 히로히토의 인격이 발전하는 데 깊은 영향을 끼쳤다.[12]

히로히토가 그 자신이 탄생한 배경인, 치밀하게 구성된 권위 질서를 의심 없이 자발적으로 용인한 사실도 중요하다. 그는 초기부터 자신이 정치권력과 군 통수권 영역에서 결정을 내리는─결정을 내리도록 요구받는 운명을 타고난─사람임을 자각했다. 그러나 장성하여 천황의 의무를 지게 되자 히로히토의 지적 관심은 역사와 정치, 그리고 특히 자연과학으로 향하기 시작했다. 이러한 것들, 곧 그가 열망하는 다른 값어치 있는 것들이 그의 일상에서 가장 높은 비중을 차지하는 군사 문제를 몰아내지는 못했다.

장차 일본의 '절대' 군주이자 군 최고 통수권자의 길을 걷게 될 젊은이는, 과학을 취미로 하면서도 하루의 대부분을 과학자들이 아니라 군인들과 지냈고, 아마 그가 만족스런 인간관계를 맺은 이들도 대부분 군인일 것이다. 어학문소의 마지막 2년 동안에 히로히토는 대단히 자신만만한 성격인 우가키 가즈시게字垣一成1868~1956. 육군대장과 조선총독을 역임했다─옮긴이와 절친해진 듯하다. 훗날 대신들과 국가를 통치하게 되었을 때, 대원수의 가면을 쓴 히로히토는 자신의 견해를 자주 피력하는데, 그의 단적인 발언은 커다란 정치적 영향력을 발휘했다. 히로히토는 자신이 임명하는 고관들 가운데 대개 관료형 인간을 전적으로 신뢰했다. 오히려 어학문소의 교감이자 해군 최초의 홍보 전문가인 오가사와라 대령(훗날 중장)이나 이름 높은 제독인 교장 도고와 같은, 독선적이고 무력을 과시하는 인물이나 정치적 반동주의자와는 선천적으로 맞지 않았다.[13]

곧 문제는 히로히토가 이처럼 다방면에 걸친 삶을 살면서 서로 모순되는 정체성들을 함께 지녔다는 점과 그 모순된 정체성 각각의 면모를 어떻게 이해하느냐에 있다. 그는 어떻게 자신의 감정을 조절하고 다방면에 걸친, 무수한 역할과 요구를 헤쳐나갔을까? 그의 마음속 깊이 자리 잡은, 꺼지지 않는 자기 정체성은 자신이 신권적 천황이라는 인식이었을 것이다. 그는 스스로를 질서의 원천이자 정책 결정에 참여하는 주체이고 아시아 근대화를 이끌 국가의 지도자로서 인식하도록 교육받았다.

Ⅱ

히로히토는 정치 면에서 교사들을 만족시킬 만한 태도를 자연스레 터득하고 있었다.[14] 이 시기에 형성된 그의 사회관은, 스기우라가 받아서 궁내대신인 마키노 노부아키牧野伸顯에게 건넨 작문에서도 엿볼 수 있다. 마키노 노부아키는 그 내용을 일기에 적어놓았는데, 연합국과 독일이 맺은 강화조약이 마침내 발효된 뒤 1920년 1월에 작성된, 「평화 성립의 조칙을 삼가 읽고 소감을 말한다」라는 2쪽짜리 짤막한 작문에서 열아홉 살인 황태자는 "정사政事를 지도하는 중요한 임무를 띤" 장래를 생각하며 "내 아버지, 천황 폐하!"의 글귀를 인용했다.[15] 이 작문에서는 '과격한 사상'을 경계하고 군비의 의의를 인정하는 한편 '영구적인 평화'가 실현되기를 소망하는 청년의 자세가 드러난다. 그의 첫 번째 논점은 다음과 같다.

세계의 사상계가 크게 어지러워 과격한 사상이 세계에 퍼지려 하고, 노동 문제는 복잡해지고 있다. 세계의 국민은 전후의 비참함을 보고, 평화를 사랑하고 각국이 협조하려고 한다. 이로써 국제연맹의 성립을 보았고, 그리고 그 전에는 노동회의가 열렸다. ……이번에 우리 국민 된 자는 조칙詔勅에 분부하신 바와 같이 분려 자강奮勵自彊하고, 수시로 순응의 길을 강구해야만 한다.

여기서 '과격한 사상'이라 함은 1차 세계대전에 뒤이어 일본과 세계 곳곳에 확산된 민주주의와 반군국주의, 사회주의, 그리고 공산주의 혁명을 이른다 하겠다. 히로히토는 이러한 현상을 우려하고 사회를 동요케 하는 '노동 문제'를 언급한 다음, 조칙의 글귀를 충실하게 그대로 옮겨가며 말을 잇는다.

특히 국제연맹에 대해서는 조칙에 다음과 같이 말씀하셨다. "짐(요시히토 천황)은 충심으로 기쁘고 다행으로 여기는 바임과 동시에 또한 앞으로 나라가 짊어질 짐이 중대함을 느낀다." 우리도 역시 국제연맹의 성립을 경하하는 바이다. 우리는 이 연맹의 규약에 따름과 동시에 연맹의 정신을 발전시키고…….

그러나 새로운 세계 기구를 지지하는 히로히토의 열의를 영·미의 세계관에 동의한다거나 근저에 '새로운 외교' 원칙이 깔린 것으로 혼동해서는 안 된다. 그가 연맹의 정신을 지지하는 것은 굳이 말하자면 청년다운 이상주의나 낙관주의가 반영된 데 지나지 않았다. 그렇다 하더라도 그의 이상주의는 이 단계에서는 하라 내각의 회의주의와 완전히 대조적이었다. 일본정부는 연맹 승인을 늦추고자 했으며, 베르사유에 있는 일본대표단에게 유럽 문제에는 관여하지 말고 중국에서 일본이 갖는 '권리와 이익'을 지키는 데 전력을 다하도록 명했다.

이어 히로히토는 다음과 같이 단언했다. "세계에 영구히 평화를 확립하는 중대한 의무를 다하지 않으면 안 되며 이 임무를 다하기 위해서는 어떻게 해야 하는가?" 그 대답은 일본이 대식민제국으로서 '만국이 옳다고 인정하는 바'에 근거하여 각국과 관계를 돈독히 하고 일본 내에서는 사치와 낭비를 경계하는 것이었다. 그리고 '군비'와 산업 기반 정비를 '외교상의 이익'과 '열강과 동일한 보조步調'를 취하는 일에 갖다 붙여, 향후 행동의 전제가 무엇인지 내비쳤다. 즉 "군비를 강화하지 않으면……외교상의 이익이 손실 없이 통과되기란 어렵다. 또한 산업이나 교통을 활성화시키고, 노동자의 능률을 고양하지 않으면 부국이 되기는 불가능하다. 혹 이러한 것들을 이루지 않으면 열강과 동일한 보조를 취하는 것 또한 불가능하다"는 것이다.

국제 경쟁 속에서 '국운國運'을 달성하고자 나라 전체가 하나로 뭉쳐야 한다는 것이 히로히토가 내린 결론이었다.

'사상계의 혼란', '과격한 사상', '부화浮華겉만 화려하고 실속이 없음—옮긴이', '사치', '군비', '영구한 평화', 세계의 대세에 대한 순응, 국가의 사명을 실현하는 데 불가결한 통합 달성, 이러한 것들이 1차 대전 종결 상황에서 일본의 보수 지배자와 군부 지도자, 그리고 젊은 히로히토가 제창한 용어이자 개념이었다. 더 넓게 보면, 보수주의자들이 국내의 사회적 긴장을 예방하고자 강조했던 이념에서 나온 용어들이었다. 그러나 사회 계층 계급 간에 부와 권력의 격차가 커짐에 따라 생겨난 사회적 긴장에는 이러한 말재간의 미봉책을 넘어서는 대응이 필요했다.

III

1차 세계대전 당시 일본의 총리대신들—오오쿠마 시게노부(大隈重信, 재임 1914~1916년)와 데라우치 마사타케(寺内正毅, 재임 1916~1918년)—은 다이쇼 천황이 군림하며 통치하고 있다는 허구에 바탕을 두고 정치를 펼쳤다. 전후의 수상인 하라 게이(原敬, 1918~1921년)는 다이쇼 천황이 형식적으로만 필요한, 명목뿐인 존재 이상은 아니라는 사실을 더 감출 수 없었다.[16] 하라 수상과 연로한 원로들은, 1918년에 쌀 폭동이 일본 국내를 휩쓸고 천황의 건강은 갈수록 나빠지며 황실을 비판하는 불경 사건이 되풀이 발생하는 등 어지러운 시류에 우왕좌왕했다.

1차 세계대전 후에 일어난 불경 사건들은 다이쇼 시기에 팽배한, 천황 숭배에 대한 반발의 한 형태였다.[17] 1921년 11월에 히로히토가 섭정에 취임한 후에도 "애송이 한 명 때문에 참 많은 사람들이 애들 쓰는군!" "이건 너무해! 천황 폐하는 건방진 풋내기야. 폐하가 행차했다 하면 미리부터 몇 시간씩 길을 막잖아. 어떤 멍청이들은 행렬이 지나가는 걸 보려고 열 시간도 넘게 기다린다지"와 같은 말을 했다는 이유만으로 사람들은 불경죄로 체포되고 고발당했다.[18]

황위에 대한 경외심이 무너진 것은 천황의 병이 오래간다는 소문이 널리 퍼진 탓도 있고, 또 경제 · 사회의 변화와 '다이쇼 데모크라시' 운동에도 기인했다.[19] 다이쇼 데모크라시가 제기한 선거권 확대 요구는 설득력을 지니고 있었다. 이에 대해 하라 내각과 원로들은 지방 남자 엘리트들의 이익에 부합하는 소극적 개혁만 허용하려고 했다. 그들은 정치권력의 근본적인 합리화를 요구하는 사회 변화를 무시하여 모든 남성에 대한 보통선거법 시행 요구를 거부하고, 세습 귀족과 추밀원의 특권을 용인하면서, 다이쇼 데모크라시 운동에 역행하여 군주제를 지킬 방도를 모색했다.

하라가 가장 우려한 점은 막대한 황실 재산에 대한 민중의 비난이었다. 그는 궁내대신 하타노 다카나오波多野敬直에게 "황실의 부富는 곧 국가의 부라는 생각을 국민에게 불어넣는다면 황실의 수입이 아무리 많을지라도 왈가왈부하는 자가 없을 것이다" 하고 말했다.[20] 계급투쟁으로 인해 국가 분열이 확산되면 군주제도 논쟁의 대상이 될 우려가 있음을 하라는 인식하고 있었다. '쌀 폭동'으로 알려진 대중의 저항 운동에는 100만 명이 넘는 농어민과 이를 웃도는 도시민들이 전국 37개 현 곳곳, 홋카이도北海道, 도쿄, 오사카大阪, 교토에서 참여했다. 폭동의 발단은 물가 앙등에 대한 분노였지만, 그 근저에는 소작인들에게 높은 소작료를 요구하는 지주 제도가 자리하고 있었다. 하라는 황실의 '어마어마한 수입'을 부정하지 못했는데, 이는 사실상 황실이 일본의 최대 지주였기 때문이다. 앞으로 황실의 경제활동이 국민에게 고난을 강요한다고 비쳐지지 않도록 주의해야만 했다.

원로 야마가타의 생각도 같았다. 1919년 10월 그는 하타노에게, 즉시 천황이 보유한 유가증권 중에서 주식을 매도하고 황실 소유 전답을 처분하도록 주의를 주었다. 당시 황실은 산림 경영만으로 매년 600~800만 엔에 달하는 수입을 올렸다.[21] 또한 황실은 궁전과 고급 주택, 학교, 능지, 교토와 나라와 도쿄의 박물관을 소유하고, 정부로부터 지급되는 황실비 연간 300만 엔 외에 주식과 채권 투자를 통해서도 수입을 얻었다. 게다가 조선은행, 남만주철도회사(1925년부터)와 같은 식민지의 은행이나 기업에 투자한 데 따른 배당금도 있었다. 일본 국내의 광산이나 그 밖의 수입까지 포함한 이들 자산 덕분에 궁내성은 일본의 대기업들에 대해 보증인 내지는 관재인管財人, "일본 자본주의의 발전에…… 위대한 신용의 창조자" 역할을 맡았다.[22] 최대 재벌에 필적하는 막대한 재산 때문에, 황실은 메이지 시대에는 불가능했던 형태로 국민과 많은 관계를 맺게 되었다. 하타노가 문제를 의식하지 않았다면 하라와 야마가타가 단행했을 일이다. 국민의 호의를 사는 데 천황의 경제력을 활용할 때가 왔던 것이다.

1920년 후반 히로히토가 아직 어학문소를 졸업하기 전의 이러한 배경에서 다이쇼 데모크라시 시기에는 군주제조차 얼마나 간단히 정쟁에 휩쓸리고 말았는가를 보여주는 사건이 궁정에서 일어났다. 발단은 히로히토의 약혼녀 가계에 있는 색맹 문제를 두고 지배층 상층부 사이에 빚어진 갈등이었다. 1919년 6월 약혼 무렵에 일어난, 히로히토의 교육에 관한 문제도 얽혀 있었다. 히로히토의 교육과 약혼, 유럽 여행은 처음부터 얽히고설켜 누가 정치·경제를 궁극적으로 장악하느냐 하는, 제국 조직 특유의 분란을 부채질했다.

태자 책봉식이 있은 지 1년 후인 1917년, 오가사와라는 황태자의 신붓감으로 왕녀 세 명의 이름을 황태자의 어머니인 사다코(훗날의 데이메이貞明황후)에게 올렸다. 사다코는 구니노미야 구니요시久迩宮邦彦의 딸인 나가코良子를 아들의 신부로 골랐다. 이후 황태자의 약혼은 중요한 국가 행사로 간주되었다. 주도면밀하게 준비되어야 했다. 히로히토는 이미 나가코를 만나 호감을 느끼고 있었고, 나가코도 황태자비가 되기에 손색이 없었기 때문에 하타노는 1918년 1월 구니노미야에게 편지를 보내 딸이 황태자비로 간택된 사실을 알렸다. 그리하여 구니노미야 가家에서는 히로히토의 윤리 교사 스기우라를 고용하여 나가코에게 주 1회 윤리를 가르치게 했다.

황실의 약혼 예식은 1920년 말로 예정되었다. 그러나 같은 해 6월, 생존한 원로들 중에서 가장 영향력 있는 원수 야마가타는 나가코의 어머니 쪽인 시마즈島津 가에 색각 이상이 있음을 근거로 약혼 파기를 꾀했다. 6월 18일에 그는 하타노에게 사직을 강요했다. 공식적인 이유는 황태자비 후보들에 대해 철저하게 조사하지 않았기 때문이라고 하나, 실제로는 히로히토를 해외여행 보내버리기 위해서였다. 그리고 야마가타는 자신의 파벌에 속한 후계자들을 움직이기 시작했다. 먼저 육군중장 나카무라 유지로中村雄次郎를 새로운 궁내대신으로 추천했다. 하라 수상이 야마가타를 지지했다. 그도 다이쇼 천황의 지병과 정신장애가 황실의 유전적 요인에서 비롯되었을 가능성 때문에 골치를 썩고 있었고, 한편으로는 궁정 일에 관한 영향력을 강화하고자 야마가타와 좋은 관계를 맺어놓아야겠다고 생각했던 것이다. 야마가타는 혈통을 순수하게 보존하느니 장차 황실의 건강을 생각하여 구니노미야에게 "황실을 위하는 마음으로 스스로 퇴임" 하라고 서신을 보냈다.[23]

구니노미야는 이러한 요구를 받아들이기는커녕 굴하지 않고 황후 사다코와 스기우라를 자기편으로 만들어 은밀히 반격을 가했다. 나가코를 간택하는 데 참여했던 황태자가 그 후에 벌어진 사태를 의식했는지 여부는 알 수 없다. 스기우라는 약혼을 파기하면 황실에 나쁜 선례를 남길 것이며, 또 황태자의 장래에도 흠이 될 것이라고 주장해 궁내성 관료들의 의견을 하나로 통합코자 했다. 스기우라는 '도덕적인' 설득파혼은 도덕을 깨뜨리는 일에 해당된다—옮긴이이 별반 효력을 발휘하지 못하자 결국 구니노미야 가의 시마즈 쪽 화족들을 동원하기에 이르렀다. 그들은 일찍이 반反야마가타 파였던 데다 사쓰마 번의 옛 가신단家臣団 출신 고위 관료들에게 영향력을 미치리라고 스기우라는 기대했다.

사쓰마 세력 내의 인척 관계를 이용하고자 했던 스기우라의 시도는 수포로 돌아갔다. 야마가타와 하라는 여전히 황실의 장래를 염려했으며, 그 염려에 일리가 있음을 부정할 수 없었기 때문이다. 그러던 와중에 메이지 유신의 위대한 지도자인 오오쿠보 도시미치大久保利通의 차남이며, 사쓰마 파의 중심인물로 주목되던 마키노 노부아키가 파리평화회의를 마치고 귀국했다. 스기우라의 제자이자 고위급 관료인 야하타제철소 장관 시라니 다케시白仁武가 노부아키를 찾아가 문제를 의논하고, 스기우라에게 노부아키가 "고심 중인 것처럼 보였다"고 보고했다.[24] 사쓰마 파인 해군대장 야마모토 곤베이山本権兵衛도 스기우라의 간청에 냉담했다.

가장 유력한 원로의 벽을 넘어설 수 없었던 스기우라는 옛 제자이자 중의원의원인 국민당 간부 고지마 가즈오古島一雄에게 '황태자의 약혼 파기 계략'을 전해 반야마가타 투쟁을 확대했다. 고지마는 즉시 국민당 총리인 이누카이 쓰요시犬養毅에게 이를 보고했고, 곧 헌정회憲政会의 오오타케 간이치大竹貫一〔뒤에는 국민당 소속으로 나옴―편집자〕도 이 사태를 알았다. 하라가 이끄는 정우회政友会에 대한 주요 반대당인 국민당과 헌정회가, 보통선거법 문제를 떠안은 제44차 제국의회 소집이 12월 27일로 다가온 이 시기에 황실의 평온함을 깨버린다면, 하라에게는 위험천만한 폭탄이 된다. 그런데 바로 그때 스기우라가 어학문소를 그만둔다는 보도가 나왔다. 공식적인 이유는 건강이 좋지 못하다는 것이었다. 황태자가 졸업을 겨우 몇 달 앞둔 시점이었다. 스기우라는 사태를 타개하고자 애쓰는 과정에서 고립되고 무력함과 절망을 느낄수록 주위를 경계하여, 문제는 한층 더 정치적으로 발전했다.

스기우라는 결국 '구旧우익'의 초국가주의 지도자이며 오랜 벗인 도야마 미쓰루頭山滿에게, 야마가타가 구니노미야를 적대시하고 궁내에서 권력을 확대하려 한다고 말했다. 도야마는 1881년에 히라오카 고타로平岡浩太郎와 더불어 현양사玄洋社를 결성했다. 현양사는 정계와 재계, 학계에 지지자를 확보한 압력단체로, 일본이 아시아 세력의 중핵이 되어 구미 제국주의에 대항할 것을 목표로 삼았다.[25] 우치다 료헤이內田良平의 흑룡회(黑龍会, 1901년 결성)나 낭인회浪人会에 속한, 도야마의 동지들도 야마가타를 물리적으로 공격하기 시작했다. 1921년 1월에는 '신新우익'의 대아시아주의자 두 명, 곧 동양학자인 오오카와 슈메이大川周明와 '중국통'이자 니치렌종日蓮宗에 귀의한 사상가 기타 잇키北一輝에게, 야마가타가 황태자의 약혼을 취소하려 한다는 사실이 알려졌다. 오오카와는 그 직전에 척식拓殖 대학 교수인 미쓰카와 가메타로満川亀太郎와 국가주의·반마르크스주의 토론 집단인 유존사(猶存社, '소나무와 국화'를 뜻한다)를 조직했으며 기타 잇키도 이에 합류했다.〔기타 잇키는 유존사의 일원일 뿐 아니라 창설자다. 유존사라는 명칭은 '소나무와 국화'를 직접 의미하지는 않고, 도연명의 유명한 시 「귀거래사歸去來辭」의 한 구 松菊猶存(송국유존: 소나무와 국화는 아직도 꿋꿋하다)에서 유래했다—일본어판〕이쪽 세력에게서 야마가타 암살설이 흘러나왔다.

제44차 제국의회 회기 중인 1921년 2월 초, 국체 문제가 반대당의 손아귀에 쥐인 무기로 부상할까 봐 우려하던 하라는 야마가타에 대한 지지를 거두었다. 일본 정계의 제일급 유력자 축에 드는 야마가타조차 사태를 감당할 수 없게 되고 '국적国賊'이라 낙인찍힐 것을 우려하여 민간 우익의 압력에 굴복해야만 했다. 궁상宮相궁내대신, 곧 황실 담당 장관—옮긴이인 나카무라 유지로와 역시 야마가타 계열인 고위급 궁내관宮內官 히라타 도스케平田

東助도 스기우라를 따랐다. 이렇게 낭패스런 일이 잇따르고, 하라마저 황태자의 약혼이(낭인회의 활동과 자신의 생명에 대한 위협은 말할 것도 없이) 정치 문제로 비화할지도 모른다고 우려를 표명하자, 야마가타는 싸움을 포기했다.

1921년 2월 10일 저녁, 궁내성과 내무성은 황태자의 약혼이 정해진 대로 추진될 것이며 궁상 나카무라와 차관 이시하라 겐조石原健三가 사임할 것이라고 도쿄의 각 신문에 발표했다.[26] 2월 12일자『요미우리신문読売新聞』은 "궁중 모 중대 사건宮中某重大事件"을 일으킨 야마가타를 통렬하게 비판하는 사설을 실었다. 열흘 후, 야마가타는 원로 칭호를 포기하고 추밀원 의장직을 사임하며 모든 훈장을 반납하고 작위까지 내놓겠다고 자청했다. 그는 이날 일기에 "오늘날의 내무성, 경시청 등에서는 〔우익을〕 도저히 단속하기는 불가능하다고 생각하기 때문에 …… 육군대신으로부터 장사를 50명쯤 빌려 모두 죽여버리고 싶다"고 적었다.[27] 하라와 궁정은 야마가타에게 사임을 만류했지만 그의 권력이 실추된 것은 명백한 사실이었다. 황태자의 약혼 문제에 대해 야마가타 편에 섰던 원로 마쓰카타 마사요시와 사이온지 긴모치도 다소 힘이 약해졌다. 궁정의 평온을 되찾고자 원로들은 마키노에게, 궁중에 들어와 발군의 역할을 수행하라고 재촉했다.

2월 15일, 하라 내각은 궁내성을 통해 황태자의 유럽 여행을 정식으로 발표했다. 스기우라와 도야마로 대표되는 우익은 히로히토의 결혼 문제에는 이겼지만, 약혼 논쟁과 동시에 제기된 해외여행 문제는 졌다. 하라와 주요 황족들, 원로들도 한편으로는 1차 세계대전 후의 민주적 개혁 요구에 대한 대처라고 여겨 외유를 지지했으나, 초국가주의자들은 "경박한 외국 사상 숭배"라 하여 반대했다.

'궁중 모 중대 사건'은 황실을 둘러싼 사건이 얼마나 쉽게 정치적인 당파 싸움을 불러일으킬 수 있는지를 보여주었다. 언뜻 보기에 황실 역사의 사소한 일화일 뿐인 이 사건은 1930년대식 우익 테러리즘의 시초가 되었다. 황태자의 결혼 문제로 우익 세력은 원로와 최대 정당 당수의 의지를 꺾는 데 성공하여, 메이지 체제의 공인 지도자가 국적 취급을 당하는 상황을 연출할 수 있었던 것이다.[28]

다른 차원에서 살피자면 이 사건은 다이쇼 데모크라시의 조류에 대한 황실과 민간 우익의 미묘한 저항을 드러낸다. 여기에는 다이쇼 말기 정국의 주역들이 모두 등장한다. 정우회, 그 반대당, 원로와 그 수하들, 삿초바츠, 야마가타파와 반야마가타파 등이 그들이다. 구미파나 대아시아주의자, 천황제의 서양화와 개혁을 지지하는 이들, 그리고 역사적 사실로 혼동되기 쉬운 신화에 바탕을 둔 '국체' 옹호자들도 주역을 맡았다. 원로가 무대에서 내려오고 새로운 정치 동맹이 형성됨에 따라 모두들 각각 맡은 바 역할을 해내었다.

일본의 민중은 황태자의 결혼 문제에 관한 논쟁의 무대 밖에 있었다는 것 역시 주목할 만한 사실이다. 반면에 툭하면 폭력을 일삼는 민간 우익의 거물들은 궁중에서 일어나는 사건들을 쉽사리 파악해 궁정과 보수적 정당정치 모두에 은밀히 영향력을 휘둘렀다.[29] 가령 도야마는 사건이 일어나기 전부터 훨씬 뒤에까지 많은 궁내관들과 개인적으로 긴밀한 관계를 맺고 있었다. 기타 잇키(훗날 1936년 2월 26일 일어난 육군의 반란 사건, 곧 2·26사건에서 작은 구실을 한 탓에 처형됨)도 이 사건을 이용하여 지치부노미야에게 유명한「일본개조법안대강日本改造法案大綱」을 헌상하는 등 황실과 연계를 강화했다.「일본개조법안대강」의 '국민의 천황'이라는 제목이 붙은 서장에서는 군대에 쿠데타와 국가 개조를 촉구한다. 이에 천황이 정당성을 부여하면 그 과정을 통하여 천황은 국민에게 친근한 존재가 된다는 것이다.

1922년 이후 기타는 새로이 해군 군비 확장을 위한 로비 활동을 개시한 도고와 오가사와라에게 정치적 영향을 미치게 되었다.[30] (오가사와라는 러일전쟁 무렵 니치렌종으로 개종하여, 선동적인 설교사 다나카 지가쿠田中智学와는 특히 더 가까웠다.)

어학문소가 폐쇄된 후, 옛 교장과 교감인 도고와 오가사와라는 협력 관계를 강화했다. 일흔다섯인 도고는 이제 정력적인 대변자 오가사와라를 통하지 않으면 사회적인 활동을 할 수 없었다. 한편, 1921년에 예비역으로 편입한 오가사와라가 권력자와 관계를 유지할 수 있는 지름길은, 원수로서 현역에 머무르며 군사참의원 회의를 통해 해군의 군사 기밀을 알아낼 수 있는 도고를 옆에 붙들어두는 것이었다. 이들 두 사람은 종교적 신념이 뒷받침된 초국가주의 우익과 긴밀한 연계를 유지하면서, 조속한 시일에 잠수함대와 해군항공대를 창설하자고 강력히 주창했다. 1922년 2월에 워싱턴에서 5대국 해군감축조약이 조인되자 그들은 해군중장 가토 히로하루加藤寬治, 해군대령 스에쓰구 노부마사末次信正 들과 함께 신국제질서와 미래의 군비 축소에 반대하는 해군 측 압력단체의 중심인물로 자리잡게 되었다.[31]

마키노 노부아키가 정치계의 전면에 대두한 것도 1921년이다. 마키노는 사이온지 내각의 각료로 임명되어, 1919년의 파리평화회의에서는 일본 전권대사 다섯 명 중에서 사실상의 수석을 맡았다. 그는 유럽의 부르주아적 군주제가 붕괴한 데 대해 깊이 근심하며 귀국하여, 세계를 휩쓸기 시작한 민주주의 조류가 억제되기를 염원했다. 궁상 나카무라가 황태자 결혼 문제를 놓고 벌어진 분규에 책임을 지고 사임하자, 사이온지는 마쓰카타의 동의를 얻어 마키노를 새로운 대신으로 추천했다.[32] 1921년 2월 19일 마키노는 이를 승낙하고, 식민지 통치와 경찰행정을 경험한 바 있는 내무 관료 세키야 데이자부로関屋貞三郎를 차관에 등용했다.

마키노가 처음에는 후에 일본적인 '위로부터의 파시즘'의 이론적 지도자들이 되는 오오카와 슈메이와 기타 잇키 같은 이들에게 강한 친근감을 품었던 사실, 그리고 온건 우익인 야스오카 마사히로安岡正篤와 오래 전부터 유대가 있었던 점은, 그가 명백히 다이쇼 데모크라시 시기에서 파시즘 시기로 넘어가는 과도기의 인물이었음을 말해준다.³³ 1925년 3월에 내대신(내상内相)에 취임한 마키노는 1935년에 74세로 사임하기까지 히로히토의 가장 중요한 정치 자문이었다.³⁴ 그동안 마키노는 대개 내대신비서관장을 통해 히로히토와 연락했고, 직접 만나 이야기하는 것은 한 달에 두어 번뿐이었다.³⁵ 영국과 미국의 관료들은 마키노를 일본 궁중의 친영미파 수장이자 궁정에서 으뜸가는 '온건파' '자유주의자'로 간주했다. 그러나 그의 경력을 빠짐없이 살펴보면 그렇게 안이하게 분류할 수는 없음을 알 수 있다.

미국에서 교육을 받은 기독교도 진다 스테미珍田捨巳도 1920년 말에 고위급 궁내관 부류에 합류했다. 그는 독일, 미국, 영국 대사를 역임했으며 마키노 밑에서 파리평화회의 대표단의 일원이 되었다. 그가 1921년에 동궁대부로, 1925년에 황후궁대부로 임명된 것은 서양 경험이 있는 숙달된 외교관이나 군인을 궁중에 영입한다는 궁내성 개혁의 일환이었다.

1921년 2월과 3월은 히로히토의 생애에 분수령이 되었다. 같은 해 3월 1일 어학문소가 공식 해산됨에 따라 궁정 중심의 교제, 학습원 출신의 인간관계로 한정된 사회가 전부였던 시기는 막을 내렸다. 그의 인생에서 기본적인 정신 교육과 신체 교육은 마감되었다. 새로이 높은 지위에 오른 궁내성 관료들이 측근을 형성해, 궁중을 정부로부터 독립시키고자 했다. 그들은 황태자의 생활을 재구성하고, 정부와 국민에 대해 독자적인 정치

권력으로서 군주제를 형성해간다. 이틀 후에 히로히토는 그 교육의 연장선으로 계획된 유럽 여행을 떠났다. 이는 황태자를 성숙케 하는 계기이자 동시에 황실의 쇠퇴라는 일반 상식에 대한 대항책이기도 했다.

IV

　황태자가 어학문소를 졸업한 것은 스무 살 생일을 맞이하기 두 달 전이었는데, 그 무렵 궁중 밖에서는 국내 정쟁이 새로운 국면에 접어들고 있었다. 이 시기의 일본정부는 1차 세계대전 후 일본에 유입된 의회민주주의, 반군국주의, 마르크스주의, 공산주의 등 새로운 사상이 야기한 군주제의 위기를 막아낼 방법을 강구하고 있었다. 하라 게이 수상은 황태자에게 유럽 '시찰'을 떠나게 하여, 그동안에 여느 때와 마찬가지로 아버지, 할아버지뻘 되는 사람들에게 둘러싸인 채 그들의 영향하에서 공적인 교육으로서 견문을 넓히게 하는 것이 이러한 사태에 대처하는 최선의 방법이라고 믿었다.

　황태자가 여행하는 공식적 명목은 데라우치 내각 말기인 1918년에 일본의 황실을 방문했던 코노트Connaught 공(조지 5세의 숙부)을 예방禮訪하는 것이었다. 그러나 외유外遊를 주창한 하라와 원로들의 실질적인 목적은 정치적이고 심리적인 것이었으며, 군주제의 쇠퇴를 만회하기 위해서는 무엇이든 하려는 것이었다.[36] 처음에 황실은 황태자에게 불상사가 발생할지도 모른다는 우려 때문에 유럽 여행을 반대했다. 의회에서도 국민당의 오오타케 간이치大竹貫一, 헌정회의 오시카와 마사요시押川方義 등이 반대했으며, 우치다 료헤이나 도야마 미쓰루 등 민간 우익의 거물들도 마찬가지였다. 출발 전 몇 주 동안 우익 국가주의자들은 격렬한 항의 시위를 벌였다. 아버지가 병상에 있을 때에 여행하는 것은 불효이며, 국체를 훼손한다는 것이 그들이 내세우는 이유였다.

사이온지나 마쓰카타, 야마가타, 하라와 같은 통치 집단은 황태자가 결혼 전에 '서양을 여행'하는 것은 '국가에 중대한 일'이라고 생각했다. 그들은 병중인 데다가 공식석상에서 적절한 발언을 하지 못하는 다이쇼 천황에 대해서는 이미 단념했다. 그리하여 히로히토가 더욱 많은 사람들을 만나고, 공식적으로 정치에 참여하면서, 나아가 사람들을 능숙하게 다룰 수 있기를 바랐다.[37] 1920년에는 급기야 다이쇼 천황의 친정親政이 명백히 한계점에 다다랐다는 가정을 기정사실화하고, 그들은 히로히토가 지금까지보다 더 많이 아버지의 역할을 대행하도록 밀어붙이려 했다. 유럽 여행을 가장 크게 반대한 사람은 히로히토의 어머니인 사다코 황후였다. 황후는 이런 여행에 으레 따르는 위험이 걱정스러워 장남을 외국에 내보내고 싶지 않았다. 그러나 하라와 원로들은 황태자의 교육이 아직 불충분하며, 어느 정도 위험은 감수해야 한다고 생각했다. 1920년 말, 결국 그들은 황후를 설득하여 '정치적으로 필요한 일'이라는 이유로 허락을 얻어냈다.[38] 원로 마쓰카타는 황후에게 상소문을 올려, 베르사유조약 체결 이후의 유럽 시찰이 중요한 이유에 대해 "민중의 운동, 사상의 동요가 벌써부터 일어나 각국 세력의 성쇠가 눈앞에 드러남에 따라, 국가의 통치와 혼란과 흥망이 무엇에 기인하는가를 분명히 알 수 있는 기회는 아마 전무후무할 것이며, 이들 현 상황의 시찰은 실로 다시 얻기 어려운 좋은 기회……"[39]라고 했다.

황후의 반대를 꺾은 후, 정부와 궁내 관료들은 여행의 진짜 목적에 대해 내부에서 거리낌 없이 논의할 수 있게 되었다. 히로히토가 조만간 섭정에 취임하리라는 것은 이제 공공연한 일이었다. 황태자는 외국의 상황을 배워 일본국민의 새로운 사조에 대처할 줄 알아야 했다.[40]

유럽 대륙의 큰 왕조들은 무너지고, 전쟁은 세계에 평화와 민주주의, 군비 축소, 그리고 독립운동을 퍼뜨렸다. 반反군주제가 대세를 이루는 상황에서 일본에서도 꾸준히 세력을 확장하고 있는 사회개혁 운동의 역량에, 히로히토는 섭정으로서 대처하게 되는 것이었다. 또한 일본에서는 국수주의, 군국주의나 국가를 경시하는 새로운 풍조가 확산되어 이에 대한 적절한 대처도 필요했다. 게다가 히로히토는 메이지 왕조의 미래를 결정할 '3대째' 인물로서, 황실의 존속과 번영을 책임져야 할 몸이었다.[41] 유럽 순방의 필요성은 이와 같은 국내외의 압력에 의해 절박해졌으며, 점점 고립되어가는 황실의 장래에 대한 우려와도 맞물려 있었다.

여행은 당초 소규모로 계획되었으나 결국 공식 순방으로 발전했다. 국내적으로 이 여행은 황실이 쇠퇴하고 있으며 다이쇼 천황이 육체적으로도 정신적으로도 무능력하다는 항간의 인식에 대처하여, 황태자를 전면에 내세우는 선전 활동의 개시를 의미했다. 이 활동이 전체적으로 지향하는 바는 히로히토가 '국민의 황실'을 대표하는, '우리의' 현명하고 위대한 섭정이라는 인상을 만들어내는 것이었다. 마키노와 궁내성의 고관들은 히로히토가 외국에서 품위를 지키고, 수행 기자단에게 좋은 인상을 심어주게끔 심혈을 기울였다.[42]

유럽으로 출발하기 다섯 달 전인 1920년 10월 28일, 하라는 궁상宮相 나카무라에게 다음과 같이 말했다.

황태자 전하의 태도는, 예를 들면 자주 몸을 움직이시는 것에 대해서는 누군가 측근에 있는 사람이 말씀드려 고치도록 해야 하고, 또 양식을 드시는 방법도 실은 모르시는 것처럼 보이므로 이것도 누군가 잘 말씀드리도록 해야 할 것이다. ……이러한 것들이 중요한 일이라고 생각한다…….[43]

요컨대 성공리에 순방이 완수되도록, 여행은 구석구석까지 치밀하게 연출되었다. 그리고 다이쇼 천황의 건강 상태가 불안정했기 때문에 이를 서둘러 실행할 필요가 있었다. 황태자가 방문할 나라는 영국과 프랑스, 벨기에, 네덜란드, 그리고 바티칸을 포함해 이탈리아까지 5개국으로 한정했다. 미국의 하딩Harding, Warren Gamaliel 정부도 황태자를 초대하려고 계획했으나, 워싱턴 주재 일본 대사인 시데하라 기주로幣原喜重郎의 진언에 따라 하라 내각은 순방 대상에서 미국을 제외했다. 시데하라는 외무대신 앞으로 보낸 비밀 전문을 통해, "미일 국가 간의 정서적 차이"로 "일반 미국인들의 무례한 언동", 특히 신문 기자들의 무례한 태도를 황태자가 재치 있게 받아 넘기지 못할 것이라고 전했다.[44] 시데하라는 또 군축회의가 열리기 직전의 미일 관계를 둘러싼 미묘한 상황에 대해서도 우려했다. 황실의 방문 중에 어떤 사건이라도 발생하면 양국 여론에 수습할 길 없는 악영향을 끼칠 것이 뻔했다.[45] 이 때문에 히로히토는 미국을 방문할 기회를 놓치게 되었다.

1921년 3월 3일, 황태자 히로히토와 간인노미야, 진다 스테미 백작, 육군중장 나라 다케지를 필두로 한 수행원 34명은 하라 게이 수상과 함께 도쿄 역에서 열차에 올라 요코하마 항으로 향했다. 일행은 보트를 이용하여 새롭게 고친 군함 가토리香取 호로 갈아탔다. 하라는 작별 인사를 마치고, 5만 명 이상 모여든 연안의 환송 인파에 합류했다. 가토리 호는 호위함을 거느리고 요코하마 항을 떠났다.[46]

처음 만나는 바깥 세계, 유럽을 향하여 히로히토는 의기충천했다. 6개월 동안 이어진 여행 기간에도 그는 학습·운동과 같은 일과를 소홀히 하지 않았다. 히로히토는 프랑스와 특히 주요 목적지인 영국에 강한 인상을 받았다. 다이쇼 시기 일본의 통치 지배층에게 이번 여행은 히로히토의 이미지를 연출할 첫 무대였다. 히로히토를 옹호하는 이들은 이때의 여행을 계기로 그가 '입헌민주주의'를 결의했다고 주장한다.

가토리 호는 홍콩을 기점으로 아시아와 유럽 내의 영국 식민지를 차례로 경유했는데, 홍콩에서는 조선인 암살자를 경계하여 극히 짧은 동안만 상륙했다. 영국 총독이 그를 맞이했고, 히로히토는 홍콩 내 전 영국경찰의 호위를 받으며 시내를 40분간 순회한 후 영국 군함에서 점심을 들었다.[47] 다음으로 그는 활기찬 상업 중심지인 싱가포르에 기항했다. 싱가포르에는 사흘간(3월 18일~21일) 머무르며 영국 측의 공식 환영 행사에 참석하고, 일본인이 경영하는 고무 농장과 박물관을 방문했으며, 배를 타고 섬 주위를 한 바퀴 돌았다.[48]

3월 22일, 가토리는 실론(지금의 스리랑카)을 향해 출항했다. 인도양에서 둘째로 큰 섬인 실론은 영국의 식민지로, 서양의 산업국들에 고무와 차를 공급했다. 엿새 후 가토리는 실론의 수도 콜롬보에 도착했다. 그곳에는 일본인도 없었으며 조선인 이민자도 없어 일행은 겨우 위험을 벗어난 기분이 들었다. 콜롬보에서 닷새를 지내고, 가토리는 4월 1일 따뜻한 홍해 바다를 향해 떠났다. 다음 목적지는 대영제국의 '생명선'으로 전 세계에 이름을 떨친 수에즈 운하였다. 그들은 4월 15일에 수에즈 운하에 도착하여, 이튿날 160킬로미터에 이르는 수로 여행을 시작했다. 양쪽 기슭에는 불모의 사막이 펼쳐졌다.

17일 수에즈 운하의 출구인 포트사이드에 이르러, 고대 이집트의 수도

이며 영국 보호령으로서는 마지막 해를 맞이한 카이로를 방문했다. 이튿 날 카이로에서 고등판무관辨務官인 장군 앨런비Allenby, Edmund Henry Hynman 자작이 히로히토를 접대하여 피라미드와 스핑크스를 구경시켜주 었고, 머지않아 독립 이집트의 초대 국왕이 될 케디브Khedive오스만 제국 시 절의 지방 통치자에 대한 칭호-편집자 푸아드Fuad를 방문할 기회도 주선했다. 4 월 20일에 일행은 카이로를 떠나 지중해로 나와서, 수에즈 운하의 전초 기지인 영국 식민지 몰타 섬으로 향했다. 일행은 25일 몰타 섬에 도착하 여 영국인 거류민의 환영을 받은 뒤 1차 대전 중에 전사한 일본인 해군의 묘에 안내되었다. 30일에는 지브롤터에서 외교적 접대를 받기로 되어 있 었다. 그곳에서 사흘간 머무른 뒤 그리고 일행은 기나긴 항해의 마지막 단계에 들어갔다.

가토리 호가 드디어 영국의 포츠머스에 도착한 것은 5월 7일, 히로히토 가 스무 살 생일을 맞은 지 며칠 되지 않은 때였다. 히로히토는 만국기가 펄럭이는 영국 군함의 갑판에서 부동자세로 선 승무원들의 환영을 받았 다. 그 후 히로히토는 영국에 24일간, 프랑스에 26일간, 벨기에와 네덜란 드에 각각 5일간, 그리고 이탈리아에 8일간 머물렀다. 각 나라의 왕실은 공식적인 환대를 준비했다. 처음 3박은 왕실의 귀빈으로서 궁전에 머무르 고 그 후에는 국빈으로서 민간 호텔이나 개인의 저택에서 묵도록 했다. 단 이탈리아에서는 체재 기간이 짧았기 때문에 국왕의 제안에 따라 줄곧 왕궁에 머물렀다.

영국에서는 웨일스 공Prince of Wales영국 황태자에게 주어지는 작위-옮긴이을 최고 책임자로 하고 군의 고관들과 외교관들을 주축으로 하여 접대위원 회가 조직되었다. 히로히토가 공식적으로 방문하는 장소나 예식에는 이 위원회의 구성원들과 왕족이 항상 자리를 같이했다. 영국 방문 중의 주요 일정을 꼽자면 3일 동안 버킹엄 궁전에서 머무른 뒤, 런던 시청(길드홀 Guildhall)과 시장 관저에서 연설을 하고, 많은 군사 시설을 시찰했으며(이때 수차례 영국의 장군복을 착용했다), 상하 양원, 대영박물관, 수상의 공식 별장인 체커스, 윈저와 옥스퍼드, 옥스퍼드 대학, 캠브리지 대학, 에든버러 대학을 방문하고, 스코틀랜드에 있는 애설Atholl 공작의 성에서 3일간 머무르고, 맨체스터와 미들랜드의 산업 지대를 여행했다.

5월 31일에 시작된 프랑스 여행은 전반 열흘간과 후반 16일간으로 나뉘었는데, 군주제 영국에서보다 훨씬 더 자유롭게 즐길 수 있었다. 파리에서 첫날 히로히토는 상점가를 들른 뒤 에펠탑을 구경했다. 그곳에서 그는 해군대령인 야마모토 신지로山本信次郎에게 자신의 약혼녀인 나가코와 동생들에게 줄 선물로 에펠탑 모형을 구입하게 했다.[49] 그 후 루브르 미술관을 견학하고 의회와 소르본 대학, 앵발리드Les Invalides상이군인 요양소. 현재는 군사박물관을 포함한 복합 전시장─편집자를 방문했다. 프랑스에 머무르는 동안 히로히토는 전쟁 유적이나 군인학교 시찰에 많은 시간을 할애했고, 포슈Foch 장군과 조프르Joffre 장군, 페탱Pétain 원수가 지휘하는 프랑스 육군의 훈련도 참관했다. 히로히토는 국왕 알베르 1세의 손님으로 벨기에에 머무는 동안(6월 10일~15일)에도 전쟁 기념물과 전쟁 유적을 구경했다. 네덜란드(6월 15일~20일)에서는 암스테르담과 헤이그, 로테르담을 방문했으며, 수많은 공식 행사와 만찬회에 초대를 받았다. 빌헬미나 여왕이 초대한 자리도 있었는데, 여왕은 후에 다이쇼 천황에게 황태자의 네덜란드 방문에 대하여 다정한 편지를 썼다. 6월 20일 헤이그에서 파리로 돌아가는 도중 히로히토가 탄 열차는 벨기에 동부에 정차했다. 리에주 마을과 그 부근의 1차 세계대전 전적지에 들르고자 함이었다. 두 번째로 프랑스에 머무를 때에는 동부에서 남동부에 이르는 도시들을 방문했고, 7월 8일에는 툴롱에서 다시 가토리 호를 타고 이탈리아로 향했다.

1921년 7월 10일 귀족 세력은 막강하지만 군주제는 불안정한 이탈리아에 도착했다. 무솔리니와 파시스트당이 권력을 장악하기 약 15개월 전이었다. 히로히토는 이탈리아에서 8일 동안 지내며 나폴리와 로마, 폼페이를 방문했다. 일찍이 무솔리니의 열렬한 지지자가 된 국왕 비토리오 에마누엘레 3세가 안내를 맡았다. 7월 15일과 16일 국왕의 궁전에 머무르는 동안, 히로히토는 군인의 훈장과 견장을 떼고 두 차례 바티칸을 방문하여 로마교황 베네딕투스 15세와 인사를 나누었다. 교황은 1차 세계대전 때 중재를 시도했지만 성공하지 못했고, 그 후에는 옛 독일황제가 전범재판을 피하게끔 막아주었다. 히로히토는 이탈리아에서도 통상적인 의례를 모두 거쳤으며 애국적인 전쟁 기념물을 둘러보았다. 또 이탈리아 군이 후원하는 체육대회를 구경했는데, 군은 이때 이미 무솔리니가 펼치는 파시즘 운동의 영향을 받고 있었다.

7월 18일, 히로히토는 귀항 길에 올랐다. 가토리 호가 수에즈 운하와 인도양을 거쳐 싱가포르까지 돌아가는 길에는 관광할 기회가 적었다. 석탄을 실으려고 프랑스령 인도차이나의 깜라인 만에 정박했을 때 상륙하여 해안의 열대림을 산책하거나, 하노이와 사이공을 잇는 철도와 나란히 새로 놓인 1번 간선도로를 자동차로 달렸을 뿐이다. 8월 25일 가토리는 깜라인 만을 출항하여 9월 2일 지바 현千葉県의 다테야마館山에 도착했다. 이튿날 요코하마에 들어서자 하라 수상은 보트를 타고 가토리 선상에 올라 황태자에게 환영 인사를 했다. 각료와 황실 인사들은 부두에서 기다렸다.[50] 아직 양친과 선조의 영령 앞에 고하는 일이 남아 있었지만, 어쨌든 히로히토는 황실의 쇠퇴라는 항간의 인식에 대처하는 정부의 첫 활동을 성공리에 완수한 것이었다.

유럽 순방을 둘러싼 일본 신문들의 과열된 보도는 특히 주목된다. 일본 출발에 즈음하여 『도쿄아사히신문東京朝日新聞』은 "해 뜨는 나라일본을 가리킴-옮긴이 황태자의 깃발이 바다를 제압하고 서양으로 항해하니 역사는 특기特記하라, 빛나는 3월 3일을"이라며 요란스럽게 기사를 썼다.[51] 이후 아사히신문을 비롯하여 규모가 큰 일간지들이 일제히 "우리 황태자"가 거둔 성과를 떠들썩하게 전했으며, 이 동안에는 내무성도 황족의 사진을 게재하는 일에 대한 규제를 누그러뜨렸다. 6월 4일자 신문들은 군복을 입고 웃는 황태자의 사진을 실었다. 6월 24일에는 프록코트 차림에 목깃을 세우고 지팡이를 짚은 모습이 게재되었다. 그때까지 행계行啓 황실의 행차-옮긴이의 행렬 장면 말고는 언론에서 황태자의 사진을 찍는 것이 허용되지 않았다. 그러나 유럽에서 히로히토는 일반 시민 차림으로 길거리를 걷는 모습을 보였다. 스코틀랜드에서 애설 공을 방문했을 때 그는 이 공작 일가와 소작인들의 따뜻하고 친밀한 관계에 깊이 감명받았는데, 일본 신문에 그의 감상을 보도하는 것이 허용되었다. "공작 집안은 생활이 검소하고 주민들을 사랑하는 마음이 깊어 이런 식으로 정치를 펴나간다면 과격 사상이 일어날 우려가 없다"[52]는 내용이었다. 7월 9일에도 신문은 히로히토가 베르됭 전적지를 시찰하면서 여전히 전쟁을 칭송하는 자들에게 "이 '광경'을 보여주고 싶다"고 말했다는 내용을 보도했다.[53]

히로히토가 귀국한 후에도 신문은 오랫동안 그의 사진을 게재했는데 사복보다는 군복 차림이 많았다. 여행에 동행했던 기자들의 논평도 신문에 실렸다.[54] 『아사히신문』의 나구라 분이치名倉聞一는 1922년, 황태자가 여행 중 과묵했고 담배는 피우지 않았으며, (상습적으로 술독에 빠지곤 했던 할아버지와는 대조적으로) 탄산수만을 마셨다고 썼다. 그러나 그는 황태자의 과묵과 절제보다, 영국인이 일본인에 대하여 시대착오적인 고정관념에 사로잡혀 있는 데 대한 언짢은 감정을 더 열 올려 이야기했다.

　재미있는 것은 영국의 신문으로,『타임스』등은 그래도 이해하는 편
으로 일본 황태자를 환영하는 논문 등을 썼는데, 영국대사관이 선전을
위해서 돈을 냈기 때문이기도 하지만, 도착의 마지막에 일본호號를 발
행한다든지 했고 기사에도 별다른 잘못은 없었지만, 아무튼 일본인은
지금도 존마게 일본식 상투—옮긴이를 하고 모두 기모노를 입고 있는 정도
로 생각하고 있었으니까, 신문에 따라서는 때때로 피식 웃음이 나올
정도로 잘못된 부분이 있었다. 그 가운데 가장 심한 것이 노동당 기관
지『헤럴드』가『처치타임스Church Times』로부터 옮겨 쓴 문장이다. 노
동당 기관지인 만큼 일본의 군국주의에 반감 같은 것도 품고 있었을
것이다. 그것을 보면 지금 일본황제는 병환 중이고 황태자는 정무에
바빠서 외유는 절대로 불가능하다. 따라서 이번에 우리 영국을 방문
한 황태자는 가짜였다. 이 때문에 관헌은 시내의 가게 앞에 있는 황태
자의 사진을 모두 감추어서 가짜임이 들통 나지 않도록 했다고 운운
한다. 이 정도까지 어처구니없게 되면 웃을 일만은 아니다. ……
　5월 12일, 일본의 황태자는 영국 하원을 방문하셨는데, ……자리
는 보통 방청석이었는데, 마침 그때는 가옥 개량 문제로 여성 의원인
애스터가 질문 연설을 하고 있었다.
　상원에서는 하원에서 상정된 것에 대해 상원이 가결하는 광경을 보
셨다. 좌석은 의장석의 옆자리였는데…… 별도로 환영문을 읽는다든
지 기립한다든지 하는 일은 없었다. ……일본의 의회는 영국 황태자
가 내유 일본을 방문함—옮긴이 한다면 어떻게 할 것인지.[55]

『호치신문報知新聞』의 기자 미타라이 다쓰오御手洗辰雄는 외유가 다이쇼 데모크라시 정신의 표출이라고 논평했다. 미타라이는 우선 자신이 생각하기에 이상적인 천황과 국민의 관계와, 메이지 천황 사후 확산된 딱딱하고 제한된 현실의 관계를 대비하고, "황실도 이와 같이 감정을 표출해서는 안 된다고 여겨진다. 파리 유학 중인 히가시구니노미야東久迩宮 전하와, 가깝게는 작년에 유럽으로 건너가신 기타 시라카와노미야北白川宮 전하가 해외에서 생활하시는 모습을 보더라도 궁내 당국의 견해가 대단히 옹색함을 부정할 수는 없다고 생각한다"고 했다.[56]

미타라이에게는 여행이 황실을 가리는 장벽을 넘어서는 것으로 비쳤던 것이다.

> 가장 중요한 것은 민중과의 사이에 존재하는 얇은 비단을 걷어내고, 궁내 당국의 궁색한 사고방식을 일소했다는 데 있다고 생각한다. 학가鶴駕 황태자의 마차—옮긴이가 이르는 곳마다 그런 기회가 있어 자극을 받으셨는데, 특히 영국 상하 양 의원의 환영과, 영국 황태자 전하(후의 윈저 공—인용자)와 둘째 왕자인 요크 공(후의 조지 6세—인용자)의 사교 행위는 그중 가장 중요한 기회……[57]

유럽 순방은 시대의 조류를 감지하고 영국적인 식민지 경영에 관심을 기울이며 개방적으로 변화를 이해하는, 젊고 열정적인 황태자 상象이 대중화하는 데 기여했다. 일본 국내에서 어떠한 개혁이 요구되는가를 아는 사람들에게 그 뜻은 명확했다. 활동적인 황위 계승자가 유럽의 지도자들과 회견을 거듭하며 세계정세에 깊숙이 관여하고 있다. 그는 언젠가 의지를 발휘하여 국가를 앞으로 나아가게 하리라. 그럴 경우에도 유럽 여행은,

정치 개혁을 위해서는 군주제가 필수라는 전제를 강화하게 될 터였다.

하라 수상은 히로히토가 유럽 여행으로 얻은 호평을 기뻐하며 1921년 7월 6일의 일기에 "이번 유럽 순회는 정말로 성공하셨고, 앞으로 황실과 국가를 위해 더할 나위 없는 일"이라고 썼다.[58] 히로히토가 귀국하자, 하라는 수행원들에게서 황태자가 얼마나 어떻게 진보했는지 샅샅이 듣고자 했다.[59] 황태자의 프랑스어 교사인 해군대령 야마모토 신지로는 유럽을 여행하는 도중 황태자가 받은 교육에 대해서 하라에게 구체적으로 보고했다.

> 아무래도 전하는 외국과 다른 사람들하고 교제하는 데에는 매우 익숙하지 않으므로 식사나 기거, 동작 등을 자세하게 말씀드리고, 대강에 대해서는 간인노미야가 재삼 주의 말씀 드리고, 그 외에는 시종장 등이 아뢰고, 특히 사이온지 하치로西園寺八郎와 사와다 렌조沢田廉三 등과 같은 젊은 시종들은 기탄없이 주의 말씀을 드렸다…….[60]

그 후 하라 총리는 황태자가 황족 두 명을 초대하면서 관례와는 달리 공식적인 궁정 예복이 아닌 일반 정장 차림으로 오라고 한 사실을 듣고, 이를 매우 기뻐하며 다음과 같이 적었다.

> 영국 등에서 황실과 국민의 사이는 이러이러하다고 하면서 이를 부러워하는 사람들이 있지만, 이것은 이치적인 문제가 아니라 완전히 감정에서 생겨나는 것으로 생각되는데, 우리 황실과 국민의 사이는 영국에 비할 수는 없지만, 이치적인 것만으로 원만함을 기하는 것은 잘못된 것이고, 반드시 감정에 의하지 않을 수 없고, 이런 관점에서

보면 이번 유럽 순방의 성공은 상하 계층의 융화에 얼마나 효과가 좋은지 모른다.[61]

그러나 국내 여론이 한결같이 여행을 지지하는 분위기였던 것은 아니다. 신문과 뉴스 영화가 환호하는 군중에게 웃으며 인사하는 황태자의 모습을 전하자 과격파 국수주의자의 반발이 다시 불거졌다.[62] 게다가 하라 총리의 감상과는 달리, 통치 지배층에도 유럽에서 히로히토가 보인 행동이나 여행 경험이 그에게 불어넣은 새로운 태도가 불만스러운 이들이 있었다. 애초에 황태자의 외국 여행을 반기지 않았으나, 하라의 부탁으로 수행원들을 인솔하며 황태자를 돌본 진다珍田는 귀국한 지 나흘 후인 9월 6일, 유럽 여행 중 황태자의 언동에 대하여 마키노에게 이렇게 말했다. "황태자의 성격 가운데 차분함이 부족하신 점, 연구심이 희박하신 점 등은 결점이다."[63]

침착하지 못하고 신경질적인 성격은 이 시기의 황태자에 대해 많은 사람들이 지적하는 단점이다. 어머니인 사다코 황후도 마찬가지였다. 1922년 9월 22일에 마키노가 배알했을 때, 황후는 아들이 "정좌 자세로 앉지 못하는 것을 보자", 신상제神嘗祭간나메사이 10월 17일에 천황이 이세신궁에 햅쌀을 바치는 행사—옮긴이를 지내지 못하겠다고 말했다. 게다가 난처하게도 종교의식에 참례하는 것을 자주 소홀히 했고, 최근 "운동에 매우 열심이시어 너무 과하신 것은 아닌가 사료된다. 오히려 조금 정신 수양 쪽에 마음을 쓰셔야 한다. 현재 운동에 열중하신 나머지 약점이신 신경성에 탈이 없기를 바란다"고 할 상태였다.[64]

그러나 진다가 어떤 연유에서 '연구심이 부족하다'고 말했는지는 분명하지 않다. 그를 아는 이들은 어학문소에 있었을 때 히로히토의 기억력이 좋았다는 말을 많이 했고, 그가 생물학 연구에 열중했다는 기록도 있는 것을 보면 사실은 그 반대라고 여겨진다. 황태자가 그다지 총명하지는 못하다는 뜻을 은근히 내비친 진다의 의견은, 황태자를 지도하는 처지인 성실한 예순네 살 외교관과 지금까지 알지 못했던 자유를 만끽했던 스무 살짜리 황태자 사이의 간극에서 비롯된 듯싶다.[65] 아니면 그저 나이든 고관의 솔직한 토로일지도 모른다.

그러나 이는 적어도 젊은 히로히토를 가까이 모시는 사람들이, 그가 양어깨에 짊어진 거대한 임무를 잘 수행해나갈지 불안을 느끼고 있었음을 알려준다. 측근들은 모두 히로히토가 평균적인 지성을 갖추고 기억력이 뛰어나다고 인정했으나, 아무도 상상력이나 독창성이 뛰어나다고 칭송하지는 않았다. 그들은 주로 히로히토의 건강에 신경을 썼고, 그의 자신감 부족(신경질)과 미숙한 대인관계를 걱정했지만, 이러한 것들은 시간이 흐르면 주위의 도움을 받아 나아질 것이라고 믿었다.[66]

V

영국을 방문했을 때 황태자의 주요 임무는, 1차 세계대전의 결과 그 나라를 포함해 세계에 불어닥친 정치 개혁 폭풍과, 유럽 전역에서 일어난 군주제 붕괴 위기를 능숙하게 극복해낸 국왕 조지 5세에게 배움을 얻는 데 있었다.[67] 조지 5세는 "그 치세의 초반(1910년)부터 공업 지대 견학이나 축구 경기 구경, 런던의 빈민가 시찰, 광부와 노동자 가정 방문 등을 거듭하며 일반 서민들이 좋아하는 것과 불만족스럽게 여기는 것들을 접하면서 바람직한 군주제 像을 모색해왔다."[68] 그 후에는 국내의 반전론을 제압하고 군의 사기를 높이는 데 힘썼다. 조지 5세의 공식 전기 작가인 해럴드 니콜슨Nicolson, Harold George에 따르면, 그는 함대와 각 해군기지를 방문하고 프랑스에 파견할 군대를 열병閱兵했으며, 300군데나 되는 병원을 위문했다. 또한 훈장을 몇만 개 수여했으며 산업 지대를 되풀이 시찰했다. 조지 5세는 특히 재난 피해 지역을 열심히 위문하여 "그 지역의 부상자들에게 말을 건넸다. 지금까지 이렇게도 많은 신하를 개인적으로 접한 군주는 없었다."[69]

조지 5세는 영국이 전쟁을 치러내는 데 크게 이바지 했을 뿐 아니라, 다른 나라 왕실을 통하여 국익을 증대하고 영국황실의 존재 의의를 강화했다.[70] 러시아 혁명 때, 그는 운이 다한 사촌형제인 니콜라이 2세가 영국으로 망명하겠다는 것을 거절했다. 그러나 전후인 1919년에는, 마찬가지로 사촌형제인 독일황제 빌헬름 2세를 런던에서 전범재판에 회부하고자 했던 로이드조지Lloyd George, David 총리의 방침에 집요하게 저항했다.[71] 일본황실의 권위를 높여주는 참에 조지 5세는 히로히토의 방문을 영국과 일본의 관계 강화에 이용하려고 생각했다.[72]

5월 9일, 56세 생일을 앞둔 조지 5세는 기대로 잔뜩 부풀어 오른 스무 살 황태자를 빅토리아 역까지 몸소 맞으러 나갔다. 조지 5세는 히로히토를 대국의 군주와 똑같이 대우했으며, 영국을 떠나던 5월 29일에도 빅토리아 메리 왕비와 영국의 고관들을 동반하고 빅토리아 역에서 그를 배웅했다. 히로히토는 국왕과 함께 지붕 없는 마차를 타고서 길가에 늘어선 군중의 환호를 받으며 버킹엄 궁전까지 갔다. 그리고 내내 극진한 대접을 받고는 영국에 친밀감을 품게 되었다. 실제로 학위나 궁정 작위 수여를 포함하여 영국에서 체험한 모든 경험은 히로히토의 국가적 긍지를 드높였다.

히로히토가 영국을 방문했을 때의 정황에 런던 주재 일본대사관의 일등서기관이었던 요시다 시게루吉田茂도 강한 인상을 받았는데, 이는 요시다가 장인인 마키노牧野에게 쓴 편지 내용에서 엿볼 수 있다.

이번 동궁 전하의 방문은 해당국(영국—옮긴이)에서 대단한 환영을 받았고, (영국) 황실의 환대는 더할 나위 없었으며, 상하 모두에게 인기를 한 몸에 받으시는 광경은 예삿일이 아니어서 몹시 기뻤습니다. 이것은 우선 동궁 전하의 소박함과 생각대로 행하는 천진함의 발로이고, 상하로부터 자연히 경애의 마음을 받으셨기 때문일 것으로 생각합니다. 타고나신 자질이 더할 나위 없이 현명하신 것이라고 생각합니다.[73]

요시다가 황태자를 여러 번 만나서 관찰한 것은 아닌 듯하나, 그렇다고 해도 그를 직접 보고 말 그대로 황실 중심의 국체와 결부된 '천성적인' 자질을 느껴 감동을 받았음이 틀림없다. 설령 요시다가 황태자의 인격에서 천황에 관한 자신의 이상형을 보았다고 해도, 그의 눈에 비친 상은 달리 많은 일본 엘리트들이 본 것과 같은 것이었다. 황태자가 현재보다 나을 미래의 일본을 상징하는 존재라 믿는 요시다와 같은 사람들의 바람과 이상이 바로, 유럽 순방이 성공한 요인 중 하나일 것이다.

훗날, 히로히토는 유럽 여행을 통해 여태까지 '새장에 갇힌 새'처럼 살았음을 깨닫고 이후 현실 세계에 마음을 열 필요가 있음을 알았다고 말했다.[74] 또한 조지 5세가 영국의 군주는 정치·군사 문제에 대해 어떻게 정부에 조언하고 장려하며, 때로는 경고하는지를 자신에게 가르쳐주었으며, 그 결과 영국식 입헌군주제를 존중하게 되었다는 뜻을 밝혔다. 그러나 조지 5세가 실제로 전한 것은 총리 후보자의 자질을 간파하고, 무대 뒤에서 (물론 항상 정쟁에 개입하지 않고 이를 초월한 것처럼 가장하여) 거대한 정치권력을 행사하는 능동적인 군주상이었다. 젊은 황태자의 마음에 조지 5세가 모범으로서 새겨졌다면, 이는 황태자로 하여금 아버지가 발휘하지 못했던 군주의 권한을 회복하도록 추동하는 것이었다. 조지 5세는 내각이 요직을 임면하거나 자신의 뜻에 맞지 않는 정책 따위를 바꿀 경우 군주의 정치적 결정을 반영해야 한다고 생각했기 때문에, 이러한 가르침도 히로히토(와 그 수행원들)에게 쇠퇴하는 황위의 권력을 되찾도록 용기를 불어넣었음이 틀림없다.

나아가 조지 5세는 히로히토에게, 군주는 각료들과는 별개로 독자적인 정치적 판단을 해야 한다는 신념을 확고하게 해주었으며, 그 '가르침'은 '입헌군주제'에 맞는 것이 아니었다. 또한 이는 당시 천황의 정치적 권력을 줄이고 그 존재를 상징적인 국가원수로 삼으려던 다이쇼 데모크라시의 정신과도 융합되지 않았다. 훗날의 주장대로 혹 조지 5세가 정말로 히로히토의 모범이었다면, 그 가르침이 그를 진정한 입헌군주제로 나아가도록 이끄는 일은 있을 수 없었다.[75] 영국과 일본의 입헌군주제 형태에 커다란 차이가 있는 것은 놀랄 만한 일이 아니다. 2차 세계대전이 일어나기 전의 일본 천황제에서, 정치와 종교와 군대의 통솔권은 서로 분리되기 어렵게 결합되어 있었으며, 천황은 독재적인 권한과 강대한 권력을 지니고 있었다. 천황은 군사 문제에 관해서 국무대신의 보필을 받지 않았으며, 국가기구의 기능이 적절히 발휘되도록 통치하는 것이 당연시되었다. 그러나 영국식 군주제는 전혀 달랐다.

히로히토 일행이 조지 5세를 관찰하여 얻은, 가장 중요한 교훈은 사회적 선전에 관한 것으로, 대규모 식전이나 궁정 의식을 이용해 군주제의 인기를 높이고 국수주의를 고양하는 것이었다.[76] 조지 5세는 1차 대전 중 국민들이 '독일인 국왕'의 퇴위를 요구했을 때, 독일에서 유래한 영국왕실을 한꺼번에 영국화함으로써 영국국민에 의해 왕실이 타도되는 것을 막았다. 왕실과 그 일족의 독일식 성姓을 윈저Windsor라 개명하고 그때까지는 하노버(Hanover)였다─옮긴이, '유서 깊은' 군주제 전례典禮를 날조함으로써, 조지 5세는 "왕실이 시대를 초월하여 도덕의 영역에 깊이 뿌리내린 것처럼 여기게 하여, 계급적 특권 제도를 효과적으로 수호했다."[77] 히로히토와 수행원들은 조지 5세만큼 혁신적인 인물들이 아니었지만, 조지 5세가 새 시대에 맞게 대중매체를 활용하는 감각이 뛰어난 것에 주목했다. 또한 정치적 영향을 영속시킬 전략으로 전례典禮를 이용하는 그의 솜씨도. 조지 5세에게 실제로 배운 것이 어떻든지 간에, 유럽 순방은 히로히토로 하여금 이름이 밝혀지지 않은 측근들에게 의미심장한 발언을 하게 하는 계기가 되었다. 육군 무관 나라奈良의 회고록에 따르면, 귀국해서 얼마 되지 않아 히로히토는 자신의 아버지나 선조 천황들의 신성神性을 믿지 않는다고 고백했다. 나라는 그 이야기를 다음과 같이 전했다.

이성이 풍부하신 전하는 황실의 조상이 정말로 신이고 현재의 천황이 현인신이라는 것은 믿을 수 없고, 국체는 국체로서 현 상태를 유지해야 하겠지만, 천황이 신으로서 국민과 완전히 유리되어 있는 것은 지나친 것이라고 생각되며, 황실은 영국의 황실 정도로, 국가 국민과의 관계는 군림하지만 통치하지 않는다는 정도가 가장 적당하다는 감상을 고백하신 것을 들은 적이 있다.[78]

나라가 회고록을 완성한 것은 1956년으로, 히로히토가 전후에 자신의 신성神性을 부정한 지 10년 후다. 그때도 많은 천황제 옹호자들은 여전히 히로히토의 전쟁 책임 문제를 어물어물 덮어버리고, 그가 일찍이 종교적 숭배 대상으로 여겨졌던 점을 은폐하려 했다. 나라가 히로히토의 본심을 바르게 기록했다고 가정하면, 스무 살 히로히토의 생각에는 세 가지 주목할 점이 있다.

히로히토는, 자신은 이제 선조나 아버지가 현인신이며, 따라서 잘못을 저지를 리 없는 존재라고는 믿지 않는다고 선언했다. 둘째로, 그럼에도 그는 일반 일본인들에게 '황실의 선조는 참으로 신이며, 현재의 천황은 현인신이다' 하고 믿도록 강요하는 국가의 요구는 인정했다. 한편으로 히로히토는 실제로 자신이 믿는 바를 견지하여 일본사에 대한 객관적 논의를 막고 있는 국체 개념을 바꾸려 노력하지 않고, 자신에게 기대되는 허구를 받아들이고 주어진 '국체'를 유지해야 한다고 생각했다. 그가 자신의 본심을 스스로 천황제 교의에 편의주의적으로 복종시킨 것은 예고편이었다. 1930년대 중반부터 말기에 이르면 장차 국가의 앞날을 그르칠 천황 숭배가 강화되고, 이를 히로히토와 그 측근들은 적극적으로 수용한다. 황태자의 공적인 행동은 선악 관념이나 도덕성, 그리고 청렴함에 대한 그 자신의 개인적 규범에 따른 것이 아니었던 것이다.

셋째로, 영국형 왕실과 국민의 관계를 지향한다고 말함으로써 히로히토는 부주의하게도 일본의 군주제 가운데에서도 특히 중요한 원칙에 저촉되었다. 곧 히로히토는 아직 천황 역할을 수행할 준비가 되지 않았다는 사실을 드러내고 만 것이다. 메이지 헌법하에서 일본황실이 국가와 국민, 정부와 군부를 통합하는 힘을 발휘해 정치·군사 관계의 기구를 원활하게 돌아가게 하려면, 천황이 현실적으로 거대한 그야말로 독재적인 정치·군사적 권위를 행사해야만 했기 때문이다. 요컨대 1차 세계대전 전에 일본의 국가주의에 필요했던 것은 실제로 통치하는 군주이지, 단순히 군림만 할 뿐인 명목상의 군주가 아니었다.

　나라도 이러한 문제점을 민감하게 의식했으나 주위의 영향을 받기 쉬운 황태자의 성격이나 이상주의적 성향도 고려하여, 히로히토가 표명한 회의적인 생각은 보기보다 심각한 것이 아님을 암시했다. 황태자는 그저 주위의 분위기에 휩쓸렸을 뿐이었다. 그는 자신이 의구심을 품게 된 것 때문에 실제로 마음의 갈등을 느끼지는 않았다. 사실 히로히토는 굳건한 신념을 표명한 것이 아니라, '유럽 대전 후 전 세계에 갑자기 활활 타올라' 일본에도 파급된 사조에 매료되었을 뿐이다. 이는 비단 히로히토만의 일은 아니었다. 나라는 계속해서 말한다.

　원로들, 특히 야마가타와 사이온지 두 원로조차 새로운 사조에 무던히도 물들어 있으며, 궁내성의 젊은이들 가운데도 이러한 공기가 의외로 많다. 사이온지 하치로, 후타라 요시노리二荒芳徳, 마쓰다이라 요시타미松平慶民처럼 그 선봉장 역할을 하는 젊은 궁내관들이 원로 사이온지 등의 입김으로 전하에게 접근하여 이를 고취한 영향도 크다. ……나는 ……국체는 종래의 관념에 집착하는 국민에게 서서히 접근하는 방법으로, 황실의 안녕을 위해 적당하다고 믿고 있다. 궁내관의 대부분이 거의 예전과 비슷한 감상을 가지고 있다. 그저 주위의 관계로 볼 때 일본황실은 영국과는 달라, 군림은 할지라도 통치는 하지 않는다는 등 하는 말로 궤변을 늘어놓는 것은 본디 삼가고, 국체 관념으로서는 종래와 하등 다를 바 없는 신념을 지녔노라. 이에 황태자 전하의 거북한 입장을 항상 심도 있게 살펴어, 여쭐 기회가 있다면 조금이라도 편안한 경우를 얻으실 수 있도록 고려하도록 한다.[79]

젊은 황태자의 '거북한 입장', 자신과 조상에게 부여된 신성神性에 대하여 청년기에 품었던 개인적인 위화감은 결코 과대평가할 수 없다. 의식意識의 적당한 층위에서 히로히토는 신성 신화神性神話를 믿어야만 했다. 신도의 최고 사제가 되어야 했기 때문이다. 1920년대에 잠깐 의심을 품기는 했으나 그는 청년 시절의 이상주의를 압도하는 기성 질서에 순종하여, 궁정을 개혁하고자 했던 예전의 의욕을 상실해갔다. 결국 히로히토는 자신의 신성에 대한 의심과 '만세일계万世一系' 신화와 타협하는 법을 배웠다. 메이지 헌법에 명기된 만세일계란 곧 그가, 부계 혈통에 의해 신들의 시대로부터 '단절되지 않고' 이어져온 주권자 천황의 영원한 가계를 계승한다는 것이다. 신기神器에 관한 신화—천황이 신기를 보유함으로써 정통성을 부여받고 황실이 보호받는다는 관념—도 까다로운 문제이지만 마찬가지로 절충이 이루어질 수 있었다. 훗날, 궁정에서 신도 의식을 올리고 국가의 대사를 신들에게 '고하게' 됨에 따라 히로히토의 신앙심도 진지해지게 되었다고 여겨진다. 그 신앙의 중심을 이루는 것이 선조와 이세 신궁에 대한 숭배였다.

천황으로 즉위할 무렵에 이르자 히로히토는 신화의 실용적인 가치를 인식하고 이를 국가 장치의 하나로 파악했다. 그리고 자신의 행위를 정당화할 때나 지배 계층 외부의 엘리트 집단에 대해 궁정의 권력을 대치시킬 때, 그리고 그 자신 정치적·세속적 책임을 면한 존재로 자리매김할 때, 언제라도 이들 신화를 이용했다. 히로히토는 '신성한 직계 혈통'으로서 군주의 역할을 수행할수록 종교적인 믿음을, 상황이 어려울 때 힘을 얻는 원천으로뿐 아니라 권력의 작용 원리로도 삼아 의지했다.

히로히토가 유럽 순방을 마치고 일본으로 돌아온 지 두 달 후인 1921년 11월 4일, 19세인 나가오카 곤이치中岡艮一라는 철도 전철수가 하라 수상을 사살했다. 범인은 옛 도사 번土佐藩 출신이며 메이지 시대 존황파尊皇派의 자손이라고 했다. 살해 동기는 명확하지 않으나 몇 주 전에 해군대신 가토 도모사부로加藤友三郎가 위싱턴회의에 참석함에 따라 하라가 해군대신 임시대리에 취임했던 것과 하라가 야마가타를 지지했던 것, 그리고 그의 정우회 내각이 황태자로 하여금 유럽 순방을 떠나게 한 것 때문이라 여겨진다.[80] 야마가타의 몰락에 이은 하라 암살 사건은 황실을 둘러싼 문제가 정치적 초점으로 떠오를 경우, 언제든지 거대한 파괴력을 불러일으킬 수 있음을 암암리에 드러냈다. 하라가 사라지고 마키노가 (세키야의 협력과 사이온지의 원격 조종을 받아) 궁정을 모두 관리하는 동안, 군주제는 내각으로부터 독립하여 독자성을 강화하는 단계로 돌입할 태세를 갖추었다.

이튿날 언론이 암살자의 '시대적 붕괴'에 대한 '분개'를 지적하며 섣불리 동정 여론을 불러일으키는 때에, 궁상 마키노는 황후에게 하라의 죽음을 보고했다. 황후는 불안에 휩싸여 눈물을 흘리며 마키노에게 "하라는 실로 보기 드문 사람이다. 평소 그의 주변에 해결하기 어려운 문제들이 산적해 있었는데도 언제나 웃으면서 그러한 도량을 잘 유지했다고 생각한다"고 말했다.[81] 황후는 이와테 현岩手県 모리오카盛岡에서 치러진 장례식에 사자를 보냈다. 그러나 그녀의 기력을 꺾은 일은 무엇보다 남편인 요시히토 천황이 주위에서 벌어지는 일들을 이해하지 못하고, 단지 서류에 도장을 찍는 일밖에는 할 수 없는 상태가 되고 만 것이었다. 천황의 병세 악화와 하라의 죽음에 따른 정치 위기, 이것이 섭정 설치를 서두르게 했다.

　원로인 마쓰카타와 사이온지는 11월 말에 워싱턴에서 열릴 태평양 연안 주요 국가들끼리의 중요한 국제회의 개최를 앞두고 내각이 총사퇴할 여유는 없다고 판단했다. 그들은 요시히토 천황과 상의도 하지 않고, 대장성大蔵省 대신(대장대신, 대장상)인 다카하시 고레키요高橋是淸에게 총리대신으로 취임할 것을 청했다.

　1921년 11월 25일, 황태자는 섭정이 되었다. 천황의 업무를 넘겨받을 즈음 그는 자신이 나가코와 결혼하고, 메이지 천황이 헌법에 규정한 군주가 되리란 것을 잘 알고 있었다. 또한 히로히토는 천황의 권위를 옹호하고 황실을 수호하는 데 필요한 것은 무엇이든지 하여, 아버지의 결점을 보완하는 것이 자신의 임무라고 믿었을 것이다. 그러나 이 중대한 열망을 실현하려면, 그에게 더욱 행동의 자유가 주어져야 했다. 그러나 아직 젊다는 점, 특이한 성장 과정, 늘 주위를 지키고 있는 연장자들을 무시할 수 없다는 점, 궁정의 전통이라는 무거운 짐을 고려하면 이는 결코 쉬운 일이 아니었다.

인애의 정치 ^{2부}

1922년(다이쇼 11년) ~ 1930년(쇼와 5년)

섭정 시절과 다이쇼 데모크라시의 위기 ^{4장}

4장

일본정부는 1921년 11월의 섭정 취임 이전부터 히로히토가 육군의 야외 기동연습을 친히 통솔할 수 있고 군대의 최고 지휘관이 되기에 적합한 자질을 갖춘, 정력적이고 늠름한 황태자라는 인상을 만들어내기 시작했다.¹ 대중매체들도 일본정부나 외국의 고관들을 접견하고 의회를 소집하며 열병이나 군사훈련을 위해 국내 각지를 방문하고 육해군 통수 임무를 수행하고 식민지를 시찰하는 활동적인 황태자상을 퍼뜨렸다. 1922년에 히로히토는 사실, 새로운 측근들이 정해둔 일상생활에 적응하려 애쓰면서(그 성과는 제각기 달랐지만) 유럽에서 보고 온 것과 같은 형태로 궁정의 관습을 만들 수 있으리라고 생각했다. 그러나 히로히토가 가장 시간을 많이 할애한 것은 운동과 승마, 그리고 프랑스어 공부였다.

전년도 내대신이었던 고령의 히라타 도스케平田東助와 궁내대신 마키노(1925년 3월 20일에는 내대신이 된다)는, 원로들과 정부의 지도자들이 황태자의 경험 부족과 과도한 운동을 염려하는 점을 고려하여 황태자에게 여러 가지 과제를 내주었다. 섭정의 임무를 잘 수행할 수 있도록 히로히토는 황태자에 어울리는 품행과 장중한 언동을 익히는 학습을 계속해야 했으며, 정치와 경제, 군사에 대한 이해도 한층 더 심화해야 했다.

통치에 대한 히로히토의 관심을 높이고자 히라타와 마키노가 생각해낸 첫 번째 교육 계획은 고위급 궁내관 회의에 황태자를 참석하게 하는 것이었다. 회의가 끝난 뒤, 히로히토는 논의의 요점을 이해했는지 확인하는 질문을 받았다. 이 방법은 제대로 효과를 올리지 못했다. 히로히토가 별반 흥미를 보이지 않은 데다가 히라타의 건강이 나빠졌기 때문이다. 히라타는 섭정 교육에 전념하기에는 너무 쇠잔했으며 그로 인한 결근이 점차 늘어났다. 1922년 후반, 마키노는 히로히토에게 직접 궁정의 성문·불문 규칙과 정치상의 모든 문제를 강론하기로 했다.

그사이 1922년에는 일본 국내의 융화와 엘리트들 간에 존재하던 합의의 붕괴에 따른 궁내성 고관들의 반응에 맞춰 궁정의 분위기도 변하기 시작했다. 국내외 정책을 둘러싼 통치 지배층 내부의 대립은 1차 세계대전 중에 표면으로 드러났는데, 1917년부터 1922년 초까지 존속한 외교조사위원회에 의해 임시방편으로 가려졌던 것이다. 정당들은 선거 기반을 확대했으며, 그때까지 육군의 영역이었던 식민지에 대한 영향력도 확대할 길을 모색해왔다. 정우회의 다카하시高橋 같은 정치 지도자는, 하라가 그러했던 것처럼 일본의 경제적 번영을 위해서는 미국의 이익에 합치되는 정책을 취할 필요가 있다고 생각했다. 워싱턴조약에 따라 일본정부는 최근 대규모 군비 축소 의무를 받아들이겠다고 승인했는데, 이는 다카하시의 노선과 일치했다. 그러나 우익 진영과 군부의 일부 지도자들은 워싱턴조약을 비난했다. 히로히토의 무관장武官長이었던 육군중장 나라奈良는 이 시기를 다음과 같이 회상했다.[2] "우리는 전하의 유럽 방문 이래 의도하신 바도 있고 해서 어전 안에서 열리는 만찬 등에는 군복을 입지 않고 조례朝禮 연미복 등을 착용했는데, 점차 항간의 분위기도 고려할 필요성을 느껴서, 11월 초에 진다珍田 대부大夫와도 상의하여 이후 되도록이면 군복을 착용하기로 했다. 단 전하께는 아무런 말씀도 드리지 않았다."

I

　수년 동안 교육 체제는 더욱 개선되었다. 히로히토는 하루에 두세 시간 수업을 받았는데, 마키노, 나라, 그리고 히로히토 자신이 필요하다고 판단한 내용을 배웠다. 그러한 일은 그다지 통상적인 것이 아니었다. 메이지 시대에 이르러서야, 현직 군주에게는 태어날 때부터 생애에 걸쳐 수행할 소임이 있으며 통치 훈련을 끊임없이 받을 필요가 있다는 전제 아래 궁정이 운영되기 시작했다. 궁내성 고관들이 준비하고 철저하게 관리하는 평상시 학습에 기대어 비로소 군주는 그 기능을 높이고 덕을 닦아 정신적, 육체적 결점을 극복하는 것이다. 특별 궁정 사범, 제독이나 장군, 재외 근무를 마친 외교관이나 작위 소지자 등이 이러한 목적을 위해 동원되었다.

　자신이 평생 교육을 통한 군주 '형성' 과정의 일부임을 자각하고 궁정에 근무한 고관들의 전례가 많이 있어, 마키노와 '교수진'에게 참고가 되었다. 마키노와 히로히토는 둘 다 메이지 천황을 전범典範으로 삼았는데, 메이지 천황은 힘도 없었고 별다른 교육을 받지 못한 채 10대에 황위를 계승했고, 그 후 훈육을 통해 통치 기술을 익혔지만 공부를 싫어했던 인물이다. 메이지 천황은, 궁정 신하들이 군주의 심리적 필요에 응하여 끊임없이 가르치고 이끌어주면 어떠한 기적이 일어날 수 있는가를 보여주는 실례였으며, 그러한 훈육 방법의 길잡이 안내서였다.

히로히토는 섭정이 된 뒤, 내대신과 궁내대신, 그리고 원로들이 1차 대전 중에 자신의 아버지가 정치 문제에 관여하는 일이 없도록 어떤 식으로 노력해왔는지를 알았다. 그는 정당 지도자가 이끄는 내각에 따라 궁정이 좌우되지 않도록 하는 일이 얼마나 중요한지도 이해했다. 그는 군주의 재가 영역이 최소한으로 축소되는 것을 목격했다. 이 때문에 천황인 아버지나 그 자신의 '성지聖旨'를 표명할 여지가 없어지고 말았다. 또한 그는 궁중 관료들의 정치적 영향력은 천황제를 지탱하는 다른 기관들의 세력에 비해 훨씬 미약하다는 사실을 깨달았다. 젊고 경험이 적은 히로히토는 정당내각이 대두한 탓에 위협받고 있는 군주의 권한을 적극적으로 지켜내야 한다고 주장하는 측근들의 말을 들으며 배워나갔다. 정치의 주역으로 등장해 쇠잔한 천황의 권력을 되찾고자 히로히토가 열망함에 따라, 마키노를 비롯한 측근 조언자들이 미치는 영향력은 헌법의 범위를 완전히 벗어났다. 그들은 히로히토를 감화하면 더욱 견고하고 독자적인 기반에 군주제를 재건할 수 있으리라고 생각했다.

섭정에 취임한 뒤, 식부式部궁중의 의식을 맡아보는 직책—옮긴이 장관 이노우에 가쓰노스케井上勝之助, 장전掌典일본 궁내성의 의전직 관리—옮긴이의 우두머리인 구조 미치자네九条道実, 원로의 양자로 식부에서 일하는 사이온지 하치로西園寺八郎, 이들 세 귀공자가 히로히토에게 궁중제례를 훈련시키기 시작했다. 이는 특히 히로히토의 어머니가 열렬히 바라던 과제였다. 한편 마키노의 측근들은 강론 프로그램을 적극적으로 정비하여 히로히토가 더욱 발전한 학습을 이어갈 수 있도록 조치했다.[3] 도쿄제국대학의 교수 네 명이 초빙되어 '정례 강의'를 담당했다. 강의의 내용은 인쇄되어, 정해진 시간표에 따라 날마다 또는 주마다 미리 히로히토에게 전달되었다.[4] 초빙 교수 네 명은 헌법학자인 시미즈 도오루淸水澄와 역사가 미카미 산지三上参次, 그리고 경제학자 야마자키 가쿠지로山崎覚次郎와 국제법 전문가인 다치 사쿠타로立作太郎였다.[5] 이들 네 명은 천황의 스승인 데다 마키노와 가와이 야하치河井弥八 등 주요 측근들의 고문이기도 해서, 그 사상적 영향력이 지대했다.

야마자키나 전 일본은행 총재인 이노우에 준노스케井上準之助가 가르친 경제학 강의의 내용은 알 수 없다. 사실 히로히토가 이들이나 다른 경제학자에게 큰 영향을 받았다고는 생각되지 않는다. 궁내 관료들은 일반적으로 경제 정책에 대해 무지했고, 재정의 기본에도 어두웠다. 1929년에 쇼와 공황에 대한 대책으로서 히로히토는 사소한 지출 절감 정책을 인가했으나, 이는 그와 궁정 관리들이 경제의 기본을 모른다는 것을 드러낸 사례였다. 경제에 대한 히로히토의 관심은 주로 법과 질서, 일본 국내정세나 국제관계의 안정과 관련되는 한도에 그쳤다 해도 좋을 것이다.

법학자인 시미즈가 히로히토에게 어떠한 영향을 미쳤는지에 대해서도 평가하기 쉽지 않지만, 그의 영향력은 야마자키보다는 훨씬 컸던 것 같다. 그는 매주 화요일에 메이지 헌법과 당대의 정치적 논의를 포함한 '행정법'을 강의했다. 금요일에는 황실령皇室令으로서 섭정 설치나 천황 즉위식의 공식적 절차를 정한 황실전범皇室典範을 해설했다.[6] 시미즈는 헌법이나 민법에 대해 언제나 보수주의적으로 논했지만, 히로히토 섭정 시기의 강의에서 특히 어떠한 주제를 택하여 어떤 주장을 펼쳤는지는 명확하지 않다.

메이지 시기 정치사를 강의하고 '메이지 대제明治大帝'라는 고정관념을 처음으로 만들어낸 역사학자 미카미 산지에 대해서는 더 잘 알려져 있다. 예를 들면, 1924년 1월 14일에 그는 근대 일본제국주의 전사前史에서 유명한 사건으로, 1873년에 메이지 정부를 분열케 한 '정한론征韓論'에 대해 강의했다. 메이지 천황은 태정대신太政大臣 산조 사네토미三条実美의 보고를 들은 후, 사이고 다카모리西郷隆盛—정한론을 제창하고 몸소 조선으로 건너가겠다고 표명한 인물—에게, 이와쿠라 도모미岩倉具視가 이끄는 구미 사절단이 귀국할 때까지는 일을 추진하지 말라고 지시했다. 이러한 방법으로, 경비가 드는 대외 정책은 국가가 좀 더 준비될 때까지 연기되었던 것이다. 마키노는 미카미의 강의가 젊은 히로히토에게 좋은 참고가 된다고 여겼다. 그는 일기에 "[메이지 천황이] 성스러운 결단을 적절히 하여 마침내 국운이 순조롭게 되었고, 유신 창업기의 최고 난관이라고 할 수 있는 이러한 시대에 천황의 깊은 심려와 중신重臣이 어떻게 국사에 충성을 다할 것인가를 [황태자께서] 들으시는 것은, 군주의 덕을 크게 이루는 데 커다란 효과가 있을 것으로 생각된다"고 썼다.[7] 그러나 히로히토는 과묵했기 때문에, 마키노나 다른 측근들 모두, 각 주제에 관하여 강론자가 이야기한 (또는 이야기하지 않은) 것에서 그가 무엇을 배웠는지 분명히 알 수는 없었다.

미카미의 강론에서는 메이지 천황의 끝없는 덕과 인애仁愛가 중심이 되었다. 다이쇼 천황의 임종이 임박하여 궁정이 히로히토의 즉위 준비를 서두르는 동안에도, 미카미는 메이지 천황의 덕과 인애에 대해 수도 없이 역설했다. 내대신비서관장 가와이 야하치는, 1926년 11월 19일 미카미가 강의한 내용은 유신 지도자들이 메이지 천황에게 어떻게 선을 실천하고 악을 삼가도록 권했는가 하는 것이었다고 했다. 같은 날 마키노의 일기도 히로히토가 깊이 감동받은 것 같다며 다음과 같이 기록했다.

군주의 덕에서 가장 중요한 관용, 경애, 심려, 위엄 등의 마음가짐에 대하여 간언을 드렸다. ……미카미 박사는 국내외의 역사적 예를 인용하여 부연해서 말씀드리니, 오늘날의 경우 실로 적절한 내용이다. 따라서 별실에서 박사에게 만족의 뜻을 표하고, 또한 참고로 한두 가지 주의를 해두었다.[8]

메이지 천황의 덕은 그 소질, 학습, 아들에 대한 교육적 배려 등의 측면에서 1926년 한 해 내내 강의의 소재가 되었다. 메이지 천황의 인애 함양을 위해 측근들이 쏟은 세심한 노력이 특히 강조되었다.[9] 12월 3일에 열린 그해 마지막 강론에서 미카미는 [이와쿠라 도모미가 천황에게 올린 의견서의—일본어판] "폐하는 물건을 아깝게 생각하지 마시고, 만민을 보물로 삼으십시오. 옥체를 소중히 하고 위덕威德을 숭상하는 것 외에도 용안을 부드럽게 하셔야 하며, 신하를 위로하셔야 합니다"라는 구절을 강조했다.[10]

미카미의 강의는 측근들에게도 영향을 미쳤다. 1927년에 메이지 천황을 기념하여 그의 '높은 덕'을 기리는 국경일 메이지절(明治節)—옮긴이이 창시된 것도 그 결과이다.[11] 미카미의 사상이 히로히토에게 미친 영향력은 한층 더 복잡했다. 매주 강의에서 거의 신화적인 메이지 천황에 대한 이야기를 들으면서, 히로히토는 메이지 천황이 지녔다는 인애의 자질을 지닌, 원기 왕성한 행동가로서 이상적 군주가 되고자 하는 결의를 다졌을 것이다. 그러나 한편으로 메이지 천황을 과대시하는 것은 그의 '신경질'과 긴장감을 더욱 격화시켰을 것이다. 히로히토 앞에는 지나치게 이상화되어 현실에서 동떨어진 행동 기준이 본받아야 하고 학습해야 할 목표로서 우뚝 솟아 있었다. 이러한 강박 관념이 그에게 엄청난 불안을 초래했을 것은 거의 틀림없다. 게다가 히로히토는 온후하고 자비로운 군주여야 한다는 요구를 받는 동시에 군사학이나 경제학, 국제법과 외교 등 전혀 다른, 더욱 조직적이고 활동적인 행위에 대해서도 교육받았다.

섭정 시절 히로히토는 지배자가 수행할 통상적인 임무에는 도덕적으로 이해하기 어려운 측면이 있다는 사실을 배웠다. 교사들은 국제 정책을 결정할 때에 국가는 도덕에 얽매이지 않고, 경우에 따라서는 국익 확보를 위해 무력을 행사할 필요가 있다는 것을 원칙으로서 가르쳤다. 오로지 국익에 부합되느냐 여부만이 실상 중요하다고 히로히토는 이해했다.

히로히토가 국익 추구에 관심을 쏟도록 이끈 이는 저명한 국제법 학자인 다치 사쿠타로였다. 다치는 외교사外交史와 국제법의 규범·금칙에 관한 강의를 통해 무엇이 국익을 구성하는지 해답을 제시했다. 도쿄제국대학 법학과에 부임하기 전에 그는 1900년부터 1904년까지 독일과 프랑스, 영국에서 유학을 했다.[12] 그는 1919년의 파리평화회의와 1921년~1922년의 워싱턴회의에 일본 대표단의 일원으로 파견된 바 있었다.[13] 다치는 국제법상의 문제에 국가주의적 태도를 취해, 외무성과 육군 지도부로부터 좋은 대우를 받았다. 외무성에 중용된 일개 학자가 궁중의 국제법 담당 교사로 선정되었다 해서 놀랄 일은 아니었던 것이다.

다치가 히로히토에게 강의하게 된 것은 일본이 새로운 베르사유조약 체제와 워싱턴조약 체제에 참가했기 때문이다(미국은 베르사유조약에 합류하지 않았다). 주권국가 간의 형식적 평등, 분쟁에 대한 평화적 해결, 그리고 침략전쟁 위법화가 이 체제의 기본 원칙이다. 미카미와 달리 다치는 덕이나 인애에 관해서는 일절 언급하지 않았다. 그는 국제법을 이해하는 데에 도덕적 기준을 도입하는 것을 피하고, 법의 지배에 따라 힘의 지배가 제한되는 것에 반대했다. 그는 전쟁은 일반적으로 항상 합법적이며 '기성既成 국제법'은 국가의 권리를 옹호하기 위하여 존재한다고 가르쳤다. 국가의 자위권이란 영토를 확장하거나 국외에 있는 국민의 생명과 재산을 보호하고자 전쟁하는 것까지도 포함하는 것이었다. 이러한 관점은 베르사유 조약과 국제연맹 규약이 새로운 원칙을 표명하고, 국가 간에 일어난 분쟁 해결에 관여하는 새로운 조직을 (미국이 제창하여) 창설하기 전에는 일반적으로 받아들여지던 19세기식 견해였다. 새로운 원칙들이 다치立나 일본 외무성을 움직일 수는 없었다. 자유주의적인 시데하라를 포함하여 다른 외무대신들도 마찬가지였다.

다치의 국가주의적인 국제법관国際法観은 일본의 공식 견해였기에, 히로히토는 1920년대 후반부터 1930년대 초반에 걸쳐 이를 배웠다. 역사학자 시노하라 하쓰에篠原初枝가 지적하듯이 미 국무장관 헨리 스팀슨 Stimson, Henry Lewis을 비롯하여 시카고대학의 퀸시 라이트Wright, Quincy, 컬럼비아대학의 제임스 숏웰Shotwell, James Thomson, 뉴욕대학의 클라이드 이글턴Eagleton, Clyde 등 미국의 주요 국제법 전문가들도, 침략전쟁을 범죄시하고 교전국을 공정하게 대우해야 한다는 원칙을 반박하는 이론을 개발하고자 모색한 시기가 있었다.

지식을 넓히고 정치·외교 경험을 쌓아감에 따라, 히로히토가 나서서 외부 전문가의 '특별 강론'을 청하는 경우가 많아졌다.[14] 국제관계나 일본의 식민지 정세에 뒤처지지 않도록, 독일의 바이마르공화국이나 러시아 소비에트 정권, 중국과 조선, 그리고 국제연맹 등의 정치 상황에 대한 특별 강론이 이루어졌다. 군의 고관과 육해군 대신, 시종무관들이 지도하는 군사 강의도 매주 있었고, 매년 야외 훈련이나 '대연습grand maneuvers'에 참가하여 집중 교육도 받았다. 이런 훈련 때에는 유망한 장교들을 접견하고 질문할 수 있는 기회가 있었다. 육해군 지휘관들에게는 이때가, 자신들의 격식을 갖춘 복종에 히로히토가 어떻게 반응하는지 아는 기회

이기도 했다.[15]

II

섭정기가 시작되자 일본정부와 궁내성 고관들은 황실이 일본사회에 더욱 잘 부응하도록 만들 새로운 방법을 궁리하기 시작했다. 그들은 실추된 권위를 회복하는 노력의 일환으로서, 신문에 군주 사진 게재를 금지했던 1차 세계대전 전의 규제를 완화했다. 1921년에는 황태자를 실질적인 군주로 만들고자 신문, 잡지, 영화 등 당시 존재하던 모든 인쇄 · 시각 매체가 동원되었다. 사진 기자재 수입량은 금세 전기 기자재나 면직물에 필적할 정도로 늘어나게 되었다. 『도쿄니치니치신문東京日日新聞』은 섭정 황태자와 황태자비 나가코의 사진을 사용한 광고를 실었으나 아무런 문제 없이 검열을 통과했다.[16] 이전에는 금지되었던, 히로히토의 자필 서명이나 옥새를 촬영한 사진도 문제없이 책에 실을 수 있었다.

마키노의 지시로 궁내성은 황태자로 하여금 가나가와 현과 시코쿠四国에 첫 '행계行啓'를 떠나게 했다. 식민지 타이완臺灣 행계를 앞두고 예비절차로 치른 일이었다.[17] 이러한 여행은 '천황 지배 체제'가 세워지기 훨씬 전, 1872년부터 1877년까지 1년에 한 차례씩 여섯 차례 메이지 천황이 실행했던 순행巡幸[18]을 선례로 삼은 것은 아니었다. 메이지 천황의 순행은 그가 국가 통일 사업을 수행하는, 살아 있는 신이라는 뜻을 표방하려 한 것이었다. 이와 달리 히로히토의 첫 국내 여행은 어떤 이데올로기를 전달하려는 것이 아니라, 우선 궁내관이 히로히토의 거동을 관찰하여 개선의 실마리를 파악하려는 데 그 목적이 있었다. 그리고 부차적으로,

행계를 통해 황실이 민중에 더 가까이 다가서면, 히로히토의 아버지가 소극적이고 비활동적이며 곧잘 분별력을 상실하여 의도하지 않게 조장하고 말았던 다이쇼 데모크라시 풍조가 제압되리라는 기대도 있었다.

마키노는 이렇게 썼다.

대연습 통재統裁를 위해 9시 45분 발차. 〔섭정 황태자를〕 모시고 감. 2시 15분 시즈오카静岡 도착. 저택에 들어감. ……고문서 열람. 저녁에 불꽃놀이 행사가 있음.

이번 행차에 있어서는 별도로 일지를 작성할 예정이므로, 일일이 기재하는 것을 생략함. ……

앞으로 충분한 의논을 통해 개선해야 할 것. ……첫째, 태도에 관한 것. ……시코쿠 지방처럼 소박한 민속民俗에는 그에 맞는 태도를 취해야 함. 홋카이도, 도쿄 지역과는 자연히 기대가 다른데, 이 지역 쪽에서는 단지 옥체를 뵙는 것만도 무상의 영광으로 생각함. 답례 같은 것은 물론 일일이 하지 않음. 맞이하는 사람들 사이에서 가장 많이 듣는 말은, 잘 뵈었다는 것이다. 이 한마디로 인심의 전반을 미루어 알 수 있다.[19]

시코쿠 지방 행차 이후(1922년 12월 4일), 마키노는 안심하여 다음과 같이 기록했다. "앞길을 위해서 마음을 강하게 하고, 앞으로도 신중하게 매사를 깊이 생각하시는 기풍을 양성하시면 군주의 덕이 더욱더 높아지게 될 것이다."[20]

1923년 4월 12일, 히로히토는 군함 곤고金剛 호에 승선, 요코스카를 출항해 타이완을 향했다. 타이완은 일본의 식민지였지만 메이지 헌법의 적용을 받지 않았으며, 기후나 관습, 주민들의 감정도 일본과는 전혀 달라 이곳에 사는 일본인들은 명백히 소수파였다. 히로히토가 통과 의례의 한 절차로 이 섬을 방문한 때는 강력한 하라 게이 내각이 군정에 의한 식민지 통치 제도를 폐지하고 문관 출신 총독에게 정책 결정을 맡긴 지 약 4년 후의 일이었다.

하라 내각이 통치 방법을 전환한 것은 첫째 일본의 각 식민지에서 일어나는 반식민 운동을 무마하고자 함이며, 둘째로는 외견상으로 서양의 아시아 식민지 통치 노선과 가까운 형태를 취하여 일본에 대한 인상을 개선하려는 뜻이었다. 그러나 군부는, 조선에서만큼 가혹하지는 않다고 하나 일본의 다른 식민지에서와 마찬가지로 타이완 통치에 계속해서 관여했다.

히로히토의 타이완 행계에는 두 가지 목적이 있었다. 첫째, 가장 중요한 의도는 본국 백성들에게 그들이 세상에서 거둔 모든 성과의 도덕적 원천은 황실이며, 현재 황실을 대표하는 것은 히로히토임을 깨우치게 하는 것이었다. 둘째 목적은 메이지 천황이 물려준 유산인 식민지에 히로히토의 도장을 찍음으로써 일본이 타이완을 지배하고 있음을 재확인하는 것이었다. 히로히토의 행계 행렬은 "일본 원정군이 타이완에 처음으로 상륙한 곳과, 황족으로 근위사단의 사령관이었던 기타 시라카와 노미야北白川宮가 말라리아에 걸려 숨진 장소를 방문했다."〔근위사단의 최초 상륙지는 타이완 동북부의 아우디澳底이고, 시라카와가 사망한 곳은 남서부의 타이난臺南이다. 히로히토 일행은 군함에 탄 채로 아우디를 멀리 바라보고는, 타이난의 사망지를 방문했다—일본어판〕 다시 말하면 섭정은 식민지 주민을 먼저 배려하지 않고, 정복 전쟁에서 숨진 자신의 친족을 추도하는 일부터 하면서 행계를 시작한 셈이다. 기타 시라카와 노미야의 영령은 섬 전체 68개 신사 중 58개 신사에 모셔져 있다.[21] 1930년대에는 동화주의同化主義 정책 실행을 구실로 타이완 사람들에게(조선에서는 조선인에게) 신사 참배를 강요했으나, 아직 이 시기에는 그 정도로 강압적이지는 않았다.

히로히토는 신사와 많은 군사 시설, 그리고 일본 자본으로 설립된 설탕 정제 공장을 방문하고, 그 외에 일본이 식민지 청소년들을 겨냥해 건설한 학교 열세 곳을 방문했다. 또한 인애의 상징으로, 일제에 반대하여 무장 봉기를 계획했다가 1915년에 체포된 정치범 535명의 형을 감해주었다.[22] 그러나 그는 주로 군주제에 대한 신뢰를 강화하고, 규범으로 삼아야 할 도덕적 완전성을 연출하는 데 행계의 주안점을 두었다. 이러한 목적을 위해서 히로히토는 위엄을 갖추고 자기 자신을 대중 앞에 내보이며, 그 모습들을 신문에 자세하게 보도하게 하면 그만이었다.

예를 들어 히로히토가 타이페이臺中에 도착했을 때의 광경에 대하여 『타이완일일신보臺灣日日新報』는, 히로히토가 탄 열차가 역으로 진입하자 취주악단이 일본 국가國歌인 〈기미가요君が代〉를 연주했다고 보도했다. 역장이 문을 열자 "거룩하고 빛나는 모습으로 플랫폼에 내리셨다." 수많은 관리와 군인, 민간인이 모두 플랫폼 왼쪽에 한 줄로 서 있었다. 히로히토는 "작위 및 훈장을 받은 내지인과 타이완 사람들에게 손을 들어 가볍게 미소 지으며 인사하면서 기차에서 내려, 국화 문장이 새겨진 금색 찬란한 자동차에 오르셨다." 총독이 차량 행렬을 인도하고, 헌병과 경찰이 히로히토를 앞에서 경호했다.[23]

궁정 관료와 식민지 고관들이 황태자의 면전에서 몸소 보인 이 서열은, 황실의 모든 공적 기능을 상징하는 한편, 동의 없이 강요된, 일본과 식민지의 불평등한 계급 관계를 반영하도록 암암리에 의도된 것이었다.

히로히토가 타이완을 떠난 후, 같은 해 5·6월호 『타이완시보臺灣時報』에서 총독부 총무장관 가쿠 사카타로賀来佐賀太郎는 일본제국 전체에 도덕과 인애의 모범으로서 섭정이 중요한 존재임을 다음과 같이 단언했다.

> 생각건대 국민 도덕의 근원은 우리 황실에서 시작하고, 전하의 이
> 번 행차는 분명히 이 사실을 구현하심으로써 널리 의범儀範을 서민에
> 게 내려주심도 지극히 황공한 일이고, 전하가 효순우제孝順友悌의 덕
> 이 풍부하신 것, 관대하고 중후하셔서 희로喜怒의 기색을 나타내시지
> 않는 것, 박애인서博愛仁恕의 덕이 금수에게까지 미치시는 점, 검소하
> 고 겸손한 생활 방식의 모범을 신하에게 내려주신 점 등, 전하의 모든
> 언행이 바로 도덕의 진수를 보여주시지 않음이 없고, 특히 감격에 겨
> 운 것은 신민臣民을 대하심에 귀천과 빈부의 차를 두지 않고 끊임없
> 이 온화한 모습으로 인사를 해주시는 일이다.[24]

가쿠는 히로히토의 타이완 방문을 기회로, 황실이 국민 도덕의 원천이
며 천황이 '서민의 규범'이라고 강조했던 것이다. 가쿠가 '효순'이나
'우제의 덕'을 든 이유는 타이완 사람들이 이러한 유교적인 덕목을 환영
하리라고 기대했기 때문이다. 그러나 섭정의 언행을 어떻게 해석하든, 가
쿠의 목적은 중국 사람들에게, 민족 자결과 독립에 대한 요구가 대두하여
흔들리기 시작한 식민 질서를 정당화하려는 것이었다.

타이완 행계를 마친 히로히토는 곤고 호에 올라 1923년 4월 27일에 지
룽基隆타이완에서 둘째로 큰 항구도시. 타이베이 북부에 있다—편집자을 떠났다. 이틀
후, 히로히토는 스물두 살 생일을 바다에서 맞이했다. 그의 앞날에는 오
래 미뤄져왔던 결혼과 궁정에서 계속될 수업, 그리고 황실을 백성에게 다
가서게 하려는 새로운 정책에 따라 더 많이 요구될 순방과 식전들이 기다
리고 있었다.

도쿄로 돌아온 뒤, 이후 히로히토의 인생에 예기치 않은 영향을 미친 두 가지 사건이 일어났다. 하나는 1923년 6월, 비합법적인 일본공산당 창설이 발각된 사실이다. 일본공산당은 근대 일본에서 최초로 군주제 폐지를 요구했던 조직이다. 다른 하나는 히로히토가 첫 내각 교체를 경험한 직후에 일어난 20세기 최대의 자연 재해다.

　같은 해 8월 24일, 가토 도모사부로加藤友三郎 총리가 죽고 후임으로 해군대장 야마모토 곤베이山本権兵衛가 임명되었다. 일주일 후인 9월 1일, 야마모토가 내각을 구성하던 중에 관동関東 대지진이 도쿄·요코하마 지역을 덮쳤다. 지진과 이어진 화재로 인해 9만 1000명 이상이 사망하고 1만 3000명이 실종되었으며 10만 4000명이 부상, 도쿄에서만 가옥 68만 호 이상이 무너졌다.[25] 화염이 치솟고 여진이 이어지는 사이, 두 도시에서는 조선인과 좌익계 인사들이 방화와 약탈을 저지르고 우물에 독약을 넣었다는 소문이 나돌아, 군대와 경찰에 선동된 일본인 자경단은 조선인과 좌익계 인사들을 공격, 학살했다. 관동 지방을 비롯하여 여러 지역에서 조선인 6000명 이상이 색출되어 죽음을 당했다.[26] 이때 히로히토는 사실상의 통수권자로서 긴급 칙령을 발하는 첫 경험을 했다. 9월 3일, 히로히토는 도쿄와 인근 지역에 계엄령을 선포했다. 그리고 지진 위험이 완전히 사라진 후, 계엄사령관인 육군대장 후쿠다 마사타로福田雅太郎와 동행하여 군복 차림으로 말을 타고 재난 지역을 시찰했다. 10월 10일에는 요코하마와 요코스카 지역도 마찬가지로 시찰했다.[27]

　관동대지진이 발생한 뒤로 불경不敬 사건이 늘어났는데 도쿄에서 일어난, 그 유명한 도라노몬虎ノ門 사건으로 그 추세는 정점에 달했다. 이 사건으로 혼례는 다시 연기되고 말았다. 1923년 12월 27일, 히로히토가 자동차를 타고 의회 개회식장에 취임 연설을 하러 가는 길에 난바 다이스케

難波大助라는 젊은 아나키스트가 차를 향해 총격을 가했다. 탄알은 창유리를 깨고 동궁시종장에게 부상을 입혔으나 히로히토는 무사했다. 난바는 중의원 의원의 아들이었다. 그가 사용한 총은 보통 작은 새 따위를 쏘는, 살상력이 약한 것이었다. 따라서 상대가 황태자가 아니었다면 기껏해야 상해미수죄에 그쳤을 터였다.[28] 그러나 미래의 천황을 해칠 의도가 있었기 때문에 이는 대역죄에 해당했고, 이 사건은 온 나라에 충격을 주었다.

이 사건으로 야마모토 총리를 비롯해 전 각료가 사직했고 경시총감 유아사 구라헤이湯浅倉平가 파면을 당했으며 관할지의 일반 경관들까지도 모두 면직당했다. 이후 히로히토의 공개 행차와 경호 전략이 근본적으로 재검토되었다.[29]

사건 다음날인 12월 28일, 제48차 의회의 개회에 즈음하여 귀족원은 그때까지 16년간 열리지 않았던 비밀 회의를 개최했다.[30] 논의는 난바의 범행 동기와 사회적 배경, 사상 통제를 강화할 필요성에 집중되었다. 의원인 나카가와 다카나가中川良長는 "국민들이 사회적·정치적으로 각성함과 더불어, 마침내 참지 못하여 일어날 때에는 실로 돌이킬 수 없게 된다"며 사회의 결함과 미흡한 제도를 개선할 필요가 있다고 주장했다. 한편 쓰치야 미쓰카네土屋光金 의원은, 난바가 국립대 교수들이 『개조改造』나 『해방解放』 같은 잡지에 기고한 논문들을 읽었다고 지적하며 위험한 사상에 대한 단속 강화를 정부에 요구했다.[31]

난바는 형법에 따라 기소되어 대심원에서 신속하게 심리를 받았다. 보도에 따르면 담당 재판장인 요코타 히데오橫田秀雄는 난바에게 뉘우치고 반성할 것을 몇 차례나 권했다고 한다. 그렇게 하면 황실에 대한 대중의 존경심이 더욱 굳건해지리라 기대했기 때문이다. 그러나 난바는 오히려, 재판장은 진정으로 천황이 신이라고 믿는가, 그저 두렵기 때문에 그렇게 공언하는가 하고 신랄하게 물었다. 요코타가 대답하기를 거부하자 이 암살미수범은 "내가 이겼다. 너희가 대답을 못한 데에 자기기만이 있다. 너희는 비겁자다. 나는 진실에 사는 기쁨을 이로써 증명했다. 나를 교수형에 처해라"라고 말했다고 한다.[32] 사형 판결이 내려진 1924년 11월 13일 난바는 세 번 만세를 불렀다. 일본의 무산無産 노동자와 일본공산당 만세, 러시아사회주의소비에트공화국 만세, 그리고 공산주의 인터내셔널1919년 레닌이 주도하여 결성한 국제 공산주의운동 조직. 제3인터내셔널이나 코민테른이라고도 한다—옮긴이 만세.[33] 이틀 후에 그는 처형되었고, 11월 17일, 사건 발생 11개월 만에 사람의 발길이 닿지 않는 공동묘지에 매장되었다.[34]

도라노몬 사건 당일에 적은 마키노의 일기에는 "근래 사상의 변화가 갈수록 심하여"라는 구절이 나온다. 그것이 난바가 암살을 기도한 배경이라는 것이다. 마키노는 "국체와 관련된 관념조차 놀랄 만한 변화를 일부 국민이 품게 된 것은 사실이고, 원래부터 극소수에 한한 것임은 두말할 것도 없는 일이나, 실제로 그 출현을 꾀하는 자가 나타날 것이라고 생각하지 않을 수 없으니, 이 대불경 사건을 목격함에 인심이 매우 놀라 당황할 것이 걱정됨을 통감한다"라고 썼다.[35] 암살 대상이었던 히로히토의 반응은 차분했다. 훗날 난바가 처형되었다고 나라가 보고했을 때, 히로히토는 진다 스테미와 동궁시종장인 이리에 다메모리人江為守에게 이렇게 말했다고 한다.

나는 일본에서 폐하와 신하의 관계는 의義에서는 군신君臣이지만, 정情에서는 부자父子라고 생각하고 있다. 나는 이 마음을 근본으로 삼아…… 왔는데, 오늘의 사건을 보고, 특히 감히 이 비행을 저지른 자가 폐하의 적자赤子천황의 백성—옮긴이의 한 사람임을 알고 몹시 유감

스럽다. 나의 이러한 생각이 부디 두루 주지되었으면 한다.[36]

히로히토는 23세치고는 감정적으로 초연했으며, 천황과 국민이 아버지와 자식 같은 관계라는, 어릴 적부터 들어온 이데올로기적 용어에 따라 천황제를 받아들였다. 나라 중장이 히로히토에게, 사회주의자들이나 공산주의자들을 더 자극하지 않도록 공공에 감정을 드러내지 말 것을 진언한 점은 흥미롭다. 그래서 히로히토가 생각을 바꾸었는지 아니면 (가능성은 희박하나) 측근들이 히로히토의 소망을 무시했는지는 분명하지 않다. 어쨌든 암살 미수 사건에 대한 히로히토의 견해는 지금까지 공표되지 않았다.[37]

도라노몬 사건이 아직 널리 회자되는 와중에도 소규모 불경 사건들이 잇따랐고, 이는 일반 국민에게 다가서고자 하는 섭정의 노력이 결실을 맺지 못하고 있다는 뜻이었다.[38] 일찍이 히로히토의 전기를 쓴 네즈 마사시에 따르면 1921년부터 1927년까지 6년 동안 이러한 불경 사건이 서른다섯 건이나 일어났다.[39] 이러한 일들로 일본정부의 고관들은 공산주의와 기타 '위험 사상'이 확산되는 데 대해 깊이 우려했고,[40] 그러면서도 그들은 '대중의 시대를 살아가는 황태자'라는 역할에 걸맞게 위험을 무릅쓰고서라도 히로히토를 공공 앞에 세웠다.

그리하여 히로히토와 황실을 대중화하고자 하는 생각은 섭정기 초반 시기에 계속 유지되었다. 1924년 초에 겨우 결혼이 실현되었을 때, 히로히토와 측근들은 수도가 물리적으로 파괴되어 이제 막 재건이 시작되는 마당에 아무리 황실이라 할지라도 결혼식을 화려하게 치르는 것은 적합하지 않다고 판단했다. 경제와 사회가 급격히 변화하는 틈바구니에서 일반 일본인들이 안정과 지속을 추구하는 점을 고려하여, 히로히토는 대중의 정서에 부응하고자 했던 것이다. 나름대로 황실의 존엄을 보이고 궁정의 전통 색채를 강조한 혼례가 가능하다면 그것으로 충분하며, 또 그렇게 하면 히로히토가 더욱 민중에게 다가설 수 있으리라고 여겨졌다.

1924년 1월 26일, 히로히토와 나가코는 짤막짤막한 의식 절차들을 거쳐 혼례를 올렸다. 헤이안平安 시대까지 거슬러 올라가는 옛날 방식대로, 예식은 먼저 정성스럽게 준비된 사랑의 시를 교환하는 것(증서贈書의 의儀-일본어판)으로 시작되었다. 연미복과 실크해트로 예복을 갖추어 입은 시종이 히로히토의 와카(붉은 매화 색깔 종이에 써서 흰 버드나무 상자에 넣었다)를, 특별히 홍백 휘장을 친 구니노미야 저택으로 가져간다. 몇 시간 후, 시종은 나가코의 답가가 담긴 비슷한 상자를 들고 동궁어소로 돌아온다.[41]

결혼식 당일, 나가코는 새벽 3시에 일어나 뜰에 있는 작은 신사에서 자신의 조상에게 배례했다. 목욕과 가벼운 식사를 마친 후 나가코는 세 시간에 걸쳐, 머리를 헤이안 시대풍으로 틀어 올리고 궁정의 여성이 의식용으로 입는 무거운 의상을 입었다. 오전 9시 그녀는 가족과 급우들에게 이별을 고하고, 황실에서 보낸 자동차에 올랐다.[42] 히로히토는 5시 반에 일어나 선조에게 배례하고 아침 식사를 마친 후, 육군중령이 입는 예식용 의상을 착용했다. 두 사람은 각각 차를 타고 의장 기병의 호위를 앞뒤에 받으며 거의 동시에 궁궐을 향해 출발했고, 거리를 메운 대군중의 환호를 받았다. 궁에 도착하자 히로히토는 신도의 신관神官으로서 착용하는 특별한 주황색 의복을 입고, 현소(賢所: 가시코도코로)신기 중 하나인 거울神鏡을 모신 곳-옮긴이에서 제례를 올려 신들에게 결혼을 고했다.

마차 행렬이 니주바시二重橋를 건너 아카사카赤坂 어소로 돌아가는 길목에는 경계가 삼엄한데도 구경꾼 수천 명이 모여들었다. 히로히토와 나가코는 동궁어소 앞에서 자신들을 맞이하는 군중에게 가볍게 목례를 하고, 남은 예식 절차들과 심야까지 이어질 만찬회에 참여하러 홍백 휘장으로 장식된 저택으로 들어갔다.

이날 군용기 마흔일곱 대가 수도 상공을 비행하며, 축하 인사들이 적힌 작은 낙하산을 뿌렸다. 참모본부에서는 예포 백한 발, 요코스카 군항에 정박 중인 전함 나가토長門 호에서는 예포 스물한 발을 쏘아 올렸다. 『도쿄 니치니치신문』은 황실이 결혼식을 기념하여 공적이 있는 개인에게 금전을 하사했으며, 여기에는 각 식민지 사회에 기여한 일본인 이민자 258명도 포함되었다고 보도했다. 또 이 신문은 요시히토 천황이 형사범에 대해 대사면과 감형을 실시하고, 국내외의 사회사업에 거액을 하사했으며, 도쿄와 교토에 있는 황실 재산을 공원이나 박물관에 기증했다고 전했다.[43]

마키노와 사이온지의 뜻에 따라, 젊은 부부는 이렇게 천황제에 대해 정치적 지지를 획득하고 자비로운 황태자상을 강화하는 데 혼례를 이용했다. 이때뿐 아니라 다른 경우에도 황실의 자선은, 실추되어가는 황실의 권위를 회복하고 황실과 국민이 더 가까워지도록 하는 수단이었다. 주식 배당 수입은 이제 황실 재정의 큰 몫을 차지했다. 황실의 경제력이 강화될수록 히로히토가 하사하는 자선 금품도 늘어났고, 증가하는 외교 활동에 따른 외교상의 선물도 마찬가지였다.[44] 자선 활동은 군주가 권위를 떨치는 전형적인 수단이지만, 히로히토의 자비를 입증하는 비용이 신하들이 낸 세금에서 나왔는지, 아니면 황실 재산에서 나왔는지는 아직까지 명확하지 않다.

혼례를 치른 뒤 7개월이 지나고 국민이 대지진의 피해를 딛고 재기하기 시작한 무렵, 히로히토와 나가코는 이른바 신혼여행으로 한 달간 지방에서 휴가를 보내고자 도쿄를 떠났다. 그들은 닛코日光에서 2박을 한 후, 후쿠시마福島 현에 있는 이나와시로猪苗代 호수로 향했다. 이나와시로 호에서는 다카마쓰노미야高松宮의 산장에 머물렀다. 부부는 테니스를 치고 낚

시를 즐겼으며 산에 오르고 달구경을 했다.[45]

1925년 12월, 히로히토는 아버지가 되었다. 그는 마키노에게 명하여 자신과 나가코가 육아와 아동심리 강좌를 들을 수 있도록 했다. 4년 전 섭정에 취임할 때, 그는 마키노에게 자신과 나가코는 장차 아이들을 다른 사람에게 맡기지 않고 궁정에서 양육하고 싶다고 전한 바 있었다.[46] 황후와 마키노, 원로 사이온지는 반대했으나 히로히토는 자기 뜻을 관철하여 '가정'을 가장 우선시하는 자세를 보였다. 이제 히로히토는 딸 데루노미야照宮를 시작으로, 나가코가 아이들에게 모유를 먹이며 세 살이 될 때까지 직접 키우는 것을 만족스럽게 지켜보았다.[47] 히로히토의 결혼은 낡은 관습을 개혁할 기회로도 이용되었기에, 궁정에 상주해야 했던 궁녀女官들의 근무 제도를 통근제로 개혁하고 나가코가 세상 물정 모르는 측근들에게만 둘러싸여 악영향을 받지 않도록 했다. 그것은 히로히토 자신이 무심코 부적절한 발언을 하더라도 외부로 새어 나갈 염려가 없도록 예방하는 일이기도 했다.[48]

이리하여 히로히토는 끊임없는 감시의 눈길을 막고 사생활의 영역을 지켰다. 그가 황실의 후궁 제도를 완전히 폐지하고 궁녀 수를 줄임으로써 가능해진 일이었다. 그러나 이러한 일만 가지고 히로히토가 궁정을 개혁했다고는 할 수 없다. 이는 섭정 시절의 공식 활동 때문에 그가 '다이쇼 데모크라시의 산물'이 되지는 않았던 것과 마찬가지다. 청년 시대에도 히로히토는 다이쇼 데모크라시에 대항하는, 국수주의와 전통 옹호자였다. 1894년 이후 일본이 세 차례 치른 전쟁에 대한 그의 태도를 고려해보아도 그러하다. 승리를 과시하는 한편, 그는 1차 세계대전 후에 파리평화회의에 참석했던 측근의 관점에도 관심을 기울였고, 새 군함 건조 경쟁이나 중국에서 과도하게 세력을 팽창하는 일이 초래할 위험을 인식했다.

III

섭정기에는 일본의 외교 정책이 다자간 조약 체제와 국제연맹, 연맹 규약을 구현한 '평화 원칙'으로 초점을 이행한 시기였다.[49] 일본의 지도자들은 1차 세계대전 중에 '아시아 먼로주의' 먼로주의는 1823년 미국 먼로 대통령이 발표한 미국 외교정책의 기본 방향을 가리키는 말로, 그 요지는 아메리카에 대한 유럽 열강의 간섭을 거부하고 아메리카 대륙 전체를 미국이 '보호'한다는 것이다. 이를 본떠 일본은 서구 열강의 간섭을 거부하고 아시아 전체에 대한 일본의 기득권을 주장했다—편집자를 가슴에 품고 있었기 때문에 군국주의, 제국주의적 세력권, 양자간 조약을 기초로 하는 기존의 국제질서에서 이탈하는 것은 매우 대담한 행위였음을 추측할 수 있다.[50] 1차 세계대전 때 일본 지도자들은 해군 주도하에 오오쿠마 수상과 친영파 외무대신 가토 다카아키加藤高明의 지지를 업고, 영국정부가 요청도 하기 전에 유럽 국가들끼리의 전쟁에 끼어들어 중국의 주요 항구인 청도(青島: 칭다오)로부터 독일군을 몰아내기로 결의했다.[51] 가토와 군부는 대전 중에 몇 차례 일부 원로들의 반대를 누르고 웅대한 전쟁 목표를 비밀리에 제안했는데, 이는 1930년대 후반 일본의 전략적 팽창을 예언하는 것이었다. 곧 중국 전체를 일본의 보호령으로 삼고, 만주 북부의 러시아 세력권을 제거하며, 자원이 풍부한 네덜란드령 동인도(지금의 인도네시아)를 네덜란드의 식민 지배에서 벗어나게 하고, 아시아는 아시아인(곧 일본인)이 통치해야 함을 서양 각국으로 하여금 인정케 한다는 것이었다. 일본은 영국과 동맹 관계에 있었지만, 일본육군의 전략가들은 서구 열강들이 다 함께 무너짐으로써 완전히 힘이 약해져 전후 아시아에서 일본의 행동에 반대할 수 없게 되기를 바랐다. 그러나 독일이 패배한 후, 일본이 자본이나 철강, 원자재 수입을 의존하던 미국이 중국에서 자국과 동맹국들의 권익을 지키려고 압력을 가했기 때문에 일본은 뜻대로 할 수 없었다. 그렇다고는 하나 그들은 장차 1930년대에 일본이 실시할 정책의 훌륭한 선례를 제시했다.

다카하시 고레키요高橋是清 총리가 이끄는 정우회 내각은 워싱턴회의 (1921년 11월 12일~1922년 2월 6일)에서 3개 조약에 조인했다. 이들 조약은 유럽 열강과 군사상 세계적 강국이 된 미국에 대한 향후 관계의 기초를 설계했다. 러일전쟁 이후 일본외교의 중심이 된 영일동맹을 대신해 미국과 프랑스가 합류한 4개국조약이 체결되어, 조약 당사국들이 태평양에 차지한 영토를 서로 보장했다. 또 이들 4개국과 이탈리아가 5개국 해군감축조약을 맺어, 주력 전함과 항공모함을 감축하자고 약속했다. 일본은 주력함의 수를 미국의 60퍼센트 이내로 줄이는 '대미 6할 비율'을 인정했다.[52]

9개국조약은 중국의 영토 보존과 주권, 독립을 존중하고, 모든 국가가 중국의 천연자원을 개발하고 값싼 노동력을 이용하도록 '문호 개방'과 '기회 균등'을 충실히 지키도록 요구했다. 이는 1899년 미 국무장관 존 헤이Hay, John Milton의 '문호 개방 선언' 이래 미국이 아시아에 관해 줄곧 제창해온 정책이다. 또한 중국의 관세 자주권 회복을 위한 회의를 개최하고, 중국이 맺어온 불평등 조약 체제의 기초인 치외법권 문제를 다룰 위원회를 설치하기로 결정했다.

1920년대에 히로히토와 그 측근들, 그리고 외무성의 시대하라는 이렇게 미국이 주도하는 국제관계 재편성을 지지하고, 중국에서 서양 각국과 공조할 것, 군비 축소, 영일군사동맹 해제 노선을 추진했다. 분명히 그들은 전후의 세계질서가 공평함과는 거리가 멀다는 것을 알고 있었다. 대국들은 국제연맹 규약에 인종 평등 조항을 넣자는 일본의 신중한 제안을 거부했고, 미국은 중국에서 일본의 세력 확장을 억제하고 1차 세계대전 중

일본이 확보한 이권들을 되돌리고자 워싱턴조약을 제기했다. 그럼에도 일본 지배자들이 새 국제질서와 국제연맹을 지지한 까닭은 그 덕분에 일본정부를 파산 직전까지 몰아가는, 과도한 군사비용을 감축할 수 있다고 생각했기 때문이다. 게다가 미국이 게임의 규칙을 바꾸기는 했으나, 국제연맹이나 국제노동기구(International Labour Organization: ILO)노동자들의 노동조건과 생활수준 개선을 촉진하려는 목적으로 1차 세계대전이 끝난 뒤 만들어진 국제기구. 1919년 베르사유조약에 따라 국제연맹(LN) 산하 기구가 되었다가, 2차 세계대전 중에 국제연합(UN)이 설립되자 1946년 국제연합의 특별기구가 되었다─편집자 같은 조직은 일본이 1919년 파리평화회의에서 주장했던 국가 간 평등 원칙을 구현했다. 새로운 질서는 (인종 간의 평등 원칙을 인정하지 않았더라도) 일본을 사실상 대국으로 간주했다. 이 때문에 히로히토와 마키노가 워싱턴회의를 지지했던 것이다.[53]

더불어 새로운 국제질서는 변함없이 '불평등 조약' 체제하에 있는 중국의 특수한 국제적 지위 위에 구축되었다. 새로운 국제질서하에서 중국은 독립된 민족국가nationalist state로 발전할 가능성이 있었지만, '조약국들'이 아시아에서 갖는 패권 역시 확보되었다. 그렇기에 새로운 영미 질서Anglo-American order에 협조하면 그것이 아무리 불공평하고 불공정하더라도 일본은 적어도 안정을 보장받게 되었다. 그리고 군주제를 반대하는 러시아 공산주의가 가져다줄 혼란과 그것이 중국에 파급되는 사태에 직면하느니 민주주의 쪽에 가담하는 편이 나았던 것이다.

그렇다고는 해도 히로히토는 어학문소에서 배웠던, 백인 대 황인의 대립과 경쟁이라는 관념을 잊지 않았다. 이는 1차 세계대전 시기, 일본의 전략 사상과 전쟁 목적의 전제가 된 확고한 신념이었다. 미 의회가 1924년에 명백히 인종 차별적인 이민법을 가결함으로써 히로히토는 인종 대립에 대한 인식을 새삼스레 굳혔다. 또한 그는 1920년대 초에 군비 축소의 긴급한 필요성을 인정하지 않는 시미즈 도오루 같은 민간인 교수에게서 얻은 지식을 잊지 않았다. 워싱턴회의 이후 대두하기 시작한 반군사적 분위기에 대항해서 시미즈는 히로히토에게 "모든 나라들이 각각 국가를 이루고 서로 대치하는 지금의 정세에서는, 각국은 적어도 자국의 방위에 위태롭지 않을 정도의 군비軍備를 보유해야 하며, 이는 실로 피할 수 없는 것이다"라고 강조했다.[54] 그의 측근들은 모두 그렇게 생각했고, 히로히토 역시 그러했다.

히로히토가 군비 축소와 평화 유지라는, 워싱턴회의의 이상주의적 목적을 수용한 것은 마키노와 진다, 그리고 간접적으로 사이온지의 정치적 영향을 반영한 것이었다. 그들은 외상 시데하라와 함께 전후 체제를 구축하고, 황실로 하여금 서양 각국과 공조하도록 힘을 썼다. 그러나 그들 중 누구도 히로히토에게 전후의 '평화 원칙'을, 또는 평화와 국제 공조 그 자체가 목표라는 생각을 무제한적으로 지지하도록 권하지는 않았다. 다시 말해, 일본 궁정이 워싱턴조약 체제를 지지한 데에는 국제주의에 관한 암묵적인 가정과 대영 · 미 공조로부터 얻을 경제적 이익이 그 바탕이 되었다.

기본적으로 측근들은 협조적 · 평화주의적 외교 정책과 식민지에 대한 일본의 권익, 특히 만주에 대한 권리는 양립한다고 간주했다. 또한 그들은 이미 중국으로부터 빼앗은, '만주와 몽골'에 대한 권익을 중국 민족주의에 관계없이 발전시킬 수 있으리라 생각했다. 당시 워싱턴조약의 당사국들은 모두 중국 민족주의를 주시하지도 이해하지도 않았다. 다들 중국이 워싱턴조약 체제를 이탈하지 않고, 아편전쟁 이후 줄곧 구축되어온 불평등 조약 체제에 이의를 제기하지 못하리라 여겼다.

마지막으로, 히로히토의 측근들은 이 밖에 널리 지지를 얻지는 못한 두 가지 신념을 공유했다. 곧 서양의 주요 국가들은 일본이 아시아를 지배하려 들어도 방해하지 않을 것이며, 또한 내정과 외교가 분리되어 일본 국내에서는 편협한 국가주의적·억압적 정책을 펴는 한편 서양 각국과는 공조를 취할 수 있을 것이라고 생각했다. 훗날 이러한 전제의 일부가 잘못되었음을 알자 히로히토와 그 측근들은 워싱턴조약 체제를 이탈하고, 중국에서 열강들과 공조하는 일을 포기하며, 일본이 스스로 동의한 국제연맹 규약의 원칙을 무시하고 9개국 조약을 직접 짓밟는 행위를 허용했다.

IV

섭정 시절 히로히토와 측근들은 군부가 다른 국가기관에 대해 특권을 유지하는, 내각 정부의 연합적 성격을 의심 없이 받아들였다. 이 체제에서는 육해군 대신이 현역 장성들 중에서 선임되기 때문에 어떠한 내각이라도 필연적으로 '문무 연합·혼성' 내각이 된다. 1888년부터 1945년까지 일본을 통치한 42개 혼성 내각의 경우, "군부는…… 정치에 합법적으로 개입할 수 있는 권리를 보장받으며" 총리대신이 군부를 통제하려면 군인 각료를 통하든지 천황을 경유하는 길 외에 다른 방도가 없었다.[55] 섭정이 아직 젊고 경험이 없기 때문에, 군인 각료와 통수부의 우두머리는 병들고 무능한 천황이나 경험이 없는 섭정에게 결정 이전의 정책 논의를 전하지 않고, 각료들끼리 일했다. 그러나 섭정에 대한 이러한 배려에도 몇 가지 중요한 예외는 있었다.

1923년, 일찌감치 히로히토는 워싱턴회의 결과 대두된, 일본의 장기 국방방침 개정 문제에 직면했다. 육군 참모총장과 해군 군령부장軍令部長은 소비에트연방의 레닌 혁명정권 출현, 영일군사동맹 폐기, 워싱턴회의에서 합의된 해군 감축에 대응하여 일본제국 방위 작전 계획을 개정했다. 러일전쟁 이후 제1가상적국이었던 러시아는 제2가상적국으로 규정되었다. 중국에 대해서는 구체적인 작전 계획을 세우지 않았지만, 제3가상 적국으로 정해 중국을 의식하는 정도가 높아졌음을 드러냈다. 그리고 양 통수부는 일본 역사상 최초로 미합중국의 이름을 맨 앞자리에 올렸다.

이후 육군은 전시 40개 사단의 병력으로 아시아 대륙에서 싸울 것을 가정하여 준비를 추진한다. 제국해군은 워싱턴 해군감축조약에서 규정한 범위 안에 머무르는 한편, 일본 본토를 방위하고 적어도 '타이완 해협 이북의 아시아 대륙과 교통선'을 유지하고자 편성과 훈련을 실시한다.[56] 이는 주요 대상을 미국해군으로 정한다는 의미였다. 수상이자 제독인 가토 도모사부로의 견해에 따르면, 해군의 새로운 과제는 보조함 건조가 끝나기 전에는 무슨 수를 써서라도 미국과 전쟁을 하지 않는 것이었다. 해군 중장 가토 히로하루加藤寬治나 해군대령 스에쓰구 노부마사末次信正 등 소수파는 중국에서 일본과 미국의 이익이 충돌, 중요한 정치 문제로 부상하여 워싱턴 쪽이 외교 정치상 압력을 가할 경우, 전쟁도 불사할 수 있다고 생각했다. 히로히토는 섭정으로서 가토 도모사부로와 해군 주류파의 의견을 수용했다. 그들은 1930년대 초기에 '조약파条約派'로 불리게 된다. 1923년 초, 섭정은 국방방침 개정을 승인했는데 이는 통수부에게서 상세한 설명을 듣고 내린 결정이었다.

우선 1923년 2월 17일, 양 통수부장은 누마즈에 있는 히로히토의 저택으로 찾아가 개정 제국국방방침의 초안을 보고했다. 이튿날 섭정은 최고 군사 자문 기관인 원수부元帥府에 자문을 구했고, 2월 21일, 원수 오쿠 야스카타奧保鞏가 누마즈를 방문해 히로히토에게 답변을 올렸다. 25일 히로히토는 가토 수상에게 초안을 읽어보도록 했다. 그리고 최종적으로 28일, 히로히토는 양 통수부장을 다시금 누마즈로 불러 초안에 대한 허가를 내렸다. 이처럼 히로히토는 무턱대고 개정 국방방침에 도장을 찍은 것이 아니라 "충분히 납득한 후에" 재가했던 것이다.[57] 이렇게 충분히 설명을 듣고 나서 비로소 재가하는 자세는 천황이 된 후에도 히로히토가 일하는 기본 태도였다.

1923년 국방방침이 채택됨에 따라 육군은 1922년 이후 1924년까지 세 차례에 걸쳐 진행된 인원 삭감에 착수했다. 해군은 주력함 건조를 중단하고, 현대적인 항공대와 잠수함대를 건설하고자 구식 함정을 폐기하기 시작했다. 같은 해, 가토 도모사부로 총리(워싱턴회의에서 일본 대표단의 수석이었던)의 비非 정당내각은 중국의 산동성(山東省: 산둥성)에서 일본군을 철수하기 시작했다. 2년 후인 1925년 5월, (가토 다카아키 정당내각의) 육군대신 우가키는 네 개 사단을 감축하고, 이로써 절약할 수 있었던 비용을 미래의 '총력전'에 대비한 육군의 현대화와 재편성으로 돌렸다. 그 결과 일본정부의 세출에서 차지하는 육해군의 군사비 비율은 20년대 전체에 걸쳐 꾸준히 감소했다.[58]

이러한 인원과 무기와 군사비의 절감은 장교단의 실망과 비난을 불러일으켰다. 일본이 경제·사회·정치적으로 열강들보다 뒤처지고 만 듯했다. 그리고 육군과 해군 모두 20년대에는 근본적인 제도 개혁을 실시하지 않았다. 우가키는, 재정을 걱정하는 정치가나 경제인에게 너무 양보한 나머지 국제적인 압력이 없는데도 육군을 축소했다 하여 중간급 장교들에게 격렬한 불만의 대상이 되었다.

한편, 시베리아에서 볼셰비키와 사실상 전쟁(1918~1922년)을 치르는 동안에 다시금 불거진 군기와 사기 저하는 20년대를 통틀어 계속되었다. 명령에 무조건 복종하는 기풍이 약해지고 군대 내의 항명 사건이 증가했다.[59] 수비사단 사령관이 육군대신 앞으로 보낸 1919년 3월의 「귀환병의 사상 및 언동에 관한 보고」는 "일반 지식의 향상과 신문 잡지 등으로부터 받는 사회적 교육에 의해 국민 사상이 변화함에 따라 암묵리에 하사 이하의 사상이 더 이상 맹목적이지 않게 되었다"고 지적한다.[60] 2년 후인 1921년, 육군대신 다나카 기이치田中義一는 사단장 회의에서 하급자의 규율이 해이해졌음을 경고하면서, "근래…… 노골적인 반항적 태도로 나와 끝내 형법에 저촉되는 자가 늘고 있으며 특히 결당結黨과 폭행을 일삼는 자도 있다"고 말했다.[61]

이러한 경고에 부응하여, 병영 내의 군대생활을 규율 짓는 규제나 규칙은 더욱 합리적인 기준에 근거하여 기강을 환기하는 형태로 개혁하고, '자각적自覺的 교육'을 강조하게 되었다.[62] 그러나 이러한 변화는 고작 수년 동안 지속되었을 뿐이다. 1924년에는 육군대신 우가키가 "하급 간부의 범행이 증가 추세인 점"과 "〔새로운〕 사회사상의 영향"에 최대한 주의하도록 사단장에게 경고했다.[63] 4년 후에 히로히토가 즉위했을 때에는 노동자·농민의 쟁의가 격렬했고, 상급 장교는 입영 병사 대부분이 천황제에 비판적이라는 경고를 받았다.

이러한 상황은 일본 군부의 지도자들에게 "군이 천황과 그 정부에 통솔되는 집단으로서 그 성격을 유지해야 하는가?" 아니면 "국민의 것이 되어 민중의 군대가 되어야 하는가?" 하는 물음을 던졌다. 군사비 억제와 정당에 협조할 것을 지지한 육군대신 다나카田中와 우가키는 전통적인 육군의 '건군建軍 정신'을 강조했다. '건군 정신'이란, 일본인은 모두 천황이 직접 통솔하는 병사로 정치에 관여치 아니하며, 정치가도 군사에 관여하지 않도록 하고, 국가와 천황 통치의 기초를 보호하고 유지하는 것을

그 사명으로 삼는다는 정신이다. 그러나 1920년대 전기와 중기에 육군은
분열되어 있었다. 어떤 장교들은 건군 정신을 주장하고, 다른 장교들은
국민 대중으로 이루어진 군대는 중앙 정부로부터 완전히 독립해야 한다
고 주장했다.[64]

우가키의 군비 축소에 반대하는 세력의 지도자로 훗날 육군대신이 되
는 육군소장 아라키 사다오荒木貞夫가 '황군(皇軍: 천황의 군대)'이란 개념을
내걸고 논쟁에 합류했다. 아라키가 말하는 황군은 지배 계급을 지키는
'부르주아의 군대'가 아니라, 천황의 지휘하에 국민을 지키는 노동자 ·
농민의 군대였다.[65] 그러나 20년대 중반에 군부는 아직 아라키의 발상을
하부에 주입하지 않은 상태였다.[66]

섭정 시절의 막바지에 이르자 히로히토는 조직의 정통성과 소임을 둘
러싼 육군의 위기를 인식했다. 나라奈良는 히로히토에게 군 내부의 파벌
싸움이 커지고 있다고 보고했고, 우가키는 군대가 통수권의 '독립'에 부
여하는 엄청난 중요성에 대해 궁중에서 강의했다. '통수권'이라는 말에
는 군사적 의미와 법률적 의미가 있는데, 군인들은 이 말을 광범위하고
모호하게 사용하곤 했다.[67] 메이지 헌법이 제정되기 전, 천황의 군대 통
솔권은 이미 '독립'된 것이었으나, 헌법은 결코 통수권의 '독립'을 명확
히 인정하지 않았다. 단순히 "천황은 육해군을 통수한다"(제11조), "천황
은 육해군의 편제 및 상비 병사 규모를 정한다"(제12조)고 명시했을 뿐이
다. 게다가 제55조 제1항에는 "국무 각 대신들은 천황을 보필하고 그 책
임을 진다"라고 명시해, 문관이 통수권에 '관여할' 수 있는 헌법적 근거
를 남겨두었다.

통수권은 히로히토가 섭정이었을 때 처음으로 군 조직의 자기주장 이
데올로기로 자리를 잡으면서 문관이나 정당정치가를 군대로부터 떨어뜨

리는 도구로 이용되었다. 군인들은 원래 메이지 천황이 자신들에게 힘을 더해주었음을 잊지 않았다. 그들은 천황의 직속 휘하에서 일하는 것에 자긍심을 가졌으며, 또한 1905년에 일본이 수적으로 월등한 러시아군에게 승리한 것을 최고 지휘관의 우수성 덕분으로 돌렸다. 그러나 그들이 '통수권'이라는 말을 특별히 떠받들며, 천황의 대권 발동에 정치가나 문관 관료들이 관여하는 데 반발하게 된 것은, 1922년에 야마가타가 죽고 1924년에 정당내각제가 시작된 후였다.

거세어지는 대중의 비판, 천황제 숭배 쇠퇴, 엄격한 긴축 재정을 실시하는 정당내각에 대항하여, 육군은 특히 통수권의 '독립'을 위해 전력을 쏟아 부었다. 이는 군을 지휘하는 일에 내각이 참여하는 것을 거부하고, 군에 대한 '문민 통제' 원리를 부정함을 의미했다. 곧, 군이 문관의 권위로부터 독립하려는 것이었다.[68] 문민 통제 문제는 1920년 10월, 대장상大蔵相인 다카하시가 하라 수상에게 편지를 보내, 몇몇 조직을 포함하여 육해군 통수부를 폐지할 것을 제안했던 사실에서 비롯된다(다카하시는 참모본부와 문부성 폐지, 농상무성 개편을 주창했다—일본어판).[69] 이후 육군은 문민 통제를 피해 자신을 방어하려면 어떻게 하는 것이 최선인지 연구하기 시작했다.[70] 1925년 11월 15일 육군대신 우가키는 궁중에서 특별히 강론하여, 히로히토로 하여금 문민 통제에 반대하도록 영향을 미쳤다.[71] 대중의 감정은 군에 대한 제도적 개혁을 지지했으나, 반대로 히로히토는 자진해서 문민 통제 개념을 거부하고 내각의 관여로부터 통수권을 '독립'시키자는 논리를 받아들였다.

이는 히로히토가 전통에 따르지 않았던 일례이다. 육해군이 마음껏 '독립'을 강조하면서 완전히 새 출발한 것은 1920년대 중반의 일이었다. 이 새로운 원칙에 의하면 육해군은 내각이 아니라 천황에게 직접 종속되고,

군의 제도적 이익에 결부되는 모든 것은 개개 내각의 운명이나 그 재정 정책보다 훨씬 중요하며, 기타 국가기관들은 각자 제 갈 길을 가면 되었다. 이러한 견해에 사로잡힌 군인은 문민정부를 무시하게 된다.[72] 정당이 세력을 확장하는 사이에 이러한 경멸적인 태도가 확산되면, 장교들은 쉽게, 경제가 어려운 데 따른 사회 불만이나 일본군이 중국에서 직면하는 문제들의 책임이 모두 정당에 있다고 믿게 된다. 그렇다고는 하나 섭정 시절에 군의 고관들은 아직 국가의 정치적 개혁까지는 주장하지 않고, 천황제 강화와 공립학교에 군사 교련을 도입하는 일에 관심을 쏟고 있었다.

1925년, 육군대신 우가키는 히로히토에게서, 중학교 이상의 학교와 대학교에 현역 장교를 배속해 군사 교육을 맡도록 할 수 있다는 허가를 얻어냈다. 이는 교육 전문가들의 불평을 사 곧바로 문관과 무관의 충돌을 야기했다. 그러나 동궁시종장 나라가 관찰한 바에 따르면, 이러한 조치는 적어도 "〔군〕 내부를 진압하는 데 좋은 약과 같은 효과"가 있었다.[73] 히로히토는 학생들이 군의 기능을 배우면서 국가와 히로히토 자신에게 봉사하고자 하는 정열에 불을 당길 것으로 전망한 듯 여겨지나, 그가 실제로 어떻게 생각했는지 알려주는 문서 자료는 없다.

1925년은 히로히토 스스로의 군무軍務가 늘어난 점, 군사 관련 행계, 육군 내의 심각한 파벌 문제를 늦게나마 인식하게 된 점만 헤아리더라도 특기할 만한 해였다. 8월 5일 히로히토와 다카마쓰노미야는 하야마葉山에서 전함 나가토에 올라 구축함 네 척을 거느리고, 하루 동안 제국의 최북단에 있는 식민지를 방문하고자 가라후토(樺太, 사할린 남부)의 오오토마리大泊 항으로 향했다. 6만 명 정도 되는 일본인 거류민들이 그들을 환영했다. 히로히토는 자동차로 펄프 공장과 학교를 시찰했는데, 가라후토의 특산 식물을 구경하는 일에 가장 많은 시간을 할애했다.[74] 도쿄로 돌아와서 히로히토는 닛코日光에 있는 양친을 방문했다. 10월 11일에는 도호쿠東北 지방일본열도에서 가장 큰 섬인 혼슈(本州)의 북부 지방으로. 아오모리(青森)·아키타(秋田)·이와테(岩手)·야마가타(山形)·미야기(宮城)·후쿠시마(福島) 현이 이에 속한다 —편집자에서 실시되는 육군 대연습을 통감統監하러 출발했으나, 2주 후에 "용변 경색을 보이셔서", "약간 발열이 있으시다는" 이유로 도쿄에 돌아와야 했다.[75] [이 해의 대연습은 미야기 현에서 열렸는데 대연습 전후에 주변 현(県)을 행계할 예정이었다—일본어판] 그 후 얼마 안 되어 히로히토는 육군과 해군의 대령으로 승진했다.

이제 그는 육군의 특정 집단이 육군대신 우가키에게 반발하고 있음을 인식한다. 나라는 필시 히로히토에게, 중견 장교와 젊은 장교들 사이에서 나타나는 불만스러운 분위기와 불복종 경향이 당시의 반군국주의적 분위기뿐 아니라 진행 중인 군비 감축에 대한 반발이기도 하다고 말했을 것이다. 히로히토는 이 보고를 냉정하게 받아들인 것 같다. 24세인 히로히토는 그러한 불만이 무엇을 초래할지 예상할 수 있는 경륜이 없었고, 그것이 장차 그 자신이 입을 화의 전조임을 깨닫지 못했다. 히로히토는 현역 장교를 학교에 파견하는 데 동의함으로써, 자신들이야말로 사회의 도덕적 지도층이라는 군인들의 자만심에 무의식적으로 찬성한 셈이었다. 이에 따라 그는 국가 총력전을 위한 총동원 준비를 대폭 진전시키고 말았다.

V

정치적으로 불안정하고 기성 제도가 아래로부터 도전을 받는 시대였기에, 히로히토는 군사적 경험을 쌓는 한편 황실이 정당정치의 통제를 벗어나 독립성을 강화하도록 마키노가 어떤 노력을 기울이는지 보아왔다. 이는 하라 사후, 마키노와 사이온지가 염원하던 바였다. 그들은 섭정이 정치에 관여해 스스로 판단을 내릴 수 있을 정도로 성장했다거나 풍부한 지식을 쌓았다고는 생각하지 않았다. 이 때문에 히로히토는 1921년부터 1926년까지 자신의 의사와는 상관없이 내각이 다섯 번이나 교체되는 것을 목격했다. 동시에 그는 제45차부터 제52차까지 여덟 차례에 걸쳐 정기 의회를 경험했다. 히로히토의 섭정 시절 전기에 총리대신이었던 다카하시 고레키요와 가토 도모사부로, 야마모토 곤베이, 이들 세 사람은 모두 원로들이 선임했다. 그러나 1924년 7월에 원로 마쓰카타 마사요시松方正義가 사망하자 차기 수반을 추천하는 일은 사이온지 긴모치西園寺公望 혼자 떠맡게 되었다. 야마모토 내각이 도라노몬 사건에 대한 책임을 지고 총사직했을 때, 히로히토는 (위대한 '입헌주의자'로 여겨지는) 사이온지의 주청에 따라, 추밀원 의장으로 정당내각의 확고한 적대자인 기요우라 게이고 淸浦奎吾에게 차기 비정당내각 조직을 명했다.

기요우라의 '초연 내각(超然內閣, transcendental cabinet)'은 선거로 뽑힌 중의원의 의사를 무시하고, 천황이 임명한 귀족원의 지도자들을 초석으로 삼았다. 그리고 결국에는 의회 정당들을 자극해 '제2차 호헌護憲 운동'이라 불리는, 그들의 권리 옹호 운동을 불러일으켰다.**76** 섭정이 지지한 기요우라 내각을 정당들은 5개월 만에 무너뜨렸다. 1924년 5월 10일에 실시된 총선거에서 '호헌 3파護憲三派'가 대승을 거두어, 6월 7일 내각이 총사직한 것이다. 히로히토는 교토에서 병으로 요양 중인 사이온지에게 사자를 보냈으며, 사이온지는 헌정회 총재인 가토 다카아키加藤高明를 후임으로 추천했다.**77** 가토는 곧바로 다이쇼 데모크라시 운동의 승리를 상징하는 3파(헌정회·정우회·혁신클럽) 내각을 조직했다. 그러나 과두 지배와 특권 계급의 힘에 대한 정당 연합의 승리는 겨우 1925년 여름까지 이어졌을 뿐이다. 그 후에는 의회 내의 다툼이 재연되어, '국체' 곧 천황제가 정당들 간에 서로 반대당을 공격하는 유력한 무기로 작용했다.

가토의 재임 중에는 1924년 6월 28일에 개원한 제49차 의회부터 1926년 12월 26일에 시작된 제52차 의회까지 네 차례 의회가 열렸다. 이 기간에 히로히토와 궁정 집단은, 우가키의 군정 개혁과 외무대신(외상) 시데하라가 추진하는 대중국 불간섭 정책, 매우 탄압적인 치안유지법을 지지했다. 사이온지의 견해로는, 좌익에 의석을 내주지 않으려면 치안유지법이 필요했다. 이것이 적절한 '틀'이 되어, 언젠가 '헌정의 상도常道'가 성립될 것이었다.[78] 사이온지는 황실에 기초를 둔 '국체'의 신성함을 강조한 치안유지법 덕분에, '국체' 개념이 정적을 공격하는 대의명분으로서 당파 싸움의 무기로 이용되리라고는 생각하지 못했다.[79]

1925년 3월 7일, 아나키즘과 공산주의, 공화주의 사상을 불법화하는 치안유지법이 중의원을 통과했다. 1885년 태정관太政官 제도가 폐지된 이후, '국체'라는 말이 법률에 등장한 것은 이것이 처음이다.[80] 의회에서는 '국체'가 단순히 황위 즉 주권이 어디에 있는가를 말하는지, 널리 국민의 행동을 규율하는 인간관계나 가족 제도와도 밀접하게 관계하는 것인지를 두고 쟁론했다. 가토 내각과 여당 쪽에서는, '국체'는 천황의 주권 행사에 한하며 사회 질서나 도덕의 영역을 포함하지 않는다고 해석했다.[81] 이리하여 국가 개혁을 지향하는 단체는 황실에 대한 충성을 표명하기만 하면 존속할 수 있었다. 그러나 이 법이 시행된 직후 상황이 바뀌기 시작했다. 1926년 후반 들어 '국체'는 정쟁에 치명적인 무기가 되었다. 우선 히로히토의 결혼 문제를 둘러싼 싸움은 그러한 변화의 전조였다.

궁중의 측근들은 기성 정당 간의 마찰 확대와 두 이익집단, 곧 선출직인 중의원과 비선출직인 귀족원·추밀원 간의 긴장에 주의를 기울였다. 의회 정당 간의 제휴는 1925년 여름 붕괴되기 시작해, 히로히토가 섭정으로 보낸 마지막 해와 천황이 된 후 처음 몇 달간 대립의 골이 깊어졌다. 1926년 1월 30일부터 1927년 4월 20일까지 총리였던 와카쓰키 레이지로若槻礼次郎는 모든 정치 상황을 전례 없이 불안정하게 긴장시킨, 의회 내의 격심한 싸움을 견뎌내야만 했다. 히로히토가 이 정쟁을 직접 보고 그 위험성을 충분히 인식했다고 생각지는 않는다. 메이지 천황의 '인애'에 관한 미카미의 강론 덕분에, 히로히토는 자기 자신의 인애를 표현하는 데 열심이었다. 정당들의 의회 활동에 대한 반응으로서, 마키노의 영향하에 히로히토는 무대 뒤에서 더욱 인애를 보이고자 했고, 이 때문에 사태는 급속도로 나빠졌다.

우선 제51차 의회에서 정우회는 헌정회의 두 지도자가 유곽을 둘러싼 스캔들에 관여되어 기소당한 문제〔마쓰시마松島 유곽 사건. 정우회 간사장 이와사키 이사오岩崎勲, 헌정회 전前 체신성 대신(체상) 미노우라 가쓴도箕浦勝人, 정우본당 당무위원장 다카미 고레도오리高見之通가 체포, 기소되었다—일본어판〕를 여당의 부패 사건으로 거론하여, 와카쓰키 내각의 퇴진을 요구했다. 뒤이어 의회 폐회 후인 1926년 11월 29일, 정우회는 젊은 일본인 여성 가네코 후미코金子文子가 경찰 취조실에서 조선인 반체제파인 남편 박열朴烈의 무릎에 기대앉은 사진을 의원들에게 회람시키고, 이를 '국체 문제'로서 규탄했다.박열이 평온한 표정으로 의자에 앉아 있고 가네코 후미코가 그에게 기대 책을 보는 모습을 담은 이른바 '괴사진'은, 수사 당국이 불경 사건 혐의자를 특별 대우한다는 비난을 일으켰다—편집자 이 부부는 1923년 9월에 체포되어 3년 가까이 갇혀 지낸 후, 황태자 암살을 기도했다는 혐의로 유죄 판결을 받았다. 그들은 사형을 선고받았으나 11일 후인 1926년 4월 5일, 와카쓰키 내각은 천황의 이름으로 그들의 형을 종신

형으로 감형했다. 그 사진을 실은 익명의 전단이 등장해, 그들 부부가 감형된 것은 와카쓰키 헌정회 내각과 법무대신(법상) 에기 다스쿠江木翼가 '국체 관념'을 결여한 탓이라고 고발했다.

감형의 배경에는 황태자의 재가가 있었다. 히로히토는 물론 아무런 감상도 발표하지 않았으나 진다珍田에게는 "아무 짓도 저지르지 않았는데 사형에 처하는 것은 좋지 않다"고 솔직히 말했다.[82] 의원들 사이에 떠들썩한 비난이 일었고, 이 문제에 대한 내무성의 자세는 천황의 이상적 자질인 인애와 연민을 다하려 한 섭정과는 달랐다. 박열과 가네코의 목숨을 구해 천황다운 자세를 보이고자 했던 히로히토의 개인적인 욕구는, 의도하지 않은 결과로 의회에서 '국체' 문제에 대한 논쟁을 격화시켰다.

오가와 헤이키치小川平吉, 모리 쓰토무森恪를 비롯하여 정우회와 정우본당政友本党의 지도자들은 의회에서 와카쓰키에게 "국체 관념이 없다"는 비난을 퍼부었다.[83] 1926년 9월, 정우회 총재인 다나카 기이치田中義一는 의원총회에서 "이번 [박열의 사진] 문제는 원래 정책의 옳고 그름을 초월하여, 국체 관념의 근본에 대한 것이다"라고 주장했다.[84] 10월에는 한 지부의 모임에서 정우회 지도자 한 사람이 "국체 파괴의 나쁜 선례를 만든 것이라고 할 수 있고, 정부(와카쓰키 내각)가 쓸데없이 문제를 경시하려는 것은 황실과 국체에 관한 근본 관념에서 나하고 맞지 않다"고 말했다.[85]

일단 과두 정치가들이라는 적을 타도한 정당은 이리하여 주저 없이 황위를 정치적 무기로 삼았다. 치안유지법이나 박열 사건을 둘러싼 의회의 논쟁으로, 국가권력과 일본의 국가적 성격 규정에 관한 정서적인 문제들이 명확히 떠오르게 된 셈이다. 이러한 상황에서 히로히토와 측근들이 정쟁에 휘말리지 않는 것은 도저히 불가능했다.

VI

　섭정 시절에 모든 계층의 일본인들은 경제 · 사회적인 격변에 휩싸인 일본에서 무엇인가 본질적으로 영속성 있는 자아 관념과 목표를 추구하며, '국체'의 의미를 둘러싼 논쟁을 펼쳤다. 젊은 섭정의 존재와 다이쇼 데모크라시 대두, 일본 외교 정책의 기반과 방향의 변화가 이 시대를 특징지었다. 이 시대 일본인들은 '국체' 논쟁으로 국민적 의제를 설정하고 재정의하는 경험을 했다. 히로히토나 마키노, 측근의 그 누구도 기성 사회 이념에 대한 신뢰를 느리지만 분명하게 무너뜨리는 것이 무엇인지 깨닫지 못했다. 좌익의 도전은 분명 눈에 띄었기에, 궁정은 히로히토의 황위 계승을 준비하면서 '국체' 이데올로기의 정통성과 천황의 권위를 함께 강화함으로써 이에 대처하고자 했다.

　섭정 시절에 '국체' 논의는 국민의 상하 계층을 불문하고 활발하게 전개되었다. 이는 군주제에 대한 신뢰가 현저하게 약해졌다는 사실과 장교단의 어떤 층과 황실의 정신적 유대가 엷어졌다는 것, 그리고 정통 '국체' 관념 그 자체에 대한 숭배가 흔들리고 있음을 반영했다. 섭정기 마지막에 이르러 '국체'라는 말은 비현실적인 신화의 범주에서 벗어나, 불만 사항의 시정을 촉구하고 적을 공격하며 권력을 강화하거나 일본 인민의 정치적 지평을 열고자 하는 각 개인이나 집단의 필요에 따라 융통성 있게 사용되고 자유로이 유포되었다.

　일본의 1920년대는 사상적 · 문화적으로 격렬한 투쟁의 시대였다. 일본정부와 섭정, 궁중 측근들이 모두 공적인 '국체' 해석에 무비판적으로 매달려 있는 동안, 각 분야에서 애쓰며 개혁을 지향하는 사람들은 일본의 국민적 이데올로기를 근대적이며 과학적인 사고에 적합하게 바꾸어, 인간적 정의에 휘둘리지 않는 관료 지배를 지향하고자 했다. '국체'논쟁은 정계에서, 군인들, 신사의 사제들과 사찰의 승려들, 그리고 대학 교수들 사이에서도 벌어졌다. 그들의 논의는 한결같이 천황 통치의 정통성과, 일본사회에서 천황과 천황제가 지켜왔으며 또 지켜야 하는 도덕적 가치 같은 것을 강조하지 않으면 안 되었다.[86]

소수파인 자유주의자들은 황실과 다이쇼 데모크라시의 정신을 조화시키고자 했다. '국체'논쟁이 시대의 주류를 이루는 사이, 그들은 서양식 의회민주주의에 입각한 정치 제도를 모색하고, 황실을 정치에서 완전히 분리해 존속시키고자 했다. 그러나 개혁론자들 대부분은 자기네 국민the nation의 정치 생명political life을 정당화하는 '기원 신화'를 수정 보완하는 정도만을 목표로 삼았다. 그들 앞에는, 오직 천황의 혈통에서 '국체'의 근본을 구하며 남자 천황의 직접 통치를 주장하고 누구도 넘볼 수 없는 천황의 정치적 권위를 강조하는 전통 보수주의자들이 가로막고 있었다. 전통주의자들은 일본이 서양에 종속되는 데 분개하여 민주주의 도입에 반대했다. 그들에게 '국체'란 불변하는 존재이며, 천황을 단순한 상징으로 만들려는 자는 불경죄에 해당했다.

통치 지배층에게 '국체' 논의는 불온한 사상을 단속하는 문제와 반드시 결부되었다. 일본의 정치에는 진정 든든한 도덕 기반으로서 '국체'가 널리 받아들여질 필요가 있었다. 그러나 '국체'가 논쟁의 대상이 되고 문제시되어 해석되면 될수록, 그것이 보편적인 도덕 기반의 지위를 유지하기란 어려워졌다. 민주주의 조류에 대항하고 약해지는 천황의 권위를 회복하고자, 기요우라 내각은 섭정이 반포한「국민정신 진작 조서国民精神作興詔書」에 근거하여 1923년 11월 10일 '교화정책'을 채택했다. 기요우라 수상은 "국민정신의 함양 진작"을 요구하는 섭정의 선언에 부응하여

1924년 1월 전국교화단체연합회를 결성했다. 연합회의 회의에는 신도, 기독교, 불교의 대표들을 불러 모아, 노동운동이나 좌익과 연계된 '불온사상'에 대처하는 국가적 차원의 운동을 협의하도록 했다. 불교 대표자 중에는 니치렌종日蓮宗 지도자도 있었다.

13세기에 창설된 종파인 니치렌종은 이 운동을 계기로 그 영향과 세력의 황금기를 구가하게 되었다. 니치렌의 지도적 포교가 두 명, 곧 혼다 닛쇼本多日生와 다나카 지가쿠田中智学는 이 '국민정신' 운동을 빌미로 교조 니치렌에게 '릿쇼 대사立正大師' 시호를 수여하도록 궁정에 권하여, 이후의 포교를 유리하게 하려고 했다.[87] 시호가 수여된 후, 궁정대신 마키노는, [천황의 시호 수여는—옮긴이] "일본의 현상現狀 사상계의 이러한 상태에 대하여, 건실한 사상, 특히 견고한 종교의 신념으로 선도해야 한다는 생각에서 나온 것"이라고 말했다고 한다.[88]

실제로 궁정이 마키노와 히로히토의 주도하에 시호를 수여한 것은, 심각한 사회 상황을 고려하면 다이쇼 데모크라시를 격심하게 적대시하는 군부 니치렌종 신자들을 격려할 필요가 있었기 때문이다. 혼다는 시호를 받으러 궁내성에 갔을 때 마키노를 만나, 니치렌종은 "지금의 이른바 사상계의 싸움에 진군하는 사람들의 기치"라고 말했다. 혼다는 자신의 애국심을 설명하며, 니치렌종의 반민주주의적이고 반공산주의적인 성격을 과시하기도 했다.[89] 국가의 공적 교의教義가 일본사회의 모든 계층에 지배적인 영향력을 미치지 못하는 상황에서 필연적으로 불교, 특히 군부의 상급 장교와 우익 이론가들이 많이 믿고 있는 니치렌종의 신앙이 천황제 이데올로기를 보완하게 되었던 것이다.[90]

당시 국민 사상을 교화하고 '국체'를 유지하는 일에 대해 깊이 우려했던 세력으로는 그 밖에 군부와 행동적인 우익 정치결사와 신국가주의 '연구 단체들'이 있었다.[91] 남작 히라누마 기이치로平沼騏一郎가 1924년에 결성한 국본사国本社, 야스오카 마사히로安岡正篤가 1927년에 창시한 금계학원金鶏学院은 1930년대 관료제도 개혁이 실시될 때 영향력을 발휘했다. 금계학원은 야스오카를 후원한 마키노를 통해 황실과 직접 연결되었다. 마키노는 궁내성 차관인 세키야 데이자부로関屋貞三郎를 자기 대신 내세워 야스오카의 교육·선전 활동에 협력하게 했다.[92]

이렇게 '국체'에 대한 논의를 통제하려는 정부 공인 운동이 벌어졌으나 민간에서는 인민이 참여할 수 있는 정치활동의 폭을 넓히려고 '국체'를 재해석하는 움직임이 이어졌다. 내무 관료 출신으로 귀족원 의원인 나가타 히데지로永田秀次郎는 1921년에 사회적·상징적인 유효성 측면에서 천황제를 옹호하는 책을 썼다.[93] 그는 신화에 바탕을 둔 정통 '국체'관観을 물리치고, 황실은 정치권 밖에서 '완화력'으로 자리 잡으면 인민의 마음을 사로잡을 수 있을 것이라고 주장했다.[94] 황실 편수관編修官이자 저술가인 와타나베 이쿠지로渡辺幾治郎는 1925에 『황실과 사회문제皇室と社会問題』를 간행하여, 사회의 병폐와 그 해결을 황실에 맡기도록 젊은 노동자와 노동운동가들을 설득하고자 했다.[95]

신화적인 '국체' 관념은 군인들 사이에서조차 비판을 받았다. 1923년, 육군중위 호리키 유조堀木祐三는 『근대사상과 군대교육近代思想と軍隊教育』이라는 책에서, "국가에 위험한 일은 새로운 사상을 유입하는 것이 아니라 시대의 흐름에 역행하여 낡은 국가사상을 고수하려는 것이다"라고 강조했다. 그리고 그러한 태도는 "국민 된 자로 하여금 우리 국체가 도저히 새로운 사상과 조화를 이루지 못하는 것처럼 오해하도록 할 것"이라고 예상했다.[96] 가이코샤偕行社 육군 장교들 간의 친목 도모와 학술 연구를 목적으로 한 단체—옮긴이가 1924년, 기관지 『가이코샤 키지偕行社記事』를 통해 병사에게

'국체'의 존엄성에 대하여 가르칠 교안教案을 모집했을 때, 심사를 맡은 육군소장 오쿠다이라 도시조奧平俊藏는 이 문제가 "청년 장교들 사이에서 너무 무게 없이 다루어지는 것 같다"며 탄식했다.[97]

최근 발굴된 증거에 따르면 일본인의 국민적 정체성에서 요점이 되었던, 신화는 '건국의 근본이념〔肇国〕'이라는 인식이 대체로 점차 옅어지기 시작한 것은 1차 세계대전 말기 무렵이다.[98] 건국이념에 대한 믿음이 줄어드는 추세를 많은 육군 장교들이 다이쇼 데모크라시 운동 탓으로 돌렸으며, 군대에서 규율이 해이해진 것이나 군과 인민의 사이가 멀어진 것도 '데모크라시' 때문으로 여겼다.

1차 세계대전 후, 2차 세계대전 전의 기간을 대상으로 육군 내 '천황상像'을 연구한 자료들을 보더라도 천황을 위해 목숨을 바칠 확률이 높은 계급에서 히로히토에 대한 '지지율'이 떨어지고 있음이 드러난다.[99] 제국의 육해군은 3년제 사관학교에서, 16~17세 소년들을 선발해 교육하고 있었다. 이들 학교의 졸업생들〔중 지원자들에 한해서—일본어판〕은 보통 육군대학이나 해군대학에 진학했다.[100] 이 시대의 의식 조사 자료와, 군사 관련 대학과 사관학교의 졸업생 수천 명—대부분은 태평양전쟁 때에 도쿄에서 참모 임무를 맡았다—을 대상으로 2차 세계대전 후 실시한 설문 조사에 근거하여, 가와노 히토시河野仁는 직업군인이 된 동기 중에서 '천황에 대한 봉사' 의식이라는 요인은 1922년부터 1931년까지 갈수록 약해졌다는 결론을 내렸다.[101] 또한 가와노는 1922년에서 1945년까지 조사 대상 기간 전체를 통해 육해군 모두(해군 엘리트 장교들의 경우 특히) 천황을 숭배하고 천황을 위해 기꺼이 죽으려는 마음이 조금씩 줄어들었다는 사실도 밝혔다.[102]

이러한 경향에 대처하고자 일본정부는 '국체'에 대한 비판적 논의 허용 한계를 낮춰 그것을 막으려고 했다. 섭정 시절 막바지에 일어나 내대신비서관장 가와이 야하치와 마키노의 우려를 샀던 이노우에 데쓰지로井上哲次郎의 불경 사건은, 일본 국가를 '정당화' 하는 개념인 '국체' 가 일본인을 다른 민족과 구별할 뿐만 아니라 시민사회에서 권력 관계를 뒤엎는 데에도 사용될 수 있음을 보여주었다.

1926년 10월, 내무성은 이노우에(귀족원 의원)의 저서인 『우리 국체와 국민 도덕我国体と国民道徳』을 발매 금지했다. 가와이가 책을 읽은 뒤 내대신 마키노와 함께 의논하여 문제 서적으로 결정했고, 또 이 책이 우익을 격분케 했기 때문이다.[103] 「교육칙어」에 대한 공식 해설서의 저자로 보수적인 기독교 비판자인 이노우에는 천황제의 정통성에 합리적인 근거를 부여하고자 '국체' 와 국민 도덕의 관계를 분석했다. 1925년에 나온 이 책은 3종 신기神器와 황통의 '천양무궁' 에 대한 '신화' 를 비판하고, 오로지 '만세일계万世一系' 라는 신화에만 근거를 둔 공적 관념은 근대 국민에게 수용될 수 있는 것이 아니라고 주장했다.[104] 그의 주장에 따르면 '국체' 의 특질은 '도덕적' 이고 '인도적' 이며 개혁적인 성격에 있다. 이 개혁성이야말로 '민주주의' 나 '노동자 해방' 을 황실 전통 정신의 일부로 만들 수 있는 것이다.[105] 정치적으로는 반동이라고 해도 좋을 경력이 오래지만, 이리하여 이노우에는 다이쇼 데모크라시의 흐름에 명백히 동조하게 된다.

이노우에의 책은 내무성의 검열을 통과해, 1925년 9월에는 도쿄의 서점에 진열되었다. 그러나 그 이듬해 공격을 받자 허가가 취소되고 발매 금지되었다.[106] 우익에서 제작한 한 전단(이는 내무성과 궁내성에도 보내졌다)에서는 이노우에가 3종 신기에 관해 불경죄를 범했다고 주장하고 이 책의 판매와 배포 금지를 요구했다.[107] 그런데 이노우에에 대한 검열을 요구한 것은 그가 총장직을 맡고 있는 대동문화학원大東文化学院에서 해고된 교원들이었다. 그들은 이노우에의 학교 개혁안에 반대했다가 해고를 당한 것에 분개하여 파업과 연구실 봉쇄를 감행하고, '애국자(国士)들의 두령 격인' 거물 도야마 미쓰루와 그 일파인 우익을 움직여 반反이노우에 전단을 만들도록 해서 일본의 지배 이데올로기에 회의적인 견해를 표명한 이노우에를 고발하려고 했다.**108** 요컨대 이노우에의 불경 사건도, 정우회가 박열 사건을 정치 문제화한 것도 천황제 국가의 정통성에 뭔가 새로운 기반을 부여하고자 한 다이쇼 시대의 모색이 미완으로 끝났음을 드러낸 일이었다.

히로히토의 측근들은 이노우에 사건에 주목했으나, 이단적이고 근본주의적인 사상의 다양한 저류底流들(가령 신도神道를 기반으로 한 신흥 종교인 오모토교大本教 등)에는 그다지 주의를 기울이지 않았던 것 같다. 이러한 것들은 주류의 그늘에서 일본 내셔널리즘을 '초국가주의'로 만들고 있었다. 경찰의 보고에는 언급되어 있었지만, 지복천년至福千年적인 예언에 사로잡힌 민중의 도덕관에 무지했던 궁중의 고관들은, 그들이 쓴 일기로 미루어 보건대 무관심했다고 할 수 있다. 히로히토는 아마 그러한 움직임에 대해서 보고받지 못했을 것이다. 히로히토의 생애에서 그들이 주목을 받은 것은, 다이쇼 말기의 정국에 영향을 미쳤을 때나 쇼와 시대가 시작되어 군주제가 더욱 국가주의적인 방향으로 재출발하는 토양으로 이용되었을 때뿐이었다.

1920년대에 번성했던 지복천년적인 국체관国体観 중에서 니치렌종 내의 국가주의자 집단이 도시 중산 계급에게 했던 설교는 특히 영향력이 컸다. 이 집단의 정신적 지도자였던 다나카 지가쿠는 다이쇼 데모크라시에 강한 적의를 품고 있었다. 다나카는 니치렌을 일본제국의 팽창과 연관 지었으며, '국체 개현開顕'을 평생의 목표로 삼았다. 그의 근본주의는 국수적이었으나 과격하지는 않았다. 그는 궁중에 들어가 니치렌종을 일본의 국가종교로 만들고자 노력했다. 1914년, 다나카는 '국체'가 중심이라 판단하고, 자신의 주요 포교 조직을 '국주회 國柱会'라 개칭하고 그곳에서 '국체 개현'에 대한 강의를 시작했다.[109] 1920년대와 1930년대에 민주주의를 적대한 보수주의자들 다수가 그러했듯이 다나카는 반유대주의까지 표방했으며, 생애 후반에는 유럽뿐 아니라 일본의 반유대주의 운동에도 논거를 제시한 러시아 제국경찰의 소책자『시온의 장로 의정서』유대인의 세계 정복 강령을 기록했다는 책으로 1905년 러시아에서 간행되었다—옮긴이에 대해 누차 언급했다.[110] 다나카는 연설과 방대한 저서, 그리고 국주회의 활동가들을 통해, 천황제 국가를 원대한 세계 통일 계획과 결부하여 다이쇼 시대 대중 정서에 파문을 일으켰다.

국주회 회원들 중에 천황의 재가를 얻어 중요한 지위까지 승진한 육군 장교들도 나왔다. 그중 한 사람인 이시하라 간지石原莞爾는 육군대학 졸업 후인 1920년에 국주회에 가입하고 가끔 국주회의 도움을 얻어 강연을 했다. 그는 세계전쟁 예언자, 1931년에 일어난 만주사변의 주모자가 되었다. 이시하라가 만주사변을 행동에 옮긴 것은 만주에서 일본의 권익이 중국의 국민당과 소련의 위협을 받는 데 대한 두려움 때문이기도 했지만, 다나카가 이끄는 국주회의 사상을 실천한 것이기도 했다.

이시하라의 동조자인 당시의 관동군 사령관 혼조 시게루本庄繁도 니치렌종 신자였다. 기타 잇키北一輝는 국주회와 직접적인 관계는 없으나 그의 집안은 니치렌종을 믿었으며 그 자신도 성장 과정에서 신자가 되었다.[111]

이리하여 국가주의적인 니치렌종 운동은 일본에 초국가주의 현상이 생성되는 데 유력한 촉매 작용을 했다. 이는 1차 세계대전 후 2차 세계대전 전의 기간에 정치에 관여했던 많은 군인들의 마음을 사로잡았고, 히로히토의 황위 계승이 가까워지는 사이 세계 통일이야말로 일본의 국가적 사명이라는 사상의 맥락 속에 자리 잡아갔다.

새 군주, 새로운 국가주의 ^{5장}

1926년 12월 25일 오전 1시 25분, 다이쇼 천황이 하야마에서 별세함에 따라 황태자 히로히토의 섭정 임무는 끝났다. 히로히토는 바로 황위를 계승했고, 신기神器가 그에게 옮겨졌다. 스물다섯 살에 그는 혈통과 전통, 신화와 역사에 의해, 그리고 헌법의 권위에 근거하여 제124대 천황이 된 것이다.[1] 간결한 의식을 거쳐 헌법 제1조 "대일본제국은 만세일계의 천황이 통치한다"가 실행되었다. 이와 동시에 히로히토는 내각의 보필을 받지 않고 군대에 명령을 내릴 수 있는 최고 지휘관이 되었다.

메이지 시대로부터 내려오는 관례대로, 즉시 추밀원 회의가 열려 새로운 천황의 통치에 따른 연호年號가 정해졌다. 연호와 미래의 시호는 '쇼와昭和'로 정해져 12월 28일에 공식 발표되었다. 쇼와란 '밝은 조화' 또는 '찬란한 평화'를 의미한다.

새 천황은 같은 날, 육해군 장병과 간인노미야, 와카쓰키 총리, 사이온지 공작, 그리고 모든 국민에 대하여 일련의 칙어를 발하여, 자신의 즉위를 선포함과 동시에 황위에 대해 변함없는 충성을 구했다. 이들 칙어를 통해 히로히토는 여전히 군부에 특권을 인정하며, 후임 총리 인선을 마지막 원로 사이온지에게 맡긴다는 뜻을 국민에게 알렸다.[2] 그리하여 히로히토는 헌법상의 지위를 계승하고 "메이지 천황이 영민하고 총명한 문무 소질을 바탕으로 안으로는 문교文敎를 널리 펴고 밖으로는 무공을 발휘, 천업天業을 넓힌 명백한 유훈遺訓을 분명한 증거로 삼아 그 유지遺志를 계승할 것"을 약속했다.

I

히로히토는 바야흐로 정치 세계에 깊숙이 들어서서, 젊은 생각을 통치에 반영하는 일에 전념할 수 있게 되었다. 이를 철저히 지탱하고 이끈 것은 그의 몇몇 측근들이었다. 히로히토보다 나이 많고 교양 있고 세련된 일곱 신사가 궁정에서 줄곧 영향력을 행사했다. 이들 일곱 명을 '궁중 세력', '궁내 고관' 혹은 '측근'으로 부르기로 한다. 1920년대 후반에 관료로서 공식적인 지위에 있었던 궁중 세력은 내대신 마키노와 시종장 진다, 궁내대신 이치키 기토쿠로一木喜德郎, 시종무관장 나라, 그리고 부하 직원들을 거느린 비서관장·차관 세 명이다.

1929년 1월 22일, 마키노는 일주일 전에 숨을 거둔 시종장 진다의 후임 자리에 해군 군비 축소를 지지하는 퇴역 해군대장 스즈키 간타로鈴木貫太郎를 앉혔다. 스즈키는 그후 1936년에 사임하기까지 7년간 시종장으로 일했다. 한편 나라는 1933년 4월에 퇴역할 때까지 무관장으로 지냈다. 마키노가 정치 분야에서 그러했듯이 나라는 군 관련 분야에서 이전부터 해 오던 임무를 계속 맡았는데, 궁내관으로서의 성격이 적어 정치적으로는 마키노만 한 무게가 없었다.[3]

차관급 인사들은 가와이와 세키야, 그리고 (짧은 동안이었지만) 오카베 나가카게岡部長景였다. 그들은 정부 내의 의견 차이를 조정하는 데 관여했으며 천황을 위해 정보를 수집하여 그에게 영향을 미쳤다. 가와이는 문부성, 귀족원 서기관을 지내고 1926년 여름에 내대신 마키노의 비서관장으로 궁중에 들어왔다. 이듬해 황후궁대부大夫와 시종차장侍從次長을 겸임했는데, 1932년에 황실회계심사국 장관으로 자리를 옮길 때까지 이러한 지위들을 다 차지하고 있었다. 세심하고 근면하며 매우 성실한 그는 자신이 경외하는 천황을 모시는 일에 사명감이 투철한 사람이었다. 궁내관으로 일하는 동안 가와이는 거의 매일같이 히로히토를 만났으며, 내무성 정치경찰의 책임자와 긴밀히 연락하여 경찰의 눈으로 본 국민의 동향을 히로히토에게 전했다.

세키야는 내무 관료로 일하기 시작하여 일본의 식민지 제국에서 경험을 쌓았다. 그 후 단기간 시즈오카 현 지사로 지내다가 1921년 궁내차관이 되었고, 정보원과 사자로서 마키노의 신임을 받았다. 그는 히로히토의 유럽 여행도 수행하고, 1924년 거행된 결혼 준비에도 참여했다. 궁내성에서 황실이 소유한, 광대한 토지로부터 나오는 수익을 식민지 기업의 주식에 투자하기 시작했을 때, 식민지 행정을 경험한 세키야의 직접적인 지식은 큰 기여를 했다. 세키야도 가와이와 마찬가지로 조직적이고 능률적이며 근면한 인물이어서 바로 히로히토가 선호했던 관료이다. 그는 궁중이 정당정치에 좌우되지 않는 독자적 권력을 확보하는 데 마키노 못지않게 힘을 기울였다.

궁중 세력의 세 번째 인물, 유복한 화족華族인 자작 오카베 나가카게는 궁정과 정부 각 부처 사이에서 연락책을 맡았다. 1929년 2월, 오카베는 내대신비서관장에 취임하고 식부차장式部次長을 겸임했다. 오카베는 가와이나 세키야보다 신분과 사회적 지위가 높아, 천황에 대해서도 개인적으로 허물없는 태도를 취했으나 정치 문제를 판단하는 자세는 그들보다 더욱 독선적이었다. 한편 오카베는 마키노나 세키야만큼 우익 과격파에 치우치지는 않았다.

이들 궁정 관료들과 또 그 주위 일부 사람들과 연락을 유지하며 궁정 밖에서 천황을 특별히 원조하는 자가 있었으니, 바로 그가 마지막 원로, 노령인 사이온지 긴모치西園寺公望였다. 사이온지의 성숙한 판단과 경험은 중후했고, 그것이 때로 히로히토와 궁중 세력에게 중요한 지침이 되기는 했으나, 1920년대 후반부터 1930년대 전반에 걸친 시기에 그가 발휘한 정치적 영향력을 역사가들은 과대평가해왔다. 유서 깊은 문관 귀족公家인 제2위 가문에서 1849년에 태어난 사이온지는 궁내관들과 특별한 관계를 유지했으며, 궁정 관료들은 설령 그와 가까운 사이가 아닐지라도 그의 조언에 의지하고자 했다.[4] 또한 사이온지는 동생인 스미토모 기치자에몬住友吉左衛門 남작이 이끄는 스미토모 재벌의 경제적인 이익을 충실히 옹호하는 사람이었다.[5]

마키노가 궁내대신으로 있을 때에 천황의 총리대신 임명권은 사이온지가 대행했다. 그 후에도 1932년 5월에 히로히토가 교묘하게 그의 역할에 대해 거론하기까지 그는 각각의 정국 전환을 좌우했으며, 궁내관 선임에도 커다란 발언권을 갖고 있었다.[6] 그러나 1927년 이후에는 먼저 궁중 세력이 새 총리 선정에 대해 협의하고 나서 교토, 오다와라小田原, 오키쓰興津 등지에 머무르던 사이온지에게 사자를 보내게 되었다. 사이온지는 그들의 결정을 허락하고, 궁정 일과의 압박에서 벗어나 비정치적인 일상으로 돌아간다. 사이온지는 다른 사람들의 말에 귀를 잘 기울이고 신중하게 조언했으며, 암살이나 반란 같은 비상사태가 일어난 경우 외에는 몸소 행동하는 일이 없었다.[7] 그러나 그가 행동한 경우, 이는 일본의 자유주의와 정당정치에 재앙을 불러왔다.

그래도 궁중 세력과 그 주위 사람들 중에 오직 사이온지만이 양대 정당제가 발전하기를 바랐다. 이는 대지주와 대기업의 이익을 대변하는 정우회와 헌정회(훗날 민정당民政党)라는 주요 보수 정당이 의회에서 세력을 점하고, 정통적인 '국체' 관념을 지지하며, 의회의 신임보다 히로히토 천황의 의사에 완전히 의존하는 체제다.[8]

정당내각제의 거의 절정기였던 1929년, 사이온지와 천황을 포함한 궁중 세력 사이에 현저한 불협화음이 생겨났다. 사이온지는 마키노와 마찬가지로 근대 정당의 역할에 기본적으로 무지하고 의회주의 원칙을 혐오했다. 그러나 마키노를 비롯한 궁중 측근들이 곤란한 정치 문제는 천황이 관여해야 비로소 해결된다고 생각했던 것에 비해, 사이온지는 천황으로 하여금 정치적 판단을 하게 하는 것을 바람직하게 여기지 않았다.[9] 그는 마키노가 극렬 우파에 공감하는 것에 대해서도 염려했다. 이 시기 이후 사이온지는 궁중의 정책 결정 과정에 개입하지 않았기 때문에, 마키노를 비롯한 측근들은 자주 그에게 협력을 요청했다. 대체로 사이온지는 자신의 의심을 억누르고 궁중 세력의 판단에 따랐다.

이 밖에 궁정 주변에서 특별한 천황제 수호자가 된 화족 세 명이 있었다. 남작 하라다 구마오原田熊雄와 공작 고노에 후미마로近衛文麿, 그리고 1930년에 무대에 등장하여 곧바로 중요한 역할을 맡게 된 후작 기도 고이치木戸幸一이다. 이들 세 사람도 사이온지의 뜻과는 반대로, 정치 문제를 해결하는 데 천황의 권위가 이용되어야 한다는 신념을 공유했다.

하라다는 궁내성의 임시직 관리로 2년을 지낸 후, 1924년에 총리대신 가토 다카아키의 비서관이 되었다. 1926년에 사임하여 스미토모합자에 들어갔으나 곧 사이온지의 개인비서가 되어 1940년 11월 사이온지가 숨을 거둘 때까지 그 일을 계속했다.[10] 사이온지의 정보원, 사자, 그리고 '두뇌'로서 하라다는 교토에 있는 사이온지와 가마쿠라의 마키노 간에 연락과 의견 조정을 맡았다. 또한 그는 가와이, 세키야, 오카베 세 차관에게도, 또 절친한 벗인 고노에와 기도에게도 신뢰할 만한 정보통이자 시국 분석가였다.

1891년에 태어난 고노에는 메이지 유신 이후에 화족이 된 하라다나 기도 가문과는 달리 전통 귀족이었다. 쇼와 초기, 고노에는 귀족원의 젊은 보수주의자와 극렬 우파에게 '떠오르는 별'이었다. 그는 곧 지도적 지위에 올라 1931년에 귀족원 부의장, 1933년에는 의장에 취임했다. 일본이 중국과 아시아의 경제를 주도하고 유럽의 침해를 막아 아시아를 보호해야 한다는 고노에의 주장은 사람들의 마음을 널리 사로잡았다. 1921년에 정계에 등장했을 때부터 1945년 12월에 자살하기까지 고노에는 궁중 세력의 주요 인물 하나하나와 긴밀한 개인적 관계를 맺고 있었다.[11]

고노에는 파리평화회의 일본 대표단의 일원이었다. 그때의 경험, 그리고 1차 대전이 끝난 후 얼마 지나지 않아 유럽과 미국을 여행했던 경험으로 말미암아, 그는 일본이 다른 열강과 공조하여 국제연맹 정신과 아시아의 발전을 지지해야 한다는 신념을 굳혔다. 그러나 한편으로 그는 파리평화회의를 계기로 이른바 '영미 중심의 평화'를 부인하기에 이르렀다. 그의 사상을 복잡하게 만들고 워싱턴체제의 불안정성을 확신케 한 것은 강한 인종주의와 대아시아주의적 관념이었다. 고노에는 기본적으로, 폭발적인 과잉 인구를 처리해야 하는 과제를 안은 일본에게는 중국 영토에 세력을 확장할 수 있는 인종적, 역사적, 지리적인 근거가 있다고 믿었다.

히로히토의 치세가 시작되었을 때 고노에는 귀족원 주도 세력의 일원이었으며, 아버지가 창설한 동아동문회東亞同文会의 회장을 맡고 있었다. 그는 워싱턴체제에 반감을 품고 있었는데, 워싱턴조약은 영국과 미국의 일본인 이민 배제를 용인하고 중국 대륙에 대해 일본이 의도하는 바를 의심했기 때문이다. 워싱턴조약 체결을 수용했던 히로히토와는 생각이 달랐던 것이다. 그러나 그 밖의 다른 측면에서 고노에의 정치적 견해는 궁중의 '온건파'와 일치했다. 궁중 온건파는 백인에 대항하여 중국과 손잡자는 고노에의 희망에 동의하지 않았지만 맹렬한 반공反共을 표방한 점은 같았고, 일본의 사회적·산업적 필요에 따라 중국경제가 희생되는 것은 당연하다는 견해도 일치했다.[12] 뿐만 아니라 고노에와 온 궁중 세력은 군주제가 사라져가는 세계 속에서 기초부터 흔들리는 군주제를 어떻게 유지할 것인가 우려했다. '국체'는 지켜지지 않으면 안 되었고, 그의 임무는 천황이 권위를 사용해 필요한 개혁을 단행하고 '국체'를 잘 보전하도록 돕는 것이었다.

기도 고이치는 1889년생으로 고노에와 같이 3대째 세습 귀족인데, 세습 귀족의 지위가 매우 불안정한 세대의 일원으로서 러시아 혁명의 충격과 다이쇼 데모크라시의 흐름에 특권 계급이 떠밀려갈까 봐 매우 걱정했다. 그러한 조류에 대처하려고 그는 러시아 사회주의자들의 저작과 함께 볼세비키의 도전을 헤치고 살아남을 방법을 모색한 귀족들의 저작을 공부했다. 그리고 같은 화족인 오카베 나가카게, 아리마 요리야스有馬頼寧 등과 함께 노동자 교육 야학을 설립, 운영하고 학습원 개혁을 촉구한 적도 있었다.[13] 이러한 활동 과정에서 기도를 비롯해 개혁을 지향하는 화족들은 정치적, 사회적 전환을 주도적으로 촉진하는 데 뜻을 둔 이들을 모아 담화 모임 십일회十一会를 결성했다. 그러나 1920년대 후기에 접어들자 좌익 혁명에 대한 기도의 두려움은 약해지고, 그의 관심은 정치 개혁으로 향했다.

기도는 1930년 말에 상공성商工省을 나와 내대신 마키노의 비서관장이 되면서 국가 개혁을 염두에 두기 시작했다. 정당내각의 마지막 2년인 1930년부터 1932년까지, 기도는 어느새 없어서는 안 될 조언자이자 정보원(십일회를 통한)임을 입증했다. 군부가 대두한 후, 마키노보다는 오히려 기도가 하라다 구마오와 손잡고 궁정 관습 개혁에 주도권을 발휘했다. 고노에와 마찬가지로 그는 기본적으로 전통주의자가 아니라 1930년대형 '변혁가'였다. 1937년에 1차 고노에 내각이 조직되자, 기도는 궁정을 떠나 문부대신에 취임하고 고노에에게 조언하는 위치를 맡았다. 1940년부터 1945년에 이르는 정치 생활의 마지막 국면에 기도는 궁중으로 돌아와 히로히토의 가장 중요한 정치고문[내대신―일본어판]으로서 차기 총리 선정을 돕는 임무를 맡았다. 그는 궁정과 군부 간 합의를 구축하고자 정력적으로 활동하여, 양자 간 연합이 형성되는 데 공헌했다. 이 때문에 일본은 영국과 미국에 선전 포고를 할 수 있었다.[14]

쇼와 시대 초기부터 히로히토를 둘러싼, 시야 넓은 소규모 궁중 세력은 완전히 헌법 밖에 존재하면서, 천황에게 조언하고 그를 보필했다. 이들은 전통적인 지배층과 메이지 이후 새로이 작위를 받은 부유층의 남성들을 아우르는 특권 계급이자 일본 권력 엘리트의 중핵이었다. 궁중 세력은 일본사회의 계급과 권력, 부의 피라미드 정점에서 군부를 포함해 일본제국의 지배 집단 전체의 이익을 대표했다. 당시의 서양인 관찰자나 종래 역사학자들이 말했던 것처럼 그들 궁중 세력이 완전히 군부와 대립 지점에 있었다고는 할 수 없다. 또한 그들을 황실, 특히 히로히토의 동생들과 떼어놓고 논할 수도 없다. 지키미야(直宮: 히로히토의 형제들)는 궁정 주위에 머물며 그들과 밀접하게 상호 작용하곤 했다.

궁중 세력의 각 구성원들은 영국대사관과 미국대사관까지 포함하여 다방면에서 정치적 정보를 수집하고 처리하여 히로히토에게 전달했다. 천황은 그들에게서 얻은 정보와 함께 정부와 군부로부터 구두로나 문서로 직접 보고된, 방대한 정치·군사 정보를 독점했다. 또 히로히토는 황족의 우두머리로서 동생인 지치부노미야秩父宮의 정치활동에 대해 지치부노미야의 집사로부터 비밀리에 보고를 받았다. 사방팔방으로 널따랗게 펼쳐진 거미집의 중심에 있는 조용한 거미처럼, 히로히토는 정부 각 조직과 군 기관에 줄을 대어 그들이 제공하는 정보를 흡수하고 기억했다.

히로히토의 측근이 거미줄을 자아내어 정확한 정보를 제공할 수 있었던 것은 천황제 국가의 각 기관들, 곧 내각, 의회, 추밀원, 육해군 통수부, 관료 조직 등이 모두 따로따로 독립해 천황과 직접 연결되어 있었기 때문이다. 국무대신이나 군 지휘관들에게는 그들 자신이 천황에게 직속된 듯이 여겨졌으나, 히로히토의 입장에서는 시미즈 도오루가 항상 강조했듯이, 그들 기관은 헌법상 지위가 다 다르면서도 권력관계상 모두 동일한 수준에 늘어서 있었다.

궁중 세력의 구성원들은 시간의 흐름에 따라 바뀌었으며, 그들의 정치 사상이나 특수성, 일본의 다른 정치 세력에 대처하는 전략 등도 불변의 것은 아니었다. 그러나 그들은 어떠한 시기에도 정치 문제에 관해 천황을 앞서가는 일이 없도록 주의를 기울였다. 히로히토는 통상 내대신의 진언 없이도 자신의 의도(성지聖旨)를 정치 과정에 반영하도록 적극적으로 측근들에게 명했으며, 필요한 경우 자문 기관이나 그 대표자에게 자신의 뜻을 전달했다. 곧 히로히토는, 연결고리 구실을 할 뿐 자신에게는 아무런 힘도 발휘하지 못하는 궁중 세력을 '지휘' 했던 것이며, 궁중 세력은 히로히토의 지시에 따라 조언과 충고를 하면서 그를 대리하여 각료나 각 부처에 강한 영향력을 발휘할 수 있었던 것이다.

1927년부터 궁중 세력은 군주제를 새로운 이데올로기적 틀 안에 자리매김하면서, 다이쇼 천황이 병약한 채 보낸 근 15년 세월 동안 억눌려온 천황의 권력을 만회할 방법을 찾으려고 애썼다. 그래서 그들은 '입헌군주' 인 천황이라는 편의적 허구를 영구화시켰다. 물론 그들이 생각하는 '입헌군주제' 라 함은 서양의 그것처럼 군주의 강대한 권력을 제한하는 장치가 아니었다. 입헌군주제란 것은 단순한 핑계일 뿐이었고, 히로히토는 그 그늘에서 자유롭게 권력을 행사했다. 또한 사정이 허락할 경우, 이를 확대하기까지 했으나 그 책임은 지지 않았던 것이다.[15] 쇼와라는 새로운 시대의 출범에 즈음하여 궁중 세력이 주로 추구한 목표는 히로히토가 실제로 통치권을 행사할 수 있도록 하는 것과 그가 총리대신을 선임하는 일을 보좌하는 것, 그리고 히로히토의 의사가 내각의 결정에 명확히 포함되도록 하는 것이었다. 그들이 말하는 '헌정의 상도常道' 에서 내각의 의사는 젊은 천황의 뜻을 반영하지 않으면 안 되었다.

내각의 모든 결정이 공식적으로 히로히토에게 보고되기 전에 총리나 각료, 군 통수부장이 일상적으로 비공식적인 보고를 하고[내주內奏], 이에 대해 히로히토가 질의하는[하문下問] 과정을 거쳐 의사 통일이 이루어졌다. 막후에서 천황의 동의를 구하는 이 일련의 절차에 의해 히로히토는 정책 결정과 고위급 군 인사에 충분히 관여할 수 있었다. 또한 이 과정은 궁중 세력이 늘 '국체' 의 의미를 어떻게 인식하는지 알려주는 것이기도 했다. 그들에게 '국체' 란 천황이 그저 군림하는 데 그치지 않고 통치권을

행사하도록 보장하는 정치 제도였던 것이다.[16]

그러나 보통선거 시대에 천황의 직접 통치가 이루어지도록 하려면, 궁중 세력은 천황의 가장 중요한 조언자인 총리대신과 협력하여 히로히토가 당파 논쟁에 휩싸이지 않도록 신경 쓸 필요가 있었다. 내대신 마키노의 말에 따르면 정치 문제가 제기되었을 때에 기본 원칙은 "폐하에게 누를 끼치지 않는 것을 가장 중요시 할 것"이었다.[17] 이처럼 쇼와 초기부터 측근들의 주요 임무는 정당내각으로 하여금 히로히토의 통치 역할을 확실히 수용하면서, 천황이 그 통치 행위 때문에 찬미나 비난을 받지 않게 보호하도록 하는 것이었다.

기본적으로 궁중 세력은 이제 진정한 메이지식 통치자가 부활했다고 여기고, 비공식적으로 사전에 충분한 타협(내주)을 하여 총리가 천황의 의사를 숙지하고 이를 실현하는 것이 바람직한 통치 방법이라고 믿었다. 이를 실행하려면 궁중 세력은 천황의 헌법상 보필자들(국무대신들)이 공식적인 보고서를 제출하기 전에 천황이 정책 결정, 문제점 파악, 상정될 법안 등에 영향력을 행사하고 비공식적으로 수락을 내릴 수 있게 상황을 정비하고 정보망을 펼쳐놓아야만 했다. 따라서 공공의 시야 밖으로 정치를 숨길 필요성이 있었다. 천황이 정치·군사의 정책 결정에 관여하면 관여할수록, 그와 그의 측근들은 더 치밀하게 속임수를 연출해 진실을 가려야만 했다.

그렇기 때문에 쇼와 천황 치하에서 적절한 통치 여건을 마련하려면 궁내관 쪽에는 극도의 비밀 유지와 끊임없는 가장, 위장, 간접 화법, 묵인이 요구되었고, 대신이나 국가기관의 수장 쪽에는 일치단결, 억제, 지나친 겸손이 요구되었다. 그런데 후자들 사이에는 심각한 반목이 있어, 서로 상대를 의심했다. 그리고 천황 자신은 태고로부터 왕자와 정치가의 덕목을 다 포함한 존재였다. 이 복잡한 구조 때문에 총리대신은 끊임없이 적극적으로 천황과 상담하며, 비록 자신의 생각과 일치하지 않을지라도 천황의 뜻을 명심해야만 했다. 히로히토가 현인신인지 아닌지 여부는 차치하고, 그렇게 하는 것이 적절했던 것이다.

II

  다이쇼 천황의 사망 이후 휴회 상태였던 제52차 제국의회는 1927년 1월 18일에 재개되었다. 이에 히로히토와 그 측근들은 곧바로 정국에 관여하여 정계에 히로히토의 존재를 부각하고자 기회를 엿보았다.

  우선 1월 19일, 국가의 넷째 국경일을 제정하는 법안이 귀족원에 제출되었는데 이는 궁중이 아닌 귀족원 스스로가 발의하는 형태를 취했다. 그러나 그 이틀 전에 내대신비서관장인 가와이가 공작 고노에를 찾아가, 의회의 상원과 하원이 메이지 천황의 성덕을 기념하는 국경일 제정을 고려하고 있음을 넌지시 알렸다.[18] 그 뒤 의회는 곧 11월 3일을 '메이지절明治節'로 정하는 법안을 가결하고, 3월 3일 칙령으로 공포했다.

  1922년 7월 30일 메이지 천황 사후 10주기 되는 날은 황실도 대중도 그다지 주목하지 않은 채, 그저 섭정 신분인 히로히토가 교토와 모모야마桃山 능을 방문했을 뿐이었다.[19] 그런데 왜 이제 와서 새삼스레 경축일로 제정하는 것일까? 즉위가 가까워짐에 따라 측근들은 다이쇼 천황에 대한 인상을 씻어내고 히로히토에게 위대한 카리스마를 부여할 방책이 필요했기 때문이다. 히로히토가 시간을 되돌려 네 살 적에 일본이 쟁취한 대승리〔러일전쟁-일본어판〕에 참가하는 것은 불가능했다. 그러나 새로운 경축일을 통해 메이지 천황을 새 시대, 새 세대에 대대적인 선전으로 부활케 하고, 그 광채를 되비추어 히로히토를 빛내는 것이라면 가능했다.

다이쇼 천황 상중이었기 때문에 국가 차원에서 메이지절을 경축하는 첫 식전은 이듬해에야 비로소 거행되었다. 곧 메이지 천황에 대한 찬양은 카리스마가 부족한 손자의 즉위와 신격화에 맞춰 실시된 셈이다. 신문은 이미 히로히토를 '메이지 천황의 화신'으로 표현하고 있었다.[20] 다이쇼 천황의 상이 끝나기 전부터 대중은 즉위 이전의 천황을 새로운 메이지 천황, 메이지 천황의 유업을 완수할 손자로만 여기게 되었다.[21]

이어서 젊은 천황에게 벼농사의 노고를 일깨우고, 한편으로 천황이 농업 공황을 겪고 있는 농민의 궁핍한 상황에 마음을 쓴다는 인상을 확립하고자 가와이는 궁정에 새로운 의식을 도입했다. 그는 히로히토에게 궁중에서 벼 기르는 일을 제안했다. 히로히토가 이에 찬성하여 아카사카 어소 안에 논이 만들어졌다. 1927년 6월 14일, 히로히토는 일본 국내 각지에서 가져온 볏모로 처음 모심기 의식을 했다. 즉위식 후 히로히토가 궁궐로 거주지를 옮기자 논 80평과 밭 70평이 의식용으로 조성되었다. 이어서 황후 나가코가 양잠을 할 뽕나무 밭도 만들어졌다. 이로써 나가코는 일본의 가장 중요한 수출품인 생사生糸와 관련을 맺게 되었다.[22]

히로히토와 궁중 세력의 두 번째 정치 관여는 총리 와카쓰키의 의회 대처에 관한 것이었다. 1927년 초, 정우회와 정우본당 간부들은 마쓰시마松島 유곽 추문1926년 초 오사카 최대 유곽인 마쓰시마 유곽 이전 계획을 놓고 부동산회사들이 경쟁하면서 정치가들에게 뇌물을 뿌렸다는 의혹이 일어 오사카 검사국이 수사를 벌였다. 이 과정에서 여당인 헌정회 총무 미노우라 가쓴도가 현직 총리인 와카쓰키를 위증죄로 고발했다. 그해 말 오사카 검사국은 유곽 이전 계획이 없다고 판단하고 미노우라와 정우회 전(前) 간사장 이와사키 이사오 , 정우본당 당무위원장 다카미 고레도오리 등을 사기 혐의로 기소하고 총리는 기소하지 않았다. 1927년 재판이 진행되는 도중 이와사키는 사망하고, 미노우라와 다카미는 무죄 판결을 받았다—편집자과 박열 사건을 들어 와카쓰키 내각을 다시 공격했다. 그들이 내각 불신임안을 정식으로 제출하기 직전에 와카쓰키는 의회에 사흘간 휴회를 선언했다. 그리고 그는 정우회의 다나카와 정우본당의 도코나미 다케지로床次竹二郎를 은밀히 만나, 새 천황의 치세가 시작되는 것을 배려하여 정쟁을 멈추라고 요구했다.

귀족원의 주류파 지도자가 중개하여 타협이 성립되었다. 그 배후에는 새로운 천황의 치세가 시작됨에 즈음하여 의회가 해산되고 총선거가 실시될지도 모르는 상황을 개탄한 내대신 마키노와 궁내대신 이치키 기토쿠로一木喜德郎가 있었다. 그들은 의회가 새 천황을 배려하여 자제할 것을 요구했다. 와카쓰키가 총리에 취임하고 난 뒤로, 마키노와 이치키는 정치 문제에 관련해서 그를 지휘하고 있었다. 이때도 그들은 와카쓰키에게 반대당 당수와 만나 의회 내의 정쟁을 해결하도록 했다. 불신임안은 철회되고 예산안은 통과되어야 했다.[23] 이런 식으로 하여 그들은 이제 막 시행된 남자 보통선거법에 의한 첫 민주적 총선으로 정당에게는 막대한 비용 지출이 예상되는 선거를 연기할 수 있었다.

궁중 세력은 성공했고, 의회는 다시 열렸다. 주요 반대당이 불신임안을 포기한 일은 의회의 다른 세력을 자극해, 세 당수의 회담이 자유로운 토의를 압살했다는 비난이 들끓었다. '국체' 문제에 근거한 의회 내의 정쟁은 일시적으로 약해졌으나, 이제 정당들은 상대의 실점을 이용하여 정치적 득점을 쌓으려면 '메이지 헌법 옹호'가 아닌 '국체 옹호'를 내세워야 한다는 것을 깨달았다.

석 달 뒤인 4월 17일, 와카쓰키 내각은 의회가 아닌 추밀원의 반대파 때문에 무너졌다. 외무대신 시데하라의 온건한 대중국 정책에 추밀원 고

문관인 이토 미요지伊東巳代治와 히라누마 기이치로平沼騏一郞가 반대했기 때문이다. 시데하라는 일찍이 중국에서 일본인의 조계租界중국정부가 외국 정부와 맺은 협정에 따라 외국인의 자유 거주와 치외법권을 인정한 지역-편집자 거주 반대 운동이 일어난 후 일본군을 중국에 파견하는 것을 거부해왔다. 천황 히로히토와 그 측근에게 와카쓰키 내각의 총사직은 중요한 역할을 연출할 호재로 작용했다. 가와이, 진다, 이치키, 마키노는 은밀하게 협의하고 히로히토하고도 상의하여, 의회 제1당의 당수인 육군대장 다나카 기이치를 차기 총리로 삼기로 결정했다. 자기들끼리 합의한 뒤 그들은 원로 사이온지에게 이 사실을 알렸으며, 사이온지는 곧바로 승낙했다. 그로부터 5년 후 이누카이 쓰요시犬養毅가 암살될 때까지 일본의 총리대신은 마지막 원로인 사이온지가 아니라 내대신을 중심으로 한 조언 체계에 따라 선임되었고, 사이온지는 히로히토와 궁중 세력의 선택을 사후에 추인하게 되었다.

다나카는 1927년 4월 20일에 내각을 조직했다. 그 이틀 전에 장개석蔣介石은 남경(南京: 난징)에 국민당 정부를 창설하고, 중국 통일을 위해 북벌을 재개했다. 그 후 일본의 외교 정책은 예전에 비해 현저하게 간섭주의적으로 되었으며, 중국 내전이 확대됨에 따라 중국에 사는 일본인의 생명과 재산을 보호한다는 명목으로 파병할 가능성이 높아졌다. 다나카가 총리가 되는 데 주도권을 발휘한 궁중 세력은 이제 헌법에 근거한 새로운 정권에게 자신들의 정치적인 노선과 목표를 강요하려고 했다.

다나카는 정치를 장악하려는 강한 의지를 지닌 천황 앞에서 일개 정당 당수의 정치생명 따위는 가련하기 짝이 없는 존재일 따름임을 깨달은 첫 번째 총리대신이다. 다나카가 총리 자리에 오름과 동시에 히로히토와 그 측근들은 그의 언동에 적극적인 관심을 쏟았으나 곧 그의 정책 대부분에 위화감을 품게 되었다. 그들은 정우회가 노골적인 인사 정책으로 세력을 확대하는 것을 탐탁하지 않게 여겼다. 유교와 무사도 정신에 입각하여, 히로히토는 관리들이 정치적인 고려나 인간관계에 의해서가 아니라 오로지 능력에 따라 임용되어야 한다고 생각했다.

1927년 6월 15일, 히로히토는 마키노를 불러 다나카의 인사 정책에 불만이 있음을 내비쳤다. 마키노도 정당, 특히 정우회가 젊은 천황을 경시한다고 느끼고 있었다. 마키노는 다나카에게 그 이야기를 전하겠다고 약속했다. 마키노는 정당들이 '국체'를 정치 도구로 삼는 것을 혐오하고 의회에서 그들이 벌이는 거동을 탄식하는 터라, 정치에 대한 천황의 관심은 "국사가 다난할 때, 국가와 황실을 위해 가장 축복해야 할 일"이었다. 그는 천황의 정치적 적극성에 문제가 있다고는 전혀 생각하지 않았으며, 이를 "성덕을 배양키 위해 측근자가 봉사한 공"으로 돌렸다.[24]

다나카는 히로히토가 왜 자신의 인사에 불만을 품는지 이해할 수 없었다. 곧 다나카의 입장에서 보았을 때 정우회 회원을 되도록 많은 관직에 앉히는 것은, 하라 게이 시대로 돌아가 '헌정의 상도'에서 관례를 따르는 것일 뿐이었다. 같은 해 여름에 히로히토를 배알했을 때 다나카는 "일정 기간 사무관의 경질은 종전에 비해 특별히 그 수가 증가하지 않았고"라고 히로히토에게 보고했다.[25] 그러나 다나카의 말은 히로히토의 신경에 거슬렸고, 히로히토는 재차 다나카에게 청렴하도록 지시했다.

Ⅲ

한편으로 히로히토와 궁중 세력은 즉위 준비에 점점 치중했다. 다이쇼 천황을 위한 국가적 복상服喪을 포고하고 히로히토를 위해 즉위 의례를 거행하는 일은 신도의 제정일치 원칙과, 헌법보다 우선하는 황실법의 규정에 따라 별도의 전통에 근거하여 진행되었다. 이러한 결정적 시점의 제사와 예식은 헌법이나 의회가 정한 법령에 근거를 두지 않는다. 이 경우에 제국의회가 할 일은 필요한 경비를 의결하는 것뿐이었다.

쇼와의 즉위식과 축전, 국민 연회는 불경기 속에서 계획되고 실행되었다. 그러나 제55차 의회는 정부 각 기관이 거행하는 이들 사업의 경비로, 당시 환율로 736만 달러(1600만 엔-일본어판)에 달하는 예산을 만장일치 가결했다. 비용이나 규모, 사전 준비, 그리고 참여 인원과 이를 경비하는 경찰관의 수, 그 어느 것을 보더라도 전례 없이 거창한 즉위식이었다.[26] 그러나 최근까지 히로히토가 섭정을 맡아왔고 그동안 다이쇼 천황은 인민의 눈에서 가려졌던, '정상'이 아닌 상황 때문에, 의례를 주도한 과두 지배층은 다이쇼 천황의 공백을 뛰어넘어 히로히토를 직접 메이지 천황과 연결할 필요를 느꼈다. 따라서 천황제에 관한 모든 신화를 재활성화해야 했다. 요컨대 잠재적으로 분쟁을 안고 있는 사회를 전통과 신화가 지탱하고 있었다.

군주제의 영광을 위해 과학기술도 이용되었다. 의례가 시작된 1928년은 때마침 일본이 대량 선전과 대량 소비문화에 발을 내딛기 시작한 시기였다. 전국적인 라디오 정규 방송이 대중의 사상이나 가치관에 영향을 미치기 시작한 지 이미 3년 가까이 지나고 있었다.[27]

천황 즉위는 아시아 대륙에서 일본의 군사행동이 새로이 시작된 시기, 동시에 취약한 군주제를 보강하기 위해 더욱 국가적 억압에 의존하게 된 시기를 상징하는 권력 행위였다. 따라서 그 전체 효과는, 일본에서 정치 반동이 대두한 것과 관련지어 이해하는 편이 가장 좋을 것이다. 반동의 징표로 다나카 내각은 수차례 중국 산둥성에 군대를 보냈고, 1928년 이후에는 사상 통제에 임하는 관리 수가 늘어났다.

치안유지법이 개정된 후, 일본정부는 모든 도부현道府県 행정 관청에 '사상검사檢事'와 '특별고등경찰'을 배치했다. 군대에도 헌병 조직 내에 독자적인 사상계思想係를 설치했으며, 내무성의 경보국 안보과는 공산주의자를 비롯한 급진파의 '반反국체 음모'를 적발하는 데 전념했다. 이리하여 1928년 이후 천황제 국가는 그 비판자에 대해 한층 더 가혹한 대응을 해나간다. 공산주의자를 비롯하여 신도 교파 중에서 아마테라스오미카미를 최고신으로 인정하지 않는 오모토교와 덴리교天理教 지도자들이 경찰의 심한 감시와 탄압을 받았다. 나중에는 언론계와 대학의 자유주의 지식인들도 경찰의 감시를 받게 되었다.[28] 이처럼 의례와 선전을 통해 새 천황을 창출하는 과정에서 사상 통제 장치가 현저히 확대, 강화되었다.

쇼와 즉위에 관한 모든 의례를 주관하는 대례사大禮使의 총재는 간인노미야가, 장관은 고노에가 맡았다. 내각서기관장인 하토야마 이치로鳩山一郎, 궁내성 고관인 세키야와 가와이, 각 부처 차관, 그리고 의식이 거행되는 교토 부京都府의 지사들이 대례사의 실무를 담당했다.[29] 대례사의 임무는 즉위를 둘러싼 모든 행사와 기념사업이 새 천황에 대한 충성과 봉사라는 요점에 부합되도록 치밀하게 준비하는 것이었다.[30] 이에 따라 주요 행사는 대규모로 조직되고 이데올로기적 요소를 띠었다. 대례사에서는 군주제의 탈신화화脱神話化와 쇠퇴 과정을 되돌아본 뒤, 가능한 모든 것을 통제하여 천성적으로 카리스마가 부족한 히로히토의 성격이 되도록 드러나지 않도록 해서, 그의 위엄을 최대치로 끌어올리고자 했다. 또한 그들은 일본이 '신의 나라'이며, 천황은 신과 동격인 동시에 국민 전체의 '어버이'로서 신민臣民과 결속된다는 관념을 주입했다.

이 성대한 의례에 즈음하여, 당시 새로 등장해 아직 비교적 독립성을 유지하던 대중매체들(주로 라디오와 신문)은 대례사에 협조하여, 국민에게 친숙하지 않은 제사와 의식의 의미를 알렸다. 일본의 신문들은 부수를 늘려, 지방지에서 중앙지로 성장해 있었다. 기자들은 자주 정부 관료들과 영합했다. 라디오의 아나운서도 마찬가지로 궁내성이 사전에 짜놓은 대본에 따라, 교토에서 거행되는 화려한 식전을 전했다.[31]

신문과 라디오는 1년 내내 매일같이 밤낮으로 본국과 식민지에 의식과 축전 소식을 보도했다. 히로히토와 측근들은 조지 5세의 가르침을 교묘하게 실천한 것이었다. 조지 5세의 가르침이란 입헌주의의 제약에 관한 것이 아니라, 군주의 존엄과 권위를 강화하는 데는 국가적 제전과 의례가 중요하다는 가르침이다.[32] 의례가 다 끝난 뒤, 대례사는 인쇄매체들이 일본 국가의 새로운 경전経典 구실을 훌륭히 수행해주었다면서 찬사를 아끼지 않았다.[33] 국가가 의도한 바대로 복종하고, 시대 풍조에 비굴하게 영합하는 자세는 이후 근대 일본 신문의 특성으로 자리 잡았다. 신문은 권력의 검열을 거치지 않더라도 늘 스스로 자기 규제를 실천했으며, 국민을 위해 양심적이고 자유로운 목소리가 되는 일은 없었다.

1928년 1월에 시작되어 11월 초에 정점에 달한 즉위 의례의 의식과 제전은 젊은 천황을 위한 새로운 군주상 창출을 추진했다. 히로히토가 즉위를 맞는 각오를 고하고자 진무 천황과 네 선조의 능에 사자를 파견하는 것으로 의식은 시작되었다. 동시에 궁중 3전(宮中三殿, 현소·황령전·신전)에서 1년간 거행될 제사 일정이 공식적으로 발표되었다. 이어서 2월 5일, 히로히토는 태양신 아마테라스오미카미에게 바칠 벼를 어느 지방에서 재배해야 하는지 점치는 의식을 올렸다. 봄에서 여름, 가을로 계절이 변함에 따라 행사의 행보가 빨라졌다. 정부 관리나 유명 지식인들은 신문이나 라디오, 강연회 등으로 국민을 교화하여, 천황제 이데올로기를 되살리고

자 했다. 그들은 공식적인 '국체' 사상에 반하는 공산주의나 아나키즘 등 이단 사상과 대결하려는 뜻을 공공연히 드러냈다.[34]

1928년 11월부터 12월에 걸쳐 즉위 의례는 최고조에 다다랐다. 11월에는 전 제국의 방방곡곡에서 수십만 명이나 되는 군중이 축전과 의식에 참석하고 어린 학생들 수백만 명이 깃발 행렬이나 제등 행렬에 참가했다. 천황의 인애를 보이느라, 그해가 가기 전에 빈민 구제나 서위 서훈에 수백만 엔이 쓰였다. 13~14세기부터 19세기에 천황에게 충성을 바친 역사적 인물들에게도 위계位階를 추서했다.[35] 또한 일본정부는 하라 게이를 암살한 자를 포함하여 3만 2968명을 천황의 이름으로 감형해주고, 식민지에서도 2만 6684명을 감형해주었다. 이 외에 일반사면을 받은 자는 1만 6878명에 달했다.[36] 각급 지방 행정당국은 역사상 유례없이 많은 일반 인민에게 새 군주 시대의 문을 여는 활동에 참가할 기회를 주고자 온갖 사업을 개시했다.

가령 식민지인 가라후토의 경우 29만 5000명(아이누족과 기타 원주민 약 2000명 포함) 이상이 동원되었는데, 이는 사할린 섬의 거의 전 인구에 해당한다.[37] 즉위 의례가 모두 끝난 후 가라후토청樺太庁은 공원과 실험농장 조성부터 '청년단 회관, 진영 봉안소, 충혼비, 관청 청사' 건설에 이르기까지, 500개가 넘는 기념사업을 추진했다.[38]

식민지 조선에서도 비슷한 일이 벌어졌으나 훨씬 더 조심스러운 방식으로 이루어졌다. 조선총독인 사이토 마코토斎藤実는 1920년대 '문화정책'의 일환으로 조선어 신문의 발전을 허용하고 있었다. 조선총독부는 우선 11월 3일 메이지절에 경복궁에서 점심 잔치를 개최했다. 학교에 다니는 학생들은 깃발(물론 일장기) 행렬과 제등 행렬에 동원되었다. 천황의 이름으로 후하게 서훈을 내려 800명이 넘는 고령자들이 천황의 하사품을 받았다. 협력자로 선정된 이들은 조선 왕궁에서 열린 만찬회에 참가했다. 서울에 거주하는 화교들 중에서 선발된 춤꾼들이 가두 행진을 벌였다. 〔1927년에 2월 16일에—옮긴이〕 신설된 경성방송국은 11월에 열린 제전과 의식을 규정에 따라 보도했다. 총독부 기관지인 조선어 신문 매일신보(毎日申報) —편집자도 그러했는데, 그 구독자는 2만 2000여 명으로 조선 3대 일간지 독자의 약 22퍼센트였다.[39]

그러나 조선 인민들 대다수에게는 위의 3대 일간지보다는 또 다른 3대 조선어 신문 쪽이 훨씬 영향력 있었다. 이들 신문은 명확하게 민족주의적인 기사를 실으며 관용 보도에 대항했다. 일본 황실의 제전 소식은 과감히 제쳐놓고, 경찰의 탄압 증가와 조선인 사전 체포 등 주의를 끌 만한 기사들을 우선하여 실었다. 11월 9일, 히로히토를 신격화하는 의식을 하루 앞두고 『동아일보』는 한민족의 조상신 단군의 건국 신화를 기사로 다루어, 아마테라스오미카미를 모시는 일본인과는 다른, 조선인의 독자성을 독자들에게 일깨웠다. 또한 조선어를 쓰는 문자인 한글 창제를 기념하는 '한글날'을 알려, 독자들이 이 날을 잊지 않도록 했다.

1928년에 거행된 성대한 제전과 의식은 이처럼 판이한 민족주의적 반응을 불러일으켰다. 조선에서는 일본제국에 대한 강한 긴장감이 나타났다. 그러나 일본인 거류민들 대부분은 이들 축전과 공식적인 기념사업에서 한몫을 했고, 11월에 제전과 의식이 절정에 달했을 때나 12월 초에 대례 관병식이 열렸을 때에는 모두가 국민의 한 사람으로서 라디오에 귀를 기울였다. 이에 따라 사람들은 사그라져가던 이데올로기적 신념을 다지고 더욱 국가를 떠받치게 되었다.

IV

아마테라스오미카미 신화에 근거한 공식 즉위식은 11월 6일 황실 행차가 도쿄에서 교토를 향해 출발하면서 개시되고, 나흘 후 히로히토가 교토에서 3종 신기를 넘겨받고 조상의 영 앞에 황위 계승을 고할 때에 정점을 맞이했다. 11월 10일 오후에 거행된 의식에서 새 천황은 문·무관, 의원 등 약 2700명에 달하는 참례자들 앞에서 일본 인민에게 다음과 같은 칙어를 소리 내어 읽었다.

> 짐은, 안으로는 순후하게 교화하여 더욱 민심의 화합을 도모하고 더욱 국운이 융성하게 하고, 밖으로는 국교 친선을 도모하고 길이 세계 평화를 유지하여 널리 인류의 복지가 증진되기를 바라는 바라. 그대 백성들은 이러한 마음을 헤아려 힘을 합하고 멸사봉공함으로써 반드시 짐의 뜻을 이루어, 짐으로 하여금 선대 조상들이 남긴 공적을 선양하게 하여 하늘에서 굽어보시는 선조 신령에게 답할 수 있게 하라.[40]

즉위식이 끝난 후, 천황의 이동용 현소賢所 앞에서 성스러운 무악〔가구라神樂─옮긴이〕이 봉납되었다. 11월 14일, 15일에는 교토에서 대상제(大嘗祭: 다이조사이)천황 즉위 후 처음 지내는 제사. 천황이 햇곡식을 천지의 여러 신에게 바치는 제사로 11월 23일에 올림─옮긴이가 거행되었고 그 뒤로 이틀 연속 '대향연 대상제가 거행된 후, 천황이 참배자들에게 시로키(白酒)라는 흰 술과 구로키(黑酒)라는 검은 술을 하사하고 함께 음복하는 의식─옮긴이'이 이어졌다.[41]

천황이 '신의 후손'임을 확인하고 그 신성을 과시하는 대상제야말로 즉위 의례 행사들 중에서 가장 중요하고 극적인 대목이다. 지배자에게 성스러운 신성이 있다는 관념은 메이지 시대에 천황제 이데올로기의 핵심으로 자리했는데, 바로 그 관념 덕분에 20세기 중반까지 천황제 이데올로기가 살아남을 수 있었다. 1909년에 제정된 등극령登極令은 천황이 하늘에서 강림했다는 신화를 지나치게 강조했고, 즉위 후의 히로히토는 이세신궁, 진무 천황릉과 19세기 후반부터 20세기 초까지 재위했던 네 천황의 능을 의무적으로 참배해야 했기 때문에 대상제 의식은 본래의 제례 형태에서 멀어지게 되었다.[42]

대상제는 11월 14일 밤에 시작되어 15일 이른 아침까지 이어졌다. 의장병이 양쪽으로 늘어선 가운데, 우선 공식적인 참례자들이 제사가 치러질 신전 가까운 곳에 마련된 특설 좌석에 앉는다. 다음으로 하얀 비단으로 지은 예복을 걸친 쇼와 천황이 궁녀(우네메)와 의전 담당 관리掌典를 거느리고, 대상제를 위해 특별히 마련된 신전으로 나아간다. 신전의 몸채는 목조 건물 세 채로 이루어진다. 신전에서 히로히토는 신도 신화에 나오는 '다카마가하라高天原신들이 산다는 하늘 세계—옮긴이'로부터 강림하는 모습을 상징적으로 재연한다. 첫 번째 신전에서 목욕재계한 후, 수행원들과 함께 복도를 건너 나란히 늘어선 초가지붕 집, 유기전(悠紀殿: 유키덴)과 주기전(主基殿: 스키덴)으로 들어간다. 내밀한 곳에 자리 잡은 이들 두 신전 안에는 각각 신좌神座와 어좌御座로 불리는 직사각형 이부자리가 깔려 있으며, 천황은 그곳에서 성스러운 의식을 거행한다.〔직사각형 이부자리(御衾)와 신좌, 어좌, 이 세 가지가 준비된다—일본어판〕 신좌는 태양신 아마테라스오미카미의 영이 체현된 것이라 믿어진다. 천황은 신도의 교리에 따라 그 위에 태아와 같은 자세로 눕고 이불을 덮어 아마테라스오미카미의 영과 하나가 됨으로써 조상신과 상징적인 '결혼'을 완성한다. 그러고 나서 천황은 어좌에 앉아 아마테라스오미카미와 대면하며 오미카미를 비롯한 조상신들에게 음식을 바친다. 이로써 천황은 비로소 현인신現人神으로 거듭난다.

히로히토가 신격을 취득하는 정점인 대상제 의식은 이처럼 어두운 밤, 두꺼운 비밀의 베일 그늘에서 진행되어 여태까지는 없었던 천황의 속성을 그에게 부여하는 것이었다.[43] 황족이나 초대된 참례자들도 이 의식을 볼 수는 없다. 신좌를 합리적으로 비판하는 움직임이 일지 않도록, 신문들도 '경외스러운 비밀 의식'의 상세한 내용이 대중에 알려지지 않게끔 막았다.[44] 또한 신문은 국민이 불황에 허덕이는 터라 불경한 일을 당할지도 모른다고 하여, 즉위 의례에 든 비용에 대해서도 언급하지 않았다. 그러나 소수이기는 하나 "즉위 의례 반대!" "혁명기념일 축하!"라는 문구가 적힌 비판적인 전단이 제작되었다. 또한 1929년 노동절을 기념하여 출판된 『프롤레타리아 단카집短歌集』에는 "교토 대례사大禮使에 든 비용이 무려 1600만 엔, 가난한 이들의 어깨가 으스러지네" 하는 노래가 실렸다.[45]

히로히토는 신격을 획득하고 나서 이주일 후인 12월 2일, 도쿄의 요요기代代木 연병장에 가서, 일본사상 최대 규모인 육군과 항공부대 관병식에 임했다. 기병 1만 4500명을 포함해 3만 5000이 넘는 부대가 차가운 안개비 속에서 행진하는 것을, 히로히토는 연단 위에서 몇 시간 동안 친히 내려다보았다.[46] 이틀 후, 그는 대례 특별 관함식觀艦式에 참석차 요코하마로 향했다. 이 마지막 행사에는 잠수함 서른아홉 척과 거대 항공모함인 가가加賀, 아카기赤城를 포함한 함정 208척과 승무원 약 4만 5000명이 참가했으며, 일본 국내 각지에서 재향군인회 회원 2만 5000명과 지방의 유지 수천 명도 참석했다. 또한 수십만에 이르는 일반 민중이 이를 구경하려고 요코하마로 모여들었다. 그리고 수백만 인민이 라디오 앞에 모여 대원수가 군함을 사열하고, 해군기 130대가 윙윙 소리를 내며 전투 편대로 해변의 상공을 천천히 비행하는 장면을 중계하는 소리에 귀를 기울였다.

히로히토의 즉위 의례는 두 차례에 걸쳐 대규모 군사력을 과시하면서 그 막을 내렸다.[47] 관병식과 관함식은 모두 도쿄에서 특별 중계망을 통해 전국에 방송되었기 때문에, 국민은 "황례포皇礼砲의 굉음, 국가国歌의 선율, 병사의 구두 소리, 기마의 말발굽 소리, 비행기 프로펠러의 울림을 들을 수 있었다."[48]

나카지마 미치오中島三千男는 뛰어난 즉위 의례 연구 저서에서, 이러한 대규모 관병식과 관함식은 인민에게 이제 그들의 주권자가 그 지위에 따르는 모든 속성을 겸비하고 완전한 천황이 되었음을 보여주려고 거행되었다고 썼다. 이들 행사는 국가의 종교적인 최고위 권위자라는 천황의 추상적이고 상징적인 지위가, 실제로는 항상 군의 최고사령관이라는 구체적인 인상과 결합된다는 것을 강조했다. 일체一体로서 파악되는 두 가지 이미지, 두 가지 범주. 천황 한 사람이 두 가지 서로 다른, 그러나 하나로 융합된 역할을 똑같은 비중으로 수행하는 것이었다.

V

이리하여 천황 숭배 공식화와 그 가속화가 시작되었다. 이는 육체적으로는 뛰어나다고 할 수 없는, 훈련을 해도 살아 있는 신다운 행동은 못 하는 통치자의 외견을 향상하는 방법이었다. 또한 천황을 매개로 개인과 집단을 국가에 묶어, 국민의 통합과 종속을 강화하는 방법이기도 했다.[49] 그리고 혹시 천황은 현인신이라는 교의가 군주제에 관한 합리적인 생각과 논쟁을 제한한다면, 그 제한 방식은 '불온사상'(곧 정치적 이의)에 대한 억압 정책과 군인정신의 고양이란 형식으로 이루어질 터였다.

1928년 12월 말, 1년에 걸친 즉위 의례는 막을 내렸다. 신문의 국가주의적 열광도 한풀 꺾였다. 그러나 교토어소는 계속 공개되었으며, 즉위기념 출판물의 간행도 끊이지 않았다. 관료들은 계속해서 천황과 국민은 하나이며 상하上下가 합심해야 한다고 말했다.

신문은 사설을 통해 '젊은 일본'이라는 사명에 대하여 반복해서 호소했다. '사상思想 경찰'은 공산주의자를 비롯해 반체제 인사 체포 작업에 박차를 가했다. 그리하여 대다수 일본인은 즉위식을 통해, 민족적·인종적으로 천부적인 것이라고 여겨지는 도덕적 우월성을 더더욱 확신했을 것이다. 그러한 견해는 곧 1930년대 정치 상황에 강한 영향을 미쳐, 일본 문화는 세계의 정신적 구원이자 재생력인 한편 타락한 서양 문화는 추방되어야 한다는 사조를 형성하게 된다.[50]

이렇게 국가 내의 계급 문제보다 인종―민족―국가를 새삼스레 강조하는 방식으로 일본인의 자기 인식을 정치적으로 재편한 일은 주의 깊게 분석할 필요가 있다. 새로운 인종의식은 날로 악화되는 경제 환경과 농촌의 계급투쟁이 격해지는 상황에서 만들어졌다. 소작인조합들은 지방에서 천황제의 기반이 되는 요소라 할 수 있는 지주제에 정면으로 대결하고 있었다. 소작쟁의는 1928년의 1866건에서 1931년 3419건으로 현저하게 늘어났다. 산업계의 파업도 증가하여 1931년에는 전쟁이 일어나기 전까지 기간 중에서 가장 많은 984건에 달했다.[51] 사회 갈등의 열기가 고조되던 바로 그때, 정화와 진정 작용을 수반한 인종주의가 하늘에서 내려와 일본의 국가주의에 세계화의 충동을 불어넣었다.

시간이 지남에 따라 히로히토는 일본 인민 앞에 모습을 드러내는 일이 적어졌다. 1928년 한 해 동안 그는 여러 차례 여행을 하여 육해군 사관학교와 그 졸업식, 의회, 황실의 별장과 황족 어전, 선조의 능 등을 방문했다. 국민의 누군가가 히로히토에게 다가가 직소直訴할 수 있는 기회는 어디에도 존재하지 않았다. 대원수로서 그는 1928년부터 2차 세계대전이 일어나기까지 대체로 1년에 네 차례에서 여섯 차례 육해군의 특별 사열과 군사훈련에 친히 참석했다. 그러나 천손天孫인 주권자로서 신성한 자격에 따라 긴 시간을 들여야 하는 지방 순행은 급감하여 결국 1936년의 홋카이도 방문을 마지막으로 전혀 이루어지지 않았다.[52] 관함식이나 육군 대연습 때에 이루어지는 히로히토의 순행은 국민을 동원하는 방법이면서 동시에 신이자 군인인 천황상에 빛을 더하는 수단이기도 했다. '입헌군주'라는 지위는 뒷전이었다. 경제적으로 어려운 시대에 신하에 대한 친애 표현은 소홀히 하고 이러한 유사 공용 겉치레에 치중한 까닭에, 히로히토는 국민의 일상에서 멀어지고 실정에 어둡게 되었다.[53]

쇼와 시대의 처음 20년 동안, 신격화한 천황이 드물게 민중을 시찰하러 나갈 경우에는 내무성이나 지방청에서 온갖 정성을 기울여 준비해야 하며 인간적인 실수 하나도 용납되지 않았다. 혹 실수가 있다면 그 결과는 비극적이었다. 일례를 들자면 1934년 11월 16일, 군마 현의 기류桐生 시에서 천황의 자동차 행렬을 선도하던 오토바이 경관이 신호 앞에서 좌회전해야 할 것을 실수로 직진해버려 순행 일정에 약간 차질을 빚은 일이 있었다. 과오를 범한 경관은 이레 후 자살을 기도했고, 군마 현 지사와 순행 관련 일을 맡은 고위 관료들은 징계 등 처벌을 받았다. 또한 군마 현의 경찰 관료들은 2개월 감봉에 처해졌으며 내무대신은 의회에서 책임 추궁을 받았다.[54]

천황을 잘 맞이하고 경호하며, 히로히토 앞에 머리를 조아린 군중이 조용히 통제에 잘 따르도록, 그리고 히로히토가 현 내에 있는 동안 어떠한 불상사도 일어나지 않도록 지방 관청은 특별위원회를 조직하고 신의 가호를 빈 다음 마치 실제 상황처럼 치밀하게 예행연습을 했다.[55] 그들은 모든 자원을 동원하고, 히로히토가 걸을 곳에는 붉은 융단을 깔았다. 또한 행렬이 통과할 길목을 청소하고 단장했고, 히로히토가 탈 자동차와 열차, 기관차, 그리고 기차가 설 역까지 (말 그대로) 소독하여 (의식 절차처럼) 정결하게 했다. 때에 따라서는 천황이 탄 열차가 통과할 철로까지, 특히 기차에서 내릴 역의 철로는 반짝반짝 윤나게 닦고 소독약을 뿌렸다.

히로히토가 행차할 곳을 청결한 무균 상태로 만들고, 그를 감히 볼 수 없는 존재(모든 사람은 그를 똑바로 보지 않고 눈을 내리깔아야 했다)로 만들려고 하는, 거의 병적인 집념은 신도 사상의 바탕에 깔린 전제들을 알려주는 단서가 된다. 천황 즉위 의례와 그다음에 이어진 순행에는 정결과 부정, 순수와 불순, 자신과 타인 등 많은 것을 가르는 고정적인 이원론이 일관되게 깔려 있다. 1930년대부터 1940년대 전반에 걸쳐 이러한 매우 관념적이고 정서적인 이분법에서 다음과 같은 생각이 자연스럽고도 불가피하게 도출되었다. "우리 일본인은 인종적으로 순수한 국민으로서 세계와 대결하고 있다. 그렇기 때문에 우리의 전쟁은 정당한 성전聖戰이며, 우리의 승리는 동아시아에 '새로운 질서'를 세울 것이다."[56]

히로히토를 현인신으로서 정치와 궁정, 사회의 악과 격리하고 순수하고도 '신성하며 보이지 않는 존재'로 자리 매김하려면 연막과 거울, 그 밖에 다른 마법이나 적어도 얼마간의 은폐가 필요했다. 와카쓰키와 다나카 내각 시기에 궁중 세력이 히로히토의 정치 활동을 인민에게 감추었던 또 다른 이유가 여기에 있었다. 그들이 자신들과 섭정 히로히토의 정치 관여를 은폐한 이상, 히로히토가 즉위 후에 무수히 개입한 일에 대해서는 더더욱 그래야만 했다. 이 비밀 정치의 술책과 인민에 대한 기만의 결합,

권위주의적 체질, 그리고 개인적 책임의식 결여가 합쳐져 바로 쇼와 천황과 그를 지지하는 '천황파'의 특질이 되었다.

1928년에 거행된 쇼와 대례의 제의와 축전은 모든 면에서 일본의 정치 문화에 영향을 미쳤는데, 특히 관료나 교사, 경찰 등 공적 책임을 지는 자리에 있는 이들에게 일본의 기원 신화를 재주입하는 데 큰 힘을 발휘했다. 다이쇼의 연약함이 다이쇼 데모크라시의 대두를 촉진했던 데 반해, 히로히토의 즉위는 다이쇼 데모크라시의 종언을 재촉하고 제정일치라는 종교적 이상을 재생시켰다. 제의와 축전은 일본사회가 서양의 새 사상을 흡수하려는 것을 다시금 막고, 게다가 군림할 뿐 아니라 통치까지 하는 천황의 신격화가 완수되었음을 선언했다.

1928년 11월에 발행된, 대중적인 기업 잡지 『실업의 일본實業之日本』 특별호에는 교토의 식전에 초대되었던 많은 고관들이 천황 신격화에 대해 써 보낸 감상이 실렸다. 대일본제당 사장으로 귀족원 의원인 후지야마 라이타藤山雷太는 "이번 대례를 뵈옵건대 우리 폐하는 신의 아들이시며 우리 일본국민은 신을 항시 받들어 모시고 있다는 느낌이 들었다"[57]고 썼다. 또 궁내성 의전 담당 관리인 호시노 데루오키星野輝興는 다음과 같이 강조했다.

대례大禮 전체를 통해서 나타난 것은, 천황이 황조皇祖의 마음으로 천하를 다스리고 황조의 영험한 덕을 이어받으셔서 그 빛을 더욱 새롭게 하신 것으로, 우리가 수천 년 이래 마음과 머릿속 깊이 지니고 있는, 우리 천황 폐하는 신이시다, 살아 있는 신이시라는 신앙의 출발점이 되고 핵이 되는 것……[58]

히로히토의 즉위와 명백한 신격화 선언에 학자들도 강한 감화를 받았으며, 상당수 일본인은 이를 열광적으로 받아들였다. 히로히토는 자신이 '살아 있는 신'이며, 자신과 백성은 하나이므로 일본이 '신의 나라'라는 생각에 의문을 제기하는 일은 그 후로도 줄곧 자발적으로는 전혀 하지 않았다.[59]

역사학자 나카지마 미치오는 요코하마의 신문이 1928년 1월부터 이듬해 1월까지 게재한, 즉위식에 관한 사설을 분석해 즉위와 관련해 강조된 세 가지 논점을 확인했다. 첫째, 즉위식은 사람들에게 국민 도덕을 주입하는 좋은 기회이며 따라서 일본정부의 위험사상 대책에 이바지한다고 간주되었다.[60] 이 때문에 논설 기자는 한결같이 '부도父道' '모도母道'라는 '동양의 도덕'을 수용하자고 역설했으며, 어머니가 사랑을 구현하는 데 비해 아버지는 '도덕의 주체'라고 설명했다.[61] 남자, 적어도 일본 남자는 여자보다 도덕적으로 우월하다는 관념은 이 시대의 군주제주의자들이 선호한 생각이다. 그러나 국민 도덕의 지고한 가치는 천황에 대한 충의와 어버이에 대한 효행(충효)이었다. 여든 살 이상인 노인에게 천황이 술잔을 하사하고, 예순 살 이상인 노인에게는 시장 이하 각급 행정구역장이 경의를 표하는 것도 이러한 생각 때문이었다.[62]

둘째, 즉위식에 대한 일방적인 선전을 통해 '국체'가 근대 과학과 모순되지 않는다고 강조했다. 초기 국체 논쟁에서는 다수파가 국체와 근대 사상이 합치되지 않음을 강조했던 것에 비해, 주목할 만한 전환점이 드러난 것이다. 바야흐로 언론인들은 실제로 국체가 '근대 과학'과 부합한다고 주장했다. 과학의 진보는 나날이 "신을 공경하고 조상을 숭배함敬神崇祖, 군신일체, 제정일치, 충효일여忠孝一如 정신이 최고미最高美의 인간적 원리"임을 증명하고 있다는 것이다.[63]

사설의 셋째 논점은 쇼와 천황의 즉위식이, 젊은 일본이 전 세계의 중심이 되며 모든 인류를 이끄는 사명을 띠는 새 시대를 개척했다는 인식이다.[64] '청년 일본과 세계적 사명青年日本と世界的使命'이라는 제목이 달린 1928년 12월 1일 치 『요코하마무역신보横浜貿易新報』의 사설은 충의와 효행이 전 세계의 지도 이념을 이룬다며 다음과 같이 주장했다.

오늘날의 일본은 홀로 일본으로서의 소범위에 머물지 말고, 또한 동양의 일본으로서의 지위에 머물지 말고, 또한 세계의 일본으로서의 지위에 머물지 말 것이며, 실로 일본이 세계적인 사명을 짊어진 시대이므로 일본국이 중심이 되고 본체本体가 되고 지도자가 되어 전 세계를 이끄는 시대로 나아가고 있다.[65]

나카지마는 1928년의 요코하마 신문을 분석해 "훗날 파시즘 시기에 '팔굉일우八紘一宇'로 연결되는 논리를 이미 내놓고 있다"고 결론지었다.[66] 평화로운 세계 왕국에서 모든 나라가 해 아래 저마다 처할 곳을 얻어 일본의 지도에 따른다는 것은 에도 시대의 학자가 쓴 책에 잠들어 있던 발상이다.[67] 1850년대와 1860년대 일본이 외세에 문을 열던 시기에 팔굉일우는 다시 살아났으며, 일본의 천황은 항상 "선두에 서서 문명개화를 추진하는 카리스마적 정치 지도자"여야만 한다는 새로운 확신으로 이어졌다.[68] 이러한 확신은 메이지 천황의 치세에 그의 이미지에 줄곧 영향을 미쳤다. 1928년은 히로히토와 그 치세가 일본의 국가주의에 새로운 정기를 불어넣은 확장주의적인 신념, 곧 '팔굉일우'를 다시금 발견한 해였다. 1920년대 말 기나긴 즉위 과정은 명백히 민중의 거대한 기세와 열광을 끌어냈다.[69] 이 의식의 배경에는 글이나 그림으로 표현된, 예전의 군사적 승리(러일전쟁)에 대한 기억이 있었다. 그러므로 즉위 의례의 정점은 대외 전쟁의 승리를 경험하는 일이었다고 하겠다. 의심할 여지없이 즉위 의례는 인민을 천황과 국가 편으로 끌어들이고 황실이 지원하는 청년단체나 재향군인회, 지역 주민 조직, 우익 단체 등을 동원하는 데 커다란 역할을 수행했다. 그 사이에 일장기가 보급되었으며, 궁내성은 신新국가주의의 가장 중요한 상징이 될 천황 히로히토와 황후 나가코의 신성한 초상을 전국의 학교에 '하사'할 채비를 했다. 이 사진에서 히로히토는 새로운 대원수 제복을 입고 장식용 띠를 두르고 가슴에 훈장을 달았다. 황후는 목둘레선이 깊이 파인 부인용 양장[로브데콜테robe décolletée—일본어판]을 입고 장식용 띠를 매었다.

국민정신 동원 운동은 1928년 이후에도 이어져서 히로히토에 대한 긍지와 국민 스스로에 대한 자부심을 새로이 드높였고, 히로히토의 신성이 정치적 올바름을 가늠하는 시금석이 된다는 신념을 낳았다. 1928년 12월 1일, 다나카 내각은 '교학 진흥教学振興' '국체관념 양성'을 주창하는 「사상 선도에 관한 성명」을 냈다. 9개월 후, 다른 내각[하마구치 오사치浜口雄幸 내각—일본어판]이 섭정기 초부터 궁중 세력이 소망해온 사업에 착수했다. 반체제적 대중운동의 위험성과 "경제생활의 개선을 꾀하며 국력을 함양하는 일"에 대해 국민을 지도하고 계몽하는 정부 주도 운동이다. 이 교화동원 운동은 동시에 "국체 관념을 명징하게 하고 국민정신을 진작하는 일"도 선전했다. 이러한 다양한 목표에 맞춰 문부성은 곧 전국의 각 학교에 새로운 사상운동을 실시하라는 훈령을 발표했다.[70]

이와 같이 쇼와의 군주제는 대중에게 일본정신에 대한 신앙과 성스러운 통치자에 대한 깊은 경외敬畏와 존경(오히려 숭배에 가까운)을 주입하면서 이데올로기적으로 굳건해졌다. 이러한 일본 국가주의의 경향이, 대공황

전야인 1920년대 말, 이탈리아의 파시즘이 처음으로 국제적 관심을 불렀으며 독일의 나치당이 선거에서 약진하기 시작한 때에 발맞춰 등장한 점을 간과해서는 안 된다. 쇼와의 국가주의적 주장이나 망상은 처음에는 일반 인민 사이에서 일어난 것이 아니라 '위로부터' 시대의 문화적 조류 속으로 내려온 것이었다. 이것이 확산되는 과정에서 신국가주의는 신도의 정통 관념과 재결합하여 메이지 헌법 체제를 무너뜨려갔다. 히로히토의 치세 4년째에 접어들자, 전쟁과 제국주의적 팽창에서 비롯된 대중의 열광이 새로이 '아래로부터' 요소와 동기를 부여하여, 헌법 질서를 더욱 변질시켰다. 히로히토의 치세가 시작된 때에 이미 천황제 이데올로기는 명백히 좀먹고 있었으며 심리적 중압으로 작용하기 시작했다. 히로히토와 궁중 세력은 처음부터 황위에 대한 비합리적 신념에 활기를 불어넣으려고 최선을 다했다. 그들은 인민이 천황을 자신들의 도덕적 원천, 종교적 권위를 겸비한 정치 · 군사상의 전능한 통치자로 보도록 적극적으로 움직였다.

히로히토와 궁중 세력의 정치 활동은 일본의 국가주의를 한층 더 군사적인 것으로 만드는 방향으로 군주제를 재설정했다. 그들은 메이지 천황의 인격과 '덕'을 널리 드러나게 하여 과거 메이지 시대를 미화하고, 동시에 쇼와 천황을 찬미함으로써 1930년대의 천황 숭배 사상에 발판을 마련했다. 히로히토는 그 견인차였으며 히로히토 휘하에서, 그의 적극적인 장려에 힘입어 이 계획은 금세 궤도에 올랐다. 그리고 이전까지 다방면에서 분열을 거듭하여 고착 상태에 빠져 있던 일본의 정치를 바꾸어갔다.

더욱이 정당들의 세력이 절정에 달했던 시기였기 때문에 히로히토의 즉위 의례와 신격화는 현인신이자 대원수라는 그의 이중적 성격에 신비성의 강도와 힘을 더했다. 이들 의식은 일본 국내의 '데모크라시'와 평화주의, 국제적인 군비 축소 경향에 맞서 민중의 강력한 감정을 불러일으켰다. 히로히토와 그 측근들이 다이쇼 데모크라시 운동에 이러한 타격을 준 후에야 비로소 정당정치에 불만을 품은 군인들이 만주 침략을 감행했던 것이다.

천황제 이데올로기와 신화, 제사 의식에 기초를 둔 쇼와 시기의 국가주의를 엄밀히 '파시즘' 현상의 일환이라 해도 좋을지 여부는 역사학자들 사이에서 논의가 분분하다. 그러나 민족적 · 인종적 집단이, 숭배와 존경의 대상이 되는 인물을 빙자하여 신성시된 점은 공통된다. 군국주의와 독재, 전쟁에 대한 찬미, 그리고 젊음, 정신성, 도덕 재건, 국가적 사명 등을 강조한 점도 마찬가지로 공통된다. 일본이 한결같은 일본이었음은 분명하며 독자적이기도 했다. 히로히토는 선동이나 최면술로 대중을 조종하는 총통도 수령도 아니었다. 그러나 독일과 이탈리아도 이데올로기나 조직 구조상 동일하지는 않았다. 따라서 전체적으로, 1930년대에 개혁을 주장한 주요 파시즘 국가의 이데올로기적 유사성, 숭배 대상이었던 지도자들이 비슷하게 수행한 심리적 역할, 그리고 역사적 후진성 등과 같은 공통점을 이들 국가 간의 명백한 차이보다 중시해야 한다.

정치적 군주의 대두

1927년에는 만주를 둘러싸고 중국과 분쟁을 빚는 이야기가 다시금 신문의 1면에 등장했고, 쇼와 금융공황이 일어났다. 이들 두 가지 위기는 해를 더해감에 따라 더욱 심해졌다. 동시에 히로히토가 메이지 천황과 같은 카리스마적 권위를 지닌 군주라는 인상을 새로이 일본 인민 사이에 심고자 히로히토를 중심으로 즉위 의례가 거행되는 동안 군주제와 자본주의에 대한 비판, 곧 지식인들이 말하는 '사상 문제'가 확산되었다.[1]

해군 장교들이 국방에 대한 대립된 견해들을 상주上奏해 오는 것도 히로히토를 괴롭혔다. 워싱턴 해군감축조약을 반대하는 일파의 지도자인 해군대장 가토 히로하루加藤寬治는 히로히토에게 국방 권역을 확대하라고 압력을 가하기 시작했다. [1929년 11월 26일에-일본어판] 가토는 1923년 결정된 병력 규모가 허용하는 국토 근접 해역에 대한 방위 이상으로 "서태평양 방면에서 미국이 사용 가능한 해군력에 대항하여 일본제국 국토의 안전을 기할" 것을 강조했다.[2] 히로히토는 가토가 올린 상주의 내용을 허락하고 27일에 이를 가토에게 전했지만, 여전히 가토의 반대파인 조약파 쪽 주장의 손을 들어주었다. 조약파도 역시 강력한 해군력을 갖추길 바라며 해군 결전을 통해 승전한다는 원칙에 찬성했지만, 미국과 일본의 국력 차이를 고려하여 당분간은 수동적인 방위만 해야 한다고 주장했다.

통치를 시작할 때부터 히로히토는 해군 내부에서 지속된, 국방에 대한 의견 대립에 개입하는 것을 꺼려왔다. 공적인 생활에서 군사적인 측면에 대한 관심은 매우 높았으나 히로히토와 그 측근들은 이 시기에 내부 문제에 더 치중했다. 그들은 세대를 초월하여 이어질 천황의 계보에 히로히토의 발자취를 남기려 했다. 곧 그들에게 가장 중요한 과제는 히로히토의 '의사'가 정부의 행위에 반영되도록 하는 것, 군주의 권력을 회복하고 메이지 천황에 버금가게 권위 있는 천황이라는 강한 인상을 심는 것이었다.

서양에 대한 관계는, 이 시기 일본의 두 가지 외교적 과업인, 1928년 8월 체결된 켈로그-브리앙 협정과 1930년 4월에 맺은 런던군축조약을 근거로 하면 공조 정신이 남아 있었다고 할 수 있다. 그러나 변화의 조짐과 1차 세계대전 후 평화주의와 관용을 벗어나고자 하는 움직임도 동시에 시작되었다. 1928년 2월 20일, 확대된 선거법에 따라 치러진 첫 총선에서 진보적 개혁을 추구하는 좌익 정당이 여덟 석을 차지함으로써 지배 엘리트에 대항해 새로운 전선을 열었다. 그로부터 24일 후인 3월 15일, 다나카 내각은 전국적으로 공산당원과 노동·농민운동 지도자 1568명을 체포했다. 4월에는 교토와 도쿄, 규슈의 제국대학에서 처음으로 마르크스주의자인 교수들을 추방하기 시작했다. 6월 29일 다나카 내각은 헌법상의 통상적인 절차가 아닌 긴급 칙령에 의거하여, 1925년에 제정되었던 치안유지법을 개정해 '국체의 변혁'을 꾀하는 자를 사형에 처할 수 있도록 했다.[3]

총선과 뒤따른 탄압을 겪으면서 공산당원과 마르크스주의 지식인들은 새 천황을 억압자로 재규정하고 황위의 사회적 기능을 확인했다. 천황제 국가가 공산주의자들과 그 지지자들을 탄압하자, '천황제 철폐'가 새로운 당파적 표어로 떠올라 마르크스주의의 영향을 받은 지식인 사회에 확산되었다. 한편 외국에서는 6월 4일, 남만주철도 부속 지대를 수비하던 관동군 장교가 지방 군벌인 장작림張作霖을 살해했다. 이듬해인 1929년 젊은 천황 히로히토는 육군이 꾸민 이 사건을 불문에 부침으로써 육군의 불복종을 더욱 부채질했다.

　　일본군이 장차 범하게 될 전쟁 학살의 토대도 이 시기에 구축되었다. 1928년 다나카 내각은 생화학 무기를 금지하자는 국제의정서1925년에 만들어진, 질식성, 독성 또는 기타 가스 및 세균학적 전쟁수단의 전시 사용 금지 의정서(제네바의정서). 일본은 1970년, 한국은 1988년 가입했다―옮긴이에 대한 비준을 보류했다. 이듬해에는 추밀원이 군의 요구에 응해, '전쟁포로의 대우에 관한 제네바 협약' 비준도 보류했다. 추밀고문관들은, 천황의 병사는 포로가 되는 것이 용납되지 않는 이상, 포로 대우에 관한 조항이 지나치게 관대하여 절대로 실행할 수 없다는 육군대신과 해군대신, 외무대신의 주장을 받아들였던 것이다.[4] 특히 이 결정은 훗날 일본이 포로와 전사자 대우에 관한 국제조약의 효력을 부인하는 길을 열었다.[5]

　　히로히토의 치세가 시작되고 나서 얼마 지나지 않은 이 중요한 시기를 일기나 회고록에 담은 히로히토의 측근들, 곧 마키노와 가와이, 나라, 오카베는 이들 기록에 젊은 천황을 찬미하며 묘사했다. 그들은 히로히토가 정당에 이용되지 않았던 것에 대해 그것이 천황제의 본질에 적합하다면서 칭송했다. 또한 그들은 히로히토가 자기 아버지는 몸소 할 수 없었던 정치 지도자 역할을 해내려 결심한 것에 기쁨을 감추지 못했으며, 히로히토가 이를 잘 수행하도록 이끌고 있는 자신들의 수완에 만족을 표했다. 그러나 나라 중장의 기록을 보면 이 시기에는 아직 히로히토가 헌법이 보장하는 통수권을 군대에 직접 발동하는 일에 열성을 기울이지 않았음을 알 수 있다.

측근들의 일기를 보면, 히로히토가 정치 행위에 지속적으로 관심을 보였음을 알 수 있다. 역사가 제 갈 길을 가는 동안 그저 수동적으로 지켜보는 것에 만족하지 못한 그는 정당내각이나 추밀원의 결정에 관여해 정쟁政争을 간접적으로 중재했으며, 자기 편의를 위해 의회의 논쟁을 멈추게 한 일까지 있었다. 얼마 안 가 히로히토는 마키노와 측근들의 뜻에 따라, 메이지 천황조차 한 번도 시도하지 않았던 일을 단행했다. 육군대장이자 정우회 총재인 다나카 기이치 수상을 질책하여 사임으로 내몰았던 것이다. 이리하여 정당의 활동 근거가 되어온, 미노베가 전개한 '천황 기관설'이 깨졌다.

다나카와 정우회 정권을 친히 추방한 히로히토와 그 측근들은, 더 온건한 외교 방침을 채택한 민정당의 총재 하마구치 오사치浜口雄幸를 전면적으로 지지하여 1929년 7월 다나카의 후임으로 지명했다. 하마구치가 개각을 실시하고 몇 개월이 흐른 1930년 4월, 천황 히로히토는 측근들과 사이온지의 찬성을 얻어, 해군 군비 축소 문제에 대한 군령부장 가토, 군령차장 스에쓰구末次의 진언을 뿌리쳤다. 영미는 만약 일본이 워싱턴조약이 규정하는 군함 비율에 따르지 않는다면 해군 동맹을 맺어 일본에 맞설 것을 시사했으나, 군령부의 가토와 그 지지자들은 런던에서 이루어지는 협상의 최종 타결을 방해하고자 했다. 그들은 "중순양함의 톤수를 영국과 미국이 각각 보유한 순양함의 70퍼센트 이하로 제한"하는 것을 거부했다.[6] 가토가 조약파인 해군대장 오카다 게이스케岡田啓介에게 말한 바에 따르면 그의 생각은 "이 문제는 해군의 사활이 걸린 것으로 정부의 운명보다도 중대하다는 사실을 결의해주었으면 한다"는 것이었다.[7]

가토와 마찬가지로 정당정치를 불신하고(가토는 정당을 '유대인화한 조직'이나 '우리 안의 적인 유대인' 따위로 불렀다) 1930년대 정치에 대한 해군의 노골적인 간섭을 지지한 사람들로 육군중장 아라키荒木 외에 오가사와라와 도고가 있었다.[8] 네 사람 모두 민간의 초국가주의 이론가들과 관계가 깊었으며 군부대신이나 의회, 추밀원, 그리고 〔후시미노미야를 통해〕 궁정에 영향을 미칠 수 있었다. 그러나 하마구치가 가토나 스에쓰구, 도고에게 굴하지 않고 궁중 세력이 밀어붙이는 대로 순양함 톤수 비율에 대한 타협을 수용했기 때문에 그들의 노력은 결실을 보지 못했다. 정우회는 곧바로 군부와 손잡고, 군령부의 승낙을 받지 않은 채 조약에 조인한 것은 천황의 '통수권'을 침해한 짓이라며 하마구치 내각과 궁중 측근을 공공연하게 공격하기 시작했다.

정우회 지도자들은 민정당 내각을 타도할 작정이었다. 궁중 세력이 다나카를 사직하게 만들었던 데에 분개하여, 정우회 지도자들은 하마구치와 마키노, 스즈키, 가와이 등 '군주 주변의 간신배들'이 군비 축소에 가담함으로써 중국에서 일본이 누릴 권익을 영미와 '공조'하여 막아버렸다고 규탄했다. 정우회 소속 정치가들은 군령부장이 천황에게 상주하는 것을 시종장 스즈키가 중간에서 저지했으며, 정부는 그릇된 국방 정책을 추구하고 있다고 판단하고 과격한 국가주의 풍조를 조장했던 것이다.

한편으로 언론, 예술, 그리고 정치 외교상의 여러 상황들이 한데 어우러져 일본사회에 새로운 분위기를 조성하고 있었다. 다이쇼 시대에는 청일전쟁과 러일전쟁에서 거둔 승리가 언급되는 일이 비교적 적었다. 그런데 군부는 20주년 기념행사를 거행한 지 겨우 5년 만인 1930년에 다시 25

주년 기념행사를 열었다. 그동안 대중의 감정을 자극하는 기념 기사와 서적, 화보집, 연극 들이 나와, 러일전쟁과 러시아에 대항해 '하늘의 도움神業'으로 일본을 구한 제독들에 대한 국민적 관심을 불러일으켰다.[9] 이런 작품들에서는 아직도 현역인 도고와 1904년에 여순항旅順港 2차 폐쇄작전에서 전사하여 해군중령으로 승진한 히로세 다케오広瀬武夫가 '군인의 귀감'이며, 단순한 전쟁영웅이 아닌 '군신軍神'으로서 다루어졌다.[10] 1930년, 도쿄의 가부키좌歌舞伎座에서는 〈여순포위록旅順包囲録마쓰오 쇼오松居松翁-일본어판〉이 상연되어 여순 전투에서 두 자식을 잃은 노기乃木가 등장했다. 극중 러시아 장군이 노기에게 동정의 뜻을 표하자 그가 "나는 아들들과 함께 도쿄로 돌아올 수 없었소. 아비로서 내 아들들이 천황을 위해 목숨을 바친 것을 기쁘게 생각하오"라고 답하는 장면이 나왔다. 그때 열광한 관중은 열렬한 갈채를 보냈다.[11]

구체적인 기억들을 소재로 한 문학의 엄청난 마력 덕택에, 메이지 시대 말기의 전쟁을 망각했던 오랜 시대는 막을 내렸다. 1904~1905년의 전쟁을 경험한 부모를 둔 어린이와 청년들은 일본을 대륙국가로 밀어올린 이 전쟁에 대하여 많은 것을 알게 되었다. 반군국주의는 종식되고 정반대의 정신으로 새로운 시대가 열렸다. 도고 원수와 노기 대장 같은 '군신', 젊은 천황의 '성덕聖德'이라는 신화에 희망을 걸고 제국에 대한 강력한 재확인이 시작되었다.

동시에 국정의 무대 전면에서 군령부와 정우회 간부, 추밀고문관 들이 1930년 4월 22일 일본이 영국, 미국과 체결한 런던해군감축조약에 대한 대중의 반감을 부채질했다. 조약은 체결국들의 주력함 수를 제한하고 각국이 건조할 수 있는 순양함 이하의 보조함 규모에 처음으로 제한을 가했다. 일본의 모든 권력 집단은 애초에 모든 보조함에 대하여 미국의 70퍼센트를 확보하겠다고 공언했다. 그러나 최종적으로 그들은 보조함과 잠수함 톤수 모두 미국의 69퍼센트 비율에 맞추기로 타협하고 6년 후에 조약을 재검토하는 데 동의했다.[12]

조약이 도쿄에서 비준된 지 두 달 후인 11월 14일, 히로히토가 오카야마岡山 현에서 실시된 육군 특별 대연습을 지휘하고 있었을 때, 우익 폭력배인 사고야 도메오佐郷屋留雄가 도쿄 역에서 하마구치 총리를 저격하여 치명상을 입혔다. 범인은 정우회 소속 국회의원인 오가와 헤이키치小川平吉가 지원하는 애국사愛国社에 속해 있었다. 궁내대신인 이치키一木에게서 사건 개요와 하마구치의 상태를 전해 듣고서 히로히토가 맨 먼저 생각한 것은, '입헌정치'는 계속되어야만 한다는 것이었다.[13] 해군 측이 조약에 반대하여 퍼뜨린, 악의가 담긴 선전과 그 영향을 직격탄으로 받아 벌어진 저격 사건에 대해 히로히토가 어떻게 느끼고 있었는지는 알려지지 않았다. 어쨌든 이듬해 여름, 하마구치는 결국 이 사건이 원인이 되어 만주사변이 일어나기 직전에 죽음을 맞게 된다.

1930년대의 첫 정치적 암살 사건인 이 일 때문에 궁정과 정당내각 사이의 짧은 우호 시기는 막을 내렸다. 바야흐로 일본제국의 마지막 정당내각이 들어섰다.[14] 군부가 '통수권'이라 할 새로운 권한의 칼을 갈고, 또한 대중이 이를 지지하여 새 시대가 시작된 것이다. 육군대신, 해군대신과 통수부 사이에는 군비 축소 문제를 둘러싸고 여전히 팽팽한 대립이 있었다. 장교단의 규율은 갈수록 해이해져, 육군은 제도적 존재로서 지녀야 할 통제 기능을 급속히 잃기 시작했다. 천황 숭배에 불이 붙자 모든 차원에서 국가정치 논의의 수준이 낮아졌으며, 나아가 공중도덕이 저하된 사실은 말할 필요도 없다.

이처럼 히로히토와 그 측근들이 앞서 1929년 다나카를 해임하고, 다음에는 런던군축회의에서 외교상의 실패를 범하느니 국내 엘리트 간의 합의를 파탄시키는 길을 선택하는, 전례 없는 경솔한 방식으로 권력을 행사한 것은 쇼와 초기의 일본에서 사회·경제적인 불만을 안고 있던 사람들의 분노를 일으켰다. 정치의 정점에 선 최고 위정자를 포함해 궁중 세력은 자신들이 정당정치의 붕괴를 촉진하고 있다고는 상상조차 하지 못했다. 그러나 그들이 독자적인 정치 노선(다나카는 곧잘 무시하고 하마구치는 적극적으로 추진했던)을 추구함에 따라, 섭정기에는 없었던 불안정한 요인들이 도입되고 말았다.[15] 히로히토가 권위를 발휘하면 할수록 통치 지배층 사이의 균열은 확대되어만 갔다.

I

국내외의 많은 관중 앞에서 즉위 대례가 거행되는 동안 히로히토는 그역할 전환의 일환으로, 거처와 집무실을 메이지 궁전으로 옮겼다. 메이지궁은 미리 자신과 가족의 편의에 맞춰 보수해두었다.[16] 이에 따라 도쿄의정국은 더욱 장막에 가려져 밀의密議의 도를 더해갔다.

1928년 4월 23일부터 5월 7일까지 제55차 제국의회가 개최되었는데, 이는 궁중 세력과 다나카가 두 번째로 충돌하는 계기가 되었다. 다나카가개각을 실시하면서 초선의원이며 실업가이자 위험한 우익 과격파로 추정되는 구하라 후사노스케久原房之助를 입각시킨 것, 다나카의 의회 관리 능력 문제, 그리고 의회 진행에 대한 그의 허위 보고를 히로히토가 우려한점 등, 이 시기에는 문제가 많았다. 히로히토에게는 독자적인 정보 수집망이 있어, 다나카 내각이 당파 갈등 때문에 암초에 걸려 의회를 효과적으로 관리하지 못하는 것을 알고 있었다. 히로히토는 마키노에게 다나카의 보고가 부적절하며 '성지聖旨'가 악용되고 있다고 수차례 불만을 내비쳤다. 결국 가와이는 천황의 이러한 뜻을 다나카에게 전하는 사태에 이르게 된다.[17]

헌정에 관여하려는 히로히토의 열망이 충족되려면 총리가 천황의 뜻을 절대 비밀로 지킬 필요가 있었으나 다나카는 이를 지키지 않았다. 다나카는 총리에 취임한 지 약 1년 동안, 제55차 의회가 폐회된 후 일주일이 지난 뒤인 1928년 5월 14일 결정적인 단계를 맞이할 때까지 정우회에 대한 자신의 정책을 천황과 그 측근, 원로 사이온지 등에게 맞추고자 해왔다. 마키노의 비서관장 가와이가 이날(5월 14일) 쓴 일기에서는 궁정이 다나카의 행위에 완전히 실망했음을 엿볼 수 있다.〔5월 13일 다나카는 사이온지를 방문하고 돌아오는 차 안에서, 기자들에게 내무대신을 교체한다는 사실을 밝히고 그 밖에 현재 정국에 대하여 천황의 의사를 확대 해석한 견해를 피력했다. 이것이 그날 아침 바로 보도되었다—일본어판〕

오늘 아침 신문에, 수상이 사이온지 공을 방문하고 나눈 담화의 요점이라 할 수 있는 직접 대화가 일제히 게재되었다. 정말로 수상이 한 말이라면, (1) 이런 것을 공표하는 것은 사리를 모르는 것이다, (2) 입헌정치에 관여할 자격을 의심하지 않을 수 없다, (3) 사려가 부족하고 치기稚氣가 걱정스럽다. 사이西 공의 뜻을 이해할 수가 없다. 따라서 이보다 더 국민을 실망시키는 일은 없다고 할 것이다.[18]

가와이가 이렇게 쓴 지 얼마 되지 않아, 정우회 소속 정치가로 다나카 내각의 문부대신인 미즈노 렌타로水野鍊太郎가 구하라의 입각에 반대하여 사표를 제출했다. 이튿날, 재조직된 지 얼마 되지 않은 다나카 내각이 붕괴되는 것을 막으려고, 히로히토는 미즈노에게 사표를 철회하라는 뜻을 간접적으로 전했다. 5월 23일, 미즈노는 '천황의 간곡한 분부'에 따라 유임을 결심했다며 사표를 철회했다. 미즈노의 이 발언은 중요한 정치 문제로 급부상했다. 천황이 민정당을 제치고 정우회 편에 선 것으로 해석되었기 때문이다. 민정당은 정우회가 정권에 눌러앉으려고 천황의 뜻을 부당하게 이용한다며 비난하고, 당 내에 어지御旨 원문은 優詔(유조). '천황이 신하에게 내리는 말씀'을 뜻한다—편집자 문제실행위원회를 설치했다. 이 위원회에서는 입헌정치와 국체를 옹호하는 일대 국민운동을 개시하기로 했다.[19] 민정당은 그 목적을 "단연 우리는 황실 중심 기조, 국체 옹호를 위해 다나카 내각의 타도를 기한다"라고 애매하게 표현했다.[20]

만약 이때 히로히토가 미즈노 문제를 숙고했더라면 자기 자신의 존재에 본질적인 모순이 있음을 깨달았을 터이다. 그 와중에 왜 히로히토가 정치에 개입하는 것은 절대로 비밀이어야만 하는가 하는 문제에 대해 더욱 적절하게 인식하게 되었을지도 모른다. 그러나 히로히토는 아직 젊었으며, 그만큼 경험이 부족한 탓에 성찰할 마음이 손톱만큼도 생길 여지가 없었다. 이윽고 그는 자신의 어려운 처지에 대해 얼마간 통찰력을 얻었으며, 이 때문에 신경질도 심해져간다. 오랜 세월에 걸친 심리적 중압은 신성한 군주제 그 자체와, 히로히토 자신과 일본 인민들 사이에 부지불식간 깊이 파고든 알력에 뿌리를 두었다.

국체를 둘러싼 정치 논쟁이 다시 불거져 궁중 세력이 모든 면에서 다나카 내각과 대립하는 사이, 그 후의 중일 관계와 일본의 정책에 오래도록 영향을 미친 네 가지 사건이 잇따라 일어났다. 히로히토는 이러한 모든 사건의 중심에 서 있었다. 곧 제남濟南 사건(1928년 5월)과 관동군 참모장교가 저지른 장작림 암살(같은 해 6월 4일), 켈로그—브리앙 협정 조인(같은 해 8월 27일), 그리고 1928년 후반에 걸쳐 공적인 영역에 천황 즉위와 신격화 이데올로기가 도입된 것이 바로 그것이다.

Ⅱ

1927년 3월 24일, 중국 국민혁명군 병사들이 남경에 있는 일본영사관을 습격하여 영사를 폭행한 사건이 발생했다. 그들은 미국영사관과 영국영사관이 들어 있는 건물도 습격했다. 같은 날 늦은 시각에 영미의 군함이 장강(양쯔 강)에서 시내를 포격했다. 일본 신문들은 곧바로 이 남경 사건을 선동적으로 보도했다. 서양인 여섯 명이 사망하고 일본의 권익이 침해되었지만 일본은 이때 군대를 파견하지는 않았다. 히로히토는 이 사건이 일어났을 때 한창 아버지 다이쇼 천황 사후의 공식 복상 기간이었는데, 중국 내전에 대한 일본의 첫 군사 간섭을 재가했다. 5월 28일과 7월 8일, 두 차례에 걸쳐 히로히토는 육군이 중국 산동성에 군대를 파견하는 데 동의했다. 파견 명목은 북경(北京: 베이징)을 향해 북상하는 국민당 소속 병사들이 일본인 거류민을 해치지 못하도록 막겠다는 것이었다. 그로부터 1년도 채 지나지 않은 1928년 4월 19일, 히로히토는 다시 출병을 재가했다. 이때에는 육군중장 후쿠다 히코스케福田彦助가 이끄는 제6사단 소속 5000명이, 일본의 방적업이 집중해 있으며 한때 일본 점령지였던 산동성의 청도靑島를 향했다. 히로히토는 이를 재가할 때 우선 시종무관장 나라에게, 군사 개입을 하면 1920년 러시아 극동 마을 니콜라옙스크(오늘날의 푸가초프)에서처럼 일본인 학살이 일어나지는 않겠느냐고 물었다. 나라는 그렇지 않을 것이라고 답했다.

그러나 후쿠다는 청도에 도착하자 바로 내륙의 제남濟南으로 (철도를 이용해) 진군할 것을 독단으로 결정해버렸고, 그 결과 며칠 후에는 일본군과 국민혁명군 사이에 첫 번째 충돌이 일어났다. 이어서 5월 8일, 히로히토는 주저하지 않고 2000명 정도 되는 일본인 민간인들을 보호하고자 제남에 증원 부대를 파견할 것을 재가했다. 그는 후쿠다가 자신의 권위를 홀대한 것은 문제 삼지 않고, 오히려 다나카 수상에게 암암리에 분노를 품었다.21 제남 사건은 1929년 초까지 질질 끌었다. 그사이 제남의 중국인 시민들은 1만 7000여 일본군의 공포정치에 떨어야 했으며 중일 화해의 기운은 물거품이 되었다. 히로히토의 눈에는 이 사건 또한 총리로서 다나카의 무능함을 드러내는 것으로 비쳤다.

네 번째 산동 파병을 재가한 지 한 달도 채 지나지 않은 6월 4일, 육군 대령 고모토 다이사쿠河本大作를 중심으로 한 관동군 상급 참모장교들이 중국의 군벌이자 지역 패권자인 장작림을 암살했다. 다나카의 만주 정책은 장작림과 맺은 관계를 기초로 전개되고 있었다. 이 사건과 총리의 부적절한 조치 탓에 만주는 일본과 국제사회의 정치적 혼돈에 휩쓸리고 말았다. 오랫동안 다나카와 정우회 내각을 통째로 갈아치우고 싶어하던 젊은 히로히토와 그 측근들에게 이번 사건은 좋은 기회가 되었다.

관동군의 발표와 달리 사건의 진범은 중국 남방군의 무뢰한이 아니라 관동군 장교들이라는 사실을 가장 먼저 눈치 챈 것은 민정당 간부들이었다. 궁내 고관들도 9월 초에는 일본군 장교들이 범죄를 저지르고 중국군에 덮어씌웠다는 사실을 눈치 챘다.22 장작림을 제거하고 싶어하던 육군 상층부가 사건 추적을 꺼리고 전모가 폭로되지 않기를 바랐기 때문에, 다나카는 홀로 느릿느릿 진실에 다가가게 되었다. 1928년 10월에 비로소 다나카는 진상을 파악하고, 범인을 벌하고 육군 규율을 회복하고자 결심했다. 그러나 다나카의 각료들과 육군은 암살 책임을 명확히 하는 일을 강력히 반대했다. 육군대신 시라카와 요시노리白川義則와 부총리 격인 철도대신 오가와 헤이키치의 주도하에 각료들은 대對다나카 연합을 결성하여, 사건을 공표하면 황실에 해롭고 중일 관계도 더 나빠져 중국에서 일본이 갖는 특수 권익에 손해를 입게 될 것이라고 주장했다. 또한 그들은 사건을 의회에 보고하는 데에도 반대했다.

내각 내에서 고립된 다나카는 사이온지의 지지도 있고 하여 어쨌든 일을 추진하기로 했다. 1928년 12월 24일에 다나카는 천황에게 정식 보고를 올렸다. 이때 그는 범인을 군법회의에 회부하고, 육군을 숙정하며, 규율을 바로잡을 작정이라고 말했다. 이튿날, 다나카는 마키노와 진다가 자기를 도와줄 것이라 오해하고 이들에게도 똑같은 말을 했다. 그러나 다나카의 상주 내용이 알려지자 각료들은 군법회의를 소집하는 데 반대하고, 군 행정상의 사건으로 처리할 것을 요구했다. 12월 28일, 육군대신 시라카와는 천황에게 육군이 장작림 살해 사건을 조사하겠다고 보고했으나 군법회의에 대해서는 언급하지 않았다.[23]

1929년 초, 제56차 제국의회가 소집되었으나 반대당은 사건에 대한 해명을 정부에 추궁하지 않았다. 그들은 이미 진상을 알았거나 적어도 짐작은 하고 있었지만, 어쨌든 사건 전모가 밝혀지는 것은 바라지 않았다. 특히 민정당은 군의 의향을 배려하기를 바랐다. 차기 내각을 세울 때 군의 지지가 필요하기 때문이었다.[24] 한편, 천황과 그 측근들은 다나카가 사건에 대한 책임을 지는지 여부만을 주시했다.

1929년 1월 17일, 천황은 시라카와에게 사건을 조사하도록 촉구했다. 이틀 후, 천황은 다나카에게 의회 대책 방침을 물었다. 2월 2일, 그는 다시금 다나카에게 조사가 어떻게 진전되었는지 물었고, 총리는 내각이 장작림 사건을 책임질 의사가 없음을 내비쳤다.[25] 한 달 후인 3월 4일, 마키노는 비서관장인 오카베 나가카게岡部長景에게, 다나카는 이미 천황의 신임을 잃었으며, 천황은 다음 보고를 받는 자리에서 그를 질책할 생각이라고, 사이온지에게 전하도록 명했다.[26] 이 무렵 다나카는 이미 육군 전체가 자신에게 대항하고 있다는 사실, 따라서 자신이 양보하여 육군을 궁지에서 구하는 방법 외에는 수가 없음을 깨닫고 있었다. 그 결과 내각은 사건을 은폐하고, 육군이 행정 문제로서 이를 다루게 하기로 결정했다.

3월 27일, 육군 대신 시라카와는 내각의 결정을 히로히토에게 보고했다. 그는 고모토 대령과 관동군 사령관 무라오카 초타로村岡長太郎가 죄를 지은 것은 사실이지만, 사실을 공표하고 이들에게 살인을 저지른 책임을 물어 엄벌에 처하는 것은 일본의 이익에 반하는 일이라고 말했다. 여태까지 그런 적이 없었던 히로히토도 이때는, 대중을 호도하고 관계자에 대한 처벌을 단순한 행정처분에 그치도록 하자는 육군의 방침을 허락했다.[27] 이리하여 히로히토와 마키노, 그리고 스즈키는 육군의 명성에 흠집을 내지 않으려는 시라카와 일파의 편에 섰다. 이로써 그들은 의도하지는 않았더라도 중국에서 일본의 권익을 지키고자 더욱더 침략을 꾀하려는 세력을, 명백히 부추겼던 것이다.[28]

훨씬 나중에 히로히토는 그 유명한 독백록에서, 다나카가 찾아와 장작림 사건을 "무마하겠다"고 말했을 때, 화가 나 사임을 요구했던 것은 "젊은 혈기의 소치"였다고 했다.[29] 히로히토 자신도 이 암살 사건을 무마하기 바랐던 사실은 편리하게도 생략해버렸다. 다나카에게 무슨 말을 해야 할지 측근들과 조심스럽게 준비했던 사실도 빠뜨렸고, 1929년 6월 27일 다나카가 올린 두 번째 비공식 상주가 어떠한 질책의 이유도 되지 않는다는 것도 그러했다. 히로히토는 그를 질책하고 다나카 내각을 타도하려고 작정하고 있었다. 이 때문에 그는 두 장교가 범한, 기본적으로 행정처분을 할 일이 아니었던 군사상의 범죄를 처벌하는 문제에 대해 대원수로서 헌법상 져야 할 책임을 회피했던 것이다.

히로히토는 독백록에서 조력자들에 관해 이야기하면서 어떻게 다나카를 사임케 했는지 언급한 다음, 어째서 궁중 측근들에 대한 비난이 터져 나왔는지 설명하려 했다. 이 부분에서 '궁중의 음모'를 비판하는 데 대해 히로히토가 아주 민감하게 반응했음이 드러난다. 이후 궁중의 음모는 세간에 유포되어, 황실이 항상 정치 바깥 편에 있다는 편리한 허구의 효과를 떨어뜨렸다. 1928년 5월 다나카의 개각을 통해 체신대신이 된 구하라 후사노스케는 사실을 말해 히로히토의 기분을 상하게 했다. 구하라는 '국체'를 수호하지 않고, 다나카를 '동정'했다는 것이다. 히로히토는 다음과 같이 썼다.

중신 '블럭'이라는 말을 만들어내, 내각을 쓰러뜨린 것은 중신 등 궁중의 음모라고 퍼뜨리고 다니기에 이르렀다.

이렇게 만들어진 중신 '블럭'이라든지 궁중의 음모 따위 이상한 말이나 이를 [사실로] 받아들여 한을 품는 일종의 분위기가 빚어진 것은 나중에까지 커다란 화를 남겼다. 바로 2·26사건도 이 영향을 받은 점이 적지 않은 것이다.

이 사건이 일어난 이후, 나는 내각이 상소하는 것은 설령 내게 반대의견이 있더라도 재가하기로 결심했다.

다나카에 대해서는, 사표를 내지 않느냐고 말한 것은 '비토veto, 거부권 행사─옮긴이'가 아니라 충고였지만, 이때부터 내각의 결정에 대해

의견은 말하자만 '비토'는 하지 않기로 했다.[30]

다나카 사임 이후, 히로히토는 정치에 개입할 때 그 시기를 더 신중하게 선택했다. 그러나 그 자제심의 정도는 (헌법이 아니라) 경우와 상황에 따라 좌우되었다. 게다가 히로히토는 다나카에게 내린 처사로 말미암아 정우회가 깊은 울분을 품었다는 것도 전혀 알지 못했던 것 같다.[31] 또한 그는 1929년 이래 군부와 우익이 끊임없이 궁중을 정치적으로 공격한 것은, 자신과 궁중의 조언자들이 적극적으로 정치에 관여한 데다 천황의 의지는 당연히 내각과 다르리라는 맹신을 되살린 대가라는 점도 인식하지 못했다.[32] 진정한 '입헌군주'라 할지라도, 입헌군주제가 요구하는 것이 내각의 모든 보고를 윤허하는 군주라고는 생각지 않을 것이다. 그러나 히로히토의 입헌군주상은 '빈약'했으며, 중의원을 통해 제시되는 국민의 의사에 대한 배려 따위는 안중에 없었다.[33]

총리대신인 다나카를 되풀이 비판하다가 결국에는 축출함으로써 천황 히로히토는 정우회 내각이 자신의 통치와 어울리지 않음을 정계에 내비쳤다. 그러나 또 다른 보수 정당인 민정당에 대한 히로히토의 대응은 180도 달랐다. 그는 1929년 7월 민정당 총재 하마구치를 총리라는 중책에 앉혔다.

하마구치는 다나카의 실책에서 교훈을 얻어, 정책을 실행하기 전에 젊은 천황에게 모든 것을 설명하리라 다짐했다. 더욱이 하마구치의 개인적 가치관이나 군비와 재정상의 긴축이라는 정책 목표는 충분히 받아들여질 만한 것이었다. 이 시기의 궁중 세력은 하마구치가 시데하라를 외무대신으로 다시 불러들여 중국 민족주의 세력과 절충을 이루고 중국과 관세 협정을 체결하자는 데에도 찬성했다.

그러나 공교롭게도 하마구치 내각이 성립된 지 몇 개월 후, 세계 굴지의 채권국이자 상품시장인 미국의 주식시장에서 1929년 10월 24일 대폭락이 일어나 금 본위 국제금융시장이 붕괴되고 말았다. 전 세계 경제는 금세 유례없는 공황에 빠져 기존의 세계질서에 심각한 영향을 미쳤다. 이러한 와중에, 일찍이 히로히토가 육군의 불복종을 방임하고 그를 진정한 입헌군주로 대우한 총리만을 면직했던 일은 만주의 젊은 육군 장교들에게 자기들이 독단으로 일을 처리해도 된다는 느낌을 가지게끔 했다.

그들 중 소수 집단이 바야흐로 그것을 실행에 옮겼다. 1928년 6월의 장작림 암살 사건부터 1929년 7월 초에 단행된 다나카 내각 총사직까지의 시간 사이에, 고모토 대령은 관동군 고급참모직을 사임했다. 후임으로 온 육군중령 이시하라 간지石原莞爾는 만주사변 계획을 입안하는 데 착수했다. '총력전'이 가능하도록 국가의 개혁을 주장하는 중견·고급 장교들은 조직적 결속을 다지고 우익 세력과 연계를 강화했으며, 다나카의 정우회도 (모리 쓰토무森恪의 적극적인 주도로) 군부·우익과 힘을 합쳤다.

1928년 12월 29일, 장작림의 아들이면서 후계자이며, 동3성(東三省, 만주)중국의 동북 지방을 형성하는 요령성(遼寧省), 길림성(吉林省), 흑룡강성(黑龍江省)을 말한다—편집자의 군벌인 장학량張学良은 남경 국민정부와 통합했다. 중국 통일이 형식적으로 완성되자 일본에서는 새로운 침략 세력이 세를 규합하며 무대에 등장하고, 국제 공조와 대중 타협 정책을 추진하는 진영은 중립적인 자세를 취하게 되었다. 1929년부터 히로히토의 치세 동안 두드러진, 궁중에 대한 군부와 우익의 정치적 공격이 정치에 종교를 침투시켜 천황의 뜻을 무엇보다 숭앙하도록 만든 데 대해 치러야만 하는 대가였다는 사실을, 천황도 그 측근들도 전혀 이해하지 못했다.

III

1928년 8월 27일, 일본은 '전쟁 포기에 관한 조약'의 체결국이 되었다. 이는 서양에서 켈로그−브리앙 협정(또는 파리협정)이라는 이름으로 알려졌고, 일본에서는 부전조약不戰条約이라 한다. 협정 체결국들은 전쟁을 '국가 정책의 수단으로' 삼는 것을 포기하고, 평화로운 수단으로 모든 분쟁을 해결하자고 약속했다. 워싱턴회의에 바탕을 둔 국제 조정 정신을 구체화하는 작업의 일환으로 프랑스와 미국은 이 조약을 일본에 제안했다. 다나카 내각은 이를 받아들여 추밀고문관 우치다 고사이內田康哉를 파리에 파견하면서, 조약에 조인할 때 미국을 비롯한 주요 나라에 만주에서 일본이 차지한 특수한 지위에 대해 설명하도록 훈령했다. 그러나 우치다는 일본의 영토적 야심에 대해 다른 나라들이 의심할 것을 우려하여, 만주를 이 조약의 대상에서 제외해야 한다고 언명하지는 않았다.[34]

일본에서 이 조약이 어떻게 처리되었는지를 보면 국제법에 대한 궁중세력의 자세가 잘 드러난다. 켈로그-브리앙 협정에 조인함으로써 일본정부는 '침략전쟁'이 국제법상의 범죄라는 관념을 인정한 셈이었다.[35] 두 조항으로 구성된 이 조약의 제1조에서 체결국은 "국제분쟁을 해결하려고 전쟁에 의지하는 것은 잘못이라 하고, 동시에 상호 관계에서 국가의 정책 수단으로서 전쟁을 벌이는 일을 포기한다고 각국 인민의 이름으로" 서약했다. 제2조에서는 "상호간에 일어날 수 있는 일체의 분쟁이나 의견 대립은, 그 성질이나 원인을 불문하고 평화적 수단"으로 해결할 것을 합의했다.[36] 다나카 내각이 이 짧은 조약을 의회에 제시하자 "각국 인민의 이름으로"라는 어구가 금세 논의의 대상이 되었다.[37]

1차 세계대전 후 평화운동이 일어나 전쟁을 범죄시하는 사상을 낳았던 미국에서는 켈로그-브리앙 협정이 지식인과 대중에게서 널리 지지를 받았다.[38] 만일 천황이 그 위신威信을 발휘하여 침략전쟁 위법화를 스스로의 과제로 삼았더라면 일본에서도 마찬가지로 고루 지지를 얻을 수 있었을 것이다. 그러나 그렇게는 되지 않았다. 오히려 조약은 만주에서 전개된 위기에 곧바로 부딪혔고, 인민과 천황을 한데 묶어 국가의 정치적 분열을 극복하며 군부를 헐뜯어온 10년 세월을 청산하고 군인정신을 고양하려는 관제 운동에도 정면으로 충돌했다.

게다가 천황의 주권과 외교상의 권한이라는 두 가지 문제를 둘러싸고 논쟁이 벌어지는 바람에, 조약의 중요성은 그 빛이 바래고 말았다. 1929년 연초, 야당인 민정당은 부전조약 제1조에서 체결국이 전쟁 위법화를 천황의 이름이 아닌 "인민의 이름으로" 요구한 것은 천황의 국가주권을 침해한 일이라 하여 다나카 내각을 규탄했다.[39] 민정당과 정우회는 조약의 내용에 대해서는 모두 찬성이었다. 그러나 민정당은 조약 제1조에 나온 표현이 군주 주권이 아닌 인민 주권을 전제로 하며, 이 때문에 '국체'에 맞지 않다고 주장, 여당에 대한 공격의 고삐를 늦추지 않았다.

조약을 둘러싼 의회의 논쟁은 이처럼 외교 정책을 형성하는 데 인민의 의사를 반영하지 않겠다는 통치 지배층 간의 합의를 표면화시켰다. 이는 동시에 정치적 고려 과정 그 자체에 논리적으로 중요한 변화가 일어났음을 암시했다. 지금까지는 천황을 정치에 끌어들이지 않으려 했지만 이제 '황실에 누를 끼치는 정쟁' [지은이가 영어로 표현한 바에 따르면 '밤낮없이 황실을 들먹이는 정쟁Fighting night and day by implicating the imperial house' —옮긴이]으로 넘어간 것이다.[40]

또한 일본에서 부전조약이 제대로 수용되지 못했던 까닭은 히로히토가 이 문제에 대해 외교 및 국제법 교사인 다치 사쿠타로立作太郎의 조언을 받았기 때문이기도 했다. 당시 다치는 조약의 의도와 중요성을 공공연히 비난한 바 있었다.[41] 히로히토는 서양 각국과 공조를 유지하기 위해, 의회가 주권 논쟁을 끝내고 조약을 비준하기를 바랐던 것이 분명하다. 1929년 3월부터 6월 초까지 히로히토는 기회가 있을 때마다 의회와 추밀원에서 조약 문제가 어떻게 되어가느냐고 다나카 수상에게 물었다.[42] 그러나 그는 (치세 중에 기한이 끝날 것으로 생각되는) 일본의 만주 지역 조차권租借權을 둘러싸고 중국과 벌일 모든 분쟁을 이 조약이 정한 평화적 수단에 따라 해결해야 한다고는 생각하지 않았다. 애초에는 청淸 왕조와 협상하여 체결하고 나중에는 군대 주둔을 통해 확장한, 만주에 대한 조약과 권리는 그에게 침해할 수 없는, 무력으로라도 지켜야 할 조부의 유산이었다.

　이리하여 젊은 히로히토의 세계관은 다치의 그것과 마찬가지로 구태의연하고도 완고한 성격을 띠었다. 다치는, 조약에서는 중국 내 권익 수호를 위한 일본의 무력행사를 금하지 않았으며, 조약의 도덕적 측면은 고려할 필요가 없다고 진언했다. 당시에도 또 그 후로도 다치는 자위권의 정의를 확장 해석하여, 만주에서 권익과 치외법권을 수호하기 위해 장차 무력이 필요해질 경우 일본이 '빠져나갈 구멍'을 마련하는 데 주력했다. 게다가 미국의 여론과는 대조적으로 조약에 대해 회의적이었던 당시 일본 지식인들도 다치와 의견을 같이했다.[43]

　특히 다치는 다른 많은 일본인 '현실주의자'들과 마찬가지로, 국제 분쟁을 해결하는 수단으로 전쟁을 택하지 않도록 하는 새 윤리 기준을 모든 나라에 요구하는 자유주의 · 민주주의 국가, 곧 영국과 미국에 불만을 품고 있었다. 그는 이를 영미가 자국의 이익에 맞춰 전후 국제질서를 굳히고자 하는 의도라 여겼다.[44] 그러나 공식적으로는 다치도 새 국제법이 제시하는 평화 윤리나 그 윤리를 구현하는 기구들을 거부하지 않았다. 다만 조약에서 빠져나갈 방법을 찾아내고 자위권의 정의를 확대하는 방법으로 그는 무력행사를 분쟁 해결 수단으로서 사실상 정당화했던 것이다.

1928년 후반부터 1929년 초에 걸쳐 부전조약의 자구를 둘러싼 논의가 계속되는 사이, 히로히토와 궁중 세력은 이에 대해 별다른 의견을 내지 않았다. 국가가 직접 (히로히토의 이름으로) 조약을 통해 참가한, 평화와 반군국주의 노선의 정신을 새로이 진작하는 일은 하지 않고, 그들은 즉위 의례와 그에 따른 배타적 국가주의 풍조를 강화하는 데 주력했다. 1차 세계대전의 막을 내린 유럽의 휴전협정 조인 10주년은, 궁중 세력이 부전조약의 평화주의를 천황이 추구해야 할 과제로 삼고 일본국민에게 침략전쟁이 위법화되었음을 이해시킬 절호의 기회였다. 그러나 히로히토가 조약에 공식 비준(1929년 6월 27일)할 여유가 생기기도 전에, 즉위 의례는 일본의 국가주의를 강화하고 또 이를 돌이키기 어렵게 만들어갔다.[45]

역사학자인 이코 도시야伊香俊哉가 지적하는 바와 같이, 제네바의 국제연맹에 파견된 일본 대표단은 연맹 규약을 개선하고 안전 보장을 촉구하는 길을 모색하려 들지는 않았다. 이와는 반대로 외무대신 시데하라의 지시에 따라, 침략전쟁을 금지하는 새 조약에 맞춰 규약을 개정하는 데 저항했다. 연맹의 평화 유지 기능은 동아시아에서는 발휘되지 않는다고 주장하며, 그들은 중국을 둘러싼 분쟁에 제3국이 중재하려 드는 일을 되풀이 반대했다. 1928년부터 1931년 사이 정당내각은 시시때때로 자위라는 이름하에 중국에서 무력을 행사할 가능성을 열어두려고 했다. 만약 히로히토와 그 측근들, 그리고 외무성이 연맹 규약 강화와 중일 분쟁에 대한 연맹의 개입을 수용하는 데 부정적인 태도를 취하지 않았더라면, 그리하여 만주사변이 발발하기까지 새로운 집단 안보 체제가 합의되었더라면 관동군이 자의적인 무력행사를 정당화하기는 더 어려웠을 것이다.[46]

IV

히로히토는 시종무관장 나라로부터 육해군의 군기軍紀 저하를 보고받으면서도 육해군 간의 파벌 다툼, 대립, 갈등 확대와 같은 문제를 방임하고 있었다. 육군의 상층 지도자들은 직업장교단에 대한 통제의 고삐를 늦추었고, 장교들은 계급을 불문하고 상층부를 깎아내리는가 하면 정당들이 일본의 방위를 위태롭게 만든다는 유언비어를 퍼뜨렸다. 이에 대한 히로히토의 대응은 싸움을 피하는 것이었다. 히로히토는 반항적인 해군군령부에 대한 대응을 시종장 스즈키에게 맡기고, 육군의 불복종을 억압하는 책임은 나라에게 떠넘겼다. 또한 히로히토는 나라에게 명하여 런던해군감축조약 비준에 동의하도록 도고 원수에게 압력을 가했다.[47]

1930년 초, 히로히토의 강력한 지지를 받던 하마구치는 런던해군감축조약 조인 문제를 두고 군령부와 충돌했다. 분쟁이 끝나자마자 많은 해군 지도자들이 직책을 사임했으며, 조약 반대파는 조약 지지파에 속한 장교들을 추방했다. 해군의 정치 간섭은 육군에 영향을 미쳐, 육군의 핵심 인사권을 쥐고 있던 육군대신 우가키는 곤란한 처지에 놓였다.[48] 정우회는 곧장 일본 국내의 불온한 정세를 민정당과 궁중 세력에게 당한 치욕을 앙갚음하는 데 이용했다.

런던해군감축조약을 둘러싼 분쟁은 결국 젊은 천황에 대한 인상을 크게 훼손했다. 불만을 품은 우익 정치가들은 군부와 결탁하여, 1930년 9월 조약에 조인한 것을 도덕적 한계를 벗어나는 처사라며 비판했다. 그들은 민정당이 넘어서는 안 될 선을 넘음으로써 국가의 긍지에 먹칠했다고 고발했다. 그리고 천황을 비판할 수는 없는 노릇이기에 궁중 세력에 비난의 화살을 돌려, 이들이 천황의 뜻을 독점하고 정당정치를 무너뜨리려 한다며 공격했다. 사법 관료들 중에서 지도적인 초국가주의자로 많은 우익 단체를 지원하는 히라누마 기이치로平沼騏一郎는 이미 1929년에 히로히토가 마키노에게 너무 의존하고, 사이온지에게 몇 번이나 사자를 보내고 있다면서 은근히 비판했다. 사자를 보내는 것은 원로의 의견을 들으려 함이냐 아니면 히로히토 자신의 의사를 전하려 함이냐는 것이었다.[49] 히라누마와 같은 극우 세력 사이에서는 천황의 '의사'가 그를 보필하는 궁중 측근들과 사이온지의 손에 완전히 잡혀 있다는 오해가 싹텄다.

궁중과 정당을 비판하는 이들은 오래도록 서양식 자유주의와 민주주의를 유대주의나 '프리메이슨주의Freemasonry18세기 초 영국에서 시작된, 박애주의 비밀 결사체 프리메이슨단의 주의나 제도─옮긴이'와 동일하게 보고 이를 적대시했다. 그들이 정말 바랐던 것은 일본의 해외 팽창을 방해하는, 그들 생각에 앵글로색슨의 '철의 장막'이라 할 수 있는 워싱턴조약 체제에 의한 제재를 타파하는 것이었다. 그들의 처지에서는, 일찍이 1차 세계대전 때 일본의 대륙 진출에 재갈을 물리려 했던 미·영이라는 '백인 강국'에 일본이 다시 종속된 셈이었다. 런던해군감축조약을 반대하는 세력은, 미·영이 일본에 열세한 '주력함 비율'을 받아들이도록 강요했기 때문에 서양은 이제 일본을 일등국으로 생각지 않는다고 추측하고, 메이지헌법 체제로부터 멀어지는 느낌을 통렬히 느꼈다. 쇼와 천황에 대한 칭송은, 국가 자체에 활력을 부여하는 한편 천황의 이름으로 시행된 정책을 정당화했다. 불만을 품은 군부와 일부 정치가들은 이러한 정책들을 어떻게 뒤집느냐 하는 문제에 부딪혔다. 그들이 택한 방법은 썩을 대로 썩은 정당들과 천황의 뜻을 방해하는 궁중 측근들을 제거하는 것이었다.

사고야 도메오佐郷屋留雄가 1930년 11월 14일에 하마구치 총리를 저격한 이유는 하마구치가 런던조약 비준을 추진한 것에 격분하고, 또 정우회 내각이 실현되기를 바랐기 때문이다. 해군군령부 내의 불평분자들도 사고야를 부추겼다는 소문이 있으나 그 증거는 없다.[50]

당시의 군사비는 쇼와 초기보다 약간 증가해 연간 예산의 29퍼센트, 국민 총생산의 3.03퍼센트에 달했다.[51] 그러나 육해군 통수부는 지속적인 군비 축소와 군사비 억제를 둘러싸고 군부 대신들과 첨예하게 대립했고, 신문은 군부의 '통수권'에 대한 대중적 지지를 조성하기 시작하여, 육군은 조직적으로 통제를 일탈할 조짐을 보였다.

1931년 초, 사법 관료이자 추밀원 부의장인 히라누마는 일본이 겪고 있는 공황쇼와(昭和) 공황—옮긴이의 실정을 조사했다. 히라누마는 그때까지 10년 가까운 세월 동안 서양식 자유주의, 정당의 가치, 다이쇼 데모크라시 전반을 공격해왔다. 이제 그는 1922년 이래 일본이 추구해온, 신국가주의와 국제주의의 사이라는 '중간자적 길'에서 이탈할 것을 주장했다.

> 바야흐로 여러 나라들은 입으로 국제연맹을 강조하지만 이면에서는 착착 군비 확장에 부심하고 있음은 숨길 수 없는 사실이며, 1936년 이후 제2의 세계대전이 다시 일어날 것이라고 예견하는 자가 있는 것도 반드시 어리석은 자의 잠꼬대일 뿐이라며 일소에 부칠 수는 없다. 따라서 우리 국민 된 자는 일단 위급할 때에는 의용義勇을 공公에 바칠 각오가 필요하다. 세계 평화와 인류의 복지를 저해하는 자〔곧 유럽과 미국 사람들〕가 있다면 건국의 정신에 기초하여 크게 국가주의를 발휘할 준비가 되어 있어야만 한다.[52]

히라누마는 일본이 그 이상을 추구하려면 군사력을 강화해야만 하며, 그렇게 한다면 다음과 같은 일은 없어질 것이라고 주장했다.

경제계의 불황은 거의 극에 달하고 실업자는 매일 늘고 있다. 일가가 흩어져 굶어 죽은 사람이 길에 가득한 현상은 어찌 인심을 지치지 않게 할 수 있겠는가. 군주의 뜻을 받들어 행하는 것은 위정자의 임무이다. 편안히 수수방관하는 것은 군주의 뜻에 답하는 것이 아니다. 나는 신년 초두에 즈음하여 함부로 상서롭지 못한 말을 늘어놓음으로써 스스로 즐거워하는 사람이 아니다. 더구나 사실을 은폐하여 태평을 가장하는 것은 불충의 극치이고, 황실을 존중하고 조국을 사랑하기 위해서 결코 해서는 안 되는 일임을 확신하기 때문에, 감히 국가주의의 진수를 천명함과 동시에 이를 발휘하고 확충하는 근본은 인심이 지치지 않게 하는 데 있음을 주장하는 것이다.[53]

V

1931년 여름에는 하마구치의 후계자인 와카쓰키 레이지로若槻礼次郎가 이끄는 민정당 정권과 군부 사이의 알력이 매우 험악해져 궁내관들조차 이를 무시할 수 없게 되었다. 가와이는 같은 해 6월 13일 일기에 이렇게 기록했다.

군비 축소에 대한 육군 최고부의 일치되고 조직적인 유세, 병력 수에 대한 결정은 단순한 통솔권 행사로서 군부만이 결정할 것 등, 정부와 군부가 큰 분란을 일으킬 것이라는 사이온지 공의 걱정, 만주에 대란이 발발했을 경우 육군 출병 필요론 또한 경시할 수 없다는 것이다.[54]

2주 후, 내대신비서관장인 기도木戶는 사이온지와 자신의 정보통인 하라다 구마오原田熊雄로부터 '육군 쪽이 만주에서 벌이려는 책동이 쉽지 않다는 사실'을 듣고 이를 마키노에게 보고했다.[55] 그리고 7월, 만주와 조선의 접경지대(길림성 장춘長春 근교—일본어판)인 만보산萬宝山에서 중국인과 조선인 농민들이 충돌했다. 이 사건은 조선으로 비화하여 조선 전역에서 반중국인 폭동이 일어나 화교들이 습격당했다. 일본의 식민지 당국은 조선인의 손에 중국인 127명이 목숨을 잃는 사태를 막지 못했다. 중국 본토에서는 일본 상품에 대한 불매운동이 확산되었다. 세계적인 대공황에 허덕이던 많은 일본인에게 불매운동은, 남경 국민정부와 봉천奉天지금의 심양(瀋陽)—옮긴이의 장학량 정권이 일본의 중국 내 전략적 · 경제적 권익을 깨뜨리려고 벌인 음모로 비쳤다.[56]

8월 들어, 일본군의 참모본부원인 나카무라 신타로中村震太郎 대위가 만주에서 행방불명되었다고 일본 군부가 발표하면서 아시아 대륙의 위기는 걷잡을 수 없을 정도로 심각해졌다. 일본의 신문들은 나카무라가 북만주 변방에서 중국군에게 체포, 살해되었다고 보도했다.[57] 즉시 정우회도 중국이 황군皇軍을 업신여겼다고 비난했다. 정당과 신문이 이렇게 호들갑을 떨어대어 만보산 사건과 나카무라 대위 실종 사건은 중국인에 대한 일본인들의 적의를 부채질했다. 이러한 적절한 구실을 배경으로 관동군은 봉천정권에 대한 압력을 강화했다.

중일 간의 분쟁이 점차 확대되는 동안, 때를 같이하여 일본 국내의 정치적 위기도 깊어졌다. 육군사관학교 제35기(1923년 졸업생들—일본어판) 장교들은 원로 사이온지에게, "쇼와 유신昭和維新은 정당정치를 타파하는 데 있다고 호소하면서 전국의 중위와 소위가 '쇼와 유신의 진흥력振興力'이 되어줄 것을 제창"한 선언문을 보냈다.[58] 이는 젊은 천황 히로히토의 현재 치세에 관한 성명이었다. 히로히토는 조부와 같은 위대한 개혁자가 되거나, 적어도 그의 치세하에 개혁이 실시되기는 해야 한다는 뜻을 담고 있었다. 청년 장교들이 고령인 원로에게 이러한 훈계를 한다는 것은 군의 기율과 계급 질서가 무너져가는 것을 상징하는, 유례없이 뻔뻔한 행동이었다. 또한 이는 천황에게 간언할 수 있는 구시대의 마지막 한 사람에게 젊은 세대가 부리는 심술이라는, 오래된 관습의 유산이기도 했다.

8월 초, 육군대신 미나미 지로南次郎는 전례를 깨고, 군사령관·사단장 회의에서 한 훈시를 신문에 발표했다. 미나미는 이 훈시를 통해, 군비 축소 안案을 '배신'이라 비난하고 부하 장교들에게 군사비 삭감에 저항할 것을 호소했다.[59] 이어서 참모총장 가나야 한조金谷範三와 재향군인회장 스즈키 소로쿠鈴木莊六가 군사비 감축에 전면 반대한다고 표명했다.[60]

이렇게 위기의 조짐이 뚜렷해지자 마침내 히로히토와 궁중 세력은 정치에 관여하려 드는 장교단을 어떻게 다루어야 할지 검토하기 시작했다. 히로히토의 지시로 마키노는 사이온지와 '군기 유지' 문제에 대해 토의했다. 존경받는 이 노정치가는 마키노에게, 이런 문제는 와카쓰키 총리를 통하지 말고 직접 군 당국을 상대하는 편이 좋을 거라고 조언했다.[61] 와카쓰키 내각은 경제 공황과 별 성과도 없는 싸움을 하면서, 군부의 뜻을 거스르며 긴축 재정을 펴고 있었다. 설상가상으로 1931년 여름에는 세입 부족을 메우고자 관리들의 봉급을 삭감하기에 이르렀다.[62]

그러나 히로히토는 곧 만주에서 전쟁이 일어날 것이라는 소문이 퍼질 때까지 아무런 조치도 취하지 않았다. 그는 9월 10일과 11일에 해군대신 아보 기요카즈安保清種와 육군대신 미나미에게 각각 군기에 대한 추궁을 했다. 그러자 아보는 마침 함대 사령관들에게 물어보았는데 해군에서는 아무런 문제도 없다는 답변을 들었다고 대답했다.[63] 그러나 해군이 육군의 만주 책동을 몹시 우려하여 관동군을 감시하는 '특설기관'을 곧 만주에 설치할 것이라는 보고는 하지 않았다. 아보는 두 달 전인 6월인가 7월에 참모본부의 고위급 장교가 군령부 상층부에 만주를 무력으로 탈취할 계획을 밝히고 해군의 협력을 구했던 사실과, 군령부의 장교는 육군의 의도에 전혀 반대하지 않았다는 사실을 아마 몰랐을 것이다.[64]

그러나 만주와 내몽골을 무력으로 일본의 지배하에 두고자 하는 관동군의 비밀 계획에 관여했던 미나미는 천황에게 "요즘 젊은 육군 장교가 외교의 연약함을 공격하는 목소리를 냈고, 설명이 충분하지 않아서 오해를 불렀다"고 솔직하게 인정했다. 그러나 곧바로 "이와 같은 일은 군기상 용납하기 어려우므로 철저히 단속해야 한다. 육군으로서는, 외교는 외무당국의 국책 수행으로 이루어져야 함을 인정함으로써 장차〔젊은 장교들에게〕주의를 주어야 한다"고 덧붙였다.[65]

히로히토는 육군의 정치 세력화는 국정에 해롭다면서 엄중하게 감독하도록 미나미에게 명했다. 육군대신은 "그런 소문을 들었기 때문에 충분히 주의하여 단속하고 있다"고 거짓으로 답했다. 그 후 히로히토는 시종장 스즈키를 불러, "육군대신이〔앞으로 더〕군기상의 문제가 생기지 않도록 충분히 단속하고 있다는 취지를 상주上奏하기에 더욱 주의를 환기하라"시켰다고 마키노에게 전하도록 했다.[66]

미나미는 9월 말에 결행할 계획에 관여하는 육군성과 참모본부의 고위급 장교들에게 천황의 태도를 전했다. 그들은 더욱 신중히 행동하기로 했으나, 무력으로 중국에게서 만주를 탈취하려는 목표는 바꾸지 않았다. 다만 천황의 우려를 배려하여, 내각을 무시하지 않고 그 시기를 연기하기로 했다. 히로히토로부터 주의를 받은 미나미는 육군 내에 경거망동을 경계하도록 통첩했다.

9월 15일, 외무대신 시데하라는 관동군이 대규모 공격을 개시하려 한다고 봉천의 영사관이 보내 온 극비 전문을 받았다. 그 후 수일 동안 거듭 보고를 받은 뒤에야 시데하라는 관동군이 세운 계략의 대강을 알게 되었다. 그럼에도 시데하라는 만주사변이 일어났을 때 처음 몇 개월 동안 서양 여러 나라들에 대해, 피해자 일본이 조약의 존엄성을 지키고자 자위권을 발동했을 뿐이라고 주장하며 앞장서 관동군을 변호했다.[67]

미나미는 참모본부 제1부(작전)장인 육군소장 다테카와 요시쓰구建川美次에게 편지 한 통을 맡기면서 신임 관동군 사령관 혼조 시게루本圧繁에게 사적으로 전해달라고 부탁했다. 장작림 암살에 가담했던 다테카와는 관동군에게 영향력 있는 인물로 판단되었다. 다테카와는 행동을 자중할 것과 거사 시기를 연기할 것을 촉구하는 편지를 지니고 봉천으로 출발하기 전에, 실패로 끝난 3월 사건의 주모자인 육군중령 하시모토 긴고로橋本欣五郎에게 육군 상층부가 무력 발동을 연기하기로 결정했음을 넌지시 흘렸다. 하시모토는 즉시 봉천의 관동군 고급 참모인 육군대령 이타가키 세이시로板垣征四郎에게 전보를 쳐 속히 행동을 개시하도록 요구했다. 전보는 "들통 났다. 다테가와가 간다. 그 전에 행동하라"는 내용이었다.[68] 사흘 후, 이시하라 간지와 이타가키 대령은 계획을 실행에 옮겼다.

정황을 미루어 짐작하면 『도쿄아사히신문東京朝日新聞』의 오가타 다케토라緒方竹虎 주필과 『오사카마이니치신문大阪毎日新聞』의 다카이시 신고로高石真五郎 주필도 이 책모를 알았던 것 같다. 두 달 전인 7월 16일 밤, 두 사람은 도쿄에서 (아마 하라다 구마오 남작의 저택에서 열린) 모임에 참석했는데, 외무 관료들도 참석한 그 자리에서 그들은 육군성 군무국장軍務局長인 육군소장 고이소 구니아키小磯国昭가 '만주의 독립'을 주장하며 육군이 일어나면 국민이 이를 지지할 것이라고 말하는 것을 들었다.[69]

이처럼 도쿄에서는 영향력 있는 많은 인사들이 무크덴Mukden봉천(奉天)의 만주어 이름─옮긴이 공격 전야에 이미, 관동군이 곧 사건을 일으킬 것을 알거나 거의 확실히 짐작하고 있었다. 히로히토와 궁정 고관들 마키노와 스즈키, 세키야, 기도, 그리고 나라도 군부 내의 불온한 분위기를 느끼기는 했으나 상황을 잘못 해석해 기민하게 대처하지 못했다. 그들은 아직 천황의 경고가 효과를 발휘할 시간이 충분히 남아 있다고 생각하고, 관동군이 주도권을 장악하여 민정당 내각의 정책을 뒤집어엎고 천황의 권위를 훼손하리라고는 상상조차 하지 못했다. 히로히토와 궁내 관료들은 꽤 오랜 시간 동안 육군과 외무성, 정당들 사이에 생겨난 파벌 간의 앙금과 불만을 너무도 과소평가하고 있었다. 그러나 그들이 이 위기에 대항하지 않았던 것은 1905년 이래 만주에서 육군이 수행해온 임무를 항상 긍정해온 결과이기도 했다.[70]

폐하의 전쟁 ^{3부}

1931년(쇼와 6년) ~ 1945년(쇼와 20년)

만주사변 ^{7장}

1931년 9월 18일 밤, 관동군 장교들은 유조호(柳条湖 : 류탸오후) 만주사변을 촉발한 철도 폭파 지점은 얼마 전까지 유조구(柳条溝 : 류탸오거우)였다고 알려졌으나 이는 당시 신문의 오보였음이 최근 밝혀졌다—편집자 부근(봉천 북부)에서 일본이 운영하는 남만주철도 노선을 일부러 폭파하고는 장학량의 병사들과 무장한 '비적들'에게 죄를 덮어씌웠다. 철로에 손상은 없었으나 자작극이었던 이 사건을 구실로 삼아, 관동군 참모 이타가키 세이시로板垣征四郎 대령은 봉천 시내에 주둔한 동북변방군 병영을 공격하라고 독립수비대와 보병 제29연대에 명령을 내렸다. 허를 찔린 중국군은 도망치거나 항복했다. 한 시간 후, 이타가키 대령의 공모자인 이시하라 간지石原莞爾 중령은 여순旅順(포트아서 Port Arthur) 러일전쟁 후 태평양전쟁 종전까지 이곳에 일본군의 주요 해군기지가 있었다—편집자에 있는 관동군 사령관 혼조 시게루本庄繁에게 이 사건에 대해 허위 보고를 했다. 이시하라 중령이 상당히 오래전부터 용의주도하게 준비한 바대로 혼조는 즉시 공격 명령을 내렸다. 관동군은 24시간 이내에 조차지租借地를 벗어나 진군했으며, 남만주철도 노선상의 전략 거점들을 장악하고는 남만주의 주요 중심 도시들로 진군할 채비를 했다.[1]

이튿날인 19일, 관동군의 발표를 전한 신문 보도를 통해 궁중은 만주에서 충돌이 일어났음을 알았다. 군은 사태의 책임이 중국 쪽에 있다고 발표했다. 나라 다케지奈良武次 시종무관장은 즉시 천황에게 알렸고 "사건이 너무 확대되지 말아야 한다는 뜻"[2]을 아뢰었다. 또한 나라奈良는 그때 바로, 아니면 몇 시간 후에, 사태를 수습하기 위해 어전회의를 소집할 것을 히로히토에게 제안했던 것 같다. 마키노와 사이온지는 만약 어전회의에서 내린 결정이 실행되지 못할 경우 '폐하의 덕'을 '더럽히는' 일이 된다 하여, 이 제안을 딱 잘라 거부했다.[3]

만주사변은 일단 일어나자 일본 국내외의 위기가 서로 얽히고설키는 연쇄 반응의 실마리가 되어 국가의 발전 궤도 전체를 근본적으로 바꾸고 말았다. 중국은 즉시 국제연맹에 원상 복귀를 요구했으며 관동군은 추가 파병을 요구했다. 조선주둔군 사령관인 하야시 센주로林銑十郎 중장은 압록강을 건너 만주로 부대를 보내겠다며 도쿄의 참모본부에 허가를 청했다. 9월 19일에도 일본정부는 여전히 무력했으며 정보에 어두웠다. 와카쓰키 레이지로若槻礼次郎 총리는 원로 사이온지의 비서인 하라다 구마오原田熊雄에게 조언을 구했다.

외무성의 보고도 육군성의 보고도 나에게 오지 않는다. ……그러나 방금 가와사키川崎 서기관장에게 주의시켜두었다. ……또한 만몽만주와 몽골—옮긴이에 주둔한 중국의 현재 병력은 20만 명 이상인데 비해 일본군은 1만 명 정도일 뿐이므로 "현재의 병력으로 너무 방약무인하게 행동하여 만일의 사태가 벌어지면 어떻게 할 것인가"하고 육군대신에게 묻자 "조선에서 병력을 보내겠다"거나 "벌써 보낸 것 같다"는 대답이어서, "정부의 명령 없이 조선에서 병력을 보내는 것은 부당하지 않은가" 하고 힐책했더니 육군대신은 "다나카 내각 (1927~1929년) 시절에도 재가 없이 출병한 사실이 있다"고 대답하며 나중에 문제가 되지 않을 것이라고 생각하는 것 같다. ……이러한 정세이고 보니 내 힘으로 군부를 제압하는 것은 불가능하다. 적어도 폐하의 군대가 재가 없이 출동하는 것은 언어도단인데, 이런 경우 도대체 어떻게 해야 한단 말인가. 이런 일은 그대에게 말할 일이 아닌지도 모르겠지만 무슨 방법이 없겠는가. ……실로 곤란한 일이다.[4]

그날 밤, 궁중 세력은 하라다의 사저에 모였다. 참석한 사람은 기도(『기도 일기木戸日記』는 유용한 자료다)와 고노에 후미마로近衛文麿, 귀족원 의원인 오카베 나가카게岡部長景, 그리고 이들 외에 화족 한 명이 더 있었다.[5] 모두 40대인 그들은 사이온지와 마키노에 대해서는 비판적이었으며, 만주 문제를 무력으로 해결하고자 하는 군부에 동조하는 경향이 있었다. 그들은 상급 사령부의 명령이 전혀 완수되지 않고 있다는 데 의견이 일치했다. 그들 생각에는 천황도 내각의 당초 희망대로 사태 악화를 방지하고 일본에 대한 인식이 더 나빠지지 않기를 바랐다. 기도는 두 가지 문제를 지적했다. 군부는 천황의 의사 표시에 영향을 미치는 궁중 측근들과, 자신들이 적대감을 품고 있는 사이온지에게 분노하고 있었다. 따라서 "앞으로는 불가피한 경우 외에는 천황의 칙명 같은 것은 아예 내리지 않는 편이 나을 것"이며 "상황이 바뀌지 않는 한" 사이온지가 도쿄로 오는 것을 막을 필요가 있다는 것이었다.[6]

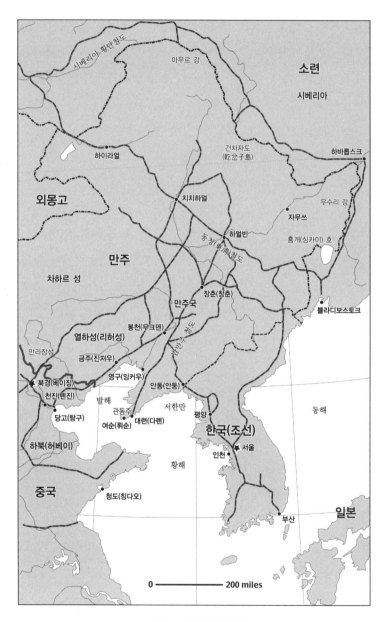

1931~1933년의 만주

실제로 하라다의 사저에서 합의된 내용을 살펴보면 히로히토는 군부의 행동을 인정해야 하며, 사이온지와 궁정 관료들은 천황의 통수권을 침해한 행위에 대해 책임을 추궁해서도 안 되고 군부를 자극하는 행동은 일절 해서는 안 된다는 것이었다. 궁중 세력은 이러한 태도를 취했기 때문에, 만주사변의 전 과정에 걸쳐 군부에 의연하게 맞서는 일은 결코 없었다.[7]

9월 21일, 와카쓰키 총리는 내각 회의에서 여섯 시간에 걸쳐 토의한 끝에 결정을 내렸다. 일본 국내에서는 물론 조선에서도 출병하지 않으며, 만주에서 일어난 전투를 '사변'으로 간주함으로써 선전 포고를 피한다는 것이다.[8] 한편 관동군은 하야시 조선주둔군 사령관이 압록강을 넘어 만주로 증원 부대를 보내도록 허가해달라고 사흘 동안 참모본부에 압력을 넣었다. 9월 21일 오후 1시, 내각 회의가 한창일 무렵, 하야시는 독단으로 부대에 국경을 넘을 것을 명했다. 그 직후에 가나야 한조金谷範三 참모총장은 천황에게 보고를 올렸는데, 경계 태세로 대기하라고 명령을 내렸는데도 현지 사령관이 재량권을 발휘하여 조선주둔군 혼성여단이 "이미 국경을 넘어 봉천에 진출했다"[9]는 내용이었다. 물론 이때 가나야는 하야시의 독단적인 행동을 정당화할 수 있는 작전행동의 재량 원칙 따위는 없다는 것을 잘 알았다.

서른 살인 히로히토에게는 지금이야말로 와카쓰키 내각을 지원하고 군부를 제압하여 사태의 악화를 저지할 수 있는, 매우 좋은 기회였다. 정치면에서 군부는 아직 미약했으며, 만주를 둘러싸고 국론은 양분되어 있었다. 만약 히로히토가 전제군주가 아니라 헌법에 근거한 영국식 '입헌군주'로서 통치하기를 바랐다면 이는 아주 좋은 기회였다.

9월 22일, 시종무관장 나라의 일기는 이러한 중대 국면에 히로히토가 취한 행동을 이렇게 기록했다.

오후에 폐하의 부르심을 받들어 배알했는데, 폐하께서는 행동이 커지지 않도록 참모총장에게 주의시켰는가 물으셨다. 이에 주의를 주었지만 참모총장은 주의를 기다리지 않고 각의의 뜻도 의도도 잘 알아서 조치를 취했다, 단 출병지의 군대는 맹호 같은 기세도 있고 해서 탈선도 적지 않아 실로 유감스럽고 황공할 따름이라고 답해 올렸다. ······ (그 후) 오후 4시 20분 가나야 참모총장이 폐하를 배알하고 조선군의 혼성여단 파견을 추인하는 윤허를 청했고, 이에 폐하께서는 이번에는 어쩔 수 없으나 앞으로 주의하라는 분부를 내리셨다.[10]

관동군의 전진부대는 중국군에 비해 수적으로 대단히 열세이기 때문에 추가 파병이 필요하다고 판단하면서, 히로히토는 사태를 이미 정해진 일로 용인했다. 그는 신하의 부대가 제국의 판도를 확대하고자 한 일을 군이 반대하지 않았다. 설령 통수권을 침해한 사실이 있을지라도 작전의 결과가 좋다면 그것으로 그만인 셈이다.[11]

1931년 10월 1일, 사건이 일어난 후 2주가 지나 일본인들 대부분은 군부를 지지하기 시작했다. 히로히토는 이 사건이 미리 계획된 것임을 알고 있었다. 누가 입안하고 명령했으며 실행했는지도 알았다. 장교들이 담당 지역 밖으로 출병을 명하는 것은 1908년에 제정된 육군형법에 위배된다는 사실도 잘 알았다. 그럼에도 시종무관장 나라의 일기에 밝혀진 대로, 히로히토는 참모총장과 관동군 사령관에게 가벼운 징계만을 명하는 데 그쳤다.[12]

일주일 후 천황은 신하인 장교들의 사태 확대를 묵인했다. 요령성(遼寧省: 랴오닝성) 남부, 북경과 봉천을 잇는 철도 노선상에 있는 금주(錦州: 진저우)는 "만주에 미쳤던 중국 주권의 마지막 흔적"[13]이 남아 있는 도시였다.

히로히토가 재가한 금주 공습은 1차 세계대전 종결 후 처음 실시된 도시 폭격이었다. 나라 시종무관장의 10월 9일 치 일기에는 이렇게 쓰여 있다.

니노미야二宮〔하루시게治重〕 차장참모본부 차장—일본어판이 황실에서 나오기 전에, 폐하께서 "금주 부근에서 장학량의 군대가 재조직될 경우 사건이 커지는 것은 어쩔 수 없는가? 혹시 필요하다면 나는 사건이 확대되는 데 동의할 수도 있다." ……〔니노미야〕 차장은 참모총장에게도 이를 말해, 조만간 총장이 입궁하여 일단 상소를 올리도록 한다고 했다.[14]

니노미야는 나라의 격려에 고무되어, 즉각 금주를 폭격할 필요성에 대한 설명 자료를 작성하라고 지시했다. 바로 직후 참모본부 작전과에서도 천황이 금주 폭격에 대해 "당시의 정황상 당연한 일"[15]이라고 말한 사실에 주목했다. 10월 9일 치 나라의 일기를 액면 그대로 믿는다면 히로히토는 하룻밤 사이에 생각을 바꾼 셈이 된다. 왜냐하면 당초 히로히토는 나라에게, 혼조 사령관이 장학량의 지배를 공공연히 비난하는 데는 반대한다고 말했기 때문이다. 그리고 10월 8일에는 나라에게 "해외 주재 군부와 외무 관리 사이에 의견 대립이 있는 것은, 육군은 만몽 독립 정부를 세워 그 정부와 협상하고자 하는 데 반해, 외무성 측은 그 독립 정부를 못마땅하게 여기기 때문이다. 나는 이 점에서 육군의 의견이 적당하지 않다고 생각한다. 그러므로 육군 중앙부에 주의를 주어라"[16] 하고 말했다.

중국의 국민정부가 호소하여, 제네바에서 국제연맹 이사회의 특별위원회가 소집되었다. 회의에서 나온 의견은 일본에 바로 냉엄한 현실로 다가왔다. 10월 27일 치 나라의 일기에는 천황의 심중이 편치 않았음이 기록되어 있다.

> 점심 식사 후 내대신을 방문하여 잠시 이야기를 나누었다. 이때 성
> 상聖上히로히토—옮긴이께서 경제 봉쇄를 받았을 때의 각오, 만일 여러
> 나라를 상대로 전쟁을 시작할 때의 각오, 준비 등에 대해 무관장을 시
> 켜 육해군 대신에게 묻게 하겠다는 등의 말씀을 하셨다는 이야기를
> 듣고, 약간 잡담을 한 뒤 돌아왔다.[17]

11월 초두, 외무성과 궁정의 태도에 변화가 있었다. 이달 6일, 시데하
라 기주로幣原喜重郞 외상은 장개석이 통솔하는 국민정부만을 협상 상대
로 삼았던 종래의 방침을 파기하기로 했다고 천황에게 보고했다. 희흡熙
洽1883~1950년. 요령성 번양(瀋陽) 사람으로 신해혁명 때는 종사당(宗社党)의 청조 부활 운
동에 참여했다. 일본 도쿄의 진무학교(振武学校)와 사관학교를 나왔고, 만주사변 뒤에는 만주
국에서 재정부 총장 겸 길림성 성장, 재정부 대신, 궁내부 대신 등으로 일했다—편집자과, 남
만주의 중국인 지주 계층을 기반으로 한 괴뢰정권이 일본을 지원했다.[18]
이 때문에 만주와 (내)몽골 문제는 장학량이나 남경정부보다 오히려 이 허
수아비 정권의 상층부와 협상하게 되었다. 그 후 시데하라는 새로이 조선
총독으로 부임한 우가키뿐만 아니라 마키노와 사이온지에게도 이 방침에
지지해줄 것을 호소하고, 동의를 얻었다.[19]

이러한 정책 전환은 도쿄의 참모본부가 소련군과 충돌할까 우려해 식
민지 주둔군의 북만주 침공을 막으려던 참에 이루어졌다. 11월 5일, 히로
히토는 특별히 가나야 참모총장에게 위임명령권을 부여하여, 그가 관동
군의 작전과 용병에 관한 '세부 사항'을 결정할 수 있도록 허가했다.[20]
관동군이 철도를 이용하여 북만주를 이동하는 3주 동안, 가나야는 현지

부대의 행동을 감독하고자 이런저런 기회에 이 특별한 권한〔'임참위명(臨參委命)'이라는 형식으로 이루어지는 참모총장의 명령─일본어판〕을 다섯 번 행사했다.

한편, 미국 스팀슨Stimson, Henry Lewis 국무장관의 권고를 받아들여, 국제연맹 이사회는 중국과 일본 양국에 켈로그─브리앙 협정을 발동했다. 일본 대표단이 이의를 제기했으나, 연맹 이사회는 11월 16일까지 점령지에서 부대를 철수할 것을 일본에 요구하는 도의적 결의를 가결했다.[21] 해외에서는 일본의 침략에 대한 비판이 고조되었으나 신문, 라디오, 연예계, 제국재향군인회의 선도하에 일본의 여론은 관동군을 지지하고 중국과 서양을 비난했다. 남만주철도주식회사 총재인 우치다 고사이內田康哉가 관동군과 뜻을 같이하여 만주에 새 중국 정권을 건설하자고 호소하고자 도쿄를 방문했을 때 군중은 열광적으로 그를 맞았다.

관동군이 정당내각을 강하게 불신하고 북만주와 내몽골을 일본의 통제하에 두겠다는 강경한 결정을 내리자, 도쿄에 있는 군 상층부는 관동군의 요구에 굴해 북만주에 대한 침공을 억제하는 종래의 방침을 철회했다. 히로히토가 구마모토熊本 현에서 실시된 군의 대연습을 참관하는 동안 관동군은 만주 북부의 중심부를 침공하고 있었다. 일주일 동안 진공 작전을 펼친 후 주력 부대는 열차로 남진하여, 만주철도에서 멀리 떨어진 금주로 이동했다. 금주에는 중국군 부대 11만 5000명이 주둔하고 있었다.[22]

그 시점에서 짧은 순간이긴 했지만, 가나야 참모총장과 미나미 육군대신을 통해 히로히토는 현지 관동군의 금주 진격을 저지하고자 단호한 행동을 했다. 그렇지만 도쿄의 참모본부가 만주 3성 길림성, 흑룡강성, 요령성─옮긴이에 '독립' 중국 정권을 세우고 소련이 침공해 올 것을 대비하여 일본군을 만주 북부에 배치하자는 관동군의 주장을 인정했을 때, 천황이나 궁중 세력은 아무런 이의도 제기하지 않았다. 11월 23일, 시데하라는 뉴욕의 AP통신에 거짓 성명을 내보내, 만주사변 발발에 대한 책임은 물론 만주 북부의 치치하얼과 하얼빈을 점령한 데 대한 책임 역시 단연코 중국에 있다고 떠넘겼다. 그는 "일본군은 철도 주변의 단순한 장식물이 아니다"라고 선언하고 "중국군이 공격해 올 때, 일본군은 현지에서 자신들에게 주어진 직무를 수행해야 한다. 곧, 반격하여 재발을 방지해야 한다"[23]고 천명했다.

금주 사건을 치르고 난 후, 궁중 세력의 관심은 일본 국내의 정치 위기로 쏠렸다. 참모본부의 급진파인 하시모토 긴고로橋本欣五郎 대령이 이끄는 비밀결사 벚꽃회桜会는 1931년 3월과 10월에 거듭 정권 전복을 통해 일거에 문제를 해결하려고 했다.[24] 하시모토가 3월에 기도한 음모는 들통났고 공모자들은 체포되었다. 하라다原田 남작은 3월 사건 소식을 듣고, 만주의 위기는 "육군 쿠데타의 서막"으로, 이는 "일부 군인들에게, 만주에서 성공한 만큼 반드시 국내에서도 잘될 것이라는 확신을 심어주었다"[25]고 말했다. 육군이 10월 음모를 은폐하려 할 때, 나라와 스즈키, 그리고 가나야 참모총장은 사건을 천황에게 알렸다. 11월 2일 나라는 히로히토를 재차 배알하여 사건의 전모에 대해 더 소상한 보고서를 올렸다.[26] 그러나 히로히토도 군 상층부도 음모자들을 처벌하라고 요구하지 않았다. 결국 그들은 관대한 처우를 받아 구금에서 풀려났고, 그들의 죄는 금세 잊혔다.

10월 음모와 그에 대한 히로히토의 안이한 대응은 군부를 제압하고자 하는 와카쓰키 내각의 노력에 찬물을 끼얹었다. 이제 궁중 세력은 군주제와 메이지 정치 체제 전반을 무너뜨릴지도 모를 국내 위기를 막는 것이 만주 문제보다 훨씬 중요하다고 믿게 되었다. 게다가 10월 음모는 육군사관학교 출신 엘리트 장교들로 이루어진 두 파벌 사이에 갈등을 일으키는 계기가 되었다. 하나는 황도파皇道派로 아라키 사다오荒木貞夫와 마자키 진자부로真崎甚三郎, 오바타 도시시로小畑敏四郎 장군과 그들을 지지하는 '청년 장교들'로 구성되었다. 다른 하나는 황도파와 대립하면서도 덜 조직적이었던 통제파統制派로 나가타 데쓰잔永田鉄山, 하야시 센주로林銑十郎, 도조 히데키東条英機 장군 등 고급장교들과 그들을 지지하는 청년 장교들로 이루어졌다. 두 파벌 모두 천황 치하의 '군사독재' 확립과 대외침략 촉진을 목표로 삼았다. 황도파는 목적을 달성하고자 쿠데타를 일으키려 했고, 통제파는 암살이나 협박이라는 수단을 거부하지는 않았지만 정부에 대한 합법적인 개혁을 더 지향했다.

각각의 전략을 살피자면, 황도파는 소련을 일본의 주요 적으로 간주했다. 그들은 물리적인 힘보다는 군인정신과 국민정신을 강조했으며, 이는 러일전쟁 후 육군의 교의로 자리 잡은 것이었다. 이에 비해 통제파는 군의 근대화와, 나치스 독일에서 빌려온 용어인 '국방국가' 건설에 우선순위를 두었다. 통제파는 근대의 전쟁이란 총력전, 곧 국가의 총력을 결집해야 하는 사회 총체 간의 충돌이 되어버렸음을 인식했다. 미·소 양국과 전쟁하려면 육해군의 과학기술 향상과 산업 근대화, 그리고 일본국민 전체를 정신적으로 동원하는 일이 필요했다.[27]

느슨하게 결속된 조직으로, 목적은 같았지만 취하는 수단이 주로 달랐던 두 파벌 사이의 갈등은 만주사변이 확대됨에 따라 갈수록 격해졌는데, 이러한 양상은 1930년대를 통틀어 일본정치의 일관된 특징으로 자리 잡았다.

I

1931년 당시 히로히토는 신민에 군림한다 말할 수 있을 만한 통치를 실제로는 하지 않았다고 하는 편이 타당하다. 히로히토의 행동은 현실에 뒤처지기 일쑤였고 일관되지 못했으며 자기모순에 빠져 있었다. 사소한 일에 대권을 행사하면서 더 중요한 문제에 대해서는 반항적인 육군 장교들에게 양보를 했다. 히로히토는 일본경제가 구미에 의존하고 있음을 만주사변의 주인공들보다 더 잘 알았기에 외교적인 고립이나 경제 제재를 우려했지만, 공적으로나 사적으로나 만주에서 육군이 잘못 행동했다고는 결코 말하지 않았다. 오히려 지나친 관용을 베풀어 그들이 행동을 확대할 때마다 재가해주었으며, 명령 불복종이라는 위법 행위를 범한 고급장교들을 너그러이 봐주고, 그들을 처벌하지 말도록 했다. 육해군 청년 장교들은 이러한 히로히토의 태도를 만주사변 성공이야말로 천황의 주요 관심사라는 뜻으로 이해해, 도쿄 참모본부의 통제에 복종하는 것은 뒷전으로 밀려났다. '쇼와 유신昭和維新'을 꾀하고 주창하는 자들에게는 천황이 측근들의 견해를 반드시 우선시하지만은 않는다는 신호로 받아들여졌기 때문에, 본의는 아니었겠지만 히로히토는 군이 더욱 불복종 행위로 치닫도록 만들고 말았다.

와카쓰키 내각은 1931년 12월 11일에 총사직했다. 와카쓰키는 군부 통제에 실패했고, 불황을 타개하지 못했으며, 그리고 결정적으로 궁중 세력의 지지를 유지하는 데 실패했다. 만주사변은 바야흐로 제2단계에 들어섰다. 궁중 관료들은 협의를 거쳐, 더 국수적인 정우회에 차기 내각을 맡기기로 결정했다. 당시 정우회는 양원에서도 지방의회에서도 소수당이었다. 정우회 총재인 이누카이 쓰요시犬養毅는 1930년 런던해군감축조약 체결을 반대했으며 나중에는 만주사변의 정당성을 역설했다. 또한 이누카이는 만주사변에 대한 국제연맹의 권고를 공식 거절했으며, 일본은 (20세기 일본 외교사를 통틀어 되풀이 등장하는 말인데) "변명 외교에서 벗어나, 자주적이고 새로운 길을 개척해야 할 것"이라고 천명했다.[28]

만주주둔군에 너그러운 이누카이의 태도를 알게 된 궁중 세력은 총리 임명 전에 먼저 사이온지에게 이누카이와 상의하도록 했다. 여기에는 대내외 경제 정책의 급격한 변화는 피하겠다는 뜻이 함축되어 있었다. 사이온지는 마키노, 스즈키, 이치키 기토쿠로一木喜德郎, 천황과 협의한 후, 12월 12일 오후 늦게 이누카이와 이야기를 나누었다. 나흘 후 이누카이는 히로히토에게서 내각 개편을 재가받았는데, 모리 쓰토무森恪를 내각서기관장으로, 아라키 중장을 육군대신으로 임명하고 대장대신으로는 자유주의적인 성향이 더 강한 다카하시 고레키요高橋是清를 앉혀, 서로 잘 맞지 않는 사람들로 내각이 구성된 셈이었다.[29]

이누카이는 수상이 되자마자 일본이 2년 동안 고수해온 금 본위제에 종언을 고했다. 1920년대에는 대개 상품과 대부자본의 자유로운 유통free flow은 이 금 본위제에 바탕을 두었다. 이누카이가 취한 이러한 조치로 말미암아 일본은 영국을 비롯해 배타적·보호적인 경기회복 정책을 추구한 열강들의 대열에 합류했는데, 이러한 정책은 국제적으로 신용을 훼손하는 것이었다. 다음으로 이누카이는 천진(天津: 톈진)에 2개 대대를, 만주에 1개 여단을 추가 파병하고자 천황의 재가를 구했다. 12월 초순부터 천진에서는 관동군이 금주에 지상 공격을 감행하려고 병력을 집결하고 있었다. 12월 23일 히로히토는 당시 외무대신을 겸임하던 이누카이에게 "금주를 공격하지 않는다는 방침"을 전하고 "국제 간의 신의를 존중해야 한다"[30]고 지시했으나, 관동군은 금주에 진주했다. 이에 미국, 영국, 프랑스는 그러한 행동이 9개국조약에 위배된다고 일본에 경고했다. 나라는 12월 27일 일기에, 천황이 다시금 이누카이에게 "금주 공격이 끼칠 대외 영향이 심히 우려된다"[31]고 경고했다고 적었다. 그럼에도 관동군은 금주 점령을 밀어붙였고, 미일 간의 긴장은 높아졌다.

그러나 일단 금주에 일장기가 휘날리자 히로히토에게서 그러한 불안은 사라졌다. 1932년 1월 4일, 히로히토는 자신의 뜻을 전하고자 모든 군인에게 「군인칙유 50년 기념일에 육해군에 내리는 칙어」를 발포하고, 그 의미를 숙고하도록 했다. 실제로 이는 매우 온건하게 돌려서 훈계하는 내용이었다. 그러고 나서 나흘 후 히로히토가 공표한 「관동군에 내리는 칙어」는 간인노미야의 권유에 따른 것일지도 모른다. 여기서는 관동군이 "자위" 수단으로서 중국의 "비적"과 용감하게 싸워 "황군의 위력을 나라 안팎에 선양"했다며 통제에 복종하지 않는 관동군을 칭송했다. 이 칙어는 라디오와 신문을 통해 널리 전해져, 전쟁에 선뜻 찬성하지 않는 사람들의 입을 막았다.[32] 이것이 육군의 군기를 바로잡으려는 이누카이의 노력에 아무런 도움이 안 되는 일이었음은 말할 나위도 없다.

게다가 이후 수년 동안 히로히토는 만주사변이나 상해사변에 공적이 있는 군인이나 관리 약 3000명에게 훈장을 수여하고 승진을 허락했다. 이들 두 사변은 외국에서와는 반대로 일본 국내에서는 절대적인 지지를 받았다. 관동군 사령관인 혼조 시게루와 육군대신 아라키 사다오, 해군대신 오오스미 미네오大角岑生는 남작 작위를 받았다.[33] 육군이 만주에서 실시한 작전 전반을 히로히토가 지지한 것은, 명령에 불복종한 군인을 처벌하지 않았던 일과 명백히 일치하는 처사다.

1932년 1월 말부터 3월에 걸쳐 중일 양국 간의 충돌은 상해로 확대되어, 미국과 유럽 국가들은 더욱 거세게 일본을 비난했다. 청조淸朝의 마지막 황제인 부의(溥儀: 푸이, 재위 1908~1912년)를 내세워 만주국이라는 허수아비 정권이 섰으나 이누카이는 신중을 기해 이 새로운 나라에 대한 승인을 보류했다. 분열된 정당내각을 이끌면서 그는 추밀원의 도움을 얻어 통치했으며, 긴급 칙령이나 의회의 예산 편성권을 무시하는 긴급 재정조치에 의존했다.[34] 심지어 정우회가 2월에 실시된 총선에서 압승을 거둔 후에도, 이누카이는 궁중의 지시에 따라 일본 국내의 현상 유지에 힘썼지만 여전히 강력한 반대에 부딪혔다. 극우파와 테러리스트들이 언론을 통해 거듭해서 이누카이를 공격하는 한편, 정우회 개혁파의 지도자인 모리는 정당제 자체를 무너뜨리고 권위주의적인 성향이 더욱 강한 새로운 정치 질서를 창출하고자 군부와 연계할 것을 계획했다.

이누카이가 취임할 당시 육군은 우가키파의 핵심 일원인 가나야 참모총장을 축출하고 황족의 장로인 간인노미야(고토히토載仁)를 참모총장에 추대하여, 황실과 유대를 강화했다. 해군은 런던 해군감축조약 지지자들을 몰아내는 일에 앞장선 후시미노미야 히로야스伏見宮博恭를 군령부 총장으로 삼아 이에 호응했다. 이들 강경파 두 사람이 임명된 것은 육해군 대신의 권위가 쇠퇴했다는 의미였다. 서로 대립하던 육해군은 이제 천황에게 영향력을 행사하고 아시아 대륙에 진출한 군대를 통제하는 데 각각 '권위 있는 황족'을 이용할 수 있게 되었다.[35]

이누카이 내각이 존속한 5개월 동안 히로히토는 공공연하게, 그리고 적극적이고 자발적으로 사변에 관여했다. 사변 초기에는 전혀 없었던 일이다. 1932년 초, 만주 작전이 널리 지지를 얻고 있던 당시 히로히토가 가장 우선시한 것은, 갑자기 인기를 얻은 군부로부터가 아니라 여러 정당으로부터 황위의 독립성을 지키는 일이었다. 또한 히로히토는 정부의 정책과 각료 인사 양쪽에서 연속성이 지켜지기를 바랐다. 따라서 관병식에서 돌아오던 천황의 노부鹵簿왕실의 위엄을 과시하고자 의장을 갖춘 거둥 행렬-편집자에 조선인 민족주의자이봉창 열사-편집자가 폭탄을 던져 그를 암살하려고 했을 때 (1월 8일 사쿠라다몬桜田門 사건), 천황은 내각이 총사직하지 말고 오히려 유임할 것을 주장했으며 이것이 두고두고 선례가 되었다.[36] 당시 이누카이는 취임한 지 채 한 달도 지나지 않았다. 그래서 히로히토는 기도木戸의 조언을 받아들여 사건의 심각성을 무시하고, 테러에 관한 의견 표명을 일절 피했다. 언론에서는 천황이 폭발로 부상을 입은 말 두 필에 '감사의 마음을 담은 인삼 3.5킬로그램'을 하사하셨다고 보도하여, 히로히토의 태도를 간접 전달했다.[37]

그동안 일본은 중국이나 소련의 군사적인 반격을 당하지 않고 계속해서 만주와 내몽골을 침략했다. 1931년 12월 31일 만주 북부와 소련 극동 사이 국경선이 명확하게 그어지지 않은 변경 지역을 일본이 침공하자, 소비에트 정부는 매우 당황해 일본에 불가침조약을 제안했다. 소련의 제안에 히로히토가 어떻게 반응했는지(혹은 그가 소련의 제안을 알기는 했는지)는 알려지지 않았다. 그러나 이누카이 내각은 소련의 제안을 간단히 무시했다. 불가침조약을 거절하는 일본의 공식 회답은 1년 후인 1932년 12월에 소련에 전해졌다. 그러나 스탈린은 일본의 위협이 일시적으로 진정되었다고 판단하여 1933년 말까지 줄곧 조약 체결을 제안했다.[38]

1932년 2월 16일 관동군 사령부는 동북행정위원회를 설립하고자 중국의 친일파 지도자들을 모아 봉천에서 회의를 개최했다. 이틀 후, 동북행정위원회는 신생 국가 만주국의 독립을 선언했다.[39] 3월 1일, 만주국 건국이 정식으로 선언되었다. 관동군 사령부는 이누카이 내각이 육군의 정책을 이행할 것이라고 자신하고, 신생 국가를 바로 승인하도록 도쿄에 압력을 넣었다. 11일 후 이누카이 내각은 만주와 내몽골이 중국에서 분리되어 '독립' 국가를 이루었음을 승인했다. 그러나 신생 국가를 법적으로 승인하는 매우 중요한 문제를 놓고 이누카이는 시간을 끌었다.

이번 일에서 이누카이는 군부, 모리 내각서기관장, 외무 관료들과 대립했다. 외무성은 다른 재외 공무나 조정 안건들을 제쳐놓고 만주국만은 책임질 태세였다. 이누카이는 육군 과격파를 제압하느라 애썼다. 그는 시장과 기술, 자본, 원자재를 의존하던 미국과 관계가 나빠지는 것을 바라지 않았다.

미합중국 대통령 허버트 후버Hoover, Herbert 행정부는 이누카이가 군부의 금주 점령을 승낙한 직후부터 일본에 강경 자세를 취했다. 그리고 스팀슨 국무장관은 1930년대 미국의 대일 정책을 결정지을 중대한 행보를 내디뎠다. 1932년 1월 7일, 스팀슨 국무장관은 "미합중국 정부는 일본이 무력을 행사하여 만주에 초래한 그 어떤 정치적 변화도 인정할 수 없다"고 선언하고, 일본과 중국에 정식으로 통보하여 쐐기를 박았다.

II

스팀슨의 불승인주의가 효과를 발휘할지 여부는 후버 정부가 일본에 압력을 행사하여 만주를 단념시킬 의지와 능력이 있느냐에 달려 있었다. 3주 후 중일 간의 전투가 상해로 번지자 상해에서는 중국인들이 대대적인 일본제품 불매운동을 조직적으로 벌여 성공을 거두었다. 영국과 미국으로서는 중대한 상업적 이해관계가 걸린 일이었는데 워싱턴은 미미한 항의를 하는 데 그쳤다. 스팀슨은 1932년 2월 23일 상원 외무위원장 앞으로 보낸 전보에서, 만약 일본이 계속해서 중국의 문호 개방 원칙을 위반할 경우 합중국은 함대를 증강하기 시작할 것임을 암시했는데, 이때에도 도쿄는 이 경고를 무시했다.⁴⁰ 천황과 이누카이 내각은 대공황이 심해지는 상황에서 워싱턴도 런던도 만주에서 심각한 일을 도모할 여력이 없다는 사실을 잘 알고 있었다.

1월 9일 중국 신문에는 쇼와 천황을 암살하려는 시도〔사쿠라다몬 사건—일본어판〕가 실패로 끝난 것에 유감을 표명하는 기사가 실렸고, 이에 일본인 거류민들이 격분하여 상해에는 긴장감이 고조되었다. 9일 후, 다나카 류키치田中隆吉 육군소령은 북만주에서 일본육군의 동태에 쏠린 국제사회의 관심을 다른 데로 돌리려고, 중국인 군중을 부추겨 일본인 니치렌종 승려 집단을 습격하게 했다.⁴¹ 해군은 이 사건을 육군에 실력을 보여줄 절호의 기회라고 여겨, 재빨리 상해함대를 증강했다. 1932년 1월 28일 시오자와 고이치塩沢幸一 소장 지휘하에 해군 육전대陸戦隊가 상해에 상륙해, 그날 밤 중국의 제19로군路軍에 싸움을 걸었다. 3만 3500명으로 이루어진 제19로군은 조계를 둘러싸고 해안가에 주둔하고 있었다. 중국군은 육전대에 커다란 타격을 주었다.⁴² 함대에서 병력을 증원했지만 전황戰況이 호전될 기미가 보이지 않아, 해군은 육군에 지원을 요청해야 했다. 이누카이는 천황에게서 상해 파병에 대해 재가를 얻었으나, 중국군은 여전히 완강하게 저항하여 해군이 다시 큰 피해를 입었다. 도쿄의 참모본부는 시라카와 요시노리白川義則 대장의 휘하에 강력한 상해 파병군을 편성해 2개 사단을 추가로 파병했다.⁴³ 격전 끝에 결국 중국군이 후퇴하여, 일본은 겨우 체면을 세우고 정전 성명을 낼 수 있었다. 정전에 이어 1932년 5월 5일, 영국의 참관하에 이루어진 협상에 따라 중국인들이 벌이던 일본제품 불매운동도 막을 내리게 되었다.

상해사변을 통해 히로히토는 해군 고참 제독들이 무모하고 호전적이라는 사실을 통감하게 되었다. 히로히토와 궁중 세력은 그때까지 그들을 세련된 국제인으로 여겨왔다. 그들은 육군에 대한 경쟁심에 휘말려, 틀림없이 미국·영국과 관계된 문제로 발전할 것을 알면서도 고의로 중국의 중심부에서 중국군과 충돌했던 것이다. 중요한 사실이 하나 더 있는데, 육군과 해군 양쪽 모두 이 사변에서 아무런 교훈도 얻지 못했다는 점이 그것이다. 육군도 해군도 근대 중국군과 벌인 첫 대규모 전투에서 입은 심각한 피해로부터 어떠한 새로운 교훈도 도출해내지 못했다. 그들은 전처럼 여전히 중국의 군대와 인민을 매우 업신여겼다. 무지하고 헐벗은 오합지졸 농민들로 민족의식이나 국가의식이 없어, 강력하게 일격을 가하면 쉽사리 굴복시킬 수 있다고 생각했다.[44] 히로히토도 개인적으로 같은 견해를 갖고 있었던 것 같다. 그러나 천황은 일본이 경제 봉쇄에 취약하다는 사실을 군 지휘관들보다 더 잘 인식하고 있었다. 그리하여 히로히토는 시라카와에게 상해 전투를 어서 매듭짓고 일본으로 돌아오도록 명했다.[45] 상해 전투가 벌어졌을 때 히로히토는 사태를 통제하는 데 결정적인 역할을 한 반면, 촌구석 만주에서 일이 벌어졌을 때는 제국의 확대를 수동적으로 지켜보는 데 만족했다.

상해 전투 중에, 그리고 전투가 끝난 뒤에도 일본군은 사관과 사병을 아울러, 러일전쟁 뒤에 확립된 항복 불가 원칙의 효력을 병적일 정도로 확실하게 보여주었다. 1932년 2월 중국군에 잡혀 있었던 구가 노보루空閑
昇 소령은 포로 교환으로 일본에 돌아왔으나 포로가 되었던 것을 속죄하고자 자살했다.[46] 아라키 육군대신은 구가 소령의 군인정신을 높이 기렸고, 나중에 구가는 야스쿠니靖国 신사에 안치되었다. 이때부터 살아서 포로가 된 사관들은 종종 노골적으로 자살을 강요당했다. 상해전선에 목숨을 바친 '인간폭탄'이나 '육탄肉彈'을 칭송하는 책과 영화, 무대극이 넘

쳐냈다. 이러한 이야기들은 일본 국내에서 육군의 인기를 높이고, 해외에서는 일본군에 대한 신비로운 인상을 북돋웠다.[47]

이누카이 내각 내부의 불협화음은 상해에서 첫 교전이 일어난 뒤로 더 심해졌다. 이누카이는 상해에서 군의 전개와 작전을 제한하려면 천황의 지지밖에는 기댈 곳이 없었다. 정상적인 정치 궤도를 망가뜨린 장교들을 히로히토는 적극적으로 처벌하려 들지 않았다. 상해 전투가 격렬해짐에 따라 일본에서는 전쟁 열기가 뜨겁게 달아올라, 정우회 내각의 정책에 대한 여론의 비판이 거세졌다. '직접행동'이 돌출하여 극단으로 치닫는 것도 놀라운 일이 아니었다. 그리고 이는 테러로 이어졌다. 재계에서 손꼽힐 만한 지도자 두 명, 곧 와카쓰키 내각의 전 대장대신인 이노우에 준노스케井上準之助가 2월 9일에, 재벌 미쓰이三井 합명회사 이사장인 단 다쿠마団琢磨 남작이 3월 5일에 암살되었다. 범인은 언론에서 '혈맹단血盟団'이라 이름 붙인 민간 비밀결사의 회원들이었다. 살인 사건에 대한 수사가 이루어지는 동안 이누카이는 육군과 해군이 상해 지역에서 작전 확대를 꾀하지 못하도록 압력을 가했다. 또한 그는 군기 회복을 위해 사관 30여 명을 해임하는 건에 대해 간인노미야의 지지를 요청했다. 이러한 상황에서 또 한 번 테러리스트의 총성이 울려 이누카이의 목숨을 앗아 갔다. 이는 일본정치의 근본적인 변화를 앞당기는 계기가 되었다.

1932년 5월 15일 해군 청년 장교가 이누카이를 총리 관저에서 살해했고, 또 다른 (육해군 군인과 민간인으로 구성된) 두 집단이 정우회 본부, 일본은행, 경시청, 그리고 가장 중요한 내대신 마키노의 관저에 폭탄을 던졌다. 그들은 런던해군감축조약을 완전 폐기하라고 주장하며 "궁중 측근들의 정화淨化를 요구하는 유인물을 살포했다."[48]

그 후 정치적 혼란이 이어지는 가운데 천황과 그 측근들은 다이쇼시대에 시작된, 정당내각을 정립하고자 하는 시도를 그만두기로 했다. 이제 히로히토는 기도木戸와 마키노의 조언에 따라 완전히 관료들로 이루어지는 정책 입안 기구를 지지하고, 의회의 양대 보수 정당에 의존하는 내각제는 지지하지 않기로 했다. 의회 정당의 활동은 계속되었으나, 궁중 세력은 선출된 대표자들과 손잡은 정당내각에 입헌정부를 맡기려는 뜻을 버렸다. 또한 육해군의 지도자들은 정권 탈취를 목적으로 한 쿠데타는 일으키지 않는다고 맹세하고, 군기를 회복하는 데 주의를 기울이게 되었다. 정확히 말하자면 군 상층부가 정치권력을 확대하려 들지 않았기 때문에 궁중 세력은 쿠데타에 반대하는 내각 수반을 들어앉힐 수 있었다.[49]

이누카이가 암살된 다음날 내각의 관료들은 총사직했고, 궁중 세력은 차기 총리 선정 작업에 착수했다. 지금까지와 마찬가지로 그들은 일련의 사건에서 벗어나 있던 사이온지를 불러, 천황의 뜻을 전하는 대리인 구실을 하도록 했다. 지금까지는 원로들이 결정을 해왔지만 이제는 그렇지 않게 되었다. 5월 19일, 스즈키 시종장은 (천황, 마키노, 기도가 기안한) 편지를 사이온지에게 건넸는데, 여기에는 후임 총리 선정에 관해 히로히토가 '바라는 바'가 담겨 있었다.[50]

히로히토의 첫 번째 '희망'은 "총리는 심지가 굳은 인물이어야 한다"는 것인데, 이는 마키노와 그 조언자인 유학자 야스오카 마사히로安岡正篤의 사상에 따른 것이었다. 당시 야스오카는 국유회国維会를 결성하고, '신관료新官僚'를 정치권력의 자리에 앉히려는 움직임을 이념적으로 정당화하려 하고 있었다.[51] 그의 견해로는 국체 사상을 믿는 충실한 관료 쪽이 황실의 이익을 실행하는 기구보다 중요했다. 충신만이 일본 국내의 여러 운동 도당들이 국체를 전복하는 것을 막을 수 있고, 천황에게 온전히 헌신하는 강고한 인격을 양성하는 것이 황실을 지키는 방법이었다. 이러한 관점에서 히로히토는 1930년대의 '신관료'와 하나였다.

히로히토의 두 번째 요점은 "현재의 정치 폐단을 개선하고 육해군의 군기를 회복하는 것은 무엇보다도 총리의 인격에 달렸다"는 것이다. 이는 가장 중요한 일에 대한 공적인 책임은 선정된 총리에게 있다는 히로히토의 속내를 드러낸다. 그의 또 다른 바람은 양대 보수 정당 사이에서 권력 교체가 되풀이되고, 그 결과 반드시 정책이 바뀌어버리는 데 대한 불쾌감을 반영했다. 히로히토는 통제에 복종하지 않고 대원수인 자신의 권한을 침범한 장교들보다도 오히려 정당에 기반을 둔 내각 쪽을 비난했다. 군대의 반란 분자들보다 의회 정당을 더 불신했으며, 정당내각의—그야말로 원칙인—권력을 약화시킴으로써 천황권을 다지고자 했다.

어쩌면 '거국일치擧國一致' 내각의 수반으로서는, 정우회 총재인 스즈키 기사부로鈴木喜三郎보다 노령인 사이토 마코토斎藤実 해군대장 쪽이 강직하고 신뢰할 수 있는 관료를 끌어 모을 수 있을 터였다. 이들은 정당정치 세력에 대한 충성심이 없고, 천황과 가치관이나 목표를 공유하며, 히로히토를 받듦으로써 국가에 봉공할 '신관료'가 될 터였다. 메이지 시대에는 천황과 관료가 한데 맞물려 돌아갔다. 그러한 협력 관계가 이제는 회복되어야만 했기 때문에, 급격한 변혁을 선동하는 세력을 포함해 새로운 독재 관료들이 히로히토와 힘을 합치도록 임명되었다.[52]

따라서 당연히 히로히토는 '파시즘에 가까운 사상을 지닌 사람'을 선택하는 것을 배제했는데, 파시즘에 가까운 사람이란 암암리에 (마쓰다 도모코增田知子가 지적한 바대로) 새로 임명된 추밀원 부의장 히라누마 기이치로平沼騏一郎를 가리켰다. 반反민주주의적인 우익 압력단체이면서도 정치의 주류 속에 자리를 차지하고 있는 국본사国本社의 총재, 히라누마는 헌법 개정을 주장했다. 그는 스스로 내각을 꾸리고 싶어했고, 모리 쓰토무가 그를 지지했다.[53] 민간 우익 활동가들은 벌써부터 히라누마를 궁중 관료로 들여보내려 압력을 넣고 있었고, 추밀원과 군부, 민간 우익 결사에도 그를 지지하는 이들이 많았다. 노련한 원로인 사이온지는 말할 것도 없고 히로히토와 그 측근들이 히라누마를 반대할 이유는 충분했다.[54]

그러나 1932년, 일본인들 대부분에게 '파시즘'이란 낱말은 막연하고 알쏭달쏭하며, 주로 이탈리아에 대해 언급할 때 쓰이는 말이었다. 히로히토가 '파시즘'을 부정하는 것도 (역시 마쓰다 도모코가 추측한 바대로) 자신의 측근들을 비판하고 메이지 헌법 체제를 변혁하고자 하는 자는 정치적으로 적절하지 않다는 신념에서 나온 것이었다.[55] 히로히토는 총리로서 안심할 수 있는 인물이 필요했다. 설령 총리가 파시즘 사상을 지녔다 할지라도 절대적으로 충성하고 또 순종하며, 쿠데타에 의한 변혁에 반대하는 한 천황은 만족할 수 있었다. 예를 들어 2년 후에 히로히토는 육군이 내건 '국방국가'라는 핵심 개념에 아무런 이의도 제기하지 않았는데, 이 말은 나치스 독일에서 유래했고 메이지 체제와는 완전히 다른 방향으로 국가를 재편함을 의미하는 것이었다.[56]

천황의 또 다른 바람이 '메이지 헌법 수호'인 것으로 보아, 1889년 헌법이 비정상적인 방향으로 운용되고 있음을 아마 히로히토는 알고 있었던 것 같다. 헌법은 권력 행사를 위한 길잡이도 아니며 일본 신민의 제한된 자유와 권리를 옹호하는 도구도 아니었다. 히로히토가 개헌을 용납할 까닭이 무엇인가? 이미 그나 권력 지배층이 바라는 정치적 규율들을 어떤 형태로든 '헌법에 입각해' 합법적으로 만들 수 있는데 말이다.[57]

히로히토의 마지막 바람은 '국제 평화'를 바탕으로 외교를 펼치는 것이었으나, 이는 워싱턴조약 체제를 지지한다는 것이 아니라 침략의 결과 새로이 만주국이 세워진 상태를 유지하고자 하는 것이었다. 바야흐로 '제국'은 새로운 영토를 집어삼켰으나, 일본은 주요 비판 세력이자 적대자인 영미 열강에 여전히 경제적인 면을 의존했다. 이러한 상황에서 히로히토는 당연히 영국 · 미국과 새로이 마찰을 빚고 싶지 않았다. 이 때문에 열과 성을 다해 만주 합병이 '평화롭게' 이루어지도록 해야만 했다.

이누카이가 암살되고 나서 열흘 뒤에 히로히토는 노령인 사이토 장군을 내각 수반으로 임명했다. 사이토는 우치다 고사이를 외무대신, 다카하시 고레키요를 대장대신, 새 개혁 관료들의 지도자인 고토 후미오後藤文夫를 농림대신, 아라키 사다오를 육군대신, 오카다 게이스케岡田啓介 장군을 해군대신으로 하여 거국일치 내각을 구성했다. 이 내각은 1934년 7월, 제국인견주식회사帝国人絹株式会社를 둘러싼 뇌물 스캔들로 무너지기까지 2년여 동안 네 차례 의회 회기를 거치고 수차례 각료 교체를 겪었다. 이 기간에 사이토는 만주국 건설과 국제연맹 탈퇴, 정부구조 부분 재편을 지휘했다.

사이토는 만주국 승인 준비에 착수했다. 이는 온갖 조약을 위배하는 셈이 되므로 대미 관계는 위태로워질 수밖에 없었다. 이제 일본의 정치가들과 언론인, 장교, 지식인들은 국제연맹과 국제법, 서방 국가들을 맹렬히 비난했다. 중국과 일본의 분쟁에 대한 국제연맹의 결의는 1895년의 삼국 간섭에 비유되었다. 당시 메이지 정부는 어쩔 수 없이 요동반도를 단념해야 했다.[58] 아라키 육군대신은, 스팀슨의 불승인 정책을 지지하며 일본의 행동이 켈로그-브리앙 협정과 연맹 규약에 위배된다고 판정한 국제연맹을 비난했다. 동시에 아라키는 백인 서양국가의 아시아 제압론을 논하기 시작했다.

대외적으로 일본이 독립국가로 존재함을 선언하는 것은, 실제로는 식민지에 대한 종주권 행사를 하겠다는 것이었다.[59] 8월 25일, 우치다 외무대신은 제63차 제국의회에서 다음과 같이 발언했다.

> 나는 중국에 대한 일본제국의 태도, 특히 9월 18일 사건이 발생한 이래 우리 쪽이 취한 조치가 매우 정당하고 적법하다고 생각한다. 만주국은 그 주민의 자발적 의도에 따라 성립된 것으로 분리 운동의 결과라고 봐야 한다. 또한 이처럼 성립된 신생 국가를 제국이 승인해주는 것은 9개국조약의 규정에 전혀 저촉되지 않는다.[60]

그리고 만주국에 관련해 "거국일치, 국토가 초토화되더라도 이러한 주장을 관철하는 데 한 발짝도 양보하지 않겠다"[61]고 말했다.

우치다 외무대신의 연설을 보충해 모리 쓰토무는 "우리 일본 외교가 자주 독립했음을 세계에 선언하는 것과 같다. ……외교적으로 선전 포고한 것과 마찬가지다"[62]라는 견해를 밝혔다. 이러한 이데올로기적 허풍과 허세는 일본의 정책이 적어도 단기적으로는 국가의 안보나 경제적인 안정과는 무관하다는 비정상적인 견해를 천명하는 것이었다.[63]

1932년 9월 15일, 사이토 내각은 정식으로 만주국을 승인하고 일만의정서日滿議定書에 조인했다. 일본은 만주국의 국방을 책임지며, 비밀 부속 문서에 따라 만주에서 일본이 원하는 일은 무엇이든 허용되었다.[64]

국제연맹이 파견한 리턴 조사단Lytton Commission은 만주사변에 관한 보고서를 10월 11일 국제연맹 총회에 제출했다. 그러나 총회는 일본정부에 대응책을 마련할 시간을 주고자 보고서 심의를 늦추었다.

III

이즈음 관동군은 열하성(熱河省: 러허성)을 공격한 결과, 북경과 천진 사이에서 군사행동을 펼칠 수 있게 되었다. 히로히토에게 이보다 더한 근심거리는 없었다. 공격에 앞서 도쿄의 육군 상층부는 관동군 간부장교 대부분을 경질하고, 만주의 관료 기구를 통합함으로써 통제력을 회복하고자 애썼다. 무토 노부요시武藤信義 대장이 관동군 사령관, 주駐만주국 특명전권대사, 관동장관 등 3관三官에 임명되었다. 이들 직분은 원래 세 기관으로 분리되어 있었다.[65] 동시에 관동군이 증강되었다.

1932년 11월, 히로히토는 관동군이 열하성(아편이라는 중요한 재원이 있었다)을 만주국의 일부로 간주하고 봄에는 침공할 계획임을 알게 되었다.[66] 그러나 12월 23일, 관동군 선발대는 이미 만리장성의 동쪽 끝에 있는 산해관(山海関: 산하이관)에 이르렀으니 이곳은 바로 열하성으로 들어가는 길목이었다. 여기서 장학량 군대와 소규모 충돌이 벌어졌다. 일주일 후인 1933년 1월 1일 더 심각한 충돌이 일어났고, 일본군은 마을 전체를 점령했다. 히로히토는 군대의 진공이 국제연맹과 관계를 복잡하게 할 것이라 생각하고, (나라 시종무관장을 통해) 일이 커지지 않도록 하라고 육군에 경고하려고 했다. 다시 일주일 후, 히로히토는 마키노에게 이 문제에 대처하기 위해 어전회의를 소집할 것을 제안했다.[67] 그러나 측근들의 의견이 양분되어 결국 어전회의는 소집되지 않았다.

1933년 1월 14일, 참모총장인 간인노미야가 만주 추가 파병에 대한 재가를 요청했을 때, 히로히토는 열하성 건에 대해 주의를 주었다.[68] 마키노에 따르면 (기도의 기록에서도 확인되는데) 히로히토는 간인노미야에게 "만주에서 지금까지 편하게 진군할 수 있었고, 이는 매우 행운이다. 향후 극히 사소한 일이 일어날 경우 유감스러운 사태를 불러일으킬 수도 있으니 열하성 방면에 대해서는 특히 신중하게 대처해야 한다"고 말했다.**69** 바꿔 말하면 천황은 간인노미야에게 작전이 지나치지 않도록 하라고 지시했던 것이다. 히로히토는 영토 확대 그 자체를 우려했던 것이 아니라 실패를, 그리고 실패에 대한 책임이 어디까지 미칠지를 두려워했다.

몇 주일 후, 히로히토는 제2사단장인 다몬 지로多門二郎 중장과 사변의 첫 전투에 참가한 조선군 혼성 제38여단의 사령관인 요다 시로依田四郎 장군에게 특별히 포장襃章을 수여했다. 장군들은 마침 히로시마広島 현의 우지나 항宇品港에 도착했고, 히로히토는 시종무관을 직접 보내 자신의 뜻을 전하게 했다. 나중에 히로히토는 다몬과 요다를 궁중 만찬회에 초대했는데, 여기서 이들 두 사람을 비롯한 장군들이 국화 문장이 새겨진 하사품을 받았다.**70** 물론 이러한 하사품 수여는 황실 행사로서 궁중의 표준 절차였지만, 이 경우는 대원수가 고급장교들의 행적을 인정하고 자랑스레 여김을 의미했다. 이는 그들이 전광석화처럼 빠르게, 사상자도 거의 내지 않은 채, 메이지 시대로부터 내려와 천황이 책임져야 할 식민지 유산을 확장했기 때문이다.

이것은 히로히토가 분명 기뻐할 만한 일이지만, 반면에 걱정스러운 면도 있었다. 중국 동북 3성 너머로 군사적 확장을 계속하는 것은 이중의 위기를 내포했다. 곧 중국과 전면전을 벌이게 될 수도 있고, 열강, 그중에서도 소련의 반발을 살 위험이 있다는 것이다. 모스크바 쪽에서는 이미 재빠르게 극동군을 편성하고 있었으며, 유럽 쪽 러시아에 있는 공군부대를 옮겨 태평양함대를 편제하기 시작했다.**71** 1933년 2월 4일, 히로히토가 열하성 작전을 재가하자 간인노미야는 관동군 부대를 열하로 옮길 것을 청했다. 이번 침공에 대해 히로히토는 사이토 내각에 아무런 자문도 구하지 않고 조건부로 동의했다. 일본이 장악한 만주국에 합병하고자 하는 군사적 확장 정책은 용인하겠지만, 화북(華北: 화베이) 하북성(河北省) 산서성(山西省) 산동성(山東省) 하남성(河南省)으로 이루어진 중국 북부의 평원 지대. 북서쪽에 북경, 북동쪽에 천진이 있다—편집자 본토를 공격하는 일은 용납지 않는다. 따라서 히로히토는 간인노미야에게 '만리장성을 넘어 관내에 진입하지 않는다는 조건'을 전하며 관동군의 열하 작전을 재가했다.

나흘 후인 8일, 사이토 총리는 천황에게 "열하 침공은 국제연맹 관계상 실행키 어려운 일"이라며 내각의 반대 의사를 전했다. 히로히토는 침공을 공식 인정한 것은 아니었지만 지나치게 서둘렀음을 깨닫고 침공을 중지시키려 했다. 나라奈良는 천황이 앞서 내린 결정을 철회하기로 결정했음을 간인노미야에게 전해야 했지만, 이에 반대하여, 참모총장이 이틀 뒤 알현할 예정이므로 그때 직접 간인노미야에게 중지하도록 명하는 것이 좋겠다고 아뢰었으며 히로히토도 이에 동의했다. 2월 10일 간인노미야가 알현하자 히로히토는 사이토 내각이 열하 작전을 승낙하지 않았음을 전하고, 작전을 중지할 수 있는지 물었다.[72]

당시의 기록은 이튿날인 2월 11일 히로히토의 기분이 매우 좋지 않았음을 증언한다. 신임 미국대사 조지프 그루Grew, Joseph Clark는 궁중 오찬회에서 그를 만났는데, "천황은 매우 신경질적으로 보였고 평소보다 얼굴을 더 씰룩거렸다"고 기록했다.[73] 오후에 사이토 총리는 히로히토를 알현하여, 만일 열하 침공 작전을 편다면 일본은 국제연맹에서 제명될지도 모른다고 아뢰었다. 사이토 총리는 열하 작전을 막으려 했지만 "이미 군부가 재가를 얻어 강경한 태도를 견지하는 바람에"[74] 작전을 멈출 수 없었다. 사이토 총리가 물러간 뒤, 히로히토는 나라를 불러 "조금 흥분된다"며 최고 통수권자의 명령으로 직접 작전을 중지시키겠다는 뜻을 전했다.

이에 나라는 다른 의견을 아뢰었음을 회고록에 밝혔다.

"국책에 해가 되는 일이라면 각의閣議에서 열하 작전을 중지시키지 않을 도리가 없습니다. ……열하 작전을 중지하라는 명령도 내각에서 내려야 합니다. 폐하의 명령으로 이를 멈춘다면 자칫 커다란 분란을 야기해 정변의 원인이 될 수도 있습니다."[75]

그날 밤 늦게 히로히토는 시종을 보내, 다시금 나라의 견해를 확인했다. 나라는 천황을 통해서만 군대를 통제할 수 있음을 너무나 잘 알고 있었다. 그러나 나라는 히로히토에게 올리는 답서에 "내각 외의 곳에서 이를 중지하게 하는 것은 적당하지 않습니다"[76]고 적었다. 히로히토는 침묵으로 동의의 뜻을 표했다. 이어서 사이토 내각은 열하 작전을 승낙했고, 2월 12일 히로히토는 "만리장성을 넘는 일은 절대로 삼가야 하며 이를 어길 경우 작전 중지를 명하겠다"[77]는 조건을 붙여 열하 작전에 대한 두 번째 재가를 내렸다. 이는 무척 조바심 난 대원수의 말이었으며, 군 수뇌부의 지시에 무조건적으로 따르는 사람의 말이 아니었다.

일본의 열하 침공—열하는 "대략 미국의 버지니아 주와 메릴랜드 주, 웨스트버지니아 주를 합한 정도 넓이"—은 국제연맹 총회가 만주에 대한 어떠한 변화도 용납지 않는다는 리턴 보고서를 채택하기 전날인 1933년 2월 23일에 개시되었다.[78] 중국 쪽의 변변한 저항도 없이 일본의 2만 대군은 약 일주일 만에 이 작전을 완료했다.

천황은 국제정세를 고려하여 매우 진지하게 열하 침공 작전을 늦추고, 중지하고, 지도하고 제한하고자 했다. 시종무관장 나라 중장은 히로히토의 결정을 적극적으로 저지했다. 천황이 최고 통수권을 행사하지 못하도록 막은 것이 나라가 남긴 주요한 성과였다. 얼마 지나지 않아 간인노미야는 나라의 후임으로 혼조 시게루 전 관동군 사령관을 지명했다. 당초 이러한 인사에 약간 불만을 나타냈던 히로히토는 스즈키 시종장과 간인노미야의 요청을 받고는 이를 받아들였다.[79] 뒤에 천황은 혼조라는 인물을 보고 전혀 신뢰하지 못할 인물임을 알게 된다. 그러나 당시 히로히토는 겨우 몇 달 전부터 갑자기 국민들 사이에 전쟁영웅으로 칭송을 받고 있는 이 장군을 선임하는 데 강력히 반대하지는 않았다.

IV

1933년이 되자 제네바의 일본 대표단은 국제적으로 고립되었다. 국제연맹이 일본정부의 공식 견해를 받아들이지 않은 사실을 둘러싸고 도쿄에서는 격렬한 논쟁이 벌어졌다. 우치다 외무대신이 국제연맹을 탈퇴할 시기가 임박했음을 천황에게 아뢰었을 때, 히로히토는 옛 독일령 미크로네시아에 대한 일본의 신탁통치권에 어떤 영향이 있겠느냐고만 물었다.[80] 한 달 후인 2월 20일, 사이토 내각은 정식으로—그러나 비밀리에—국제연맹에서 탈퇴할 것을 결정했다. 24일 연맹은 42 대 1(일본)로 만주국 승인을 거부하고, 당연한 일이지만 일본의 침략을 온건하게 비판하는 보고서를 채택했다. 영어에 능통한 일본 대표단 수석대표 마쓰오카 요스케松岡洋右는 내각의 방침에 따라 회의장을 나갔다.[81] 3월 27일, 일본정부는 국제연맹 탈퇴를 정식으로 통지했다.[82]

히로히토는 이참에 칙서를 발했다. 외무성 아시아국장인 다니 마사유키谷正之는 히로히토, 마키노와 상의하여 칙서를 초안했다. 칙서에는 "문무文武가 서로 그 직분에 충실하고 일반 백성이 각자 자기 일에 힘써 가고자 하는 길을 걷고 또 협력에 매진함으로써 이 정국에 대처하라"[83]는, 딱

할 정도로 허약한 훈계가 담겨 있었다. 그러나 칙서의 진정한 취지는, 만주 문제를 둘러싼 견해차 때문에 일본정부는 어쩔 수 없이 국제기구를 탈퇴했다고 단언하는 것이었다.[84] 그러면서도 연맹 탈퇴가 '국제연맹의 근본정신'에 반대한다는 뜻은 아니며, 일본은 '인류의 복지를 위해' 계속해서 최선을 다하리라는 것이었다. 히로히토의 칙서는 명백히 부정적인 행동을 긍정적이고 호의적인 것인 양, 애매모호하게 돌리고 꾸미는 말로 도배되었다. 이것은 초기의 실례였는데 곧 관례로 자리를 잡았다. 상반되는 행동과 주장들을 통합해버림으로써 해결될 것 같지 않은 내부 대립을 은폐하고, 실제로는 어떠한 합의에도 이르지 못했지만 마치 의견의 일치를 본 것처럼 내보이는 수법이다.

홍미롭게도 내각이 연맹 탈퇴를 결정한 그 날에 마키노는 일기에 이렇게 썼다.

> 연맹 탈퇴 문제의 의미를 충분히 음미하지 않고, 단지 탈퇴에 의해 크게 목적을 달성하는 것처럼, 탈퇴 자체가 마치 목적인 것 같이 생각해버리고, 그 목적 달성에 광분하는 언론계의 현 상황은 제국 인심의 경박함을 나타내는 것으로, 앞날을 위해 실로 우려할 만하다. 시일이 경과한 후에는 틀림없이 깨닫는 점이 있으리라 믿는다.[85]

마키노는 대중매체가 만주사변에 대해 폭넓은 지지를 이끌어냈던 점도 떠올렸을 것이다. 어쨌든 반反국제연맹 선전에 무비판적인 여론에 대한 그의 판단은 그르지 않다.[86] 많은 사람들은 오른쪽으로 왼쪽으로, 혹은 180도 다른 방향으로 쉽게 영향을 받고 만다. 그러나 과연 마키노 자신이나 천황은 어땠을까? 궁정이 군부의 팽창 정책에 강경히 맞서지 않고 유화적인 태도를 취한 이면에는 그들 스스로의 신념이 있었으며, 또한 당시 군을 통제하기 위해 천황의 권위를 어떻게 행사해야 하는지 의견이 분분했고 내정 불안이 우려되었다는 배경이 존재했다. 마키노는 그와 같은 불안에 특히 민감하여, 아시아먼로주의 제창에 직면하자 영미 공조 노선에 대한 지지를 금세 포기하고 말았다. 군부와 충돌하느니 스스로 오랫동안 지켜온, 베르사유-워싱턴 체제에 대한 신념을 저버리는 쪽을 택했다. 마키노는 자신이 그 설립을 거들었던 국제연맹을 탈퇴하겠다는 히로히토의 결정을 지지했다. 정치의 정점에 있던 히로히토와 마키노는 어떤 의미에서 '변절의 10년'의 첫 전향자들이었던 셈이다.[87]

히로히토나 그 측근들이 육군의 대륙 정책을 대신할 대안을 내놓아 연맹에서 탈퇴하지 않을 방도를 찾으려고 했음을 보여주는 문서는 발견된 바 없다. 어쩌면 육군의 용맹한 행위에 도취한 여론의 반응에 영향을 받아서, 히로히토는 도박을 하기로 결심했을지도 모른다. 히로히토는 외교적 고립을 초래하는 것은 별로 문제 삼지 않고 내각의 결정을 인정했다. 감당하기 버거워진 육군과 좋은 관계를 유지하는 일은 당시 그에게 국제 친선보다 중요했다. 히로히토는 국제적으로 고립된다 해서 내각과 군부 사이에 벌어진, 내부의 구조적인 균열이 메워지지는 않으리라는 사실을 알지 못했다. 히로히토가 대원수의 통수권을 행사하면 할수록 그 틈새는 더욱 벌어지기만 할 뿐이었다.

사이토 총리도 마찬가지로 근시안적인 시각을 가지고 있었다. 2월 21일 귀족원 비밀회의에서 연맹에 관한 보고를 할 때 사이토는 천황과 마찬가지로, 연맹에서 탈퇴할 경우에 곧바로 미칠 수 있는 사소한 영향들, 이를테면 남태평양의 일부 섬들에 대한 일본의 신탁통치를 국제연맹과 미국이 계속해서 인정할 것인가 하는 문제 따위에만 신경을 썼다.[88] 히로히토가 연맹 탈퇴의 장기적인 영향에 관해 사이토에게 물었을지도 모르지만, 실제로 그랬다는 증거는 전혀 없다.

외교 정책의 새로운 방향은 일본인들이 스스로와 외부 세계를 이해하는 방법의 변화를 추동했다. 고루한 통치 지배층은 세계 공황 최악의 국면에서 민중에게 희망과 용기를 불어넣지 못했다. 국민은 군을 지지함으로써 대응했는데, 적어도 군부는 민중의 궁핍한 실상과 불만을 알아차리고 이를 구제하려 하는 것처럼 보였던 것이다. 일단 국민이 반反중국 반反서구 배타주의에 굴복하고 만주사변을 인정해버리자, 군부를 저지할 가능성은 오직 궁중 세력에만 남게 되었다. 히로히토와 그 측근들이 굳건한 자세를 견지했다면 아시아먼로주의—그럴듯한 포장을 둘러쓴 이 말이 주장하는 바는, 일본은 서구의 위협에 맞서 아시아를 수호할 권리가 있다는 것이다—를 향한 추세는 뒤집혔을지도 모른다. 그러나 궁중 세력과 그 주변 역시 국제관계를 적대적인 인종 문제로 간주하는 경향이 있었고, 어떤 노선을 취해야 할지 자신들 사이에서도 의견 일치를 보지 못한 데다, 애초부터 기회주의적이었다. 결국 그들은 군부와 공조했다.

군부가 구미 열강에 도전해 아시아 대륙에서 펼친 군사·경제적 팽창 정책은 해외 상황의 진전에 따라 더욱 쉬워졌다. 사이토 내각이 등장할 당시, 서구 산업사회의 성격은 일본과 전혀 다른 국가 제도와 가치 체계를 바탕으로 형성되어 있었다. 독일에서는 1933년 1월, 히틀러와 나치당—유럽 역사상 가장 혁명적이고 허무주의적이며 인종차별적인 운동—이 권력을 향해 진군하고 있었다. 그들의 공공연한 의도는 베르사유 체제를 무너뜨리고 독일의 전쟁 군비를 증강하려는 것이었다.

영국에서는 보수당이 중국 시장을 장악하고자 일본에 대한 경쟁의식에

날을 세우고 있었다. 1932년 오타와에서 열린 대영제국 경제회의에서 토리당Tory Party은 보호무역주의로 전환하여, 대영제국 내의 국가들끼리 서로 관세 특혜를 주는 스털링 블록sterling block을 형성하기로 결의했다.

고립주의를 표방한 미합중국에서는 대통령으로서 첫 임기를 시작한 프랭클린 루스벨트가 경제 위기에 대해 색다른 대책을 세웠다. 루스벨트 대통령은 자유무역을 지지하고, 관세를 더 낮추는 상호 무역 협정을 가능한 한 많은 나라에 제안했다. 특히 그는 자국의 심각한 사회악을 조금이라도 개선하고자 새로운 방향을 모색함으로써 사람들에게 희망을 주려고 했다. 그러나 뉴딜 정책의 결과 미국 남부의 짐 크로 체제Jim Crow system짐 크로는 1828년 토머스 다트머스 라이스(Rice, Thomas Dartmouth)라는 백인 코미디언이 흑인 분장을 하고 공연한 연희의 주인공 이름이다. 그로부터 늙은 흑인 노예를 웃음거리로 삼아 노래, 춤, 만담 등을 펼치는 민스트럴 쇼(minstrel show)가 성행했고, 짐 크로는 점차 흑인을 멸시하는 말로 쓰이게 되었다. 미국 남부에서 1950년대까지 효력을 발휘했던 인종차별법을 통칭하여 '짐 크로 법(Jim Crow Law)'이라 한다—편집자는 고스란히 남고, 서반구와 필리핀에 대한 일본의 수출은 줄어들었다.[89]

소련의 중앙집권적인 계획경제는 민주주의를 수반하지 않는 중공업화를 상징했다. 1932년, 소비에트 정권은 첫 5개년 계획을 완수한 뒤 국제 무대에 복귀했다. 이는 군용기와 전차 생산, 그리고 '극동적군極東赤軍'—주로 일본의 대륙 팽창에 대응한—을 재건하기 시작한 것이기도 했다.[90] 거대한 군사적 잠재력이 있는 소련은 일본의 전략적인 야심을 가로막는 장벽으로 작용하여, 공산주의는 이념적 위협이 된다는 논의가 설득력 있게 펼쳐질 수 있었다.

대륙 팽창 정책을 지지하는 일본인들은 영미와 부딪힐 또 다른 지점들을 지적했다. 영국과 미국은 공황에 대한 대응책이 서로 달랐고 대일 정책을 공조하기도 어려웠지만, 영미 정치가들은 자국 내에서 형식적인 민주주의를 펼치는 위선자, 국외에서는 제국주의적인 현상 유지를 옹호하는 자들로 표현될 만했고, 일본의 언론인들은 그런 표현을 즐겨 사용했다. 반면에 일본의 팽창주의 지지자들은 독일에 국가사회주의가 대두한 것이 일본에 좋은 징조라는 소리를 들먹이기 시작했다. 독일은 일본에 이어 국제연맹을 탈퇴하고 영국과 미국, 소련에 잠재적인 적국이 되었다. 게다가 1933년 나치스 독일도 비상사태에 놓여, 일본처럼 인종적·문화적 부흥을 꾀하고 있었다.

이리하여 만주에서 벌인 일을 정당화하고자 일본의 지도자들이 앞장서서 부르짖었던 주의 주장들은 세계자본주의 붕괴, 금융·무역의 블록경제 출현, 일본 국내의 정치·이데올로기 대립으로 말미암아 힘을 얻었다. 1932년 1월 28일 전 육군대신 미나미 지로南次郎 대장은 궁중에서 히로히토와 그 측근들을 앞에 두고 강의하면서, 육군이 만주에 독립 국가를 창설한 사실을 설명하며 국가 안보, 자원과 영토 부족을 강조했다. 미나미는 "일만(日滿: 일본과 만주) 공동 경영"을 통해 일본은 "외국의 경제 봉쇄를 견뎌내고" "영원히 강대국의 자리를 지킬" 수 있다고 천황에게 말했다.[91] 또한 만주 전체를 장악하면 급격한 인구 증가에 대처할 토지가 공급되므로, 1930년대 말에는 7000만에 달할 것으로 예상되는 일본의 '인구 문제'를 해결할 수 있을 것이라고 했다.

이어서 1932년 2월 8일, 마쓰오카 요스케(전 남만주철도회사 이사)가 '일만 관계와 만몽(滿蒙: 만주와 몽골) 외교사 일반'이라는 제목으로 강의를 했다. 히로히토의 질문을 받고, 마쓰오카는 좀 막연하게, 일본과 중국처럼 인종적으로 가까운 민족 간에 우호 관계가 유지되기란 어렵다고 강조했다. 그는 '이것이 생물학의 원리'라고 해양생물학자인 군주에게 설명했다.[92]

궁중 세력의 회합에 자주 참석하던 고노에는 고질적인 중일 관계를 백인종과 황인종의 대립 문제로 전환했으며, 일본인은 백인인 적에 비해 정신적으로 우월하다고 잘라 말했다. 고노에에게 만주사변은 '일본을 휩싸고 도는 경제 블록의 잠식이라는 암운을 뚫는 번개'와 같은 것이었다. 고노에는 '설령 만주사변이 그러한 형태로 일어나지 않았다 하더라도, 머지않아 일본의 암운을 걷어내고 운명의 길을 개척할 어떠한 시도가 필연적으로 일어났을 것'이라는 논리를 폈다. 1933년 2월 발표한 논문 「세계의 현상을 개조하라」에서, 고노에는 맬서스주의에 바탕을 두고 인구 증대와 전쟁의 인과 관계에 대하여 경종을 울렸다.

전쟁의 원인은 영토와 자원의 불공평한 분배이며, 지금의 불합리한 국제 현상을 조절하지 않으면 진정한 평화는 달성할 수 없다. 이를 위해서는 최소한 '경제교통의 자유' 즉 관세 장벽의 철폐와 자원 개방, 그리고 '이민의 자유'라는 2대 원칙을 인정해야만 하는데, 이들 조건이 가까운 장래에 실현될 가능성이 적기 때문에 '해마다 백만에 가까운 인구 증가로 국민의 경제생활에 심한 압박을 받고 있는' 일본으로서는 그 실현을 기다릴 수만은 없고, '어쩔 수 없이 오늘을 살아가기 위한 유일한 방도로서 만몽 진출을 택한 것이다.'[93]

고노에는 명백한 필연성과 불가피성, 그리고 자기 보존 본능을 들어 일본의 아시아 정복을 정당화시키는 근거로 삼았다. 그는 감히 다음과 같은 언행을 보이는 서양인들을 비웃었다.

세계 평화라는 미명하에 만주와 몽고에서 일본이 하는 행동을 심판하려 하고 있다. 혹은 국제연맹 협약을 내세워, 혹은 부전조약을 구실로 일본의 행동을 비난하고, 마치 일본인은 평화 인도人道의 공적公敵이라는 듯한 말을 늘어놓는 사람조차 있다. 그렇지만 진정한 세계 평화의 실현을 가장 방해하는 것은 일본이 아니라 오히려 그들이다. 그들은 우리를 심판할 자격이 없다.[94]

소비에트 공산주의나 중국의 반反제국주의에 대비하여 일본 본토와 식민지 조선을 위한 '완충 지대'가 필요하다고 느끼던 일본인들에게 만주국 '독립'이라는 생각은 매우 호소력이 있었다. 만주국을 옹호하는 이들은 막대한 자원이 가져다줄, 크나큰 경제적 이점도 이야기했다. 만주는 언젠가 일본의 농촌 인구에 땅과 집, 식량을 제공하는 삶의 터전이 될 터이며, 다른 한편으로 만주의 석탄과 철, 농작물 자원은 일본경제의 성장 속도를 높이고, 그 과정에서 장차 오래 끌지도 모를 대미전對美戰을 준비할 수 있게 해줄 것이었다.[95]

제국 일본을 서양의 식민주의 경쟁자들에게 군사적 위협이 될 만한 자급자족 경제 '제국帝國'으로 바꿔놓으려는 생각은, 어떤 의미에서는 1차 세계대전 때 데라우치 내각이 추진한 '아시아먼로주의'의 재현이었다.[96] 자급자족주의는 대중의 광범위한 지지를 받았지만, 그것은 서양 열강들이 부당하게 일본을 압박한다고 여겨지던 때에 한해서였다. 자급자족은 특히 일본 자본가층의 흥미를 끌었다. 당시 그들은 외국 자본과 기술에 대한 의존도를 줄일 방도를 모색하고 있었고, 국내 투자를 경공업에서 중화학공업으로 옮기려는 참이었다.

만주사변이 일어나는 동안 일본의 여론 지도층은 국제정세에 대해 과장되고 이기적인 해석을 많이 쏟아놓았는데, 그중에서 만주와 몽골은 일본의 경제적 · 전략적 · 도덕적인 '생명줄'이며 '유일한 생존 수단'이라는 표현만큼 군의 지지를 얻은 것은 없었다. 마쓰오카가 처음 제안한 생명줄이라는 표현은 널리 애국심을 자극했다. 만주에서 육군이 자행한 일을 왜곡 전달한 언설에 사로잡혀, 많은 일본인들은 조국과 조국의 명예를 지키기 위해서라면 상대가 열강 중의 최강국이라 할지라도 기꺼이 대결할 용의가 있는 듯했다. 국제법은 서양이 만든 것이고 영미에 유리한 시점時點에 국제질서를 고정시키려고 고안된 것이므로, 만주국을 승인하고 연맹에서 탈퇴하는 것이 국제법 자체를 부인하는 일이 될지라도 상관없었다. 천황이 바로 도의道義의 화신이자 영미인이 신봉하는 추상적 법보다 현실적인 존재이기 때문에, 일본은 천황에게서 유래하는 규범에 근거하여 독자적인 서열에 따른 국제적 틀을 창조하려고 했다.

고노에는 이러한 일본인들의 피해망상적인 내셔널리즘을 가장 잘 포착했다. 일찍이 그는 1918년 12월에 발표한 유명한 논문인 「영미 본위의 평화주의를 배격한다」에서, 황인종을 차별하는 백인종과 식민지를 독점하는 영국과 미국 같은 선진국이 '정의와 인도人道'라는 국제 규범을 위반했다고 비난했다. '황인종 개발도상국'인 일본이 '현상 유지'를 고집하지 말고, 일본을 세계의 중심에 놓고 일본인의 시각에서 질서를 재편할 '평화의 기준'을 제창해야 한다는 것이었다.

가진 나라와 그렇지 못한 나라의 대립, 적대적인 인종 집단이 형성되는 시대라는 이원론적 관점에 입각하여, 바야흐로 고노에는 만주사변을 지지하고, 베르사유-워싱턴 체제와 이를 지지하는 갖가지 국제조약 모두를 타파해야 한다고 주장했다.[97] 1935년 11월에 한 연설에서 고노에는 국제연맹, 켈로그-브리앙 협정, 9개국조약, 런던해군감축조약을 비난하며 다음과 같이 말했다. "이탈리아의 정치가는 이탈리아가 팽창을 계속해야 하는 이유를 매우 대담하고 솔직하게 말하고 있다. 독일의 정치가는 독일에 새로운 영토가 필요함을 공공연하게 나치스의 강령에 집어넣었다. 그런데도 일본에는 이러한 솔직함이 결여되어 있다." [98] 고노에는 이러한 결함의 이유를 "현상 유지를 기초에 두는 평화 기구를 성역으로 삼는 영미 본위의 사고방식이 일본인들의 머릿속에 침투해 있다"는 데에서 찾았다.

이런 강경한 주장 때문에 고노에는 원로 사이온지에게 종종 비판을 받았지만 히로히토에게는 오히려 신뢰를 받았다. 국제연맹 탈퇴를 재가하기로 한 천황의 결정에 고노에가 영향을 미쳤는지 여부는 밝혀지지 않았다. 그러나 히로히토는 '열강들은 인종적인 경쟁심에 사로잡혀, 일본이 아시아에서 지배적인 지위에 오르는 것을 바라지 않는다'는 고노에의 견해를 꽤 오래전부터 접해왔다. 나아가, 알려져 있다시피 여론을 주도하는 각 분야의 엘리트들이나 천황의 최측근인 궁정 관료들에게도 고노에의 견해는 큰 영향을 미쳤다.

그러나 결국은 단기적인 정치적 배려에 따라 히로히토는 군부와 손을 잡았다. 히로히토는 대부분 국가들이 일본의 행위를 기성사실로 받아들였음을 인식했고, 이에 자신감을 얻었다. 지금까지 만주국을 승인한 서양 열강은 없었지만, 그렇다고 해서 만주 침략을 저지른 일본에 경제 제재를 가한 국가도 없었다. 히로히토의 생각에, 현 상황에서 급선무는 총리 암살과 측근에 대한 습격, 쿠데타 미수 등으로 혼란스러워진 국내정세를 안정시키는 일이었다. 히로히토가 가장 우선할 일은 관동군 사령관과 대립하지 않는 것이었으며, 이는 만주국을 지키기 위해서도 필요한 일이었다. [99]

* * *

만주사변 기간에 히로히토가 사생활을 어떻게 보냈는지 전하는 공간公刊 문헌은 가와이 야하치河井弥八가 2쪽에 걸쳐 쓴 일기와, 천황을 비공식적으로 만나 궁중의 문서를 보게 되었다는 소설가 고야마 이토코小山いと子가 밝힌 몇 가지 일화 외에는 사실상 없다.[100]

1932년, 쇼와 천황과 나가코 황후가 결혼한 지 8년이 흘렀다. 황후는 딸 넷을 낳았는데 그중 셋만 살아남았다. 그리고 당시 다섯 번째 아이를 임신 중이었다. 그해 여름, 그들은 만주 정세 때문에 하야마로 떠나는 피서 여행을 단념하고 수도에 머무르면서, 매일 장시간에 걸쳐 각자의 측근들과 함께 치밀하게 짜인 공무를 처리했다. 히로히토는 규칙적으로 7시 반에 일어났고, 황후는 그보다 약간 일찍 일어났다. 히로히토 부처는 하인의 손을 빌리지 않고 직접 옷을 입었으며, 대개 '여관女官', 곧 궁녀 두 명이 준비한 식사를 우유와 함께 들었다. 식사가 끝나면 궁녀 한 사람이 벨을 울려, 당직 시종에게 들어와서 인사를 해도 좋다고 알렸다. 히로히토 부부의 하루는 목욕으로 시작되었고, 그 다음에는 각자 밖에서 운동을 했다. 임신 중인 나가코 황후의 운동은 화단을 돌보거나 간호사와 골프 1라운드를 치는 정도였다. 히로히토는 정오에 황후와 함께 점심을 먹으러 집무실(어학문소 2층—일본어판)에서 돌아왔으며, 식사 후 4시 정도까지 공무를 보고 다시 황후와 차를 함께 마셨다. 6시 반경에 저녁을 먹고, 9시 정도에 다시 가볍게 야참을 먹고, 보통 10시에는 잠자리에 들었다. 황후는 정원 손질을 하지 않을 때에는 만주에 주둔한 부대를 위한 하사품인 붕대를 감으며 시간을 보냈다.

1932년 여름과 가을은 그들 부부가 특히 압박감을 강하게 받던 시기였다. 히로히토는 만주의 위기에 대처하고자 고투했고, 황후는 후사를 낳지 못해 고민했다. 엄격하게 통제된 공인公人 생활을 해온 히로히토 부부는 내대신 마키노와 비서관장 가와이, 시종장 스즈키의 의견에 따라 첫째 아이인 여섯 살배기 데루노미야照宮를 궁전 밖으로 내보내 황거皇居 안의 다른 건물에서 지내게 하기로 했다. 부부는 데루노미야를 떼어놓는 것이 안타까웠지만 이를 요구하는 궁정의 전통을 부정하려 들지는 않았다.

이러한 분위기에서 나가코 황후는 1932년 말 어느 날, 유산을 했다. 그 후, 히로히토는 군주로서 책무를 다하기 위하여 측실을 두어야 한다는 요구를 받았다. 전前 학습원 원장과 궁내대신이며 메이지와 다이쇼 천황을 받들었던 백작 다나카 미쓰아키田中光顯는 도쿄와 교토에서 적당한 측실을 찾아 나섰다. 귀인 10명이 간택되고, 여기서 다시 3명이 뽑히고, 그 가운데 (아마 가장 아름다운) 한 명이 궁중의 초대를 받아 (황후가 함께) 히로히토와 카드놀이를 했다는 소문이 있다. 일부일처를 신봉했던 히로히토는 아마 그녀에게 더 관심을 두지는 않았으리라고 여겨진다. 1933년 초, 나가코는 다시 임신하여 같은 해 12월 23일 황태자 아키히토明仁를 낳았다. 이리하여 그들은 개인적인 위기를 넘겼다.

V

일본이 열하에 침공하고 국제연맹에서 탈퇴한 뒤 관동군은 점령지를 넓혀나갔다. 1933년 4월 초에는 만리장성 남쪽, 북경 근교인 하북성(河北省: 허베이성)에 진입했다. 히로히토가 개입해서 공세는 멈추었고, 군대는 산해관으로 물러났다. 그러나 5월 7일 관동군은 다시 화북에 진입했다. 이때 히로히토는 사후 재가를 내렸으나 혼조 시종무관장에게 자신의 노여움을 전했다. 혼조는 5월 10일 일기에 "폐하는 군이 작전을 보류하시려는 의도는 아니다. 단지 통수統帥의 정신에 어긋나는 것을 용서하지 않으시는 것이다"[101]라고 썼다. 물론 천황은 달리 선택의 여지가 없었기 때문에 이를 재가했다.

이달 관동군 사령부 대변인은 열하가 만주국에 합병되었다고 발표했다. 공식 성명은 아니었으나 합병의 범위에 중국 본토인 하북성과 차하얼성察哈爾省 당시의 차하얼성 지역은 현재 대부분 내몽고자치구에 속하고, 일부는 북경과 하북성에 편입되었다—편집자의 일부도 포함되어 있었다. 합병 결정은 내각의 사전 승낙을 거치지도 않았을 뿐더러 '조약의 권리'에 근거한 것도 아니었다. 5월 말 중국 국민당의 밀사들이 굴욕적인 당고(塘沽: 탕구) 정전협정에 서명함으로써 사실상 대만주국을 승인했고, 하북성 동부 만리장성 남쪽 지역에 비무장지대가 설치되었다. 이제 만주사변은 일단 서양의 관심사로서는 막을 내렸다.

휴전에 따라 정치·군사 정세의 뿌리 깊은 불안정이 가라앉기 시작했지만, 대립하는 두 세력 사이의 틈은 도리어 점점 벌어졌다. 중국의 항일 게릴라들은 만주국 내에서 계속 전투를 벌였다. 그 후 4년 동안 만주국과 화북 사이에 있는 '완충 지대'는 평화 지대라기보다는 만리장성 안쪽의 화북 지방 다섯 개 성 전부에 대해 관동군이 정치·군사·경제적으로 끊임없는 압력을 행사하기 위한 기지라는 것이 드러났다.[102] 그러나 비무장지대가 그저 존재하는 것만으로 소비에트는 동청철도東淸鉄道를 일본에 매각하려 했고, 또 영국이 관계 개선을 시도하려는 움직임을 보여 천황은 국제적인 긴장이 곧 누그러지리라 믿었다.

한편 장개석은 군대를 재정비하고 경제력을 확보할 시간을 벌고자 당분간 일본에 양보하기로 했기 때문에, 총사령관으로서 중국 공산당과 싸우는 데 집중할 수 있었다. 그러나 일본군이 만주를 지배하며 화북에서 국민당의 영향력을 일소할 태세를 갖추고 있는 한 중일 관계는 결코 정상으로 회복될 수 없었다. 장개석도, 중국 민중도 일본의 침략을 간과할 마음은 조금도 없었다.[103]

일본에서도 여러 세력과 집단 간의 대립이 내부로 돌았다. 황도파의 장군들과 지지자들은 여전히 권력을 장악하고 있었고, 해군과 육군은 여전히 불협화음을 냈다. 다카마쓰노미야는 당시 28세로 중순양함 다카오高雄에 타고 있었는데, 1933년 6월 11일 일기에 육군이 "파쇼적 기분"에 휩싸였음을 정치가들은 이해할 필요가 있다고 썼다. 정전 합의는 천황을 기쁘게 했지만 그것만으로는 충분하지 않았다. "지금이야말로 무슨 수를 써서라도 군인들의 억지에 굴하지 말고 재벌들의 방만한 태도를 저지하여, 제대로 통치되어 화합되는 일본으로 돌아가야만 한다."[104] 몇 주 후, 다카마쓰노미야는 "국민소득의 9할을 약 1할의 인구가 차지하고 있다"고 썼다. 7월 21일, 그의 우려는 "진가를 인정받지 못하는 수고"를 하는 해군력으로 향해, 단순히 "산해관에 대한 포격이라든지 상해사변"을 넘어서, 위기에 즈음하여 "육군이나 외교 나름대로 저 정도 활동을 잘도 하게 내버려둔" 것을 우려했다. 몇 달 뒤, 그는 해군과 사회 전반에 급진주의의 징후가 확대되고 있다고 적었다. 1933년이 저물 무렵, 황후 나가코가 황태자 아키히토를 낳자 다카마쓰노미야는 무척 기뻐했고, 황위 계승자라는 무거운 짐을 마침내 벗어버린 데에 안도했다. 황통을 이을 후사가 났다는 소식은 일시적이나마 온 나라에 안도감을 가져다주었다.

1933년 말 즈음, 국정은 여전히 유동적이었다. 만주국 문제는 지지부진했고, 전쟁에 대한 열기는 가라앉기 시작했다. 이러한 분위기는 군 지도부와 관료, 언론인들이 바라지 않는 바였다. 군국주의와 전쟁에 대한 열기가 식어가는 것을 염려하여, 육군 선전가들이 행동을 개시했다. 큰 신문사의 영화 부문은 이미 사변을 둘러싸고 '눈으로 보는 신문'이나 뉴스 영화 제작 경쟁을 벌이고 있었다.[105] 『오사카마이니치신문大阪每日新聞』은 사업을 확대할 기회라 생각하고, 앞으로 국민의 처신으로 요구될 것들을 제시하는 새로운 종류의 애국 영화를 제작해 큰 이득을 보려 했다.[106] 이 영화의 프로듀서인 미즈노 요시유키水野新幸는 "공산주의와 전체주의는 서로 대립하는 상황이었습니다. 도처에 테러 행위가 자행되고, 더러는 데카당한decadent, 퇴폐적인─옮긴이 생활을 하고 있어 민심의 귀추가 어디로 향하는지 알 수 없었습니다. 그래서 우리는 신문의 논설이라든가 그러한 것만이 아닌 우리가 평소 생각하던 영화의 위대한 힘을 이용하여, 국민이 사상 혼란의 상황과 국제정세를 인식하도록 하고 싶었습니다"고 말했다.[107] 그 결과 제작된 것이 〈비상시 일본非常時日本〉이었다. 이 다큐멘터리는 육군성의 후원을 받아 8월에 제작되고 1933년 말에 전 일본에서 개봉되어 널리 갈채를 받았다.

〈비상시 일본非常時日本〉은 1931년부터 1933년 초에 걸쳐 애국주의적인 영상과 장면을 통해 천황제 이데올로기를 조명했다는 점에서 매우 중요하다. 군부는 이 영화에서 히로히토의 정신적인 권위를 이용해, 팽창주의를 제국─그리고 군부 스스로─의 도덕적인 사명으로 부여했다. 또한 민족의 일체성을 매우 다채로운 영상으로 그려내어, 1930년대 초반 일본의 국수주의ultranationalism 혹은 초국가주의(超國家主義)─편집자 논리를 재해석했다.

아라키 육군대신은 12부로 구성된 영화의 절반 정도 되는 부분에서 해설narration을 맡아, 수차례 아시아·태평양이 나오는 커다란 지도와 제네바 사진이 나오는 영상에 자신의 목소리를 보탰다. 아라키는 군사력과 도의를 동일시하여, 사변의 의의를 이해하는 관점으로 신화를 이용했다. 그가 주로 사용한 두 가지 표현이 있었다. 하나는 신神이 '신의 나라神國'에 부여한 '큰 사명'이고, 또 하나는 일본에 대한 중국과 서구 열강의 적대적 시도였다. 중국과 서구 열강이 일본을 고립시켜, '야마토大和 민족'이 '동양의 평화를 확보'하려는 신성한 목적을 이루지 못하도록 방해한다는 것이다. 영화 후반에 아라키는 전략과 문화라는 두 가지 측면에서 일본의 역할을 더욱 구체적으로 규정한다. 일본의 과업은 '동양에 맞는 평화의 이상향을 만드는 것'이며, 그것은 바로 만주국 건설과 만주국에서 인종의 조화를 실현하는 것을 뜻한다. 결국, 아라키는 만주에 반反인종차별주의 유토피아를 실현하려는 이상주의적인 노력의 방법으로서 제국의 팽창을 제시했다.

아라키에게, 일본이 직면한 내부의 위협은 외부의 것만큼이나 심각했다. 그는 "첫째도 서구, 둘째도 서구 하는 식으로 서구에 심취해 그 문물의 장점과 단점까지 무조건 받아들였기 때문에, 일본 민족이 자주적 이상을 잃어버렸음을 지금에서야 깨닫고 있다"고 주장했다. 아라키가 1930년대 초 일본인들 사이에 갈수록 더 퍼져가던 서양 문화의 영향을 보여주는 장면들—긴자銀座의 댄스홀에서 춤을 추거나 도쿄 시내의 어두운 번화가에서 팔짱을 끼고 걷는 모던 커플의 모습—을 설명할 때는, 만주의 살 에는 추위와 찜통더위 속에서 싸우는 황군 부대, 교사의 지도를 받아 병사에게 위문편지를 쓰는 여학생들, 신사에 참배하는 사람들 등의 장면이 대비되어 나타났다. 아라키는 댄스, 골프, 미국영화, 여성의 화장과 공공장소에서 담배 피우는 일, 공산주의자들 등 서양의 퇴폐 문화와 개인주의, 쾌락주의, 물질주의 등 서양의 가치에 굴복한 모든 것을 비난했다. 이러한 불경한 것들에 대한 대안은 농촌 생활에서 알 수 있는 전통을 자각하고, 신사에서 참배하며, 군대에 복무하는 것이었다. 절실한 과제는 쾌락 추구를 버리고, 민족의 위대한 사명을 완수하기 위해 개인의 희생과 고통을 감수하는 것이었다.

영화를 통해 아라키는 얼마 전에 끝난 만주사변의 의의를 '하늘의 계시'로 승화시키고자 했다. 이는 일본 인민의 엄청난 힘이 분출된 사건이었다. 그러나 한편으로 이것은 건국 이래 일본을 지배해온 위대한 '황도皇道'의 원리로 돌아가라는 '하늘의 경종'이기도 했다. 영상은 아라키의 말을 강조하며, 니니기노미코토瓊瓊杵尊 남신 이자나기(伊耶那岐)와 여신 이자나미(伊耶那美)가 낳은 태양신 아마테라스오미카미의 손자. 일본의 천황은 니니기노미코토의 후손이라고 한다—옮긴이가 천상에서 강림한 곳이라는 다카치호노미네高千穗の峰, 진무 천황의 즉위 장면, 이세신궁, 가시와라신궁橿原神宮, 아쓰타신궁熱田神宮, 메이지신궁明治神宮, 니주바시二重橋에서 본 황거皇居, 1928년 거행된 쇼와 천황의 즉위 장면을 통해 신대神代와 현대를 연결했다.

영화의 마지막 부분에서 아라키는 국방에 대한 정의를 내리고, 어떻게 하면 일본을 둘러싼 '쇠고리iron ring'로 상징되는 '국제연맹을 중심으로 한 전 세계의 포위 공격'을 '정신 동원'으로 돌파할 수 있는지 설명했다. 아라키의 해설과 함께 영화에서는 〈기미가요君が代〉가 흘러나오고, 쇼와 천황이 병사들과 기계화 부대기동력과 화력의 강화를 위해 전차 장갑차 자주포와 자동 조정 병기 등으로 편성한 전투부대—옮긴이의 행진을 사열하고, 증기 군함이 예포를 쏘아 올렸다. 아라키는 다음과 같이 말한다.

……군의 존재는 도덕적 존재라는 것도 이런 의미에서입니다.
우리 나라로서는 특히 공간적인 발전 즉 번영의 정신과 천양무궁한 국가의 유구성을 지켜가는 이유이기 때문에, 이로써 즉시 소승小乘적인, 지리적이고 대응적인 것으로서 국방을 말하는 것은 동의하기 어려운 부분입니다. ……

즉 우리 나라의 군대는 황군이며 동시에 국군인 것입니다.

고로 나는, 군은 국덕國德의 기틀이라고 사료되는 3종 신기에 의해 널리 드러나는 일본의 천황도天皇道를 실천하는 것이 건군建軍 정신인 것입니다.

즉 일본군대의 정신은 이를 통솔하시는 신성한 폐하의 정신을 명심하고 국덕 즉 폐하의 마음을 발양發揚하는 데 있다고 생각합니다.

폐하 이외의 어떤 자의 명령에도 움직이지 않는 것은 이 때문입니다.**108**

군대란 '국덕國德'을 구현하며 대외 팽창을 통해 히로히토의 '신성한 정신'을 발양發揚하는 것이라고 단언하면서, 일본은 정신 총동원을 준비해야 한다는 결론으로 아라키는 관객을 이끌었다. "9000만 국민이 하나같이 황헌皇獻을 도와, 즉시 천황의 덕을 널리 할 것을 생각하여 끝까지, 마지막 5분까지, 최후의 최후까지 결속하여 나아간다면 곧 그곳에서 깊고 깊은 승리의 영광을 맛볼 수 있을 것입니다." 영화에서는 육군에 군용기를 헌납하는 애국적인 실업가, 군사훈련을 받는 여성, 노상을 질주하는 오토바이들, 국가 차원의 산업화, 굴뚝에서 뭉게뭉게 연기를 내뿜는 공장, 활기차게 걷는 사람들의 모습이 몽타주처럼 빠르게 지나간다. 두 컷 후에 나오는 장면은 적진을 폭파하려고 상해전선으로 향하는 '폭탄 3용사'를 담았다. 이들 세 용사의 용맹을 낳은 요소들이 도표로 나타나고, 마지막으로 그들의 묘지가 비친다.**109**

영화가 끝나감에 따라 카메라는 '역경을 딛고 이겨내는 일본'이라는 의식을 불러일으킨다. 등산객들이 눈보라를 헤치며 산봉우리를 향해 나아간다. 무토武藤 육군대장이 만주국에 부임하여 부의 황제와 회견한다. 지도상의 제네바 상공에 먹구름이 일어나더니 금세 동방으로 이동해 일본을 덮친다. 도쿄 군중이 환호를 받으며 제네바에서 귀국한 외교관 마쓰오카는 궁을 향해 깊이 절하고, 다시 지도가 나타나면서 일본이 쇠고리를 뚫고 나아가는 화면이 나온다. 영화는 메이지 천황이 전쟁에 대해 읊조린 와카和歌 세 편으로 마무리된다. 와카는 정신 동원의 필요성을 시사하고, 처절한 노력과 자기희생 없이 위대한 업적은 성취되지 않는다는 의식을 관객에게 심어주었다.[110]

　의식 고양을 위한 육군의 두 번째 시도는 1934년 3월 『비상시국민전집非常時国民全集』을 간행한 일이었다. 7권짜리 전집 총서의 한 권인 이 책은 '비상시' 모든 국면에 대해 군사 · 외교 전문가의 견해를 제시하도록 기획되었다.[111] 여기에 기고한 육군 15명─핵심 장교 집단 다수를 대표하는─은 근대전近代戰의 본질과 일본이 직면한 위기에 대한 대중의 의식 고양을 목적으로 삼았다. 하지만 그들이 기술한 글을 읽어보면 육군이 1차 세계대전에서 무엇을 배웠는지, 또 무엇을 배우지 못했는지를 알 수 있다.

　새로이 육군대신이 된 하야시 센주로가 쓴 서문에서는, 러일전쟁에서 이긴 데 따른, 단순하기 짝이 없는 승리 이데올로기에 육군이 여전히 사로잡혀 있음이 드러난다. 하야시에게 장차 일어날 전쟁은, 규모가 더 크고 국가 총동원이 필요하지만 일본이 체험한 종래의 전쟁을 확대한 것일 뿐이었다. 참모차장인 우에다 겐키치植田謙吉는, 국가가 전쟁을 대비한다 함은 군비를 확충하고 "정치 · 경제 · 재정 등 모든 사회기구가 일체 되어" 전쟁 지도 체제를 완성하는 것이라고 설명했다.[112] 다른 기고자들도 국력 신장을 단순한 기술적 '군비 확충'과 동일시했다.[113] 20세기 중엽에 일어나는 선진국의 전쟁에는 높은 생산성과 대량 생산, 그리고 과학기술의 후진성이나 정체된 농업이 경제의 활력을 떨어뜨리지 않는다는 전제 조건이 필요하다는 것을 누구도 간파하지 못했다. 다만 육군 지도자들의 분석은 명백히 일본사회의 대규모 관료 조직화를 지향했다.

〔육군사관학교 간부인—일본어판〕 도조東条 소장은 "근대의 국방 전쟁은 매우 광범위한 부문에 걸쳐서 이루어진다"고 단언했다. 그러므로 군대, 경제, 사상, 전략 등 전쟁의 모든 양상을 "일원적으로 통제하는 국가" 건설이 필요하다. 서양에 대한 적개심으로 가득 차 있던 도조 소장은 1차 세계대 전에서 승전한 민주주의 국가들이 어떻게 일본을 상대로 이념 전쟁을 도 발해왔는지 역설했다. 앞으로 일본은 자립해야 하며, 곧 다가올 "황도 문 화 사상 전쟁皇道文化思想戰爭"을 위해 "진정한 도의를 세계에 널리 알려 야" 한다.[114] 다른 기고자들은 "총력전을 위한 국가 총동원령"을 자급자 족을 위한 "자원 문제로 환원"하는 경향이 있었다.[115] 이들 군 지도자의 머릿속을 차지하고 있던 것은 아시아 대륙을 정복하려는 야망과, 영미와 전쟁할 가능성이었다.

쇼와 천황이 러일전쟁 후의 전략과 전술에 영향을 받아, 생산성의 우위 보다는 무기의 우월성이 승패를 좌우한다고 믿었음은 의심할 나위가 없 다. 그러나 히로히토는 장군들과 달리 영미와 갈라서는 일을 기꺼워하지 않았고, 통치기구를 급격하고도 철저하게 재편하거나 경제 전체의 즉각적 인 군사화를 밀어붙일 필요를 별로 느끼지 않았다. 그런 일을 하면 황실의 안녕이 위기에 처할 수도 있었다. 이러한 견해 차이는 변화의 방향과 속도 모두와 관계가 있다. 군부의 급진파는 총력전 경제 체제를 세울 행동의 자 유를 확보하기 위해 황권 및 황권 옹호자들과 정면으로 대결해야만 했다.

쇼와 유신과 통제 ^{8장}

일본이 만주국을 인정하고 국제연맹에서 탈퇴하자, 일본인들은 대부분 뭔가 근본적으로 변혁이 일어났다고 느꼈다. 젊지만 전통이 있는 일본은 '자주 방위自衛'라는 또 다른 전쟁을 치러왔고, 그 과정에서 중국 군벌에 대한 군사적인 승리와 '서양의 도의道義 퇴폐'에 대한 정신적인 승리를 거두었다. 일본은 자력으로 근대화의 새 길을 개척했고, 세계에서 지금까지보다 더욱 위대하고 한층 더 존경받는 국가가 된 것이다.

아라키 대장을 비롯해 정치활동을 하는 육군 장교들에게 '위기', '쇼와 유신', '앵글로 색슨의 포위망' 등 같은 표현은 놓치기 아까운 동원 장치일 뿐이었다. 그들은 전승 기분을 지속시켰고, 황도를 계속 화제로 삼았으며, 이를 이용해 군부의 정치적 영향력을 강화하고, 천황상像을 재구축했다. 흉악하고 도덕적으로 뒤떨어진 외국과 대결하는 불멸의 일본, 도의 있는 일본이라는 허울 좋은 관념이 널리 퍼졌다. 그리하여 '고도 국방국가高度國防國家', '황국皇国', '신성한 사명'과 같은 개념이 남용되어 '폐하의 인애'를 널리 퍼뜨렸다. 이러한 생각에서 사람들은 정의를 위해 군의 대외 팽창을 지지했다. 또한 그들은 모든 영역에서 서양을 극복하려는 욕망을 더욱 강화했으며, 또 그럼으로써 한층 더 강한 배타적 집단의식을 형성했다.

메이지 천황 치하의 일본은 기술뿐만 아니라 어떤 의미에서는 정체성까지도 선진 서구 사회에 동화시키면서 외면적으로 '탈아시아脫亞'를 추진했다. 그 결과 아시아의 서양 백인 사회에 대해 기대와 분노가 섞인, 일종의 얕은 연대감이 형성되었다. 이는 중국을 비롯한 다른 아시아 민족에 대한 차별·멸시와 동전의 양면을 이루었다. 그러나 바야흐로 일본은 떠오르고 있었다. 일본은 아시아의 (정당한) 지도자라는 역할을 독자적으로 쟁취하고 구축하며 쇄신하고 있었다. 따라서 당시의 많은 논객들은 서양 정치사상의 본질이 수탈과 지배, 침략이며, 요컨대 우선 섬나라 일본을 공격하고 나아가 아시아 동포들의 이익까지 위협하는 전염병이라고 여겼다. 앞으로 일본은 '자위'를 위해서가 아니라 오히려 쇼와 천황의 덕을 널리 펼치기 위해 행동해야만 하며, 이는 만주국에 도덕적으로 뛰어난 사회를 건설함으로써 이루어진다. 만주에서는 '오족五族'이 '왕도의 원칙'에 따라 위계적인 '협화協和'를 이루며 생활할 터였다.

만주국을 정당화한 새 국가상國家像에는 국가를 숭배하는 성격과 함께 독일의 나치즘, 이탈리아의 파시즘과 비슷한 면모가 있었다. (후자에는 천황 숭배라는 일본의 국민적 정치 신앙을 이탈리아식으로 모색하여 발전시킨 측면이 있다.)[1] 1933년 반체제 인사 1만 8000명이 체포되고, 많은 좌익 지도자들이 전향을 강요당하면서 일본의 공산주의 운동은 너무 쉽게 진압되었다.[2] 1934년부터 1936년까지 다이쇼 데모크라시의 유산이나 입헌 자유주의의 관행 모두가 협박과 암살을 당하며 쇠퇴해갔다. 나치스 독일의 반유대주의처럼 인종 편견이나 배타적 인종주의가 국가정책이 되는 일은 결코 없었으나, 다른 아시아인들에 대한 인종 차별은 일본의 식민주의가 시작된 1894~1895년의 청일전쟁 무렵에 비롯되어 20세기를 사는 많은 일본인들의 몸에 배어 있었다. 1936년 11월, 일독방공협정이 조인되자 나치스 이론가들이 유입되어 일본에서 많은 지지자를 얻었고, 나치스의 반유대주의는 이미 유대인에 대한 편견이 퍼져 있던 논단의 주류를 이루었다. 그 후, 역대 일본정부는 거리낌 없이 유대인에 대한 이미지 조작을 일삼았는데 이는 유대인을 박해하기 위한 것이라기보다는 오히려 일본 국내의 이념 획일성을 강화하려는 것이었다.[3]

그러나 1930년대 육군 병사들이 가장 많이 징집되던 농촌에 대한 민족학적 연구에 따르면, 문부성이 최선을 다해 노력했지만 지방 주민들은 상대적으로 정부의 선전에 영향을 받지 않았다. 지방 주민들에게 천황제 이데올로기는 독자적인 지역 문화보다 의미나 가치가 없었다. 가족이나 마을에 대한 귀속감이 여전히 국가의식보다 우선이었다. 사실 중일전쟁이 일어난 1937년 중반까지도 많은 마을 주민들은 천황의 권위를 매우 낮은 수준으로 받아들였다.[4] 이를 알고 육군은 항상, 병사들의 뿌리는 무엇보다 그들의 가족과 마을이라는 전제에 따라 움직였다. 1941년 1월 8일 내려진 전진훈戰陣訓당시 일본군에 주입된 군인칙유—옮긴이에서는 "수치를 아는 자는 굴하지 않는다. 그러므로 언제나 가문과 고향의 체면을 기억하고, 살아서 포로의 수치를 당하느니 죽어서 오명을 남기지 말라"고 강조했다.[5]

천황의 권위가 도외시되었던 지방에서도 책임 있는 지위에 있는 사람들은 예외였다는 사실을 주목할 필요가 있다. 촌장이나 교사, 경찰관, 승려, 신관神官 같은 일본 국가주의의 보병들은 지역 사회에서 스스로의 권위를 다지고자 천황의 권위와 국가의 권력을 내세웠다. 천황을 숭상하는 그들의 충성은 종종 자발적이고 절실해 보였다. 그러나 촌민 대부분은 공적으로 책임 있는 지위에 있지 않았으며, 대개는 천황을 마음 깊이 믿지도 않았다. 그들의 애국심은 다른 질서에 유래했다.

예를 들어 1935년, 인류학자인 존 엠브리Embree, John F.와 엘라 엠브리 (Embree, Ella, 엘라 루리 위스웰Wiswell, Ella Lury) 부부는 규슈九州 벽지에 있는 농촌 수에무라須惠村에서 농민들을 면담 조사했다. 훗날 출간된 엘라 위스웰의 책『수에무라의 여성들The Women of Suye Mura』에는 히로히토의 권위를 비웃으며 말술을 먹고 입바른 소리를 잘하는 농촌 여성들의 세계가 묘사되어 있다. 위스웰은 그 마을에서 읽고 쓸 줄 아는 여성과 나눈 대화를 다음과 같이 기록했다.

이야기를 나누러 들렀다가, 나는 도코노마[일본 주택의 객실에 제단처럼 바닥을 한층 높여놓은 곳]에 걸려 있는 천황 부부의 초상 족자를 가리키면서 "당신은 천황을 신(가미사마神樣)처럼 숭배합니까?" 하고 물었다. 그녀는 "예, 신에게 공양할 때에는 천황 폐하께도 공양을 합니다. 신에게 기도를 드릴 때에는 천황 폐하께도 기도를 드리며 꽃을 바칩니다" 하고 대답했다. "왜요?" 물으니 그녀는 "예, 그것은 천황 폐하가 우리 일본의 대장이기 때문입니다" 하고 답했다. 그리고 그녀는 족자에 그려진 초상화들을 설명했다. "왼쪽이 진무 천황, 바로 1대 천황이시죠……. 그 오른쪽이 그의 황후입니다. 다음은 다이쇼 천황과 황후 폐하입니다. 그 아래가 궁궐입니다. 그 다음이 세 황녀와 지치부, 미카사, 다카마쓰 님입니다. 그 아래 꽃 뒤에 계신 분이 (그녀는 족자 앞에 기다란 꽃병을 놓아두었다) 현재의 천황과 황후 폐하입니다. 모두 위대하신 분들이지요……." "그럼 가장 위대한 분은 누구입니까?" 내가 물었다. "그것은 아마테라스오미카미이시죠……. 그분이 첫째가는 여신님이지요." "그렇다면 왜 다 함께 모시는 것이지요? 아마테라스와 지금의 천황은 어떤 관계인가요?" "잘 모르겠습니다. 그렇지만 아마 아마테라스오미카미는 가장 위대한 신이시고, 또 천황 폐하는 나라의 우두머리이고 일본에서 가장 훌륭한 분이니까 함께 모시는 것이겠지요." "그렇다면 천황은 신이 아니네요?" "네, 천황 폐하는 신처럼 모시지만……, 진짜 신은 아니지요. 폐하는 인간이지만 매우 위대한 인간인 거지요." …… "만약 경찰관이 우리가 하는 말을 들으면 나를 붙잡아다 감옥에 처넣을 테지요. 그렇지만 이 이야기가 경찰에 새어나가는 일은 없겠지요?" 나는 괜찮을 거라고 말했다. 나는 그녀가 칠기의 먼지를 닦고 말리던 툇마루에서 나왔다. 천황 숭배란 그런 것이었다.[6]

위스웰이 유도 질문을 했다는 사실을 감안하더라도, '국체명징운동國体明徵運動'이 한창이던 때에 이루어진 이 면담은 민중에게 전쟁 준비를 시키려고 기울인 노력이 널리 깊숙이 파고들지 못했음을 보여준다. 지방 사람들의 삶은 여전히 육해군의 정치적인 목적에 맞아떨어지지 않았다. 이념과는 상관없는 불경不敬과 건국 신화에 대한 무지나 불신이야말로 국가신도를 부추기려는 상황에서 극복하기 힘든 현실이었다.

전면적인 중일전쟁이 일어나기 직전, 문부성이 통괄하던 일본의 공교육은 신도 신화를 마치 역사적 사실인 양 가르치기 시작했다. 천황제 이데올로기는 반서구 정서와 융합했다. 이리하여 서구의 침략에 맞서 일본뿐만 아니라 아시아 전체를 지키는, 범아시아의 자비로운 맹주로 히로히토가 변모할 만한 바탕 개념이 마련되었다. 그리하여 서구 제국주의로부터 일본(땅)을 수호했던 서양식 군주라는 메이지 천황의 이미지도 손쉽게 강화되었다. 이때부터 일본의 공식 이념에서는 '신의 나라 일본'이라는 절대적인 독자성에 중점을 두는 입장'과 '일본인과 아시아 동포들은 근본적으로 같은 정체성을 지닌다고 강조하는 대아시아주의적 이상' 사이에 존재하는 깊은 모순을 찾아볼 수 있게 된다.

I

1933년 봄과 여름, 히로히토는 군의 기강 문제와, 측근들에 대한 군부 · 정우회 · 추밀원 · 민간 우익 단체의 비판에 맞닥뜨렸다. 군부에서는 히로히토에 대해 '군의 행동에 지장을 준다'고 은밀히 비판하는 이들이 있었다.[7] 그들은 히로히토를 측근들에게 조정 당하는 무능하고 '범용한' 인물로 여겼다. 그 밖에도 히로히토가 국사보다는 해양생물학, 테니스, 골프, 마작 같은 취미를 더 중시한다는 불평이 은밀하게 떠돌았다.[8] 만주에 있는 젊은 참모장교들은 히로히토가 전쟁을 좋아하지 않는다는 말에 조바심을 냈다.[9] 황족들도 히로히토를 비판했다. 히로히토의 아우인 지치부노미야와 히가시쿠니노미야東久邇宮, 가야노미야賀陽宮는 히로히토가 측근에 의존하는 것을 청년 장교들이 좋지 않게 생각한다는 얘기를 자주 전했다.

전해인 1932년, 황위 계승 1순위이고 히로히토의 아우이면서도 가장 관계가 소원했던 지치부노미야는 설령 헌법 정지를 의미하는 것이 될지라도 '천황 친정'을 하라고 되풀이해서 히로히토에게 조언했다. 당시 천황은 대위 지치부노미야가 '매우 과격해졌다'는 이유로 그를 보병 제3연대에서 다른 연대로 옮기고 싶다고 나라奈良에게 말했다.[10] 야마시타 도모유키山下奉文 대령이 이끄는 제3연대는 많은 대중주의자populist 청년 장교들의 거점으로, 2년 반 뒤인 1936년 2월 봉기2·26사건-옮긴이의 계획과 실행에 참여한 노나카 시로野中四郎가 소속되어 있었다. 황족의 수장으로서 히로히토는 지치부노미야를 도쿄의 참모본부로 옮겼다가, 더욱 먼 아오모리青森 현 히로사키弘前에 있는 보병 제31연대의 대대장으로 임명했다.

1933년 4월, 히로히토는 청년 장교들의 운동을 제압하고자, 아라키 육군대신의 경쟁자인 하야시 센주로 교육총감더러 극단론에 맞서 적절한 '교육적 조치'를 취하도록 하라고 나라 시종무관장에게 요구했다.[11] 이는 삼중 간접 통치의 또 다른 예다. 그러나 아라키는 청년 장교들에 대한 지원을 쉽사리 멈추지 않았다. 5월 15일 실패로 끝난 쿠데타와 이누카이 총리 암살 때문에 (민간인 1명과 함께) 기소된 육군 사관생도와 해군 대위·소위들에 대해 아라키는 사면을 요구했고, 이로써 그는 천황의 뜻을 등지기 시작했다.[12]

여름 동안 신문과 라디오에서는 기소된 이들에 대해서 육군과 해군이 분리 진행한 재판을 보도했다. 이들 '순진한 국체 신봉자'를 지원하는 손길이 많아지면서, 재향군인회는 그들의 처벌을 가볍게 해달라는 청원서를 만들어 일본 본토와 식민지에서 7만 5000명이 넘는 사람들에게 서명을 받아냈다.[13] 1933년 9월 11일, 해군 군법회의에서는 고가 기요시古賀淸志와 다른 세 사람에게 사형 판결을 내렸으나 나중에 금고 15년으로 형이 줄었다. 쿠데타에 가담한 청년 장교 11명에 대한 육군 군법회의의 판결은 더욱 가벼웠다(금고 4년). 민간인 공모자만이 대중적인 대규모 관료

조직의 지원 없이 일반 법정에서 재판을 치러 무기징역을 받았다. 당시 일본의 군 사법기구는 반란이나 암살을 저지른 이들의 행동을 순수한 애국심의 발로였다고 주장하면서 예외 없이 관대한 처분을 내렸다. 하지만 민간인 범죄자들은 일반 법정에서 재판을 받았고, 가벼운 죄로 취급되는 일은 거의 없었다.

해군 군법회의가 열리고 나서 2주 뒤, 범행에 가담한 이들 일부와 같은 군함에서 근무한 적이 있는 다카마쓰노미야는 일기에 '이 무리들이 범한 행위의 동기'를 이렇게 기록했다.

> ……순진했다고 말하는 이가 대부분이었다. ……그 무리의 목적은 무엇인가? 런던조약의 통솔권 문제란 것은 부수적인 것이고, 정당의 부패, 재벌의 횡포, 농촌의 피폐, 사회도덕의 타락, 위정 당국의 태도, 여기에 군인으로서 품은 불만 등등일 것인데, 해군의 분위기로서는 이러한 사회 문제 자체가 당면 목표는 아니고, 해군 내의 수뇌부에 대한 불평 불신을 어떻게든 일사불란한 통제로 되돌리려는 것이 첫 단계일 것이라고 생각된다. 사회 개혁은 둘째 목표이거나 둘째 의의로 생각하는 사람들이 많으므로, 그 무리의 목표가 그것인지 아닌지 지금 나로서는 잘 모르겠다. ……이러한 일이 일어난 이상 제2의 5·15사건이 일부 해군 인사들의 머리에서 빚어질 가능성도 매우 높다고 생각된다. ……해군 내의 통제를 꾀하는 것이 뭐니 뭐니 해도 급선무일 것이다.[14]

1934년 7월 오카다 게이스케岡田啓介 내각이 성립된 뒤로, 군의 기강과 질서 회복이 히로히토와 궁중 조언자들의 첫째 관심사로 떠올랐다. 문제는 두 가지 측면으로 표면에 나타났다. 국외의 관동군과 북경-천진 지구에 있던 소규모 주둔군이 화북에서 일본의 영향력을 확립하고자 계략을 꾸미기 시작했다. 그러나 도쿄에서는 그들이 성공할지 확신이 서지 않았다. 한편 개혁에 성급한 과격파 육군 장교들은 정권을 장악하려는 수단으로서 사회의 갈등을 부추기고, 국내 급진파가 들고 일어나도록 선동했다. 1935년에는 강력하고 일원적인 통제를 가할 필요성이 명백해졌다. 그러나 궁중도 오카다 내각의 대응도 미지근했다. 현지에서 국책을 추진하는 장교들과 도쿄에서 정책 입안에 관계하는 참모본부 장교들은 곧잘 의견이 어긋났고, 통수부의 정책 입안자들은 육군성, 해군성, 외무성의 담당자들과 반목했다. 천황의 책무는 이러한 모든 대립에 초연하며, 여기에 직접 휘말리지 않고, 통합을 이끌어내는 데 있었다. 1935년, 히로히토는 여전히 이를 이룩할 길을 모색하고 있었다.

게다가 만주와 화북을 가르는 비무장지대에서 반일적인 주민들이 자잘한 사건을 일으켜, 현지 사령관은 장개석 군대에게 북경-천진 지구에서 철수하라고 요구했다. 장개석이 이에 굴했고, 그래서 1935년 6월 중국 쪽은 일본육군의 요구를 받아들여 하응흠(허잉친)·우메즈 협정何応欽・梅津協定에 조인했다. 그로부터 5개월 뒤 관동군의 후견을 받아 기동(冀東: 지둥)기(冀)는 하북성(河北省: 허베이성)의 다른 이름으로, 하북성은 중국의 북부, 만주의 서쪽에 있다—편집자 방공자치위원회가 비무장지대에 설치되었다(일본어판에 따르면 와세다 대학 출신으로 일본인 처를 둔 중국인 은여경(殷汝耕: 인루겅)이 이 위원회를 세웠다—옮긴이). 이 외교적인 '성과'에 이어 육군 첩보기관은 곧 제2의 친일 괴뢰 정권으로서 기찰(冀察: 지차)찰(察)은 차하얼성(察哈爾省)을 말한다—편집자 정무위원회를 하북에 설치했다.

현지 사령관이 외교 문제에 관해 독단적인 지시를 내리자, 히로히토는 일흔네 살인 마키노에게 어전회의를 열어 중국 정책을 전면적으로 재검 토하자고 제안했다. 6월 15일에 쓴 마키노의 일기를 보면, 히로히토는 "북중국 문제는 (사이온지에게) 자문을 구하나 그는 도쿄에서 떨어져 있고, 또 당국과도 거리가 멀기 때문에 여의치 않다. 어전회의는 사정 여하에 따라 효과가 있을 수 있다"[15]고 했다. 그러나 정치 지배층 내부의 뿌리 깊 은 대립 탓에 사이온지와 마키노가 반대한 것은 물론이거니와, 고질적인 판단력 빈곤을 드러내, 결국 그러한 회의는 열리지 않았다.

Ⅱ

관동군과 중국주둔군의 화북 분리 공작은 중국인들의 저항을 더욱 강 고하게 했다. 일본의 '아시아먼로주의'는 곧 영미와 대립하는 원인이 되 었다.[16] 그사이 일본 국내에서는 국체를 둘러싼 논쟁이 다시 불붙어, 점차 통치 지배층에 대한 민중의 불신을 낳았다. 10년 가까이 궁중 세력은 '국 체 명징'을 시도해왔다. 이는 천황제를 부정하는 사상에 대항하여, 국가 의 본질에 관한 논쟁과 혼란스러운 언설에 합리적인 견해를 제공하려는 것이었다. 지지부진한 정치 개혁에 조바심이 난 육군 지도층은 이제 국체 관념과 천황이 신의 자손이라는 신화의 틀 안에서 민족의식을 고양하려 는 운동을 시작했다.

이 운동은 1935년 2월 18일 귀족원에서 미노베 다쓰키치美濃部達吉의 천황 기관설을 '학비学匪의 반역 사상'이라고 비난한 데서 시작되었다. 연설을 맡은 기쿠치 다케오菊池武夫 남작은 퇴역 장군으로 재향군인회 회 원이자, 일본 정치의 주류에 속하는 급진적인 우익 결사체인 국본사의 회원이었다. 기쿠치는 미노베 교수의 저작들에 판금 조치를 내리라고 오카다 내각에 요구했다. 일주일 뒤, 미노베는 변명 발언을 했으나, 원외에서는 황도파 장교들과 결탁한 우익 단체가 그를 비난하는 시위를 벌였다.

2월 27일 육군 예비역 소장인 에토 겐쿠로江藤源九郎[나라 현 선출 국회의원이었다—일본어판]가 중의원에서, 미노베의 저서 중에서 적어도 『헌법촬요憲法撮要』와 『축조헌법정의逐条憲法精義』 두 권은 대역죄에 해당된다고 주장했다. 그 직후인 3월 4일, 오카다 총리는 의회에서 "미노베의 기관설을 지지해서는 안 된다"[17]고 천명함으로써 광분한 세력에 굴복했다.

4월, 의회가 휴회에 들어간 뒤 오카다 총리와 각료들은 미노베에게 칙선의원을 사임하라고 요구했고, 미노베의 저서에 대한 행정처분을 발의했다[결국 그의 저서 세 권은 판금 조치되었다—일본어판]. 정부의 모든 관료는 천황을 국가의 '기관'이라고 말하지 말라는 지시를 받았다. 문부성에서는 각 부府와 현県의 지사와 고등 교육기관의 장에게 '국체 명징'을 훈시했고, 이어서 법학 교수들의 책과 논문, 강의 내용을 조사했다. 여러 관청들이 바로 국체의 의의와 일본정신에 관한 세미나를 나라 곳곳에서 개최하기 시작했다. 강연회를 열고 새로운 교육 방침을 알려, 일본의 인종주의 사상 전문가, 반자유주의 학자, 그리고 나치스의 법 이론을 앞장서서 부르짖는 인물들을 규합했다.[18]

요컨대 오카다 내각은 미노베의 헌법 해석을 비난하는 민간의 급진적인 운동에 맞서고자, 미노베의 학설을 비난하고 그의 저서와 논문을 유포 금지하는 국가적인 관제官製 국체명징운동을 일으켰다. 히로히토가 지지했던 것은 이러한 관제 운동이었다. 군대의 급진파를 통제하고, 오카다 타도를 목표로 국체를 주입하는 운동이 아래로부터 퍼지는 것을 억누르고자 히로히토는 관제 운동에 권위를 양도했고, 이는 광신狂信의 고삐를 풀어준 셈이었다.

1935년 4월 6일, 히라누마가 이끄는 국본사의 회원으로 육군의 기밀을 우익 신문에 제공해온 마자키 진자부로真崎甚三郎 교육총감은 육군에 '국체 명징'에 관한 훈시를 내렸다. 일본이 현인신인 신성한 천황이 지배하는 성지임을 일깨우는 훈시였다.[19] 이때에 민간 우익 단체는 육군과 손잡고 '천황기관설 박멸 동맹'을 결성하고, '국체 명징을 달성'하기로 했다. 구성원 중에 언론인인 이오키 료조五百木良三와 나카타니 다케요中谷武世 법학교수는 일본을 독일처럼 개조하려고 하는 전체주의 사상의 신봉자였다. 그러나 동맹의 당면 목표는 이치키 기토쿠로를 추밀원 의장 자리에서 끌어내고 마키노와 사이온지의 영향력을 제거하는 것이었다. 오카다 내각 타도를 바라던 야당 정우회는 이 동맹과 힘을 합하기 시작했다.[20]

국체 문제에 대한 전국 규모의 반정부 운동이 1935년 봄부터 여름, 가을에 걸쳐 이어졌다. 육해군 상층부와 육군의 영향력이 큰 제국재향군인회(모든 현에 지부를 두었다), 그리고 동맹을 맺은 크고 작은 우익 단체들이 선동을 주도하는 한편, '황도 오모토교大本教'처럼 국가에 복종하는 것으로 보이는 종교 단체들까지 이 운동에 참가했다. 8월, 검찰이 의도적인 행위가 아니었다는 이유로 미노베에 대한 대역죄를 기각한 일은 반정부 운동에 기름을 부은 격이었다. 이로써, 일본이 신성하고 고귀하고 존엄한 통치자가 이끄는 '비길 데 없는 국가'라는 사실에는 이론의 여지가 없으며, 군사비에 대한 여론의 비판은 허용되지 않는다는 관념이 자리를 잡아갔다.

이러한 반정부 행동의 배경에는 메이지 헌법에 대한 특정 해석을 불신하는 것이 아니라, 미노베의 해석이든 그와 대립된 것이든 천황과 국가를 구별하는 헌법 해석은 모두 배격하려는 이념적 욕구가 있었다. '천황기관설 박멸 동맹'의 지도자들은 국무대신의 보필 권한을 폐지하기 위해, 그리고 군부의 목소리가 아무런 장애 없이 국정에 반영되도록 통치 과정을 더 유연하게 만들기 위해 싸웠다. 그 선두에는 황도파인 마자키와 아라키, 추밀원 부의장인 히라누마, 정우회의 일부 정치가들, 그리고 이오키 같은 재야 우익 선동가들이 있었다. 그들이 추구하는 바는 이오키가 내세운 '쇼와 유신昭和維新'이라는 구호에서 드러나듯 매우 급진적인 개혁이었다. 따라서 미노베를 비난하는 운동은 오카다 내각에게 위협이 되었고, 간접적으로는 히로히토에게도 그러했다. 1935년 8월 말 도쿄에서 열린 국체옹호대회에서 육군대신과 해군대신이 연단에 올라, 급진적인 반미노베 운동과 연대하겠다고 공표했다. 오카다 내각은 위기가 코앞에 닥쳤으며 뭔가 조치를 취해야 한다는 것을 실감했다.

선동을 진압하기 위해 오카다 내각은 국체 명징에 관한 2차 성명을 내야만 했다[이미 8월 3일에 비교적 온건한 1차 성명이 나왔다—일본어판].**21** 육군성이 준비하고 육해군 차관들이 협의하여 수정한 초안에 바탕을 둔 이 성명서는 "우리 나라에서는 통치권의 주체가 천황에게 있음은 국체의 본의로서 제국 신민의 절대 부동하는 신념이다. (중략) 통치권의 주체는 천황에게 있으며, 천황을 국가나 국가기관과 같은 존재라고 보는 이른바 천황 기관설은 우리의 신성한 국체에 어긋나 그 본의에서 한참 떨어진 것이라 하겠으니, 이를 엄중히 뿌리 뽑아야 할 것이다"**22**라고 천명했다. 오카다는 사실상 미노베의 헌법 이론을 이단 학설로서 두 번이나 공식 배척한 것이다. 2차 성명이 나온 뒤 육군 상층부는 내각 타도 움직임에 대한 지지를 거두어들였다. 이즈음 일본 문부성은 유교의 사회 규범과 불교철학, 국가신도의 배타적 애국주의에 바탕을 둔 새로운 윤리 체계를 전개하기 시작했다. 주요 우익 단체들은 공동 전선을 결성하여 구미 사상에 대해서는 "물러가라!", 황도파의 원칙에 근거한 개혁에는 "환영!"을 힘껏 외쳤다.

원칙적으로 군국주의자와 정치적 기회주의자들이 보기에 미노베가 저지른 중죄 하나는, 천황의 통수권은 국무대신이 책임지지 않는다고 (올바로) 지적한 점이다. 이 때문에, 만약 일본에 법과 칙령이 각각 다른 체계에서 나오는 '이중 정부'가 존재하는 것이 아니라면 (통수권의—옮긴이) '적용 범위'는 의회에서 신중히 제한해야만 한다. 그렇지 않으면 극단적인 경우, 군부의 세력이 "국정을 좌우해 군국주의의 폐단이 극에 달할 것"이라고 미노베는 경고했다.[23]

미노베는 군의 국정 개입을 경고하는 데 그치지 않았다. 그는 메이지헌법 제3조("천황은 신성불가침하다")도 단순히 "천황은 국사國事 행위상의 판단에 법률적인 책임을 지지 않는다"란 뜻으로 해석했다. 미노베에 따르면 만약 천황이 스스로의 의사에 따라 자유로이 정치행동을 할 수 있게 되면, "군주의 무책임이라는 것은 실제로 바람직하지 않은 것으로, 황실의 존엄을 훼손하게 될 결과를 피하기 어렵다." 다시 말하자면 미노베는, 일본에서 설령 천황 개인은 책임질 의무가 없다 하더라도 헌법은 군주의 권한을 제한하고 있다고 생각한 것이다. 미노베는 천황이 정치적 책임을 지는 '절대' 군주가 되기를 바란 것이 아니라, 당시 육군 지도자들이 제창하던 천황의 친정親政과 독재 체제에 반대하는 입장이었다. 나아가 미노베는 국사 행위에 대해 내려진 칙령은 '신성불가침'한 것이 아니라 의회와 국민이 비판할 수 있는 것이라고 했다. 다만 도덕에 관계된 문제나 국무대신의 서명이 없는 것은 비판 대상에서 벗어날 수 있다고 보았다.[24]

자신들의 뜻을 마음대로 펼치고 싶어했던 많은 육군 지도자들은 '신성'과 '불가침'을 뚜렷이 대치한 신권神權 헌법 이론을 부활시켜 미노베의 견해에 반대했다. 그들은 제3조에 대해 우에스기 신키치上杉慎吉의 저서에서 자신들이 바라던 해석을 찾을 수 있었다.

천황은 천조天祖 혈통의 자손이며 현인신으로서 국가를 통치하신
다. 본래 신이면서 지극한 성자이셔서 신민臣民과 비륜比倫천부적인 격−
옮긴이이 다르시다. (중략) 그래서 우리 헌법 제3조는, 다른 나라 헌법에
(중략) 같은 규정이 있는 것과는 전혀 그 의의가 다르다.[25]

우에스기의 해석은 서양식 입헌군주를 전제로 하는 것이 아니고, 군 통
수권의 독립을 침해하는 내용도 아니기 때문에 승리할 수 있었다. 또한
천황의 절대적인 지위를 강조한 우에스기의 견해는 사쓰마와 조슈의 과
두 지배로부터 정당내각제로 이행하는 것을 정당화하려 했던 미노베의
해석보다도 1889년 헌법의 진실에 더 가까운 것이었다.

그러나 '국체 명징'을 신봉하는 극우파 다수는 아예 헌법 해석 자체를
무질러 막으려고 했다. 미노베가 국체 논쟁을 둘러싼 광기에 저항하며 고
전하는 반면, 반反미노베, 반反오카다(오카다는 급진 개혁 실시를 꺼렸기 때문에 너
무 온건하게 보였다) 운동은 그 세를 넓혀갔고 궁중 측근들에 대한 선동적 공
격도 늘었다. 이전에 궁중 고관의 부정행위에 대한 익명의 지탄이 이어져
이치키가 궁내대신을 사임했고, 세키야도 궁내차관에서 물러났다. 가와
이도 그 직위에서 물러나 제실帝室 회계심사국 장관에 취임했다. 궁중 측
근들 중 가장 정치 수완이 좋은 기도는 마키노의 비서였는데, 1933년 8월
황족을 관리하는 종질료(宗秩寮: 소치쓰료) 총재[겸 내대신비서관장—일본어판]를
겸임하게 되었다. 바야흐로 두 가지 국체명징운동, 곧 위로부터 진행된
운동과 아래로부터 진행된 운동이 정계를 압박했다. 마키노는 1935년 말
에 내대신을 사직했고, 몇 개월 뒤 히라누마는 이치키를 대신해 추밀원
의장 자리를 잇고 싶어하던 뜻을 성취했다.[26] 그러나 초국가주의자들은
궁중 측근들이 대대적으로 이동하고 오카다 내각이 약해진 정도로는 만

족하지 않았다. 국정에 대한 육군의 영향력이 더욱 세어지고 천황의 이용 가치가 최대한에 다다르지 않는 이상 상황이 안정되는 것을 거부했다.

혼조 시종무관장이 오카다 내각에 대한 공격이 확대되는 것과 국회에서 벌어지는 헌법 논쟁에 관해 히로히토에게 보고했을 때, 당시 서른네 살인 천황은 자신이 개인적으로 언급된 바 없는 이 광기 어린 소동에 끼어들어 매듭을 지을 생각이 없었다. 히로히토는 혼조에게 비공식으로 "짐도 역시 군주 주권설에 의한 전제專制의 폐단에 빠지지 않고 외국도 수긍할 수 있는, 그리고 우리나라 국체의 역사에 합치하는 것이라면 기쁘게 그것을 받아들여야 하겠지만, 유감스럽게도 아직 탄복할 만한 학설을 듣지 못했다"고 말했다. 또 말하기를, "주권이 국가에 있는지 군주에게 있는지를 논하는 것이라면 또 이해가 되나 단지 기관설이 좋은지 나쁜지만을 논하는 것은 대단히 덧없는 이야기이다. 군주 주권설은, 짐이 보기에 오히려 이보다는 국가주권 쪽이 낫다고 생각하나 일본과 같은 군국君國 동일 국가는 그 어느 쪽이라도 상관없지 않은가? 군주의 주권은 자칫하면 전제주의에 빠지기 쉽다. 그렇기에 만약 대학자라도 등장하여 군주 주권에 동시에 군주 기관이 양립하는 설이 성립된다면 군주 주권이 쉬 전제주의에 빠지는 것을 견제할 수 있으므로 대단한 묘책이 아닐까 생각한다. 미노베에 대하여 이렇다 저렇다 비판하나 나는 그가 불충한 자는 결코 아니라고 생각한다. 오늘날 미노베 정도 되는 사람이 도대체 일본에 몇이나 있을 것인가? 그러한 학자를 매장하는 것은 매우 애석한 일이다." 메이지 헌법에 따른 의회 통치 체계를 규정짓고자 수십 년에 걸쳐 기울인 노력이 이 '논쟁' 때문에 위기에 빠졌는데도 히로히토는 그것이 암시하는 바를 깨닫지 못했다. 한편 혼조는 히로히토가 "노동 조약과 그 밖에 채권 문제와 같은 국제관계 일은 기관설로 설명하는 것이 편리할 것이다"고 말했다

고 일기에 증언했다.[27]

이러한 일관성 없는 발언을 통해 히로히토의 태도를 엿볼 수 있다. 이치키 기토쿠로 같은 궁중 측근들은 보호하고, 통치상의 역할에 관해 특정한 헌법 해석을 취하는 일은 피하겠다는 것이다. 전후, 메이지 헌법에 대한 미노베의 합리적인 해석이 공격받았던 얘기에 이르자, 히로히토는 다음과 같이 말했다.

사이토 내각(원문대로. 사실은 오카다 내각) 당시(1935년), 천황 기관설이 세간의 문제가 되었다. 나는 국가를 인체에 비유하여 천황은 두뇌이고, 기관機關 대신 기관器官이라는 문자를 사용한다면, 나와 국체의 관계는 조금도 지장이 없지 않겠는가 하고 혼조 무관장에 말해 마자키(교육총감)에게 전하게 한 일이 있다. 그래서 마자키는 알았다고 했다고 한다.

또한 현인신에 대한 문제인데, 혼조였는지 우사미 우사미 오키이에(宇佐美興屋, 1883년 1월 27일~1970년 9월 27일). 일본육군 장교. 만주사변이 났을 때 기병집단을 편성하여 초대 기병집단장이 되었다. 이후 육군성 군무국 기병과장, 육군기병학교장을 거쳐 1934년에 중장이 되었다. 1936년부터 히로히토의 시종무관장을 지냈다─옮긴이였는지 나를 신이라 부르기에, 나는 보통 인간과 인체 구조가 똑같으므로 신이 아니라며 그런 말을 들으면 부담스럽다고 말한 바 있다.[28]

사실 히로히토에게 국가란 통치자와 피치자의 요구를 아우를 수 있는, 그 자체가 독립된 생명력을 지닌 존재는 아니었다. 그 '뇌수'로서 기능하는 천황이 존재해야만 했다. 이러한 점에서 히로히토는 미노베가 내놓은 근대적인 합리주의 국가론과 육군의 압력을 받아 1935년 이후 공식적인 지배 이데올로기가 된 우에스기의 절대주의 이론의 중간쯤에 있었다. 히로히토도 현인신 신화가 정책 결정 과정에서 자신의 영향력을 키우고, 자신에 대한 군대의 충성심을 더 굳건히 하는 데 도움이 될 것을 알았다. 더욱이 미노베의 학설을 금지하자, 메이지 헌법을 재해석하여 실질적으로 개정하고자 하는 시도는 아예 막혀버렸다. 천황의 의사가 절대적인 것임을 부정하고, 의회는 천황이 재가한 법과 칙령을 자유로이 비판할 수 있다고 역설한 미노베가 공직에서 추방되는 것을 히로히토가 용인한 것은 이 때문이었다. 그리하여 일본인들로 하여금 마치 천황이 살아 있는 신인 것처럼 여기고 행동하게끔 조장했던 것이다.[29]

그러나 히로히토는 자신의 자유를 앗아 가려는 운동을 개인적으로 결코 바람직하게 생각하지 않았다. 또한 그는 일반 국민들이 국체 명징을 놓고 정부 비판 논쟁에 참여하는 것은 국가의 특권 엘리트들에 대한 신뢰를 해치고 자신의 카리스마적 권위를 떨어뜨리는 일이 될 수 있다고 생각했다. 그러면서도 황위를 둘러싼 떠들썩한 소란이 새로운 광신주의에 도달하는 것을 막으려 들지는 않았다. 설령 히로히토가 우익 군인들의 사상과 행동이 잘못되었다고 생각했다 할지라도, 그는 결코 군에 그런 기미를 보이지 않았다. 혼조와 나눈 냉소적인 대화에서 주로 드러나는 것은 히로히토가 절충주의자이며, 군이 자신의 측근을 비판하는 데 짜증을 냈으며, 할아버지인 메이지 천황 때에 만들어진 헌법 질서는 어떠한 형태의 권위주의 정부와도 양립할 수 있다고 믿었다는 것이다. 히로히토는 정치·군사적인 결정에 적극적으로 참여하도록 교육받아왔고, 스스로도 그렇게 하고자 했으며, 미노베의 학설을 비난하는 많은 사람들이 바로 그 점을 부인하고 싶어한다는 사실을 알고 있었다.

완고한 성격으로 광신적인 혼조는 천황에게 신격에 관한 생각을 바꾸도록 거듭 권했다. 1935년 3월 28일, 혼조는 "군은 천황을 현인신으로 추앙하고 있으며, 이를 기관설에 따라 인간과 동격으로 취급하는 것은 군대를 교육하고 통수하는 데 매우 어렵다"는 견해를 폈다. 이튿날 히로히토는 혼조를 좀 깨우치려고 했다. 헌법 원문을 들어, "헌법 제4조, 천황은 '국가의 원수' 운운하는 것은 곧 기관설이고, 이것을 고치라고 요구한다면 헌법을 개정할 수밖에 없을 것이다"라고 지적했다.**30**〔대일본제국 헌법 제4조는 '천황은 국가의 원수로서 통치권을 총괄하며 이 헌법 규정에 따라 이를 행사한다'이다—옮긴이〕

헌법에 대한 히로히토의 견해는 시미즈 도오루의 영향을 받았다. 시미즈는 '천황 기관설'에 반대했으나 우에스기의 학설에도 오류가 있다고 보았다. 시미즈와 마찬가지로 히로히토도 이들 두 가지 주요 학설에 양다리를 걸치고 있었다. 히로히토는 미노베를 옹호하는 태도를 드러내지 않으려고 주의했는데, 그러한 사실이 우에스기의 절대주의 이론을 승리로 이끌 것은 뻔히 예상되는 일이었다. 기본적으로 히로히토는 황실을 수호하고 강고한 존재로 만들며, 투표를 통해 선출된 직업 정치가들이 정책에 대해 미칠 수 있는 영향력을 철저하게 축소하고, 위기 대처에 필요한 개혁만을 인정하겠다는 입장이었다. 히로히토는 스스로를 국가와 동일시했기 때문에, 자신은 이른바 국가 중의 국가로서, 기존 질서에 반대하는 것은 모두 자신에게 반대하여 자신의 주권을 위협하는 것이라고 간주하는 경향이 있었다.

마지막 요점에 대해 말하자면 히로히토의 생각은 잘못되지 않았다. 친정親政을 주장하는 이들 대부분이 바로 법에 근거한 국가라는 개념을 거부하고, 어떠한 헌법 해석에도 제약을 받지 않는 독재를 추구했다. 히로히토는 결코 그렇게 극단까지 갈 생각이 없었다. 히로히토와 오카다 내각은 미노베를 희생하여 이단에 대한 전쟁을 공인했는데, 아이러니하게도 이는 학문의 자유를 일소했을 뿐만 아니라 바로 그들이 통제하고자 했던 군 급진파를 선동하는 결과를 낳았다.

III

1934년 11월, 육군사관학교의 황도파 장교 몇 명이 쿠데타 미수 혐의로 체포되었다. 이 사건은 아무도 처벌받지 않고 끝났으나, 이듬해 같은 황도파인 이소베 아사이치磯部浅一와 무라나카 다카지村中孝次가 나가타 데쓰잔永田鉄山 소장을 비롯한 통제파 장교들도 예전에 쿠데타 계획을 세운 바 있다고 고발하는 문서를 배포하여 다시 체포되었다. 이번에는 군의 최고 지도부가 반응했다. 이소베와 무라나카의 고발은 배신행위로서 비난을 받아 두 사람 모두 군적을 잃었다. 황도파의 다른 장교들은 골수 통제파인 군무국장 나가타 데쓰잔을 보복의 표적으로 삼았다. 나가타가 육군의 파벌 대립을 해소하려고 대규모 숙청을 계획하고 있다는 소문이 퍼졌다.

1935년 8월, 미노베의 헌법 해석을 비난하는 대중주의적인 운동populist movement이 일어난 지 약 반년이 지났을 무렵, 황도파인 아이자와 사부로相沢三郎 중령이 나가타의 집무실로 쳐들어가 나가타를 일본도日本刀로 베어 죽였다. 이 시점에서 미노베 배척 운동의 배경이 되었던, 국가 개조를 둘러싼 군부 내의 다툼과 군사비 지출 증대 요구는 한층 더 위험한 국면으로 접어들었다.

여전히 '국체 명징'과 '천황기관설 배척'을 구호로 내걸고 있던 육군 내의 반오카다 세력은 이제 천황의 측근이나 화족을 공격하기에 이르렀다. 황도파 상급 장관들은 제1사단 관할 군법회의에 아이자와를 회부하도록 조치했다. 도쿄에 있는 제1사단은 황도파 장교들의 온상이었다. 1936년 1월 28일, 아이자와에 대한 보여주기용 재판이 열렸을 때, 변호인은 공판장을 오카다 내각과 궁중 측근, 미노베 교수의 헌법 이론에 대한 감정적인 고발의 장으로 돌변시켜버렸다. 그들은 전국 방방곡곡의 많은 사람들뿐만 아니라 궁정과 같은 뜻밖의 장소에서도 지지를 얻었다. 히로히토의 어머니인 데이메이貞明 황태후는 매우 우익적 견해를 지닌 여성으로, 아이자와를 동정했다.[31] 그러나 공판은 궤도에 오르기도 전에 수도에서 일어난 군의 반란 때문에 중단되고 말았다. 하야시 육군대신은 황도파인 마자키를 육군 교육총감 자리에서 물러나게 한 다음, 제1사단 전체를 만주에 파견한다는 명령을 내렸다. 이것이 근대 일본 역사상 가장 큰 군사 봉기의 도화선이 되었다.[32]

1936년 2월 26일 새벽 5시 무렵, 1935년 내내 국체를 둘러싸고 휘몰아쳤던 말⸱폭풍은 모반으로 폭발했다. 육군 초급장교 스물두 명이 제1사단 휘하 3개 연대와 근위보병연대에서 완전 무장한 병사와 하사관을 1400명 넘게 이끌고 나와, 눈 덮인 도심에서 반란을 일으켰다. 그들은 육군성과 경시청을 점거하고, 거물급 정치가들과 내각 관료들의 관저와 사택을 습격했다. 1월에 갓 입대한 현역병 1027명을 포함한 반란군은 사이토 마코토 내대신과 다카하시 대장대신, 미노베의 헌법 이론을 지지하는 것으로 알려진 와타나베 조타로渡辺錠太郎 새 교육총감을 살해했다. 그들은 경찰관 다섯 명을 죽이고 스즈키 시종장에게 부상을 입히기도 했다. 암살이 이루어지는 동안 한편에서는 다른 부대가 『아사히신문』과 『도쿄

니치니치신문東京日日新聞』의 사옥을 덮쳤다. 그들은 "국적國賊!"이라고 기자들에게 호통을 치며 활자판을 뒤엎고, 공중에 총을 쏘아댔다.[33]

그러나 몇 시간 만에 반란은 예상 밖의 방향으로 전개되었다. 반란군 장교들은 오카다 총리의 비서를 살해했지만, 오카다와 마키노 전 내대신 은 달아나 변을 피했다. 반란군은 궁궐의 출입문인 사카시타몬坂下門을 확보하는 데 실패했기 때문에, 궁중은 외부와 정보를 교환할 수 있었다. 그리고 반란군은 해군과 연계할 태세가 전혀 되지 않은 상태였다. 요코스 카 진수부鎭守府 사령장관인 요나이 미쓰마사米内光政 중장과 이노우에 시 게요시井上成美 참모장은 육전대에 해군성 건물을 수호하도록 명령하고, 반란군을 진압하고자 도쿄 만에 군함을 집결시켰다.[34] 2월 28일 아침, 반 란군에 호의적인 육군 수뇌부 장교들을 통한 협상이 결실 없이 끝난 뒤, 계엄사령관은 점령지에서 철수하라는 천황의 명을 전달했다. 반란 군대 의 대부분이 병영으로 돌아갔고, 반란 장교 한 명이 자결, 남은 지휘관들 은 항복했다. 봉기는 그 이상의 유혈 사태로 번지지 않고 실패로 끝났 다.[35] 그러나 도쿄에 내려진 계엄령은 약 5개월 동안 지속되었다.

반란군 장교들은 원래, 황도파인 가와시마 요시유키川島義之 육군대신 으로 하여금 천황에게 자신들의 뜻을 알려, '쇼와 유신'을 선언하는 칙서 를 내도록 할 계획이었다. 정치 질서를 타도한다는 목적은 과격했지만, 반란군은 (1930년대 군대와 민간에 있었던 다른 급진주의자들과 같이) 자신들이 정당 하다는 전제를 바탕으로, 천황제와 국체의 틀 안에서 활동할 생각이었다.[36] 그들은 천황을 측근들의 꼭두각시에 불과하며, 사실상 독자적인 의사가 없는 존재로 생각했다. 그래서 일단 내대신과 시종장을 내쫓으면, 천황이 마자키에게 총리의 망토를 하사할 것이라 기대했다. 마자키야말로 군을 강화하고 중국 문제를 해결할 영웅이라고 그들은 믿었다.

봉기 초기에는 승산이 있었다. 가시이 고헤이香椎浩平 도쿄경비사령관은 황도파에 공감하고 있었으며 천황의 시종무관장 혼조 시게루는 반란군 장교 야마구치 이치타로山口一太郎 대위의 장인이었다. 또한 전국의 군기지 곳곳에서 반란을 지지하는 자들을 찾아볼 수 있었다.

역사학자인 하타 이쿠히코秦郁彦에 따르면 반란군과 혼조는 오카다 내각 습격에 앞서 전화와 편지로 연락하고 있었다. 천황 측근 중에서 가장 먼저 반란이 일어난 것을 알았던 혼조는 그들의 습격 대상인 인물들에게 위험을 알릴 수도 있었을 터였다. 그러나 혼조는 그렇게 하지 않았다. 26일 오전 6시에 혼조가 입궁했을 때, 내대신비서관장인 기도와 궁내대신 유아사 구라헤이湯浅倉平, 시종차장 히로하타 다다타카広幡忠隆는 이미 사이토가 살해되고 스즈키가 중상을 입었음을 알고 있었다. 천황도 알고 있었다. 오전 5시 40분에 야간 근무를 한 시종 간로지 오사나가甘露寺受長가 히로히토를 깨워, 각료와 측근들이 습격을 당하고 봉기가 일어났다는 사실을 전했기 때문이다.

히로히토가 사태를 알게 된 것은 이때였다. 히로히토는 쿠데타를 진압할 결심을 하고, 각료와 측근들을 살해한 것에 격분하면서도 한편으로는 반란군이 자신을 퇴위시키고 동생인 지치부노미야를 옹립하지는 않을까 두려워했다. 히로히토는 군복으로 갈아입고서 혼조의 알현을 허락한 다음, 혼조에게 "빨리 사건을 종식시켜 전화위복하라"고 명했다.[37] 혼조가 퇴청하자 히로히토는 기도가 생각해내고 유아사 궁내대신이 상소한 방책을 받아들이기로 했다. 기도는 민첩하게 행동하여 혼조가 입궁한 그날 아침에 이미, 폭도들이 궁에 침입하면 근위사단은 어떻게 대처할지 시급히 결정할 것을 시종무관장 혼조에게 요구했다.[38] 기도의 계획은 반란군이 완전히 진압될 때까지 내각을 개편하지 않는 것이었다. 오전 9시 30분, 반란군의 주요 인물인 이소베와 1월에 만난 적이 있는 가와시마 육군대신이 입궁하여 반란군이 준비한 대본대로 역할을 수행했다. 가와시마는 천황에게 "국체를 명징하게 하여 국민생활을 안정시키고 국방의 내실화를 꾀할" 내각을 만들 것을 역설했다. 어리석은 육군대신에게 뒤통수를 맞은 히로히토는 가와시마를 꾸짖고, 우선 폭동을 진압하라고 명령했다.[39] 그날 아침 히로히토는 또 함대파의 지지자인 군령부 총장 후시미노미야에게 분노를 터뜨렸다. 후시노미야는 새 내각 구성에 관해 천황의 의향을 물으려고 입궁했다가, 꺼져버리란 뜻이나 다름없는 말을 들었다.[40]

그날 늦게 가와시마는 육군 고관들을 불러 비공식 군사참의관 회의를 열었는데, 회의에 참석한 이들 대부분이 반란군에 동정적이었다. 참석자들 중에서 황도파의 아라키와 마자키, 야마시타 도모유키山下奉文 육군성 군사조사부장과 그 지지자들이 회의를 좌지우지했다. 히가시쿠니노미야 나루히코東久迩宮稔彦와 아사카노미야 야스히코朝香宮鳩彦 중장도 여기에 포함되었다. 회의에서는 천황의 명령을 전하기 전에 반란군 장교들을 설득해보기로 결정했는데, 그것은 히로히토의 요구와는 정반대되는 일이었다. 역사학자인 오타베 유지小田部雄次에 따르면 이 회의에서 결정된 '육군대신 고시陸軍大臣告示'는 반란군이 봉기한 지 5시간 50분 만인 오전 10시 50분에 궁중에서 반란군 장교들에게 내려졌다. 이 고시에서는 '첫째, 궐기의 취지는 천황의 귀에 닿을 것이다. 둘째, 모든 이의 진의는 국체 현현顯現의 뜻에 그 바탕을 두었음을 안다. (중략) 다섯째, 이 밖의 모든 것은 천황의 뜻에 달려 있다'고 선언했다.[41] 비공식이기는 하나 육군 상층부가 봉기를 인정하고, 천황이 관대한 처분을 내릴 것이라고 반란군에게 넌지시 암시한 이 '고시'는 도쿄 계엄사령관인 가시이 중장을 통해 반란군에 전해졌다.

봉기가 일어난 첫날 밤 오카다 내각의 관료들이 사임을 청하러 입궁했을 때 히로히토는 다시 이를 허락하지 않고, 폭동이 끝날 때까지 총리가 없는 상태로 자리를 지키라고 말했다.[42]

둘쨋날인 2월 27일 새벽, 히로히토는 긴급 칙령과 함께 제국헌법 제8조에 의거한 '계엄령'(행정계엄)을 선포했다. 그는 위기에 대처하고자 정식으로 통치권을 발동했다.[43]

히로히토는 반란을 진압하는 데 비상한 힘을 발휘했다. 반란이 일어난 다음날부터 사흘째 되는 28일 새벽에 걸친 짧은 시간에, 시종들은 히로히토의 명을 받아 몇 번이나 메이지 궁전의 긴 복도를 총총걸음으로 오가며 혼조를 불러와야 했다. 히로히토는 혼조를 만날 때마다 반란이 진정되었는지 물었다. 혼조의 보고가 마음에 들지 않자, 히로히토는 몸소 근위사단을 지휘하겠다고 몰아세웠다. 그러나 (하타의 주석에 따르면) 혼조는 고집스럽게 반란군의 행위를 두둔했다. 실제로 이 시기의 일을 기록한 혼조의 일기는 자신이 사실상 천황을 배반했음을 내비친다.[44]

봉기가 이어지는 동안 히로히토는 멀리 떨어진 히로사키에 있는 임지로부터 돌아온 지치부노미야와 만났다. 이들 형제의 사이가 늘 좋은 것은 아니었다. 히로히토와 만난 뒤, 지치부노미야는 반란군을 멀리하고 청년 장교들, 황도파 장군들과 관계를 끊었다고 알려졌다.[45] 그럼에도 지치부노미야가 반란군에게 동정적이라는 소문이 끊이지 않았고, 2년 후에 사이온지는 황실의 혈육 간 대립이 장차 유혈 사태로 이어지지는 않을까 걱정된다고 (비서 하라다에게) 두 차례 말했다.[46] 반란 이틀이 지난 날에도 해군 고급장교 요나이 미쓰마사 중장과 이노우에 참모장은 천황에 대한 충성심을 내보였다.

봉기 나흘째인 2월 29일 아침까지 천황은 굳건히 권위를 유지하고 있었

다. 봉기 부대는 병영으로 돌아가고, 주모자 대부분이 체포되었다. 4월에
변호사도 없이 비밀리에 군법회의가 열렸다. 7월에 17명이 사형 판결을
받고, 그중 15명이 총살형에 처해졌다(나머지 두 명은 이듬해 8월에 기타 잇키 등과
함께 처형되었다—일본어판). 그 뒤 얼마 지나지 않아 죽은 이의 영혼을 위로하
는 불교 제례일인 오봉お盆 음력 8월 13일—옮긴이이 되자, 히로히토는 시종무
관 한 사람(반란이 일어났을 때, 궁중에서 자주 야간 근무를 한)에게 제등盆提灯 17개
를 준비하도록 명했다고 한다. 이 시종무관은 궁중의 어딘가에 제등을 걸
었다. 히로히토는 제등에 대해서 더 말하지 않았는데, 이 일은 그가 반란
을 용서했다고 여겨지지 않도록 비밀에 부쳐져야 했던 것이다. 어쨌든 히
로히토의 마음은 한결 편안해졌을 것이다. 측근들에 대한 위협을 근절하
고자 사형 판결을 재가했지만, 그는 여전히 자신이 신하들을 보살핀다는
신념으로 살아간다고 믿을 수 있었다.[47]

　군이 2월 봉기를 조사한 결과, 2월 20일 총선에서 유권자들이 좌파 후
보를 지지하면서 반군부 정서를 드러내자 반란군의 위기감이 확대되었음
이 밝혀졌다. 또한 주모자들은 농촌 출신으로 대중주의적인 주장을 했지
만, 그들 대부분은 농업 공황을 이유로 혁명가가 된 것이 아니었고, 그들
의 궁극적인 목적은 당대의 많은 사람들이 상상했던 토지 개혁과는 별 관
계가 없었다. 반란 주모자들의 목표는 국체의 정화精華를 촉진하는 데 있
었고, 이를 위해서는 일본의 재무장에 박차를 가해야 한다고 그들은 생각
했다. 국가 예산에서 군사비가 차지하는 비율은 만주사변이 일어난 뒤로
꾸준히 늘어, 1931년에 국민총생산의 3.47퍼센트였던 것이 1936년에는
5.63퍼센트가 되었다. 그동안 해군은 함선의 보유 톤수를 착착 늘렸고,
육군과 해군 모두 항공 병력을 증강하기 시작했다. 그러나 육군은 대규모
로 군비를 확장하지 않았기 때문에 총병력은 여전히 장교와 병사를 합쳐

17개 사단 23만 3365명에 그쳤다.[48] 반란군 장교들은 국가 비상시에 즈음하여 군 예산이 억제된 탓을 경제 상황이 아닌 정치 체제에 돌렸다.[49]

홍미롭게도, 반란 주모자들이나 육군성과 참모본부의 고급장교들이나 총력전 개념에 대한 생각은 매우 비슷했다. 곧 양쪽 모두 국가 자원을 완전히 동원하기 위하여 산업 제조와 생산에 관한 결정을 국가가 통제하기를 바랐다. 그런가 하면 반란 주모자들은 '총력' 전쟁이 실제로 요구하는 바를 생각지 못했던 점은 다 같았으나, 봉기 때 행동이 일치하지 않았듯이 생각도 일치하지 않았다. 다만 국가 운영을 개혁하자는 '쇼와 유신'이라는 발상만은 널리 공유된 것으로 보인다. '유신'이 실제로 의미하는 바가 무엇인가 하는 것은 사람마다 제각각이었다.[50] 주모자들 중에서 아마 가장 광신적이었던 이소베에게 그것은 "경제의 국가 통일을 구현해 메이지 유신을 완성시킴과 동시에 세계의 유신으로 발전해나가는 일"을 의미했다.[51]

2월 반란으로 히로히토는 군 통수권 확보를 위해 헌법이 중요하다는 신념을 더욱 굳혔다. 그때의 교훈이 마음에 깊이 박혀, 뒷날 이시하라 간지가 강의를 하며 육해군에서 분리 독립된 공군 창설 계획을 제안했을 때, 히로히토는 메이지 헌법에 규정이 없는 공군은 자신의 통수권을 벗어나는 것이 아닌가 우려하여 이를 고려해보려고도 하지 않았다.[52] 이 사건의 경험을 통해 결국 히로히토는 자신이 대원수로서 행동할 때 엄청난 힘을 쥐게 된다는 인식을 강화했다. 그는 행동에 대한 결단을 내려야만 할 때, 결코 우유부단하게 보이지 않으려고 했던 것 같다. 그리고 그는 통제파에 접근하기 시작했고, 큰 폭으로 늘어난 군사비 지출을 재가한 것이 바른 일이었다고 느끼게끔 되었다. 그는 이 사건을 결코 잊지 못했으며, 실제보다 더 황위를 불안정하게 생각하는 경향이 있었다.

2차 세계대전 뒤에 히로히토는 대원수로서 스스로 수행한 역할을 낮추어 보이려고 부심하며, 2월 반란에 대하여 용의주도하게 사실을 왜곡하여 설명했다.

당시 반란군에 대해 토벌 명령을 내렸는데, 이에 관해서는 마치다 주지町田忠治가 생각난다. 마치다는 대장대신이었는데, 금융 방면의 악영향을 매우 걱정하여 단호한 조치를 취하지 않으면 공황이 일어날 것이라고 충고해주었기 때문에, 강경하게 토벌 명령을 내릴 수 있었다.

대체로 토벌 명령은 계엄령과도 관련되므로 군 계통만으로는 선포할 수 없고 정부의 양해가 필요했는데, 당시 오카다〔총리〕의 소재가 불분명했고 또 육군성의 태도가 뜨뜻미지근했기 때문에 내가 엄명을 내린 것이다.

나는 다나카 내각의 고통스런 경험이 있으므로, 일을 할 때는 반드시 보필하는 자의 진언에 귀를 기울이고 또한 그 진언을 거스르지 않기로 했는데, 이때와 종전 당시, 두 번만은 적극적으로 내 생각을 실행했다.

참모본부의 이시하라〔작전부장〕도 마치지리〔가즈모토町尻量基〕 무관을 통해 토벌 명령을 내려달라고 전해 왔다. 도대체 이시하라라는 인간은 어떤 사람인가. 잘 모르겠다. 만주사변의 장본인이긴 하지만 이때의 태도는 정당한 것이었다.

또한 혼조 무관장이 야마시타 도모유키〔군사조사부장〕의 안을 가지고 왔다. 반군의 우두머리 세 사람이 자결할 테니 이를 검시할 자를 보내주셨으면 한다는 내용이었다. 그러나 검시할 자를 파견한다는 것은,

그 행위가 사리에 맞는 점이 있어 이를 예우하는 의미도 포함되어 있다고 생각한다.

아코赤穂 의사義士가 자결한 경우에 검시할 자를 입회하게 한 것은 널리 알려진 일이지만, 배반자에게 검시를 보낼 수는 없으므로, 이 안은 채택하지 않고 토벌 명령을 내린 것이다.

군사참의관 대장들이 귀순 권고를 하러 간 것에 관해서는 아무런 보고도 받은 바 없다.[53]

실제로는 2월 26일 아침, 히로히토는 측근이 살해당한 데 분개하여 즉시 반란을 진압하라고 명했다. 그리고 진압에 늑장 부리고 있는 육군 상급 장교들에게 화를 냈다. 이튿날에 상공대신 마치다 주지는 경제 공황과 혼란이 우려된다는 이유로 대장대신을 겸임하게 되었는데, 사실 주된 이유는 천황의 입김이 작용했기 때문이었다. 사건이 일어난 후, 히로히토는 한시라도 늦으면 국제적으로 일본의 이미지가 훼손될 것이라고 느꼈다.[54]

만주사변 이후 천황이 거듭 군부와 충돌했던 것은 통수권 침해 문제 때문이었지 결코 기본 정책에 관한 것 때문이 아니었다. 육군의 힘이 커짐에 따라 히로히토는 예전 하마구치 내각 초기에 그러했던 것처럼 누차 정책 결정 과정에 자신의 정치적 견해가 반영되도록 했다.[55] 2월 26일 반란은 히로히토와 유아사 구라헤이—1936년 3월부터 1940년 6월까지 내대신으로 일했다. 매일 입궁하여 직무를 수행한 것은 그가 처음이다—에게, 필요한 경우 천황이 군 통수권을 완전히 행사하는 것이 중요하다는 교훈을 남겼다. 혼조가 히로히토의 뜻에 반한 행동을 하더라도 히로히토는 지원을 받으며 확고한 위치에서 제 뜻을 펼쳤다. 그의 결단은 소외된 '청년 장교'가 권력 구조를 타파한다고 하는, 성공할 리 만무한 개혁의 원동력으로 천황을 이용하고자 했던 시대를 단번에 끝냈다. 히로히토는 여러 가지 다양한 상황에서 권력 조직을 다루는 법을 정확히 배웠다.

의사 결정 과정은 비밀리에 간접적으로 이루어져 소통의 통로가 명백히 부족했으며, 정치 성명은 모호하고 정보망은 조작되었다. 요컨대 혼란과 오해, 그리고 엘리트들의 협상을 둘러싼 끝없는 음모의 장이었다. 이러한 것이 도쿄에서 일이 이루어지는 방식이었다. 그것은 히로히토가 일하는 방법이기도 했다. 이제 막 그는 치밀하게 조직된 통치 지배층에게, 그 자신이야말로 체제가 작동하는 이유임을 다시금 일깨웠던 것이다.

IV

1936년 5월 4일, 여전히 계엄령 치하의 침묵 속에 있던 도쿄에서 히로히토는 제69차 제국의회의 개회식 칙서로 '2월 반란'의 종막을 내렸다. 한동안 히로히토는 군부와 국민 앞에 육군을 강력히 질책할 말을 생각했는데, 석 달 넘게 숙고한 끝에 "이번에 도쿄에서 일어난 사건을 짐은 유감스러워하는 바이다"[56]라는, 간결하고도 매우 온건한 표현에 만족하기로 했다. 이 말을 듣고 많은 중의원과 장교들은 황송함을 금치 못했으나, 일부는 개인적으로 실망했다. 히로히토는 중요한 국면에서 헌법이 정하는 지위에 따라 공식적으로 군을 장악할 기회를 다시금 사양한 것이다. 그러나 히로히토가 무대 뒤에서 행동함으로써 만주사변 이후 일본 내정의 특징이 되었던 표류와 동요는 이제 끝을 맺었다. 그리고 이때부터 14개월에 걸쳐 천황과 그 측근들 대부분은 군비 확장 가속화와 국가의 직접 통제에 의한 산업 발전을 요망하는 육해군과 보조를 맞추었다.

유아사 내대신의 추천으로 2·26사건 직후에 수립된 히로타 고키広田弘毅 내각은 군부의 정치적 영향력을 더욱 강화하고, 육군과 해군에 국가목표에 영향력을 행사하려는 경쟁과 질시를 허용한 내각으로 기억된다. 1936년 5월, 히로타는 육군대신과 해군대신의 조언에 따라 현역 고급장교 중에서만 군부대신을 지명하는 '군부대신 현역 무관제'를 부활시켰다. 히로타는 이 조치로써 신뢰할 수 없는 황도파 장교들이 언젠가 다시금 힘을 얻는 일을 막을 수 있으리라 믿는다고 했다.[57] 히로타의 결정은 각료 후보의 범위를 좁히고 육군이 총리에 대항할 만한 힘을 키우도록 하여, 육군 수뇌부가 1940년 7월에 해군대장 요나이 미쓰마사 내각을 쓰러뜨리는 수단으로 현역 무관제를 이용하는 데 이르는 길을 닦았다고 할 수 있다.[58]

중국에 대한 정책을 보면 히로타는 대등한 관계에서 협조한다는 생각은 일축해버리고, 인구가 800만 명이 넘는 것으로 추산되는 화북華北 5개성 북경·하북성·산서성·산동성·하남성—옮긴이을 남경정부와 갈라놓으려는 육군의 계획을 지지했다. 히로타가 외무대신으로 있을 때 항만 도시인 천진에 거점을 둔 중국주둔군의 사령관과 봉천의 특무기관장이 중국 국민당 군사위원회의 웅빈(熊斌: 슝빈) 중장과 체결한 현지 협정에 따라, 장개석은 화북에서 정치적으로도 군사적으로도 철수했다. 그 후, 중국주둔군 사령관과 다른 장군들이 석탄과 철강 자원이 풍부한 화북 5성을 중국의 여타 지역과 분리하여 사실상 일본의 대륙 영역에 끼워 넣자고 공공연히 거론해도, 천황과 마찬가지로 히로타는 이를 제지하는 아무런 의사 표현도 하지 않았다.[59]

또한 천황과 마찬가지로 히로타는 당시 일본의 많은 장교들이 자명한 것으로 받아들였던 생각을 공유하고 있었다. 곧 중국이란, 민족도 아니고 국가도 아닌 단순한 지리적인 명칭일 뿐이며, 일본은 그 영토를 재편하고 원하는 곳은 어디든 가질 자격이 있다는 생각이었다. 천황 히로히토는 1936년 4월 17일, 중국주둔군의 규모를 1771명에서 5774명으로 세 배가량 늘려달라는 육군의 요청을 재가했다.[60] 또한 히로히토는 북경의 남서 외곽에 있는 철도 분기점인 풍대(豊台: 펑타이)에 새 주둔 기지를 설치하도록 허락했다. 유서 깊은 노구교(蘆溝橋: 루거우차오, 마르코폴로교)에서 그리 멀지 않은 곳이었다. 뒤이어 중국인들의 강력한 저항이 일어났으나, 증강된 주둔군은 풍대로 진군하여 병영을 세웠다. 일본군은 곧 국민당군 기지 근처에서 실탄을 쓰는 훈련을 실시하여 중국군과 계속해서 충돌할 것에 대비했다.[61]

히로히토는 만약 중국 대륙의 새로운 영토와 그곳의 기존 산업에서 이익을 얻으려면 일본에는 시간과 자본, 산업화가 필요하다는 사실, 다시 말해서 적어도 몇 년 정도는 상대적으로 평화로운 기간이 필요함을 인식했어야 했다. 그리고 육군참모본부도, 중국의 교육받은 노동자, 학생, 지식인 대중, 특히 만주에서 추방된 장학량 군단 사이에 일본이 위태로운 적의와 불신을 불러일으키고 있다는 사실을 알아차렸어야 했다. 장학량 군단은 중국 동북 지방을 본디 터전으로 여기는 의식이 강해, 일본에 저항을 지속할 것을 결의했다.

그러나 히로히토와 전략가들은 한참 떨어진 곳에 (노출되어) 있는 북방의 병참·통신선을 소련이 침해하지 못하게 지켜내는 일에 관심을 쏟느라, 1937년 전반에 걸쳐 장개석과 그의 최대 경쟁자 모택동(毛澤東: 마오쩌둥)이 〔국공―옮긴이〕 합작'을 도모한 것에는 신경을 쓰지 못했다. 히로타 내각 당시 일본의 비상사태 대비책은 소련을 방어하는 데 초점을 맞추어 만들어졌다. 중국과 전면전을 벌이는 것은 예상하지도, 바라지도, 준비하지도 않았다. 관동군이 증강되어 내몽골에서 활동을 확대하고, 북방의 외몽골 경계선 부근에서는 진지를 보강했기 때문에 일본과 소련의 관계는 악화되었다.

히로타 내각은 급속한 거대 규모의 군비 재편, 반소비에트, 경제 통제, 인종·종교에 대한 배타적 불관용 같은 나치스 독일의 정책을 환영했다. 독일과 방공협정을 조인하기(1936년 11월)에 앞서서, 제국 육해군과 독일군의 군사 제휴가 확대되었다. 협정은 1차 세계대전 후의 유럽 질서를 파괴한 히틀러가 펼친, 일련의 대외 공세를 뒤따르는 것이었다.[62] 협정에는 어느 한쪽 당사국이 소련과 전쟁을 벌일 경우 나머지 한 나라는 소련을 지원하지 않는다는 비밀 조항이 붙어 있었다.[63] 1년 후에는 이탈리아가 협정에 참가했다. 새로이 대두한 나치스와 파시스트 독재 정권과 국제적인 제휴를 맺음으로써 바야흐로 제국 일본이 장차 그들과 행동을 같이할 것이 예측되었다.[64] 영국, 프랑스와 미국의 민주적으로 선출된 정부에 방공협정은 유럽과 아시아에 몰려들기 시작한 암운의 연합체였다.

히로타는 1936년 중반 메이지 헌법에서 규정하는 전체 각료회의와는 별도로 4상相 회의, 5상 회의라는 매우 중요한 대외 정책 결정 제도를 도입했다. 1936년 8월 7일에 정해진 「국책의 기준」과 「제국외교방침」은 둘 다 웅대하고 도전적이며 비현실적인 계획과 목표를 망라한 것이었다. 만약 이러한 방침이 동시에 실행된다면 이는 일본의 국력을 훨씬 뛰어넘는 일이 될 터였다. 만주국은 확립될 것이고, 화북의 자원은 괴뢰정권을 통해 대일본제국이 확보할 것이며, 소련과 전쟁을 벌일 대비도 갖출 것이라고 했다. 그리고 서태평양과 동남아시아를 장악해야 하는데, 이를 위해서 대만과 마리아나 제도, 캐롤라인 제도(중부 태평양)에 항공 기지와 송신소를 세우고, 미국과 대결할 새로운 함대를 만들며, 동시에 육군과 해군의 병

력과 후방 지원 제도도 확충할 것이었다.⁶⁵

「국책의 기준」은 정책 입안자들이 편의대로 해석할 수 있는 모호한 공문서로, 각기 제 자리만 고수하면서 일률적으로 일을 분담하는 일본 관료 지배층의 성향을 드러낸다.⁶⁶ 나중에 일본이 외교 위기를 맞아 단계마다 대처해야 했을 때도 바로 이런 형태로 결정이 이루어졌다. 이러한 경향이 중일전쟁 전야에 뚜렷해진 것은 의미심장한 일이다. 총리와 외무대신, 육군대신, 해군대신, 참모총장, 그리고 군령부 총장이 합리적인 논쟁을 통해 서로의 견해차를 충분히 검토하는 것을 포기하고 말았기 때문이다. 그들은 격론을 벌여 진정한 합의에 다다르기보다, 간단하고 안이한 절차를 택했다. 목표 달성에 필요한 자원을 일일이 꼽아보는 일은 제쳐두고, 무력을 쓸지 외교로 갈지, 아니면 양쪽 모두를 쓸지도 불분명하게 놓아둔 채, 그들은 '국책' 문서에 각자의 입장만을 피력했다.

국책 입안자들은 그 첫째 기준인 "동아시아를 장악하려는 열강의 패도(覇道) 정책 배격"을 외교 정책에서 '황도 정신을 구현'하는 것과 동일시했다. 그 결과 외교는 더욱 확장주의적이고 급진적인 성격을 띠게 된다. '황도'라 함은 대외적으로, 아시아 전체에 일본의 종주권이 미칠 때까지 천황의 '인애'를 확장해나감을 의미했기 때문이다. '건전한' 외교 정책의 둘째 척도는 군비를 갖추어 일본이 "명실 공히 동아시아의 안정 세력으로 자리 잡는 것"이었다. 「국책의 기준」 제1항의 (3)과 (4)─이것들이 이 문서의 핵심이다─는 "외교와 국방이 한데 어우러져 동아시아 대륙에서 제국의 지위를 확보함과 동시에 남방 해양에 진출, 발전하는 데 있다."⁶⁷

'동아시아 대륙'에 대한 언급은 대소련전을 염두에 두고 북진하려는 육군의 의도와 맞닿는다. '남방 해양'이란 폭 넓은 지리 개념으로, 남진하여 광대한 서태평양에서 영·미보다 우위를 확보할 채비를 한다는 해군의 목표를 나타낸다. 육군과 해군 모두 서로 융합할 수 없는 목표를 내걸었고, 서로를 신뢰하지도 않았다. 육해군이 나란히 각자의 계획을 발표하여 둘 중 어느 것을 우선할지 결단을 내리는 것을 피하고, 천황을 보필하는 다원 구조가 무너지지 않도록 했던 것이다.

전면적인 중일전쟁이 일어나기 겨우 1년 전이었으나, 당시 헌법이 규정한 천황의 보필자(국무대신-일본어판)와 군 수뇌부는 합의해서 통일된 국책을 형성할 능력을 상실하고, 나아가 이는 일본의 정치 과정의 고유한 특징으로 자리 잡았다. 그리고 히로타 내각과 그 뒤를 이은 내각들에서도 복잡해진 의견 불일치, 그리고 '국무'와 '군 통수'의 분열은 도쿄의 참모본부와 현지에서 작전을 수행하는 장교들 사이의 불협화음으로 이어졌다.

일단 전쟁이라는 비상사태에 돌입하자 천황의 지위가 띠는 권위는 평상시의 수준을 훌쩍 넘어섰다. 게다가 이렇게 다층 구조로 관료들이 대립하니, 히로히토가 정책 결정에 영향력을 극대화할 여지가 늘어날 수밖에 없었다. 히로히토는 줄곧 국무와 군 통수 양쪽의 영역에서 명시된 직분을 수행하는 경험을 쌓아왔으며, 자신을 보필하는 자들의 의견이 서로 일치하지 않는 것에 유의하면서 그들이 정책을 펼치는 모습을 주의 깊게 관찰했다. 그리고 결국 히로히토는 그들 사이의 불일치는 이러한 구조 자체가 초래하므로 국무와 통수를 통일할 것을 주장했다. 그러나 그들에게 이는 불가능했기 때문에, 히로히토가 국무와 통수의 통일을 요구하자 이미 혼란스럽던 정책 결정 과정은 더욱 복잡해졌다. 히로히토의 '통일'이라는 카드는 자신의 뜻대로 내정을 움직이기 위한 비장의 무기로, 군의 '중간 간부층'이 국책 결정 과정을 지배하지 못하도록 하고, 그 과정 자체가 본래대로 '위에서부터 아래로' 이루어지게 만들었다.

히로히토가 만성적인 분열에 빠진 '국무'와 '통수'의 대표에게 '통일'을 요구하면 할수록, 양쪽의 대표는 사실상 해외 팽창을 추동했고 곧 끝없는 전쟁으로 일본을 몰아갈 정책문서 원문의 차이점들을 얼버무렸다. 1930년대 중후반에 중국 침략을 유발한 것은 일본군부만이 아니었다. 종교적으로 고양된 군주제 역시 침략을 촉진하면서, 천황의 이름으로 행동하는 사람들을 위해 여론의 비판에 방패막이가 되어주었다.

1936년 8월 25일, 히로타 내각은 1937년 정부 총예산의 69퍼센트 남짓(약 330억 엔)이 군사비에 배정된다고 발표했다. 정부지출의 47.7퍼센트를 차지한 전해 군사 예산 100억 엔의 거의 세 배가 되는 액수였다.[68] 이를 충당하기 위해 세금이 늘어나 인플레이션이 용인되었다. 군수공장과 대재벌은 윤택해지고, 보통 임금 노동자들의 애국주의는 고조되었지만 그들의 임금은 동결되었다.

히로타 내각의 정책은 국내외에서 육군이 일방적으로 행동하는 데 대해 해군 내부에서 일어난 반발을 반영한 것이며, 어느 정도는 해군의 강압에 따른 것이었다. 1936년 3월 27일, 제3함대 사령장관인 오이카와 고시로及川古志郎는 해군대신과 군령부 총장에게 '중국을 중심으로 한 국책에 관한 소견'을 제출했다. 오이카와는 상해항에 정박해 있던 기함 이즈모出雲에서 이를 썼는데, 관동군이 "화북 5개성을 남경정부의 세력권에서 빼내어 만주와 중국 사이의 완충 지대로 만들"려고 "정치 모략"을 강행하고 있다고 지적했다.[69]

오이카와는 관동군이 일방적으로 행동하지 못하게 하라고 해군에 촉구한 뒤, 북진 정책과 함께 동남아시아와 남서태평양 쪽으로 남진 정책을 취할 것을 권고했다. 이는 평화적으로 수행해야 하지만, 일본은 언젠가 닥쳐올 관세 장벽이나 경제 성장을 저해하는 요소들을 '실력 행사'로써 물리칠 준비와 각오를 해두어야 한다고 했다. 그러므로 소련에 대한 전쟁을 결정해야 하고, 이를 위한 '전쟁 준비戰備'가 가장 시급한 국가 목표이 겠지만 해군은 역시 해전海戰을 준비해야만 했다.[70] 또한 오이카와는 열 강을 도발하거나 그들이 "일치 결속하여 우리 일본에 대항하는" 일이 없 도록 주의 깊고 신중하게 행동할 필요가 있다고 강조했다.[71]

오이카와 제독의 견해에 대한 해군차관과 군령부 차장의 답변은 나중 에 히로타 내각이 8월에 승인한 「국책의 준비」와 「국책요강」으로 정식 채 택되었다.[72] 「국책요강」에서는 남진을 확대하는 한편 일본이 '동아시아 의 안정 세력'으로 자리 잡아야 한다고 주장했다.[73] 그러나 당시 해군 상 층부 내에서는 육해군이 따로따로 남북으로 진출하는 것은 비합리적이라 고 명확히 인식하고 있었다. 그들은 그 일이 일본의 국력을 넘어서 "결국 2개국 이상과 전쟁을 벌이는 사태로 이어질" 것을 우려했다. 그들은 북진 과 남진 모두 "평화적으로 점진적으로 진출"하는 정책을 권했다.[74]

이는 히로타 내각이나 그 뒤를 이은 하야시 내각이 추구한, 무모하고 야심 찬 전략들에 비하면 합리적인 지적이었다. 1936년부터 1937년 전반 까지 육해군성과 외무성, 그리고 궁중의 유력한 집단들이 일본이 안고 있 는 문제를 명료하게 평가할 수 있었다는 것은 부정하기 어렵다. 그럼에도 그들은 이미 자신들의 선택에 의해 떠밀려가기 시작했다. 그들의 정책 목 표—대륙에서 군세를 확장하고, 해군이 서태평양과 동남아시아의 해상 항 로를 지배하며, 열강과 대등한 관계를 맺는 것—는 조만간 중국과 군사적 충돌을 빚을 것이며, 나아가 영·미와는 훨씬 더 심각한 충돌을 일으킬 것이었다.

1936년 가을, 화중華中중국 중부 지방인 장강(長江) 중·하류 지역—편집자과 화 남華南복건성(福建省), 광동성(廣東省), 귀주성(貴州省) 등 중국의 남부 지방—편집자 지 역에 거류하는 일본인들이 습격당한 일을 비롯해 몇 가지 사건이 일어난 뒤, 해군이 화남 지방에서 치안 유지 기능을 개선할 방법을 연구하는 데 착수한 사실은 중요하다. 당시 해군 연구자들 사이에 이탈리아의 줄리오 두에Douhet, Giulio 소장이 펼친 전술공군 이론이 유행했는데, 입안된 계획에는 우연히도 연안 봉쇄 준비뿐만 아니라 중국 주요 도시에 거주하는 민간인들에게 징벌의 성격을 띠는 공중 폭격이 필요하다는 내용까지 들어 있었다.[75]

히로타는 1937년 1월 23일을 끝으로 총리직에서 물러났다. 그 뒤를 이어 2월 2일에 성립한 하야시 센주로林銑十郎 내각은 겨우 넉 달 동안 유지되었을 뿐이다. 이어 고노에 후미마로近衛文麿 공작이 6월 4일에 처음 내각을 조직했다. 고노에는 일본의 궁정귀족인 명문 후지와라藤原 가문의 자손이었다. 후지와라 가문의 여성들은 몇 세기에 걸쳐 황태자와 혼인 관계를 맺었으며, 헤이안 시대(794년~1185년)에는 일본을 지배했다. 고노에는 해군과 좋은 관계를 유지하면서 육군과 민간 우익에도 호의를 품고 있었으며, 총명함, 카리스마, 좋은 집안까지 삼박자를 고루 갖추어 정상의 자리에 오를 수 있었다.

V

2·26사건 이후 히로타 총리와 하야시 총리 체제에서, 천황과 측근들은 이론상 신하가 범해서는 안 될 천황의 권력 강화를 한층 더 지지했다. 이 같은 맥락에서 문부성은 언젠가 일어날지 모르는 장기전에 대비하여 국민정신을 동원하려는 노력에 박차를 가했다. 1937년 5월 31일에는 『국체의 본의国体の本義』 20만 부를 발행해 학교에 배포했다. 이 책자는 일본

전체에서 모두 200만 부 넘게 판매되었다.

『국체의 본의』는 '국체'에 관한, 그리고 일본의 인애仁愛와 도의를 상징하는 천황의 이념적·정신적 역할에 관한 해설 책자였다. 과도기의 이데올로기를 드러내는 이 소책자는 서양의 사상이나 제도를 완전히 부정하지는 않았지만, 일본 문화의 고유성을 단순히 강조하는 수준은 뛰어넘었다. '밝음明き'과 '맑음淸き', 그리고 사심이 없는 일본인의 '마음心'을 칭송하고, 근대 서양의 개인주의, '추상적인 전체주의'와 국체를 대비해 일본 민족과 국가가 세계의 모든 나라보다 절대적으로 우월함을 강조했다. "우리 신민은 서양 제국諸國의 인민들과 그 본성이 전혀 다르며……그 생명과 활동의 근원을 항상 천황께 바친다"는 것이다.[76]

또한 『국체의 본의』는 가족국가와 가족, 선조의 중심적인 역할을 강조해 독자들에게 '가미카제(神風: 신이 내린 바람)'를 떠올리게 했다. 13세기 말, 몽골이 공격해 왔을 때 두 번이나 돌풍이 불어 일본을 구한 일은 일본이 신의 나라이며 불패의 존재임을 의심할 여지 없이 증명했다고 여겨졌다. 무엇보다 이 소책자는 천황이 대원수이며 "황조황종皇祖皇宗의 마음이 움직이는 대로 우리 일본을 통치하시는 현인신"[77]이라는 인상을 심으려 했다. 모든 일본 신민은 히로히토에게 절대 순종해야 하며, 이는 실상 "소아小我를 버리고 웅대한 천황의 위광威光에 살며 국민으로서 참된 생명을 발양할 것"[78]을 뜻했다. 본질적으로 신도, 불교, 주자학, 그리고 서양 군주제의 이상을 특이한 형태로 융합한, 이른바 '황도皇道'는 일본이 침략을 저지르는 원동력이었고, 육군 지도자들이 비판자를 위협하고 극우 폭력배들이 테러를 정당화하는 데 이용되곤 했다. 히로히토에게 이 소책자의 주요한 장점은 그 한 사람에게 헌신하는 정신을 강하게 만들어, 군에 미치는 그의 영향력을 더 높일 가능성이 있다는 점이었다.

『국체의 본의』가 고착시킨, 일본은 긴밀히 통합된 단일 국가와 사회라는 신화는 4년 뒤인 1941년 7월, 문부성에 의해 다시 강조된다. 이때 문부성은 다시 한 번 감정적인 신도 소책자(『신민의 길臣民の道』—일본어판)를 간행하여 배포했다. 이 무렵 히로히토는 '탈脫' 서구의 길을 걷는 일본의 상징으로 자리를 굳히고, 대영·미 선전 포고라는 중대한 결정으로 이어질 여정에 들어서고 있었다. 어느 때보다 그는 온 나라에, 가능한 가장 강력한 정치적 영향력을 뻗칠 필요가 있었다. 일본은 파시스트 국가라는 정체성을 받아들이는 동시에, 파시즘의 상투적인 수사법도 받아들였다. 인민은 식량 배급과 총력전에 따른 경제적 부담을 지고 일했으며, 정책은 생활수준을 떨어뜨리고 군수 생산을 증대하도록 계획되었다. 천황의 이름으로 이견은 모두 묵살되었다.

이러한 배경에서 출간된 『신민의 길』에서는 "개인주의·자유주의·유물唯物주의 등의 지배하에 놓여 있는 구질서"를 타파하고, "모든 국가가 온당한 지위를 추구할" 것을 원칙으로 동아시아의 새 질서를 건설하자고 요구했다.[79] 이 소책자는 일본이 국민생활의 모든 영역에서 "만장일치의 구조"를 확립하면, 총력전 국가를 완성하고 "도의에 기초를 둔 세계"를 건설할 수 있다고 다그쳤다. 그리고 천황에게 봉사하는 모든 신민은 철저히 이기심을 버리고, 매일 국가를 위한 봉공을 실천할 것을 요구했다. "자기만의 것"은 일절 존재하지 않으며, "우리는 사생활을 하는 동안에도 천황에게 귀의하여 국가에 봉사한다는 생각을 잊어서는 안 된다"는 것이다.[80]

성전 聖戰 ^{9장}

1937년 7월 8일 이른 아침, 북경에서 남쪽으로 약 30킬로미터 떨어진 지점에서 불길한 돌발 사태가 벌어졌다. 풍대(豊臺: 펑타이)에 주둔한 일본군과 마르코폴로교[중국 이름 노구교(蘆溝橋: 루거우차오)] 가까이에 주둔한 국민당군이 충돌한 것이다. 도쿄의 참모본부는 즉시 사태를 파악하고, 전날 밤 소총에 의한 총격전으로 비롯된 이 문제를 현지에서 해결하도록 지령을 내렸다. 북경과 한구(漢口: 한커우) 중국 중부, 장강과 한수(漢水)가 합류하는 지점에 있는 항구도시. 한구와 한양(漢陽), 무창(武昌)을 아울러 무한(武漢) 도시군이라 한다. 2차 중영전쟁(애로 호 사건)에서 패배한 뒤 1861년 중국이 외세에 개방한 10개 항구 중 하나로, 1928년 국민정부 치하에 들어갔다—편집자 사이를 달리는 철로에 있는 노구교 근처에서 전투는 사흘 동안 이어졌다. 11일까지 현지 사령관들 사이에 협상이 이루어졌고, 그 결과 정전협정이 조인되었다. 그 후 약 3주 동안 군 지도부는 정전을 유지하는 데 성공했다.

대중국 정책을 둘러싼 군부 내의 대립이 심각해졌고, 이에 하야마에서 휴양하던 천황은 도쿄로 돌아가야 했다. 육군성 군사과軍事課와 참모본부 작전과를 거점으로 한 일부 세력은 노구교 사건을 좋은 기회로 생각했다. 만주국은 그때까지도 중국 국민정부의 법적인 승인을 얻지 못했다. 또한 만주사변을 종결지은 정전협정은 준수되지 않았으며, 만주와 화북 사이에 설치된 비무장지대는 누차 침범을 받았다. 거슬리는 문제가 많았다. 북경 교외에서 벌어진 전투를 도발의 구실로 삼는다 할지라도, 중국군대가 강적일 리 없으니 중국을 둘러싼 모든 문제는 군의 강력한 일격으로 해결할 수 있다. 그러므로 '일본인의 생명과 재산을 보호'하기 위해 마땅히 부대를 북경으로 신속히 이동해야 했다. 매파 장교들의 이러한 입장은 관동군 참모들과 (황실이 주요 주주인) 남만주철도회사 임원 일부의 지지를 받았다. 남만주철도회사는 만주국에서 화북까지 진출하기를 원했기 때문에 사건이 확대되기를 바랐다.[1]

참모본부의 제1부장(작전)인 이시하라 간지 소장과 그 부하인 제2과장(전쟁지도) 가와베 도라시로河辺虎四郎를 중심으로 한 상층부의 소수 세력은 중국의 전투에 휩쓸려 대소련 방위를 위한 군비가 그쪽으로 전용될까 봐 우려했다. 7월 9일, 고노에 내각은 임시 각료회의를 열고, 화북에 증원 파병하는 것을 일단 연기하기로 했다. 둘째 세력, 곧 문제를 현지에서 마무리 지을 것을 주장한 불확대파가 일시적으로 우위에 선 것이다. 그러나 확대파는 이미 막후에서 작업에 착수하여 일본 본토의 사단에 출동태세를 갖추게 하고, 부대를 증파하는 명령의 초안을 작성한 상태였다. 11일에 각료회의가 다시 열려, 9일에 내린 결정을 번복하고 관동군과 조선군, 일본 본토에서 화북에 수천 명을 파병하기로 결정했다.

그사이 히로히토는 화북에서 일어난 사태에 대해 소련이 위협해 올 일부터 염려했다. 이보다 한 주 전인 6월 30일, 근래 혈기에 날뛰던 제1사단은 아무르 강의 건차자도乾岔子島에 요새를 건설하고 있었다. 이곳은 만주국 북부와 소련의 경계가 애매한 지점이었다. 소련군이 이 섬에 상륙해 총격전이 벌어졌고, 일본군이 소련의 포함砲艦 2척을 파괴했다. 소련군은 부대와 포병을 더욱 증강했으나, 즉시 반격하지는 않고 자제하는 모습을 보였다.[2] 도쿄와 모스크바는 서로 비난으로 응수했고, 곧 어떤 결단을 내려야 할 시점이 닥칠 듯 보였다. 소련이 이제 만주 국경을 공격하지 않을까? 천황은 고노에 총리와 신임 스기야마 하지메(杉山元) 육군대신, 해군 군령부 총장을 줄줄이 만나기 전에, 간인노미야 참모총장을 불러들였다.

"만약 소비에트가 뒤에서 쳐들어오면 어떻게 할 것인가?"라고 하문하셨는데, 간인노미야 전하는 "육군에서는 쳐들어오지 않을 것으로 생각합니다"라고 답변하셨다. 그러자 거듭 폐하께서 "그것은 육군의 독단이고, 만일 소비에트가 공격해 오면 어쩔 것인가?"라고 하문하셨는데, 전하는 단지 "어쩔 수 없습니다"라는 식으로 답변하셨다. 그래서 폐하는 매우 불만스러운 모양이셨다.[3]

히로히토는 비상사태에 대한 정확한 대책을 알고 싶었으나 간인노미야는 제대로 대답하지 않았다. 그러나 천황은 간인노미야의 보고에 실망했으면서도 고노에 내각의 화북 파병 결정을 승인했고, 긴급 파견 명령을 재가했다.

현지에서 정전이 이루어진 사실을 알면서도 고노에 내각은 중국에 얽힌 현안들을 한꺼번에 해결하고자 사건을 확대하기로 결정했고, 천황은 애초부터 이에 암묵적으로 동의했던 것이다. 노구교 사건이 터지고 나서 이루어진 일련의 결정 과정은 때와는 매우 다른 모양새를 띠었다. 만주사변 때는 현지의 장교들이 법을 어기며 일을 저질렀고, 천황은 이를 명백히 사후 재가했다. 그러나 이번에 고노에 내각은 앞장서서 육군의 확대파와 협력했으며, 히로히토도 애초부터 참모본부의 불확대 방침에 반대하는 결정을 지지해왔다. 한편 중일전쟁의 발단이 된 이 첫 번째 사건 그자체는 어떤 면에서, 매우 오랫동안 준비해온 만주사변과 비슷했다. 7월 7일 노구교 가까이에 있는 풍대의 중국군 병영 근처에서 일어난 발포는 '일본군에 대한 공격'으로 보이기 위해, 중앙의 명령이 아니라 연대장 독단의 명령으로 이루어졌다. 정말로 이 일 때문에 전쟁이 시작된 것은 아니지만, 훗날 히로히토는 이미 진정 국면으로 접어들었던 중일 간의 실랑이를 길고 고된 분쟁으로 확대했다 하여 육군에 책임을 떠넘겼다.[4]

  3년 후, 천황은 지난날을 돌아보며 화북에서 무엇을 해야 할 것인가 숙고하던 7월 초순의 그날의 생각과 행동을 소상하게 이야기했다. 가장 우선한 일은 대소련전을 위한 준비였다. 그러므로 히로히토는 중국과는 타협하거나 문제를 보류하는 것 외에는 선택할 여지가 없다고 믿었다. 이 때문에 간인노미야와 스기야마 육군대신에게 건차자도 사건을 언급했던 것이다. 실제로 그들은 육군에 관한 한 걱정할 필요가 없다고 히로히토에게 말했다. '만약 중국과 전쟁을 하더라도, 두석 달 만에 끝낼 수 있다'는 그들의 설명이 히로히토에게는 일리 있는 것으로 여겨졌다. 이에 히로히토는 문제를 당분간 보류해둔 채, 고노에와 의논하여 어전회의를 소집하고 결정을 내리기로 했다. 군부가 반대하면 그것은 그때 가서 다시 생각할 일이었다. 히로히토는 육해군 대신과 통수부장의 말도 들어보았다. 그들 둘 다 히로히토를 납득시키지 못했지만, 〔대중국전에서 승전보를 듣는 것은—옮긴이〕 시간이 문제라는 데는 서로 의견이 일치했고, 그것이 중요한 변화를 낳았다. 전쟁을 확대해도 좋다고 생각한 것이다. 이리하여 대중국 전쟁이 시작되었다. 그런데 곧 중국에 있는 일본군 병력이 충분하지 않음이 분명해졌다. "만-소_{만주국과 소련-옮긴이} 국경에서 (부대를) 과감하게 돌리는 것이 어떠냐?"고 히로히토가 말하자, 통수부는 "그것은 안 된다"고 답했다.[5] 히로히토는 자신의 근시안적인 결정에 대해서 아무 말도 하지 않았다.

1937년 7월 11일, '중국 측'의 행동이 '계획적인 무력 항일'임이 명백해졌기 때문에 화북 파병 명령을 내렸다고 일본국민에게 고하는 고노에 내각의 정부 성명이 언론에 발표되었다. "그렇지만 동아시아의 평화 유지는 항상 제국이 염원해왔던 바이니 정부는 이러한 국면이 확대되지 않도록 평화적 절충의 뜻을 버리지 말라."[6] 일본 언론은, 고노에 내각이 북경-천진 지역으로 전투가 한정되기를 바란다는 것을 강조하며 잘못은 전적으로 중국 쪽에 있다는 주장을 무비판적으로 수용했다. 이제 천황은 분열되어 있는 데다 심각한 결점을 지닌 군부를 다루는 데 꽤 많은 경험을 쌓았으며, 필시 액면 이상의 사실을 알고 있었을 터이다. 그러나 사건은 결국 터지고 말았으며, 진행되고 있었고, 또 신속하게 매듭지을 필요가 있었다.

그사이, 국민당군과 거듭 국지전을 치르면서 전면적인 공격 준비가 추진되었다. 히로히토는 소련이 개입할지 모른다는 걱정을 덜고서, 내각-히로타 외무대신과 스기야마 육군대신, 요나이 해군대신, 그리고 가야 오키노리_{賀屋興宣} 대장대신으로 구성된[7]-이 북경과 천진 지역을 넘어 사건을 확대하는 데 반대한다는 뜻을 명확히 밝힌 것에 만족스러워했다.

2주 뒤 관동군과 조선군에서 보낸 증원 부대가 일본 본토에서 온 3개 사단과 합류하자, 7월 25일에 천진 부근의 낭방(廊坊: 랑팡)에서, 26일에 북경 도심에서 가까운 광안문廣安門에서 소규모 충돌이 몇 차례 일어났다. 이 시점에서 히로히토는 전쟁을 결판내기 위한 싸움을 요구하여, 7월 27일에는 중국 주둔군 사령관에게 "평진(平津, 곧 당시 북평北平이라고 부르던 북경과 천진—옮긴이) 지방의 중국군을 응징"하고, "이 지방의 주요 지역을 안정시키는 데 임하라"는 어명을 내렸다.[8]

일본군의 총공격은 천황의 재가를 받아 도쿄에서 하달된 명령에 엄격히 따른 것이었다. 전투가 시작된 지 겨우 이틀 만에 일본군은 북경과 천진을 점령했다. 두 도시에는 영국과 프랑스의 조계租界가 있었다.[9] 중국 거주 일본인을 보호하는 것에서 중국 영토를 점령하는 것으로 중국주둔군의 임무를 바꿈으로써 히로히토는 사태 확산을 부추겨, 화북에 새로운 국면을 불러일으켰다.

'폭도 응징'이라는 미명으로 재개된 일본의 침략 정책을 정당화할 만한 새로운 사건이 7월 29일부터 30일에 걸쳐 시기적절하게 일어났다. 북경 동쪽에 통주(通州: 통저우)라는, 성벽으로 둘러싸인 작은 도시가 있는데 이곳은 일본에 협력한 은여경과 그가 이끄는 중국인 보안대(일본군의 훈련을 받은)가 지배하고 있었다. 7월 29일부터 30일에 걸쳐 이 보안대가 반란을 일으켜, 주둔한 일본군 주력부대가 근방의 북경과 천진으로 떠나 무방비 상태가 된 일본인 거류 지역을 공격했다. 봉기는 점령자 일본인들에 대한 격렬한 분노의 기류에 불을 붙이는 격이 되었다. 중국인 보안대에 학생과 노동자들이 합세하여 일본군 병사 18명과 정보장교 9명을 죽이고, 일본인과 조선인 거류민 385명 중 여성과 어린이를 포함해 223명을 학살했다.

통주 대학살은 일본인들을 격분케 했다. 일본에서 호전적好戰的인 분위기가 일어났다. 신문은 이를 '제2의 니콜라옙스크' 니콜라옙스크 사건은 1920년 2월부터 5월에 아무르 강 부근 니콜라옙스크에 머무르던 일본인 수비대와 거류민이 러시아 빨치산에 포위당해 전멸한 사건이다—일본어판로 보도했다. 그러나 일본이 화북의 비무장 지대를 침략한 사실과, 그곳에서 일본인과 조선인이 헤로인과 아편을 제조하여 화북의 여러 성省에 몰래 들여보내고 있는 사실은 언급하지 않음으로써 진상을 바르게 전달하지 않았다.[10] 정책에 큰 영향을 미칠 수 있는 위치에 있는 기도木戶는 깊은 분노를 느끼며 이 소식을 받아들였다. 다카마쓰노미야는 8월 2일 입궁하여 통주 사건에 대해 천황과 회담하고, 육군의 확전반대파는 육군 전체의 견해를 대변하지 못한다는 사실을 잊어서는 안 된다고 경고했다. 다카마쓰노미야는 일기에 다음과 같이 적었는데, 히로히토에게도 그대로 말했을 수도 있다. "바야흐로 육군 내에서는 지금 중국을 쳐, 앞으로 10년 정도는 재기하지 못하도록 하자는 의견이 다시금 강경해졌으므로 이 점을 확실히 짚고 넘어갈 필요가 있다."[11]

이처럼 사건의 추이를 살펴보면 일본정부가 군부에 이끌려 전쟁에 휘말렸다고 하기는 어렵다. 오히려 육군 일부 세력의 지지를 받은 고노에가 작은 사건을 가지고 더 큰 목적, 곧 중국군에 타격을 주고 북경-천진 지역에 대한 지배를 공고히 하려는 데 이용하려 했다고 하는 편이 정확하다. 고노에는 이 점에서 히로히토의 적극적인 지지를 받았다. 히로히토는 휴양을 일정보다 일찍 마치고 궁정으로 돌아와 정세 보고에 주의를 기울였다. 역사학자인 후지와라 아키라藤原彰는 "〔고노에〕 정부가 본격적으로 전쟁을 단행한다는 결의를 세워 군대를 파견, 일을 확대한 것"이며 히로히토는 이를 전적으로 지지했다고 말한다.[12]

이 시점에서 장개석은 화북 지방을 포기하고, 상해를 기점으로 한 장강 하류 지역으로 싸움터를 옮겼다. 이는 아마 중국에서 가장 큰 국제도시인 상해에 거주하는 자국민을 보호하고자 하는 열강들을 전쟁에 끌어들이려는 의도였을 것이다. 상해에는 일본인 약 2만 2000명, 유럽인 약 6000명, 미국인은 약 4000명이 거주했다. 그들 대부분이 치외법권 지역인 공동 조계에서 살았다.[13] 8월 13일 상해에서 전투가 시작되었고, 이튿날에는 중국공군이 합류해 일본군대와 지상에 있는 해군 항공기, 제3함대 기함인 이즈모出雲를 폭격했다. 그 직후, 요나이 제독의 휘하에서 해군성은 전쟁 확대, 나아가 남경 점령을 제창하는 움직임의 중심에 서게 된다.[14] 장개석 대 제국해군이라는 정세의 두 번째 국면이 '북지사변北支事變'(북지(北支)는 북중국, 곧 화북을 가리킨다—편집자)을 중일전쟁으로 바꾼 것이다.

상해에 있는 장개석군은 병력과 장비가 우수한 최정예 부대와 잡다한 '보조 부대'들을 합쳐 약 11만 명에서 15만 명에 이르렀다. 이들이 서둘러 증강된 일본의 해군 수병과 육전대陸戰隊 약 1만 2000명과 대치했다.[15] 8월 15일, 히로히토의 명에 따라 마쓰이 이와네松井石根 대장이 군사령관의 지위에 올랐으며, 그로부터 닷새 후 상해파견군(동원 연령의 폭이 넓어져 나중에는 20대 후반에서 30대 초반에 이르는, 훈련이 덜 된 예비역이 중심이 되었다)이 파견되었다. 보병 제12연대와, 제11사단 제10여단 사령부는 상해에서 벌어질 만일의 사태에 대비하여 대련(大連: 다롄)에 대기했다.[16]

동시에 나가사키長崎 현의 오오무라大村 기지에서 발진한 해군기 20대가 4시간에 걸쳐 바다를 건너, 중화민국의 수도 남경을 처음 폭격했다.[17] 이때 출격한 해군기 '96식 육상 공격기'는 얼마 전 야마모토 이소로쿠山本五十六 제독의 지휘 아래 장차 미국과 공중전을 벌일 것을 상정해 개발된 것으로, 야마모토는 이들 전투기를 몹시 시험하고 싶었다.[18] 17일에 열린 각료회의에서 고노에 내각은 이른 시일에 승리를 거둘 것으로 예측하여 확대 반대 방침을 공식 철회하고, 중국의 무장 세력을 '응징'한다는, 모호하기 짝이 없는 명분을 내세워 전쟁을 수행할 것을 결정했다. 일본정부는 "제국으로서는 참는 데 한계에 달했으니, 중국군의 극악무도함을 응징함으로써 남경정부의 반성을 촉구하기 위해 바야흐로 단호한 조치를 취할 수밖에 없는 지경에 이르렀다"[19]는 성명을 냈다. 이러한 결정의 배경에는 물론 천황의 판단과 허락이 있었다. 이미 실시된 병력 증강과 전략 폭격도 마찬가지였다. 그렇지 않았다면 결코 될 일이 아니었다. 또 하나 중요한 점은 히로히토와 각료들이 오만하게 중국 인민과 저항 세력을 깔보았던 점이다.

8월 18일, 히로히토는 참모총장과 군령부 총장을 불러 날카롭게 지적했다. 전쟁의 형세가 "점차 확대되어 상해 사태도 중대해지겠는가? 청도(青島: 칭다오)도 불안한 형세에 처해 있다. 이 때문에 양쪽에 똑같이 군사를 투입해도 전국戰局은 장기전으로 치달을 따름이다. 병력을 한 군데에 집중해 대규모 타격을 가하는 게 어떠한가?"[20] 히로히토는 이어서 "나의 공명정대한 태도"로써 이룰 화평은 이러한 대승리를 통해서만 달성할 수 있다고 했다. 그는 "시국을 수습할 방책이 없는가. 즉시 중국으로 하여금 반성토록 할 방법이 없는가" 하고 물었다.[21] 천황은 스스로 서투른 말장난으로 말미암아 궁지에 빠지고 말았다.

사흘이 지나서, 참모총장과 군령부 총장은 히로히토의 질문에 대한 답변 요지를 가지고 다시 입궁했다. 대규모 항공 작전으로 중국의 항공 병력과 군사시설, 주요 산업, 정치 거점을 파괴할 수 있다는 것이었다. 그러나 중국 군대와 인민이 '전의를 상실하게' 하려면 아마도 항공 공격만으로는 충분하지 않을 테니, 일본은 동시에 화북의 특정 전략 지점을 점령해 국민당군과 직접 교전, 상해를 점령하고 중국 연안을 해상 봉쇄해야 한다는 내용이었다.[22] 육군과 정부가 전면전을 피할 길을 모색할 때, 이러한 정책을 가장 열심히 주장한 것이 바로 해군이었다. 히로히토는 재가를 내리면서, 청도에 대한 파병과 상해 부근의 항공기지 점령에 관해 우려를 표명하는 데 그쳤다.[23] 이때에도 히로히토는 제독들의 태도를 마지

못해서가 아니라 적극적으로 인정하고, 장군들에게 단호한 결의로 임할 것을 장군들에게 요구했다.

8월 31일에 히로히토가 내린 '북지나 방면군을 북지나로 파견한다'는 명령은, 전쟁이 곧 끝난다는 견지에서 "적의 전쟁 의지를 좌절시키고" "중부 하북성의 적들을 격멸"하라는 호전적인 내용이었다. 그러나 천황의 뜻에 따라 청도에 부대를 파견한다는 내용은 삭제되었다.[24] 이어서 2주 동안에 히로히토는 수렁에 빠진 상해 지구의 병력 증강을 위해 여섯 차례에 걸친 병력 동원을 재가했다. 9월 7일, 천황은 상해 전선에 3개 사단과 대만주둔군을 파견할 것을 재가하면서, 동시에 소련의 반응을 우려하여 만주를 방비할 다른 부대를 보내도록 명했다. 제1(작전)부장인 이시하라 간지 소장은 부대 증강을 강력 반대했지만 저지할 수 없자, 사임하여 관동군 참모부장參謀副長으로 전임했다.[25]

전쟁이 개시된 시점에는 이미 일본의 전쟁 목적을 정의하는 문제가 제기되었다. 1937년 9월 4일, 스기야마 육군대신은 사령관들에게 "현재 상황은 제국이 경험해온 것과 전혀 다르다. 우리는 이 전쟁이 전면전으로 이행했다는 것을 명심해야 한다"[26]고 지령을 내렸다. 같은 날, 히로히토는 제국의회 개회식을 맞이하여 칙어를 내렸다. "중화민국과의 제휴 협력에 의지하여 동아시아의 안정을 확보"하느라 불철주야 애썼으나, "중화민국은 제국의 참뜻을 이해하지 못하고 무분별하게 일을 크게 만들어 결국 이번 사태에 이르게 되었다. 짐은 이를 개탄하는 바이다. 이제 군인은 온갖 어려움을 물리치고 충성을 다해달라. 이로써 중화민국의 반성을 촉구하고 동아시아의 평화를 빨리 확립할 수 있으니 그 외에는 방법이 없다"[27]는 것이었다.

일본은 선전 포고 없이 전쟁을 '사변'으로 수행할 필요가 있었다. 석유와 철강, 면, 구리를 주로 미국에서 수입했기 때문에, 일본의 지도자들은 만약 미국이 교전국이 될 경우, 이러한 전략물자 수출을 거부하지는 않을까 두려워했다. 따라서 전쟁이라 칭하지 말고 '사변'이라는 이름으로 싸운다면 미국의 원자재와 공업품 수출업자들은 1935년에 성립되고 1937년 5월에 한층 강화된 미합중국 중립법을 피해 갈 수 있을 것이었다. 경기 침체의 길로 다시 접어든 미국의 산업계도 이런 이로운 상황이 지속되기를 간절히 바랐다.

이전에 세 차례 치른 대외 전쟁 때에도 그랬듯이, 일본이 전쟁 목적을 명확하게 규정하기를 바라지 않는 데에는 다른 정신적인 이유도 있었다. 그것들은 결국 많은 이론가들—대학 교수, 선승과 니치렌종 승려, 정부 관료들—이 뒷받침하는 공식적인 신학神學으로 귀결된다. 그것에 따르면 천황은 현인신이며, 아마테라스오미카미의 자손이었다. 일본은 도의와 정의의 화신이며, 일본이 벌이는 전쟁이 올바르다는 것은 명백하고, 결코 침략 따위는 있을 수 없었다. 따라서 중국에 '황도'를 확립하는 데 힘써, '자비 깊은 살해慈悲深く殺すこと'—많은 사람들이 살아갈 수 있도록 소수 말썽꾼을 섬멸하는 것—라는 수단으로 중국 인민이 천황의 자비로운 지배를 받게 하는 것은 결코 식민지 확장이 아니고, 도리어 점령지 인민에게 복된 일이었다. 이에 저항하는 자들은 당연히 정신을 차려야 했다. 그러나 공식적으로는 '전쟁'이 아닌 '사변'이었다.[28]

따라서 일본정부는 전쟁 초기부터 '지나사변일본에서 중일전쟁을 가리켜 부르는 용어—옮긴이'을 '성전聖戰'이라고 시시때때로 표현했다. 전투가 수렁에 빠져 장기화될수록 이념가들은 이 '성전'이라는 말에 더욱 집착했다. 성전이란 천황의 자비로운 통치(팔굉일우) 아래 세계를 통일하여, 천황과 아마테라스오미카미의 위광威光이 전 세계를 비추도록 한다는 국가적인 사명을 표현했다.

I

11월 초순에 이르러 고노에 총리와 천황, 그리고 육해군 통수부는 중국 현지의 육해군을 통제하고 국책을 실시하려면 더욱 합리적이고 효율적인 최고 지도 체제가 필요하다고 인식했다. 이미 내각기획원이 10월에 설치되었다. 히로히토는 27일 고노에 내각의 권유에 따라 궁중에 대본영大本營을 설치하도록 명령했다. 대본영은 히로히토가 대원수라는 헌법상의 역할을 다하고, 육해군이 더욱 합심하여 작전행동을 하게끔 하는 완전한 군사기구였다. 대본영이 설치된 후, 참모총장과 군령부 총장, 육군대신과 해군대신, 육해군의 작전부장과 과장, 히로히토의 시종무관은 일주일에 며칠씩 오전 중 몇 시간을 궁중에서 집무를 보았다. 애초에 200명이 넘는 인원으로 구성된 대본영은 원래 고노에가 구상한 바와는 달리, 정략과 전략을 조정하고 전쟁을 수행하는 효율적인 기구가 아니라 되는 대로 장교들을 모아놓은 것일 뿐이었다.

동시에, 육해군 통수부가 정부와 더 긴밀하게 협의하기를 바란 고노에는 군과 정부 간의 연락기구 설치를 추진하여, 1937년 11월 19일에 '대본영정부연락회의'가 조직되었다.[29] 육해군의 결정 사항이나 요구 사항을 다른 정부부처의 기능 및 정책과 통합하기 위한 기구였다. 이 연락회의도 당초에는 임시 기구에 지나지 않아, 정보 교환을 위해 회의가 열리는 일은 별로 없었다.

연락회의의 최종 결정은 히로히토가 몸소 참석하는 특별 회의에서 이루어졌다. 이 어전회의는 정부 규정에 따른 것도 아니고 헌법 절차와도 관계없이 설치되었다. 그러나 천황이 소집하고 결정 사항들을 천황이 재가하는 만큼, 실제 참석하는 이는 총리와 대장대신 같은 소수 국무대신들뿐이었다 하더라도, 당대 사람들은 어전회의를 정당한 것이라고 여겼다.[30] 어전회의는 1938년 1월 11일부터 1941년 12월 1일까지 적어도 여덟 차례 열렸다.[31] 참석자는 천황을 비롯하여 육군 참모총장과 차장, 군령부 총장과 차장, 육군대신, 해군대신, 총리, 대장대신, 외무대신, 추밀원 의장, 그리고 기획원企画院 총재였다. 〔영어판에는 여기에 '육군과 해군의 군무국장들과 다른 내각 각료들Army and navy Military Affairs Bureau chiefs and cabinet secretaries의 참석은 허용되지 않았다'는 문장이 있다. 그러나 자료 고증을 철저히 했다는 일본어판에 이 문장이 삭제되어 있고, 9장 후주 33번에도 어전회의에 '육군성과 해군성의 군무국장 the two chiefs of the army and navy Military Affairs Sections'이 참석했다고 나오는 것으로 보아, 지은이가 착각한 것으로 여겨진다—편집자〕 신문들은 1941년에 열린 중요한 어전회의 두 차례를 제외하고는 회의가 열리고 나면 곧바로 그 사실을 공식 보도했다. 기사는 간결하게 누가 참석했고 옷차림은 어땠는지 정도만 알리고, 결정이 만장일치로 이루어졌다는 사실을 항상 강조했다.[32]

히로히토는 어전회의를 주재하여, 일본의 운명뿐만 아니라 일본의 정책이 영향을 미치는 중국과 다른 국가들의 운명에도 관계된 결정을 승낙했다. 어전회의는 통상 대본영정부연락회의를 한 다음에 열렸으며, 연락회의에서는 이해 당사자들이 결정에 참여했으므로, 천황은 사전에 어전회의에서 '재가' 해야 할 안건의 내용을 알고 있었다. 어전회의는 천황이 자신의 행위에 책임지는 일 없이 측근들의 조언에 따라 재가만 하여, 마치 진정한 입헌군주처럼 보이도록 하는 것을 본래 목적으로 했다. 회의 때 문민 각료는 모닝코트낮에 입는 서양식 남자 예복—옮긴이를 입었고, 군인은 정복 차림이었다. 그러나 이런 연극적인 요소 때문에 어전회의의 중요성이 가려져서는 안 된다. 어전회의가 늘 똑같았던 것도 아니고, 천황이 항상 입을 다물고 있었던 것도 아니다.

어전회의는 '천황의 의사'를 '국가의 의사'로 정식 변환하는 장치였다. 토의에 참가한 이들은 모두 유일한 권위인 천황에 의해, 천황과 함께, 그리고 천황 밑에서 행동해왔다고 할 수 있기 때문이다. 반면에 히로히토는 국무대신들의 조언에 따라 행동했다고 주장할 수 있었으며, 어전회의는 책임 체계를 분산했다.[33] 이렇듯 어전회의는 일본적인 무책임함이 가장 잘 드러나는 장이었다. 서로 다른 네 가지 허구가 모두 사실인 양 받아들여졌다. 첫째, 내각이 실제 권한을 갖는다. 둘째, 내각은 천황을 보필하는 가장 중요한 기관이다. 셋째, 내각과 군 통수부는 현안에 대해 타협을 통해 합의에 도달해왔다. 넷째, 히로히토는 그저 제시된 정책을 재가하던 수동적인 군주였다. 그러나 실제는 완전히 달랐다. 내각은 힘이 없었고, 헌법은 알맹이가 빠져 있었으며, 천황은 침략 계획을 세우고 통솔하는 일에 적극 참여했다. 천황은 종종 간접적이지만 매번 결정적으로 다양하게 개입했다.[34]

대본영의 주요 구성원은 모두 히로히토를 보필했으나 육해군의 현지 사령관들에게 히로히토의 명령을 전달하는 일은 육해군의 두 수장(참모총장과 군령부 총장)만이 했다.[35] 대본영을 통해서 히로히토는 관동군이나 중국에 파견된 육군과 같은 천황 직속 야전부대를 포함해 육군에 대한 최종 지휘권을 행사했다.[36] 히로히토와 통수부는 정부연락회의를 통해 문민으로 이루어진 정부와 정책 조정을 시도했다.[37] 그러나 히로히토가 전쟁 통수를 조정하고 통일하는 것은 불가능한 일임이 드러났다. 왜냐하면 대본영에서는 육해군의 대립이 재현되었고, 한편으로 연락회의는 국무대신이 각기 독자적으로 히로히토를 보필한다는 원칙—이는 결국 지켜지지 않았으나—에 바탕을 두었기 때문이다.**38**[메이지 헌법은 내각이 전체적으로 천황을 보필할 뿐만 아니라 각 국무대신이 소관 사항에 대해 독자적으로 천황을 보필한다는 원칙을 채택했다—일본어판]

더욱이 내각(이라는 기구 전체)은 군을 통제할 수 없었다. 내각의 통합력이 약했으며, 천황에게 단독으로 상주할 권한을 누리는 육군대신과 해군대신은 내각 안에서 독자적인 위치에 있었기 때문이다. 육군이 대본영을 장악하여 대본영 자체의 독자적인 '최고 지휘권'이 약해질 것을 우려한 해군은, 총리와 문민 관료를 대본영에서 배제하자고 주장했다. 히로히토는 이를 허가했으나 이는 효율성을 떨어뜨리는 일로, 전쟁 기간 내내 문민 기구와 소통하고 조정하는 데 방해가 되었다.

히로히토는 대본영을 설치하면서, 할아버지인 메이지 천황도 하지 못했던, 대원수로서 주도권을 행사하는 일이 더욱 쉬워졌다는 것을 깨달았다. 천황의 최고 명령, 곧 대륙명(大陸命, 육군에 대한 통수 명령)과 대해명(大海命, 해군에 대한 통수 명령)은 각 야전군 사령관과 방면군 사령관, 종종 사단장과 함대 사령관 앞으로도 직접 전달되었으며, 참모총장과 군령부 총장은 명령 '전달자' 역할을 수행했다. 대본영이 내리는 모든 명령을 히로히토가 철저히 파악하는 것은 물리적으로 불가능했다. 그러나 통수부가 명령을 내려 보내기 전에 히로히토는 최고 범주에 속하는 명령들—천황의 최고 통수 명령—을 주의 깊게 살펴보았다.

대륙령과 대해령에 근거하여 육해군 수장들이 내린 중요한 명령과 지령도 마찬가지였다. 우선 육군과 해군의 작전과에서 초안을 만들고, 부장이나 과장급이 수정한 다음, 지휘 계통에 따라 차장과 총장에게까지 보고했다. 그리고 마지막으로 천황에게 보고되어 재가를 얻으면 다시 아래 단계로 전달되었다.**39** 이처럼 일본의 전쟁 체제 전체를 작동케 한 힘이었을 뿐만 아니라 침략전쟁을 수행하기 위한 정책과 전략, 명령을 주의 깊게 검토하고 재가한, 자주적인 행위자로서 개인 히로히토의 책임은 실로 막중했다.

히로히토는 문제를 세밀하게 조사하고, 권고하며, 통수부나 육해군 대신들에게 스스로 내린 지시와 질문을 주의 깊게 되풀이하는 과정을 통해 대본영과 서로 영향을 주고받았다. 또한 그는 자신의 지위를 이용하여 그들에게 계속 심리적 압력을 가하는 방법을 끊임없이 배웠다. 평상시에 히로히토는 온화했으며, 조지 패튼Patton, George Smith미 육군 장군, 전차군단을 지휘했다—옮긴이 보다는 조지 마셜Marshall, George Catlett미 육군 장군, 제2차 세계대전 때에는 참모총장이었고, 나중에는 국무장관으로 마셜 플랜을 추진했다—옮긴이과 비슷한 정중한 태도를 유지했다. 그러나 히로히토의 '하문'은 질문이라는 형태를 취하기는 했지만 천황의 뜻을 나타내는 경우가 많아, 사실상 '명령'과 같아서 무시할 수 없었다. 때로 그가 이미 진행 중인 군사작전을 바꾸고 싶어할 때는 반대 의견에 부딪히기도 했다. 그러나 히로히토가 주장하는 이상, 설령 육해군의 수장들이 작전부장이나 중요 부서장들의 의사를 거부해야 하는 상황이 올지라도 히로히토의 견해가 우선시되었다. 말하자면 통수부는 정력적으로 활동하는 천황에게 응대할 책임이 있었으며 결코 자기들만의 뜻대로 중일전쟁을 수행할 수는 없었다.**40** 육해군 대신들도 마찬가지였다. 그들도 히로히토의 하문에 복종했고, 때로는 히로히토에게 질책을 받았다.

게다가 사료로 남아 있는 문헌에 따르면, 히로히토는 여러 중요 국면에서 전략 입안이나 계획 결정, 시기 선정, 그 밖의 군사작전에 관한 사항들에 관여했고, 때로는 그것이 매일의 일과가 되었다. 뿐만 아니라 진행 중인 현지 작전에도 개입하여, 그가 아니었으면 일어나지 않았음직한 변화를 초래하기도 했다. 그는 현지 사령관들이 하급 단위에 내리는 명령을 점검하고 때로는 논평을 달기도 했는데, 그 처신의 범위를 규제하는 장치는 없었다.[41]

히로히토는 즉위할 때부터 정식 결정이 내려지기 전에 내각의 비공식 보고(내주內奏)를 받아왔다. 1937년 말 대원수 히로히토를 정식으로 보필하는 대본영이 설치된 뒤로 내주는 더욱 늘어나게 되었다. 이 내주는 어느 정도 천황의 '하문'과 내주자의 '봉답奉畓'으로 채워졌다. 내주에 참여하는 이는 보통 내각의 특정한 각료들이나 통수부였다. 때로는 더 공식적인 경우도 있었다. 그러한 경우 천황은 조용히 대신이나 통수부로부터 올라온 문서나 구두 보고(상주上奏)를 받았다. 내주를 하는 시간에 정보와 의견을 교환하다가 정책이나 전략, 전술적인 문제까지 토론하게 되고, 나아가 일본적인 '합의'로 결정에 이르는 일도 있었다. 따라서 사후에 이루어지는 각료회의의 결정은 미리 정해진 '완성품'이었으며, 이는 히로히토의 견해를 반영한 것이었으므로 다시 바뀌는 일은 별로 없었다.[42]

Ⅱ

10월 말, 상해 시내와 근교에서 일어난 진지전陣地戰이 마침표를 찍을 기미가 보였다. 11월 9일, 중국군이 일부 철수하기 시작했다. 약 5제곱킬로미터에 이르는 시내와 그 주변 지역이 공중과 해상에서 퍼부은 폭격으로 파괴되었다. 전선에서 싸웠던 많은 여성과 어린이를 포함해 약 25만 명에 이르는 중국인이 죽음을 당했다. 일본의 피해는 사망자가 9115명,

부상자가 3만 1257명이었다.**43** 나카지마 게사고中島今朝吾 중장이 이끄는 상해파견군 제16사단이 중국군의 아무런 저항도 받지 않고 장강 연안에 있는 백묘강白茆江에 상륙해서, 그보다 일주일 먼저 항주(杭州: 항저우)만 북부 연안에 상륙한 야나가와 헤이스케柳川平助 중장 휘하의 제10군과 합동으로 위협을 가하자, 11월 중순 중국군의 방어선은 무너지고 말았다.**44** 사기가 꺾이고 혼란에 빠진 장개석의 병사들은 해군 항공대의 끊임없는 폭격과 빗발처럼 쏟아지는 기관총 세례, 포함이 내리붓는 포격을 맞고 장강 연안의 마을들을 따라 약 300킬로미터 떨어진 남경을 향해 허둥지둥 퇴각했다.

일본군의 전열은 중무장을 했으나 휴식과 보급이 매우 부족한 상태로, 서쪽을 향해 곧바로 추격을 감행했다. 상해파견군의 당초 임무는 상해 지구에 한정된 전투만을 수행하고 영·미와 마찰을 빚는 일은 피하는 것이었다. 현지 사령관이 도쿄의 상급 지휘권에 저항하여 재량권을 행사하기 시작하자, 이제 이러한 제약은 무시되었다. 처음으로 중국의 일반 민간인을 직접 대하게 된 각 부대(상해 전투를 치르면서 줄곧 포로들을 살해했던)에 전투원과 비전투원(민간인)을 구별하지 말라는 명령이 내려졌다. 11월 11일, 보병 제6연대 제2대대에 내려진 공격 명령에는 "일반 양민은 모두 성내로 피신했으므로 성 밖에 있는 모든 자들은 적의를 품은 자로 간주하여 섬멸하라", "소탕 시에는 가옥을 소각하는 데 필요한 재료를 준비할 것"**45** 같은 내용이 들어 있었다.

남경으로 향하는 간선 도로와 철도를 따라 내륙으로 진군하면서, 일본군은 지나는 마을들을 불 지르고 약탈했다. 많은 일본군 부대가 중국군과 피난민들의 대이동을 추격했다. 12월 1일, 이제 막 설치된 히로히토의 대본영은 제10군과 상해파견군에 각기 다른 방향에서 남경에 접근하도록 명령했다. 이튿날, 아사카노미야朝香宮는 상해파견군 사령관으로 임명되었고, 당시 건강이 안 좋았던 마쓰이 이와네松井石根 대장은 상해파견군과 제10군을 묶어서 새로 구성한 중지나 방면군中支那方面軍 사령관으로 승진했다. 12월 8일, 아사카노미야 휘하의 부대는 중국군의 방어선에 공격을 개시했다. 성벽으로 둘러싸인 남경에는 40만에서 50만 명 정도로 추산되는 인구가 있었는데 겨우 5일 만인 12월 13일에 함락되었다.

남경을 '초토화'하라는 명령은 없었다. 대본영이 남경 포위 작전의 최종 목표로 적을 섬멸하라고 명령한 것도 아니었다. 그러나 포로를 만들지 말라는 명령은 있었다. 남경이 함락되자, 일본군 병사들은 포로와, 무기를 버리고 항복해 온 탈주병을 집단 처벌하기 시작했다. 또한 일본군은 방화, 약탈, 살인, 강간 등 유례없는, 그리고 작전 계획에도 없었던 난행으로 치달았다. 그 결과 남경 시내와 인접한 여섯 마을에서 석 달 동안 학살이 이어졌고, 이는 상해 전투나 남경으로 퇴각하는 중국군을 추격했을 때 벌어진 만행을 훨씬 능가했다. 나카지마 중장 휘하의 제16사단은 남경 함락 첫날 동안에 중국인 포로와 탈주병을 약 3만 명 살해했다. 일본 쪽이 추산한 바로는 그보다 적어 총 2만 4000명 정도이다.[46]

마쓰이 이와네 대장과 아사카노미야가 12월 17일에 말을 타고 남경의 중심 시가지를 행진하는 승전 퍼레이드를 연출할 것을 고집하자[당초 아사카노미야는 입성 일정에 이의를 제기했지만 결국 동의했다─일본어판], 아사카노미야의 참모장 이누마 마모루飯沼守는 황족인 아사카노미야에게 위험이 닥치는 일이 없도록, 점령한 시내와 주변 마을에서 소탕 작전을 강화하라고 제16사단과 제9사단에 명령했다. 이미 승리를 거두었는데도 일본군 병사들은 12월 16일 밤부터 17일 아침에 걸쳐, 대부분 군복을 벗고 무장하지 않은 채로 도망치려고 안간힘을 쓰던 중국군 패잔병들을 잡아들여 남경성 안에서만 소년과 성인 남자 1만 7000명 이상을 처형했다.[47] 그동안 제9사단은 남경성 외곽의 행정구역에서 섬멸 작전을 진행했다.

12월 17일 오후 2시, 하세가와長谷川 제독과 함께 마쓰이 장군은 일본의 황궁을 향해 배례하고 전 국민당 정부의 청사 앞에 일장기를 게양함으로써 승전 행사를 마쳤다. 마쓰이는 "대원수 폐하 만세!"를 삼창했다. 운집한 전투부대원 2만 명 이상—남경을 점거한 전체 일본군의 3분의 1—이 일제히 화답했다.[48]

남경성 안과 근교 전체의 중국인 희생자 총수는 지금까지도 뜨거운 쟁점으로 남아 있다. 가장 유력한 일본 쪽의 추산에 따르면, 정확한 수는 알수 없지만 희생자 수가 "20만 명을 넘지 않는다." 그러나 전후 도쿄재판에서는 민간인과 포로 "20만 명 이상"이 "처음 6주 동안 남경과 그 주변에서 살해당했다"는 주장이 받아들여졌다.[49] 남경에서 열린 전범재판에서는 "30만 명 이상"이라고 추산되었고, 훗날 중국에서는 근거가 부족하긴 하지만 희생자 수를 34만 명으로 끌어올렸다.[50] 1937년 12월, 서방 측의 첫 보도에서는 시내 진입이 제한된 상태에서 처음 며칠 동안의 희생자수를 1만 명에서 2만 명 이상으로 추정했다.[51] 일본군 병사들을 무참한 범죄로 내몬 전쟁터의 특수한 조건으로서 일본의 역사학자들이 가장 자주 거론하는 것이 군기 와해, 인종적인 우월감, 복수심, 그리고 '극단적인 심리적 욕구 불만'이다.

강간 피해자 수도 논쟁 대상이다. 당시 외국인 관찰자들은 제국육군이 남경을 완전히 봉쇄한 점령 초기 단계에 매일, 어린아이부터 모든 연령대의 여성들이 성적인 수치나 강간을 당했고, 피해자 수는 약 1만 명에 이르는 것으로 추정했다. 강간은 3월 말까지 이어졌고, 3월 말에 이르러서는 병사들의 질서가 회복되었다. 이때 설치되기 시작한 '위안소'는 급격히 늘어났는데, 이곳에서는 일본제국 전역에서 소집된 여성들이 매춘부로 일할 것을 강요받았다. 그리고 육군은 약 석 달 전, 북경에 수립된 정권(중화민국 임시정부—일본어판)에 대응해 화중華中에 새로이 '중화민국 유신維新정부'를 세웠다(1938년 1월—일본어판). 그러나 중국 민간인에 대한 만행은 끊이지 않고 확산되었다. 중일전쟁이 시작된 1937년 7월부터 1939년 말까지 일본 병사 420명이 중국인 여성에 대한 강간 치사상죄로 군법회의에서 유죄 판결을 받았다. 그러나 이러한 범죄로 사형을 당한 일본 병사는 한 명도 없었다.[52]

당시 일본인 기자와 뉴스영화 촬영기사 수백 명이 중국에서 군대를 따라다녔고, 미국과 유럽에서 온 기자는 상대적으로 소수였다. 하지만 실제로 일어나고 있는 일을 전 세계에 알린 것은 미국과 유럽 기자들뿐이었다. 검열을 받는 일본의 언론은 일본을 비판하는 외신을 인용하는 것조차 금지되어, 학살, 전쟁범죄, 민간인에 대한 테러나 강간에 대해서는 왈가왈부하지 않고, 남경에서 많은 포로가 붙잡히고 중국인의 사체가 대량으로 유기되었다고만 보도했다.[53] 그러나 일본육군 소위 두 명의 '중국군 100명 목 베기 경쟁'은 남경 점령에 앞서 『도쿄니치니치신문東京日日新聞』에 몇 번이나 게재되었고, 따라서 중국 전선에서 자행된 잔학 행위를 알 수 있는 실마리는 존재했다.[54] 기독교인 학자인 야나이하라 다다오矢內原忠雄처럼 통찰력이 뛰어난 일본인 독자와 외국 신문을 접하고 있던 사람들만이 맥락을 파악하고, 제복을 입은 살인자들이 일본이 내건 이상적인 자화상에 어울리지 않는 범죄를 저지르고 있음을 깨달았다.[55]

황족들은 대학살이 일어났으며 군기가 붕괴 직전이라는 사실을 알고 있었다. 이들 중에는 마쓰이 대장의 휘하에서 남경 공략전을 이끌었고 학살이 정점에 이르렀던 시점에 남경 주재 고급장교였으며 나가코 황후의 숙부로 50세인 아사카노미야, 육군 항공본부장이자 역시 나가코 황후의 숙부인 49세 히가시쿠니노미야, 참모총장인 71세 간인노미야가 포함되었다.[56] 스기야마 육군대신도 역시 알고 있었다. 대본영의 중급·상급 장교 대부분도, 중의원 의원으로 예비역인 에토江藤 대장도 알고 있었다.[57] 일본의 외무성은 분명히 알았다. 외무성 동아국장東亜局長인 이시이 이타로石射猪太郎는 일기에 "상해에서 내신을 통해 남경에서 보인 아군의 잔학상을 자세히 전해 왔다. 약탈, 강간은 눈 뜨고는 못 볼 참상이다. 아아, 이것이 황군皇軍이란 말인가"[58] 하고 털어놓았다. 외교관이자 노련한 중국 소식통이었던 시게미쓰 마모루重光葵는 그 후 전시 중 특명전권대사로 남경에 주재했을 때, "남경 점령 당시의 죗값을 치르기 위해 중국에 선정을 베풀려고 온 힘을 다했다"고 썼다.[59]

고노에 내각이 남경에서 강간과 약탈이 자행된 사실을 아는 터에, 보고가 잘 이루어지던 상황에서 히로히토가 몰랐을 리는 없을 것이다. 히로히토는 지휘명령 계통의 정점에 있었고, 가령 그 지휘 계통의 초기 단계에 어떠한 결점이 있다손 치더라도 히로히토가 상위나 중위 단계에서 내려진 결정을 모른다는 것은 쉽게 일어날 수 있는 일이 아니었다. 히로히토는 일본군의 모든 동정을 상세히 쫓고 있었고, 매일 외신과 신문을 읽었으며, 그리하여 알게 된 사실에 대하여 측근들에게 종종 질문을 했다. 남경 탈취와 점령을 재가한 최고사령관으로서, 일본의 정신적인 지도자—중국 '응징'에 정당성을 부여한 개체—로서 히로히토는 공적으로는 아니라고 할지라도 군기 붕괴에 얼마간 관심을 쏟을 의무를, 헌법상으로나 최소한의 도의상 지고 있었다. 히로히토가 이러한 의무를 실천했다고는 결코 보이지 않는다.

상해-남경 전투 지역에서 황군 부대가 자행하는 일에 대해 외교 경로를 통해 들어오는 외국의 항의가 늘어난 일도 히로히토의 주의를 끌었을지 모른다. 사태는 분명히, 제국의회 의원들은 말할 것도 없고 최고사령부와 외무성의 주의를 끌었다. 조지프 그루 미국대사는 일본육군이 남경에서 미국인의 자산을 약탈하고 성조기를 모독했다며 히로타 외무대신에게 두 차례 정식으로 항의했다. 히로타는 1938년 1월 중순 이 문제를 각료회의에 상정했다.[60]

함락 직후에 남경을 방문한 외교관 히다카 신로쿠로日高信六郞도 히로타에게 상세한 보고를 했다. 그리고 증거가 확실하지는 않지만 그는 1월 말 남경 학살에 대해 천황에게도 보고했을 가능성이 있다.[61] 히다카는 영어가 유창했다. 나치스 당원인 독일인 욘 라베Rabe, John와 개인적으로 친분이 있었는데, 라베는 남경에서 난민을 보호하고자 서양인들이 도심 근처에 안전구安全區를 설치하고 조직한 국제위원회의 일원이었다. 남경대학살을 처음으로 다룬 책, 『일본인이 중국에서 저지른 테러Japanese Terror in China』(1938년)를 쓴 『맨체스터 가디언Manchester Guardian』의 기자 해럴드 팀펄리Timperly, Harold John도 히다카와 개인적으로 친구였다. 그는 남경 사건에 대해 『뉴욕타임스New York Times』 특파원 핼릿 어벤드Abend, Hallett 와도 의견을 나누었다. 히다카는 라베와 남경대학 교수인 루이스 스마이스Smythe, Lewis Strong Casey가 서면으로 쓴 것을 포함해, 남경 안전구국제위원회 회원들의 고충을 외무성에 전하기까지 했다. 히다카든 히로타 외무대신이든 누군가 육군이 자행한 만행을 히로히토에게 전했다면 히로히토는 사태를 매우 잘 알았을 터이다.

그러나 히로히토가 자신의 병사들이 사단이나 연대나 참모급의 명령에 따라 국제법을 어기고 자행한 대량 학살의 실제 규모에 대해 공식적인 지위에 있는 어느 누구에게서도 정식으로 보고받지 않았다고 가정하더라도, 히로히토에게는 지휘명령 계통 이외에 육군의 기강 해이를 알 수 있는 다른 정보망이 있었다. 국내외의 언론이 있었고, 점령하의 남경에서 일어나는 일을 입으로 전해줄 수 있는 형제들이 있었다.[62] 이러한 대체 정보가 있었기 때문에 히로히토는 비밀리에 조사를 명할 수도 있었다. 그러나 남경 사건을 조사하라는 황명이 내려졌음을 보여주는 문서는 존재하지 않는다. 그 대신에 히로히토가 황군의 범죄 행위에 침묵을 지켰다는 사실이 남는다. 황군이 남경을 함락한 순간에도 히로히토는 군의 움직임을 상세히 쫓고 있었다. 또한 사건의 징후가 보이던 시기, 혹은 참살, 강간이 자행되던 시기에 히로히토는 불쾌감과 분노감, 유감을 공식적으로 드러내기는커녕 오히려 중국에 '자성自省'을 촉구한다는 국책에 따라 신하인 장군과 제독에게 대승리를 정력적으로 촉구했다는, 부정하기 어려운 사실도 존재한다.

남경이 함락되기 3주도 더 전인 11월 20일, 대본영이 설치된 바로 그날에 히로히토는 지나 방면 함대 사령장관인 하세가와 기요시長谷川清에게 칙서를 보냈다. 여기서 그는 육군과 협력하여 중국 연안을 장악하고 해상 운송 항로를 봉쇄한 함대 장병들을 치하하고, 동시에 이렇게 경고했다. "짐작건대 앞으로 갈 길이 머니, 그대들은 더욱 분투하여 전과戰果 완수를 기하라."[63]

나흘 후, 첫 대본영 어전회의에서 히로히토는 마쓰이 대장 휘하의 중지나 방면군이 중국의 수도를 공략, 점령한다는 중대한 결정을 사후 재가했다. 이 회의에서 육군참모본부의 시모무라下村 제1부장은 중국 중앙에 있는 수송부대와 포병부대가 최전선까지 도착하는 데 상당한 시간이 걸리므로 부대를 재편성하는 한편 "방면군의 항공부대는 해군 항공병력과 협력하여 남경과 기타 요충지를 폭격할 것"[64]이라고 설명했다. 이리하여 히로히토는 남경 일대에 폭격과 기총 소사를 가하려는 계획을 충분히 인지하고 허락했다. 그는 육군의 작전 범위에 마련해놓은 모든 규제에 대한 해제를 (사후) 허가했고, 육해군이 도쿄의 사전 허락 없이 남경을 향해 맹진격하는 동안 이를 제지하려는 아무런 행동도 하지 않았다. 남경에 공습과 육상 공격, 해상 공격이 개시되고 며칠이 지난 12월 1일, 히로히토는 마쓰이 대장에게 정식 공격 명령을 내렸다. "중지나 방면군 사령관들은 해군과 공조하여 적국의 수도인 남경을 공격하라."(대륙명大陸命 제8호)

히로히토는 당시 군 지도부 대부분이 그러했듯이, 큰 것 한 방이면 장개석이 무릎을 꿇고 전쟁은 끝나리라고 생각했기 때문에 '적의 수도'에서 결전을 벌이는 일에 집착하고 있었다. 따라서 마쓰이와 아사카노미야가 외교적으로 해로운 행위를 했는데도 천황은 그들을 공식적으로 칭찬했던 것이다. 12월 14일, 남경 함락 이튿날인 이날 히로히토는 통수부에 남경 함락과 점령 소식에 만족한다는 뜻을 전했다.[65] 마쓰이 대장이 임무에서 잠시 벗어나 도쿄로 돌아왔던 1938년 2월, 히로히토는 그의 위대한 전과를 기리는 칙서를 내렸다.[66] 아사카노미야는 1940년 4월이 되어서야 포상으로 긴시 훈장金鵄勳章 긴시는 금빛 소리개라는 뜻으로, 2차 세계대전 때까지 무공이 뛰어난 군인에게 주던 무공 훈장─옮긴이 을 받았다.[67] 이러한 방법으로 히로히토는 자신의 권력을 간접적으로 행사하여, 황군이 저지른 범죄를 묵과했다. 히로히토가 개인적으로는 남경에서 일어난 사건에 아연했을지도 모르지만 공적으로는 전혀 주의를 기울이지 않았으며, 포로를 다루는 방침에 관심을 기울여 이를 개선하려는 조치는 취하지 않았다.

육해군 장병들은 너나 할 것 없이 모두 남경에서 만행을 저질렀다. 육군은 중국 피난민을 태운 배와 영국의 포함 레이디 버드Lady Bird 호와 비Bee 호를 포격했고, 동시에 해군 항공기 두 대가 남경에서 약 40킬로미터

상류 지점의 장강에 정박한 미국의 포함 파나이Panay 호를 고의로 폭격했다. 이 포함에는 외교관들과 구미의 언론인들, 사진기자들이 타고 있었다.[68] 파나이 호의 승무원들과 승객들이 불타는 배를 버리자, 확인 사살하는 격으로 모터보트를 탄 일본인 병사들이 뱃전에 다가가서 해안을 향하던 마지막 구명보트를 사격했다. 미국인 3명이 사망하고 3명이 중상을 입은 이 사건에 관한 소식은, 영국과 미국에서 남경대학살에 대한 충격적인 보도가 나오기 시작한 무렵에 서구에 전해졌다.[69] 이 두 가지 사건은 미국 여론에 일본군대가 공격적이고 잔학무도하며 무모하다는 인상을 심어주었다. 일본군대는 중국에서 일본이 저지른 행동에 가장 비판적인 두 열강의 전함을 공격한 것이었다. 또한 이들 사건은 일본이 미국의 안보에 직접적인 위협으로 작용한다는 새로운 공감대를 형성했다.

고노에와 제국해군은 즉시 사과하고, '오폭'이었다고 변명하며 파나이 호 침몰에 대한 보상으로 220만 달러 넘게 지불했다. 그러나 히로히토는 루스벨트 대통령과 영국 왕 조지 6세에게 유감을 표명하는 전신이라도 어렵지 않게 보낼 수 있었을 텐데 이번에도 별다른 조치를 취하지 않았다.[70] 명백히, 히로히토도 고노에 내각도 이미 저질러버린 군사적, 외교적 실책의 전모를 파악하려 들지 않았다.

중국에서도 미국에서도 일본군이 자행한 대학살과 파나이 호 격침은 빨리 잊힐 수도, 용서될 수도 없었다. 남경 '만행' 소식은 널리 퍼져, 많은 중국인에게 상징적인 사건으로 자리 잡았다. 그 후로 오랫동안 중국인들에게 이 사건은 일본과 싸운 전면전을 보는 프리즘이 되었다. 불경기에 허덕이던 미국에서는 대학살과 파나이 호 침몰에 대한 보도가 드물게도 1면을 장식하여 주목을 받았다.[71] 아시아 관련 보도는 순식간에 국제적 긴장을 끌어올려, 결코 가라앉지 않을 반일 감정과 친중親中 감정을 불러일으켰다. 19세기 말 이후, 미국인들은 중국을 미개척 시장으로서뿐만 아니라 자신들의 이상과 기본적으로 우호적인 외교관계를 발현하기에 적합한 장소로서 보는 경향이 있었다. 루스벨트 대통령은 취약한 일본경제에 제재를 가하지 않으려 했기 때문에, 새로이 일어난 일본제품 불매운동 진영의 비판을 받았다. 미국해군 확대를 주장하는 목소리도 점점 커졌다. 당시 루스벨트 행정부는 집권 2기째였지만 여전히 외교 정책을 온전히 틀어쥐지 못해, 해군 작전국장인 로열 잉거솔Ingersoll, Royal Eason을 런던으로 보내서 영국해군과 협상하여 일본의 아시아·태평양 침공에 영국과 공동으로 대처하는 방안을 모색하도록 했다.[72]

파나이 호 사건 때문에 미국인들은 일시적으로 히로히토를 주목하게 되었다. 12월 14일, 『시카고데일리뉴스Chicago Daily News』는 만약 일본 천황이 "루스벨트 대통령이 요구한 대로 사죄와 보상을 하고 두 번 다시 재중 미국인들을 공격하지 않을 것을 보장"하라는 요구에 신속히 답하지 않으면 일본과 단교할 것까지 고려하겠다BREAK WITH JAPAN WEIGHED는 경고를 1면 제목으로 뽑았다. "미국은 미카도히로히토—옮긴이에게 책임을 묻는다"는 제목 아래에, 안경을 쓰고 몸집이 작은 히로히토가 군복 차림으로 커다란 백마에 올라탄 사진이 실려 있었다.[73] 이 신문의 기사가 내포하는 바는 천황이 정치적 실권을 장악하고 있으며 따라서 미 군함의 침몰에 책임을 져야 한다는 것이었다. 그러나 이러한 사실적인 보도는 매우 드물었다.

『뉴욕타임스』와 『워싱턴포스트』는 모두 일본을 획일적인 정치체로 간주하거나 '군벌', '군국주의자', '과격한 군국주의자'에만 초점을 맞추는 경향이 있었다. 『로스앤젤레스타임스』는 12월 14일, 파나이 호 사건에 관해 루스벨트가 천황에게 보낸 각서를 사설에 다루었다.

일본의 군대는 내각으로 대표되는 정부에 종속되는…… 것이 아니고, 오로지 천황의 통제하에 있다는 사실을 주목하기 바란다. ……일본의 최고 지도부가 실제로 천황에게 복종하는지 아니면 천황을 지배하는지는, 물론 또 다른 문제다. 그러나 일본의 국가기관에 존재하는 이중성은 일본정부를 상대하기 어렵게 한다.[74]

『로스앤젤레스타임스』는 이처럼 천황의 실제 권력에 대해서는 질문의 여지를 남겨두었다.

이들 주요 일간지를 보면, 히로히토는 대체로 일본의 정책 결정 과정에 관련이 없다는 생각이 지배적이다. 약간의 예외는 있으나 당시 미국인들의 머릿속에 (있다고 하면) 천황은 실권 없이 '이름뿐인 우두머리'였다. 1937년 이후 대일 관계는 지속적으로 악화되었으나, 천황에 대한 이러한 인상은 거의 무너지지 않았다. 진주만 이후, 미국인들이 일본 천황에 대해 얻은 주요 인상은, 우선 군림하지만 통치는 하지 않는 존재, 그리고 정치적인 결정에 참여하지 않고 내려진 결정에 의지하며, 측근들의 생각에 영향을 미치지 못하고 언제나 어떤 방법으로든 측근의 조언을 따르는 군주라는 것이었다. 이들 잘못된 가정은 끈질기게 이어졌다. 일찍이 미국인들이 메이지 천황에 대해 품었던 잘못된 인상이 부채질하여, 이는 진주만 사건 이후로도 오래도록 지속되었다. 정적靜的인 '명목상의 군주' 상이 지배적이어서, 태평양전쟁 전 히로히토와 일본의 정책 결정 과정에 관한 미국인의 인식은 결코 현실에 근거한 것이 아니었다.[75]

III

선전 포고도 없이 8년 동안 이어진 중일전쟁은 중국 공산당에 승리의 무대가 되었고, 일본의 2차 세계대전 참전 원인을 제공한 뒤, 결국 일본의 패배로 끝났다. 그 세월 동안 천황은 몇 번이나 휴전 내지 조기 종전을 고려해볼 기회가 있었다. 첫 번째이자 가장 좋은 기회는 장개석의 국민당 군이 대혼란에 빠졌던 남경 공격 기간에 찾아왔다. 장개석은 중국과 국제 조약을 맺은 우호국들의 중재로 전투가 끝나기를 바랐다. 그러나 주요 열 강들은 유럽에 팽배해가는 전쟁 위기감 때문에 중국을 적극적으로 지원하려는 의사가 없었으며, 미국에서는 고립주의가 대두했다.

1937년 11월, 영국과 미국의 제안에 따라 9개국조약 조인국 회의가 브뤼셀에서 개최되었지만 일본은 참석하지 않았다. 국민당 정부 대표는 일본을 침략자로 비난하도록 참가국들을 설득했으나 이마저 실패하고 말았다.[76] 브뤼셀 회의가 일본에 대한 제재를 결의하지 못한 채 막을 내리자 고노에 내각과 대본영은 즉시 전투 지역을 확대했다. 남경 공략에 수반될 수 있는, 다른 조약 가맹국의 인명과 재산 피해에 대한 고려는 없었다. 11월 말, 장개석은 군사력으로는 남경 방위에 실패했으므로 외교 활동으로 필사적으로 일본의 진격을 늦추고자, 결국 예전에 독일이 제안했던 조정 안을 받아들이기로 했다. 도쿄의 참모본부도 이를 받아들일 생각이었다. 그리하여 중국 주재 독일대사인 오스카 트라우트만Trautmann, Oscar P.이 중일 강화講和 협상 재개에 힘썼지만 성공을 거두지 못했다.[77]

남경이 함락되고 이튿날인 12월 14일, 고노에는 기자회견을 통해 중일 강화 협상에 대한 일본정부의 태도가 바뀌었음을 표시했다.

남경 함락의 보고를 접하고 우리들은 당연한 승리에 기뻐하기 전에 동문동종同文同種 사용하는 문자가 같고 인종이 같음—옮긴이인 5억 민중의 입장에 서서 구제해야 할 그들의 미망迷妄을 슬퍼하지 않을 수 없다. ……국민정부는 외교적으로도 실력행사에서도 배일排日의 극한에 달해 있다. 게다가 그 결과에 대해서는 책임을 지지 않고 수도를 버리고 정부를 분산시켜 바야흐로 일개 지방 군벌로 전락해버린 지금, 여전히 터럭만큼도 반성의 기미가 없음이 분명함에 이르러서는 우리도 다시 생각해볼 여지가 없다……[78]

고노에와 그 내각은 드디어 가혹한 조건을 들이밀었다. 중국은 정식으로 만주국을 승인하고, 만일滿日과 제휴하여 공산당과 싸우며, 일본군의 무기한 주둔을 승인하는 한편, 일본에 배상금을 지불하라는 것이었다.[79] 참모본부 내의 불확대파는 여전히 중국에서 군비 지출을 얼른 줄이고 싶어했기 때문에, 11월에 시작된 트라우트만의 화평 중재가 지속되기를 바랐다.[80] 불확대파는 국민당 정권을 인정하지 않는 것은 "저들을 오로지 반일反日로 내몰아…… 필연적으로 소련, 영국, 미국이 책원지策源地 전선의 작전부대에 보급, 정비 등 병참 지원을 하는 후방기지—옮긴이를 물색하게 할 테니, 영구 항쟁을 위해 일본제국은 무한한 장래에 이르기까지 막대한 국력을 흡수해야만 한다"고 실제적으로 지적했다.[81]

1938년 1월 9일, 새로이 설치된 대본영정부연락회의에서 중일전쟁 처리에 관한 정책을 결정했다. 형식상 내각의 승낙을 얻기 위해 「지나사변 처리 근본방침支那事変処理根本方針」이라는 제목이 달린 문서를 내각에 보내고 나서, 고노에는 이를 히로히토에게 보고했다. 이튿날 고노에는 천황에게 어전회의를 개최할 것을 청하며, 천황이 발언은 하지 않고 "결국 조용히, 친히 임석하시는 정도로만 부탁드린다"[82]고 했다. 히로히토와 고노에는 참모본부 내 불확대파의 의견을 견제하는 데 관심이 있었을 뿐만 아니라, 독일이 일본의 국정에 과도한 영향력을 미치는 것도 막고 싶었다. 1월 11일 궁중에서 마침내 어전회의가 개최되기 30여 분 전에, 「지나사변 처리 근본방침」에 관해 히라누마 기이치로平沼騏一郎 추밀원 의장이 제기한 질문에 답하고자 출석자들의 임시 회의가 열렸다.[보주1]

각료들이 히라누마의 관심사에 답한 뒤, 어전회의는 오후 2시에 천황이 '친히 참석'한 자리에서 열렸다. 여기서 히로타 외무대신은 트라우트만의 중재는 성공할 가능성이 전혀 없으므로, "중국과 종전하는 것을 목표로 하여 전쟁을 통한 해결을 강화해야 한다"[83]고 주장했다. 간인노미야는 참모본부를 위해 "국민당 정권을 완전히 패배시켰다고 간주하는 정책은, 신중을 기해 지금은 잠시 보류해야 한다"고 말했지만, 결국 회의에서 합의된 바에 따랐다.[84] 어전회의는 만약 국민당 정부가 일본이 제출한 조건을 완전히 받아들이지 않을 경우, 일본은 국민당 정부를 승인하지 않고 더 순종적인 다른 정권에 화평을 제안한다는 문서를 채택했다.[85] 다이쇼 천황이 1차 세계대전 참전을 재가한 이후 25년 만에 열리는 첫 어전회의에서 히로히토는 군복 정장 차림으로 주재하고, 재가를 내렸다.[86] 약 70분에 걸친 회의에서 히로히토는 한마디도 하지 않고 그저 앉아 있기만 하면서 중립을 지키는 것처럼 보였으나, 실제로는 참모본부의 제안보다도 더욱 강경한 군사 정책을 확고히 지지하고 있었다.

중국정부가 도쿄에서 제안한 가혹한 조건에 대한 답변을 늦추자 고노에 내각은 협상을 파기해버렸다. 1938년 1월 16일 고노에는 향후 국민당 정부를 인정하지 않겠다는 정부 성명을 발표했다.[87] 이틀 후, 고노에는 보충 성명을 발표하여, 국가 승인을 철회한 진짜 목적은 장개석의 정권을 말살하는 데 있음을 천명했다. 이 목적은 특히 요나이 해군대신이 강력히 지지했다.[88] 중요한 것은, 대본영정부연락회의에서나 그 후에 열린 어전회의에서나 천황은 강화협상 지속이라는 중요한 안건에 관해 참모본부를 지지하지 않았다는 점이다. 히로히토는 더욱 강경한 해군의 노선에 기울어 있었다.

중국을 전면적으로 '말살하는 전쟁'에 반대하는 이들은 여전히 상주할 기회를 엿보았다. "일본은 향후 국민당 정부를 승인하지 않겠다"는 고노에의 유명한 성명이 나오기 전날 밤, 간인노미야는 고노에 총리가 성명에 대한 상소를 올리기 전에 천황에게 직접 상주하고자 했으나 뜻을 이루지 못했다. 1월 15일 오후 9시 30분에야 겨우 히로히토는 간인노미야의 이야기를 들었으나, 그때는 이미 협상이 아닌 전쟁을 지속하는 방향으로 마음을 굳힌 때였다. 히로히토는 "남방에 중국의 항일 군대가 남아 있는데, 일본군은 이를 어떻게 할 셈인가?" 하고 간인노미야에게 물었다. 히로히토는 또 "되도록이면 겉으로 드러나지 않게 고문顧問 등을 통해서" 화북에서 간접적으로 괴뢰정권을 지지하는 것이 더 현명한 처사가 아닌지, 육군은 '게릴라 전술'에 어떤 대책을 계획하고 있는지, 또한 '중국 측 답변'에 어떠한 대비를 하고 있는지 물었다.[89] 히로히토의 질문은 주로 작전에 관한 것이었으나, 맨 마지막 질문은 이미 연락회의에서 결정된 사항을 다시금 문제 삼는 불확대파의 언동을 간접적으로 냉정하게 비판한 것이라 해석할 수 있다.[90] 그리하여 불확대파는 또 다시 제동이 걸리고 말았다. 히로히토는 중일전쟁에 대해 고노에나 해군성의 강경파와 같은 입장을 취하고서, 군사력으로 사변을 조기 해결하고자 한 것이었다.

고노에 내각은 즉시 강도 높은 2단계 전쟁에 들어갔고, 이는 1938년 12월까지 이어졌다. 노구교 전투에서 시작하여 이때까지 일본 장병의 희생은 전사 6만 2007명, 부상 15만 9712명에 달했고, 중국과 만주 양쪽에서 병사자 수는 총 1만 2605명을 기록했다. 물론 다음 2년에 걸쳐 일본군 사상자 수는 대폭 줄었으나 여전히 높은 수준이었다. 1939년에는 3만 81명이 전사하고 5만 5979명이 부상을 입었으며, 1940년에는 전사 1만 5827명, 부상 7만 2653명을 기록, 전사자는 약 절반으로 줄었다.[91] 병사자는 여전히 연평균 약 1만 1500명으로 제자리걸음을 보였다. 중요한 것은 일본이 중국을 군사적으로나 정치적으로 지배할 수 있다는 전망을 잃게 된 점이다.

1938년 한 해 동안 화북과 화중, 그리고 화남의 주요 도시와 철도는 일본육군의 지배하에 들어갔고, 사이사이의 두메산골은 중국 게릴라의 기지가 되었다. 중일전쟁의 전반 4년 동안, 각 방면의 일본육군은 모택동이 지휘하는 공산당군을 '비적匪賊'으로 여겨 경시하고, 주요 공격은 모두 장개석이 이끄는 국민당 군대를 겨냥했다. 육군 항공대도 마찬가지였다. 이 기간에 육군 항공대는 화북 내륙과 화중에 장거리 폭격 작전을 다섯 차례 실시했다. 공산당이 지배하는 지역인 연안(延安: 옌안)의 군사시설에 대해서는 1939년 10월에 두 차례 공습했을 뿐이다. 공습의 주요 표적은 항상 중경(重慶: 충칭)이었다. 육군이 연안에 대규모 공습을 가한 것은 1941년 8월이 처음이었다.[92] 한편 1938년 10월 무한(武漢: 우한)과 광동(廣東: 광둥) 점령으로 일본군의 육상 진공 작전은 정점에 달했고, 그 뒤로는 전략적인 방위로 이행했다.[93]

아무런 승리의 징후 없이 교착 상태에 직면한 일본의 지도자들은 최종 목표를 변경하고 싶지 않다기보다는 오히려 변경이 불가능하다는 듯이 강경하게 전쟁을 밀어붙였다. 국가총동원령과 엄격한 언론 검열이 시행되고 군비 지출은 불어나는 와중에, 그들은 수많은 화평 공작을 시도했다. 중국국민당과 그들 내부의 적 사이의 대립을 이용하는 공작들이었다. 1938년 11월 고노에 총리가 발표한, 유명한 '동아시아 신질서' 건설에 관한 성명은 그중 가장 중요한 시도였다. 고노에는 장개석의 적으로서 국민당의 한 파벌 지도자인 왕조명(汪兆銘: 왕자오밍)을 통해 중국에서 평화를 달성하려는 희망을 표명했다. 정치공작으로 군사행동을 보완하려 공을 들인 이들의 시도는 1940년 3월 말 남경 왕조명 정권의 수립과 1940년 11월 일화기본조약日華基本条約 조인으로 최고조에 달했다. 그러나 고노에 내각은 실제로 왕조명을 신뢰하지도, 그가 전쟁을 끝낼 능력이 있을 것이라고 믿지도 않았기에, 남경정부에 대한 승인을 보류했다. 군사적, 경제적, 정치적으로 엄청난 특권을 일본에 넘겨주는 이 조약을 맺은 왕정권은 중국인 대부분이 보기에 아무런 합법성도 없는 괴뢰정부였으며, 따라서 훗날 왕조명은 일본 망명의 길을 택해야만 했다.

중경의 장개석과 직접 합의하는 데 무게중심을 두든 남경에 새로운 괴뢰정권을 수립하는 데 중점을 두든 간에, 전쟁 종결을 위한 일본의 노력은 결국 전쟁을 통해 획득한 것을 확장하고 확보하며 또 정당화하는 것을 목적으로 했다. 일본은 화평 공작으로 일본군이 화북에서 철수할 기한을 설정하겠다는 뜻은 전혀 표명하지 않았으며, 만주 괴뢰정권에 대한 지배권을 포기할 의도는 더욱 없었다.

일본군은 1938년 7월에 무한 공략을 개시할 예정이었으나, 참모본부는 소련군의 동정을 우려했다. 1938년 7월 11일, 만주 국경에 있는 구릉에 대한 영유 문제를 둘러싸고 제19사단장은 성급하게 소련과 대규모 충돌을 일으켰다. 장고봉張鼓峰 사건으로 알려진 이 충돌의 결과는 일본의 대패배였다. 이때 히로히토는 이타가키 육군대신에게 "향후 짐의 명령 없이 병사 한 명이라도 움직여서는 안 된다"고 질책했다고 하라다 구마오는 일기에 적었다.[94] 다시 말해 히로히토는 육군대신에게 책임을 물으면서도 사건을 일으킨 장교에게는 아무런 징계 조치도 취하지 않았던 것이다. 이 윽고 소련이 국경을 넘어 반격할 의사가 없음이 판명되자, 히로히토는 중국 공격 작전 개시를 허락했다.[95] 이 역시 권위를 이용하여 개입할 때, 히로히토가 어디에 우선순위를 두었는지 보여주는 한 예다.

다시금 일본은 중국군 조기 섬멸을 꾀했다. 1938년 말 지상과 해상, 그리고 공중에서 압도적인 우위를 누리던 일본군은 사실상 모든 전투에서 승리를 거두었다. 그러나 중국의 저항은 완강했기 때문에 일본군은 점차 화학무기에 의지하게 되었다(이에 대해서는 서양의 선례가 있다. 특히 악명 높은 것이 1차 세계대전 때 독일이 처음으로 독가스를 사용한 일과 1935년 이탈리아의 파시스트들이 에티오피아에서 가스를 사용한 일이다). 11월까지 일본군은 화중의 장강에 면한 무창(武昌: 무창)과 한구, 한양漢陽을 아우르는 일명 '무한삼진武漢三鎭'과 화남의 광동을 점령했다. 일본군은 중국 전역의 철도 요충지를 제압하고, 중국에서 가장 부유하고 발전된 연안의 성省들에 별도 행정구역을 세우고 지배했다.[96] 장개석은 전쟁을 지속하겠다고 선언하고 정부 전체를 일본군의 추격이 미치지 않는, 오지의 산악 도시인 중경으로 퇴각시켰다.[97]

일본에게 무한은 전쟁의 분기점이었다. 이 시점에 일본군의 공격 능력은 극에 달했다. 무한삼진이 함락되었다는 소식이 전해지자 전에 남경 함락 소식을 (실제로 함락하기도 전에) 언론이 처음 전했을 때와 마찬가지로, 나라 전체가 떠들썩했다. 사이렌이 울리고, 호외가 나왔으며, 천황은 예전 만주사변 때처럼 군복을 갖추어 입고 백마에 올라 군중 앞에 등장했다.

고노에는 1938년 11월 3일에 이미 중일전쟁에 관한 2차 성명을 발표했다. 일본은 '동아시아 신질서' 건설을 목표로 한다는 뜻을 견지하면서도 이는 국민당 정부의 참여를 거부하는 것은 아님을 선언했다. 7주 후인 12

월 22일, 고노에는 중요한 3차 성명을 내어, 이후 일본의 전쟁 목적으로 간주될 '고노에 3원칙'을 밝혔다. 첫째, 중국은 만주국을 정식으로 승인하고 '선린 우호' 관계를 확립해야 한다. 이는 중국이 항일 활동을 아예 봉쇄해야 한다는 뜻을 내포했다. 둘째, 중국은 일본과 손잡고 공산당과 싸워야 한다. 이는 일본이 중국 내에 군대를 주둔할 권리를 가진다는 의미였다. 셋째, 일본에 화북과 내몽골의 천연자원 개발권을 허용하는 것을 비롯해 두 정부 간에 광범위한 경제 제휴가 이루어져야 한다.[98]

이러한 세 가지 원칙에 근거하여 일본은 '동아시아 신질서'를 세우고자 했다. 고노에의 성명은 국민당 정권 내의 장개석 일파와 전 행정원장 왕조명 일파 사이를 이간질하려는 의도가 있었다. 결국 새로운 대일 협력 정부는 일본 점령하의 남경에서 일본이 지배하는 성省들을 통치하게 되는 것이었다.[99]

IV

1939년 1월 4일 고노에는 중일전쟁을 끝내지 못하고 나치스 독일과 군사동맹을 맺는 일을 놓고 분열된 각내의 합의도 끌어내지 못한 채 사직했다. 그의 사임으로 뒤이은 세 후계자―히라누마 전 추밀원 의장, 아베 노부유키阿部信行 장군, 요나이 제독―가 가일층 성전聖戰을 수행할 길이 열렸다. 장개석에 대항할 정권을 남경에 세우는 문제로 곧 왕조명과 조율하기로 되어 있었다. 그동안 일본은 장개석을 궤멸하지 못했다. 도리어 일본군은 무자비하고 난폭한 짓을 저지르면서, 진격하는 곳마다 깊은 민족적 저항 정신을 불러일으켰다. 광대한 농촌 지방을 통제하지 못한 채 전선을 확대하는 데 급급해 보급이나 통신선은 한계에 다다랐다. 중국의 일본군은 결국 군사적으로나 정치적으로나 희망 없는 좌절을 맛보게 되었다. 이 무렵 유럽에서 2차 세계대전이 터지자, 일본의 지배층은 독일의 군사력 대두가 일본의 딜레마를 타개해줄 것이라고 상상하기 시작했다.

사임한 고노에 총리가 추천한 대로, 천황은 1939년 초두에 히라누마를 차기 총리로 임명했다. 히라누마는 육군의 강력한 지지자였으며, 히로히토가 예전에 완전히 파시스트로 간주한 인물이었다. 그러나 1936년에 일어난 육군 반란 이후, (사이온지의 주장에 따라) 국본사를 해산하고 극우와는 다소 거리를 두면서 궁정 측근들과 관계를 쌓아왔다. 이제 히라누마는 이케다 시게아키池田成彬 대장대신과 궁중 세력의 지도에 따라, 나치스 독일과 서둘러 군사동맹을 맺어 영미를 적으로 돌리는 일은 하지 않겠다고 약속하고, 나아가 자신의 논리를 재정립하려 했다. 독일과 동맹하는 일에 관해 히라누마가 부분적으로 생각을 바꾼 것은 히로히토의 환심을 사기에 충분했다.[100]

이어지는 9개월 동안, 히라누마는 교착 상태에 빠진 중일전쟁에서 비롯된 군사 문제와 외교 문제뿐만 아니라 소련 문제에도 몰두했다. 5월, 관동군은 만주 북서부와 외몽골(몽골인민공화국)의 국경 지대에 있는 노몬한 부근에서 소비에트·몽골군과 충돌했다. 전투는 금세 수많은 전차와 화포, 항공기를 투입하는 전면적인 국경 분쟁으로 확대되었다. 관동군은 전선에 생물학 무기를 투입했다. 몽골군이나 소련군에게 실제로 세균 무기를 사용했다는 명확한 증거는 없지만, 이 사건은 나중에 고발을 당했다.[101] 노몬한 전투는 소련의 뱌체슬라프 몰로토프Molotov, Vyacheslav외무장관과 일본의 도고 시게노리東鄕茂德 대사가 모스크바에서 정전협정을 체결한 9월 15일까지 이어졌다.

만주국군의 보조부대를 제외하고 일본은 전사, 부상, 실종을 합쳐 총 1만 8925명의 피해를 입어, 사실상 1개 사단 전부를 잃었다.[102] 대패배를 낳은 노몬한 사건에 책임이 있는 세 장교―관동군 사령관 우에다 겐키치植田謙吉와 그의 막료幕僚인 쓰지 마사노부辻政信, 핫토리 다쿠시로服部卓四郎―는 모두 전임되는 데 그쳤다. 육군의 작전과 용병에 대한 재고는 전혀 이루어지지 않았다. 천황은 이번에도 처벌을 내리지 않았으며, 일찍이 만주사변을 일으킨 장본인들이 도쿄의 참모본부에 직책을 맡아 승진하는 것을 허가했던 것과 마찬가지로, 1941년 쓰지와 핫토리가 참모본부에서 중요한 위치로 승진하고 취임하도록 허용했다.[103]

게다가 사건을 일으킨 장교들은 「만소 국경 분쟁 처리 요강満ソ国境紛争処理要綱」이라는 문서에 근거하여 합법적으로 행동한 것이며, 이 문서는 사건이 발발하기 직전에 히로히토가 재가한 것으로 드러났다. 스스로 허락한 명령에 따른 사건이었기 때문에 히로히토는 처벌을 바라지 않았고, 또한 군 지휘층도 무참한 결과로 끝나버린 무모한 전투에 더 관심을 둘 필요가 없었다.[104]

1939년 여름, 히라누마 내각은 교착 상태에 빠진 중일전쟁에서 비롯된 중대한 외교 문제에 직면했다. 몇 개월 동안 북지나 방면군은 중국의 통화를 안정시킨다는 영국의 결정에 불만을 품고 있었다. 그래서 점령하의 천진시에 있는 영국 조계에 중국인 테러리스트가 숨어 있다고 주장, 육군은 영국 조계에 압력을 가하기 시작했다. 일본군은 영국 조계 주위를 전류가 흐르는 울타리로 에워싸고, 일본이 금지한 국민당 정권의 통화를 소지한 외국인을 찾아 수색을 시작했다. 6월 중순이 되자 일본군의 처사는 더욱 심해져 완전 봉쇄로 이어졌고, 남녀를 불문하고 영국 시민들의 옷을 벗겨 신체를 수색하기 시작했다. 동시에 일본 국내에서는 육군과 우익단체들이 반영反英 선전 운동에 불을 붙였다.[105] 히라누마의 가까운 의논 상대인 기도 내무대신은 히로히토의 불만을 살 위험을 무릅쓰고 반영 운동 진압을 거부했다.[106] 육군 지도자들이 반색할 일이었다.

1939년 봄과 여름을 거치면서 영국과 일본의 관계가 악화되자, 독일과 관계를 강화하는 문제가 다시금 현안으로 떠올랐다. 천황은 독일과 관계를 강화하는 것을 반대했다. 외무성은 일본이 새 추축국 협정에 가입하는 조건을 신중하게 제한하고자 훈령을 내렸으나, 친親나치스파인 베를린의 오오시마 히로시大島浩 주독 대사와 로마의 시라토리 도시오白鳥敏夫 주 이탈리아 대사가 실행을 거부하여 히라누마는 그저 곤욕스러울 따름이었다. 히라누마가 두 대사의 행동을 천황에게 보고하자 히로히토는 매우 흥분했으나 두 대사에게 소환 명령을 내리지는 않았다.[107]

1939년 7월 26일, 중국에서 일본이 자행한 행동을 거듭 비난해온 미국은 히라누마 내각에, 1940년 1월 기한이 만료되는 미일통상항해조약을 갱신하지 않을 방침이라고 전해 왔다. 그때까지 루스벨트 행정부는 온건하고 유화적인 대일 정책을 추구했다. 그러나 아시아 정책의 기본은 항상 워싱턴조약 체제의 틀 안에서 구현된 제국주의적인 현상 유지 정책을 지속시키는 데 있었다. 따라서 시종일관 미국은 일본이 군사력을 이용해 중국에서 일으킨 어떠한 변화도 승인하기를 거부했다. 루스벨트는 정기적으로 은을 사들여 중국 통화를 지탱해주기도 했다. 이 정책으로 루스벨트는 결국 영국과 손잡고 외환 거래를 하게 되었고, 장개석은 통화를 안정시키고 점령지에서 일본의 군표軍票전쟁터나 점령지에서 사용되는 군용 화폐—편집자가 확산되는 것을 막으며 전투를 지속할 수 있었다.[108] 그러나 바야흐로 유럽에는 전운이 감돌았고, 미국은 일본이 침략을 확대하면 한층 더 엄격한 경제 제재가 뒤따를 것이라고 통고했다. 이제 일본의 지도자들이 중국에서 전쟁을 계속한다면 일본이 전쟁 수행에 필요한 중요 물자를 수입하는 미국에서 가일층 냉정한 반응이 돌아올 것은 뻔했다.

8월 5일 미국이 조약 파기를 통고한 직후, 히로히토는 하타 슌로쿠 畑俊六 시종무관장에게 다음과 같이 불만을 토로했다.

> 고철이나 석유에 큰 타격을 받아, 겨우 6개월 동안은 구입할 수 있다 할지라도 그 후에는 금세 곤란에 직면할 것이다. 육해군 병력을 3분의 1정도로 줄일 경우, 전쟁을 수행할 수 없을 것이다. 이러한 일은 예전에 내다보았어야 했는데 이제 와서 떠들썩하다니 도무지 용납할 수 없는 이야기다.[109]

그러나 이번에도 히로히토는 참모본부에 종전을 명하거나, 규모를 축소하라고 명하지 않았다. 그는 그저 미국의 반응을 예측하지 못한 군 수뇌부에 대해 노여워했을 뿐이었다.

몇 주가 지난 1939년 8월 23일, 만-몽 국경 분쟁을 매듭짓는 정전협정을 위해 모스크바에서 협상이 시작될 무렵, 독일은 이념상의 적인 소련과 불가침조약을 맺었다. 이는 1936년에 체결된 일독방공협정을 위반하는 것이었다. 스탈린은 유럽에서 독일이 영토를 확장하는 데 대한 대책으로 서유럽과 '집단적 안전보장'을 추구하여 실리 없이 3년을 허비한 끝에 소련의 중립을 선언하고, 불가침조약의 비밀 조항에 발트 3국의 영유와 폴란드 분할을 약속받으며 히틀러와 거래를 했다.[110] 히라누마 내각은 외교 관계의 역전 현상에 아연하여, 히틀러와 스탈린의 동맹이 예기하는 독일과 소련 양국의 엄청난 국력 강화를 어떻게 판단해야 할지 자신을 갖지 못하고 8월 28일 아침 총사직했다.

〔육군대신의 인사 문제를 둘러싸고—일본어판〕 매우 화가 난 히로히토는 이 내각 교체 시기를 이용하여, (당시 보도를 통해 이름이 거론되던) 이소가이 렌스케磯谷廉介나 다다 하야오多田駿가 아닌 "짐이 신뢰할 수 있는 인물"을 육군대신에 임명할 생각이라며 "이를 육군대신〔이타가키 세이시로板垣征四郎〕에게 전하라"고 하타 시종무관장에게 알렸다.[111] 이타가키 육군대신의 보고에 대한 히로히토의 불만은 몇 개월에 걸쳐 쌓이고 또 쌓인 것이었다. 히로히토는 "너희만큼 머리 나쁜 이도 없다"며 육군대신을 면전에서 질책하기도 했다. 28일, 히로히토는 아베 대장을 총리로 지명하고, 그에게 조각 명령을 내리면서 (고노에가 기도에게 이야기한 바에 따르면) 하타 시종무관장이나 우메즈 요시지로梅津美治郎를 육군대신에 임명하고 영미와 '공조'에 힘쓰라고 했다. 뿐만 아니라 "치안 유지는 가장 중요하므로 내무대신과 사법대신의 인선은 신중해야만 한다"고 경고했다.[112] 이는 일본의 민중을 불신하는 히로히토의 본심을 보인 것이라 여겨진다. 혹은 확실하지는 않지만, 독일과 소련이 손잡은 까닭에 불안해진 심경을 반영한 것인지도 모른다. 그러한 부자연스러운 결합에서는 얻을 것이 하나도 없으며, 따라서 소련과 독일의 권모술수를 더욱 경계해야 한다고 생각했을 수 있다. 이튿날 오후, 히로히토는 자신이 좋아하고 또 신뢰하는 직업군인 하타 슌로쿠를 정식으로 육군대신에 임명했다.[113] 퇴역했던 노무라 기치사부로野村吉三郎 제독은 대미 관계를 다시 회복시켜줄 것으로 기대되어 아베 내각의 새 외무대신에 임명되었다.

그동안 히틀러는 그해 5월에 이미 부하 장군들에게, 연합군을 공격·궤멸하고 유럽 대륙을 장악하고자 하는 전략을 제시했다. 독일의 군사력이 영국과 프랑스, 폴란드에 비해 정점에 달했을 때, 히틀러는 포괄적인 계획의 일부를 실행해 옮겼다. 아베 내각이 출범한 첫날인 1939년 9월 1일,

독일군이 폴란드를 침공하여 유럽에 전쟁이 일어났다. 이틀 후 영국과 프랑스가 개입하자 독일이 선전 포고하고, 히틀러의 최대 적인 루스벨트 대통령은 9월 8일 제한적인 국가비상사태를 선포했다.

미국은 중립 선언을 한 바 있었지만, 즉시 영국과 프랑스에 군수물자를 수출했다. 그해 10월 루스벨트 대통령은 캘리포니아 남부에서 하와이까지 모항母港에 정박 중인 미국 함대 대부분에 영국과 프랑스, 네덜란드의 식민지와 태평양 방위를 위해 출동할 것을 명했다. 동남아시아의 판도를 뒤엎고자 하는 일본의 수정주의자修正主義者들을 억지하려고 루스벨트는 함대를 진주만에 배치할 것을 바랐다. 이 중대한 사건들은 모두 아베 내각이 출범한 지 얼마 지나지 않아 몇 달 사이에 일어났으며, 도쿄에서는 고립주의 정서가 강한 미국도 결국은 영국·프랑스 편으로 참전하는 것은 아닌가 하는 우려가 높아졌다. 이 새로운 국제정세에 대해 대응치 못한 채, 아베 내각은 1940년 1월 14일 총사직했다.

곧바로 차기 내각 인선이 다급히 개시되었다. 유아사 내대신은 고령인 사이온지를 포함한 중신들(퇴임 후에도 재임 중에 받았던 대우를 받고 있는 전 총리대신들—일본어판)에게 의견을 묻고, 특히 천황의 의향에 주의를 기울였다. 히로히토의 일관된 주장에 따라, 그가 무척 신뢰하는 예비역 요나이 제독이 차기 내각을 구성하고 하타는 육군대신으로 유임해 요나이를 돕도록 했다.[114] 해군을 선임한 것에 대한 육군의 반발을 가라앉히려고 히로히토는 도조 히데키東條英機 중장의 육군차관 승진을 재가했다.[115]

히로히토는 즉위 초부터 정부고관 임명에 능동적인 역할을 했다. 그때마다 히로히토는 조건을 부과하여, 지명된 총리에게 어떠어떠한 일을 해야 한다고 말하거나 특정 인물을 각 부처의 대신으로 임명하게 하여 특정 부·국장을 통제하도록 했다.[116] 실상 히로히토와 그 측근들은 차기 총리 선정에 개입함으로써 정당내각제를 불안정하게 만들었다. 중일전쟁은 진전이 없는 한편, 유럽 외교의 행보는 빨라지자 히로히토가 관여하는 일도 늘어났다. 그는 스스로 선택하여 개입했으며, 대중에게는 의도적으로 그 사실을 숨겼다. 육군 상층부에서 독일과 군사동맹을 맺자는 요구가 올라오면, 일본이 반反영·미 진영의 일원이 된다는 이유로 히로히토는 줄곧 반대했다. 그는 정부가 중일전쟁을 신속히 끝내야 하며, 소련에 대항할 경우를 제외하고는 독일과 가까워지지 말아야 한다고 주장했다.

요나이 내각이 출범한지 석 달이 지난 4월 독일이 서유럽을 침공하기 시작했고, 8개월 전 폴란드 점령으로 시작된 국제관계의 극적인 재편은 완전히 끝났다. 노르웨이와 덴마크, 룩셈부르크, 벨기에, 네덜란드 등 유럽의 남은 독립국들이 하나씩 무너졌다. 프랑스는 마지막까지 남아 있던 영국군이 철수하자, 군사적인 저항도 거의 없이 독일의 손아귀에 들어갔다. 도쿄에서 내다보는 지정학적인 전망은 하룻밤 사이에 바뀌고 말았다. 3년이라는 오랜 시간에 걸쳐 일본의 정치 지도자들은 중국에서 자신들이 벌인 전쟁에서 군사적으로나 정치적으로 승리를 낙관하지 못한 채 교착상태에 빠져 있었다. 유럽에서 나치스가 거둔 승리는 일본이 영국, 프랑스, 네덜란드의 아시아 식민지를 탈취할, 전례 없는 기회를 가져다주었다. 바야흐로 유럽에서 소련 경계에 이르는 자원의 대부분을 장악하고 영국 침공을 눈앞에 둔 독일의 상승세에 편승하여 이익을 얻고 약점을 보완하고자 하는 기대가 급속도로 고조되었다. 요나이가 오랜 기간 미결 상태에 머물러 있던 독일 동맹 문제를 해결하지 못하자 육군은 내각을 쓰러뜨렸고, 히로히토는 이 일에 맞서 전혀 손을 쓰지 않았다.

히라누마와 아베, 그리고 요나이가 내각을 이끄는 사이 잇따른 혼탁한 국제위기를 거치면서, 히로히토는 중일전쟁과 남진 정책의 전개를 지켜보는 데 만족했다. 교착 상태에 빠진 중일전쟁에서 일본이 벗어날 수 있도록 개인적인 노력을 하지는 않았다. 그리고 대중국 정책이 바뀌지 않는 한, 대미 관계도 개선되지 않았다. 히로히토는 남진 정책이 전략적으로 바람직하다고 믿었으나, 해군이 남진을 계속할 경우 영미가 어떠한 태도를 취할 것인지를 주로 우려했다.

1940년 여름에 접어들자 두 가지 새로운 요소가 부상하면서, 히로히토에게는 독일과 새로 동맹을 체결할 것을 옹호하는 이들과 손잡으라는 압력이 거세졌다. 한 가지 요소는 압도적 군사력을 발휘하는 독일군의 서유럽 정복이었다. 영국은 명백히 고립되었고, 독일의 침공이 코앞에 다가와 있었다. 다른 요소는 스탈린과 히틀러가 맺은 조약의 우산 아래 소련이 외교 정책을 재정비하는 일이었다. 소련의 동정은 추축국에 새로운 힘을 줄 것으로 여겨졌으나, 한편으로 소련이 최신 장비를 이용하여 장개석을 지원할지도 모른다는 의심이 제기되었다.[117] 급속한 군사 정복과 강도 높은 외교 책략이 벌어지는 상황에서, 히로히토는 영미와 직접 대립할 3국 동맹 문제를 놓고 육군에 강경한 태도를 취해야 할지, 입장을 바꾸어 육군이 바라는 대로 재가해야 할지 망설였다. 히로히토에게 궁극적인 목적은 나치스와 이념적 목표를 공유하는 것이 아니라, 일본의 단일성을 수호하는 것이었다.

〔일본어판에 실린 지은이의 보충 설명〕
도덕적, 정치적, 법적인 의미에서 '책무accountability'라는 말은 일본어의 '설명 책임'보다 그 의미가 넓다. 관료나 군인들의 우두머리(특히 국가원수)가 국내법이나 국제법을 파기하고 권력을 행사하거나 이를 방조하여 자국민이나 다른 나라의 국민에게 중대한 해를 끼친 경우, 단순히 사죄의 말을 하는 것은 불충분하다. 법적 행위가 따라야 한다.

수렁에 빠진 전쟁, ^{10장} 그리고 확전

중일전쟁을 일으킨 일본의 통치 지배층에 천황과 천황의 권위는 절대적으로 필요했다. 공식적으로 일본의 전쟁 목적은 장개석 군대를 응징하여 천황의 덕을 널리 퍼뜨리는 것으로, 혼돈과 잔학상을 연출하려 했던 것이 아니었다. 평화적 원칙과 폭력적 정책 사이의 관계를 모호하게 만드는 것이 히로히토의 상징적인 역할이었다. 히로히토라는 개인이 군 전체의 행위를 도덕적이며 합리적인 것으로 만들었다. 대외적으로 히로히토는 일본 사회의 도덕적 규범이며, 고귀한 민족적 가치의 화신이며, 이른바 성려聖慮임금의 염려―편집자의 상징이었다. 무대 뒤에서 전략을 정하고 전쟁을 지도하는 최고 지휘관의 역할은 용의주도하게 감추어졌다. 그러나 중국 국민당과 4년에 걸쳐 전쟁을 치르면서, 그는 전쟁 전반에 대한 태도를 바꾸었다. 결국 그는 더 큰 목적을 위해서 일본의 안전에 위험을 무릅썼다.

히로히토는 중국을 '근대' 국가로 간주하지 않았고, 중국 침략이 잘못된 일이라고는 결코 생각지 않았을 것이다. 그는 중국에 대한 선전 포고를 꺼렸고, 중국인 포로를 취급할 때 국제법 적용에서 제외한다는 결정을 허용했다. 곧 1937년 8월 5일 육군차관이 내린, "현 정세에서, 제국이 중국과 전면전을 벌이고자 모든 '육상전 법규 관례와 기타 교전 법규에 관한 조약'의 구체적 사항을 전부 적용하여 행동하는 것은 부적절하다"는[1] 지령을 개인 자격으로 인정한 것이다. 이 지령에서는 중국 현지 참모들에게 '후료(俘虜: 포로)'라는 표현을 금하도록 했다. 중일전쟁 기간에 매년 중국군 병사 1만여 명이 포로가 되었다. 그러나 전쟁 종결 후 일본 당국은 서양인 포로 수천 명이 포로수용소에 있다고 주장하면서, 중국인 포로는 겨우 56명의 존재만을 인정했다.

히로히토는 다치 사쿠타로立作太郎에게 국제법을 배웠기 때문에 일본이 1929년 전쟁포로의 대우에 관한 제네바협약에 조인했(지만 비준은 하지 않았)음을 알고 있었다. 자신의 할아버지와 아버지가 선포한 선전포고 조서에서 국제법 준수를 언급했던 것도 알고 있었다. 그러나 그는 대량 학살과 포로 학대를 방지하도록 군에 명령을 내리지 않았다. 이러한 소극적 대처는 1930년대 많은 일본인 관료, 지식인, 우익 인사들 사이에 광범위하게 용인되었던 경향으로, 그들은 국제법 자체를 아예 서구에서 날조해낸 것으로 간주했다. 그들에게 국제법의 지배라는 것은, 1차 세계대전 후 영국과 미국이 일본의 이해와는 상관없이 자신들에게 이롭게 개발하여 퍼뜨리려 한 것에 지나지 않았다.

많은 미국인과 유럽인, 아시아인에게 일본의 침략전쟁은 만행과 포로학대를 의미했다. 이는 결코 잊지도 용서하지도 못할 일이었고, 일본인들은 무자비하고 잔인하다는 고정관념이 만들어졌다.[2] 잔학 행위의 배경에는 중국에 대한 국제법 적용을 거부하는 군부가 있었고, 국제법이 효력을 갖지 못한 데는 히로히토에게도 책임이 있었다. 이 문제에 대해서 자유롭게 행동할 수 있었던 자는 그 한 사람밖에 없었으며, 그는 행동을 취할 필요가 있었으나 아무것도 하지 않았다. 만약 천황이 개입하여 포로 취급에 관한 규칙·규정이나 조직을 설치해야 한다고 주장했다면 결과는 달라졌을 것이다.

더욱이 히로히토는 독가스 사용에 대한 직접적인 책임이 있다. 이 생화학무기는 많은 중국인과 몽골인 전투원과 비전투원을 죽음으로 몰아갔다. 중일전쟁이 전면전으로 발전하기 전, 히로히토는 이미 화학무기 요원과 장비를 중국에 보내는 것을 재가했다. 베르사유조약 171조와 1차 세계대전 후 일본이 조인한 여러 국제협정에서는 최루 가스를 포함하여 독가스 사용을 금지했다. 그러나 육군은 기술이 열등한 적에 대해서는 이를 지키지 않아도 된다고 생각했다. 히로히토도 분명히 같은 생각이었다. 그가 화학무기 사용을 최초로 허가한 것은 1937년 7월 28일로, 그것은 간인노미야 참모총장이 발령했다. 북경-통주 지구 소탕 작전에 대해서 "적시適時에 최루탄을 사용할 수 있다"고[3] 적힌 명령이었다. 천황의 두 번째 명령은 1937년 9월 11일자로 이때도 간인노미야 참모총장이 명을 내렸다. 어떤 화학병기 특수부대를 상해에 배치하는 것을 허가하는 내용이었다. 이들 명령은 당초 시험 삼아 소규모로 시행되도록 내려졌으나, 1938년 봄여름이 되자 중국과 몽골의 주요 전투 지역에서 대규모로 독가스가 사용되었다.[4]

독가스는 중일전쟁 기간 내내 히로히토, 대본영, 통수부가 철저히, 효과적으로 관리했던 무기다. 전선의 부대가 자기 재량으로 이 파괴적인 무기를 사용할 여지는 결코 없었으며, 방면군 사령부에조차 독가스 사용 권한이 없었다. 독가스는 지휘명령 계통에 따라 사용 허가를 얻어야만 쓸 수 있었는데, 통상 먼저 천황의 재가가 내린 다음 참모총장의 지시가 '대륙지 大陸指' 형식으로 발령되어, 대본영 육군부를 통해 현지군에게 보내졌다.[5]

1938년 8월부터 10월 말에 걸친 무한 공략 때 대본영은 독가스 사용을 375차례 허가했다. 동시에 화남의 광동 공략 때는 제21군 사령관에게 최루가스와 독가스 둘 다 사용할 것을 허가했다.[6] 1939년 3월 대본영은 오카무라 야스지 岡村寧次 중장에게 1만 5000통 이상 되는 독가스 사용을 허가했는데, 그것은 중일전쟁 때 실시된 화학무기 공격 가운데 최대 규모였다. 오카무라는 "약체의 오명을 만회하고 싶다", "승전의 감각을 한번 맛보게 해주어야 한다"고[7] 말하며, 전력이 약한 특설사단의 작전 중 독가스 사용 요청을 정당화했다. 4월 11일 천황이 재가하고 참모총장이 발령한 대륙지 제110호는 북지나 방면군과 내몽골의 혼성여단에 독가스 사용을 허가했다.[8]

5월 교통의 요충지인 서주(徐州: 쉬저우)가 함락되기까지, 일본군은 접근전을 펼쳐 전세의 흐름을 효과적으로 호전시키려고 할 때마다 화학무기를 사용했다.[9] 1939년 5월 15일 히로히토가 재가한 '대륙명 제301호'는 만주 소련 국경지대를 따라 화학무기를 야외 실험해도 좋다는 허가를 내렸다.[10] 그 실험 내용이 어떤 것이었는지는 아직까지 알려지지 않았다. 1940년 7월 히로히토는 간인노미야를 통해 남지나 방면군 사령관이 요청한 독가스 사용을 허가했다. 그러나 1년 뒤인 1941년 7월 육군이 프랑스령 인도차이나 남부에 진주했을 때, 스기야마 하지메 杉山元 참모총장은 독가스 사용을 명백하게 금지하는 명령을 내렸다. 아마 히로히토와 통수부는 서양 제국을 상대로 독가스를 사용하면 그대로 보복당할 것을 우려했을 것이다.[11] 미국이 화학무기를 보유 비축하고 있다는, 근거 있는 우려

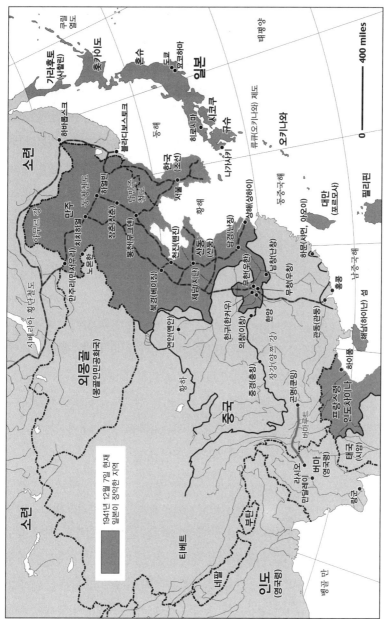

1930~1933년의 극동

때문에 일본은 2차 세계대전이 끝날 때까지 화학무기를 사용하지 않게 되었다.

또한 히로히토는 1940년, 중국에서 세균무기를 시험 사용하는 것을 처음 재가했다.[12] 히로히토와 세균전 무기를 직접 결부할 수 있는 문서 자료는 현존하지 않는 것이 사실이다. 그러나 그는 과학자다운 성향이 있었고 체계적인 것을 좋아하여, 미심쩍은 부분은 묻고, 먼저 충분히 검토하지 않고서는 날인하지 않는 성격이었으므로 아마 자신이 재가한 명령이 어떤 것을 의미하는지 알고 있었을 것이다. 세균전을 담당한 관동군 731부대에 참모총장이 발령한 대본영의 상세한 '지령들'은 원칙적으로 천황에게도 보여야 했고, 천황은 그러한 대륙지大陸指의 근거가 되는 대륙명들도 늘 읽어보았다. 중국에서 세균전 무기는 1942년까지 계속 사용되었는데, 일본이 이처럼 세균전과 화학전에 의존했던 사실은 2차 세계대전이 끝나자 비로소 중대한 의미를 띤다. 첫째, 트루먼 정부가 대규모 세균 · 화학무기 구상에 많은 예산을 지출한 것이다. 일본의 세균 · 화학무기 연구 실적과 기술을 넘겨받은 것이 그 바탕의 일부가 되었다. 둘째, 이는 베트남전쟁에서 미국이 대량 독가스를 사용하는 행위로 이어진다.[13]

생화학무기와 히로히토를 직접 결부하는 문서는 존재하지 않지만, 중일전쟁 때 자행된 일 중에 천황 개인의 책임을 물어야 할 것이 또 하나 있다. 중경을 비롯해 여러 도시에 대한 전략폭격은 다른 지상공격과는 독립적으로 실시되어 다양한 대인폭탄對人爆彈이 사용되었다. 1938년 5월부터 태평양전쟁이 개시될 때까지 해군 항공대는 국민당 정부의 전시 수도 중경과 다른 여러 대도시에 무차별 폭격을 가했다. 해군의 공중폭격 작전은 육군의 대對도시 전략폭격과 연계 없이 이루어졌다. 군사軍史 학자 마에다 데쓰오前田哲男가 처음으로 밝혀낸 바에 따르면 해군 항공대의 중경

폭격은 독일, 이탈리아에 도시폭격의 선례가 되었고, 태평양전쟁 말기 미국이 일본의 도시에 전략폭격을 가할 때도 선례가 되었다. 당초 해군은 폭격기(탑승원 각 7명) 72대를 배치하고 재래식 폭탄에다가 소이탄까지 투하했다. 해군은 첫 이틀 동안의 공습으로 중국인 비전투원 5000명 이상을 살해하고 막대한 피해를 입혔다고 보고했다.[14] 두 달 뒤 이 무차별 폭격에 대한 보복 조치로 미국은 항공기 부품 수출을 금지하여, 첫 대일 경제제재 조치를 취했다.[15]

중국 도시에 대한 전략폭격 외에도 히로히토는 중국에 대한 '섬멸' 작전을 알았고, 그것을 허락했다. 이 작전에 따른 사상자 규모는, 무계획적으로 자행된 남경대학살과도 견줄 수 없을 만큼 컸다. 남경대학살은 전쟁의 상징으로 떠올라 시간이 갈수록 추정 희생자 수가 늘어났다. 1938년 말 북지나 방면군은 하북성의 게릴라 기지에 독자적으로 고안해낸 섬멸작전을 처음 실시했다. 이러한 작전은 '적 또는 지역주민을 가장한 적'과 '적성敵性이 있는 것으로 간주되는 주민 중 15세에서 60세까지의 남자'를 살육하는 것을 목표로 했다.[16] 일본군은 이후 4년 동안 그 규모를 점차 확대하여 더욱 조직적이고 체계적이며 광범위하게 이 작전을 실시했다.[17] 중국공산당은 이 작전을 '삼광정책三光政策'이라고 불렀다. 그것은 '모조리 태우고, 모조리 죽이고, 모조리 빼앗는다'는 뜻으로, 일본어로는 '삼광작전三光作戰'이 된다. 히로히토는 이 화북 평정 문제의 성격을 알면서도 1938년 12월 2일 재가한 대륙명 제241호에서 섬멸 작전으로 이어지는 방침을 다시금 지시했다.

그때부터 하북, 산동, 수원(綏遠: 쑤이위안), 산서(山西: 산시), 차하얼 등 점령하의 화북 5성을 평정하는 것이 북지나 방면군의 주목표가 되었다. 1939년부터 1940년 초까지 북지나 방면군은 중국공산당군의 조직화 공작을 과소평가하고서, 국민당군 궤멸을 목표로 삼았다. 그러나 실상은 1939년 초여름과 초겨울에는 내몽골 방면의 공산당 근거지에서 소규모 작전을 몇 차례 실시하는 데 그쳤다. 1939년부터 1940년 사이에 공산당은 산악 지대에 근거지를 넓혀, 수백만 인민을 지배하에 두었다. 이에 방면군도 공산당을 주목했지만, 미처 손쓸 겨를도 없이 상황이 극적으로 전환되었다. 1940년 8월 중국 팔로군 게릴라는 놀랄 만한 공세로 나왔다. '백단대전百團大戰'으로 알려진 작전으로 화북 전 지역에 걸쳐 일본의 철도, 다리, 탄광, 방위시설, 통신시설을 공격한 것이다. 하북성과 산동성 동부의 물질적 피해와 인명 피해가 가장 컸다.[18]

이들 게릴라의 파괴 공격에 대응해 북지나 방면군 다나카 류키치田中隆吉 소장은 1940년 말, 공산당 게릴라의 근거지를 공격하여 "앞으로 적이 생존할 수 없게끔" 철저하게 파괴하도록 애초의 계획을 심화했다. 일본군의 첫 번째 '섬멸 작전'은 산서성의 공산당 근거지를 표적으로 삼았다.[19] 그러나 북지나 방면군이 고도로 조직된 전면적 박멸 작전을 펼친 것은 오카무라 중장이 사령관이 된 1941년 7월 이후였다. 오카무라는 휘하의 사령관들에게, 공산당군을 주목표로 삼고 무인 지대와 차단호遮斷壕를 만들어 포위, 봉쇄 작전을 펼치라는 지침을 내렸다. 화북은 일본군이 지배하는 치안지구, 준準치안지구, 일본군의 지배가 미치지 않는 미未치안지구로 나뉘었다. 미치안지구는 사람이 살지 못하도록 하고, 준치안지구에서 넘어갈 수 없게 참호로 막아놓았다. 1941년 12월 3일 히로히토는 대륙명 제575호로 이 정책을 승인했다. 대륙명 제575호는 현지 부대에 "적에 대한 봉쇄를 강화하고, 적의 전의를 파괴하고 쇠망시키라"고 명했다.[20]

그 뒤 '섬멸 작전'으로 마을을 불태우고 곡물을 약탈하고 농민들을 집에서 몰아내 이주시키는 일이 거듭되었다. 일본의 전략도 대개 너비 6미터 깊이 4미터에 이르는 거대한 차단호를 파는 데 중점을 두어, 수천 킬로미터를 벽과 호로 에워싸고 망루와 도로, 전화선을 설치했다. 일본군과 일본군에 협력하는 중국인 보안대는 중국 농민 수백만 명을 동원하여 한 번에 두 달여씩 이 작업을 수행했다.[21] 그러나 항상 천황의 재가를 얻어 막대한 노력을 들여 수행한 이 작전은, 직접적으로든 간접적으로든 중국인들을 죽인 것밖에는 성과가 전혀 없었다. 중국의 게릴라는 언제든 일본군이 떠나면 무인 지대로 돌아와 그곳을 지배할 수 있었다.

삼광작전에 따른 중국군 희생자 수에 관해 일본에는 아무런 통계도 없다. 그러나 최근 역사학자 히메타 미쓰요시姬田光義는 중국인 비전투원 "247만 명 이상"이 이 작전 과정에서 살해당했다고 추산했다.[22] 중일전쟁의 이 국면에 관한 상세하고 경험주의적인 분석은 현재 일본인 학자들이 아직 진행하는 중인데, 주도면밀하게 계획된 삼광작전은 육군의 생화학전이나 남경대학살과 비교도 되지 않을 정도로 파괴적이며 훨씬 장기간에 걸친 것이었음이 언젠가 판명 날 것이다. 그러나 미국에서는 일본의 전시 행위 중에서 남경 사건―극히 중요하며 주목해야 할 사건이기는 하지만―에만 도의적인 비난이 집중되어, (경솔하게도 그 목적, 맥락이나 궁극적인 목표와 관계없이) 독일의 유대인 대학살과 비교하기까지 한다.

I

1940년 여름, 히로히토는 유럽 정세의 추이, 일본의 새로운 군사 동향에 대한 미국과 영국의 반응을 가지고서, 중일전쟁을 종결지으려면 군부를 어떻게 지도해야 할지 판단했다.

1940년 7월 22일 고노에는 마쓰오카 요스케松岡洋右를 외무대신, 도조 히데키東条英機를 육군대신으로 하는 두 번째 내각을 조직했다. 닷새 뒤 고노에는 오랫동안 연기되어왔던 대본영정부연락회의를 소집했다. 회의 에서는 겨우 90분 만에 새로운 국책이 결정되었는데, 그것은 유럽에서 독일이 승리하면서 달라진 국제 체제의 구조와 역학에 편승하는 것을 목적으로 했다.[23]

이 연락회의에서 채택된 7월 27일자 '국책' 문서의 내용은 모호했는데, 만일 중일전쟁이 빨리 종결되지 못하면 '남방'으로 초점을 옮기고, 내외 정세를 이용하여 모든 문제를 결정한다고 강조하는 듯이 보였다. 후에 고노에와 통수부는 「세계정세의 추이에 따른 시국 처리 요강」이라는 제목이 달린 문서를 천황에게 정식으로 상주했다. 7월 27일의 이 요강은 프랑스령 인도차이나에 진주하여 기지를 세울 것, 그리고 네덜란드령 동인도에서 외교적 수단을 동원하여 광물 자원을 획득할 것을 명했다. 이들 목적을 달성하고자 무력을 행사할 경우에는 영국하고만 싸우면 될 듯하지만, 동시에 대미 전쟁도 대비해야 했다.[24] 히로히토는 이 개정된 침공 계획에 대한 개괄적인 강령을 재가했다. 그는 이 요강에 근거하여 구체적인 방침이 만들어질 때에는 일일이 자신에게 보고하고 재가를 구할 것을 알고 있었다.

육군은 나치스 독일과 군사동맹을 맺는 일에 대해 1938년까지 서서히 관심을 높여가다가, 독일의 제안에 부응하여 적극적인 움직임을 보이기 시작했다. 1939년부터 1940년 초까지 히로히토는 육군의 발상을 거부했다. 히틀러의 인종 차별, 과격한 반유대주의 체제나 유럽 지배를 추구하는 것이 근본적으로 잘못되었다고 생각했기 때문이 아니라, 단지 동맹의 목적을 소련에 대항하는 데에만 두기를 바랐기 때문이었다. 해군 지도층

장성들도 육군의 생각에 반대했지만 그 이유는 달랐다. 그들은 독일과 군사협정을 맺으면 미·영이 반드시 장개석에 대한 지원을 늘릴 테고, 결국 중일전쟁의 해결은 늦추어질 것이라고 생각했다. 그러나 유럽의 전쟁, 그리고 1940년 봄에서 여름에 걸쳐 독일이 펼친 공격적인 전격전blitzkrieg에 격앙된 국제적 반응은 모든 것을 바꾸어놓았다. 노골적인 시국 편승 분위기가 일어났다. 히로히토의 동생인 지치부노미야는 천황에게 독일과 동맹하는 것을 반대하지 말라고 거듭 졸라댔다. 그즈음, 히로히토의 방침에 영향을 미치곤 했던 해군 지도층도 종래의 회의주의를 갑자기 버리고, 일본을 확실히 반영·미 진영에 서게 할 군사동맹에 찬성하기 시작했다.

해군이 방향을 전환한 중요한 계기는 유럽 대전 발발 9개월째인 1940년 6월에 찾아왔다. 프랑스 정부는 파리를 탈출했고 이탈리아가 참전했으며, 독일은 프랑스를 정복하고 대소련 국경에 이르기까지 유럽 대부분의 자원을 지배한 다음이었다. 해군의 전향에는 몇 가지 요인이 있었다. 궁중과 밀접히 연계된 다카기 소키치高木惣吉〔당시 해군성 조사과장─일본어판〕는 내부 전략 문서에서, 해군이 바라는 바, 독일은 소련과 동맹 관계이기 때문에 만약 일본이 독일과 군사동맹을 맺으면 최소한 대소련전에 열을 올리는 육군 장성들을 견제할 수 있으리라고 지적했다.[25] 육해군의 양 수뇌도 히틀러가 곧 영국을 밀어버릴 것이며, 동맹 "체결을 동의"하면 "히틀러의 전략에 일본도 호응하여 새로운 국제질서에 참여"하게 될 것이라고 믿었다.[26] 해군이 동맹을 지지한 셋째 요인은 협상을 거쳐 자동 참전 조항이 조약에서 삭제된 점이었다. 이에 따라 일본이 자국의 뜻에 반하여 독일의 대영 전쟁에 말려들지 않는다는 것이 보장되었던 것이다.

나아가 해군 지도층은 독일과 영국 간 전쟁의 조기 종결 외에 소련이 정식으로 추축동맹에 참여하여 4강 체제를 만들 가능성까지 상정했다. 이러한 가정—1940년 여름 끝 무렵까지는 전혀 불가능한 일도 아니었다 — 은 스탈린이 지배하는 소련에서 이데올로기의 역할을 정밀 조사한 결과를 반영했다. 해군 지도층이 더욱 중요하게 생각한 것은, 독일과 동맹을 맺으면 일본은 외교적 고립에서 벗어나 더 강력한 위치에서 미국의 외교 공세에 맞설 수 있으리라는 점이었다. 마지막으로, 해군 지도층은 조약 체결에 동의함으로써 육군과 오랜 세월 대립하던 주요 지점을 해소하고자 했다. 그러면 해군은 육군의 내정 지배를 견제할 수 있을 듯했다. 해군이 삼국동맹 지지로 돌아서고, 유럽에서는 독일이 승리를 거두었으며, 남은 것은 천황을 설득하는 일뿐이었다. 측근들이 바뀌자, 천황에 대한 설득이 이루어졌다.

1940년 6월 1일 천황은 자신의 재량으로 새 내대신을 임명했다. 그때까지 원로 사이온지 긴모치西園寺公望는 기도 고이치의 우익적인 경향을 우려하여 기도를 후보자로 천거하는 것을 거부해왔다. 그러나 히로히토는 이를 무시하고, 고노에와 유아사의 적극적인 추천을 유념하여 기도를 지명하기로 결정했다. 기도는 혁신파 관료이자 화족으로서 계급의식이 강한 지도자였다. 기도는, 천황의 가장 중요한 정치고문이지만 이제 건강이 나빠진 유아사의 자리를 물려받았다.[27] 곧 51세가 되는 기도는 역대 내대신 중 가장 젊었다. 이때 히로히토는 39세였다. 1년도 더 전에 기도는 하라다 구마오에게 천황은 원래 "과학자"이며, "대단히 자유주의적인 분이면서 동시에 평화주의자이시다"라고 말했다고 한다.

따라서 군의 신임을 받고 있고 독일과 동맹하는 것을 전적으로 찬성하던 기도에게 문제는 정치고문으로서 천황의 마음을 조금이라도 바꾸어, 천황과 어떤 불특정 '우익' 사이가 벌어지지 않게끔 하는 것이었다. 또는, 기도의 말로 표현한다면 "고메이孝明 천황이 만년에 측근을 완전히 막부로 갈아치워 버린 것처럼, 어떻게 하실지도 모르겠다. 그러니까, 육군에 끌려가는 척하면서 결국은 이쪽이 육군을 끌고 가려면 좀 더 육군을 이해하는 척해야 한다"는 것이다.[28]

기도는 1930년부터 궁정에 출사했는데, 그 책임과 영향력은 군의 권력 증대와 함께 커져갔다. 1932년 사이토 마코토 내각의 탄생에 조력했던—이는 궁중이 군부에 정치를 위임하는 첫걸음이 되었다—기도는 여러 정부 부서의 혁신파 관료들과 도조 히데키, 무토 아키라武藤章를 중심으로 한 육군의 통제파에 꾸준히 접근해갔다. 기도는 히라누마 기이치로 내각에 봉직하면서 나치스 독일과 군사동맹을 맺는 데 반대할 아무런 이유도 찾지 못했다. 또한 기도는 당시 내대신이었던 유아사의 처신이 불만스러워, 무슨 일이든 법 일변도이며 '우익'만큼 '선진적'이지도 않다고 비판했다.[29] 기도는 내대신으로 임명되기 전에, 독일과 협상하는 데 제동을 건 요나이 미쓰마사 수상에게 육군이 얼마나 불만을 품었는지 잘 알고 있었다. 끝으로, 기도는 동남아시아에 있는 영국, 프랑스, 네덜란드의 식민지 지배권을 빼앗으려는 육해군 내의 조바심을 이해했다.[30]

내대신이 되자 기도는 지금까지의 측근들 중에서 그 누구보다도 히로히토와 밀착된 생활을 했다. 천황의 의중을 감지하는 한편, 국가가 더욱 강한 군사력을 갖추는 동안 현안에 주의를 환기하는 것이 기도의 임무였다. 화족이라는 기도의 집안 배경과, 이미 1930년부터 1938년까지 형성되었던 두 사람의 관계는 그들 사이를 더욱 돈독하게 했다. 중일전쟁의 정당성과 평화적 '남진南進'에 대한 히로히토의 신념도 그러했다. 그리하여 기도는 천황이 육해군의 지도층과 더 가까워지도록 애썼다. 육해군 지도층은 중일전쟁을 단념하지 않고도, 독일이 이긴 것이나 진배없는 유럽의 전황을 이용하여 일본을 궁지에서 구해낼 수 있다고 생각했다.

1940년 6월 19일 간인노미야 참모총장, 하타 슌로쿠 육군대신의 상주를 받고 히로히토는 "유럽의 정세에서도 신속하게 강화講和가 이루어지면 네덜란드령 동인도와 프랑스령 인도차이나 반도에 병력을 보낼 것인가?" 하고 질문했다. 이 질문은 히로히토가 독일의 이른 승전을 기대할 뿐만 아니라 인도차이나 반도와 네덜란드령 동인도에 대한 파병 가능성도 검토하기 시작했음을 드러낸다. 히로히토는 기회주의적인 것을 탐탁하게 여기지 않는 성격이라 그런 생각을 주저하기는 했지만, 바야흐로 프랑스와 네덜란드는 독일에게 정복되어 있었다.[31]

이튿날 천황은 기도와 이야기를 나누다가 프랑스령 인도차이나 반도 문제가 다시 제기되자, 정세에 강한 관심을 보이는 한편 무방비 상태인 유럽의 식민지들을 어떻게 할지 진정으로 고민했다. 히로히토는 국민의 도의적 고결함을 수호하는 자로서 지지를 받아야 한다는 지배이념을 갖고 있었다. 그는 역사적으로는 "프리드리히 대왕과 나폴레옹과 같은 행동"도 있으나, "극단적으로 말하자면 마키아벨리즘과 같은 짓은 하고 싶지 않아 신대神代부터 지켜온 방침인 팔굉일우八紘一宇의 참된 정신을 잊지 않도록 유의하겠다"고 말했다.[32] 팔굉일우를 천명하고 마키아벨리즘을 거부하면서도 동시에 중국인들에게 독가스 사용하는 것을 재가했다―이 모순된 행위는 히로히토의 양면성을 보여준다. 여기서 히로히토는 기도에게 암암리에 이렇게 말한 것이다. 나는 이념에 입각한 행동을 지향하는 사람이지만 전술상의 필요와 기회가 있다면…… 그래, 어쩔 수 없다고. 말할 필요도 없이 히로히토의 행동은 자신을 도의적, 인도주의적 미사여구로 포장하면서 민중을 말살하던, 서구에서나 일본에서나 공통된 군주의 행동양식이다.

7월 10일 하타 육군대신과 간인노미야 참모총장은 군비에 대해 은밀히 상소하고자 하야마로 향했다. 천황은 중국에서 '오동나무 평화공작桐工作'이 실패로 끝나면 적어도 "제3국을 중개로 이용하게 될 텐데, (중략) 결국 독일이 되겠지만 무심코 의존했다가는 나중에 난제를 제기할 수도 있으므로 이런 부분을 충분히 준비하고 행동해야 한다"고 말했다.³³ 중국에서 활동하던 많은 육군 첩보기관 중 하나가 1939년 12월 말 홍콩에서 개시한 평화공작은 송미령(宋美齡: 쑹메이링, 장개석의 처)과 송자량(宋子良: 쑹쯔량, 송미령의 남동생이라 자칭)을 표적으로 삼았다. 이 발언을 한 시점에 이미 히로히토는 중경정부를 상대로 교섭 중단과 재개가 이어지던 비밀 협상을 중시하지 않았다. 협상은 일본군의 중국 주둔, 만주국 승인, 정전협정, 남경 왕조명 정권의 위상을 둘러싸고 진창에서 허우적거리는 꼴이었다.³⁴ 그런가 하면 히로히토는 독일을 이용하면 비싼 대가를 치르지 않고도 중국과 강화를 맺을 수 있다고 확신하지도 않았다.

다음 날 역시 하야마에서 기도는 미국이 일본에 석유 수출을 곧 중지하지는 않을까 하는 천황의 우려를 기록했다. 천황은 "영국이 원장援蔣 루트장개석을 지원하는 루트라는 뜻으로, 서구 열강의 대중국 물자 원조 경로. 일명 버마루트라하는데, 중일전쟁 중에 중국이 연합국의 군수물자를 공급받으려고 버마 라시오에서 중국 운남성(雲南省)의 곤명(昆明)에 이르는 교통로를 건설했다—옮긴이 폐쇄를 요구하는 우리 측의 요청을 거절하지는 않을까……. 그렇게 되면 홍콩을 점령해야 하고, 결국 선전 포고를 하는 것 아닌가?" 예측하고, "그리된다면 미국은 아마도 엠바고(embargo: 수출입 금지)라는 수단을 들고 나올 것"이라고 전망했다. 이에 대해 기도는 국민에게도 "충분히 각오를 다지게 해야 한다"며, 절차에도 신중을 기해 "출병지의 사건〔외지 파견군의 독단 행동 등으로 비롯되는 사태를 의미한다—일본어판〕까지 몰고 가지 않도록 해야 한다"고 답하여 천황을 안심시켰다.³⁵

이 대화가 있은 지 엿새 뒤 기도는 하라 요시미치原嘉道 추밀원 의장과 와카쓰키, 히로타, 오카다, 하야시, 고노에 등 전임 수상 다섯 명과 함께 궁중에서 회의를 열었다. 이 회의에서는 기록적인 속도(겨우 30분)로 고노에—카리스마 있는 귀족으로, 1937년 중일전쟁을 확대시켜 문제가 커지자 사임한 인물—를 요나이 수상의 후임자로 점찍었다.[36] 1940년 7월 17일 천황은 그들의 추천을 재가하고, 고노에에게 개각을 명했다. 고노에는 역대 수상 네 명의 지명을 받은 데다 친구 기도가 추천하고, 히로히토가 다시 신임함으로써 다시 총리가 될 수 있었다.

고노에는 억센 인물인 도조 히데키를 육군대신으로 삼았다. 55세인 도조는 육군 강경파, 확대파의 대표적 지도자이며 '천황 친정親政'에 의해 자민족 중심적인 이념을 실현하고자 하는 사람이었다. 외무대신으로는 웅변가이며 다혈질인 마쓰오카 요스케를 골랐다. 마쓰오카는 천황이나 군부 앞에서도 주눅 들지 않았고, 국제질서에 대한 소신이 그들과 비슷했다. 마쓰오카는 해외의 군대를 통제하겠다고 다짐했다.

대미 관계를 개선하고, 독일과 제휴를 강화하고, 동아시아에서 영국의 정치·경제적 이익을 배제한다는, 터무니없이 앞뒤가 안 맞는 사명을 띠고 마쓰오카는 미국인들의 주의를 끌어 모으려고 했다. 7월 21일 마쓰오카는 외무대신 취임 하루 전에 한 미국인 기자와 즉석 비공식 인터뷰를 했는데, 그것이 바로『뉴욕 헤럴드 트리뷴New York Herald Tribune』지 일요판에 송신되어 실렸다. 미국의 기자와 편집자들이 거의 무시한(국무부는 달랐다) 마쓰오카의 발언에는 이런 내용이 있었다.

민주주의와 전체주의의 전쟁에서는 의심할 여지 없이 전체주의가 승리하여 세계를 지배할 것이다. 민주주의 시대는 종말을 고하고, 민주주의 체제는 파탄한다. 세계에는 서로 다른 두 체제, 두 경제체제가 공존할 여지가 없다……. 파시즘은 인민의 뜻에 의해 일본에서 발전할 것이다. 이는 천황에 대한 경애의 소산일 것이다.[37]

미국인들에게 민주주의는 소멸할 것이라고 설교한 것은 주목받기를 좋아하는 마쓰오카의 성향을 보여주었다. 그의 '천황에 대한 경애'는 근대 군주제 역사에서 천황제 이데올로기가 변화무쌍한 역할을 담당해왔음을 드러냈다. 천황은 군국주의와 전쟁 이데올로기를 정당화할 뿐만 아니라, 이즈음에는 이미 일본 파시즘의 이데올로기를 정당화하는 역할을 하고 있었다. 기존의 정치적 권위를 옹호하는 이도, 반대하는 이도 자신의 구상을 천황의 이름으로 정당화했다. 왜냐하면 정통성을 확보하고자 군주를 '옥玉'이라 칭하며 이용하려는 지극히 공리주의적인 관점과, 전통과 완전히 결별하고 진정한 천황의 친정親政을 꿈꾸는 군주에 대한 이상주의적인 관점이 공적公的 논리 안에 늘 공존했기 때문이다.[38] 도조는 공리주의적인 관점을 거부하고 천황이 막후에서 고도로 적극적인 역할을 지속하기를 바랐다. 천황을 경애하는 마쓰오카는 두 관점 사이에 양다리를 걸치고 있었다.

Ⅱ

2차 고노에 내각 발족 직후인 1940년 7월 26일, 각료들이 모여 중일전쟁을 '대동아 신질서' 건설이라는 원칙에 입각하여 매듭짓고, '국방국가체제'로 전쟁 준비를 완수할 것을 결정했다. 다음 날 고노에는 새 내각 각료들이 이제 막 받아들인 이 합의 사항에 기존 국책보다 우선하는 권한을 부여하고자 대본영정부연락회의를 열었다. 전쟁 지휘 기관으로 설치된 이 회의는 2년 반 전인 1938년 1월 이후 중단된 상태였다.[39] 7월 27일 열린 대본영정부연락회의에서는 「세계정세 추이에 따른 시국 처리 요강」이라는 애매한 표제를 단 문서를 채택했다. 이에 따라 남진 정책과, 추축국과 제휴하는 것이 정식으로 인정되었으나 남진할 때 군사력을 사용할 것인지 여부는 미정인 채 남아 있었다.

일본은 특히 네덜란드령 동인도, 영국령 말라야를 비롯하여 동남아시아의 자원이 풍부한 지역을 '신질서'에 편입하고, 이와 동시에 추축국과 제휴를 강화하려고 했다. 천황은 이 문제에 대한 검토 내용을 보고받은 뒤 고노에 내각의 정책에 최종 결정을 내렸다. 천황은 개인적으로 마쓰오카를 싫어했으며, 오히려 고노에를 더 신뢰했다. 이러한 행보는 당시 일본이 자원의 대부분을 수입하던 미국과 역사상 처음으로 전략적 충돌을 빚었다. 미국 정부 안팎의 전략가들은 동남아시아의 식민지들을 미국 국가안보에 반드시 필요한 지역으로 보기 시작하여, 그곳을 누가 지배할지 우려했다.[40] 두 달이 채 안 된 9월, 이들 '국책'에 따라 일본은 장기간에 걸쳐 준비해온 남진을 개시했다. 프랑스령 인도차이나 반도 북부에 군부대를 파견하는 한편 독일, 이탈리아와 삼국동맹을 체결했다.[41]

프랑스령 북부 인도차이나 반도 주둔에 대한 결정 과정을 자세히 들여다보면 히로히토는 사전에 도조 육군대신과 육해군 통수부, 그리고 그곳 기지 설치 계획 관계자들로부터 보고를 받았음을 알 수 있다. 히로히토는 부대를 프랑스령 인도차이나에 주둔케 해 기지를 확보하는 것이 중경정부를 타도하고 중일전쟁을 종결하는 데 보탬이 된다고 생각했기 때문에 이를 허락했다. 그러나 그가 북부 인도차이나 반도에 육군이 진주하는 것을 허락한 것은, 설령 필리핀, 싱가포르, 홍콩에 전진기지를 둔 영국이나 미국 같은 열강과 전쟁하는 것을 피할 수 없다 해도 대본영정부연락회의에서 결정된 남진 정책에는 이득이 있다고 생각했기 때문이기도 하다. 당연히 히로히토는 미국의 보복을 불러일으키지 않으면서 그 지역을 얻고 싶었다. 아마 히로히토는 마쓰오카 외무대신의 영향을 받아, 루스벨트에게는 유럽 정세가 최대 관심사이기 때문에 당분간 대일 정책은 상대적으로 억제되리라고 전망했을 것이다.[42]

7월 29일, 프랑스와 네덜란드가 패하고 나서 몇 주가 지나 독일은 서부 전선의 대규모 공세로 유럽 대륙에서 목적을 달성하고 영국은 독일에 침공당할 위험에 처했을 때, 히로히토는 통수부 수뇌를 궁중으로 불렀다. 그들이 입궁하자 천황은 여느 때와 달리 연장자인 간인노미야와 후시미노미야에게 자리를 권하고, 대미 전쟁의 전망에 관해 후시미노미야에게 질문했다. 후시미노미야는 전쟁을 오래 끌면 승리를 거두기 어려워지므로, "국내의 준비 특히 자재 준비를 완벽하게 해놓지 않는 한 설령 좋은 기회가 오더라도 경솔하게 개전해서는 안 된다"고 답했다.[43]

이 자리에는 사와다 시게루沢田茂 육군참모차장도 참석했다. 사와다의 설명에 따르면 천황의 질문은 광범위하게 이루어졌다. 히로히토는 "인도, 호주, 뉴질랜드 점령을 계획하고 있는지" 하문했다. 히로히토는 국민당군 사단이 프랑스령 인도차이나 국경에 집결하여 만약 일본군이 프랑스령 인도차이나에 진주하면 국민당군도 그곳에 진입할 준비를 한 것으로 보이는데 육군은 이에 어찌 대처할 것인지 확답을 요구했다. 히로히토는 주로 미국, 소련, 독일에 대해서 알고 싶어했다. "대미 해전에서 일본은 과거 일본해 해전에서와 같은 전과를 올릴 수 있는가? ……미국이 석유와 고철 수출을 금지한다는 얘기가 있는데 석유는 다른 데서 구할 수 있겠지

만 고철은 곤란한 것이 아닌가?" 물었다.[44]

또한 소련과 독일에 대해 히로히토는 이렇게 질문했다.

> 일·소 간에 불가침조약이 성립되어 남방으로 행동을 일으키게 되면 세력 주체는 해군으로 옮겨가는데 이때 육군은 병력을 축소할 생각이 있는가? ……이후 독일의 국력은 어느 정도로 판단하는가? ……독·소 모두 믿을 수 없는 상대인데 만약 일본이 대미전으로 국력이 피폐해진 틈을 타서 두 나라 중 하나가 배신 행위를 하면 나라가 곤란해지지 않겠는가?[45]

그리고 참모차장에게 막바지 질문을 하면서 히로히토는 다음과 같이 말했다.

> 다소 위험은 있으나 지금이 남방 문제를 해결할 좋은 기회이므로 굳이 이를 하려는 것으로 생각된다……. 좋은 기회란 무엇인가? 〔이 질문에 사와다는 이렇게 답했다. "이를테면 독일의 대영국 상륙작전이 개시된 경우와 같은 것이 그 일례입니다."〕 ……많은 이야기를 들었는데, 요는 오늘날의 좋은 기회를 살려 남방 문제를 해결하려는 것이라고 생각하면 되겠는가?[46]

히로히토의 질문은 영·미와 협조 관계를 지속하길 바라는 마음을 드러내면서 동시에 이러한 고비에 무엇을 '좋은 기회'로 봐야 하는가 하는 불안감도 나타냈다. 참모본부와 사와다에게 그것은 영국의 패전과 독일의 영국 점령이어야 했으며, 히로히토에게 좋은 기회란 대미 관계의 재조정 같은 것을 의미했다. 한편 히로히토는 육군과 해군, 고노에 내각이 대본영정부연락회의에서 결정된 안건을 시행하는 기본 방침을 놓고 얼마나 반목하는지 알고 있었다. 천황은 여러 기관들이 주도권을 둘러싸고 불화하며 다투고 경쟁하는 것과 해외의 육군 부대가 남진을 원하는 것 때문에 골머리를 앓았다. 게다가 기도는 이튿날인 7월 30일 천황이 자신에게 다음과 같이 말했다고 주장했다.

> 고노에 수상은…… 지나사변이 성공을 거두지 못한 데에 따른 국민의 불만을 남방으로 향하게 하려고 생각하는 것 같다.
> 육군은 좋은 기회가 있으면 지나사변 그 태세대로 남방으로 진출하려는 생각인 것 같다.
> 해군은 지나사변이 먼저 해결되지 않는다면 남방에는 무력을 쓰지 않으려는 생각인 것 같다.[47]

천황이 자신에게 했다는 말에 관한 기도의 기록에는 중대한 오류가 있다. 해군 수뇌부가 중일전쟁이 해결되지 않으면 "남방에는 무력을 쓰지 않으려" 했다는 것은 사실이 아니다. 실제로는, 군령부의 작전 입안자들이 이미 인도차이나 반도를 확보할 계획을 세우기 시작했고, 미·영과 싸우는 것은 불가피하다고 공언했다. 해군이 걱정하는 것은 중국에서 난관에 봉착한 상황이 아니라, 오로지 준비가 안 된 상태에서 대미 전쟁을 유발할지도 모른다는 것이었다.[48]

동남아시아에 대한 군사적 진입 결정에 관여한 관료 집단과 천황의 희망과는 반대로, 루스벨트 정부는 곧바로 일본의 움직임을 직접적인 도전으로 받아들였다. 미국 정부 안팎의 정책 입안자들은 동남아시아와 인도차이나 반도가—중국과는 달리—우선 유럽의 동맹국들에게 개방된 채 남아 있어야 할 지역이며, 뿐만 아니라 장기적으로 더욱 중요하게는 미국이 통상과 금융으로 장악해야 할 지역이라고 믿었다. 일본은 이렇게 무모한 도전에 뛰어들어서는 안 되었다.[49]

고노에 내각은 육해군이 인도차이나 북부에 진주하는 까닭은 중국 포위망을 완성하려는 것이라고 했다. 그리고 가능하면 하노이의 프랑스 당국이나 친親나치스 비시Vichy 정권과 외교 협상을 거쳐 이를 성사하겠으나 필요하다면 무력행사도 마다하지 않겠다고 했다. 진짜 이유는 석유, 고무, 주석 등 총력전 시대에 필요한 자원을 풍부하게 보유한 주위 국가들에 장차 남방을 침공하기 위한 부대와 함대를 집결하고 거점을 마련하려는 것이었다. 침공 확대를 위해 히로히토는 군 수뇌부와 마쓰오카가 이끄는 외무성 간의 대립에 개입하지 않고, 정책 입안 과정이 와해되지 않고 합의에 다다를 수 있도록 양자를 조정하는 역할을 했다.

귀중한 자료인 기도의 일기에는 1940년 9월 14일 치에, 히로히토가 통수부와 마쓰오카의 불화를 걱정하면서도 남진을 실행하는 것이 최선이라 믿었음이 기록되어 있다. "공연히 늦어지면 영·미의 책동은 더욱 치열해지고, 프랑스령 인도차이나, 중국과 손잡을 우려가 있다"는 것이었다.[50] 곧 천황은 대륙명 제458호를 내려 프랑스령 인도차이나 진주를 개시하라고 방면군에게 명했다. 또다시 천황은 내정 지도층의 대립을 새로운 해외 침공에 대한 재가로 해결했다.

선전 포고도 하지 않았지만, 일본은 중일전쟁을 확대하여 확실히 2차 세계대전에 발을 들여놓았다. 항공기에 대한 '도의적인 수출 금지' 수준에 그쳤던 루스벨트 정부는 고철과 항공용 가솔린도 수출 금지하여 명확히 대응했다. 그 후 루스벨트는 점차 대일 경제제재를 확대하고, 일본이 수렁에서 헤어 나오지 못하도록 중국을 지원하는 한편 일본과는 비공식 협상을 계속했다. 그리고 가장 중요한 조치로서 추축국과 전쟁할 것을 대비하여 미합중국 육해군의 확충을 서둘렀다.

III

나치스 독일, 파시스트 이탈리아와 군사동맹을 맺는 일에 대본영정부 연락회의와 고노에 내각이 완전 합의에 이르자, 일본의 지도자들은 더 큰 전쟁을 향해 운명적인 제2보를 내딛게 되었다. 동맹 체결의 정당성을 확보하고자 9월 19일 히로히토의 세 번째 어전회의가 개최되었고, 그 직후에 동맹 체결이 재가되었다. 9월 24일 기도가 입궁하자 히로히토는 궁중에서 "몸소 현소(賢所: 가시코도코로)에 참배"하고 싶다고 하며, "이번 경우는 영일동맹 때처럼 그저 기뻐하고만 있을 일이 아니며 만일의 정세에 따라서는 중대한 위기 국면에 직면하게" 되기 때문에 신의 가호를 구하겠다고 말했다.[51] 〔영어판 원서에는 이 뒤에 "나중에 이 동맹 체결 건은 추밀원에 넘겨져, 하루 만에 순전히 형식적인 심의 절차를 마쳤다"는 글귀가 있으나, 일본어판에서는 이 부분이 삭제되었다―옮긴이〕

1940년 9월 27일 베를린에서 일본 대표단이 독일, 이탈리아의 독재정권과 삼국동맹에 조인했다. 루마니아와 헝가리 파시즘 정권의 제휴도 뒤따랐다. 조약의 조문에 따르면 일본은 독일과 이탈리아가 '유럽의 신질서'에 지도적 지위를 차지하는 것을 인정하고, 독일과 이탈리아는 일본의 '대동아' 지배를 인정했다. 세 강국은 만약 "유럽의 전쟁이나 중일 분쟁에 참전하지 않은 어떤 국가로부터 공격을 받을" 경우 "정치적, 경제적,

군사적 수단을 동원해 상호 지원할 것"을 서약했다.[52] 이 마지막 조문은 영국을 견제하고 미합중국을 전쟁의 제3자로 밀어내려는 의도였다.

이 중대한 결정에 이르기까지 3년 동안이나 논의가 이어졌다. 히로히토는 동맹의 의미에 대해 충분히 숙고할 기회가 있었다. 삼국동맹은 일본으로부터 외교상 유연한 선택의 자유를 빼앗고, 미·영과 협조를 꾀할 기회를 영원히 잃게 할 것이 거의 확실했다. 그는 나치스 독일을 신뢰하지는 않았지만, 만주국에 위협이 되는 소련에 대항하는 나치스와 군사동맹 하는 것을 결코 반대하지 않았다. 다만 영국, 프랑스, 미국을 주요 적국으로 삼는 것만은 반대했다.[53]

예를 들면 고노에가 사임을 암시했던 1938년 말부터 1939년 초 즈음에 히로히토는 신임 하타 슌로쿠 시종무관장에게 이렇게 말했다고 한다. "그렇게 고노에 총리의 사임이 곤란하다면 고노에 총리를 유임하고, 대신 그 방공 강화 문제를 첫 5상 회의에서 결정한 대로 정해서, …… 소련에 대해서만 순수한 방공협정으로 하면 어떤가? 참모본부에 가서 그렇게 말하라."[54] 당시 히로히토는 삼국동맹 자체를 명확하게 반대했던 것이 아니라, 영국과 프랑스를 표적으로 하는 동맹에 반대했을 뿐이다.

1년 반 후 루스벨트 대통령은 무기대여법에 근거하여 (뉴펀들랜드, 버뮤다 등의─일본어판) 영국 해군기지 사용권을 얻는 조건으로 영국에 구축함을 양도하기로 했다. 이렇게 미국이 위기에 처한 영국에 대한 지원을 강화하자, 히로히토는 우려를 거두지 못하면서도 삼국동맹에 대한 반대 의사를 버리고 이에 동의했다. 그것은 편의주의적이며 위험한 조치였고, 일단 독일이 유럽 정복을 재개하면 일본과 영·미의 관계를 더욱 어렵게 만들 것이 분명했다. 더욱이 그것은 영·미 친선 관계라는 메이지 시대의 외교적 유산과 송구하게도 결별하는 것이며, 히로히토는 이를 알고 있었다. 그가 삼국동맹 체결을 놓고 오랫동안 고민해온 데는 이러한 이유도 있었던 것이다.

히로히토는 대외적인 군사 방침을 스스로 전환할 때, 러일전쟁 전야의 조부 메이지 천황과 자신을 견주었다. 당시 이토 히로부미는 만약 일본이 패하면 목숨을 바치겠다고 메이지 천황에게 충성을 맹세했다. 9월 15일 천황은 이토의 맹세를 떠올렸는지, "이렇게 되면 고노에는 진정으로 나와 고락苦樂을 함께하지 않으면 곤란하다"고 기도에게 말했다.[55] 나중에 고노에는 하라다 구마오에게 "내가 그다음 날[9월 16일] 입궁했더니 폐하는 내게 '이번 일독군사협정에 대해서는 과연 여러 가지 생각해보니 오늘날의 경우는 어쩔 수 없다고 생각한다. 미국에 대해서 만약 손쓸 방도가 없다면 할 수 없다'"고 했다고 말했다. 덧붙여 고노에는 천황이 "만일 일본이 패전국이 되면 도대체 어떻게 될 것인가? 그런 사태가 도래했을 때에는 총리도 나와 고난을 함께해 줄 것인가?" 하고 물었다고도 했다.[56]

히로히토는 삼국동맹에 소극적으로 동의했지만, 당시 거스를 수 없는 역사의 흐름에 따랐을 뿐이라고 스스로의 행동을 정당화했다. 그는 1902년 조부 메이지 천황이 영일동맹을 재가한 후 자신이 대외 관계에서 군주국의 위상에 근본적인 변화를 받아들였던 것은 여러 관료 세력 사이의 대립 때문이라고 암시했다. 그러나 히로히토는 당시 삼국동맹에 관한 자신의 태도 변화가 미국과 전쟁할 가능성을 연 중요한 전환점이었음을 잘 알고 있었다.[57] 나중에 히로히토는 이에 대해서 주로 마쓰오카를 비난하고, 또 아우인 지치부노미야와 다카마쓰노미야를 탓하면서도 삼국동맹을 재가한 자신의 판단 오류에 대해서는 절대로 반성하지 않았다.[58]

이즈음 황족 내부 서열에 미묘한 변화가 일어났다. 황위 계승 서열 1위이며 히로히토를 서슴지 않고 비판해온 지치부노미야가 심한 결핵에 걸린 것이다. 지치부노미야는 공적인 활동에서 물러나게 되었고, 그 결과 다카마쓰노미야가 유고 시에 섭정이 되는 위치에 섰다. 그 때문에 다카마쓰노미야는 전보다 공문서를 볼 기회가 늘어나 점차 천황에게 조언도 하게 되었으나, 히로히토는 늘 그의 조언을 하찮게 생각했다.[59] 다카마쓰노미야는 일본의 대외 정책이 기로에 설 때면 천황과 결속하는 편이 아니었고, 오히려 지치부노미야 쪽에 가까웠다. 두 아우는 삼국동맹이 현 상황을 타개하리라는 강한 기대를 걸었고, 일관되게 히로히토의 능력에는 결점이 있다고 보았다.

기도로 말할 것 같으면, 기도는 천황과 자신이 "소용돌이에 휘말리지 않으면서도(유럽의 전쟁에 끼어들지 않고) 동시에 고립을 피하려면 힘의 균형 정책을 취하여, 동맹의 힘을 배경으로 미국에 대화를 청하는 수밖에는 방법이 없다는 고노에와 마쓰오카의 설명에 일단 납득하고 '바람직하지는 않으나 별 도리가 없다'"고 생각했다고 회고했다.[60] 천황과 달리 기도는 삼국동맹에 책임이 있는 것은 주로 육군이며, 해군이 결정적인 역할을 했다고는 결코 인정하지 않았다.

1940년 9월 27일 히로히토는 국민에게 조서를 내렸다. 여느 때와 달리, 천황은 사전에 문구를 친히 손보지 않고 그냥 발표했다.

대의大義를 팔굉(八紘: 온 세상)에 선양하고 곤여(坤輿: 세계)를 일우(一宇: 한집)로 함은 실로 황조황종의 대훈大訓이며 짐이 밤낮으로 마음에 담고 잊지 않는 바로되, 이제 시국은 혼란이 그칠 줄을 모르고 인류가 받을 화환禍患 또한 실로 가늠할 길이 없어, 짐은 환란을 평정하고 평화를 회복하는 날이 하루라도 빨리 오지 않음에 마음 아프기 이를 데 없도다. 이에 정부에 명하여 제국과 그 뜻을 같이하는 독일, 이탈리아

양국과 제휴 협력을 토의하게 하여, 이제 삼국 간에 조약의 성립을 보게 되니, 짐은 기쁘기 한량없도다.**61**

조서가 발표되고 얼마 뒤 삼국동맹이 조인되었다. 그리고 10월 4일 고노에 수상은 교토에서 기자회견을 열고 호전적인 성명을 발표했다. "미국이 일본·독일·이탈리아 3국의 입장을 이해하지 않고 끝까지 삼국동맹을 적대행위로 보아 대항해 온다면 3국은 과감히 맞서 싸울 것"이라는 것이었다.**62** 당시 일본의 지도자들 중에서 삼국동맹이 미국에 이데올로기적으로 대단히 큰 의미가 있다는 것을 이해한 사람은 거의 없었다. 또 루스벨트 정부가 반일 감정을 심화시키는 데 삼국동맹을 어떻게 이용할지 아는 사람도 거의 없었다. 그때에 천황은 기도와 함께 요코하마 앞바다에서 실시된 해군 대연습을 참관하고 있었다. 일주일 뒤 여전히 영국과 결별한 것이 불안했던 천황은 독일·이탈리아와 동맹한 것을 신에게 고하고 가호를 빌었다.**63**

다음 달, 신화에 등장하는 진무 천황이 나라를 세웠음을 기념하는 건국 2600주년 행사로 온 나라가 들썩거렸다. 이 봉축 기념사업 준비는 1935년부터 추진되었다. 축전 개시 전날인 11월 9일, 정부는 총력전에 대비하여 국민의 '정신 동원'을 추진하고자 내무성에 신기원神祇院을 설치했다. 중일전쟁을 개시한 1차 고노에 내각이 시작한 이 국민정신 총동원 운동은 전쟁터에 보내질 청년층의 참여를 목적으로 하여, '경신敬神', '진충보국盡忠報國', 그리고 중일전쟁 승리를 향해서 돌진할 것을 주창했다.

이 사업으로 정부 기관은 1만 5000건에 이르는 다양한 행사와 축전을 개최하며 1억 6300만 엔을 지출했다.**64** 기념 축전이 최고조에 달한 11월 10일과 11일에는 합계 5000만 명이 축하연에 참가한 것으로 추산되었다.

전선의 병사들을 그리는 의미로 야전 음식을 준비하여 궁성 밖 정원에 모인 사람들에게 대접했다. 이처럼 전쟁과 새로운 대외정책의 방침을 일깨우는 행사가 한창일 때, 『도쿄아사히신문東京朝日新聞』은 세계 신질서에서 청년들이 짊어질 역할의 중요성을 강조하는 「신체제문답新体制問答」이라는 칼럼을 연재했다.[65] 11일에 발행된 임시 석간의 1면에는 히로히토 천황과 나가코 황후의 사진이 게재되었다. 이날 실린 히로히토의 조칙에서는 "시국의 격변"을 지적하고, "우리 유신惟神의 대도大道를 중외中外에 현양顯揚함으로써 인류의 복지와 만방의 조화에 기여할 것"을 기대한다고 했다.[66] 의심의 여지 없이 히로히토는 스스로가 '신질서'의 상징이며 그것을 정당화하는 장본인일 뿐만 아니라 번지르르한 대변자임을 인정한 것이다. 오전 11시 25분 일본 전국에서 모여든 대표와 히틀러유겐트나치 독일의 청소년단—옮긴이를 포함한 세계 각국 대표, 약 5만 명이 일제히 만세를 불렀다. 도쿄 만에 정박한 전함이 축포를 쏘아 올리고, 라디오에서는 하루 종일 축하 행사 방송이 흘러나왔다.

추축국의 군사동맹에 영국은 버마루트 재개로 대응했다. 버마루트는 일찍이 폐쇄하기로 합의되었으나, 이번 조치는 "외교 의례에서 벗어나지 않고 일본에 불이익을 줄" 방법을 모색한 것이었다.[67] 루스벨트 대통령의 대응은 장개석에게 소규모 신규 차관을 제공하고 중국군의 전쟁 지원을 확약하는 것이었다. 11월, 루스벨트는 독일을 주적으로 하는 것을 전제로 하여 미국의 방위 전략을 조정한 해럴드 스타크Stark, Harold 제독의 '도그 플랜Dog plan'에 동의했다. 이리하여 미국은 독일 타도를 최우선으로 하는 전략에 따라, 유럽 전선에 초점을 두고 영국을 지원하게 되었다. 태평양에서 전쟁이 일어나면 미국은 일단 방위 작전을 수행하겠지만 독일이 패전하기 전에는 일본 쪽에 총력을 기울이지 않을 터였다.**68** 중국에서는 장개석이 영·미의 대규모 지원 없이 단독으로 일본과 싸우고 있었다. 그러나 장개석은 태평양전쟁이 시작되는 것은 시간문제라고 확신했다.

진주만의 서곡 ^{11장}

1941년 여름 독일과 소련 사이의 전쟁이 터지자 일본 육해군 통수부는 천황의 측근들과 함께 궁중에서 집무하는 시간이 점점 더 많아지기 시작했다.[1] 천황의 통수권은 금세 변질되어 히로히토는 모든 의미에서 대원수가 되고자 했다. 1937년 11월에 조직된 대본영정부연락회의는 그 두 달 뒤에 중단되었다가 1940년 7월에 재개되었는데, 전보다 더 빈번히 개최되고 점차 그 기능이 강화되었다. 기획원 총재와 내무성 대신(내무대신, 내상 內相)이 연락회의의 상임 구성원이 되었고, 1940년 전반에 걸쳐 연락회의는 국책과 지침을 결정하는 가장 중요한 정식 회합으로 발전했다.

연락회의 심의 장소도 수상 관저에서 궁정으로 옮겨졌다.[2] 이 때문에 내각의 존재감은 희박해져 그 의사 결정 기능은 무용지물이 되어버렸다. 그리고 사실상 연락회의가 최종적으로 천황의 결재를 받기 위한 토의와 논쟁의 장이 되었다. 연락회의는 1940년 7월 27일부터 1941년 11월 사이에 수십 차례나 개최되었다(1944년 11월 28일부터 한동안은 '대본영정부연락간담회'로 이름을 바꾸었다—일본어판). 1944년 8월 초순 최고전쟁지휘회의로 대체될 때까지, 연락회의는 더 자주 열렸다.[3]

연락회의의 최종 결정은 어전회의에서 공식화되기 때문에 어전회의도 더 자주 열리게 되었다. 대본영도 재편되어 1945년까지 첩보, 병참, 과학 기술, 점령지의 군정 등에 대처하는 새 기관과 부서가 추가되었다. 대본영 요원 일부는 궁중에서 일했으나 대부분 요원들은 궁중에 들어오는 일이 없었다. 1945년 5월까지 대본영의 인원은 1792명으로 늘어났다.[4]

그러나 군 통수부 상층 구조의 주요 특징들과 히로히토의 대처 방식에는 변화가 없었다. 군부와 문민 보필 집단이 여전히 각각 별개의 관료적 관심사를 제시하며 정책을 형성했다. 전쟁 수행에 관한 지침들은 군 지휘 계통에 따라 내려갔다가, 협상과 합의 형성 과정을 통해 위로 올려졌다. 그리고 시종 진중한 히로히토는 모든 보고에서 모순과 불일치점을 찾아냈다. 따라서 육해군 통수부나 주요 각료가 서로 모순된 상주上奏를 하는 경우, 또 대체로 모순이 없거나 거의 일치하는 경우에도 히로히토는 논의 진전 과정에서 수긍하지 못하면 재가를 거부했다.

대·영미전이 발발할 위험이 닥쳐오고, 참모본부의 상층부(히로히토에게 자주 질책당한 스기야마 참모총장 같은)가 히로히토의 성격과 박식한 군사 지식을 더 잘 이해하게 되면서, 천황을 위해 설명 자료를 작성하는 중견 장교들은 자신들의 직속상관이 어떻게 하면 천황의 질책을 모면하고, 불편한 질문을 피할 수 있는지를 터득했다. 명령을 결정(때로는 거부)하기 위한 판단 자료로 천황에게 제출된 것들 중에 왜곡까지는 아니라 해도 육해군의 흥정 결과로 만들어진 것이 있었을 가능성은 부정할 수 없다.[5] 복잡한 의사 결정 체계가 우선순위를 정하거나 단순화하기 위해서가 아닌 의도적인 조작까지 종종 하게 만든 것이다.

한편 히로히토는 정책 심의 과정이 어떻게 기능하는지 훤히 꿰뚫고 있었다. 천황은 육해군과 외무성의 주요 국장, 부장, 과장의 이름과 경력, 경향까지 파악하고 있었다. 궁중에 있는 시종무관부는 천황의 질문을 신속하게 전달하거나, 시종무관 자신의 의문을 제기하고자 참모본부 작전과와 군령부 작전과, 그리고 참모본부와 군령부 제1부와 연결되는 직통 전화를 설치했다.[6] 히로히토는 작전 실시와 부대 배치를 책임지는 참모본부 제1부를 통괄하는 자가 누구인지, 그리고 제1부의 누가 제20반(전쟁지휘)과 제2과(작전)의 책임자인지를 알고 있었다. 더 중요한 것은 천황이 연락회의에서 심의되고 자신이 검토한 '국책' 문서의 원안이 작성되는 관료 정치의 절차를 일일이 다 알고 있었다는 점이다.

1941년 이후 통수기구는 꾸준히 더욱 치밀해져갔다. 천황은 거의 모든 군사 정보에 관계했으며 그 범위는 광범위하고 깊어졌다. 작전과 장교가 상세한 문답집을 준비하여 천황에게 매주, 매일, 때로는 하루에 두 번씩 전황 보고를 했다. 전황 평가도 천황이 꼼꼼히 들여다볼 수 있도록 매달, 매년 준비되었다. 역사학자 야마다 아키라山田朗의 논고에 따르면 히로히토는 작성 중인 전쟁 계획 원안과 작전에 관해 일상적으로 충분한 설명을 들었으며, 상세하게 그려진 지도를 보면서 그 작전을 하는 이유와 작전 수행 부대에 대해 보고를 받았다.

태평양전쟁이 일어난 뒤 매일 궁중에 전달되는 전투 보고와 전황 보고를 천황은 주야를 불문하고 받아 보았다. 보고에는 사상자 수와 항목, 각 부대의 작전 장소와 전황, 그리고 침몰된 수송선과 소실된 물자 등 상세한 내용이 들어 있었다.[7] 때때로 '일선 부대에서 대본영으로 보내는 전보'를, 육군 세 명, 해군 다섯 명으로 구성된 시종무관들이 교대로 24시간 근무하면서 히로히토에게 전달했다. 이들 시종무관의 직무에는 히로히토에게 있는 작전 지도를 정기적으로 갱신하는 것도 포함되어 있었다.[8] 그리고 태평양전쟁 기간에는 대본영 해군부에서 천황에게 올리는 「전황에 관한 설명 자료」라는 정식 보고서를 제출했다. 기타 정보원까지 합치면 천황은 꽤 많은 정보를 받아 보았다. 그러나 이 정보 체계의 결점은 육해군이 각각 별개의 기밀 정보를 준비하고 히로히토에게 제출했다는 점이다. 그 때문에 전체 판도, 특히 패전한 경우에 대해 종합적으로 아는 사람은 천황뿐이었다.[9]

전선에서 보고된 '사실'이 부정확하다면 히로히토의 '정보'는 잘못된 정보였다는 말이 된다. 그러나 야마다의 조사에 따르면 천황에게 정보를 제공한 이들은 그 정보를 "그 자신도 '사실'로 받아들였다." 그들이 보고하는 목적은 틀림없이, 천황을 기만하는 것이 아니라 정확한 병력과 장비의 손실 수치와 적에게 입힌 손해 내용을 제공하는 것이었다. 천황이 받은 정보는 시의에 맞고, 상세하며 질 높은 것이었고, 정말로 그래야 했다. 천황은 전쟁을 수행하는 원대한 전략의 전개를 지휘했을 뿐만 아니라 참모와 현지 사령관에 의한 불가피한 사고와 예상 착오에 대한 해결책도 요구했기 때문이다.[10]

게다가 히로히토는 보고의 정확성을 확인하고자 정규 경로 밖에서 정보를 얻기 위해 종종 육해군의 시종무관과 아우들까지 각지의 전선으로 파견했다. 1942년 3월부터 1945년 11월까지 시종무관을 역임한 오가타 겐이치尾形健一에 따르면 천황은 "전쟁터로 자주 무관을 파견했는데 그 경우에도 될 수 있는 대로 전선 가까이, 장병들이 가장 고생하는 계절을 골랐으며, 그들이 귀환 후 보고할 때에도 각별한 기대를 품고서 배알을 받았다." 국무대신과 통수부에 질문할 때 히로히토는 자주 이러한 보고를

1942년 일본군의 남진

뉴질랜드

남태평양 방면

일본의 남진 범위

피지 제도
뉴헤브리디스 제도
뉴칼레도니아 섬

길버트 제도
마킨
타라와
마셜 제도

웨이크 섬

태평양

산호 해
브리즈번

과달카날
툴라기 섬
솔로몬 제도
부건빌 섬
뉴브리튼 섬
뉴아일랜드 섬
비스마르크 제도
래바울
라에

캐롤라인 제도
트루크 제도

중부 태평양 방면

사이판 섬
티니언 섬
괌 섬
마리아나 제도

이오 섬(이오지마)

할마에라

뉴기니 섬
포트모르즈비
아라푸라 해
다윈

서남 태평양 방면

오스트레일리아

팔라우 제도
펠렐리우
얍 섬

타이완(포르모사)
중국

루손 섬
마닐라
바탄 반도
코레히도르
마닐라 만
남중국해

필리핀
술라웨시 해 (셀레베스 해)
레이테 섬
민다나오 섬
민다나오 해
셀레베스 섬
술라웨시 섬 (셀레베스 섬)
반다 해
자바 해
자바 섬
수라바야

보르네오 섬
타라칸
발릭파판
반자르마신

네덜란드령 동인도
(현 인도네시아)

바타비아
(현 자카르타)
순다 해협

일본의 남진 범위

수마트라 섬
팔렘방
싱가포르
말라야
코타바하루
송클라
(싱고라)

태국
방콕

프랑스령
인도차이나
하노이
사이공

하이난 섬

버마
양곤
(랑군)

안다만
제도

니코바르
제도

벵골 만

실론

인도양

인도양 방면

중국

인용했다.[11] 히로히토는 이런 식으로 항상 사령관들을 주시했다.

마지막으로, 히로히토는 통상 일주일에 두세 번 궁중에 스크린을 설치하고 국내외의 뉴스와 영화를 보는 습관이 있었다는 것을 지적해둔다. 천황은 검열을 마친 일본의 일간지를 줄곧 보았고, 종종 신문에서 읽은 것에 대해서 군 지도자들에게 예리한 질문을 했다.[12] 이리하여 천황은 전쟁의 진상뿐만 아니라, 검열을 받은 신문들의 편향된 보도나 일본 인민들이 받는 노골적인 '세뇌'까지 알고 있었다.

통수부는 진주만 공격 직전까지 천황에게 충분한 정보를 제공하기 위해 엄청난 시간과 노력을 들였는데, 이 때문에 작전과 전략 입안에 관계하는 핵심 장교들의 능률이 떨어지기 시작했다. 예를 들면 제1부장은 천황의 사태 파악을 돕느라 너무 많은 시간을 허비하여, 자신의 본분인 작전과 전략 계획에 몰두할 수가 없었다. 1941년부터 육군참모본부에 근무했던 이모토 구마오井本熊男는 이러한 천황의 전쟁 지휘 체제가 의도치 않은 결과로 일본의 패배에 한몫했다고 믿는다. 히로히토에게 정세를 보고하는 데는 초인적인 노력이 필요하기 때문에 제1부장은 "과장 이하"에게 자신의 본래 직무를 위임하고, 그 "과장 이하"는 곧 "부장의 전쟁 지휘 움직임에 휘말린다. 이래서야 사무는 볼 수 있을지언정 대본영의 통수는 불가능하다. 이러한 커다란 결함이 생겼다"는 것이다.[13]

I

1941년 초까지 천황을 포함한 일본의 정책 결정자들은 진전 없는 중일전쟁과 유럽에서 벌어진 일련의 사건들을 결부하는 데 매료되어 있었다.

특히 독·소 관계에 주의를 기울였다. 1939년 8월 불가침조약을 체결한 데 따라 두 열강은 유럽에서 한층 더 확고한 세력권을 확보한 것처럼 보였다. 그러나 이 둘의 관계 이면에 분쟁의 싹이 자라나고 있었다. 히틀러는 비밀리에 새 동맹을 공격할 준비를 했다. 스탈린은 히틀러가 소련의 서쪽 국경 근처에 부대를 집결하는 것을 알았지만, 서부전선에서 놀랍도록 신속하게 진행된 독일 기갑부대의 승리, 발칸반도에서 독일군이 펼친 군사작전, 독소 관계의 악화 등을 눈여겨보면서도 독일의 침공이 임박했음을 간파하지 못했다. 스탈린은 극동 러시아 국경의 안전을 확보하고, 일·독 추축국이 소련을 제물로 삼아 세력을 더욱 뻗치지 못하게 막아야 한다고 느끼고 있었다.[14] 또한 스탈린은 고노에 내각이 조약 체결을 위해 새로운 주도권을 발휘하는 것에 호응함으로써 일·독 양쪽과 동시에 충돌하는 악몽을 피할 수 있었다. 스탈린은 일본이 북사할린의 석탄과 석유 채굴권을 소련에 양도하는 대가로 일본과 중립 조약을 맺는 데 동의하려 했다. 일본의 주의를 극동 소련에서 영·미가 권익을 갖고 있는 동남아시아와 남태평양 방면으로 돌리려는 의도에서였다.

4월 7일 마쓰오카 요스케는 베를린을 출발하여 모스크바에 도착했다.[15] 여러 날 까다로운 협상이 진행되는 사이에 마쓰오카는 불가침조약 체결은 불가능하다고 체념했으나, 결국 스탈린의 조건을 받아들여 소련이 요청한 대로 낙착되었다. 러시아 외무부가 새로 공개한 문서에는 4월 12일 크렘린 궁에서 열렸던 회담 내용이 나오는데, 이때 마쓰오카는 스탈린에게 일·소 간의 문제는 "대국적 견지에서" 해결되어야 한다고 했다. 마쓰오카는 이렇게 말했다. "소비에트연방이 인도를 경유하여 따뜻한 바다 인도양을 향해 나아갈 경우에는 용납할 수 있다고 생각한다. 만약 소비에트연방이 카라치 항카라치는 파키스탄 남부의 항구도시로, 파키스탄 최대 도시이자 옛 수도

—편집자을 차지하고 싶다면 일본은 그것을 눈감아 줄 것이다. 하인리히 슈타이머Stahmer, Heinrich 특사(게슈타포의 첩보원으로 훗날 주일 대사가 됨)가 일본에 왔을 때, 나는 소비에트연방이 이란을 통해서 따뜻한 바다로 향하려고 할 경우에는 독일이 일본과 같이 그 문제를 다루어달라고 말해두었다." 또한 "앵글로색슨의 지배로부터 아시아를 구하고" "영·미 자본주의의 영향을 아시아에서 일소"한다는 그의 단골 주장으로 돌아가서, 마쓰오카는 스탈린에게 장개석에 대한 소련의 원조를 중지하겠다는 약속을 받아내고자 했다.[16] 스탈린은 이에 대해 소비에트연방은 "큰 문제에 관해서 일본, 독일, 이탈리아 사이의 협력을 원칙으로 허용"할 수 있으나 "지금 우리는 일본과 맺는 중립조약에 한하여 말하고 싶다. 이 문제는 분명 시기가 무르익었다."[17]

이튿날 4월 13일, 마쓰오카와 특명전권대사 다테카와 요시쓰구建川美次 육군중장은 스탈린 입회하에서 몰로토프 외상과 5개년 중립조약에 조인했다.[18] 이 조약에서 두 나라는 "평화 및 우호 관계를 유지"하고 상호 영토를 존중할 것을 약속했다. 당사국이 어느 한쪽이라도 제3국에게 군사행동의 대상이 되었을 경우 다른 한쪽은 "분쟁의 전 기간에 걸쳐 중립을 지킨다." 이 조약은 비준한 그날부터 5년간 효력을 지닌다. 별도로 낸 성명서에서 소련은 만주국의 불가침 선언을 존중하고, 일본은 '몽골인민공화국'에 대한 소련의 권익을 인정하기로 했다. 조약 기간 만료 1년 전까지 모스크바나 도쿄 어느 쪽에서든 파기를 통고하지 않을 경우 이 조약은 자동으로 5년간 연장된다. 히로히토는 4월 25일 조약을 비준했고, 다음 날 소련의 공산당 기관지 『프라우다』는 소·일 중립조약이 발효되었음을 보도했다.[19]

약 6주 뒤인 6월 5일, 베를린의 오오시마 히로시大島浩 대사는 천황과 통수부에 히틀러가 소련 침공을 목전에 두었음을 알렸다.[20] 육군참모본부 '제20반'은 곧바로 대소련전 개시 계획과 동시에 프랑스령 인도차이나 침공 작전을 입안했다. 육군성 군무국도 바로 독자적인 계획을 세웠는데 참모본부의 계획과는 달리 "시기가 무르익을 때까지" 소련에 대한 공격을 연기하자는 것이었다. 독·소전이라는 새로운 요소에 대한 평가를 놓고 참모본부와 육군성의 견해가 서로 달랐기 때문에 「정세의 추이에 따른 제국국책요강」이라는 새로운 문서가 작성되었다.[21]

그러고 나서 6월 22일, 상황은 예상대로 바뀌었다. 히틀러는 영국에 대한 공격을 일단 중지하고, 스탈린을 겨냥해 나폴레옹의 족적을 좇기라도 하는 듯 소련을 침공했다.

이튿날인 6월 23일 아침, 해군성과 해군군령부의 각 과장·국장이 참가하는 상층부 회의에서 해군의 입장을 굳혔다. 설령 '영·미와 전쟁할 위험'이 따른다 해도 프랑스령 인도차이나 남부에 군사기지와 비행장을 확보해야 한다는 것이었다. 며칠 뒤 이 회의의 주요 참가자였던 해군성 군무국의 연락장교 후지이 시게루藤井茂 대령은, 일·미 전쟁은 불가피하지만 영국과 미국에 '극단적인 강경 노선'을 취하여 공포감을 불어넣고, 그들이 위협하는 듯할 때마다 강경한 대응을 지속하면 도리어 전쟁을 피할 수도 있다고 설명했다. 후지이는 이 방법을 '외줄타기'에 비유했다.[22] 지금 해군은 '벼랑 끝 정책'을 취하려 한다는 것이다.

북진하여 바이칼 호수까지 시베리아 동부 지역을 장악한 소련의 군사력을 파괴하고 싶은 이들에게 독·소 전쟁은 노골적인 유혹이었다. 또한 일본이 미국과 영국에 선전 포고하게끔 이끈 연락회의와 어전회의 참가자들은 남부 인도차이나 진주 후 미국의 대일 경제제재가 심해지고 영국, 중국, 소련의 방위 문제에 루스벨트가 관여할 것을 우려했다. 영국의 독일 항만 봉쇄는 불가피하게 독일의 동맹국 일본에 대한 경제제재를 더욱 옥죄었기 때문에 영국의 정책도 간접적인 방법으로 일·미 관계 악화에 일조했고, 따라서 1941년 말 아시아에서 외교적인 화해 가능성은 더욱 줄어들고 말았다.

1941년 당시 5년째를 맞이한 중일전쟁의 정체 상태야말로 정책 결정에 영향을 미치는 모든 배경 요인 중에서 가장 중대했다. 그러나 일본의 군대가 중국에서 절절매고 있었다든지, 교착 상태에 빠져 있었다든지 하는 것은 다소 잘못된 상식이다. 실제로, 일본은 대륙에 대군을 파견했지만 전쟁은 수렁에 빠져들고 있었다. 그러나 정확히 말해 일본은 중국에서 싸우고 있었기 때문에, 육해군은 1941년 가을부터 초겨울 사이에 미국, 영국과 대결하기에 족할 만큼 산업을 확대시켜 무기를 비축하고 막대한 군사 예산을 확보할 수 있었다. 중국에서 4년 5개월 동안 치른 전쟁으로 육군은 1937년 7월 17개 사단, 병력 25만이었던 데서 1941년 12월 8일에는 51개 사단, 병력 210만으로 확대되었다.[23]

보급이 극단적으로 줄었기 때문에 중국에서 군사작전이 펼쳐지면 약탈과 노략질이 광범위하게 자행되었고, 점령지에서는 직접 군정을 펴기보다 '괴뢰' 정권을 세웠다. 그사이 매년, 본래는 중국과 싸우는 데 들여야 할 비용인 임시 군사비 중 큰 액수가 기본적인 전력을 다지기 위해 전용되었다. 이렇게 하여 일본의 군비는 육해군이 태평양전쟁을 감행할 수 있다고 판단하는 수준까지 다다랐다. 그런 의미에서 보면 중국이 일본의 군사 지출 억제 요인을 제거한 셈이다. 중일전쟁은 일본에서 단순히 군사 예산 확대를 정당화했을 뿐 아니라 군사 예산 그 자체의 원천이 되기도 했다. 중일전쟁이 없었다면 육군도 해군도, 설령 그것을 바랐다 해도 1941년 막바지에 남방 진출이라는 도박에 나서지는 못했을 것이다.[24]

II

독일이 소련을 침공하고 나서 열흘이 지난 1941년 7월 2일, 고노에는 6월 5일부터 23일까지 육해군성과 양쪽 통수부에서 논의했으나 해결을 보지 못하고 6월 30일과 7월 1일에 대본영정부연락회의에 회부되었던 안건을 처리하려고 어전회의를 소집했다. 어전회의에서는 지상부대와 항공부대가 프랑스령 인도차이나 남부에 진주해도 미국은 반발하지 않을 것이며, 설령 미국이 반발한다고 해도 국가의 사활이 걸린 목표를 위해서 위험을 무릅쓸 필요가 있다는 데 합의가 이루어졌다.

「정세의 추이에 따른 제국국책요강」이라는 문서가 어전회의에서 채택되고, 천황은 곧 이를 재가하여 소련, 영국, 미국을 상대로 새로운 전쟁을 준비하는 행보를 내디뎠다. 여기서 처음으로 정책문서에 '대영·미전'이라는 표현이 사용되었다. 이 7월 2일자 문서에서는 특히 '대동아공영권' 건설, 중일전쟁을 신속히 해결할 것, 그리고 '자존자위自存自衛의 기초를 확립'하기 위한 '남방 진출'이 요구된다면서 다음과 같이 밝혔다.

> 정세의 추이에 따라 북방 문제(대소련전을 의미한다)를 해결…… 이를 위해 대영·미전 준비를 갖추고…… 제국은 이러한 목적 달성을 위해 대영·미전을 불사한다.

이 문서에서 제시하는 지침은 시종일관 주위 상황과 우연적 요소에 좌우되었다.

> 독·소 전쟁의 추이가 일본제국에 유리하게 진전되면 무력을 행사

하여 북방 문제를 해결하고 북쪽의 안정을 확보한다. ……만일 미국
이 〔유럽 전선에〕 참전할 경우 일본제국은 3국조약에 근거하여 행동한
다. 단 무력행사의 시기와 방법은 자주적으로 정한다.[25]

프랑스령 인도차이나에 관해서 「국책요강」은 앞으로 작전을 펼치는 데
필요한 기지를 확보하고자 깜라인 만과 사이공 방면으로 군대를 파견할
계획을 내세웠다.[26] 또한 '정세의 추이에 따라' 중국 내에 남은 구미의
조계를 접수하고, 아시아에서 영·미의 군사력을 파괴할 준비를 완수하
도록 지시했다. 한편 독·소전에 대한 일본의 개입(마쓰오카 외상과 하라 요시미
치 추밀원 의장이 요구했다)을 시인하지도 않고, 그럴 가능성을 부정하지도 않
았다. 실제로 7월 2일 어전회의에서는 소련에 대한 공격에 대비하여 '관
동군 특종연습(特種演習, 관특연)'을 은밀히 추진할 것을 허락했다. 이 결정
으로 일본 본토의 부대를 비밀리에 동원하는 일련의 계획이 추진되어, 7
월부터 8월 첫 주까지 약 70만~80만 병력이 만주 북부에 집결했다. 그들
의 임무는 9월 초순까지 대소전을 준비하는 것이었다. 그러나 소련을 상
대로 한 무력행사는 소련 서쪽에서 독일이 소련의 저항을 빠르게 무너뜨
렸을 때에만 개시하게 되어 있었다.[27]

히로히토는 이러한 강경 노선이 내키지 않았지만 결국 재가를 했다.[28]
그는 '제국은 이번 목적 달성을 위해 영·미와 전쟁을 벌이게 되더라도
물러서지 않는다'는 생각을 인정했고, 남부 인도차이나에 진주하는 정책
을 그가 받아들이자 곧바로 미국과 영국의 군사적 반응이 일어났다. 나중
에 천황은 이 새로운 국책의 일부를 취소한다. 그리하여 관련자 모두, 어
전회의의 결정은 불변의 것이 아니라 천황이 원하면 바뀔 수 있음을 새삼
깨달았다.

7월 30일 히로히토는 작전에 중대한 개입을 했다. 스기야마 참모총장에게 만주의 군 증강이 소비에트 극동군의 유럽 방면 재배치를 방해하지 않는가 지적하고 증강 중지를 제안한 것이다.[29] 동맹인 히틀러를 도울 생각이 전혀 들어 있지 않은 발상이었다. 당시 천황은 소련과도, 미국과도 전면전을 벌이길 바라지 않았다. 그러나 전쟁을 피할 수 없다면 러시아인들과 싸우기보다는 영·미가 이해관계를 갖는 남방 진출 쪽에 걸어보려고 했다. 그리고 소비에트 극동군이 서쪽으로 이동하면 상대적으로 일본의 북방 군사력은 곧장 개선된다. 소련이 중국과 남방에서 작전을 벌이는 일본군의 허를 찔러 위협할 일은 거의 없을 것이었다. 물론 근본적으로는 미국의 석유 수출 금지로 말미암아 당분간 북진은 불가능했다. 그런 이유 때문에라도 소비에트 극동군이 유럽 방면으로 이동해주는 편이 좋은 것이었다. 그래서 7월 초순, 일·소중립조약을 재가한 지 고작 석 달 지난 시점에서 '평화를 애호하는' 천황은 짧은 기간이지만 소련 침공에 대해 숙고했다. 그리고 8월 9일 연락회의 결과 천황은 생각을 바꿔 그해에 '예정되어 있었던' 소련 침공을 취소하라는 작전 명령을 내렸다.[30] 이렇게 히로히토가 끼어들어 육군 상층부가 바라던 대로 일·소전을 막았다. 이 시점에서 천황의 최초 결정은 최종적인 결정을 구속하지 않았다.

7월 2일의 어전회의 이후 9월 6일의 다음 어전회의가 열리기까지 일본의 지배 구조와 정책 입안자들의 상황에 몇 가지 중요한 변화가 생겼다. 고노에 수상과 북진을 가장 강경하게 주창했던 마쓰오카 외상 사이에 대립이 격해졌다. 마쓰오카가 대미 협상을 둘러싸고 대결 자세를 강경하게 내세우자 고노에는 육상과 해상의 지지를 얻어 마쓰오카를 몰아내고자 조기 내각 개편을 실시, 그다지 재치 있다고 할 수 없는 도요다 데이지로豊田貞次郎 해군대장을 입각시켰다. 그러나 제3차 고노에 내각의 성립은 육해군의 중견장교들 사이에서 고노에가 추축동맹도, 남부 인도차이나 진주도 바로 포기하는 것은 아닌가 하는 불안감을 불러일으켰다. 그 결과 도조 육군대신(육상)과 오이카와 고시로及川古志郎 해군대신(해상)은 대영·미전 준비 강화를 입각의 조건으로 삼았다.[31] 그리고 가장 중요한 것은, 히로히토가 여전히 할 수만 있다면 대영·미전을 피하고 싶으면서도 그 위험을 감수할 수밖에 없다고 생각했다는 것이다.

그사이 육해군은 7월 2일 이후 실시된 복잡하고 애매한 국책에 따라 외교관계를 시급하게 조정하면서 동남아시아 진출에 박차를 가했다. 프랑스 비시 정권과 협상하여 7월 28일 프랑스령 인도차이나의 남부를 전투 없이 점령하기 시작했다.[32] 네덜란드령 동인도와 영국령 말라야의 자원을 획득하려는 준비 단계였다. 이때 일본군 병력 4만 명 이상이 들어갔고, 그 수는 나중에 18만 5000명 이상으로 늘었다. 이에 루스벨트 대통령과 그 참모들은 말뿐인 군사적 대응에 더하여 지금까지 보류해왔던 강력한 대일 경제제재를 개시했다.

7월 26일 루스벨트는 태평양 지역의 주요 미국령 국가인 필리핀의 방위 강화를 명하면서, 장거리 중폭격기重爆擊機인 B-17 272대와 신예 P-40 전투기 130대를 되도록 빨리 필리핀에 보내겠다고 천명했다. 또한 루스벨트는 퇴역한 육군참모총장 더글러스 맥아더를 미 극동군 사령관으로 임명했다. 5년 전 필리핀이 자치 공화국으로 이행하고자 준비할 때 루스벨트는 맥아더를 군사사절단 수장으로 마닐라에 파견했다. 그때 맥아더는 필리핀 열도에서 장래 일본의 공격을 막아낼 수 있도록 준비하라는 불가능한 임무를 띠고 있었다. 이제 대통령은 사실상 미국의 방위선을 8000 킬로미터 서쪽에 있는 열도로 옮겨놓았다. 그 방위선이 일본의 남진 경로에 근접할지라도, 독일 타도가 제1원칙이었기 때문에 전략적으로 두 번째 순위였다. 그래서 그는 태평양 방면의 육군 책임자로 주관이 뚜렷하며 웅변술이 뛰어나고 카리스마가 있는 장군을 임명한 것이다.[33]

같은 날 루스벨트는 일본의 재미 자산을 동결하는 집행 명령에 서명하고, "일본의 이해관계가 걸린 모든 금융과 수출입 거래는 합중국 정부의 관리하에 두었다."[34] 생산관리국(원자재 부족을 방지하고 미국 방위산업의 생산을 조정하는 행정부서)과 국무부, 재무부는 이 명령을 나름대로 해석하여 8월 1일까지 석유·가솔린의 대일 수출을 전면 금지하는 조치를 취했다.

미국의 경제제재로 고노에 내각은 거의 공황 상태에 빠졌고, 육군과 해군 사이뿐 아니라 해군 내부에서도 더욱 의견이 갈렸다. 경제 압박의 수위가 이렇게 급격히 높아지자 히로히토도 충격을 받은 채, 신하인 육해군 지도층이 이 위기 상황에 어떻게 대처할지 합의를 도출하고자 다투는 모습을 지켜보았다. 미국이 일본의 재미 자산을 동결하고 뒤이어 석유 수출금지 조치를 취하기 5일 전인 7월 21일, 연락회의에서 나가노 오사미永野修身 군령부 총장이 대미 전쟁을 제안했던 것을 히로히토는 알고 있었다. 석유 수출금지 조치 전에 나가노는, 만약 대미 전쟁이 곧 일어난다면 전쟁 준비 수준의 차이가 있으므로 일본 쪽에 '승산이 있다'고 했다. 그러나 시간이 흐름에 따라 이러한 '공산'은 낮아지고 그 후 상황은 '제국이 불리해질' 것이다. 더욱이 나가노는 "또한 그 섬을 점령하면 전시에 우리 해군에게 유리해진다. 남태평양의 방위는 문제없으리라고 생각한다"고 덧붙여 말했다.[35]

히로히토는 해군이 미국과 싸울 수 있을 만큼 충분히 준비되어 있지 않으며 그것이 해군 내에서 의견이 갈리는 주된 이유라는 것을 알고 있었기 때문에, 연락회의에서 나가노의 발언에 화를 냈다. 최근에 나가노가 올린 공식 보고서도 히로히토에게는 만족스럽지 않았다. 천황은 대소전 준비를 철회한 7월 30일, 해군군령부 총장을 불러다가 불만을 표시했다. '스기야마 메모'에 따르면 히로히토는 단도직입적으로 "후시미 총장은 영·미와 전쟁을 피하자고 하는데 그대 생각은 어떤가" 하고 물었다. 나가노는 "원칙은 다르지 않습니다만 물자가 고갈되면서 점차 빈곤해질 것이기 때문에 어차피 안 된다면 차라리 빨리 하는 편이 좋다고 생각합니다" 하고 답했다.[36] 사와모토 요리오沢本頼雄 해군차관의 일기를 보면, 천황은 나가노에게 "지구전에 대한 대책은 없는가?" 질문한다. 나가노가 장기전에서 승리한다는 보장은 거의 없고 삼국동맹이 대미 관계 조정을 방해한다는 견해를 밝혔을 때, 그러한 상황에 스스로의 책임을 물을 뜻이 없는 히로히토는 그저 듣기만 했다.[37]

제3차 고노에 내각 출범 때부터 시작된 정치적인 위기는 일·미 관계의 위기로 말미암아 한층 심해졌고, 해군은 육군이 멋대로 대소전을 시작해버리지는 않을까 다시 걱정하게 되었다. 실제로 7월 말이 되자 육군 내에서는 소련과 맺은 중립조약보다 삼국동맹을 우선시하자는 주장이 그대로 재연再燃되었다. 그러나 이미 보았듯이 7월 30일 천황은 스기야마에게 관동군 특종연습을 중지하라고 명했고, 그 직후 8월 9일 육군참모본부는 연내에 소련을 침공한다는 작전을 보류했다. 육군참모본부가 8월 말까지 그 결정을 해군에게 정식으로 통지하지는 않았지만, 육군의 주요 입안자들은 이른 시일 안에 독일이 결정적인 승리를 거두어 독·소전을 매듭지을 것이라는 생각에 사로잡혀 있었다. 이런 상태에서 9월 초 육군 상층부에 변화가 생겼다. "(1942년) 봄에 있을 북방 작전에 대비하여 그 전에 남방을 정리하자"는 구상이 대두했다. 이리하여 미국의 석유수출 금지 조치가 내려진 지 겨우 한 달 뒤에 육군은 1년 이내에 '북진'을 개시할 수 있도록 대미 전쟁의 신속한 승리를 바라게 되었다.[38] 이러한 분열과 대립은 모두 연락회의에서 철저하게 논의되었고, 9월 5일 천황에게 비공식 보고되었다.

한편 미국의 경제제재는 고노에 수상에게 영향을 미쳤다. 영국은 이미 일본을 독일의 동맹국으로 보고 경제제재를 가하고 있었는데, 7월 말에는 미국에 이어 일본의 자산에 동결 조치를 취했다. 네덜란드령 동인도 정부와 진행하던 석유 구매 협상도 결렬되고, 7월 27일 네덜란드 당국도 일본의 자산을 동결했다. 일본은 이제 석유와 기타 전략 물자들을 자국 내 비축분에서 끌어다 쓰는 수밖에 없게 되었다.

1941년 봄, 고노에는 미국과 다시 협상하여 우호적인 태도를 이끌어내려 했다. 노무라 기치사부로野村吉三郎 주미대사와 코델 헐Hull, Cordell 국무장관이 비밀리에 비공식 '회담'을 했고, 그 자리에서 일본은 장개석에 대한 원조를 중지하고 일본에게 전략 물자를 공급할 것을 요구했다. 협상은 몇 달 동안 이어졌으나 아무런 소득이 없었다. 그리고 이제 프랑스령 인도차이나 남부에 일본군이 진주하면서 회담은 완전히 결렬되었고, 고노에의 희망도 무너졌다.[39] 절망감과 당초 주미대사로 임명한 인물이 무능하다는 판단에 고노에는 직접 루스벨트와 만나 교착 상태를 타파하기로 했다.

8월 4일 오전 11시 40분, 고노에는 천황과 약 40분간 이야기를 나누었다. 아마 이때 정상회담 추진을 허락받은 것으로 여겨진다. 이것이 히로히토가 그때까지는 결코 전쟁을 결심하지 않았다는 근거다. 히로히토는 결단을 내릴 각오가 되어 있지 않을 경우 종종 결정을 미룰 합당한 이유를 찾곤 했기 때문이다. 이날 저녁 고노에는 육상, 해상과 만나 정상회담으로 협상이 재개될지도 모른다고 전했다.[40] 이 시점에서 해군과 육군 모두 고노에에게 반대하여 책임질 일을 만들고 싶지는 않았다. 무엇보다도 고노에가 천황의 지지를 얻었다고 생각하여 그들은 고노에의 구상에 동의했다.[41] 후에 고노에는 다가오는 전쟁의 암운을 피하기 위해 일미 정상회담을 (호놀룰루나 중부 태평양에서) 열자고 루스벨트 대통령에게 제안할 것을 노무라 대사에게 지시했다. 이 제안을 받은 헐 장관의 반응은 냉담했다. 그리고 당시 대통령은 윈스턴 처칠 영국 수상과 대서양 헌장을 낳을 역사적인 회담을 하려고 뉴펀들랜드 섬의 아르젠티아Argentia로 가는 길이었다. 이 때문에 노무라는 8월 17일에 이르기까지 고노에의 요청을 대통령에게 전하지 못했다.

결국 고노에와 루스벨트의 회담은 열리지 못했다. 10월 2일 미합중국 정부는 일본의 협상 자세가 이미 명백해졌다는 이유를 대며 간접적으로 정상회담 제의를 거절했다. 일본에서 '대동아전쟁'을 옹호하는 일부 보수 우익은 오늘날까지도 루스벨트가 정상회담을 거절한 것이 '일본에 전쟁을 도발한' 증거라고 본다.[42] 그러나 고노에는 중일전쟁이 해결되고 나면 일본은 프랑스령 인도차이나에서 철수하겠다고 말하려 했을 뿐이다. 석유 수출금지 조치로 분명해진 중요 쟁점들—중일전쟁을 어떻게 해결할 것인가, 일본 군대의 중국 철수, 삼국동맹 문제, 남진 문제—은 모두 고노에의 협상안에 들어 있지 않았다. 고노에는 일본의 중국 침략과, 무력으로 남경 왕조명 정권과 조약〔일화기본조약日華基本條約〕을 맺어 얻은 특권을 긍정했다. 고노에는 장개석에게 항일전을 그만두라고 권유할 것을 미국에 부탁할 생각이었다. 설령 정상회담이 열렸다 해도 고노에는 뻔한 제안으로 결코 합의에 이르지 못했을 테고, 오히려 전쟁을 앞당겼을 수도 있다.[43] 어쩌면 고노에는 쟁점을 흐림으로써 노련한 위선자 루스벨트를 속일 심산이었는지도 모른다.

이제 일본의 지도자들은 영·미가 이끄는 반추축연합의 압력에 굴하느냐, 아니면 그때까지의 노선을 계속 추구하느냐 양자택일해야 했다. 미국의 경제제재에 따른 충격이 확산됨에 따라, 궁중 세력과 중신들 사이에서 위기 대처 방법을 둘러싸고 의견이 갈리기 시작했다. 궁중 세력의 '주류'는 천황과 기도를 중심으로 강경 노선을 취하는 육해군의 지도층을 지지했으며, 대영·미전에 적극적인 태도를 취했다. 고노에와 오카다 게이스케 전 수상, 그리고 그 주위 사람들이 '비주류파'에 속했다. 그들은 나치스 독일에 대한 열렬한 지지를 버리고 육군 내의 황도파[일본어판에서는 '반주류파反主流派'로 옮겼다—옮긴이]를 지지했다. 그들은 남진이 더 늦어지면 틀림없이 전쟁에서 패하게 된다는 전제를 인정하지 않고, 가능하다면 미국과 대화를 이어나가길 바랐다. 9월이 되자 이들 궁중 세력 사이의 골은 갈수록 깊어졌지만, 10월 중순 고노에가 사임하기까지는 갈등이 겉으로 불거지지 않았다.

III

석유 수출금지 이후 워싱턴 쪽과는 급속도로 긴장이 높아져, 일본의 지도자들은 분명한 선택의 기로에 섰다. 다카기 소키치의 기록에서 1941년 초가을에 고노에 내각과 해군, 궁중이 어떻게 전쟁 위기를 만들어냈는지 엿볼 수 있다. 그들은 경제 압력에 굴복해 숨통을 틔울 수도 있었다. 아니면 압력을 멈추게 하거나 상쇄할 수도 있었고 그 압력을 피해 갈 수도 있었다. 만약 전쟁을 하면 무적의 제국을 만드는 데 필요한 자원을 공급해야 한다. 8월 4일 호소카와 모리사다細川護貞 총리비서관과 만찬을 함께했을 때, 다카기는 호소카와에게서 '대미전을 단행해야 한다'[강조 표시는 지은이가 한 것이다]는 것이 사실이냐는 질문을 받았다. 이에 다카기는 일본과 미국을 다양한 측면에서 비교하여, 미국은 국내에 많은 자원을 갖고 있고 미 해군은 '전략을 전개'하면서 태평양의 방위를 강화하고 있음을 지적했다. 또한 다카기는 '영국과 미국, 네덜란드령 인도 간의 상호 원조 관계'도 언급하며 미국은 일본에 비해 점차 강해지고 있다는 것을 강조했다. "현 상황을 놓고 추론해보면 제국은 전면적 굴복이 아니면 절망적 전쟁을 강요받는 것 외에는 길이 없으므로, 마지막 결의를 다져 전쟁과 외교를 병행하여 추진하고, 우리 국가 생존의 마지막 선線을 외교 협상으로 확보할 전망이 없을 때에는 일전을 불사할 각오를 해야 한다는 것이다."
44

호소카와는 다카기가 말하는 '국가 생존의 마지막 선'이 뜻하는 바를 정확하게 이해했다. 그것은 일본 국내에는 없는 자원을 확보하고, 중요 물자 수송 항로를 방위할 수 있도록 외지에 육해군의 기지, 주둔지, 비행장, 요새, 식민지를 전략적으로 배치하는 것을 의미했다. 또한 이 선線은 본토 방위선도 포함하며 중국 대륙의 특정 연안沿岸 지역을 따라 남방으로 뻗어 있어야 했다. 연안 지역에서 적의 비행기가 자원이 풍부한 동남아시아의 식민지와 일본을 잇는 항로를 공격할 수 있기 때문이다.

8월 8일 다카기는 궁중의 견해를 대표하는 내대신비서관장 마쓰다이라 야스마사松平康昌하고도 이야기했는데, 이들의 대화는 다음 어전회의에서 판가름 날 일본의 선택에 대한 관점을 다시 한 번 드러낸다.

> **마쓰다이라** 지난날 총장[군령부 총장 나가노 오사미]이 폐하께 은밀히 상소한 것에서는, 이제 일미 전쟁은 '참사斬死'가 되더라도 피할 수 없다는 듯한 인상을 받았습니다. 또 해군 내부에 강

경론이 있다고 들었는데 그것은 이와 같은 뜻이겠지요.

다카기   전혀 다릅니다. 총장이 상소한 내용은 잘 알지 못하지만, 그러한 말씀을 드렸다고는 상상할 수 없습니다. 사견을 말하자면 오늘날 멍하니 물자 압박을 받는 채로 지낸다면 일본은 싸우지도 않고 굴복할 수밖에 없습니다. 지금은 무력전을 펼친다 해도 절망적이지는 않습니다. 오히려 결단을 내리지 못하고 주저하면 점차 불리해질 것입니다.

마쓰다이라   다카마쓰노미야 전하도 같은 말씀을 하셨습니다.[45]

일본의 팽창 정책이 진전되자 영국, 미국, 바타비아오늘날의 자카르타—옮긴이의 네덜란드 정권은 방어벽을 펼쳤고, 절망적인 싸움에 봉착한 고노에 내각은 이를 'ABCD 포위망'이라고 공개적으로 비난했다. 전쟁 지지파인 다카기는 석유 수출금지 조치로 일본이 궁지에 빠진 것, 그리고 일미 협상이 교착 상태인 것을 탓했다. 통계 자료에 근거한 기술적이며 질 높은 논쟁을 이해하고, 유능한 전문가의 명쾌하고 상세한 분석을 선호하는 천황도 그러했다. 히로히토는 다카기와 해군 편에 섰고, 줄기차게 중국과 동남아시아를 침략하려 한 고노에 내각의 정책이 파탄 났기 때문에 일본이 위기에 빠진 것이라는 생각은 전혀 내보이지 않았다. 기도의 말에 따르면 그러면서도 천황은 '전쟁에 뛰어들기 전에 승리를 확신하기'를 바랐다.[46]

히로히토가 동남아시아 진출을 재가한 뒤로 연락회의는 내각의 정책 결정권을 완전히 빼앗은 셈이 되어 열 번 넘게 열렸다. 히로히토는 매번 회의를 마친 다음, 위기의 진행 상황에 대해서 수상과 통수부로부터 보고를 받았다.

해군군령부에 있던 히로히토의 아우 다카마쓰노미야도 정세에 관한 개인적인 견해를 천황에게 전했다. 8월 하순 다카마쓰노미야는 천황에게 "10월이면 석유가 동날 것"이라고 경고했다. (다카마쓰노미야에 따르면) 히로히토는 "함대를 남겨두지 않으면 강화를 맺을 때 위협이 통하지 않는다"고 답했다. 이에 다카마쓰노미야는, "지난번 유럽대전 때의 독일 함대처럼 배치해둔다 해도 아무런 도움도 되지 않을 것이라든가, 북사할린의 석유로는 부족하다"고 반론했다.[47]

8월 한 달 동안 히로히토는 미국의 석유 수출금지 조치로 일본의 군사력이 차츰 약해질 것이기 때문에 조기 개전이 바람직하다는 해군의 주장 쪽으로 꽤 기울어졌다. 곧 천황은 새로운 전쟁 개시를 결정하는 것은 최종적으로, 군사 전문가가 제출하고 해군의 도상 연습圖上演習 군사 시설과 부대 배치 등을 표시한 지도 위에서 도구나 부호를 써서 실제처럼 작전을 펼쳐보는 연습─편집자으로 뒷받침된 전술적, 기술적 근거에 바탕을 두어야 한다고 믿게 되었다.[48] 이들 근거에는 제국 육해군의 규모, 장비의 질, 상당한 전투 경험과 전투 준비, 전의, 전쟁물자의 소모와 재공급 예상 비율, 중국과 동남아시아 방면의 전진 배치가 포함되었다.

중요한 것은 루스벨트도 독일 이탈리아 일본 추축국과 전쟁을 벌일 것을 대비해 거대한 비물질적 정치력을 비축해두었다가 급속도로 동원하고 있다는 사실을 히로히토와 통수부가 계산하지 못한 점이다. 사상 최대 규모인 '전쟁 게임'을 수행하고자 강구한 징병 제도로 미 육군은 증강되었고, 미국 여론의 정부 지지도는 점차 높아졌으며 미국인들의 국민의식은 더욱 호전적으로 되어갔다.

도쿄에서 해군 지도층은, 미국이 태도를 바꾸도록 협상을 계속하라고 요구하는 한편 조기 개전을 대비했다. 그러나 이 단계에서 해군의 주장은 국책에 반영되지 않았다. 이 서사극의 주인공들, 곧 육해군성 대신과 차관, 육군참모총장과 차장, 해군군령부 총장과 차장, 도요다 외무대신, 고노에 수상이 의견 일치를 보지 못했기 때문이다. 정책 결정자들은 중국에서 철수하거나 추축동맹에서 이탈하기를 꺼렸고, 대부분 추축국이 영국과 소련을 이기리라 믿었기 때문에, 전쟁 시나리오나 외교 계획에 국제정세의 변화를 중요한 요소로 삼으면서도 결코 정치적 선택의 여지 전부를 신중하게 검토하지는 않았다. 미국과 협상을 계속해야 한다고 주장하는 중심인물인 고노에 수상조차 "〔외교적으로〕 시일을 지체하여 '점진적인 쇠퇴'에 빠졌을 때 전쟁을 강요당하는 상황이 되는 것을 가장 경계해야 한다"고 말했다.**49**

　그런 까닭으로 정책 결정자들은 마치 커다란 눈가리개를 한 채 자신들이 만든 고랑을 따라 쟁기질해 나가는 격이었다. 9월 3일 연락회의가 열리고 「제국국책수행요령帝国国策遂行要領」이라는 짧은 문서가 채택되었다. 이 문서는 "1. 제국은 자존자위自存自衛를 완수하기 위해 대미국(영국, 네덜란드) 전쟁을 불사한다는 결의하에 대략 10월 하순을 목표로 전쟁 준비를 마친다"로 시작된다. 이어 "2. 제국은 1과 병행하여 미·영에 대해 모든 외교적 수단을 동원하여 제국의 요구를 관철시키고자 노력한다"고 했다. 제3항에서는 어떤 상황이 되어야 일본이 '전쟁을 불사한다'는 것인지를 제시했다. 이는 육해군이 전쟁을 준비하는 데 필요한 시간을 고려한 것이었다. 그 내용은 "3. 10월 상순경에 이르렀을 때에도 전호에 말한 외교 협상으로 우리의 요구가 관철될 전망이 보이지 않을 경우에는 곧 대미국(영국, 네덜란드) 개전을 결의한다"는 것이다.**50**

　이제 시간적 요소가 정책 결정 과정에 들어갔다. 천황이 이 기한 설정을 재가하면 정부는 한편으로는 전쟁 준비를 하면서 한편으로는 대미 협상을 이어간다는 것이었다. 그리고 '대략 10월 상순까지' 외교적으로 해결이 이루어지지 않으면, 다시 한 번 어전회의를 열어 개전 여부를 놓고 운명을 건 마지막 선택을 하게 된다.

9월 5일 오후 5시, 고노에 수상은 연락회의가 결정하고 전날 늦게 내각이 승인한 이 최신 '국책' 문서를 천황에게 보고하러 입궁했다.[51] 40세인 히로히토는 이미 이 문서의 개요를 알고 있어, 보고를 받거나 어전회의 개최를 요청받아도 별로 놀라지 않았을 것이다. 통수부는 천황에게 점점 심해지는 위기 상황과 군사적 방책에 관해 상세한 정보를 제출했다. 기도의 일기에 따르면 히로히토는 "만일 미국이 일본의 요청을 순순히 수락하지 않을 경우에는 참으로 중대한 결의"를 하도록 요구받게 될 것을 알고 있었다.[52]

바야흐로 일평생 가장 중요한 결정에 집중해야 할 순간이 찾아왔다. 일본이 아마 군사적으로 무찌를 수 없을, 압도적인 강적이며 거대한 대륙국가인 미합중국에 전쟁이라는 수단을 써서 외교 정책의 교착 상태로부터 일본을 해방하라는 요구를 제기하려는 참이었다.

미일 전쟁은 사전에 결정되어 있던 것이 아니었다. 히로히토는 대미 협상에 기한을 정해두자는 통수부의 제안을 서둘러 받아들일 필요는 없었다. 또한 외교를 전쟁 준비보다 부차적인 것으로 하자는 데 동의할 필요도 없었다. 독일이 소련을 침공한 지 6주가 지났으나 아직 결정적인 승리와는 거리가 멀었으며, 대영제국은 여전히 독일과 전쟁을 벌이고 있었다. 경험이 풍부하고 회의적인 사람이라면 당연히 독일은 영국도 소련도 쉽게 이기지는 못하리라고 예측했을 것이다. 그 무렵 귀국한 시게미쓰 마모루重光葵 주영대사는 신질서운동을 강력히 지지했는데, 천황을 따로 만난 자리나 궁중에서 강의를 할 때에 분명히 이야기했다. 일본은 유럽 전쟁에서 동떨어져 있어야 전후 국제정치에서 강력한 위치에 서서 영향력을 행사할 수 있다고. 시게미쓰의 생각에 오로지 필요한 일은 '오늘날의 정책을 재검토' 하는 것이었다.[53]

이 시점에 히로히토에게는 분명히 선택의 여지가 있었다. 이미 진행 중이던 중일전쟁에 집중하여 새로운 전쟁으로 향하는 움직임을 늦출 수 있었다. 만주와 소련의 국경을 따라 배치한 대규모 병력을 중국에 투입할 수도 있었다. 런던과 워싱턴 쪽에서 경고한 대로 당분간 유럽 전쟁에 관여하지 않음으로써 통상상의 이익을 얻는 쪽을 선택할 수 있었다. 그러나 이는 남진을 중지하고 식민지로 나뉘어 있던 동남아시아에서 일본군을 철수하는 것을 의미하며, 그렇게 하면 네덜란드령 동인도를 장악할 기회를 잃게 되었다. 해군 상층부에는 인도차이나 진주를 몹시 걱정하는 이들도 있었으나 모두 천황이 내린 결정에 동의할 것이었다.

다카기 소키치가 남긴 기록 중 표제가 없는 한 문서는 9월 5일 저녁에 그가 천황에게 보고한 내용을 담았다. 이 문서를 오늘날의 다른 자료들과 대조해보면 히로히토가 특정 조건에서 전쟁 개시를 재가하기 전날 밤에 실제로 무슨 일이 일어났는지 추측할 수 있다. 전후 공개된 기도와 고노에의 일기나 스기야마의 메모와 달리[54] 다카기의 기록에는 스기야마가 천황의 노여움을 사서 질책받는 장면과, 끝 부분에 천황이 고노에와 나눈 대단히 중요한 대화가 들어 있다. 고노에는 당시 그 자리에 있던 인물들 중 헌법상 천황을 보필할 책임이 있는 유일한 인물이었다.

천황　　마침내 전쟁을 시작했을 경우 작전상 승산은 있는가?

스기야마　승산 있습니다.

천황　　지나사변 발발 시 육군은 단 3D(3개 사단)로 일격을 가하면

곧 평정할 수 있다고 했다. 스기야마는 당시 육상陸相의 직
에 있어…….

스기야마 중국은 지역이 광대하고 출구와 입구가 많아 작전상 어려움
이 의외로 많아서…….

천황 그런 것에 대해서는 그때마다 주의를 주지 않았는가? 스기
야마는 거짓을 말하는가?

나가노 허락하신다면 드릴 말씀이 있습니다. 발언을 허락해주십
시오.

천황 좋다.

나가노 예로부터 싸움에 100퍼센트 승산 있는 일은 없다고 했습니
다. 손자孫子가 말하기를……. 독일과 세르비아의 싸움 같
은 경우는 차치하고, 적어도 서로 아주 비슷한 국가 간의 전
쟁은 결코 승산을 완전히 장담하기 어렵습니다. 그러나 여
기 병자가 있어 방치하면 분명 죽지만 수술하면 70퍼센트는
살 가망이 있다고 의사가 진단했다면, 그것[수술-옮긴이]은
어쩔 수 없는 하늘의 명이라고 볼 수밖에 없을 것입니다. 오
늘날의 사태는 바로 이렇습니다. ……만일 헛되이 시일을
지체하여 힘을 못 쓸 지경에 이르러 전쟁을 강요당하면 이
미 어찌할 도리가 없습니다.

천황 그래, 알았다.(기분이 풀리셨음)

고노에 내일의 의제를 변경할까요? 어떻게 조처할까요?

천황 변경할 것 없다.[55]

나가노의 논리를 납득할 수 없었던 고노에는 천황에게 방침을 바꿀 마

지막 기회를 주었지만, 히로히토는 강경파인 나가노와 스기야마의 주장에 설득당해 이를 물리친 것이었다.

일본이 항복하고 나서 얼마 안 되었을 때, 나가노는 전시 동료들과 둘러앉아 이때의 일을 회상했다. 나가노는 그날 저녁 천황이 '여느 때와 달리 강경한 기색'이었음을 상기하며, 히로히토가 '국책'의 기본 방침을 재가하도록 강요당한 것이 아님을 내비쳤다. 게다가 '원안의 1항과 2항의 순서를 바꾸어 올리느냐 마느냐'를 질문한 것은 고노에가 아니라 나가노 자신이라고 말했다. 이에 천황은 "원안 순서대로 하라"고 답했다.[56] 대미 전쟁을 반대하는 고노에가 했든 찬성하는 나가노가 했든 질문 자체는 중요하지 않다. 문제는 그것이 전면적, 무제한적인 전쟁으로 나아가는 초읽기를 멈추거나, 늦추거나, 시간을 늘릴 기회임을 천황은 미묘하지도 않게 감지할 수 있었다는 점이다. 히로히토는 어떻게든 자신의 권한을 이용하여 군부의 전쟁 지지 세력에 불만을 표명하지 않고, 국력의 '급속한 저하론'을 인정하여 기한부 조건, 곧 특정한 조건이 갖추어지면 개전할 것을 지지했다. 전쟁을 지향하는 흐름은 그 기세를 더하게 되었다.

또한 천황은 정책에 결코 만족하지 않았다. 9월 5일 보고를 받으며 천황은 스기야마와 육군 통수부 전체에 조바심을 보였고, 통수부와는 다른 전략적인 생각을 가지고 있음을 드러냈다. 다음 나흘 동안 양자의 차이가 더욱 분명해지자, 히로히토는 국제정세가 여전히 여러 가지 가능성을 내포하고 있으므로 이 단계에서 공식적으로 전쟁을 결정하는 것은 시기상조라고 경고했다.[57]

이튿날인 9월 6일 오전 9시 40분, 어전회의 20분 전에 히로히토는 기도를 불러, 회의에서 몇 가지 질문을 할 생각이라고 말했다. 이에 기도는 "의문되는 중요한 점은 하라 추밀원장에게 질문하시는 것이 옳다"고 대답하고, "끝으로 이번 결정은 국운을 건 전쟁으로 이어지는 중대한 결정이므로 통수부도 외교 공작을 성공시킬 수 있도록 전폭적인 협력을 해야 한다는 의미로 경고를 하시는 것이 가장 적절하다"고 했다.[58]

그날 어전회의의 주제는 전쟁 준비 일정과 전쟁 개시를 최종 결정하는 시기에 관한 것이었다. 스기야마는 천황의 하문에 대한 '예상 문답집'을 미리 준비해 가지고 있었으며, 그가 회의 중에 그것을 소개했을 가능성도 있다. 이 자료에서 두 가지 사실이 분명해졌다. 하나는 미국을 쳐부수는 것은 불가능하다는 것이고, 또 하나는 그렇기 때문에 대미 전쟁이 언제 끝날지 예상하는 것 역시 불가능하다는 것이었다. 그러나 만약 남방 작전에서 대승할 수 있다면 영국은 패하고 큰 타격을 받을 것이라고 했다.

영국의 굴복 등에 기인한 미국 여론의 대전환에 따라 전쟁의 종말이 도래하지 않으리란 법은 없다. 어찌 됐든 남방 요지를 점령하여 전략상 우위 태세를 확립함과 함께, 남방의 풍부한 자원을 개발하고 동아시아 대륙의 경제력을 이용하여 장기 자급자족의 경제 태세를 정비함과 동시에, 독일·이탈리아와 제휴하고 미·영의 결합을 파괴하며 아시아와 유럽을 연결하는 등에 의해 불패의 태세를 확립할 수 있도록, 그간의 정세를 유리하게 이끌어 전쟁 종식으로 나아갈 수 있다는 희망을 보아야 할 것이다.[59]

공식 설명을 듣고 마침내 히로히토는 승리에 대한 낙관적 전망도 없이, 장기전이 어떠한 추이를 보일지 생각도 하지 않고, 걱정스럽게 「제국국책수행요령」을 재가했다. 참석자 전원은 이제 10월 하순까지 미국, 영국, 네덜란드를 상대로 하는 전쟁 준비를 마쳐야 했으며, 10월 상순의 어느 날까지 워싱턴 협상을 통해 뜻하는 바를 이룰 희망을 얻지 못하면 전쟁 개시 결정을 내려야 했다.

이러한 시기에도 히로히토는 여유가 있었다. 9월 6일 어전회의가 끝나기 직전에도, 전쟁이냐 평화냐 하는 문제에 대한 자신의 우려를 불식하게끔 외교에 좀 더 시간을 주도록 통수부에 협조를 요구한다고 (기도와 사전 조정한 대로) 언명했다.[60] 그는 "두 통수부장의 의견은?" 하고 묻고, "통수부의 답변이 없어 유감이다" 하고 말했다. 그리고 주머니에서 종이를 꺼내 그 유명한 메이지 천황의 와카和歌를 낭송했다. "사해 바다는 다 같은 형제인데 이 세상 풍파는 어찌 이리 거센고."[61] 천황이 낭송을 마치자 군령부 총장과 참모총장은 외교를 우선시하겠다는 뜻을 말했고, 회의는 긴장된 분위기로 끝났다.

메이지 천황은 러일전쟁을 시작하면서 전쟁의 결과에 대한 불안을 담아 와카를 지었다. 이듬해 메이지 천황은 운 좋게도 승리를 축하하는 노래를 낭송할 수 있었다. 메이지 천황이 지은 와카는 승산에 대한 불안감에 그 뿌리를 두었다.[62] 히로히토가 전면적으로 협력하지 않는 양쪽 통수부장에게 이 와카를 읽어준 뜻은, '이 세상 풍파는 어찌 이리 거센고' 라는 물음으로 강력하게 전달되었다. 어전회의가 끝날 때 양 통수부는 자신들이 추진하는 이중 노선의 결과에 대한 대비가 잘 되어 있는지 천황이 염려하는 것을 눈치 채고, 외교에 비중을 두겠다고 약속했다. 그리고 다음 며칠 동안 통수부는 육해군의 불일치에 대한 천황의 염려와 전쟁 준비가 불충분하지 않은지, 그리고 너무 서둘러 행동하는 것이 아닌지 하는 천황의 의심을 풀려고 애썼다.

9월 9일 스기야마 육군 참모총장은 남진 작전의 상세한 내용을 히로히토에게 보고했다. 천황은 재차 소련에 대한 안심 보장을 요구하여 "북방의 중압에 어떻게 대처할 것인가?" 물었고, 스기야마는 이렇게 답했다.

스기야마 남방으로 진군을 시작한 이상 이를 달성할 때까지 좌우 돌아볼 것 없이 매진할 필요가 있습니다. 또 그렇게 하시도록 부탁드립니다. 단 북방에 일이 생기면 중국에서 병력을 끌어다 쓰기라도 하고, 중도에 남방 진군을 포기해서는 안 됩니다.

천황 이제 안심이 된다. 중국에서 병력을 추출하는 것은 큰 어려움이 있지 않겠는가?

스기야마 그렇게 되면 중국 방면에서 힘이 약해지기 때문에 전선 축소나 그 밖의 것도 해야 한다고 생각합니다. 이 일은 연간 작전 계획에서도 고려하고 있습니다. 그래도 중국 쪽은 걱정하지 않으셔도 됩니다.[63]

이튿날 스기야마는 다시 천황에게 상주하면서 재차 남진 작전 동원에 대해 하문을 받았다.

천황 동원을 해도 좋다. 허나 고노에-루스벨트 회담이 잘되면 그만두겠지?

총장 그렇습니다.

천황 또 한 가지 묻겠는데 남쪽을 치고 있을 때 북쪽은 쳐들어오는 일이 없겠는가?

총장 절대 그럴 리 없다고는 말씀드릴 수 없습니다만 계절 관계상 대부대가 쳐들어오는 일은 생각할 수 없습니다.[64]

9월 6일에 천황이 주저했던 대미 전쟁은 겨우 3일 뒤 양면 작전보다 덜 중요한 문제가 되었다.

며칠 뒤, 이미 대미 작전계획을 세우고 있었던 연합함대사령장관 야마모토 이소로쿠山本五十六는 나날이 의기소침해지는 고노에 수상을 방문했다. 그들의 회담 '기록'(한 달도 더 지난 다음 작성되었다)에 따르면 야마모토는 고노에에게 다시 자신감을 불어넣으려고 했다. "(미국과) 국교를 조정하는 데 육군은 어떨지 모르겠으나, 해군에 대해 불안이 더해간다면 걱정하지 않아도 됩니다. 이번 전쟁은 장기 게릴라전이 될 것이며, 야마모토는 직책을 게을리한 채 기함 내에 한가하게 앉아 있는 일 따위는 하지 않을 것입니다" 하고 야마모토는 고노에에게 말했다. 야마모토는 전 함대를 투입하고, 특히 비행기와 잠수함을 중용하여, 속전속결로 결판 짓고자 가능한 모든 것을 할 작정이었다. 그러면 초전에 이기든 지든 장기적 소모전은 피할 수 있을 것이다. 의기소침한 수상을 격려하려고 했던 이 최고위급 사령관의 말로 미루어 보면, 두 사람 모두 고노에와 루스벨트의 해상 회담이 실현될 가능성을 여전히 믿는 듯했다. 고노에는 외교적인 타개책을 바라면서도, 루스벨트와 만나더라도 아무런 소득 없이 전쟁이 시작되지 않을까 걱정했다. 야마모토는 연막전술을 쓰도록 제안했다.

"그러나 만약 희망을 말하자면, 해상 회담이 설령 결렬된다 해도 본색을 드러내지 말고 흑백을 분명히 말하지 말고 일말의 여유를 남겨놓고 돌아와야 합니다. 그러면 함대는 그 순간부터 행동을 개시해야 할 것입니다."[65]

그러나 고노에는 제국 일본을 돕기는커녕 질식시키려고 하는 미국 대통령과 회담할 생각에 골몰한 것이 아니라, 오히려 사임을 생각하고 있었다. 9월 26일, 고노에는 9월 6일 결정한 최종 기한이 다가오는 와중에 기도 내대신에게, 만약 군부가 10월 중순에 개전을 고집한다면 자신은 진퇴를 생각하겠다고 고충을 토로했다.**66**

히로히토가 미국과 관계를 '조정하는' 최종 기한으로 정한 10월 상순은 협상에 아무런 진전을 보지 못한 채 지나갔다. 10월 13일 천황은 기도에게 "작금의 정황으로는 일미 협상이 성립할 희망이 점차 엷어지는 것 같다. 만일 개전한다면 이번에는 선전 조칙을 발표해야 한다고 생각한다"고 말했다.**67** 다음 날 고노에는 마지막 각의를 열었다. 도조 육군대신이 가장 많은 말을 했다.

> 국교 조정은 지난 4월부터 6개월간 계속되었고, 그사이 외상이 상당히 노력하고 고심했다는 것에는 경의를 표하나 이제 막바지라고 생각합니다……. '10월 상순경에 이르렀을 때에도 외교 협상으로 우리의 요구가 관철될 전망이 보이지 않을 경우에는 곧 대미국, 영국, 네덜란드 개전을 결의한다'고 했는데 오늘은 10월 14일입니다. ……수십만 병력을 동원하고 중국과 만주에서도 이동하고 있습니다. 배도 200만 톤이나 징발하여 모두에게 폐를 끼치고 있지만, 이만한 병력을 이동하고 있습니다. 이렇게 이 자리에서 이야기하는 지금도 군대는 움직이고 있습니다. 만약 외교상 타결 방법이 있다면 이를 중지하는 것이 좋겠습니다. 아니 그만두지 않으면 안 됩니다……. 〔우리에게 주어진, 인도차이나와 지나〕 철병 문제는 심장입니다. 철병을 무엇이라고 생각합니까? 육군으로서는 중대한 문제입니다. 미국의 주장에 그대로 굴복한다면 지나사변의 성과를 무너뜨리는 셈이 됩니다. 만주국도 위험해지고 더욱이 조선 통치도 위험해질 것입니다.**68**

이틀 후 10월 16일 고노에는 사임했다. 스스로가 관여한 국책 문서에서 설정한 기한의 희생양이 된 셈이다. 만주사변 이후 고노에는 반미 친독을 소리 높여 주장했다. 1941년 1월 21일 국회 비밀회의에서 그는 '독일의 승리'를 단언했다.[69] 그러나 이번에 고노에는 독일의 패전을 확신하고, 뿐만 아니라 육해군 상층부가 일본의 승리를 약속할 수 없다는 것도 확신했다. 워싱턴과 협상하여 일본에 대한 국제적인 압력을 마감하려 했던 고노에의 정책은 정부와 군부 내 친추축파의 반발을 샀다. 천황과 기도가 도조, 스기야마, 나가노의 개전론을 지지하고 천황은 이미 자신을 신임하지 않는다는 사실을 깨닫자, 고노에는 무대에서 내려올 결심을 굳혔다.

수상으로서 고노에의 마지막 공식 활동 하나는 도조와 손잡고 히가시쿠니노미야를 차기 수상으로 천거한 것이었다. 많은 사람들이 히가시쿠니노미야라면 육해군 양쪽을 통제하고, 국민의 통합을 높은 수준으로 확보할 수 있으리라고 믿었다. 그러나 히로히토는 예전과 같은 이유, 곧 황실의 장래를 쓸데없이 위험에 처하게 하고 싶지 않다는 이유로 이를 거부했다. 나중에 히로히토는 '육군의 요구를 물리치고 도조에게 내각을 구성하게 했을 따름'이라고 스스로 인정했다.[70] 물론 도조는 천황이 바라던 인물이며, 천황은 이제야말로 자신이 고른 인물이 문제를 해결할 것이라고 믿었다. 고노에는 사직서에서, 미국과 평화적 관계를 유지하기 위해 중국에서 철수해야 한다고 도조에게 네 차례 이야기했으나 도조는 철수하는 것도, 철수하는 목적도 반대했다고 지적했다. 천황의 '신하'로서, 고노에는 중국 문제를 해결하지 않은 채 앞길이 보이지 않는 새로운 대전에 돌입하는 일을 책임질 수 없었다. 히로히토는 고노에의 사임을 받아들이고 육군대신을 지지했다. 이로써 히로히토도 육군의 사기를 유지해야하며 군대 철수는 중일 관계 문제를 해결하는 방책이 아니라는 것, 미국

에 양보하면 미국을 더욱 오만하게 만들 뿐이라는 도조의 주장에 손을 들어주었다.[71]

　후계 수반을 정하는 중신회의가 궁중에서 열렸다. 육군의 하야시 전 수상, 아베 전 수상의 지지를 얻은 기도는 도조를 추천했지만 해군의 오카다 전 수상은 이를 거부했다. 기도는 도조가 전쟁 결정 기한을 철회하고 대미 관계의 문제점을 전면 재검토할 것이라고 설득했다. 기도는 도조가 전쟁을 피하기 위해 국책을 재검토해야 한다고는 말하지 않았다. 왜냐하면 천황은 결코 전쟁 회피를 명령하지 않았기 때문이다. 또한 도조가 재검토한다는 것이 어전회의에서 9월 6일 내린 결정보다 우선할 만한 방안을 다시 살핀다는 뜻도 아니었다. 기도는 결코 그렇게 말하지 않았다.

　이리하여 육군에서 가장 강경한 전쟁 추진론자이며 중국 철수를 반대하는 유력 인물인 도조 히데키 육군대장이 중신들의 동의를 얻어 추대되었다. 그날 늦게 히로히토는 망설임 없이 도조를 자신의, 그리고 국민의 새로운 수상으로 삼았다. 도조는 수상 선임 소식을 듣고 "다리가 후들거리고 뭐가 뭔지 모르게 되었다"고 비서에게 말했다.[72] "호랑이 굴에 들어가지 않으면 호랑이 새끼를 잡을 수 없겠지." 열흘 뒤 히로히토가 기도에게 흘린 말이었다.[73] 천황과 기도, 그리고 그 측근들은 이제는 전쟁을 피할 수 없다고 믿었다. 도조를 임명한 날 다카마쓰노미야는 일기에 감회를 털어놓았다. "드디어 개전이 결정된 것 같다. 그리고 개전은 이미 비상한 노력 없이는 되돌릴 수 없는 추세다. 하지만 우리의 의도를 알릴 필요가 없었는데 섣불리 알리고 말았다. (고노에 내각의) 총사직은 참으로 난처한 일이다. 지금 문제 상황에서 우리는 그저 잠자코 있어야 한다. 아무런 노력을 기울이지 않아도 전쟁은 시작될 것이다."[74] 루스벨트 정부 내의 많은 사람들도 같은 생각을 했다. 고노에가 물러나고 도조가 권좌에 앉은 것은 전쟁 개시 의사를 확실히 증명하는 듯 보였다.

고노에 내각의 서기관장 도미타 겐지富田健治는 나중에 사임을 둘러싼 정황에 대한 고노에의 회상을 기록했는데, 여기서 고노에는 히로히토에게 명백한 잘못이 있음을 암시했다.

> 폐하는 물론 평화주의자로 어디까지나 전쟁을 피하고 싶은 마음이었음은 분명하나, 내가 총리대신으로서 폐하께 오늘 개전의 불리함을 말씀드리자 그것에 찬성하셨다가 다음 날 어전에 나가자 "어제 그대는 그렇게 얘기했지만, 그처럼 걱정할 것도 없다"고 말씀하시고 약간 전쟁 쪽으로 기울어져가셨다. 그다음에는 더욱 전쟁론 쪽으로 기울어지셨다. 곧 육해군 통수부 사람들의 의견이 개입되어, 군의 일은 총리대신은 모른다. 자신이 더 잘 안다고 하는 마음이셨던 것으로 생각된다. 따라서 통수에 대해 아무런 권한이 없는 총리대신으로서 유일한 버팀목이신 폐하가 이렇게 나오시니 도저히 어찌 해볼 도리가 없었다.[75]

천황은 피로 물든 2차 세계대전의 기나긴 길에 들어선 어느 날, 도조에 대해서는 충실히 보필한다며 칭찬하고, 대미 전쟁을 막으려고 했던 고노에에 대해서는 '확고한 신념과 용기가 부족하다'고 평했다.[76] 그런데도 전후 전범 용의자로서 천황이 아니라 고노에가 체포된 것은 참으로 아이러니한 일이다.

IV

10월 17일 꾸려진 도조 내각은 업무를 파악하는 동안 모든 중요 안건을 천황에게 보고해야 했다. 가야 오키노리賀屋興宣가 대장상, 도고 시게노리東鄕茂德가 외상이 되었다. 두 사람 다 그 후 2주 동안 대미 전쟁의 승산에 대해 극히 비관적으로 되어갔지만, 미국에 일방적으로 양보하여 동의를 구할 마음도 없었다. 정말로 자신들의 신념에 반하는 일이라면 사임하고 내각을 엎어버리겠다고 대놓고 으르면서 반대할 수도 있었을 텐데 그들은 한 번도 그렇게 하지 않았다.

11월 1일, 「제국국책수행요령」의 개정을 결정하기 위해 연락회의가 열렸다. 17시간에 걸친 마라톤 회의였다. 그 자리에서 도고는 개전 결정을 회피하고자, 육해군이 바라던 기한을 넘어서까지 대미 협상을 연장시키려고 했다. 결국 도고는 군부의 압력과 도조 수상의 주장에 굴복했다. 도조는 "국민은 어려움이 닥치면 긴장한다고 믿는다. 러일전쟁도 승산 없이 시작되었지만〔압록강 전투 이후 1년을 버텨〕결국 이겼다"고 주장했다.[77]

도고는 "단기전으로 끝날 전망은 없다…… 모두 확실한 방법이 없다고 한다"고 받아쳤다.[78] 그러나 연락회의가 끝난 뒤 도고는 대미 협상 중단 일정을 놓고 육해군과 협력하며, 외교상의 기만책을 썼다. 그 후 도고는 미국에 의미 있는 양보를 해야 한다는 노무라 주미대사의 요청을 거듭 뿌리쳤다.

11월 2일 도조와 통수부의 나가노 군령부 총장, 스기야마 참모총장은 앞서 결정된 국책에 대해서 천황에게 보고했다. 도조는 자원 상황을 포함한 11개 항목에 대해 10월 23일부터 재검토하기 시작했지만, 결국 헛수고였고 귀중한 시간만 잃었다.[79] 천황은 만족하는 것 같았다. 그는 최선을 다했다고 여겼던 것이 틀림없다. 이제 천황은 전쟁 개시 결정을 재가하기 위한 구실을 얻은 것이다. 다음 단계가 임박했으나, 천황은 한 가지 조건을 더 정립할 필요가 있었다. "〔전쟁의〕 대의명분이 무엇이라고 생각하는지" 천황은 도조에게 물었다. 히로히토는 군과 내각의 지도자들과는 전혀 다른 자신의 공적 이미지를 지키고자, 또 그보다는 다가올 전쟁에 온 국민의 지지를 받는 문제를 더욱 고려하여, 충신 도조에게 되도록 가장 그럴듯한 전쟁의 명분을 생각해내라고 명했다. 도조는 "목하 연구 중이므로 곧 올리겠습니다" 하고 대답했다.[80]

이날 히로히토는 도조에게 놀랄 만한 제안을 했다. 전쟁을 끝내기 위한 마지막 행동을 제어하고 예측할 수 있도록 행동 계획을 준비해두라고 하면서, 바티칸에 있는 '로마 교황'과 연락하라는 것이었다![81] 도조는 재빨리 이를 행동으로 옮겨 그 충성심을 증명해 보였다. 그러나 11월 15일 평화 이행 계획으로 연락회의에서 정식 채택된 것은 아직 시작도 하지 않은 전쟁(기껏해야 무승부로 끝날 전망인 전쟁)에서 일본과 독일이 먼저 대승을 거두면 전쟁을 끝낼 기회를 찾는다는 시나리오 정도에 그쳤다.[82] 그래도 히로히토는 그것에 만족했다.

11월 8일 히로히토는 진주만 공격 작전에 대해 상세한 보고를 받았다. 15일에는 전쟁 계획의 전모와 세부 사항을 받아 보았다.[83] 완성된 최종 계획의 유일하고도 가장 중요한 특징은 제1단계로 남태평양에서 해상 공세를 완수하면 지구전에 필요한 자급자족 경제를 지키는 '난공불락'의 군사 체제가 확립된다는 가설이었다. 이를 제외하고는 지구전 단계에서 전쟁을 이끌 아무런 장기적, 구체적 계획이 존재하지 않았다. 공세 단계에 대해서는 육군과 해군이 서로 다른 전략과 목표를 두고 있었다. 그때 그때의 상황에 맞춘 생각이 개전 결정에 이르는 정책 형성 과정을 지배해버렸다. 그 때문에 알 수 없는 미래의 여건과 상황에 전략을 맡겨버린 셈이 되었다. 초기 공격을 언제 어디서 끝낼지도 계획하지 않았다. 이렇게 명백한 결함이 있는데도 대원수 히로히토는 이를 재가했다. 이는 나중에 태평양에서 일본이 수세 작전으로 옮아갈 때 치명적으로 늦장을 부리게 되는 계기로 작용했다.

다음과 같은 전반적인 작전 설명은 주목할 만하다.

"본 기습 작전은 오케하자마桶狹間 전투에 견줄 만한 대단히 대담한 작전으로, 그 성패는 본디 전운에 좌우되는 경우가 많습니다. 기습 당일 적 함대가 정박 중이면 전함 및 항공모함 각 두세 척을 격침하는 일이 있을 수 있습니다."[84]

육해군 통수부의 총장 겸 기획원 총재 스즈키 데이이치鈴木貞一는 통계상의 근거를 제시하면서 일본 전쟁사에서 솔깃한 예화를 끌어다 붙였다. 이렇게 하여 지구전에 대비한 현실적인 계획이 없을지라도 싸울 수 있을 뿐만 아니라 만족스럽게 전쟁을 끝낼 수 있다고 히로히토를 납득시켰을 것이다.

천황은 11월 3일 통수부와 의논하고 나서, 4일 정오가 다 될 무렵 기도에게 작전상 두 가지 문제가 여전히 마음에 걸린다고 말했다.

> 태국을 침입하는 경우에는 대의명분을 분명히 할 필요가 있다고 생각한다. 이에 대한 연구는 어떻게 되는가? 호주에 기지를 둔 항공기와 잠수함의 반격에도 석유의 획득·수송을 지장 없이 실행할 수 있는가 없는가? 이에 대한 방책은 무엇인가?[85]

이는 실로 중대한 질문이며, 남태평양에서 일본이 지닌 전략적인 취약점을 꿰뚫은 히로히토의 예리한 직감을 드러낸다. 영·미의 항공기와 잠수함 공격으로 일본의 해상 교통로에 구멍이 생긴다면 장기전 전략은 금이 가게 된다. 또한 천황의 이 질문은 그가 절차와 전술의 세세한 면에는 민감하지만 큰 문제는 놓치는, 최고사령관으로서 매우 위험한 습성이 있음을 보여주었다.

이날 오후 히로히토는 선례를 깨고 군사참의관 회의에 처음으로 참석했다. 천황은 3시간 반 동안 히가시쿠니노미야, 아사카노미야, 데라우치 히사이치寺内寿一 남방군총사령관, 야마다 오토조山田乙三 육군대장, 도이하라 겐지土肥原賢二 육군대장, 오이카와 고시로及川古志郎 해군대장, 요시다 젠고吉田善吾 해군대장이 통수부와 도조 수상에게 하는 질문을 묵묵히 앉아서 들었다. 히로히토가 이 회의에 참석한 목적은 후일 작성될 국책 문서를 재가하기에 앞서 그 문서에 최대한 권위를 부여하는 데 있었다. 그날 밤 다네무라 스케타카種村佐孝 대본영 전쟁지휘반장은 제20반의 기밀 일지에 "폐하는 극히 만족하셨다니 이로써 국가의 결의는 더욱더 공고히 되고 좋은 결과를 낳을 것이다" 하고 써 넣었다.[86]

11월 초순 다른 자리에서 히로히토는 두 통수부장과 함께 다시 전쟁 계획을 점검했다.

천황	홍콩은 말레이시아 작전의 개시를 확인하고 나서 치겠다는 것을 알겠다. 중국의 외국인 조계는 어떻게 할 것인가?
스기야마	조계 접수 및 교전권 발동은 목하 연구 중입니다.
천황	조계는 홍콩 다음에 치겠지?
스기야마	그러하옵니다. 다른 방면으로 하면 말레이시아 기습은 실패하게 됩니다.

천황	조계는 언제쯤 칠 건가?
스기야마	외교와도 관계가 있어 차후에 다시 말씀드리겠습니다. 그러나 먼저 치는 일이 없도록 충분히 주의하겠습니다.
천황	몬순 때문에 상륙이 곤란해진다고 말했는데 12월에도 상륙할 수 있겠는가? ······해군의 개전 예정일은 언제인가?
나가노	12월 8일로 예정되어 있사옵니다.
천황	8일은 월요일〔일본 시간. 하와이에서는 일요일〕아닌가?
나가노	휴일 다음 날 다들 지쳐 있을 때가 좋다고 생각합니다.[87]

11월 초순, 히로히토의 마음은 분명히 전쟁 쪽으로 기울어져 있었다. 그는 이제 대미 협상의 교착 상태 때문에 고심하지 않았다. 매일 이루어지는 통수부의 내주內奏 때 벌써 다음 어전회의에 제출될 국책 문서의 내용을 승낙했다. 군사참의관 회의에서도 개전을 승낙했다. 이것들은 국가의 사활이 걸린 매우 중요한 문제였는데도 내각이 심의하기도 전에 결정이 내려졌다.[88]

11월 5일 어전회의 내용은 언론에 보도되지 않았지만, 히로히토는 '작전 준비를 완비'할 것, 그리고 12월 1일 자정을 기해 대미 외교 협상을 중단할 것을 재가하여 사실상(최종 단계는 남았지만) 전쟁 개시를 결정했다.[89] 협상은 다음의 갑안甲案과 을안乙案을 바탕으로 추진되고 있었다.

갑안은 육군이 지지하는 안으로 11월 7일 미국 쪽에 전해졌다. 일미 협상 초기 단계에 나온 안건들을 수정하여 상호 간의 의견 차를 완전히 해결하려 한 것으로, 중국 내 주둔 문제, 중국 내 무역장벽 금지 원칙, 삼국 동맹에 대한 해석이 포함되어 있었다. 이때 육군은 화북과 몽골 등 한정된 지역에 일정 기간만 병력을 배치하고, 삼국동맹에 따라 자동으로 참전할 생각은 없음을 드러냈다. 무역 자유화에 대해서 도고는 중국만이 아니라 가능하다면 전 세계, 곧 서구 제국의 식민지에도 적용할 것을 조건으로 하자고 주장했다.

을안은 11월 20일에 제시된 것으로 중국에 대한 언급이 없고 단순히 잠정 협정을 요구했다. 을안에서 일본은 프랑스령 인도차이나 이남으로 더 내려가지 않고, 강화협정이 성립되면 인도차이나 남부에 있는 군대를 북부로 철수하겠다고 약속했다. 그 대신 재미 일본 자산을 동결하기 이전 상태로 일미 관계를 회복할 것, 항공용 가솔린 100만 톤을 공급할 것, 네덜란드령 동인도에서 일본이 원료를 얻을 수 있도록 지원할 것을 미국에 요구했다.[90] 을안과 갑안은 서로 짝을 이루는 것으로, 둘 다 11월 30일 자정을 협상 기한으로 못박고 있었다. 전쟁 준비의 마지막 단계 추진 결정이 내려진 뒤 쟁점을 해결할 시간은 겨우 수주일 남겨졌다. 결과는 예정된 것이었다.

5일, 기도는 일기에 이렇게 썼다.

오전 10시 반부터 3시 10분까지 어전회의가 개최되어, 미·영·네덜란드에 대한 방책을 결정했다. 3시 40분 도조 수상이 내 방으로 와서 남방군 편성 건, 구루스 사부로來栖三郎 씨〔전 주독대사―일본어판〕를 미국에 파견하는 것 등에 대해 이야기했다.[91]

같은 시기에 나가노 해군군령부 총장도 천황과 전쟁 계획을 상세히 점검했다. '대미·영·네덜란드 전쟁의 해군 작전 계획'은 전함 나가토長門 함상에서 연합함대사령부가 기초하여 지휘 계통에 따라 올려 보내기 전에 해군군령부로 직접 보냈다.[92] 히로히토가 진주만 공격을 최종적으로 재가했을 때, 그 자리에 동석한 각료는 한 사람도 없었다.

스기야마의 메모에 따르면 천황은 (시간, 장소, 각 지점의 공격 방법을 대략 다 알고서) 기밀 유지를 걱정했다. 히로히토는 공격 부대가 언제쯤 출격 태세를 갖출 수 있을지 알고 싶어했다. 나가노는 정확한 일시가 곧 정해질 것이라고 대답했다. 기밀 유지가 핵심이었으므로 너무 일찍 부대를 전진 배치하지 않도록 매우 조심해야 했다. 아무리 조심하더라도 이러한 대부대의 작전 기밀을 얼마나 유지할 수 있을지는 누구도 장담할 수 없었다. 여느 때처럼 소련의 반응을 우려하던 히로히토는 북방에서 소련이 눈치 채지 않도록 특히 조심하라고 나가노에게 주의를 주었다.

이어서 그들은 중국으로 관심을 돌렸다. 4년하고도 약 5개월 동안 중국과 싸워온 일본은 대부대 편제를 끝내, 장개석 군대를 타파할 잠재력을 가지고 있었다. 스기야마는 대원수 히로히토에게 이렇게 말했다. "의창(宜昌: 이창)〔장강 삼협(三峽: 싼샤)으로 가는 길목에 있는 큰 하항河港으로, 육군이 사천성(四川省: 쓰촨성)으로 진공하고 중경을 공격하는 데 중요한 곳이다〕에서 군사를 퇴각시키는 것은 이제 적절하지 않으므로, 일부 병력을 내지에서 증강해야 하지 않을까 생각하고 연구 중입니다." 그러나 히로히토의 의견은 달랐다. "의창에서 후퇴하는 것이 좋을 것이다."**93**

마지막 발언은 무언가 미심쩍다. 천황이 진정 무슨 생각을 했는지 몰라도 어쨌든 그는, 1940년 이후 무한의 제11군이 중경을 공략할 발판으로 여겨졌던 의창을 적어도 당분간은 제2선으로 물리기 바랐다. 천황은 일단 초기 작전이 성공을 거두면 의창으로 돌아올 가능성을 열어두었다. 물론 전략상의 근본 문제는, 일본육군의 절반 이상이 대륙에 묶여 꼼짝 못하는 처지인데도 히로히토와 통수부가 완전히 다른 전쟁에 새로이 국민을 끌어들이려 한다는 것이었다.

V

11월 5일 이후, 미국과 네덜란드령 동인도의 석유 확보를 겨냥하든, 중국 내 활동에 대한 간섭이나 동남아시아에 있는 일본 함대의 작전에 위협이 될 것 같은 행동을 영국과 미국이 그만두게 하려는 것이든 간에 일본의 모든 '협상'은 진실과 기만이 뒤섞인 것이 되었다. 몇 달에 걸친 협상 내용을 매우 자세히 알고 있었고 협상의 성공을 바라던, 히로히토를 비롯한 일본 지도층에게 이 협상은 대단히 중대한 것이었다. 히로히토는 을안에 희망을 걸었으나 동시에 을안으로는 성공하지 못할 것을 예감하고, 자신과 통수부가 최후의 준비를 마치는 그 순간까지 워싱턴의 시선을 붙잡아두기만 하면 된다고 생각했다. 루스벨트와 그 전략가들에게 협상은 일본의 약점을 드러내는 것과 같았다. 도쿄 쪽의 어떤 제안에 동의하는 것은 전체 미국인들에게 '유화책'으로 받아들여질 것이었다. 더 중요한 것은 미국이 일본과 타협하지 말라는 영국과 중국의 압력을 강하게 받고 있었다는 점이다. 루스벨트 정부는 일본의 군사적 위협을 심각하게 받아들이지 않았기 때문에 어떻게 대응할지도 깊이 검토하지 않았다. 미국은 그저 일본에 석유를 최소량 보장해주어 의견 차를 일시적으로 해결하고, 그리하여 반추축연합이 약체인 동안은 일본을 협상의 자리에 묶어두려고 했을 뿐이다.

미국의 헐 국무장관은 일본의 외교 전신문을 〔매직MAGIC이라는 시스템으로 방수傍受(통신을 직접 받는 사람이 아닌 다른 사람이 그 통신을 우연히 또는 고의로 수신함—표준국어대사전)하여, 암호를 해독해서〕 읽고 있었다. 루스벨트와 마찬가지로 헐은 새 도조 내각의 전쟁 일정과 동남아시아로 향한 일본군 부대의 이동을 알고 있었다. 11월 26일 헐은 도쿄 주재 대사인 그루Grew의 조언을 거스르고, 노무라 주미대사와 특사 구루스 사부로來栖三郎에게 「정책에 관한 상호 선언안」과 함께 잠정 협정이나 전술적인 지연보다는 포괄적인 합의를 지향하는 10개 항목이 담긴 문서를 넘겨주었다. 두 부분으로 이루어진 이 문서의 표지에는 '극비, 구속력 없는 시안strictly confidential, tentative and without commitment'이라고 쓰여 있었다. 두 번째 부분은 '합중국과 일본의 협정을 위한 기본 제안 개요Outline of Proposed Basis for Agreement Between the United States and Japan'라는 제목을 달았는데, 일본이 먼저 제안한 잠정 협정에 대해서는 일언반구도 없었다. 이 문서에서는 일본에 "중국과 인도차이나에서 육군, 해군, 경찰력 등 모든 병력을 철수"할 것을 요구했는데, 문서 전체에 여섯 군데 나오는 '중국China'이 구체적으로 어느 지역을 나타내는지는 정의되어 있지 않았다. 또한 만주에 대해서도 아무런 언급이 없었다. 협상 시작 단계부터 헐은 스팀슨이 채택했던 불승인주의를 포기했다. 헐이 최종 철수 기한을 명기하지 않았다는 것도 마찬가지로 중요하다. 한편 이 문서는 미합중국이 장개석 국민당 정부 외에 어떠한 정권도 지지하지 않음을 뚜렷이 밝혔다.

이 '헐 노트'—전후 일본에서 사용한 용어—는 27일 도쿄에 도착했다. 도조는 연락회의 석상에서 워싱턴이 '최후통첩'을 보내 왔다고 말하여 미국의 행동을 잘못 전달했다. 물론 도고는 헐 노트가 실제로 최후통첩은 아닌 줄을 알았다. 헐 노트에는 '시안'이라고 분명히 쓰여 있었고, 그 승낙 여부를 회답할 기한도 정해놓지 않았기 때문이다. 그러나 이 점에 대해 도고는 침묵을 지켰다. 나중에 추밀원에서도 헐의 각서는 그 표제부터가 미국의 최후통첩이라고 볼 수 없다고 지적하는 사람들이 있었다. 이러한 지적을 도고는 완전히 무시했다. 얼마 뒤 도고는 개전에 동의한다. 도고는 11월 초에도 미국이 장개석을 지원하지 못하게 해야 한다는 육군의 요구에 동의했다.

아마 도고는 헐 각서에 미국 식민주의의 오만한 정신이 서려 있음을 알아차렸을 것이다. 추상적인 여러 원칙에 근거한 미국의 강경 자세에, 도고는 방 안의 다른 사람들과 마찬가지로 안도했을 것이다. 이로써 일본은 이제부터 벌이려는 전쟁에 대한 도의적인 책임을 벗은 것이었다. 미국정부가 일본으로 하여금 '어쩔 수 없이' 자위전쟁을 선택하도록 만들었다, 우리는 자유의사로 전쟁을 하는 것이 아니다, 전쟁 개시의 방아쇠를 당긴 것은 '헐 노트'다, 이 미국 문서가 그것을 증명하리라.[94]

마쓰오카, 도요다, 도고 세 외상의 주관하에 이루어진 헐과 노무라의 비밀 회담 전 과정을 통해서 육군성, 해군성, 외무성은 서로 아무런 양보도 하지 않고, 의견 차이를 인정하지도 않고 어중간하게 얼버무리며 정책 결정을 해왔다. 3성 모두 서로를 견제했고, 특히 육군성은 뜻깊은 양보를 하거나 새로운 행동 방식을 제안함으로써 신뢰를 구축한 경우가 단 한 번도 없었다.[95] 세 외상은 모두 일본군의 중국 주둔을 보장한 꼭두각시 왕조명 정권과 기존에 맺은 '일화기본조약'에 집착했다. 더 중요한 것은 1941년 말까지 관료 조직 간의 대립과 분열은 결코 해소되지 않아, 그들은 정책 입안 체계에서 달리 운신할 수 없었다는 점이다. 오로지 전쟁만을 향해 움직일 수 있을 뿐이었다.

궁극적으로는, 이러한 지배체제의 기능이 마비되거나 완전히 무너지는 위험을 무릅쓰느니 전쟁을 확대하는 편이 천황과 기도를 비롯하여 각 세력에 더 이로웠다. 히로히토에게는 더욱 그러했다. 천황은 만주사변 이후 10년간 여러 차례, 얼마간 호전적인 행동을 취하지 않으면, 곧 '국체 명징'을 강조하지 않거나 반체제분자를 탄압하지 않으면 천황 지배 체제가 위태로워지고 나아가 천황제 자체가 훼손되지 않을지 우려를 표명해왔다. 히로히토에게 국내의 대립은 군주제 붕괴 위험이 따른다는 점에서 전쟁 확대보다도 위험한 것이었다. 전시 체제에서 일본의 의사 결정 과정은 주요 정책 결정자들이 국익보다도 관료와 기구의 이해에 따라 합의를 형성하는 것으로 이루어졌다. 그러면서 늘 조화와 일치 운운했다. 합의에 이르지 못했을 때는 불일치점들을 포장하여 애매한 정책 문서를 냈기 때문에, 그 문서에 따르면 모든 견해가 다 맞고, 상황의 여건, 전쟁 준비 상태, 그들의 독자적인 이해에 맞추어 최종 행동 방침을 결정하는 것이 용납되었다.

최후의 결정을 내릴 시간이 다가오자, 히로히토는 정부와 군부의 지도층에 마지막으로 한 번 더 모여 토의할 것을 요구했다. 11월 27일 항공모함 여섯 척을 포함한 일본의 기동부대는 쿠릴 열도 남부의 히토카푸 Hitokappu 만을 출항하여 하와이를 향했다. 같은 날 연락회의는 '선전에 관한 사무 절차 순서'를 결정했다.[96] 11월 29일 지도층이 궁중에 모였고, 천황은 그들의 의견을 들었다. 도조 수상과 각료들이 먼저 말했다. 이어 와카쓰키, 히로타, 고노에, 히라누마, 오카다, 하라, 하야시, 아베 등 중신들이 의견을 내놓았다. 미국의 압력을 견디면서 현상 유지를 하는 것이 좋다는 의견이 다수였지만, 개전 반대 의사를 적극 표명하는 사람은 아무도 없었다.[97]

11월 30일 다카마쓰노미야가 입궁하여, 제국을 또 다른 전쟁에 몰아넣으려는 형 히로히토를 말려보려고 했다. 다카마쓰노미야는 해군에 벅찬 일이라고 경고했다. 해군 지도층은 승리를 확신하지 못하여, 가능하면 대미 전쟁을 피하고 싶어했다. 둘의 회담은 겨우 5분 만에 끝났지만, 다카마쓰노미야는 헛된 수고가 되더라도 마지막 순간까지 정책 결정 과정에 자신의 목소리를 내려 했다. 이에 당혹한 히로히토는 기도에게 "대체 어쩌면 좋겠는가?" 하고 물었다. 기도는 "이번 결심(다음 날 결정할 것)은 한번 성단聖斷을 내리신 후에는 되돌릴 수 없는 중대한 것이기 때문에, 조금이라도 불안한 점이 있으면 신중에 신중을 기해 충분히 납득되도록 해야 한다고 사료됩니다"고 대답했다.[98] 이어 도조의 의견을 물은 뒤 히로히토는 해군의 최고위 지도자인 나가노와 시마다 시게타로嶋田繁太郎 해상을 불러 다시 한 번 검토했다. 두 사람은 작전이 성공할 것이라고 재차 장담했다. 다카마쓰노미야가 우려한 전쟁을 개시하고 2년이 지난 시점에서 해군의 자신감을 히로히토가 재확인했는지 여부는 알 길이 없다.

12월 1일 오후, 전쟁 초읽기로 나아가는 마지막 한 걸음이 디뎌졌다. 각료 전부를 포함하여 지도자 19명이 무거운 얼굴로 모였다. 천황은 방에 들어서자 늘 그랬듯이 금병풍 앞에 한 단 높게 설치된 옥좌에 앉았다. 그리고 회의가 시작되었다.

한 시간 동안 마주 보는 긴 탁자 두 개를 앞에 두고서 중앙의 천황을 향해 오른쪽에 앉은 이들부터 각자의 의견을 다 고한 다음, 하라 추밀원장은 천황을 대변하듯 내각과 군부 고관에게 질문을 던졌다. 하라는 "미국은…… '전(하라가 강조하고자 덧붙인 말이다) 중국에서 철수할 것'을 요구한다"고 헐 노트를 곡해하는 말로 입을 떼었다. 사실 헐은 '중국'이라고 했을 뿐이다. 하라는 "중국이라는 말에 만주국이 포함되는지, 이 점을 두 대사(노무라와 구루스)는 확인했는지, 두 대사는 어떻게 이해하고 있는지 묻고 싶다"고 말했다.[99]

도고는 26일 두 대사가 헐과 만났을 때에는 미국이 말하는 '중국'의 의미를 명확하게 밝히지 않았다고 대답했다.

원래 4월 16일 미국이 제안한 것에 만주국을 승인한다는 내용이 있으므로 중국에는 이것〔만주국—옮긴이〕이 포함되지 않겠습니다만, 말이 이번처럼 역전되어 중경정권을 유일한 정권으로 인정하고 왕汪 정권을 무너뜨리는 식으로 진행되어온 것을 생각하면, 앞 말을 부인하는 것일지도 모른다고 생각합니다.**100**

도고의 대답은 놀라울 정도로 모호하고 비논리적이었다. 협상 기간 중 헐은 만주 문제를 우선시하지 않았고, 그가 만주 철수 문제를 내세운 적은 한 번도 없었다. 또한 노무라도 헐과 '중국' 문제를 논의할 때 만주를 포함시킨 적이 없었다. 두 사람은 항상 만주를 중국과 구별했다. 또한 역사학자 스도 신지須藤眞志의 지적에 따르면, 만약 헐이 만주의 상황을 바꾸고 싶었다면 "만주 문제 그 자체가 일찍부터 협상의 중요한 대립 지점으로 부상했을 것이다."**101** 도고는 이것을 알면서도, 미국이 남경정부 승인을 거절해왔다는 이유로 헐 국무장관이 만주 철수를 요구하고 있다고 강조했다. 남경정부 불승인은 루스벨트와 헐의 일관된 입장이었다. 도고가 엉뚱한 대답을 한 뒤로 이 회의에 참석한 어느 누구도 이 만주 문제를 추궁하지 않았다. 왜냐하면 모두, 미국은 중국뿐만 아니라 만주 지역의 상황까지 바꾸려 한다는 잘못된 인식을 공유하고 있었기 때문이다.

하라는 1894~1895년 치러진 청일전쟁부터 1931년 만주사변에 이르는 역사적인 맥락에 전쟁 결정을 자리매김함으로써 통수부에 대한 질문을 매듭지었다. 하라의 의견은 헐의 제안을 받아들이느니 차라리 전쟁을 하는 쪽이 바람직하다는 것이었다.

만약 이를 참는다면 청일전쟁, 러일전쟁의 성과도 과감히 버리는 셈이 될 뿐만 아니라 만주사변의 결과도 포기하게 되니, 이는 절대 참아서는 안 되는 것입니다. ……그러나 제국의 존립마저 위협을 받고 메이지 천황의 공적까지 완전히 잃어버리게 되어, 이에 더 손을 써봤자 소용없다는 것은 분명합니다.[102]

하라가 발언을 마치고, 천황은 침묵을 지켰다. 그때 도조가 이야기를 꺼냈다. "일단 개전을 결의하면 저희들 일동은 이후 한층 더 보은에 성심을 다하고, 더욱 정전일치政戰一致의 시책을 주도면밀히 하며, 거국일체 필승의 확신을 다지고, 어디까지나 전력을 경주하여 신속하게 전쟁 목적을 완수하고, 기필코 폐하의 성심을 평안케 할 것을 맹세할 따름입니다. 이로써 오늘 회의를 마치겠습니다."[103]

이 마지막 '순간'을 스기야마 참모총장은 "폐하는 설명에 대해 하나하나 수긍하시고 조금도 불안한 빛을 보이지 않으시며, 기색이 밝아 보이시어 황공하고 감격스럽기 그지없었다"고 썼다.[104]

한편 궁중의 또 다른 곳에서 스기야마는 천황을 배알하고 12월 8일 공격 계획을 보고했다.[105]

12월 2일부터 8일, 곧 'X데이'까지, 일본 인민들이 아무것도 모르는 사이에 천황 히로히토는 통수부와 면담을 거듭하며, 시종무관들에게 방공 태세에 관해 묻고, 함대 편제를 점검하고, 전쟁 계획과 지도를 살피고, 여러 침공 지점을 향해 이동하는 전 부대의 동정을 보고받았다.

VI

사실상 히로히토가 천황이 된 뒤에 한 일들은 할아버지인 메이지 천황의 선례를 모조리 벗어났다. 10월 말에 작성하기 시작한 개전조서도 예외가 아니었다.

그때까지 개전조서에는 '국제법에 어긋나지 않는 한', '원칙적으로 국제조규 범위에서'와 같이 조심스러운 문구가 들어 있었다. 그러나 히로히토의 조칙에는 그러한 제약 조건이 포함되지 않았다. 하와이 진주만에 있는 미국 함대와 군사 시설에 대한 공습과, 영국령 말라야의 코타바하루 상륙이라는 두 가지 기습 공격을 동시에 실시하는 작전 계획에 맞추어야 했기 때문이다.

코타바하루에서 일본군은 말레이 반도 끝에 있는 싱가포르 점령을 목표로, 열대 우림과 산악 지대를 피해 말레이 반도 서해안을 따라 남쪽을 향해 진군할 예정이었다. 싱가포르는 동남아시아에 있는 대영제국의 급소이며, 네덜란드령 동인도의 자원으로 통하는 관문이었다. 일본군이 싱가포르로 향하려면 싱고라(송클라), 곧 태국 남부의 크라 지협에 있으며 코타바하루 북방에서 시암 만(오늘날의 타이 만─편집자)에 면한 전략적 요충지인 항구도시를 침범해 태국의 중립을 훼손할 필요가 있었다. 곧 남방 작전 전체는 미국과 영국, 두 강국과 한 소국─그러나 외교관계가 유효한 제3국─인 태국에 대한 국제법 위반을 전제로 했다. 이는 작전상 필수 요건이었고, 태국이 일본 편으로 참전할지도 불분명했기 때문에 천황과 도고 외상은 조서의 초안에서 국제법 준수 항목을 뺐다.[106]

공식적인 전쟁 목적인 '대동아 공영권'에 대한 언급도 피했다. (최종 개전 결정에 앞서 헐 노트가 도착하기 전) 11월 20일 연락회의에서는 외무성이 제출한 「남방 점령지 행정 실시요령」을 채택했다. 이 문서(의 원형은 외무성이 기초한 「남방전의 성격, 전쟁 목적, 전쟁 선언의 요지」로 추정되는데─일본어판)에서는 백인 지배와 식민 지배에 대한 "동아시아 민족의 해방"을 내세우면 전쟁 목적이

"이타적이 되어 국민에 대한 호소력이 약하고, 밖으로는 인종 간 항쟁으로 비칠 우려가 있으나, 그것을 비공식적으로 주장하는 것이라면 괜찮다"고 했다.[107]

천황이 개전조서를 작성하는 모든 단계에 적극적으로 관여하고, 별스러운 퇴고 과정을 거치게 한 데에서 그의 성품이 잘 드러난다. 내각서기관 이나다 슈이치稻田周一, 언론인 도쿠토미 소호德富蘇峰, 궁정 관리이자 한학자인 요시다 마스조吉田增蔵가 외무성의 문안 작성을 도왔다.[108] 내각의 문관들뿐만 아니라 육해군 군무국의 장교들도 조서를 퇴고하는 데 참여했다. 천황과 기도는 다양한 문안을 훑어보았다. 역사학자 오카베 마키오岡部牧夫가 현존하는 세 가지 초안—하나는 번호가 없고, 다른 것은 4안, 5안으로 번호가 붙어 있다—을 분석한 바에 따르면 조서는 10~11가지 원안을 바탕으로 만들어진 것 같다.[109] 기도, 도조, 도고, 천황은 이 과정에서 적극적인 역할을 했고, 히로히토의 주장에 따라 조서 문안에 몇 차례 중대한 수정이 이루어졌다.

그의 할아버지와 아버지는 스스로 평화를 희구하는 성품임을 꾸준히 내세워왔다. 히로히토도 젊었을 때부터 중요한 조칙을 통해 그것을 체현해왔다. 히로히토는 단 한 차례 선전 포고를 하면서도 평화라는 주제를 주의 깊게 되풀이했다. 예를 들면 "이제 불행하게도 미·영 양국과 전쟁을 시작하기에 이르렀다"는 말 뒤에 천황이 전쟁을 바라지 않는다는, 틀에 박힌 표현을 덧붙일 것을 명했다("참으로 부득이한 일이다. 어찌 이것이 짐이 바라는 바랴"). 이런 말은, 천황이 바라는 평화란 특정한 국가 사이가 아니라 세계의 광대한 영역에서 이루어지는 국제적인 평화임을 분명히 나타낸다.

둘째, 개전조서 마지막 줄에는 당초 "황도皇道의 대의大義를 전 세계에 선양할 것을 다짐한다"는 말이 포함되어 있었다. 천황은 육군의 「전진훈

戰陣訓」에 '황도'라는 부적 같은 말을 쓰는 데 이의를 달지 않았다. 실제로 1931년 이후 일본의 영토 확장에 관한 모든 행위가 황도라는 이름으로 이루어졌다. 그러나 히로히토는 모든 일본인과 전 세계에 보이려고 공들여 만든 개전조서에 제국 확대 이념이 표현되기를 바라지 않았다.[110] 그때문에 기도는 히로히토의 명에 따라 이 부분을 "제국의 광영을 보전할 것을 다짐한다"로 고쳤다. 말할 필요도 없이, 이렇게 고쳤다 해서 일본이 "자존자위를 위해" 아시아에 대한 영미제국주의의 지배를 물리칠 것이라는 조서 전체의 취지가 손상되지는 않는다.

이제 남은 절차는 신실하고 참된 입헌군주인 천황 히로히토가 내각의 조언에 따라 비로소 정책 대전환을 재가했다는 허구를 받치기 위해 국무대신이 개전조서에 서명하는 것이었다. 이 마지막 단계는 메이지 시대에 만들어진 일본의 무책임 체계에 근거한 것이었다.

도쿄 시간으로 12월 8일 동트기 전, 제국 육해군은 긴밀히 협조하여 싱고라와 코타바하루에 기습 공격을 개시했다. 한 시간여 뒤에는 방어가 철저한 진주만의 미 해군기지를, 몇 시간 뒤에는 루손 섬 중부에 있는 클라크 항공기지를 공격하여 아시아에서 부상하고 있는 미 제국주의의 거점을 가격했다. 이제 루스벨트 대통령은 미국의 안보에 부차적인 위험 요소라고 생각했던 나라와 원치 않던 전쟁을 치르게 되었다.

기도 내대신과 해군시종무관 조 에이이치로城英一郎의 일기에서 '대동아전쟁' 첫날 천황의 모습을 시시각각 따라잡을 수 있다. 조는 "01시 30분 말레이 부대 싱고라 방면 상륙 개시, 04시 30분 상륙 완료. 02시 30분〔도고〕 외상 배알, 루스벨트 대통령의 친서 올림"이라고 기록했다. (시종의 회상에 따르) 이 친서 때문에 천황은 당혹스러워한 것 같다.[111] 그리고 조의 일기는 계속된다.

04:00(일본 시간) 대미 최후통첩.

03:30   하와이 기습 성공.

05:30   싱가포르 폭격, 효과 심대. 다바오, 괌, 웨이크 공습.

07:10   이상 전황 개요 보고. 상해 방면에서 미 포함(砲艦, 웨이
             크) 포획. 영 포함(페트럴) 격침.

07:15~07:30 군령부 총장 전황 보고.

07:30   수상 배알, 선전조칙宣戰詔勅 내주内奏(07:00부터 각의閣
             議).

07:35   참모총장 전황 보고.

10:45   추밀원 임시 회의 참석.

11:00   선전조칙 발포.

〔11시 40분에 히로히토는 기도와 약 20분간 상의했다.〕

14:00   육해군 대신을 불러 육해군에 칙어를 내리심. 육군대
             신이 대표로서 답하다.

〔오후 3시 5분에 천황은 두 번째로 기도와 약 20분간 상의했다.〕

16:30   참모총장, 군령부 총장 동시에 배알. 일 · 독 · 이탈리
             아 3국 군사협정안에 대해 보고.

20:30   하와이 공습의 성과에 대해 군령부 총장 보고(전함 2척
             침몰, 4척 대파, 순양함 4척 대파).

오늘 하루 종일 해군복 차림으로 흐뭇하게 배알을 받으시다.[112]

대원수의 시련 ^{12장}

미국의 석유 수출금지 조치 때문에 일본은 군사적으로 궁지에 몰렸다. 히로히토가 중일전쟁의 패전을 인정하고 대륙에서 제국 판도의 대부분을 포기한다면 자신이 이어받은 천황 체제는 흔들리게 될 것이었다. 이러한 상황에 직면하여 히로히토는 제3의 대안, 곧 대영·미 전쟁을 선택했다. 히로히토는 군 최고 지도부 대부분이 그러했듯이, 이미 전 유럽을 석권한 독일이 영국에 승리를 거둘 것이라고 믿었다. 비록 생산력과 군사력 면에서 미국에 뒤진다 해도, 예정된 전략 계획이 신속하게 달성된다면 일본은 미국을 상대하여 적어도 힘의 균형을 이룰 수 있으리라 여겼다.[1] 결단을 내린 후, 히로히토는 기필코 승리하기 위해 전쟁을 총괄하고 통솔하는 데 전력을 다했다. 그것이 천황에게 가장 우선시되는 절대적인 소임이었다.

그러나 분산된 권력구조를 통합, 제어하고 내각과 통수부의 대립을 조

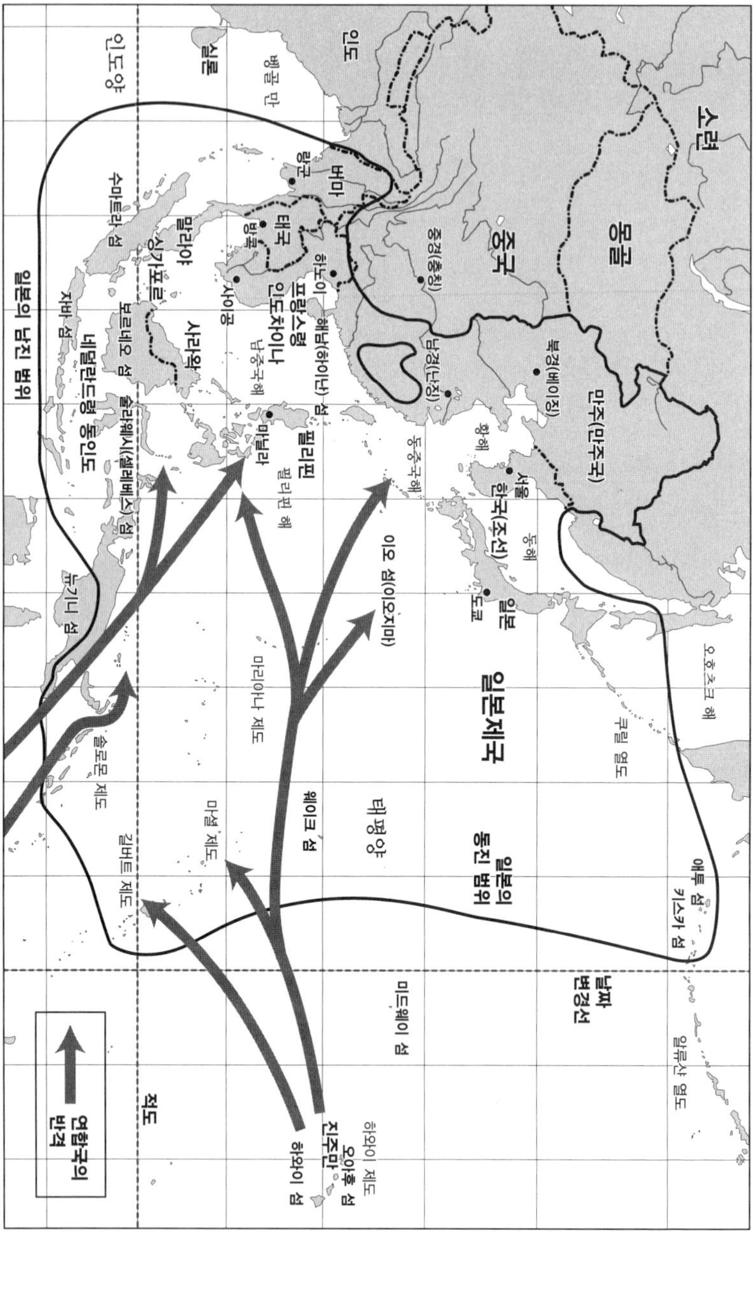

1941~1945년 태평양전쟁

정하는 데는 아주 강력한 통솔력이 필요한데, 히로히토는 그러한 자질을 충분히 갖추지 못했다. 생각을 정리할 때에도 지나치게 신중하고 느렸기 때문에 육해군의 대립을 극복하지 못했고, 그 때문에 육해군이 공통의 목적을 설정하고 공통의 노력을 기울이도록 이끌지 못했다. 이는 나중에 값비싼 대가를 치른다. 히로히토는 제국, 궁극적으로 황실의 이해利害에 대한 강한 책임감을 바탕으로 줄곧 통수부를 감독했다. 또한 그는, 본래 일본은 방어보다 공격에 뛰어나다는 통수부의 소신을 지지했다. 천성이 낙관적이기 때문에 군사 정세가 어려워져도 군이 열심히 싸운다면 이길 수 있다는 태도로 임했다. 한편 작전을 재가하기까지는 언제나 매우 신중했다. 그는 전황이 악화되거나 악화 조짐이 있음을 간파해낼 뿐만 아니라, 자신의 말대로 통수부가 조치를 취하지 않으면 어떠한 사태에 이르게 될지도 예측했다. 중일전쟁에서 좀처럼 승리를 얻을 수 없었기 때문에 히로히토는 무척이나 의심 많은 지도자가 되어, 참모본부가 지도하는 작전에 전폭적인 신뢰를 보내지 않았다. 때때로 천황은 매우 엄중하게 통수부의 잘못을 지적하고, 통수부가 지나치게 자신만만한 데 대해서도 비판했다.

다른 나라의 최고사령관과 달리 히로히토는 결코 전쟁터를 찾지 않았다. 그러나 그는 작전의 기획과 실행 양면에 관여하여 현지 작전에 중대하고 결정적인 영향을 미쳤다. 중일전쟁 초기 4년간 히로히토는 대본영에서 최상급 군사명령을 내렸고, 때로는 천황의 이름으로 전달될 결정을 내리는 회의에 직접 참석했다. 태평양과 중국의 전선에서 돌아온 육해군 장군의 배알도 꾸준히 받았다. 히로히토는 공식적으로 전선부대(나중에는 후방 조직에도)를 독려하고 포상했다. '천황의 말씀'과 그것을 전하는 칙사를 계속해서 전선에 보냈고, 전공을 세운 장교에게 칙어(미국 대통령이 사령관에게 보내는 표창장보다도 훨씬 명예롭고 권위 있는 것이었다)를 베풀었다. 히로히토는 칙어에 쓰인 낱말과 표현이 적절한지 주의 깊게 살피고 다듬었다. 그는 여러 기지와 군함, 육해군 사령부를 시찰했다. 군사학교를 시찰하고, 산업계의 지도자들을 접견하여 생산을 격려하고, 무기 개발에 대단한 관심을 보였으며, 국가를 위해 희생해야 한다는 생각을 온 국민에게 주입했다.

그러나 전시에 히로히토가 발휘했던 가장 큰 장점은 천성적인 과묵함과 자제심을 통솔력의 자질로 전환하는 능력이었다고 할 수 있다. 그의 카리스마는 차라리 인간적인 그의 품성과는 상관없이 천황이라는 지위 자체, 곧 근대에 들어서 순전히 허구적으로 만들어진, 황위의 혈통과 전통과 의무가 몇 백 년에 걸쳐 이어져왔다는 신화로부터 비롯되었다. 히로히토가 전쟁에서 살아남을 수 있었던 것은 그가 군주로서 꼭 필요한, 완고함에 가까운 끈기와 결단력을 여러모로 갖추었기 때문이다.

1889년 공표된 메이지 헌법을 입안한 이들은 히로히토처럼 완고하면서도 제도 변경을 용인할 줄 아는 천황이 나오리라고 예측하지 못했을 것이다. 어학문소의 교사들도 히로히토가 '대동아전쟁'을 시작하고 지휘하고—오랜 방황 끝에—종결지으리라고는 예측하지 못했다. 어쨌거나 대원수로서 군사대권을 쥔 이상 선전 포고와 전쟁 수행, 평화 실현에 대해서 천황은 최종 책임을 져야 하는 단 한 사람이다. 몇 세대 이전에 이토 히로부미와 그 동료들은 아직 태어나지도 않은 쇼와 천황에게, 천황의 지위에 있는 한 벗어날 수 없는 중책을 지운 것이다.

한편 천황은 종교의례—이것이야말로 황위의 본질이지만—도 수행해야 했다. 옛 천황 중에는 그 성가신 의무에 시달리느니 차라리 퇴위를 택한 이도 있다. 히로히토는 전시에도 제의에 집착했다. 또 신민이 낭송한 노래를 천황과 관료들이 평가하는 우타카이하지메歌会始정월 중순 궁중에서 열리는 그해 첫 어전 와카(和歌) 발표회—옮긴이 같은 연례행사도 계속 열었다.

히로히토는 국가의 운명과 국체 수호를 전쟁의 기치로 내걸면서부터, 신도의 신들에게 더욱더 가호를 빌게 되었다. 예를 들어 진주만을 공격한 지 약 1년이 지난 때에 내대신 기도 고이치가 쓴 일기를 보자.

12월 11일 (금) 맑음
오늘은 성상 폐하께서 이세신궁에 친히 참배하고자 행차하시는 날이다.(후략)

12월 12일 (토) 맑음
오전 6시 20분 교토 어소에 입궁. 폐하의 친배親拜 행차에 동행함. 6시 45분 교토 황궁을 출발, 7시 교토 역 발차, 도중에 쓰게柘植, 가메야마亀山 두 역에 정차, 10시 야마다山田 역 도착. 우선 외궁을 참배하시고, 이어 내궁 행재소行在所임금이 멀리 나들이 나왔을 때 머무르는 곳—옮긴이에서 점심 식사 후, 오후 1시 넘어 내궁을 참배하시다. 전시에 천황께서 친히 참배, 기원하심은 실로 미증유의 일로서, 깊으신 성심을 대할 때마다 황공하기 그지없다. 그 성대한 의식에 함께 참례하는 광영을 얻는 것은 신하 된 자로서 참으로 더할 나위 없는 영예다.[2] (후략)

아래는 해군시종무관 조 에이이치로 소령의 일기에 나오는 내용이다.

1942년 2월 11일 (수) 맑음, 당직
09:45~10:20 기원절紀元節 친배. 능기전(綾綺殿: 료키덴)에 폐하와 함께 머무름. 폐하께서 전선의 중간 보고문을 제사에 받들어 고하심.[3]

1942년 12월 12일 (토) 맑음

13:20 황태신궁皇太神宮에 참배하고 고하심. 삼엄한 기운이 가득하다.
폐하의 고문告文에서는, 여러 전선의 승리를 감사하고, 비상한 국난을
맞아 몸소 국민을 이끄시니 앞날에 신의 가호를 기원하시다.[4]

1943년 1월 28일 (목) 맑음

10:00~11:30 우타카이하지메 개최. 봉황실에 배석함. 양 폐하(천황과
황후—옮긴이)의 와카를 진심으로 감격하며 듣다.[5]

1943년 6월 30일 (수) 흐림

오늘은 요오리 의식節折の儀(6월 30일과 12월 31일, 백성의 죄나 부정을 씻어내고
자 궁중에서 제의를 거행하는데, 먼저 요오리 의식을 하고 이어서 오하라에(大祓)를 한다—
일본어판)을 했다. 성상께서는 최근의 전황 부진을 말끔히 씻어냈다고
무관장에게 말씀하셨다.[6]

천황이 수행해야 하는 신도 의식과 궁중의 연례행사를 히로히토는 정
해진 일과로서 적극적으로 받아들였다. 그의 성정에는 엄격한 질서가 잘
맞는 데다가 그것이 마음의 부담을 해소하는 수단이 되었기 때문이다. 그
러나 이 시대에 천황에게 가장 크게 요구되는 것은 대원수라는 역할에 걸
맞은 것들이었다.

I

도조 내각은 태평양 지역의 2차 세계대전을 '대동아전쟁'이라고 공식 호칭했다. 그것은 3년하고도 9개월에 이르는 전쟁이었다. 이 전쟁의 주요 무대는 제국해군과 해군항공대의 예상과 달리 남태평양과 남서 태평양이었다. 해군과 히로히토는 연합함대가 중부 태평양의 하늘과 바다에서 결전을 치를 줄 알았는데, 상황은 계획과 달리 대책 없이 진전되어 남태평양의 소모전이 확대되었다. 육해군은 예상치 못한 공격에 임기응변으로 때늦은 대응을 하느라 급급했고, 후퇴를 거듭하여 항공기와 숙련된 조종사, 병력과 군수품 수송 선단, 전투 함정, 그리고 지상부대 전체의 손실이 갈수록 커져갔다.

그리하여 남태평양 전투에서 26개월 동안(1942년 1월 파푸아뉴기니의 라바울 상륙 때부터 1944년 2월 말 철수 때까지─일본어판) 해군 항공기 전체 손실 대수(2만 6006대)의 3분의 1인 약 7500대와 숙련된 조종사 수천 명을 잃었다.[7] 또한 수십만 톤에 달하는 전투 함정이 침몰했다. 특히 상선과 해군 수송선들은 괴멸하다시피 했다. 1943년 말엽, 체스터 니미츠Nimitz, Chester William 장군 휘하의 미군 태평양함대는 드디어 중부 태평양에서 전면적 반격 작전을 개시했다. 일본은 하는 수 없이 방위 권역을 축소하고 남태평양의 무모한 작전으로 손실된 해군항공대를 재건하려고 필사적으로 노력했다.

애당초 히로히토와 일본 제독들은 전략적으로 잘못된 가정에서 출발했고, 주적에 대해서도 잘못된 판단을 내렸다. 육군참모본부는 소련에 초점을 맞추고 지상 전력의 대부분을 조선, 만주, 중국에 배치했다. 그리고 나중에 태평양의 밀림으로 뒤덮인 섬들이 주전장이 된 뒤에도 원격지의 밀림 전투에 대해 조사도 준비도 하지 않았다. 육군만큼은 아니지만 그에 못지않게 히로히토도 소련에 집착했다.[8] 그는 육군 통수부가 알기 전에 육군의 결함을 간파하고 바로잡으려고까지 했다.

1941년 12월 8일부터 1942년 1월 말까지 개전 후 두 달 동안, 히로히토의 '하문'을 바탕으로 진주만 이전에 준비한 전쟁 지휘 방침에 따라, 일본군은 동남아시아에서 취약하고 준비도 안 된 식민지군을 상대로 예정대로 거의 정확하게 작전을 전개할 수 있었다. 그사이 제국의 육해군은 연전연승을 거두었다. 진주만의 미국 함대를 거의 괴멸하고 12월 9일 싱가포르 앞바다에서 영국의 전함 프린스 오브 웨일스Prince of Wales 호와 순양전함 리펄스Repulse 호를 격침한 뒤, 일본의 조종사들은 이제 막 증강된 맥아더 공군의 대부분을 격추해 필리핀 정복을 개시했다. 괌 섬, 웨이크 섬, 홍콩이 잇따라 함락되었다. 육해군 합동 작전부대는 12월 16일 술라웨시(셀레베스) 섬을 점거하고 보르네오에 있는 네덜란드 석유기지를 점령한 뒤, 12월 말에는 필리핀 북부, 남부, 동부에 지상부대와 항공기를 배치했다. 1월 2일 일본은 맥아더가 무방비 도시open city군사 방비가 없어 국제법으로 외부 군대의 공격을 금한 도시. '개방 도시'라고도 한다─옮긴이를 선언한 마닐라를 점령했다. 맥아더는 선언의 이유로 표면상 시민 보호를 내세웠지만 마닐라를 방어하기에는 미군이 너무나 약체이기도 했다.

일본의 전격 작전에 연합국은 태세를 정비할 여유도 없었다. 일본의 해군항공대는 동남아시아와 필리핀에 있는 영·미군의 비행장을 점령하고, 진격을 착착 거듭하여 바다와 육상의 제공권을 확보했다. 네덜란드령 동인도의 자바 섬 진공을 목표 삼아 남서 태평양 방면으로 더 전진한 작전부대는 1월 22일부터 23일에 걸쳐 뉴브리튼 섬 라바울에 있는 오스트레일리아 해군기지와 비행장을 점령했다. 진주만 공격 전에 상정되었던 남태평양 방면 작전 목표의 대부분이 달성되었다. 남방의 중요한 전략 물자

산지들이 일본 수중에 떨어졌고, 당초 계획한 전쟁의 1단계가 마무리되었다.[9]

승전으로 기세가 오른 대본영은 박차를 가하여 적의 격퇴를 결의했다. 전쟁 종결에 대비해 면밀한 계획을 세우지도 '남진'을 멈추지도, 더 유연한 전략으로 전환하지도 않았다. 오히려 1월 29일, 대본영은 연합함대에 뉴기니 섬 동부의 영국령 요충지인 라에, 살라마우아, 포트모르즈비에 대한 공격을 명했다. 오스트레일리아를 고립시키고 궁극적으로는 공격하려는 계획의 첫걸음을 내딛은 것이다.[10] 2월 7일 천황은 대해령 제14호를 발령하여 연합함대에 인도네시아 남동부의 티모르 섬(포르투갈령―일본어판) 공략을 명했다.[11] 히로히토도 사령관들도 승리에 취해 있었다. 육해군 합동 작전부대는 2월 20일 티모르 섬의 포르투갈령과 네덜란드령을, 3월 5일에는 자바 섬 바타비아를 점령했다. 그 직후에 솔로몬 제도에서 가장 큰 섬인 부건빌 섬이 점령되자 오스트레일리아 방향의 미ㆍ영 해상 보급로가 위협받게 되었다.

3월 7일 대본영정부연락회의에서는 새로운 정책 문서를 채택해 태평양 공세를 급속히 확대하기로 공식 결정했다. 이 문서의 1항은 "영국을 굴복시키고 미국의 전의를 상실시키기 위해 계속 이미 획득한 전과를 확충하여, 장기 불패의 정전政戰 태세를 정비하고 기회를 보아 적극적인 방책을 강구한다"는 것이다.[12] 이튿날 뉴기니의 라에와 살라마우아가 점령되었다. 1942년 4월까지 일본은 멀리 영국령 인도에 속하는 안다만 제도와 니코바르 제도의 전략적 요충지를 장악하여, 말라카 해협에서 인도양 어귀까지 항로를 확보했다. 이에 인도양에 있던 영국 소함대는 아프리카 동해안으로 철수할 수밖에 없게 되었다.

그사이 동남아시아에서는 육군이 2월 15일 일찌감치 영국령 싱가포르를 점령했다. 태국에 집결한 육군 부대는 영국령 버마에 진공하여 3월 8일에는 랑군(버마의 중심 항구)양곤의 옛 이름-편집자, 4월 28일에는 라시오(버마로드 버마루트-편집자의 기점), 그리고 5월 1일에는 만달레이를 점령했다. 5월에 접어들어 남태평양 전선에서는 육해군이 솔로몬 제도 남부(과달카날과 툴라기 섬)로 진공하여 7월 21일에는 이미 홀란디아오늘날의 자야푸라. 인도네시아 영토인 뉴기니 섬 북쪽의 이리안자야 주 주도-편집자를 점령하고 뉴기니 섬 동쪽 끝에 있는 부나까지 장악했다. 6월 7일에는 알류샨 열도의 키스카 섬과 애투 섬에까지 수비대를 배치하여, 광대한 태평양 방어선의 북쪽 경계를 알래스카 방면으로 밀고 올라갔다.

남태평양 작전에서 승리를 거두는 사이, 필리핀에서는 지상전에서 처음에 매우 빠른 속도로 승승장구하는 듯했으나 머지않아 그 전개 속도가 느려졌다. 미군과 필리핀군은 마닐라 만에 면한 바탄 반도와 코레히도르 섬의 진지로 철수하여 머물렀다. 이 무렵 히로히토는 태평양 전선에서 진행되는 작전에 처음으로 중대한 개입을 한다. 루손 섬에서 공세가 정체되는 것을 우려하여, 천황은 부대를 증강해 신속하게 바탄 공략을 개시하도록 스기야마 참모총장에게 1월 13일과 21일 두 차례 압력을 가했다. 스기야마는 미군의 저항력을 과소평가하는 경향이 있었지만, 이번에는 미군이 바탄 반도에 갇혀 있으므로 일본의 남진에 위협이 되지 않는다고 정확한 판단을 내렸다.[13] 그러나 천황의 거듭되는 '하문'을 두 통수부장은 무시할 수 없었다. 1월 22일 식량, 탄약, 병력이 부족함을 무릅쓰고 일본군은 바탄 반도에 대한 공격을 재개했고, 통수부는 어느 정도 증원이 필요한지 검토하기 시작했다.

그 후 전투에서 포위된 미군과 필리핀군—약 8만 명에 이르는—은 일본군에 중대한 손실을 입혔다. 2월 9일과 26일, 히로히토는 바탄 작전에 대해서 다시금 스기야마에게 압력을 넣었다. 결국 맥아더 원수가 어뢰정과 B-17 폭격기를 이용해 오스트레일리아의 멜버른으로 탈출하고 나서 몇 주 뒤인 4월 9일, 바탄에 남겨진 장병들은 항복했다. 코레히도르 요새에 남은 이들은 그 한 달 뒤에 항복했다.[14] 바탄-코레히도르 방어전이 길어진 탓에 미국의 첩보기관은 일본군의 무선통신을 수신, 해독하고 분석할 수 있게 되어 뒤이은 산호해 해전과 미드웨이 해전에 대비할 수 있었다.

히로히토가 약 7만 8000명에 이르는 미군·필리핀군 포로를 학대한 일로 악명 높은 '바탄 죽음의 행진'에 대해 알고 있었는지는 단정할 수 없다. 그러나 히로히토는 바탄 함락 후 곧바로 포로 문제에 직면하게 되었다. 항공모함 호닛Hornet 호에서 출격한 B-25 폭격기 16대(모함에 귀환하지 않고 우호국인 중국의 비행장까지 갈 수 있는 연료만 탑재한)가 도쿄, 요코하마, 나고야를 공습했다. 바탄 함락 후 9일째인 4월 18일에 일어난 일이다. 공습 후 일본군 지배 지역인 중국 강서성(江西省: 장시 성)에 1기가 추락하고 절강성(浙江省: 저장 성)에 1기가 불시착하여, 제임스 둘리틀Doolittle, James Harold 중령 휘하의 탑승원 여덟 명이 붙잡혔다. 이들 미국인은 현지 사령관이 정한 '군율'에 따라 '비인도적 행위'로 유죄 판결을 받았으나, 곧 도쿄로 이송되어 육군성의 심문을 받았다.[15]

도조는 당초 미국이 재미 일본인들에게 보복할 것을 (당연히) 우려하여 미국인 포로들에 대한 사형 판결을 반대했다. 그러나 스기야마와 육군참모본부는 (공습으로 일본 민간인 약 50명을 희생시킨) 미국인들에 대한 본보기로서 여덟 명 모두를 처형하면 앞으로 공습을 당할 가능성이 줄어들 것이라고 주장했다. 특별히 육군성이 기초한 군율을 소급 적용하는 것으로 처형은 정당화되었다.[16] 그러나 히로히토가 끼어들어 다섯 명을 감형했다. 왜 다른 세 명에 대해서는 국제법을 어기고 처형하도록 천황이 허락했는지는 알 수 없다. 전쟁이 끝나자 일본인들은 포로에 관한 기록과 문서를 모두 없애버렸기 때문이다. 히로히토는 '자비'를 베풀고 싶었을지 모르지만 그것을 남용하지는 않았다. 어쩌면 그는 당시 이미 꽤 많은 국제법을 위반했기 때문에, 한 번 더 위법을 저지르는 것쯤은 딱히 문제 삼지 않았을지도 모른다.

게다가 바탄 공격을 촉구하고 '둘리틀 공습' 사건의 판결에도 개입한 천황은 버마와 중국에서 펼치는 작전에 깊숙이 관여하면서 여전히 이 방면이 주된 전선이라는 생각을 보여주었다. 1942년 히로히토는 적어도 세 차례—2월 9일, 3월 19일, 5월 29일—에 걸쳐 스기야마에게, 중경을 공격해 결판을 지을 가능성을 검토하도록 요구했다.[17] 5월 29일에는 천황이 스기야마에게 "어떻게 해서든 지나사변을 정리할 생각은 하지 않는가?"라고 하문했다. 천황의 독촉을 받은 스기야마는 15개 사단을 동원해 사천성의 장개석 주력부대를 괴멸하고 중경을 점령하려는 대규모 공격 계획 입안에 착수했다(5호 작전).[18]

5호 작전이 검토되는 사이에 해군은 두 번 잇따라 패배를 맛보았고, 태평양은 별안간 긴요한 전선으로 떠올랐다. 그러나 대본영이 그 사실을 인식한 것은 1년도 더 지난 다음의 일이다. 5월 7일부터 8일에 걸쳐서 필리핀에서 새로운 승전 보고가 천황에게 날아들었다. 한편 산호해 해전에서는 전술적으로 승리를 거두었으나(미군에 함선 손실을 안겨주었으므로), 제국해군도 소형 항공모함 한 척과 숙련된 조종사 104명을 잃어, 연합군의 거점인 뉴기니의 포트모르즈비를 해상에서 공략하려는 계획은 뒤로 미루어야 했다. 전략적으로는 패배였다.[19]

한 달 뒤인 6월 5일과 6일, 해군은 다시 패배를 맛보았다. 중부 태평양 미드웨이 섬 근해 전투에서 대형 항공모함 4척, 중순양함 1척, 숙련된 조종사 121명을 포함해 약 3000명에 이르는 병력을 잃은 것이다.[20] 미국 쪽은 사기가 높아졌는데, 도쿄에서는 이 패배의 참 의미를 간과했다. 6월 10일 해군은, 아군 피해의 진상은 군사기밀이며 대본영정부연락회의 참가자 전원에게 알릴 필요는 없다는 이유로, 연락회의에 전투 결과 전모를 보고하지 않았다.[21] 천황만이 항공모함과 조종사 다수를 잃은 것에 대해 정확한 보고를 받았다. 그리고 천황은 그것을 바로 육군에 알리지 않았다. 산호해와 미드웨이 패전의 중대성을 정확하게 전달받지 못한 육군은 얼마 동안 연락함대가 여전히 건재하다고 믿고 있었다. 히로히토는 두 차례에 걸친 패배의 중요성을 깨닫지 못했던 것일까? 6월 8일 미드웨이 해전에 대해서 히로히토와 이야기를 나눈 기도는 그날의 일을 이렇게 기록했다.

> 항공전투부대가 입은 손실은 실로 심대하여 성심을 어지럽혔을 터이나, 폐하의 용안을 뵈니 안색이 자약하시고 거동이 평상시와 조금도 다름이 없으셨다. 이번에 입은 피해는 참으로 유감이지만 군령부 총장에게는 이로 인해 군의 사기가 저하되지 않도록 주의하게 하시고, 이후 작전 수행에 소극적이고 수동적으로 되지 않도록 하라고 명하셨다는 폐하의 말씀이 있었다. 영매하신 폐하의 자질을 목도하고 진심으로 황국 일본의 은혜로움을 통감했다.[22]

해군은 미드웨이 패전이 장래 작전에 미칠 영향에 대해서 사후 분석도 하지 않았다.[23] 나중에 히로히토와 통수부는 피지, 사모아 공략과 인도양 제해권 확립을 목표로 하는 계획을 중단시켰는데, 미드웨이 해전 때문에 남태평양 공세를 멈춘 것은 아니었다. 어쨌든 연락함대는 충분한 항공 전투력도 없이 솔로몬 제도 중부와 남부 인근에서 작전을 수행해야 했다.

II

조 에이이치로城英一郎는 전쟁 중 많은 난국을 거치며 히로히토를 보필한 해군시종무관이다. 그는 1937년 말 항공모함 가가加賀로 중국 도시를 처음으로 폭격했을 때 그 계획을 지휘했던 베테랑 조종사이자, 기상학에 관심이 많은 아마추어 자연과학자이기도 했다. 조는 일본에 돌아와서 해군군령부에 근무하며 해군대학교와 육군대학교에서 교편을 잡았다. 제13 해군항공대 부사령관이 되어 중국에 다시 가서는 중국 곳곳에 대한 공습 작전을 지휘했다. 중국에서 1년 지낸 후 조는 시종무관에 임명되었다. 그의 임무는 매일 전황 보고서를 작성하고, 해군의 최고 기밀문서와 명령을 천황에게 전달하는 것이었다. 그리고 천황의 하문에 대한 군령부 총장과 해군대신의 답변을 천황에게 전달하고, 시종이자 정보 수집 담당으로서 천황을 보필했다.

조는 규슈의 고케닌御家人 일본의 봉건 시대에 쇼군(將軍)과 주종 관계였던 무사 신분—편집자 기쿠치 다케후사菊池武房의 자손으로, 무사 집안 출신이라는 그의 배경에는 일본 국방의 역사에서 가장 위태로웠던 사건이 새겨져 있었다. 기쿠치는 (『조 에이이치로 일기城英一郎日記』의 편집자 노무라 미노루野村実에 따르면) 13세기 몽골 함대의 침입에 맞서 나라를 지키는 전투에 참가했는데, 이때 우연히도 '신풍(神風, 가미카제)'이 불어 상륙하려는 몽골군을 집어삼켰다.[24] 그 후 1943년 6월 조가 미국 함대로부터 일본을 지킬 결의를 하면서 '가미카제 특별공격대'의 구체적인 계획을 처음 기초한 것은 필시

이러한 배경에서 비롯된 일일 것이다.[25] 조의 구상은 젊은 조종사 중 지원자를 모집, 훈련하여 제로센ゼロ戦 미쓰비시 A6M 영식 함상 전투기(三菱零式艦上戰鬪機)의 별칭. 1940년부터 1945년까지 일본 해군항공대에서 사용한 경량급 전투기-편집자에 250킬로그램 폭탄을 싣고 미국 함선의 갑판으로 돌진하게 하는 것이었는데, 나중에 조와 친분이 있던 오오니시 다키지로大西滝治郎 중장이 이를 받아들여 필리핀전에서 실시했다.

히로히토는 조와 마음이 잘 맞았다. 두 사람 다 과학과 자연에 흥미가 있었기 때문이다.[26] 시종무관 임기 내내 조는 일기를 자세히 썼는데, 그의 일기에는 히로히토의 인간적인 면모가 여러 군데 담겨 있다. 예를 들면 그는 히로히토가 일본과 독일의 뉴스영화를 상당히 좋아했음을 내비쳤다(태평양에서 제공권과 제해권을 잃은 뒤에도 전선의 일본 촬영기사들은 어떻게든 새 필름을 공급받았다).[27] 조는 히로히토가 느긋하게 여유를 즐기는 모습, 제사와 다양한 공무를 집행하는 모습을 기록했다. 1942년 2월 18일 대동아전쟁 승첩 제1차 국민축하대회 때 천황은 황거로 통하는 그 유명한 니주바시二重橋에 나타나, 백마를 탄 채 10분간, 궁성 앞 광장에 모인 군중에게 가볍게 손을 들어 답례했다. 2월 20일 저녁에는 시종무관 대기실〔상시관후소常侍官候所-일본어판〕에서 1시간 30분 정도 휴식을 취했다.[28]

시종무관과 영화를 보거나 카드놀이를 하고, 장기를 두거나 자신이 수집한 곤충 표본을 설명하는 것이 전쟁 중 히로히토의 야간 일과였다. 예를 들면 1942년 5월 20일 저녁의 일을 조는 이렇게 기록했다.

폐하께서 시종무관 대기실에 나오셨을 때, 곤충 이야기를 하다가 비단벌레무늬 즈시厨子 문짝 두 개가 달린 궤(장). 불상, 책, 식기 등을 넣어둔다-옮긴이로 이야기가 흘러, 거실의 곤충도감을 가져오게 하여 삽화를 보며 설명하시다. 나중에 저녁식사 후, 내전에서 시종을 부르시어 궁성 안에서 채집하신 비단벌레 세 마리(그중 한 마리는 검은 비단벌레)가 든 상자를 미쓰이와 조에게 보여주려고 가져오게 하시니 감격하며 보다.**29**

이러한 일들은 전황이 유리하게 전개되던 무렵의 이야기다. 낮에 히로히토는 종종 승마를 하고, 생물학 연구소에서 연구를 하고, 공무 외 시간에 상황이 허락될 때면 궁중에서 개최되는 강의御進講에 참석했다. 2월 24일 일기에 조는 천황이 뉴스영화를 본 일을, 다음날에는 '정원에서 스키를 즐긴 일'을 적었다.**30**

2월 26일과 28일 히로히토는 해군군령부 차장에게서 전황과 '특종잠수정공격대'의 역할에 대해서 설명을 들었다. 또한 군령부 차장은 "특공대 관계 사진 및〔자살특공대가〕출발 전에 돌려 적은 글들을 천황에게 올렸"는데 천황은 "하나하나 보면서 만족스러워하는 것 같았다."**31** '육탄 공격〔타이아타리体当たり〕', 곧 단독으로 무기를 몰고 돌진하여 적을 괴멸한다는 발상은 이때 이미 마련되었던 것이다. 이러한 발상이 2년 뒤에는 전투기를 이용한 공격에 적용되었다.〔여기에서 조가 이야기한 '특공대'는 진주만을 공격한 특수 잠항정을 말하는 것 같다. 이들의 공격은 죽음을 각오한決死 것이기는 했지만 죽음을 작정한必死 자살특공대와는 달랐다—일본어판의 해설〕

1942년 3월 9일 육해군이 중부 태평양과 남태평양 섬들에 진공하던 무렵, 기도 내대신은 천황에 대해 일기에 이렇게 적었다.

용안이 특히 밝으시고 웃으며 "너무 빨리 전과를 올리고 있소"라고 말씀하시다. 7일 자바 방면에서는 반둥자바 서부의 도시—편집자의 적군이 항복해 왔고, 지금 아군은 네덜란드령 인도를 전면 항복으로 이끌고 있으며, 수라바야자바 동북부의 항구도시―편집자의 적군도 항복했고, 버마 방면에서는 랑군도 함락시켰다고 말씀하셨다. 참으로 만족하며 기뻐하시는 모습을 뵈니 감격한 나머지 얼른 경하의 말도 나오지 않았다.**32**

이틀 뒤 조 시종무관은 6주에 걸쳐 중부 태평양과 남태평양의 전장을 시찰하고자 요코스카를 떠났다. 조의 여정을 보면 당시 일본 군부 지도자들이 어떤 생각을 했는지 입증된다. 그들은 3월에 낸 「세계정세판단」(7월과 11월에도 나옴)에서, 미국의 본격적인 반격은 일러야 1943년 후반에 개시되리라 예측하고, 적도 이남에서 계속 공세를 펴도 안전하다고 판단했다.**33** 적이 이렇게 광대한 지역의 상황을 재정비하느라 희생을 치르지는 않으리라고 생각한 것이다.

조는 우선 마리아나 제도의 사이판 섬에 갔다가 캐롤라인 제도에 속한 트루크 제도로, 이어서 비스마르크 제도의 뉴브리튼 섬에 있는 라바울로 향했다. 라바울에서 해군은 남서 방면 진공의 발판이 될 대규모 기지를 건설하고 있었다. 이어 그는 마셜 제도의 콰절린 환초, 웨이크, 괌, 팔라우(벨라우), 그리고 필리핀 제도 남부의 민다나오 섬 다바오에 새로 설치한 비행정 기지로 향했다. 시찰은 네덜란드령 동인도에 이르렀다. 돌아오는 길에는 필리핀의 수비크 만과 마닐라를 들르고 펠렐리우로 갔다가, 4월 22일 비행기로 사이판을 경유하여 요코하마에 들어왔다. 그 먼 길을 다니면서 조는 열대의 꽃들을 스케치하고 조개껍데기를 모으고, 천황에게 보여줄 미국 영화도 수집했다. 그중에는 괌에서 찾은 월트 디즈니의 만화영화도 들어 있었다.**34** 조의 일기에서 일본의 교통 통신망이 얼마나 빠르게 확장되었는지 알 만한 이야기는 찾아볼 수 없다. 실제로 그는, 전쟁 수행 능력이 적국보다 훨씬 떨어지는 국가에 광범위한 기지망을 유지한다는 것이 어마어마하게 어려운 문제라는 걸 제대로 인식하지 못한 듯하다.

III

대본영이 아직 미드웨이의 패배에 동요하고 있을 무렵, 독일 국방군본래 베어마흐트(Wehrmacht)는 '방위군'을 뜻하는 보통명사지만, 역사적으로 1935년부터 1945년까지 있었던 나치스 독일의 군대를 가리킨다—편집자이 소련육군에 여름철 공세를 개시하고 북아프리카 전선에서는 로멜 장군이 영국군에 승리를 거두어, 나치스 독일이 일본을 도와주는 듯한 형세가 되었다. 미드웨이 패전의 타격을 덮으려는 듯 히로히토와 통수부는 또다시 독일의 군사력과 공업력을 실제보다 더 대단한 것으로 평가했다.[35] 1942년 6월 26일 히로히토는 기도에게 "독일군은 북아프리카에서 토브루크리비아 북동부에 있는 항구—편집자를 공략하는 데 그치지 않고 계속해서 이집트에 진공, 살룸과 시디바라니 등을 점령했는데, 이에 대해 총통에게 친전을 보내는 것은 어떤가?"[36] 하고 물었다. 기도는 총통이 천황에게 축전을 보낸 적이 없음을 이유로 들어 그를 말렸다. 어쨌거나 히로히토와 통수부는 인도양의 실론(현 스리랑카)에 대한 공격 개시는 서아시아 방면에서 다가올 독일의 최종 공세에 도움이 될 것이라는 결론을 내렸다.

7월 11일 히로히토는 피지와 사모아의 전략 거점 장악 작전을 중지해야 한다는 나가노의 주청을 재가했다. 그것은 5월 18일 대본영이 결정하고 천황이 허락한 작전이었다. 천황에게 주청하면서 나가노는 인도양에서 적의 함대와 교통망을 파괴할 작전을 제안했다. 이 작전은 "미국과 호주 사이의 연락을 차단하여 호주가 미국의 대일 공격 거점이 되는 것을 저지하고, 신속한 아군의 불패 태세 확립을 목적으로 합니다. ……그러한 채로 실시하면 여러 가지 곤란이 따른다는 점과 인도양 방면의 적 함정 섬멸 및 해상교통 파괴전이 지금 실시해야 할 가장 유리한 작전임을 고려하면, 당분간 본 공략 작전의 실시를 연기하고 당면한 작전의 중점을 인도양 방면으로 두는 것이 전체 국면에 매우 유리하다고 판단됩니다."[37]

한편 도쿄에서 5000해리약 9260킬로미터—일본어판 떨어진 트루크의 연합함대 사령부에서는 과달카날에 비행장과 해군 기지를 구축하려고 건설부대와 노동자를 파견하려는 계획을 진행하고 있었다. 계획 완성 직전이었던 8월 6일(미드웨이 해전 2개월 뒤), 스기야마 참모총장은 뉴기니 작전의 진척 상황을 보고하려고 입궁했다. 이때 천황은 당혹스러운 질문을 던졌다. "뉴기니 방면의 상륙 작전에서 해군항공으로는 충분한 협력 성과를 올리지 못하는 것 아닌가? 육군항공을 보낼 필요는 없는가?"[38] 그것은 해군의 숙련 조종사 사상자 수가 많음을 히로히토가 알기 때문에 할 수 있는 질문이었다. 스기야마는, 육군은 그럴 생각이 없다고 대답했다. 스기야마는 (실제로는 부연하여 말하지 않았으나) 현재 대본영 육군부는 중경 공격을 개시하고자 남방에서 육군항공부대를 불러들이고 있다고 덧붙여 말할 수도 있었다. 중경 공격은 5월에 천황이 재촉한 일이었다. 육군은 산하 전투기 조종사들을 머나먼 뉴기니와 솔로몬으로 보내는 것이 달가울 리 없었다.

이튿날인 8월 7일, 남서태평양 방면 사령관 니미츠 제독과 맥아더 원수 휘하의 미군은 방비가 허술해진 일본군의 남방 거점에 처음으로 제한적인 반격을 개시했다. 1만 9000명에 이르는 미 해병대는 둘로 나뉘어 툴라기 섬과 옆에 있는 과달카날 섬에 상륙했다. 솔로몬 제도 남단의 남위 10도 지점에 있는 두 섬은 고온 다습하여 풍토병이 만연한 곳이었다. 이틀 뒤 밤에 과달카날 근처 사보 섬 앞바다에서 해전이 벌어졌다. 일본해군은 포격과 뇌격으로 미군 중순양함 네 척을 침몰시켰다. 과달카날을 둘러싼 육상과 해상의 전투는 6개월에 걸쳐 진행되어 일본 해군항공대에 회복 불가능한 피해를 입혔고, 태평양전쟁의 진정한 첫 번째 전환점이 되었다.

일본해군의 과달카날 상륙 작전은 당초 계획이 조잡하여 천황의 우려를 산 바 있었다. 또한 포트모르즈비에 대한 지상 공격에 착수할 준비가 진행 중이던 참에, 육해군이 새로 얻은 솔로몬 제도와 뉴기니 동부의 거점을 굳히고자 반목을 극복하고 협력할 수 있었을까?[39] 과달카날에 대한 미국 육해공군의 공격에 도쿄의 통수부는 발칵 뒤집혔다. 양 통수부장과 작전 장교들은 영미가 1943년까지는 대규모 반격을 개시하지 않으리라고 잘못된 가정을 하고 있었다. 7개월 전 일본이 진주만 공격을 해치웠던 것과 똑같이, 적도 믿기지 않는 속도로 태평양을 넘어올 수 있다고는 전혀 예상치 못했다.[40]

스기야마 참모총장은 미군의 전력 증강을 저지하기 위해 과달카날에 즉시 부대를 파견해야 한다는 해군의 요청에 동의했다. 그러나 사태의 심각성을 이해하지 못하여 괌에 있던 소규모 부대를 투입하는 데 그쳤다.[41] 이때 투입된 약 1500명 규모 이치키 지대一木支隊는 상륙 후 사흘 만에 무너졌다. 9월 초순, 육군은 다시 소규모 부대를 투입했다. 팔라우에서 차출된 약 3000명 규모 가와구치 지대川口支隊는 9월 13일 미군의 거점에 야습을 감행했으나 거의 전멸했다. 10월 초순, 남태평양에 파견되어 있던 제17군은 약 2만 명에 이르는 정예 보병부대인 제2사단을 과달카날에 상륙시키기로 결단했다. 초기에 투입한 부대원 중 살아남은 이들은 굶주림에 허덕이고 있었다. 제2사단은 이들과 합류하여 밀림 속에 있는 미군 기지에 자살 행위나 같은 공격을 두 차례 실시했다. 결과는 또다시 실패였다. 그 뒤 육군은 제38사단의 일부를 포함해 더 강력한 부대를 상륙시켰다.

결국 과달카날을 잃게 만든 여러 육·해·공 전투 때마다 히로히토가 어떠한 반응을 보였는지는 알려져 있다. 천황은 미군 상륙을 보고받았을 때 "그것은 미·영의 반격 개시 아닌가?" 하고 곧바로 잠재적인 위기를 감지했다.[42] 그러나 원유, 고무 등 자원 보유고를 착실히 늘리려면 계속 승세를 타야 한다고 생각했다. 과달카날 전투에 집착하는 것에는 의문을 품으면서도, 히로히토는 동원할 수 있는 모든 병기와 병력을 가지고 강력한 공세를 유지하도록 솔로몬 제도의 사령관들을 계속 독려했다. 스기야마는 이치키 지대가 사실상 괴멸된 뒤인 9월 15일, "(과달카날을) 반드시 확보할 수 있다고 믿는다"고 천황에게 말했다. 히로히토는 육해군이 정말로 이 작전을 수행할 의지를 갖고 있는지 의심스럽다며, 스기야마와 나가노에게 그들 자신이 한 말을 지키도록 요구했다. 천황이 압력을 가했기 때문에 둘은 과달카날 섬을 탈환, 확보할 결의를 굳혔으나 그 결과 천황이 실로 가장 우려했던 소모전에 빠지게 되었다.

히로히토와 도조 수상에게 과달카날 전투의 첫 한 달은 정치적으로 위기의 시기이기도 했다. 몇 달에 걸쳐 육군은 타이완, 조선, 사할린을 제외한 동남아시아와 중국의 전 점령 지역을 관할할 대동아성省을 새롭게 설치하려는 계획을 세우고 있었다. 도고 시게노리 외무대신은 이 계획에 동의하지 않고, 육군에 더 큰 정치적 권한을 주는 결정에 타협하지 않았다. 게다가, 미드웨이 패전과 과달카날 전투에 대해 알고 있었던 도고는 충분한 전력 보강에 실패했다는 이유로 내각이 개조되기를 은근히 바랐는지도 모른다.[43] 1942년 8월 29일 도조 내각의 호시노 나오키星野直樹 서기관장은 육군이 다음 각의에서 대동아성을 설치할 예정이라고 전했으나, 도고는 이를 완강히 반대했다. 이 때문에 도조 수상은 천황에게 상황을 설명하기 위해 입궁했다. 히로히토는 내각을 흔들려는 도고의 시도를 즉시 저지하기로 했다. 도조 쪽에서 보면 문제는 해결된 것이었다.

히로히토의 강력한 지지에 힘을 얻은 도조는 9월 1일 각의 첫머리에 그 문제를 들고 나왔다. 도고는 사퇴 압력을 받았다. 휴식 시간에 외무성으로 돌아온 도고에게 천황은 이 문제를 해결할 중재자로 시마다 시게타로嶋田繁太郞 해상을 보냈다. 이번에는 도고가 타협안을 제시했으나 도조는 고압적인 태도로 거절했다. 이리하여 도고는 사의를 표명했고, 히로히토는 곧바로 이를 받아들였다. 다음 날 천황은 도조가 (일시적으로) 외무대신을 겸하도록 허락했다. 솔로몬 제도에서 미국이 공세를 취하는 동안 내각이 쓰러지는 일은 없어야 한다고 판단한 천황은 도조를 굳건히 지지했다. 히로히토의 강력한 비호하에 도조는 '독재'를 강화해갔다.[44]

1942년 가을, 히로히토가 솔로몬 제도에서 계속되는 전투에 대해서 통수부와, 그리고 개인적으로는 기도와 의논을 거듭하는 동안에 일본군의 전투기, 군함, 수송선의 손실과 사상자 수는 꾸준히 늘었다. 과달카날에서 병사들은 열대의 풍토병, 열병, 굶주림으로 죽어갔다. 그러나 히로히토는 그들이 더 열심히 싸우기를 바랐다. 1942년 말에 이르러서야 비로소 천황은 과달카날에서 미군을 쫓아내려는 희망을 단념했다. 히로히토의 단호한 공격 정신은 통수부에 영향을 미쳤고, 아마 솔로몬 제도에서 기아와 영양실조로 허덕이면서도 최후까지 용감하게 싸운 장병들의 사기에도 영향을 미쳤을 것이다. 그리고 더욱 중요한 것은, 과달카날 사수를 천황이 고집하는 데다 해군이 해전에서 결정적인 승리를 거두는 데 집착하는 바람에 태평양 전역에서 방어 체제로 이행하는 시기가 너무 늦어졌다는 점이다.

10월 23일부터 24일에 걸쳐 육군이 벌인 공세가 실패로 끝난 다음, 히로히토는 과달카날 전선의 작전에 두 번째로 개입했다. 며칠 뒤 제국해군이 미군 함대와 두 번째 대해전(남태평양 해전)을 벌여 미군 항공모함 호닛호와 구축함 1척을 격침했다.[45] 연합함대 참모장 우가키 마토메宇垣纏 중장의 일기에 따르면, 10월 29일 히로히토는 연합함대 사령장관 야마모토 이소로쿠에게 칙어를 내렸다. "연합함대는 이번에 남태평양에서 적 함대를 크게 격파했다. 짐은 이를 매우 가상히 여기노라." 그리고 히로히토는 덧붙였다. "생각건대 그쪽의 전황은 여전히 복잡하다. 그대들은 더욱더 분려 노력하라."[46]

이어서 우가키는 그날 저녁 늦게 또 다른 전신을 받았다고 썼다. 전신에는 천황이 야마모토 사령장관 앞으로 쓴 칙어를 나가노 총장에게 전달한 다음, "이때를 즈음하여 덧붙여 말해두고 싶은 것은 지금의 칙어 하단에 관한 것인데, 과달카날은 피차에 군사력을 겨루는 장이기도 하고 또 해군에 중요한 기지가 되므로, 작은 성과에 안주하지 말고 신속하게 이를 탈환하기 위해 노력하도록" 하라고 주의를 준 내용이 들어 있었다.[47] 라바울의 연합함대 사령부에서 수신한 천황의 칙어와 나가노에 대한 경고를 보고, 우가키는 "과달카날 섬의 실책에 대해 걱정하시는 것을 뵈어 황송하기 짝이 없으니, 하루빨리 목적을 관철하지 않는다면 참으로 송구스럽기 그지없다"고 일기에 적었다.[48] 그러나 2주 뒤 3차 솔로몬 해전에서 해군은 레이더를 장착한 미군 함대의 공격을 받아 전함 히에이比叡 호와 기리시마霧島 호를 잃고 말았다.

과달카날 섬을 둘러싼 육해군이 치열한 전투를 벌이는 동안 천황은 해군군령부에 과달카날 섬을 탈환하도록 끊임없이 심리적 압박을 가했다. 천황은 8월 6일, 9월 15일, 11월 5일, 11월 11일 네 차례에 걸쳐, 더 많은 부대와 비행기를 투입해 위기에 처한 해군을 도울 것을 참모본부에 요구했다.[49] 처음에 스기야마는 선뜻 받아들이지 않았다. 육군 조종사들은 대양을 횡단해 싸워본 경험이 없는 데다, 스기야마는 북지나 방면군을 증강하고 육군항공대의 지원을 받아 중경을 향해 대공세를 펼치려고 계획했기 때문이다.[50] 그러나 천황은 끈질기게 육군 수뇌부를 설득했다. 솔로몬 전선에 육군항공대를 투입하자는 천황의 두 번째 요청을 받은 다음 날, 스기야마는 육군이 뉴기니와 라바울에 항공부대를 파견하기로 했다고 천황에게 보고했다. 육군 상층부와 중견 장교들은 이러한 작전 변경을 반대했지만, 히로히토가 밀어붙인 것이다.[51]

9월 15일, 스기야마 참모총장이 과달카날 섬에 두 번째로 파견된 가와구치 지대의 "공격에서는 많은 것을 기대할 수 없다"고 보고하자, 천황은 육군항공대를 투입하도록 압력을 넣었을 뿐 아니라 언제쯤이면 뉴기니 동단의 라비를 점령할 수 있겠느냐고 묻기까지 했다. 과달카날을 우려하는 한편 히로히토는 이미 뉴기니에서 진일보할 것을 생각하고 있었다.[52]

천황은 1942년 가을 전선 부대에 자신의 마음을 전달하면서, 특히 남서태평양의 해전 소식을 듣고 해군의 성공을 칭찬했다. 이 때문에 해군은 과달카날 작전의 중지를 주청하는 것이 매우 어려워졌다. 히로히토는 이 같은 압력을 육군에도 가했는데, 과달카날의 부대에 내린 칙어에서 "짐의 신뢰를 저버리지 않을 것을 기대한다"고 하여 부대가 자신의 기대에 부응하지 못했다는 것을 은근히 드러냈다.[53] 그러나 1942년 11월에 이르러 천황과 도조는 과달카날 탈환이 불가능함을, 그리고 과달카날을 포기하는 것이 반드시 솔로몬 전선 전체의 붕괴를 의미하지 않는다는 것을 깨달았다. 실제로 과달카날을 포기하면 그 밖의 전략 거점에서 작전이 쉬워질 수 있었다.

이즈음 히로히토는 솔로몬 작전과 추축국에 불리해진 유럽의 전황을 걱정하고 있었다. 이 때문에 육군은 5호 작전 준비를 중지했다. 그러나 라바울의 제8방면군 사령부에서는 해군에 대한 불신이 뿌리 깊었고, 또 참모장교들은 대부분 자존심이 강했기 때문에 과달카날 철수의 필요성을 공공연히 인정할 수 없었고, 패배를 이용하여 육군 전체를 재편하도록 용인할 수도 없었다.

병력과 자재 손실이 거듭되자 과달카날에서 철수하라는 결정이 내려졌다. 이에 함대 배치와 부족한 원자재 배급을 둘러싼 육해군 양측의 치열한 대립이라는 새로운 국면이 펼쳐졌다. 일본의 함선 손실은 미 해군이 입은 손해에 거의 필적했다. 1941년 12월 8일 개전 이후 1942년 9월 말까지 제국해군이 잃은 수송선은 월 평균 13.5척, 한 달에 약 6만 1000톤이었다. 이에 비해 과달카날 섬 주변에서 1942년 10월부터 11월에 걸쳐 단 두 달 동안 벌어진 공방전에서 잃은 수송선은 59척, 총계 32만 4000톤이었다. 침몰한 선박의 대부분은 병력, 병기, 보급 물자를 가득 실은 수송선이었다. 그 결과 동남아시아의 원자재 수송에 사용하는 배들을 부대와 병기를 수송하는 데 돌려쓰느냐 여부를 놓고 육군성과 참모본부 간에 갈등이 일었다.[54]

제국해군은 군함과 수송선을 잃은 데 더해 1942년 8월부터 1943년 2월 초순 마지막 철수에 이르기까지 약 반년간의 과달카날 공방전에서 항공기 892대와 숙련 조종사 1882명을 잃었다. 야마다 아키라에 따르면 "이는 미드웨이 해전 때 잃은 항공기 수의 2.5배, 탑승원 수의 무려 15배"에 달했다.[55]

히로히토는 막대한 손실을 낳는 소모전을 피하고 싶었지만 결국은 스스로가 초래하고 말았다. 이러한 피해에 절망한 히로히토는 1942년 12월 12일 이틀간 이세신궁 참배를 다녀왔다.[56] 12월 28일 그는 육해군 통수부장들이 올린 1942년 전황 보고와 계획에 불만이 있다고 하스누마 시게루蓮沼蕃 시종무관장에게 말했다. 두 통수부장은 과달카날 섬 철수 계획을 제출하겠다고 약속했는데, "어떻게 적을 굴복시킬 것인지 그 방도를 알고 싶다. 사태가 매우 중대하다. 이 문제에 대해서 대본영 회의를 열어야 한다는 생각이다. 이를 위해서는 연말연시도 없다. 나는 몇 시가 되든지 출석할 생각이다."[57]

1942년 12월 31일 대본영 어전회의가 열렸다. 통수부는 과달카날 섬 탈환을 단념하고 1월 말에 부대를 철수하기 시작하겠다고 보고했다. 히로히토는 이를 재가했지만 "과달카날 섬에서 그냥 물러나는 것은 용납하기 어렵다. 어딘가로 공세를 돌려야 한다"고 주장했다. 이에 스기야마 참모총장은 "뉴기니 방면에서 공세를 취해 사기를 되살리겠다"고 답했다.[58] 이렇게 뉴기니에 새로운 공세를 펼칠 희망을 두면서, 히로히토와 통수부는 전략상 태평양에서 방어 태세로 전환하는 시기를 다시 한 번 늦추었다.[59]

1943년 새해 첫날, 신임 참모본부 작전부장 아야베 기쓰주綾部橘樹 중장은 과달카날에서 철수하라는 천황의 명령을 전달하러 라바울로 날아갔다.[60] 히로히토의 방침에 따라 통수부는 다음으로 솔로몬 제도 북부의 뉴조지아 섬, 산타이사벨 섬, 그리고 뉴기니의 척추를 이루는 스탠리 산맥 북부에 전략 거점을 확보할 계획을 세웠다. 전투의 초점이 뉴기니로 옮겨지게 되었다. 해군이 뉴조지아 섬, 산타이사벨 섬과 중부 솔로몬의 다른 작은 섬들을 방어하고, 육군이 부카 섬, 부건빌 섬, 쇼틀랜드 섬을 포함해 솔로몬 제도 북부의 방어를 담당하게 되었다.[61] 수상 겸 육상인 도조 히데키는 이러한 작전 변경을 실행하도록 통수부에 중압을 가해야 했다. 히로히토는 사령관들의 새로운 공세 계획에 만족지는 않았으나 이를 윤허하고, 과달카날 섬에 생존해 있는 장병들(가장 많을 때 3만에 육박했던 병력은 약 1만 1000명 남짓이 되었고 그 대부분이 부상병이었다)의 철수를 재가했다. 그 후 천황이 그 경과를 소상히 지켜보았던 이 어려운 철수 작전을 해군은 1943년 2월 7일 완료했다.[62]

IV

미국은 과달카날을 확보함으로써 태평양에서 일본의 지나친 공세 확대를 막아냈다. 이제 전쟁은 장기화되고 수세 국면에 들어갔다. 그런데도 여전히 대본영은 태평양 방어선의 대폭 축소를 미루고 있었다. 미군, 오스트레일리아 군, 뉴질랜드 군은 뉴기니의 라에, 살라마우아, 핀슈하펜의 밀림에서 증강된 일본군과 전투를 벌였다. 연합군은 일본군이 점령한 거점을 강화할 시간을 주지 않고 몰아붙였다. 히로히토와 양 통수부장은 지도상으로 검토하여 뉴기니와 솔로몬 제도의 나머지 전략 거점을 강화하기로 결정했다. 도쿄의 참모본부는 운송 수단, 공군력, 식량, 화포, 탄약이 부족할 뿐만 아니라 이 지역의 지형과 기후를 보더라도 작전을 펼치기에 마땅치 않다는 것을 알고 있었다. 이러한 사실을 히로히토도 막연하게나마 알고 있었다. 1943년 1월 26일까지도 히로히토는 뉴조지아 섬 문다 비행장(과달카날에서 약 290킬로미터 떨어진)에서 철수하는 것을 강력히 반대했다. 겨우 3주 전에 동의한 방어선에서 후퇴하는 것을 의미하기 때문이었다. 나가노 군령부 총장은 해군이 문다를 방어할 생각이라고 다시 다짐했지만, 1943년 1월 초순 이후 미 해군의 포격을 받고 있는 문다는 포기하는 편이 낫지 않겠느냐는 암시를 이미 천황에게 준 바 있었다.[63]

몇 주 뒤인 2월 중순, 히로히토는 문다와 콜롬방가라의 기지에서 과달카날을 공습·포격하라고 나가노를 압박했다. 그는 "문다, 콜롬방가라에서 과달카날 섬을 공격하겠다고 총장이 상주했는데, 그 후 손을 놓고 있는 것은 아닌가?" 하고 물었다.[64] 대본영은 곧 솔로몬 제도 중부와 북부의 장기 방어전에 관한 구체적인 계획을 입안했다. 미군은 7월 초순 뉴조지아 섬에 상륙했고, 1만 명으로 추산되는 일본군 수비대는 천황에게 충절을 다하여 약 석 달간 미군의 공세를 견뎌냈다.[65] 그 후 주요 섬 중에서 일본의 손아귀에 남은 것은 부건빌뿐이었다.

솔로몬 중부와 북부 방어선 전역의 전황이 악화 일로를 걷자, 천황은 해군에 결전을 벌여 전쟁의 주도권을 다시 획득하고 여러 섬의 수비대가 고립되지 않도록 보급선을 대라고 줄기차게 요구했다. 3월 3일 라에 주둔군을 증강하려는 해군의 계획이 실패했다(댐피어의 비극. 제공권이 없는 상황에서 제51사단 수송을 강행, 뉴기니 북서쪽에 있는 댐피어 해협에서 미군의 공격을 받아 선단이 전멸했다—일본어판)는 상주를 받고, 천황은 "왜 곧바로 결심을 바꾸어 마당(뉴기니 섬 북동 해안에 있는 항구도시—편집자)에 상륙하지 않았던가? 이번 일은 실패했지만 이후 성공의 토대가 된다면 오히려 미래를 위해서는 좋은 교훈이 되리라 생각한다. 앞으로 안심할 수 있도록 잘 싸워달라"고 논평했다.[66] '잘 싸워달라' 는 말은 전의에 찬 대원수를 상징하는 말이 되었다.

과달카날 공방전에 전력을 다했던 해군이 패배한 사실, 그중에서도 항공대가 솔로몬 전투에서 심대한 타격을 입은 것이 히로히토를 괴롭혔다. 1943년 3월 30일 기도는 아침 배알 때 천황이 "전쟁의 전술, 전망, 기타 여러 사항에 대해 드물게 장시간에 걸쳐 말씀"하셨다고 일기에 썼다.[67] 이때 두 사람은 미드웨이 패전 이후 해군이 입은 피해에 대해서 토론했는데, 천황은 만약 이러한 피해가 이어진다면 해군이 제해권을 잃어 기나긴

방어선을 유지할 수 없게 되지 않을지 걱정했다.**68**

해군에 대한 천황의 태도가 뚜렷이 달라진 것이 점차 확실해졌다. 몇 달 전까지는 승리를 낙관했으나 지금 정세는 실패와 패배의 연속이었다. 5월 29일 알류샨 열도 애투 섬의 수비대 2500명이 옥쇄玉碎했을 때였다. 히로히토는 스기야마와 나가노에게서 각각 알류샨 방면에 관한 보고를 듣고, 육해군이 사태를 잘못 예상한 데다가 "5월 12일에 적이 상륙하고 나서 일주일이나 지나 대응 조치가 강구되었다"는 사실을 질책했다. 오판과 과신으로 상황을 간파하지 못했다는 점에 천황은 화가 났다. 천황은 "짙은 안개 따위를 운운하는데 말이야"라면서 하스누마 시종무관장에게 다음과 같이 말했다.

안개 같은 건 미리 대비했어야 할 터이다. 일찍부터 전망이 서 있지 않으면 안 된다. 육군과 해군 사이에 진정 터놓고 합의가 이루어지는 것인가? 한쪽이 기세 좋게 요구하고 다른 한쪽이 무책임하게 받아들인 결과가 아닌가? 만약 합의가 이루어졌다면 반드시 실행해야 한다. 협정은 훌륭하게 성립되어도, 실행에 옮기지도 못할 약속(그것은 과달카날 작전 이후 폐하가 말씀하신 것)은 약속을 하지 않으니만 못하다.**69**

그리고 히로히토는 다시 해상에서 결정적 승리를 거둘 것을 다그쳤다.

이런 식으로 전투를 해서는 과달카날에서처럼 적의 사기만 진작시키는 꼴이 되어 중립국, 제3국은 동요하고, 중국은 이 틈을 타고 일어나게 되는 등 대동아권 내 여러 나라에 미칠 영향이 심대하다. 어떻게 해서든지, 어디선가 정면 승부로 미군을 무찌를 수는 없겠는가?**70**

이러한 해군에 대한 환멸의 진의를 이해하려면, 히로히토가 1930년대 초부터 자신을 일본의 정치 환경 속에서 상대적 중도中道로 자리매김했던 사실을 상기할 필요가 있다. 천황이 좋아했던 '자유주의자'와 '온건주의자'—사이토 마코토, 오카다 게이스케, 요나이 미쓰마사, 스즈키 간타로 등 역대 수상(이자 퇴역 장성)—들은 실제로는 강경파 제국주의자들이었다. 그들을 지지함으로써 천황은 판도 확대와 중국 침략을 확실하게 지지했다. 나중에 해군 지도층은 중국에서 전선을 확대하는 데 육군보다 더 열을 올렸다. 해군의 이러한 태도 변화가 천황에게 영향을 미쳤다. 1943년 후반 들어 해군은 심대한 손실을 입고도 여전히 상당한 전투 능력을 갖추고 있었지만, 육군이 태평양 방어선을 방위하는 중심 역할을 맡아왔기 때문에 해군 장성들에 대한 히로히토의 신뢰는 약해져갔다.

솔로몬 철수가 진행되는 동안 히로히토는 가깝게는 철수 작전을 주의 깊게 지켜보고 멀리는 유럽과 북아프리카의 정세에까지 관심을 보였다. 거기서 독일군과 이탈리아군도 방어 태세로 전환하고 있었다. 1943년 7월 10일 연합군이 시칠리아에 상륙하고 몇 주 뒤 이탈리아 본토에 상륙했을 때, 히로히토는 처음으로 독일의 패전을 예감했다. 무솔리니는 추축국 지도자 중 가장 먼저 실각하고 옥중 신세가 되었다. 9월 8일 이탈리아 국왕 비토리오 에마누엘레 3세Vittorio Emanuele III와 피에트로 바돌리오Badoglio, Pietro 정권은 로마에서 남이탈리아로 도주, 연합국에 무조건 항복했다. 독일군은 로마로 진주했다. 하룻밤 사이에 추축국은 2개국이 되고 이탈리아의 무장 세력은 적어도 논리상으로는 동맹에서 적국으로 바뀐 것이다.

히로히토는 스무 살 때 이탈리아를 방문한 적이 있긴 하지만 유럽 여행은 20년도 더 지난 일이었다. 천황이 이탈리아의 항복 소식을 듣고 먼저 관심을 기울인 것은 독일의 전쟁 경제를 지탱하는 루마니아의 원유에 관해서였다. 남이탈리아의 연합군 기지에서 유전을 공습하지나 않을까? 히틀러의 루마니아 석유에 대한 히로히토의 우려는, 아마 일본이 새로 획득한 네덜란드령 동인도 석유 자원에 대한 지리상의 관심에서 비롯되었을 것이다.[71]

시간이 흐를수록 일본의 태평양 방위 권역은 서서히 축소되었다. 군함과 수송선, 비행대, 보충할 인력이 없는 숙련 조종사들도 줄어들었다. 이런 추세로는 그리 오래 버틸 수가 없었다. 1943년 8월, 미군이 솔로몬 진공에 박차를 가하면서 많은 섬을 돌아서 지나쳐 갔기 때문에 거기 남겨진 일본군 수비대는 고립무원 상태가 되었다. 8월 5일 히로히토는 스기야마 참모총장에게서 솔로몬 제도와 비스마르크 해 방면이 전반적으로 위기에 처해 있다는 보고를 받았다. 항상 기회를 찾아 공격 또 공격하라고 거듭 강조했던 천황은 이렇게 대응했다. "미군에게 한방 먹이는 것은 불가능한가? ……도대체 어디에서 확실한 공격을 할 것인가? 어느 곳에서 결전을 벌일 것인가?" 스기야마는 상황이 호전되지 않는 것을 사죄했다. 히로히토는 분노하여 "이번에는 어떻게든지 지금까지와는 달리 미국 측이 '우리가 이겼다, 우리가 이겼다'〔강조하여 반복함〕고 말하지 못하게끔 연구하라"고 답했다.[72]

히로히토는 이제 나가노 군령부 총장에게도 불만을 감추려 들지 않았다. 8월 24일 벨라벨라 섬 앞바다 해전에서 해군이 용기 없는 행동을 한 것에 대해 "일전에 육군의 대형 발동선〔상륙용 주정—일본어판〕을 호위해 간 구축함 네 척이 도망쳤다고 하지 않은가?" 하고 호되게 꾸짖었다.[73] 히로히토의 불평은 점차 구체적이고 신랄해져, 9월 11일에는 스기야마 참모총장과 다음과 같은 이야기를 했다.

천황	제17사단 주력을 라바울에 투입한다는데, 보급에 대해서 어떻게 생각하는가? '장병들은 매우 용감하게 싸웠으나 아 사했다', 이렇게 되어서는 유감스러워 견딜 수 없을 것이 다. 메이지 천황께서도 군자君子의 싸움, 부자父子의 정이라 고 말씀하셨다. 지당한 말씀이라고 생각한다. 해군과는 어 떻게 하기로 했는가? 그대들은 어떻게 생각하는가?
스기야마	육군이 걱정하는 것은 첫째 보급 문제이며 둘째는 배의 적 재량 문제입니다. 해군은 라바울을 매우 중시하여 '라바울 을 잃게 되는 날에는 옴짝달싹 못하게 된다. 어떻게든 라바 울을 확보해달라' 는 의견입니다. 보급에 대해서도 적재량 에 대해서도 모든 노력을 기울이겠다고 합니다. 이러한 마 음 자세라면 어떻게든 해낼 수 있다고 생각해서, 얘기가 잘 되었습니다.
천황	라바울에는 병단을 투입한다는데 서부 뉴기니에는 언제 어 떤 것을 보낼 것인가? 보내지 않으면 병비兵備가 쇠약해지 지 않겠는가?
스기야마	자부통座布団 부대 '자부통' 은 방석을 뜻한다. 후방부대를 가리킴ー옮긴 이를 투입하는 것으로 충분합니다. 비행장 설영대, 도로 구 축대 등을 투입하고, 이후병단[爾後兵団. 사단 단위의 전투부대ー 일본어판)을 투입하겠습니다.
천황	트루크에는 투입하겠지?
스기야마	제52사단의 선두를 투입합니다.
천황	적은 상당한 반격 기세인데, 안다만, 니코바르, 수마트라의 방어는 그것으로 되겠는가?

스기야마 안다만, 니코바르 방어에 대해서는 가능한 빨리 방비를 추진할 계획을 세우고 있습니다. 〔수마트라의〕 팔렘방에도 일단 조치는 취했습니다.[74]

히로히토와 도조 수상은 전쟁의 전체 국면을 재검토하고서 라바울에 있는 육군을 모두 철수시킬 생각을 했지만, 해군군령부는 남태평양에 있는 모든 지원 거점이 철수될 것을 우려하여 강력히 반대했다. 그러나 천황과 도조는 일본을 전략적으로 제 궤도에 되돌려 놓고자 단호하게 결의했다. 두 사람은 전쟁 지침을 재검토하고, 태평양 전체의 전선을 축소하는 동시에 뉴기니 동부에서 새로운 공세를 개시할 필요가 있다는 데에 의견 일치를 보았다. 새로운 '절대 국방권國防圈'은 적과 접하는 전선에서 상당히 물러난 위치에 설치되었다. 후방 지역에서 전략적으로 선택된 지점에서 육해군과 각 항공대는 적극적으로 방어와 신속한 반격을 할 수 있도록 부대를 재편성하거나 재건, 집결을 꾀하게 되었다.

9월 15일 나가노와 스기야마는 히로히토에게 정식 보고서를 제출했는데, 이는 '절대 국방권'에 대한 해석을 둘러싸고 두 사람이 대립하는 단초가 되었다. 보고서에서 나가노는 캐롤라인 제도 주위의 '후방'에 있는 방어 요충지들을 보강할 필요성에 주목하는 한편, 해군은 전황이 '다소 불리한 정황', 곧 거의 절망적인 상황이 되어도 태평양의 특정 방면에서 반격할 기회를 찾아야 한다고 강조했다. 해군이 대승을 거두려고 목표 삼은 지역은 '절대 국방권'에서 약 2000킬로미터 바깥에 있었다. 요컨대 해군은 여전히 마셜 제도와 길버트 제도에서 결전을 치를 생각이었다. 해군의 후방요선後方要線 개념은 전력을 축적하는 장소로, 선 너머로 공격을 개시하는 데 이용되는 발판을 의미할 뿐이었다.[75] 반면 스기야마 참모총장은 천황이 명하는 대로 '현 점령 지역' 방어에 힘을 쏟아 후방요선—곧 재빠른 반격이나 위협적 공세를 위해 보급품과 군부대를 준비하는 '절대 국방권'—을 정비할 시간을 벌어야 한다고 주장했다.[76]

히로히토가 육해군 통수부의 불일치를 어떻게 중재했는지는 분명하지 않다. '절대 국방권' 개념의 적용을 둘러싼 육해군의 불일치를 해소하고 자 천황이 개입해 힘을 썼다는 기록도 없다. 히로히토는 육군의 전선 축소 주장을 부정하지 않는 한편 해군이 계속 공세적인 태도를 취하는 것도 암묵적으로 인정했던 것으로 여겨진다. 이러한 양면적인 자세는 히로히 토의 성격과 완전히 일치한다. 방어 태세로 이행하는 문제를 놓고 대본영 연락회의가 2주일 넘게 빈번하게 열렸다. 결국 1943년 9월 30일 어전회 의가 열렸다.

회의석상에서 천황이 묵묵히 듣는 동안 하라 요시미치 추밀원 의장이 천황을 대신하여 도조, 스기야마, 나가노, 기획원 총재, 상공대신에게 질 문했다. 하라의 질문에 따라 정부는 1944년에 '비행기 4만 대 생산'을 계 획하는데 현재의 생산 능력은 '1만 7000~8000대'에 그친다는 사실이 도조의 태연한 대답으로 밝혀졌다. 비행기 4만 대가 있으면 해군은 "절대 확보권을 확보할 자신"이 있는지 하라가 묻자, 군령부 총장은 "전국戰局 의 앞길을 확신하는 것은 불가능하다"고 대답하여 갑자기 "회의장에 긴 장감"이 감돌았다. 이에 도조가 원군으로 나서서 "칙어의 말씀대로, 이 전쟁은 원래 자존자위를 위해 불가피하게 일어난 것이다. 제국은 독일의 존재 유무와 상관없이 최후까지 싸워야 한다. 이후의 전쟁 국면이 어떻게 되든 관계없이 일본의 전쟁 목적 완수 결의에는 하등의 변화가 없다"고 말했다.[77]

기묘한 논쟁이 이어졌다. 일본과 미국의 산업 생산력에 엄청난 격차가 있음이 이미 전선에서 뼈아프게 드러났지만, 통수부는 합리적인 판단을 제쳐두고 정신주의에 의존하기 시작했다.

스기야마   작전상의 요구에 따르면 전투기 5만 5000대가 필요하다. 그러나 국력을 내걸어도 안 될 때에는 어쩔 수 없이 기동력을 이용해 수량 부족을 보충하고 목적 달성을 위해 노력할 생각이다.

하라   인간은 신이 아니므로 실수를 하지 않을 수 없다. 다만 통수부가 작전에 대해 자신이 없어서는 곤란하다. 하지만 얘기를 들어보니 충분한 자신감이 있는 것으로 보여 안도된다.[78]

회의가 끝날 무렵 육해군 통수부 수장들은 '절대 국방권'을 설정하여 인재와 물자가 더 소모되는 것을 방지하고, 다가올 연합군의 총공격에 맞서 육해군을 재편, 재배치하고 태세를 재정비하기로 적어도 서류상으로는 합의했다.[79] 이날 채택된 정책 문서 「이후 취해야 할 전쟁 지휘 대강」은 다음과 같은 내용을 담았다.

온갖 어려움을 물리치고, 대략 쇼와 19년[1944년—옮긴이] 중반을 목표로 하여 미·영의 진공에 대응할 전략 태세를 확립한다. 유사시 적의 반격 전력을 포착하여 괴멸한다. 제국전쟁 수행상 태평양과 인도양 방면에서 절대 확보해야 할 요충 지역은 쿠릴 열도, 오가사와라小笠原, 내남양內南洋, '남양'은 남태평양을 말한다—편집자 (중서부) 및 서부 뉴기니, 순다 해협, 버마를 포함하는 권역이다.[80]

이 '권역'에는 일본 본토, 쿠릴 열도, 오가사와라 제도, 이오 섬(硫黄島: 이오지마), 마리아나 제도, 필리핀, 네덜란드령 동인도, 인도양의 안다만 제도와 니코바르 제도가 있었다. 이 선의 바깥쪽에 라바울, 중부 솔로몬, 뉴기니 동부, 마셜 제도, 길버트 제도의 마킨, 타라와가 있었다.[81] 육군의 제8방면군은 14만 명 이상 되는 부대의 대부분을 라바울에 배치했으나 뉴기니 동부에 있는 부대와 함께 이미 보급이 끊겨, 자급자족해야 할 처지에 놓여 있었다.

1943년 10월부터 1944년 전반에 걸쳐 대본영은 '절대 국방권'을 설정하고 방어하고자 대륙에 있는 부대를 거듭해서 남방으로 이동시켰다. 중국주둔군과 관동군, 조선군에서 사단 전체나 사단의 일부가 중부 태평양의 전략 거점과 비행장을 지키려고 극한의 운명이 기다리는 머나먼 섬들로 급파되었다. 그러나 미국의 공세는 늘 한발 앞서 전개되었기 때문에 제국 육해군은 전열을 정비하고 대응하는 데 항상 뒷북을 치는 꼴이 되었다. 일본군은 연합군의 무선 통신 암호를 해독하지 못했기 때문에(영·미는 일본의 암호를 해독했다), 통수부는 대항 전력을 어디에 집중해야 할지 전혀 확신하지 못했다.

손실이 커지고 있었는데도 히로히토는 낙담하지 않고 자기 규율에 철저했으며 변함없이 공세를 추진할 기세였다. 1943년 9월 21일 해군시종무관인 조에게서 "뉴기니 북동부에 적의 수송선 다수가 집중되어 경계 중"이라는 보고를 받았을 때, 히로히토는 (보고서를 읽고 미군이 핀슈하펜을 목표로 하고 있음을 감지하고) "경계하는 것만으로는 안 된다, 공격해야 한다"고 답했다.[82]

1943년 11월 1일, 솔로몬 제도에서 일본의 수중에 남은 가장 큰 섬, 부건빌의 비행장이 미군의 공격을 받았다.[83] 8일 뒤인 11월 9일, 나가노가

2차 부건빌 항공전의 전과를 보고했다. 조 해군시종무관은 일기에 천황이 "만족한 모습으로 무관부武官府에서 신하들과 축배를 들었다"고 적었다.[84] 이보다 앞서 1943년 11월 5일, 나가노는 1차 부건빌 항공전의 성과를 아주 과대평가해서 보고했다. 그는 미국 항공모함 인디펜던스 호와 벙커힐 호를 격침했다고 보고했으나 실제로는 어뢰정 한 척이 침몰했을 뿐이었다. 결코 천황을 기만하려 했던 것은 아니나—실제로 나가노 군령부 총장과 대본영도 최전선에서 올라온 보고를 믿고 있었다—, 이는 히로히토가 솔로몬의 전황에 대해 정확한 보고를 얻기 어려워졌음을 알려주는 일화다.[85]

12월 말 비티아즈 해협과 댐피어 해협—뉴브리튼 섬과 뉴기니 북쪽 해안 사이의 수역—에 대한 통제권을 잃고서 일본해군은 솔로몬 제도에서 철수했다. 맥아더가 새로이 현지 사령관으로 임명한 로버트 아이컬버거 Eichelberger, Robert Lawrence 장군 휘하의 미군과 오스트레일리아 군이 1944년 1월 2일 부나를 점령하자, 일본육군 뉴기니 수비대의 앞길은 총체적으로 더욱 어두워졌다. 이어 연합군은 여러 달에 걸쳐 서쪽에서는 뉴기니 해안을 따라, 동쪽에서는 솔로몬 제도 중부와 북부 사이를 유유히 진격했다. 뉴기니 서부의 제2방면군 약 5만 부대, 그리고 이 거대한 열대 섬 동부에 있던 제18군의 5만 5000명은 그때까지 미군에 사상자를 약 1만 1300명 내게 하고도, 고립되거나 패배했다.[86] 한편 라바울은 포위되고, 13만 명 이상 되는 병사들이 라바울과 솔로몬 제도의 여러 섬에 남은 채 고립되었다.

미국의 항공모함 기동부대와 해병대는 중부 태평양으로 이동, 길버트 제도의 마킨과 타라와에서 일본군 수비대를 정면 공격하여 고전 끝에 전멸시켰다. 1944년 2월 17일, 미군기가 연합함대의 중요한 정박지인 트루크 섬을 공습하여 괴멸하는 바람에 일본해군은 많은 유조선을 남겨둔 채 철수할 수밖에 없게 되어, 향후의 작전 능력에 손상을 입고 말았다. 중부 태평양에서 일대 결전을 펼친다는 꿈은 결국 물거품이 되고, 대본영은 마리아나 제도까지 후퇴한 방위선에 희망을 걸 수밖에 없게 되었다. 완전히 다른 두 방면—남서 태평양 방면과 중부 태평양 방면—에서 질풍노도와 같은 공세가 닥쳐오는데, 딱히 이를 막을 방법이 없었다.

이 상황에서 도조는 히로히토의 동의하에 통수 조직을 대폭 쇄신했다. 1944년 2월 21일 도조는 수상, 육상을 겸임한 데다 참모총장 자리까지 넘보고, 스기야마 참모총장에게 사임을 요구하는 전례 없는 행동을 했다. 동시에 시마다 시게타로 해상은 나가노 군령부 총장에게 사임을 요구, 스스로 군령부 총장을 겸임하려고 했다. 육해군 통수부 대부분이 이를 반대했으나 도조는 다시 천황의 강력한 지지를 얻어냈다. 스기야마가 이 인사에 대한 우려를 천황에게 직접 상주하자, 히로히토는 협력하라고 말할 따름이었다.[87] 이렇게 해서 대립은 끝났다. 히로히토는 스스로가 필요하다고 생각하면 메이지 시대로부터 내려온 신성한 군의 전통, 곧 통수와 행정의 권력 분립을 제쳐버릴 수 있었다.

도조가 육해군의 작전조직과 행정조직(간접적으로는 국무와 군 통수)을 통합하려고 했던 배경에는 연합군의 진공이 일본 본토에 성큼 다가와, 통수부의 전쟁 지휘에 대해 지배층의 불신이 커졌다는 사실이 있었다. 군사적 위기를 맞아, 항공기와 선박 생산에 부족한 물자를 배분하는 문제와 전략—과연 마리아나 제도를 지킬 수 있는가?—을 둘러싸고 논쟁이 격해지고 있었다. 통수부 내부의 이러한 논쟁 때문에 종종 생산이 지연되곤 했다. 만약 대원수가 그다지 자기를 억제하지 않고 체면에 신경 쓰지 않는 인물이라면 이 문제에 강력하게 개입하여 중재했을 것이다. 그러나 모든 문제의 처리를 신임하는 도조 수상에게 일임한 것 외에 히로히토가 무엇인가를 했다는 사료는 없다. 그리고 도조는 자기가 한 어떤 사소한 일이라도, 검토 중인 일조차 천황에게 보고했기 때문에 천황의 눈에 도조는 실수를 하지 않는 인물로 보였다.[88] 결국 도조는 수상·육상·참모총장직을 전부 독점하여 어설프게 국가의 수뇌부를 장악함으로써 괜히 정적만 늘어나, 그 자신의 실각을 앞당기고 말았다.

전시 외교라는 것은 당시 주로 남경정부에 대한 관계, 그리고 남경정부와 중경 국민정부의 제휴 공작을 의미했다. 천황은 버마 전선의 작전만큼이 전시 외교에도 주목했다. 히로히토와 도조는 이미 1942년 말부터 1943년 초까지 개인적으로 새로운 대중국 정책을 장려했다. 그것은 중국에 있는 일본군의 전력을 덜어내어 태평양에서 소모되는 전력을 보충하려는 것이었다.[89] 이러한 정책 변경은 1년에 걸쳐 연락회의에서 논의되었으나, 중국에서 일본이 지니는 '권익'을 (남경정부에-일본어판) 넘겨주는 일에 대해 통치 지배층 내에서 대대적인 저항이 일었기 때문에 실시가 미루어졌다.[90]

결국 1943년 1월 9일 도조 정권과 왕조명 남경정부는 공동 성명을 발표하여, 일본은 중국의 조차지를 반환하고 치외법권을 철폐하겠다고 세계에 표명했다. 새 정책에 따라, 미국과 영국에 막 선전 포고를 한 육군은 괴뢰정권인 남경정부를 동등한 주권국가로 대우하여 중국 점령지 내의 행정기관 감독을 중지하라는 명령을 받았다. 남경정부 자치를 승인하고 부분적인 주권 회복을 촉진하고자 히로히토는 막내아우인 미카사노미야를 중국파견군 사령부의 일원으로 남경에 파견했다.[91] 미카사노미야의 임무는 참모 장교들과 토의하여 그들이 중국에 대한 새 정책을 잘 이해하도록 돕는 것이었다. 이와 함께 중국 내에서 별도의 평화 공작을 추진하는 한편, 도조 내각은 미국이 B29 폭격기의 거점으로 삼은 중국 내 항공기지를 공격하는 1호 작전에 착수할 준비를 했다. '1호' 작전은 1944년 4월부터 10월까지 펼쳐져 성과를 올렸다.

연합국에 있어서는 전시 외교의 중요한 문제였던 민족 자결 원칙을 히로히토는 개인적으로 받아들이지 않았다. 그는 식민지인 조선이나 타이완과 관계를 재정립할 것을 요구하지도 않았다. 도고 외상이나 후임 외상인 시게미쓰 마모루重光葵와 마찬가지로 히로히토는 민족 간 관계를 '신분' 개념으로 생각했다. 그것은 일본이 주도하는 '공영권' 안에서 각 인종 집단에 부여된 합당한 서열과 위치를 의미하며, 일본의 특권은 조약에 따라 보장되었다. 어쨌든 전황이 악화되자 천황은 급박한 정세에 뜻을 굽혀, 다시 정치적 주도권을 발휘했다. 히로히토는 '1호' 작전으로 만들어진 기회를 어떻게 이용해야 할지 도조와 의논했다. 그들은 연안延安에 대한 정책을 바꾸기로 하고, 공산당을 이용해 중경정부를 압박할 목적으로 모택동이 이끄는 연안정부를 암묵적으로 인정했다. 이는 동시에 소련에 대한 유화 정책이기도 했다.[92]

천황은 동남아시아에도 주목했다. 1944년 1월 7일 천황은 버마에서 인도의 아삼 주를 향해 공격할 것을 재가했다. 그 목적은 버마 탈환을 꾀하는 연합군을 선제공격해, 가능하면 영국의 지배에 대한 인도 민족주의자들의 봉기를 부추기는 것이었다. 히로히토가 이번 공세를 적극적으로 추진했음을 보여주는 문헌은 없지만, 전쟁 기간에 히로히토가 추진한 작전에서 드러나는 특징, 곧 공격적이고 근시안적인 특징을 그대로 지닌 공세였다. 임팔 작전의 명분은 한편으로는 버마 방어, 다른 한편으로는 군의 사기 회복을 위한다는 것이었는데, 3월 8일에 개시되어 4월 초순에는 진흙탕 싸움이 되어버렸다. 당초부터 이 작전을 미심쩍어했던 도조와 스기야마는 현지에 시찰단을 파견하고, 천황에게 악화되는 상황을 속속 전달했다.[93] 결국 7월 4일 히로히토는 도조의 권고를 받아들여, 비참한 임팔 작전을 중지토록 명했다. 그때까지 일본군 사상자는 약 7만 2000명에 이르렀다.[94]

V

대패배의 충격이 거듭 밀어닥쳤지만 히로히토와 통수부의 결정은 여전히 대담했다. 1944년 6월 중순 미국의 대함대가 마리아나 제도의 일본군 주요 기지를 공략하러 사이판에 접근하자, 기동부대를 재건한 연합함대는 그들의 상륙을 저지하려고 항공모함 아홉 척과 460대가 넘는 함재기艦 載機항공모함 등 함선에 싣고 다니는 비행기-편집자를 투입했다.[95] 그해 6월부터 8월까지 잇따라 마리아나 제도에서 벌어진 육·해·공 전투는 일본해군과 해군항공대에 결정적인 전투가 되었다. 미국의 침공 부대에 큰 손해를 입히지도 못한 채, 일본해군은 항공모함 세 척을 격침당하고 전투기 395대를 격추당했다.[96] 육군은 다시 적절한 심층 방어 태세를 준비하지 못했고, 절망적인 전투 끝에 사이판, 괌, 티니언 섬이 함락되었다. 이들 섬은 곧 미군 장거리 폭격기 B29('하늘의 요새')의 전진 기지가 되었다. 1944년 7월 7일 사이판 함락으로 특히 통수부는 큰 타격을 입었다. 3주간에 걸친 치열한 저항 끝에 일본군 수비대 2만 3811명과 비전투원 1만 명이 사실상 전멸했다.[97] 그리고 일본은 태평양 전역의 제공권과 제해권을 잃었다.

사이판을 비롯해 마리아나 제도의 일본군 기지들은 적의 손에 넘어갔다. 유럽에서는 연합군이 노르망디에 상륙하고 유럽의 동부와 북부를 향해 진군하는 한편, 소련이 폴란드를 침공했다. 대본영의 작전참모는 이제 곧 독일이 패전하고, 미국의 엄청난 군사력이 유럽에서 태평양으로 이동해 오리라는 사실을 예측했어야 했다. 필리핀, 타이완, 오키나와, 오가사와라 제도가 침공될 것이었다. 더욱 중요한 사실은, 거의 틀림없이 일본 본토 자체가 전쟁터가 되리라는 것이었다. 곧 사이판에서 약 2050킬로미터 떨어진 도쿄가 B29의 항속 거리 안에 들어선 것이다.

이 비참한 상황에 대한 히로히토의 반응은 전시에 그가 수행한 역할을 평가하는 데 가장 중요하다. 패전이 불가피하게 된 사태에 직면해서도 그는 완고하게 그 사실을 인정하지 않았다. 6월 17일 시마다 해군군령부 총장이 배알했을 때 천황은 "이번 작전은 국가의 흥망이 걸린 중대한 일이므로〔러일전쟁 때의〕일본해 해전처럼 훌륭한 전과를 올리도록 작전 부대는 분발해주길 바란다"고 말했다.⁹⁸ 이튿날에는 도조에게 "만일 사이판을 잃으면 도쿄가 자주 공습을 받게 되므로 반드시 확보해야 한다"고 경고했다.⁹⁹ 히로히토는 이틀 연속으로 육해군의 통수부장에게서 사이판의 상황이 절망적이라는 보고를 들었으나, 그들의 조언을 무시하고 시마다에게 사이판 탈환을 명했다. 따라서 해군군령부 제1부는 곧바로 이 문제에 전력을 기울였다. '더 물러설 곳이 없다는 결사의 정신으로' 밤낮을 매달려 군령부는 6월 21일 초안을 완성했다.¹⁰⁰ 그러나 연합함대 사령부가 반대 의사를 표명하자 사흘 뒤인 6월 24일, 도조와 시마다는 탈환 계획을 중지해야 한다고 천황에게 정식으로 상주했다. 일본은 사이판을 영구히 잃은 것이었다.¹⁰¹

그러나 여전히 사이판 상실을 받아들이지 않으려 했던 히로히토는 하스누마 시게루 시종무관장에게 회의를 열어 원수元帥들의 의견을 들으라고 명했다. 두 원로 황족과 나가노, 스기야마, 도조, 시마다가 6월 25일 궁중에 모였다. 원수부元帥府는 먼저 제출된 통수부의 보고는 적절하며 사이판 탈환은 불가능하다고 의견을 정리하여 올렸다. 히로히토는 그것을 문서로 작성해두라고 말하고는 방에서 나갔다.

뒤이어 도조는 육군이 '풍선폭탄'을 고안했으며, 가을에 적국을 향해 3만 개를 띄워 보낼 예정이라고 밝혔다.[102] 1943년 12월부터 1944년 1월 사이에 히로히토가 풍선폭탄 계획에 관해 이미 보고를 받았을 가능성이 크다.[103] 그 후로 히로히토는 이 계획의 진척 상황에 큰 관심을 두었다. 전쟁의 전망이 어두운 이 시기에 대본영은 이후 다가올 본토 지상전 계획을 준비하고 있었다. 당시 예상되던 B29 전투기의 공습에 대응할 육해군의 준비가 마무리되어간다는 회의석상의 보고를 듣고 히로히토는 안도했을지도 모른다.

바람에 실려 보내는 풍선폭탄 같은 특수한 보복 병기에 의지했다는 것은 히로히토의 염려가 커져간다는 증거였다. 마리아나를 잃은 것은 전쟁의 새로운 단계를 의미할 뿐만 아니라, 도쿄에서 새로운 정치 위기의 서막이기도 했다. 천황 자신이 다시 황족들에게 비판의 표적이 되었다. 이 무렵 천황의 아우 다카마쓰노미야는 일기에, 천황은 사태의 중대성을 인식하지 못하고, 관료기구의 계급 질서를 엄격하게 지키는 데 얽매여 있으며, 자신의 직무를 지키지 못하는 자는 멀리하는 경향이 있고, "기분이 언짢을" 뿐이라고 적었다.[104] 물론 히로히토의 천황직 수행에 대한 황족들의 비판은 전부터 있었던 것으로 새삼스러울 것이 없었다. 그보다 중요한 것은 통치 계층에서 도조를 비판하기 시작했다는 점이다. 도조에 권력이 집중되는 것은 히로히토가 있어야 가능한 일이었다.

1943년 초의 솔로몬 해 패전부터 1944년 7월 사이판 함락에 이르기까지, 고노에가 이끄는 소규모 궁중·중신 집단은 오카다 게이스케 제독을 중심으로 한 해군 집단의 지지를 받아, 도조에게 사임 압박을 가하는 공작에 은밀히 착수했다. 도조의 권력은 천황의 권능과 지지를 원천으로 하여 나오는 것이기에, 그들은 히로히토가 결단만 내린다면 언제라도 도조를 퇴진시킬 수 있다고 믿어 의심치 않았다. 정말로 그들은 천황을, 평화로 가는 길의 최대 걸림돌로 생각했다.[105]

개인적으로 전국戰局에 실망한 히로히토는 결국 도조에 대한 지지를 거두어들였다. 이는 1944년 7월 18일 도조의 정적들이 도조 내각 전체를 무너뜨리는 계기가 되었다.

도조가 사직하고 이틀 뒤, 히로히토는 총애했던 그에게 '공적과 노고'를 따스하게 치하하는 이례적인 칙어를 내리며 "더욱 군무에 힘을 쏟아 짐의 신뢰에 부응할 것을 기대한다"고 말했다.[106] 칙어는 공개되지 않았지만 정부와 궁중 세력 내 도조의 정적들에게 그 내용이 알려져, 그들은 당시 많은 일본인들이 사실상 독재자로서 두려워했던 이 인물에게 천황이 품고 있던 감정을 알게 되었다.

전형적인 배후 인물인 기도는, 예전에는 천황과 더불어 도조를 높이 평가했지만 도조 몰락 때에는 중요한 구실을 했다. 도조의 후임으로 고이소 구니아키小磯国昭 대장이 수상으로 있을 때에, 기도는 천황과 함께 육해군의 전쟁 추진파를 계속 지지했다. 다시 말해 도조 해임은, 천황이나 기도가 전쟁을 끝내려고 결심한 데 따른 것이 아니었다.

도조가 실각한 후 천황은 전쟁에 낙관적이지 않게 되었다. 그러면서도 천황과 기도, 두 사람 모두 여전히 평화를 앞당기려는 노력을 고려조차 하지 않았다. B29가 곧 도쿄를 공습하리라는 것을 잘 알면서도 그랬다. 고노에 공작을 중심으로 '평화 공작'에 관계했던 많은 중신들도 마찬가지였다.[107]

그러나 히로히토가 도조를 해임한 것은 정치적으로 큰 변화를 알리는 신호였다. 1941년 가을, 진주만을 공격하는 방법으로 확전할 것을 결정했던 시점에서 천황의 제1측근인 기도 고이치는 궁중 세력과 몇몇 중신을 아우르는 한편과, 군부 엘리트, '혁신 관료', 재계 지도자들로 이루어진 다른 한편의 전쟁 추진 세력 사이에 느슨한 동맹을 결성했다.[108] 주일 미국대사인 그루는 그러한 동맹을 상상조차 하지 못했다. 고노에로 말하자면, 도조가 수상으로 지명되기에 앞서 정권에서 하차한 고노에는 미·영과 전쟁하는 것을 반대했다(물론 공개적으로 그렇게 말하지는 않았지만).[109] 그로부터 약 3년이 지난 지금, 도조의 사임은 고노에와 그 주위 인물들, 곧 일본 사회의 주요 영역에서 가장 강력한 이해관계를 대표하는 사람들이 정치 무대로 복귀하는 결과를 낳았다. 고노에는 황위의 신비에 미혹되지 않고, 일본이 군사적으로 궁지에 몰려 있음을 간파한 현실적인 통찰력을 가지고 있었으며, 궁중 세력과 황실의 구성원들에 대한 영향력도 있었다. 고노에는 궁중 세력과 황족에게 영향력을 행사하여, 희망 없는 전쟁을 끝내는 일에 앞장서고자 했다.

VI

도조의 후임으로 중대 국면에 8개월간 내각을 이끈 고이소 수상은 거의 알려지지 않은 인물이다. 그가 재임했던 1944년 7월 22일부터 1945년 4월 5일 사이에 전쟁은 점점 더 절망스러워졌고, 일본 인민은 점점 더 많은 희생을 강요당했다. 1944년 7월 24일 천황은 필리핀, 타이완, 난세이 제도南西諸島 일본 규슈와 타이완 사이에 징검다리처럼 이어져 있는 열도─편집자, 오키나와에서, 그리고 홋카이도와 쿠릴 열도를 제외한 본토에서 시행될 결전을 위한 작전을 재가했다. 이틀 뒤, 히로히토는 가능한 한 황도에 머무를 것이며 대본영을 대륙으로 옮겨야 할지 여부는 전황에 달렸다고 고이소에게 말했다. 천황 자신은 '이 신성한 땅神州을 사수해야 한다'고 생각하고 있었다.[110]

그 직후인 8월 4일, 고이소 내각은 사실상 국민 총무장을 결정하고, 온나라의 모든 신민이 직장과 학교에서 (죽창을 들고) 군사교련을 받도록 했다. 2주 뒤 어전회의에서 히로히토는 다가올 적의 공격에 대한 새 방어 계획을 정식으로 재가했다. '해안 방어'보다 방공防空과 '내륙 방어'에 중점을 두었고, '필승 병기'를 신속히 개발하는 데 역점을 두었다. 필승 병기 개발이란, 승무원이나 조종사의 목숨을 특정한 군사적 목표 달성과 '맞바꾸도록' 고안된 '인간 병기', 곧 '자살특공대' 양산을 의미했다.[111]

1944년 8월 5일 대본영정부연락회의는 그 명칭을 최고전쟁지도회의最高戦争指導会議로 바꾸고, 중경의 국민정부에 일본의 '신의'를 인식시킬 목적으로 적극적인 외교 활동을 새롭게 개시했다. 또 소련에 막연한 협상 개시를 요구하려는 계획을 짰다. 후자의 계획은 외무성이 작성했는데, 표면상으로는 중국 공산당과 장개석 국민당의 화해 실현을 위해 소련에 지원을 요청한다는 것이었다. 이렇게 하여 일본은 중국의 새 정부와 평화조약을 체결하면 '대동아전쟁'을 수행하는 데 더 나은 여건을 얻을 수 있다. 대신에 일본은 동맹국인 제3제국, 나치 독일과 소련의 관계 개선, 곧 평화 촉진을 위해 힘을 쏟는다는 것이었다.[112] 왜 이러한 일을 하는가? 그것은 동아시아에서 무너져가는 일본의 주도권을 안정시키려 함이었다. 소련을 축으로 한 이 첫 번째 평화 공작은 거의 성과 없이 끝났다.

전쟁을 지속하려는 천황의 결의는, 특히 1944년 9월 7일 제85차 임시

의회 개회식에 즈음하여 내려진 칙어를 통해 통치 계층에 널리 알려졌다. 미국의 반격이 치열해져 전반적으로 "위급이 가중"되고 있다고 지적하고, 히로히토는 이렇게 선언했다. "황국이 총력을 기울여 승리를 결정지을 계기야말로 오늘날에 있으니, 공들은 기꺼이 백성의 앞장을 서서 분노를 새롭게 하여 단결을 굳건히 하고 떨쳐 일어나 적국의 야욕을 분쇄함으로써 황운을 무궁히 부익扶翼할지어다." [113]

히로히토가 그때까지 승리에 대한 희망을 품고 있었다는 사실은 필리핀 남부의 레이테 전투 때 그와 대본영이 취한 행동을 보면 알 수 있다. 10월 맥아더 원수가 이끄는 부대가 레이테 섬과 필리핀 해에서 육·해·공 전투를 펼치면서 옛 식민지를 탈환하려는 미군의 움직임이 시작되었다. 전투는 11월까지 이어졌고, 남아 있던 연합함대는 사실상 괴멸되고 약 8만 명에 이르는 일본군 수비대가 전사했다. [114] 레이테에서 결전을 치른다는 10월 18일 대본영의 결정은 루손 섬 방어를 사실상 불가능하게 만들었다(당초 작전은 루손 섬에서 결전을 벌일 계획이었다—일본어판). 전후 히로히토는 스스로 인정하기를, "나는 참모본부와 군령부의 의견과 달리, 한번 레이테에서 미군을 쳐서 미국의 기가 한풀 꺾이면 타협의 여지를 발견할 수 있지 않을까 생각하여 레이테 결전에 찬성했다." [115] 이 말은 실제로 무슨 일이 일어났는지를 암시한다. 방어 태세도 갖추어지지 않아 전선의 사령관 야마시타 도모유키山下奉文 육군대장이 전투를 벌이고 싶어하지 않은 곳에서, 히로히토와 육해군 통수부장은 미군과 교전하라고 강요한 것이다. 이는 히로히토가 작전에 심각한 악영향을 미친, 또 다른 사례다.

1944년 12월 말까지 이어진 레이테 전투에서 가미카제 공격이 등장했다. (루손 섬의—일본어판) 산중에 잠복했다가 날아온 특공대는 처음에 높은 전과를 올렸다. 그러나 결국 대본영은 레이테 섬 포기를 결정했다. 레이테 전투 때문에 본토를 비롯한 다른 지역의 더 중요한 전투 준비에 차질을 빚었다. 9월 25일, 히로히토는 보복 병기 '풍선폭탄' 개발을 우메즈 요시지로梅津美治郎 참모총장이 총괄하여 10월 말까지 완성할 것을 명했고, 개발은 예정대로 진행되었다.[116] 레이테 전투 패배에 대한 보복으로 11월 3일 메이지절明治節을 전후하여 미합중국 본토를 향해 풍선폭탄 수천 개를 처음으로 날려 보냈고, 1945년 3월까지 풍선폭탄 약 9300개를 하늘에 띄웠다.[117] 이중 극소수가 북미대륙에 도달했지만 그 피해는 미미했다.

주부와 노인들까지 포함하여 일본 땅에 있는 모든 사람이 죽창을 들고 군사교련을 받거나, 바람이 조종하는 풍선에 작은 발화 장치를 달았다. 실제 군사적인 의미가 있는 일이라기보다는 상징적인 조치라고 하는 편이 옳다. 그러나 연합군의 군함과 수송 선단에 대한 가미카제 공격은 완전히 다른, 실질적으로 위험한 위협이었다.[118] 그것은 미국인, 오스트레일리아 인, 영국인에게는 이해하기 어려운 병기였고, 그런 까닭에 더욱 불안한 존재였다. 그러나 히로히토는 그것이 자기희생의 표현임을 명확하게 이해했다. 그는 가미카제 전술이 군사적으로도 유효하다고 입증되기를 바랐는지도 모른다. 1945년 1월 1일 도쿄 공습 위기에 처했을 때, 천황과 황후는 출격할 특공대 대원들을 위해 준비된 최후의 특별 요리를 음미했다. 이후로도 거듭 히로히토는 '가미카제 특별공격대'에 감사를 표시했다. 그는 1944년 가을 가미카제를 촬영한 첫 번째 뉴스영화, 〈가미카제 특별공격대 출격〉을 본 뒤로 줄곧 신문과 영화를 통해 이 작전을 지켜보았다.[119]

미국이 루손 섬 탈환 작전을 개시하자 가미카제 특공대 조종사와 '인간 어뢰들'의 자살 공격이 늘어갔다. 1945년 1월 7일 시종무관 요시하시 가이조吉橋戒三는 필리핀 링가옌 만 인근 전투에 대해서 보고했다. 한 '특공대원'이 몸을 내던져 공격한 일을 보고했을 때 천황의 반응은 다음과 같았다.

> 폐하는 벌떡 의자에서 일어나셔서, 말없이 조용히 최상의 경례를 하셨다. 그로 인해 지도를 가리키던 나의 밤송이머리에 폐하의 머리카락이 닿아, 전기에 감전된 듯한 긴장이라고 할까 감격을 느꼈던 적이 있다. 후일 나고야 상공에서 B29에 자살 공격을 감행한 한 병사에 대한 중부군 사령관의 감상을 전해 들으실 때도 마찬가지로 일어나서 최상의 경례를 하셨다. 두 번 다 방 안에는 폐하와 나만 있었다.**120**

여느 국민처럼 자기희생의 표현에 감동한 천황은 궁극의 형태로 발현된 '야마토 혼大和魂'을 찬양하면서 자기 생애의 가장 운명적인 1년을 시작했다.

1945년 전반에 미군은 루손 섬을 대부분 탈환했으나, 필리핀 전투는 전쟁이 사실상 끝날 때까지 계속되었다. 미군은 이오 섬과 오키나와까지 침공했다. 그들은 지상 각지에서 목숨을 걸고 차츰 더 효과적인 공격을 감행하는 저항에 부닥쳤고, 가미카제 공격도 점점 더 늘어갔다. 그러나 대항 수단이 개발되어 미군의 피해는 점차 줄었다. 열대 기후인 오가사와라 제도의 이오 섬에 사흘에 걸쳐 격렬한 해상 폭격을 퍼부은 다음, 2월 19일 미 해병대 2개 사단이 상륙했다. 수적으로 열세인 일본군 수비대는 처음에는 해안에서 미군의 침공을 저지하려고도 하지 않고, 대규모 공격으로 대항하려고도 하지 않았다. 대신에 동굴과 진지에서 버티는 '참호' 작전으로 나왔다. 이오 섬 전투가 최종 단계로 접어든 3월 7일, 천황은 "해군 부대가 육군과 잘 협동하여 방비에 임해, 적이 상륙한 이후에도 적은 병사를 가지고 분전역투奮戰力鬪하여 적을 격파하고, 모든 작전에 기여하는 것을 매우 만족스럽게 생각한다"고 말했다.[121]

미국의 언론은 이오 섬 전투를 기술과 화력, 전술부터 용맹한 기상에 이르는 모든 면에서 미국이 우월함을 보여주는 상징으로 삼았다. 미 해병대원들이 승리를 기념해 스리바치 산摺鉢山 꼭대기에 성조기를 꽂는 장면을 담은, 부분적으로 조작된 사진이 용감한 해병대의 필승 정신을 영예롭게 드높였다.AP통신의 사진기자 조 로즌솔(Joe Rosenthal)이 찍어 퓰리처상을 탄 그 유명한 사진은 사실은 첫 성조기 게양 순간이 아니라, 처음 세운 성조기가 작아서 더 큰 것으로 바꿔 세우는 장면이다. 첫 성조기를 게양한 미군 병사들과 그 장면의 사진은 널리 알려지지 않고 잊혔으나, 두 번째 성조기를 세운 병사 6명은 영웅 대접을 받았다─편집자 도쿄의 대본영 방공호 안에 있던 히로히토도 이오 섬 전투에서 황군의 기개와 결사항전 의지를 찾았다. 천황은 최후의 본토 결전을 준비할 시간을 벌기 위해, 모든 섬의 수비대에 본토를 위한 외호外壕가 될 것을 명했다. 수비대의 사명은 적에 되도록 많은 출혈을 일으키는 것이었다. 이오 섬 수비대의 사령관인 구리바야시 다다미치栗林忠道 중장은 이를 충실히 이행했다. 약 2만 명에 이르는 일본군 수비대 전원이 옥쇄하기까지, 미군 약 7000명이 전사하고 1만 9000명이 부상했다.[122] 히로히토는 그 불운한 수비대가 미 해병대에 일본 쪽 손실을 웃도는 피해를 입혔다는 사실에 만족했다. 과달카날이 그러했듯이 이오 섬도 시금석이 되었다. 그리고 히로히토는 일본의 패배를 인정하고 적절한 절차를 밟을 것을 완강히 거부함으로써 희생을 부추겼다.

또 다른 섬, 오키나와의 방어전을 본토 결전을 위한 희생 제물로 생각하고, 천황은 자신의 소신에 따라 초기부터 종종 작전에 개입했다. 우메즈 참모총장에게 말했듯이 그는 "이 싸움이 불리하면 육해군은 국민의 신뢰를 잃고, 이후 전국에 우려할 만한 사태가 있을 것"이라고 믿었다. 그는 당시의 사태를 이해할 수 없었던 것 같다. "현지군은 왜 공격하지 않는가? 병력이 충분하지 않다면 역상륙을 해보는 것이 어떤가?"[123] "적군의 오키나와 상륙에 대한 방어 방법은 없는가? 적의 상륙을 용납한 것은 적의 수송 선단을 격침하지 못했기 때문인가?" 이것이 미군 상륙 이튿날 대원수 히로히토가 한 말이었다.[124] 또 이날 늦게 "만사가 예상대로는 되지 않는다"고 고이소 총리에게 말했다〔일본어판에는 '고이소 총리에게'라는 부분이 없다—옮긴이〕.[125]

상륙 사흘째 되는 날 히로히토는 우메즈에게, 공세로 나가든지 역상륙을 하든지 우시지마 미쓰루牛島満 중장 휘하의 오키나와 제32군에 명하도록 요구했다.[126] 우시지마는 중부 태평양에서 선임자들이 저지른 잘못을 교훈 삼아, 전략상 후퇴하고 지하에 엄폐호를 파 버티면서 소모전을 벌일 생각이었다. 그러나 히로히토가 개입하여, 제32군의 상급 사령부인 제10방면군 사령부는 우시지마에게 "북비행장과 중비행장 공격을 개시하라. 공격 개시는 4월 8일이다"라고 명했다.[127] 우시지마는 명령에 따라 대본영에 "마지막 한 명까지 분기하여 추적醜敵못난 적, 미운 적—옮긴이을 소탕하겠다"고 전신을 보낼 수밖에 없었다. 이렇게 해서 공격이 이루어졌으나…… 그들의 '추적'은 살아남았다. 히로히토는 해군에도 모든 수단을 동원하여 오키나와 방어를 위해 반격하라고 다그쳤다.[128]

오키나와 전이 치열해지는 동안, 히로히토는 육군이 중국의 방어선을 축소하고 만주와 조선, 무엇보다 본토 방어를 위해 부대를 북방으로 재배치하려는 것에 대해서 우메즈에게 주의를 주었다. 4월 14일 그는 "적의 선전을 주의하라. ……지금 같은 때 적 지구의 철도·촌락 파괴 등은 민심에 악영향을 미치지 않겠는가?" 하고 우메즈에게 경고했다. 그러나 그의 주된 관심은 부대를 철수하면 그 땅에 미군이 새로 항공기지를 건설하

여 일본이 '불리해질지도 모른다'는 데 있었다.[129]

5월 5일까지도 천황은 오키나와 전 승리를 기대하며 "이번 공세는 꼭 성공하라"고 제32군에 무전을 보냈다.[130] 오키나와 전은 4월 1일 시작되었다. 6월 중순까지 이어진 전투에서 일본군 전투원 9만 4000 내지 12만 명, 비전투원 15만 내지 17만 명이 목숨을 잃었다. 그중에는 일본육군의 강요로 집단 자결한 오키나와 사람들이 700명 이상 들어 있었다. 미군은 약 1만 2500명이 사망하고 3만 3000명이 부상했다. 여기에는 가미카제 공격에 따른 해군 희생자 7000명이 포함된다. 전쟁에 진 것이다. 무려 1년도 더 전에 패한 전쟁이었다. 그러나 패전한 일본은 완강히 싸움을 계속했다.

이러한 위기 단계에서 히로히토의 성격과 생활 태도, 황위에 대한 신조가 나쁘게 작용했다. 그는 육해군 통수부보다 더 빨리 많은 사실을 알 수 있었지만, 융통성 있게 해결하려 들지 않고 항상 엄격한 절차에 집착하는 경향이 있었다. 일생 동안 천황은 세부 사항에 너무나 열심히 매달렸다. 잇따른 패배에 직면한 지금도 천황은 진지하게, 융통성 없이, 아주 지엽적인 것들에 몰두했다. 최후의 파멸 단계가 시작되려 했으나, 키잡이인 히로히토는 합리적 판단을 외면하고 다가오는 재앙 앞에 눈감고 있었다.

뒤늦은 항복 ^{13장}

오키나와 침공 6주 전, 미 해병대의 이오 섬 상륙 작전이 코앞에 다가왔던 1945년 2월 〔7일부터 26일에 걸쳐—일본어판〕히로히토는 역대 총리 6명, 곧 히라누마, 히로타, 와카쓰키, 오카다, 고노에, 도조와 전 내대신 마키노를 불러 전쟁에 대한 의견을 구했다. 회견은 공습으로 중단되었으나, 전쟁을 계속하자는 의견이 압도적이었다.

유럽에서는 독일 나치스 체제의 패색이 짙어져갔다. 제3제국의 붕괴가 얼마나 빨리 찾아올 것인가는 불투명했지만, 곧 닥쳐올 것은 분명해 보였다. 일본의 상황도 마찬가지로 암울했다. 버마 주둔 육군은 패배했다. 중국 본토에 주둔한 육군은 그나마 나은 편이었다. 1944년의 '1호 작전' 공세로, 화북의 북경에서 무한에 이르는 간선 철도와 무한에서 중국 최남단인 광동성의 광주(廣州: 광저우)에 이르는 간선 철도를 따라 활로가 뚫렸다.[1] 그러나 일본군 점령하에 있던 모든 성省에서 정세는 역전되었다. 지

배 지역은 축소되었고, 1944년에만 대게릴라전에 임시 군사비의 64퍼센트를 쏟아부었다.[2]

1945년 당시 중국 주둔 육군은 북으로는 소련의 침공을, 상해 쪽으로는 미군의 상륙을 모두 예상했고, 따라서 그에 대한 대비를 해야만 했다. 본토 방위를 위해서 중국과 만주에 주둔하고 있는 정예 부대를 차출할 수는 없었다.[3] 엄청난 피해를 입은 해군도 어느 곳으로든 육군을 충분히 실어나를 수가 없었다.[4]

한편, 레이테 해전 이전부터 개발해왔던 가미카제 전술이 유력한 수단이 되었다. 통수부는 본토 방위에 대비해 육군항공대를 증강하고 무기를 비축해 새로 29개 사단, 51개 보병연대, 다수의 포병연대와 전차연대를 편성했다. 1945년 육군 병력의 43퍼센트가 일본, 조선, 타이완에 주둔하고 있었다. 천황은 이러한 것들이 성과를 얻을 것이라고 막연한 기대를 걸고 있었고, 따라서 천황과 기도는 이때가 강화講和 조약을 맺을 호기라고 여기지 않았다.[5]

앞서 말한 중신 간담회에서 와카쓰키는, 적들이 "전쟁을 계속하는 것은 불리하다"는 것을 먼저 깨닫게 해야 한다고 상신했다. 마키노는 "전황을 유리하게 전개하는 것이 최우선 과제"라고 단언했으며, 오카다는 "유리한 시기를 포착해서" 강화조약을 맺어야 한다고 주장했다.[6] 히라누마와 히로타는 끝까지 싸우자고 했다.

고노에 공작만이 견해가 달랐다.[7] 고노에는 다른 중신과 달리, 천황을 둘러싼 정서와 삼가는 분위기를 두려워하지 않았다. 고노에는 전쟁을 계속하면 천황에게 무서운 위협이 닥치리라는 착잡한 뜻을 전달하려고 18개월 넘게 애써왔다.[8] 벌써 여러 달 전에 고노에는 천황의 동생인 다카마쓰노미야에 육군은 통제파라는 '암'에 걸려 있는데, '기도를 비롯한 다른 사람들'은 그와 견해가 다르며, "폐하도 사상 문제에는 비교적 관심이 많지 않으시다"고 말했다. 나아가 고노에는, 최근 4년간 천황은 '황도파는 위험하다'는 말을 계속 들었고 지금도 그런 줄 알지만 자신이 보기에 국체를 진짜 위태롭게 하는 것은 통제파이며, 전쟁이 악화되면 통제파는 국체를 변혁하려 들 수도 있다고 덧붙였다. 위협이 국내의 공산주의자들—주로 통제파 내의 좌익 과격분자를 뜻한다—에게서 비롯되든 "적인 미국과 영국이 제안하는 최악의 강화講和 조건"으로 말미암든, 적들은 모두 천황을 그대로 두고 일본을 공산화시키려는 속셈이라고 고노에는 추측했다.[9]

2월 14일 고노에는 기도와 함께 황실 서고御文庫에서 천황에게 상소문을 올리고 이 음모 이론을 자세히 설명했다.[10] 소련은 일본을 동아시아에서 가장 위협이 되는 존재로 간주하고, 아시아의 최대 최강 공산당인 중국 공산당과 연계하고 미·영과 협조하여 일본을 중국에서 쫓아내려 한다고 고노에는 단언했다. 소련은 기회가 있으면 참전할 것이다. 전쟁을 계속하면 패전은 피할 수 없으나 그보다 더 우려해야 할 사태는 국체 파괴라고 그는 천황에게 말했다. 또한 전쟁이 국내 상황을 좀먹어, 국내외에서 일본과 황실을 위협하는 세력의 고삐를 풀어놓았다. 천황과 기도가 통제파 장성들을 신임하는 것은 위험하며, 통제파는 본의 아니게 일본의 공산화를 추진하고 있다. 공산주의 혁명이 일어나면 국체 수호는 불가능해질 테니 그 전에 어서 화평을 청해야 한다고 고노에는 호소했다.[11]

히로히토는 육군에 대한 고노에의 우려에 동조해, 뭔가 조치가 필요하다고 인정했다. 그러나 소련의 의도에 대한 고노에의 견해는 천황의 의표를 찔렀다. 천황은 통수부와 마찬가지로, 소련이 앞으로 영·미와 대립할 때 일본이 필요해질 것이기 때문에 동아시아에서 일본의 전력이 파괴되기를 바라지 않으리라는 희망 섞인 관측을 하고 있었기 때문이다. 그렇기 때문에 히로히토는 전쟁 종결을 위해 그 자신이 직접, 곧바로 행동에 나설 것을 권하는 고노에의 제언을 완강히 거부했다.[12] 히로히토는 오히려 중신들 편에 기울어, 전쟁 종결은 "다시 한 번 전과를 올린 후가 아니면 좀처럼 이야기하기 어렵다"고 했다. 전하는 바에 따르면 고노에는 "그렇게 말씀하실 시기가 과연 오겠습니까. 지금 해야만 합니다. 반년, 1년 뒤에는 아무런 도움도 되지 않습니다"라고 대답했다.[13]

그렇지만 히로히토는 자신의 견해에 집착했다. 그는 같은 날 "이 전쟁은 최선을 다하면 이길 수 있다고 믿지만 그때까지 국민이 이렇게 버텨줄지, 그것이 걱정이다"라고 말했다고 전해진다.[14] 어떤 의미에서 그것은 고노에도 걱정하는 바였다. 그러나 천황은 다른 의미에서 물질적인 열세를 정신력으로 극복한다는 일본의 오래된 전통을 불러일으키려 하는 것이었다. 우리 신민은 초인적인 노력과 희생을 감내할 수 있다. 그렇기 때문에 석유 자원을 잃고 매일 공중 폭격을 받는다 해도 일본은 승리할 수 있다. 일본이 마지막 결전에서 승리를 거두면 강화 협상의 전망이 밝아진다. 이것이 천황의 견해였다.

2월 15일 열린 최고전쟁지도회의에서 첩보 담당자들은 소련이 '동아시아에서 향후 발언권을 확보'하려 하며, 봄에는 일소중립조약을 파기할 가능성이 있고, 그 후 일본의 전력이 현저히 약해졌다고 판단되면 언제라도 참전할 수 있다고 경고했다.[15] 그래도 히로히토는 견해를 바꾸지 않았다. 이튿날 시게미쓰 외상은 같은 경고를 되풀이했다. 히로히토를 독대한 자리에서 시게미쓰는, 나치스 독일은 최후의 단계를 맞이했으며 '삼국(얄타) 회담'에서 '영·미·소의 대국적 일치'가 명확해졌다고 단언했다. 그는 히로히토에게 일소중립조약을 믿지 말라고 경고하고, 고노에와 마찬가지로 공산주의로 말미암은 국내의 위기를 역설했다.[16] 그러나 히로히토는 소련에 관한 자신의 모순된 가정을 바로 보려 들지 않았다. 한 시간에 걸친 접견이 끝날 무렵 그는 얄타 문제를 무시하고, '독일 대사관의 분위기'에 대해 시게마쓰에게 물었다. 열흘 뒤인 2월 26일, 도조가 공식 접견에서 소련이 일본을 상대로 참전할 가능성이 '50대50'이란 것을 인정했는데도 히로히토의 마음은 바뀌지 않았다.

1945년 봄이 지나면서 일본 인민은 더 버티기 어렵게 되었다. 3월 9일과 10일 처음으로 미 태평양공군의 B29기 334대가 도쿄의 인구 밀집 지역에 소이탄을 사용해 야간 공습을 실시했다. 수도의 약 40퍼센트가 잿더미로 변했고, 추계 8만에서 10만 명이 타 죽었다.[17] 무시무시한 화염에 하천은 끓어올랐고 유리는 녹았으며, 열풍에 휩쓸려 추락한 폭격기도 있었다. 9일 뒤인 18일, 천황은 시의와 시종을 거느리고 자동차로 수도를 시찰했다. 당시 다른 차로 수행했던 요시하시 가이조 시종무관은 나중에 이재민들의 모습을 이렇게 회상했다.

> 불탄 자리를 다시 파내던 이재민들은 멍한 얼굴, 원망스러워하는 듯한 얼굴로 인사도 하지 않고 폐하의 차를 배웅하고 있다. 평소의 행차 때와 달리 예고를 하지 않았지만 국화 문장을 단 빨간색 자동차가 무려 3, 4대 지나가니 천황의 행차라는 것을 알 법도 한데, 하고 생각했다. 부모를 잃고 재산이 타버린 이재민들은 폐하를 원망하는 것인가 아니면 허탈한 상태에서 그냥 멍하니 있는 것인가, 이 불쌍한 사람들을 가까이에서 보시는 폐하의 심중은 어떠할까, 생각해보았다.[18]

요시하시가 목격한 민중의 '허탈'한 표정은 주목할 만하다. 3월에는 공장의 생산성이 떨어지기 시작했고, 결근 태업이 눈에 띄게 늘어났다. 또한 궁내성이 늘 촉각을 세우는 문제인 불경죄도 늘어났다. 그 후 5개월 동안 황족 군인과 중신들은 국체 위기에 대해서 논의를 거듭했다. 고노에가 지적해왔던 국내발 위기가 점점 더 뚜렷하게 다가오는 듯 여겨졌다. 그러나 시골에서든 대도시에서든 일본인들 대부분은, 늘 들어왔던 대로 곧 다가올 승리를 위해 지도자를 따라 복무하고 희생하겠다는 결의를 끝까지 지니고 있었다.

히로히토가 수도의 피해 지역을 시찰한 지 이틀 뒤, 일찍이 영미 협조 외교의 상징이었으며 지금은 은퇴한 것이나 다름없는 시데하라 기주로幣原喜重郎 전 외상은 당시 통치 지배층 사이에 널리 퍼져 있던 감정을 표현했다. 곧, 일본은 시련을 견디고, 무슨 일이 있어도 굴복해서는 안 된다는 것이었다. 시데하라는 전에, 민중은 날이 갈수록 공습에 익숙해질 것이라고 시게미쓰 외상에게 의견을 말한 적이 있다. 민중의 단결과 결의는 점점 확고해지고, 외교관들이 "우리 나라가 일찍이 경험하지 못한 위기를 맞아 형세를 뒤집고 나라를 구할 대책을 고안할 여지"도 있다는 것이었다.[19]

1945년 3월 20일 시데하라는 친구인 오오다이라 고마쓰치大平駒槌 전 남만주철도주식회사 부총재 앞으로 보낸 편지에 "수십만 비전투원의 사상, 기아, 수백만 건물의 손괴 소실을 본다 하더라도 과감히 극력 항쟁을 계속"한다면 국제정세가 일본에 유리하게 돌아갈 수도 있다고 썼다. 완전한 패배가 목전에 닥쳤는데도 시데하라는 여전히 전 일본을 전장으로 만들면 일본이 유리해진다고 생각했다. 본토에서 결전을 하면 적의 보급선이 길어져 전쟁을 지속하는 것이 어려워지기 때문에, 외교 공작을 펼칠 여지가 생긴다는 것이었다.[20] 이것이 온건파인 시데하라의 복안이었으며, 아마 히로히토도 같은 생각이었을 것이다.

미군이 오키나와에 상륙하기 이틀 전, 내각 경질이 임박했다는 소문이 궁중에 나돌았다. 고노에는 이때 호소카와 비서관에게, "육군은 점점 한 사람마저 옥쇄하자고 주장하고 나설 것이다. 그리고 기도가 궁중에 머무를 때, 아나미阿南〔참모총장〕에게 마음이 완전히 넘어갔다. 국체를 고려해볼 때 천황의 윤허 없이 우리는 아무것도 할 수 없다. 광기로 전세를 이끄는 지금 상황을 생각하면 아무래도 염세적으로 되지 않을 수 없다"고 말했다고 전해진다.[21]

당시 고노에가 히로히토 역시 '광기'에 사로잡혔다고 여긴 것도 당연한 일이다.

히로히토가 왕조명 정권의 전 고위 관료〔고이소가 강력하게 지지했던 무빈(繆斌: 먀오빈)〕를 통해서 중국에 대해 추진했던 평화 공작을 중지하라고 명령한 지 사흘 뒤, 곧 오키나와 전투 개시 5일째 되던 4월 5일, 천황과 고이소 총리의 견해가 엇갈렸다.[22] 히로히토는 레이테 해전 이후 이오 섬 함락까지 일본군이 잇따라 패배한 책임을 물어 내각을 경질했다. 천황은, 당시 78세로 자신이 신임하는 전 시종장이자 퇴역 해군제독인 스즈키 간타로鈴木貫太郎를 새 내각의 수반으로 정했다. 이 시점에서는 천황과 스즈키 모두, 전쟁 종결을 위해 정책에 어떠한 변경을 가할 생각이 없었다. 오키나와 전투에서 엄청난 피해를 입고, 미군의 소이탄 폭격으로 60개 이상 되는 도시가 초토화된 뒤에야 겨우 히로히토는 평화를 바란다는 뜻을 비치고 전쟁 종결 방안을 모색하기 시작했다.

기도의 일기에 따르면 천황이 강화를 진지하게 고려하도록 처음 요청받은 것은 1945년 6월 9일이었다. 이 전날 기도가 자신이 기초한 「시국 수습을 위한 대책 시안」을 천황에게 아뢰었다. 중요한 시기였다. 황거가 의도하지 않게 폭격당한 직후였고〔미군은 황거를 폭격하지 말라고 명령했다—일본어판), 오키나와 방어는 전혀 희망이 없었으며, 8일에는 최고전쟁지도회의에서 「이후 취해야 할 전쟁 지휘 기본 대강」을 결정했다.[23] 유럽에서는 전투가 끝났다. 일본은 이제 완전히 혼자였다. 기도의 '시안'은 적국과 협상할 때 일본이 조금이라도 유리한 입장에 설 수 있도록 소련에 중재를 요청한다는 정도의 막연한 내용이었다. 기도가 이 시안을 준비했다는 것은 그가 군부 강경파와 오랫동안 이어온 밀월 관계를 끝맺었다는 의미였다. 히로히토가 이 시안을 받아들였다는 것은 그가 드디어 전쟁을 그만두고 강화 절차에 들어갈 마음을 먹었다는 의미였다.

눈앞에서 대일본제국이 무너져감에 따라 히로히토는 극심한 긴장감과 우울 증세를 겪었다. 6월 중순 나가노 현 마쓰시로의 산중에 대본영을 옮길 예정으로 건설하던 지하 엄폐호 상황을 기도에게서 들은 뒤 얼마 지나지 않아, 천황은 건강이 나빠져 공식 일정을 취소할 수밖에 없었다.[24] 6월 15일 오후 어머니 데이메이 황태후를 방문하기로 한 약속만 겨우 지켰을 뿐이었다. 6월 22일 드디어 히로히토는 전쟁 종결을 위한 외교 협상을 시작하기 바란다는 뜻을 직접 최고전쟁지도회의에 전했다. 기도가 정리한 기록에 따르면 6월 8일 '전쟁 지휘에 관해' 열린 어전회의에서 천황이 그러한 뜻을 알렸다. 천황은 "전쟁 종결에 관해 기존 관념에 얽매이지 말고 신속하게 구체적인 연구를 수행하여, 그것이 실현되도록 노력할 것"을 지도자들에게 요청했다. 신중을 기하느라 강화를 맺을 기회를 놓쳐서는 안된다고 덧붙이기까지 했다.[25] 그러나 히로히토를 포함해 그 자리에 모인 어느 누구도 즉시 항복할 생각은 하지 않았다. 그들은 오로지 조기 강화만 생각하고 그것에만 관심을 쏟았다.

7월 초순 주일 소련대사 야코프 말리크Malik, Yakov Aleksandrovich는 히로타 전 총리와 결론에 이르지 못한 채 협상을 중단했다. 히로히토는 모스크바에 특사를 파견하며 처음으로 직접 협상에 대한 강한 의욕을 보였다. 그러나 천황과 스즈키 내각 모두, 소련이 중재할 수 있다는 사실에 근거하여 구체적인 제안을 내놓은 것이 아니라, 소련이 양측을 중재하는 일에 관심이 있으리라고 마음대로 생각한 것이었다. 살육과 고통을 끝내고자 평화를 모색하는 일보다 천황의 정치적인 입지와 향후 군주제를 보장받기 위해 소련과 협상하는 것을 항상 더 중요시했던 것이 종전에 임하는 그들의 태도였다.[26]

1945년 4월 7일 발족하여 항복할 때까지 스즈키 내각의 주된 전쟁 정책은 '결호決号' 작전을 준비하는 것이었으며, 이는 본토 방위를 위한 '승리 3호捷三号'를 수정한 것이었다.[27] 자살 전술에 크게 의존하는 것이 이 작전의 특징이었다. 가미카제 특공기, 잠수함에서 출격하는 인간어뢰, 트럭 엔진을 동력원으로 삼아 폭약을 실은 특공정艇, 항공기에 탑재된 로켓 분사 인간폭탄 등 오로지 자살 공격을 목적으로 하는 무기를 대량 생산하고, 특별히 훈련된 지상부대의 자살 공격을 준비했다. 결호 작전 준비가 추진되는 한편, 6월 9일 임시의회는 마지막 전투를 위해 전 국민을 동원하는 전시긴급조치법과 5개 법안을 통과시켰다.

같은 날 천황(아직 전쟁 종결을 위해 행동을 개시하지 않았다)은 제국의회 개회식에 칙어를 내려 "적국의 비망非望분에 넘치는 희망—옮긴이을 분쇄하고 정벌의 목적을 달성"하라고 국민에게 명했다. 동시에 통제하의 언론은 연일 천황의 은혜에 보답할 것을 선전하며 천황을 위한 죽음을 찬양하고, 7월 중순부터는 '국체 수호' 운동을 벌이기 시작했다.[28]

미국도 일본의 전의를 꺾으려는 선전 활동을 펼쳤다. B29기들이 다음 공습 목표를 알리거나, 천황을 이용하여 군부를 공격하며 항복을 촉구하는 일본어 전단을 수천만 장 뿌렸다. 국화 문장이 인쇄된 전단에서는 "온 나라에 자살을 강요"하는 "군벌"을 비난하고, "헌법이 명시하는 권리에 따라 여러분은 폐하에게 직소해야 한다. 강력한 군벌이라고는 하나 평화를 지향하는 폐하와 국민의 강력한 진군을 막을 수는 없다"고 호소했다.[29] 미군은 8월 13일에 전단 700만 장을 뿌려 미국 · 영국 · 중국의 '공동 선언'〔포츠담 선언. 일본정부는 포츠담 선언의 전체 내용을 국민에게 알리지 않았다―일본어판〕을 알렸다.[30] 전단에는 이렇게 적혀 있었다. "우리는 오늘 여러분에게 폭탄을 투하하려고 온 것이 아닙니다. 귀국 정부가 제안한 항복 조건〔포츠담 선언에 대한 일본정부의 회답―일본어판〕에 대해, 미국 · 영국 · 중국과 소비에트 연방을 대표해서 미국정부가 보내는 회답〔번스Byrnes 회답―일본어판〕을 여러분에게 알리고자 이 전단을 투하합니다. 전쟁을 즉시 중지하느냐 마느냐는 오로지 귀국 정부에 달려 있습니다. 여러분은 다음의 두 가지 공식 통고문을 읽으면 어떻게 전쟁을 멈출 수 있는지 아실 것입니다."[31]

일본 사람들은 오로지 승리만을 믿고 본토 결전에 대비하라는 칙령으로 압박을 받은 터에, 미군의 공중 폭격에다 심리 전술에도 시달리게 되었지만, 최선을 다해 순응했다. 7월 말부터 8월에 걸쳐 전국 각 도 · 부 · 현의 지사, 경찰서장, '특공고등경찰'은 내무성에 국민의 정신이 급속히 침체되고 있다고 보고했다. 그러나 거의 2000쪽에 달하는 보고서에, 민중이 포츠담 선언을 받아들이려 한다는 기미가 포착되는 부분은 한 줄도 없었다.[32] 8월 6일과 9일 히로시마와 나가사키에 미국이 원자폭탄을 투하한 직후에도, 그리고 8일 소련이 참전을 선언한 후에조차, 민중은 대개 최후의 승리에 희망을 걸고 '신성한 땅神州' 일본은 불멸한다는 신념에 사로잡혀 있었다. 죽음의 과업을 위해 고취되어왔던, '신성한 바람(神風: 가미카제)'이 일본을 지켜준다는 집단적인 기억이 전의를 잃지 않게 했다.[33]

그사이 미국의 정보 분석가들은 일본의 본토 결전 준비를 다 정찰하고 있었다. 그들은 일본인들이 오키나와에서 어떻게 싸우고 죽어갔는가—82일간 거의 매일 수천 명이 죽었다—를, 그리고 어떻게 온 국민이 집단 자살로써 국가를 지킨다는 관념에 사로잡히게 되었는가를 관찰했다. 일본인들은 항복하느니 싸우면서 죽는다고 워싱턴의 정치 지도자들이 말했는데, 이것은 일본정부와 매스컴이 하는 말을 과장한 것이 아니었다.

I

1차 세계대전 후 독일제국에 대한 전후 처리를 반성하는 한편, 무엇보다도 고조되는 국내의 애국열과 반추축反樞軸 전쟁을 위한 국제 협력을 유지하는 데 치중하면서, 루스벨트 대통령과 처칠 수상은 추상적인 전쟁구호에 의존해왔다. 대일 전쟁 발발 후 1년이 지나면서 '무조건 항복'이란 목표가 등장했다. 전쟁을 끝내기 위해 협상하지 않겠다는 방침의 목적은 파시스트 국가를 무너뜨리고 새로운 비非파시즘 체제로 바꾸는 것이었다. 군사 점령뿐 아니라 전후 정치·사회적 개혁이 목표였으며, 그 두 가지가 언제나 병행되어야 했다. 파시즘과 군국주의 사상은 완전히 근절되어야 하며, 점령하의 국가는 민주화되고 평화를 사랑하는 자본주의 사회로 다시 태어나야 했다.

1943년 1월 카사블랑카에서 루스벨트는, 연합국은 파시즘 정부의 지도자를 처벌하지만 인민을 몰살하지는 않는다고 말했다. 그러나 루스벨트와 처칠은 추축국에 전면적으로 승리를 거두기까지, '무조건 항복'이란 구체적으로 어떤 의미인지 밝히라는 요구를 단호히 거부했다. 그들이 아직 유럽에 제2전선을 열지 않았기 때문에 소련의 붉은 군대는 고전을 면

치 못하고 있었다. 이 문제로 스탈린이 그들을 불신하는 것을 잘 알았기에, 소련의 군사력이 필요한 그들은 추축국에 비타협적으로 대처하는 태도를 보여주어야 했다.[34] 지구상에 총력전은 2차 세계대전을 마지막으로 다시는 일어나지 않게 하자는 결의, 그리고 반추축 전시 동맹을 유지해야 하는 필요에 따라, 그들은 침략국 지도자가 제안하는 공식 협약은 어떠한 것이든 피하고, 아무 제약 없이 침략국을 점령하여 군사력을 파괴하고 정부를 무너뜨린 뒤 개혁을 실행하자고 굳게 다짐했다.

또 루스벨트는 '무조건 항복'의 개념에 윌슨Wilson, Thomas Woodrow미국의 28대 대통령(1913~1921년 재임), 국제연맹 창설을 주도했으나, 의회의 반대로 미국을 국제연맹에 가입시키지는 못했다―편집자의 이상주의적 이념을 반영하고, 자유주의적인 국제질서를 실현하는 수단으로 삼았다. 항복 후에 개혁 달성이 뒤따르는 무조건 항복 방식은, 파시즘 타도 후 새로운 세계질서를 건설하는 데 기본이 되는 전제 조건을 표명했다.[35] 일본의 경우, 연합국은 일본 본토에서 최고 권위의 권력 행사를 보장받게 되는데, 그것은 "국제법이 인정하는 군사 점령 시 권한의 범위를 넘어서는" 것이었다.[36]

1945년 5월 7일과 8일, 독일군이 연합군에 대한 무조건 항복 문서에 조인했다. 미국의 언론인 윌리엄 시러Shirer, William Lawrence의 말을 빌리면 제3제국은 "완전히 멸망하고" 일본만이 전쟁을 계속하고 있었다.[37] 그 시점에 오키나와에서는 여전히 격전이 벌어지고 있었다. 새로 취임한 해리 트루먼Truman, Harry Shippe 대통령4선 대통령인 루스벨트가 네 번째 임기를 시작한 지 얼마 안 된 1945년 4월 12일 사망하여, 부통령 트루먼이 그 자리를 이어받고 남은 임기를 채웠다―옮긴이은 5월 8일, 일본의 항복은 "일본인의 말살이나 노예화"를 의미하는 것이 아니라는 성명을 발표했다.[38] 장차 점령 정책으로 보복을 가하려 들지 않겠다는 이야기였다. 그러나 무조건 항복 원칙은 변경되지 않았기 때문에, 전 주일 대사로 미 국무부 내의 '지일파知日派' 수장인 조지프 그루는 일본에 항복을 설득하려면 무조건 항복이란 말의 명확한 정의를 공식적으로 밝혀야 한다고 대통령에게 요구했다.

보수적인 공화당원 그루는 천황 히로히토가 일본 항복의 열쇠를 쥐고 있다고 보았다. 그에 따르면 천황은 "여왕벌과 같은 존재로…… 꿀벌들의 주시를 받고 있었다."[39] 전쟁 전이나 전쟁 중에도 여러 차례, 그루는 천황을 군국주의자의 '꼭두각시' 이며 입헌주의자, 평화주의자라고 말했다. 그루는 이러한 천황 주위의 '온건파' 가 정책을 좌우한다고 아주 굳게 믿었다. 대일본제국의 종말이 다가오던 1945년 봄, 그루는 이들 온건파에게 "향후 정치 구조의 성격을 주체적으로 결정"하게 하려고 생각했다. 그루는 줄곧 궁중 세력과 접촉해왔으면서도 일본이라는 국가를 전혀 이해하지 못했다.[40]

포츠담 선언 초안에 황실의 지위를 보장하는 조항을 끼워 넣으려고 했던 그루의 시도를 트루먼 대통령과 제임스 번스Byrnes, James Francis 국무장관이 거부하고 나서 상당히 시간이 지난 뒤, 1952년에 간행된 회상록에서 그루는 다음과 같이 말했다.

역사적으로 중요한 쟁점은 1945년 5월 B29기가 도쿄에 맹렬한 융단 폭격을 가한 직후에, 일본인들이 황실 유지를 바란다면 항복이 곧 현재 천황제의 폐지를 의미하는 것은 아니라고 트루먼 대통령이 공식 성명을 발표했더라면, 일본의 항복을 앞당길 수 있지 않았을까 하는 것이다. (중략) 미군의 일본 점령 후, 일본의 많은 옛 온건파 지도자들이 믿을 만한 미국인들에게 말한 바에 따르면, 천황을 보필하는 문관들은 분명히 포츠담 선언이 발표되기 훨씬 전부터 항복을 위한 활동을 하고 있었다. 실제로 내가 대통령과 회담했던 5월 28일 이전부터 그들은 이미 일본이 패전국이라는 것을 알고 있었기 때문이다. 그들이 극복해야 했던 장애물이 일본육군에 의한 완전한 정부 지배였다. (중략) 천황에게는 가능한 모든 지원이 필요했다. (중략) 만약 황실에 대해 그러한 [트루먼의] 공식 성명이 1945년 5월에 나왔다면, 일본정부 내의 항복파가 일찍 명확한 결정을 내리는 데 필요한 힘과 정확한 근거를 충분히 실어주었을 것이다. (중략) 스즈키 간타로 총리는 항복이 천황제 폐지로 직결되지 않는다는 점만 명시되었더라면 (중략) 1945년 5월 이전에 항복을 고려했을 것이다.[41]

그루는 곧바로 국무부 친중파 동료들의 맹렬한 반발에 부딪혔다. 그들은 천황을 옹호하고 앞으로 황실의 존속을 보장하는 것은 일본 파시즘의 본질과 타협하는 셈이라고 주장했다.[42] 친중파, 곧 딘 애치슨Acheson, Dean Gooderham, 나중에 의회도서관장이 되는 시인 아치볼드 매클리시MacLeish, Archibald, 제임스 번스 등은 그루가 일찍이 일본의 정치 정세를 오판했고, 천황과 일본의 보수 '온건파'를 감싸려는 경향을 보인 것을 알고 있었다. 특히 그들은 일본과 일본 천황을 독일보다 관대하게 취급해서, 일본에 유화적이라는 바람직하지 못한 인상이 국내외에 만들어지는 것을 꺼렸다. 그들이 보기에 천황은 일본이 벌인 전쟁과 군국주의 사상의 중심이었다. 관료들 간의 이러한 견해 차이는 워싱턴의 최고위층에서 미국의 전쟁 목표가 명확히 합의되지 않았음을 보여준다. 더 중요한 것은 1945년 봄부터 여름에 걸쳐 워싱턴에서 전쟁 목표와 전후 정치의 상관관계가 중시되었다는 점이다.

1945년 7월 26일에 발표된 포츠담 선언은 일본의 항복을 앞당길 목적으로 최후통첩의 형식을 취했다.[43] 포츠담에서 트루먼은 처칠의 조언에 따라, 무조건 항복 원칙을 시행하기 위해 용어를 정의했다. 일본의 지도자들이 어리석은 행동으로 치닫지 않도록 대통령은 일본이 항복하기 전에 '무조건 항복의 제반 사항'을 발표하기로 했고, 선언의 네 번째 조항에서는 "일본 군대는 완전히 무장을 해제하고 각자의 가정으로 돌아간다"는 유연한 조치를 허용했다.[44]

일본정부는 이 선언을 읽고 다음과 같은 사항을 알게 되었다. 곧 일본정부가 "전 일본 군대의 무조건 항복"을 선언하고 "이를 성의 있게 실행할 것을 충분히 적절하게 보장한" 다음에, 전승국이 부과하는 일방적인 특정 의무("우리의 조건")를 이행한다면, 비로소 일본은 평화 산업을 유지할 수 있고 자원에 대한 기회 균등 원칙에 근거해 세계무역에 참여하는 것이 허용되었다. 그리고 선언문은 "일본이 다른 선택을 한다면, 이는 신속하게 완전한 파멸에 이르는 길"이라고 결론지었다. 원자폭탄을 경고하는 내용은 없었다. 또한 제12항에서는 "앞에서 기술한 제반 목적이 달성되고, 일본 인민이 자유로이 표명하는 의사에 따라 평화를 애호하며 책임을 다할 수 있는 정부가 수립될 때에는 연합국 점령군이 즉시 일본에서 철수할 것"이라고 했다. 그러나 이 조항에서 그루가 고집했던 "여기에는 현 황실 하의 입헌군주제도 포함될 수 있다"는 말은 삭제되었다. 결국 천황의 지위는 보장되지 않았으며, 무조건 항복 정책에는 변동이 없었다.

일본정부는 7월 27일 포츠담 선언문을 받았으나 그것을 수락한다는 의사를 전혀 보이지 않았다. 반대로 스즈키 내각이 처음에 보도 기관에 명한 것은 도메이 통신同盟通信의 뉴스인 것처럼 선언을 고쳐서 보도하고, 아무런 논평도 붙이지 않음으로써 선언의 중요성을 축소하게 한 것이었다.[45] 이튿날인 7월 28일, 아나미 고레치카阿南惟幾 육군대신과 도요다 소에무豊田副武 해군군령부 총장 등의 재촉을 받은 스즈키 총리는 오후에 기자회견을 열고, 공식 성명을 발표하여 명확한 거부 의사를 밝혔다. 카이로 선언의 '재탕'에 지나지 않는 포츠담 선언을 '묵살'한다는 것이었다. 스즈키가 발표한 성명의 근저에는 전쟁을 계속하려는 히로히토의 의지, 그리고 소련을 통해 협상할 수 있다는 비현실적인 기대가 깔려 있었다. 매일 신문을 읽는 히로히토가, 스즈키 총리와 그 내각이 세계를 향해 발신한 비타협적인 태도에 불쾌했다거나 염려스러워하기라도 했다면, 아마기도가 일기에 적었을 것이다. 천황과 나눈 대화를 꼼꼼히 기록해둔 기도의 일기에 그런 내용은 없다. 기도는, 히로히토가 항복할지 아니면 더 좋은 조건을 찾아서 전쟁을 계속할지 마음을 정하지 못한 채 아직도 일본의 강화 공작에 대한 소련의 답신을 기다리고 있는 것을 알고 있었다.

같은 날인 7월 28일 온건파로 알려진 중신 요나이 해군대신은, 어째서 총리가 이처럼 어이없는 성명을 발표하도록 그냥 두었느냐는 비서 다카기 소키치高木惣吉 소장의 질문에 이렇게 대답했다. "성명은 먼저 발표하는 쪽에 약점이 있다. 처칠은 몰락하고 미국은 고립되고 있다. 정부는 〔포츠담 선언을〕 묵살한다. 조급히 굴 필요가 없다."**46**

"조급히 굴 필요가 없다"는 말은 포츠담 선언 제5항("우리는 시간 지연을 용납하지 않을 것이다")을 정면으로 부정하면서, 7월 28일 일본정부의 성명에 대한 당시 서구의 생각을 뒷받침한다. 곧 천황의 지도하에 일본은, 한편에서는 애매모호한 강화 예비 협상을 벌이면서도, 한편으로는 끝내 뜻을 굽히지 않고 싸울 결의를 늦추지도 않는다는 것이다.**47** 스즈키의 의도는 잘못 이해되지 않았다.

그리하여 미국은 올림픽 작전이란 이름으로 11월 1일 개시할 예정이었던 규슈 남부 침공 작전과 원자폭탄 사용 준비를 서둘렀다. 8월 6일 오전

8시 15분, B29기 단 한 대가 거의 무방비 상태인 히로시마를 파괴했다. 추계 10만~14만 명이 즉사하고, 그 후 5년 사이에 약 10만 명의 목숨을 더 앗아 갔다.[48] 원자폭탄의 폭심에서 "태양보다 3000배나 밝은 빛이 뿜어져" 나오면서 불덩어리가 생겨났고, 열 방사선이 쏟아져 "순식간에 사람, 나무, 가옥을 태웠다. 뜨거워진 공기가 상승하고 찬 공기가 흘러들면서 화염풍이 불어닥쳤다…… [몇 시간 뒤] 불길이 회오리바람을 타고 8제곱마일[20제곱킬로미터—옮긴이]을 사실상 잿더미로 만들었다. 죽음의 재[방사성 낙진—편집자]를 가득 머금은 검고 끈적끈적한 비가 내리기 시작했다."[49]

이틀 뒤 소련은 일본이 포츠담 선언을 거부했다는 구실로 선전 포고를 했다.[50] 8월 9일 미합중국은 나가사키에 두 번째 원자폭탄을 투하했다. 3만 5000~4만 명이 즉사하고 6만 명 이상이 다쳤다.[51] 이날 포츠담 회담 관련 소식을 전하는 라디오 전국 방송에서 트루먼 대통령은 미국인 대부분이 가지고 있던 복수심에 강하게 호소했다.

우리가 개발한 폭탄을 사용했습니다. 진주만에서 통고도 하지 않고 우리를 공격한 그들에게, 미국인 전쟁 포로를 굶기고 때리고 처형한 그들에게, 전시국제법을 준수하기는커녕 팽개쳐버린 그들에게 사용했습니다. 전쟁의 고통을 빨리 끝내고자, 수많은 미국인 청년들의 목숨을 구하고자 우리는 그것을 사용했습니다.[52]

포츠담 선언으로부터 8월 6일 히로시마에 원자폭탄이 떨어질 때까지, 이 중대한 시기에 도쿄에서 히로히토는 포츠담 선언을 수락하는 문제에 대해 아무런 말도 행동도 하지 않았다. 7월 25일과 31일 두 번에 걸쳐, '3종 신기'는 어떻게든 보호해야 한다는 말은 기도에게 했다.[53] 거울, 곱은옥, 검〔야타의 거울八咫鏡, 야사가니의 곡옥八尺瓊曲玉, 구사나기의 검 草薙劍 一일본어판〕으로 이루어진 '3종 신기'는 북조北朝1336년 무로마치(室町) 시대를 연 아시카가 다카우지(足利尊氏)가 정권을 잡고 고묘 천황(光明天皇)을 옹립하여 세운 왕조. 고다이고 천황(後醍醐天皇)의 친정(親政)을 내세운 남조와 60년간 대립하다가 통일을 이루었다一편집자를 계승한 통치의 정통성을 상징하는 것으로, 신권神權으로 황위를 차지하고 있다고 믿는 히로히토가 생각하기에는 없어서는 안 될 것이었다. 천황은 신기〔이세신궁에 있던 거울과 아쓰타신궁에 있던 검一일본어판〕를 궁중으로 옮겨 놓고 지키려고 했다. 즉시 항복 조건을 받아들여야 할지 말지 하는 중대사에 직면하여 황위의 상징에 연연했던 히로히토는, 때를 보아 스스로 전쟁을 끝낼 준비가 되어 있지 않았다.

스즈키 총리는 최후통첩인 포츠담 선언을 거절한 이상 더 손쓸 필요가 없다고 생각했다. 8월 3일 아침 내각고문회의가 소집되었다. 이 회의는 아사노浅野 시멘트 사장, 닛산日産 컨소시엄 창시자, 일본은행 부총재와 그 밖에 전쟁에서 막대한 이익을 얻은 국책기업의 대표자들로 구성되어 있었다. 그들은 미국이 비군사산업 유지와 세계무역 참여를 용인한다는 이유로 포츠담 선언을 수락할 것을 권했다. 이날 오후 각료회의에서 스즈키는 이 문제에 대한 자신의 생각을 밝혔다. 스즈키의 친구이며 지지자이기도 했던 이시구로 다다아쓰石黒忠篤 농상무대신에 따르면, 스즈키는 내각고문회의의 일원인 정보국 총재 시모무라 가이난下村海南에게 이렇게 말했다.

적이 그러한 말을 하는 것은 전쟁을 끝내야 할 시기가 왔다는 의미다. 그러한 까닭으로 그들이 무조건 항복을 이야기하는 것이니, 이러한 때야말로 우리가 확실히 대처한다면 상대가 먼저 지쳐 쓰러지기 때문에, 그러한 선언을 라디오로 방송했다고 해서 전쟁을 중지할 필요는 전혀 없다. 내각의 고문들은 고려해보라고 말할지 모르지만 나는 중지할 필요가 없다고 생각한다.**54**

이렇게 해서 히로히토가 한발 물러나 있었던 열흘 사이에 포츠담 선언은 '묵살' 되었다. 그사이 원자폭탄이 떨어지고, 소련이 만주 북부에서 조선까지 광범위한 경계선을 따라 침공해 왔다. 아무리 확대 해석하더라도 강화파라고는 할 수 없는 도고 시게노리 외상이 포츠담 선언 자체가 진정 의도하는 것은 조건부 항복이지 무조건 항복이 아니라고 천황을 설득했다. 그러나 도고는 자기 스스로도 이러한 해석에 내심 의문을 품었던 것 같다. 그 문제에는 눈을 감고, 히로히토는 기도의 강력한 뒷받침에 따라 모험을 하기로 했다. 곧 도고로 하여금 "공동 선언에 제시된 조건에 천황의 국가통치 대권을 변경하지 않는다는 요구를 포함시킬 것"이란 단 한 가지 단서를 달아 연합국의 조건을 수락한다고 전 세계에 알리도록 했다. 이튿날인 8월 11일 번스 국무장관은 항복을 위한 이 첫 번째 교신에 답하면서, 천황의 권한은 연합국 최고사령관에게 귀속된다는 것을 넌지시 알려주었다. 이에 따라 무조건 항복의 가장 중요한 원칙은 지켜지게 되었다. 그러나 번스는 천황의 향후 지위에 대해 분명한 말을 하지 않았다. 번스의 답변은 천황의 지위가 항복 후에도 유지될 수 있다고 암시하는 것처럼 해석될 수도 있었다.

번스의회 답에 대한 해석을 둘러싸고 도쿄의 지도자들 사이에서 또 다른 논쟁이 일어, 히로히토는 어쩔 수 없이 8월 14일 다시 한 번 수락 여부를 판정해야 했다. 그러고 나서 천황은 마이크 앞에 서서 항복 선언을 녹음했고, 이것은 8월 15일 정오 라디오를 통해서 일본국민에게 방송되었다. 이제 이미 승자와 패자는 무조건 항복 원칙에 근거하여 계약 밖의 관계에 들어섰다. 이제 온건파의 주된 관심사도 바뀌었다. 실제 전쟁 지휘나 일본을 패배로 이끈 비현실적인 사고, 잘못된 정책, 그 어느 것도 천황과는 상관없는 일로 만들어야 했다.

민중에게는 끝까지 "참기 어려운 일을 참고 견디기 어려운 일을 견디라"고 말해놓고 협상도 없이 항복했으면서, 일본의 최고 지도층은 왜 그렇게까지 시간을 끌었을까? 그루를 비롯해 무조건 항복 정책을 비판하는 사람들이 5월, 6월, 아니면 7월에라도 주도권을 쥐고 황실 존속 문제를 매듭지었더라면 일본의 지도층은 즉시 항복했을까? 아니면 이 문제에는 보기보다 더 곤란한 무엇이 있었던 것일까?

II

지금까지는 전쟁을 끝맺는 데 천황 히로히토가 한 역할에 관해 논할 때, 일본이 소련에 중재를 의뢰한 것이 중요한 항복 시도로 여겨졌다. 히로타 고키広田弘毅와 야코프 말리크 주일대사의 회담, 그리고 도고 외상이 사토 나오타케佐藤尚武 대사에게 밀서를 보낸 일이 그러한 시도의 예다. 그러나 6월부터 8월 초순에 걸쳐서 이루어진 일련의 예비 협상에 관여한 당사자들은, 협상은 단지 불가피한 항복을 늦추는 외교 전술일 것이라고 생각했다. 소련에 기대를 걸었던 것은 대권을 잃을지 모르는 사태에 대해 고심하던 히로히토와 육군 통수부뿐이었다.

전후에 천황은 소련과 협상한 일에 대해 짧으면서 오해의 소지가 있는 설명을 했다.

강화 중개자로 소비에트를 선택한 것은, 그 밖의 국가는 모두 미력하여 중개를 서더라도 영국과 미국의 압력을 받아 무조건 항복을 하게 될지 모르는데, 소련이라면 힘도 있고 중립조약을 체결한 데 따른 의리와 인정도 있다는 두 가지 이유 때문이다.

그렇지만 소련이 성의 있는 국가라고는 생각하지 않았기 때문에 먼저 속내를 떠볼 필요가 있어, 석유를 수입하게 해준다면 남사할린과 만주를 넘겨주어도 좋다는 내용으로 히로타-말리크 회담을 추진하기로 했다.[55]

히로히토는 중립의 대가로 일본이 소련에 할양하려 했던 영토가, 참전 대가로 연합국이 스탈린에게 약속한 것에 비교한다면 얼마나 작은 것이었는지는 말하지 않았다.[56] 또 이전에 시게미쓰 외상이 재임 시절 소련과 나치스 사이의 강화를 추진했던 것도 언급하지 않았다.[57] 그때 일본의 대소 정책은 모스크바와 '평온'을 유지할 목적으로, 나치스 독일과 소련의 강화 협약을 추진하고 연합국 간의 대립을 조장하는 것이었다. 이 정책은 1943년에 바뀌기 시작했다. 그리고 스탈린이 일본을 '침략국'이라 부르는 것을 안 뒤인 1944년 말, 히로히토는 모스크바에 특사를 보낸다는 막연한 제안을 재가했다.[58] 스즈키 내각이 전쟁 종결을 호의적으로 주선해 달라고 소련에게 요청하기로 했을 즈음에는 이미 소련의 정책이 중립 유지에서 일본을 공격하는 데 유리한 기회를 엿보는 쪽으로 바뀌어 있었다. 그러나 히로히토는 최근의 일소 관계사에 그다지 신경 쓰지 않았다. 그는 자신의 목표와 상충되는 증거를 바로 보려 하지 않았다. 그에게 전쟁 종결 협상의 목표는 독재적 천황제와 그 핵심이 되는 황위 대권을 지키는 것이었다.

모스크바와 예비 교섭을 벌인 일에 대한 천황의 설명은 이렇게 이어진다. "그런데 7월 상순이 되어도 소비에트로부터 응답이 없다. 이쪽으로서는 포츠담 회담 이전에 일을 끝내야만 하고 늦으면 곤란하기 때문에, 스즈키와도 상의해 히로타-말리크 회담을 중지하고 소비에트와 직접 협상하기로 했다."[59]

사실 회담을 중단한 것은 천황이 아니라 말리크 주일대사였다. 그 사실은 차치하고, 히로히토는 7월 초순, 대권 유지를 가능케 할 전쟁 종결 협상에 정말로 한층 더 관심을 쏟았다. 7월 12일 천황과 기도는 고노에 공작을 모스크바에 천황의 특사로 파견하여, 소비에트와 비밀 직접 협상을 트려고 했다. 그러나 며칠 전인 7월 9일 아리타 하치로有田八郎 전 외상은 천황에게 상소를 올려, "중경이나 소련, 연안을 우리 편으로 끌어들이거나 우리의 지위를 유리하게 이끌어가는 데 이용할 기회는 거의 없습니다. 그러한 노력을 하려 든다면 우리는 촌각을 다투는 때에 귀중한 시간을 허비할 뿐입니다"라고 지적했다. 전체 판도를 냉정하고 합리적으로 판단한 아리타는 "신성한 이 땅神州이 진정 멸망하지 않으려면 단순히 필승 불멸의 신념을 부르짖는 것은 아무런 도움이 되지 않습니다. 부디 대국大局을 통찰하시어 때로는 참지 못할 일을 참을 필요도 있습니다" 하고 천황에게 호소했다.[60]

더욱 중요한 것은 6월 8일 이후 모스크바의 사토 대사가 도고 외상에게, 소련이 일본을 도와주리라고는 상상할 수 없다고 전했다는 사실이다.[61] 7월 13일 사토는 도고에게 "특사 파견은 천황 폐하의 의지이니 황송하여 어쩔 줄을 모르겠다"라고 하면서도 그것은 소련 쪽에서는 전혀 의미가 없는 일로 황실에 난국을 초래할 뿐이며, "혹시 폐하께서 일본정부 안을 제시하셨다 하더라도 구체성이 떨어지는 기존의 생각을 열거한 것

에 불과하다"고 경종을 울렸다.[62]

사토는 실제로 소련이 (그가 줄곧 말해오던 대로) '목적이 애매하다는 이유로' 특사 방문을 거절했다는 소식을 도쿄에 전했다. 이튿날인 7월 20일 사토는 정세 전반에 대한 소감을 정리해, 감정을 아주 노골적으로 드러낸 전신문을 도고에게 보냈다. 여기서 사토는 (7월 9일 아리타와 2월 이후 고노에가 그랬던 것처럼) 국가가 붕괴 직전에 있으니 즉시 항복해야 한다고 했다. '국체 수호의 문제'에 관해서는, '국내 문제로 강화 조건에서 제외하는' 방법도 생각할 수 있다고 강조했다.[63] 바꿔 말하면 일본이 다른 나라에 군주제 보장을 고집할 필요가 없다는 것이었다. 그가 생각하기에 천황의 대권을 의미하는 국체는 신속히 항복해야 지킬 수 있으며, 다시 일본이 독립할 때 부활시킬 수 있었다.

그러나 히로히토의 의향에 따라 도고는, 일본정부는 강화안을 사전에 분명히 밝힐 수 없으며, 소련의 의도를 헤아려본 후에 고노에 공작이 천황의 특사로 받아들여지도록 하는 데 집중해야 한다는 내용을 다시 사토에게 전했다. 8월 2일에도 도고는 사토에게 "폐하께서는 이 문제의 추이에 근심이 깊으시고, 총리와 군 수뇌부도 목하 관심을 기울이고 있다. 이러한 사정을 헤아려서, 나름의 의견이 있겠지만 어떻게든 소련 측이 특사 파견에 성의를 보이게 하고 이를 받아들이도록 하라"는 전문을 보냈다.[64] 도고의 훈령을 받고 사토는 다시 외상에게 포츠담 선언 수락을 촉구하는 답전을 보냈다.[65]

사토 대사, 전 외상인 시게미쓰 마모루, 아리타 하치로 모두 소련의 중재로 전쟁이 끝날 것이라고는 생각하지 않았다. 도고 외상 스스로도 의심스러워했다. 그러나 도고는 대권을 국제적으로 보장받으려 하는 천황의 뜻에 따라 일을 처리하려고 했다. 그 때문에 8월 4일 시모무라 가이난 정보국 총재가 도고의 저택을 방문해 "소련만을 상대로 해서는 안 된다. 이 대로라면 전망이 없기 때문에 미국·영국·중국에 비공식 통로로라도 협상을 걸어야만 한다"고 설득했을 때조차 연합국과 직접 협상하는 데 동의하지 않았다.[66]

8월 7일 도고가 사토에게 보낸 마지막 훈령도 여전히 소련 측의 태도를 예의 주시하라는 내용이었다. 그러나 그때쯤 스탈린은 히로시마에 원자폭탄이 떨어졌다는 사실을 알고 있었다. 8월 8일 저녁 해리먼Harriman, William Averell 미국대사가 크렘린에서 스탈린을 만났을 때, 스탈린은 "현재 일본인들은 현 정권을, 항복을 받아들일 만한 정권으로 갈아치울 구실을 찾고 있다고 생각한다. 원자폭탄이 그 구실이 될지 모른다"고 말했다.[67] 미국이 일본의 한 도시 전체를 파괴했다는 소식에 허를 찔린 스탈린은 그다음 날 당초 계획보다 일주일 앞당겨 정식 참전을 결정했다. 트루먼이 예측했던 것보다도 일주일 빠른 참전이었다.[68] 히로시마에 원자폭탄을 투하하는 바람에 트루먼 대통령은 소련 독재자의 의심을 불필요하게 심화시켰고, 이는 냉전 개시의 한 요인이 되었다.

일본 외무대신이 모스크바로 보내는 전신을 미국 첩보기관이 감청하고 해독했기 때문에 트루먼은 적어도 그 일부를 읽어보았다. 따라서 대통령은 무조건 항복 방식에 관해 어떤 형태로든 양보할 수 있었고, 그렇게 했어야 한다는 것이 오늘날까지 쟁점이 되어왔다. 그러나 감청된 전신은 부정확하고 애매모호했기 때문에 일본이 전쟁 종결을 진지하게 협상하려 한다고는 받아들여지지 않았다.[69]

고노에를 천황의 특사로 밀파(실제로는 하지 못했으나)하려고 외무성이 준비했던 친서의 주요 목적도 황위와 현 천황의 앞날을 소련에 보장받으려는 것이었다고 알려진다.[70] 국체 수호가 궁극적인 목표였고, 강화의 유일한 조건이었다. 나아가 '천황의 친서'는 전쟁이 마치 천재지변과 같이 저절로 시작되었으며, 미국과 영국이 무조건 항복을 고집하는 한 평화를 저해하는 것은 일본이 아니라 미국과 영국이라는 뜻을 내비쳤다.

스즈키 내각과 최고전쟁지도회의는 황위와 가장 중요한 천황 대권의 앞날이 절대적으로 보장되지 않는 한 전쟁 종결을 결정할 수 없었다. 그들은 일본 인민을 더욱 심한 곤궁에서 구하고자 강화 공작을 구상한 것이 아니었다. 그러기는커녕 일본 인민 내부에서 반군 반전 움직임이 일어나 국체를 무너뜨리지 못하게끔, 체면을 지키면서 항복할 수 있는 구실을 외부의 적이 만들어주기를 그저 기다리고 있었다. 소련의 참전 선언에 이은 원폭 투하는 그들이 바라던 구실을 준 것이었다. 8월 12일 요나이 미쓰마사가 다카기 소키치 소장에게 다음과 같이 말할 수 있었던 것은 〔다나카 노부마사田中伸尚가 지적한 대로〕 이러한 이유 때문이었다.

말하기는 부적당하다고 생각하나, 원자폭탄과 소련의 참전은 어떤 의미에서는 하늘이 도운 것이다. 국내정세로 말미암아 전쟁을 그만두는 사태로 이어지지 않고 끝났다. 내가 전부터 시국 수습을 주장한 이유는 적의 공격이 두려워서가 아니며 원자폭탄과 소련의 참전 때문도 아니다. 단지 국내정세가 우려할 만한 사태라는 점이 주된 이유다. 따라서 오늘 이 국내정세를 표면에 드러내지 않고 수습할 수 있다는 것은 오히려 다행이다.⁷¹

비슷하게 정치적인 편의를 이유로 고노에도 소련의 참전이 "〔육군을 제압하기 위해〕 하늘이 도운 것인지도 모른다"고 말했고, 기도는 원폭과 소련 참전 모두가 "〔전쟁 종결에〕 도움이 되었다" "잘 풀리는 원인이 되었다"고 여겼다.[72] 막 시작된 권력투쟁이 벌어지는 사이, 거기에 가담한 사람들은 인민이 10만 명 죽든 20만 명 죽든 자기들이 바라던 결과를 얻을 수 있기만 하면 되었던 것이다. 그들이 바라는 바는 군주제를 온전히 보전하면서, 패전으로 고삐가 풀려버릴 불만 세력을 통제할 수 있는 방식으로 전쟁을 끝내는 것이었다. 전쟁의 서막에서 그랬던 것처럼, 대단원에 들어서서도 일본의 '온건파'는 스스로 나서서 전쟁 종결을 꾀하기보다 외압에 굴하는 편이 낫다고 생각했다.

통치 지배층이 생각했던 항복 조건의 또 다른 예로 「강화 협상 요강和平交渉の要綱」이 있다. 이것은 고노에가 모스크바 특사 임무를 마지못해 받아들인 다음 조언자인 퇴역 육군중장 사카이 고지酒井鎬次와 함께 기초한 것이었다.[73] 이 요강이 회람된 적은 없는 것으로 보이지만, 천황제 유지(천황의 권한 대부분을 포함하는)를 강화에 절대적인 필요조건으로 규정했다. '고유 본토固有本土'에는 쿠릴 열도 남부가 포함된다고 규정하면서 오키나와, 미국이 점령한 오가사와라 제도, 사할린 남부를 포함해 모든 해외 영토를 적국에 양보할 의사를 내비쳤다. 또한 불특정 기간 완전한 무장 해제를 받아들인다고 하여, 군대 해산과 무장 해제 문제도 〔자주적인 무장 해제와 복원復員군대를 전시 체제에서 평상시 체제로 돌려 군인 소집을 해제하는 일. 또는 군인으로 소집되었던 사람이 일반 시민으로 돌아가는 것—편집자을 주장하는 육해군을 억누르고—일본어판〕 타협을 했다.

더 중요한 것은, 요강에 첨부된 '해설'에서 "황통을 확보하고 천황정치를 펼치는 것에 주안점을 둔다. 단 최악의 경우 양위는 어쩔 수가 없다. 이 경우에도 어디까지나 자발적인 형식을 취하며 강요 형식을 피하도록 노력한다"고 한 점이다. 또한 고노에와 사카이는 "천황을 모시는 민본정치民本政治로 우리가 나서서 복귀한다"는 조건도 준비했다. 일본인들이 민주주의를 적성국의 문화로 간주하던 시기에, 그들은 다이쇼大正 시대 '데모크라시democracy'를 의미했던 민본주의라는 말을 사용했다. 고노에 조차 감히 천황에게 이 '해설'을 올려 재가를 요청할 수 없었던 것이 의미심장하다.[74]

황위를 지키려는 '명예로운 강화' 공작을 위해 고노에와 사카이는 필요하다면 물질적인 배상 대신 동포들을 강제노동에 보낼 의도가 있다는 뜻을 내비쳤다. 이를테면 요강에 "해외에 있는 군대는 현지에서 복원하고 국내로 귀환시키도록 노력하면서, 어쩔 수 없는 경우에는 당분간 현지에 잔류시키는 데 동의한다" "배상으로 일부 노동력을 제공하는 데 동의한다"고 명시되어 있다. 일본인 포로를 억류하여 소련 경제를 위해 강제노동에 동원한다는 구상(나중에 시베리아 노동수용소로 현실화된다)은 명백히 소련만의 생각은 아니었으며, 실제로 천황의 측근들에게서 비롯되었다.[75]

Ⅲ

첫 원폭 투하와 소련의 참전이란 두 가지 심리적 충격과 맞물려서, 천황과 기도는 황위와 그 주인에 대한 민중의 비판이 거세지는 것을 우려했다. 그들은 전쟁을 더 오래 끈다면 조만간 민중이 폭동을 일으킬지도 모른다는 거의 편집증에 가까운 두려움이 있었다. 이러한 요인들이 결국 히로히토로 하여금 포츠담 선언의 조건을 원칙적으로 받아들이도록 이끌었다.[76]

8월 9일 오전 10시 30분부터 오후 1시까지 최고전쟁지도회의 구성원 6명, 곧 아나미 고레치카 육군대신, 우메즈 요시지로 육군참모총장, 요나이 미쓰마사 해군대신, 도요다 소에무 해군군령부 총장, 도고 시게노리 외무대신, 스즈키 간타로 총리가 포츠담 선언 수락에 대해 논의하는 첫 회의를 열었다. 그러나 그들은 국체 수호라는 한 가지 조건만을 내걸고 항복할지 아니면 네 가지 조건을 세울 것인지를 둘러싸고 논쟁을 벌였다.

도요다 군령부 총장의 기록에 따르면 스즈키 총리가 히로시마 원폭 투하와 소련 참전 이야기를 꺼낸 뒤, 요나이 해군대신이 첫 발언을 하고 네 가지 조건이란 틀을 제시했다. "가만히 있어서 해결될 일이 아니다(스즈키 총리의 발언 뒤 '몇 분간 무거운 침묵'이 흘렀다—일본어판). 포츠담 선언을 수락한다면 무조건 그대로 받아들여야 할지 아니면 뭔가 이쪽에서 희망하는 조건을 제시할지 둘 중 하나가 될 텐데, 혹시 희망 조건을 붙인다면 논의 대상이 되는 것은 이 정도가 아닐까 싶은 것이 먼저 국체 수호, 그리고 포츠담 선언에 있는 주요 사항으로 전범자 처벌, 무장 해제 방법, 점령군 진주 문제다."[77] 이렇게 해서 참가자들은 포츠담 선언에서 명확하지 않다고 생각되는 점들을 골라내어 논의의 기초로 삼았다.

육군은 네 가지 조건을 주장했다.[78] 첫째가 국체 수호로, 이것은 포츠담 선언과 별개의 문제라고 다들 생각했다. 둘째, 무장 해제와 복원은 대본영의 책임하에 실시한다. 셋째, 점령은 하지 않는다. 마지막으로 전범자 처벌은 일본정부에 위임한다는 내용이다.[79] 육군은 국체를 천황의 군통수권과 동일시했다. 전범 재판을 자율로 하기를 바랐던 것은, 연합국이 정치적인 동기로 일본 군부를 고발하는 데 재판을 이용할 것이라고 믿었기 때문이다. 육군 지도자들은 자국에서 재판을 함으로써, 국제적인 심판대에 서는 일은 피하기를 바랐다. 1차 세계대전 뒤 점령당하지 않고 뉘우치지도 않은 독일인들이 그랬던 것처럼.[80]

이날 열린 각료회의에서는 스즈키 내각의 세 문민 관료, 마쓰자카 히로마사松阪広政 사법대신, 야스이 도지安井藤治 국무대신(예비역 육군중장—일본어판), 오카다 다다히코岡田忠彦 후생대신이 군부의 의견을 지지했다.**81** 이날 밤에 열린 어전회의(이튿날인 10일 새벽녘까지 이어졌다)에서 도고 외상은 국체 수호 하나만을 항복 조건으로 내세워야 한다는 주장을 굽히지 않았다. 여기서 도고에게 '국체 수호'란 황실이나 황통 수호를 의미하지, 히로히토의 치세가 유지되는 것을 뜻하지는 않았다.

그러나 다른 참석자들은 달랐다. 단독 조건 지지파인 히라누마는 국체를 아주 다르게 해석하여, "천황의 통치대권은 국법에 의해 생겨나지 않는다"고 했다. 히라누마의 주장에 따르면 "국체 수호와 황실의 안위는 국민 전부가 전사하더라도 지켜야 한다."**82** 각각 다른 이야기들로, 국체란 무엇을 의미하는지 통일된 개념이 없었다. 단독 조건 지지파와 4개 조건 지지파의 논쟁은 실로 향후 일본의 국가 형태를 말하는 것으로, 이미 진행된 미래의 정치권력 경쟁이 숨겨져 있었다.

천황과 기도가 처음부터 도고의 편에서 군 지도층인 4개 조건 지지파에 반대했는지는 의심스럽다. 두 사람 모두 아직, 즉시 무조건 항복하기보다는 자멸적인 전쟁 지속을 바라는, 군부와 문민 양쪽의 강경 항전파에 동조하는 성향이 강했다고 추정되기 때문이다. 그렇기 때문에 8월 9일 고노에가 호소카와 모리사다細川護貞를 군령부에 보내, 포츠담 선언을 수락하라고 (기도를 통해) 천황을 설득하도록 다카마쓰노미야를 재촉했을 것이다. 그리고 오후 늦게, 4개 조건 지지파에 선 기도를 설득하려고 고노에는 외교관 시게미쓰 마모루의 도움을 빌렸다. 과연 기도는 다카마쓰노미야와 시게미쓰에게 설득되어, 도고의 편으로 돌아섰다.**83**

전쟁을 끝낸 공은 궁정의 지도자들을 보좌한 소장파 관료들에게도 돌아가야 한다. 기도를 보좌한 마쓰다이라 야스마사松平康昌 내대신비서관장, 스즈키를 보좌한 사코미즈 히사쓰네迫水久常 내각서기관장, 도고와 시게미쓰의 비서관인 가세 도시카즈加瀬俊一, 요나이 해군대신의 측근 다카기 소장이 그들이다. 그들은 천황의 최측근이 포츠담 선언을 받아들이는 통로가 되었을 뿐만 아니라, 항복 후 패전으로 생기는 사태로부터 천황을 지키고자 배후에서 중요한 역할을 했다.[84] 천황을 지키려는 뜻으로, 이후 항복의 전 과정에 관한 정보는 제한되고 왜곡되었다. 심지어 마쓰다이라는 전쟁 중 천황의 역할에 대한 공식적인 허위 설명이 『맥아더 보고서The Reports of General MacArthur』에 실리게 만들었다.[85]

도쿄에서는 8월 9일 심야부터 10일 새벽에 걸쳐 열린 어전회의에서 종전이라는 역사적 기억을 만드는 작업이 시작되었다. 즉시 항복이 아니라 조기 강화만을 요구하며 6월부터 뒤늦게 '강화 진영'에 합류했던 천황은 그 후 동요했고, 마침내 기도가 준비한 원고에 따라 각료들 앞에서 정식으로 포츠담 선언을 수락했다. 회의가 열리기 직전에 스즈키는 보수 반동파의 대표인 히라누마가 참석하는 것을 천황에게서 특별히 허락받았다.[86] 그날 밤 44세인 천황이 발언할 것을 사전에 안 사코미즈는 그것을 기록하려고 심야 회의에 참석했다. 사코미즈는 천황의 말을 매끄럽고 사무적인 문체로 받아 적었다.

5개월 뒤 천황은, 그날 밤의 최고전쟁지도회의에서 '성단聖斷'을 내린 동기를 이해하는 데 가장 적절한 설명을 스스로 제공했다. 회의는 오전 2시를 넘어서까지 포츠담 선언 수락 여부를 놓고 교착 상태로 있었다.

스즈키는 마음을 정하고 회의석상에서, 내가 양론 중 하나로 결정해주기를 바랐다.
회의 참석자는 스즈키 총리 외에 히라누마, 요나이, 아나미, 도고, 우메즈, 도요다 6명이었다.

국체 수호를 조건으로 달자는 데는 전원이 일치했으나 아나미, 도요다, 우메즈 세 명은 보장 점령保障占領전후에 상대국이 휴전 조약이나 항복 조건 따위를 이행하도록 강제하려고 점령하는 것. '전후 점령'이라고도 한다—편집자을 하지 않을 것, 무장 해제와 전범 처벌은 우리 손으로 할 것 등 세 가지 조건을 더해서 협상해야 한다고 주장하며 전쟁의 현 단계에서는 그러한 협상을 할 여유가 있다는 의견인 데 반해 스즈키, 히라누마, 요나이, 도고 네 명은 그럴 여유가 없다고 논쟁을 벌였다.

거기서 나는 전쟁을 계속하는 것은 불가능하다고 생각했다. 참모총장에게 들은 말인데 이누보자키犬吠埼 곶과 구주쿠리九十九里 해안의 방비는 아직까지 갖추어지지 않았다. 또한 육군대신의 말에 따르면 관동 지방의 결전 사단에는 9월이 되어야 무장을 완비할 수 있는 물자가 보급된다. 이러한 상황에서 어떻게 제국의 수도를 지킬 것이며 어떻게 전쟁이 가능할지 나로서는 이해되지 않았다.

나는 외무대신의 제안에 찬성하여 '포츠담 선언 수락' 의사를 전달했다.

외무성의 원안 중 천황의 국법상 지위라는 문구에 대해서는 히라누마의 수정안대로 바꾸어 이 때문에 후에 아주 난처한 상황이 되었으나, 어찌됐든 이 회의에서 내 판단으로 포츠담 선언 수락을 결정하고, 스위스와 스웨덴을 통해서 수락 전문을 보내게 되었다.

(중략) 당시 나의 결심은 첫째, 이대로는 일본 민족이 멸망해버린다, 나는 갓난아이〔신민臣民〕를 보호할 수가 없다. 둘째로 국체 수호 면에서, 기도도 같은 의견이었지만 적이 이세伊勢 만 부근에 상륙한다면 이세, 아쓰타 두 신궁은 즉시 적의 제압하에 들어가 신기를 옮길 여유가 없고 언제 확보할 수 있을지도 불투명하다. 이래서는 국체 수호가

어렵다. 때문에 이번에 나 자신은 희생하더라도 강화를 해야 한다고 생각했다.**87**

　여기서 천황은 육군대신이 제국의 수도를 방위할 수 없다고 말했다고 주장한다. 그러나 천황은 6월 이후 쭉 전쟁을 계속하는 것이 점점 어려워지는 것을 충분히 알고 있었다. 천황은 왜 즉시 항복 정책을 결정하기까지 그렇게 오래 시간을 끌었을까. 그리고 스즈키가 국체 수호 한 가지 조건만을 바랐다면, 두 가지 주장이 교착 상태에 있었던 것이 아니라 실질적인 다수파가 존재했던 셈이다. 그런데 그들은 왜 다수결로 결정해서 히로히토의 사후 재가를 얻는 방법으로 전쟁을 끝내지 않았던 것일까?

　천황은 포츠담 선언 수락을 둘러싸고 각료들의 의견이 갈린 것을, 히로시마 원폭 투하 전에 알고 있었다. 국무와 군 통수를 통일할 수 있는 것은 자신밖에 없다는 것도 알고 있었다. 그런데 왜 천황은 9일 저녁, 또 한 차례 거대한 외압이 작용할 때까지 최고전쟁지도회의 소집을 미룬 것일까?**88**

　자신이 내린 항복 결정을 정당화하려고 히로히토는, 군 강경파와 히라누마를 대치시키고는 그다음에는 연합국에 통고하는 외무성 전문을 수정했다며 히라누마를 비난했다. 그렇지만 히라누마는 말 그대로 신도神道주의자를 대변해 국체에 대한 우익의 관점을 지키고자, 최고전쟁지도회의에 참석하고 잇따라 각료회의에도 참석했다. 8월 9일 밤과 10일 사이의 어전회의에서 근본적인 욕구에 대한 다수의 의식을 대변한 사람은 도고가 아니라 히라누마였다. 도고의 국체관이 비종교적이고 문화적인 데 반해 히라누마는 신권주의神權主義 관점을 지키려고 했다. 이 시점에서 히로히토는 히라누마를 지지했고, 다수파의 인식에 아무런 이의를 제기하지 않았다. 왜냐하면 그 자신이 군주의 지위는 신이 내린 것이라고 믿었기 때문이다.

히로히토의 발언을 두고 논의할 때, 천황의 패전 책임 문제는 간과되지 않았다. 그날 밤의 어전회의에 참석한 이케다 스미히사池田純久 육군중장과 호시나 젠시로保科善四郎 해군중장이 전하는 바에 따르면 추밀원 의장인 히라누마가 이 문제를 제기했다. 이케다의 기록에 따르면 8월 10일 새벽 히라누마는 천황에게 조용히 입을 열어 "이번 패전에 대해서는 천황 폐하 당신께도 책임이 있습니다. 어찌 황조황종皇祖皇宗의 영령을 대하고 말씀 올리겠습니까"라고 말했다. 호시나 젠시로 해군성 군무국장도 "폐하는 황조황종에게 전할 책임이 있으며, 이에 흔들림이 있으니 폐하의 책임이 아주 무겁습니다" 하고 거의 같은 내용을 말했다.[89] 이와 같이 그날 밤의 어전회의에서 히라누마는 히로히토에게, 패전에 대해 속죄하는 문제를 제기한 것으로 보인다. 거기서 천황의 퇴위 문제도 논의하지 않았을까?

일단 천황이 '성단'을 내리고, 각료회의에서 도고의 1개 조건부 항복안을 심의했다. 그들은 히라누마의 제안에 따라 포츠담 선언 수락 통고문을 다음과 같이 수정〔수정 전 외무성이 작성한 원문은 "일본천황의 국법상 지위를 변경하라는 요구를 포함하지 않는다는 양해를 바탕으로 일본정부는 이것을 수락한다"—일본어판〕하는 데 동의했다. "천황의 국가 통치 대권에 변경을 가하는 요구를 포함하지 않는다는 양해를 바탕으로 일본정부는 이것을 수락한다." 이렇게 해서 우익 논객인 히라누마의 국체 관념이 합의된 의견으로 나타나고, 히로히토 개인이 아닌 황통을 보호해야 한다는 도고의 합리적인 견해는 무시되었다.

결과적으로 이 일은, 가장 중요한 군 통수권을 포함하여 천황의 주권은 헌법보다 앞서고, 메이지 헌법의 전문前文에 있듯이 예로부터 신이 정한 것임을 확인한 셈이었다.[90] 스즈키 내각은 천황의 정치·군사·외교 대권을 포함하는 국체 관념을 옹호하려 여태 싸우고 있었다. 기왕에 벌어진 사태를 다 제쳐두고, 국가신도의 신권주의 전제에 따른 천황의 통치권을 보장하도록 연합국에 요청한 것이다.[91] 스즈키 내각이 연합국에 요구한 것은 분명 입헌군주제 보장이 아니라 신탁神託에 의한 주권 원리에 바탕을 둔 일본적 군주제, 일본 인민이 '신민'의 지위를 유지하는 것, 항복 후에도 군의 소임을 어느 정도 보장하라는 것이었다. 최대 위기를 맞은 이때에도 그들에게 국체는 정통 국가신도 교의에 따른 국가관이자, 천황의 실질적인 정치권력 장악을 의미했다. 천황과 '온건파'는 항복 후에도 폐하의 '신민'을 지배하는 데 이를 이용할 수 있어야 했다.[92]

만약 미 국무부의 보수파인 조지프 그루와 '지일파'가 주도권을 장악해 사전에 무조건 항복 원칙을 수정했다면, 항복 후의 일본 지도자들, 곧 황위를 둘러싼 '온건파'가 메이지 헌법을 폐기하고 정치 제도를 민주화하는 일은 아마 없었을 것이다. 그루와 그 동조자들은 일본이라는 국가를 전혀 이해하지 못했으며, 평범한 일본인에게 민주주의를 실행할 역량이 있다고는 생각하지 않았다. 그리고 군주제의 사회적인 기반이 와해되는 것을 바라지 않았다.

8월 11일, 일본정부의 첫 번째 항복 제의에 대해 미국의 무조건 항복 원칙을 양보 없이 거듭 표명한 번스 국무장관의 회답이 왔다. 회답에서는 '천황과 일본정부의 국가 통치 권한'이 연합국 최고사령관의 수중에 넘어갈 것이라면서, 국내외의 모든 일본 군사 기관에 '전투 행위를 그만두고 무기를 넘기라'고 명할 것을 천황에게 요구했고, 천황과 천황제의 앞날에 대해서는 신중하게 명시하는 것을 피했다. 천황과 천황제의 앞날은 일본정부가 무조건 항복 원칙을 고스란히 받아들이고 천황의 불투명한 위상을 감수하는 데 달려 있었다. 그것이 뒷날 맥아더 원수가 절대적인 권위를 휘두르는 원천이 되고, 점령 초기 제도 개혁의 밑바탕이 될 터였다.

번스의 회답을 히로히토와 군 지도층, 히라누마가 받아들이기 쉽도록, (도고 외상과 토의한 다음에) 마쓰모토 슌이치松本俊一 외무차관과 사코미즈 내각서기관장은 중요한 낱말 몇 개를 일부러 다르게 번역했다.[93] 원문의 "From the moment of surrender, the authority of the Emperor and the Japanese Government to rule the state shall be subject to the Supreme Commander of the Allied powers(항복하는 순간부터 천황과 일본 정부의 국가 통치권은 연합국 최고사령관에 예속된다)"에서 '예속된다shall be subject to'는 부분을 마쓰모토는 '제한 아래 둔다'로 바꾸어 번역했다.

이들의 번역이 한몫해서, 그때까지 판단을 내리지 못하던 히로히토가 강화를 받아들였을지도 모르는 일이다. 이튿날인 8월 12일, 히로히토는 황족에게 항복 결정을 전했다. 국체를 수호하지 못할 경우 전쟁을 계속하 겠느냐고 아사카노미야가 물었을 때 히로히토는 "물론이다"라고 대답했다.[94]

이때 도쿄에서 소규모 중견 장교 집단이 번스의 회답을 거부하는 움직임을 보였기 때문에, 히로히토는 8월 14일 다시금 성단을 내려야 했다. 막판에 황거와 아쓰기厚木 비행장에서 벌어진 쿠데타 시도는 별 성과 없이 실패로 끝났다. 이미 8월 10일 히로히토가 내린 결정에 따라 대본영의 사기는 완전히 땅에 떨어졌고, 군 관료들은 전의를 빼앗겼다. 우메즈 육군참모총장이 부하들에게 천황은 "군에 대한 신뢰를 모두 잃었다"고 설명하자, 끝까지 싸우자던 이들은 급격히 뜻을 꺾었다.[95]

IV

그루가 단언했던 바와 달리, 일본 군부가 정치 과정이나 전쟁 지휘를 '완전히 지배'했던 시기는 없었다. 도조 내각이 무너진 뒤 전쟁이 길어지면서 육해군의 지도층은 각자의 입지를 위해 점차 궁중 세력과 천황 주위의 온건파에 기대게 되었다. 이것은 궁중 세력과 온건파가 히로히토와 가까웠기 때문만은 아니었다. 그들은 천황을 위해 정보를 교환하고 수집했는데 그것이 육군의 국내 정보망보다 더 유용했다.[96]

개전 때와 마찬가지로 종전 때에도, 그리고 전쟁의 전 단계에 걸쳐 천황 히로히토는 자신의 이름으로 이루어졌던 행위들을 매우 능동적으로 뒷받침했다. 대원수 히로히토를 전체 구도에 놓고 보면 사실은 아주 명백해진다. 원폭이 사용된 일이나 일본의 항복이 늦어진 데 대해서는, 첫째 그루가 주장한 대로 미국이 군주제의 존속을 시기적절하게 확고히 보장하려 들지 않았다는 점도, 둘째 트루먼과 번스의 반反소련 전략에 따르면 외교 협상보다 원폭 투하가 차라리 낫게 여겨졌을지 모른다는 것도 충분한 이유가 되지 않는다. 그렇다기보다 천황 히로히토가 패전이란 기정사실에 어쩔 수 없이 직면한 뒤에야, 비로소 결정적인 행동을 취하여 전투 행위, 나아가 제국정부의 공식 방침과 대책들을 마감한 것이다. 이 사실은 전쟁을 추진하는 구심점이 무엇이었는가를 보여주지만, 이것 역시 원폭 투하의 원인으로는 충분치 않다. 종합해서 분석해보면, 한편으로는 황위의 엄청난 영향력, 특히 현 천황의 권력, 권위, 완고한 성격이 있었고 다른 한편으로는 해리 트루먼의 권력과 결단, 그리고 잔인함이 어우러져 빚어낸 결과였다.

아시아태평양전쟁이 발발할 당시부터 천황은 자기 주변에서 진행되는 여러 가지 사태의 주도자였다. 오키나와 전투가 벌어지기 전까지 히로히토는 한결같이 결정적인 승리를 요구했다. 그는 그 후 조기 강화의 필요성을 인정했으나 즉시 강화조약을 맺을 필요는 없다고 생각했다. 그리고 동요하면서도 연합국과 직접 협상하기보다는 계속 싸우는 쪽을 지향했다. 마침내 파국이 덮쳐왔을 때 남은 길이라고는 협상 없는 항복뿐이었다. 그때조차 원폭이 떨어지고 소련이 참전할 때까지 천황은 우물쭈물 시간을 끌었다.

일반적으로 사전 협상이 없는 항복이 요구될 때는 전쟁 종결 과정이 어느 정도 지연되는 것이 사실이다. 그러나 이 경우 아시아태평양전쟁이 미적미적 시간을 끌었던 것은 연합국 쪽에서 무조건 항복이나 '완전한 승리'를 추구해서가 아니라, 오히려 비현실적이며 무능한 일본 최고 지도층의 탓이었다. 전시 천황 이데올로기가 그들의 사기를 지탱하여 항복이란 행위를 거의 할 수 없게 만들었다. 천황과 전쟁 지도부는 객관적으로는 패배했다는 사실을 알면서도, 전쟁으로 말미암아 동포들이 받는 고통에는 관심을 기울이지 않고 수많은 아시아, 태평양 지역 사람들과 서양 사람들의 목숨을 앗아 가면서, 정작 자신들은 잃는 것 없이 패배하는 방법을 찾고 있었다. 곧 항복 후 국내의 비난은 잠재우고 자신들의 권력 구조는 온존케 하려는 것이었다.

황실의 운명에 대한 편견에 사로잡혀 대소련 외교를 낙관했던 이들 지도층은 자신들이 진 이 전쟁을 끝낼 기회를 여러 번 놓쳤다. 히로히토와 비공식 전시 내각—최고전쟁지도회의—은 1945년 2월 현실을 직시하고 결단을 내려 강화를 청할 수 있었을 터이다. 그때 고노에가 상소문을 올렸고 고노에와 시게미쓰 외상이 같이, 일소중립조약은 일본을 지킬 수 없으며 소련은 유럽 정세가 호전되면 망설임 없이 극동에 군사 개입을 할 것이라고 천황에게 경고했다. 육군정보부도 마찬가지로 여름에는 소련이 대일본전에 참전할 것 같다고 경고했다. 이 시점에 본토는 소규모 공습만 받았으나 도시 폭격은 회를 거듭할수록 심해지리라는 사실을 그들은 분명히 알고 있었다.

6월 초순 그들은 두 번째 기회를 놓쳤다. 오키나와 결전은 패배로 끝났고, 정부에서는 조만간 전쟁을 이어갈 수 없게 될 것을 암시하는 분석을 내놓았으며, 우메즈는 독자적인 조사 결과 중국 전선의 상황이 어둡다고 천황에게 고했던 때였다.[97] 4월 5일 몰로토프 소련 외상이 일소중립조약을 연장하지 않겠다고 사전에 도쿄에 통지한 것, 그리고 5월 7일과 8일 사이에 독일이 무조건 항복하고 일본이 완전히 고립된 것을 생각하면 이때야말로 미·영과 직접 협상의 물꼬를 여는 데 가장 적절한 시기였다.

그러나 최고전쟁지도회의는 두 가지 위험한 길을 선택했다. 하나는 본토 결전 준비였으며, 다른 하나는 전쟁 종결을 위해 스탈린에게 영토를 조금 내주고 도움을 빌리려고 한 것이다. 히로히토의 재가를 받고, 최고전쟁지도회의 구성원 6명은 러일전쟁 이전의 상태로 돌아가되 조선은 일본 영토로 하고 남만주를 중립지대 삼기로 합의했다. 협상을 시작하기도 전에 그들은 시간 끌기라는 상투적인 절차를 밟았다. 그들은 소련 지도자들의 '의향'을 살피고자 히로타 고키 전 외상에게 말리크 대사와 협의하도록 위임했다.[98]

세 번째 기회는 7월 27~28일에 찾아왔다. 포츠담 선언이 통고되고 스즈키 내각은 주의 깊게 검토한 다음 두 번에 걸쳐 정식으로 이를 거절했다. 이때에는 '강화파' 누구도 나서서 포츠담 선언을 받아들이자고 제안하지 않았다. 아직 결정되지 않은 모스크바 특사 파견에 희망을 걸고, 천황과 기도는 항복을 미루며 전쟁을 방치했다. 7월 27일 포츠담 선언을 통고받고 8월 6일 히로시마에 원폭이 투하될 때까지, 천황과 기도는 모스크바의 반응을—사토 대사를 비롯해 여러 사람이 결코 오지 않을 것이라고 거듭 말하는데도—기다리고 또 기다렸다. 히로시마에 원폭이 투하되고 나서야 천황은 "이렇게 된 이상 어쩔 수가 없다", 지금이 "종전을 단행할 좋은 기회"라고 말했다. 이 열하루 동안 1만 명이 넘는 일본인이 재래식 폭탄 공습으로 목숨을 잃었다.[99]

소련에 대한 일본의 '강화' 사전 협상은 독일 점령 뒤의 일로, 모호하고 허술해 역효과를 가져왔다. 전쟁 종결을 협상하려는 진지한 시도라고는 결코 말할 수 없었다.[100] 이런 공작의 배후에 있던 생각은 1945년 5월 중순 최고전쟁지도회의에서 도달했던 결론을 넘어서는 것이 결코 아니었다. 고노에가 정확하게 의문시했던 대로, 천황이 모스크바를 통해 전쟁을 끝내려 한 것은 완전히 시간낭비였으며, 결국 현실 직시를 뒤로 미룬 꼴이 되었다.

원폭 투하와 소련 참전이란 가공할 만한 두 가지 충격이 가해지기 전에 트루먼 정부가 먼저 천황의 지위 보전을 '명시' 했더라면 일본의 지도자들은 더 일찍 항복했을까? 아마 그렇지 않을 것이다. 반면에 그들은 국체가 내부에서 무너지는 것을 막기 위해 항복했을 것이다. 첫 번째 원폭 투하와 소련의 참전 선언으로 말미암아, 히로히토와 기도를 비롯한 궁중 세력이 전쟁을 지속하면 그야말로 국체 붕괴를 불러오고 말리라고 느꼈음을 보여주는 증거가 있다. 그들은 민중이 전쟁에 염증을 느끼며 침체되어 있다는 사실을, 그리고 군과 정부에 대한 민중의 반감이 급속도로 커지면서 동시에 천황 본인에 대한 비판 의식도 높아지는 것을 알고 있었다. 구체적으로 말해 기도와 히로히토는 내무성의 치안 보고서를 받아 보고 있었다. 이 보고서는 전국의 지사와 치안 책임자들에게 얻은 정보를 기초로, 천황이 전세 악화에 책임 있는 무능한 지도자로서 민중 사이에 회자되기 시작했음을 알려주었다.

이 중대 국면에 국내의 위협을 아주 강렬하게 의식한 궁중 세력은 생각할 것도 없이 민감한 경계 태세를 갖추었다. 2월로 거슬러 올라가면, 천황은 승리를 거둘 때까지 오랜 시간을 "국민이 버텨줄지 걱정이다"라고 말했다. 그는 신민이 겪을 고난이 걱정되어 그런 말을 한 게 아니라, 그러한 고난 때문에 사회 불안, 곧 혁명이 일어날까 봐 우려했던 것이다. 그때 천황은 식량난, 공습, 도시가 불타고 집이 부서지며 생활의 모든 면이 불편한 것, 그리고 사랑하는 사람들의 죽음이 거듭되는 것까지, 전쟁에 으레 따르기 마련인 고통을 이야기한 것이었다. 그러나 원자폭탄은 상상을 초월한 죽음과 고통과 시련을 가져다주었고, 그로 말미암아 내부의 위협을 끌어냈다. 물론 원폭은 한 발에 그칠 수도 있었다. 그러나 갑자기 두 번째 버섯구름이 피어올랐고, 또 한 도시가 거의 날아갔다. 그러나 위기는 기회를 제공했다. 이제 항복함으로써 히로히토는 고통스러운 백성을 더 큰 고난에서 구하는 동시에 백성을 곤궁에 빠뜨린 책임을 벗어버리고서, 백성들에게 공기와 같은 인애, 외투와 같은 보살핌을 베푸는 척할 수 있었다. 히로히토는 실제로 보살핌을 실천했다. 백성을 위해서가 아니라 황실과 황위를 위해서.

7월 16일 미국이 최초로 원자폭탄 실험에 성공하던 날, 이후에 벌어질 사태를 짐작한 스탈린은 소련극동군 사령관 바실렙스키Vasilevsky, Aleksandr Mikhaylovich에게 긴급 전화를 걸어, 대일전 준비 진척 상황을 알아보고 작전 계획을 열흘 앞당길 수 있는지 물었다. 바실렙스키는 부대 집결과 물자 보급에 시간이 더 필요하다고 대답했다. 스탈린이 원폭 투하 전에 대일전을 개시할 수 있었다면 히로시마와 나가사키가 원폭으로 파괴되는 일은 피했을지도 모른다. 혹은 일본이 7월 26일 포츠담 선언을 수락했더라면 원폭 투하와 소련 참전 모두를 피할 수 있었을지 모른다.[101]

트루먼은 6월 18일 백악관에서 합동참모본부와 회의를 열고, 다수의 희생이 따를지라도 규슈 침공 작전을 개시하고, 1946년 4월 예정된 혼슈 침공 때까지 작전 수행에 필요한 병참과 인력을 투입하도록 허가했다.[102] 이때 모두 얼마 전에 치른 오키나와 전투를 염두에 두고 있었다. 트루먼은 "일본의 끝에서 끝까지 오키나와처럼" 될 수도 있다고 말했다.[103] 트루먼이 포츠담에 도착할 무렵까지, 미국은 1945년 11월 1일 개시 예정이었던 규슈 침공 작전에서 처음 30일 동안 사상자와 실종자가 2만 2576명 발생하고, 그다음 30일 동안의 인명 손실은 약 1만 1000명에 이를 것으로 예상했다.[104]

재래식 무기로 일본의 비전투원들을 대규모 폭격하는 일은 잔학 행위에 해당하기 때문에, 트루먼이 양심의 가책을 받았는지는 알려지지 않았다. 하지만 그는 미군의 인명 손실이 크리라는 예측에는 관심을 보였다. 그가 원폭 투하 대신에 선택할 수 있는 방법은, 소련이 만주와 조선을 지상 공격할 때까지 기다렸다가 때맞추어 일본 본토에 재래식 무기로 폭격과 포격을 해서 일본 지도자들을 버틸 수 없게 만드는 것이었다. 하지만 새로운 멸망의 무기를 가지게 된 트루먼은 인내심과 통찰력을 잃고 말았다. 한편 일본의 지도층은 잘못된 위험한 이데올로기에 사로잡혀 자신들과 군주의 권력을 지키고자 엄청난 수에 이르는 자기네 백성을 희생하려 했다. 트루먼과 마셜이 원폭 투하를 정당화한 근거 중에는 그러한 심리를 없앨 필요가 있었다—1957년 마셜 육군참모총장이 한 말을 빌리면 "[일본의 지도층에] 충격을 주어 행동"을 끌어내야 했다—는 것도 있다.[105]

V

8월 9일과 10일 사이 히로히토의 '성단' 연출, 14일 오전에 되풀이된 성단, 마지막으로 15일 정오 전국에 걸쳐 온 국민이 귀를 기울이는 사이 라디오 방송을 통해 극적으로 재연된 성단. 이러한 과정을 거쳐 천황의 카리스마가 강화되었고, 동시에 이제 막이 오를 '전후'라는 드라마에서 그가 맡을 새로운 역할이 준비되었다.

히로시마에 원폭이 투하되고 하루 반이 지난 8월 9일 오전 10시 직전에 이르러서야 히로히토는 기도에게, "소련이 우리나라에 선전 포고하고 오늘부터 교전에 들어간다. 이 상황의 수습책을 빨리 연구 결정하라"고 말했다.[106] 기도는 즉시 스즈키 총리에게 연락했고, 스즈키는 이날 심야 어전회의 준비에 들어갔다. 8월 10일 성단에 따라서 사코미즈 내각서기관장이 히로히토의 말을 기초로 '종전조서' 초안 작성에 착수했다. 한학자인 가와다 미즈호川田瑞穂와 야스오카 마사히로安岡正篤의 도움을 받으며 사코미즈는 꼬박 사흘을 매달려 초안을 작성했다. 8월 14일 저녁 스즈키 내각에서는 장장 6시간에 걸친 토의 끝에 수정안을 결정했다. 히로히토는 즉시 거기에 서명을 했다. 시모무라 정보국 총재와 기도는 대국민 방송에 걸맞게 적당히 얼버무리는 최종 문안을 녹음하도록 천황을 설득했다.

8월 14일 밤 스즈키 내각은 미합중국과 그 밖의 연합국 정부에, 포츠담 선언과 8월 11일의 번스 회답을 수락한다고 통지했다. 무조건 항복을 둘러싼 무대의 절정 장면에서 천황이 서둘러 행동을 취하도록 부추긴 것은 미국의 심리전이었다. 8월 13일 밤이나 14일 아침, B29기가 뿌린 전단이 기도의 손에 들어갔다. 기도는 14일 아침 8시 반에 천황을 알현하고 그 위험성을 설명했다. 이 최근의 전단은 일본 민중에게, 국체 수호를 유일한 조건으로 항복한다는 일본정부의 통고와 그에 대한 번스의 회답 전문을 알려주었다. 이런 일이 이어지면 제국정부는 패전의 본질과 항복이 늦어진 이유들을 국민에게 숨길 수 없게 된다. 기도와 천황은 황위 비판을 포함해 패배주의의 징후가 커져가는 것을 우려했다. 재빨리 조치를 취해 민중 스스로 궐기하는 것을 막아야 했다.[107] 이렇게 해서 두 번째 성단이 내려졌다.

8월 15일 정오 일본 인민은 라디오 스피커 주위에 모여, 천황이 국민을 향해 "짐은 제국정부로 하여금 미영중소 4개국에 대해 공동 선언을 수락하도록 통보했다"고 말하는 새된 육성 이른바 육음 방송(玉音放送)—옮긴이 을 처음으로 들었다. 공동 선언의 내용에 대한 설명은 없었다. 그러나 이어지는 말에서 패배라는 말은 쓰지 않고 간접적으로나마 패배를 인정했다. 그리고 "인류의 문명"을 "파멸"에서 구하려 "만세萬世를 위해 태평 시대를 열고자 한다"고 선언함으로써 연합국에 대해 높은 도의적 근거를 확보하려 했다. 히로히토는 개전조서에서 말한 것과 같이 전쟁 목적이 국가의 "자존과 자위"에 있었음을 다시 강조하고, 일본과 동맹을 맺었던 아시아의 꼭두각시 정부와 협력 정권에만 유감의 뜻을 밝혔다.

강렬한 감정을 호소하며 주도면밀하게 작성한 마지막 단락에서, 천황은 직접 말하지는 않았으나 전쟁 종결을 결정한 진짜 목적을 드러냈다. 일본인들에게 전쟁의 의의와 가치를 제공해온 천황이, 책임 문제를 흐리면서 투쟁과 분노 표출을 피하고, 그 자신을 중심으로 국내의 단결이 다져지기를 바랐다.

이에 짐은 국체를 지킬 수 있고 충량忠良한 그대 신민臣民의 성심을 신뢰하며 항상 그대 신민과 함께 있다. 만약 정情에 격하여 함부로 일의 발단을 번거롭게 하고, 혹은 동포를 물리치고, 서로 시국을 어지럽게 해서 대도大道를 그르치고, 세계로부터 신의를 잃는 것 같은 일은 짐이 가장 경계하는 바다. 마땅히 온 나라 한 집안擧國一家 자손이 대를 이어가고, 신성한 땅의 불멸을 굳게 믿으며, 임무가 중하고 갈 길이 먼 것을 생각하고, 장래의 건설에 총력을 기울이며, 도의를 두텁게 하고, 지조를 굳게 맹세하여 국체의 정화精華를 떨쳐 일으키고, 세계의 진운進運에 뒤떨어지지 않을 것을 기약해야 한다. 그대 신민은 짐의 뜻을 받들지어다.**108**

종전조서는 국민에게 비치는 천황의 인상을 평화주의자, 반군국주의자, 전쟁에는 완전히 수동적이었던 방관자로—그가 그랬던 적이 없는 존재로—새롭게 재정의한 첫 번째 문서였다. 천황이 애초에 주도권을 쥐고 전쟁 종결을 위해 구체적인 조치를 취하려 들지 않았던 점은 덮어버리고, 교묘하게 천황의 '인애'와 황실의 대권을 강조했다. 그러나 종전조서를 들은 사람들에게 이는 마른하늘에 날벼락 같은 충격적인 경험이었다. 궁정 용어로 이해하기 어렵게 쓴 조서의 내용을 정확하게 전달하고자, 와다 신켄和田信賢 아나운서가 평범한 소리로 조서 전문을 다시 읽었다. 그리고 내각의 발표가 이어지면서, 미국의 원폭 투하는 국제법 위반이라며 비난하고 소련의 대일 참전도 비난했다. 〔조서는 난해하고 격식에 따른 문체로 작성되었기 때문에 이를 이해하기 쉽고 정확하게 전달하기 위해서 와다 신켄 아나운서가 어전회의 모습과 회의 때 천황의 발언을 소개하고, 해설을 덧붙였다—일본어판〕 와다는 이렇게 해설했다.

폐하의 마음을 받들지도 못하고 어쩔 수 없이 자진하여 무기를 거두기에 이르게 한 민초를 나무라지도 않으시고, 오히려 "짐의 이 한 몸은 어찌되든 간에 이 이상 국민이 전화戰火에 쓰러지는 것을 견디고 볼 수 없다" 말씀하시고, 국민에 대한 큰 자비와 사랑을 내려주신 마음의 고마움과 황공함에, 어느 누구 자신의 불충을 반성하지 않을 자가 있겠습니까.**109**

와다는 다시 조서의 목적을 말하면서 해설을 맺었다.

"일이 여기에 이른 이상 온 나라 한 집안이 다 같이 신성한 땅은 불멸한다는 것을 믿고, 장래 건설이라는 중요하고 요원한 중대 사명을 위해 총력을 기울여 매진하고, 국체의 정화를 떨쳐 일으킬 것을 맹세하고, 세계의 진운에 뒤처지지 않을 것을 기약하자고 국민을 격려하셨습니다."

이렇게 천황의 항복 선언에 관한 방송이 끝나자 이번에는 포츠담 선언에 대한 뉴스 해설이 이어지면서 청취자들에게 패배를 받아들일 것을 촉구하고, 바람직한 마음가짐을 제시했다. 그리고 "시국에 통분한 나머지 동포들이 서로 싸우고, 그 결과 경제적 사회적 도덕적 혼란을 야기하는 것 같은 일은 황국 멸망의 원인이 된다는 사실을 단단히 명심하기 바랍니다" 하고 현실을 직시할 것을 호소했다.**110**

일본정부는 포츠담 선언을 받아들이면서, 이 선언에서 일본의 근대 전쟁 전반에 대해 내린 부정적인 가치 판단을 함께 받아들였다. 따라서 일본정부는 의무적으로 전쟁범죄 문제를 처리해야 했다. 그러나 8월 14일 천황의 육성 방송과 뒤이은 뉴스 해설은 천황제와 그 통치 이데올로기를 지키면서 질서를 유지하는 데 주안점을 두었다. 중일전쟁에 대한 말은 없었다. 침략은 묵과되었으며 군대는 충성을 칭찬받았다. 정책 결정자들의 책임은 흩어져, "지금은 국민 전체가 책임을 나누어야 할 때입니다"라는 생각이 주입되었다.

패전 뒤 몇 주 몇 달에 걸쳐, 일본의 전쟁범죄와 국가 지도층의 전쟁 책임에 관련된 방대한 기밀 자료가 스즈키 내각의 8월 14일 결정에 따라 소각되었다. 8월 17일 스즈키 내각의 후임으로 발족한 히가시쿠니노미야 나루히코東久迩宮稔彦 내각과 언론은 그사이 국민에게 천황을, 인자한 현자이며 전쟁을 끝냈으나 정치에는 관여하지 않는 통치자로 표현했다. 천황의 육성 방송은 극적으로 상황을 타개할 수 있는 히로히토의 타고난 권능을 확인시켜주는 '의례'였다. 이제 일본인들은 평화롭게 경제를 영위하는 생활로 돌아갈 수 있었다. 천황이 원자폭탄으로 멸망할 자신들을, 그리고 나머지 세계를 구했음을 마음에 새기고서.[111]

전시 지배 계층의 필요에 따라 붙여진 이 사건의 이름 자체가 그 깊은 의미를 이해하기 어렵게 한다. 천황의 '성단'은 종전 행위를 도의적으로 마땅히 받아들여야 할 빛으로 묘사했고, 정당화했다. 성단은 8월 9~10일, 14일, 15일 히로히토가 보인 일련의 행동이 비판을 받지 못하게 막는 장치였다. 동시에 그러한 행동은 그의 치세에 관한 기존의 황실 서사에 어울리게 맞춰졌다. 마지막 성단은 분명히 정치적으로 복합적이며 기념할 만한 기능을 수행했다.

성단을 발표한 종전조서에서는 전쟁 종결을 앞당긴 원폭 투하의 효과에 대해 상반된 평가를 내놓기도 했다. 8월 14일 천황의 조서에서는 '항복'이란 말을 전혀 쓰지 않고 독일의 패배와 소련 참전을 간접적으로 (한 군데에서만 모호한 표현으로) 가리켜, "세계의 대세 역시 우리에게 유리하지 않다"고 말했다. 그러나 원폭 투하에 대해서는 아주 명확하게 일본을 희생자이며 세계를 구한 존재로 표현했다. "뿐만 아니라 적은 새로이 잔학한

폭탄을 사용하여 빈번히 무고한 백성을 살상했으니 그 참해가 미치는 바가 참으로 헤아릴 수 없기에 이르렀다. 그런데도 교전을 계속한다면 결국 우리 민족의 멸망을 불러올 뿐만 아니라, 나아가 인류의 문명도 파멸할 것이다."

분명히 히로히토는 원폭 투하를 들어 자신의 항복 결정을 정당화하려 했다. 8월 14일 조서를 전달한 천황의 육성 방송은 원폭 효과를 일본이 처음 일반에 공식 인정한 것이었다. 사실 천황과 측근들은 그렇게 생각한 것 같지 않지만 말이다. 사흘 뒤인 8월 17일, 히로히토는 아시아 태평양 전역의 전장에 전투를 중지하고 무장 해제를 명하는 「육해군인에게 내리는 칙어」를 발표했다. 이때는 군대만을 대상으로 했기 때문에 소련 참전과 항복 결정의 인과 관계를 강조하고, 원폭에 대해서는 언급을 회피한 점이 주의를 끈다.

> 지금 새로 소련의 참전을 보기에 이르렀으니, 국내외 정세상 향후 전쟁을 계속하는 것은 헛되이 피해를 가중시키는 셈이 되어 결국에는 제국 존립의 근간을 잃게 할 터이므로, 제국 육해군의 투혼과 열의가 있음에도 자랑스러운 우리 국체 수호를 위해 짐은 이제 미국, 영국, 소련, 그리고 중경정부와 강화하려고 한다.[112]

잘 알려지지 않은 이 칙어에서는 소련 참전을 항복의 유일한 이유로 들었고, 국체 수호를 그 목적으로 밝혔다. 마지막까지—그리고 그 뒤에도— 솔직하지 않았던 천황은 두 가지 다른 이유를 들어서 때늦은 항복을 정당화했다.[113] 아마 모두 사실이었을 것이다.

반성 없는 생애 ^{4부}

1945년(쇼와 20년) ~ 1989년(쇼와 64년)

재발명된 군주제 ^{14장}

열한 살 난 황태자 아키히토明仁는 미군의 공습을 피해 도치기栃木 현 니코마치日光町에 있는 안전한 호텔에 머무르고 있었다. 항복 후 히로히토 천황과 나가코 황후는 황태자에게 편지를 써서 일본이 왜 이렇게까지 대패하게 되었는지 설명했다. 부모의 사랑으로 가득한 두 사람의 편지에는 점령당한 수도의 긴박한 상황이 엿보인다. 더 중요한 것은 이들 편지에 패전 직후 일본 통치자의 사고방식이 여실히 드러난다는 것이다.

1945년 8월 30일, 황후는 아키히토에게 "여기는 매일 B29기나 함상폭격기, 전투기 등이 종횡무진으로 굉음을 내며 아침부터 밤까지 날아다닙니다. B29기는 유감스럽게도 훌륭합니다. 서고에 있는 책상에서 이 편지를 쓰다가 고개를 들어 내다볼 때만 해도 큰 전투기가 몇 대나 지나갔는지 모르겠습니다. 끝이 없습니다"고 썼다.[1] '하늘의 요새'로 상징되는 미국의 탁월한 과학기술은 천황에게도 깊은 인상을 주었다. 여러 달 전 그는 황후와 함께 황실 서고 주변의 정원을 산책하다가 "B29 부속품들을 이것저것 주웠다"고 아키히토에게 전했다.[2]

천황은 아들에게 보낸 9월 9일자 편지에서, 자신이 중심에 있었던 정책 결정 과정에 대해서는 언급하지 않고, 보편적인 패전의 주요 요인들만 늘어놓았다.

우리 국민이 너무 황국을 과신하여 영국과 미국을 얕본 것이다.

우리 군인은 정신적인 면에 너무 치중하여 과학을 소홀히 했다.

메이지 천황 때에는 야마가타 아리토모山県有朋, 오오야마 이와오大山巖, 야마모토 곤베이山本権兵衛 같은 육해군 명장들이 있었지만 이번에는 마치 1차 세계대전 당시의 독일처럼 군인들이 설쳐, 대세를 생각지 않고 나아갈 줄만 알았지 물러설 때를 알지 못했기 때문이다.

전쟁을 계속한다면 3종 신기를 지킬 수도 없고 국민 또한 죽음으로 내몰릴 수밖에 없기 때문에 눈물을 머금고 종족을 보존하려고 노력했다.[3]

어린 아키히토가 1945년 8월 15일 일기에 「새 일본 건설新日本の建設」이라는 딱딱한 제목으로 쓴 긴 글에는 패전의 다른 요인들이 드러나 있다. 양친과 궁정 교사들이 굴욕적인 패전에 대해 가르쳐준 말을 되풀이하면서, 황태자는 "무조건 항복이라는 국민의 수치"를 자기 아버지가 떠안아야 했던 것을 "대단히 유감스럽게" 여긴다고 고백했다. 어쨌든 일본은 패배했다.

그것은 영국과 미국의 물량이 우리 나라와 비교도 안 될 만큼 많았고, 미국의 전투 기술이 매우 뛰어났기 때문입니다. 〔영국과 미국은〕처음에는 준비가 되어 있지 않아 패전했지만, 막상 준비가 된 다음에는 맹렬한 기세로 공격해 왔습니다. 그 공격 방법도 뛰어나서 대단히 과학적이었습니다. ……마침내 원자폭탄을 사용하여 수십만 일본인을 살상하고 마을과 공장을 파괴했습니다. ……결국 전쟁을 할 수 없게 되었습니다. 그 원인은 일본의 국력이 뒤떨어졌기 때문이고, 과학의 힘이 미치지 못했기 때문입니다.[4]

아키히토는 패전의 요인을 국가 지도자와 정치 제도에서 찾지 않고 일본 인민에게 돌리면서 글을 맺었다. "일본인들이 다이쇼 시대부터 쇼와 시대 초기까지 국익보다는 자신을 우선하여 제멋대로 행동했기 때문에 이번과 같은 국가 총력전에서 이기지 못했다." 그리고 이제 가야 할 길은 오로지 천황의 말에 따르는 것이었다.

아무리 힘들어도 이 수렁에서 벗어나야 합니다. 그러기 위해서는 일본인이 국체 수호 정신을 굳게 지키고 일치단결하여 행동해야 합니다. 일본인 한 사람과 미국인 한 사람을 비교해보면 모든 면에서 일본인이 뛰어나지만, 집단의 경우에는 뒤떨어집니다. 따라서 지금부터는 집단 훈련을 하여 과학을 번성케 하고, 국민 전체가 목숨을 걸고 지금보다 더 훌륭한 새 일본을 건설해야 합니다.[5]

새로운 일본은 과학을 육성하고, 국가 목표를 위해 소속감과 책임감을 다지며, 이제 과거는 끝났다고 생각해야 한다는 것이다. 지도층은 애초부터 '대동아전쟁'의 패전 책임 문제에 골몰했다. 그들의 분석에 진주만 공격 이전에 천황도 지지했던 만주 침략 확대, 1937년 천황의 격려를 받으며 고노에 내각이 전면전으로 키운 화북의 중일전쟁, 그리고 패전의 한 원인이 된 아시아 내셔널리즘〔대아시아주의 혹은 범아시아주의—옮긴이〕은 배제되어 있다. 1931년에 중국, 1941년 12월에 미국과 영국을 공격한 책임은 국가에 크나큰 치욕과 참담함을 안겨준 막판의 패전에 대한 책임으로 바꿔치기되었다. 자연스레 히로히토는 이러한 결말에 대한 자기 자신과 궁중 세력의 책임을 어떠한 형태로든 지지 않았다.

일본인들이 이기적으로 개인의 이익을 추구했다는 황태자 아키히토의 인식에는 전쟁에 관한 공식 분석에는 없는 요소가 반영되어 있다. 히로히토는 타고난 성격과 훈육의 결과, 개인의 자기주장을 의심하는 성향이 있었다. 인간의 양심이 가리키는 대로 따르는 것은 이상화된 집단적 자아에 대한 믿음과 국체에 대한 신념에 위협이 된다고 믿었다. 히로히토와 궁정의 측근들은 쇼와 시대 초부터 멸사봉공하고 통치에 복종하는 습관이 몸에 배도록 국민 교화를 적극 추진했다. 1937년 이후에는 전력을 급속히 증강하기 위해서 생활수준을 철저하게 낮은 수준으로 억누르는 정책을 지지해왔다. 새로운 국가를 어떻게 건설할지 생각할 시기에 이르렀을 때, 그들은 당초 이러한 낡은 가치관을 그대로 밀고 나갈 수 있으리라고 생각했다. 그들은 자유주의, 개인주의, 민주주의를 적대하며 한편으로는 일본 인민에게 '맹종'하는 경향이 있다고 나무라고, 한편으로는 국익보다 개인의 이익을 중시하는 무분별함을 비난했다.

전쟁의 본질에 대한 이러한 관점이 널리 유포되어, 히로히토와 측근들, 그리고 보수적 지도자들은 패전의 원인과 새 일본 건설 사이의 연결고리를 제대로 궁리하지도 못했다. 그러고는 미국인 점령자들에게 맞춰 진로를 바꾸었다.

I

히로히토는 군부 강경파와 동맹을 끊고 궁중 세력을 재통합하면서, 일시적인 무장 해제와 외세의 점령을 겪는 시대에 적응하려 했다. 이제는 8월 15일 종전조서에 근거한, 군주제 유지를 위한 정신적 동원 운동을 각 국민이 받아들이도록 할 명백한 필요가 있었다. 차기 총리는 타격을 입고 혼란에 빠져 어리벙벙한 국민에게 도대체 무슨 일이 일어났는지, 왜 충성스런 신민들이 지금부터 생각을 바꾸어 정중히 적을 받아들여야 하는지 설명하고, 국민을 끔찍한 곤경에 처하도록 만든 책임이 누구에게 있는지 묻지 않도록 설득해야 했다. 차기 내각에 주어진 시급한 과제는 미군이 대다수인 점령군을 평화롭게 받아들일 준비를 하고, 국민에게는 전과 크게 다름없이 이어진다는 인상을 심어주면서 활기를 북돋우는 것이었다. 차기 내각의 수장으로 추대된 황실 친족의 일원만이 이러한 과제를 달성할 수 있었다.

기도가 중신회의를 거치지 않고 히라누마하고만 상의하여 추천한 대로, 8월 17일 천황은 히가시쿠니노미야 나루히코를 총리대신으로 임명했다.[6] 히가시쿠니노미야는 천황 일가와 가까운 관계였다. 그의 처는 메이지 천황의 아홉째 딸이고, 아들은 히로히토의 딸 데루노미야照宮와 결혼했다. 정치적으로는 완전히 초보라 해도 당시에는 히가시쿠니노미야를 신뢰하지 못할 이유가 없었기 때문에, 히로히토는 육해군이 미리 빠르고 순조롭게 전시 동원을 해제하도록 그에게 위임했다. 언론이 바로 '황족내각'이라 이름 붙인 히가시쿠니노미야 내각은, 군주제만이 일본군을 평화롭게 평시 체제로 돌리고 사태를 수습할 힘이 있다는 것을 연합국에게 보여줄 의무가 있었다. 히가시쿠니노미야는 고노에를 부총리〔격인 국무대신—옮간이)으로, 아사히신문사의 전 부사장 오가타 다케토라緒方竹虎를 내각서기관장으로 임명했다. 두 사람은 국체를 수호하고 천황의 행동을 정당화하며 천황에 대한 비판을 무마하는 데 중요한 역할을 하게 되었다. 선전가인 오가타는 전쟁 지휘자에 대한 비판을 막는 선전 활동을 지시했고, 고노에는 미국과 영연방의 군대를 맞이할 준비에 열중했다.

항복 직후부터 각계에서 자살 사태가 벌어졌지만 일본인들 대부분은 이 새로운 상황을 받아들였다. 국민에게 정부의 기본 방침을 알리고자 히가시쿠니노미야가 8월 17일 전례 없이 실시한 라디오 연설에도 일본인들은 긍정적인 반응을 보였다. 히가시쿠니노미야는 "천황 폐하의 말씀"을 한 사람도 빠짐없이 "잘 체득"하도록 당부하며 "……세계의 진운에 뒤처지지 않는 최고 수준의 문화 건설을 기약할 때입니다. ……이를 위해서 특히 활발한 언론과 공정한 여론에 기대하는 바가 크기에, 나는 앞으로 건설적인 언론 활동을 장려하고 건전한 결사의 자유를 인정하려 합니다" 하고 말했다.[7] 평화는 사랑하는 사람이 돌아온다는 희망을 갖게 하고, 전시의 속박을 얼마간 벗어나게 해줄 듯했다.

한편 점령이 어떤 영향을 미칠지 아는 일본인은 별로 없었다. 군 기지 주변에서 산 적이 있는 사람은 연합군이, 일본 병사들이 중국에서 했던 것처럼 굴지 않을까 걱정했다. 약탈, 강탈, 강간이 일어날지 모르고, 혼혈로 민족이 약해질 것을 우려하는 소리도 있었다. 점령군 상륙 후에 일어날지도 모르는 강간과 폭력에 대한 염려는 신속하게 해결되었다. 고노에의 말을 들은 히가시쿠니노미야는 곧 일본 본토에 몰려올, 성에 굶주린 연합군 병사를 상대할 매춘부 모집을 허가했다.

8월 18일, 내무성은 전국의 각 지방 관청에 국고에서 자금을 제공하는 '특수위안시설협회(Recreation and Amusement Associations: RAA)'를 설립하도록 명했다. 거의 하룻밤 만에 전국 각지의 여러 매체에 여성을 모집한다는 광고가 실렸다. 지원자 전원에게 숙식과 옷을 제공한다고 되어 있었다. RAA 발족식 때는 황궁 앞 광장에 군중이 밀려들었고, 약 1500명에 이르는 젊은 여성이 현재의 마쓰자카야松坂屋 백화점 부근인 긴자銀座 나나초메7丁目에 임시로 설치된 RAA 본부 바깥에 모였다. 그녀들은 거기서 RAA 관계자가 읽는 선서문에 귀를 기울였다.

> 수천 명의 '쇼와의 오키치에도 시대 말기, 막부 관리의 명에 따라 일본 주재 초대 미국 총영사 타운센드 해리스(Harris, Townsend)의 첩으로 기구한 삶을 살다가 후에 자살한 도진 오키치(唐人お吉, 1841∼1890년)—옮긴이' 희생 위에 〔점령군의〕 광란을 막을 방파제를 쌓고, 민족의 순수한 혈통을 100년 넘도록 유지, 배양함과 더불어…… 사회 안녕에 기여함으로써 궁극적으로는 국체를 수호함에 〔이 한 몸을〕 바치고자 하는 바로 그것임을 거듭 직언함으로써 성명으로 삼는다.[8]

이 조치에 대해 예상되는 반발에 대처하고자 내무성 경보국警保局은 8월 23일 전국 경찰에 극비 '수칙心得'을 내려보내, 중신들과 천황이 내린 항복 결정에 대한 여론의 비난을 단속하도록 했다. 조서가 내려진 지금, 국가는 천황의 명에 따라 "폐하의 뜻을 온전히 받들어 순종하며" 나아가야 한다는 것이다. 수칙에서는 경찰들에게 경고하기를, "냉정하고 침착하며 어떠한 사태에 직면하더라도 은인자중하여, 연합군 측과 일절 분쟁이 빚어지지 않도록 철저히 방지함으로써 천황 폐하의 성심을 편안히 받듦과 동시에 세계에 신의를 지켜야 한다." 만일 연합군과 관련해 불의의 사태가 발생하면 "국가와 민족을 파멸에 빠뜨리지 않으리라고 보장하기 어렵다는 것을 생각해야 한다."**9**

　그러나 패전군의 저항 같은 것은 별로 나타나지 않았다. 본토에 주둔하
는 군의 사기는 8월 15일 이전부터 이미 낮았고, 그 뒤 3주 만에 다 허물
어지고 말았다. 내대신 기도의 집무실로 각 지방 지사와 경찰이 보낸 보
고서에는 즉시 제대를 요구하는 부대, 비행기에 식량과 여타 물자를 싣고
고향에 착륙한 가미카제 특공대원, 환자를 방치해둔 채 앞다투어 도망쳐
버린 가고시마鹿兒島 육군병원의 군의관과 간호사들의 이야기가 들어 있
다. 군대의 무질서와 군수물자 반출, 군대 내부의 통제 불능 상황이 쌓여,
군인에 대한 일반의 존경심은 무너져갔다. 군인들은 민간인들에게 모멸
의 대상이 되었음을 곧 알게 되었다.**10**

　히가시쿠니노미야는 최고위 문관과 군인들이 엄청난 각종 자재와 물품
등 정부 비축 물자를 횡령하는 문제에도 대처해야 했다. 7월 말부터 8월
에 걸쳐 정리된 경찰의 비밀 보고서는 육해군성뿐 아니라 군수성軍需省,
상공성 등의 정부 관료들도 암거래 행위에 관련되었으며 거대 기업들의
정부 비축품 매각도 묵인했음을, 수천 건에 이르는 사례를 통해 말해준
다.**11** 전시 통제 경제하에서 소규모 암상인만을 체포하는 공무원들의 일
방적인 처리 방식은 사태를 악화시켜, 공중도덕이 어지러워지고 경제난
은 더욱 심해졌다.

　히가시쿠니노미야는 우후죽순처럼 싹트는 암시장 문제에 완전히 속수
무책이었다. 사실 내각 초기에 그는 우익 암거래상인 고다마 요시오兒玉譽
士夫를 내각참여參與학식이나 경험이 있는 일반인을 행정 사무 등에 참여시킬 때 부여하는
직명─편집자로 임명했다. "앞으로는 맥아더 원수의 지휘에 따르면서 서로
요령껏 하자"고, 9월 초순 고다마는 도쿄 관저를 방문한 미에三重 현 쓰
시津市 출신 국회의원에게 말했다.**12**

고다마는 점령군 위안 시설 설립에 관여했을 가능성이 있다. 그에게 '형님' 같은 존재인 사사가와 료이치笹川良一도 마찬가지다. 사사가와는 전쟁 중에 국수동맹国粹同盟의 지도자였는데 내각참여로는 등용되지 않았다. 사사가와가 관여한 오사카 미나미 구南区의 미국인 클럽은 미군이 들어오기 시작한 뒤 오사카에서 가장 빨리 문을 연 위안 시설에 속한다.[13]

의식했든 안 했든, 히가시쿠니노미야 내각은 정치가와 관료와 암흑세계의 결탁을 전후 복구의 기초로 삼았다. 그렇지만 총리대신의 주된 관심사는 국체 수호 운동에 대해 여론의 지지를 얻는 것이었다. 이 목적을 위해서 히가시쿠니노미야는 1941년 퇴역한 뒤 도조 내각의 적수를 자처해온 이시하라 간지石原莞爾를 두 번째 '내각고문'으로 위촉했다(그러나 결국 이시하라는 사퇴했다고 한다—일본어판). 이시하라는 새로운 천년왕국 운동—동아연맹東亜連盟—의 지도자로서, 그를 추종하는 이들이 혼슈 북부에서 규슈 남부까지 퍼져 있었다.

히가시쿠니노미야와 마찬가지로 이시하라도 패전의 원인을 일본인들의 도덕적 해이 탓으로 돌렸다. 동아연맹 주최 강연회에서 그는 세 가지 주제를 역설했다. 패전은 국민을 참회케 하여 국체에 대한 신앙을 새롭게 하려는 신의 뜻이다. 국민을 압박해온 군과 경찰, 관료들은 현 상황에 큰 책임이 있다. 그리고 국민은 점령군 치하에 들기 전에 "다음과 같은 개혁을 단행하여 적을 경탄케 해야 한다." 곧 점령 기간 중 군비 철폐, 특별고등경찰 전면 폐지, 그리고 언론과 신앙에 대한 제한 철폐 등을 시행해야 한다. 그리고 향후 몇 년간 일본은 국제사회에서 퇴장하게 되지만, 그사이 미국으로부터 최대한 많은 것을 배워 미국의 방식을 모방해야 한다고 이시하라는 주장했다.

이시하라가 이러한 주장을 펼칠 수 있도록 히가시쿠니노미야는, 연맹의 회원들을 집회가 열리는 각 도시로 실어 나를 특별열차를 편성했다. 1945년 9월 14일 이와테岩手 현 모리오카盛岡 시에서 이시하라는 (경찰의 보고서에 따르면) 전 국민이 패전에 대해 '참회'할 것을 촉구했다. 그는 청중에게 20세기의 종말을 앞두고 "〔미국과 소련 사이의〕 마지막 세계전쟁은 수십 년 앞으로 다가와 있다"며, '팔굉일우八紘一宇'의 원리는 지금도 살아 있다고 했다.[14]

천황은 8월 16일부터 9월 2일까지 적어도 하루에 한두 번은 히가시쿠니노미야의 배알을 받으면서, 그의 언동과 인사 결정을 면밀히 지켜보았다. 점령군이 대거 진주하기 전의 결정적인 2주 동안 히로히토와 궁중 세력, 히가시쿠니노미야 내각은 그들에게 정말 중요한 문제에 관심을 집중했다. 그것은 패전에 대한 인민의 반응을 통제하고, 그들이 순종을 잃지 않으며 패전 책임 문제에 관심을 갖지 못하게 하는 일이었다. 그러나 어떻게 하더라도 일단 외국 점령자들이 오면 군주제 개혁과 국가 지도층 처벌은 피할 수 없으리라는 생각이 퍼졌다. 천황 스스로 전쟁에 대한 책임을 지고 퇴위해야 할 것이라는 소문까지 나돌았다.

Ⅱ

1945년 8월 30일, 연합국 최고사령관(supreme commander for the Allied Powers: SCAP)에 새로 임명된 더글러스 맥아더 원수가 연합국의 군사 점령을 지휘하러 일본에 도착했다. 그는 요코하마에 임시 사령부를 차렸다. 도착 사흘 뒤인 9월 2일, 시게미쓰 외상의 인솔하에 천황 대리인단은 도쿄 만에 정박한 미 전함 미주리Missouri 호 함상에서 항복 문서에 정식으로 조인했다. 항복 문서의 마지막 줄은 일본의 포츠담 선언 수락 때 번스 국무장관이 보낸 회답에서 가장 중요한 문구로 채워졌다. "천황과 일본정부의 국가 통치권은, 본 항복 문서의 각 조항을 실시하는 데 적당한 조치를 판단하고 시행할 연합국 최고사령관에 예속된다."15 맥아더가 일본에 온 날 외무성은 맥아더에게서 정보를 얻어내고 그의 의도를 알아내고자, 외교관 스즈키 다다카쓰鈴木九萬 공사를 수장으로 하는 '요코하마종전연락위원회橫浜終戦連絡委員会'를 설치했다. 많은 일본인들에게 이것은, '국체수호'가 예상보다 어려울지도 모르며 맥아더 원수의 뜻에 크게 좌우되리라는 것을 알리는 첫 번째 징후로 받아들여졌다.

9월 17일 맥아더는 마침내 도쿄 중심, 궁성 바로 앞에 있는 제일생명第一生命 빌딩에 총사령부(General Headquarters: GHQ)일본어 표기는 연합국군최고사령관총사령부(連合国軍最高司令官総司令部)─옮긴이를 설치했다. 18일에는 펜타곤(미 국방부)에서 비밀 지령과 함께 일본 개혁에 관한 트루먼 정권의 자세한 청사진의 전반부가 도착했다.16 그리고 20일, 맥아더는 요시다 시게루吉田茂 외상에게, 히로히토 천황의 비공식 방문은 부적절하지 않다는 뜻을 알렸다. 같은 날, 시종장인 후지타 히키노리藤田尚徳가 GHQ에 궁정의 전갈을 가져왔다. 천황은 원수의 건강을 기원하며, 포츠담 선언을 잘 이행하고자 하는 일본의 뜻을 원수에게 알리고 싶다는 전갈이었다.17

점령 초기에, 맥아더의 '군사비서'이며 이전의 심리전 책임자이기도 했던 보너 펠러스Fellers, Bonner Frank 준장은 과거에 알았던 일본인 퀘이커교도 두 명과 다시금 친분을 쌓기 시작했다. 한 사람은 잇시키 유리(一色ゆり, 결혼 전의 성姓은 와타나베渡辺)로, 인디애나 주 리치먼드에 있는 얼럼 대학Earlham College을 다니던 시절부터 알고 지낸 사이였다. 또 한 사람인 가와이 미치河井道는 YWCA 총간사를 맡은 바 있고 1929년에 도쿄 게이센 여

학원惠泉女学園을 설립한 인물로, 1922년 펠러스가 처음 일본을 방문했을 때 만났다. 다시 만난 자리에서 펠러스는 당면한 관심사인, 진주만 공격에 대해 천황이 책임져야 할 근거가 전혀 없음을 입증하는 문제에 관해 솔직하게 말했다. 이윽고 펠러스는 가와이와 함께 자문과 협력을 담당할 인물로 그녀의 지인인 세키야 데이자부로關屋貞三郎와 접촉했다. 세키야는 다이쇼 시대 말기부터 궁정과 각 정부부처를 연계하는 데 주도적인 역할을 했던 궁정 고관이었다. 세키야 역시 천황이 '평화 애호가'임을 증명하고자 했다.[18]

이제 히로히토를 보호하려는 양국의 공동 작업이 완전히 새롭게 시작되었다. GHQ, 천황, 일본정부 지도자들, 전쟁 전에 유력한 미국인들과 연을 맺었던 일본인 기독교인들의 노력이 상호 작용한 결과, 히로히토는 전쟁 책임을 면했고 그의 '인간 선언'과 황실 개혁이 이어졌다. 이후 그들 각각의 목적을 위해 천황의 권위를 이용하는 과정에서 맥아더와 일본의 지도자들은, 전쟁 전에 그랬던 것과 마찬가지로 히로히토의 존재와 정체성의 중요한 측면을 왜곡해야 했다.

천황 방문에 관한 맥아더의 의향을 전달받은 천황은 1945년 9월 27일 아침 중산모를 쓰고 정장 예복 차림으로 황거를 출발하여, 미국 대사관으로 원수를 예방하러 갔다. 일본 인민들은 사전에 이 사실을 알지 못했다. 두 사람이 맞닥뜨린, 심각한 개인적 위기감을 인민들이 알았을 리도 없다. 맥아더의 점령 태도는 이미 런던에서 열린 외무장관 회의에서 소련과 영국의 비판을 받았다. 번스 국무장관은 제멋대로 행동하는 최고사령관을 조직적으로 감독할 체제가 필요하다는 연합국의 압력에 굴복하려는 참이었다. 뉴질랜드 수상은 미국 공사에게 "관대한 강화講和는 있을 수 없다" "천황은 전범으로서 재판을 받아야 한다"고 경고한 바 있었다.[19]

게다가 트루먼 정부는 맥아더 총사령부가 발표(했다가 나중에 철회)한, 일본 주둔 연합군이 1년 안에 극적으로 축소될 가능성과 점령 기간에 관한 성명서에 뒤통수를 얻어맞았다.[20] 딘 애치슨 국무차관은 "점령군은 정책의 도구이지 (정책) 결정자가 아니다"라고 말하며 공공연히 맥아더를 비난했다.[21] 트루먼은 특히 맥아더가 국무부의 정책 지침을 무시하고, 마셜 육군참모총장이 두 번이나 독촉했는데도 미국에 돌아와 협의하지 않는 것에 불만을 품었다.

히로히토의 처지도 애매모호했다. 그의 개전 책임 문제는 연합국 간에 쟁점이 되었다. 1945년 6월 초에 갤럽이 실시한 비공개 여론 조사에 따르면 미국인 77퍼센트가 천황에 대한 엄중 처벌을 바랐다.[22] 9월 11일 일본인 전범 용의자들이 1차로 검거되자, 외국의 언론은 천황의 퇴위가 임박했다는 풍문을 보도하기 시작했다. 9월 18일에는 전쟁범죄자로서 일본 천황 히로히토를 기소해야 한다는 뜻을 밝힌 합동 결의안 94호가 미국의회 상원에 제출되(어 군사위원회에 회부되)었다.[23] 이러한 일들은 그리 걱정할 만한 것이 못 된다 하더라도, 포츠담 선언 자체가 천황의 장래를 '일본 인민이 자유로이 표명하는 의사에 따라' 결정되는 것으로 일부러 불투명하게 남겨두었다.

그렇다고는 하나 천황의 처지가 절망스러운 것은 아니었다. 국체 수호를 결의하면서 천황과 히가시쿠니노미야 내각은, 맥아더가 도쿄에 도착하기 이전에 700만 육해군을 무장 해제하고 사회에 복귀시키기 시작했다. 그들이 주도한 까닭에 일본의 비무장화는 미국이 기대 내지 예상했던 것보다 매우 순조롭게 이루어졌다. 트루먼 대통령은 1945년 9월 6일 맥아더에게 통지한 「항복 후 미국의 초기 대일 방침U.S. Initial Post-Surrender Policy for Japan」에 이 중요한 사실을 반영했다. 이 문서에서는 다만 미국의 목표 달성을 촉진할 경우에 한해서, 천황을 포함한 일본의 현존 통치 구조와 기구를 통해 권한을 행사하도록 맥아더에게 지시했다.[24]

몇 달 전인 1945년 4월부터 7월에 걸쳐 맥아더와 펠러스는 일본 점령과 개혁에 관해 그들 나름의 접근법을 찾아냈다. 그들의 관점에 따르면 펠러스가 필리핀과 그 밖의 전장에서 실행한 심리전의 원리는 매우 견실했다. 심리전은 일본인들의 사기를 떨어뜨려 항복을 앞당기고, 일본인들이 점령을 받아들일 준비를 갖추도록 하는 데 중요한 역할을 했다. 그 논리는, 일본의 군부 지도자들에게만 전쟁 책임이 있고 천황과 '온건파' 측근, 그리고 인민들은 순전히 이들에게 속고 있었다는 것이다. 모든 일본인은 천황을 신뢰한다. 그러니 미국은 심리전에서 그들의 신뢰를 역으로 이용해야 한다.[25] 이러한 생각은 화북의 중국인·일본인 공산당 지도자들은 물론이고 태평양전쟁에 참여한 미국의 심리전 전문가들에게도 '상식'이었지만, 바야흐로 맥아더의 확고한 원칙이 되어 그의 초기 점령 계획에 포함되었다.

'블랙리스트 작전Operation Blacklist'이라는 암호명을 부여받았던 이 계획은 히로히토를 군국주의자들과 따로 떼어놓고 오로지 상징적인 입헌군주로 남겨두면서, 일본 사람들에게 엄청난 정신적 변화를 일으키는 데 이용하는 것을 주안점으로 삼았다.[26] 주민을 잘 통제하려면 천황을 존속시키는 것이 중요했기 때문에 점령군은 천황이 전쟁 책임에서 벗어나도록 애썼고, 그를 폄하하거나 그의 권위가 손상되는 일이 절대 없도록 하는 동시에 일본의 기존 정부기관을 최대한 이용하고자 했다. 결국 맥아더는 천황에 대해 새로운 정책을 책정하지 않았다. 요컨대 태평양전쟁 마지막 해의 정책을 이어나가다가, 상황의 변화에 맞춰 내포되어 있던 것들을 끌어냈을 뿐이다. 더 중요한 사실은, 맥아더에게는 포츠담 선언에 따라 전쟁범죄자들을 엄격히 처벌할 의무가 있었기 때문에 선언의 내용을 실행에 옮길 조직이 설립되기 전에 히로히토의 결백이 입증되어야 했다는 것이다.

따라서 점령 초, 국체를 수호하려는 일본의 방어 전략과 맥아더의 점령 전략은 일치했다. 당시 쌍방이 서로의 생각을 이해했던 것은 아니지만, 어쨌거나 천황에 관해서는 쌍방이 같은 방향을 보고 있었다.

III

『뉴욕타임스』의 프랭크 클럭혼Kluckhohn, Frank L.은 일찍이 히가시쿠니노미야 내각의 부총리 격인 고노에 공과 회견하면서, GHQ의 요청에 따른 것으로 여겨지는 제안을 했다. 천황이 『뉴욕타임스』를 통해 자연스럽게 미국인들에게 네 가지 항목을 전달하도록 권한 것이다. 그래서 천황은 맥아더를 방문하기 이틀 전인 9월 25일, 클럭혼과 UP 통신사United Press의 사장이자 고노에의 지인이기도 했던 휴 베일리Baillie, Hugh에게 짧게나마 개별적인 알현을 허락했다. 두 언론인은 질문 항목을 미리 서면으로 제출하고, 시데하라 기주로가 작성한 영문 답변서를 받았다. 답변서에는 두 가지 기본 사항이 드러났는데, 첫째는 민주주의와 (일본의 일시적인 비무장이라는 의미에서) 평화주의가 국제적으로 전후 천황의 인상을 구축하는 주요 요소라는 것, 둘째는 천황이 진주만에 관한 질문은 피하고 싶어한다는 것이었다.

클럭혼은 "도조 장군은 진주만 기습을 개시하는 데 (1941년 12월의) 개전 조서를 사용하여 미국의 참전을 불러왔는데, 조서가 그처럼 사용되는 것이 〔천황의〕 의도였는가" 질문했다. 이에 천황은 "사실상 자신의 의도가 아니었다"고 대답했다.[27] 따라서 진주만 기습의 책임은 천황이 아니라 도조에게 있으며, 이것이야말로 맥아더가 히로히토를 만나기 전에 미국인들에게 들려주고 싶었던 말이었다. 그것은 1944년부터 고노에 공과 히가시쿠니노미야, 그 밖에 여러 '천황 측근의 온건파'가 부르짖어왔던, 천황을 위한 방어선이기도 했다.[28]

히로히토는 시데하라가 작성한 답변서를 읽고 재가했지만, 진주만 공격은 그가 개전조서(선전조칙)에 서명하기 8시간 전에 일어났고 또 기습으로 공격할 것이 확실하여 개인적으로 큰 아픔을 느꼈기 때문에 그 스스로도 이 답변서를 믿을 수 없었을 것이다.[29] 결국 일본정부는 천황의 발언을, 도조 비판을 피하려는 것으로 바꿔버리는 성명을 발표했고, 이는 9월 29일 자 『뉴욕타임스』에 보도되었다〔정보국 대변인이 천황은 개인을 지목하여 비난하지 않는다는 성명을 발표했다—일본어판〕. 이와 같은 부분적인 말 바꾸기는 SCAP와 히가시쿠니노미야 내각 사이의 의사소통이 불충분했을 뿐 아니라, 후자가 국체 수호 정책을 아직 완전히 정립하지 못한 실정을 상징하기도 한다. 히가시쿠니노미야 내각은 천황 대신 통수부의 지휘관들과 특히 도조를 지목하는 방법으로 천황을 지키려고 했다.

클럭혼과 베일리에게 배알을 허락한 뒤 곧 천황은 맥아더를 방문했다. 그는 맥아더가 황실에 어떤 정책을 취하려고 하는지 알고 싶었다. 국체를 수호하고, 또 최고 통수권자이자 정치 체제의 주요 동력원으로 존재했던 자신의 과거 행적에 따르는 법적, 도의적 책임을 피하려면 히로히토에게는 맥아더의 개인적인 도움이 필요했다. 한편 맥아더로서는 점령 개혁을 정당화하는 데 천황을 이용하려면 히로히토를 '사악한 군국주의자들'과 완전히 갈라놓을 필요가 있었다.

상부상조가 이루어지는 데는 그들의 개인적인 성격도 한몫했다. 맥아더는 히로히토보다 나이가 많았으나 젊고 활발한 자신을 연출하려고 골몰했다. 히로히토는 갓 중년에 접어든 나이였지만 자신보다 나이 많은 보필자들과 함께 일하는 데 익숙했다. 두 사람 모두 오랫동안 엄격한 군인 교육을 받으며 동년배들과는 동떨어진 생애를 살아왔다. 맥아더의 아버지는 남북전쟁에서 명예훈장을 받은 영웅으로, 미국이 필리핀을 정복할 때 부사령관(나중에는 필리핀 점령군 총사령관—일본어판)으로 복무했다. 맥아더는 직업 장교로, 미 육군사상 최연소 장군 승진, 최연소 참모총장 승진을 기록하며 지휘 계통에서 가장 높은 지위까지 올랐다.[30] 승진 과정에서 그는 재능 있는 관료를 활용하는 데 달인이 되었다. 맥아더는 늘 자신이 타고난 지도자라고 생각했으며, 자신의 업적에 따른 명예와 칭송은 모두 자신에게 돌아와야 한다고 믿었다. 그런가 하면 자신이 실패했을 때는 결코 자기 탓이 아니라 지원이 불충분했기 때문이거나 상층부의 음모에 따른 결과라고 생각했다. 맥아더는 지극히 이기적이고 때로는 건방지고 거만했지만, 자기가 달성한 모든 것을 능가하는 집안의 명성에 쫓기고 있었다. 그러나 그의 주변 인물이 그를 객관적으로 사리사욕 없고 존경할 만한 최고사령관으로 평가한 기록은 어디에도 없다.

히로히토와 맥아더는 둘 다 아랫사람들의 충성을 중시하면서도 거리를 두었다. 두 사람은 스스로를 국가의 주요한 자산이라고 생각했고, 타인을 기만하는 기술도 터득하고 있었다. 맥아더는 자신이 밟아온 모든 단계에서 상관들을, 그리고 히로히토는 일본국민 전체를 기만해왔다. 두 사람은 다양한 권한을 가진 사람들을 조합하여 효과적으로 이용하는 방법을 알고 있었다. 이렇게 비슷한 점이 많지만 그들만큼 성격이 다른 사람도 찾기 어려울 것이다. 히로히토에게는 맥아더의 '어두운 면'이 없었다. 곧

별나지도, 극단적으로 이기적이지도, 거만하지도 않았다. 그는 정말 나서지 않는 성격으로, 명령보다는 합의에 따라, 다른 사람들을 내세워 통치하는 것에 익숙했다. 그리고 신체적으로 뛰어나지도 않았다.

천황이 미국대사관에 도착했을 때 미국 측에서는 사진 촬영 준비를 마친 상태였다. 사진사는 대사관의 큰 거실에서 맥아더와 함께 나란히 선 히로히토의 사진을 세 장 찍었다. 그 후 두 사람은 특별히 준비된 방으로 자리를 옮겼다. 그곳에서 그들은 거의 40분 동안, 통역을 맡은 오쿠무라 가쓰조奧村勝藏를 사이에 두고 은밀한 대화를 나누었다. 주로 맥아더가 대화를 이끌었고, 두 사람 모두 자신들의 대외 인상에 매우 신경 썼기 때문에 대화 내용을 기록으로 남기지 않기로 했다.

회담의 속기록이 존재하지 않기 때문에〔2002년 10월 일본 외무성과 궁내청은 제1차 회담 기록을 처음으로 공개했다—일본어판〕, 나중에 맥아더가 제시한 이 비밀 회담의 내용을 둘러싸고, 천황과 맥아더를 취재한 미국 언론인들과 일본정부 관계자들과 역사학자들 사이에 주장이 분분했다.[31] 아마 그들의 첫 만남에 대해서 말할 수 있는 것은 고작 두 사람 모두 각자의 상황이 불안정하여 조정을 꾀하던 시기에 만났다는 것과, 두 사람 모두 회담이 성공리에 끝났다는 느낌을 받았다는 정도일 것이다. 히로히토는 맥아더가 자신을 이용할 생각이며, 전쟁 책임 문제를 추궁하지 않은 데 안도했다. 한편 맥아더는 천황이 그의 점령 시행을 높이 평가하고 협조를 약속한 것에 감동했다. 추측건대 두 사람 모두, 히로히토가 전범으로 기소되지 않도록 아랫사람들이 이미 힘쓰기 시작한 일에 대해서는 한마디도 하지 않았다.

그 후 연합국 최고사령관은 천황을 이용하고, 천황은 이용을 당하는 데 협조하게 되었다.[32] 두 사람은 편의주의로 서로 비호해주는 관계가 되었으며, 맥아더보다는 히로히토 쪽이 더 큰 정치적 이익을 얻었다. 히로히토에게는 잃을 것―황위에 따르는 상징적, 합법적인 모든 자산―이 더 많았기 때문이다.

그러나 미국과 일본의 지도자들이 서로 우호 협력 작용을 하려면 천황은 군국주의와 도조 같은 군국주의자들로부터 완전히 분리되어야 했는데, 그는 그렇게 하는 것을 매우 망설였다. 한편 맥아더는 전쟁 중에, 특히 진주만 공격 때에 이루어진 어떤 행위에 대해서도 천황이 책임을 지지 않도록 명확히 해둘 필요가 있었다. 그리고 GHQ와 일본의 후임 내각은 전쟁의 본질과 천황이 전쟁 중에 수행했던 역할에 관한 일본인들의 역사 인식을 뜯어고쳐야 했다.

패전의 폐허 속에서 살던 일본인 대부분에게 천황과 맥아더의 첫 만남에서 중요했던 것은 두 지도자가 상호 존중과 협력의 정신을 세운 일이 아니었다. 두 사람이 서로에게 말했다고 공표된 내용도 아니었다. 미국인 사진사가 찍고 9월 29일 자 일본의 주요 신문에 일제히 실린, 좋은 사진 한 장이 세상을 떠들썩하게 했다. 매우 가까이에서 찍은 사진에서는 안경을 낀 천황이 모닝코트와 줄무늬 바지를 입고 넥타이를 단정하게 맨 채, 두 손을 내리고 차렷 자세를 취한 듯이 서 있었다. 그 옆에서 천황보다 키가 큰 맥아더는 제복 셔츠의 윗단추를 푼 채 넥타이도 매지 않고 훈장도 달지 않고서, 느긋하게 격식을 차리지 않은 자세로 서 있었다. 원수의 두 손은 그의 엉덩이에 얹혀 보이지 않았다. 두 사람은 사진기를 똑바로 바라보고 있었다.

많은 일본인이 이 사진을 보면서 다시금 천황이 곧 퇴위한다는 소문이 퍼졌다. 사람들은 8월 15일 항복 방송을 듣고 패전을 인식하게 되었다. 그리고 이번에 사진 한 장으로 말미암아 그들은 패전의 고통스러운 정치적 의미와 맞닥뜨렸다.³³ 거기서 그들이 본 천황은 현인신이 아니라 유한한 생명을 지닌 인간이었고, 그는 지금 더 나이 든 사람 옆에서 조연으로 서 있었다. 히로히토는 패전국을 여실히 상징하고 있었고, 맥아더는 완전히 긴장을 푼 자세로 승리가 가져다준 자신감을 발산했다.

이 사진 한 장으로, 천황이 일본의 집단적 정체성의 중심에서 물러나는 데, 그리고 국민이 과거의 속박에서 풀려나는 데 작은 첫걸음이 내디뎌졌다.

일본인은 이러한 사진을 결코 찍을 수 없었다. 오직 궁내성의 허가를 받은 사진사만이 천황의 모습을 찍는 것이 허용되었다. 게다가 적어도 20미터는 떨어져서 찍어야 했기 때문에 망원 렌즈를 사용해야 했고, 보통은 (늘 그렇지는 않으나) 천황의 상반신만 찍는 것은 금지되었으며 등을 찍는 것도 금기였다. 천황의 등이 조금 굽었기 때문이다. 웃는 모습도 쓸 수가 없었다. 살아 있는 신은 웃지 않는다고 여겨졌기 때문이다.³⁴ 사진사들은 가만있는 모습이나 차렷 자세만을 찍을 수 있었다. 이들 사진사는 천황의 권위를 실추시키는 데 사진 기술을 사용하지 않는다는 신뢰를 받았다. 무엇보다 그들은 촬영 대상인 천황을 경외하는 마음까지 담아내야 했다. 그러나 당시 천황을 경외하는 미국인은 거의 없었다.

일본정부는 곧 이 사진의 공표를 금지했다. 히로히토가 맥아더에게 종속된 현실이 너무나도 충격적이었기 때문이다. GHQ는 최고 지도자들이 만나고 나서 이튿날 신문 기사에 사진이 없는 것을 보고 일본 외무성에 항의했다. 그다음 날인 9월 29일 『아사히신문』, 『마이니치신문』, 『요미우리 호치読売報知』 등 각 신문은 검열을 거친 사진과 함께, 클럭혼의 질문과 베일리의 '알현'에 대한 천황의 '정정된' 답변에 관한 기사를 실었다. 내무대신인 야마자키 이와오山崎巌가 곧 끼어들어 이들 신문을 발매 금지했다. 천황은 결코 신민인 도조를 비난한 것이 아니며, 그 사진이 황실을 모독하고 국민에게 바람직하지 않은 영향을 미친다는 이유였다.

이렇게 해서 생긴 히가시쿠니노미야 내각과 GHQ 사이의 대립은, GHQ가 사진 게재를 명령했을 뿐만 아니라 언론 출판에 대한 모든 제한을 철폐하는 것으로 마무리되었다.[35] 10월 4일 맥아더는 치안유지법과 국방보안법, '특별고등경찰' 등 민주화의 중대한 걸림돌을 폐지하는 '인권 지령'을 발표했다. 하룻밤 사이에 사상 통제가 누그러지고, 천황 비판에 씌워졌던 법률상의 금기가 깨지고, 나아가 '국체 수호'를 위해 제정되었던 법률과 법령 전체가 우르르 무너져 내렸다. 그러나 '특별고등경찰'은 여전히 활동하면서 '천황의 경찰'을 자임하고 있었다.

히가시쿠니노미야 내각은 곧 총사직했다. 그로부터 나흘 뒤(10월 8일) 맥아더는 도쿄 도내의 각 신문사에 대한 SCAP의 검열을 강화하는 한편, 천황이 히가시쿠니노미야의 후임으로 74세인 전직 외교관이자 전전戰前 온건파였던 시데하라 기주로를 지명한 데 대해 지지 의사를 밝혔다. 고이소 구니아키小磯国昭, 스즈키 간타로의 전시 내각 때부터 '온건파'의 유력 후보였던 시데하라는 국체 수호 정책을 똑같이 답습했지만 대항 정책이 아닌 좀 더 유연한 접근법을 취했다.

그 후 GHQ는 몇 주에 걸쳐 '봉건제의 유습'과 천황제를 공격하기 시작했다. 10월 10일에는 메이지 유신 이전부터 국가의 상징이었던 일장기(히노마루日の丸) 게양을 금지했다. 반면에 그보다 중요한, 1931년부터 일상적인 학교 교육에 도입된 국가 제창에는 제약을 가하지 않았다. 공식 국가(기미가요君が代)는 군주제의 영광을 칭송하는 노래다.[36]

10월 10일과 11일, GHQ는 500명에 가까운 공산주의자 정치범을 석방하고 '5대 개혁' 곧 여성 해방, 노동조합 결성 장려, 교육 · 법률 · 경제

제도 민주화를 천명했다. 이러한 목표를 공표함으로써 점령 정책은 새로운 국면에 접어들었다. 인민은 정부와 천황, 군주제를 비판할 자유를 얻었다. 각 정당이 곧 활동을 재개했다. 공산주의자들은 천황을 공공연히 비판하면서, 10년 넘게 무익한 전쟁을 끌었던 천황의 법적, 도의적 책임 문제를 추궁하기 시작했다.

GHQ가 10월 22일 발표한 교육 개혁 지령에는, 군국주의를 옹호하거나 점령 정책을 적대시하는 모든 교사를 추방한다는 내용이 들어 있었다. 이후 각계각층의 전시 지도자들은 위기에 처하게 되었다. 1945년 10월 30일 GHQ는 궁내성이 대폭 낮게 책정해 제공한 수치에 근거하여 황실의 총자산을 공표했다. 천황 히로히토의 신민은 이때 그가 160억 엔에 이르는 자산을 보유한 것을 알았다. 풍부한 삼림, 목장, 주식, 국채, 지방채 등 막대한 동산과 부동산에서 나오는 수입, 게다가 금괴와 현금을 대량 소유한 히로히토는 국가 최대의 대지주이고 가장 부유한 개인이었다.[37] 천황의 막대한 부가 쟁점이 되고 유명한 전쟁 지도자들에 대한 비판이 매일 지면을 장식하며, 공산주의자들은 '천황제' 폐지를 요구하자, 시데하라 내각과 의회 정치가들은 국체뿐만 아니라 자신들의 지위마저 유지할 수 있을지 불안해졌다.[38]

더욱이 10월에 들어서자 퇴위 문제가 일본 신문지상에 다시금 떠올랐다. 10월 12일 고노에 공은 천황이 이 문제를 의식하고 있다고 한 기자에게 전했다. 21일 고노에는 황실전범皇室典範에는 퇴위에 대한 규정이 없다고 AP통신의 러셀 브라인스Brines, Russell에게 말했다. 그로부터 나흘 뒤 『마이니치신문』은, 천황은 포츠담 선언을 수락했고 이를 이행할 의무가 있기 때문에 아마 퇴위하는 일은 없을 것이라고 보도했다. 10월에 퍼진 퇴위 소문에 궁정의 천황 옹호자들은 당황했고, 전쟁에 대한 그의 도의적, 정치적, 법적인 책임 문제는 수그러들지 않았다. 궁정 관료들은 천황이 황위에 머무를 의향임을 국민에게 전하는 한편 군주제를 약간 개혁하는 것으로 대처했다.³⁹ 이후 천황의 퇴위를 둘러싼 논쟁은 민족도덕의 재건을 바탕으로 '자립적인' 민주화—히로히토가 황위에 머무르는 한 실현 불가능한 것이었으나—를 지향하는 보수적 지식인의 행보와 엇갈리기 시작했다.⁴⁰

한편 군사기관은 차근차근 자취를 감추었다. 9월 13일, 7년 10개월에 걸쳐서 존속했던 대본영이 폐지되었다. 10월 10일에는 연합함대와 해군 총대사령부海軍総隊司令部가 정식으로 해체되었다. 그로부터 닷새 뒤 참모본부와 군령부가, 12월 1일에는 육군성과 해군성이 폐지되었다.⁴¹ 1945년 말, 히로히토가 통수해온 군대는 이제 존재하지 않게 되었다. 그러나 천황과 맥아더의 사진이 천황의 신비성을 걷어내는 구실을 한 뒤에도, 군장을 차려입은 국가 대원수로서 각인된 인상은 사람들의 뇌리에 여전히 남아 있었다.

IV

이제 천황의 측근들은 천황의 군사적 이미지를 불식하는 데 중점을 두었다. 그들은 맥아더 개인의 관용을 이용하여 미에 현에 있는 이세신궁을 천황이 '개인적으로' 참배할 수 있도록 요청했고, 즉시 허가를 얻어냈다.

히로히토는 궁정 고관들과 호기심 왕성한 연합국 언론인들을 동반하고 11월 12일 도쿄를 떠나, 사흘간 황조황종을 모신 국가신사들을 순행하러 나섰다. 표면적으로 이 순행은 순수하게 종교상의 목적에 따른 단순한 행사처럼 비쳤다. 그는 이세신궁의 내궁과 외궁을 참배한 뒤, 교토에 있는 궁에 머물며 전설상의 초대 천황인 진무 천황의 능(나라奈良에 있음)과 메이지 천황의 능(교토)을 참배했다. 순행의 숨은 목적은 패전이라는 새로운 맥락에서, 종교와 신화에 근거하여 천황제 역사의 생존력을 굳건히 다지려는 것이었다. 히로히토는 여론을 시험하고, 자신의 군사적 이미지를 떨쳐버리고자 이 기회를 이용했다. 순행은 전후 새로운 황실 의복을 선보이는 첫 기회가 되었다. 그것은 목깃을 곧게 세운, 기차의 차장 제복과 비슷한 모양이었다. 당연히 이 옷을 두 번 다시 입는 일은 없었다. 그 대신 잘 어울린다고는 할 수 없는 신사복을 입어, 완전히 일반 시민과 다를 바 없게 되었다. 천황의 복장을 철도원 제복처럼 만든 것은, 그가 퇴위하지 않고 계속 황위에 머무르기로 결심했다는 인상을 국내외에 심으려는 의도였을 것이다.[42]

그러나 신민들이 히로히토에게 보인 반응은 명쾌했다. 11월 12일 황실 전용 열차가 6분간 누마즈沼津 역에 정차했을 때, 내대신 기도는 불에 타 허허벌판이 되어버린 역 주변 지역 주민들이 "돌멩이 같은 것을 던질까봐" 걱정했다.[43] 그러나 이세에서도 교토에서도 천황은 가는 곳마다 환대를 받아, 기도는 안도했다. 설령 패전으로 황위의 신비가 손상되었다고 하더라도 신민들은 여전히 충성스러웠고, 여전히 많은 사람들이 천황을 '신성불가침'한 존재로 여겼다. 천황은 그때까지 사람들 앞에 나가는 것을 꺼려 꼭 필요할 때가 아니면 나서지 않았으나, 이때의 순행 이후에 그런 습성을 깨뜨릴 마음을 먹게 되었다. 도쿄에 돌아오고 나서 한 달 뒤, 히로히토는 부친인 다이쇼 천황의 능을 참배했다. 11월의 열차 순행과 다이쇼 천황릉 참배는 그의 전후 첫 공식 행차였다.

1945년 11월 29일 천황은 시종차장인 기노시타 미치오木下道雄에게,

황족 7명이 자신을 대신해 역대 천황릉에 참배할 예정인데 그들에게 "지난번 간사이關西 행차(곧 이세와 교토 순행)는 상하의 관계를 친밀하게 하는 데 큰 효과가 있었노라. 황족은 짐과 민중 사이에 있으니, [그러한 친밀감을 육성하는 데] 충실히 진력해야 할 것이다"라는 뜻을 전할 생각이라고 말했다.[44]

히로히토가 교토에서 돌아온 뒤, 일본인들은 모든 학교와 관공서, 재외 공관에 걸려 있는 천황의 초상 사진이 곧 사라지리라는 것을 알았다. 궁내성은 군복 차림이 아닌 새로운 사진으로 바꿔 걸 계획을 세웠는데, 그것은 결국 종래대로 천황이 국민에게 '하사' 하는 것이었다. 천황의 군복과는 달리 그의 초상을 아무렇게나 없애버릴 수는 없는 노릇이었다. 그렇게 하면 천황과 민중의 결속이 약해져버릴 것이었다.[45]

표면상으로는 천황 개인의 종교적 목적이 이유였던 열차 순행 3주 뒤, GHQ의 민간정보교육국(Civil Information and Education Section: CIE)은 신중하게 준비해온 의식 개조 운동을 개시했다. 패전과 군국주의의 해악에 관해 일본인들의 의식을 재구축하는 것이 목적이었다. CIE 기획과장인 브래들리 스미스Smith, Bradley[일본어판에서는 브래드퍼드 스미스─옮긴이]가 10회에 걸쳐 쓴 연재 기사가 일본어로 번역되어 교도통신사共同通信社를 통해 송신되었다. 「태평양전쟁사─진실 없는 군국주의 일본의 붕괴」라는 제목으로, '연합군사령부 제공' 표시를 단 기사가 진주만 공격 기념일인 1945년 12월 8일 일본 국내 모든 신문에 첫 회 머리말을 게재하면서 연재를 시작했다. 기사는 일본의 주요 전쟁 범죄를 열거하고, 일련의 전시 내각이 초래한 '가장 중대한 결과'는 '진실 은폐'라고 주장했다.

일본이 많은 전선에서 패퇴하고 그 해군이 이미 존재하지 않게 되

있는데도 그 실제 정세는 끝까지 공표되지 않았다. 최근에 천황께서 직접 말씀하신 대로 일본이 경고 없이 진주만을 공격한 것은 폐하 자신의 의지가 아니었다. 헌병은 이 정보〔천황의 진술〕가 국민에게 알려지는 것을 극력으로 막았다…….

　이제 일본국민은 이번 전쟁의 완전한 역사를 반드시 알아야 한다. 그러면 일본국민은 일본이 어째서 패했는지, 또 어떻게 해서 군국주의에 의해 비참한 지경을 겪었는지 이해할 수 있을 것이다. 그리하여 비로소 일본국민은 군국주의 행위를 거부하고 국제 평화 사회의 일원으로서 국가를 재건할 지식과 힘을 갖게 될 것이다.[46]

「태평양전쟁사」 기사는 남경에서 저질러진 갖은 만행을 포함해 '일본 군국주의가 초래한 범죄'를 강조하면서, 동시에 천황 히로히토를 중심으로 한 '온건파'의 화평 노력을 조명했다. 첫 회에서는 세월을 거슬러 올라 시데하라 수상(1931년 만주 침략 당시, 〔외무대신으로 처음에는 불확대 방침을 주장했지만 나중에─일본어판〕 관동군을 적극 옹호했던 인물)을 외무대신 재임 기간에 '평화와 국제 공조 원칙들'을 존중한 인물로 묘사했다. 그러나 한 줌의 '군벌'에 가장 큰 책임을 뒤집어씌우고 인민은 일방적으로 기만당한 희생자로 표현─천황조차 속아 넘어갔다─하여 역사 인식을 바꾸려고 했던 GHQ의 노력은 결국 일본인들이 전쟁 책임을 받아들이는 일을 어지럽혔다.

　CIE는 일본인들의 의식 개조를 위해 라디오 뉴스 프로그램을 적극 이용했다. 1945년 12월 9일부터 이듬해 2월 10일까지 NHK일본방송협회(日本放送協会: Nippon Hoso Kyokai). 일본의 공영방송─편집자 라디오는 〈진상은 이렇다真相はこうだ〉라는 제목으로 30분짜리 저녁 프로그램을 주 3회 방송했다. 「태평양전쟁사」를 바탕으로 미국인이 제작한 이 프로그램은 1930년

대 미국의 가장 유명한 뉴스 프로그램 〈시간의 흐름The March of Time〉의 일본판처럼 만들어졌다.[47] 프로그램은 아나운서의 위엄 있는 목소리로 멜로드라마처럼 시작했다.

"우리일본 국민을 배신한 사람들은 이제 백일하에 드러났습니다."
"전범 용의자인 군벌의 면면은 이미 알고 있습니다."
"그게 누구입니까?"
"누구일까?"
"그렇다면, 그렇지만, 에에, 에에, 잠깐만요." "우선 여러분 스스로 결론을 내릴 수 있게 이런저런 사실들을 알려드릴 것입니다."
(음악 소리 커지다가 곧 사라진다.)
아나운서: "연속 방송 〈진상은 이렇다〉 제1회입니다." "이 방송으로 대전大戰의 거짓 없는 사실을, 그리고 전쟁을 일으키기에 이른 경위를 아시리라 생각합니다."[48]

〈진상은 이렇다〉는 일본이 자국의 방어를 위한 전쟁이 아니라 침략전쟁을 일으켰으며, 지도자들이 국민을 기만했다는 뜻을 널리 전파했다. 전시에 친숙했던 '대동아전쟁'에 대한 선전을 정면으로 부정하면서 이 프로그램은 일본 청취자들에게 큰 충격을 주었고, 많은 사람들이 이에 격분했다. NHK에는, 프로그램에서 드러나는 징벌주의와 정체 모를 일본인 출연자들의 독단적 어조에 항의하는 편지가 수백 통 쏟아졌다.[49]

일본의 정치 지배층들은 패배로 끝난 전쟁을 침략전쟁으로 인식할 수 없었다. 그렇기 때문에 개전과 패전의 책임 소재에 대해서 논쟁을 벌이지 않을 수 없었다. 그들은 모든 책임을 군부에 돌리지는 못했다. 그들은

GHQ가 군부와 인민 사이에 너무 깊은 골을 파거나, 천황에게 영향력을 행사하게 되는 사태를 막아야 했다. 천황의 항복 방송 이후 정치 지배층은 '인자하시고 고마우신 폐하의 성심'을 강조하는 한편, 책임 문제에 대한 언급을 용의주도하게 회피함으로써 연합국의 전범 고발에 대처하려고 했다. 히가시쿠니노미야 수상은 8월 28일 열린 첫 [일본 언론을 상대로 한—일본어판] 기자회견에서 그러한 논조를 펼쳤다.

일이 여기에 이른 것은 물론 정부의 정책이 잘못되었기 때문이기도 하지만, 국민이 도의를 잃은 것도 [패전의] 한 가지 원인이다. 이제 나는 군·관·민, 국민 전체가 철저하게 반성하고 참회해야 한다고 생각하며, 전 국민 총참회가 우리나라 재건의 첫걸음이며 국내 단결의 첫걸음이라고 믿는다.**50**

그 후 히가시쿠니노미야는 9월 4일 개회한 제88차 제국의회의 시정 방침 연설에서도 같은 이야기를 되풀이했다. 종전은 천황이 주도했지만 이제는 국민의 참회가 필요한 때이며, '국체 수호'가 요구된다는 것이다. 이번 종전은 "무엇보다 인자하시고 고마우신 폐하의 성심에서 나온 것입니다. 지존至尊[천황]께서 친히 선조의 신령 앞에서 사죄해주시면서 만민을 곤궁과 고통에서 구하시고, 만세를 위해 태평을 열어주셨습니다. (박수) 신하 된 자로서, 광대무변한 폐하의 은총에 지금처럼 감격에 겨웠던 적이 없습니다. (박수) 우리는 감사의 눈물에 목이 메어 지존께 깊이 사죄의 말씀을 드릴 따름입니다" 하고 히가시쿠니노미야는 말했다.**51**
히가시쿠니노미야가 총참회와 거국일치를 호소한 사실은 복잡한 결과를 낳았다. 일본인 중에서는 곧바로 이를 받아들인 사람도 있었지만 대부분은 당혹하거나 분노했다. 경제가 피폐하고 전쟁 중 백성들에게 엄청나게 불공평한 희생이 요구되었던 기억이 생생한 상황에서, 히가시쿠니노미야의 말은 설득력이 약했다. 국가 지도자들에 대한 불신이 높아져 가던 때였다. 그리고 히가시쿠니노미야가 일본 패전의 주된 원인을 전력과 국력의 엄청난 격차에서 찾은 것은, 지도자들이 미국 · 영국과 무모한 전쟁을 벌였다는 생각이 들게끔 했다.[52]

히가시쿠니노미야가 물러난 다음, 시데하라 수상은 역사 다시 쓰기를 더욱 진전시켰다. 1945년 11월 5일 시데하라 내각은 전후 보수 정치가들의 전쟁관을 이루는 주요 골자가 되는, 전쟁 책임에 관한 문서를 채택했다. 「전쟁 책임 등에 관한 건」이란 제목의 이 문서에서는 "대동아전쟁은 일본제국이 주위 정세에 끌려 어쩔 수 없이 일으키게 된 전쟁"이라는 보수파의 믿음이 표현되었다. 이는 영 · 미에 대한 도조 내각의 기습 공격이 자기 방어책이었다는 주장과 같은 맥락이었다. 이 문서에서는 천황이 늘 평화를 사랑하는 입헌주의자였고, 진주만 공격 실행의 자세한 내용은 알지 못했다는 엄청난 거짓말을 공식 견해로 채택했다.[53]

CIE의 「태평양전쟁사」가 (미국과 일본의 싸움에만 초점을 맞추고―옮긴이) 아시아 사람들에 대한 일본의 전쟁을 경시했다면, 시데하라 내각의 이 부정직한 정책 문서는 1931년 이후 일본의 중국 침략과 1940년에 시작된 동남아시아 침략을 간단히 무시해버렸다. 11월 5일 채택된 전쟁 책임에 관한 이 문서는 패전의 원인과 결과를 역전시켜, 'ABCD 포위망'을 가지고 설명을 시작한다. 이는 진주만 공격 전의 마지막 단계에 미국, 영국, 중국, 네덜란드가 일본에 가한 군사적, 경제적 압박을 가리키는 말이었다.[54]

1945년 말, 천황의 측근과 전시 내각의 전임 각료들은 각각 독자적으로 히로히토와 '국체'를 수호하고자 움직이고 있었다. 예를 들어 『아사히신문』은 항복 과정에서 히로히토가 수행한 영웅적인 역할을 다룬 연재 기사를 실었다(1946년 1월 13일 연재 개시―일본어판). 「항복 당시의 진상降伏時の真相」이라는 제목으로 사코미즈 히사쓰네迫水久常가 집필한 이 기사는 CIE의 「태평양전쟁사」와 같은 시기에 연재되었다. 이는 천황 옹호 문제에 대해 GHQ와 일본의 '온건파' 지도자들 사이에 기본적인 합의가 되어 있었음을 반영한다.

이와 같이 GHQ와 일본의 보수 지배층은 다 같이 천황을 지키고자 하면서도, 일본의 패전에 대해서는 각각 다른 설명을 내세웠다. GHQ는 통수권자인 천황을 빼놓고 군국주의자들만을 침략자로 설정하는 데 성공했다. 일본의 보수층은 미국 쪽의 '태평양전쟁' 관념을 공공연히 부정할 수는 없었다. 그러나 그들은 적어도, 천황의 개전조서에 나온 대로 일본은 자기 방어를 위해 싸웠으며, 어쩔 수 없이 전쟁에 휘말려든 것이라는 견해가 존속되기를 바랐다. 결국 양쪽의 견해 모두 뿌리를 내리는 데 성공했다. 일본은 전쟁범죄를 스스로 따져 묻고 범죄자를 처벌하려 하지 않았고, 일본정부는 국가 간에만 배상했을 뿐 개인에 대한 책임은 전혀 지지 않았다.

V

역사 인식의 형성을 둘러싼 싸움이 전개되는 동안, GHQ는 전범 용의자 체포를 전개하여 수사 범위를 황족까지 확대하는 한편, 일본정부가 새로운 민주주의 시대의 막을 열 헌법 개정안을 제시하기를 기다렸다. 일본의 각종 여론 조사에서는 천황제 개혁에 대한 열망이 나타났다. 한 조사에 따르면 15.9퍼센트가 '전쟁 전과 같은' 제도가 존속되기를 바랐고, 45.3퍼센트는 '정치 바깥에서 도의의 중심'이 되는 천황제를, 28.4퍼센트가 '영국식 천황제'를 각각 희망했다.[55] 그러나 시데하라 내각은 '국체'를 실질적으로 변경하지 않은 채 이름뿐인 메이지 헌법 개정안을 교묘하게 준비하면서 일부러 시간을 끌었다. GHQ의 개혁 추진자들은 이러한 사태의 추이를 지켜보는 한편, 인민의 '자발적인' 조직화를 장려하는 데 희망을 두고 '천황제'로 주의를 돌렸다.

12월 15일, GHQ는 신사에 대한 국가의 지원을 중단하고, 신도와 연관된 군국주의적, 초국가주의적인 수업을 금하여 교육 제도에서 신도를 배제하는 지령을 내렸다. 이 '신도 지령'은 정교분리 원칙을 도입한 것으로, 메이지 초기부터 역대 정부가 공언해온 '제정일치'를 명실상부하게 종식시켰다. 신도 지령은 공문서에 '대동아전쟁'과 '팔굉일우' 같은 표현을 쓰는 것도 금지했다.

1946년 1월 1일, 일본의 각 신문은 정식 명칭 「국운 진흥 조서」, 일반적으로는 '인간 선언'으로 알려진, 천황이 처음으로 국민에게 내린 연두 조서의 전문을 실었다.[56] 불명료한 고어로 쓴 조서에는 평등주의적인 것처럼 보이는 메이지 천황의 「서문誓文」, 곧 "널리 회의會議를 흥하게 하여 만사를 공공의 논의로 결정해야 한다"로 시작해서 "세계에서 지식을 구하여 천황의 통치 기반을 크게 진흥해야 한다"로 끝나는 5개조가 인용되어 있었다.[57] 천황과 백성 간의 유대는 그를 '살아 있는 신(現御神: 아키쓰미카미)'으로 여기는 '가공의 관념'에 근거한 것이 아니라는 뜻을 조서의 바탕에 깐 것이었다.

조서는 우선 GHQ가 기초하고 시데하라 내각과 궁정에서 번역, 수정했다. 기초, 번역, 수정으로 이어진 과정에는 국체 수호를 꾀하는 궁정과, 군주제에 대해 이중적인 태도를 취하면서 군주제를 개혁하는 데는 간접적인 방법을 쓰는 것이 가장 좋다고 믿은 미국 쪽 정책 입안자들 사이의 상호 작용이 투영된다. 양쪽 모두 연두 조서를 이용해 히로히토의 이미지를 회복하는 작업의 새 장을 열려고 했다.

히로히토가 태양신 아마테라스오미카미의 자손임을 부정하지 않았던 것은 주목할 필요가 있다. 그는 메이지 시대 이후 군주제와 민주주의가 융합되어 있었음을 강조하고자 메이지 천황이 백성과 천지신명에 대해 서약한 5개조를 끼워 넣었다. 이렇게 해서 자신과 국민의 관계는 가공의 신성神性에 근거한 것이 아니라는 의미를 배경에 집어넣은 셈이다. 분명히 이 무렵 천황을 포함한 일본 지도층의 생각이 변하고 있었다. 그들은 천황과 국민 간의 '신애信愛와 경애敬愛'가 천황제의 기초라는 견해를 들고 나옴으로써, 이제 일본인 대부분이 믿지 않게 된 신도의 건국 신화를 명확히 부인하지 않으면서 은근슬쩍 끌어내릴 수 있었다.[58]

GHQ와 서구 언론인들은 연두 조서가 주로 정치적 연속성에 초점을 맞춘 것을 강조하지 않고, 대신 잘못된 교의를 부인했다는 점을 중시했다. 조서에 대한 서구의 언론 보도 역시, 천황이 먼저 신성을 부인해놓고, 그 신성의 근거인 신화를 부정하지 않은 채 넘어가면서 자신의 통치권이 태양신에서 유래한다는 교의에 대해서는 언급하지 않은 것은 무시했다. 히로히토가 중요한 이야기를 빼먹었는데도 『뉴욕타임스』는 사설에서, 이 조서를 발표함으로써 천황은 "일본 역사상 가장 위대한 개혁자의 한 사람"이 되었다고 했다.[59] 맥아더가 그 즉시 발표한 성명도 거리낌 없이 보도되었다. "나는 천황의 연두 성명에 대단히 만족한다. 이로써 천황은 인민의 민주화를 선도할 책임을 진다. 그는 미래를 향해 당당하게 자유주의 노선을 취한다. 그의 행동은 건전한 사상의 거부할 수 없는 힘을 나타낸다. 건전한 사상을 막을 수는 없다."**60**

맥아더가 미국 시민들에게 알리지 않고, 또 미국의 언론도 경시한 것은 천황 히로히토가 과거 메이지 시대와 전후 현재의 민주주의를 잘못 결부한 점이다. 사실상, 1912년에 사망한 메이지 천황을 1946년에 탄생하려고 하는 정치 제도의 창시자로 만들어놓은 것이다. 맥아더의 평가와 달리 진보나 해방과는 거리가 먼 '인간 선언'은 히로히토와 그 측근들의 새로운 도전이며, 천황은 성인이 된 이후 늘 그랬듯이 '인민의 민주화'를 주도하기는커녕 제한하려 했다.

히로히토가 민주주의 개념을 일본 역사에 통합시키려 한 것은, 민주주의에 대적하는 일본인들이 물고 늘어지며 민주주의를 외래 수입품이라고 주장하는 데 이용할 수 있는 과거 역사와 단절되지 않으려 한 것이니, 그 자체는 문제가 아니었다. 문제는 인간 선언과 당시 정세의 맥락에서 과거 어느 시기가 상기되었는가 하는 점이다. 좌파는 1차 세계대전 후의 '다이쇼 데모크라시'에 입각한 민주주의를 지향했다. 어떤 이들은 민주주의 개념을 13세기 불교 승려인 신란親鸞 대사와 연결 지으려고 했다. 히로히토는 이러한 급진적인 민주주의 관념을 일부러 꺾으려고 노력했다. 그리고 30년 뒤 그는 기자회견 석상에서, "민주주의를 채용한" 것은 국민에게 주권이 있기 때문이 아니라 "〔민주주의가〕 메이지 대제의 뜻이었기" 때문이라고 밝힌다.**61**

1946년 1월 1일 일본의 주요 일간지들은 1면을 조서 보도에 할애하고, 황실에 관한 특집란을 꾸몄다. 『마이니치신문』 1면 머리기사의 제목은 "신년 조서를 하사하시다", "유대는 신뢰와 경애/짐, 국민과 함께 있노라"였다.**62** 『아사히신문』은 시데하라 수상이 평이한 말로 발표한 「근화謹話」 '삼가 말한다'는 뜻인데, 일본에서는 황실에 관한 일을 공표할 때 썼다—옮긴이를 실었다.

폐하의 배려하심에 황송하여 몸 둘 바를 모르겠습니다. 조서는 서두에 메이지 원년(1868년) 3월에 작성된 5개조 「서문」을 인용했으니, 우리나라 민주주의의 발달은 이미 그 「서문」에 기초를 두었던 것입니다. 「서문」의 취지에 따라 곧 메이지 14년 국회 개설을 명하는 칙유가 내려졌고, 메이지 22년 헌법이 반포되어 의회정치로 진전한 것이 실제 순서였습니다. 이후 우리나라의 의회정치는 이 뜻에 따라 그 건전한 발달을 약속받았습니다만 불행히도 근년 반동 세력으로부터 종종 억압당해, ……굉원宏遠한 메이지 천황의 뜻이 사라지기에 이르렀습니다……. 그러나 이제 우리 국민은 과거를 새롭게 하여 새 출발할 기회를 다시금 얻었습니다. ……민주주의, 평화주의, 합리주의를 철저히 구현하는 새로운 국가를 건설하고, 이로써 천자의 마음을 평안하게 받들 것을 다짐해야 할 것입니다.[63]

총리대신은 주의 깊게 말을 골랐다. '우리나라 민주주의의 발달'이라는 표현은 암묵적이지만 효과적으로, 천황이 통치하는 일본식 민주주의를 미국식 민주주의와 대비해 보인 것이다. 이리하여 민주주의를 채택하는 것은 인민의 뜻이 아니라 '천황의 뜻'에 달린 문제가 되었다. 이렇게 해서 히로히토와 시데하라는 1945년을 일본 정치 문화의 결정적인 전환기로 만들고자 한 맥아더를 간접적으로 견제했다.[64]

그렇다 해도 이제는 일본 사람들이 자신들과 통치자의 관계를 종래와는 다르게 조명해 볼 수 있는 길이 열렸다. 연두 조서는 깊은 충격을 주면서 천황의 이미지를 쇄신하는 데 일조했다. 천황은 자신의 인간적 자질을 강조하고, 자신과 백성의 관계 밑바탕에는 항상 신뢰와 경애의 끈이 있었다고 주장함으로써 사실상 자신에 대한 '숭모'의 길을 개척했다. 흥미롭게도 『아사히신문』은 연두 조서와 수상 근화를 보도한 같은 날짜에 천황의 아우인 다카마쓰노미야와 면담한 기사를 특집으로 실어 천황의 성정을 보여주는 구체적인 일화들을 소개했는데, 여기 나온 것들이 이후 수년간에 걸쳐 새로운 천황상을 창출하는 줄기가 되었다.[65]

1946년과 1947년, '군부'와 왕좌에 빌붙어 있던 사악한 무리가 그동안 부인해왔던 것들, 곧 '인간 천황'과 그 가족의 사생활 전모를 일본인 대중에게 전하는 책과 뉴스 기사가 줄을 이었다. 이들 기사와 책은 잘 연출된 사진과 함께, 천황을 비범한 자연과학자, '현자', '위대한 인격체', 그리고 무엇보다도 '국민과 함께하는', '평화를 사랑하는 문화인'의 전형으로 그려냈다.[66]

지식인들도 새로운 '상징' 천황 만들기에 가담했다. 히로히토가 자신의 신격神格을 부정한 직후, 역사학자인 쓰다 소키치津田左右吉가 쓴 논문이 전후 새로 창간된 교양지 『세계(世界: 세카이)』의 1946년 4월호에 게재되어, 새로운 군주제를 전면적으로 옹호하는 첫 번째 움직임으로 순식간에 주목받았다. 쓰다는, 역대 천황이 민주주의와 양립해왔으며, 일본에서는 유사 이래 대체로 천황과 지배 계층이 권위와 권력을 나누어 가졌다고 논했다. 그의 견해에 따르면 일본은 역사가 시작된 때부터 국가와 국민이 융합되어 있었거나, 또는 그의 표현대로 "일본 황실은 일본 민족의 내부로부터 생겨나서 일본 민족을 통일"했다. 쓰다가 주장하는 황실-국가-국민의 융합은 패전 후 정치 지배층의 마음을 사로잡은 낭만적인 내셔널리즘의 표현이다. 요시다 시게루吉田茂도 쓰다와 같은 견해를 자서전에 썼다. "자고로 우리나라의 역사적 관념, 전통적 정신에 따르면 황실이 우리 민족의 시조이며 종가다."[67]

쓰다는 이어서, 일본을 잘못된 길로 이끈 것은 "다수의 국민"에게 그 주된 책임이 있다고 주장했다. 황실은 "시대 추세의 변화에 순응하여 그때그때의 정치 형태로 적합"했으나, 국민은 그렇지 않았다는 것이다. 국민은 "위정자에게 국가를 맡겼고, 결국 그들로 인해 국가가 궁지에 빠졌"기 때문에, 쇼와 천황을 비난할 것이 아니라 오히려 "국민이 스스로 반성하고 그 책임을 져야" 한다고 했다. 국민은 황실을 "사랑"하고 "포용"해야 하며, 사랑으로 "그것을 아름답게 하고 안태安泰하게 하여, 황실의 영구성을 굳건히" 해야 한다. "사랑하는 것이야말로 철저한 민주주의의 모습"이기 때문이라고, 쓰다는 훈계조로 논문을 맺었다.[68]

널리 읽히며 논쟁의 대상이 된 쓰다의 논문은 히가시쿠니노미야 수상이 말한, 일본의 패전에 대한 '1억 총참회론'을 상기시켰다. 천황에 대한 일방적인 사랑에 근거한 그의 논리는 독자들에게, 일본 군주제라는 낱말은 평화로운 비무장 '문화국가'와 잘 어울리는 개념이라는 생각을 불러일으켰다. 쓰다의 주장 대부분은 전후 공식적인 천황관観의 기둥이 되었다. 황실 옹호론자들은 천황을 향한 [내리사랑이 아니라—옮긴이] '치사랑'이 '우리 천황'을 구할 열쇠라는 데 대개 동조했다. 그러나 천황제 비판론자들에게 진짜 문제는, 일본인들이 "[단순히] 인간에 대한 예의 한도에서" 천황을 사랑하는 것이 어렵다고 한다면, 황실이 어느 정도까지 '인간화'할 수 있는가 하는 것이었다.[69]

전후 군주제 옹호론자와 비판론자—천황을 동정하는 사람들과 그에 반대하는 사람들—의 대립을 파악하려면 인간 선언에 대한 쓰다의 반응과, 1946년 3월 1일 창간된 좌파의 폭로 잡지로 인기가 높았던 『진상真相』의 반응을 비교 검토해야 한다. 『진상』의 「창간사」는 새롭게 등장한 천황에 대한 불경 정신을 잘 포착했다.

"백성에게 의지하되 그들에게 알리지는 마라." 이는 봉건 시대의 대정치가 도쿠가와 이에야스德川家康의 정훈政訓이다. 메이지 이후 들어선 천황정부도 그 개업 인사에 5개조 서문이라는 훌륭한 개개 조항을 주워섬겨, 자못 민주주의에 철저히 입각한 듯한 얼굴을 했다. 그러나 이후 80년 동안, 지난여름 무조건 항복했던 순간까지 이에야스의 정훈을 끝까지 고집하며 인민을 우롱해온 것이 주지의 사실이다.

「창간사」는 "이러한 봉건 정치사상에서 인민을 해방할" 필요성을 강조하면서, "예로부터 오늘날에 이르기까지 모든 허튼짓을 폭로하고" "천황제 정부의 본질"을 철저히 파헤쳐, 일본이 일으킨 전쟁이 과연 "성전"이었는지 밝히려 한다는 희망을 피력했다. "우리는 이러한 관점에 서서, 그럴듯한 억지 논리가 아니라 사실에 의해, 천황제와 자본주의 기구를 철저히 해부하여, 인민 제군에 대한 민주주의 교육에 일조하고자 한다."**70**

『진상』이 천황 숭배를 깎아내리는 데는 풍자만화가 큰 기여를 했다. 쇼와 천황을 조롱의 표적으로 삼아서는 궁정 관료와 의회정치가, 일반 시민들에게까지 웃음거리로 만든 것이다. 『진상』의 지면에서 펼쳐진, '위대한' '인간' 천황에 대한 익살은 점령기의 수많은 논쟁을 장식했다. 천황 퇴위 요구, 황위 계승자 사칭 현상〔이른바 '구마자와 천황'으로 보도된 56세의 잡화상 구마자와 히로미치熊沢寛道 등〕, 천황의 초상 사진, 천황을 '빗자루'에 빗대 풍자한 순행**71** 등이 풍잣거리로 등장했다. 폭로가 목적이었지만, 정장 코트와 신사복 차림인 '인간' 천황에 대한 좌파의 이러한 불손한 묘사가 뜻하지 않게 정부의 공식 견해, 곧 천황은 단지 정상적인 입헌군주이며 결코 중대사를 직접 결정하지 않는다는 견해에 힘을 실어준 것은 아이러니한 일이다.

VI

인간 선언이 발표된 직후, 워싱턴은 일본헌법 작성에 관한 지령을 내려 '천황 제도the Emperor institution'를 폐지하든지 '더욱 민주적인 노선'에 따라 개혁하라고 맥아더에게 촉구했다. 바야흐로 맥아더는 진주만 공격 명령에 관한 천황의 책임 문제와 함께, 천황의 모호한 입지를 명확히 정리하라는 압박을 받고 있었다. 1946년 1월 25일 그는 당시 미국 육군참모 총장 드와이트 아이젠하워Eisenhower, Dwight David 원수에게 '기밀' 전문을 보내, 자신은 천황이 총체적으로 무죄라 믿는다고 전했다. 맥아더는 전문에서, 석 달 전에 일본 '전문가'인 비서 펠러스 준장에게 받은 메모를 근거로 다음과 같이 주장했다.

> 과거 10년 동안 다양한 수준에서 일본제국의 정치적 결정에 〔천황이〕 뚜렷이 관여했음을 드러내는 명백하고 실체적인 증거는 전혀 발견되지 않았다. 가능한 한 철저하게 조사한 결과, 종전 때까지 국사에 대한 천황의 관여는 주로 행정상의 것으로, 측근들의 조언에 기계적으로 응했을 뿐이라는 분명한 인상을 받았다.

지금까지 맥아더 진영에서 천황의 전쟁범죄 혐의를 조사한 사실을 알려주는 미국 공문서는 발견되지 않았다. 그들이 조사해 찾으려 했던 것은 히로히토가 전범재판을 피할 수 있도록 지키는 방도였다. 1945년 10월 존 앤더튼Anderton, John E. 소령은 이미 맥아더에게 제출하려고 준비한 것으로 보이는 간결한 메모에, 천황을 옹호하기 위한 핵심 요소를 제시해놓았다. "일본에 대한 평화로운 점령과 재건, 혁명과 공산주의 예방이라는 이점을 위해, 기만과 협박 내지 강요가 있었던 것처럼 보이는, 개전 선언 결정과 향후 천황의 지위를 둘러싼 모든 사실이 정리"되어야 하고, "이러한 사실들이 의심할 여지 없이 확고한 방어를 구축하기에 충분하다면, 천황이 전범으로 기소되고 소추당하지 않도록 적극적인 조치가 강구"되어야 한다는 것이다.[72]

트루먼 정권에 충격을 주고자, 맥아더는 천황이 전범으로서 재판에 회부될 경우 맞닥뜨릴 무서운 결말을 예고하면서 아이젠하워에게 보내는 전보를 끝맺는다.

천황을 기소하면 틀림없이 일본인들 사이에 엄청난 혼란이 일어날 것이며, 그 영향은 아무리 크게 평가해도 지나침이 없을 것이다. 천황은 일본인 통합의 상징이다. 천황을 망가뜨리면 이 나라가 무너질 것이다. ……족히 백만 군대가 필요할 테고, 그 군대를 무기한 유지해야 할 것이다.[73]

1946년 1월 29일 맥아더는 새로 설치된 극동위원회 위원 일부를 자신의 도쿄 집무실에서 만나, 천황의 지위에 관한 질문에 답했다. 2월 1일 『마이니치신문』은 GHQ의 압력을 받아 국무대신 마쓰모토 조지松本烝治와 그 위원회(헌법문제조사위원회—일본어판)가 작성한 일본정부의 헌법 초안을 발표했다.[74] 같은 날 마쓰모토 초안의 영역문이 맥아더의 수중에 들어갔다. 천황의 지위에 아무런 변화가 없는 것을 본 맥아더는, 시데하라 내각에 민주 헌법을 작성할 능력이 없다는 정확한 판단을 내렸다. 만일 그가 극동위원회 제1차 공식 회의(2월 26일에 열릴 예정인)를 앞두고 재빨리 행동에 나서지 않았다면, 헌법 개정의 주도권은 그의 손을 떠났을 것이다. 그리고 군주제도, 일본 군주에 적의를 품은 여러 국가에 의해 위험에 처했을 것이다.

진퇴양난에 처한 맥아더는 코트니 휘트니Whitney, Courtney 장군 휘하의 GHQ민정국(Government Section: GS)에 2월 3일부터 10일까지 딱 일주일 말미를 주고, 견본이 될 새 헌법안을 작성하도록 했다. 작성자들은 일본이 다시 미국에 군사 위협을 가하는 일이 없도록 만드는 것을 목표로 작업에 착수했다. 그들은 우선 군주제 개혁에 중점을 두었다. 천황은 현실의 정치권력에서 떨어져 나와 단순히 통합의 '상징'으로 규정되었다. 천황은 단지 '상징적인' 존재가 되었으므로, 그 자신도 천황제도 두 번 다시 군국주의 부활의 도구가 될 수 없었다. 그러나 "내각의 조언과 인정에 따라" 천황이 특정한 몇 가지 "국사에 관한 행위"를 하는 것은 허용했다.

그다음, 전쟁 포기를 선언한 조항―그 유명한 제9조―이 헌법에 들어감으로써 제국군대는 사라지게 되었다.

> 일본국민은 정의와 질서를 기조로 하는 국제 평화를 성실히 희구하며, 국권 발동으로서의 전쟁과, 무력에 의한 위협이나 무력행사를, 국제 분쟁의 해결 수단으로서는 영구히 포기한다.
> 전항의 목적을 달성하고자, 육해공군과 그 밖의 전력을 보유하지 않는다. 국가 교전권은 인정하지 않는다.[75]

미국인 기초자들 덕분에 시민의 자유와 권리를 보장하는 조항이 헌법에 추가되어, 여성도 참정권을 갖게 되었다. 국정 절차도 부분적으로 새로 만들어졌다. 초안은 논리상 관료의 힘을 약하게 하는 한편 의회의 권한을 강화하고, 사법권도 강화했다. 최종 정리된 초안에서는 일본의 군주제를 인

정하면서도, 당연한 결과로 정치권력을 의회와 내각에 넘겨주었다.[76]

헌법안은 전후 역사에서 가장 미묘한 위기 상황에 양원에 제출되고 심의되었다. 일반 민중이 스스로의 열망을 실현하고자 아래로부터 움직여 올라오는 동력은 아직 미약했다. 1945년 당시 일본에는, 실제적인 공산주의 운동은 말할 것도 없이 반전 운동도 거의 존재하지 않았다.[77] 그러나 군주제의 신비성은 힘을 잃었다. 이제 많은 사람이 천황을 숭배하지 않게 되었다. 좌파의 반反천황 정서도 억압받지 않았다. 공산주의자들조차 미국인을 '해방군'으로 규정했다. 가장 중요한 것은 그때까지 철저한 군국주의자였던 사람들이 하룻밤 사이에 열렬한 '민주주의자'로 돌변하는 등 여론이 급속하게 변하고 있었다는 사실이다.[78]

그래도 공산주의자와 소수 혁신론자 등 주목할 만한 예외를 제외하고, 일본의 정치가들 대부분은 아직까지 군주제에 경외심을 갖고 있었다. 구습을 고수하는 그들의 태도는 미국인들이 제안한 헌법안의 민주주의 정신과 근본적으로 대립되었다. 보수주의자, 사회주의자, 자유주의자 등 거의 모든 정치가들의 주된 관심은 국체 수호에 쏠려 있었다. 그들의 생각에 따르면 내부의 위기 상황에서는 정치적으로 힘 있는 군주가 유용했다. 여론이 군주제 폐지를 지지하는 방향으로 기우는 것을 막기 위해서 소소한 수정은 필요할지 모른다. 천황의 권한을 일부 삭제할 수도 있다. 그러나 전부를 빼앗겨서는 안 되었다. 무엇보다 천황이 '단순한 장식물'이 되어서는 안 되었다.

이러한 중대 국면에서 히로히토는 일본사회의 근본적인 변혁을 위해 신민들이 무엇을 바라는지 알아차리지 못했다. 1946년 2월 12일 천황은 시종차장인 기노시타 미치오에게, "마쓰모토는 재임 중에 헌법 개정을 마칠 생각인가 보다. 이는 시데하라에게도 전할 생각이나, 그리 서두르지

않아도 된다. 개정 의사를 표시하는 것으로 족하다"고 말했다.[79]

2월 13일에 미국인들이 제시한 헌법안을 받아든 요시다 외상과 마쓰모토 국무상은 충격을 받았다. 그들은 메이지 헌법하의 국체 수호에 입각해, 천황이 권력과 권위를 겸비하여 군림하고 통치하는 것이 허락되지 않은 채로 천황을 대우할 수는 없을 줄 알고 있었다. 이후 수주일에 걸쳐 시데하라 내각의 관료 대부분은 이 중대한 점에 대해 생각을 바꾸었다. 진보적인 미국 쪽 헌법안에서는 적어도 황위 세습 원칙을 그대로 유지하여 황위 계승을 보장했기 때문이다. 이렇게 군주제가 위태로운 상황에서 히로히토만이 망설이고 있었다.

시데하라 내각의 후생대신으로 온건한 보수주의자이며, 헌법 개정을 담당한 중의원 특별위원회의 위원장이기도 했던 아시다 히토시芦田均의 일기에는 미국 쪽 헌법안에 대한 내각 심의 이튿째인 2월 22일, 시데하라가 그 전날 GHQ를 찾아간 일을 보고한 내용이 기록되어 있다. 이에 따르면 "맥아더는 먼저 다음과 같은 연설을 시작했다. '본인은 일본을 위해 성심성의를 다하고 있다. 천황을 배알한 이래, 어떻게든 천황을 평온무사하게 해야 한다는 것을 늘 염두에 두고 있다.' ……." 그러나 최고사령관은 이어서 워싱턴 극동위원회의 일본에 관한 "불유쾌한" 토의 내용과 자기 지위의 불확실성에 대해 경고했다. 그는 미국 쪽 헌법안에서 천황이 황위를 유지하도록 했기 때문에, 일본 쪽 안과 GHQ안 간에 "극복할 수 없는 차이가 있다고는 생각지 않는다"고 말했다. 그리고 GHQ안에서는 천황이 보호되고, 종래처럼 선조로부터 그 지위를 계승하는 것이 아니라 국민의 신뢰로 황위에 취임하는 것이기 때문에 천황의 권위가 오히려 더 높아진다고 했다.[80]

시데하라 내각의 각료들은 '상징군주제'와 국권 발동인 전쟁을 포기하는 것이 불만스러웠다. 그러나 아시다는 "국제분쟁은 무력에 의해서가 아니라 중재와 조정으로 해결해야 한다는 사상은 이미 켈로그〔-브리앙〕협정과 〔국제연맹〕규약에서 우리 정부가 수락한 정책이며, 결코 처음 듣는 것이 아니다"고 지적했다.[81] 분명히 아시다는 전쟁 포기가 일본의 본래 자위권을 침해하는 것이라고는 생각지 않았으며, 헌법 제9조에 문자로 못박은 것이 점령 종결 후 치열한 논쟁의 표적이 되리라고는 예상치 못했다. 아시다를 비롯한 내각 각료들이 우려한 것은 천황이 정치권력을 잃는 문제였다.

시데하라 내각은 맥아더와 승산 없는 논쟁을 하고 싶지 않았기 때문에, 천황의 재가가 있었다면 더 빨리 미국 쪽 헌법안을 받아들였을 것이다. 사료는 히로히토가 동의하지 않았음을 암시한다. 그가 시간을 끄는 사이, 퇴위 압력이 거세졌다. 2월 27일 열린 추밀원 회의석상에서 히로히토의 막냇동생으로 31세인 미카사노미야가 일어나 히로히토에게, 퇴위하여 일본 패전의 책임을 질 것을 완곡하게 촉구했다. 천황, 황족과 함께 이 회의에 참석한 아시다는 미카사노미야의 발언을 이렇게 기록했다.

현재 천황의 문제에 대해, 또 황족의 문제에 대해 여러 가지 논쟁이 벌어지고 있다. 지금 정부가 단호한 조치를 취하지 않으면 훗날 후회하게 될까 걱정스럽다. 과거의 생각에 지배되어 〔정부가〕 철저하지 못한 조치를 취하는 것은 극히 불행한 일이 되리라는 뜻이었다.

〔미카사노미야의 이야기를〕 듣는 사람들 모두 깊은 생각에 잠긴 얼굴이었다. 오늘 폐하의 용안은 이제껏 뵌 적 없는 창백하고 신경질적인 것이었다.[82]

게다가 같은 날 『요미우리호치』는 1면에 AP 특파원 러셀 브라인스와 히가시쿠니노미야의 회견에 근거하여 천황 '퇴위'에 관한 기사를 실었다. 기사에서는 전쟁에 대한 도의적 책임은 무시할 수 없으므로 많은 황족이 천황 퇴위에 찬성한다고 보도했다. 이는 천황이 고립되어 있었음을 넌지시 알려준다. 기사에 따르면 궁내대신과 총리대신만이 퇴위에 반대했다.[83] 히가시쿠니노미야 전 수상을 따로 만나 취재한 비슷한 기사가 3월 4일자 『뉴욕타임스』에 실렸다. 여기서는 아키히토 황태자가 성년이 되기까지 황위 계승 서열 2위인 다카마쓰노미야가 섭정을 맡을 것이라고 보도했다.[84] 히가시쿠니노미야뿐만 아니라 친아우들까지 퇴위 압력을 가하자, 맥아더 초안을 받아들이길 망설이던 히로히토가 마음을 굳힌 것이 분명하다. 1930년대 내내 군국주의자들에게 이용당했던 황실 내 형제간의 견제가 이번에는 맥아더의 헌법 개정에 호재로 작용했다.

3월 5일 시데하라는 맥아더 초안과, 천황이 헌법의 전면적 개정을 바란다는 뜻을 천명하는 칙서 초안을 가지고 천황을 배알했다. 만약 히로히토가 자신을 보호하겠다고 장담한 맥아더와 대등하지 않은 협력 관계를 유지하길 원한다면, 결단을 내려야 할 시간이었다. 기노시타가 (3월 5일—일본어판) 일기에서 말했듯이 헌법 개정을 "이렇게까지 서두르게 된 것은, 요전에(2월 27일) 나온 요미우리의 기사, 곧 히가시쿠니노미야가 외국인 기자에게 말한 퇴위 문제에 관한 건 때문이다. ……당초에는 (3월) 11일까지 마쓰모토 시안을 내면 되었으나, 그때까지 기다릴 수 없는 상황이 되었다."[85]

이틀 뒤인 3월 7일 신문지상에 일본정부의 헌법 초안 개요가 실렸다. 일본 인민은 주권이 천황의 의사가 아니라 국민의 손에 있음을, 그리고 이후 일본은 전쟁을 포기하게 된다는 것을 알았다. 3월 9일 『마이니치신문』에 자유주의적인 국제법 학자 요코타 기사부로橫田喜三郞의 견해가 실렸다. GHQ 관계자가 기초한 진보적인 헌법 초안을 본 요코타는, 전쟁 포기 조항은 이상주의적인 켈로그-브리앙 협정과 같은 의의를 가지며, 자위권의 발동이나 "국제 협력을 위한 경우"에는 병력 사용이 불가능하지 않다는 견해를 밝혔다.[86]

1946년 4월부터 8월까지 제국의회에서 헌법 심의와 수정이 이루어졌다. 아시다 위원장이 이끈, 중의원 제국헌법개정특별위원회 소위원회의 위원들이 제9조의 문구에 자위와 국제 안전보장을 위해 무력을 행사할 가능성을 열어놓았다는 요코타의 해석을 받아들였다는 증거는 없다. 당시의 여론과 마찬가지로 무력을 전면적이며 완전히 부인하는 견해가 우세했다.

히로히토가 맥아더 초안을 받아들이고 나서 8개월 뒤 일본 '신헌법'이 공포되었고, 이듬해인 1947년 5월 3일 시행되었다. 그사이 궁내성은 궁내부가 되고 직원 수도 대폭 줄였다. 화족 제도는 폐지되었다. 궁내부 예산은 국고에서 관리하게 되었으며, 황실박물관은 국가로 넘어가 국립박물관이 되었다.[87]

이리하여 메이지 시대에 만들어져 군주제를 지탱해온 제도와 관행, 권한들이 삽시간에 종말을 맞았다. 맥아더와 시데하라에게서 압력을 받은 데다 동생들과 숙부들의 퇴위 언급에 위협을 느끼고, 전범재판도 두려웠던 히로히토는 2주일 정도 저항한 끝에 물러섰다. 천황은 "이제는 어쩔 도리가 없다"고 침울하게 시데하라에게 말했다.[88] 이는 1931년 10월 남만주의 금주錦州 폭격 때나 1940년 9월 히틀러·무솔리니와 군사동맹을 맺을 때, 그리고 1941년 12월 진주만 공격을 재가할 때 등 그가 재위 중 중대한 기로에 섰을 때마다 되풀이하던 말이었다.

나중에 요시다 시게루는 맥아더 초안을 받아들이는 '성단'을 내린 것은 천황 자신이었다고 회고록에 썼다. 그 덕분에 그동안 의견이 갈렸던 시데하라 내각이 납득하고 동의했다는 것이다.[89] GHQ의 점령 역사에 관한 공식 기록에서 '일본의 신헌법' 부분을 집필한 미국인 저자도 천황이 맥아더 초안에 대한 열성 지지자였으며, 1946년 2월 22일 시데하라와 요시다, 내각서기관장인 나라하시 와타루楢橋渡 등이 배알했을 때 그 뜻을 전한 듯이 썼다.[90]

그러나 역사학자인 와타나베 오사무渡辺治는 이 미국인이 어떻게 해서 천황을 알현했다는 나라하시의 말에 의존해 이 일을 기록하게 되었는지 들추어냈다. 실제로 천황이 결정적으로 찬성을 표했다는 2월 22일의 그 배알은 없었다. 아시다 히토시의 일기에도 그런 기록이 없고, 요시다도 그날 천황을 배알한 일이 없다고 부인했다. 몇 년 뒤 A급 전범 용의자였거나 일찍이 공직에서 추방되었다가 복권된 정치인들이 신헌법을 공격할 때, 요시다는 일본의 신헌법 수용을 더욱 촉구하고자 천황의 역할에 얽힌 이야기를 스스로 만들어낸 것이다. 1950년대 중반까지〔민주당의 하토야마 이치로鳩山一郎와 제휴한〕이들 복권된 정치인들이 국회의 주류 보수파가 되어, 헌법을 전면 개정하는 데 앞장섰다. 요시다는 1차 요시다 내각1946년 5월 22일~1947년 5월 24일—위키백과의 국무대신이었던 가나모리 도쿠지로金森德次郎와 1955년 테이프로 녹음된 비공식 대담을 하던 중, 천황이 자신의 모든 정치적 역할을 빼앗은 신헌법을 열렬히 지지하지 않았음을 내비쳤다. 요시다는 1946년 3월 5일 시데하라가 배알한 일을 말하면서, 천황은 (천황의 모든 정치적 기능 상실에 관해) "그저 그걸로 됐다는 정도"로 말했을 뿐이라고 가나모리에게 말했다.[91]

이리하여 히로히토는 입헌의 순간이 도래했을 때 자신이 여태까지 본중에 가장 진보적인 개혁을 재가했다. 그의 동의에 따라 천황 자신은 '단일' 야마토 민족의 후예라는 국민의 상징이자, 국가주권의—이제는 주인이 아니라—상징이 되었다. 그는 누구보다 오랫동안 집요하게 국체에 집착하다가, 마침내 전 세계가 자신의 반대편에 있음을 느끼고는 두려운 나머지 결단을 내렸다. 그는 퇴위로 내몰릴까 봐 두려웠고, 자신이 망설이는 데 대한 논쟁이 길어지면 공화제 논의를 막을 수 없게 되어 결국은 군주제 자체가 폐지될지 모른다는 점이 무엇보다 두려웠다.**92** 이후 남은 평생 동안 그는 자신의 상징적 지위를 껄끄럽게 여기며 심리적으로 순응하지 못했다.

신헌법의 일본 쪽 최종안 제1장 제1조에서는 천황을 "일본국의 상징이며 일본국민 통합의 상징으로, 그 지위는 주권을 갖는 일본국민의 총의에 기반을 둔다"고 재정의했다. (마지막 제국의회가 된) 제90차 제국의회에서 이후에 헌법을 심의하는 동안, 의원들은 스스로를 천황의 충실한 신민으로 천명하면서 새로운 정치적 정당성의 기반을 경시했다. 그러면서 천황의 권력을 복구하려고도 하지 않았다. 쇼와 천황은 육해군과 정부 사이를 조정하고 그 협업 체제를 작동시키는 가장 중요한 임무를 다하지 못했다. 그러한 과오를 벌충할 수는 없을 터였다. 더욱 중요한 것은, 추방되지 않은 정치가들이 보수 정당조차 국가의 모든 권력을 행사할 수 없었던 전쟁 전의 권위주의 체제로 돌아가기를 바라지 않았다는 사실이다. 제9조에 관해서도, 한국전쟁으로 상황이 바뀌기 전까지는, 일본이 자위를 위해 전력을 보유할 권리가 있다고 주장하여 굳이 여론을 환기하는 정치가는 없었다.

1947년까지 점령하의 일본에서 헌법 논쟁은 실상 궁중 세력과 완고한 보수 정치인들을 중심으로 하는 국체 수호파와, 의례적 군주제와 진정한 시민사회가 이루어지기를 바라면서도 이를 스스로 실현할 만한 정치력을 갖추지는 못한 소수 개혁파 사이의 대립이었다.[93] GHQ 덕분에 개혁파는 논쟁의 양 극단을 고립시켜 승리를 거두었다. 곧 왼쪽 극단의 공산주의자와 오른쪽 극단의 완강한 국체 수호파, 그리고 메이지 헌법에 집착하여 민주주의 국가를 개념화하지 못했던 일부 전전戰前 헌법학자들이 모두 힘을 쓰지 못했다.

히로히토에게 헌법을 강의했던 시미즈 도오루淸水澄와 미노베 다쓰키치美濃部達吉 교수가 후자를 대표한다. 시미즈는 새 헌법의 내용과, 산책하는 천황에게 몰려드는 군중의 모습을 보도한 신문을 보고 낙담한 나머지 자살했다.[94] 미노베는 전쟁 전 일찍이 의회정치에 가장 자유주의적인 영향을 미친 인물이었으나, 1946년에는 신문과 잡지에 신헌법을 반대하는 논설을 발표했다. 여전히 독일의 헌법 이론에 사로잡혀 있었던 까닭에, 전후에 미노베는 주권재민주의와 다수결 원리를 완강히 반대했다. 그는 국민을 통합하고— '압제'로 전환되기 쉬운 '미국식' 실천과는 대립되는— '진정한 민주주의'를 실현하는 유일한 방법은 일본이 정치권력을 장악한 군주를 갖는 것이라고 주장했다.[95]

그래도 천황 히로히토는 황위에 머물렀다. 곧 기소를 면했고, 참회하지도 않았고, 신헌법으로 권력을 빼앗김과 동시에 보호받았다. 그 때문에 군주제는 더욱 정치적인 문제가 되었고, 옛 헌법도 히로히토의 전쟁 책임에 대한 논쟁에 계속해서 영향을 미쳤다. 메이지 헌법은 여전히 전쟁의 모든 책임을 군부에 돌리는 데 이론적 근거를 제공했기 때문이다. 이후 전시 히로히토의 행위를 옹호하는 이들과 비판하는 이들은 모두 옛 헌법의 조항에 대한 각기 다른 해석을 되풀이 이용했다. 옹호자들(물론 히로히토도 포함하여)은, 입헌군주는 정치적으로 수동적이며 그 행위에 책임을 지지 않는다는 일반적인 개념을 바탕으로 천황에게 책임 없음을 입증하는 데 옛 헌법을 이용했다. 특히 그들은 천황을 면책하고 책임 소재를 천황 보필자에게 묻는다는 제3조와 제55조를 근거로 들었다.

한편 천황 비판론자들은 입헌군주제라는 전제 자체를 부정한다. 그들은 히로히토가 전제군주에 가까웠다고 주장하며, 육해군의 편제와 상비병 규모를 결정할 권한이 있었던 유일한 군사명령 발령자이자 최고통수권자에게 따르는 책임을 강조한다. 또 전쟁 전의 '통수권 독립' 체제와 군사명령을 내리는 천황의 대권을 지적한다. 그리고 천황이 불기소되었기 때문에 모든 문제가 미결로 남았다고 결론짓는다.[96]

일본 헌법은 천황에게서 모든 정치적 권위를 박탈하고 권력기구에서 배제하는 한편, 천황과 '평화 국가' 관념을 결부했다. 따라서 군주제를 둘러싼 민간의 논의는 실제로 시작되기도 전에 막혀버렸다. 동시에 새 헌법은 천황을 절대적 가치에서 상대적 가치로, '신성불가침'한 존재에서 법 아래 있는 한 인간으로 바꾸어놓았다. 이후 일본 인민의 최고 이상과 염원, 목표를 표상하는 것은 천황이 아니라 헌법이 되었다. 그리고 천황이 헌법을 제정한 게 아니라, 국회가 천황을 규정했다. 적어도 문서상으로는, 천황은 영국의 군주가 가지는 대권도 일절 갖지 못하며, 다른 공공 기관을 비판하듯이 천황을 비판할 수도 있었다. 헌법에 따르면 실로 일본은 '입헌군주제'의 새로운 변종—대영제국에서 지금까지 존속되는 고풍스런 제도와는 매우 다른, 근대와 발맞춘 형태—을 창출해냈다.

그렇다고는 하나 헌법은 생명체와 같아서, 현존하는 관습과 선례, 신념과 어우러져 실행된다. 천황주의는 국가 정체성의 맨 밑바닥에서 계속해서 다수 일본인들의 마음을 잡고 있었다. 영향력 있는 많은 인사들이 천황과 황실의 존속, 그리고 황실이 표상하는 바를 믿었기 때문에 히로히토는 여전히 일본의 정치 전개에 영향을 미칠 수 있었다. 그의 행위에 대한 의문이나 그의 신분에 대한 비판을 막는 막강한 정서적 방어벽이 점령기와 이후 그의 남은 평생 동안 계속 존재했다.

게다가 제국의회는 1946년 황실전범을 다시 제정[이듬해인 1947년 시행—일본어판]했으나, 명칭까지 옛 규범과 같은 새 전범은 단순히 옛 전범에서 '원호元號' 제도와 대상제(大嘗祭: 다이조사이) 같은, 1947년 신헌법과 모순되는 것으로 해석될 만한 조항을 삭제해서 만든 것이었다. 제국의회에서는 천황 퇴위에 관한 조항을 집어넣으려는 시도도 있었지만 수포로 돌아갔다. 새로운 황실전범은 옛 전범과 달리 헌법과 동등한 존재가 아니었다. 그러나 황실전범이 있기에 일부 학자들이, 세습되는 황위 계승 제도를 두고 일본에는 '일본국헌법'에 앞서는 불문 헌법이 있다고 주장할 수 있다.[97]

또한 신헌법은 남은 20세기 내내 일본을 에워쌀 문제를 일으켰다. 한 가지 문제는 1946년부터 1947년에 걸쳐 일본의 정치 지배층이 갖고 있던 국가 개념과, 다수 일본인들의 희망과 염원에 따라 신헌법에 담긴 세속적 비무장 근대 시민국가 개념 사이의 크나큰 괴리였다.[98]

정치 지배층은 새 헌법을 이행할 의무가 있지만 그 헌법을 만들지 않았다. 히로히토와 마찬가지로 그들도 특히 비무장 국가 개념과 정교 분리 원칙을 포함해 헌법이 표방하는 이상주의를 신뢰하지 않았다.

또한 일본 헌법은 일본의 국가 정체성에서 상징군주제가 차지하는 위상 문제를 미결로 남겨두었다. 군주제와 민주주의라는, 본질적으로는 양립할 수 없는 원리가 어떻게 융합되었을까? 지금은 단순한 '상징'이지만 여전히 황위에 머무르면서 과거의 행위에는 결코 책임지지 않는 예전의 현인신 천황을 일본 시민들은 어떻게 이해해야 했을까? 그들은 아무런 모순이 없다고 생각할 수 있었던 것일까?

이러한 의문에 대한 대답은, 역사적인 상황이 바뀔 때마다 달라졌다. 그러나 전범재판의 피고인 명단이 작성되고 천황과 그 측근들이 방어 준비를 하고 있었던 1946년 2월과 3월 즈음 결국 기존 군주제가 재탄생을 이룩했을 때, 기노시타 시종차장은 잡지 『조류潮流』의 편집자가 청한 대담에 응했다. 일본의 민주화에 대해 히로히토가 어떻게 생각하느냐고 묻자, 기노시타는 이렇게 대답했다.[99]

문	일본의 민주화에 대해 폐하는 어떠한 생각을 가지고 계십니까?
답(기노시타)	황실 고래의 전통, 곧 민심을 천심으로 여기는 정신을 철저히 구현하는 것이 일본의 민주화라고 생각하고 계신 듯합니다.
문	민심이 곧 천심이 되려면 백성의 마음이 그대로 전달되는 정치 형태가 되어야 한다고 생각합니다만…… .
답	그렇습니다. 정치의 중심이라기보다도 국민의 정신상 중심이 되는 것이겠지요. 국민을 위한, 국민에 의한 정치가 이 나라에서 소멸되지 않도록 폐하께서 지켜주신다는 얘기겠지요.
문	형태상으로 보면 대권이 좁아질지도 모르지만 본질적으로는 전면 확대된다는 말씀이시네요.
답	그렇지요.

도쿄재판 ^{15장}

천황 히로히토는 1942년에 이미 주요 전범자를 재판에 회부하는 것이 연합국의 공식적인 전쟁 목적임을 알고 있었다.[1] 1943년 11월의 모스크바 선언이 연합국의 목적을 확인해주었다. 1945년 7월 포츠담 선언이 그것을 재확인했고, 같은 해 8월 8일 런던에서 조인된 국제군사재판소(the International Military Tribunal: IMT) 헌장에서는 연합국의 전쟁범죄 정책을 명확하게 보여주었다.[2] 8월 9일부터 10일까지 천황과 정부 지도자들이 항복을 고려하기에 이르렀을 때, 전쟁범죄 문제는 중요한 관심사였다. 1945년 9월 11일 맥아더가 전범 용의자에 대한 1차 체포·구금령을 내리자 전범 문제에 대한 관심은 더욱 깊어졌다. 천황이 총애하던 총리대신―휘하 헌병대의 잔인한 압제뿐만 아니라 불공정한 식량 배급 때문에 일본 인민들의 원성을 샀던―도조 대장도 1차 체포 대상이었다.

지배층에 이러한 위험이 닥치자 경악한 히가시쿠니노미야 내각은 9월

12일, 일본이 독자적인 전범 재판을 열어 연합국의 손에서 주도권을 빼앗아 올 것을 황급히 제의했다. 히로히토는 망설였다. 전범자가 천황의 이름으로 국내법에 따라 처벌된다면 그는 모순된 위치에서 매우 곤경에 처할 터였다. 이때까지 히가시쿠니노미야는 매일 천황을 만났지만, 이후 그가 배알하는 일은 급격히 줄었다. 어쨌든 이튿날인 13일, 시게미쓰 외상이 일본의 자주적 재판을 인정해달라고 GHQ에 요청했다. GHQ는 이를 거절했다.[3] 일본인이 주관하는 정식 전범재판은 열리지 않았으며, 도쿄재판의 판사석에 앉은 일본인 판사도 없었다. 게다가 일본군대가 일본인에게 저지른 범죄를 다룬 재판도 없었다. 궂은 일은 외국인의 손에 맡겨졌다.

맥아더는 개인적으로는 전범자를 기소하는 일이 내키지 않았다. 그는 재판을 신속하게 끝내려는 방침을 세우고, GHQ가 증거와 심리에 관해 엉성하고 불투명하게 정한 규칙 때문에 생기는 폐해에는 개의치 않았다. 필리핀에서 자신과 싸우다 패배한 일본 장군들—혼마 마사하루本間雅晴와 야마시타 도모유키山下奉文—에 대한 재판은 신속하게 이루어졌다. 휘하 부대의 만행을 방지할 수 있는 온갖 조치를 취하지 못했다는 이유로 두 장군에게 사형이 선고되자, 미국연방대법원의 두 판사는 필리핀 미군군사위원회의 재판 절차와 위원회에 만연한 보복주의를 날카롭게 비판했다. 이에 맥아더는 노골적으로 화내며 쏘아붙였다. "이러한 공정한 방법에 반대하는 이들은…… 소수일 뿐이다. ……어떠한 [특정한] 형태로도 궤변이 재판을 제약할 수는 없다. 문제는 질이다. 재판의 청정함은 세부 사항이 아니라 그 목적에 있다. 전쟁의 규칙과 군법은…… 언제나 도덕적으로 엄격한 제한을 받는 한도 내에서, 정의를 실현하는 데 충분히 융통성을 발휘해왔다."[4]

두 사람에 대한 사형 선고를 확정하고, 맥아더는 나중에 이렇게 썼다.

"이러한 종류의 나머지 미국 관계 사건들은 도쿄의 국제법정에서 처리되었다." 그에게는 미군군사위원회와 국제전범법정 사이에 차이점이 별로 없었던 것처럼 보인다.[5]

I

펠러스 준장은 CIA의 전신인 전략정보국(the Office of Strategic Services: OSS)에서 1년 동안 근무한 뒤 1943년 후반, 맥아더가 이끄는 오스트레일리아의 남서태평양육군사령부에 배속되었다. (맥아더와 같은 비행기로) 일본에 도착한 펠러스는 곧바로 히로히토를 보호하는 일에 뛰어들었다. 펠러스의 최대 목표는 자신이 전시에 활용해온 선전 작전의 효과를 확인하고, 동시에 히로히토가 법정에 서는 일이 없도록 막는 것이었다.

펠러스는 일본인 전쟁 지도자 약 40명을 개인적으로 신문했다. 이중 여러 명이 나중에 핵심 A급 전범으로 고발되었다. 신문은 주로 도쿄의 스가모巢鴨 구치소에서 1945년 9월 22일부터 1946년 3월 6일까지 5개월 넘게, 통역 두 명을 두고 이루어졌다. 펠러스의 활동은 주요 전범 용의자들 모두가 GHQ의 특별한 관심사에 촉각을 곤두세우게 했고, 그들은 천황이 기소를 면하도록 협심하여 각본을 짜게 되었다.[6] 검찰관들이 이들을 재판할 때 사용할 증거를 수집하고 있을 때, 펠러스는 무심결에 용의자들을 도운 셈이었다. 검찰관들은 곧 기소된 전쟁 지도자들이 하나같이 사실상 똑같은 내용을 진술하는 것을 알았다. 곧 천황이 전쟁을 끝내려고 몸소 영단을 내리셨다는 것이다. 이러한 이야기야말로 (검찰관들은 몰랐으나) 대일 선전 활동의 효과를 실증해 보이려는 펠러스의 목적과 일치했다.

미국전략폭격조사단(the U.S. Strategic Bombing Survey: USSBS) 소속 문관과 군인들이 1945년 9월 말부터 12월까지 실시한 면담 조사도 일본의 전쟁 지도자들이 히로히토를 지키는 데 도움이 되었다. 조사 목적은 미군의 공습이 일본의 항복 결정에 미친 효과, 특히 원자폭탄의 영향을 평가하려는 것이었다. 또한 USSBS의 사람들은 전시 일본 정치 체제의 작용도 파악하려고 했다. 말할 것도 없이 기도 내대신을 비롯하여 고노에, 요나이, 스즈키 간타로 등 역대 총리대신들, 스즈키의 비서였던 사코미즈 히사쓰네와 기도의 비서였던 마쓰다이라 야스마사, 다카기 소키치 해군소장 등 일본의 최고위층 정치 · 군사 지도자들은 조사에 응하는 것을 국체 수호의 방편으로 보았다. 그들은 질의응답에 너무나 열심히 협조하면서 항복 과정에 관한 증거의 주된 출처가 되었고, 자신들에 관한 조사를 이용해 종전 때 히로히토의 역할에 관한 미국의 공식 견해에 영향을 미칠 수 있었다.[7]

펠러스는 용의자에 대한 개인적인 신문을 마친 날, 제일생명 빌딩의 자기 집무실로 요나이 미쓰마사 대장을 불러냈다. 요나이는 최근까지 히가시쿠니노미야 내각의 해군대신을 맡았고, 맥아더와 만난 적도 있었다.[8] 1946년 3월 6일 요나이와 통역 미조타 슈이치溝田主一는 펠러스의 집무실로 가서 연합국 중 몇 개 국가, 특히 소련이 천황을 전범으로 처벌하길 바란다는 사실을 전해 들었다.

이에 대한 대책으로는 천황이 아무런 죄가 없음을 일본 쪽에서 입증해주는 것이 가장 좋다. 이를 위해서는 곧 개시될 재판이 최선의 기회라고 생각한다. 특히 그 재판에서 도조가 전 책임을 지도록 하는 것이다.

즉시 도조에게 이 말을 전해주었으면 한다.

"개전 전의 어전회의에서 설령 폐하가 대미전쟁에 반대하시더라도 도조 자신은 이미 전쟁을 강행할 결심을 하고 있었다"고.[9]

펠러스의 부탁에 요나이 대장은 선뜻 동의했다. 폐하를 무죄로 만드는 데 가장 좋은 방법은 도조와 시마다 시게타로嶋田繁太郎에게 모든 책임을 떠넘기는 것이었다. "그리하여 시마다에 관해서는 [시마다 자신이—옮긴이] 모든 책임을 질 각오가 서 있을 것을 나는 확신한다."[10]

요나이에게는 시마다 대장이 이렇게 처신할 것으로 확신할 만한 이유가 있었다. 시데하라 내각은 천황의 면책을 위해 독자적인 정책을 실행했고, 요코하마 종전연락사무국장인 스즈키 다다카쓰鈴木九萬를 통해 이미 개전 책임을 떠맡는 데 대한 시마다의 동의를 얻어냈다. 도조에게서는 아직 명확한 약속을 얻어내지 못했다.

2주일 뒤 미조타는 3월 22일 펠러스와 두 번째 만난 일을 기록했다.

이야기의 내용은 요나이 대장에게 한 것과 거의 같지만, 미국 내 비非미국식 사상의 주창자로 가장 유력한 것은 번스 국무장관의 최고고문인 COHEN(유대인이며 공산주의자) 벤저민 코언(Cohen, Benjamin Victor: 1894~1983)—편집자이다. 내가 지난날 요나이 대장에게 그런 일을 말한 것은, 그때도 말했지만 나는 천황 숭배자가 아니므로 천황제가 어찌 되든 전혀 상관없지만 MC[맥아더—옮긴이]의 협력자로서 점령 수행을 원활하게 돕고 있는 천황이 재판에 출두하는 것은 본국에서 MC의 입장을 대단히 불리하게 만든다. 이것이 내가 부탁하는 이유다.

궁내성 데라사키 씨에게 Feller[일본어판 원문대로. 펠러스를 가리킨다—옮긴이]가 한 말

"지난날 요나이 대장에게 말해둔 것은 이미 도조에게 전했습니까." **11**

펠러스의 노골적인 반유대주의(프랭클린 루스벨트 대통령과 뉴딜 정책, 그리고 모든 자유주의자에 대해서 그와 맥아더가 품었던 혐오와 같은)와, 그와 맥아더가 일본의 지도자들에게 전한 편협한 신념은 새 헌법안에 반영되지 않았으며, '상징' 군주제로 전환하는 데에도 아무런 영향을 미치지 않았다.**12** 그러나 히로히토를 전범재판에서 지키기 위해 맥아더가 강구한 진정 이례적인 조치는 패전에 대한 일본인들의 인식에 오랫동안 심대하게 왜곡된 영향을 미쳤다.

도쿄재판이 열리기 몇 달 전, 맥아더 휘하의 고급장교들은 진주만 공격에 대한 최종 책임을 도조 히데키 대장에게 떠넘기려고 공작하고 있었다. 도조의 군 동료들도 같은 일을 하고 있었다. 이보다 앞선 9월, 체포가 임박했다는 말을 전해 들은 도조는 자살을 기도했다. 그가 회복될 즈음 예전의 부하들은 천황을 지키기 위해 살아남아야 한다고 다시금 도조에게 말했다. 도조는 이를 납득하고, 패전의 모든 책임을 짐으로써 치욕을 씻고자 했다. 히로히토가 죄를 면하든지 얽혀들든지 간에 도조의 증언이 결정적으로 작용할 테니, 그것을 운에 맡겨둘 수는 없었다.

천황의 전쟁 책임을 둘러싼 도조의 증언 문제에 가장 먼저 맞닥뜨린 사람은 코트니 휘트니 소장이 틀림없다. 한때 도조의 변호사였던 시오바라 도키사부로塩原時三郎〔기무라 헤이타로大村兵太郎 피고인의 변호인─일본어판)에 따르면, 도조가 공판 전 진술서 작성에 들어가기 전의 어느 날(아마 요나이와 통역이 펠러스와 만나기 전), 맥아더와 트루먼 대통령은 "천황이 책임을 지지 않도록 하여 국체를 지키기를 바란다"고 휘트니가 요나이에게 말했다. 그러나 그렇게 하는 데 대해 미국 국내에서 '상당한 반대론'이 있었다. 도조는 미국인 조사관의 신문에 대답하기에 따라 천황 반대파를 고무할 수도, 그러지 못하게 막을 수도 있었다.[13] 휘트니의 말에는 평화 달성의 수단으로 도쿄재판을 이용하려는 최고사령관의 의중과, 미국 국내에서 점령 정책 수행에 간섭해 들어올까 봐 신경을 곤두세운 최고사령관의 태도가 반영되어 있었다.

요나이는 시오바라 변호사에게 휘트니와 나눈 대화 내용을 전달했다. 시오바라는 도조를 도와, 미국 내 여론을 고려하여 변호할 것을 명심하겠다고 약속했다. 그리하여 도조는 1941년 천황이 한 역할에 관한 일본정부의 공식 견해에 따라 진술서를 작성하고 법정 증언을 했다. 요컨대, 천황의 권한을 위임받은 보필자들이 그 당시 결정에 책임을 져야 하고, '다른 선택의 여지가 없다고 국가 최고 기관이 결정했기 때문에' 천황은 개전을 재가할 수밖에 없었다는 것이다.

몇 년 뒤 도조의 변호인은 당시 휘트니와 요나이, 수석검찰관까지 맥아더가 바라는 증언을 하도록 도조에게 압력을 넣었으며, 히로히토가 히가시쿠니노미야에게 전화를 걸어 진행 상황을 확인했다고 밝혔다.[14]

Ⅱ

11개국의 재판관과 검찰관으로 구성될 극동국제군사재판소(International Military Tribunal for the Far East: IMTFE)와 국제검찰국(International Prosecution Section: IPS)을 설치하고자 미국인 수석검찰관 조지프 키넌Keenan, Joseph Berry과 직원들이 1945년 12월 6일과 7일 도쿄에 모였을 때, 그들은 곤란

한 상황에 맞닥뜨렸다. GHQ는 이제 겨우 전쟁범죄에 관련이 있을 만한 공식 기밀문서들을 확보하도록 일본정부에 명령하려던 차였다. 점령 정책은 일본정부를 통해 간접적으로 실행되기 때문에, IPS 직원은 1946년 1월 3일까지 정부 조직의 관련 문서를 조사할 수 없었다.[15]

키넌이 알게 된 더 중요한 사실은, 국제법정의 헌장 초안을 작성하고 통합 검찰 기관IPS을 설치하는 일에 관해 맥아더가 9월 12일 워싱턴이 보낸 정책문서와, 그에 근거하여 10월 6일 합동참모본부Joint Chiefs가 내린 지령이었다. 〔국무·육군·해군 3성 조정위원회SWNCC가 입안한—일본어판〕 이 정책문서 「SWNCC 57/3」은 IPS가 할 수 있는 일을 제한하고, 부과해야 할 모든 형벌에 대한 "승인, 감형, 또는 …… 변경할 권한"을 맥아더 한 사람에게 부여했다. 마지막 제17항에서는 워싱턴의 명확한 지시 없이 "천황을 전범 취급하는 어떠한 조치도 강구해서는 안 된다"고 하면서, 기소 가능성은 열어두도록 했다. 최고사령관은 워싱턴의 명령을 받으면서, 동시에 국제사회의 공복公僕으로서, 항복 문서에 서명하고 재판관과 검찰관 파견을 요청받는 연합국의 대표로 행동해야 했다. 맥아더의 이중적 역할과 그의 행동 방식은 재판을 더 복잡하게 만들었다. 그것은 법정이 지니는 권위의 본질을 흐려, 도쿄재판은 사실상 미국의 재판이라는 변호인 쪽의 비판을 피할 수 없게 되었다.[16]

1946년 초 궁내성 자산이 동결되고 인원이 감축되면서, 활용할 수 있는 정보의 원천도 줄어들었다. 히로히토와 측근들은 다가올 전범재판에 효율적으로 대처하기 위해 새로운 정보원情報源을 찾아야 했다. 따라서 마쓰다이라 야스마사는 항복 후 제1복원성復員省 법무국에서 일을 이어온 옛 육군성 비밀 연구 집단의 전문 지식에 의존했다. 이 연구단을 이끄는 마쓰타니 세이松谷誠 대령은 전시의 계획 입안에 관계하면서 스기야마, 아나미 두 육군상과 스즈키 수상의 비서관을 역임한 인물이었다. 그는 기도의 비서를 통해, 패전을 피할 수 없게 되었으니 전쟁을 끝내야 한다고 천황에게 탄원하려고 했으나 실패한 바 있었다. 지금 마쓰타니와 그 집단은 전범재판이라는 시련을 맞아, 타격을 줄이는 방안을 모색하고 있었다.

그들의 활동은 1946년 1월 4, 5, 6일 잇따라 열린 비밀 연구 모임으로 시작되었는데, 이 모임에는 각 사립대학과 제국대학, 도쿄은행, 외무성, 대장성, 상공성의 엘리트들과 천황의 대리인인 마쓰다이라도 참석했다. 마르크스주의 역사학자인 히라노 요시타로平野義太郎와 정치학자 야베 데이지矢部貞治도 참석하여 모임의 객관성에 크게 기여했다. 히라노는 마르크스주의자였으면서도 대동아전쟁을 강력하게 지지했으며, 야베는 일본식 파시즘을 오랫동안 옹호해왔다. 모임에서는 점령군 치하에서 2년여 만에 일본의 정치, 경제, 사상이 꾸준히 좋은 방향으로 발전할 것이라고 결론지었다. 소련이 사상적 혼란을 조장하는 탓에 군주제에 대한 논쟁은 서서히 가중될 것으로 보았다.

최종 보고서에서 그들은, 전 지역에 '협동민주주의'를 퍼뜨릴 필요성과 동시에 그것을 통제할 필요성을 강조했다. 거기에는 천황이 '구심력'이자 '상징'—다시 말해 일본사회의 전통적인 비합리성으로 용인되는 범주—으로서 존재하는 한 민중의 의식에 떠오르는 어떠한 현실적 혁명도 회피할 수 있다는 가정이 깔려 있었다. 전범재판은 '정치 쇼'인 만큼 무대 뒤의 거래가 가장 효과적이다. 재판관, 검찰관과 변호인 양쪽의 법률가들과도 친교를 쌓아야 한다. 변호 방침은 군부의 단독 책임을 강조하고, 천황에게 책임을 물을 만한 어떤 꼬투리도 허용하지 않는 것이다. 재판은 국가를 보호하고 변호하기 위해 이용되어야 하며, 피고인 개인의 변

호는 부차적인 문제로 여겨졌다.[17]

그러나 천황과 측근들은 히로히토 본인이 증인이나 피고인 신분으로 신문도 받지 않고 끝날지 확신할 수 없었다. 이에 1946년 3월, 측근 다섯 명이 천황의 변호 준비를 돕게 되었다. 당시 일본의 신문지상에서는 주로 대미·영전으로 전쟁을 확대한 책임에 초점을 맞추어 기소가 이루어질 것이라는 추측이 무성했다. 히로히토와 측근들도 중일전쟁 때의 역할보다 대미·영전 개전에 대한 변명이 필요하다고 생각했다. 새로이 궁정과 GHQ의 연락 담당관으로 임명된 데라사키 히데나리寺崎英成를 통해 맥아더 사령부가 답변을 요청한 질문들이 전달되었다. 데라사키의 미국인 아내는 펠러스 준장의 친척인데, 전시에도 일본에서 살았다. 천황의 측근들은 미국 쪽의 의문 사항을 천황에게 제시하고 그의 답변을 받아 적었다.

천황의 구술 답변을 듣는 자리가 다섯 차례에 걸쳐 8시간 넘게 이어졌다. 그 후 데라사키는, 궁내성 내기부장内記部長인 이나다 슈이치稲田周一가 주로 선별 정리한 메모를 바탕으로 작성된 기나긴 속기록의 일부를 연필로 적어두었다. 데라사키의 기록은 도쿄재판이 개정되고 거의 한 달이 지난 뒤인 6월 1일자로 되어 있다. 이나다도 선별 정리 전의 방대한 구술 필기 작업─처음에는 「쇼와의 비사 회고록昭和の秘史御回顧録」이라는 제목이 붙었다─을 6월 말까지 계속했다. 데라사키는 관여하지 않았고 아마 보지도 못했을 이 기록은 나중에 「성담배청록聖談拝聴録」으로 제목이 바뀌었다.

애초에 이 '독백록'의 정치적 의도는 첫째 도쿄재판에서 히로히토를 지키고, 둘째 일본의 전쟁범죄에 관련되어 실제로 법정에 설 사람들에 대해 미국이 이용할 수 있는 정보를 정리하려는 것이었다. 히로히토는 이러한 목적에 동의했다. 천황은 자신의 견해가 총사령부에 정확하게 전달되기를 바랐지만, 한편으로 자신의 죄를 떠맡게 된 도조 히데키 대장을 보호하고 싶어했다.

3월 18일 처음 구술하는 자리에서 히로히토는 태평양전쟁의 배경에 인종적인 긴장이 있었다는 데 주의를 일깨웠다. "1차 세계대전 후 열린 강화회의에서 우리나라 대표가 주장한 인종 평등에 관한 일본국민의 호소를 열강들이 받아들이지 않고, 황백 차별주의는 세계 각지에 잔존하여, 캘리포니아의 이민 거부나 오스트레일리아의 백호주의 같은 것은, …… 일본국민을 분개하게 만들기에 충분한 것이었다"는 이야기로 시작했다.[18] 히로히토는 미국의 아시아 정책 근저에 있다고 생각하는 백인우월주의 원리를 비판하는 것처럼 보였다. 물론, 그는 베르사유에서 일본 대표가 실제로 무엇을 주장했는지는 무시했다. 당시 일본 대표가 주장한 것은 전 세계 유색 인종에 대한 것이 아니라 오직 일본인만을 위한 인종 평등이었다.

그리고 나서 천황은 측근들이 재판에서 거론될 것이라고 예상한 일곱 가지 문제에 대해 자세히 말했다. 천황은 패전 전에 자신과 정부가 일본인민에게 고의로 잘못된 정보를 전달한 사건에 대한 이야기부터 시작했다. 곧 만주의 관동군 장교들이 저지른 장작림 암살과 다나카 기이치 내각(1927~1929년)의 총사직에 관한 이야기였다. 그다음에 1930년 런던해군 군축회의, 1931년 만주사변과 이듬해 1932년 상해사변에 대해서 말했다. 그리고 1936년 2·26사건, '육해군 대신을 현역 장교에 한해 임명하기로 한 결정', '중국에 대한 평화 협상과 삼국동맹'에 대해 말했다.[19]

두 번째 자리에서 데라사키는 참석자 전원에게, 맥아더 원수가 1월에 천황의 전쟁범죄 혐의를 씻어낼 비밀 전문을 워싱턴에 보냈다고 전했다. 천황은 아마 기소되지 않겠지만 증인으로 불려 나갈 가능성이 아직 남아 있었다. 그 때문에 도쿄재판에 대한 대책을 마련하는 일은 지속되어야 했다. 그날(3월 20일) 히로히토는 아베, 요나이 두 내각의 실각 원인과 삼국동 맹, 7월 2일과 9월 6일에 열린 어전회의, 도조에 관한 문제들, 진주만 공격 계획까지 측근들이 제기한 일곱 가지 질문에 답했다.[20]

이틀 뒤 열린 세 번째 자리에서 히로히토는 도조 내각의 성립과 도조의 개전 방지 노력, 개전조서, 그리고 육군과 해군의 불화 등에 대해서 자세하게 설명했다.[21] 그는 도조가 "남을 잘 헤아리는" 인물이라며 칭찬을 퍼붓고, "그가 압제자인 양 세간에 평가된 것은 본인이 너무나 많은 관직을 겸임하여 지나치게 바쁜 나머지 그의 마음이 아랫사람에게 전달되지 않았기 때문이며, 또 헌병을 너무 과용했기 때문이다"고 말했다. 또한 히로히토는 자신이 도조의 해임을 반대했다고 인정했다. 도조가 "이전부터 대동아 각지의 사람들과 접촉해왔기 때문에, 그를 무시하고 내각을 경질하면 대동아의 인심 수습이 어려워진다고 생각"했기 때문이라고 했다.[22] 네 번째, 다섯 번째 자리는 4월 8일에 열려, 오전부터 오후까지 측근 5명이 히로히토의 회고를 들었다. 4월 9일에도 여섯 번째 자리가 열렸으나 그 내용은 「독백록」에 들어 있지 않다.

이 무렵까지 히로히토는 도쿄재판 개정 전에 맥아더 원수와 다시 만나려고 준비하고 있었다. 4월 23일로 예정일을 잡고, 데라사키가 통역을 맡기로 했다. 그러나 22일 시데하라 내각이 갑작스레 총사직했기 때문에 데라사키는 펠러스에게 회담 연기를 요청할 수밖에 없었다. 이날의 만남이 취소되는 바람에 히로히토는 재판에 앞서 맥아더와 만나, 자신이 20년을 통치하는 동안 목적했던 것들을 직접 설명할 기회를 잃고 말았다. 이런 상황에서 〔NHK 다큐멘터리 작가인 히가시노 신東野真이 저서 『쇼와 천황 두 개의 「독백록」昭和天皇二つの「独白録」』에서 추측했듯이〕, 데라사키는 천황의 구술 기록에서 중요한 부분을 영어로 번역한 요약문(날짜와 표제는 없다)을 펠러스에게 제공

했다. 데라사키는 천황과 맥아더 원수의 회담을 통역할 때 이 자료를 참조할 생각이었다. 펠러스는 바로 이런 정보를 맥아더에게 전달할 개인적인 의무가 있었기 때문에, "영역한「독백록」을 맥아더가 읽었을 가능성은 대단히 높다."**23** 맥아더나 다른 미국인 관계자의 문서 속에서 아직 발견되지는 않았지만, 데라사키가「독백록」을 더 길고 자세하게 옮겼을지도 모르고 그것까지 맥아더가 읽었을지 모른다.

장문인 일본어 기록을 보면 천황은 서른 가지 주제를 이야기했다. 요약된 영역문에는 열 가지만 나오는데, 중일전쟁에서 그가 수행한 역할을 완전히 생략하여 천황이 무력했음을 강조했다. 분명히 이들 두 문서의 작성의도는 히로히토가 개전을 막을 수 없었다는 주장을 제시하고, 어째서 내각이 기능하지 않는 경우에만 그가 자주적으로 행동할 수 있는지 설명하는 데 있었다.

III

일본의 대중이 새 헌법안에 대해 알기 시작한 1946년 2월부터 3월 사이에도 IPS의 활동은 계속되었다. IPS의 집행위원회는 극동국제군사재판소를 구성하는 각 나라에서 파견된 '참여 검찰관'을 중심으로 조직되었다. 키넌 수석검찰관이 수장을 맡고 경험이 풍부한 법무관 직원들이 보좌하는 가운데, IPS는 용의자를 신문하고 '평화에 대한 죄crimes against peace'로 기소할 용의자들을 선정하는 작업에 집중했다. 미국의 검찰진이 작성한 A급 전범 용의자 명단에는 30명이 들어 있었으나 영국 쪽 명단에는 11명밖에 오르지 않았다. 천황은 양쪽 명단에 모두 들지 않았다. 그러나 오스트레일리아가 제시한, 기소 가능한 '100인의 잠정 명단'에는 '평화에 대한 죄와 인도人道에 반한 죄crimes against humanity' 용의자로 히로히토가 들어 있었다. 오스트레일리아는 천황에 대한 혐의를 뒷받침하는 상세한 보고서를 제출했다. 이 보고서에서는 "어느 때에도" 히로히토가 침략적 군사 행위에 대해서 "강요를 받아 승낙 문서를 작성"한 적이 없다고 강조하면서, 웅변하듯 질문을 던졌다. "자신이 옳다고 생각하지 않는 것을 승낙했기 때문에 그의 범죄가 한층 더 무거운 것이 아닐까?"**24**

집행위원회는 피고인 수를 28명으로 압축했다. 만주사변 입안자였던 이시하라 간지도 제외되었다. 이시하라는 기소 준비 단계에서 면담 조사도 받지 않았다. 이시하라가 피고인 명단에서 제외된 것은, 그가 도조와 대립하여 도조 정권 타도를 꾀한 사실에 키넌이 좋은 인상을 받았기 때문일 것이다. 아니면 미국에서 그렇듯이 중간 관료층은 결코 침략을 주도할 수 없다는 미국 검찰진의 잘못된 통념이 반영된 것일지도 모른다.**25**

결국 26명만이 기소되었다. 그 안에 군국주의와 인종적 광신을 앞장서 부추긴 사업가, 대학의 지식인, 불교 승려, 판사, 언론인 들은 포함되지 않았다. 4월 13일 소련 대표단은 뒤늦게 일본에 도착해 전시 경제 체제를 주도한 사업가 세 명을 피고인 명단에 추가하려고 했으나, 결국 우메즈 요시지로 대장과 외교관 시게미쓰 마모루만 추가할 수 있었다. 한편 재판이 종결되기 전에 마쓰오카 요스케 전 외상과 나가노 오사미 전 해군군령부 총장이 사망했다. 또한 피고인 한 명—오오카와 슈메이大川周明—이 정신장애 진단을 받았다〔그 결과 심리에서 제외되었다—일본어판〕.

도쿄재판의 피고인 선정 과정과 이후 재판 자체의 심각한 왜곡은 아시아 태평양 지역을 장악한 미국의 압도적인 군사·경제 지배력, 그리고 맥아더의 과도한 권력에서 비롯되었다. 그러나 무엇보다, 모든 연합국 정부가 국제법을 현실 정치에 종속시킨 데서 오류가 생겨난 것이다. 각 나라 정부는 자국의 이익을 최우선으로 생각하고, 법과 도덕은 부차적인 것으로 밀어두기 일쑤였다. 같은 맥락에서, 히로히토와 측근들도 법적 드라마가 전개되는 배후에서 암암리에 움직였다.

이리하여 소련 대표단은 스탈린의 지시대로, 지휘권자의 방침에 따르면서 미국이 주장하는 경우에 한해 히로히토를 기소하라는 요구를 하기로 했다. 아시아에서 재판에 참여한 나라는 중국, 필리핀, 인도 3개국뿐이었는데, 이들 국가의 대표들도 되도록 미국의 정책과 마찰을 빚지 않으면서 독자적인 수사 노선을 추진하려고 했다.

일본의 침략으로 중국보다 더 큰 피해를 입은 나라는 없었다. 그리고 장개석만큼 일본의 군주제와 군국주의의 밀접한 관계를 잘 이해하는 연합국 전쟁 지도자도 없었다. 그러나 장개석도 천황의 존재가 공산주의 확산을 억제한다고 판단하여 히로히토를 기소하지 않기로 했다. 10개 도시에 군사법정을 설치하고 일본인 883명을 전범 혐의로 기소하면서도, 장개석은 도쿄재판에 우선순위를 두지 않았다. 공산당에 대한 싸움이 재개되려는 참이었다. 장개석은 미국의 재정 원조와 군사 지원이 필요했고, 공산당과 싸울 때 이용할 수 있도록 일본 군인들이 항복 후에도 중국에 머물도록 설득할 생각이었다.

장개석이 도쿄에 파견한 법무단이 소규모였던 것도 그가 무엇을 더 우선시했는지 반영한다. 국민정부는 재판관[매여오(梅汝璈: 메이루아오)] 한 명, 검찰관[향철준(向哲濬: 샹저준)] 한 명과 비서 두 명만을 파견했다. 나중에 더 많은 인원을 파견하여 전쟁범죄에 관한 증거를 수집하기도 했으나, 재판의 주도권을 쥐기에 충분한 인원은 아니었다. 1946년 여름 중국 관련 전쟁범죄를 입증할 때 일본인의 범죄 혐의 수사를 주도한 것은 미국 검찰진이었고, 향 검찰관은 그들을 보조했을 뿐이다. 그러나 한편으로 향 검찰관은 남경대학살과, 중국의 많은 도시에서 벌어진 비전투원 살해 사건들을 열심히 파헤쳤다. 그는 당시 '인도에 반한 범죄'로 다루어지지 않았던 강간죄에 대해서도 증거를 제출했다.

1938년 10월에 국민참정회 중국에서 2차 국공 합작 때 설치되었던 일종의 '의회'-편집자의 의결에 따라 설치된 '항일전쟁공사손실조사위원회抗日戰爭公私損失調査委員會'는 중국인 전쟁 피해자에 관한 방대한 정보를 수집했다. 그러나 중국 국민당정부는 남경 사건과 관련된 것 외의 유효한 증거와 증인을 IPS의 수사관들에게 넘겨주는 일에 소홀했다. 중국은 일본이 저지른 민간인 강제 징용과 화북에서 자행되었던, '모조리 태우고, 모조리 죽이고, 모조리 빼앗는다'는 '삼광三光 작전', 그리고 독가스 사용에 대해서도 추궁하지 않았다. 이러한 '인도에 반한 범죄'(독가스는 별개로 하고)는 대개 중국 공산당의 근거지에서 일어났기 때문에 장개석은 별 관심을 기울이지 않았다.[26] 이로써 장개석 군대의 참모총장〔육군총사령 겸임-일본어판〕인 하응흠(何應欽: 허잉친) 장군이 왜 북지나 방면군의 박멸 작전을 입안한 오카무라 야스지岡村寧次 대장과 그 부하 장교들을 "남경 인근에서…… 패전한 적이 아니라 귀빈처럼 예우"했는지 설명이 될 것이다.[27] 1948년 7월 남경의 군사법정이 전범 혐의로 오카무라를 기소했을 때, 장개석은 그를 보호했다. 우선 오카무라를 가석방하고 상해의 병원으로 보내 폐결핵을 치료하도록 했으며, 일본으로 무사 송환할 것을 허용했다.[28] 1년 후 GHQ의 묵인하에, 국민정부군의 지휘부는 도쿄의 주일 대표단을 통해 일본의 고급장교들을 상대로 대만에서 군대 재건을 지원할 군사고문단을 모집하면서, 은밀히 오카무라의 부하들을 고문단에 집어넣었다.

필리핀은 전쟁 기간에 100만 명이 넘는 비전투원을 잃는 등 막대한 피해를 입었다. 대다수 필리핀 사람들은 히로히토에게 책임이 있다고 생각했다. 필리핀 정부는 도쿄재판의 재판관으로 '바탄 죽음의 행진' 체험자인 델핀 하라니야Jaranilla, Delfin 판사를 천거하고, 페드로 로페스Lopez, Pedro를 참여검찰관으로 지명했다. 도쿄재판에서 필리핀 관계 사건을 다룰 때 로페스는 일본군이 필리핀의 비전투원, 미군과 필리핀 포로에게 자행한 잔학 행위 144건을 발표하여 후일 배상 청구의 근거를 세웠다. 로페스는 하라니야와 마찬가지로 미국정부에 고용된 처지라, 히로히토가 피고인 명단에서 제외된 것을 (공식적으로는—일본어판) 문제 삼지 않았다.[29]

인도는 캘커타고등법원 판사로 60세인 라다비노드 팔Pal, Radhabinod을 재판관으로 지명했다. 팔은 친추축파 인도 민족주의자인 찬드라 보스Bose, Chandra를 지지하는 인물로 오래전부터 친일파였다. 영국과 일본의 제국주의를 모두 비난하며 대동아공영권 이데올로기를 결코 받아들이지 않았던 많은 인도 지도자들과 달리, 팔은 일본제국주의를 대놓고 옹호했다. 5월 도쿄에 도착하자 그는 불성실한 태도로 임명을 받아들였으며, 일본에 대한 법적인 제재는 고사하고 일본을 재판할 연합국의 권리 자체도 인정하지 않았다. 처음부터 재판이 실패로 끝나는 것을 끝까지 지켜볼 작정이었던 팔은 다른 판사가 어떻게 판결하든 독자적으로 반대 의견을 쓸 생각이었다. 팔이 '공명정대한 재판 운영을 다짐하는 공동 선언문'에 서명하지 않은 것도 놀랄 일이 아니었다.[30]

그 후 변호사 오언 커닝햄Cunningham, Owen의 계산에 따르면 팔은 공판 466일 중 109일을 결석했으며, 그 결석일 수는 팔 다음으로 결석이 많았던 재판장 윌리엄 웨브Webb, William 경(공판 53일 결석)의 두 배가 넘었다.[31] 팔이 재판정에 나왔을 때는, 자기 생각에 아시아의 해방을 이끈 인물들인 피고인들에게 반드시 예를 표했다. 판사 중에서 가장 독자적인 정치성을 띠었던 팔은 극동국제군사재판소 헌장은 말할 것도 없고, 어떠한 형태로든 연합국의 정치적인 관심과 의도가 판결에 영향을 미치는 것을 거부했다. 그는 재판소에서 가장 감정적으로 정치적 판결문을 작성했다. 전시 '대동아전쟁'의 선전 구호에 물든 관점을 고집하며 도쿄재판을 부인하는 사람들은, 아시아인들이 겪은 고통의 주된 원인이 서양의 백인들―팔이 말하는 '승자들'―에게 있다고 생각했다. 그들은 팔의 논지를 찬동하며 인용했다. 전쟁을 기본적으로 '백인'의 아시아 착취라는 범주로서 이해하는 이들도 마찬가지였다.

피고인 선정 과정 내내 검찰관들은 열심히 활동하면서도, 시곗바늘과 뉘른베르크에 시선이 쏠려 있었다. 독일의 주요 전범 22명에 대한 재판이 끝나면 세계의 관심이 사라져버릴까 봐 불안했기 때문이다.[32] 뉘른베르크 재판은 그들에게 법률적 본보기이면서 심리적 압박의 원천이기도 했다. 키넌을 통해 맥아더는 준비 단계를 어서 마치고 심리를 시작하라고 압력을 불어넣었다. 그는 검찰 당국에 히로히토를 신문할 권한을 주지 않았다. 또 증인으로서 히로히토의 진술을 받거나 그의 일기를 비롯한 사문서 제공을 요구하지 않도록 방침을 정했다.

일기와 스가모 구치소에서 작성된 진술서는 공식적인 것이든 아니든 기소 결정에 중요한 역할을 했다. 범죄를 입증할 만한 일본의 공문서 대부분이 증거를 남기지 않도록 구두로 전달된 내각의 결정에 따라 불태워지거나 다른 방법으로 사라졌기 때문이다.[33] 일본육군의 기밀문서도 은닉되었다. 전부는 아니지만 대부분이 4월 9일―키넌이 처분 금지를 지시한 일주일 뒤―에는 폐기 완료되어 있었다. 증인들은 모두 히로히토를 보호하고, 선별된 극소수 육군 장교들에게 전쟁의 책임을 지우려고 했다. 친영미 '온건파'는 이제 스스로 쓴 진술서로 막후에서 재판에 참여하여,

전쟁에서 패한 육군 지도층에 복수하고 있었다. 다른 사람들과 마찬가지로 법정 주위에서 검찰에 정보 제공자 노릇을 한 중신 요나이 미쓰마사 대장과 오카다 게이스케는, 해군을 옹호하고 육군의 영향력을 과장하는 한편 천황과 측근의 힘을 가장 작게 보이려고 했다.[34]

IV

1946년 5월 3일, 재판은 도쿄의 중심지에서 가까운 이치가야市ヶ谷의 옛 육군성 건물에 있는, 새로 단장한 큰 강당에서 열렸다. 키넌은 짙은 색 널판과 높고 긴 마호가니 벤치로 판사석을 마련하여, 일본 군국주의의 중추였던 곳을 법정으로 변모시켰다. 마이크 하나가 재판장 전용으로 준비되었다. 법정 중앙에 증인석이 놓였고, 그 가까이에 변호인석과 속기사용 책상과 의자가 있었다. 목수들은 수석검찰관과 수석변호인을 위해 조금 높은 발언대를 설치했고, 재판 진행 전체를 촬영할 연합국 영화 촬영기사와 사진기자들을 위한 자리를 만들었다. 국내외 신문사와 라디오 방송 기자석, 그리고 재판의 공용어인 영어와 일본어를 구사할 수 있는 통역관 약 30명을 위한 좌석이 설치되었다.[35] 뒤쪽 상단의 방청석은 660명을 수용할 수 있었고, 1층의 방청석도 늘려 약 1000석이 되었다. 법정 서기들이 이동식 마이크를 들고 법정 안을 돌아다녔고, 천장에서 늘어뜨린 커다란 촬영용 아크등이 법정 전체를 환하게 비추었다.[36]

사흘 뒤 열린 제3회 공판정은 오전 9시 15분부터 피고인, 재판관, 검찰관과 변호인, 하얀 헬멧을 쓴 헌병, 피고인의 항변을 들으려고 전 세계에서 모여든 외교관과 언론인 수백 명으로 가득 찼다. 먼저 변호인들이 소개되고, 기소장의 오역을 둘러싸고 논쟁이 일어났다. 이 문제가 해결되자 피고인들이 아라키 사다오荒木貞夫를 필두로, 알파벳순으로 호명되어 일어섰다. 피고인들은 전원 모든 혐의에 대해서 무죄를 주장했다. 매우 교육적인 의미에서 재판 쇼—곧, 주요 전범재판은 스탈린의 재판 쇼처럼 거짓을 가르치는 게 아니라, 전쟁의 범죄성을 깨우치려는 긍정적인 목적이 있었다—의 막이 천천히 올랐다. 빼곡하게 들어선 방청인들과 함께, 식량 위기의 한복판에 들어선 일본국민이 지켜보고 있었다.

검찰진은 6월 4일 키넌의 극적인 모두진술을 시작으로 근 8개월에 걸쳐 각 국면의 공소를 제기했다. 키넌에 따르면 도쿄재판은 "문명" 그 자체에 선전 포고한 이들을 심판하는 것으로, "전 세계를 파멸에서 구원하려는 문명의 투쟁"의 일환으로 간주되어야 했다. 이어서 키넌은 검찰진의 기소 논리를 개괄 설명했다.[37] 그 후 검찰관들은 미국과 일본의 외교 정책이 실제로 어떠했는지 입증하고자 연일 조약과 협정과 기타 문서를 제시했다. 검찰진은 증인 109명을 소환하여 구두로 증언하게 하고, 그 밖에 561명의 (진술서, 선서 인증 진술서, 신문 조서 형태로 된) 서면 증언도 제출했다. 피고인들에게 불리한 증언이 차곡차곡 쌓여갔다. 맨 처음 떠오른 문제는 선전과 검열, 집중적인 교육 주입 등을 통한 일본의 전쟁 준비에 관한 것이었다. 이어 제국군대가 여러 나라에서 저지른 전쟁범죄에 초점이 맞춰지고, 침략전쟁의 실태가 이야기narrative의 얼개를 갖추어갔다.

2주째에 이미 미국인 변호사 벤 브루스 블레이크니Blakeney, Ben Bruce 소령은 소련정부가 과거 핀란드에서 국지적인 침략전쟁을 일으켜 국제연맹에서 추방된 것을 근거로, 소련인이 판사석에 있는 것에 이의를 제기했다. 변호인들은 이제 막 끝난 세계 재분할 시대(1938~1945년)에 연합국이 한 일들을 문제 삼았다. 서로 피장파장tu quoque이라는 주장을 세워, 실질적인 반증 없이 검찰 쪽의 고발을 누그러뜨리려는 것이었다. 그럴 때마다 판사석에서는 어떤 위반 행위가 '침략 행위'로 전쟁범죄에 해당하며 어떤 것은 그렇지 않은지 제시하여, 변호인 쪽의 주장을 물리쳤다.

6월 13일, 오스트레일리아의 참여검찰관 앨런 맨스필드Mansfield, Alan는 일본도 가맹국이었던 헤이그 조약의 다양한 내용과 일본의 정치·관료 체제 둘 다를 명백히 밝히는 문서를 제출했다. 각 피고인의 이력이 낭독되고, 검찰관들은 전쟁이 어떻게 준비되었는지 요약 발표했다. 일본인 증인 시데하라 기주로幣原喜重郎와 와카쓰키 레이지로若槻礼次郎는 육군의 사실상 독립과 '경찰국가' 체제, 1930년대의 정치 사조ethos를 이야기했다. '군국주의자들'이 '사건'을 벌이고 역대 내각의 권위에 도전하여 차츰 권력을 다져갔다는 인상이 짙어졌다.[38] 그러나, 군 통수부를 위해서 누가 헌법상, 도의상 책임을 져야 하는가 하는 문제가 떠오르면 언제나 답이 나오지 않았다. 히로히토가 '장지의 그늘에 숨겨진' 채로 있었기 때문이다.

여름의 짧은 휴정 기간을 이용해 법정에 냉방 시설을 갖춘 뒤, 재판을 재개했다. 만주사변을 즈음하여 시작된 일본의 중국 침략에 관한 증언이 이어졌다. 6월 27일, 암살된 이누카이 쓰요시犬養毅 수상의 아들인 이누카이 다케루犬養健가 검찰 쪽 증인으로 출석했다. 증언 중에 그는 뜻밖에도 히로히토를 직접 가리키는 발언을 했다. 자신은 부친의 비서였는데, 부친이 천황을 배알했을 때 만주에서 군대가 철수하도록 칙령을 내려달라고 직접 진언한 적이 있다는 것이었다. 이누카이는 천황이 이를 거절했다고 똑 부러지게 말하지는 않고, 총리대신이 "군대를 만주에서 철수시키는 데는 성공하지 못했다"고만 했다. 뒤에 반대신문에서 기도와 도고의 변호인인 호즈미 시게타카穗積重威는 천황이 왜 이누카이 수상의 철군 요청을 받아들이지 않았는지 물었다. 그리고 호즈미는 영어로 된 것이든 일본어로 된 것이든 이누카이 증인의 "진술서는…… 폐하에게 만주사변 확대의 책임이 있다는 의미로 받아들여질 수도 있다"고 말했다.[39] 이누카이는 자신의 진술을 바꾸려고 애썼으나, 판사석은 극적이며 전혀 예상치 못한 형태로 천황에게 책임이 돌아가게 되자 술렁거렸다.

이튿날 웨브는 법정에서, 몇몇 재판관이 (만주사변에 관한) "천황의 지위를 둘러싼 모순을 불식하기 위해 증인에게 더 자세한 진술을 명확하게 듣기를 바란다"고 공지했다. 이누카이는 자신과 부친이 '만주국 철수'를 말한 것은, 조선군을 조선으로 돌아가게 하고 철도수비대가 관할 지역으로 물러나게 명해달라는 뜻이었다며 전날의 증언을 부분 철회했다. 그러나 이누카이는 모순을 완전히 불식하지 못했다.[40] 그로부터 7개월 뒤 검찰쪽이 공동 모의 설을 완성하고 입증을 마쳤을 때에도 각 사건에 얽힌 히로히토의 역할 문제는 마치 재판 진행 과정을 뒤덮은 구름처럼 어정쩡하니 떠 있었다. 피고인들은 어느 하나 천황의 전쟁 책임을 감히 거론하려 들지 않았다.

V

변호인단은 각 피고의 무죄를 입증하는 데 1947년의 대부분을 보냈다. 모두 11개월에 걸친 그 시간은 뉘른베르크 재판의 전 기간보다도 길었다. 피고 외에도 증인 310명이 법정에 섰으며, 214명의 서면 증언이 제출되었다. 왜 일본이 미·영과 전쟁을 하기에 이르렀는지 설명할 때 변호인단에서는 대체로 일본이 전시에 선전했던 내용을 되풀이하며, 루스벨트의 외교 정책을 비판한 전후의 방대한 문헌을 인용했다.[41] 변호인들은 중국과 태평양 지역에서 일본이 저지른 일들을 정당화하는 데 집중했고, 검찰 쪽은 변호인 쪽의 입증 과정에서 드러나는 사실관계 면의 수많은 오류를 지적했다. 변호인 쪽이 제시한 자료의 태반이 사건과 관계없거나 의미가 없다는 재판소의 재정이 거듭거듭 내려졌다. 각하된 문서 자료 중에는 일본이 아시아에서 소비에트 공산주의에 대항하고자 기울인 노력의 세부 내용과 진주만 공격에 대한 미국의회의 조사 내용이 담긴 것도 있었다. 블레이크니 변호사가 일본에 대한 원폭 투하 결정에 관해 스팀슨 전 육군 장관이 진술한 내용을 요약하여 제출하려고 했을 때도 재판소는 다수결로 각하했다. 1948년 봄까지 검찰관과 변호인 양쪽의 반론과 최종변론이 이루어졌다.[42]

미국인과 일본인으로 구성된 변호인단의 활동은 당초부터 제 기능을 발휘하지 못했다. 변호인단을 이끌었던 기요세 이치로清瀨一郎 전 중의원의 말에 따르면, 변호인단은 피고인들에 대한 "모든 공소 사실을 부정하기 위해 반론을" 하려고 했으나, 합의하여 일관된 변호 방침을 세우지 못했다.[43] 기요세는 긴 모두진술에서, "우리나라에서는 독일에서 이루어진 유대인 박해 등과 같이 고의로 인도 위반 행위를 범한 적은 없다"고 역설하면서, "(우리는) 독일의 전쟁범죄와 (피고들이 고발당한 행위가—일본어판) 전혀 다르다는 점을…… 증명하지 않으면 안 된다"고 주장했다.[44] 이어서 변호사 다카야나기 겐조高柳賢三가 일어나 재판소 헌장의 합법성에 대해 공격했다. 일본육군 고급장교들이 잇따라 변호인 쪽 증인으로 소환되었는데, 그중 일부는 전범 용의자로서 수사를 받은 일도 있었다. 변호인들은 피고인이 상관의 명령에 따랐을 뿐이라든가, 아시아에서 공산주의가 확산되지 않도록 맞서 싸웠다는 주장을 했다. 많은 변호인이 '헐 노트Hull note'를 언급했는데, 이는 일본인들이 공판 기간에 도입한 용어로서 그 후 내내 악의적인 의미로 사용되었다. 변호인들은 진정한 원흉은 미국이며, 미국이 일본으로 하여금 '자위'를 위한 전쟁에 뛰어들게끔 했다고 주장했다. 또한 변호인들은 미·소 간 이데올로기 대립의 악화가 일본 군국주의자들을 변호하는 데 유리하게 작용하기를 기대하면서 지연 전술을 폈다.

변호인 쪽 입증 과정의 정점은 기도 전 내대신과 도고 전 외상, 그리고 도조 대장의 증언이었다. 키넌 수석검찰관의 반대신문에서 세 피고인은 모두 그 자리에 없는 천황을 무의식중에 끌어들이고 말았다.

1947년 10월 14일부터 16일까지 기도가 증언대에 선 처음 이틀 동안, 그의 변호인인 윌리엄 로건Logan, William은 법정 문서를 그대로 옮겼을 뿐이라는 키넌의 이의 제기에도 아랑곳 않고 297쪽에 달하는 영문 진술서 전문을 일절 생략 없이 낭독했다. 로건이 낭독을 마치자 약 5일에 걸쳐 변호인 열 명이 번갈아 기도에게 질문했다. 이어서 키넌이 며칠 동안 반대신문을 하면서, "(기도는) 정치 생애가 시작된 이래 일본의 항복 당시까지"(키넌의 말에 따르면) "천황……이 불법과 폭력을 방지하고 …… 법과 질서를 확립하고자 실제적인 수단을 강구할 때면 항상 반대했다"는 인상을 심으려고 했다.[45] 기도의 일기에서 주장하는 바에 의문을 나타내고자 키넌은 하라다 구마오[사이온지 긴모치의 비서─옮긴이]의 일기를 인용하면서, 중일전쟁 때 기도는 군국주의자와 대결하기는커녕 오히려 이들과 손잡았고, 정치에 관여하지 않는다고 주장하면서 사실은 배후에서 막대한 정치권력을 행사했다고 지적했다.

또한 수석검찰관은 기도가 시종일관 친구인 하라다와 고노에─때마침 두 사람 다 사망했다─, 노령인 마키노 노부아키牧野伸顕에게 책임을 전가한다고 비난했다. 23일에는 키넌과 기도 사이에서 몇 가지 긴박한 거래가 이루어졌다. 진주만 공격 전날의 군사·외교 행위에 천황은 어떤 권한을 행사했는가, 삼국동맹 체결 당시 천황의 역할과 기도가 천황에게 진언한 내용, 기도가 도조를 수상으로 추대했던 사실과 루스벨트 대통령이 개전 직전에 천황에게 보낸 친서를 그가 어떻게 했는지 등이 쟁점이었다.[46] 기도가 증인석을 내려올 즈음에는 천황의 전쟁 책임 문제가 다시금 쟁점이 되었다.

1947년 12월 말에는 도고 전 외상이 증인석에 서서 1941년 선전 포고의 주창자는 도조, 시마다 시게타로, 스즈키 데이이치鈴木貞一─1941년 11월 당시 육해군 통수부 총장 겸 기획원 총재─옮긴이였다고 진술하여 국민의 관심을 끌었다. 더 중요한 것은, 헐 국무장관은 중국과 프랑스령 인도차이나에서 일본 군대와 경찰이 즉각 완전히 철수할 것을 요구했다고 12월 26일 도고가 진술한 일이었다.

> 뿐만 아니라, …… 헐 노트[에 따르면] …… 일본은 만주에서도 물러나야 하는 상황이 됩니다. 이 정치적 정세는 자연히 조선에도 영향을 미칩니다. ……곧 바꿔 말하면, 그러한 대외 정세가 일본의 오늘날 상황이 된다 해도 다를 바가 없다고 할 수 있습니다. ……이를 개괄해서 말하면 [헐 노트는] 러일전쟁 전의 상황으로 되돌리라는 요구입니다. 이것은 결국 동아시아의 대국 일본의 자살입니다. 또한 그렇게 되면 일본은 경제적으로도 거의 존립할 수가 없습니다.[47]

도고는 일본정부가 '헐 노트'를 신중하게 검토한 결과 어쩔 수 없이 전쟁을 택하게 되었다는 뜻을 비쳤다. 그러나 실제로 그러한 검토 작업이 있었음을 알려주는 기록은 당시에도 지금도 찾을 수 없다. 도고가 감추려고 했던 것은 워싱턴 주재 외교관의 직업적 무능함 외에, 일본의 만주 지배 지속을 헐이 결코 문제 삼지 않았다는 것, 그리고 도고 자신이 당시 헐의 문서에 협상의 초점을 맞춰 대미전 연기를 주장할 수 있었음에도 실제로는 그렇게 하지 않았다는 점이다.

1947년 12월 26일 도조 대장이 증인석에 섰을 때, GHQ와 일본정부 양쪽의 천황 옹호를 위한 로비 활동은 한층 고조되었다. 『아사히신문』은 1면의 거의 대부분을 할애하여 도조의 증언을 보도했다. "천황에게는 책임이 없다. 끝까지 '자위전自衛戰' 주장"이 그날의 표제였다.[48] 그로부터 나흘 뒤인 12월 30일 미국인 변호사가 도조의 사전 진술서를 발췌 낭독한 뒤에, 도조는 천황뿐만이 아니라 1941년 12월 개전 결정에 이르는 일본의 정치 과정 전체를 두둔했다. 그는, 일본의 정치는 어떠한 반동적인 변이도 겪지 않고 종전대로 메이지 헌법 체제하의 정치를 유지해왔다고 주장했다. 전쟁 중에 있었던 일본의 잔학 행위는 모두 우발적인 것이며, 일본육군은 결코 잔학 행위를 부추기는 이념이나 정신을 고취한 바 없다는 것이었다. 도조는 법정 내의 방청인이 아니라 일본인 전체를 향해, 자신이 부당한 취급을 받는 희생자인 양 호소했다. 그는 침략전쟁이 범죄임을 부정하면서, 이렇게 주장했다.

나는 최후까지 이번 전쟁은 자위전이며, 현재 승인된 국제법에 위반되지 않는 전쟁임을 주장합니다. 나는 우리나라가 본 전쟁을 수행했다 하여 승자로부터 국제범죄로 소추당하고, 또한 패전국의 적법한 관리가 개인적으로 국제법상의 범인이 되고, 또한 조약 위반자라 하여 규탄을 받으리라고는 지금까지 한 번도 생각해본 적이 없습니다.

도조는 자신과 천황의 개전 책임을 본뜻과는 전혀 다른 패전 책임으로 교묘하게 바꿔놓았다. 패전은 도조가 정권을 떠난 다음, 전쟁 말기 약 1년에 걸쳐 일어난 일이었다. 증인석에 선 그는 기품이 있었다. "두 번째 문제, 곧 패전에 대해서는 당시의 총리대신인 나의 책임입니다. 이러한 의미의 책임이라면 나는 이를 받아들일 뿐만 아니라 충심으로 자진해서 떠안을 것을 희망하는 바입니다."[49]

도조의 언동은 큰 감동을 불러일으켰고, 재판에 반감을 품고서 피고인 중 누구 한 사람이라도 충신답게 처신해주길 바랐던 사람들 사이에서 그의 입지가 되살아나는 데 일조했다. 키넌은 효과적으로 대응하지 못했다. 그러나 이튿날 기도의 미국인 변호사인 윌리엄 로건이 신문할 때 도조는 무심코 천황을 간접 언급하여 혼란을 일으켰다.

로건   평화를 바라는 천황의 의사에 반하여 기도가 어떤 행동을 취하거나 무언가 진언한 사례를 하나라도 기억하고 있습니까?

도조   그런 사례는 물론 없습니다. 내가 아는 한은 없습니다. 뿐만 아니라 일본의 신민이 폐하의 의사에 반하여 이러쿵저러쿵하는 것은 있을 수 없는 일입니다. 하물며 일본의 고관이라면 더욱 그렇습니다.[50]

도조가 무심코 뱉어버린 이 말은 천황이 개전 결정에 책임이 없다는 주장을 뒤엎을 만한 것이었고, 웨브 재판장은 이 점을 즉시 검찰 쪽에 지적했다. 이는 무시할 수 없는 일이었다. 히로히토의 최측근 한 사람이 바로 스가모 구치소에 있는 기도를 통해 도조에게 실수를 바로잡으라는 말을 전했다. 키넌 수석검찰관의 도움으로, 도조는 바로 다음 1948년 1월 6일 증인석에 섰을 때 자신의 발언을 정정했다. 그러나 일은 더 심각해졌다.

검찰 쪽의 증거와 도조의 증언이 법정에 있지도 않은 천황을 다시금 끌어들인 셈이었다.[51]

VI

전범재판 개시 전에도, 공판 중에도, 그리고 재판이 끝난 뒤에도 오래도록 강제 퇴위 위협은 히로히토의 마음을 무겁게 짓눌렀다. 정치 문제에 자기 목소리를 내고 싶어하는 가까운 황족과, 국가 지도층에게만 적용되는 도덕 기준이 있다고 생각하는 모든 사람에게서 오는 위협이었다.

다카마쓰노미야는 히로히토의 퇴위를 바란 황족이었다. 일본이 정식으로 항복하고 약 1년 뒤인 1946년 9월 20일, 그는 일기에, 천황이 오랫동안 군주 경험을 쌓아왔으며 퇴위하면 맥아더가 곤란해질지도 모른다는 이유로 퇴위하지 않는 것은 현명하지 않다는 생각을 털어놓았다.[52] 다카마쓰노미야는 섭정 자리를 기대하면서도 스스로 공공연하게 나설 수 없어, 지치부노미야를 섭정으로 지지했다. 그는 이보다 앞서 1945년 9월 30일, 긴 요양을 끝내고 귀경한 지치부노미야에 대해서 "사람들을 만날 수도 있고 여차하면 섭정을 맡을 수도 있다고 생각한다"고 썼다.[53] 히로히토가 황위를 지키는 것은 용납되지 않는다고 믿어 의심치 않았던 다카마쓰노미야는 히로히토에게 비판적인 자세를 견지했다. 또한 다른 황족인 미카사노미야와 히가시쿠니노미야도 퇴위를 지지했다.

곧이어 자유주의 철학자인 다나베 하지메田辺元 등 몇몇 저명한 지식인이 히로히토에게, 퇴위함으로써 "한층 절실한 책임감의 표현을 감히 보여주실 것"을 공공연히 요구했다.[54] 도쿄제국대학 총장인 난바라 시게루南

原繁도 천황에게 퇴위를 청했다. 전장에서 천황을 위해 목숨을 던진 병사들의 입장에서 천황에게 도의적 문제를 처음 제기한 사람들 사이에 저명한 시인인 미요시 다쓰지三好達治가 있었다. 만약 천황이 "사정이 허락하는 한 신속히" 퇴위하지 않는다면 "세상의 도리는 쇠퇴할 것"이라고, 미요시는 1946년 봄부터 초여름에 걸쳐 발표하여 세간의 반향을 일으킨 일련의 수필에서 선언했다.

> 폐하는 일국의 원수로서 이번 패전의 책임을 제1책임자로 받아들이지 않으면 안 된다. ……폐하는 군벌들이 횡행하는 것을 용인하고, 여러 해 동안 베풀어야 할 시책을 베푸시지 못한 점에 심한 태만의 책임이 있다. 폐하의 적자라는 명목으로 소박하게도 폐하를 어진 아버지로 신뢰하고, 폐하를 진정으로 황군의 대원수 폐하로 믿고, 폐하의 이름으로 군율에 복종하고, 폐하 만세를 부르짖으며 군진에서 쓰러져 간 충량한 신민에 대해 "육군도 한심하다"고 한탄하시는 폐하는…… 폐하 쪽에 충량한 부대원들에 대한 배신 책임이 있다는 것이다.[55]

시종차장 기노시타 미치오는 이런 위협이 장기간 이어질 것을 곧바로 간파했다. 그의 일기(1990년 간행되었다—일본어판)에 끼여 있었던, 서명도 날짜도 없지만 아마 1946년 초봄에 궁내성 편지지에다 쓴 것으로 보이는 메모에 기노시타(또는 그와 생각을 같이하는 누군가)는 "비록 미국과 맥아더가 군주제 유지를 결정했다 하더라도"라고 쓴 다음 아래와 같이 적었다.

> 앞으로 전쟁범죄인 심판이 진행됨에 따라 야기될 문제는 현 제위現帝를 그대로 인정할 것인가 아니면 새 제위新帝를 세울 것인가 하는

문제다.

천황제 폐지에 대해서는 [미합중국과 맥아더 원수는] 일본국민의 철저한 반항을 예상할 것이다. 그러나 그들도 현 제위 퇴위, 새 제위 즉위에 관해서는 일본국민의 철저한 반항을 예상치 않을 것이다. 그러므로 경우에 따라서는 이를 제안할지도 모른다. 우리는 이에 대비해야 할 것이다.

그들이 퇴위 문제를 입에 올리지 못하게 할 방법으로는 현 제위가 일본 통치에나 국제관계, 특히 동양에서 국제관계를 미국에 유리하게 이끄는 데 참으로 바람직하고 믿음직한 인물이라는 느낌을 갖도록 하는 것이 긴요하다.[56]

1946년 7월까지, GHQ에서 가장 열심히 히로히토를 옹호했던 펠러스 준장조차 군주제에 영구히 폐해를 미치는 일이 없도록 하기 위해서라도 국민에게 유감을 표하라고 천황을 재촉했다.[57] 그사이 스가모 구치소에 수감되어 있던 기도는 천황의 전쟁 책임 문제를 심사숙고하면서도, 그 자신의 시련과 점령 자체가 끝날 때까지 퇴위를 권한 적이 없었다.

모택동의 공산당군이 심양(瀋陽: 선양) 옛 이름 봉천(奉天)—옮긴이을 점령하고 스탈린이 베를린을 봉쇄하여 '트루먼 독트린'에 도전할 즈음인 1948년 11월 4일, 도쿄재판은 6개월간의 휴정을 마치고 종막에 한발 다가섰다.

웨브 재판장은 공판에서 다수파의 판결[판결문은 소수파 재판관의 의향을 무시하고 다수파에 따라 작성되었다—일본어판]을 낭독하면서, 먼저 크게 세 가지 범주로 죄를 규정한 재판소 헌장—맥아더가 공포하고 나중에 개정한—을 다시 짚었다.[58] 첫째 범주는 "……침략전쟁 또는 국제법, 조약, 협정……에 위반되는 전쟁을 계획, 준비, 개시 내지는 수행하는 일이나 이들 각 행위 달성을 위한 공통의 계획 혹은 모의에 참여한 일"이다. 뉘른베르크 재판의 선례에 따라 이러한 전쟁 수행은 '평화에 대한 죄'로 규정되었다. 공판 중에 이것은 주로 국제연맹 규약, 중국의 주권과 독립, 영토 보전에 관한 9개국조약, 그리고 국책 수단으로서 침략전쟁을 포기하는 켈로그-브리앙 협정에 대한 위반을 의미했다. '평화에 대한 죄'는 관례상의 전쟁범죄와 달리 정책 입안자들만이 범할 수 있었다.[59] 검찰 쪽은 침략전쟁 자체가 위법이 아니라, 일본이 조인한 조약들을 위반하는 각 침략 행위를 범한 것이 문제라고 주장했다. 이러한 공소 논리를 세우기 위해 검찰은 아시아 태평양전쟁의 원인을 조사해야 했기 때문에, 풀리지 않는 역사적 논쟁이 시작되었다. 게다가 변호인 쪽은 아시아의 공산주의에 관한 문서 증거 채택을 허용하지 않았다. 한편 뉘른베르크 재판에서든 도쿄재판에서든 '평화에 대한 죄'만을 근거로 하여 사형이 선고되는 일은 없었다.

논쟁의 여지가 적었던 둘째 범주는 '전쟁 법규나 관례 위반'이었다. 이는 육상전의 법규 관례에 관한 헤이그조약과 포로 대우에 관한 제네바조약에 근거한다. 두 조약 모두 종래의 관습에 따라 인도적 행위에 대한 최소한의 기준을 구체화한 법으로서, 국제 무력 분쟁에 관련된 모든 국가에 적용 가능하다고 여겨져왔다. '전쟁 법규나 관례 위반' 혐의를 반박하려는 변호인 쪽의 시도는, 전쟁 수행 과정에서 일본이 범한 죄과를 입증하려고 검찰 쪽이 정리한 방대한 증거 앞에서 늘 꺾이고 말았다.[60]

'인도에 반한 죄'가 셋째 범주였다. 이 용어(1차 세계대전 중에 터키의 아르메니아인 학살을 계기로 만들어진)는 뉘른베르크 국제군사재판소의 기초가 된 런던 헌장에서 4개국이 정의한 것이다. "전쟁 전이나 전쟁 중에 범한 살인, 몰살, 노예화, 추방, 그 밖의 비인도적 행위 또는 ......정치적, 인종적 이유에 따른 박해 행위"를 의미했다. 주로 민간인에 대한 범죄로, 전쟁범죄에 관련된 경우에 한해서 "국제법에 따라 처벌할 수 있다"고 여겨졌다. 도쿄재판에서 검찰은 55건을 기소하고 나서, "일본이 화평 관계에 있던 나라에 대한 침략적 공격이나 조약 위반으로 규정되는 불법적인 전쟁의 결과"로서의 살인죄라는 넓은 개념을 강조했다.[61] '살인'이라는 죄목은 일본의 진주만 공격과 '남경대학살'을 모두 아우를 수 있는 거대한 우산이었다.

다음으로 웨브 재판장은 소송 지휘권과 개개 사건의 사실관계에 대해서 논했다. 재판소는 위협과 암살로 권력을 강탈했다 하여 일본육군의 유죄를 인정했지만, 일본국민에게는 일본군의 행동에 대한 책임을 면제했다. 또한 애초의 기소장에서 입증되었다고 여겨졌던 공소 사실의 대부분을 인정하지 않았다. 웨브는 재판관 다수의 견해를 요약하여 "(일련의) 침략전쟁을 수행하기 위한 공동 모의는…… 가장 높은 수위의 범죄다"라고 결론지었다.[62]

그리고 그는 주요 전범 25명 전원에게 유죄 평결을 내렸다. 도조와 다른 다섯 장군, 곧 이타가키 세이시로板垣征四郎, 기무라 헤이타로木村兵太郎, 도이하라 겐지土肥原賢二, 마쓰이 이와네松井石根, 무토 아키라武藤章가 사형 선고를 받았다. 외교관 출신으로 총리대신이었던 히로타 고키広田弘毅가 문관 중 유일하게 사형을 선고받았다. 맥아더가 형 집행정지를 청하는 모든 탄원을 물리치자, 일곱 변호인은 미국연방대법원에 소원訴願을 냈다. 그 근거는 미합중국 헌법에 있었다. 도쿄재판은 실질적으로 미국의 법정으로, 미국의회의 동의 없이 설치되었다는 것이다. 재판소는 완전히 트루먼 대통령의 행정권에서 비롯되고 그것을 바탕으로 운영되어왔다는 것이다. 연방대법원 판사들이 변호인단의 '소원'을 듣기 직전, 화가 난 맥아더는 설령 연방대법원이 인신보호 영장을 발부하더라도 자신은 "그 것을 무시"하고 "극동위원회에 위임"할 생각이라고 주일 영국대표부장 앨버리 개스코인Gascoigne, Alvary에게 말했다.[63] 연방대법원의 심리 전날 인 12월 15일, 극동위원회는 극동재판소가 "국제적인 권위하에서 임명되고 활동하는 국제법정"이라는 성명을 서둘러 발표했다.[64] 그로부터 닷새 뒤, 미국연방대법원은 〔극동국제군사재판소의—옮긴이〕 판결을 파기할 권한도 권위도 없다는 결정을 내렸다.

변호인들은 도쿄재판의 정치적 성격을 강조하려고 노력했다. 그러나 그들은 도쿄재판의 복잡성을 드러내고, 맥아더의 지위가 지닌 모호하고 이중적인 성질을 두드러지게 했을 뿐이었다. 결국 최고사령관은 자신의 뜻대로 일곱 피고인에 대한 교수형 집행을 명했다. 피고인들의 시신은 화장되었고, 유골은 대부분 바다에 뿌려졌다. 그렇게 하면 그들이 언젠가 희생자로 안치되는 일이 없으리라는 잘못된 생각 때문이었다.[65] 한 시종이 전한 바에 따르면, 도조의 사형 판결을 들은 히로히토는 방에서 눈물을 흘렸다.[66]

기도 전 내대신과 히라누마 전 수상을 포함해 16명이 종신형을 선고받았다. 도고 전 수상은 20년 금고형을 선고받았으나, 외교관인 시게미쓰 마모루는 개전의 주요 책임자로 판별되지 않았다. 그는 고이소 내각의 외상이었고, 포로 학대를 방지하는 노력을 기울이지 않았다 하여 금고 7년형을 선고받았다.

웨브는 다수파의 평결에 대부분 동의하지만, 일본의 피고인들을 다룰 때에는 "훨씬 더 흉악하고 다양한 범죄를 광범위하게" 저지른 독일인들보다 더 배려해야 한다고 보충 의견을 덧붙였다. 웨브는 천황을 전면적으로 면책한 데 대해 날카로운 비판을 펼쳤다. 그는 천황이 강요를 당했다는 항변을 명확히 부인하면서, "어떠한 통치자도 침략전쟁 개시라는 범죄를 범하고서, 그렇게 하지 않으면 목숨이 위태로웠기 때문이라며 당당히 면죄를 주장할 수는 없다"고 단언했다.[67]

프랑스의 앙리 베르나르Bernard, Henri 판사도 천황에 관해 반대 의견을 썼다. 그는, 선전 포고의 "주요 장본인은 일절 소추를 면제받았고, 출두한 피고인들은 어떤 경우에도 모두 그자의 공범자로 생각할 수밖에 없다."[68]

네덜란드의 B. V. A 룰링Röling, B. V. A 판사는 히로히토의 면책에 이의를 달지 않았다. 그는 천황이 순전히 명목뿐인 군주였다고 믿었기 때문이다. 대신에 룰링은 자신이 애초부터 그 합법성에 대해 의문을 품었던 재판소 헌장의 결함을 논점으로 삼아 반대 의견을 냈다. 그는 '침략'이라는 개념을 국제법상 범죄로 규정하는 것을 거부하고, 피고인 중 다섯 명—기도, 하타, 히로타, 시게미쓰, 도고—는 무죄 처리해야 한다고 생각했다.

팔Pal 판사는 8월 초순에 반대 의견을 다 쓰고는, 인도 법원의 관례에 따라 공판정에서 그 전문을 낭독하도록 웨브에게 요청했다. 그러한 의견이 있다는 사실 자체만 공표하자는 다수결의 결과에 따라, 웨브는 선고 당일인 11월 12일 그 사실만을 발표했다.

공소 사실 전부에 대해 피고인 전원이 무죄임을 주장한 팔의 판결은 독단적인 것으로, 인도나 다른 아시아 정부의 견해를 대변하는 것은 결코 아니었다.[69] 그는 법리에 입각하여, (그와 견해가 비슷한 룰링과 마찬가지로) 국가의 주권 행사로서 전쟁을 개시하고 수행하는 일의 범죄성을 부정했다. 19세기에 존재했던 국제 법질서는 이후 발전, 확장되지 않았고, '침략' 개념은 법적으로 정의되지 않은 채 남아 있다는 것이다. 1차 세계대전 전에 존재했던 국제법의 틀을 넘어선 뉘른베르크재판과 도쿄재판은 위법이며, 따라서 각 피고인들은 범법자가 아니라는 논리였다.

사실관계를 심각하게 오인한 것이 일본의 행위에 대한 팔의 역사적 분석—그가 내놓은 반대 의견의 둘째 요소—을 그르쳤다. 예를 들면 그는 장작림이 일본 군인에게 암살된 것이 아니라고 단언했고, '헐 노트'는 미국의 최후통첩이었다고 주장하면서, 이렇게 썼다. "지금 이 시대를 사는 역사가들마저 이렇게 생각할 것이다. 이번 전쟁을 놓고 말하자면, 진주만 공격 직전에 미국 국무부가 일본정부에 보낸 것과 같은 통첩을 받을 경우 모나코 왕국이나 룩셈부르크 대공국이라도 미국을 향해 무기를 들고 일어날 것이라고."[70] 팔은 재판의 정치적 목적과 점령 정책의 주요 계몽 목표, 곧 일본인들로 하여금 전쟁의 범죄성을 이해하게 한다는 데 반대했다. 그러나 스스로 공언한 의도와 달리 팔은 일본의 무죄를 주장하고, 전쟁 경위에 대한 일본의 공식 견해를 강하게 지지하는 것으로 끝을 맺었다.

CIE(민간정보교육국)의 '전쟁 유죄 계획war guilty program'에 따라 도쿄재판에서 반대 의견 전문을 공표하는 것은 금지되었으나, 웨브 재판장은 공판정에서 판사의 약 반수가 개별 의견을 썼다고 언급했다.[71] 외국인 판사들의 자율적인 태도와 소수 의견의 존재는 일본인들에게 깊은 인상을 주었고, 일본인들이 재판 결과를 받아들이는 데도 좋은 영향을 미쳤다.

VII

복잡한 정치적 성격을 띤 데다 절차에도 문제가 있었지만, 도쿄재판은 일본인들에게, 그리고 패전에 대한 일본인들의 생각에 다양한 측면에서 깊은 영향을 미쳤다.[72] 일부 우파는 재판에 극히 비판적인 태도로 매우 분개하면서, 일본의 침략을 결코 반성하지 않았다. 기시 노부스케岸信介

는 스가모 형무소에서 쓴 일기에 전범재판을 '촌극茶番'으로 표현하고는 재판의 영향을 제거하는 데 남은 정치생명을 바쳤다.[73] 우파의 다른 이들은 일본이 벌거벗겨져 세계 앞에서 치욕을 당한 것으로 여기고는, 재판을 무시하고 의식에서 몰아내려고 애쓰며 정치적, 문화적 교훈 도출을 거부했다. 보수주의자인 아시다 히토시 전 총리대신은 재판이 일본 내에서 큰 파문을 일으키지 않을 것이라고 예측했다.[74]

공산당은 유죄를 선고받은 범죄인에 대한 전쟁 책임 추궁과 엄벌을 적극적으로 요구한 사실상 유일한 존재였다. 그러나 학계의 마르크스주의 지식인들은 도쿄재판을 일본에 민주주의가 뿌리내릴 기회를 잃게 한 사건으로 치부하고 그 역사적인 중요성을 인정하려 들지 않았다. 그들은 국가원수의 책임 회피가 가능하도록 재판소 헌장이 개정된 점, 그리고 맥아더가 천황과 일본의 산업·재계 지도자들을 전면 면책시켜준 탓에 소송 절차가 무너진 점을 들었다. 한편으로는 도쿄재판이 전쟁으로 가는 도정을 "극단적인 군국주의자와 온건한 정치 지도자들 사이의 대립을 축으로 하여" 보았다는 점에서 엘리트주의 역사관을 촉진했다고 정확하게 지적한 마르크스주의 역사학자들도 있다.[75] 그러나 학계 밖에서는, 미국의 국무부와 군부가 1948년 8월과 11월에 작성한 보고서에 따르면, 일본인 대부분은 재판과 고발된 국가 지도자에 대해서 "수동적인" 태도를 취하면서 지도자들이 주어진 상황에서 공정한 재판을 받았다고 생각했다.[76] 판결이 내려진 뒤 재판에 대한 대중의 반응은 일본을 재건, 개량하여 진정한 '평화 국가'로 만드는 노력을 적극 이어나가자는 것이었다.

이에 누군가는 다음과 같이 토를 달 수도 있겠다. 마키노 노부아키 문서에서 발견된, 날짜는 기록되어 있지 않으나 시데하라 내각 시기에 작성된 것으로 추정되는 자료—재판과 사형 선고에 대비한 긴급 칙령안—의 구상대로, 피고인들이 천황의 '평화 정신'을 거역했다 하여 일본의 법정에서 재판을 받았다면 공평하게 재판을 받을 수 있었을지 의심스럽다고.[77]

더 중요한 것은, 도쿄재판이 단순히 승자 대 패자로 적대하여 겨루는 과정은 아니었다는 점이다. 팔이 격렬하게 퍼부은 '승자의 재판'이라는 비난은, 극단적으로 단순화된 채로 남아 오히려 재판의 실상을 이해하기 어렵게 만들어왔다. 사실 도쿄재판은 미국과 일본의 합작 정치재판이라 할 수 있었다.[78] 재판 준비 단계에서, 히로히토와 그 측근들은 전쟁범죄를 물을 만한 인물들을 고르는 데 배후에서 협력하며 영향력을 행사했다. 측근의 데라사키와 마쓰다이라는 피고인 명단을 작성하는 IPS 집행위원들에게 정보 제공자 노릇을 했다. 천황과 중신들을 지키려고 결심한 다른 측근들도 마찬가지였다. 궁정 고관과 외무성 관료들은 스가모 구치소의 A급 전범 용의자들에게 진술할 내용을 지시했다. 동시에 그들은 키넌을 비롯해 검찰과 변호인 양쪽의 많은 법률가들과 친교를 맺었다.

황족, 특히 다카마쓰노미야와 마쓰다이라를 비롯한 궁내관들은 미국인 법무관들의 환심을 사고 협력자로 삼으며 정보를 수집할 목적으로 그들을 칵테일파티나 환영회, 궁중의 '오리 사냥' 같은 각종 모임에 초대했다. 히로히토는 이러한 오락 모임에 궁정 지출을 늘리는 것을 개인적으로 허락했다. 히로히토의 관료들은 소수 군벌에게 침략의 책임을 뒤집어씌우고, 천황과 백성들은 그들에게 철저히 속아왔다는 인상을 주기 위해 심문에 협력하고 진술서를 제공했다. 항복 후 곧 재편, 확대된 궁중 세력은 2차 세계대전의 종결에 관한 미국 쪽의 공식 견해에, 항복이 늦어진 과정에서 히로히토가 한 역할을 모호하게 얼버무리는 거짓 설명을 끼워 넣는 데 성공했다. 키넌이 '평화 애호자'라고 부른 이들 보수 지도층은 기소 과정과 소송 절차, 최종 평결에까지 어느 정도 영향을 미쳤다.

도쿄재판을 통해서 전쟁 지도층의 기만책과, 직무상 행위에 대한 형사 책임을 인정하려 하지 않는 그들의 태도가 명백히 드러났다. 또한 장작림 암살과 관동군의 음모에 따라 만주사변이 일어난 사실이 일본에서 처음으로 폭로되었다. 그 유명한 바탄과, 태국과 버마 사이의 콰에노이 강영어로는 콰이 강(River Kwai)—편집자 철교를 포함해 아시아 태평양 곳곳에서 연합군 포로와 민간인을 학대하고 학살한 사실이 입증되었다.[79] 남경대학살의 증거가 인정되었다. 마쓰이 이와네 대장에 대한 공판 심리가 열리는 동안, 남경의 전범재판에서 1937~1938년 대학살 때의 책임을 물어 육군 중장 다니 히사오谷寿夫와 이소가이 렌스케磯谷廉介에게 사형 판결을 내렸다는 소식이 언론을 통해 알려지자 일본 인민들은 학살의 증거를 더욱 믿게 되었다. 일본인들이 마닐라에서 자행한 민간인 살해 행위도 자세하게 소개되었다. 하지만 마닐라에서 희생자 수가 많았던 것은 미군의 무차별 포격 때문이기도 했다. 또한 여성 포로와 점령지의 여성 주민들을 강간한 증거가 제출된 것, 국제범죄법정에서 강간이 고발된 것은 미래를 위한 선례가 되었다.[80]

도쿄재판은 일본의 정치자세에 오래도록 영향을 미쳤다. 많은 일본인들이 국가 정책으로 수행된 전쟁에서 교훈을 얻어, 일본은 두 번 다시 전쟁을 해서는 안 된다고 결의하고, 민주주의의 이상과 국제적인 규범을 살리는 데 전념했다. 도쿄재판은 군국주의와 전쟁에 대한 대중적 혐오를 북돋웠고, 새 헌법이 잘 받아들여지는 데 기여했다. 일본의 평화운동은 도쿄재판에서 드러난 증거들을 이용하여 일본제국의 낡은 가치 구조를 비판했다. 일본 언론은 CIE의 요구에 따라 재판의 진행 상황을 날마다 보도했고, 점령군의 검열을 받긴 했지만 전쟁에 이르는 과정에 대해 평범한 일본인들에게 주입되었던 것보다 훨씬 더 정확한 설명을 제공했다. 게다가 검찰과 변호인 양쪽이 축적한 엄청난 문서가 고스란히 남아 오늘날까지 귀중한 역사 자료로 활용된다.

그렇지만 일본과 외국의 비판자들 눈에는 그때나 지금이나 도쿄재판에 지울 수 없는 결함이 있었다. 법정은 국제형사법이 정한 피고인의 권리를 충분히 보호하지 않았다. 검찰 쪽은 기소장에서 공동 모의죄표준국어대사전의 설명에 따르면 공동 모의란 영미법에서 두 사람 이상이 어떤 불법적인 행위를 하기로 합의하는 일을 말하는데, 이때 그 행위를 실행하지 않아도 범죄가 성립한다고 본다—편집자를 특히 중시했다. 공동 모의란 유럽의 자연법 전통과 앵글로색슨의 관습법에 근거한 법 개념인데, 〔유럽—옮긴이〕대륙의 법률가들에 따르면 불명확하고 생소하며 역사적으로 시대착오적인 개념이었다.[81] 키넌과 맥아더가 트루먼의 정책에 따라, 공동 모의가 이루어진 것으로 여겨지는 17년 동안(1928년 1월 1일부터 1945년 9월 2일까지) 전 기간을 통틀어 권력을 쥐고 있었던 한 사람을 제외했기 때문에 일본의 의사 결정 과정이 흐릿해지고 말았다. 그 사람은 천황이었다. 그만이 불법적인 '침략전쟁이자 국제법, 조약, 협정과 약속 등을 위반하는 전쟁'을 치르자는 공동의 모의를 허용할 수 있었다.

그리고 연합국도 전쟁범죄를 저질렀으면서, 그들 스스로의 행위에는 뉘른베르크 원칙을 적용하지 않았다. 31개월 넘게 재판이 진행되는 동안 미·소 간의 냉전은 차츰 심각해졌고, 이는 심리에도 영향을 미쳤다. 아시아에서 서양의 식민지주의는 여전히 건재했는데, 이는 도쿄재판에서 뉘른베르크에서와는 달리 제국주의와 국제법의 관계라는 문제를 드러내고 말았다는 의미다. '네덜란드령 동인도'와 옛 식민지 조선에서 재판관이 한 명도 초빙되지 않은 사실이 그 명백한 예였다. 동남아시아에서 식민 지배 회복을 꾀한 프랑스와 네덜란드 두 정부, 그리고 아시아 태평양 전역에 걸쳐 영향력을 행사하는 미국의 행위는 더욱 노골적이었다. 트루먼 정권은 베트민 베트남독립동맹회(越南獨立同盟會)의 약칭—편집자과 싸우는 프랑스를 경제적으로 지원했다. 트루먼 정권은 중국에서 항복한 일본군이 장개석 편에서 전투 행위를 하도록 용인했고, 나아가 공산당과 국민당 사이에 재개된 내전을 원조할 목적으로 장개석 군에 군수품과 군사고문을 제공했다.[82] 아시아 태평양의 개발 도상 지역에서 미국의 지도자들은 모든 나라를 '그곳'〔전시에 공인된 용어로서, '지도민족'인 일본 아래 각 나라와 민족을 각각 알맞은 자리(그곳)에 둔다는 서열 개념에서 나온 표현—일본어판)에 둔다는 일본의 선례를 답습하는 듯했다.

피고인들의 모든 공소사실을 세세히 기록한 최종 기소장은 '부속서' 다섯 개와 함께 1946년 4월 29일 재판소에 제출되었다. 기소장에서는 일본의 마약 생산과 유통을 명기했으며, 부속서 D 제9절에서는 중국에서 일본이 독가스 작전을 펼쳤고 이것은 국제법 위반임을 밝혔다. 검찰은 마약 문제를 추궁했지만 독가스에 대해서는 거론하지 않았다.[83]

키넌이 '1937~1945년 중국 전역에 대한 군사 침략' 사건 담당으로 임명한 법무관 토머스 모로Morrow, Thomas H. 대령은 1946년 3월에 중국에 가서 독가스 문제를 조사했다. 모로가 4월 16일 키넌에게 제출한 보고서는 물밑에서 미 육군 화학전부대(U.S. Chemical Warfare Service: CWS)의 반격을 당했다. CWS는 그럴듯한 법리 논증을 늘어놓으며 일본은 화학전을 시행하면서 위법한 행위를 하지 않았다고 주장했다. 세계적인 최신예 독가스를 개발하던 중이었던 점, 그리고 2차 세계대전에서 그 신병기를 사용할 기회가 없었던 점을 들어, CWS는 특히 대소련전이 임박했다고 여겨지는 이때, 법정이 독가스 사용을 범죄시하는 어떤 행위도 취하지 않기를 바랐다. 맥아더나 미 육군 지휘 계통의 고위직 누군가가 실제로 일본군의 화학무기 사용에 대한 소추 중지 결정을 내렸는지 여부는 지금도 명확하지 않다. 그러나 개정 후 첫 두 달 사이의 어느 순간에 이 문제에 대한 소추는 중지되었다. 문제의 핵심을 이해할 상상력이 부족한 트루먼 대통령은 독가스를 위법한, 비인도적 전쟁수단이라고 비난한 루스벨트 전 대통령의 전시 정책을 사실상 철회한 셈이었다. 화학전 수행에 관계한 일본군 장교들과, 국제법에 손이 묶이지 않기를 바랐던 미군 지도자들이 최대 수혜자였다. 동시에 세계는 화학무기 확산을 막을 기회를 놓쳐버렸다. 1946년 8월 12일, 모로 대령은 추측건대 이 문제 때문에 좌절하여 사직하고, 미국으로 돌아갔다.[84]

맥아더와 연합국이 국익을 이유로 개인 면책을 인정한 수많은 사례 중에, 중국 주둔 일본군의 세균전 책임자였던 이시이 시로石井四郎 군의軍醫 중장과 731부대 장병들이 있다. 중국인 포로를 주축으로 3000명에서 1만 명 가량 되는 사람이 이시이 부대의 생물학적 실험 결과 살해되었다고 추정되나, 도쿄재판에서는 이를 무시했다. 미국 통합참모본부와 맥아더는 이들의 실험 자료 입수를 재판보다 더 중요하게 여겼다.[85]

일본인들 사이에 남은 '성전聖戰' 의식의 잔재와 낡은 가치관이, 전쟁범죄 폭로에 뒤따른 반성의 시간을 단축시켰다는 것은 의심할 여지가 없다. 일본인들은 흔히, 전쟁이라는 것은 서로 잘못이 없어도 국가 간에 일어날 수 있는 자연스러운 사회 현상이라고 생각했고, 그러한 생각이 전시에 중국에서 벌어진 학살에 대한 반성을 방해했다. 몇몇 일본인 저술가는 개인적 주체성이 취약한 점과 지나치게 타인지향적인 생활 윤리도 그 원인이라고 보았다.[86] 그러나 일본인이 전쟁범죄를 그렇게 빨리 잊게 된 주원인은 히로히토에게 있었다. 천황이 전시의 역할, 특히 일본육군에 충성심과 훈공보다 도덕성을 더 높은 행동 규범으로 부여하지 못한 데 대해, 혹은 그러지 않은 데 대해 심판받고 조사받지 않는 이상, 일본이 벌인 침략전쟁의 정당성—다른 아시아 태평양 국가들을 해방시키기 위해 침공했다는 믿음—은 완전히 불식될 수가 없었다. 결국 다수 일본인들은 전쟁 수행에 관해 천황과 공범 관계에 있었다. 그리고 천황이 책임을 지지 않았으므로, 국민 전체가 스스로 책임질 필요를 느끼지 못했다.

일본 사람들은 전쟁에 대해 매우 심각한 죄책감을 느끼기 시작했지만, 기도와 도조에게 천황의 책임을 대신 지우는 등 책임을 불공평하게 배분한 맥아더와 트루먼의 성급한 결정이 이러한 움직임을 가로막아 버렸다. 1947년과 1948년에 걸친 트루먼의 극적인 정책 전환도 찬물을 끼얹었다. 똑같은 일이 갈라진 독일에서도 일어났다. 미국의 고등판무관 존 매클로이McCloy, John Jay가 수행한 트루먼의 정책은 비非나치화 계획의 범위를 제한하여, 극소수 독일인 전범에게만 적용하도록 했다. 도쿄재판과 재판에 동반된 청산 작업은 다양한 측면을 지닌 일본의 전쟁 책임 문제를 해결하지 못했다. 어느 면에서는 문제를 한층 더 어렵게 만들었다.

천황을 지키고 그의 이미지를 재창조하는 것은, 일본의 사회적 격변 위협을 심하게 과장하고 증언을 조작하고 증거를 인멸하고 역사를 왜곡해서만이 비로소 이루어낼 수 있는 복잡한 정치 사업이었다.[87] 히로히토가 이러한 부정행위를 불쾌하게 느꼈는지, 또 황조황종의 혼령에게 이런 이야기도 고했는지는 알 수 없다. 다만 도조 처형에 이르기까지 재판 전 과정에 걸쳐서, 히로히토가 국내외의 퇴위 압력을 물리치고 군주제를 수호하며 나아가 일본의 정치계 안에서 안정된 영역과 정통성의 원리를 유지하려는 원대한 목표를 잊지 않았던 것은 틀림없을 것이다.

제왕의 신비감을 회복하다 ^{16장}

점령 5개월째에 접어들어 1946년 새해를 맞이했을 때, 일본국민은 양분되어 있었다. 한편으로는 소집 해제된 병사들과, 이주했던 곳에 머무를 수 없게 된 시민들이 속속 아시아 대륙에서 돌아왔다. 수백만 명이 살 집을 잃고, 식량 배급 제도는 파탄 났으며, 곳곳에 암시장이 성행했다. 농민들은 지역의 민주화를 요구하며 정치투쟁에 나섰다. 농지개혁은 아직 시작되지 않았으나, 소작농과 소규모 자작농은 메이지 이후 전쟁 전 천황제 사회의 기둥이었던 지주 계급에 대해 불만을 터뜨리고 있었다. 다른 한편으로는 혼란과 퇴폐가 이미 눈에 띄게 퍼지면서, 지적인 소요와 흥분이 일어나고 있었다. 좌익뿐만 아니라 수많은 사람들이, 패전과 점령은 곧바로 근본적이며 철저한 개혁을 가져올 줄로 여겼다. 대규모 제도 변혁이 당장이라도 닥쳐올 듯한 분위기였다.

1946년 1월 13일 학습원 교수이자 GHQ 민간정보교육국CIE의 비공식

고문인 레지널드 블라이스Blyth, Reginald라는 인물이 히로히토의 시종장(후지타 히키노리藤田尚德—일본어판)에게 편지를 보냈다. 그는 식량 배급 제도가 곧 무너져버릴 것이라 인식하고, 천황에게 이 심각한 문제에 대처할 것을 권유했다.

암시장을 통하지 않고 식량이 적절히 배분되도록 하는…… 정서적 호소력은 천황만이 발휘할 수 있다. 천황은 전 일본을 돌며 탄광과 농촌을 방문하여 사람들의 말을 듣고, 함께 이야기하고, 질문해야 한다. 그리고 돌아와서는 성명을 발표하여, 식료품 사재기 등을 언급하며 지금이야말로 전시와 같은 희생정신이 필요하다고 말해야 한다. 마음을 담아 간절히, 식량을 함께 나누자고 일본인들에게 호소해야 한다.[1]

히로히토는 '행행行幸임금의 나들이—편집자'을 통해 위기에 처한 상황을 개선하고자, 맥아더와 GHQ 홍보 담당 고문의 적극적인 지지를 받으며 여행을 시작했다. 그들은 천황이 "진심으로 국민에게 관심을 갖고 있음really interested in the people"을 보여주기를 바랐다.[2] 천황 편에서는 첫 만남이 극도로 어색했고, 국민 편에서는 충격과 머뭇거림이 있었다.

언론인 마크 게인Gayn, Mark은 1946년 3월 26일 군마群馬 현 다카사키高崎 시에서, 순행 중에 전쟁 부상자 병원을 들른 천황을 만났다. 히로히토는 이제 막 '인간화' 단계에 들어선 때로, 도움을 바라는 처지였다. 게인은 다음과 같은 인상적인 기술을 남겼다.

나는 천황(우리는 천황을 찰리Charlie라고 불렀다)을 자세히 볼 수 있었다. 5피트 2인치쯤 되는 작달막한 키에, 어설프게 지은 회색 줄무늬 양복을 입었는데, 바지는 2인치 정도나 짧았다. 얼굴에는 이따금 뚜렷한 경련이 보이고, 오른쪽 어깨를 자꾸 움찔대는 버릇이 있었다. 걸을 때는 오른발을 조금 바깥쪽으로 내딛는데 마치 그 발이 자기 뜻대로 움직여지지 않는 것처럼 보였다. 그는 분명히 흥분하여 평정을 잃은 상태였고, 자신의 손과 발을 다루는 것이 버거운 듯했다.

처음에는 환자들 사이를 가로지르면서 이따금 멈춰 서서 병력표病歷表를 읽었다. 이윽고 몇 마디 말을 걸 필요가 있다고 생각한 듯 서너 가지 질문을 던졌는데, 모두 그 자리에 어울리지 않을 듯한 것들이었다. 결국 그는 "어디에서 왔는가?" 하는 단순한 질문만 하기로 했다. 그가 지나치면서 질문을 던지고, 환자가 대답하면 천황은 "아, 그런가!"라고 했다. 마치 환자들이 아키타나 와카야마, 홋카이도에서 왔다는 사실을 알고 깜짝 놀랐다는 듯한 목소리였다. 그의 목소리는 시간이 지남에 따라 점점 더 가늘어지고 점점 더 높아졌다.

불손한 미국인들은 모두 그 인간미 없는 "아, 그런가!" 소리가 나오기를 기다리다가, 팔꿈치로 서로 쿡쿡 찌르고 웃으면서 흉내를 냈다. 그러나 곧 장난치던 기분도 사라지고, 우리는 있는 그대로 천황을 볼 수 있게 되었다. 왜소하고, 지치고, 비통한 남자가 내키지 않는 일을 억지로 하고 있었다. 마음대로 되지 않는 목소리와 얼굴과 사지를 다스려보려고 갖은 애를 쓰면서. 덥고 조용했다. 천황의 높은 음성과 수행원들의 무거운 숨소리 외에는 아무 소리도 들리지 않았다.[3]

그러나 천황이 몸에 맞지 않는, '민주적인' 양복 차림으로 판에 박힌 대답을 하고 때로 웃음까지 보이면서 도무지 '현인신' 답지 않은 거동으로 여행하는 것에 사람들은 머지않아 익숙해졌다. 충성스러운 신하들이 바람잡이 구실을 하고, GHQ와 검열하의 일본 언론이 순행의 중요성을 거듭 강조한 데 힘입어 대중 사이에서 점차 열광적인 분위기가 확산되었다. 일정한 수준에서 1946년 한 해 동안 궁내성은 (맥아더의 허가를 얻어) 공익을 위해 돈, 토지, 건물, 목재를 내놓는 방식으로 인민에게 다가서려고 했다. 전혀 다른 수준에서, 이 나라의 군주제는 새로 태어나고 있었다. 국호도 매우 남성적인 '대일본제국'에서 비교적 여성적인 '일본국'으로 바뀌었다.[4]

　순행을 계획한 궁내 관료들─궁내차관 오오가네 마스지로大金益次郎, 궁내성 참사관 가토 스스무加藤進─은 그것이 '폐하의 생각'이라고 강조하며, 1872년부터 1885년까지 이루어진 메이지 천황의 대순행을 선례로 들었다.[5] 그것은 적절한 비교가 아니었다. 메이지 천황의 순행은 무력항쟁과 정치투쟁을 그 특징으로 하는 신생 군주제의 위기 시대에 이루어졌다. 그것은 민중에게 천황의 존재를 인지시키고 실질적인 권력 행사자로서 천황의 권위를 확립하는 커다란 과정의 일환이었다. 곧 그의 통치를 특징짓는 견고하고 공적인 군신 관계 구축을 목적으로 했다.

　이에 비해 히로히토는 치유를 목적으로 한다고 밝혔다. 그는 '고통 받는 국민을 위로'하고, '국민의 복구 노력을 격려'하고자 했다. 그는 〔기노시타 미치오의 1946년 3월 31일자 일기에 따르면〕 바쁘게 돌아다니면 1년 안에 전국 순행을 끝낼 수 있으리라고 생각했다.[6] 그는 천황과 국민 사이의 엄격했던 관계를 유연한 것으로 뒤집어서 군주제를 더 대중에게 친밀하게 '민주화'함으로써, 공화주의 대두에 선수를 치려고 했다. 물론 히로히토와 메이지 천황의 순행을 비교할 때, 맥아더의 강력한 지지 없이는 히로히토의 순행이 결코 불가능했으리라는 점을 잊어서는 안 된다.

　초기의 순행은 1946년 4월 30일 GHQ가 천황의 야스쿠니靖国신사 참배와 대배代拜대리인을 보내 참배하는 것—편집자를 금지하는 등 전사자들을 위한 국가의례를 전면 중지하도록 조치했을 무렵 이루어졌다. 순행이 차츰 대중의 관심을 사로잡아가자, 히로히토와 그를 보필하는 사람들은 단순히 그의 인기를 과시하여 천황이 쓸모 있는 존재임을 총사령부와 극동위원회에 보여줄 뿐만 아니라, 잃어버린 천황의 권위를 얼마간 회복할 기회도 잡게 되었다. 사람들이 매일 먹을 것과 쉴 곳을 위해 투쟁해야 하는 도시 지역에서는 대개 천황에 대해 무관심했다. 그러나 사회 구석구석에 천황에 대한 오랜 외경과 신뢰가 남아 있었고, 그것은 전쟁에 지고 지금 맥아더의 보호를 받아야 하는 한 인간인 천황에 대한 연민과 동정심과 뒤섞였다.[7] 신격을 부정하고, 과거에 비해 표현의 자유를 누리는 언론이 지켜보는 가운데 민주주의의 빛에 자신을 드러낸 이상, 천황 자신이나 측근이나 시민들과 접촉할 기회가 늘어나는 것을 쉽게 막을 수 없었다.

1946년 10월 중순 히로히토는 면밀히 연습한 뒤 맥아더와 세 번째로 만났다. 그는 우선 5월의 넉넉한 식량 원조에 감사하고, GHQ 내의 우호적인 분위기에 비해 미국의 대일 감정은 "좋지 않다"는 이야기를 꺼냈다. 이에 맥아더는 "재교육"으로 미국 여론이 호전될 것이라고 대답했다. 맥아더는 웃으면서 "나는 늘 미국인 방문객들에게 천황은 〔이 나라에서〕 가장 민주적인 분이라고 말하지만, 아무도 내 말을 믿지 않는다"고 덧붙였다. 그리고 새 평화헌법 이야기를 했다. 히로히토는 말썽이 잦아들지 않는 국제정세를 언급하며 일본이 위험에 처하게 되지는 않을지 우려를 표했다. 맥아더는 언젠가 전 세계가 일본의 새 헌법을 칭송할 것이며 한 세기가 지나면 일본이 "세계의 도덕적 지도자"가 되어 있을 것이라고 예언했다. 다음으로 히로히토는 불안한 노동계에 관한 걱정을 토로했다. 일본인들은 교육 수준이 낮고 "종교심이 부족하다"고 그는 주장했다. 맥아더는 격정하지 말라면서, "천황에 대한, 이전과 다름없는 존경과 애정에서 일본인들의 건전성을 볼 수 있다"고 말했다. 마지막에 맥아더는 순행을 계속하도록 천황을 격려했다.[8]

이때도, 그해의 다른 회견 때도 히로히토는 맥아더에게 일본인들이 아이와 같다고 했다. "차분하지 못하고" "부화뇌동"하며, 늘 외국의 모범을 흉내 내려고 한다는 것이다. 그는 자신의 전쟁에 관한 회고를 기록한 이나다와 기노시타에게도 똑같은 말을 했다. 천황은 "패전한 결과라고는 하나 우리가 헌법 개정도 다 마친 지금에 와서 생각해보면, 우리 국민으로서는 승리한 결과 극단적인 군국주의가 되느니보다 도리어 행복하지 않을까"라고 개인적으로 덧붙였다.[9] 패전을 희망의 빛으로 애써 바꾸면서, 히로히토는 나라의 최고 지도자들에게 그들이 이미 아는 사실을 거듭 말했다. 곧 패전은 그들이 적과 협력하여 온건한 개혁을 추진하는 좋은 결과를 불러왔다는 것이다. 항복 1주년이 되었을 때 천황은 하야마의 여름 별궁에서 〔수상 요시다 시게루 이하 각료들에게—일본어판〕 "일본이 진 것은 이번뿐이 아니다. 옛날〔7세기〕 조선에 출병하여 히쿠스키노에 백촌강(白村江)—옮긴이 전투에서 대패하고 반도에서 물러났다. 그 결과 여러 가지 혁신이 이루어졌다. 그것이 일본의 문화 발전에 큰 전기가 되었다"고 상기시켰다.[10]

I

1947년은 '인간' 천황, 국민과 고난을 함께하는 '민주적인' 천황이라는 새 이미지가 자리 잡는 데 결정적인 제2국면이 열린 해였다. 그해 문부성은 『새 헌법 이야기 あたらしい憲法のはなし』라는 대단히 영향력 있는

교본을 펴냈다. 이 책은 민주주의, 국제협조주의, 국민주권, 전쟁 포기라
는 이상을 강조하는 한편, 천황에 대해서는 극존칭어를 사용했다.[11] 일본
의 대중매체도 천황 관련 소식을 전할 때에 극존칭어 사용 규칙을 적용하
기로 정부와 합의를 보았다. 한편 궁정에서는 전쟁 전 천황이 하사하던
영전榮典 나라에 공훈을 세운 사람에게 내리는 작위나 훈장-편집자 수여를 재개했다.
천황은 수석검찰관 조지프 키넌을 통해 트루먼 대통령에게 편지를 보냈
다. 1월 2일에는 황궁의 니주바시에서 국민의 신년하례를 받는 관습을 만
들었다.

　1947년 히로히토가 순행을 재개하자, 하룻밤 사이에 순행은 기획자들
의 기대를 훌쩍 뛰어넘는 대대적인 호응을 불러일으키며 대중 행사가 되
었다. 악화 일로를 치닫는 미·소 관계와 전범재판에 관해 매일 쏟아지는
보도를 덮으면서, 현에서 현으로 도시에서 도시로 순행이 이어졌다. 3월
12일 발표된 트루먼 독트린은 유럽 냉전의 공식 개시를 알렸다. 냉전이
격해지면서 미·일 정책은 점점 더 보수화하여, 개혁과 위로부터의 민주
화에서 재건과 경제 성장, 그리고 노동 현장의 경영권 회복으로 방점이
옮겨졌다.[12]

　이러한 조짐은 미국의 배상 정책에 나타났다. 3월 17일 맥아더는 외국
인 기자들에게, 미국은 일본의 산업 능력을 망가뜨릴 의사가 없다고 말했
다. 그는 요시다 수상에게 보낸 편지에서, 경제 회생 준비를 위해 포괄적
인 계획을 세우라고 요구했다. 4월 25일 실시될 전후 두 번째 총선거 전
에, GHQ는 일본정부에 새로운 지침을 내렸다. 미국 주도하에 재건된 국
제질서 안에 한자리 차지할 수 있도록 일본은 경제적으로 자립해야 한다
는 것이었다.

　히로히토의 관점에서 보면 이러한 변화는 GHQ가 통제를 완화할 조짐

이며, 그가 전례 없이 자유롭게 일을 꾸밀 수도 있겠다는 표시였다. 새 헌법이 공포된 지 사흘 뒤인 5월 6일, 히로히토는 맥아더와 다시 만났다. 그는 민주주의 심화보다 안전보장 문제에 더 관심이 있었다. 전 외교관인 마쓰이 아키라松井明의 말에 따르면 천황은 최고사령관에게 "미국이 일본을 떠나면 누가 일본을 지킬 것인가?" 하고 물었다. 맥아더는 일본의 국가적 독립성을 아예 무시하고서, "우리가 캘리포니아 주를 지키듯 일본을 지킬 것"이라고 대답했다. 그리고서 국제연합의 이상을 강조했다고 한다.[13] 히로히토는 마음을 놓지 못했다. 그러나 다음 달 미국인 기자단과 회견하면서 맥아더는 "미국의 오키나와 보유를 일본인들은 반대하지 않을 것이다. 오키나와인은 일본인이 아니기 때문이다"라고 단언했다.[14] 이미 그는, 헌법상 '국권 발동인 전쟁을 영구히 포기'한 일본은 오키나와를 항구적인 대규모 미군 기지로 전환하는 방법으로 안전을 보장받을 수 있다고 생각하고 있었다.

1947년 여름, 히로히토는 순행을 재개했다. 황실 전용 열차와 자동차의 행렬은 갈수록 더 길어지고, 행사는 매번 더 복잡해지고 더 많은 비용이 들었으며 더 인기를 끌었다. 보수파 의원과 지방 정치가는 천황과 밀접한 관계를 맺으면 자신들의 입지가 유리해지리라 판단하고, 앞다투어 순행 차량에 동승했다. 6월 초순에 천황이 오사카에 도착했을 때는, 당초 전쟁 피해 지역 시찰을 목적으로 삼았던 순행이 장대한 개선 행렬처럼 되어버렸다. 금지되었던 일장기가 지붕마다 나부끼고, 수천 명에 이르는 환영 인파의 손에서도 펄럭였다. 모르는 사람이 보았다면 최후의 승리를 거둔 천황을 온 국민이 축하하는 줄 알았을 것이다.

같은 해 6월 1일, 새 헌법에 따라 국회에서 지명된 가타야마 데쓰片山哲가 연립내각을 조직했다. 히로히토는 이제 자신이 차기 수상 선정 과정에서 배제된 것이 언짢았으나, 겨우 "가타야마는 유약한 것 같은데 어떠한 가?"라는 논평으로 불만을 표현할 수 있었을 따름이다.[15] 그 후 천황은 새 수상이 교토 어소에서 자신에게 공식 보고를 올릴 것을 고집했다. 7월 22일에는 가타야마 내각의 외상 아시다 히토시에게 비공식으로라도 외교적 사안에 관한 보고를 지속하도록 요구했다.[16] 매우 충실한 신하였던 아시다조차 이러한 천황의 요구는 새 헌법의 정신뿐만 아니라 규정에도 어긋나는 것이라고 생각했다. 이후 그는 마지못해 히로히토에게 정기적으로 요약 보고를 했는데, 특히 앞으로 맺게 될 평화조약 준비와 장래 일본의 안전보장 문제에 중점을 두었다.

바야흐로 히로히토는 새 헌법을 위반하면서 다시 국정에 적극적인 역할로 돌아섰다. 1947년 6월 5일 아시다 외상은 외국 기자단에 일본국민은 오키나와 반환을 바란다고 말했다. 3주쯤 뒤인 27일, 맥아더 장군이 이에 반응했다. 그는 미국의 출판인들에게 다방면에 걸쳐 주목할 만한 논평을 하는 자리에서, "오키나와 제도는 우리의 자연적 국경"이며, "오키나와인은 일본인이 아니"기 때문에 일본인들은 미국의 오키나와 보유에 반대하지 않는다고 선언했다. 게다가 오키나와의 미 공군기지는 일본 스스로의 안전보장에도 중요한 것이었다. 이 시점에―아시다와 맥아더가 오키나와에 대해 공식 언급한 뒤, 그러나 미 국무부와 국방부 모두 아직 이 전략 지대인 섬에 관한 정책을 확정하지 않은 시점에―히로히토가 끼어들어, 일본 군주제의 수호자인 맥아더의 견해를 지지하는 한편 일본의 주권을 주장하는 비헌법적인 정치적 논평을 했다.[17]

그해 9월 20일 히로히토는 맥아더의 정치자문 윌리엄 시볼드Sebald, William J.에게 오키나와의 장래에 관한 견해를 전했다. 천황의 통역으로 GHQ 고위 관리들과 자주 연락하곤 했던 데라사키 히데나리寺崎英成의 중개로, 천황은 미·소 대립의 격화를 고려하여 미군이 오키나와 제도 전체를 99년간 점유할 것을 요청했다.[18] 이때 히로히토는 오키나와의 지위에 대해 맥아더가 가지고 있는 최근의 견해를 알고 있었다. 오키나와에 대한 천황의 생각은, 국민 다수와 일본의 주류 보수파 지도층이 여전히 벗어나지 못한 식민주의적 사고방식과 완전히 일치했다. 1945년 12월로 돌아가서, 제89차 제국의회는 오키나와 현민과 식민지였던 타이완, 조선 사람들의 선거권을 박탈했다. 그리하여 새 '평화' 헌법을 채택한 1946년의 제90차 제국의회에 오키나와 대표는 한 명도 없었다.

히로히토의 '오키나와 메시지'는 헌법상 부여된 의례적 역할과는 거리가 먼 외교와 국정상의 역할 수행을 그가 비밀리에 지속하고 있음을 증명했다.[19] 한편으로 이는, "〔일본에〕 좌익과 우익 두 집단이 대두하여" 사건을 일으키고 그것을 빌미로 소련이 개입할 가능성에 천황이 매우 큰 비중을 두었음을 알려준다.[20] 히로히토는 외무성과 마찬가지로 평화조약을 체결한 뒤에도 미군이 일본 국내외 인근에 계속 머무르기를 바랐다. 동시에 도쿄재판 기간에는 신변의 안전을 위해 미국을 가까이할 필요성도 느꼈을 것이다. 그러나 무엇보다도 천황의 메시지는 새로운 상징천황제와 새 헌법 제9조, 오키나와의 미군 기지화 사이의 연결고리를 드러낸다.

히로히토가 니가타新潟 현 나가오카長岡 시를 순행하던 1947년 10월 10일, 조지프 키넌 수석검찰관은 천황과 기업계에는 전쟁 책임이 없다는 성명을 발표했다.[21] 이로부터 1년 전 미국에서 키넌은 '고위층 정치권'이 전쟁에 대한 천황의 책임을 추궁하는 일에 반대하기로 했음을 누설한 바 있었다.[22] 몇 달 전인 1946년 3월에 이미 비공식적으로 자신이 기소되지 않을 것을 알고 있었던 히로히토에게, 키넌이 일본에서도 공식적으로 이 결정을 밝힌 것은 반가운 소식이었다. 새로운 군주제의 주된 재정 후원자가 될 일본의 재계 지도자들도 환영할 만한 소식이었으나, 맥아더가 일본의 거대 복합기업 해체와 한정된 범위의 경제 민주화에 대한 열의를 거두지 않았기 때문에 그들의 기쁨은 어느 정도 빛이 바랬다.[23]

한편, 천황의 퇴위와 더 강한 궁정 개혁을 요구하는 압력이 지속되었다. 1947년 10월 14일 GHQ는 황족의 지위를 가질 수 있는 황실 구성원의 수를 다시 줄였다. 히로히토와 그 측근들에게는 더욱 달갑지 않은 소식이 이어졌다. 아시다 외상은 키넌 수석검찰관과 '친한' 전 육군소장 다나카 류키치田中隆吉를 만났을 때의 일을 일기에 적었다. 다나카는 키넌이 기도, 도조, 도고에 대한 반대신문은 다른 사람에게 맡기지 않고 본인이 한다는 것, 그리고 황후와 황태자가 너무 '남의 눈에 띄는 행동'을 하고 다니면 자신들의 노력이 헛수고가 될까 봐 걱정스러워한다고 아시다에게 말했다. (아시다가 기록한 다나카 소장의 말에 따르면) 키넌은 재판을 다 마친 다음에 천황을 만나 '퇴위 문제 등'을 의논할 생각이었다. 다나카는 맥아더가 "일본 국내의 안정을 위해서나 공산당 억제를 위해서나 천황 제도가 필요하다고 확신한다"는 말도 전했다.[24] 한 달 뒤인 11월 14일, 히로히토는 맥아더와 다섯 번째로 만났다. 이때 90분간 그들이 나눈 이야기는 전혀 알려지지 않았으나, 이전의 회담과 마찬가지로 구체적인 정치 사안들이 거론되었을 것이다. 26일, 천황은 그해 마지막 순행지인 혼슈 남서부의 주고쿠中国 지방 순행에 나섰다.

1947년 12월 7일―진주만 공격 후 6년, 종전 후 28개월이 지났을 때―히로히토 일행은 원자폭탄이 투하되었던 히로시마에 도착했다. 천황의 순행에 대비하여 거리는 특별히 말끔하게 청소되어 있었다. 한 오스트레일리아인이 관찰한 바에 따르면 "너무 멋 내지 않고 신중하게 고른" 양복에 어두운 잿빛 중절모를 쓰고서, 천황은 "오늘날 일본의 특징인 초라하지만 결연한 표정을 상징하는" 듯이 보였다. 시내로 들어선 천황의 차량 행렬이 꼼꼼하게 계획된 긴 경로를 지나가는 동안, 길가에는 어른 아이 할 것 없이 수천 인파가 늘어서 있었다. 처음으로 멈춘 곳에는 검은 옷을 입은 전쟁고아들이 무릎 꿇고 앉아서 그를 기다리고 있었다.

그리고 고아들 옆에는 엄마들도 몇 명 서 있었는데 그들의 얼굴에는 화상 자국이 남아 있었고, 아이들의 상처도 다소 심각했다. 카메라들이 찰칵거리며 돌아가고 군중이 시시각각 흥분을 더해가는 사이, 천황은 모자를 손에 들고 이 사람들에게 일어난 일에 대해 간단한 설명을 들었다. 그는 몇 번인가 "아, 그런가" 하고 중얼거렸는데, 마치 자신에게 내밀어진 마이크를 향해 말하듯이 했다. 그러고서 입술을 떨며 가볍게 머리를 숙이고 자동차로 돌아왔다. 그때 군중이 열광했다. 사람들은 목청껏 만세를 외치면서 몰려들었고, 눈을 빛내며 얼굴을 덮고 있었던 무표정한 가면을 모두 벗어던졌다. 천황이 차에 오를 때까지 궁내부 직원들과 경관들은 떠밀리고 짓밟혔다. 누구도 천황에게는 손을 대지 않았지만, 많은 사람들이 그의 차를 만지는 것만으로도 행복한 듯 보였다.

우리는 다음 장소로 향했다. 임시로 만들어진 광장에 시장, 시청 직원, 시 인구의 4분의 1에 달하는 5만 인파가 그를 환영하고자 기다리고 있었다. ……여기서도 감격에 겨워 우는 사람들을 볼 수 있었다. ……천황은 단상에 올라…… 모든 각도에서 다시 한 번 사진을 찍었다. 〔주머니에서 종이쪽지를 꺼내서〕 그는 간략한 연설을 했다. ……시청에서 그는 옥상에 올라가, 지도를 들고 기다리던 시장에게서 이 도시의 과거, 현재, 그리고 미래의 계획에 대한 설명을 들었다. ……천황을 위해서 보라색 손수건 위에 쌍안경이 준비되어 있었으나, 그는 손대지 않았다. 처음으로 그날 천황은 안절부절못하며 빨리 떠나기만을 바라는 듯이 보였다.[25]

그보다 앞서 GHQ는 국내외뿐만 아니라 GHQ 내부에서도 비판이 일자, 천황의 순행을 재검토하기 시작했다. 민정국의 폴 켄트Kent, Paul J.가 주고쿠 지방 순행에 동행하라는 지시를 받았다. 12월 16일자로 된 그의 첫 보고서에서는 순행단의 엄청난 규모에 주목한다. 거의 100명쯤 되는 관리와 수행원들에, 무수한 신문 잡지 기자, 사진기자들이 "지방 여행을 위해 열차, 버스, 자동차의 자리를 제공받으며…… 천황 일행의 모든 여정에 따라붙었다." 켄트는 "지방행정기관과 사기업의 막대한 경비 부담"을 들어 "이 신봉자, 추종자, 당번병, 집사들 무리"를 비난했다. 그의 보고서는 이렇게 이어진다.

천황 일행이 통과하는 거의 모든 길이 새로 보수되었다. ……〔그리고〕 그가 서서 논밭을 보는 장소에는 단이 깔리고 지붕이 덮였다. 꽃과 나뭇가지로 장식된 기둥, 원주, 홍예가 광장 어귀와 길모퉁이와 다리목에 세워졌다. 그가 붙잡을 난간에는 천이 감겼고, 그가 지나갈 길에는 흔히 깔개가 깔렸다. 이 모든 정성을 생각하면…… 쓸데없는 목적을 띤 사업에 경이적인 비용을 갖다 바치는 것이라고 결론지을 수밖에 없다. 그것은…… 재정이 파탄 날 위기에 처한 국가에 결코 합당하지 않다.

그는 천황이 "실상을 보지 않"으며, 천황의 시찰은 그를 일상적으로 대중의 눈에 노출시키는 〔정치 선전을 위한—옮긴이〕 "유세campaign tour"로 전락했다고 주장했다. 특히 순행이 군주제 민주화가 아니라 "전통적 천황제의 권력과 영향력"을 강화하고 있다는 것은 최악이었다.

켄트는 이러한 유감스러운 상황에 대해 히로히토 본인을 비난하지는 않았지만, 그를 이렇게 묘사했다.

> 〔천황은〕 신체의 약점을 보이는 데 민감하다. 태도와 동작은 떨리고 어색하다. 말하거나 움직이기 전에 머뭇거린다. 완전한 자의식 과잉이 아니면 아마 불안한 것이다……. 거의 언제나 얼굴은 무표정이다. 아이들에게 말을 걸거나 만세 소리가 커질 때에나 조금 웃었다. 그의 옷차림은 정말 별로다.

켄트는 천황의 어색함을 결국은 궁내부 관료들의 태도 탓으로 돌렸다. 그는 특히 두 가지 예를 들어 관리들을 비난했다. 하나는 진주만 6주년 기념일에 천황이 히로시마를 방문한 일이다.[26] 켄트를 화나게 한 다른 사건은 주고쿠 순행 마지막날인 12월 11일에 벌어진, '조직적이고 광범위한 일장기 게양'이었다.[27]

GHQ는 재빨리 반응했다. 1948년 1월 12일, 민정국은 궁내부 관료들이 수많은 GHQ 지령의 정신을 위반했으므로 천황의 '유세'를 중단하라고 명령했다. 그들은 오만하고 비민주적으로 행동했으며, 관료기구는 공공 자금을 남용하고 순행 경비 조달을 위해 부당한 과세를 징수했다.[28] 또 GHQ는 새로 제정된 외국인등록법 때문에 격분한 조선인 공산주의자들이 천황 암살을 기도한다는 소문에도 신경을 썼다. 더 자세한 언급은 없지만 순행은 천황이 포기한 신격의 흔적을 벗겨내고 일본 시민을 신민의식에서 해방시킨 것이 아니라, 실제로는 과거의 천황 숭배를 촉진한 것이다.

II

1948년 새해 첫날, 히로히토는 새해 인사를 하려고 황거 앞 광장에 모여든 수만 명을 환대했다. 1월 중순 그는 황거에서 국민 일반이 참여할 수 있는 우타카이하지메歌会始정월 중순 궁중에서 열리는 그해 첫 어전 와카(和歌) 발표회─옮긴이를 개최했다. 이 행사는 메이지 유신 2년째인 1869년에 채택되어, 이후 민주주의가 분출한 시기마다 신하에게, 그리고 국민에게 차츰차츰 문호를 개방해왔다. 응모자는 정해진 제목으로 와카和歌를 지어 제출하고, 그중 우수한 작품이 낭독된다. 궁정 관료와 논객들은 이 행사가 일본인들 사이의 정치적·사회적 격차 해소에 이바지한다고 여겼다. 현실은 정반대였다. 천황이 망극하게도 한낱 일반 서민의 노래를 들어주고, 하층민은 천황의 노래를 황송하게 듣는 것으로 천황과 민중이 하나가 되었다. 그렇게 해서 우타카이하지메는 보수 이데올로기의 정치적 가치관을 재생산하고, 계급차가 없는 반석 같은 국민이라는 거짓된 믿음을 다시금 표상하는 것이었다.[29]

그해 후반 히로히토는 자선 기부를 했고 이는 크게 보도되었다. 또 새로운 세 가지 형식의 간소한 행사를 시도했다. 식수 기념행사에 참가하는 작은 여행, 체육대회 관람, 황실과 밀접한 관계가 있는 민간 조직이 추진하는 문화·사회사업 참석이 그것이다.

1948년 1월 천황이 국회를 소집했을 때, 의원들의 관습적인 '게걸음'이 사건을 일으켰다. 천황이 전용 문으로 의사당에 들어서면 우선 알현실에서 양원 지도자들의 인사를 받게 되어 있었다. 관례상 의원들은 알현실로 들어가서 천황 앞으로 곧장 걸어가 고개를 조아린 다음, 옆걸음이나 뒷걸음질을 해서 가장 가까운 문으로 나간다. 이렇게 해서 천황에게 옆얼굴이나 뒤통수를 보이는 불경을 범하지 않는 것이다. 그러나 이날 천황이 양원의 의장과 부의장에게 인사를 받으러 특별 알현실에 들어갔을 때, 참의원 부의장인 사회당의 마쓰모토 지이치로松本治一郎는 나타나지 않았다. 그는 나중에 동료들에게 "그런 '게걸음' 흉내를 내야 하는가? 인간 천황이 되었거늘"하고 설명했다.

마쓰모토는 새 헌법 질서에 어울리지 않는 전쟁 전의 관습이 여전히 남아 있음을 폭로한 것이었다. 그러나 그는 용기를 칭찬받기는커녕 제재를 받았다. (언론인 마쓰우라 소조松浦総三가 지적했듯이) 그의 행동과 발언은 요시다 시게루를 비롯하여 1946년 '플래카드 사건'1946년 5월 1일 '식량 메이데이' 시위행진에 "히로히토 가라사대 국체는 수호되었다. 짐은 배가 터지게 먹고 있다. 너희는 굶어죽어라. 어명어새"라고 적힌 플래카드가 나타났다. 관련자들은 1심에서 명예훼손죄, 2심에서 불경죄를 선고받았으나 사면되었다. 가리야 데쓰, 김원식 옮김, 『천황을 알아야 일본이 보인다』(세계인, 2002)−편집자 이후 새 형법에 불경죄를 부활시키려고 애써온 완고한 보수파를 완전히 적으로 돌리고 말았다. 이듬해 마쓰모토는 요시다의 요청을 받은 GHQ에서 추방 처분을 받아, 일시적으로 정치생명을 잃었다.[30] 한편 천황 앞에서 '게걸음' 하는 관습은 계속되었다.

이 '게걸음' 사건은 새로운 군주제에 걸맞게 행동 기준을 더욱더 개혁할 필요가 있음을 분명히 보여주었다. 순행이 금지되어 관련 보도가 주요 일간지 지면에서 사라졌지만, 국민의 인기를 얻으려는 천황의 노력은 계속되었고 그것은 군주제에 보호막을 치는 과정이기도 했다.

1948년 2월 10일, 사회당이 주도하던 가타야마 내각은 당내 좌우파 대립으로 총사직했다. 헌법상 보고할 의무가 없었지만 가타야마는 곧 그 사실을 천황에게 보고했다.[31] 4주 뒤인 3월 10일, 아시다 히토시가 두 번째로 불안정한 연립내각을 조직했다. 히로히토는 예전에 천황이 하교하던 방식대로 "공산당에 대해서는 어떻게든 조치를 취할 필요가 있다고 생각한다"고 아시다에게 말했다. 아시다는 공산당도 합법 정당이기 때문에, 불법 행위를 하지 않는 한 정부가 법적 제재를 요구할 수는 없다고 설명했다. 또한 그는 지방 순행에 관해 "투서가 산더미처럼" GHQ에 쌓이고 있어 새로운 천황제에 위협이 된다고 경고했다.[32] 이렇게 아시다는 가타야마가 노력했으나 성공하지 못했던 궁중 개혁을 이어갈 뜻을 밝혔다. 히로히토는 두 달가량 단골 논거인 점진적 개혁의 '진자振子 이론'을 들이대며 저항했다.[33] 그러나 결국 아시다는 그를 설득하여 측근 고관들을 파면시켰다. 그 여름 순행의 주된 연출자였던 오오가네, 가토, 마쓰다이라는 무대에서 사라졌다.

한편 천황의 위신은 여전히 공격받고 있었다. 4월이 되자 전범재판소는 최종 판결 준비를 위해 휴정했다. 새 군주제의 장래에 관심 있는 지식인들은 히로히토가 전시에 자신이 한 일과 국민에 초래한 고난에 대한 도덕적, 정치적 책임을 회피하고 있음을 다시금 거론했다. 판결을 계기 삼아 천황이 퇴위 선언을 하리라고 기대하는 이들도 있었다.

1948년은 미·소 간 대립으로 일본의 내정이 방향을 전환한 해였다. 10월 7일, 아시다 내각은 7개월 만에 무너졌다. 며칠 뒤 더 보수적인 요시다 시게루가 2차 요시다 내각1948년 10월 15일~1949년 2월 16일—위키백과을 조직했다. 그로부터 한 달 뒤 도쿄전범재판은 종언을 고했다. 11월 12일 오후에 판결이 선고되었다. 12월 23일, 사형 판결을 받은 7명에 대한 교수형이 스가모 구치소에서 집행되었다.

이튿날 맥아더는 A급 전범 용의자 중 기소되지 않았던 19명을 구치소와 자택 연금에서 풀어주었다. 그중에는 전 국무대신으로 1941년 대미 개전조서에 서명한 기시 노부스케岸信介, 경찰 관료로서 도조 내각과 스즈키 내각 때 반정부 언론을 탄압한 아베 겐키安倍源基, 우익 조직의 우두머리 고다마 요시오児玉譽土夫, 사사가와 료이치笹川良一도 있었다.**34**

그 후 수년 동안 일본의 정치인들과 천황은 A, B, C 각급 수형자 전원의 석방을 요청했고, 맥아더와 그 후임인 매슈 리지웨이Ridgway, Matthew Bunker 육군중장은 대부분 용인해주었다. 샌프란시스코 대일강화조약2차 세계대전 종결을 위해 1951년 9월 8일 미국 샌프란시스코에서 일본과 연합국이 맺은 조약. 1952년 4월 28일에 발효했다─편집자이 발효된 1952년 4월까지, 워싱턴의 승인을 얻어 SCAP(연합국최고사령관)는 재판에 회부되지 않았던 B급, C급 미결 용의자 포함 총 892명을 석방했다.**35** 석방된 인물 중 몇 명은 곧 전후 국가에서 최고 권좌에 올라, 1950년대 일본 정치의 분열에 심대한 영향을 미쳤다.

1948년 12월 1일, 미국 국가안전보장회의National Security Council 문서 13/2가 맥아더에 전달되었다. 미국의 점령 정책이 정치적 민주화에서 경제 재건과 재군비로 전환하는 것을 공식 승인하는 문서였다. 이후 미국은 평화헌법을 무시하고 일본을 경제적, 정치적으로, 뿐만 아니라 군사적으로도 강화시키게 된다. 이 문서와 트루먼의 추가 지령을 받고서 2주 남짓 지났을 때인 12월 18일, 맥아더는 임금과 물가 통제, 수출생산성 최대화 등을 골자로 하는 '9원칙'을 2차 요시다 내각에 하달했다. 다음 해 2월 디트로이트의 은행가인 조지프 도지Dodge, Joseph Morrell가 일본에 와서 일본의 자본주의 재생을 위해 극단적인 긴축 정책을 시행, 대량 실업을 초래했다.**36** 워싱턴이 지시한 정책 전환으로 맥아더는 권력을 잃고, 일본정치의 '역주행'에 돌연 가속이 붙었다.

III

1949년 히로히토의 순행이 새롭게 연출, 재개되어 1951년 말까지 이어졌다. 이 시기 초반에 GHQ는 엄격히 금지했던 히로시마와 나가사키 원폭의 영향에 관한 공공의 논쟁을 허용했고, 이에 평화운동이 활기를 띠게 되었다. 새 최고사령관이 부임했고, 점령은 빠른 속도로 대단원을 향해 치달았다.

이 시기에 동아시아 국제정세도 급변했다. 1949년 러시아인들이 핵무기 개발과 실험에 성공했고, 모택동이 이끄는 중국 공산당군은 중국 본토에서 장개석의 국민당군을 물리쳤다. 국민당은 타이완으로 달아났다. 1950년 1월 말, 오마 브래들리Bradley, Omar 통합참모본부장이 극동의 긴급 사태 발생에 대비한 방위 계획을 검토하고자 맥아더와 함께 도쿄로 날아왔다. 그 시점에 트루먼 정권은 유사시 맥아더의 권한 확대를 인정하면서, 맥아더로 하여금 오키나와 제도를 포함해 일본 주변의 광대한 해역을 관할하도록 했다. 동시에 트루먼은 국가안전보장회의NSC 문서 48/2(1949년 12월)와 같은 문서 68(1950년 3월)에 담긴 도발적이고 위험천만한 전략을 채택했다. 그로부터 석 달 뒤인 [1950년-옮긴이] 6월 25일 한국전쟁이 터졌다. 이러한 사태 전개에 부응하여 일본은 재군비를 갖추고, 경찰력을 강화했으며, 미국의 대규모 경제 원조를 받기 시작했다. 곧 일본은 전후 첫 호황을 누렸을 뿐 아니라, 내셔널리즘의 부활을 맞이했다. 크게는 이러한 변화에 대한 반작용으로, 국제 평화운동의 일환인 일본의 평화운동이 태동했다.

1949년 5월 17일 현의회의 방문 요청을 받고, 히로히토는 24일 일정으로 규슈 순행을 떠났다.[37] 천황을 통치자에서 상징으로 바꾼 헌법이 공포된 지 2년이 지났고, 나라의 분위기가 달라졌다. 요시다 시게루는 전해 10월에 권좌로 돌아왔다[1차 요시다 내각—옮긴이]. 1949년 2월 3차 요시다 내각 1949년 2월 16일~1952년 10월 30일—위키백과이 출범했는데, 이는 안정된 주류 보수파에 기반을 둔 첫 번째 내각이었다. 점령하의 일본은 침략의 희생자들에 대한 보상 지불 없이, 아시아의 '공장'이 되는 길에 올라섰다. 이제 점령자 미국은 일본의 경제 민주화를 위한 노력을 기울이지 않게 되었다. GHQ는 여전히 정책을 지시하고 일본 언론을 사후 검열했으나, 행정 권한은 점차 일본정부로 이양되고 있었다. 1949년 5월에는 황거와 천황을 경호할 책임이 완전히 일본 쪽으로 넘어갔다. 6월 궁내부는 총리부 산하 외국外局 궁내청으로 개편되었다.**38**

천황의 규슈 순행은 이전의 순행보다 작은 규모였으나 그래도 환영받았다. 군주제 지지를 홍보하는 새로운 방법인 언론매체 활용과 모든 차원에서 일관된 정부의 노력으로, 순행은 매우 한결같이, '자발적인' 열광을 대중에게서 가능한 최대한도로 끌어낼 수 있었다. 천황은 작업복 차림으로 미쓰이 탄광을 시찰했다. 언론인들과 학자, 유명 작가들과 만났다. 나가사키에서는 잠시 원폭 생존자들에게 초점을 맞춰, 방사선 피폭의 희생자로 나가사키 병원에서 빈사 상태에 있는 의학자 나가이 다카시永井隆 교수의 병상 옆에서 사진을 찍었다. 그해 초 나가이의 수기 『나가사키의 종長崎の鐘』은 나가사키가 전쟁 종결을 위해 순결한 제물로 신에게 선택받았다는 이야기로 국민의 마음을 사로잡았다. '나가이 붐'은 쉬쉬해왔던 일본의 핵 체험을 뒤늦게 국민적으로 발견하는 과정의 일환이었고, 천황은 교묘히 이를 이용했다.

냉전이 심해지는 가운데, 새 일본의 시민들에게 늦게나마 원폭 피해자의 체험이 알려지기 시작했다. 오오타 요코大田洋子의 『주검의 거리屍の

街』, 하라 다미키原民喜의 『여름꽃夏の花』, 이마무라 도쿠유키今村得之와 오오모리 미노루大森実의 『히로시마의 새싹ヒロシマの緑の芽』 같은 저작들이 1948년부터 1949년에 걸쳐 국민적인 베스트셀러가 되었다.[39] 핵에 대한 의식 고양과 냉전 심화가 어우러지면서 새 헌법의 평화 원칙이 더욱 높이 평가되었다. 그러나 새 헌법하에서 국정을 거머쥔 보수 정치가들이 내건 국가의 이상은 다수 일본인들이 생각하는 것과 큰 차이가 있었다. 헌법의 이상과 현실 사이의 이러한 괴리를 반영하듯, 궁내 관료들이 주의를 기울여 계획, 조직하는데도 바람직한 천황상에 대한 여론이 통일되지 않았다. 어떤 이는 천황이 더 인간다워지기를 바랐고, 어떤 이는 너무 '인간화'하면 군주제 자체가 신뢰를 잃을 것이라고 생각했다.

1949년 여름에는 전일본수영선수권대회를 비롯한 전국적인 체육 행사가 열려, 점령 이후 처음으로 내셔널리즘을 고양했다. 천황과 황후가 참석하여 선수들에게 격려의 말을 전했다. 로스앤젤레스에서 열린 전미수영선수권대회에서 일본의 수영 챔피언 후루하시 히로노신古橋広之進이 세계신기록 세 개를 달성했을 때, 그를 비롯한 일본선수단은 귀국 후 천황을 알현하고 차를 하사받는 영예를 얻었다.[40] 그해 교토대학 교수인 유카와 히데키湯川秀樹가 노벨물리학상을 수상하여 국가적 자부심이 더욱 높아졌다. 이러한 새 일본의 '상징적 지도자들'이 출현하자 히로히토 역시 다시금 널리 언론의 조명을 받게 되었다.[41]

1950년 초 히로히토는 규슈 순행과 유카와 교수가 노벨상을 수상한 데 대한 기쁨을 노래한 와카를 발표하고,[42] 순행에 박차를 가했다. 3월 13일, 19일 일정의 시코쿠 및 아와지시마淡路島 여행이 시작되었다.[43] 그는 현청, 공립학교와 대학, 농업시험장, 고아원, 제지공장, 화학공장, 섬유공장, 공작기계공장을 방문했다. 늘 그렇듯이 사람들의 반응은 각양각색이었다. 대부분은 순행하는 천황을 박애 정신의 화신, 자애로운 사람, 저명인사로서 따뜻하게 맞이했다. 그러나 소수파는 그를 아직까지 거룩한 존재, 현인신, 자신들의 태도와 행동을 강하게 규제하는 힘이라고 믿었다. 천황이 다가오자 그들은 만세를 외치며 눈물을 흘렸다. 얼굴 근육은 긴장했고 몸은 떨리고 다리는 강한 전류에 감전된 것처럼 후들거렸다. 감정적인 마비 상태가 뒤따랐고, 순간적으로 자신이 어디에 있는지 모를 지경에 이르렀다. 신민의식이 그대로 신체에 표현된 이 현상은 그것을 경험한 사람들의 회상에 되풀이해서 등장한다.[44] 공통된 주제는 천황과 함께 수고했고, 또 천황과 함께 혹독한 고난을 겪었다는 확신이다.

다른 한편으로 아무리 이미지 조작을 해도 천황의 전쟁 책임은 불식할 수 없는 것이었다. 천황에 대한 무관심도 확산되었다. 그리고 소수파 좌익 사이에서는 그의 어눌함이 여전히 조롱거리였다.

소련, 그리고 중국에 새로이 등장한 공산당 독재 정권에 대항하는 미국 주도 블록에 일본을 편입시킬 평화조약 체결을 위한 미국과 일본의 외교적 준비는 급속도로 진전되었다. 히로히토는 이제 은밀히 이 과정에 관여하여, 일본이 트루먼 정권이 바라는 것을 사실상 모두 제공하는 일방적인 군사동맹 협상을 미국 편에 더 용이해지게끔 만들었다.

역사학자인 도요시타 나라히코豊下楢彦가 재구성했듯이, 히로히토의 외교 개입은 1950년 4월 18일 맥아더와 10차 회담을 한 직후에 시작되었다. (1947년 5월 6일 4차 회담 때부터) 두 지도자 간의 화제는 여전히 전쟁 포기 헌법과 두 사람이 각각 그것에 부여한 비중에 관한 것이었다. 9차, 10차 회담에서 천황의 통역을 맡았던 마쓰이 아키라의 말에 따르면 평화조약 논쟁이 뜨거워지던 1949년 11월 26일 9차 회담에서는 '평화 문제'를 논했고, 10차 4월 18일 회담에서는 일본에 대한 공산 진영의 위협이 화제가 되었다. 두 차례 모두 맥아더는 '[새 헌법—옮긴이] 제9조의 정신'을 강조했던 것으로 알려졌다. 선전 목적일 때 외에는 결코 평화주의자가 아니었던 히로히토는 군사력만이 일본을 지킬 수 있다는 생각을 고집했다. 천황은 아마 일본의 장래 안전에 대한 최고사령관과 자신의 견해차가 좁혀지지 않을 것이라고 생각했는지, 결국 그를 무시하기로 했다.

두 가지 배경 요인이 히로히토에게 영향을 미쳤을 것이다. 1950년 2월 소련은 다시 히로히토의 전쟁 책임을 문제 삼아, 그가 2차 세계대전 기간에 생화학전을 재가한 점을 들어 재판에 회부할 것을 요구했다.[45]

그리고 4월 6일에는 공화당원인 존 포스터 덜레스Dulles, John Foster 변호사가 딘 애치슨 국무장관의 특별고문으로 임명되어, 미 국방부와 국무부의 견해차로 1949년 가을부터 답보 상태였던 평화조약 협상이 재개되리라는 추측이 도쿄와 워싱턴에서 힘을 얻었다. 도요시타는 히로히토와 맥아더의 10차 회담 직후 이케다 하야토池田勇人 대장상이 워싱턴에 갔을 때, 맥아더의 재정고문 조지프 도지에게 천황의 사적인 전갈을 은밀히 전달했으리라고 추측한다. "[요시다] 정부는 가능한 이른 시기에 강화조약을 맺기를 희망한다. 그리고 이러한 강화조약이 성립되어도…… 미국군대를 일본에 주둔시킬 필요가 있겠지만, 만일 미국 쪽에서 그러한 희망을 먼저 드러내기 어렵다면 일본정부는, 일본 쪽에서 이를 요구하는 방법을 연구할 수도 있다"는 전갈이었을 것이다.[46] 요컨대 요시다가 아닌 히로히토가, 점령을 종결하고 미군 기지와 부대는 일본에 남겨둔 채 일본에 독립을 돌려주는 평화조약 체결을 서두르려고 먼저 힘을 썼다는 이야기다.

덜레스는 점령을 종결지을 평화조약과 미일안전보장조약을 전면적으로 협상하기 위해 6월 하순 도쿄에 갔다. 요시다와 1차 회담을 하면서 그는 실망했다. 히로히토와 달리 요시다는 안전보장 문제에 대해 서두르지 않았고, 내키지도 않는 모양이었다. 사흘 뒤인 6월 25일 북한의 독재자 김일성이 스탈린과 모택동의 암묵적인 지지를 사전에 보장받고서 북위 38도선을 넘어 남한을 깊숙이 침공했다. 분단된 한반도의 민족 내부 분쟁이 전면적인 내전으로 전환되었다. 트루먼 정권은 언제나처럼 재빨리 반응하여 즉시 미군의 개입을 결정, 내전은 하룻밤 사이에 국제 분쟁이 되었다. 도쿄의 맥아더 지휘부는 마음의 준비도 미처 못 한 채 대북 육해공 작전에 임하게 되었다.

한편 히로히토는 덜레스와 요시다의 회담이 참담한 실패를 거두었음을 알고는 〔전쟁 발발—일본어판〕 다음 날 저녁, 궁내청의 마쓰다이라 야스마사를 통해 요시다에 대한 불신을 나타내는 '구두 전갈'을 덜레스에게 전했다. 덜레스의 설명에 따르면 전갈의 '요점'은 다음과 같다. 미국의 당국자가 "일본 실정을 시찰하러 와도 연합국최고사령관SCAP이 공식 허가한 일본 관리들만 만날 뿐이다. 분명히 SCAP는 예전에 군국주의자였다는 이유로 나이 든 일부 일본인들과 만나는 것을 꺼리고 있다." 그러나 "장래 우리 두 나라의 관계에 관심이 있는 미국인들에게 유익한 조언과 협력을 제공" 할 수 있는 이들은 바로, 대부분 추방 중인 이들 노장 관료들이다. 히로히토는 "평화조약의 조항……에 관한 최종 과정에 들어가기 전에, 진정으로 국민을 대표하는 일본인들로 구성된 일종의 자문회의를 설치해야 한다는 뜻을 비쳤다." [47]

마쓰다이라는 『뉴스위크Newsweek』지의 두 기자, 해리 컨Kern, Harry과 콤프턴 패크넘Packenham, Compton이 마련한 만찬 자리에서 덜레스에게 이 '구두 전갈'을 전했다. 맥아더의 경제 개혁과 전쟁협력자 추방에 비판적인 컨과 패크넘은 2년 전에 미일 무역을 촉진하는 '아메리카 대일對日 협의회American Council on Japan'를 설립했다. 히로히토는 평화조약과 재군비에 관한 한, 이미 '신표 시게루'〔라고 칭하며 천황에 대한 충성심을 강조하는 요시다—일본어판〕는 '일본국민의 진정한 대표자'가 아니라고 생각했던 모양이다. 전에 맥아더를 건너뛰고 워싱턴과 소통했듯이, 천황에게 컨과 패크넘은 자신의 총리대신을 건너뛴 새로운 독립 통로였다. 이는 헌법상 비난받을 일이지만 히로히토다운 행위였다. 사실상 그는 전쟁 전의 '이중외교' 전통을 부활시킨 것이다.[48]

1951년 1월 25일 덜레스는 도쿄로 돌아와 남은 과제에 착수했다. 그는 첫 직원회의에서, 핵심은 "우리가 원하는 규모의 병력을, 원하는 장소에, 원하는 기간 주둔할 권리를 획득하느냐 마느냐"라고 말했다.[49] 일본 전역에 무제한 군사력을 전개할 수 있기를 바랐던 덜레스는 일본이 미국의 양보를 끌어내려고 할까 봐 우려했다. 그러나 요시다는 점령 종결 후 일본에서 미국의 특권을 제한하려는 형식적인 노력도 하지 않고 순순히 굴복했다. 미국은 기지와 치외법권을 획득했고, 일본은 5만 명 규모로 '명목상'의 국가방위군을 창설했다. 분명히 요시다는 무능했다. 그러나 기지를 빌려줌으로써 영향력을 확보하거나, 미국이 자비를 베풀어 일본에 군대를 남기는 것이라는 덜레스의 주장을 반박해야 할 이 협상에서 요시다가 그러지 못했던 것은 그의 실책 때문이라기보다 히로히토의 영향에 기인한 바가 더 클 것이다.

토의와 협상을 촉진하기 위해 히로히토와 그 측근이 대일협의회의 중심 인물들과 얼마나 자주 연락했는지는 단정할 수 없다. 그들의 영향력을 과대평가해서는 안 되지만 천황의 역할을 무시해서도 안 된다. 1951년 2월 10일, 히로히토는 황거에서 덜레스를 위한 만찬을 주최했다. 그 밖에 히로히토는 그해 적어도 두 차례 덜레스를 만났다. 미래의 미 국무장관은 쇼와 천황을 단순한 국가의전상의 인물 이상의 존재로 보았음이 틀림없다.

한국전쟁은 일본의 국가적 분위기에 급격한 변화를 초래했다. 민주주의 발전을 향한 초기의 열정은 한풀 꺾였다. 좌익이 주도하는 노동조합은 비난의 표적이 되었다. 좌익에 대한 정치적 억압이 강화되고, 요시다 정권과 일본의 여론은 이제 막 싹튼 평화운동과 천황 비판에 관용을 베풀지 않게 되었다. 그해 여름 풍자잡지 『진상』은 나가사키 현 사세보佐世保 시에 사는 한 청년이 천황의 '사생아'라고 주장하고 있다고 보도했다.[50] 요시다 수상이 천황 대신에 나서서 고발했다. 잡지 발행인 사와 게이타로佐和慶太郎는 명예훼손죄로 실형 판결을 받았다.[51] 히로히토의 막냇동생인 미카사노미야조차 '기원절紀元節' 초대 천황인 진무가 즉위했다는 2월 11일로 메이지유신 이후 일본 건국일로 여겨졌고, 2차 세계대전 뒤에도 건국기념일로 정해져 현재까지 이어진다—옮긴이 부활에 반대하며 군국주의의 위험을 경계했다 하여 비난을 받았다.[52]

트루먼에게서 38도선을 넘어 북한을 점령할 권한을 부여받은 지 두 달 뒤, 그리고 (한국군이 아닌) 미군의 그러한 공세는 중국의 안전에 위협이 되므로 중국군이 곧바로 대응하게 되리라고 중국이 경고한 지 수주일 뒤인 1950년 11월 말, 맥아더는 중국의 경고가 현실로 되었음을 알았다. 중국은 30만 병력을 한반도에 파병했다. 무모한 확전을 부른 미군은 순식간에 패전, 후퇴를 거듭하며 중대한 손실을 입었다. 압록강을 향해 전진할 것을 명령했던 최고사령관이 기세가 꺾여 허둥대던 1951년 1월, 트루먼 정권의 눈에 최고사령관은 정치적으로 위험하며, 기껏해야 "관대한 대접을 받아야 했던 명색뿐인 기분파 수령"에 지나지 않는 인물이었다.[53]

제8군의 새 사령관 리지웨이 중장이 중국군의 전진을 대략 38선 근방에서 저지한 뒤, 맥아더는 다시 자신의 권한을 넘어서 중국을 위협하는 공식 성명을 마음대로 발표하고 "승리 외의 길은 없다"고 선언했다.[54] 이에 격노한 트루먼은 4월 11일, 거듭되는 불복종과 한반도 너머로 전선을 확대하려 했음을 이유로 맥아더를 파면했다. 히로히토는 나흘 뒤, 전쟁에서는 자신에게 패배를 안겨주었으나 평화 시에는 자신을 보호해준, 자존심 강한 친구인 맥아더 원수를 마지막 고별 방문했다. 히로히토의 측근들이 온갖 노력을 기울였음에도 한 번도 황거를 방문하지 않았던 맥아더는 1951년 4월 16일 귀국길에 올랐다. 하네다 공항으로 가는 길에는 엄청난 인파가 차분히 줄지어 늘어섰다. 환송객 중에는 요시다 수상과 궁내청 대표도 있었다.

더글러스 맥아더는 6년여 동안 히로히토에게 생애에서 가장 중요한 인물이었다. 천황은 목적을 향해 초지일관하는 장군의 태도를 칭송했고, 장군이 상황 적응력을 갖추고서 역할 수행에 성공한 인물이라 생각했다. 그가 해임된 일은 히로히토에게 충격을 주었다. 그것은 평화조약이 늦어질 조짐인가? 미국의 기본정책이 달라지는 것인가? 한반도에서 전쟁은 더욱 확대될 것인가? 4월 22일 히로히토는 두 차례 덜레스에게 직접 질문하여 답을 얻으려고 했다. 덜레스는 신경질적으로, "일의 시시비비를 논하고 싶지는 않습니다만…… 적어도 이것은 우리나라 제도에 있는 군부에 대한 문민 통제의 표현이며…… 이 일의 양상은 일본도 숙고할 가치가 있을 것입니다"라고 대답했다.[55] 논의는 이것으로 끝났다.

1951년 10월에 히로히토는 교토와 다른 세 현을 방문하려고 준비했다. 교토대학에서는 요시다 정권이 9월 8일 조인한 샌프란시스코대일강화조약과 미일안보조약에 항의하는 평화 집회에 1000명이 넘는 학생이 참석했다. 그들은 재군비 문제에 초점을 맞추어 '인간 천황'에 대한 '공개 질의서'를 발표했다. "우리는, 당신이 또다시, 단독 강화(單獨講和, unilateral peace)와 재군비를 하려는 일본에서, 예전과 같은 전쟁 이데올로기의 한 지주로서 그 역할을 맡으려 하고 있음을 인식하지 않을 수 없다"는 것이었다.[56] 히로히토가 11월 12일 교토대학에 도착했을 때, 대형 플래카드가 그를 맞이했다. "신이었던 당신의 손에 우리 선배들은 전장에서 죽음을 당했나이다. 이제 절대로 신이 되지 마소서. '해신의 외침わだつみの声'을 부르짖지 않게 하소서.전장에서 수몰되어 절규하는 원혼이 되지 않게 해달라는 뜻—옮긴이"[57]

2000명이 넘는 학생들이 전통적인 국가 〈기미가요〉가 아니라 〈평화의 노래〉를 부르며 천황을 맞이했다. 그들의 상징적인 행동과 무례함에 충격을 받고서, 기동대 약 500명과 일반경찰이 교내에 난입하여 학생들과 몸싸움을 벌였다. 이튿날 신문은 교토대에서 '세기의 불상사'가 일어났다며 학생들과 맞선 경찰 편에서 보도했다. 학생 여덟 명이 이 평화적 항의 집회 때문에 퇴학 처분을 받았다. 학생 조직[교토대학동학회京大同学会—일본어판]은 해산당했다. 스스로 위축되어 자가 검열을 취해온 일본 언론은 몇 주일 동안 불경 사건이라 하여 이를 선정적으로 보도했다. 전국 방방곡곡에서 많은 사람들이 '멍청한 빨갱이'라거나 예의도 모르는 젊은이들이라고 학생들을 비난했다. 그러나 한편 천황에 대한 반감을 표명하거나 전적인 무관심을 공언하면서 학생들을 옹호하는 사람들도 많았다.[58]

교토대학의 항의 집회 사건은 사실상 불경죄의 부활과 천황을 수호하는 전통적인 수단의 복구를 고하면서, '인간 천황' 운동의 갑작스런 종언을 불러왔다. 일본의 지도자들에게는 시대가 달라졌으며, 어느 면에서 군주의 권위 회복에는 실질적인 위험이 따르리라는 것을 경고하는 사건이었다. 이러한 긴박한 대립을 통해서, 히로히토가 움트는 일본의 반군국주의와 일국평화주의에 적응하려고 할 때 직면하게 될 문제가 예견되었다.

IV

맥아더는 히로히토를 처음 만났을 때, 미국정부가 바라는 대로 천황을 이용할 수 있겠다고 확신했다. 히로히토는 협력하면 이익을 얻을 수 있다고 생각하면서 궁성으로 돌아왔다. 이리하여 점령기의 역사적인 대형 거래가 시작되었다. 맥아더는 천황을 이용했고, 잃는 것 하나 없이 자신의 역할을 회복하려고 했던 천황은 GHQ를 이용했다. 히로히토의 순행은 한동안 이 거래의 일부였다. 그는 순행을 통해 얻기도 하고 잃기도 했다. 전쟁은 여전히 인민의 기억 속에 압도적인 존재로 자리 잡고 있었고, 많은 사람들이 패전의 굴욕에서 어느 정도 벗어나면서 패자인 천황 편에 섰다. 사실 그들은 히로히토를 이용해서, 세상을 향해 "우리는 전쟁에 졌지만 모든 것을 잃지는 않았다. 우리에게는 천황이 있고, 자부심이 있다"고 말한 것이었다. 순행이 가장 인기 있었던 1947년에 이 '신성한 방문'은, 천황이 돌아다니며 웃는 얼굴로 모자를 벗어 보이는 더 행복한 장면에 대중의 관심을 끌어 모았다는 점에서 전범재판에 대한 강력한 대항 수단이었다. 언론도 그를 '사랑과 평화의 천황'이라고 찬양하며 그의 행동이 민주주의를 촉진한다고 설파했다.

1948년 유럽에서 냉전은 더욱 심해졌고, 베를린에서는 미·소의 대립이 실감 나게 드러났다. 국가 안보 문제에 대한 히로히토의 관심은 깊어졌다. 헌법상 권한이 없기 때문에 그는 막후에서 오키나와를 군사기지로 유지하도록 미국에 권하고, 나중에는 미일군사동맹을 강화하고자 노력했다. 그에게 반소주의와 영·미 협조주의는 이전에 한 번 벗어났다가 크게 혼나고서는 다시 돌아온 제 궤도였다.[59] 두 번 다시 같은 일이 일어나서는 안 되었다.

평온한 노년과 쇼와의 유산 ^{17장}

평온한 노년과
쇼와의 유산 ^{17장}

그는, 천황이 자신의 치세에 붙여진 이름―쇼와, 〔그 뜻은〕 계몽된 평화―도 지금에 와서는 우스워 보이지만, 자신은 그 명칭을 유지하기를 원했고, 정말로 '찬란한 평화'의 치세가 된 것이 확실해질 때까지는 살기를 바란다고 몇 번이나 말했다고 했다.

―코트니 휘트니 문서the papers of Gen. Courtney Whitney에서**1**

1952년 4월 28일 샌프란시스코대일강화조약, 미일안전보장조약, 주일미군에게 특권을 부여하는 행정협정이 한꺼번에 발효되었다. GHQ는 폐지되고 점령은 종결되었다. 미군 수천 명이 귀국길에 올랐다.

일본은 드디어 정식으로 독립을 되찾았다. 또한 1880년대 중반 메이지 천황 통치하에 시작되어 맥아더와 리지웨이 때까지 이어진 기나긴 군·

민 혼합 통치 시대도 드디어 끝을 맺었다. 히로히토는 오랜 점령 기간 후에 앞으로 일본을 지켜줄 미국과 동맹을 맺는다는, 종종 언급해왔던 소망을 마침내 달성했다. 필시 천황은 국민의 절반가량이 (대규모 미군 주둔에는 반대해도) 이 동맹 자체는 지지할 것으로 예상했을 테고, 실제로 그러했다.[2] 48개국이 서명한 평화조약에 소련, 중화인민공화국, 필리핀, 인도가 참여하지 않았다는 사실은 히로히토에게 문제가 되지 않았으나, 좌파 대부분과 일부 보수 정치인들에게는 그렇지 않았다. 반대파는 일방적인 강화와, 중국과 소련 봉쇄가 주된 목적인 방위 군사동맹을 모두 비판했다.

일본의 독립 회복은 한때 히로히토가 패전과 맥아더의 민주화 개혁으로 겪었던 개인적 상실감을 다시 한 번 안겨주었다. 본래 국내 통합과 천황제 유지를 위해 시작했던 그의 국내 순행은 거의 종착역에 다다랐다. 이제 그는 미국의 고관에게 은밀히 의사를 전달하는 방법으로 외교와 내정에 관여할 수 없게 되었다. 군사동맹과 경제 발전으로 평화와 안전을 달성한다는 그의 목표를 새 일본의 지도자에게 어떻게 전달할 것인가? 그는 자신이 여전히 정치적으로 중요한 존재로 여겨지길 바랐고, 천황 숭배자들로 이루어진 유권자 집단도 그가 정치의 추진력이 되어야 한다고 계속 믿고 있었다. 새 헌법이 요구하는, 단순한 의전상의 군주라는 역할에 그는 어떻게 적응할 것인가?

국가 재건에 적극적으로 정치적 역할을 수행하는 유일한 방도가 보수 정치가들의 지속적인 충성심에 달려 있었을 당시에 이러한 문제들이 천황의 마음을 사로잡고 있었음은 분명하다. 1952년 2월 개진당改進党 결성에 즈음하여 개진당의 일부 정치인들이 헌법 개정을 주장하기 시작했을 때 히로히토의 희망에 서광이 비추었다. 몇 년 뒤 요시다의 자유당과 개진당 정치인들이 새 헌법 제9조를 삭제하고, 천황을 '국가원수'로 칭하며, 메이지 헌법 시대 천황의 권한 일부를 부활시키고자 부분적 헌법 개정 운동을 개시했다. 히로히토는 이를 지지했다. 그러나 민중의 반대가 거세게 일어났고, 1950년대 말 이 운동은 좌절되었다.[3]

독립을 회복한 일본은 물리적인 재건, 무역 회복, 경제 개발에 전력을 기울였다. 소련과는 쿠릴 열도, 미국과는 오키나와와 오가사와라 제도 문제가 협상 과제로 남아 있었다. 패전의 기억은 여전히 생생했다. 군국주의에 대한 경계심이 강하고, 옛 군대의 고위층에 대한 원망이 폭넓게 퍼져 있었다. 민중은 천황이 자신들의 아들, 형제, 남편, 아버지를 전쟁터에 몰아넣은 것을 잊지 않았다. 그러나 개전이나, 그 과정에서 벌어진 수많은 국내법·국제법 위반에 대해 천황에게 직접 책임을 묻자고 주장하는 이들은 여전히 소수였다. 국민 통합의 '상징'에 관해, 일본인 대부분은 새로 주어진 자유를 행사하길 꺼렸다. 독립 후에도 히로히토가 군주 자리에 머무른 일은, 헌법에 보장된 사상과 언론의 자유에 대한 민중의 권리 행사를 명백하게 방해했다.

대일강화조약 등이 발효되기 직전인 1952년 1월 31일, 서른세 살인 보수 정치인 나카소네 야스히로中曽根康弘는 중의원 예산위원회의 질의 시간에 '근대 일본의 영광을 쇠락케 한 쇼와 천황의 책임'을 주장했다. 그는 자신이 "평화론자"라고 부르는 천황이 "황태자도 성년이 된" 오늘날 "과거의 전쟁에 인간적 고뇌를 느껴" 퇴위한다면 "유가족과 전쟁 희생자들에게 지대한 감명을 주어, 천황제의 도덕적 기초를 확립"할 것이라고 했다. 수상 요시다는 분노하며 퇴위를 희망하는 자는 "비국민"이라 했고, 국민 대다수는 그냥 나카소네의 주장을 무시했다.

히로히토도 마찬가지로 무시했다. 그는 자신의 선조 외에 대해서는 도덕적 책임을 느끼지 않았으며, 퇴위 압력을 받으면서도 스스로를 신권 군주로 생각하고 있음을 몇 번이나 측근에게 드러냈다. 1952년 초 그는 시종장 이나다 슈이치와 사적인 대화를 나누면서, 점령 기간에 누가 뭐라 해도 스스로 퇴위를 생각한 적은 없다고 말했다. 그는 자신에게 황위에 남아 일본을 재건할 신성한 사명이 있다고 믿었다. "메이지 천황은, 사직할 수 있는 대신과 달리 천황은 기기記紀『고사기(古事記)』와 『일본서기(日本書紀)』 —옮긴이에 적혀 있는 신칙神勅을 이행해야 하기 때문에 퇴위할 수 없다고 말씀하셨다. …… 내 임무는 선조로부터 물려받은 이 나라를 자손에게 넘겨주는 것이다."4 히로히토의 자아상은 민주헌법하의 '상징' 군주에게 적합하지 않은 비현실적이기 그지없는 것이었다. 전후 도덕성의 기준이 변하고 있는데 히로히토만은 변하지 않았다.

히로히토가 낡은 자아상을 고집하는 동안, 1952년 무렵에는 퇴위에 관한 억측이 사라지고, 일본 대중매체의 관심은 18세가 된 그의 아들 아키히토明仁 황태자로 옮겨갔다. 전쟁범죄의 그늘이 없는 아키히토를 언론은 '미래 일본의 희망'이라 불렀다. 그는 서양식 교육을 받았고, 사교적인 대화에 익숙하며, 평범한 목소리와 어조로 일본어를 말했다(그의 아버지는 어느 쪽도 하지 못했다). 더욱이 아키히토는 메이지 천황보다는 영국 왕 조지 5세의 군덕을 배웠고, 필라델피아 출신 퀘이커 교도인 엘리자베스 비닝Vining, Elizabeth에게서 영어를 배웠다. 이제 그는 1952년 11월에 예정된 '국가의식' 황태자 책봉식을 준비하고 있으며, 그 후 곧 엘리자베스 여왕의 대관식에 참석하러 출국할 것이라고 언론은 보도했다. 점령 후의 시대가 열리자 히로히토와 궁내청, 요시다 내각은 황태자를 통해, 비정치적인 입헌군주제의 본보기로 칭송되는 섬나라 영국에 긴밀한 우호의 뜻을 전하려고 애썼다.5

I

외국군대의 군사점령치고는 일본이 겪은 점령은 온건하고 적절한 것이었다. 평화조약은 지극히 관대하고 징벌성이 없었다. 사실 일본이 치러야했던 배상—여러 해 동안 분할 지급할, 겨우 10억 200만 달러어치의 재화와 '용역'—의 대상은 필리핀, 인도네시아, 버마, 그리고 (나중에 추가된) 남베트남뿐이었다.[6] 그러나 나라 안에 산재한 기지에는 1952년 말 26만 명남짓 되는 미군 병력이 배치되어 있었으며, 전략적으로 중요한 오키나와와 오가사와라는 점령 상태 그대로였다.[7] 천황 히로히토는 미 국무부의강화조약 담당 특별고문인 존 포스터 덜레스에게 개인적으로 협정에 대한 동의를 표시했다. 히로히토는 헌법 제9조에 명시된 일본의 전쟁·군비 포기, 그리고 미군의 직접 통치를 받는 거대 군사기지로서 현재 진행형인 오키나와의 지위, 둘 사이에 존재하는 불가분의 관계를 당시 대부분의 일본인보다 잘 이해하고 있었다.

전쟁과 패전과 외국의 점령, 그리고 개혁이라는 경험 전체가 일본에 남긴 것은 이제 막 지나온 과거를 둘러싼 심각한 분열과 미래에 대한 불안이었다. 요시다 내각에는 두 가지 우선 과제가 있었다. 새 안보조약을 둘러싸고 심각하게 분열된 국민 여론에 대처하는 문제와, 일본인이 주도하는 '역주행'으로 점령기의 '지나친' 개혁을 바로잡는 것이었다. 일본에유리한 국제 환경과 전몰자를 추모하는 교묘한 전략이 이들 과제 달성을용이하게 했다. 미·소 간 냉전으로 일본 보수 지배층의 미온적인 전범처리는 대체로 용납되었다. 그리고 그 전쟁 일본에서 '그 전쟁'이라 하면 2차 세계대전 때 일본이 저지른 아시아태평양전쟁을 가리킨다—옮긴이과 천황의 역할에 관해 교육계에 대한 검열을 다시 부과하는 데 대한 외국의 비판도 면할 수 있었다. 강화조약에 조인하면서 요시다 수상은 일본의 전쟁 책임을 최소한으로 인정했다. 그는 (제11조에서) 전범들에 대한 기소에 동의하고, 도쿄재판을 비롯한 연합국의 전범재판 판결을 인정했다. 그러나 국내에서는 국민과 전 세계에 대한 전쟁 지도자들과 국가의 책임을 부인하거나 회피했다.[8]

이러한 태도는 도쿄재판을 일방적인 '승자의 재판'으로 취급하며 중일전쟁 개시와 확대를 부인하고, 전쟁 책임에 대한 모든 논쟁을 피하는 형태로 일본정부 관료나 유력한 시민들 소수에게서도 볼 수 있다. 1951년부터 1960년 사이에 아직 옥중에 있는 '억류 동포' 석방 운동이 몇 차례나 일어났다. 국회에서는 보수파와 사회당이 유죄 판결을 받은 전범들의 석방을 요구하는 결의안을 통과시켰다. 동시에 정부는 그들이 일본의 국내법으로 재판을 받은 것이 아니므로 일반 국내 범죄자와 똑같이 취급해서는 안 된다는 이유로 그들의 봉급을 지급하고 연금을 복구했다. 전범이나 전범 용의자로 수감되었던 사람들 중 극소수, 곧 시게미쓰 마모루, 가야 오키노리賀屋興宣, 기시 노부스케 같은 인물들은 실제로 일본정치의 핵심 고위직까지 올랐다.[9] 유죄 판결을 받은 전범에 대한 실제 처우에도 적용되었던, 외부에서는 전쟁 책임을 인정하고 내부에서는 부인하는 태도—역사학자 요시다 유타카吉田裕가 말한 '이중 기준'—는 점령 종결 때에 처음 패전에 대한 사고방식의 틀로서 형성되어, 한국전쟁 기간과 그 후에 일본사회 전체에 퍼져나갔다.[10]

보수 세력이 국내의 이의 제기를 봉쇄하고 국민 모두를 지속적인 경제 발전에 매진하게 하는 과정에 꼭 필요한 존재였던 히로히토는, 그야말로 '이중 기준'의 최고 상징이었다. 그는 전몰자와 그 유족들에 대한 적절한 대우가 중요하다는 것을 국가 지도자들이 잘 이해하고 있다고 국민이 생각하게끔 하는 일에 결정적인 역할을 했다. 독립 회복 후 첫 번째 노동절이었던 1952년 5월 1일, 강화조약과 국회에 상정된 '파괴활동방지법'에 반대하는 시위대가 황거 앞에서 경찰과 충돌했다. 두 명이 죽고 약 2300명이 다쳤다. 이튿날, 이 심각한 국민 분열 사태에 맞서 정부는 첫 전국 전몰자 추도식을 도쿄 신주쿠의 황실정원에서 개최했다. 옛 국가인 〈기미가요(천황의 치세는 영원히)〉가 흘러나오고, 히로히토는 양복 정장과 중산모 차림으로 황후, 황태자와 함께 단상에 서서 다음과 같은 '말씀'을 낭송했다.

> 이번에 잇따른 전란 때문에 전쟁터에서 죽고, 일터에서 순직하고, 또 비명에 간 사람은 일일이 다 헤아릴 수도 없도다. 충심衷心으로 그 사람들을 애도하노니, 그 유족을 생각하면 언제나 근심이 떠나지 않는다. 오늘 이 자리에 임하여 이를 헤아리고 그들을 생각하니, 다시금 애통한 마음 떠올라 깊이 추도의 뜻을 표하노라.[11]

7년 전 히로히토는 항복 조서에서도 같은 말을 했다. 그때 그가 의도한 것은 국체 수호였다. 지금은 전몰자 유족에 접근해서 국민을 결집하는 말이 되어서는, 천황 자신의 전쟁 책임 문제는 결말이 났음을 간접적으로 교묘하게 암시한 것이었다.[12]

요시다 수상이 추도사에서, 전몰자가 일본의 평화와 미래 발전의 기초를 구축했다고 강조한 것도 주목할 만하다. 요시다의 말에 따르면 국민을 위한 그들의 '희생'이 죽은 자와 살아 있는 후손을 묶어주었다. 이어지는 4반세기 동안 보수 정권은 모두 한결같이 '희생자'라는 말을 되풀이 강조했다.

1952년 히로히토는 6월에 이세신궁, 7월에는 메이지신궁에 참배했다. 10월 16일에는 드디어 야스쿠니신사 참배를 부활시켰다. 그 후 1975년까지 히로히토는 야스쿠니신사를 여덟 차례 방문했다. 마치 점령도 개혁도 전혀 없었던 것 같았다. 그는 야스쿠니신사가 전쟁에 종교적 에너지를 주입하는 역할을 했기 때문에 국가로부터 배제되었다는 사실을 완전히 무시했다.[13]

II

1950년대 초 보수파와 진보파는 아시아태평양전쟁의 성격 규정뿐만 아니라 미국이 일본에 떠안긴 극히 종속적인 군사관계에 대해서도 의견을 달리했다. 요시다 내각에 점령을 끝내는 전제 조건이었던 안전보장조약은 일본을 미국의 '핵우산' 아래 데려다놓으면서 미군에 많은 특권을 넘겨주었다. 일본은 미국의 아시아태평양 동맹 체계와 군사기지 연결망의 기둥이 되는 국가로서 군사적, 외교적, 심리적으로 여전히 이전의 정복자에게 지배당하고 있었다.

많은 일본인들은 미일군사동맹이 매우 위험하며 새 헌법이 내건 평화원칙을 노골적으로 부정하는 것이라 여겼다. 그러나 히로히토를 비롯한 다른 사람들은 견해가 달랐다. 그들은 '현실적인' 관점에서, 서방 최강국에 종속되었을 때 비로소 경제 성장에 바람직한 국제 환경이 조성된다고 생각했다. 미국과 안전보장동맹을 맺었기에 자주 방위를 위해 경비를 들일 일이 없고, 산업계는 아무런 지장 없이 한국전쟁에서 막대한 이익을 올릴 수 있으며, 미국이 지배하는 시장, 기술, 원자재의 혜택을 누릴 수 있었다. 한편 미·소 간의 대립은 세계를 위협하는 군비 경쟁으로 이어졌고, 일본도 여기에 휘말린 탓에 평화주의·반군국주의 문화도 발전해갔다.

일본의 정치 지배층은 노동조합과 기업 간의 격렬한 사회적 대립으로 분열된 사회를 통합할 자신이 없어 심각한 불안을 느꼈다. 보수파(점령기를 구금하에서 보냈던, 몇 안 되지만 중요한 역할을 하는 소수파를 포함해서)는 '평화헌법'을 개정하고 천황의 지위를 막연한 '상징'에서 '국가원수'로 바꾸어 천황의 권력을 강화하려는 계획의 밑그림을 그렸다. 국가원수가 되면 천황은 다시 국가 비상사태를 선언하고 긴급명령을 공포할 수 있게 된다. 그들의 목표는 전쟁 전이나 전시의 '천황제'를 부활시키는 것이 아니었다. 미래를 짊어질 세대에 신화에 근거한 낡은 황국사관을 주입하려는 것도 아니었다. 오히려 보수 세력은 천황의 권위를 드높여 그것을 자신들의 목적을 위해 이용하려고 했다. 그들은 '공공복지'라는 미명하에 헌법의 인권 조항을 제한하려고 했다. 또한 상속권 보호 조항을 추가하고, 점령기에 극적으로 신장된 여성의 권리를 대부분 억제하여 가족 제도를 강화시키고자 했다.[14]

백성들이 의무보다 권리에 사로잡혀 있다고 대단히 우려한 히로히토는 이러한 복고주의자들의 노력을 환영했다. 그는 다시 공문서를 재가하고 외국 사절의 신임장을 받게 된 것을 기뻐했다. 정치와 정책 결정에 적극적으로 관여했던 시절은 개인적으로 충일한 시기였기에, 그는 의미 있는 정치활동을 간절히 재개하고 싶어했다. 그러나 그의 헌법상 지위는 이제 단순한 '상징'일 뿐이었다. 그는 군사, 외교, 정치에 관여할 수 없었다. 1954년 6월 '자위대'와 '방위청'이 발족하면서 각각 설치법에 규정된 문민 통제 원칙에 따라 내각총리대신의 지휘를 받게 되었다. 새로운 일본군 조직에서 배제되는 것은 히로히토에게 고통스러운 일이었다. 일본의 정치와 정책 형성에 대한 그의 시대착오적 감각은 더욱 심해져 불만만 쌓여갔다.

천황에게는 무엇이 남았는가? 각료들의 은밀한 보고와, 법질서에 관한 경시총감과 도쿄도지사의 연말 보고뿐이었다. 모두 헌법에 규정된 것이 아니라서 언제라도 중지될 수 있었다.[15] 1950년대 후반 정쟁이 펼쳐지는 동안, 히로히토는 유력한 정치인들이 '상징' 천황이라는 헌법상 제약에 괘념치 말고 자신에게 정치적 조언을 구하며 보고를 계속해주기만 바랄 수밖에 없게 되었다.

정치적 혼란은 요시다의 후임으로 (시기상조로 달성하지 못했으나) 경제적 자립과 더불어 정치적 독립도 지향했던 71세의 하토야마 이치로鳩山一郎 내각 때 시작되었다. 1차 하토야마 내각이 성립한 1954년 12월 10일, 전범 재판에서 유죄 판결을 받았던 외상 시게미쓰 마모루는 히로히토에게 보고하러 황거로 향했다. 타고난 보수주의자이면서 똑똑하고 진취적이며 야심이 많은 시게미쓰는 1930년대 말에 아시아의 '신질서'와 천황 친정을 주창했다. 옥중에서 5년을 보냈지만 신질서 실현을 위한 기본 구상에 쏟는 열의는 변하지 않았다. 천황의 충실한 신하라는 굳은 자기인식도, 천황은 권력의 틈새에서 옛 헌법하에서처럼 각료들의 목표 실현을 위해 이용되는 존재라는 믿음도 흐려지지 않았다.

1955년을 통틀어 시게미쓰와 히로히토는 거의 한 달에 두 번꼴로 중요한 외교 문제를 협의했다. 국회에서 사회당이 세력을 늘리고 좌파와 우파가 통일한 데 대응하여, 보수 정당들도 합당하여 자유민주당을 결성했다. 하토야마는 그 초대 총재가 되었다. 같은 해 일본경제도 사실상 무역 외의 모든 부문에서 전쟁 전과 전시 생산량의 최고 기록을 넘어섰다.[16] 하토야마가 헌법을 개정하여 제9조를 삭제하고 천황의 지위를 향상하려고 모색하는 사이, 시게미쓰는 소련과 국교를 정상화하고 중국과 무역을 확대하려고 움직였다. 후자는 미국이 여전히 매카시즘에 사로잡혀 스탈린주의적 독재 노선을 걷는 중국을 인정조차 하지 않은 상황에서 특히 어려운 일이었다.

히로히토는 시게미쓰와 만날 때마다, 소련과 국교를 회복하면 공산주의가 일본에 침투하지 않을지 크게 걱정했다. 그는 일본이 다시 미국의 전략적 적수가 되는 상황이 일어나지 않도록 하라고 외상에게 주의를 주었다. 시게미쓰에 따르면 1955년 8월 말 소련공산당 서기장인 니키타 흐루시초프Khrushchov, Nikita Sergeyevich가 대일평화조약을 구상했을 때, 히로히토는 도치기 현 나스那須에 있는 별궁에서 그에게 "미국과 일본이 협력하여 반공해야 한다, 주둔군〔주일미군〕이 철수하면 안 된다"고 강조했다.[17] 하토야마와 시게미쓰는 히로히토가 가리 없이 반공을 훈계하는 것에 곧 질려, 자문을 구하는 것을 그만두었다. 국교 정상화를 위해 모스크바와 협상하려 한 그들의 노력은 2차 대전 말기 소련이 점거한 남부 쿠릴 열도 반환을 요구한 탓에 실패로 끝났다. 그들의 외교 노선이 마음에 들지 않았던 히로히토는 도리어 협상 결렬을 반겼을 것이다.

1956년 즈음에는 새 헌법과 개선된 경제 여건의 영향으로 일본인이 낡은 권위주의적 정치의식에서 점점 벗어나고 있었다. 그래도, 일본인이 전쟁의 피해자라는 신화를 부정하는 전역 군인들을 여론은 아직 받아들이려 하지 않았다. 그해, 중국에서 일본이 벌인 작전에 대한 인식의 공백을 채울 각오로, 중국에서 전범으로 복역하던 군인들이 귀국하여 학살 행위를 공개 고백하기 시작했다. 1957년 일본어로 『삼광三光〔모조리 태우고, 죽이고, 빼앗는다〕』이라는 제목이 붙은 그들의 책이 나와 국민적 베스트셀러가 되면서, 일반 대중에게 '삼광 작전'이라는 말을 알렸다. 반발은 신속했다. 그들은 '일본인의 망신'으로 규탄되었다. 공산주의의 첩자, '중공에 세뇌된 자들'이라는 낙인이 찍혔다. 우익 폭도의 협박을 받고서 출판사는 곧 이 책을 절판해버렸다. '모조리 태우고, 죽이고, 빼앗으라' 했다는 이 책의 고백은 정부가 미국의 중국 봉쇄 정책을 지지하고 전몰자를 기념하려던 이 시기에 일본인의 집단적 기억 속에 남겨질 여지가 없었다.[18]

더욱이 많은 사람들이 여전히 천황을 중심으로 하는 낡은 내셔널리즘의 귀속감에 여전히 매달리고 있었다. 히로히토와 동생 다카마쓰노미야는 점령 종결 후 첫 내셔널리즘의 파도 속에서 생겨난 복고주의 조직에 강한 관심을 기울였다. 전 시종무관인 히라타 노보루平田昇라는 인물이 이따금 황거를 방문하여, 자신이 부회장을 맡은 옛 군인들의 단체인 일본향우연맹日本郷友連盟과 점령 초기에 탄생하여 1953년 재편 이후 보수 색채를 강화해온 일본유족회日本遺族会 등의 동향을 전했다.

1958년 8월 15일 이들 두 단체는 신사본청神社本庁과 여러 우익 단체와 함께 야스쿠니 신사에서 가까운 구단회관九段会館에서 추도식을 거행했다. 식전의 목적은 '대동아전쟁에서 순국한 영령을 기념하고 위령하는 것'이었다. '영령英靈'이란 전쟁에서 큰 공적을 세운 걸출한 개인을 의미하며, 예전에는 '성전聖戰'과 연결되는 개념이었다. 또한 이는 천황제 국가를 긍정하는 태도와 헌법에 규정된 전후의 가치관에 대한 부정적 평가를 의미했다. 히로히토와 황후 나가코는 이 민간 위령제에 꽃을 보냈고, 〔종전조서 낭독이라는 형태로-일본어판〕칙어가 공포되었다.[19] 그러나 천황 내외는 식전의 명칭이 이데올로기 색을 덜고 '전국전몰자추도식'으로 바뀐 1963년까지는 몸소 참석하지 않았다.

전사자를 추도하면서 '대동아전쟁'의 도덕적 정당성을 재확인하고자 하는 군인과 유족이 있는 반면, 전쟁 책임을 결코 인정하려 들지 않는 지도자들을 대표하는 존재로 히로히토를 생각하는 이들도 많았다. 그러한 감정은 보통 간접적으로 표현된다. 예를 들어 1959년 10월 『시즈오카신

『静岡新聞』은 천황에게 야스쿠니 신사의 분사인 시즈오카 현 고코쿠護国 신사 참배를 이렇게 권유했다.

"국민의 대표이며 국가의 표상으로서 존재하는 한, 천황은 국민의 마음을 대표하여 고코쿠신사에 참배하러 오셔서 전사자의 영령 앞에 고개를 숙여야 한다. ……일본 국가를 위해 죽었고, 일본민족을 위해 죽었고, 천황 폐하를 위해 죽었기 때문이다. 이들에게 감사하고 미안하다고 고개를 숙일 수 없다는 것이 있을 수 있는 일인가?"

히로히토에게 '감사'를 표하고 '용서'를 구할 것을 요구하는 주장은 천황의 전쟁 책임 논쟁에 다시 불을 붙일 가능성을 품고 있다.[20]

부분적으로는 옛 군인들과 보수파의 새로운 내셔널리즘 운동에 대항하여, 1950년대 중반 이후 좌파의 정치적 반발도 진전되었다. 패전에 비판적 견해를 표방한 소수 역사 연구가 국민의 주목을 받았다. 대학 안에서는 1930년대와 40년대 초반에 전쟁 확대를 지지한 몇몇 유명한 지식인들에 대한 비판이 다시 불붙었다. 공산주의자, 좌파 사회주의자, 자유주의자, 여러 학생 집단과 많은 화이트칼라, 블루칼라 노동자들은 자민당의 헌법 개정 움직임에 대한 비난을 강화해갔다. 일본이 미·소 전쟁에 휘말릴지 모른다는 염려와 일본의 재군비에 대한 우려가 그들의 반대를 불러일으켰다.

자민당 정권의 교육에 대한 국가 통제 강화와 섣부른 애국심 고양 정책도 불신을 부채질했다. 1950년대 중반에 문부성은 진보적인 일본교직원조합의 영향력을 제어할 목적으로 교육위원 공선제公選制관직이나 공공의 직무를 맡을 사람을 일반 국민이 선거로 뽑는 제도-편집자를 폐지했다. 게다가 교과서 검정 제도- '이중 기준'을 영구히 보장하는 이상적인 장치-를 도입했다. 1956년부터 1958년까지 이루어진 교과서 검정은 일본의 침략적인 아시아 식민지화와 전쟁의 의미를 축소했다. 또한 문부성은 법적 근거가 없는데도 전쟁 전의 제국과 밀접한 관련이 있는 '일장기' 게양과 〈기미가요〉 제창을 학교에 지시했다(결국 이들 조치는 1999년 법제화되었다).

독립 후 10년 사이에 히로히토가 언론의 주목을 받는 일은 차차 줄어들었다. 그는 체육대회와 식수 행사 참석, 국내 각지의 단기 여행, 그 밖에 헌법에 정해져 있는 제한된 임무를 하기 위해 공공장소에 모습을 드러냈다. 곧 상반된 두 가지 천황상이 생겨났다. 하나는 전후 만들어진, '과학자' 이자 '학자'이며 '가정적인 남자'인 '인간' 천황이다. 이는 헌법에 규정된 가치로 지금 도래하고 있는 소비 사회에서 실천될 민주주의, 자유주의 가치관과 조화를 이루며 사람들에게 인기가 높았다. 또 다른 천황상은 보통 사람과는 동떨어진 존재로 어렵고, 황송하옵게도 새된 목소리를 가진 천황으로 신도와 낡은 가치 체계에 강하게 결부되어 천황제의 반개혁을 지지한다. 중년 이상인 자민당 지지층의 대부분은 후자의 이미지를 품고서 전통적인 정치적 가치관에 매달렸다.

III

1957년 2월, 전 상공대신으로 도조 휘하에서 군수차관軍需次官을 맡은 바 있는 기시 노부스케가 미일안보조약 개정, 독자적 외교 정책 전개를 지향하며 내각을 조직했다. 기시 내각은 동남아시아 국가들과 긴밀한 경제 관계를 재건하고, 고문·강간·살인 등의 죄로 여전히 수감되어 있는 B급, C급 전범을 석방시키는 일도 목표로 삼았다. 일부는 스가모 구치소에서, 그 밖의 전범들은 연합국을 구성했던 나라들에서 복역 중이었다.

그들을 가석방, 사면하면 일본이 과거를 잊고 미국에 더 가까이 접근할 수 있다고 기시는 주장했다. 아이젠하워 정부는 이에 동의하고, 전범 석방을 도왔다.

기시는 전임 수상인 하토야마와 마찬가지로 (천황의 지위와 전쟁 포기에 관한) 헌법 제1조와 제9조를 고치고 자위대를 강화할 것을 원했다. 안보조약 개정에 반대하는 대중의 시위가 일어날 것을 예상하고, 기시는 경찰 권력을 강화하는 법안을 제출했다. 1958년 10월 말, 언론과 전국의 노동조합 대부분은 경찰관직무집행 법안에 반대했고, 곧 기시 퇴진을 요구하는 국민적 연합이 형성되었다.

11월 초, 400만 대오의 강고한 일본노동조합총평의회(총평)는 경찰관직무집행법에 반대하여 파업에 돌입했다. 기시에 대한 반대 여론이 높아지는데, 정부는 11월 27일 황태자 아키히토와 쇼다 미치코正田美智子의 약혼을 경사스럽게 발표했다. 미치코는 대형 제분회사 사장의 딸로, 가톨릭계 학교를 나왔다. 대중의 관심은 곧 성가신 정치 문제에서, 궁정 관료와 언론이 주도면밀하게 조작한 낭만적인 연애담으로 옮아갔다. 경이로운 '미치코 붐'이 일본을 휩쓸었고, 기시는 신문의 머리기사에 오르는 것을 면하게 되었다.

황태자의 약혼과 결혼은 군주제의 진화에 중요한 전기가 되었다. 황실에 '평민'과 '연애'가 끼어들었다는 말을 듣는 것은 획기적인 일이었고, 큰 인기를 끄는 소식이었다. 천황 히로히토와 황후 나가코는, 미치코가 궁중의 복잡한 관습을 소화해내지 못할 것이라며 이 결혼을 반대했다.[21] 히로히토가 가장 걱정한 것은 그녀가 기독교인이라는 사실도, 황실과 신도의 유대 관계를 유지해야 한다는 것도 아니었다. 그보다는 이 결혼이 전통과 단절하는 것을 의미한다는 데 그의 염려가 있었다. 히로히토는

'열린, 대중적인 군주'라는 관념에 친숙해질 수 없었다. 그러나 그도 나가코도 일반의 견해와 마찬가지로, 국가의 유력한 실업가 일족과 맺어지는 일이 법적, 정치적으로 약해진 군주제를 보강해주리라는 점은 인정할 수 있었다.

1959년 2월 여론 조사에서는 아키히토가 평민을 선택한 일을 87퍼센트가 찬성했다.[22] 그러나 대체로 지지하면서도, 대중은 이 결혼을 불안스레 여기기도 했다. 지극히 평범한 여성이 황족과 결혼하면 그때까지 누리던 자유를 잃고 불행해지지는 않을지 사람들은 염려했다. 유명 소설가 후카자와 시치로深沢七郎를 비롯해 몇몇 소설가와 평론가들은, 황족 남자와 외부 여성이 결혼한 예가 없어 계속되는 근친혼으로 결국 황실 자체가 소멸될 것이라고 주장했다. 완고한 전통주의자와 신도 신봉자들도 반대했다.[23] 그들에게, 대중 소비와 향락적 욕망이 판치는 새로운 사회에서 전쟁 전의 가치관이 급속도로 좀먹어 들어가는 이때, 천황의 권위를 떨어뜨리는 이 결혼은 위험한 일일 뿐이었다. 결국 대중의 환호와 인정 속에서 황위의 존엄성은 추락하고 말리라는 것이었다.

황태자 아키히토와 미치코는 1959년 4월 10일, 1500만 명으로 추정되는 TV 시청자와 연도를 가득 메운 50만 민중이 지켜보는 가운데 결혼식을 올렸다.[24] 이 신혼부부는 신혼여행을 떠나면서 대중의 시야에서 사라졌고, 여론의 관심은 다시 대형 정치 문제 쪽으로 돌아섰다. 기시는 1960년 1월 19일 워싱턴에서 더 평등해진 미일안보조약에 조인했다. 미국은 주일미군의 배치와 장비에 중요한 변경이 있을 경우 사전에 일본과 협의하기로 약속했다. 그러나 미군기지는 일본의 영토에 그대로 머무르며, 극동의 어떤 국가(예를 들면 중국)와 미국이 전쟁 상태에 있다고 워싱턴이 판단하거나 타국이 일본의 미군기지를 공격했을 때에 일본의 자위대는 미군을 지원할 의무가 있었다.

조약 비준은 원내에서는 야당의, 원외에서는 노동자와 학생 조직의 격렬한 반대에 부딪혔다. 5월 19일, 제복 경찰 500명이 중의원에 들어갔다. 비준 투표는 글자 그대로 강제 투표였다. 이 일은 한 달간 일본 역사상 초유의 정치투쟁을 초래했다. 6월 15일 국회의사당 밖에서 경찰대와 충돌한 학생 한 명이 사망하고, 사흘 뒤 총평과 일반 시민들이 연대하여 항의 총파업에 들어가면서 투쟁은 정점에 달했다. 기시는 곧 아이젠하워 대통령의 방일 일정을 취소했다. 안보조약은 6월 19일 자동 비준되었고, 자신들의 주 임무를 달성한 기시 내각은 다음 달에 총사직했다.

히로히토에게, 비준에 이르는 전 과정은 심리적인 시련이었다. 그는 어떤 대가를 치르더라도 대미 관계를 개선하고 동맹을 강화하기를 바랐다. 마지막 순간까지 천황은 하네다 공항에 가서 아이젠하워를 맞이하여, 환영 인파를 헤치고 그를 리무진에 태워 황거로 데려오고 싶었다. 그러면 기시는 조약을 개정해낼 테고, 아이젠하워의 방일은 헌법을 개정할 필요도 없이 천황을 사실상 '국가원수'의 지위로 밀어 올려줄 터였다.[25] 아이젠하워의 방일이 취소되는 바람에, [조약에 반대하는—옮긴이] 안보투쟁이 바야흐로 국민의 다수 의견이 된 이 시기에 그는 감히 헌법에서 벗어난 행동을 할 수 없게 되었다.

그리하여 모든 노력의 결과가 융합되었다. 히로히토와 자민당 정부가 바라던 대로, 남은 재위 기간에도 일본의 외교 노선을 지속시켜줄 미일군사동맹은 이루어졌다. 그러나 안보투쟁과 기시 내각 반대, 민주주의 쟁취 투쟁은 지배층 수뇌부에게 정치 수업의 과정이었다. 그들은 천황의 힘을 빌리지 않고 탈점령 후 최대 국가적 위기를 돌파했다. 자민당의 차세대 지도자들은 군주제가 위기관리 장치로서 필요하지 않다는 것을 배웠다.

언젠가 다시 정치에 관여하겠다는 히로히토의 꿈은 한낱 꿈일 뿐이었다.

일본에서 안보투쟁이 벌어질 때, 남한의 학생운동가들은 미국을 등에 업은 독재자 이승만을 쓰러뜨리고 있었다. 좌파의 혁명운동과 우파의 반혁명 공포정치가 어우러진 열띤 분위기에서, 후카자와 시치로는 「풍류몽담風流夢譚」이라는 정치 패러디를 썼다.[26] 안보투쟁 직후인 1960년 12월, 시사·문예지로 유명한 『중앙공론中央公論』에 이 글이 게재되었다. 「풍류몽담」은 1인칭 화자가 손목에 차고 있을 때만 정확한 시각을 가리키는 이상한 시계를 손에 넣는 장면부터 시작된다. 그는 꿈에 좌익 혁명 세력이 도쿄 도심에서 봉기하여 황거를 점거한 것을 목격한다. 황거 앞 광장에서는 군중이 '고귀한 사람들'이 땅에 쓰러져 있는 것을 즐겁게 구경하고 있다. 화자는 턱시도를 입은 황태자 아키히토와 기모노 차림인 황태자비 미치코가 하늘을 향해 드러누워 처형을 기다리는 것을 본다. 그는 집행인이 손에 든 것은 자신의 도끼임을 깨닫는다. 두 황족의 머리는 깡통처럼 통통거리며 광장 저편으로 데굴데굴 굴러가 버렸다.[27]

이윽고 화자는 나이든 시종처럼 보이는 인물을 만나고, 그 시종은 "저쪽에 가면 천황과 황후, 두 폐하가 죽어 있다"고 태연하게 말한다. 화자는 가르쳐준 곳에 가서 처형당한 천황 부처를 본다. 황후의 치마에 '영국제' 보람표가 붙어 있는 것을 보며 천황의 양복도 영국제일 것이라고 추측한다. 꿈의 핵심은 화자가 메이지 천황의 비妃로 1914년에 사망한, 히로히토의 할머니 쇼켄照憲 황태후와 나누는 대화다. 화자는 황태후를 히로히토의 어머니인 데이메이貞明 황후와 혼동한다.

"너희들은 누구 덕분에 살고 있다고 생각하나? 다 우리 덕분이다."

"무슨 말이야, 이 빌어먹을 할망구가. 무슨 증거로 그런 말을 하는 거냐? 너희 같은 흡혈귀에게 돈을 착취당한 적은 있어도 너희 덕을 본 적은 없단 말이지."

"무슨 소리를 지껄이는 거냐? 이 개새끼야. 8월 15일을 잊었느냐? 무조건 항복하여 생명을 건져준 건 모두 우리 히로히토의 덕이다."

"종전이 되어 생명을 구한 것은 항복하도록, 주변 사람들이 속이도록, 네 아들에게 그런 일들을 가르쳐준 덕분이다."**28**

그 뒤 황태후는 "국민들은 죄다 우리에게 감지덕지하고 이것저것 해주다가, 결국에는 착취했다든가 흡혈귀라든가 지껄이기나 하고 말이야. 너희들이 마음대로 그렇게 하고 싶어했으면서 정말 귀찮기 짝이 없군, 흥!" 하고 시비조로 중얼거린다.

'상징' 천황제와, 히로히토가 용감하게 국민을 파멸에서 구했다고 하는 조작된 신화를 풍자한 「풍류몽담」은 급격한 경제 성장이 시작된 때에 회자된, 천황 문제에 관한 비판과 공격들을 보여준다. 이 시기에 일본인 대부분은 침략전쟁에 대한 천황의 책임을 직시하려고 하지 않았다. 이 작품의 등장인물들은 화자까지 포함하여 모두 머리가 벗겨져 있다. 대머리라는 이 공통의 상처는 일본인의 양심 깊숙이 묻혀 있는 천황이라는 난제에 대한 은유다. 요컨대 「풍류몽담」은 천황과 국민의 공범 관계, 거의 모든 국민이 열렬히 천황과 일체화하여 부정한 침략전쟁에 협력했음을 지적한다. 후카자와가 암시한 것은 그들 스스로 군주제를 통합의 '상징'으로 세우는 한, 민중은 천황에게서 해방될 수 없다는 것이었다. 그의 전쟁 책임을 추궁하지 않음으로써 민중은 스스로의 책임 추궁을 회피한 것이었다.

후카자와의 소설 속 국민이 '상징 일족'을 살해한다는 이야기는 일부 독자들의 공감을 불러일으켰으나, 곧 반대파의 격분한 목소리에 덮여버렸다. 그리고 진짜 살인 사건이 일어나고 말았다. 궁내청이 저자와 출판사를 고발하려고 했으나 이케다 내각은 이 문제를 쟁점화하는 데 반대했다. 우익 세력은 안보투쟁이든 「풍류몽담」이든 모두 혁명 욕구라는 한 뿌리에서 나온 것으로 보았다. 그들은 정부와 달리 그러한 '불경' 행위를 제재하는 데 성공했다. 우익 세력은 도쿄의 중앙공론사 앞에 몰려가 직원들을 위협했다. 급기야 1961년 2월 1일, 과격한 우익단체 소속인 열일곱 살 소년이 중앙공론사 사장 시마나카 호지嶋中鵬二의 자택을 습격했다. 시마나카는 집에 없었으나 소년은 가정부를 단도로 찔러 죽이고 시마나카 부인에게 중상을 입혔다.

이 살인 사건 후 후카자와는 5년 동안 숨어 살았다. 그는 다시는 작품을 공개 발표하지 않았다. 문학사가 존 트리트Treat, John Whittier에 따르면 그는 "된장을 만드는 데" 종사하다가, 나중에는 "도쿄의 노동자들이 많이 모이는 거리에서 대담하게도 '유메야夢屋'라는 이름으로 오코노미야키물에 푼 밀가루 반죽에 파, 양배추, 숙주나물, 돼지고기, 문어 등 기호에 따라 재료를 올리고 철판에 구워먹는 음식. 우리나라의 부침개와 비슷하다—옮긴이 가게를 경영했다."29 시마나카는 작가와 합심한 바가 전혀 없다고 했다. 자택에서 살상 사건을 일으킨 우익을 비난하거나 언론·표현의 자유를 지키려고 하지 않고, 그는 황실에 누를 끼쳤다는 사죄문을 신문에 거듭 발표했다.30 『중앙공론』은 우익과 고상한 여론을 달래기 위해 편집 방향을 바꾸어, 전시 국가의 행위를 그다지 비판하지 않는 기사를 게재하는 잡지가 되었다. 다른 대형 상업 출판사들도 이에 발맞춰 천황제에 관한한 자기검열을 강화했다. 그 뒤로는 (소수 영세한 반체제 출판사를 제외하고는) 천황의 권위를 풍자하는 작품을 감히 출판하는 곳이 없었다.

「풍류몽담」과 '시마나카 사건'으로, 관용의 폭이 넓어진 새 일본에 존재하는 표현의 한계가 명확히 드러났다. 대중매체는 히로히토와 황실을 비판하거나 내리깎는다고 받아들여질 만한 기사의 게재를 꺼리게 되었다. 이 '국화일본 황실을 상징하는 꽃으로 황실의 문장(紋章)으로 사용되고 있다—옮긴이의 금기'는 1963년 헤이본출판平凡出版이 국회에서 "흥미 본위로밖에 받아들일 수 없다"는 비판이 나온 데 따라, 고야마 이토코小山いと子의 소설 『미치코 님美智子さま』을 자사의 잡지에서 연재 중단시키면서 범위가 더욱 확대되었다.[31] 그러나 이러한 움직임이 천황제에 대한 지식인들의 논쟁을 침묵시키지는 못했고, 대중매체 전반에 대한 영향력은 덧없는 것이었다. 전쟁과 점령이 낳은 중산계급의 소비 사회에서 헌법은 고도의 정당성을 얻었다. 전후 세대는 전쟁 전과 전시에 교육받아 천황에 대한 맹목적인 충성과 숭경이 몸에 배어 있는 구세대의 가치관과 싸우면서, 민주적이며 반권위주의적인 가치관의 담지자로 자라났다. 이 싸움에서 히로히토는 구세대 편에 있었으나, 그들의 '대동아전쟁' 관점을 드러내 옹호하는 일이 없도록 항상 주의를 기울였다.

233개 범죄 조직과 우익 단체가 점령 초기에 해산되었다. 1958년부터 1961년까지 우익 테러리즘은 일본 정치무대로 간단히 복귀했다. 기시와 자민당 '주류파'가 정적에 대한 테러를 직접 지시했다는 뚜렷한 증거는 없다. 그러나 그들의 강경 정책이 경찰의 공모, 또는 묵인하에 테러 환경을 조장했음직하다. 우익의 살인청부업자들이 좌파 국회의원을 습격하고 안보조약 반대파를 협박했다. 사회당 위원장 아사누마 이네지로浅沼稲次郎는 TV 중계 연설 중에 살해되었다. 우익 과격파는 문화 영역에도 도전했다. 군주제의 지속적인 개혁이 필요하다고 표명하는 후카자와 시치로 같은 작가를 협박과 암살의 대상으로 삼은 것은 전후에 처음 등장한 일이다.

IV

기시의 실각에서 교훈을 얻은 후임 수상 이케다 하야토池田勇人는 헌법 개정을 단념하고, '관용과 인내'를 표어로 내걸었다. 그는 주로, 국민총생산을 연 9퍼센트씩 늘려 10년 안에 국민소득을 '배가'하겠다는 계획으로 기억된다. 그가 권좌에 있던 1960년 7월부터 1964년 11월 사이, 일본은 1973년 1차 '유류 파동(오일쇼크)' 때까지 이어지는 유례없는 경제 성장에 돌입했다. 성장 속도는 느렸지만 일본은 서방 어느 국가보다 경제성장률이 높았다. 농업인구가 빠르게 줄어들어, 1960년에 취업인구의 약 3분의 1이었던 것이 1970년에 5분의 1, 1980년에는 10분의 1 이하로 떨어졌다. 천황이 예순일곱 살이 된 1968년, 일본의 국민총생산은 자본주의 국가 중 2위에 도달했다. 그래도 1981년 천황이 여든 살을 맞이할 때까지 과거 천황제의 중요한 지지 기반이었던 농촌 공동체가 소수 존재했다.[32]

1963년 이케다는 패전일인 8월 15일을 신도神道와 상관없이 순수하게 세속적인 전몰자 추도 기념일로 만드는 데 성공했다. 그는 전쟁 자체에 대한 역사적인 평가를 피하고, 전임자인 요시다와 마찬가지로 전몰자들이 "우리 경제와 문화의 현격한 발전에 초석"이 되었다고 규정했다. 그 뒤로 전국전몰자추도식은, 전몰자의 희생이 전후의 번영을 가져왔다는 요시다·이케다 식의 추도사를 역대 수상들이 되풀이 재현하는 자리가 되었다.[33] 이런 식으로 해서 전쟁 정당화와 광범위한 국민 공동체 재구축이 한 발 두 발 진전되었다. 같은 해 1963년 이케다 내각은 '교육 정상화'를 목표로 교과서에 관한 새로운 법(교과서무상조치법教科書無償措置法 —일본어판)을 통과시켰다. 이는 일본의 침략 책임 문제와 히로히토의 역할을 전혀 다루지 않은 역사 교과서와 교사용 지도서 간행으로 이어졌다.

또한 이케다는 점령 기간에 중지되었던 서훈叙勳 제도를 부활시켰다. 본디 이것은 메이지 헌법의 규정에 따라, 예술과 과학 분야에서 국가에 중요한 공헌을 한 탁월한 시민에게 천황이 훈장을 수여하는 제도였다. 황궁에서 거행되는 서훈식은 능력과 정치 성향에 따른 문화적인 계급 서열과, 동시에 천황을 정점으로 하는 사회의 위계질서를 강화하는 의식이었다. 1963년 군인을 포함한 생존자 서훈이, 이듬해에는 전몰자 서훈이 부활했다.[34] 1963년 이후 자민당 수뇌는 1년에 두 차례 서훈 대상자 명단을 작성하여 천황에게 제출했다. 언제나 선거 직전에 거행되는 이 서훈식은 공훈이 있는 예술가, 지식인, 군인의 명예를 드높일 뿐만 아니라 자민당의 지지율도 높여주었는데, 이것이야말로 진정 그들이 노리는 바였다. 집권당의 지지 기반을 넓히고자 서훈 대상을 확대하는 일은, 외국에도 선례가 있긴 하지만 틀림없이 '새로운 천황제 이용법'이었다.[35]

일본은 쇼와 중후반, 곧 1960~1970년대에 걸쳐 사회 기반, 금융, 기술, 사회 구조 면에서 자본주의 대기업의 요구에 부응하는 고도의 도시 사회로 급속히 이행했다. 무엇보다 전후 일본은 정책상으로 대기업과 대규모 생산·유통을 육성하는 데 매진하고, 사람과 환경에 들여야 할 비용에는 관심을 기울이지 않았다. 대기업의 확대·강화는 동시에 일본의 중간 계급을 확대했다. 점령기에 대기업들은 상호 연합체를 형성했다. 산업·금융계의 이해관계와 끊임없이 변화하는 요구 사항을 대변하는 이 연합체는 기본적으로 기업의 이익과, 대장성·우정성郵政省·통산성·일본은행 등 주요 관공서와 집권 여당 사이를 중개했다.[36] 번영과 풍요가 이 새로운 일본사회를 통합하면서, 헌법에 규정된 '상징' 천황은 이미 부차적인 문제가 되어버렸다.

대부분 천황과 일체감을 가지거나 (실제로는 믿지 않는다 해도) 어쨌거나 말

로는 국가 이데올로기의 원리에 순종했던 전쟁 세대戰中派2차 세계대전 당시
청년기를 보낸 세대-옮긴이와 달리, 1970년대의 '전후 세대戰後派'는 새로운
기업사회에서 자라났다. 그들은 회사와 일체감을 가지고, 국가를 불신하
는 경향이 있으며, 경제 성장과 민주주의의 가치를 지지했다. 달리 말하
면 에도 시대 무사의 봉건 영주에 대한 충성심이 메이지 시대에 모든 '신
민'의 천황에 대한 충성심으로 옮아갔듯이, 회사 중심 사회에서는 회사에
대한 종업원의 충성심으로 이데올로기 전환이 일어났다. 급속도로 경제
대국이 되기는 했으나 아직 정치대국의 지위는 회복되지 않은 일본의 상
황에서, 천황제는 이제 메이지 시대처럼 적극적으로 국가를 형성할 필요
도, 다이쇼 시대와 쇼와 초기처럼 민주화를 회피, 억제할 필요도 없었다.
그러면서도 헌법이 법 아래 차별 없는 평등 원칙에 어긋나는 군주제를 유
지했기 때문에, 개인의 자유를 속박하는 요인으로 남아 있었다. 이는
1960년대와 1970년대 보수 정치 체제가 만든 것이 아니라, 기업사회 자
체가 계급과 차별을 낳고, 그 정점에 위치하는 천황제가 그러한 원리를
공인하는 역할을 했기 때문이다.37

　기시 이후의 자민당 정부는 특히 선거 결과로 드러나는 자유주의 진보
세력과 보수 세력의 대립을 무시할 수 없었다. 그 때문에 헌법 개정과 재
군비를 둘러싼 분열은 이케다의 뒤를 이은 사토 에이사쿠(佐藤栄作, 기시의
친동생)의 정치 과제로 그대로 인계되었다. 사토 총리는 오로지 경제 성장
과, 물질적 풍요를 바탕으로 한 국가 통합을 지향했다. 그는 과거의 군국
주의와 식민지주의 일본을 잊고 '관용과 조화'의 정치로 나아갈 것을 추
구하면서, 1964년부터 1972년까지 8년간 역대 수상 중 가장 오래 수상
자리에 있었다. 이케다와 마찬가지로 사토는 요시다 시게루를 숭배했고,
취임 직후부터 요시다처럼 친미 정책을 펼치면서 정치 정세 전반을 보고

하여 늙은 천황을 기쁘게 했다.

내각 출범 후 거의 6주가 지난 12월 26일, 사토는 천황에게 보고하러 처음으로 황거를 방문했다.[38] 천황과 사토는 곧 개인적으로 훈훈한 관계로 발전했다. 그 후 사토는 (선거운동 중과 외국 방문 시를 제외하고) 국제정세, 국가의 정책, 교육과 방위 문제, 경제, 농정 등에 대해서 히로히토에게 보고를 지속했다. 사토는 때때로 임관식과 서훈식에 참석하러 황거에 갈 때에도 자주, 길게 보고를 올렸다. 히로히토는 국정을 따라잡고 그 일원이 되려고 사토에게 질문을 퍼부었다.

1960년대 중반 이후 린던 존슨Johnson, Lyndon Baines 미 대통령은 베트남 전쟁을 확대하기 시작했고, 일본 학생들은 북베트남을 폭격할 B52기가 오키나와 기지에서 발진하는 것에 항의했다. 사토는 미국의 북베트남 침략에 전적으로 협력했다. 전쟁이 격해지자 일본과 오키나와의 중요성은 더욱 커졌다. 1964년 10월 중국이 처음 원폭 실험을 했다. 정확히 2년 뒤 문화대혁명의 혼란에 빠져들면서 중국은 동아시아 어디로든지 핵탄두를 쏘아 보낼 수 있는 미사일을 시험 발사했다. 워싱턴의 소식통에 따르면 중국 대륙이 곧 핵무기 비축을 시작할 것이 분명했다. 오키나와가 미국에 한층 더 중요해졌다는 뜻이었다. 미·중 관계는 재고할 필요가 있었다.

중국의 첫 원폭과 미사일 발사에 관한 히로히토 개인의 견해는 알려지지 않았다. 그러나 중국이 핵미사일 개발에 착수한 상황에서도 천황과 사토가 미국 '핵우산'의 유효성을 의심했다고는 생각되지 않는다. 사토의 말에 따르면 히로히토는 주로 미·일 간에 늘어나는 경제 분쟁에 관해 질문했다. 섬유 분쟁에 대해서도 사토는 천황에게 진전 상황을 낱낱이 전달했을 것이다. 또한 그들은 베트남 전쟁의 향방, 사토 내각의 학생운동 대책, 존슨 대통령의 정책과 더욱 진의를 알 수 없는 닉슨의 정책 등에 관해 이야기를 나누었다. 히로히토는 사토의 외교와 내정 수완을 높이 평가하는 한편, 때때로 자민당 의원들과 각료들의 부정부패에 분노를 표시했다.[39]

사토 내각 시절 히로히토는 [소실된 메이지궁에 비해—일본어판] 규모가 작은 새 궁으로 옮기고, 도쿄올림픽 개최에 동참했으며(이상 1964년), '근대화 성공' 100주년을 축하하는 '메이지 100년 기념식전'에 참석했고(1968년), 황후와 함께 오사카만국박람회를 두 차례 방문했다(1970년). 이들 행사는 일본의 경제적 성과에 대한 자부심을 고취하고 국위를 선양했다. 국가의 자부심과 위엄은 사토의 오키나와 반환 협상으로 더 높아졌다(1972년). 그러나 미국과 일본 모두, 오키나와 섬이 미국의 '태평양의 지브롤터'로 존속되기를 바랐기 때문에 미군 대병력의 주둔은 계속 용인되었다. 도쿄에서 열린 반환식 때 히로히토는 외국 고관들의 예방을 받고, 식장에서는 짤막한 연설로 전시와 전후 오키나와 주민들이 치른 희생에 애도를 표시했다.[40]

사토와 자민당 보수파가 권력을 쥐고 있던 시기에는 고령인 히로히토가 능동적인 역할로 돌아가 다시 한 번 국가원수 지위를 되찾을 꿈을 꿀 수 있었다. 그는 외국 고관, 왕족과 계속해서 만났다. 과거 젊은 시절처럼 궁중 만찬회와 우아한 야유회를 개최했다—물론 그 의미는 예전과 전혀 달랐지만. 그는 국민체육대회에 참석하고, 자민당이 일본의 평화와 번영에 대한 구상을 세계에 전하도록 도왔다. 1970년 사토는 히로히토에게 다시 유럽 순방을 권했다. 히로히토는 이를 승낙하여 일흔 살이 되는 이듬해 1971년, 황후 나가코와 함께 유럽으로 향했다. 50년 전에는 우익이 그의 여행을 반대했다. 이번에는 좌파가 반대하여, 그 자신과 일본국민에게 돌연 과거를 일깨웠다. 그가 방문한 7개국, 특히 네덜란드, 서독, 영국에서는 성난 시위 군중이 물건을 집어던지며 그의 차량 행렬을 모욕했다.

명백히 그들은 히로히토를 평화의 상징으로 인정하지 않았고, 당시 일본에서 팽배하던 관점과 달리 일본인을 전쟁의 유일한, 혹은 1차적인 피해자로 보지 않았다. 히로히토와 나가코는 귀국했지만, 유럽에서 일어난 항의 시위는 '전쟁 책임'이 단지 과거사가 아님을 많은 이들에게 깨우쳤다.

히로히토의 유럽 순방 후, 사토의 후임인 다나카 가쿠에이(田中角榮, 재위 1972~1974년)가 중화인민공화국과 일본의 국교 정상화를 달성했다. 다나카 정권하에서도 여전히 일본의 정치인들은 공식적으로 패전에 관해 '이중 기준'을 내세웠다. 1973년 2월 2일 다나카 총리는 공산당 의원에게서 중일전쟁을 침략전쟁으로 생각하느냐는 질문을 받고, "일본이 과거 중국 대륙에 군대를 파견한 사실, 이것은 역사적인 사실입니다. 이 문제를 놓고 지금 당신이 말하듯 단적으로 침략전쟁이었는가 하는 것은 아무래도 내가 말할 수 있는 사안이 아닙니다. 이것은 역시 미래의 역사가 평가할 것입니다" 하고 애매모호한 대답을 했다.[41] 소수 일본인들은 다나카의 변명이 부적절하다고 생각했다. 다나카의 답변에 히로히토를 보호하려는 의도가 있다고 생각한 일본인은 더 소수였다.

히로히토는—헌법에 위배되는 일이지만 관례에 따라—외교와 군사에 대한 비공식 보고를 은밀히 받아왔다. 천황이 정부 지도자들에게 의견을 전할 기회를 누리고 있었다는 사실은 1973년 5월까지 일반에 알려지지 않았다. 1973년 5월 다나카 내각의 방위청장관 마스하라 게이키치增原恵吉가 (자위대 증강 계획에 대해) 천황이 "옛 군대의 나쁜 점은 배우지 말고 좋은 점을 취하여 확실하게 해주길 바란다"고 충고한 사실을 기자단에 누설해 버렸다.[42] 여론의 비판이 일었다. 왜 일흔두 살인 '상징' 천황이 비밀리에 내각의 보고를 받는가? 히로히토가 '옛 군대의 좋은 점'이라고 말한 사실 때문에 다나카는 마스하라를 경질해야 했고, 천황은 "이제 종이 인

형이라도 되어야겠구나" 하고 한탄했다.[43]

이 사건 후 다나카를 비롯하여 그 후임 수상들(미키 다케오三木武夫, 후쿠다 다케오福田赳夫, 오히라 마사요시大平正芳)도 1960년대 초부터 방위청장관이 천황에게 해온 군사 문제 보고를 금했다. 그러나 군사, 정치, 외교에 관한 히로히토의 적극적인 관심은 줄어들지 않았다. 일본 기업이 동남아시아와 중국에 널리 진출하여 일본 경제 '대국화'에 기여하던 1970년대 후반, 정부의 고관들은 고령인 천황에게 군사·외교 문제를 설명했고, 여러 대학의 교수들도 국제정세에 대한 진강進講(임금이나 귀인 앞에서 학문을 강의함—편집자)을 이어갔다.

1975년 중반에는 2차 세계대전 뒤에 태어난 사람이 대략 일본 인구의 절반을 차지하게 되었다.[44] 제국일본의 가치를 재긍정하는, 패전의 '영령英靈'에 대한 관점은 독립 후 20년 동안에 비해 이미 대중에게서 멀어졌다. 단순한 관광객으로서, 혹은 성지 순례하듯 2차 세계대전의 전장을 돌며 유골을 모으는 진지한 순례자로서 해외로 나가는 일본인의 수는 계속 늘어났다. 중국에서, 동남아시아에서, 그리고 태평양 섬들에서 일본인들은 일본군의 손아귀에서 외국인들이 얼마나 고통을 받았는지, 얼마나 많은 아시아인들이 아직도 일본을 본질적으로 군국주의적이며 침략적인 나라라고 생각하는지, 차츰 깨닫게 되었다. 그들은 자국민의 전쟁 피해에만 집중했던 좁은 시야를 극복하기 시작했다.

1975년 9월 천황 히로히토와 황후 나가코는 미국을 처음이자 마지막으로 공식 방문했다. 그보다 5년 전 사토 에이사쿠 수상이 경제마찰 완화를 위한 미국 방문을 천황과 함께 논의한 바 있으나, 실제로 준비가 시작된 것은 1973년부터였다. 출발 전, 일흔네 살인 천황은 『뉴스위크』의 버나드 크리셔Krisher, Bernard 기자와 단독 회견을 했다. 크리셔의 열한 가지 질문이 1975년 9월 22일 『아사히신문』 석간에 보도되었다. 그중 하나는 "종전에 즈음하여 폐하가 중요한 역할을 하신 것은 잘 알려져 있습니다만, 일본이 개전을 결단한 정책 결정 과정에도 폐하가 가담하셨다고 주장하는 사람들에게 어떻게 대답하시겠습니까?"라는 질문이었다. 히로히토는 이렇게 대답했다.

> 전쟁 종결 시에 나는 스스로 결정을 내렸다. 이것은 수상이 각내에서 의견을 모으지 못하여 내게 의견을 요청해왔기 때문으로, 나는 내 의견을 말하고 내 의견에 따라 결정했다. 전쟁 개시 때에는 각의 결정이 있었고 나는 그 결정을 뒤집을 수 없었다. 나는 그렇게 하는 것이 일본의 헌법 조항에 합치되는 일이었다고 믿는다.[45]

천황이 내각이나 군부 어느 누구의 뜻도 맹목적으로 추종하지 않았음을 보여준 기도 고이치의 일기, 천황이 얼마나 적극적으로 정책 결정에 관여했는가를 폭로한 『스기야마 메모杉山メモ』가 간행된 지 8, 9년이 지났는데도 그는 전후 30년간 그의 재위와 보수 정치를 지켜온 뻔한 거짓말을 기계처럼 되풀이했다. 자신은 충실한 입헌군주이며 개전에는 책임이 없고, 종전의 공은 모두 자신에게 있다, 메이지 헌법은 천황의 통수권과 전쟁 선포, 강화를 위한 권한을 행사할 때에 내각의 보필을 받도록 정해져 있다, 등등.

9월 22일에는 도쿄 주재 외국인 기자들이 단체로 히로히토와 회견하면서 더 많은 질문을 했다. "〔많은〕 미국인이 1940년대 미일전쟁에 대해 폐하께서 무언가 말씀해주기를 기대합니다. 어떻게 대답하시겠습니까?"라는 질문에 히로히토는 "현재 이 문제를 검토 중이며 지금 견해를 말하는 것은 삼가고 싶다"고 대답했다. 요컨대 노코멘트no comment다. "폐하께서는 지난 30년간 일본인의 가치관이 변했다고 생각하십니까?"라는 질문도 나왔다. 히로히토는 "전쟁 종결 후 여러 사람들이 몇 가지 견해를 말한 줄로 압니다. 그러나 넓은 관점으로 보아, 전전戰前과 전후에 [가치관의] 변화가 있다고는 생각하지 않습니다"고 대답했다.⁴⁶ 히로히토가 [전전과 전후의—옮긴이] 연속성을 강조한 것은, 외국의 점령과 개혁이 일본의 가치 체계를 근본적으로 바꾸었음을 부정하는 것으로 볼 수 있다. 아니면 천황제의 본질은 변하지 않는다는 낡은 관념을 주장한 것으로 해석할 수도 있을 것이다.

회견 끝 무렵에 히로히토는 다시 한 번 전쟁 개시와 종결 때의 역할에 관해 질문을 받았다.

"폐하께서는 [메이지] 헌법의 규정에 따라 행동했다고 말씀하셨습니다. 이는 폐하께서 당시 군부를 반박하지 않으셨다는 뜻으로 생각됩니다. 그렇다면 폐하께 여쭙고 싶습니다. 일본의 군부 지도자들이 일본을 무익하고 잘못된 모험으로 이끌었다는 생각을 개인적으로 해보신 적이 있습니까?"

히로히토는 "그랬던 적이 있을지도 모릅니다만, 당시 그 일에 관계했던 사람들이 현재 살아 있습니다. 만약 내가 지금 무슨 말이든 한다면 당시의 군부 지도자들을 비판하는 셈이 되겠지요. 나는 그러고 싶지는 않습니다"고 답했다.⁴⁷ 천황이 지도자들 중 누구를 염두에 두고 한 말인지는 불분명하지만, 점령 기간에 그는 패전을 이유로 도조와 기도를 제외하고는 주위 모든 사람을 비판했기 때문에, 천황 자신을 두고 한 말이 아님은 분명하다.

기자회견을 하고 수주일 뒤 천황은 국빈으로서 워싱턴을 처음 방문하여, 전해에 일본을 방문했던 제럴드 포드Ford, Gerald Rudolph, Jr. 대통령에게 2차 세계대전에 대한 '깊은 슬픔'을 표명했다. 그리고 서둘러 미국 관광 길에 올랐다. 절정은 캘리포니아 디즈니랜드에서 천황이 미키마우스와 같이 싱글거리며 돌아다녔을 때였다. 샌디에이고 동물원에서는 코알라를 귀여워했다.[48] 이러한 노천황의 모습을 찍은 사진들이 많은 미국인들을 즐겁게 했고, 실권 없는 평화주의자 군주라는 허구의 고정관념을 굳힌 것으로 여겨진다.

귀국 후 히로히토는 TV 카메라까지 들어간 기자회견 자리에 나왔다(10월 31일). 그때 한 일본인 기자가, 외국 기자단과 포드 대통령에게 천황이 말한 내용에 입각하여 '부적절'하고 당황스러운 질문을 했다.

"천황 폐하께서는 백악관에서 '내가 매우 슬프게 생각하는 그 불행한 전쟁'이라고 말씀하셨는데, 이것은 〔패전이 아니라〕 전쟁에 대해 책임을 느끼신다는 의미로 해석해도 괜찮겠습니까? 또한 폐하께서는 이른바 전쟁 책임에 대해서 어떻게 생각하시는지 여쭙고 싶습니다."

히로히토의 얼굴이 굳어졌다.

"그런 말의 표현법에 대해서는, 문학 방면에 대해 별로 연구한 바가 없어 잘 모르기 때문에 문제에 답할 수가 없습니다."

히로시마 원폭 투하에 대한 질문에 그는 "원자폭탄이 투하된 것에 대해서는 유감으로 생각합니다만, 히로시마 시민들에게는 안된 일이지만 전쟁 중이었기 때문에 어쩔 수 없는 일이었다고 생각합니다"고 말했다.[49] 자신의 통치하에 일어났던 일을 무심하게 방관하는 듯한 그의 태도는 많은 일본인들에게 지나친 것으로 여겨졌다. 그의 "어쩔 수 없다"는 발언은 히로시마를 비극으로 몰고 간 과정에서 그가 했던 역할을 완전히 부인하는 것으로, 특히 역사학자들을 분개하게 했다. 그해 이노우에 기요시井上

淸는 중일전쟁과 태평양전쟁 각 단계에 천황이 관여한 바를 처음으로 엄밀하게 다룬 실증 연구서를 출간했다. 네즈 마사시ねずまさし의 첫 비판적 전기가 그 뒤를 이었다. 천황의 가면을 벗기는 작업이 개시된 것이다.

이 회견이 있은 지 석 달 뒤, 교도통신사는 남녀를 아울러 3000명을 대상으로 천황제에 대한 여론 조사를 실시했다. 80퍼센트 이상이 응답했고, 응답자의 약 57퍼센트가 천황에게는 전쟁 책임이 있거나, 있다고도 없다고도 할 수 없다고 답했다. 몇 번에 걸친 기자회견에서 히로히토가 한 대답은, 그가 또다시 일본인 다수의 감각과 동떨어져 있음을 보여주었다.[50]

V

히로히토의 유럽과 미국 방문은 이를 전후해서 열린 여러 차례의 기자회견과 더불어, 일본 인민으로 하여금 오래 묻혀 있었던 그의 전쟁 책임 문제를 다시 끄집어내게 했다. 그러나 히로히토 자신에게는 외국 방문도 기자회견도 그러한 효과를 내지 못했다. 그로 하여금 과거를 직시하게 만든 것은 개인적인 사건이었다. 유명한 잡지 『문예춘추文芸春秋』 1975년 2월호에 그의 동생 다카마쓰노미야의 전쟁 회고담이 실렸다. 천황은 1976년 1월 그 기사에 대해 알게 되었다.[51] 언론인 가세 히데아키加瀬英明와 회견하면서 다카마쓰노미야는, 자신은 비둘기파였고 히로히토는 무모한 매파였다고 넌지시 말했다. 그는 1941년 11월 30일 5분 정도 천황을 만나, 해군 지휘부에게는 2년 이상 전쟁을 수행할 자신이 없다고 경고한 일을 이야기했다. 또 미드웨이 해전 직후에도 형에게 전쟁 종결을 촉구하는 편지를 썼다고 회상했다. 1944년 6월에는 군령부 회의에서 "이미……

절대 국방권이 무너진 이상, ……어떻게 하면 잘 패할 수 있는가에 전쟁 목적을 두어야 한다"고 하여 참석자들이 경악했다고도 말했다. 급기야 다카마쓰노미야는 항복 이전에 고노에와 천황 퇴위를 상의한 사실까지 밝혔다.[52]

히로히토는 매우 당황했다. 동생이 너무 지나쳤다고 여겼다. 어떻게 하면 천황의 체면을 살릴 수 있을 것인가? 그가 독백록을 구술하고, 이나다 슈이치와 기노시타 미치오가 「배청록」을 작성한 이후 처음으로 히로히토는 역사적 사실을 기록으로 작성하는 작업을 재개했다. 그의 치세에 일어난 사건들을 기록하고 그가 역사에서 차지하는 위치를 규정하는 작업은, 전시와 점령기 그의 역할에 초점을 맞춰 진행되었다. 이 일은 곧 그의 남은 생애를 사로잡은 절실한 과제가 되었다. 천성이 자기성찰과는 거리가 먼 히로히토를 과거는 놓아주지 않았다.

1976년 2월, 시종장 이리에 스케마사入江相政의 도움을 받으며 히로히토는 두 번째 구술 작업을 시작했다. 1985년에 사망할 때까지 이리에는 이 작업에 몰두했다. 그것이 히로히토로 하여금 6년 후 자신이 죽기 직전까지 다른 측근들의 힘을 빌려 이 일을 계속할 마음을 먹게 만들었다. 천황 히로히토는 새로운 '사실'을 기억해낼 때마다 이리에에게 받아 적도록 했다. 그리고 이리에가 쓴 것을 읽어보고, 정정하고, 이리에에게 다시 고급 종이에 깨끗하게 정서하도록 하곤 했다. 때때로 히로히토는 날마다, 어느 때는 하루에 두 번씩 이리에를 불러 문장을 바꾸었다. 두 노인의 작업은 거의 한 주도 거르지 않고 이어졌다.

1976년 11월 10일, 일흔다섯 살인 히로히토는 자신의 비사秘史 작업을 멈추고 재위 50년을 축하했다. 엄중한 경비 속에서 도쿄에 있는 일본무도관日本武道館에서 국가 행사로 치러진 기념식에는 7500명이 넘는 귀빈이 참석했다. 사회당과 공산당 대표자들, 그리고 일부 현의 지사들이 히로히토가 권력의 정점에 있었던 '쇼와' 초 20년간을 같이 기리는 데 반대하여 참석하지 않은 사실은 주목할 만했다. 행사를 마치고 천황은 다시 이리에의 글재주에 기대어 구술 작업을 시작했다. 1976년 말까지 이리에는 지난 사건들에 대한 천황의 새로운 해설을 '배청록拜聽錄 9권과 맺음말'로 완성했다.[53]

히로히토는 1977년부터 1979년까지 자신의 치세에 대한 수정 회고 작업을 이어갔다. 그는 팔순에 접어들어서도 이 작업에 매달렸고, 체력을 소모하는 궁정 행사도 몸소 집전할 것을 주장했으며, 살아생전에 황태자에게 섭정 자리를 내어주려고도 하지 않았다. 그는 그 일에 지치지도 않았던 것 같다. 이리에는 1980년 일기에, 1936년 2·26사건 때 (시종무관장) 혼조 시게루의 설명을 천황이 얼마나 걱정했는지 적었다. 점령기 천황이 기소를 면하도록 하는 일에 원동력이 되었던 펠러스, 데라사키, 키넌 등의 이름도 언급되었다.[54] 1941년 일어난 사건들 같은 과거사는 여러 번 되풀이되었다. 동생 다카마쓰노미야가 지면紙面을 통해 자신에 관해 말하는 내용에 천황은 신경을 곤두세우고 있었다.

히로히토가 자신이 몇십 년 전인 1946년 전시의 세월에 관해 했던 이야기를 지치지도 않고 재구성하고 있을 때, 다른 사람들은 쇼와 후의 일본에 대해 생각하기 시작했다. 신사본청, 옛 군인과 유족 단체, 보수파 국회의원과 지방의원들은 군주제의 권위를 강화하는 운동을 벌였다. 그들의 목표 한 가지는 공문서에 (메이지, 다이쇼, 쇼와 같은) 연호를 사용하도록 법제화하는 것이었다. 수년간의 논쟁 끝에 압도적인 반대를 무릅쓰고 국회는 1979년, 천황의 치세 기간을 가리키는 이름을 그 시대를 지칭하는 표시로 삼는 복고적인 '원호법元號法'을 통과시켰다.

약 30년 전 GHQ는 이 '일세일원제一世一元制'를 개정 황실전범에서 삭제했다. 보수파는 이 관습을 입법화하려 했지만, GHQ는 천황이 이미 통치자가 아니므로 원호제는 새 헌법의 정신과 합치하지 않는다는 뜻을 밝혔다. 그런데 1979년에 이르러 그것이 법제화되어, 인민으로 하여금 천황이 죽으면 한 시대가 끝나는 것으로 여기는 사고방식을 유지하게끔 했다. 일본인은 특수하다는 관념이 다시금 수긍되었다. 이러한 결과에 히로히토가 어떻게 반응했는지는 모르지만, 그가 반기지 않았을 리 없을 것이다. 원호법 통과는 1980년대 대두한, 천황제의 권위를 강화하려는 새로운 움직임의 첫 단계였다.

1980년대 초부터 중반에 걸쳐, 과거 일본의 침략과 식민통치를 받았던 아시아 여러 나라들이 급속도로 경제 성장을 달성하고 생산성을 향상하면서, 국제사회에서 발언권을 높였다. 미국에서는 일본의 보호주의적 경제 정책에 혹심한 비판이 일었고, 동아시아 여러 나라들은 일본의 내정을 더욱 유심히 주시했다. 1981년 가을부터 남한의 신문들은 일본의 교과서 기술을 비판하기 시작했다. 교과서에서는 일본의 중국 침략을 ('진출'이라 하여) 호도하고, (3·1독립운동을 '폭동'이라고 하며) 조선에 대한 가혹한 식민통치를 얼버무렸다. 일본 문부성의 이러한 태도는 이듬해 여름, 중국이 역사·외교적 이유로 아시아태평양전쟁에 대한 일본의 책임을 조명하는 데 합류함으로써 세계적인 주목을 받게 되었다.

비판의 배경에는 일본의 경제력에 대한 우려도 있었으나, 동시에 일본의 최고위 공직자들이 과거의 오점보다 영광에 근거한 새로운 국가 정체성이 필요하다고 강변하며 천황의 권위 확대를 지속적으로 꾀하는 데 대한 거부감이 깔려 있었다. 수상인 스즈키 젠코(鈴木善幸, 재임 1980~1982년)가 일본의 편향된 교과서를 둘러싼 국제분쟁을 재빨리 가라앉혀 중·일

관계는 어느 정도 개선되었다. 그러나 스즈키의 후임 나카소네 야스히로(中曾根康弘, 재임 1982~1987년) 때에도 아시아와 서구 사람들의 눈에 일본은 여전히 의혹의 구름에 덮여 있었다. 국제사회에서 일본의 위상을 높이고자 나카소네는 교과서 문제 개선을 약속했고, 이후 10년간 패전에 대한 일본인들의 인식은 변해감에 따라 각각의 자민당 정권하에서 실질적인 진전이 이루어졌다.

일본인들 대부분이 그러하듯이 히로히토도 대중 관계보다는 대미 관계 악화를 더 걱정했다. 미국은 심해지는 인플레이션 때문에 고전하고 있었다. 미국인들은 지미 카터(Carter, James Earl, Jr. 통칭 Jimmy Carter) 대통령 정부하에서 국가가 침체되는 것을 실감했다. 1980년 그들은 공화당의 로널드 레이건Reagan, Ronald을 대통령으로 선출했다. 레이건과 그의 참모들은 즉시 소련과 핵무기 경쟁을 재개하고, 공격적인 제국주의적 간섭 정책을 개시했다. 이에 일본의 지배층은, 세계에서 미국의 경제·군사상 지배적 주도권이 약해져가므로 일본이 자립을 준비할 때가 왔다는 전제하에 방위비를 늘렸다. 나카소네는 곧 레이건 정부와 관계 개선을 도모하고 방위력을 강화하여, 6년 전 내각이 국민총생산의 1퍼센트로 공식 결정한 방위비 상한선을 초과했다.

히로히토는 레이건의 정책에서 전쟁 위기를 느꼈고, 나카소네의 주도권 행사에는 찬성하기도 하고 반대하기도 했다. 1982년 10월 17일, 그는 레이건 정부가 일본에 해로海路 위의 공중 방어와 소야宗谷 해협 러시아어로는 라페루즈 해협(La Perouse Strait). 사할린 제도와 일본 홋카이도 사이의 해협—편집자 봉쇄 책임을 분담하도록 요구한 것에 대해, "그렇게 하면 전쟁 위험이 있지 않는가……. 〔방위청〕 장관에게 일러주어라"라고 이리에에게 말했다.[55] 26일에는 이리에에게 "일본이 방위비를 증강하면 그것이 소련을 자극하지는 않을까" 하는 걱정을 토로했다.[56] 사흘 뒤 야생 조류 관찰을 겸해 오리 사냥터로 향하는 차 안에서도 이리에에게 "가는 동안 내내 방위 문제"를 이야기했다. "GNP의 몇 퍼센트라는 숫자상의 문제에 매달리지 않고, 방위를 강화하여 소련을 자극하는 것은 어리석은 일이라는 거시적인 의견을 말하는 정치가가 없다, ……는 말씀이었다."[57]

시종장 이리에 스케마사는 1985년에 사망했다. 마지막 2년간 그의 일기에는 미·일 관계에 대한 천황의 걱정이 끊이지 않았음이 기록되어 있다.

1980년대 초중반에 일본 정국을 휘저은 쟁점이 하나 더 있었으니, 야스쿠니신사에 대한 국가적 보호 문제였다. 히로히토는 1975년 이후 야스쿠니신사를 참배하지 않았으나, 자신과 일본을 위해 죽은 사람들의 영혼이 잠든 이 신사에 공직자들이 참배하는 것을 반대하지는 않았다. 한편으로 그는 야스쿠니신사를 국가가 지원하는 문제로 국내의 분열이 깊어지는 것은 바라지 않았다. 자민당 국회의원 대부분도 그 점은 같았다. 유족회와 신사본청에 대한 지원이 유지되도록 애쓰는 한편, 반대파도 멀어지지 않게끔 신경 쓰면서 그들은 1969년부터 1974년까지 '야스쿠니신사법안'을 다섯 차례 제출했다. 매번 사회당의 반대로 법안은 통과되지 않았고, 관계자들은 모두 안도의 한숨을 쉬었다. '인도에 반한 죄'로 처형된 A급 전범들이 1978년 몰래 합사合祀된 후 야스쿠니신사에 대한 국가 지원 문제는 더욱 논란이 심해졌다. 게다가 이미지에 민감한 히로히토가 일본의 군국주의와 '대동아전쟁'을 찬양하는 야스쿠니신사에 다시 참배하는 것은 사실상 불가능해졌다.

전임 수상인 스즈키와 마찬가지로 나카소네는 과거와 〔현재의—옮긴이〕 상징적인 연계를 강화하려고 했다. 야스쿠니신사에 대한 국가 지원 법제화와 각료들의 참배를 정례화한 것은 그러한 목표 달성을 위한 수단이었다.

1985년 8월 15일 나카소네는 전후戰後에 야스쿠니신사를 공식 참배한 마지막 총리대신이 되었다. 야스쿠니신사 공식 참배를 정당화하여 보수파와 우익 유권자들에게 호감을 사려 했던 그의 시도는 국내에서 강한 비판을 불러일으켰다. 자기 행동의 의미를 최소화하려고 나카소네는, 두 번 절하고 두 번 손뼉치고 한 번 절하는 정식 예법을 따르지 않고 한 번 절했을 뿐이며, 신사 참배가 꼭 종교 행위만은 아니라고 주장했다. 그러나 한국정부와 중국정부가 비판의 목소리를 높이자 나카소네는 참배를 중지했다. 문제는 곧 수그러들었고, 야스쿠니신사국가보호법 제정 움직임도 시들해졌다.**58** 〔이 책이 출간된 후 2001년 8월 13일, 고이즈미 준이치로小泉純一郎 총리가 총리대신의 야스쿠니 참배를 부활시켰다—일본어판〕

한국, 중국과 우호 관계를 유지하기 바라는 측면에서, 히로히토는 야스쿠니신사 법안이 보류되어 안심했을 것이다. 그러나 그가 문제를 윤리나 헌법상의 차원에서 숙고했을지는 의문이다. 지금까지도 야스쿠니신사에 있는 전쟁박물관〔유슈칸遊就館, 1986년 7월 개관—일본어판〕은 쇼와 시대의 전시물 전체에서 천황을 최대한 배제하여, 아시아태평양전쟁을 상징적으로 변질시키고 있다. 히로히토와 천황 이데올로기, 1930년대와 40년대 초의 전쟁을 잇는 연결고리는 사실상 모두 지워졌다. 관람객은 히로히토가 과거 전쟁에 활력을 불어넣은 지도자였다고는 생각지 못한 채 전시관을 다녀간다.

노령인 히로히토는 나카소네 수상을, 일본이 대국의 지위를 회복한 시기에 군주제를 적재적소에 활용할 수 있는 지도자로 보았다. 나카소네는 고대부터 일본에서는 권력과 권위가 나뉘어 있어서, 천황의 본모습은 헌법에 명시된 바대로 '상징'적인 것이었다고 주장했다. 그러나 나카소네는 천황의 지위를 높여 그 권위를 강화하고, 1960년대 초 이후 고도 경제 성장의 상징이었던 데서 '국가'의 상징으로 바꾸려고 했다. 나카소네는 그 뜻을 이루지 못했다. 국가와 천황을 주제로 수많은 발언을 하는 과정에서 그가 성공한 일이라고는, 우익 국가주의자들 사이에서 오랫동안 응어리져 있었던 도쿄재판 판결에 대한 원한을 되살린 것뿐이었다. 그는 예전부터 재판을 공격해왔던 헌법개정론자들에 부응하여, 좌파가 '도쿄재판의 역사관'을 젊은 세대에게 강요한다고 비난했다. 재임 말기―중거리 핵미사일 문제에서 미·소가 합의에 도달했던 때―에 그는 '전후 정치의 총결산'과 총리대신의 권한 강화를 추구하며 자신의 이데올로기적 입장을 되풀이 강조했다.

1987년 10월 말 나카소네가 물러났을 때, 히로히토의 생애는 종막에 가까워져 있었다. 냉전이 장기간에 걸쳐 풀리면서 거의 막바지에 다다랐을 때였다. 일본의 정치가들은 곧 패전에 대한 정치적 이중 기준을 유지하는 것이 어려워졌음을 깨닫게 될 터였다. 1987년 9월 18일, 여든여섯 살인 천황이 장에 병이 생겼다고 보도되었다. 그는 곧 입원하여 수술을 받았는데, 천황이 이러한 치료를 받은 것은 역사상 처음 있는 일이었다. 수술은 잘되었지만 1년 뒤인 1988년 9월 19일 병세가 나빠졌다. 황태자 아키히토는 부친이 암에 걸렸음을 알았지만, 언론에는 알려지지 않아 억측이 구구했다. 국민은 오랫동안 슬픔에 잠겼다. 111일간에 걸쳐 일본 전체가 임종을 앞둔 노천황의 체온, 혈압, 그 밖의 용태에 이목을 집중했다. 천황의 쾌유를 빌며 정부가 준비한 명부에 서명하려는 일본 시민들이 긴 줄을 이루었다. 위문을 표한 사람들은 소수의 대변자였고, 많은 이들이 단지 자기 회사의 상사를 따라 서명했을 뿐이었다. 그렇다 해도 온 국민이 숨죽이고 있는 듯이 보였다.

히로히토가 후키아게 어소吹上御所 깊숙한 곳에서 죽음을 맞이하는 동안, 일본 언론은 일본의 군사 침략에서 그와 군주제가 맡은 역할에 관한 논쟁을 삼갔다. 아시아와 유럽에서는 전쟁에서 그가 차지했던 역할과, 일본의 공직자들이 어떻게 과거 직시를 회피하는가 하는 데에 거의 모든 언론 보도가 집중되었다. 죽음을 앞둔 히로히토에 대한 일본인의 태도와 세계의 다른 사람들이 그에게 느끼는 감정은 그렇게 다를 수가 없었다.[59]

1988년 12월 초 히로히토의 병이 처음으로 공표되자, 온 나라에 드리워졌던 과도한 '자숙' 분위기가 풀어지면서 사회는 침착과 냉정을 되찾았다. 12월 7일 자민당원이며 천주교 신자인 나가사키 시장 모토시마 히토시本島等는 시의회에서, 사실에 입각하여 임종을 앞둔 천황의 '전쟁 책임'을 말했다. 그의 발언이 언론에 보도되자 우익은 격분했고, 그가 몸담은 자민당도 그를 적대시했다. 1년 후 모토시마는 우익 괴한에게 저격당했지만, 목숨을 건졌다.

1989년 1월 7일 오전 6시 33분, 가족이 지켜보는 가운데 히로히토에게 죽음이 찾아왔다. 의료진은 히로히토의 삶에 대한 강한 의지에 감탄했고, 그의 지구력은 젊었을 때부터 몸에 밴 규칙적인 생활에서 비롯된 것이라고 말했다. 주치의 다카기 아키라高木顯의 말에 따르면 천황은 정신력으로 버텨왔다. 천황은 마지막 순간까지 포기하지 않았다.

다케시타 노보루竹下登 수상은 공식 애도사를 발표했다. 애도사에서 그는 20세기 후반 일본정치가 전제로 삼아왔던 두 가지 허구를 다시 강조했다. "대행 천황大行天皇"사망한 천황을 가리키는 경칭으로, 이를테면 '쇼와 천황' 같은 시호를 정해서 붙이기 전에 잠시 사용된다—일본어판은 늘 평화주의자, 입헌군주였으며, 격동의 62년간 "세계 평화와 국민의 행복을 기원하고 날마다 몸소 실천"했다는 것이다. 그리고 "자신의 뜻과 달리 시작된 지난 대전大戰으로 전쟁의 참화를 입고 고통 받는 국민의 모습을 차마 볼 수가 없어, 일신을 돌보지 않고 전쟁을 종결하는 영단을 내려주셨다."

이튿날 쉰여섯 살인 황태자 아키히토가 천황의 임무를 이어받았다. 그는 이미 장성한 히로노미야浩宮, 아야노미야礼宮, 노리노미야紀宮의 아버지로서, 그가 황위를 계승하는 데는 히로히토 등극 때와 같은 문제가 없었다. 짧은 의식을 치르면서 그는 일본국헌법을 준수하겠노라 선언했다.

동서독이 통일되고, 냉전이 종식되고, 세계 최대 제국인 소비에트사회주의공화국연방이 해체되기 시작했을 때, 헤이세이(平成 : 이룩된 평화) 시대가 개막되었다. 곳곳에서 정치는 더욱 유동성이 심해졌다. 일본에서는 끊임없는 부정부패에 따른, 작은 정치적 위기가 다시 한 번 체제를 흔들었다. 1989년 7월 참의원 선거에서 자민당은 전후 처음으로 일시적인 패배를 경험했다. 이후 1년간 수상 세 명이 등장했다가 사퇴했다. 히로히토의 장례와 아키히토의 즉위식을 둘러싸고 통치 지배층 내부에서 심각한 논쟁이 일었다. 국상을 치른 뒤 관례에 따라 1년을 보내고 또 여러 달이 흐른 뒤에야, 천황 아키히토 즉위를 위한 일련의 의식을 시작할 수 있었다. 식전은 쇼와 천황 때와 마찬가지로 모두 국비로 치러졌으나 훨씬 간소하고 차분했다. 사람들은 흥미롭게 지켜보았고, 얼마 안 되는 사람들은 감동한 듯 보이기도 했다.

의식은 1990년 11월 12일 황거에서 치러진 즉위식에서 최고조에 달했다. 세계 158개국에서 온 1500명을 포함한 귀빈 2500여 명이 참례했다. 2주일 뒤인 11월 23일, 황거 히가시교엔東御苑동쪽 정원─편집자에서 733명을 초대하고 대상제를 거행했다. 어느 것 하나 일본의 민주주의에는 득이 되지 않는 것이었다. 중세적인 황위의 신성함을 상징하는 즉위식에서, 천황은 높은 단상에 올라앉았고 총리대신은 신하로서 낮은 자리에서 겸손하게 우러러보았다. 국민주권 사상은 무시되었다.[60] 6시간에 걸친 대상제는 1909년 칙령에 근거한 것으로, 1947년 헌법에는 그것에 관한 어떠한 규정도 없다. 그런데도 아키히토는 헌법을 존중한다고 서약했다.

대상제라는 종교의례로써 메이지 시대의 절대주의 정치문화를 기초로 하는 국가신도 의식이 부활했다. 그런 의미에서 대상제는 헌법상의 정교분리 원칙을 모독한 것이다.[61] 비판이 일자, 내각 대변인은 새로운 치세의 첫 종교행사는 헌법과 무관하다고 설명했다. 아키히토의 즉위 의례는 단지 국민을 위해 기원하는 자리로 마련되었을 뿐이며, 천황이 현인신으로 변모한다는 의미는 전혀 없다는 것이었다.[62] 사실 즉위식은 쇼와 때에 비해 신도의 색채가 덜했고, 정부 관료들도 언론도 천황의 인기를 높일 기회로 이용하지 않았다.

1990년 12월 즉위 의례가 끝나고 급속히 세간에서 잊혀져가는 사이, 천황 아키히토가 기자회견을 열었다. 패전에 관해(즉위식의 "천황 폐하 만세" 삼창에서 전쟁을 연상하지 않았는지—일본어판) 질문을 받은 천황은 "우리 세대는 (전쟁과—일본어판) 관계없는 시대에서 산 세월이 더 길기 때문에, (전쟁을 떠올린 적은—일본어판) 없습니다"고 대답했다.[63] 쇼와라면 결코 할 수 없는 말이다. 그 후 매년 탄생일을 앞두고 기자회견을 여는 것이 관례가 되었는데, 전쟁에 관한 심각한 질문은 더 나오지 않았다.

천황 아키히토와 황후 미치코는 곧 외국 방문을 재개했다. 1992년 10월 그들은 중국정부의 강한 요청을 받고 중국을 방문하여, 일본 내에서 '황실 외교'의 의미에 대한 논쟁을 불러일으켰다. 패전 50주년인 1995년 8월에는 '애도의 여행'이라 하여 히로시마, 나가사키 두 도시와 오키나와를 방문했으나, 별 논란은 일지 않았다. 이렇게 하면서 아키히토는 아버지의 전쟁 책임을 인정하는 언동은 피하고, 일본의 과거 전쟁에서 비롯된 고난에만 유감을 표명했다.

  20세기가 지나갔다. 일본의 발전이 헌법 개정을 암시한다 할지라도, 아키히토가 언젠가 메이지 시대처럼 극적인, 또는 쇼와 초기와 같은 파멸적인 상황으로 국민을 이끌 것 같지는 않다. 그의 성격, 능력, 학습, 관심 등 모든 것이 그런 가능성을 배제하는 듯 보인다. 또한 2차 세계대전 이후 아직 해결되지 않은 채 남아 있는 많은 문제들은 일본의 군주제 자체에서 비롯된 것으로, 천황 개개인과는 그다지 관계가 없다. 그러나 메이지 시대의 이토와 원로들, 쇼와 시대의 기도와 군국주의자들, 또 맥아더와 같은 국가 지도자가 장차 나타나 새 천황이나 그 후계자를 이용할지도 모른다. 그들이 선배들과 같이 민주주의 심화와 인민의 주권의식 성장을 가로막는 방향으로 천황제를 조종해갈지 여부는 새천년을 맞는 일본에 매우 중대한 문제다.

1902년(메이지 35년). 제국주의가 세력을 넓히던 시대에 태어나 욱일승천기旭日昇天旗를
쥐고 있는, 한 살 때의 히로히토.(사진 제공 · 궁내청)

화려한 대원수 군복을 입은 메이지明
治 천황. 이 초상화는 그 위엄이 강조
되게 수정 작업을 거친 뒤 유포되었
고, 특별하게 고안된 의식 절차에 따
라 다루어졌다. 메이지는 봉건제에서
근대 국민국가로 넘어가는 전환기의
지도 원리로 자리 잡았다.
(사진 제공·마이니치신문사)

1904년(메이지 37년). 다이쇼大正 천황이 될 요시히토嘉仁 황태자(오른쪽)는 평생 건강이
안 좋아 고통을 안고 살았다. 러일전쟁 당시 누마즈沼津의 저택에서 히로히토의 손을
잡고 있다. 왼쪽은 이름이 밝혀지지 않은 사람의 손을 잡은 둘째 왕자 지치부노미
야.(사진 제공·궁내청)

근대 일본의 관료형 입헌군주 정체政体를 설계한 이토 히로부미伊藤博文는 서양식 세
습 귀족 제도를 정립했다. 이토는 거의 절대적인 정치 · 군사 권력을 지닌 신권 군주로
서 천황을 규정하는 헌법을 착상했다. (사진 제공 · 마이니치신문사)

1921년(다이쇼 10년) 5월 9일. 히로히토가 황태자로서 영국을 방문했을 때 조지 5세와 함께 찍은 것. 조지 5세가 실제로 가르친 것은 입헌군주제와는 무관한 것이었다. 조지 5세는 무대 뒤에서 정치 판단을 내리고, 전시 체제하에서는 의례와 식전을 민족주의 고양에 이용했으며, 군주제가 종언을 고하는 시대에 갖가지 수단을 통해 군주제의 영향력을 영속시켰다.(사진 제공·마이니치신문사)

1921년(다이쇼 10년) 6월. 프랑스의 됭케르크에서 대포에 올라탄 황태자 히로히토. 그의 왼쪽[지팡이를 짚은 사람—옮긴이]은 외교관인 진다 스테미珍田捨巳, 오른쪽은 간인노미야閑院宮와 시종무관장[당시 동궁(東宮)무관장—옮긴이]인 나라 다케지奈良武次. 히로히토 뒤에서 대포 위에 선 사람은 해군중장 다케시타 이사무竹下勇. 과거 자신의 군사교관이었던 일행과 함께 1차 세계대전의 주된 전장을 돌아보고 나서 히로히토의 서양 군사사軍事史에 대한 지식이 깊어졌다.

(사진 제공·마이니치신문사)

당당한 데이메이 황후와 장성한 세 아들. 왼쪽부터 섭정 히로히토, 지치부노미야秩父宮, 다카마쓰노미야高松宮. 이 사진은 1920년대 초의 것으로 추정되는데, 황위를 우러르는 백성들의 공경심이 희미해지던 이때에 섭정 히로히토는 국가원수의 자리에 오르기 위한 준비 과정으로 궁중에서 공부하고 강의를 듣는 나날을 보내고 있었다.

(사진 제공 · 마이니치신문사)

1928년(쇼와 3년) 11월 10일. 천황 히로히토가 전통 예복[포(袍)]을 입고 공식 즉위했다.
갈색을 띤 황색으로 두껍게 짠 비단 예복에는 황위에만 쓰이는 문양(오동나무 대나무 봉황
기린)이 수놓였다. 관(冠)도 천황만 쓸 수 있는 것이고, 손에 쥔 나무 홀(笏)은 권위의
상징이다. 이 홀에는 천황 스스로 기억해두고 싶은 말이 새겨져 있을 것이다.

(사진 제공 · 마이니치신문사)

1938년(쇼와 13년) 1월. 정책 결정에 대한 군부의 발언권 강화와 궤를 같이하여 히로히
토의 정치권력은 점점 강해졌다. 처음으로 대본영·정부연락회의에 참석하여, 한 마
디도 하지 않고 참모본부의 제창에 따라 한층 더 강경한 대중국 군사 정책을 지지했으
며 전쟁을 지속하자는 주장에 찬성했다.(사진 제공·마이니치신문사)

1938년(쇼와 13년) 3월. 제1차 고노에 내각은 일본을 장기적인 대중국 소모전으로 이끌
었다. 가운데가 총리인 고노에 후미마로 近衛文麿, 그의 왼쪽 옆이 해군대신 요나이 미
쓰마사 米内光政, 오른쪽 옆이 육군대신 스기야마 겐 杉山元, 맨 뒷줄의 왼쪽 끝이 고노
에의 친구이며 후생성 장관인 기도 고이치 木戶幸一.(사진 제공·교도통신사)

1938년(쇼와 13년). 중일전쟁 때문에 국민총동원 체제가 발령되자 히로히토는 국가 지배 엘리트들 간의 의견 대립을 조정하는 문제에 봉착한다. 도쿄의 요요기代々木 연병장에서 실시된 관병식에서.(사진 제공·마이니치신문사)

1939년(쇼와 14년) 5월 22일. 2만 2000명이 넘는 학생들의 군사교련 행진에 답례하는 히로히토. 그날, 중일전쟁을 위한 '국민정신 총동원' 운동의 일환으로서 히로히토는 전국의 청년들이 맡은 바 직무를 수행함과 동시에 국민의 전의戰意를 고양하는 데 주도적인 구실을 하도록 칙어를 발했다.(사진 제공·교도통신사)

1939년(쇼와 14년) 10월. 가정에 충실한 남자 히로히토. 메이지 궁의 정원에서 나가코良子 황후와 여섯 자녀에게 둘러싸여 있다. 황후가 안은 아이는 스가노미야淸宮. 황후의 오른쪽은 다카노미야孝宮. 히로히토의 왼쪽에는 열네 살 난 데루노미야照宮, 다섯 살 배기 쓰구노미야(継宮, 현재 천황인 아키히토)가 서 있다. 그 왼쪽에 요리노미야順宮와 요시노미야(義宮)가 있다.(사진 제공 · 궁내청)

'혁신' 관료인 기도 고이치(木戸幸一). 기도는 세습귀족 3세로, 1940년(쇼와 15년)에 마지막 내대신이 되기까지 6년 동안 궁중에서 일했다. 그는 히로히토와 군의 대외 강경파를 잇는 거물급 중개자였다. (사진 제공 · 마이니치신문사)

1942년(쇼와 17년). 히로히토가 이바라키茨城 현 가스미가우라霞ヶ浦 항공기지에서 해군 항공대의 비행 훈련을 시찰하고 있다. 과달카날 전투가 격화하자 히로히토는 남서태평양의 항공 병력을 증강하는 데 부심했다.(사진 제공 · 마이니치신문사)

1941년(쇼와 16년) 10월. 도조 히데키東条英機 총리와 그 '현인賢人' 내각의 각료들. 그때까지 도조만큼 히로히토의 사소한 희망까지 실현하고자 노력한 총리는 없었다. 셋째 줄 오른쪽 끝에 전범으로 전후 총리의 자리에 올랐던 기시 노부스케岸信介의 얼굴이 있다.(사진 제공·교도통신사)

1945년(쇼와 20년) 3월. 소이탄 폭격으로 불타버린 도쿄를 시찰하는 히로히토. 몇 주 전에 이미 그는, 패전으로 치닫고 있는 전쟁을 계속하기로 했다. 미군의 소이탄 폭격은 일본국민의 전의를 상실케 하는 것이 목적이었다.(사진 제공·교도통신사)

1945년(쇼와 20년) 9월 27일. 미국대사관에서 촬영된, 맥아더 장군과 히로히토 천황의 이 유명한 사진은 미일 상호 협력 관계가 시작되었음을 시사했다. 이 사진은 바로 일본 신문에 실렸는데, 격식을 차리지 않은 맥아더의 태도가 천황에 대한 불손함으로 받아들여질 수도 있는 사진이었다.(사진 제공·교도통신사)

1946년(쇼와 21년) 2월. 새로운 '인간 천황'은 전쟁의 상흔이 남은 가나가와 현을 시찰하면서 전국 순행을 시작했다. 점령군 당국의 세심한 연출에 따라 진행된 히로히토의 순행은 '민주화'와 군주제의 변모를 촉진했다. '국민과 함께하는' 천황에 관한 뉴스영화가 미국에서 상영되어, 맥아더 자신을 선전하는 효과도 불러왔다.
(사진 제공 · 마이니치신문사)

1947년(쇼와 22년) 12월. 히로시마広島를 방문한 히로히토. 천황이 항복 시기를 늦춘 장본인이라는 사실도 알지 못한 채, 많은 일본 민중이 가는 곳곳마다 히로히토를 환영했다. 비용이 매우 많이 든 데다 고도로 정치적인 쇼였던 이 순행은 연합국 측의 비난을 사, 도쿄재판이 최종 국면을 맞이한 1948년(쇼와 23년)에 연합국총사령부(GHQ)는 결국 순행을 중지시켰다.(사진 제공 · 교도통신사)

1959년(쇼와 34년) 6월. 미국의 지원을 받아 모범적인 고도성장을 이루려는 노력의 일환
으로, 1950년대 후반 히로히토는 아시아 각국의 정상들과 만났다. 황후와 다카마쓰노
미야와 함께 인도네시아의 독재자 수카르노 대통령을 맞는 히로히토. 수카르노는 일본
의 전시 점령 통치에 협력하여 1945년 8월 권력을 장악했다.(사진 제공 · 마이니치신문사)

1975년(쇼와 50년) 10월. 나이 든 천황이 캘리포니아의 디즈니랜드를 방문해 미키마우스와 함께 걷고 있는 모습을 본 많은 미국인들은, 그를 정치적으로 무력하고 무해하다고 여겨온 오랜 인식을 다시 확인했다. 히로히토는 방명록에 서명하고, 미키마우스 손목시계를 받기도 했다.(사진 제공 · AP/Wide World Photos)

『진상眞相』 제40호(1950년(쇼와 25년) 4월 1일). 일본의 정치 사조가 우경화하던 시기에도 풍자 잡지는 '스포트라이트를 받으며 모자를 벗어 인사하는 히로히토를 해골 위에 세 워' 묘사했다. 미국이 극동국제군사재판에 천황이 전범으로 기소되는 것을 막기는 했 으나, 소수라고는 해도 상당한 수에 이르는 일본인들이 전시에 천황이 저지른 과오를 알고 있었고, 결코 용서하려 들지 않았다. 『진상 복각판眞相 復刻版』(三一書房)에서.

주석

서장

1. 패전에 따른 군주의 위기를 의식케 함으로써 천황의 불안을 고조시킨 것은 곧 실시될 움직임을 보이던 이탈리아 총선거를 둘러싼 신문 보도였다. 이 선거는 과거 일본의 동맹이었던, 파시스트를 지지한 국왕 비토리오 에마누엘레 3세의 운명과 함께 이탈리아가 공화국이 될 수 있을지 여부를 결정할 터였다. 『아사히신문(朝日新聞)』 1946년 3월 15일 치, 『마이니치신문(每日新聞)』 1946년 3월 21일 치, 그리고 이후 6월 2일에 실시된 총선으로 이탈리아가 군주제를 폐지하고 공화제를 도입하기까지를 보도한 신문 기사 참조.

2. 히가시노 신(東野真), 『昭和天皇二つの「独白録」』, 日本放送出版協會, 1998, 158쪽. 역사학자 요시다 유타카(吉田裕)의 말을 인용.

3. 「稲田周一備忘録」 三月十八日条, 東野真, 앞 책, 225쪽. 궁내성 내기부장이었던 이나다 슈이치(稲田周一)는 아마 독백록의 밑바탕이 되었던 최초 속기록을 모두 작성했을 것이다. 그 자리에는 그와 함께 GHQ(연합국총사령부)와 천황 사이의 연락과 통역을 담당한 데라사키 히데나리(寺崎英成), 궁내대신 마쓰다이라 요시타미(松平慶民), 시종차장 기노시타 미치오(木下道雄), 그리고 궁내성 소속 종질료(宗秩寮)화족과 황족에 관한 일을 맡아 보는 기관—편집자 총재인 마쓰다이라 야스마사(松平康昌)가 참석했다.

4. 데라사키 히데나리(寺崎英成) 마리코 데라사키 밀러(マリコ・テラサキ・ミラー) 編著, 『昭和天皇独白録 寺崎英成 御用掛日記』, 文芸春秋, 1991, 136쪽.

5. 「英語版『昭和天皇独白録』原文」, 東野真, 앞 책, 212쪽. 이 원문에는 표제도 없고 기록 일자도 없다. 히가시노 신의 분석에 따라 당시의 내부 상황을 미루어 보면 영어판 독백록은, 일본어판 독백록을 완성한 지 약 1주일 후에 데라사키 히데나리가 작성했으며, 천황과 맥아더 사이에 예정되었(으나 마지막 단계에 어쩔 수 없이 취소되었)던 두 번째 회담 날짜인 4월 23일 전후에 맥아더의 군비서관인 육군준장 보너 펠러스에게 건네어졌다고 추정된다.

6. 2차 세계대전에서 희생된 아시아 태평양 지역의 사망자 수는 정확한 수치가 나오지 않아, 아무도 그 실체를 모른다. 일본의 침략에 의한 사상자 수는 중국이 가장 많아 사망자만 천만 명을 넘은 것이 거의 확실하다. 필리핀정부의 공식 자료에 따르면 필리핀은 전시에 110만 명이 숨졌다. 베트남에서는 전쟁 때 굶어 죽은 사람이 150만~200만 명에 이른다. 인도네시아의 사망자 수는 인도네시아정부가 배상 협

상에서 일본 측에 주장한 강제노동 희생자 수인 400만 명에 포함되어 있다고 여겨진다. 그들의 주된 사인도 기아였다. 어림잡아 버마인 15만 명과 말레이시아인과 싱가포르 주민 10만 명 이상, 조선인 20만 명, 타이완인 3만여 명이 전쟁 중이나 전쟁 직후에 죽었는데, 그 대부분은 민간인(비전투원)이었다. 태평양 제도의 주민들은 특히 솔로몬 제도나 뉴기니의 밀림 전투에서 희생된 것으로 보이나 공식적인 사망자 수는 밝혀지지 않았다. 오스트레일리아에서도 사망자 수는 1만 8000명 가까이 이른다. 일본인에의해 살해된 연합국 병사와 시민, 포로는 6만 명 이상에 달한다. 아시아 태평양 지역의 침략자 일본 국민은 310만 명 이상 사망했으며 그 3분의 1 가까이가 민간인(비전투원)이었다. 나치스 독일도 그러했지만 당사국의 인명 피해는 침략당한 국가들보다는 경미한 수준이다. 이와 같이 아시아는 커다란 피해를 입었다. 그러나 유럽이 입은 전쟁 피해는 더욱 엄청났으며 나치 독일에 대한 전투 대부분을 담당한 소련은 더욱 그러했다. 오타베 유지(小田部雄次) · 하야시 히로후미(林博史) · 야마다 아키라(山田朗), 『キーワード日本の戦争犯罪』, 雄山閣出版, 1995, 54쪽 참조. 소련의 희생자에 대해서는 John Erickson, "Soviet War Losses: Calculations and Controversies", John Erickson and David Dilks, eds., *Barbarossa, The Axis and the Allies*, Edinburgh University Press, 1994, pp. 225~277 참조.

7. 다도코로 이즈미(田所泉), 『昭和天皇の和歌』, 創樹社, 1997, 16~17쪽.

8. 히로히토 사후 10주년에 즈음하여 『요미우리신문(読売新聞)』은, 궁내청이 쇼와 천황의 연대기 편찬 사업에 이미 약 9700만 엔을 지출했으며 1999년도에도 1274만 엔이 예산 편성되어 있다고 보도했다. Daily Yomiuri 1999년 1월 8일 치, 3면.

9. 東野真, 앞 책, 142쪽. 히가시노 신에 따르면 기록군(Record Group) 331, 상자(Box) 763이라고 한다.〔히가시노는 Box 763 가운데 「天皇は戦犯であるか(천황은 전범인가)」라는 문서만이 비공개로 되어 있다고 말한다―일본어판〕

10. 야스다 히로시(安田浩), 『天皇の政治史―睦仁 · 嘉仁 · 裕仁の時代』, 青木書店, 1998, 277쪽.

11. 동시에 공포된 『황실전범(皇室典範)』에서는 고대로부터 이어져 내려오는 황실의 습관이나 제도와 메이지 시대에 새로이 제정된 그것의 차이를 애매하게 흐려놓았다. 전범은 많은 칙령들과 함께, 헌법에 의거하여 의회가 제정하는 법과는 완전히 별개인 법체계를 형성했다. 요코타 고이치(横田耕一), 「『皇室典範』私注」, 横田耕一 · 江橋崇 編著, 『象徴天皇制の構造―憲法学者による解読』, 日本評論社,

1990, 105~106쪽.

12. 과두 정치가들과 메이지 천황은 모두, 천황이 군 통수권을 행사하는 데 국무대신
의 보필은 전혀 필요하지 않다고 생각했다. 그들의 관점으로는, 메이지 유신의 본
질은 바로 천황이 군사적 주권자로서 지위를 회복하는 데 있었다.

13. 타이완에서는 10년 동안 전투가 이어져 일본인 병사 9552명이 전사했다. 기미지
마 가즈히코(君島和彦), 「植民地帝国への道」, 浅田喬二 編, 『近代日本の軌跡
(10), 「帝国」日本とアジア』, 吉川弘文館, 1994, 60~61쪽.

1부 1장 소년과 가족, 그리고 메이지의 유산

1. 고지마 노보루(児島襄), 『天皇 (I) 若き親王』, 文春文庫, 1981, 12쪽. 가와하라
도시아키(河原敏明), 『天皇裕仁の昭和史』, 文芸春秋, 1983, 10~11쪽.

2. 네즈 마사시(ねずまさし), 『天皇と昭和史(上)』, 三一新書, 1976, 11쪽.

3. 아스카이 마사미치(飛鳥井雅道), 『明治大帝』, 筑摩書房, 1989, ちくま学芸文庫,
1994, 232쪽.

4. 1895년, 천황 무쓰히토(睦仁)는 요시히토(嘉仁)가 앓던 몇 가지 지병에 대한 정기
검진을 독일인 의사인 에르빈 뱰츠(Erwin Baelz)에게 맡겼다. *Awakening
Japan:The Diary of a German Doctor: Erwin Baelz*, Indiana University
Press, 1974, pp. 105~106, 116, 167, 359~360, 376. 이와이 다다쿠마(岩井忠
熊), 『明治天皇─「大帝」伝説』, 三省堂, 1997, 139쪽.

5. 다나카 소고로(田中惣五郎), 『天皇の研究』, 三一書房, 1974, 218쪽.

6. ねずまさし, 앞 책, 14쪽.

7. 河原敏明, 앞 책, 14쪽.

8. 호사카 마사야스(保阪正康), 『秩父宮と昭和天皇』, 文芸春秋, 1989, 30~31쪽.

9. 河原敏明, 앞 책, 30쪽.

10. 保阪正康, 앞 책, 26쪽.

11. '高松宮宣仁親王' 伝記刊行委員会 編, 『高松宮宣仁親王』, 朝日新聞社, 1991
81쪽.

12. 위 책, 72쪽.

13. 도가시 준지(藤樫準二), 「天皇白書─知られざる陛下」, 『復刻版天皇の昭和史

サンデー毎日緊急増刊』, 1989년 2월 4일, 88쪽.

14. 財団法人秩父宮記念会 編, 『雍仁親王実紀』, 吉川弘文館, 1972, 44쪽.

15. 『第二十三回東京市統計年表』, 東京市役所, 1927, 150~151쪽. 『日本長期統計 総覧(一)』, (財)日本統計協会, 1987, 168쪽.

16. Takashi Fujitani, *Splendid Monarchy: Power and Pagentry in Modern Japan*, University of California Press, 1996, p. 128, 131. 岩井忠熊, 앞 책, 156쪽.

17. 와타나베 오사무(渡辺治), 「戦後政治の流れにみる天皇と日本ナショナリズム の変容」, 日本ジャーナリスト会議 編, 『病めるマスコミと日本』, 高文研, 1995, 98~100쪽.

18. 마스다 도모코(増田知子), 「天皇〔近代〕」, 『日本史大事典(四)』, 平凡社, 1993, 1243~1244쪽.

19. 이토 히로부미는 천황의 권력을 강화시키고자, 군의 최고 지휘권을 총리대신의 권한에서 분리해 총리대신의 권력을 약화시켰다. 또한 각 국무대신의 개별적 자 문 권한을 강화시키고, 내각의 결정은 단순 다수결이 아닌 만장일치로 이루어지 도록 했다. 헌법 제정 작업의 최종 단계에서 이토는 그 심의를 위해 추밀원을 창설 했다. 메이지 천황은 추밀원의 헌법 심의에 모두 참석했는데, 그가 자신이 짊어진 막대한 정치적 · 군사적 의무와 히로히토의 어깨에 한층 더 부담을 지울 의무에 대해 어느 정도 이해했는지는 의문이다. 상세한 것은 미노베 다쓰키치(美濃部達 吉), 『逐条憲法精義』, 有斐閣, 1927, 523쪽과 사카노 준지(坂野潤治), 「内 閣」, 『日本史大事典(5)』, 289~290쪽, 그리고 増田知子, 「明治立憲君主制に おける枢密院」, 増田知子, 『天皇制と国家』, 青木書店, 1999, 101~115쪽과 田中惣五郎, 앞 책, 168쪽 참조.

20. Mitani Taichiro, "The Establishment of Party Cabinets, 1898-1932", Peter Duus ed., *The Cambridge History of Japan*, vol. 6, *The Twentieth Century*, Cambridge University Press, 1988, pp. 55~86.

21. 岩井忠熊, 앞 책, 85~86쪽.

22. 増田知子, 「天皇〔近代〕」, 앞 책, 1243쪽.

23. 이토 히로부미(伊藤博文), 『帝国憲法皇室典範義解』, 金港堂, 1889, 宮沢俊義 校註, 『憲法義解』, 岩波文庫, 1940, 25쪽.

24. '신민(臣民)'이라는 말은 1881년에 비로소 공문서에 나타났는데 법률 용어가 된 것은 1889년이다. 이후 1946년까지, 극단적인 종속성을 강조하는 이 용어 때문에

일본은 다른 국민 국가와 다른 형태를 띠었다. 飛鳥井雅道, 「明治天皇『皇帝』と 『天子』のあいだ 世界列強への挑戦」, 西川長夫 松宮秀治 編, 『幕末 明治期の 国民国家形成と文化変容』, 新曜社, 1995, 46쪽을 참조.

25. 「교육칙어」에 대해서는 David J. Lu, *Sources of Japanese History* vol. 2, McGraw-Hill, 1974, pp. 70~71 참조.

26. 飛鳥井雅道, 「近代天皇像の展開」, 『岩波講座 日本通史(17) 近代(2)』, 岩波 書店, 1994, 246~248쪽.

27. 이에나가 사부로(家永三郎), 「日本の民主主義」, 家永三郎 編, 『現代日本思想 大系 (3)民主主義』, 筑摩書房, 1965, 24~25쪽.

28. Yasuda Hiroshi, "The Modern Emperor System as It Took Shape Before and After the Sino-Japanese War of 1894-95", *Acta Asiatica: Bulletin of the Institute of Eastern Culture 59*, Toho Gakkai, 1990, p. 57.

29. 와카모리 타로(和歌森太郎), 『天皇制の歴史心理』, 弘文堂, 1973, 199~200쪽.

30. 이시다 다케시(石田雄), 『明治政治思想史研究』, 未來社, 1954, 제1~2장.

31. 가시와기 류호(内山愚童), 「入獄紀念・無政府共産・革命」, 柏木隆法, 『大逆 事件と内山愚童』, JCA出版, 1979, 201쪽. 〔영어판 원서에서는 Brian Victoria, Zen at War(Weatherhill, 1997), 44쪽에서 재인용하고 영어 문장을 조금 손보았 으나, 한국어판에서는 원 출처에서 인용한 일본어판의 문장을 그대로 옮겼다. 이 하 일본 자료에서 인용한 문장은 모두 이렇게 했다─옮긴이〕

32. 増田知子, 『天皇制と国家』, 49~64쪽.

33. 安田浩, 『天皇の政治史─睦仁・嘉仁・裕仁の時代』, 青木書店, 1998, 150~ 151쪽.

34. 요시다 유타카(吉田裕), 「日本の軍隊」, 『岩波講座 日本通史(17) 近代(3)』, 153쪽.

35. 오에 시노부(大江志乃夫), 『統帥権』, 日評選書, 日本評論社, 1983, 85쪽. 吉田 裕, 앞 책, 154쪽.

36. 吉田裕, 앞 책, 156~157쪽.

37. 李王垠伝記刊行会, 『英親王李垠伝』, 共栄書房, 1978, 78, 83, 89쪽. 요시다 고 이치(吉田浩一), 「日本の韓国統治における韓国皇室の存在」, 1992年度 一橋 大学 社会学部 학사논문, 미간행, 1993년 3월, 28~30쪽. 秩父宮記念会 編, 『雍仁親王御事蹟資料(1)』, 1960, 14~15쪽. 이토 히로부미가 암살된 후, 메이지

천황은 그때까지 자주 만났던 이은을 접견하지 않았던 것으로 보인다.

38. H. D. Harootunian, "Introduction", B. S. Silberman and H. D. Harootunian eds., *Japan in Crisis: Essays in Taisho Democracy*, Princeton University Press, 1974, pp. 6~7.

39. '高松宮宣仁親王' 伝記刊行委員会 編, 앞 책, 68쪽.

40. 후지와라 아키라(藤原彰), 『昭和天皇の十五年戦争』, 青木書店, 1991, 11쪽.

41. 네즈마사시, 앞 책, 14쪽.

42. 渡辺治, 『戦後政治史の中の天皇制』, 青木書店, 1990, 395쪽.

43. 나가즈미 도라히코(永積寅彦), 『昭和天皇と私-八十年間お側に仕えて』, 学習研究社, 1992, 39~41쪽. 나가즈미 도라히코는 1927년부터 은퇴하기까지 히로히토의 시종차장과 장전장(掌典長)으로 일했다.

44. 岩井忠熊, 앞 책, 138~139쪽.

45. 네즈마사시, 앞 책, 14쪽. 간로지 오사나가(甘露寺受長), 『背広の天皇』, 東西文明社, 1957, 57쪽. 오타케 슈이치(大竹秀一), 『天皇の学校-昭和の帝王学と高輪御学問所』, 文芸春秋, 1986, 248~249쪽.

46. 吉田裕, 『昭和天皇の終戦史』, 岩波新書, 1992, 224쪽.

47. 永積寅彦, 앞 책, 39~40쪽. 이 참배의 방(お清の間)은 벌을 주는 공간으로도 사용되었다.

48. 오가사와라는, 1916년 황태자가 13세기에 일어난 쇼큐(承久)의 난에 연좌되어 사도(佐渡)로 유배된 준토쿠(順徳) 천황의 능을 참배했다고 기록했다. 오가사와라 나가나리(小笠原長生), 「摂政宮殿下の御高徳」, 『太陽』第28巻 第1号, 1922년 1월, 5쪽.

49. 스즈키 마사유키(鈴木正幸), 『近代の天皇』, 岩波ブックレット, 1992, 44쪽.

50. 吉田裕, 앞 책, 223~224쪽.

51. 위 책, 224쪽.

52. 이때 황태자는 일본의 최고 훈장인 대훈위국화대수장(大勲位菊花大綬章)을 받았다. 히로히토가 특별한 제복에 작은 훈장을 단 것을 본 지치부는 이를 질투하여 "긴시훈장(金鵄勲章)과 외국 훈장이 없으니까 조금도 대단할 것이 없어!"라고 말했다. 형제 사이에 흘렀던 선의의 경쟁심과 긴장은 성인이 된 뒤에도 이어졌던 모양이다. 藤·準二, 「天皇白書 知られざる陛下」, 앞 책, 88쪽 참조.

53. 安田浩, 「近代天皇制における権力と権威-大正デモクラシ-期の考察」, 『文

化評論 臨時増刊 続・天皇制を問う』, 1990년 10월, 179쪽.

54. 安田浩, 『天皇の政治史−睦仁・嘉仁・裕仁の時代』, 159쪽.

55. 위 책, 164~165쪽.

56. 鈴木正幸, 『皇室制度−明治から戦後まで』, 岩波新書, 1993, 138쪽. 미타니 다이치로(三谷太一郎), 『近代日本の戦争と政治』, 岩波書店, 1997, 43쪽.

57. 三谷太一郎, 「大正デモクラシーとワシントン体制 1915-1930」, 細谷千博 編, 『日米関係通史』, 東京大学出版会, 1995, 78쪽.

58. 保阪正康, 앞 책, 46쪽.

59. 야마가 소코(山鹿素行)의 『中朝事実』은 1669년에 간행되어 신도(神道)의 가르침을 칭송하고 일본인의 우월성을 단언하는 한편, 고대의 천황들이 이상적인 정치를 했다고 강조한다. 다른 한 권은 미야케 간란(三宅観瀾)의 『中興鑑言』으로, 두 권 모두 황실 숭배 의식에 차 있다. '高松宮宣仁親王' 伝記刊行委員会 編, 앞 책, 84쪽 참조.

60. 『国民新聞』1912년 9월 17일 치, 大正ニュース事典編纂委員会 외 編, 『大正ニュース事典(1)』, 毎日コミュニケーションズ, 1986, 621쪽.

61. 『東京朝日新聞』1912년 9월 20일 치, 위 책, 629쪽.

62. 「사세(辞世)의 노래」는 『国民新聞』1912년 9월 16일 치, 위 책, 620쪽과 Carol Gluck, *Japan's Modern Myths: Ideology in the Late Meiji Period*, Princeton University Press, 1985, p. 221 참조.

63. 오카다 규지(岡田久司), 『戦陣訓と日本精神』, 軍事教育研究会, 1942, 320쪽.

64. 『東京朝日新聞』1912년 9월 14일 치, 『大正ニュース事典(1)』, 618~619쪽.

65. 『信濃毎日新聞』1912년 9월 19일~20일 치, 위 책, 627~629쪽.

66. 『東京朝日新聞』1912년 9월 15일 치, 위 책, 619~620쪽.

67. 쓰루미 순스케(鶴見俊輔)・나카가와 로페이(中川六平) 編, 『天皇百話(上)』, 筑摩書房, 1989, 58~59쪽.

68. 도코로 이사오(所功), 「発掘 昭和天皇が学んだ特製『国史』教科書」, 『文芸春秋』, 1990년 2월, 131쪽. 다나카 히로미(田中宏巳), 「昭和天皇の帝王学」, 『THIS IS 読売』, 1992년 4월, 87~106쪽. 지치부노미야는 학습원을 졸업한 후 육군 군인의 길을 걸었으며, 다카마쓰노미야는 해군의 길을 택했다. 미카사노미야는 1941년에 육군대학을 졸업했다.

69. 어학문소는 구마모토 번(熊本藩) 호소카와 가(細川家)의 옛 터에 있었다. 이곳

은 1703년 주군인 아사노(浅野)를 살해한 적을 토벌한 것으로 잘 알려진 아코(赤
穂) 낭인(浪人) 47명 중에 오이시 요시오(大石良雄)를 비롯해 17명이 갇혀서 할
복한 장소이다. 이 사건은 1701년부터 1703년까지 벌어졌으며, 그 후 분라쿠(文
樂)나 가부키(歌舞伎) 무대에서 극으로 공연되었다.

70. 앨프리드 머핸과 일본의 관계에 대해서는 Walter LaFeber, *The Clash: A History
of U.S.-Japan Relations*, W. W. Norton, 1997, p. 56과 Anders Stephanson,
Manifest Destiny: American Expansionism and the Empire of Right, Hill &
Wang, 1995, pp. 84~87 참조.

71. 후시미노미야에 대해서는 Hata Ikuhiko, ed., *Nihon rikukaigun sogo jiten*,
Tokyo Daigaku Shuppankai, 1991, p. 228과 노무라 미노루(野村実), 『天
皇・伏見宮と日本海軍』, 文芸春秋, 1988, 55쪽 참조.

72. 우가키에 대해서는 Hata Ikuhiko, ed., 위 책, 22쪽과 이노우에 기요시(井上清),
『宇垣一成』, 朝日新聞社, 1975 참조.

73. 波多野澄熊 외 編, 『侍従武官長奈良武次日記・回顧録(4)』, 柏書房, 2000,
118~119쪽.

74. Anatol Rappaport, "Introduction" to Carl von Clausewitz, *On War*, Penguin
Books, 1968, p. 28. C. L. Glaser and C. Kaufmann, "What Is the Offense-
Defense Balance and Can We Measure It?", *International Security* 22, no. 4,
Spring 1998, p. 54, n. 35에서 Edward N. Luttwak, *Strategy: The Logic of War
and Peace*, Harvard University Press, 1987 인용.

75. 야마다 아키라(山田朗), 『軍備拡張の近代史-日本軍の膨張と崩壊』, 歴史文化
ライブラリー, 吉川弘文館, 1997, 37~40쪽.

76. 永積寅彦, 앞 책, 80쪽.

77. 위 책, 1~42쪽.

78. 田中宏巳, 「昭和天皇の帝王学」, 앞 책, 97~100쪽. Kojima, *Tenno, dai ikkan*,
p. 85.

79. 섭정 내지는 천황으로서 히로히토는 황족에게 금품을 하사하고 영전(榮典)을 내
렸으며 매년 생일 연회를 주최하고 신년의 배알을 허락했다. 일부 황족에게는 천
황이 듣는 강의에 참석하는 것도 허용되었다. 1993년 7월 10일 지은이가 야마시
나 아사노(山階芳正) 교수에게 들음. 다나카 노부마사(田中伸尚), 『ダキュメン
ト昭和天皇 (1)侵略』, 緑風出版, 1984, 122~124쪽. 여기서 다나카 노부마사는

황족과 화족을 "무기 없는 호위병"이라 표현했다. 과거 황족 사회에 대한 서술로
는 오타베 유지(小田部雄次), 『梨本宮伊都子妃の日記―皇族妃の見た明治 大
正・昭和』, 小學館, 1991 참조. 화족에 대해서는 사카이 미코(酒井美意子), 『あ
る華族の昭和史』, 講談社文庫, 1986 참조.

80. 이하라 요리아키(井原頼明), 『增補皇室事典』, 富山房, 1938, 증보판 2쇄 1982,
    45쪽.

81. 1930년대에는 "육군대장 134명 중 9명, 해군대장 77명 중 3명이 황족이었다. 이
    가운데 원수는 육군 17명 중 5명, 해군 11명 중 3명이 황족이었다. 참사관 중 10
    명도 황족(조선 왕족 1명을 포함)이었다." 사카모토 유이치(坂本悠一), 「皇族軍
    人の誕生―近代天皇制の確立と皇族の軍人化」, 岩井忠熊 編, 『近代日本社会
    と天皇制』, 柏書房, 1988, 230~231쪽 참조.

82. 藤原彰, 「『天皇の軍隊』, の歴史と本質」, 『季刊 戦争責任研究』 11, 1996년 3
    월, 65쪽.

83. '야마토(大和)'는 일본 고대의 여러 씨족 가운데 무력으로 처음 국가를 확립한 부
    족의 이름에서 유래한다.

84. 아사노 가즈오(浅野和生), 「大正期における陸軍将校の社会認識と陸軍の精神
    教育」, 中村勝範 編, 『近代日本政治の諸相―時代による展開と考察』, 慶応通
    信, 1989, 447쪽.

85. 고케쓰 아쓰시(纐纈厚), 「天皇軍隊の特質 残虐行為の歴史的背景」, 『季刊 戦
    争責任研究』 8, 1995년 6월, 日本の戦争責任資料センター, 11쪽.

86. 시부노 주니치(渋野純一), 「大正一〇年川崎・三菱大争議の文献と研究史」,
    『歴史と神戸』 第6巻 第3号, 1962년 8월, 11쪽.

87. 구로자와 후미타카(黒沢文貴), 『大戦間期の日本陸軍』, みすず書房, 2000, 154쪽.

88. 黒沢文貴, 앞 책, 125~126쪽.

89. 위 책, 139~141쪽. 『가이코 샤키지(偕行社記事)』는 육군 장교들 사이의 친목과
    상부상조를 도모하는 단체인 가이코샤(偕行社)의 기관지다. 구로자와 후미타카
    와 대립되는 관점에서 이를 분석한 논의는 주 84에 밝힌 浅野和生의 논문 443쪽
    주 5를 참조.

90. 국가주의적인 미토(水戸)파 주자학자인 아이자와 세이시사이(会沢正志斎)는
    1825년에 『신론(新論)』을 간행하여, "무릇 군인은 국토에 정주하여 살고, 천황은
    생명을 하늘에서 받았다. 이는 천지인이 합하여 하나가 됨이로다. 따라서 만일 규

제를 확립하여 훈련 및 강습을 하고, 준비하여 적시에 움직이고, 그럼으로써 천지의 위엄 있는 명령을 빛나게 하고, 귀신의 공용(功用)을 고취한다면, 이것이 바로 공열(功烈)의 성(盛)함이라는 것은 말할 나위 없다"고 했다. 이와 같은 주장은 교토의 역사가인 라이 산요(賴山陽)가 1827년에 완성해 인기를 끈『일본외사(日本外史)』에서도, 1860년대에 '존황양이(尊皇攘夷)' 운동을 추진한 '지사' 들의 사상에서도 엿볼 수 있다. Bob T. Wakabayashi, *Anti-Foreignism and Western Learning in Early Modern Japan: The New Thesis of 1825*, Harvard University Press, 1986, p. 174. 藤原彰,『昭和天皇の十五年戦争』11, 18쪽. 〔『신론(新論)』인용문은 会沢安(正志斎)・塚本勝義訳 註,『新論』, 岩波文庫, 1941, 61쪽에서 발췌한 일본어판을 따랐다―옮긴이〕

91. 천황이 직접 군대를 통솔하여 군사를 장악한다는 발상은 천황 친정을 지향한 메이지 유신의 지배 이념으로 계승되었고, 따라서 어학문소에서 철저하게 주입하고자 했던 천황상(天皇像)의 불가결한 속성으로 자리 잡았다. 藤原彰,「統帥権と天皇」, 遠山茂樹 編,『近代天皇制の展開―近代天皇制の研究II』, 岩波書店, 1987, 197~198쪽.

92. 纐纈厚, 앞 글, 9~10쪽.

93. Kazuko Tsurumi, *Social Change and the Individual: Japan before and after Defeat in World War II*, Princeton University Press, 1970, pp. 92~93.

94. 가타오카 데쓰야(片岡徹也),「昭和初期・日本陸軍への社会学的アプローチ」,『軍事史学』第22巻 第4号, 1987년 3월, 16~17쪽.

1부 2장 천황 기르기

1. 藤原彰,「統帥権と天皇」, 遠山茂樹 編,『近代天皇制の展開―近代天皇制の研究II』, 岩波書店, 1987, 199쪽.

2. 야스마루 요시오(安丸良夫),『近代天皇像の形成』, 岩波書店, 1992, 12~13쪽.

3. 藤樫準二,「天皇白書―知られざる陛下」,『復刻版天皇の昭和史 サンデー毎日緊急増刊』, 1989년 2월 4일, 89쪽.

4. 大竹秀一,『天皇の学校―昭和の帝王学と高輪御学問所』, 文芸春秋, 1986, 289쪽.

5. 사에키 신코(佐伯真光),「生物学と現人神のはざま」,『文芸春秋』特別号「大い

なる昭和」, 1989년 3월, 490쪽.

6. 河原敏明, 『天皇裕仁の昭和史』, 文芸春秋, 1983, 41쪽.

7. 생물학 연구소는 이 외에도 1953년부터 1989년까지 많은 출판물을 발행했다. 이들 출판물에는 영문으로 "Collected by His Majesty the Emperor of Japan(일본국 천황 폐하 채집)", "described by ……", "annotated ……"라 쓰여 있다. 드물게 히로히토 자신이 생물학 저작에 서문을 '쓴' 경우는 시종이 기록하여 출판사에 전달했다. 그런 경우에는 으레 "공무 중에 짬짬이 여가를 이용하여"라는 말로 첫머리가 시작된다.〔"일본국 천황 폐하 채집"이란 말은 일본어로는 으레 적지 않았다─일본어판〕 Ito Kenji, "The Shōwa Emperor Hirohito's Marine Biological Research", Seminar paper, Harvard University, May 15, 1997, p. 8.

8. 공저(共著)는 통상적인 연구 저술 방식이지만, 천황이 범할 수도 있는 오류를 과학자들의 비판으로부터 보호하려는 전전(戰前) 사고방식의 잔재이기도 했다. Ito Kenji, 앞 글에서 암시한 바에 따름.

9. 「生物学者としての顔」, 『サンデ─毎日』, 1949년 10월 2일, 5면. 「科学者天皇の生態」, 『真相』 36, 1949년 12월, 9쪽. 고마에 히사시(駒井卓), 「陛下と生物学」, 安倍能成 외, 『天皇の印象』, 創元社, 1949, 150~164쪽.

10. Kenneth B. Pyle, "Meiji Conservatism", Marius B. Jansen, ed., *The Cambridge History of Japan*, vol. 5, *The Nineteenth Century*, Cambridge University Press, 1989, p. 692.

11. 미노베의 '천황 기관설'에 대한 공격이 거세진 1935년, 궁정 측근들은 히로히토가 있는 자리에서 이 '남북조 정윤(南北朝正閏) 문제'를 논한 듯하다. 이때 천황은 시종무관장인 혼조 시게루에게 "남북 정통론에 대한 결정은 신중함을 요하는 문제이기도 하다. 실제로 나 자신도 마찬가지로 북조의 혈통을 계승하는 사람으로, 큰 흐름으로 볼 때 물론 변하지 않는 것도 이상할 것이다"고 말했다고 한다. 혼조 시게루(本庄繁), 『本庄日記』, 原書房, 1967, 보급판, 1989, 204쪽. 吉田裕, 『昭和天皇の終戦史』, 岩波新書, 1992, 222쪽에서 인용.

12. ねずまさし, 『天皇と昭和史(上)』, 三一新書, 1976, 15쪽.

13. 이가리 시잔(猪狩史山), 「帝王倫理進講の杉浦重剛先生」, 『キング』, 1928년 12월, 124~125쪽.

14. 스기우라 시게타케〔猪狩又蔵(史山)〕 編, 『倫理御進講草案』, 杉浦重剛先生倫理御進講草案刊行会, 1936, 1103~1104쪽.

15. 위 책, 1105쪽.

16. 위 책, 1106쪽.

17. ねずまさし, 앞 책, 15쪽. 네즈 마사시는 스기우라가 헌법을 단 한 번만 강의했던 이유가 다른 교사에게 그 역할을 맡겼기 때문이라고는 말하지 않았다. 러일전쟁이 끝난 후에 나온 「무신조서(戊申詔書)」는 일본 국민에게 '근검'과 '순후(醇厚)', '충실'을 부르짖었으며, 「군인칙유」는 육해군 병사에게 천황을 위해 생명을 내던지고 상관의 명령은 곧 천황의 명령임을 명심하라고 요구했다.

18. ねずまさし, 앞 책, 16쪽.

19. 1912년 7월 31일 치 『오사카매일신문(大阪每日新聞)』에 게재된 미우라 슈코(三浦周行)의 강연은 '메이지 대제'라는 표현의 첫 용례라 여겨진다. 미우라는 무가정치 폐지와 천황 친정 개시, 작은 섬나라를 대제국으로 만든 것을 메이지 천황의 주요 업적이라고 말했다. '메이지 대제' 신화를 일반화하는 데 가장 힘이 컸던 것은 대중잡지 『킹(キング)』의 1927년 11월호 부록 「메이지 대제 부 메이지 미담(明治大帝 附明治美談)」이었다. 문부대신인 미즈노 렌타로는 그 서문에서 "황위를 계승함에, 천지와 더불어 무궁한 우리나라의 국체의 핵심에 있어서는 세상 고금에 그 유례가 없는 것처럼"이라고 말했다. 犬丸義一, 「明治天皇と近代天皇制(上)」, 『文化評論』 385, 1993년 2월, 129~130쪽.

20. 猪狩又蔵(史山) 編, 앞 책, 753~761쪽.

21. 위 책 1055~1061쪽. 정서가 불안한 군주 빌헬름 2세는 근대 유럽의 패자(覇者)가 되고자 했다가 패배하여 네덜란드로 망명한다. 정치적·상징적 지도자로서 그는 같은 시기 독일의 실력과 독일인의 역사적 약점─전 유럽을 지배하기에 충분히 우월한 민족이라는 자기도취적이고 과대망상적 자기상(自己像), 그리고 뿌리 깊은 자신감 부족, 거센 반유대주의─을 함께 구현했다. Thomas A. Kohut, *Wilhelm II and the Germans: A Study in Leadership*, Oxford University Press, 1991, p. 178.

22. 猪狩又蔵(史山) 編, 앞 책, 958~964쪽.

23. 위 책, 122쪽.

24. 위 책, 581쪽.

25. 위 책, 881쪽. 반일 인종차별은 미합중국과 그 영토인 하와이에서 특히 더 거세어, 이들 지역에서는 일본인의 귀화나 토지 소유를 인정하지 않았다.

26. 위 책, 884쪽.

27. Herbert P. Bix, *Peasant in Japan, 1590-1884*, Yale University Press, 1986, pp. 81, 112, 175.

28. 猪狩又蔵(史山) 編, 앞 책, 887쪽.

29. ねずまさし, 앞 책, 16쪽. 그는 "아직 어린 머리로 7년 동안이나 이러한 교육을 받았는데도 혹시 군국주의자가 되지 않았다면 그게 이상한 것이다. 민주주의가 발흥하던 시대에 이러한 보수주의적 교육을 실시할 용기를 지닌 인물은 스기우라 밖에 없었으리라"고 기술했다.

30. 시라토리 구라키치(白鳥庫吉), 「支那古伝説の研究」, 『東洋時報』 131, 1909년 8월, 38~44쪽.〔시라토리 구라키치가 글로써 그 비합리성을 지적한 것은 아니다 ─일본어판〕

31. 所功, 「発掘 昭和天皇が学んだ特製『国史』教科書」, 『文芸春秋』 1990년 2월, 133쪽. 이하 몇 단락은 주로 도코로의 매우 유익한 기사를 인용했다.

32. 白鳥庫吉, 『国史』, 勉誠社, 1997, 6~7쪽.

33. 岩井忠熊, 『明治天皇「大帝」伝説』, 三省堂, 1997, 47쪽.

34. 白鳥庫吉, 앞 책, 26쪽. 所功, 앞 책, 133~134쪽에서 인용.

35. 白鳥庫吉, 앞 책, 28쪽.

36. 시라토리는 1928~1929년 무렵에는 정치 질서에 정통성을 부여하는 신화의 힘이 약해진 점과 합리적인 기반에서 국가 이데올로기를 재편성할 필요가 있음을 간접적으로 인정하게 되었다. 해군장교 단체의 기관지에 게재된 시라토리의 강연 「日本民族の系統」, 『有終』第15巻 第9号(通巻 178), 1928년 9월과 「皇道に就て」, 『有終』第16巻 第9号(通巻 190), 1929년 9월 참조.

37. 所功, 앞 글, 139~140쪽.

38. 윗글, 136쪽.

39. H. Paul Varley, "Nanbokucho seijun ron", *Kodansha Encyclopedia of Japan*, vol. 5, Kodansha, 1983, pp. 323~324.

40. 所功, 앞 글, 136쪽.

41. 白鳥庫吉, 앞 책, 711~713쪽.

42. 所功, 앞 글, 137쪽.

43. 도코로는 스기우라가 역사적인 소재를 인용하여 이를 '연역적으로' 해석한 데 반해 시라토리는 일본 역사의 전개 과정을 '귀납적으로' 해명했다고 주장한다. 시라토리의 교과서는 황위 계승을 둘러싼 상황, 얼마나 많은 천황이 인민의 행복을 위

해 노력했는지를 간결하게 서술한다. 도코로에 따르면 그 기술이 역사적으로 '적확하고 공정'하여, 때로는 천황의 실정이나 결점까지 지적한다. 도코로는 시라토리의 『국사』를 기타바타케 지카후사(北畠親房)의 『신황정통기(神皇正統記)』(1339)에 견주는데, 그러면서도 기타바타케를 들어 시라토리를 해설하지는 않았다. 도코로의 비교는 『국사』가 "오늘날에도 설득력이 있어 근대판 『신황정통기』라 해도 괜찮을 것 같다"는 표현을 유도해내는 수사에 그친다. 所功, 앞 글, 140쪽.

44. 岩井忠熊, 앞 책, 5쪽.

45. 永積寅彦, 『昭和天皇と私』, 学習研究社, 1992, 76쪽.

46. 스즈키 야스조(鈴木安蔵), 『日本憲法学史研究』, 勁草書房, 1975, 260~267쪽.

47. 위 책, 261~262쪽.

48. 위 책, 263쪽에서 인용.

49. 고노에 아쓰마로(近衛篤麿), 「君主無責任ノ理由」, 『国家学会雑誌』第5巻 第55号, 1892년 9월, 1224~1231쪽은 그 전형적인 예다.

50. 美濃部達吉, 『逐条憲法精義』, 有斐閣, 1927, 511. 야마우치 도시히로(内山敏弘), 「天皇の戦争責任」, 横田耕一・江橋崇 編著, 『象徴天皇制の構造—憲法学者による解読』, 日本評論社, 1990, 247쪽에서 인용.

51. 시미즈 도오루는 천황과 국가의 관계를 유기체의 뇌와 신체의 관계로 비유해 설명하는 한편, "국가가 통치권의 주체가 됨과 동시에 천황을 통치권의 주체로 삼음에 모순됨이 없고 이렇게 논하지 아니하면 일본의 국체는 설명할 수 없다"고도 했다. 清水澄, 『国法学第1編憲法編』, 日本大学, 1904, 개정증보 1919, 21쪽. 鈴木安蔵, 앞 책, 266쪽에서 인용.

52. 내각 제도가 창설된 1885년부터 1945년까지 일본의 총리대신으로 중의원 의원을 지낸 이는 겨우 네 명으로 하라 게이, 가토 다카아키, 하마구치 오사치(浜口雄幸), 이누카이 쓰요시 뿐이다. 총리는 사실상 의회 다수당의 지지를 얻는 경우는 있어도 반드시 의회를 이끈 것은 아니다. 총리를 선정하는 것은 '원로'였으며, 쇼와 천황 때에는 그 자신과 궁중 세력이 총리를 선정했다. 그들은 목적을 위해서 필요할 때에는 중의원의 다수를 차지한 보수 정당의 의향을 고려했으나 이를 무시하는 경우도 종종 있었다. 이것이 일본제국의 '정당 내각제'로, 의원 내각제와는 거리가 멀었다. 그렇다고는 하나 2차 대전 중의 영국에서도 의원 내각제가 민주적으로 제 기능을 발휘하지는 않았다. 로이드 조지(George, Lloyd)도 램지 맥도널드(MacDonald, Ramsay)도 제1여당의 지도자는 아니었다. 일본의 정당 구조와

영국식 의원 내각제 간의 비교는 의미 있는 과제다.

1부 3장 현실 세계와 마주치다

1. 1919년 5월 28일 외무대신 우치다 고사이(內田康哉)는 파리의 일본대사에게 전보를 쳐, 황제에 대한 재판은 "일본의 국체에 대한 국민의 신앙"에 악영향을 끼칠 것이라고 말했다. 훗날 마키노(牧野)는 윌슨과 랜싱(Lansing, Robert)[1915~1920년의 미국무장관―옮긴이]에게 동조하여 빌헬름 2세를 재판정에 세우는 데 반대했다. 「內田発 〔駐仏大使〕松井〔慶四郎〕あて」, 外務省 編, 『日本外交文書』 大正8年 第3冊 下巻, 1971, 1078쪽.

2. 『東京日日新聞』 1919년 5월 8일 치, 大正ニュース事典編纂委員会 외 編, 『大正 ニュース事典(4)』, 毎日コミュニケーションズ, 1987, 656~657쪽.

3. 田中宏巳, 「昭和天皇の帝王学」, 『THIS IS 読売』, 1992년 4월, 101~102쪽에서 인용. 다나카는 이러한 찬사를 〔어학문소의―일본어판〕 '통지표〔通信簿〕'로 보았다.

4. 윗글, 102쪽. 하타노 마사루(波多野勝), 『裕仁皇太子ヨーロッパ外遊記』, 草思社, 1998, 18~21쪽. 미우라 고로(三浦梧楼)는 한성(서울) 주재 공사였던 1895년 명성황후 살해 사건에 관계하여 악명을 떨쳤다.

5. 하타노 스미오(波多野澄雄) 외 編, 『侍従武官長奈良武次日記・回顧録(4)』, 柏書房, 2000, 115쪽. 田中宏巳, 윗글, 102쪽. 나라 다케지의 일기・회고록은 다나카 교수의 도움으로 입수했다.〔허버트 빅스가 영어판으로 이 책을 쓸 때에는 나라 다케지의 일기・회고록, 곧 『侍従武官長奈良武次日記・回顧録』이 아직 간행되지 않았다―일본어판〕

6. 『侍従武官長奈良武次日記・回顧録(4)』, 116쪽.

7. 혼잣말을 하는 버릇은 나이가 듦에 따라 더해갔다. 이 사실은 열두 시종 중 한 명으로 1936년 3월부터 1946년 4월까지 근무한 오카베 나가아키라(岡部長章)가 쓴 회고록을 비롯해 여러 사람의 회상기에 언급된다. 岡部長章, 『ある侍従の回想記―激動時代の昭和天皇』, 朝日ソノラマ, 1990, 97~99쪽.

8. 히로히토의 과묵함에 대해서는 마키노 노부아키의 일기(『牧野伸顕日記』) 1926년 10월 28일 치가 좋은 실례다.

약속에 따라 사이온지를 방문했다.

공이 말하기를 요 전날 전하를 배알했다고 한다. 사이온지는 전하에게, 제가 노쇠하고 장차의 일도 염려되므로 향후 정변이 일어나는 등의 경우에는 내대신에게도 하문(下問)을 하고 제가 죽은 후에는 내대신에게 주로 하문하며, 만일 내대신이 [다른 사람에게—옮긴이] 참고를 위한 상담이나 의견을 구하고 싶은 경우에는 칙허를 구하여 목적한 사람과 협의하도록 하시면, 이 경우 저도 느끼는 대로 말씀드릴 것입니다 하고 아뢰었다. ……이에 대해 다른 특별한 말씀은 없으셨다. 이는 본디 있을 수 있는 일이라는 등등의 부언이 있었다.

이토 다카시(伊藤隆)·히로세 준코우(広瀬順晧) 編, 『牧野伸顕日記』, 中央公論社, 1990, 261쪽.

9. 소설가 오에 겐자부로(大江健三郎)의 회상에 따르면 일본이 항복하던 날, 소년이었던 그는 처음으로 천황의 육성을 들으면서 웃었으나 기묘한 불안에 휩싸였다.

우리는 모두 이야기의 내용은 잘 알지 못했으나 목소리는 확실히 들었다. 그리고 나의 어린 친구 중 하나는 이를 절묘하게 흉내 낼 줄 알았다. 우리는 그 '천황의 목소리'로 말하는, 꾀죄죄한 반바지 차림인 그 친구를 둘러싸고 소리 높여 웃었다.

우리의 웃음은 여름 낮의, 고요해진 산촌에 울려 퍼져 조그마한 메아리를 이루며, 높고 파란 하늘로 사라져갔다. 그리고 문득 하늘 저 높은 곳으로부터 날아 내려온 불안이 우리 불경스런 아이들을 사로잡았다. 우리는 말을 잃고 서로를 쳐다봤다. 평범한 소학교 학생에게도 천황은 감히 범접할 수 없는 존재였다.

오에 겐자부로(大江健三郎), 「無分別ざかり(1) 天皇」, 『週刊朝日』, 1959년 1월 4일, 30쪽. 항복 당시 그 유명한 천황의 육성 방송을 일본인들이 각기 어떻게 받아들였는지는 다케야마 아키코(竹山昭子), 『玉音放送』, 晩声社, 1989, 53~54쪽에 더 자세히 나온다.

10. 1927년부터 궁내성은 히로히토의 상반신만 찍거나 배후에서 찍는 사진 촬영을 금지했다(그는 등이 굽었던 것이다). 그 뒤로 그의 사진은 대개 무표정한 얼굴에 양팔은 옆구리에 붙인, 딱딱한 차려 자세를 찍은 것이었다. 나카야마 도시아키(中山俊明), 『紀子妃の右手』, 情報センター出版局, 1992, 103~104쪽.

11. 와타나베 이쿠지로(渡辺幾治郎), 『明治天皇の御聖徳と軍事』. 藤原彰, 『昭和天皇の十五年戦争』, 青木書店, 1991, 46쪽에서 재인용.

12. ねずまさし, 『天皇と昭和史(上)』, 三一新書, 1976, 20쪽.

13. 田中宏巳, 앞 글, 101~102쪽. 田中宏巳, 「日清・日露海戦史の編纂と小笠原長生(2)」, 『軍事史学』第18巻 第4号, 1983년 3월, 43~44쪽. 오가사와라는 교과서를 통해 전파된 '히로세 대령(広瀬大佐)'이나 '군신(軍神) 도고 헤이하치로(東郷平八郎)' 같은 군대의 '귀감'들을 훌륭하게 창작해냈다.

14. 오가사와라는 "전하가 정치는 물론 모든 것들을 헤아리시는 마음속은 말하기도 황공한 일이나, 일전에 스기우라 시게타케(杉浦重剛) 옹이 여러 가지 격언과 금언(金言)을 천황께 강의했는데 어느 날 어떠한 말이 가장 인상에 남으셨는지 여쭙자, 전하는 즉시 '하늘에는 사심이 없다'는 말이었다고 말씀하셨다"고 전한다. 오가사와라 나가나리(小笠原長生), 「摂政宮殿下の御高徳」, 『太陽』第28巻 第1号, 1922년 1월, 5쪽.

15. 『牧野伸顕日記』, 21~23쪽. 마키노는 스기우라가 보여준 작문을 1921년 8월 17일 치 일기에 그대로 베꼈다. 이는 히로히토가 초년에 쓴 문장이 남겨진 극히 드문 예이며 또한 그가 자신의 아버지에 대해 말한 것으로도 매우 드문 예다. 아버지에 대한 언급은 혼조 시게루의 일기(『本庄日記』)에도 있다.

16. 安田浩, 「近代天皇制における権力と権威—大正デモクラシー期の考察」, 『文化評論 臨時増刊 続・天皇制を問う』, 1990년 10월, 182쪽.

17. 1920년대 전반에 일어난 불경 사건의 20% 가까이는 황족 사진에 대한 농담이나 의도적인 모독이었다. 대부분은 신문에 실린 천황의 사진에 가위질을 하거나 황실에 관한 기사를 부적절한 목적으로 이용하거나, 또는 천황을 상징하는 물건과 시설 등을 파괴하는 일이었다. 배경의 동기를 불문하고 일본 정부는 이러한 행위를 불경죄로서 단속했다. 渡辺治, 「天皇制国家秩序の歴史的研究序説—大逆罪・不敬罪を素材として」, 『社会科学研究』第30巻 第5号, 東京大学社会科学研究所, 1979년 13월, 252, 258~261쪽.

18. 윗글, 253쪽.

19. 安田浩, 앞 글, 183~188쪽.

20. 原奎一郎 編, 『原敬日記(5)』, 福村出版, 1965, 21쪽. 鈴木正幸, 『近代天皇制の支配秩序』, 校倉書房, 1986, 187쪽에서 인용.

21. 구로다 히사타(黒田久太), 『天皇家の財産』, 三一書房, 1966, 133쪽.

22. 고토 야스시(後藤靖),「天皇制研究と『帝室統計書』」, 後藤靖・大沢覚 解題, 『帝室統計書(1)』(복각), 柏書房, 1993, 3쪽.

23. 와타나베 가쓰오(渡辺克夫),「宮中某重大事件の全貌」, 『THIS IS 読売』, 1993 년 4월, 70쪽. '궁중 모 중대 사건(宮中某重大事件)의 전모'에 대해서는 기본적 으로 와타나베 가쓰오의 글을 바탕으로 하여 서술했다. 이 사건에 대한 초기의 연 구로는 Geroge M. Wilson, *Radical Nationalist in Japan: Kita Ikki, 1883-1937*, Harvard University Press, 1969, pp. 100~101이 있다.

24. 윗글, 82쪽.

25. 대아시아주의에 대해서는 John Welfield, *An Empire in Eclipse: Japan in the Postwar American Alliance System*, Athlone Press, 1988, pp. 8~10 참조.

26. 渡辺克夫, 앞 글, 108~109쪽.

27. 오카 요시타케(岡義武)・하야시 시게루(林茂) 校訂, 『大正デモクラシー期の政治―松本剛吉政治日誌』, 岩波書店, 1959, 54쪽. 다카하시 히데나리(高橋秀直),「原敬内閣下の議会」, 内田健三 外 編, 『日本議会史録(2)』, 第一法規出版, 1991, 251쪽에서 인용.

28. 윗글, 250~251쪽.

29. 藤原彰 외, 『天皇の昭和史』, 新日本新書, 1984, 32쪽. 궁정과 우익 과격파 및 폭 력단의 관계는 메이지 시기 이전으로 거슬러 올라가 교토의 궁정귀족 중 신도개 혁파에 그 연원을 둔다.

30. "4, 5일에 한 번, 기타(北)는 오가사와라를 방문해 다양한 정보를 제공했다. 때로 는 오가사와라 앞에서 우는 경우도 있으며 오가사와라는 그를 달래는 것이었다." 田中宏巳,「昭和七年前後における東郷グループの活動―小笠原長生日記をと おして(1)」, 『防衛大学校紀要』51, 1985, 15쪽 주(注) 4.

31. 윗글, 1~10쪽.

32. 波多野勝,「大正一〇年皇太子訪欧―その決定へのプロセスと成果」, 『法学研究』第66巻 第7号, 慶応義塾大学, 1993년 7월, 48쪽.

33. 하타 나가미(波田永実),「牧野伸顕関係文書―宮中グループを中心として」, 『史苑』第43巻 第1号, 1983년 5월, 69~70쪽.

34. 『牧野伸顕日記』, 751쪽. 1936년 2월에 일어난 2・26사건 당시 마키노는 궁내성 제실(帝室) 경제고문이라는 직함을 가지고 있었다.

35. 기시다 히데오(岸田英夫), 『天皇と侍従長』, 朝日文庫, 1986, 119쪽.

36. 鈴木正幸, 앞 책, 188쪽. 波多野勝, 『裕仁皇太子ヨーロッパ外遊記』, 14~16쪽.

37. 『原敬日記(5)』, 166쪽. 鈴木正幸, 앞 책, 189쪽에서 인용.

38. 위 책, 305쪽, 1920년 10월 28일. 鈴木正幸, 앞 책, 190쪽에서 인용.

39. 사사키 류지(佐佐木隆爾), 『現代天皇制の起源と機能』, 昭和出版, 1990, 88쪽
에서 인용.

40. 『原敬日記(5)』, 319쪽, 1920년 12월 8일 치. 鈴木正幸, 앞 책, 191쪽에서 인용.

41. 1920년 12월 11일, 하라는 야마가타를 만나, 추밀원 의장 사임 의사를 버리라고
설득하는 한편, 섭정을 두는 일이 극히 중요하다며 다음과 같이 말했다. "섭정과
같은 일은 황실에도 국가에도 중대 사건이다. 특히 왕가나 신민이나 3대째는 중요
한 일인지라. 도쿠가와도 이에미쓰(家光)에 의해 기초가 확립되었고, 독일이 실
패한 것도 3대 황제 때에 음성을 다한 탓이다." 일정 기간이 지나면 왕조의 혈통이
쉬 확고해진다는 발상은 고대 이래 여러 문명에서 엿볼 수 있다.

42. 鈴木正幸, 앞 책, 191~192쪽.

43. 『原敬日記(5)』, 305쪽.

44. 시데하라가 외무상 우치다에게 보낸 전보는 波多野勝, 「大正一〇年皇太子訪欧
一その決定へのプロセスと成果」, 47쪽에서 인용. 기사카 준이치로(木坂順一
郎), 「民衆意識の変化と支配体制の動揺」, 藤原彰 編, 『日本民衆の歴史 (8)
弾圧の嵐のなかで』, 三省堂, 1975, 76쪽도 참조.

45. 波多野勝, 『裕仁皇太子ヨーロッパ外遊記』, 59쪽.

46. 하라가 요코하마까지 동행하고 가토리 함상에서 환송한 일에 대해서는 이토 유키
오(伊藤之雄), 「原敬内閣と立憲君主制(3)一近代君主制の日英比較」, 『法学論
叢』第143巻 第6号, 京都大学, 1998년 9월, 8~9쪽 참조.

47. 『大阪毎日新聞(夕刊)』1921년 3월 13일 치. 大正ニュース事典編纂委員会 外
編, 『大正ニュース事典(5)』, 毎日コミュニケーションズ, 1988, 229~230쪽.

48. 이 단락과 함께 이어지는 세 단락의 내용은 거의 앞에 나온 『侍従武官長奈良武次
日記・回顧録(4)』에 따른 것이다.

49. 波多野勝, 앞 책, 118~120쪽.

50. 伊藤之雄, 앞 글, 9쪽.

51. 木坂順一郎, 앞 글, 77쪽.

52. 윗글.

53. 윗글.

54. 伊藤之雄, 앞 글, 10쪽.

55. 나구라 분이치(名倉聞一), 「英国印象断片」, 『新小説』, 1922년 4월, 63~65쪽.

56. 미타라이 다쓰오(御手洗辰雄), 「殿下及日本の得た所ー皇室と国民の関係に一新紀元」, 『新小説』, 1922년 4월, 65쪽.

57. 윗글, 65~67쪽. 미타라이 다쓰오는 원저에서 환영받은 것을 말하며, 시민 모두가 "만세! 히로히토!"를 연호해 마지않았다고 썼다.

58. 『原敬日記(5)』, 408쪽. 鈴木正幸, 앞 책, 192쪽.

59. 가토리 호는 예정보다 하루 빠른 9월 2일 도쿄 만에 귀환했는데 공식적인 환영식이 이튿날인 3일로 예정되어 있었기 때문에 황태자는 어쩔 수 없이 선상에 머물러야 했다. 鈴木正幸, 위 책, 192쪽.

60. 『原敬日記(5)』447쪽, 1921년 9월 19일 치.

61. 위 책, 450쪽, 9월 21일 치 서두. 鈴木正幸, 『皇室制度ー明治から戦後まで』, 岩波新書, 1993, 150~151쪽에서 인용.

62. 『侍従武官長奈良武次日記・回顧録(4)』, 127쪽.

63. 『牧野伸顕日記』, 26쪽.

64. 위 책, 65쪽. '신상제(神嘗祭)'는 아마테라스오미카미에게 햇곡을 바치는 제사로 매년 10월 17일에 치러진다.

65. 진다(珍田)에게는 메이지 천황에 대한 보은 의식과 히로히토의 덕 함양에 대한 강한 책임감이 있었다. 구사자와 가쿠토(草沢学人), 「珍田捨巳」, 『現代』第8卷 第6号, 1927년 6월 1일, 291쪽 참조.

66. 고지마 노보루는 황후 나가코의 아버지인 구니노미야 구니요시가 1929년 1월 27일, 임종 직전에 남겼다는 말을 소개했다. "천황〔히로히토ー옮긴이〕 폐하에게는 의지가 약한 부분이 있다. 따라서 황후 폐하의 내조가 필요하다. 반드시 잘 내조해야……." 놀랍게도 1920년대에는 다른 많은 궁내성 고관들도 히로히토가 의지박약하다고 생각했다. 고지마 노보루(児島襄), 『天皇(II) 満州事辺』, 文春文庫, 1981, 58쪽 참조.

67. 佐佐木隆爾, 앞 책, 86쪽.

68. Harold Nicolson, *King George V : His Life and Reign*, London: Constable & Co. Ltd., 1952, pp.141~142.

69. Ibid., p. 252.

70. 佐佐木隆爾, 앞 책, 87쪽.

71. James F. Wills, *Prologue to Nuremberg: The Politics and Diplomacy of Punishing War Criminals of the First World War*, Greenwood Press, 1982, p. 103.

72. 佐佐木隆爾, 앞 책, 87쪽.

73. 위 책, 88쪽.

74. 여행 덕분에 그동안 히로히토가 받아온 격리 교육이 보완될 수는 없었고, 히로히토는 자유란 노고나 결핍에서 해방됨을 의미하기도 한다는 것을 배우지도 못했다. 또한 유럽식 생활이나 문화와 갑작스레 만났다고 해서 그가 자유라는 근대적 이상을 개인적 진리로 신봉하게 되지도 않았다.

75. 佐佐木隆爾, 앞 책, 89쪽.

76. 위 책, 87쪽.

77. Ilse Hayden, *Symbol and Privilege: The Ritual Context of British Royalty*, University of Arizona Press, 1987, p. 45.

78. 『侍從武官長奈良武次日記·回顧録(4)』, 127쪽.

79. 위 책.

80. 하라 암살에 대해서는 고토 다케오(後藤武男), 「皇太子の外遊を阻むもの」, 『特集文芸春秋 天皇白書』, 1956년 10월, 96∼97쪽과 『東京日日新聞』 1921년 11월 5일 치, 大正ニュース事典編纂委員会 외 編, 앞 책, 567쪽 참조.

81. 『牧野伸顯日記』, 34쪽, 1921년 11월 5일 치.

2부 4장 섭정시대와 다이쇼 데모크라시의 위기

1. 야스다 히로시(安田浩), 『天皇の政治史―睦仁·嘉仁·裕仁の時代』, 青木書店, 1998, 96쪽.

2. 하타노 스미오(波多野澄雄) 외 編, 『侍從武官長奈良武次日記·回顧録(4)』, 柏書房, 2000, 132쪽.

3. 마키노는 1921년 8월 23일 일기에 "어제 22일 무관장이 찾아와 이야기를 나누었다. 황태자 전하가 귀국하신 후 정무 견습을 하실 방법을 강구할 필요가 있다는 의견이 있었다. 지당한 의견이다. ……충분히 고려하여야 할 것이라고 여쭈었다."고 적었다. 이토 다카시(伊藤隆)·히로세 준코우(広瀬順晧) 編, 『牧野伸顯日記』,

中央公論社, 1990, 25쪽.

4. 정례 강의에 대해서는 나가즈미 도라히코(永積寅彦), 『昭和天皇と私―八十年間 お側に仕えて』, 学習研究社, 1992, 109~111쪽 참조.

5. 1920년대에는 이외에도 일본문학 교수인 하가 아이치(芳賀矢一), 중국문학 교수 핫토리 우노키치(服部宇之吉), 중국사 교수 가토 시게시(加藤繁), 히로히토의 통 역을 맡았던 프랑스어 교사 야마모토 신지로(山本信次郎)[해군대령―일본어판], 우익 헌법학자인 가케이 가쓰히코(筧克彦) 등이 강의했다.

6. 시미즈 도오루(清水澄), 「憲法と皇室典範を御進講申上げて」, 『実業之日本 増 刊 御大典記念写真号』, 1928년 11월, 20~21쪽.

7. 『牧野伸顕日記』, 109~110쪽.

8. 다카하시 히로시(高橋紘) 외 編, 『昭和初期の天皇と宮中―侍従次長河井弥八日 記(1)』, 岩波書店, 1993, 49쪽. 『牧野伸顕日記』, 263쪽.

9. 高橋紘 외 編, 위 책, 115, 142, 152, 219, 252, 260쪽. 『昭和初期の天皇と宮 中―侍従次長河井弥八日記(2)』, 32쪽.

10. 高橋紘 외 編, 『昭和初期の天皇と宮中―侍従次長河井弥八日記(1)』, 55쪽.

11. 위 책, 79~80, 85, 87쪽.

12. Shinohara Hatsue, "An Intellectual Foundation for the Road to Pearl Harbor: Quincy Wright and Tachi Sakutaro", 1991년 12월 뉴욕 홉스트라 대 학(Hofstra University)에서 열린 태평양전쟁에 관한 학술회의(Conference on the United States and Japan in World War II) 발표 논문, p. 3. 이 문단과 다 음 문단은 시노하라 하쓰에(篠原初枝)의 이 유익한 논고에 근거한다.

13. 다치의 방대한 국제법 연구 저작은 평시(平時) 국제법과 전시(戰時) 국제법, 2부 로 나뉘어 1930년~1931년에 간행되었다. 가와이 야하치(河井弥八)의 일기에 다치가 처음으로 등장한 것은 1926년 9월 30일과 10월 14일이다. 『昭和初期の 天皇と宮中―侍従次長河井弥八日記(1)』, 31, 36쪽 참조.

14. 『昭和初期の天皇と宮中―侍従次長河井弥八日記(5)』, 16쪽, 1931년 1월 29일 치.

15. 마키노는 히로히토가 군사훈련에 참가하는 일이 전쟁 비용을 둘러싼 정치 관계 면에서 그 자신에게나 천황에게나 유용하다고 생각했다. 히로히토가 스즈키 간타 로나 오카다 게이스케 같은 해군 지도자들을 편애한 것은 마키노의 영향 탓일 것 이다. 『牧野伸顕日記』, 289~291쪽에서 마키노는, 1927년 10월 20일~25일 도 쿄 만 밖에서 벌어진 해군 훈련에 히로히토와 그 자신이 참가하는 문제를 논했다.

16. 와타나베 오사무(渡辺治), 「天皇制国家秩序の歴史的研究序説―大逆罪・不敬罪を素材として」, 『社会科学研究』第30巻 第5号, 東京大学社会科学研究所, 1979년 3월, 259쪽.

17. 1921년 11월 25일, 궁내성은 다이쇼 천황이 갓난아기 때에 뇌수막염과 비슷한 병을 앓아 1914~1915년 무렵부터는 "자세가 바르지 못하고 걸음걸이도 불안정하며 말도 더듬는 모습을 보이신다"고 발표했다. 그 발표에 관한 시종무관 겸 동궁무관 시카마 고스케(四竈孝輔)의 비판은 四竈孝輔, 『侍従武官日記』, 芙蓉書房, 1980, 280쪽, 1921년 11월 25일 치 참조.

18. 이와이 다다쿠마(岩井忠熊), 『明治天皇「大帝」伝説』, 三省堂, 1997, 40~42쪽. 와타나베 이쿠지로(渡辺幾治郎), 『皇室新論』, 早稲田大学出版部, 1929, 320쪽.

19. 『牧野伸顕日記』, 68~69쪽.

20. 위 책.

21. 와카바야시 마사히로(若林正丈), 「一九二三年東宮台湾行啓と『内地延長主義』」, 『岩波講座 近代日本と植民地 (2)帝国統治の構造』, 岩波書店, 1992, 108쪽.

22. 윗글, 113쪽.

23. 윗글, 99~100쪽.

24. 『台湾時報』46, 1923년 5 · 6월, 7~8쪽. 윗글, 103~104쪽에서 인용.

25. 다사키 기미쓰카사(田崎公司), 「関東大震災七〇周年記念集会参加記」, 『歴史学研究』653, 1993년 12월, 32~34쪽.

26. 朝鮮史研究会 編, 『入門朝鮮の歴史』, 三省堂, 1996, 166~170쪽. 관동대지진에 대해서는 Roman Cybriwsky, Tokyo: The Shogun's City at the Twenty-First Century, John Wiley & Sons, 1998, pp. 82~85도 참조.

27. 『侍従武官長奈良武次日記・回顧録(4)』, 138~140쪽., 『昭和天皇の十五年戦争』, 青木書店, 1991, 42쪽.

28. 오에 시노부(大江志乃夫), 「初めて公開された貴族院秘密会議事速記録集」, 『UP』276, 東京大学出版会, 1995년 10월, 30~31쪽.

29. 渡辺治, 앞 글, 253~254쪽.

30. 大江志乃夫, 앞 글, 30쪽.

31. 参議院事務局 編, 『貴族院秘密会議事速記録集』, 参友会, 1995, 251쪽. 『朝日新聞』1995년 6월 5일 치.

32. 고지마 노보루(児島襄), 『天皇 (I)若き親王』, 文春文庫, 1981, 322쪽.

33. 渡辺治, 앞 글, 256쪽.

34. 윗글, 257쪽. 와타나베 오사무는 이를 '근대 일본에서 일어난 두 번째 대역죄 사건 재판'이라고 지적했다(253쪽). 첫 번째 재판은 메이지 천황 암살을 꾀한 혐의로 1910~1911년에 열린 고토쿠 슈스이(幸徳秋水) 외 열 명에 대한 재판으로, 조동종의 선승인 우치야마 구도도 피고인 중 한 명이었다.

35. 『牧野伸顕日記』, 107~108쪽.

36. 児島襄, 앞 책, 298쪽.

37. 위 책, 299쪽.

38. 渡辺治, 앞 글, 257쪽.

39. ねずまさし, 『天皇と昭和史(上)』, 三一新書, 1976, 37쪽. 불경죄 사건 발생 횟수는 1928년에만 35건으로 뛰어올랐다.

40. 渡辺治, 앞 글, 253쪽.

41. 「贈書の御儀行われる」, 『東京日日新聞(夕刊)』 1924년 1월 26일 치. 大正ニュース事典編纂委員会 외 編, 『大正ニュース事典(6)』, 毎日コミュニケーションズ, 1988, 344쪽에 수록된 것.

42. 고야마 이토코(小山いと子), 『皇后さま』, 主婦の友社, 1956, 43~44쪽.

43. 『東京日日新聞』 1924년 1월 27일 치, 大正ニュース事典編纂委員会 외 編, 앞 책, 348쪽.

44. 오사와 사토루(大沢覚), 「皇室財政と『帝室統計書』」, 後藤靖 大沢覚 解題, 『帝室統計書(1)』(復刻), 柏書房, 1993, 12쪽.

45. 가와하라 도시아키(河原敏明), 『天皇裕仁の昭和史』, 文芸春秋, 1983, 75~76쪽.

46. 『牧野伸顕日記』, 44~45쪽, 1922년 1월 28일 치.

47. 高橋紘, 「解説」, 木下道雄, 『側近日誌』, 文芸春秋, 1990, 289쪽.

48. 『牧野伸顕日記』, 44쪽.

49. '평화 원칙'이라는 용어는 Dorothy V. Jones, *Code of Peace: Ethics and Security in the World of the Warlord States*, University of Chicago Press, 1991에서 가져왔다.

50. 고바야시 미치코(小林道彦), 「世界大戦と大陸政策の変容」, 『歴史学研究』 656, 1994년 3월, 1~16쪽.

51. 사이토 세이지(斎藤聖二), 「日独青島戦争の開戦外交」, 日本国際政治学会 編,

『国際政治─国際的行為主体の再検討』119, 1998년 10월, 192~208쪽.

52. 후지와라 아키라(藤原彰), 『昭和天皇の十五年戦争』, 青木書店, 1991, 40~48쪽.

53. D. V. Jones, op. cit., p. 44에서는 일본의 "인종적 평등에 대한 상징적 주장은…… (윌슨이 특히 바라던 종교상의 관용 주장과 함께) 규약에는 포함되지 않았으나, 국가 간의 평등 원칙은 연맹 조직 자체에 명확하게 채택되었다"고 한다.

54. 시바타 신이치(柴田紳一), 「発見! 昭和天皇が学んだ帝王学教科書」, 『文芸春秋』, 1998년 2월, 131쪽.

55. 나가이 가즈(永井和), 『近代日本の軍部と政治』, 思文閣出版, 1993, 256쪽.

56. 구로노 다에루(黒野耐), 「昭和初期海軍における国防思想の対立と混迷─国防方針の第二次改定と第三次改定の間」, 『軍事史学』 第43巻 第1号, 1998년 6월, 10~11쪽.

57. 藤原彰, 앞 책, 42쪽.

58. 군사비 비율은 1920년의 60.14퍼센트에서 1930년의 28.52퍼센트로 떨어졌다. 국민총생산(GNP)에 대비하면 5.86퍼센트에서 3.03퍼센트로 감소한 셈이 된다. 야마다 아키라(山田朗), 『軍備拡張の近代史─日本軍の膨張と崩壊』, 吉川弘文館, 1997, 10쪽 참조.

59. 4년간의 시베리아 전쟁 중에 투항한 러시아 병사는 포로로서 대우를 받지 못하고, 그 자리에서 일본군에게 살해당하거나 드물게는 다시는 무기를 잡지 않겠다는 맹세를 하고 석방되었다. 유이 다이자부로(油井大三郎) 고스게 노부코(小菅信子), 『連合国捕虜虐待と戦後責任』, 岩波ブックレット, 1993, 16쪽.

60. 요시다 유타카(吉田裕), 『天皇の軍隊と南京事件』, 青木書店, 1985, 191쪽.

61. 위 책.

62. 위 책, 193~194쪽.

63. 위 책, 191쪽.

64. 가타오카 데쓰야(片岡徹也), 「昭和初期・日本陸軍への社会学的アプローチ」, 『軍事史学』 第22巻 第4号, 1987년 3월, 20~21쪽.

65. 윗글, 23~24쪽.

66. 윗글, 25쪽에서는 아라키 사다오(荒木貞夫)와 오바타 도시시로(小畑敏四郎), 스즈키 요리미치(鈴木率道) 등이 1928년에 '통수강령(統帥綱領)'을 개정하여 물질적 위력에 대한 정신주의의 우위와 공세주의를 일본육군의 지배적 사상으로 삼았다고 한다.

67. 마에하라 도루(前原透), 「『統帥権独立』理論の軍内での発展経過」, 『軍事史学』第23巻 第3号, 1988년 1월, 18~19쪽.

68. 永井和, 앞 책, 255쪽.

69. 前原透, 앞 글, 27~28쪽.

70. 1922년 2월, 참모본부는 「통수권 독립에 대하여(統帥権の独立に就て)」라는 극비 연구 문건을 만들었다. 이것이 최초로 '통수권 독립'을 표제로 내건 공문서로 여겨진다. 윗글, 30쪽 참조.

71. 윗글, 34~35쪽, 『宇垣一成日記』인용 부분. 윗글, 40쪽, 주 50 참조.

72. 다나카 히로미(田中宏巳), 「虚像の軍神東郷平八郎」, 『THIS IS 読売』, 1993년 9월, 240쪽.

73. 『侍従武官長奈良武次日記・回顧録(4)』, 145쪽.

74. 위 책, 143쪽. 『時事新報』 1925년 8월 10일 치, 大正ニュース事典編纂委員会 외 編, 『大正ニュース事典(7)』, 毎日コミュニケーションズ, 1989, 177쪽.

75. 『侍従武官長奈良武次日記・回顧録(4)』, 144쪽.

76. 藤原彰, 앞 책, 43쪽.

77. 위 책, 44쪽.

78. 미야지 마사토(宮地正人), 「政治史における天皇の機能」, 歴史学研究会 編, 『天皇と天皇制を考える』, 青木書店, 1986, 97쪽.

79. 安田浩, 「近代天皇制における権力と権威―大正デモクラシー期の考察」, 『文化評論 臨時増刊 続・天皇制を問う』, 1990년 10월, 188~189쪽.

80. 스즈키 마사유키(鈴木正幸), 『近代天皇制の支配秩序』, 校倉書房, 1986, 196~197쪽. 치안유지법 제1조는 다음과 같다.

국체를 변혁하거나 사유재산 제도를 부인하는 것을 목적으로 결사를 조직하거나, 그 정황을 알고 이에 가입한 자는 10년 이하의 징역 또는 금고에 처한다.

81. 위 책, 188~189쪽.

82. 児島襄, 앞 책, 343쪽. 가네코 후미코는 결국 옥중에서 자살했다.

83. 가나자와 후미오(金沢史男), 「行財政整理・普選・治安維持法―第四九回帝国議会~第五二回帝国議会」, 内田健三 외 編, 『日本議会史録(2)』, 第一法規出版, 1991, 400~401쪽.

84. 鈴木正幸, 『皇室制度-明治から戦後まで』, 岩波新書, 1993, 167쪽.

85. 위 책.

86. 鈴木正幸, 『近代の天皇』, 岩波ブックレット, 1992, 52쪽.

87. 도코로 시게모토(戸頃重基), 『近代社会と日蓮主義』, 評論社, 1972, 130~132쪽.

88. 위 책, 133쪽.

89. 위 책, 135쪽.

90. 마루야마 데루오(丸山照雄), 「天皇制と宗教」, 井上清 외, 『昭和の終焉と天皇制の現在』, 新泉社, 1988, 183쪽.

91. 우익 조직은 1926년 23개였던 데에서 1932년에는 196개 단체로 늘어났다. 1929년 이후 우익 조직 대부분은 본래의 반서구 사상에 반자본주의 색채를 더했다. 그들 중 대표적인 조직은 젊은 관료가 주도하는 연구 단체들이었다. 鈴木正幸, 『皇室制度-明治から戦後まで』, 170~172쪽 참조.

92. 1930년대 초 야스오카(安岡)는 '국체'와 '정체(政体)'의 구별을 다시금 강조하고, 국체가 지켜진다면 의회주의든 군사독재든 용인되어야 한다고 주장했다. 오타베 유지(小田部雄次), 「天皇制イデオロギーと親英米派の系譜-安岡正篤を中心に」, 『史苑』第43巻 第1号, 1983년 5월.

93. 鈴木正幸, 앞 책, 153쪽.

94. 위 책, 154쪽. 나가타(永田)를 인용.

95. 위 책, 155~156쪽.

96. 구로자와 후미타카(黒沢文貴), 『大戦間期の日本陸軍』, みすず書房, 2000, 141쪽.

97. 위 책, 140쪽.

98. 위 책. 1932년 3월 교육총감 무토 노부요시(武藤信義)가 한 말을 인용.

99. 가와노 히토시(河野仁), 「大正・昭和期軍事エリートの形成過程 陸海軍将校の軍キャリア選択と軍学校適応に関する実証分析」, 筒井清忠 編, 『「近代日本」の歴史社会学 心性と構造』, 木鐸社, 1990, 120~121쪽.

100. 하타 이쿠히코(秦郁彦) 編, 『日本陸海軍総合事典』, 東京大学出版会, 1991, 736~737쪽.

101. 河野仁, 앞 글, 105~106쪽.

102. 윗글, 120쪽.

103. 『昭和初期の天皇と宮中-侍従次長河井弥八日記(1)』, 33~35, 37, 41~42쪽.

104. 渡辺治, 앞 글, 264쪽.

105. 윗글, 265쪽.

106. 윗글, 262~263쪽.

107. 다카하시 요이치(高橋陽一), 「井上哲次郎不敬事件再考」, 寺崎昌男 외 編, 『近代日本における知の配分と国民統合』, 第一法規出版, 1993, 347쪽. 팸플릿에는 도야마 미쓰루(頭山満), 다나카 히로유키(田中弘之), 이오키 료조(五百木良三), 아시즈 고지로(葦津耕次郎)의 이름이 나란히 올라 있다.

108. 윗글, 347~349쪽.

109. 戸頃重基, 앞 책, 119~121쪽.

110. 다나카 히노스케〔田中巴之助(智学)〕, 『師子王談叢篇 わが経しあと第六篇』, 師子王全集刊行会, 1937, 353~354쪽.

111. 다무라 요시로(田村芳朗), 「近代日本の歩みと日蓮主義」, 田村芳朗 宮崎英修 編, 『講座日蓮(4) 日本近代と日蓮主義』, 春秋社, 1972, 3쪽.

2부 5장 새 군주, 새로운 국가주의

1. 高橋紘 외 編, 『昭和初期の天皇と宮中―侍従次長河井弥八日記(1)』, 岩波書店, 1993, 66쪽. 124대라는 수는 몇 세기 전에 여제나 남조(南朝)의 천황, 확실한 사료가 없는 경우를 제외하고 성립한 수이다. 정확한 수치는 아무도 알지 못한다. 왕조의 모든 기록은 정확하지 않고 모순이 있으며, 천황의 이름을 붙이는 방법도 시대에 따라 변해왔기 때문이다.

2. 논의의 대상이 되는 네 가지 칙어의 내용은 센다 가코(千田夏光), 『天皇と勅語と昭和史』, 汐文社, 1983, 21~24쪽에 수록되어 있다.

3. 波多野澄雄, 「満州事変と『宮中』勢力」, 『栃木史学』 5, 1991년 3월, 108쪽. 나라(奈良)는 항상 궁중 세력과 '일체가 되어 행동' 하지는 않았고 자주 자신이 속한 육군 조직을 우선시했다.

4. 궁중 세력을 정의하는 문제는 나카조노 히로시(中園裕), 「政党内閣期に於ける昭和天皇及び側近の政治的行動と役割―田中内閣期を中心に」, 『日本史研究』 382, 1994년 6월, 37쪽에서 다루어졌다.

5. 1926년 6월에 기치자에몬이 죽자, 사이온지는 마키노에게, 남은 스미토모 일가의 안전을 우려하는 뜻을 비쳤다. "스미토모 가의 당주(當主)는 매우 젊지만 가문의

영향력이 매우 커 사사로운 데에 그치지 않으니, 스미토모는 국가기관과 마찬가지이므로 기초를 다져 공익과 안전을 꾀하는 것이 바람직한 일이다." 마키노는 그의 의견에 완전히 동의했다. 伊藤隆・広瀬順晧 編, 『牧野伸顯日記』, 中央公論社, 1990, 259쪽 참조.〔일본어판의 해설에 따르면 위 문장의 출전인 『牧野伸顯日記』 1926년 6월 22일 치에는 사이온지와 직접 대화한 내용이 아니라, 스미토모합자 총이사인 유카와 간키치(湯川寬吉)와 나눈 대화가 기록되어 있다―옮긴이〕

6. 波多野澄雄, 앞 글, 107쪽.

7. 1932년 5월 총리대신 이누카이가 암살되었을 때 천황은 사이온지를 도쿄로 불렀고, 1936년 2월 26일 육군이 반란을 일으켰을 때에도 사이온지를 불렀다. 후자의 경우, 사이온지는 히로타 고키를 총리로 선임하는 데 관여했다. 하라다 구마오 진술(原田熊雄 述), 『西園寺公と政局(5)』, 岩波書店, 1951, 6, 8쪽.

8. 마스다 도모코(增田知子), 「天皇〔近代〕」, 『日本史大事典(4)』, 平凡社, 1993, 1244쪽.

9. 中園裕, 앞 글, 53쪽.

10. 하라다의 경력에 대해서는 Thomas F. Mayer-Oakes, *Fragile Victory: Prince Saionji and the 1930 London Treaty Issue, from the Memoirs of Baron Harada Kumao, Translated with an Introduction and Annotations*, Wayne State University Press, 1968, pp. 41~42를 참조.

11. 고노에와 히로히토는 특정 외교 정책상의 문제에는 의견 차이가 컸으나 1941년 중반까지 개인적으로 친밀한 관계를 유지했다.

12. 쇼지 준이치로(庄司潤一郎), 「近衛文麿像の再検討―対外認識を中心に」, 近代外交史研究会 編, 『変動期の日本外交と軍事―史料と検討』, 原書房, 1987, 특히 101~105쪽.

13. 고토 무에토(後藤致人), 「大正デモクラシーと華族社会の再編」, 『歴史学研究』 694, 1997년 2월.

14. 미즈타니 다이치로(三谷太一郎), 「宮廷政治家の倫理と行動―『木戸幸一日記』について」, 『大正デモクラシー論―吉野作造の時代とその後』, 中央公論社, 1974, 275~287쪽.

15. 增田知子, 앞 글, 1243쪽.

16. 渡辺治, 「天皇〔戦後〕」, 『日本史大事典(4)』, 平凡社, 1993, 1246쪽.

17. 伊藤隆, 「解説」, 『牧野伸顯日記』, 715쪽. 일기 본문은 272쪽의 1927년 7월 3일

치. 鈴木正幸, 『皇室制度―明治から戦後まで』, 岩波新書, 1993, 169쪽.

18. 『昭和初期の天皇と宮中―侍従次長河井弥八日記(1)』, 79~80쪽. 가와이는 고노에의 의견을 궁내성 고관에게 전하고 나서 다시금 귀족원에서 고노에를 만났다. 그리고 궁내성으로 돌아와 양원의 청원서 사본을 고노에에게 우송했다. 또한 가와이는 이 건으로 헌법학자인 우에스기 신키치의 의견도 구한다. 같은 책, 83, 85쪽.

19. 波多野澄雄 외 編, 『侍従武官長奈良武次日記・回顧録(4)』, 柏書房, 2000, 131쪽. 메이지 천황은 사후 8년째인 1920년까지도 신으로서 숭배되지는 않았다.

20. 나카지마 미치오(中島三千男), 『天皇の代替りと国民』, 青木書店, 1990, 117쪽.

21. *The Japan Times and Mail*, Nov. 5, 1928.

22. 『昭和初期の天皇と宮中―侍従次長河井弥八日記(3)』, 72쪽, 1929년 5월 1일 치. 다카하시 히로시(高橋紘), 「解説 創られた宮中祭祀」, 『昭和初期の天皇と宮中―侍従次長河井弥八日記(6)』, 256~258쪽, 261쪽. 다카하시는 벼농사나 양잠도 궁중의 가장 중요한 의식인 신상제(新嘗祭)와 깊은 관련이 있다고 지적했다. 신상제에서 햇곡식은 벼이삭째로 천황이 신에게 바치고, 비단으로 만든 피륙은 전날 저녁의 진혼제 때에 선대 천황이나 황태자를 위로하는 데 사용했다.

23. 자세한 내용은 中薗裕, 앞 글, 40쪽. 金沢史男, 「行財政整理・普選・治安維持法―第49回帝国議会~第52回帝国議会」, 内田健三 외 編, 『日本議会史録(2)』, 第一法規出版, 1991, 401쪽 참조.

24. 『牧野伸顕日記』, 268~269쪽, 1927년 6월 1일 치.

25. 中薗裕, 앞 글, 41쪽.

26. 군사참사관 우가키 가즈시게는 1928년 10월 30일 일기에서, 대중의 의식주가 궁핍한 상황에 비추어 즉위 의례에 경비를 들이는 것을 비판했다. 또한 그는 "대례에서 경찰의 단속은 몹시 엄중했다. 상식 밖으로 지나치다고 생각되는 부분도 있다는 비난의 목소리가 매우 높다"고도 기록했다. 오기 후지오(荻野富士夫), 「『昭和大礼』と天皇制警察 『昭和大礼警備記録』を中心に」, 西秀成 외, 『昭和大礼記録資料 解説』, 不二出版, 1990, 30, 55쪽에서 인용.

27. 도쿄방송국(NHK의 전신)은 1927년 처음으로 효고(兵庫) 현 니시노미야(西宮)시의 고시엔(甲子園) 구장에서 전국중등학교야구대회를 실황 중계했다. 이듬해는 스모(相撲) 실황 방송도 시작했다. 사사키 류지(佐佐木隆爾), 『現代天皇制の起源と機能』, 昭和出版, 1990, 90쪽.

28. 일본정부가 만들어낸 국가신도와 달리, 교파신도는 '국체' 이념과 충돌하지 않는

범위 내에서 좀더 폭넓게 신도를 해석할 수 있었다.

29. 高橋紘, 「解説 神格化のきざし 昭和の大礼」, 『昭和初期の天皇と宮中—侍従次長河井弥八日記(1)』, 307~308쪽.
30. 中島三千男, 앞 책, 019쪽.
31. Takashi Fujitani, *Splendid Monarchy: Power and Pageantry in Modern Japan*, University of California Press, 1996, p. 236.
32. 佐佐木隆爾, 앞 책, 90~91쪽.
33. 中島三千男, 앞 책, 119쪽.
34. 나카지마 미치오(中島三千男)는 문무대신 쇼다 가즈에(勝田主計)가 1928년 6월 11일 지방장관 회의에서 다음과 같이 훈시한 것을 이 대결의 전형적인 예로 들었다(앞 책, 110쪽).

     최근 우리 국민 중에 국체에 어긋나고 국정에 반하는 사상을 품고 있는 자가 적지 않다. 학생생도 중에도 이에 감염되어 그 본분을 그르치고, 이번 공산당 사건에 연좌된 자조차 생기기에 이른 것은 국가를 위해 심히 우려하지 않을 수 없다……. 이를 널리 구제하는 길은 우선 그들로 하여금 일본 건국의 유래를 체득케 하는 것이며 확고한 국민정신을 함양하는 데 있다고 생각합니다……. 올 가을의 대례(大礼)는 학생생도들의 정신을 긴장시키고 국체 관념을 체득시키는 데 **절호의 기회**라고 믿습니다.

35. 藤原彰, 「弾圧体制の強化」, 藤原彰 編, 『日本民衆の歴史 (8)弾圧の嵐のなかで』, 三省堂, 1975, 180쪽.
36. 中島三千男, 앞 책, 61쪽.
37. 니시 히데나리(西秀成), 「『昭和大礼』と国民—『昭和大礼要録』を中心として」, 西秀成 외, 『昭和大礼記録資料 解説』, 不二出版, 1990, 25쪽.
38. 윗글.
39. 이 문단과 다음 문단의 기술은 Christine Kim, "Imperial Pageantry in the Colonies: An Examination of the Korean Response to Hirohito's Enthronement", Paper, Harvard University, Apr. 1997에 따랐다.
40. 千田夏光, 『天皇と勅語と昭和史』, 77쪽. 네즈 마사시(ねずまさし), 『天皇と昭和史(上)』, 三一新書, 1976, 46~47쪽. 『特集文芸春秋 天皇白書』, 1956년 10

월, 77쪽. 오카다 세이지(岡田精司)·히쿠마 다케노리(日隈威徳), 「即位の○と 大嘗祭の歴史的検討」, 『文化評論 臨時増刊 続·天皇制を問う』, 1990년 10 월, 62~78쪽.

41. 역사학자 야스마루 요시오(安丸良夫)는 대상제가 1466년부터 1687년까지 중단 되었고, 즉위식 때에는 불교 의식인 관정(灌頂)이 이를 대신했다고 지적한다. 1687년 대상제가 부활한 것은 천황의 만세일계를 강조하는 스이카(垂加) 신도의 영향에 따른 것이다. 그 뒤로 천황은 단지 혈통 때문만이 아니라 아마테라스오미 카미가 직접 찾아와 함께 음식을 나누어 먹음으로써 신성을 부여받는다고 여겨졌 다. 1871년 메이지 정부는 이러한 관념을 대상제에 대한 공인 해석으로 채택했다. 安丸良夫, 『近代天皇像の形成』, 岩波書店, 1992, 23쪽〔야스마루는 미야지 마사 토(宮地正人)의 연구를 소개했다―일본어판〕. 오모토교와 덴리교 신봉자들은 이 러한 공인 해석을 거부했다.

42. 中島三千男, 앞 책, 58쪽. 岡田精司·日隈威徳, 앞 글, 79쪽.

43. 도무라 마사히로(戸村政博), 『神話と祭儀―靖国から大嘗祭へ』, 日本基督教団 出版局, 1988, 68쪽. 유게 도루(弓削達), 「ローマ皇帝礼拝と天皇神化」, 『歴史 評論』 406, 1984년 2월, 9쪽. 유게 도루는, 고대 로마인은 황제 사후 대낮에 공공 연히 신격화했던 것에 반해 일본인은 천황을 생전에, 심야에 신격화한다고 둘을 대비한다. 또한 岡田精司·日隈威徳, 앞 글, 77쪽 참조. 이하라 요리아키(井原頼 明), 『皇室事典』, 富山房, 1942, 第2刷 1979, 75쪽. '어좌(御座)'는 천황, 황후, 황태후가 신과 대면해 앉는 자리라고 정의되어 있다.

44. 『東京日日新聞』은 1928년 11월 15일 치 기사에서 "신전 내진(内陣) 신좌는 두 렵고 존엄한 신비 중의 신비로서 뵈올 수도 없"고, "신비한 신전 안을 함부로 들여 다봐서는 안 된다"고 전했다. 弓削達, 앞 글, 9쪽에서 인용.

45. 西秀成, 앞 글, 26쪽.

46. *The Japan Times and Mail*, Dec. 3 and 4, 1928.

47. 中島三千男, 앞 책, 79~80쪽.

48. *The Japan Times and Mail*, Nov. 23, 1928.

49. 安丸良夫, 앞 책, 23~24쪽.

50. 中島三千男, 앞 책, 129~130쪽.

51. 나카무라 마사노리(中村政則), 『日本の歴史 (29)労働者と農民』, 小学館, 1976, 325쪽. 法政大学大原社会問題研究所 編, 『社会·労働運動大年表(1)』,

労働旬報社, 1986, 278쪽.

52. 이 시기에 행계는 1929년 5월 28일~6월 9일 간사이(関西: 오사카―고베―교
토), 1930년 5월 18일~6월 3일 시즈오카 현, 1934년 11월 군마·도치기·사이
타마(埼玉) 현, 그리고 1936년 9월 24일~10월 12일 홋카이도에서 이루어졌다.
坂本孝治郎, 『象徴天皇制へのパフォーマンス―昭和期の天皇行幸の変遷』, 山
川出版社, 1989, 4~5쪽. 大霞会 編, 『内務省史(3)』, 地方財務協会, 1971,
772~773쪽.

53. 나라 다케지는 행계 기간에 천황이 직접 군중 앞에 모습을 드러내는 것에 대한 정
부의 우려와 1928년에 이루어진 치안유지법 개정을 연관 지어 생각했다.『侍従武
官長奈良武次日記·回顧録(4)』, 149쪽.

54. 大霞会 編, 앞 책, 761~762쪽.

55. 위 책, 761~763쪽.

56. 야스마루 요시오(安丸良夫), 앞 책, 289~290쪽.〔일본어판의 해설에 따르면 야
스마루 요시오는 현대 천황제에도 신도적인 정·부정(浄不浄)의 이원론이 여전
히 남아 있다고 지적한다. 1930년대와 40년대 일본인의 국민의식을 표현한 문장
은 인용문이 아니라 지은이 허버트 P. 빅스가 정리한 것이다―옮긴이〕

57. 『実業之日本 増刊 御大典記念写真号』, 1928년 11월, 57쪽.

58. 호시노 데루오키(星野輝興), 「大礼の諸儀及びその意義」, 위 책, 69쪽.

59. 1927년과 1928년 두 해, 천황의 신적·군사적 이미지 연출은 궁중 측근과 주요
내무 관료들이 직접 주도했다. 그들은 일본인의 정신적 개종에 착수하여, 정통적
〔국체〕 관념에 내재한 과격주의에 새로운 생명을 불어넣었다.

60. 中島三千男, 앞 책, 123~125쪽.

61. 『横浜貿易新報』, 1928년 7월 14일 치 사설「御大礼と国民道徳 父道母道の振
興に努めよ」에 따른 것이다. 中島三千男, 앞 책, 124~125쪽에서 인용.

62. 中島三千男, 앞 책, 127~128쪽.

63. 위와 같음.

64. 위 책, 129~130쪽.

65. 위 책, 129쪽. 1928년 12월 1일 치 사설「青年日本と世界的使命」에서.

66. 위 책, 130쪽.

67. D. C. Holtom, *Modern Japan and Shinto Nationalism: A Study of Present-Day Trends in Japanese Religions*, University of Chicago Press, 1943, pp.

_ 히로히토 평전, 근대 일본의 형성

23~24.
68. 安丸良夫, 앞 책, 12~13쪽.
69. 中島三千男, 앞 책, 131쪽.
70. 藤原彰, 앞 글, 178~179쪽.

2부 6장 정치적 군주의 대두

1. 鈴木正幸, 「戦間期における国体問題」, 鈴木正幸, 『近代天皇制の支配秩序』, 校倉書房, 1986, 171~238쪽.
2. 防衛庁防衛研修所戦史室, 『戦史叢書(31) 海軍軍戦備(1)』, 朝雲新聞社, 1969, 375~377쪽. 黒野耐, 「昭和初期海軍における国防思想の対立と混迷―国防方針の第二次改定と第三次改定の間」, 『軍事史学』 第34巻 第1号, 1998년 6월, 12~13쪽.
3. 천황은 추밀원의 칙령 심의에 참석했으며, 좌익에 대한 단속 강화를 잘 알고 있었다. 그리고 칙령에 어떤 식으로든 조건을 붙이길 바란 것 같다. 그러나 그 조건의 구체적 내용이나 이 문제에 대하여 다나카 총리가 올린 상주한 내용의 어느 부분을 의심했는지는 명확지 않다. 高橋紘 외 編, 『昭和初期の天皇と宮中―侍従次長河井弥八日記(2)』, 岩波書店, 1993, 110~111쪽. 伊藤隆・広瀬順晧 編, 『牧野伸顕日記』, 中央公論社, 1990, 321~322쪽.
4. 간다 후히토(神田文人), 「近代日本の戦争―捕虜政策を中心として」, 『季刊戦争責任研究』 9, 1995년 9월, 15쪽.
5. 油井大三郎・小管信子, 『連合国捕虜虐待と戦後責任』, 岩波ブックレット, 1993, 19쪽. '전쟁 포로의 대우에 관한 제네바협약' 비준을 반대하면서 군이 강조한 것은 "일본군인은 포로가 되는 것을 금한다는 점", "조약을 그대로 적용할 경우, ……일본 국내의 징벌령 등을 개정해야만 하나 그래가지고는 군기를 유지하기가 어려워진다는 점" 등이었다.
6. Gordon M. Berger, "Politics and Mobilization in Japan, 1931-1945" in Peter Duus, ed., *The Cambridge History of Japan*, vol. 6, *The Twentieth Century*, Cambridge University Press, 1988, 105~106쪽.
7. 田中宏巳, 「虚像の軍神東郷平八郎」, 『THIS IS 読売』, 1993년 9월, 240쪽에서

인용.

8. 가토 간지(加藤寬治), 「国家民人の清新化」, 『国本』, 1926년 1월 1일.

9. 오가사와라의 『東郷元帥詳伝』은 1921년 여름에 한정판으로 간행되고 1925년에 염가판으로 재간되었다. 田中宏巳, 앞 글, 234~235쪽 참조.

10. 田中宏巳, 윗글, 225, 236, 239쪽.

11. "Answer to Japan"(일부, 날짜 · 장소 없음), Southwest Pacific Area, July 1, 1944, p. 9. 후버연구소(Hoover Institution) 소장, 보너 F. 펠러스 수집 자료 (the Bonner F. Fellers collection)에서.

12. 기요자와 레쓰(清沢洌), 『現代日本文明史 (3)外交史』, 東洋経済新報社, 1941, 437쪽. Stephen Pelz, *Race to Pearl Harbor: The Failure of the Second London Naval Conference and the Onset of World War II*, Harvard University Press, 1974, pp. 2~3.

13. 『牧野伸顕日記』, 417쪽.

14. 中園裕, 「政党内閣期に於ける昭和天皇及び側近の政治的行動と役割」, 아오야 마가쿠인 대학(青山学院大学) 대학원 석사논문(修士論文), 미간행, 1992, 59~60쪽. 논문 저자의 허락을 얻어 인용.

15. 増田知子, 「天皇〔近代〕」, 『日本史大事典(4)』, 平凡社, 1993, 1244쪽.

16. 보수 후의 궁전〔궁전 안 천황의 일상 집무 구역—일본어판〕 1층에는 대기실과 천황을 알현하는 넓은 방〔통칭 '어학문소(御學問所)'—일본어판〕이 있었다. 다다미 20장 남짓 되는 어학문소는 두 구획으로 나뉘고 간소한 가구로 꾸며져 있었다. 어학문소와 바깥쪽 대기실을 잇는 복도에는 융단이 깔려 있고, 그 벽에 설치된 전화기 곁에 시종이 있었다. 히로히토는 손님을 맞을 준비가 되면 손수 전화하거나 측근을 통해 전화로 손님이 어학문소의 바깥쪽 구획으로 들어오도록 알린다. 손님은 어학문소에 들어가면서 가볍게 고개를 숙이고, 안쪽 구획에 들어서면 다시금 고개를 숙이고, 천황이 있는 책상 앞에서는 예를 갖춰 큰절을 한다. 물러날 때는 결코 천황에게 등을 보이지 않도록 '게걸음', 곧 시선은 앞을 향한 채로 옆걸음질을 쳐서 나와야 한다.

어학문소는 강의실로도 사용되었다. 장식용 벽난로 속에는 전기난로가 설치되어 있었고, 그 장식 난로 앞에 천황의 의자와 책상이 있었다. 책상 옆에는 타원형 탁자가 있고, 한쪽 벽에는 장식장이 진열되어 있었다. 그 벽에는 전통 무늬인, 안개 낀 바다를 나는 물떼새(波千鳥)가 그려져 있었는데, 파도는 황실 전통 색깔인 자주색, 새는 금색으로 칠했다. 천황의 의자 뒷벽도 같은 무늬였다.

이 접견실의 2층이 천황의 서재이며 공부방이자 집무실이었다. 여기에는 옥새가 보관되어 있어 궁내 고관과 시종들만 출입이 허용된다. 여기에서 천황은 재가를 기다리는 문서들을 읽고 서명을 했다. 日本現代史資料研究会 編,『岡部長章氏 談話記録』(비매품), 日本現代史資料研究会, 1985, 11~15쪽 참조. 이 문헌은 역사학자 오카베 마키오(岡部牧夫)가 제공했다.

17. 中園裕,「政党内閣期に於ける昭和天皇及び側近の政治的行動と役割ー田中内 閣期を中心に」,『日本史研究』382, 1994년 6월, 42~43쪽.

18.『昭和初期の天皇と宮中ー侍従次長河井弥八日記(2)』, 81쪽.

19. 鈴木正幸,『皇室制度 明治から戦後まで』, 岩波新書, 1993, 168쪽. 마키노에 따르면 다나카 총리는 진다를 통해 천황에게, 미즈노에게 한마디 해달라고 청했다.『牧野伸顕日記』, 317쪽.

20. 위와 같음.

21. 児島襄,『天皇(2)満州事変』, 文春文庫, 1981, 35쪽. Akira Irie, *After Imperialism: The Search for a New order in the Far East, 1921-1931*, Harvard University Press, 1965, pp. 197~205.

22.『牧野伸顕日記』, 322쪽.

23. 中園裕, 앞 글, 22~24쪽.

24. 中園裕,「政党内閣期に於ける昭和天皇及び側近の政治的行動と役割」, 青山 学院大学大学院 修士論文, 23쪽.

25.『牧野伸顕日記』, 336~337쪽. 中園裕,「政党内閣期に於ける昭和天皇及び側 近の政治的行動と役割ー田中内閣期を中心に」,『日本史研究』382, 49쪽.

26. 쇼유 구락부(尚友倶楽部) 編,『岡部長景日記』, 尚友倶楽部, 1993, 60~61쪽.

27. 中園裕, 앞 글, 50쪽.『牧野伸顕日記』, 350쪽.

28. 中園裕, 윗글, 48쪽.

29. Herbert P. Bix, "The Shōwa Emperor's 'Monologue' and the Problem of War Responsibility", *Journal of Japanese studies* 18, no. 2(Summer 1992), pp. 338~342.

30. 데라사키 히데나리(寺崎英成)・마리코 데라사키 밀러(マリコ テラサキ ミ ラー) 編著,『昭和天皇独白録ー寺崎英成・御用掛日記』, 文芸春秋, 1991, 23~25쪽. Herbert P. Bix, 윗글, pp. 341~342. 藤原彰 외,『徹底検証・昭和

天皇「独白録」』, 大月書店, 1991, 33~34쪽에서 논의.

31. 철도장관인 오가와 헤이키치는 천황의 시대착오적인 행위에 반발하여 "요즘과 같은 시대에 총리대신이 주군의 책망을 받고 칩거한다거나 하는 것은 있을 수 없는 일이다."라고 했다. 增田知子, 앞 글, 1244쪽에서 인용.

32. 이토 도시야(伊香俊哉), 「昭和天皇・宮中グループの田中内閣倒閣運動—『牧野伸顯日記』を中心に」, 『歷史評論』496, 1991년 8월, 16~17쪽.

33. 渡辺治, 『戰後政治史の中の天皇制』, 青木書店, 1990, 84~86쪽.

34. 우치다가 받은 훈령은 "만주는 일본의 외곽이다…… 하지만 우리는 만주를 보호국으로 삼거나 영토적으로 침략할 의사는 털끝만큼도 없다" "그러나 만주의 국민정부는…… 규정에 반하여 세금을 부과하고 외국인에 대한 파업을 선동하고 있다…… 과격한 행동이 너무 심하여 공산주의적 작태를 모방한 듯한 경향이 많음을 알 수 있다. 따라서 이와 같은 경향을 지닌 남방 세력이 즉시 동3성(東三省)에 침입하는 것은 제국정부로서 도저히 묵시할 수 없는 바다"라고 되어 있다. 外務省 編, 『日本外交年表並主要文書(2)』, 原書房, 118~119쪽.

35. Whitney R. Harris, *Tyranny on Trial: The Evidence at Nuremberg*, Southern Methodist University Press, 1954, p. 523에서는 "국제군사법정은 켈로그-브리앙 협정이 침략전쟁을 위법한 범죄로 규정하고, 무력 침략으로 전쟁을 개시한 자를 처벌하는 데 법적 기초를 제공한다고 해석했다"고 한다. 도쿄재판에서 법정이 취한 견해도 같았다. "Trial of Japanese War Criminals: Documents", Washington, D. C.: GPO, 1946, pp. 14~15 참조.

36. 조약 전문은 *Foreign Relations of the United States*(이하 *FRUS*), vol. 1, 1928, pp. 153~156 참조. *Foreign Relations of the United States(FRUS)*는 1928~1941년의 전쟁과 평화, 1944~1945년의 극동에 관한 미 국무부 문서집이다.

37. 清沢洌, 앞 책, 435~437쪽.

38. Shinohara Hatsue, "An Intellectual Foundation for the Road to Pearl Harbor: Quincy Wright and Tachi Sakutar", 홉스트라 대학에서 열린 태평양전쟁에 관한 학술회의(Conference on the United States and Japan in World War II, Hofstra University) 발표 논문, 1991년 12월.

39. 조약은 1928년 8월 27일 파리에서 조인되었고, 일본은 국체에 맞지 않는 어구는 적용하지 않는다는 양해 조건을 달아 1929년 6월 27일 비준했다. 발효된 것은

1929년 7월 24일이다.

40. 鈴木正幸, 앞 책, 168~170쪽.

41. 다치 사쿠타로는 1928년에 발표된 「부전조약의 국제법관(不戰条約の国際法観)」과 「영국의 신먼로주의 선언 및 부전조약 실효(英国の新モンロー主義の宣言及不戰条約の実効)」에서, 조약 당사국이 '국책의 수단으로서 전쟁'을 포기할지라도 자위권은 포기하지 않는다는 명백한 사실을 집어냈다. 1928년 8월 27일 조인하기에 앞서 프랑스, 영국, 미국 등이 주고받은 외교 문서에 주목하여 그는 다음과 같이 말했다.

영국이 그 중요한 이익을 갖는다는 세력 범위에 대해 부전조약의 적용을 인정하지 않고…… 다른 나라도 영국의 이러한 주장을 인정할 때에는, 미합중국도 또한 그 먼로주의에 입각하여 벌이는 전쟁을 부전조약에 따라 금하지 않는다고 하기에 염려가 생기는 것입니다. ……따라서 자위권이 발동하는 경우 이외에 미합중국의 먼로주의나 영국이 중요한 이익을 갖는다고 말해지는 세력 범위에 대한 신먼로주의와 관련하여, 부전조약이 금지할 수 없는 전쟁이 존재함을 인정하지 않을 수 없기에 이르는 것입니다.

立作太郎, 「不戰条約の国際法観」, 『国際法外交雑誌』第27巻 第10号, 1928년 12월. 立作太郎, 「英国の新モンロー主義の宣言及不戰条約の実効」, 『外交時報』577, 1928년 12월 15일, 1~4쪽. Quincy Wright, "The Interpretation of Multilateral Treaties", in *American Journal of International Law* 23, 1929, p. 105도 참고.

42. 『昭和初期の天皇と宮中—侍従次長河井弥八日記(3)』, 41, 53, 55, 79, 83, 89, 228쪽.

43. Shinohara Hatsue, 앞 글, pp. 6~7.

44. 윗글, p. 11.

45. 佐佐木隆爾, 『現代天皇制の起源と機能』, 昭和出版, 1990, 90~91쪽.

46. 伊香俊哉, 『近代日本と戦争違法化体制—第一次世界大戦から日中戦争へ』, 吉川弘文館, 2002, 42~63쪽.

47. 波多野澄雄 외 編, 『侍従武官長奈良武次日記・回顧録(4)』, 柏書房, 2000, 157쪽.

48. 増田知子, 「政党内閣制の崩壊 一九三〇一一九三二年」, 東京大学社会科学研究所 編, 『現代日本社会 (4)歴史的前提』, 東京大学出版会, 1991, 188쪽.

49. 増田知子, 「斎藤実挙国一致内閣論」, 『シリーズ日本近現代史 構造と変動(3) 現代社会への転形』, 岩波書店, 1993, 245~246쪽.

50. 1933년 말에 사형을 선고받은 사고야는 암살단체의 우두머리인 이노우에 닛쇼 (井上日召)와 함께 1940년 천황의 특별사면으로 석방되었다. 사고야는 6년, 이노 우에는 겨우 8년을 복역했을 뿐이다. 中園裕, 앞의 글, 59~60쪽.

51. 山田朗, 『軍備拡張の近代史-日本軍の膨張と崩壊』, 吉川弘文館, 1997, 10쪽.

52. 増田知子, 앞 글, 247쪽.

53. 윗글, 247~248쪽.

54. 『昭和初期の天皇と宮中一侍従次長河井弥八日記(5)』, 103쪽.

55. 세키 히로하루(関寛治), 「満州事変前夜(一九二七年~一九三一年)」, 日本国際 政治学会太平洋戦争原因研究部 編, 『太平洋戦争への道 (1)満州事変前夜』, 朝日新聞社, 新装版, 1987, 329쪽.

56. Parks M. Coble, *Facing Japan: Chinese Politics and Japanese Imperialism, 1931-1937*, Harvard University Press, 1991, pp. 24~25.

57. 小田部雄次, 「解説 満州事変と天皇, 宮中」, 高橋紘 외 編, 『昭和初期の天皇 と宮中一侍従次長河井弥八日記(5)』, 257쪽. 関寛治, 앞 글, 422~432쪽.

58. 関寛治, 윗글, 394쪽. 「附録資料 青年将校を中心としたる国家改造運動の概 要」, 原田熊雄 述, 『西園寺公と政局(別巻)』, 岩波書店, 1956, 354쪽 인용.

59. 関寛治, 윗글, 401~402쪽.

60. James B. Crowley, *Japan's Quest for Autonomy: National Security and Foreign Policy*, 1930-1938, Princeton University Press, 1966, p. 109. 関寛 治, 윗글, 411쪽.

61. 천황의 강력한 요청으로 마키노는 사흘 후에 시종무관장 나라, 시종장 스즈키와 군의 기율 문제를 놓고 재차 이야기를 나누었다. 그러나 어떤 조치를 더 취하지는 않았다. 波多野澄雄, 「満州事変と『宮中』勢力」, 『栃木史学』5, 1991년 3월, 109 쪽. 『牧野伸顕日記』1931년 8월 19일 치, 466쪽. 原田熊雄 述, 『西園寺公と政 局(2)』, 岩波書店, 1950, 39~40쪽.

62. 심각한 공황을 맞아 긴축 정책을 실시하고 관리들에게 절약을 요구하면서, 히로 히토는 스스로 모범을 보이고 있다고 생각했을 것이다. 그러나 감봉은 관리들의

사기를 꺾는 결과를 가져왔다. 감봉 문제에 대해서는 小田部雄次, 앞 글, 255쪽 참조.

63. 『昭和初期の天皇と宮中―侍従次長河井弥八日記(5)』, 152쪽.

64. 회동에 참가한 이들은 육군 쪽에서 참모총장 가나야 한조(金谷範三), 참모차장 니노미야 하루시게(二宮治重), 참모본부 제1부장 하타 순로쿠(畑俊六), 참모본부 제2부장 다테카와 요시쓰구(健川美次), 해군 쪽에서 군령부 제1반장 오이카와 고시로(及川古志郎), 군령부장 다니구치 나오미(谷口尚真), 군령부 차장 나가노 오사미(永野修身), 군령부 제1반 제1과장 곤도 노부타케(近藤信竹)이다. 해군의 만주 특설기관이 실제로 개설된 것은 1932년 1월 27일이었다. 시미오 다케오(新名丈夫) 編, 『海軍戦争検討会議記録―太平洋戦争開戦の経緯』, 毎日新聞社, 1976, 118~119쪽. 고케쓰 아쓰시(纐纈厚), 『日本海軍の終戦工作―アジア太平洋戦争の再検証』, 中公新書, 1996, 10~11쪽. 秦郁彦 編, 『日本陸海軍総合事典』, 東京大学出版会, 1991, 452쪽.

65. 『昭和初期の天皇と宮中―侍従次長河井弥八日記(5)』, 153쪽.

66. 『侍従武官長奈良武次日記・回顧録(3)』, 353~354쪽, 1931년 9월 8, 10, 11일 치.

67. 구네기 도시히로(功刀俊洋), 「幣原喜重郎『平和外交』の本音と建前」, 吉田裕 외 編, 『敗戦前後―昭和天皇と五人の指導者』, 青木書店, 1995, 89~90쪽.

68. 関寛治, 앞 글, 434쪽. 波多野澄雄, 앞 글, 110쪽.

69. 아라이 나오유키(新井直之), 「天皇報道の何が変わり, 何が変わらなかったのか 渡辺・色川報告を聴いて」, 日本ジャーナリスト会議 編, 『病めるマスコミと日本』, 高文研, 1995, 181~182쪽.

70. 藤原彰, 『昭和天皇の十五年戦争』, 青木書店, 1991, 63~74쪽.

3부 7장 만주사변

1. 에구치 게이치(江口圭一), 『十五年戦争小史 新版』, 青木書店, 1991, 36~37쪽.

2. 하타노 스미오(波多野澄雄), 「満州事変と『宮中』勢力」, 『栃木史学』 5, 1991년 3월, 110쪽. 波多野澄雄 외 編, 『侍従武官長奈良武次日記・回顧録(3)』 1931년 9월 19일 치, 柏書房, 2000, 357쪽.

3. 1931년 9월 19일 나라 시종무관장은 미나미 육군대신에게 "비록 관동군이 규정에 명시된 대로 활동 영역을 자체적으로 결정할 수 있지만, 활동 여부에 대해서는 내각의 승낙을 기다려야 한다. 경우에 따라서는 어전회의에서 논의해야 할 것이다"고 말했다. 다카하시 히로시(高橋紘) 외 編, 『昭和初期の天皇と宮中―侍従次長河井弥八日記(5)』, 岩波書店, 1994, 156쪽.

4. 하라다 구마오 진술(原田熊雄 述), 『西園寺公と政局(2)』, 岩波書店, 1950, 64쪽. 장학량의 군대는 약 13만 명이었던 것으로 추정된다.

5. 참석자 전원은 화족 모임인 십일회(十一会)의 핵심 회원이며 그중에서도 기도는 가장 활동이 활발했다. 1922년 개혁파 화족 모임으로 결성된 십일회는 중화민국이란 일본이 살아남는 데 필요한 자원을 확보할 지역일 뿐이라는 고노에의 인식과 같은 생각을 가지고 있었다.

6. 기도 고이치(木戸幸一), 『木戸日記(上)』, 平和書房, 1947, 109쪽.

7. 후지와라 아키라(藤原彰), 『昭和天皇の十五年戦争』, 青木書店, 1991, 72쪽.

8. 江口圭一, 앞 책, 40쪽.

9. 『侍従武官長奈良武次日記・回顧録(3)』1931년 9월 21일 치, 358쪽.

10. 위 책, 1931년 9월 22일 치, 359쪽. 「奈良武次侍従武官長日記〈抄〉」, 『中央公論』, 1990년 9월, 328~329쪽.

11. 江口圭一, 앞 책, 41쪽.

12. 『侍従武官長奈良武次日記・回顧録(3)』, 364쪽.

13. Gary B. Ostrower, *Collective Insecurity: The United States and the League of Nations During the Early Thirties*, London: Associated University Presses, 1993, pp. 94~96.

14. 『侍従武官長奈良武次日記・回顧録(3)』, 367쪽.

15. 波多野澄雄, 「満州事変と『宮中』勢力」, 앞 책, 122쪽.

16. 『侍従武官長奈良武次日記・回顧録(3)』1931년 10월 8일 치, 366쪽.

17. 위 책, 373쪽.

18. 波多野澄雄, 앞 글, 129쪽. 이토 다카시(伊藤隆)・히로세 준코우(広瀬順晧) 編, 『牧野伸顕日記』, 中央公論社, 1990, 1931년 11월 8일 치. 희흡(熙洽)은 1911년 일본 육군사관학교를 졸업한 뒤, 장작림 휘하에 있었다. 만주사변 이후 길림성의 독립을 선언했고, 얼마 지나지 않아 만주 괴뢰 정권에 가담했다.

19. 波多野澄雄, 윗글, 129~130쪽.

20. 마쓰다 도모코(增田知子), 「政党内閣制の崩壊」, 東京大学社会科学研究所 編, 『現代日本社会 (4)歴史的前提』, 東京大学出版会, 1991, 193~194쪽.

21. Gray B. Ostrower, 앞 책, pp. 94~96.

22. Shimada Toshihiko, "The Extension of Hostilities, 1931-1932", *Japan Erupts: The London Naval Conference and the Manchurian Incident, 1928-1932*, Columbia University Press, 1984, p. 287. 波多野澄雄, 앞 글, 121~123쪽.

23. 2차 세계대전 후 『뉴욕타임스』는 1946년 6월 24일 치 기사를 통해, "나중에 2차 대전이 발발했을 때 일본인들이 칭송한 이 사변에 관한 일로 세계를 혼란에 빠뜨리는 데 일조했다"며 시데하라를 "군국주의 공모자"라고 비난했다.

24. Seiki Hiroharu, "The Manchurian Incident, 1931", p. 164. 3월 사건이 실패한 후, 중견 장교 대부분은 만주에서 군사행동을 일으키는 것이 일본의 정치를 개혁하는 데 필수조건이라고 인식하게 되었다.

25. 波多野澄雄, 앞 글, 126쪽. 『西園寺公と政局(2)』, 81쪽.

26. 『昭和初期の天皇と宮中―侍従次長河井弥八日記(5)』, 265쪽.

27. 오타베 유지(小田部雄次), 「二・二六事件, 首謀者は誰か」, 藤原彰 외 編, 『日本近代史の虚像と実像(3) 満州事変~敗戦』, 大月書店, 1989, 81쪽. 아베 히로즈미(安部博純), 「日本にファシズムはなかったのか」, 같은 책, 206쪽.

28. 이코 도시야(伊香俊哉), 「政党政治はなぜ終わったのか」, 『日本近代史の虚像と実像(3) 満州事変~敗戦』, 68~70쪽. 이코 도시야는 이누카이가 1931년 11월 10일 정우회 의원총회에서 한 연설을 분석했다.

29. 『昭和初期の天皇と宮中―侍従次長河井弥八日記(5)』, 219~220쪽.

30. 위 책, 225쪽.

31. 위 책, 227쪽, 1931년 12월 27일 치.

32. 아오야마 데루아키(青山照明), 「いま, なぜ東郷平八郎か」, 『文化評論』 No. 346, 新日本出版社, 1989, 68쪽.

33. 入江為年 監修, 『入江相政日記(1)』, 朝日新聞社, 1990, 47쪽. 히로히토는 이 작위 수여에 대해 "그리 큰 문제는 아니군!" 하고 말했다. 『木戸日記』, 445쪽.

34. 増田知子, 「政党内閣の崩壊」, 앞 책, 204~205쪽.

35. 미야지 마사토(宮地正人), 「政治史における天皇の機能」, 歴史学研究会 編, 『天皇と天皇制を考える』, 青木書店, 1986, 98~99쪽.

36. *Japan Times* 1932년 1월 12일 치 기사는 "또한 천황은 궁중 현소(賢所)에서 의식을 거행하고 이세신궁과 나라의 진무천황릉에 칙사를 파견하여, 암살 위기를 모면했음을 황조황종에 고했다"고 전했다.

37. 『木戸日記(上)』1932년 1월 8일 치, 127쪽. 小田部雄次 解説, 「五·一五事件前後の天皇, 宮中」, 『昭和初期の天皇と宮中─侍従次長河井弥八日記(6)』, 273쪽.

38. Jonathan Haslam, *The Soviet Union and the Threat from the East, 1933-1941*, University of Pittsburgh Press, 1992, p. 8.

39. 가쓰노 순(勝野駿), 『昭和天皇の戦争』, 図書出版社, 1990, 60쪽.

40. Walter Lafeber, *The Clash: A History of U. S.-Japan Relation*, W. W. Norton & Co., 1997, p. 172.

41. Shimada Toshihiko, "The Extension of Hostilities, 1931-1932", pp. 306~307.

42. 藤原彰, 「日中戦争における捕虜虐殺」, 『季刊 戦争責任研究』 第9号(1995년 가을호), 日本の戦争責任資料センタ─, 18쪽.

43. 윗글, 18~19쪽.

44. 윗글, 19쪽.

45. 데라사키 히데나리(寺崎英成)·마리코 데라사키 밀러(マリコ·テラサキ·ミラ─) 編著, 『昭和天皇独白録─寺崎英成·御用掛日記』, 文芸春秋, 1991, 28쪽에서 히로히토는 자신이 상해 전투를 끝맺도록 했다고 적었다. "3월 3일에 정전이 이루어졌는데" 이는 "내가 특히 시라카와에게 사건이 확대되지 않도록 명했기 때문이다." 영미가 중대한 권익을 갖는 지역에서 결단을 내린 일은 그가 만주 침략을 재가할 때 침묵을 지키며 심사숙고하지 않았던 것과 대조된다. 藤原彰 외, 『徹底検証·昭和天皇「独白録」』, 大月書店, 1991, 82쪽.

46. 藤原彰, 「『天皇の軍隊』の歴史と本質」, 『季刊 戦争責任研究』 11(1996년 봄호), 67쪽. 중일전쟁 때에, 적지에서 격추되어 포로가 되었던 일본인 조종사가 일본으로 돌아와서 자살한 경우가 종종 있었다. 1939년 노몬한 사건 때에는 송환된 부사관들 대부분이 군사법정에 회부되었으며, 그중에는 자결을 강요당했다고 느낀 이들도 있었다. 중국인 포로를 조직적으로 학살한 일은 이러한 전장 심리의 뒷모습이었다.

47. 이 시대의 군국주의 찬미에 대해서는 Louise Young, *Japan's Total Empire: Manchuria and The Culture of Wartime Imperialism*, University of

California Press, 1997과 긴바라 사몬(金原左門) · 다케마에 에이지(竹前栄治) 編, 『昭和史〔增補版〕』, 有斐閣, 1982, 93~97쪽 참조.

48. 『木戸日記(上)』, 167쪽. 해군 장교들은 오오카와 슈메이와 1932년 2월 상해에서 살해된 초국가주의자 후지이 히토시(藤井斉) 중위의 영향을 받았다. 다카하쓰노미야 노부히토 친왕(高松宮宣仁親王), 『高松宮日記(2)』, 中央公論社, 1995, 78쪽 참조.

49. 이누카이가 암살된 지 5일 후, 아라키 육군대신은 사단참모장 회의에서 다음과 같은 훈시를 내렸다. "황군의 움직임은 하나같이 대명(大命)에 바탕을 두고 있으며, 황군 전체로서 움직여야 하므로, 사병과 같이 부분적으로 특히 횡단적으로 결성해 제멋대로 움직이는 것은 결코 용납할 수 있는 일이 아니다. ……절대로 대명에 따라 움직이지 않으면 안 된다." 增田知子, 「斎藤実挙国一致内閣論」, 『シリーズ日本近現代史―構造と変動(3) 現代社会への転形』, 岩波書店, 1993, 234쪽.

50. 『西園寺公と政局(2)』, 287~288쪽. 增田知子, 윗글, 235쪽.

51. 小田部雄次, 「天皇制イデオロギーと親英米派の系譜―安岡正篤を中心に」, 『史苑』第43巻 第1号, 1983년 5월, 26~28쪽. 1932년에 야스오카는 '신관료 이론가'라는 평판을 얻었다.

52. 增田知子, 「斎藤実挙国一致内閣論」, 앞 책, 238쪽.

53. 『昭和初期の天皇と宮中―侍従次長河井弥八日記(6)』, 276쪽.

54. 나카조노 히로시(中園裕), 「政党内閣期に於ける昭和天皇及び側近の政治的行動と役割」, 青山学院大学 대학원 修士論文, 1992, 미간행, 47쪽.

55. 增田知子, 앞 글, 237~238쪽.

56. 宮地正人, 「政治史における天皇の機能」, 『天皇と天皇制を考える』, 青木書店, 1986, 99쪽. 1934년 10월에 발행된 육군의 유명한 팸플릿, 『국방의 본뜻과 강화 제창(国防の本義とその強化の提唱)』은 국방국가 이념을 상술했다.

57. 메이지 시기의 정치질서에 대해서는 나가이 가즈(永井和), 『近代日本の軍部と政治』, 思文閣出版, 1993, 260쪽 참조.

58. 增田知子, 앞 글, 256쪽.

59. 兪辛焞, 『満州事変期の中日外交史研究』, 東方書店, 1986, 380쪽. 9개국조약 위반에 대한 비판에 대응하고자 외무성은 히로히토의 국제법 교사인 다치 사쿠타로에게 만주국 승인을 법적으로 정당화할 논리를 고안하도록 했다.

60. 위 책, 380~381쪽.

61. 위 책, 381쪽.

62. 위와 같음

63. James B. Crowley, *Japan's Quest for Autonomy: National Security and Foreign Policy, 1930-1938*, Princeton University Press, 1966, p. 15.

64. 增田知子, 앞 글, 254~255쪽.

65. 나카무라 기쿠오(中村菊男), 『昭和陸軍秘史』, 番町書房, 1968, 41~43쪽.

66. 『侍從武官長奈良武次日記・回顧錄(3)』, 484쪽.

67. 『牧野伸顯日記』, 534~535쪽.

68. 『侍從武官長奈良武次日記・回顧錄(3)』, 501~502쪽.

69. 『牧野伸顯日記』, 538쪽. 『木戸日記(上)』, 215쪽.

70. 야마다 아키라(山田朗), 『大元帥・昭和天皇』, 新日本出版社, 1994, 50~51쪽.

71. 극동에 소비에트군을 설립하는 일의 비용과 영향에 대해서는 Jonathan Haslam, *The Soviet Union and the Threat From the East, 1933-41*, pp. 24~39 참조.

72. 『侍從武官長奈良武次日記・回顧錄(3)』, 509쪽.

73. Joseph C. Grew, Diary No. 17, Feb. 11, 1933, p. 453. Joseph Grew Papers, Houghton Library, Harvard University에서.

74. 『侍從武官長奈良武次日記・回顧錄(3)』, 510쪽.

75. 위와 같음.

76. 위와 같음.

77. 위와 같음.

78. Parks M. Coble, *Facing Japan: Chinese Politics and Japanese Imperialism, 1931-1937*, Harvard University Press, 1991, pp. 94~95.

79. 『侍從武官長奈良武次日記・回顧錄(3)』, 1993년 2월 21일~22일 치, 514~515쪽.

80. 『木戸日記(上)』, 216쪽. 국제연맹의 신탁통치 체제에 대해서는 Sharon Korman, *The Right of Conquest*, Oxford: Clarendon Press, 1996, pp. 142~143을 참조.

81. 小田部雄次, 「反米英だった近衛首相」, 『信濃每日新聞』, 1995년 6월 5일 치.

82. 일본은 1938년까지도 적은 규모로나마 국제연맹의 재정에 기여했지만, 마쓰오카의 퇴장으로 국제기관과 13년에 걸쳐 맺어온 정치관계는 마감되었다.

83. 原田熊雄 述, 『西園寺公と政局(3)』, 岩波書店, 1950, 46쪽. 혼조 시게루는 1934년 2월 8일 치 일기에서 천황이 "연맹 탈퇴 당시는 재향군인단 등이 직접 연

맹에 타전하거나, 시종장과 무관장 등에게 의견을 강조해 오는 등 어쩐지 각기 영
역을 넘어서는 것으로 보여 우려할 만하다고 인정됨에 따라, 특히 스스로가 주의
하여 서로 그 직분 영역을 존중하라고 한 것이다."(『本庄日記』, 185~186쪽)라고
말했다고 주장했다.

84. 原田熊雄 述, 위 책, 46쪽.

85. 『牧野伸顕日記』, 546쪽.

86. 1931년 9월 19일, 우익인 국수대중당(国粋大衆党) 지도자 사사가와 료이치(笹
川良一)는 만주의 육군에 관한 아사히신문의 기사가 미온적이라고 하여 오사카
아사히신문사를 항의 방문했다. 며칠 후에는 흑룡회 총재인 우치다 료헤이(内田
良平)가 애국적인 기사를 충분히 쓰지 않는다는 이유로 아사히신문사를 위협했
다. 주요 일간지들은 이러한 압력에 쉬이 굴복하여, 열렬한 군국주의 지지자로 바
뀌었다. 아라이 나오유키(新井直之), 「天皇報道の何が変わり, 何が変わらなか
ったのか」, 日本ジャーナリスト会議 編, 『病めるマスコミと日本』, 高文研,
1995, 181~182쪽 참조.

87. 바로 이 무렵, 투옥되어 있던 많은 공산주의자 지식인들이 강요에 못 이겨 천황제
이데올로기로 전향했다. 일본 군국주의에 가장 활발하게 맞섰던 이들의 전향은
좌익 몰락의 길을 열었다. 그러나 변절의 선례는 일본사회의 최고 특권층이 만든
바 있다.

88. 귀족원 비밀회의에서 전 경시총감 아카이케 아쓰시(赤池濃)는 "'프리메이슨'이
라는 비밀결사나 '유대인'"이 이면에서 일본에 대해 음모를 꾸미고 있다고 강변했
다. 야마무로 신이치(山室信一) 교토대학 조교수는 일본만 옳고 연맹은 "일방적
으로 일본을 압박하고 있다"고 하는 것은 "독선적"인 주장이라고 동료 의원들의
논리를 비판했다. 『朝日新聞』, 1995년 6월 5일 치 참조. 衆議院事務局, 『帝国議
会衆議院秘密会議事速記録集(1)』, 衆栄会, 1996, 247~255쪽.

89. 개요서로서 유익한 Waldo H. Heinrichs, Jr., "1931-1937", in Ernest R. May
and James C. Thomson, Jr. ed., *American-East Asian Relations: A Survey*,
Harvard University Press, 1972 참조.

90. Jonathan Haslam, *The Soviet Union and the Threat from the East, 1933-
1941*, p. 28. 하슬람(Haslam)은 영국의 군사첩보 평가서를 인용하여 "(1932
년)6월(까지)…… 시베리아 동이르쿠츠크의 소비에트군은 국경부대를 제외하고
병사 20만 이상 규모로 증강되었다"고 서술했다. 소비에트가 관동군의 위협에 대

처하기 위해 군비를 갖추면서 유럽에 인접한 러시아 지역의 식량 부족 상황이 더 심해졌다.

91. 勝野駿, 『昭和天皇の戦争』, 59쪽. 만주에 관한 미나미의 견해는 일찍이 만주국 건설을 반대한 이누카이 총리로부터 비판을 받았다. 1940년 일본의 인구는 7140만 명에 이르렀다. *Historical Statistics of Japan*, vol. 1, Japan statistical Association, 1987, p. 168.

92. 『昭和初期の天皇と宮中―侍従次長河井弥八日記(6)』, 25쪽. 궁중에서 마쓰오카를 후원한 사람은 마키노 추밀원 의장이었다.

93. 쇼지 준이치로(庄司潤一郎), 「近衛篤麿像の再検討―対外認識を中心に」, 近代外交史研究会 編, 『変動期の日本外交と軍事 史料と検討』, 原書房, 1987, 101~102쪽.

94. 야베 데이지(矢部貞治), 『近衛篤麿 上』, 弘文堂, 1952, 240쪽.

95. 기도 고이치는 스가모(巣鴨) 구치소에서 심문을 받았을 때 이러한 동기를 인정했다. 1946년 2월 7일자 사켓(Sackett, Henry R.)의 기도 심문 조서 참조. 만주사변과 아시아태평양전쟁에 관해서는 江口圭一, 『十五年戦争小史 新版』, 11~75쪽과 오카베 마키오(岡部牧夫), 「アジア太平洋戦争」, 나카무라 마사노리(中村政則) 編, 『戦後日本―占領と戦後改革(1)』, 岩波書店, 1995, 30~40쪽 참조.

96. 고바야시 미치코(小林道彦), 「世界大戦と大陸政策の変容」, 『歴史学研究』, No. 656, 青木書店, 1994, 15쪽.

97. 庄司潤一郎, 「近衛篤麿像の再検討―対外認識を中心に」, 101쪽. 요시다 유타카(吉田裕), 「革新派宮廷政治家の誤算」, 吉田裕 외 編, 『敗戦前後』, 青木書店, 1995. 14~15쪽.

98. 吉田裕, 앞 글, 15쪽.

99. 増田知子, 앞 글, 258쪽. 吉田裕, 「天皇の戦争責任」, 藤原彰 외, 『天皇の昭和史』, 新日本出版社, 1984, 61쪽.

100. 「女宮の日常のあらまし」, 『昭和初期の天皇と宮中―侍従次長河井弥八日記(6)』, 218~220쪽.

101. 藤原彰, 『昭和天皇の十五年戦争』, 77쪽.

102. 1931년 9월부터 1936년 7월까지 전투 중에 발생한 일본인 사상자 수는 3928명이었고, 주로 게릴라전을 전개하던 (반일본, 반만주국) 중국군 전사자는 4만 1688명이었다. 기사카 준이치로(木坂順一郎), 「アジア・太平洋戦争の歴史的

性格をめぐって」,『年報・日本現代史 創刊号 戦後五〇年の史的検証』, 東出版, 1995, 29~30쪽.

103. Youli Sun, *China and Origins of the Pacific War, 1931-1945*, St. Martin's Press, 1933, pp. 41~62에서는 장개석의 정책의 '점진주의적인' 배경과 그 때문에 비롯된 딜레마를 논한다.

104. 『高松宮日記(2)』, 89~91쪽, 116~117쪽.

105. 우류 다다오(瓜生忠夫), 「国策映画・日本ニュース小史」, 『別冊一億人の昭和史』, 毎日新聞社, 1977, 520쪽.

106. 이 문단과 다음 몇 문단의 분석은 〈비상시 일본(非常時日本)〉의 불완전한 각본과, 1933년에 『오사카마이니치신문』의 영화부장이었던 미즈노 요시유키(水野新幸)가 도쿄재판 때 한 증언에 바탕을 두었다. 두 자료는 모두 內川芳美 解説, 『現代史資料 40』, みすず書房, 1973년에 수록되어 있다.

107. 위 책, 253~254쪽.

108. 위 책, 242~243쪽.

109. 위 책, 248쪽.

110. 위 책, 251~252쪽. 메이지 천황의 세 가지 어제(御製: 천황이 만든 시문)는 다음과 같다. "야마토 정신〔大和心〕의 용맹함은 위급한 상황에서 나타난다." "쇠로 된 과녁을 뚫듯이 야마토 정신은 어떠한 난관이라도 극복할 수 있다." "천만 신민의 힘을 모으면 이루지 못할 일이 없다고 생각한다."

111. 이 문단과 다음 문단의 자료는 다른 표시가 없는 경우, 다음 글에서 가져왔다. 스자키 신이치(須崎慎一), 「総力戦理解をめぐって―陸軍中枢と二・二六事件の青年将校の間」, 『総力戦・ファシズムと現代史 年報・日本現代史 3』, 現代史料出版, 1997.

112. 윗글, 55쪽.

113. 윗글, 56쪽.

114. 도조 히데키(東条英機), 「勝敗の分岐点は思想戦―戦時平時とも寸刻も油断ならぬ」, 陸軍省 編, 『非常時国民全集』, 中央公論社, 1934, 54, 65쪽.

115. 須崎慎一, 앞 글, 63쪽.

3부 8장 쇼와 유신과 통제

1. Emilio Gentile, *The Sacralization of Politics in Fascist Italy*, trans. Keith Botsford, Harvard University Press, 1996, p. 14.

2. 미와 야스시(三輪泰史),「戰爭とファシズムを阻止する可能性はなかったのか」,『日本近代史の虛像と実像(3)』, 大月書店, 1989, 49쪽. 경찰에 체포된 이들 대부분이 계급 착취를 강조하고 천황을 억압자로 재규정한 마르크스주의자였다.

3. David G. Goodman, Masanori Miyazawa, *Jews in the Japanese Mind: The History and Uses of a Cultural Stereotype*, Free Press, 1995, pp. 104~105, 106~134.

4. 야스마루 요시오(安丸良夫),『近代天皇像の形成』, 岩波書店, 1992, 267쪽.

5.「戰陣訓」, 武士道学会 編,『武士道の精髓』, 帝国書籍協会, 1941, 15쪽.

6. Robert J. Smith and Ella Lury Wiswell, *The Women of Suye Mura*, University of Chicago Press, 1982, pp. 112~113.

7. 스즈키 시종장은 주로 이러한 비판을 피하고자 히로히토에게 대외 정책을 바꾸도록 강권했던 것 같다. 小田部雄次,「解説 満州事変と天皇, 宮中」, 高橋紘 외 編,『昭和初期の天皇と宮中―侍従次長河井弥八日記(5)』, 岩波書店, 1993, 253~268쪽 참조.

8. 原田熊雄 述,『西園寺公と政局(2)』, 岩波書店, 1950, 47쪽.『昭和初期の天皇と宮中―侍従次長河井弥八日記(5)』, 198쪽, 1931년 11월 14일 치.

9. 다카마쓰노미야 노부히토 친왕(高松宮宣仁親王),『高松宮日記(2)』, 中央公論社, 1995, 124쪽, 1933년 8월 6일 치.

10. 나라의 기록에 따르면 지치부노미야의 참모본부 복귀는 1932년 8월 24일 "천황의 뜻에 따라" 이루어졌다. 波多野澄雄 외 編,『侍従武官長奈良武次日記・回顧録(3)』, 柏書房, 2000, 441쪽.

11. 위 책, 528쪽.

12. 국제검찰국의 심문조서 기록에 따르면 기도 고이치는 아라키 대장이 암살을 용인했다고 증언했으나, 도쿄재판에서는 이 증언이 인용되지 않았다. 아와야 겐타로(粟屋憲太郎) 외 編,『木戸幸一尋問調書 東京裁判資料』, 大月書店, 1987, 547쪽.

13. 金原左門 외 編,『昭和史〔增補版〕』, 有斐閣, 1982, 101쪽.

14.『高松宮日記(2)』, 146~148쪽.

15. 伊藤隆・広瀬順晧 編, 『牧野伸顕日記』, 中央公論社, 1990, 636쪽.

16. 외무성 정보부장 아모 에이지(天羽英二)는 일본에게는 동아시아에서 평화와 질서를 유지하는 데 책임이 있으며, 중국에 재정이나 기술을 지원하려는 어떠한 요청에도 원칙적으로 반대한다고 선언했다. 논의를 위해 고바야시 모토히로(小林元裕), 「広田弘毅に戦争責任はなかったか」, 『日本近代史の虚像と実像(3)』, 100쪽 참조.

17. 勝野駿, 『昭和天皇の戦争』, 図書出版社, 1990, 76쪽.

18. 増田知子, 「天皇機関説排撃事件と国体明徴運動」, 『名古屋大学 法政論集』, 173号, 1998년 5월. 마쓰다 도모코(増田知子) 씨가 논문 인쇄 전에 교정쇄를 넘겨준 덕분에 이 논문을 인용할 수 있었다.

19. 마자키의 개입에 관해서는 와카쓰키 야스오(若槻泰雄), 『日本の戦争責任 上』, 原書房, 1995, 181쪽과 『真崎甚三郎日記』, 山川出版社, 1981, 64쪽 참조.

20. 勝野駿, 앞 책, 75쪽.

21. 1차 오카다 성명의 기초는 완전히 문민이 맡았다. 곧, 오카다의 사설 비서인 사코미즈 히사쓰네(迫水久常), 내각의 법제국 장관 요시다 시게루(吉田茂), 시라네(白根) 내각서기관장이 기초했다. 増田知子, 앞 글.

22. 윗글, 208~209쪽. 미노베의 천황 기관설에 관한 오카다 내각의 2차 성명은 10월 15일에 나왔다.

23. 미노베 다쓰키치(美濃部達吉), 『憲法察要』. 스즈키 마사유키(鈴木正幸), 『皇室制度』, 岩波書店, 1993, 183쪽에서 인용.

24. 増田知子, 앞 글, 211~212쪽.

25. 鈴木正幸, 앞 책, 185쪽.

26. 宮地正人, 「政治史における天皇の機能」, 歴史学研究会 編, 『天皇と天皇制を考える』, 青木書店, 1986, 101쪽.

27. 혼조 시게루(本庄繁), 『本庄日記』, 原書房, 1967, 普及版, 1989, 206쪽. 原田熊雄 述, 『西園寺公と政局(3)』, 238쪽.

28. 「昭和天皇の独白録 八時間」, 『文芸春秋』, 1990년 12월, 104쪽.

29. 増田知子, 앞 글, 210, 213, 215쪽. 마쓰다 도모코 씨는 천황이 간접적으로 미노베를 옹호했다고 주장하지만, 그러한 견해를 뒷받침할 명확한 증거는 없는 듯하다.

30. 『本庄日記』, 204쪽. 혼조는 3월부터 4월에 걸쳐 천황 기관설의 정당성에 관해 천황과 논쟁을 벌였다.

31. 『高松宮日記(2)』, 375쪽.

32. 아이자와의 공판과 2·26사건의 관계에 대해서는 Crowley, pp. 267~273과 Ben-Ami Shillony, *Revolt in Japan: The Young Officers and the February 26, 1936, Incident*, Princeton University Press, 1973, pp. 113~114 참조. 사건을 촉발한 다른 요인에 대해서는 小田部雄次, 「二·二六事件, 首謀者は誰か」, 『日本近代史の虚像と実像(3)』, 82쪽 참조.

33. 스즈키 겐지(鈴木健二), 『戦争と新聞』, 毎日新聞社, 1995, 116~117쪽. 도시의 주요 일간지 편집진은 협박을 받아 군부에 대한 비판을 피했기 때문에, 이 사건에 대한 논평은 주로 규모가 작은 지방지들이 맡았다.

34. 하타 이쿠히코(秦郁彦), 『昭和史を縦走する』, グラフ社, 1984, 70쪽.

35. 오타베 유지(小田部雄次), 앞 글, 76~77, 93쪽. 2·26사건을 분석하면서 나는 주로 오타베 유지의 논문을 바탕으로 삼았다. 그리고 秦郁彦, 『裕仁天皇五つの決断』, 講談社, 1984와 야마다 아키라(山田朗), 『大元帥·昭和天皇』, 新日本出版社, 1994와 기도 고이치(木戸幸一), 『木戸日記』, 平和書房, 1947과 헨리 사켓(Sackett, Henry R.)의 기도 고이치 심문 조서 등을 인용했다. 2·26사건에 관한 영어 문헌은 얼마 되지 않는데 그중 하나가 Shillony, *Revolt in Japan*이다.

36. 安丸良夫, 『近代天皇像の形成』, 281~282쪽.

37. 秦郁彦, 「裕仁天皇と二·二六事件」, 앞 책, 25쪽.

38. 윗글, 26쪽.

39. 小田部雄次, 「二·二六事件, 首謀者は誰か」, 앞 책, 77쪽.

40. 『木戸日記(上)』, 464쪽. 〔후시미노미야가 히로히토에게 직접 의사를 묻지 못하게 되자—옮긴이〕 "전하〔후시미노미야 군령부 총장〕로부터 거듭 (개각 및 계엄령 발령을 내리지 말 것) 궁내대신에게 물어도 좋은가 하는 말씀이 있었다." 히로히토는 이 질문에도 대답하지 않았다.

41. 小田部雄次, 앞 글, 77쪽에서 인용. 또한 Shillony, *Revolt in Japan*, pp. 153~154의 「陸軍大臣の指令」에 관한 고찰을 참조.

42. 秦郁彦, 앞 글, 26쪽. 이 시점에서 아직 암살을 면한 오카다 총리의 행방을 몰랐다.

43. 山田朗, 앞 책, 58쪽.

44. 秦郁彦, 앞 글, 29, 39쪽.

45. 윗글, 34~37쪽.

46. 1938년 3월 27일, 사이온지는 하라다에게 "침통한 얼굴로" 다음과 같이 말했다.

일본 역사에도 충분히 꺼림칙한 사실이 있다. 예를 들면 진무 천황의 뒤를 이은 스이제이(綏靖) 천황은 실은 그 형제를 죽이고 제위에 올랐다. ……물론 앞으로 이러한 일이 스스로의 발의로 이루어지는 일은 결코 없겠지만, 그러나 주위가 그러한 방향으로 몰고 가면 실로 어떻게 될지 모를 일이다. 설마 오늘날의 황족 중에 그러한 분들이 이러니저러니 하는 일은 물론 있을 리가 없지만, 그러나 이러한 일은 지금부터 상당히 주의하지 않으면 안 된다.

한 달 후인 4월 23일, 사이온지는 천황과 그 형제들 사이의 긴장은 어떠한 것이든지 조심해야 한다고 기도와 고노에에게 경고하도록 하라다에게 지시하면서, 혈육 간의 대립 문제를 다음과 같이 되뇌었다.

……일본의 역사에서 종종 반복되었다시피 아우가 형을 죽이고 제위에 오르는 것과 같은 장면이 상당히 많이 보인다. ……지금의 지치부노미야랄지 다카마쓰노미야 같은 분들에게 이러쿵저러쿵할 것은 없지만, 혹은 황족 중에서 이상한 자에게 추대받아 무슨 짓을 할지 모르는 자가 나올 정세에도, 평소부터 충분히 주의를 기울이지 않으면 안 된다…….

原田熊雄 述, 『西園寺公と政局(6)』, 岩波書店, 1950, 265, 297쪽.

47. 고야마 이토코(小山いと子), 『皇后さま』, 主婦の友社, 1956, 211쪽.

48. 山田朗, 『軍備拡張の近代史—日本軍の膨張と崩壊』, 吉川弘文館, 1997, 9~10쪽.

49. 小田部雄次, 앞 글, 83~84쪽.

50. 須崎慎一, 「総力戦理解をめぐって—陸軍中枢と二・二六事件の青年将校の間」, 『総力戦・ファシズムと現代史 年報・日本現代史 3』, 現代史料出版, 1997, 73쪽에서 인용.

51. 윗글, 77쪽.

52. 이마오카 유타카(今岡豊), 「支那事変前の参謀本部の動き」, 『昭和軍事秘話—同台クラブ講演集(上)』, 同台経済懇話会, 1987, 116쪽.

53. 寺崎英成・マリコ テラサキ ミラー 編著, 『昭和天皇独白録—寺崎英成・御用掛日記』, 文芸春秋, 1991, 32~33쪽. 히로히토는 아라키, 하야시, 마자키, 니시(西), 아베, 우에다, 그리고 데라우치에게 사임을 강요하고, 이들 중 네 명은 현역

으로 종사할 것을 허락했다. Hillis Lory, *Japan's Military Masters: The Army in Japanese Life*, Greenwood Press, 1943, 1973, p. 115 참조.

54. 山田朗, 『大元帥・昭和天皇』, 56, 59쪽.

55. "폐하는 내각에서 상주를 올릴 경우, 동의하는 바에 대해서는 그렇다고 확실히 대답하시나 동의하지 않을 때에는 묵묵부답이시다. 폐하께 올린 서류에 대해서 동의하지 않을 경우, 한동안 그 서류를 보류하시는 일도 있었다"고 오카다 해군대신은 회상했다. 吉田裕, 「天皇の戦争責任」, 藤原彰 외, 『天皇の昭和史』, 新日本出版社, 1984, 43쪽.

56. 시바타 신이치(柴田紳一), 『昭和期の皇室と政治外交』, 原書房, 1995, 32쪽.

57. "Case 212, Hirota Koki", 粟屋憲太郎・吉田裕 編, 『国際検察局尋問調書』 28卷, 日本図書センター, 1993, 414, 417, 506쪽. 히로타는 나중에 현역 장성으로만 육해군 대신을 임명할 수 있도록 제한한 것을 거부하고, 총리가 예비역 장관을 현역에 복귀시켰다가 육해군 대신으로 선임할 수 있도록 했다.

58. 히로타는 육해군 대신을 현역 장교로 한정한 책임 때문에 전범으로 기소되었다. 히로타를 비난한 대표적 인물은 요나이 미쓰마사다. 미 점령군 당국은 문민 정치가들의 쇠퇴에 박차를 가했다는 이유로, 이러한 기소 이유를 무비판적으로 수용했다. 육군은 히로타가 내각을 개편하기 전부터 이미 육군대신을 승인하지 않는 방법으로 내각을 쓰러뜨릴 힘을 지니고 있었기 때문에 GHQ가 이러한 판단을 내린 근거는 전전(戰前)과 전후(戰後) 정치사의 맥락에서 이해해야 한다.

59. 江口圭一, 「中国戦線の日本軍」, 藤原彰・今井清一 編, 『十五年戦争史(2)』, 青木書店, 1988, 51쪽. 『東京日日新聞』, 1935년 12월 12일, 13일 치.

60. 江口圭一, 『十五年戦争小史 新版』, 青木書店, 1991, 108쪽.

61. 후지와라 아키라(藤原彰)의 발언. 이가라시 다케시(五十嵐武士)・기타카 신이치(北岡伸一) 編, 『〔争論〕東京裁判とは何だったのか』, 築地書館, 1997, 174쪽.

62. Antony Best, *Britain, Japan and Pearl Harbor: Avoiding War in East Asia, 1936-1941*, Routledge, 1995, p. 17.

63. 위 책, pp. 27~28.

64. 小林元裕, 「広田弘毅に戦争責任はなかったか」, 『日本近代史の虚像と実像』, 105~107쪽.

65. 「국책의 기준(国策の基準)」에서는 일본이 "남방 해양으로" 서서히 평화적 수단을 통해 진출하겠다고 했다. 「제국 외교 방침(帝国外交方針)」은 "남양(南洋) 방

면에 대해 우리 민족의 경제적 발전을 책정하는 데 힘써, 타국에 대한 자극을 피하며 점진적 평화적 수단으로 우리 세력의 진출을 꾀한다"고 선언했다. 日本 外務省 編纂, 『日本外交年表』, 原書房, 1966, 344~347쪽.

66. 요시자와 미나미(吉沢南), 『戦争拡大の構図 日本軍の「仏印」進駐』, 青木書店, 1986. 이 책은 1940년대에 국책을 세웠던 집단들 간에 형성된 대립과 분열에 관한 선구적 연구 저작이다. 국책 문서를 '양론병기(兩論併記)' 하는 요시자와의 분석은 1936년 2월 봉기부터 1940년의 정세에 이르기까지 적용된다. 요시자와의 통찰을 적용해 정책 수립을 효과적으로 연구한 저작으로는 모리야마 아쓰시(森山優), 『日米開戦の政治過程』, 吉川弘文館, 1998이 있다.

67. 「国策の基準」(1936년 8월 7일), 山田朗, 『外交資料 近代日本の膨張と侵略』, 新日本出版社, 1997, 250쪽.

68. 山田朗, 『軍備拡張の近代史 日本軍の膨張と崩壊』, 吉川弘文館, 1997, 10쪽. 히로타의 정책에 관한 당대의 논의는 T. A. Bisson, *Japan in China*, Macmillan Company, 1938, pp. 222~235 참조.

69. 고케쓰 아쓰시(纐纈厚), 『日本海軍の終戦工作』, 中公新書, 1996, 19~20쪽. 이 문단과 다음 세 문단은 고케쓰 아쓰시의 날카로운 분석에 의지해 쓴 것이다.

70. 위 책, 21쪽.

71. 위 책, 22쪽.

72. 위 책, 21~22쪽.

73. 위 책, 22쪽.

74. 위 책, 23쪽.

75. 아이자와 기요시(相沢淳), 「日中戦争の全面化と米内光政」, 軍事史学会 編, 『日中戦争の諸相』, 錦正社, 1997, 128~130쪽.

76. 鈴木健二, 『戦争と新聞』, 116쪽에서 인용.

77. 鈴木正幸, 『皇室制度』, 186쪽에서 인용.

78. 江口圭一, 『大系 日本の歴史 14 二つの大戦』, 小学館, 1989, 300쪽.

79. 위 책. Otto D. Tolischus, *Tokyo Record*, London: Hamish Hamilton, 1943, p. 415.

80. 江口圭一, 위 책, 300쪽.

3부 9장 성전 聖戰

1. 고바야시 히데오(小林英夫), 「盧溝橋事件をめぐって 盧溝橋事件六○周年によせて」, 『歷史學硏究』, No. 699, 青木書店, 1997, 30~35쪽.

2. 山田朗, 『大元帥・昭和天皇』, 新日本出版社, 1994, 65쪽. 이것과는 조금 다르고 덜 자세한 자료로 다음이 있다. Jonathan Haslam, *The Soviet Union and the Threat From the East, 1933-41: Moscow, Tokyo and the Prelude to the pacific War*, University of Pittsburgh Press, 1992, pp. 89~90. Clark W. Tinch, "Quasi-War Between Japan and the U.S.S.R., 1937-1939", *World Politics* 3, no. 2, July 1951, pp. 177~178.

3. 原田熊雄 述, 『西園寺公と政局(6)』, 岩波書店, 1950, 30쪽.

4. 유아사 내대신의 비서 마쓰다이라 야스마사는 사이온지의 비서 하라다에게, 천황이 이타가키 세이시로 육군대신을 질책할 때 만주사변과 노구교 사건을 연계했다고 전했다. 하라다는 한 주 후인 1938년 7월 28일 그 이야기를 충실하게 기록했다. 마쓰다이라에 따르면 천황은 "만주사변 때 유조구(유조호)의 경우나 이번 사건의 처음인 노구교를 보더라도, 중앙의 명령에는 전혀 복종하지 않고 그저 사건이 일어난 곳에서 독단으로, 짐의 군대로서는 해서는 안 될 비열한 방법을 사용하는 일도 종종 있다"고 말했다. 히로히토는 사변이 확대된 데에 직접 책임이 있는 노구교 인근의 연대장과 대대장, 무타구치 레냐(牟田口廉也) 대령과 이치키 기요나오(一木淸直) 소령만을 탓했을 수도 있으나, 하라다의 일기에 두 사람의 이름은 쓰여 있지 않다. 중일전쟁 발발에 대한 히로히토의 견해는 고노에 내각의 공식 견해에 정면으로 맞서는 것이었다. 原田熊雄 述, 『西園寺公と政局(7)』, 51쪽 참조. 江口圭一, 「盧溝橋事件と通州事件の評価をめぐって」, 『季刊 戰爭責任硏究』, 第25号(1999年 秋季号), 4쪽.

5. 기도 고이치(木戶幸一), 『木戶日記(下)』, 平和書房, 1947, 802쪽.

6. 外務省 編纂, 『日本外交年表』, 原書房, 1966, 366쪽.

7. 다카기 소키치 사료(史料) 「政界諸情報」(1941년 2월 20일자)에 따르면, 해군은 1차 고노에 내각이 "각료들의 마음을 한데 묶어 어느 한 방향으로 강하게 매진하고자 하는 열의와 실천력이 없다"고 결론지었다. 纐纈厚, 『日本海軍の終戰工作』, 中公新書, 1996, 47쪽.

8. 대해령(大海令)은 방위청(防衛庁) 방위연수소(防衛研修所) 전사부(戰史部),

「付 兵語・用語の解説」, 『戦史叢書 陸海軍年表』, 朝雲新聞社, 1980, 11쪽에 상세한 연보와 함께 실려 있다.

9. 藤原彰, 『昭和天皇の十五年戦争』, 青木書店, 1991, 92쪽.

10. 江口圭一, 「盧溝橋事件と通州事件の評価をめぐって」, 앞 책, 5쪽.

11. 『木戸日記(上)』, 581쪽. 高松宮宣仁親王, 『高松宮日記(2)』, 中央公論社, 1995, 510, 512, 514쪽. 통주 대학살 직후, 불확대파의 지도자인 이시하라 간지는 히로히토에게 대소련 작전에 관해 강의하면서, 화북에서 전투가 확대되면 불리해진다고 경고했다.

12. 藤原彰, 「天皇と宮中」, 五十嵐武士・北岡伸一 編, 『〔争論〕東京裁判とは何だったのか』, 築地書館, 1997, 147쪽. 藤原彰, 앞 책, 87~92쪽.

13. Edgar Snow, *The Battle for Asia*, Random House, 1941, p. 46. Dick Wilson, *When Tigers Fight: The Story of the Sino-Japanese War, 1937-1945*, Viking Press, 1982, p. 33.

14. 국민당과 전쟁 개시에 관한 요나이 미쓰마사의 태도가 급변한 데 대해서는 相沢淳, 「日中戦争の全面化と米内光政」, 軍事史学会 編, 『日中戦争の諸相』, 錦正社, 1997, 137~138쪽을 참조.

15. 가사하라 도쿠시(笠原十九司), 『南京事件』, 岩波新書, 1997, 221쪽.

16. 藤原彰, 『昭和天皇の十五年戦争』, 93~94쪽.

17. 纐纈厚, 앞 책, 18쪽.

18. 笠原十九司, 앞 책, 27쪽.

19. 우스이 가쓰미(臼井勝美), 『日中戦争』, 中公新書, 1967, 46쪽.

20. 防衛庁防衛研修所戦史室, 『戦史叢書 支那事変陸軍作戦 (1)昭和一三年一月まで』, 朝雲新聞社, 1975, 283쪽.

21. 윗 책, 283쪽.

22. 윗 책, 284쪽. 참모본부에서는, 남경 점령은 오직 대부대가 장기간에 걸쳐서만 이루어낼 수 있다고 보고했다.

23. 윗 책, 285쪽.

24. 윗 책, 290~291쪽.

25. 윗 책, 297~299쪽. 제13사단과 제101사단은 주로 예비역으로 구성되었고, 그 평균 연령은 서른을 넘었다. 藤原彰, 「南京大虐殺とその背景」, 『南京の日本軍』, 大月書店, 1997, 13쪽.

26. 1937년 중국으로 보낸 육군의 비밀 전문 1679호(昭和一二年陸支密第1679号)
「陸軍大臣訓示送附ノ件」(『陸支密大日記』, 防衛研修所図書館 소장), 藤原彰,
「日中戦争における捕虜虐殺」, 『季刊 戦争責任研究』 第9号(1995年 秋季号),
20~21, 23쪽에서.

27. 센다 가코(千田夏光), 『天皇と勅語と昭和史』, 汐文社, 1983, 257~258쪽.

28. '자비 깊은 살해'에 관한 논의는 Brian A. Victoria, Zen at War, Weatherhill,
Inc., 1997, pp. 86~91 참조.

29. 하라 다케시(原剛)·야스오카 아키오(安岡昭男) 編, 『日本陸海軍事典』, 新人
物往來社, 1997, 152쪽. 모리 시게키(森茂樹), 「国策決定過程の変容−第二
次·第三次近衛内閣の国策決定をめぐる『国務』と『統帥』」, 『日本史研究』 395
号, 1995년 7월, 36~37쪽.

30. 森茂樹, 윗글, 41쪽.

31. 오에 시노부(大江志乃夫), 『御前会議』, 中公新書, 1991, 101쪽. 어전회의의 정
식 의사록은 전하지 않는다. 그러나 '스기야마 메모'로 알려진, 스기야마(杉山)
장군이 구술하고 대부분은 사나다 조이치로(真田穣一郎)가 받아 쓴 기록은 매우
귀중한 사료다. 1940년부터 1941년에 열린 회의에 대해서는 參謀本部 編, 『杉山
メモ 上』, 原書房, 1994 참조.

32. 『東京日日新聞』과 『東京朝日新聞』에서는 1938년 1월 12일, 1940년 7월 28일,
9월 20일, 11월 14일, 그리고 1941년 7월 2일, 3일에 어전회의 소식을 전했다. 대
영·미전을 결정한, 가장 중요한 1941년 9월 6일과 11월 5일의 어전회의에 관해
서는 내가 아는 한 보도된 바가 없다.

33. 어전회의 참석자는 총리와 추밀원 의장, 육군대신, 해군대신, 대장대신, 외무대신,
내각기획원 총재, 육군 참모총장, 해군군령부 총장, 육군성과 해군성의 군무국장
(軍務局長)이다. 참가자는 자신의 견해를 말하고, 추밀원 의장은 종종 천황을 대
신해서 문제를 제기했다. 보통 천황은 (늘 그렇지는 않았지만) 회의가 진행되는
동안 묵묵히 앉아 있었다. 결정은 예외 없이 합의에 따라 이루어졌다.

34. 야스다 히로시(安田浩), 『天皇の政治史−睦仁·嘉仁·裕仁の時代』, 青木書
店, 1998, 272~273쪽. 군주제에 대한 '무책임한 체계'라는 개념은 정치학자 마
루야마 마사오(丸山真男)가 처음으로 제기했다.

35. 히로히토의 대본영은, 문민이 군사 기밀을 알 권리는 없다는 이유로 그들을 배제
했다는 점에서 메이지 천황이 운영했던 것과는 달랐다. 또한 히로히토의 대본영

에서는 군부가 과거보다 더욱 특권을 쥔 위치에서 국책과 세계 전략을 세우는 데 참여했다. 반대로 군사적·정치적인 결정을 내릴 때 천황(과 그 측근)의 발언권은 더 강화되었다. 히로히토는 초기 10년 동안 군부에 권력을 내주었지만, 전쟁이 확대되고 총력전 체제의 결함이 점차 명백해지자 권력을 회복했다.

36. 세지마 류조(瀬島龍三), 「体験から見た大東亜戦争」, 軍事史学会 編, 『第二次世界大戦(3)—終戦』第31巻 第1·2合倂号(1995年 9月), 錦正社, 398~399쪽. 중대한 전략적 사항에 관한 대본영의 최종 결정은 정부연락회의에서 중요한 결정을 내릴 때와 마찬가지로 천황이 회의에 참석하는 것을 요건으로 삼았다. 그러나 야마다 아키라(山田朗)가 지적했듯이, 공식 회의를 거치지 않고 육해군의 두 수장이 대본영의 결정을 내리는 경우도 있었다. 이러한 경우라도 천황에게 공식 보고를 올리고 재가를 얻으면 자동으로 유효해졌다. 山田朗, 앞 책, 70쪽.

37. 1942년 11월부터 1945년 1월까지 대본영에서 일했던 하라다 미노루(源田実)는 천황만이 대본영을 작동하게 할 수 있었다고 말했다. 왜냐하면 "기구 전체는 육군, 해군, 그리고 소위 정부, 이렇게 셋으로 나뉘어 있으며, 이 3자를 조정할 수 있는 것은 천황뿐"이었기 때문이다. Leon V. Sigal, *Fighting to a Finish: The Politics of War Termination in the United States and Japan, 1945*, Cornell University Press, 1988, p.74.

38. 森茂樹, 앞 글, 37~38쪽.

39. 山田朗, 「十五年戦争の諸相 昭和天皇の戦争指導—情報集中と作戦関与」, 『季刊 戦争責任研究』第8号(1995年 夏季号), 日本の戦争責任資料センター, 18쪽. 야마다 아키라는 이 논문의 19쪽에서 첫 대륙명(大陸命)이 1937년 11월 22일에, 마지막 대륙명은 일련번호 제1392호로 1945년 8월 28일에 내려졌음을 지적했다. 해군도 같은 절차를 밟아, 1937년 7월 28일부터 1941년 9월 6일까지 총 304회 대해령(大海令)을 내렸다. 히로히토가 진주만 공격을 재가한 뒤 해군은 대해령의 일련번호를 다시 매기기 시작해 1941년 11월 5일에 대해령 제1호를, 마지막인 제57호를 1945년 9월 1일에 내렸다.

40. 노부타카 이케(Nobutaka Ike)는 저서의 짧은 서문에 1941년의 어전회의를 설명하면서 히로히토와 통수부의 관계에 대해 심각한 오류를 범했다. Nobutaka Ike, *Japan's Decision for War: Records of the 1941 Policy Conferences*, Stanford University Press, 1967, p. xviii 참조.

41. 山田朗, 앞 글, 185쪽.

42. 須崎慎一,「天皇と戦争」, 山口定・R. ルプレヒト 編,『歴史とアイデンティティ』, 思文閣出版, 1993, 218쪽. 기도는 1964년 7월 21일, 천황의 전쟁 책임을 논하면서 그 실제를 다음과 같이 암시했다. "천황이 납득하지 않는 경우는, 대부분의 경우 문제가 그대로 잠시 보류되어 결정이 늦어지든지 아니면 내각 쪽이 재고하는 것을 예(例)로 삼았다."『木戸幸一日記—東京裁判期』, 東京大学出版会, 1980, 454쪽.

43. 藤原彰・이마이 세이치(今井清一)・大江志乃夫 編,『近代日本史の基礎知識』, 有斐閣, 1972, 418쪽. 吉田裕,『天皇の軍隊と南京事件』, 青木書店, 1986, 41쪽.

44. 藤原彰,「南京大虐殺とその背景」, 앞 책, 16쪽.

45. 윗글, 20쪽.

46. 笠原十九司,『南京事件』, 225쪽.

47. 윗 책, 181~187쪽.

48. 윗 책, 190쪽.

49. *The Tokyo War Crimes Trial: The Complete Transcripts of the Proceedings of the International Military Tribunal for the Far East*, edited by R. John Pritchard and Sonia Maganua Zaide, N. Y. & London: Garland, 1981, vol. 20의 판결문과 부속서, 49쪽, 608쪽.

50. 吉田裕, 앞 책, 160쪽. 藤原彰,「南京大虐殺の犠牲者数について『東京裁判史観』批判が意味するもの」, 歴史教育者協議会 編,『歴史地理教育』 No. 530, 1995년 3월, 72쪽. Daqing Yang, "Convergence or Divergence? Recent Historical Writing on the Rape of Nanjing", in *American Historical Review* 104, no. 3, June 1999, p. 850.
일본의 소집병들은 스스로 강요받은 희생에 대한 준비가 덜 되어 있었고, 이것이 상해 전투 기간과 그 후 남경에서 일어난 포로 대량 학살을 설명한다. 병사들은 남경을 포위하려고 서로 경쟁했기 때문에 함락 과정에서 입은 큰 손실에 대한 복수심을 불태웠다. 일본이 주창하는 전쟁 목적은 모호했기 때문에 병사들에게 불안감과 혼란을 주었다. 무엇보다 그들은 중국인을 열등한 인종으로 멸시했다. 남경대학살의 깊은 원인은 제국육군의 성격 그 자체에 있었다. 최근의 논의는 纐纈厚,「天皇の軍隊の特質—残虐行為の歴史的背景」,『季刊 戦争責任研究』, 第8号(1995年 夏季号), 12쪽. 藤原彰,「日中戦争における捕虜虐殺」,『季刊 戦争責任研究』, 第9号(1995年 秋季号), 22~23쪽 참조.

51. *The Chicago Daily News*, Dec. 15, 1937. 江口圭一, 『大系 日本の歴史 14 二つの大戦』, 小学館, 1989, 259쪽. 언론인 에드거 스노(Edgar Snow)는 남경안전구국제위원회(南京安全区国際委員会, Nanking International Relief Committee) 회원들이 사건 몇 년 후 추산한 수치를 인용해 "일본인들은 남경에서만 적어도 4만 2000명을 학살"했고, 또 "상해에서 남경으로 행군하면서 시민 30만 명"을 살해했다고 주장했다. Snow, *The Battle for Asia*, p. 57 참조.

52. 요시미 요시아키(吉見義明) 編, 『從軍慰安婦資料集』, 大月書店, 1992, 170쪽. 纐纈厚, 앞 글, 14쪽.

53. 호라 도미오(洞富雄), 『南京事件』, 新人物往來社, 1972, 84~85쪽. 笠原十九司, 『日中全面戦争と海軍』, 青木書店, 1997, 283쪽. 鈴木健二, 『戦争と新聞』, 毎日新聞社, 1995, 123~124쪽.

54. 洞富雄, 『南京大虐殺「まぼろし」化工作批判』, 現代史出版会, 1975, 22~26쪽.

55. 야나이하라 다다오(矢内原忠雄), 「政治的解放者と靈的解放者」, 『嘉信』第3巻 第1号, 1940년 1월, 16~39쪽.

56. 전후, 도쿄재판 국제검찰국에서 아사카노미야는 중국인 포로를 대학살한 사실을 아예 부정하고, 휘하 부대의 행동에 대한 불평은 전혀 듣지 못했다고 주장했다 (1946년 5월 1일). 마쓰이 장군도 만행을 부정하고, 사건을 부하 사단장의 탓으로 돌리며 아사카노미야를 지키고자 했다. 두 장군은 '남경 사건 환영파(幻影派)'의 최초 인물들로 간주할 수 있을 것이다. 두 사람의 진술에 대해서는 粟屋憲太郎・吉田裕 編, 『国際検察局尋問調書』, 日本図書センター, 1993년에 발간된 第8巻「Case No. 44」에서 특히 358~366쪽과 같은 책 第12巻 306쪽 참조.

57. 당시 에토 겐쿠로(江藤源九郎)는 친구인 예비역 장군 마자키 진자부로에게 남경 사건을 알렸다. 마자키는 1938년 1월 28일 일기에 "군기와 풍기가 모두 문란하여 이를 바로 세우지 않으면 결론은 눈앞의 전투를 견뎌내지 못할 것이다. 강도, 강간, 약탈, 듣기에도 꺼림칙한 것들이다"고 썼다. 笠原十九司, 『南京事件』, 212쪽.

58. 吉田裕, 『現代歴史学と戦争責任』, 青木書店, 1997, 119쪽.

59. 시게미쓰 마모루(重光葵), 『続 重光葵手記』, 中央公論社, 1988, 295쪽.

60. 1938년 3월 18일까지 그루가 정리한 정세 보고, "Records of the U. S. Dept. of State Relating to Political Relations between the U. S. and Japan, 1930-1939", reel no. 3, file no. 711.94/1184.

61. 粟屋憲太郎・吉田裕 編, 「日高信六郎」, 『国際検察局尋問調書』第42巻,

79~98쪽.

남경 사건 당시, 중국 주재『뉴욕타임스』특파원 핼릿 어벤드(Abend, Hallett)는 1943년 "개인적으로 사건을 조사하던 일본의 한 고등 문관"에게서, 그가 "천황을 가까이에서 배알"하여 사건을 자세히 고했다는 말을 들었다고 썼다. 어벤드는 이름을 밝히지 않았지만, 그가 아마 히다카 신로쿠로였을 것이다. 어벤드에 따르면 그는 다음과 같이 말했다.

나는 궁중에 부름을 받는 매우 귀중한 기회를 얻어 두 시간 이상이나 천황 폐하를 배알했다. 내가 알현의 방(謁見の間)에 들어가자 폐하는 청문(聴聞)이 끝날 때까지 다른 사람들은 밖에 나가 있도록 명하셨다. 그리고 폐하는 자리〔敷布〕를 내주셨고 나는 두 시간 동안 폐하 가까이에 무릎을 꿇고 있었다. 폐하는 몸을 굽히시더니 나에게 귓속말로, 남경을 점령한 후에 일어난 일에 대하여 아는 것을 모두 말해달라고 말씀하셨다. 나는 하나도 숨김 없이 아뢰었으며 폐하는 많은 질문을 하셨다.

알현하는 이가 무릎을 꿇고, 히로히토가 몸을 굽혀 귓가에 속삭였다는 어벤드의 묘사는 극적으로 과장된 것으로, 사실이 아닌 듯하다. 이는 일본식이라기보다는 중국식이다. 그러나 다른 면에서는 어벤드의 설명을 신뢰할 만하다. 히다카는 1946년 5월 1일 국제검찰국에서, 상해 시절부터 어벤드와 알고 지냈다고 진술했다. 도쿄재판에서 히다카는 마쓰이 이와네 장군을 변호하고자 증언했는데, 천황이 관계된 앞의 이야기에 대해서는 질문을 받지 않았다. 어벤드에 대해서는 *Pacific Charter: Our Destiny in Asia*, Doubleday, Doran & Co., 1943, pp. 38~39와『極東国際軍事裁判速記録』第6巻, 雄松堂書店, 1968, 第210号, 270~273쪽 참조.

62. 상해파견군 참모 겸 중지나 방면군 참모·정보과장이었던 조이사무(長勇) 중령이 학살을 명한 것으로 알려져 있다. 藤原彰,「南京大虐殺とその背景」, 앞 책, 80쪽.

63. 海軍省海軍軍事普及部 編,『支那事変における帝国海軍の行動』, 37쪽. 笠原十九司,『日中全面戦争と海軍』, 168쪽.

64.『支那事変陸軍作戦(1)』, 406~1416쪽. 笠原十九司, 앞 책, 161~162쪽.

65.「大元帥陛下御言葉(대원수 폐하께서 내리는 말씀)」은 "중지나 방면의 육해군 제

부대가 상해 부근 작전에서 용맹하고 과감한 추격을 계속해서 감행하여, 수도 남경을 함락한 데 매우 만족한다. 이 뜻을 장병들에게 전해라!"라는 내용이다. 笠原十九司, 『南京事件』, 164쪽.

66. 위 책, 213쪽.

67. 粟屋憲太郎 · 吉田裕 編, 앞 책, 356쪽.

68. 파나이 호는 1928년 상하이에서 건조되었고, 미국의 식민지인 필리핀의 파나이 섬에서 이름을 따왔다. 미국의 아시아 함대 '양자강 경비대'에 있는 포함 세 척 가운데 하나다. 양자강을 항해할 '권리'와 미국인의 생명과 재산을 보호할 '권리'는 2차 아편전쟁 후인 1860년 북경조약에서 얻어낸 것이다. 笠原十九司, 『日中全面戰爭と海軍』, 22쪽.

69. *Washington Post*, Dec. 14, 1937. *Los Angeles Times*, Dec. 15, 1937. *New York Times*, Dec. 1937. *Manchester Guardian*, Dec. 14 and 20, 1937. *The Times of London*, Dec. 14 and 16, 1937.

70. 笠原十九司, 앞 책, 302쪽.

71. 1930년대 후반에 미국 언론은 일반적으로 "태평양에서 일어난 일들을 경시하는 경향"이 있었고, 아시아에 관한 보도가 1면을 장식하는 일은 거의 없었다. James C. Schneider, *Should America Go to War? The Debate over Foreign Policy in Chicago, 1939-1941*, University of North Carolina Press, 1989, p. 150 참조.

72. 笠原十九司, 앞 책, 304~305쪽.

73. *The Chicago Daily News*, Dec. 14, 1937. 笠原十九司, 위 책, 247, 303쪽.

74. *Los Angels Times*, Dec. 14, 1937.

75. Allan Robert Brown, "The Figurehead Role of the Japanese Emperor: Perception and Reality", Ph.D. 학위논문, Stanford University, Ann Arbor, Michigan: Univ. Microfilms, 1971, pp. 197~198.

76. 이시지마 노리유키(石島紀之), 「中国の抗戦体制と対外関係」, 歴史学研究会 編, 『講座世界史 (8)戦争と民衆−第二次世界大戦』, 東京大学出版会, 1996, 53~54쪽. Youli Sun, *China and the Origins of the Pacific War, 1931-1941*, St. Martin's Press, 1993, pp. 92~95.

77. 藤原彰, 『昭和天皇の十五年戦争』, 96쪽.

78. 笠原十九司, 앞 책, 214~215쪽.

79. Youli Sun, 앞 책, p. 97.

80. 藤原彰, 앞 책, 96쪽.

81. 『現代史資料』第9巻, 50쪽. 山田朗, 앞 글, 81쪽.

82. 『西園寺公と政局(6)』, 204쪽.

83. 위 책, 207쪽. 山田朗, 앞 글, 84쪽. 『東京日日新聞』1938년 1월 12일 치 석간에 서는 「역사적 어전회의를 열다, 항일정권 근절을 기하고 동양평화 확립을 향해 매진, 제국 부동(不動)의 방책을 정하다」라는 1면 표제를 실었다. 『東京朝日新聞』에서는 어전회의실을 대략 묘사하고 좌석 배치를 소개했다.

84. James B. Crowley, *Japan's Quest for Autonomy: National Security and Foreign Policy, 1930-1938*, Princeton University Press, 1966, p. 372.

85. 藤原彰, 앞 책, 97쪽.

86. 山田朗, 앞 글, 83~84쪽.

87. 藤原彰, 앞 책, 98쪽.

88. 江口圭一, 앞 책, 263쪽. 纐纈厚, 『日本海軍の終戦工作』, 192쪽. 笠原十九司, 앞 책, 294~295쪽.

89. 藤原彰, 앞 책, 98쪽.

90. 山田朗, 앞 글, 85쪽.

91. 陸戦学会戦史部会 編, 『近代戦争史概説 資料集』, 九段社, 1984. 이러한 사상 자 수는 1945년 12월 제1복원국(復員局)이 집계한 것으로, 오늘날에도 매우 유용하다 할 수 있다.

92. 防衛庁防衛研修所戦史室, 『戦史叢書 中国方面陸軍航空作戦』, 朝雲新聞社, 1974, 163~164쪽, 223~224쪽. 150쪽과 180~201쪽도 참조.

93. 江口圭一, 「中国戦線の日本軍」, 『十五年戦争史(2)』, 青木書店, 1988, 60쪽.

94. 原田熊雄 述, 『西園寺公と政局(7)』, 岩波書店, 1950, 51쪽. 또한 하라다는 몇 주 전에 기도가 유아사 구라헤이 내대신에 대한 비판의 목소리 를 높인 것을 주목했다. 9월 16일 일기에 하라다는 11일 기도를 만나 다음 이야기를 들은 것을 적어두었다. "내대신처럼 법률만이 능사인 줄 아는 외골수가 되어 무슨 일만 생기면 '법에 따라 처단하라'고 말하며 법의 적용을 경시총감 따위에게 요구하는 것은 시대를 이해하지 못하는 일이다. ……이러한 점이 총리와 잘 맞지 않는 부분이라고 생각한다. 우익마저 앞서나가고 있으니 이래서야 되겠는가?" 『西園寺公と政局(7)』, 108쪽.

95. 다나카 노부마사(田中伸尚), 『ドキュメント昭和天皇 第1巻 侵略』, 緑風出版,

1984, 84쪽.

96. Hsi-Sheng Ch'i, "The Military Dimension, 1942-1945", in James C. Hsiung and Steven I. Levine, *China's Bitter Victory: The War with Japan 1937-1945*, M. E. Sharpe, Inc., 1992, p. 179.

97. 이노우에 기요시(井上淸), 『天皇の戰爭責任』, 岩波書店, 1991, 121쪽.

98. 吉見義明, 『草の根のファシズム 日本民衆の戰爭体驗』, 東京大学出版, 1991, 27쪽. 고노에 3원칙에는 "일본은 영토나 배상에 얽매이지 않고, 중국의 '주권을 존중' 하고, '치외법권을 철폐' 하며, '조계(租界) 반환' 을 적극적으로 고려한다" 는 문장이 덧붙여져 있었다.

99. 오카베 마키오(岡部牧夫), 「アジア太平洋戰爭」, 『戰後日本 占領と戰後改革 (1)世界史のなかの一九四五年』, 岩波書店, 1995, 35쪽.

100. 『西園寺公と政局(7)』, 249, 258쪽. 히라누마가 지명한 외무대신 아리타 하치로 (有田八郎)도 3국동맹에 반대했으며, 이를 입각의 조건으로 삼았다. 히라누마의 국본사 해산에 대해서는 Christopher A. Szpilman, "The Politics of Cultural Conservatism: The National Foundation Society in the Struggle Against Foreign Ideas in Prewar Japan, 1918-1936", Ph.D. 학위논문, Yale University, 1993 참조.

101. 와타나베 도시히코(渡辺俊彦), 「七三一部隊と永田鉄山」, 中央大学人文科学研究所 編, 『日中戰爭 日本, 中国, アメリカ』, 中央大学出版部, 1993, 275~276, 296쪽과 여기서 인용한 Alvin D. Coox, *Nomonhan: Japan Against Russia*, 1939, vol. 2, p. 919. 와타나베는 생물학무기가 노몬한으로 수송되었으며, 하바롭스크에서 열린 소련의 군사법정(1950년 12월)에서 일본인 전범 피고인들이 세균무기를 이용했다고 증언한 것을 지적한다.

102. 江口圭一, 『大系 日本の歴史 14 二つの大戰』, 小学館, 1989, 274쪽. 渡辺俊彦, 윗글, 296쪽에서는 전사자가 1만 9714명이라며 더 많은 수를 제시했다.

103. 1943년 핫토리는 육군 참모본부 작전과장으로까지 승진했다. 江口圭一, 앞 책, 273~374쪽. 전후에 히로히토는 노몬한 사건에 관해 언급했는데, 전투를 지시했던 천황의 명령이 옳았다고 믿고 있었다. 寺崎英成・マリコ テラサキ ミラー 編著, 『昭和天皇独白録―寺崎英成・御用掛日記』, 文芸春秋, 1991, 44~45쪽.

노몬한 방면의 만주—소련 국경(바르게는 만주—몽골 국경—일본어판)은 명료하지 않으므로 불법 침입은 양측이 모두 트집을 잡을 수 있는 셈이다. 당시 관동군 사령관인 야마다 오쓰조(山田乙三)〔우에다 겐키치를 잘못 안 것. 야마다는 종전 시의 관동군 사령관)에게는 만주국경을 엄수하라는 대명(大命)이 내려져 있었기 때문에 관동군이 침입해 온 소련 병사와 교전한 것은 이유 있는 일이었고, 또한 일만협동방위협정의 입장에서 만주국군이 교전에 참가한 것도 정당한 일이다.

이 사건을 감안하여, 그 후 명령을 변경하여 국경이 불명료한 지방 및 벽지의 국 경은 엄수하지 않기로 했다.

104. 藤原彰・粟屋憲太郎・吉田裕・山田朗, 『徹底検証・昭和天皇独白録』, 大月 書店, 1991, 49쪽.

105. Donald Cameron Watt, *How War Came: The Immediate Origins of the Second World War, 1938-1939*, William Heinemann Ltd., 1989, pp. 349~360.

106. 田中伸尚, 앞 책, 98~99쪽.

107. 『西園寺公と政局(7)』, 334~336쪽.

108. 1935년부터 1941년까지 중국에서 미·영과 일본 사이에 벌어진 '금융전쟁'에 대해서는 Jonathan Kirshner, *Currency and Coercion: The Political Economy of International Monetary Power*, Princeton University Press, 1995, pp. 51~61 참조.

109. 「侍従武官長日記」, 『文芸春秋 臨時増刊』, 1971년 5월. 田中伸尚, 앞 책, 89쪽.

110. Geoffrey Roberts, *The Soviet Union and the Origins of the Second World War: Russo-German Relations and the Road to War, 1933-1941*, London: MacMillan Press Ltd., 1995, pp. 92~93.

111. 『畑俊六日記』, みすず書房, 1983, 231쪽.

112. 『木戸日記(下)』, 742~743쪽, 1939년 8월 28일 치.

113. 『畑俊六日記』, 218쪽, 231쪽.

114. 요나이 지명을 둘러싼 상황에 관해서는 다음을 참조. 『木戸日記』, 766쪽. 『西園 寺公と政局(8)』, 166쪽, 176쪽. 이와부치 다쓰오(岩淵辰雄), 『重臣論』, 高山 書院, 1941, 190~191쪽. 『昭和天皇独白録』, 49쪽.

115. 호사카 마사야스(保阪正康), 「昭和陸軍の興亡 第六回 昭和天皇と東条英 機」, 『月刊 Asahi』, 1991년 2월, 161쪽.

116. 이와이 다다쿠마(岩井忠熊), 「天皇制の五十年」, 立命館大学人文科学研究所編, 『戦後五十年をどうみるか 下 二一世紀の展望のために』, 人文書院, 1998, 247쪽.

117. Jonathan Haslam, *The Soviet Union and the Threat from the East, 1933-41*, pp. 92~94. 1937년 중엽 이후 중국은 소련과 비밀 불가침조약을 체결했고, 이에 소련은 일본을 중국에 묶어두는 이득을 얻었다. 소련의 원조는 군사고문과 조종사, 비행기, 설비, 탄약에 이르렀으며, 이들은 시베리아와 중앙아시아에서 육로로, 해로를 통해 하이퐁으로, 버마의 지원 경로를 통해 랑군으로 운반되었다. 많은 원조를 받았지만, 거듭된 장개석의 패전을 메울 수는 없었다.

보주1. 모리 시게키(森茂樹), 「戦時天皇制国家における『親政』イデオロギーと政策決定過程の再編―日中戦争期の御前会議」, 『日本史研究』454, 2000년 5월, 23쪽.[보주는 영어판에는 없고 일본어판에 추가된 것이다―편집자]

3부 10장 수렁에 빠진 전쟁, 그리고 확전

1. 防衛庁防衛研修所戦史室 編, 『戦史叢書 支那事変陸軍作戦 1 昭和十三年一月まで』, 朝雲新聞社, 1975, 239쪽. 紀学仁(主編), 藤原彰 粟屋憲太郎(解説), 『日本軍の化学戦―中国戦場における毒ガス作戦』, 大月書店, 1996, 374쪽. 藤原彰, 「中日戦争における捕虜虐殺」, 『季刊 戦争責任研究』第9号(1995年 秋季号), 20~21쪽.

2. 粟屋憲太郎, 「いま, 未決の戦争責任とは 謝罪・補償要求と細菌・毒ガス戦問題を中心に」, 『世界』第558号, 1991년 9월, 51쪽.

3. 요시미 요시아키(吉見義明)・마쓰노 세이야(松野誠也), 「毒ガス戦関係資料II 解説」, 『十五年戦争極秘資料集 補巻 2 毒ガス戦関係資料 II』, 不二出版, 1997, 27쪽.

4. 우스이 가쓰미(臼井勝美)・이나바 마사오(稲葉正夫) 編, 『現代史資料 9 日中戦争 2』, みすず書房, 1964, 211~212쪽. 田中伸尚, 『ドキュメント昭和天皇 第二巻 開戦』, 緑風出版, 1985, 96쪽. 대본영이 설치되기 전에 천황이 전선의 사령관에게 내리는 대륙명(大陸命)은 '임참명(臨参命)'이라고 했다.

5. 吉見義明・松野誠也, 앞 글, 25~29쪽. 보복을 우려하여 중국에 거주하는 서양인들에게는 독가스를 사용하지 않도록 매우 주의했으나, 중국인 민간인에 대해서는 신경을 쓰지 않았다.

6. 윗글, 28쪽.

7. 윗글.

8. 紀学仁(主編), 藤原彰・粟屋憲太郎(解説), 앞 책, 376쪽. 1938년 5월 14일, 국제연맹은 일본의 독가스 사용을 비난하는 결의를 채택했다.

9. 위 책, 377쪽.

10. 吉見義明・松野誠也, 앞 글, 28쪽.

11. 윗글, 29쪽.

12. 윗글. 천황과 세균전에 관한 논의는 요시미 요시아키(吉見義明)・이코 도시야(伊香俊哉), 『七三一部隊と天皇・陸軍中央』, 岩波ブックレット, 1995, 8~9쪽을 보라.

13. 윗글.

14. 마에다 데쓰오(前田哲男), 『戦略爆撃の思想 ゲルニカ 重慶-広島への軌跡』, 朝日新聞社, 1988, 156~157, 167, 420쪽.

15. 일본은 미국 제품 수입량이 늘고 있었는데도 이것이 초래할 사태에 거의 아무런 대비도 하지 않았다. 1940년까지 일본은 총수입액의 36퍼센트를 미국에 내주었다. 석유가 전체의 75퍼센트를 차지했다. 일본에서 쓰이는 철의 70퍼센트, 면화의 35퍼센트, 기계의 3분의 2, 구리의 90퍼센트가 미국에서 수입되었다. 大江志乃夫, 『統帥権』, 日本評論社, 1983, 195쪽.

16. 江口圭一, 「中国戦線の日本軍」, 『十五年戦争史(2)』, 青木書店, 1988, 61쪽. 다나카 류키치가 기초한 문서에서 인용.

17. 姫田光義, 「日本軍による『三光政策・三光作戦』をめぐって」, 『日中戦争』, 中央大学出版部, 1993, 120쪽.

18. 藤原彰, 「『三光作戦』と北支那方面軍(1)」, 『季刊 戦争責任研究』 第20号(1998年 夏季号), 23쪽.

19. 江口圭一, 앞 글, 61쪽.

20. 藤原彰, 앞 글, 27쪽.

21. 윗글, 28쪽.

22. 藤原彰, 「『三光作戦』と北支那方面軍(2)」, 『季刊 戦争責任研究』 第21号(1998

年 秋季号), 73쪽. 姫田光義, 『三光作戦とは何だったか─中国人の見た日本の戦争』, 岩波ブックレット, 1996, 43쪽.

23. 森山優, 『日米開戦の政治過程』, 吉川弘文館, 1998, 53쪽.

24. 전문은 山田朗 編, 『外交資料 近代日本の膨張と侵略』, 新日本出版社, 1997, 317~318쪽을 보라.

25. 다카기의 견해는 1940년 7월 27일자 「帝国の近情と海軍の立場」이라는 보고서에 씌어 있다. 纐纈厚, 『日本海軍の終戦工作─アジア太平洋戦争の再検証』, 中公新書, 1996, 51~54쪽.

26. 위 책, 51~52쪽.

27. 原田熊雄 述, 『西園寺公と政局(8)』, 岩波書店, 1952, 32쪽.

28. 原田熊雄 述, 『西園寺公と政局(7)』, 岩波書店, 1952, 339쪽.

29. 위 책, 108쪽.

30. 田中伸尚, 『ドキュメント昭和天皇 第1巻 侵略』, 緑風出版, 1984, 109~112쪽.

31. 이토 다카시(伊藤隆) · 데루누마 야스타카(照沼康孝) 編, 『続 · 現代史資料 4 陸軍 畑俊六日誌』, みすず書房, 1983, 258쪽. 安田浩, 『天皇の政治史─睦仁 · 嘉仁 · 裕仁の時代』, 青木書店, 1998, 268쪽.

32. 『木戸幸一日記 下』, 東京大学出版会, 1966, 794쪽.

33. 伊藤隆 · 照沼康孝 編, 앞 책 『畑俊六日誌』, 268쪽.

34. 防衛庁防衛研修所戦史部 編, 『戦史叢書 陸海軍年表 府 兵語 · 用語の解説』, 朝雲新聞社, 1980, 336쪽.

35. 『木戸幸一日記 下』, 802쪽.

36. 田中伸尚, 앞 책, 113~116쪽.

37. 1940년 7월 21일 그루(Grew)가 헐(Hull)에게 보낸 비밀 전문. '일본의 내정에 관한 미 국무부 문서집─정치관계: 1940년 7월~1941년 7월(*Records of the U. S. Department of State Relating to the Internal Affairs of Japan, Political Affairs: July 1940 to July 1941*)'에서.

38. 安田浩, 앞 책, 4, 8쪽.

39. 정책문서 「世界情勢の推移に伴ふ時局処理要綱」의 상세한 절차에 관해서는 모리 시게키(森茂樹), 「国策決定過程の変容─第二次 · 第三次近衛内閣の国策決定をめぐる『国務』と『統帥』」, 『日本史研究』395号, 1995년 7월, 39쪽을 보라.

40. Jonathan Marshall, *To Have and Have Not: Southeast Asia Raw Materials*

and the Origins of the Pacific War, University of California Press, 1995, pp. 7~32, 36~53.

41. 森茂樹,「国策決定過程の変容」, 34쪽.

42. "Interrogation of (Marquis) Kido Koichi, Feb. 27, 1946",『国際検察局尋問調書』第3巻, 533쪽. 森茂樹,「枢軸外交及び南進政策と海軍」,『歴史学研究』727号, 1999년 9월, 17쪽.

43. 森山優, 앞 책, 54쪽.

44. 사와다 시게루(沢田茂),『参謀次長 沢田茂回想録』, 芙蓉書房, 1982, 72~73쪽.

45. 위 책, 73~74쪽.

46. 위 책, 74쪽.

47.『木戸幸一日記 下』, 812쪽.

48. 吉沢南,『戦争拡大の構図』, 青木書店, 1986, 68, 70, 72쪽.

49. 조너선 마셜(Marshall, Jonathan)은 저서 *To Have and Have Not: Southeast Asia Raw Materials and the Origins of the Pacific War*에서, 늦어도 1940년에는 두 나라가 모두 자원 지배에 관해 중상주의적인 관점에서 국익을 규정하게 되었다고 주장한다.

50.『木戸幸一日記 下』, 821쪽.

51. 위 책, 825쪽.

52. 조약의 문안은 James W. Morley, ed., *Deterrent Diplomacy: Japan, Germany, and the USSR, 1935-1940*, Columbia University Press, 1976, pp. 298~299을 보라.

53. 井上清,『天皇の戦争責任』, 現代評論社, 1976, 125쪽.

54. 原田熊雄 述, 앞 책, 第7巻, 280쪽.

55.『木戸幸一日記 下』, 822쪽.

56. 原田熊雄 述, 앞 책, 347쪽.

57. 安田浩, 앞 책, 270쪽.

58. 寺崎英成・マリコ テラサキ ミラー 編著,『昭和天皇独白録』, 文芸春秋, 1991, 129쪽. 독백록에서 히로히토는 두 차례 "지치부노미야가 일독동맹을 주장했다"고 했다. 그리고 "지치부노미야는 병에 걸렸기 때문에 그 의견은 모른다. 다카마쓰노미야는 언제나 당국자의 의견에는 그다지 찬성하지 않았는데, (중략) 일독동맹 이래 전쟁을 구가했으나 도조 내각이 들어서자 전쟁을 방지하자는 의견"

으로 돌아섰다고 덧붙였다.

59. 1940년 10월 19일, 기도는 천황이 오이카와 제독에게 다음과 같이 말했다고 기록했다. "지치부노미야는 가벼운 결핵으로 인해 요양을 하고 있으므로 만일의 경우에 섭정은 다카마쓰노미야에게 부탁해야 한다. 그러니 다카마쓰노미야는 제일선에서 근무하지 않도록 배려해야 한다." 『木戸幸一日記 下』, 830쪽. 秩父宮家, 『雍仁親王実紀』, 吉川弘文館, 1972, 639쪽.

60. 『木戸幸一日記—東京裁判期』, 東京大学出版会, 1980, 460쪽. 동맹을 체결한 표면의 의도는 미일전쟁을 막는 데 있었으나, 그 진의는 전혀 다른 것이었다. 田中伸尚, 『ドキュメント昭和天皇 第1巻』, 117~118쪽과 井上清, 앞 책, 139쪽 참조.

61. 千田夏光, 『天皇と勅語と昭和史』, 汐文社, 1983, 311~313쪽.

62. 森茂樹, 「松岡外交における対米および対英策—日独伊三国同盟締結前後の構想と展開」, 『日本史研究』 421号, 1997년 9월, 50쪽.

63. 『木戸幸一日記 下』, 830쪽.

64. 후루카와 다카히사(古川隆久), 「紀元二千六百年奉祝記念事業をめぐる政治過程」, 『史学雑誌』 第103巻 第9号, 1994년 4월, 1쪽.

65. 마쓰오 쇼이치(松尾章一), 『近代天皇制国家と民衆・アジア(下)』, 法政大学出版局, 1998, 183쪽.

66. 『東京日日新聞』, 1940년 11월 11일 치 임시 석간. *The Oriental Economist* 7, no. 11, nov. 1940, p. 640에 조칙의 영어 번역문이 실려 있다.

67. Antony Best, *Britain, Japan and Pearl Harbor: Avoiding War in East Asia, 1936-41*, Routledge, 1995, p. 130.

68. Edward S. Miller, *War Plan Orange: the U.S. Strategy to Defeat Japan, 1897-1945*, U.S. Naval Institute Press, 1991, pp. 269~270. 1940년 11월, 루스벨트는 계획의 전제를 받아들이고, "전시에 동맹을 맺을 경우에 사용될 합동 계획에 영국이 참가하도록 영국과 비밀 협상을 실시하는 데 동의했다."(p. 270) 미국과 영국의 합동 전쟁 계획은 1941년 초에 개시되었다.

3부 11장 진주만의 서곡

1. 森山優, 『日米開戦の政治過程』, 吉川弘文館, 1998, 164쪽.

2. 森茂樹, 「国策決定過程の変容―第二次・第三次近衛内閣の国策決定をめぐる『国務』と『統帥』」, 『日本史研究』第395号, 1995년 7월, 58~60쪽.

3. 藤原彰, 『昭和天皇の十五年戦争』, 青木書店, 1991, 97쪽.

4. 秦郁彦 編, 『日本陸海軍総合事典』, 東京大学出版会, 1991, 497쪽.

5. 森茂樹, 「山田朗著『大元帥昭和天皇』」, 東京歴史科学研究会 編, 『人民の歴史学』第124号, 1995년 7월, 27쪽.

6. 세지마 류조(瀬島竜三), 「体験から見た大東亜戦争」, 軍事史学会 編, 『第二次世界大戦(3) 終戦』(『軍事史学』第31巻 第1・2合併号), 1995년 9월, 錦正社, 400쪽.

7. 윗글, 397쪽.

8. 윗글, 400쪽.

9. 야마다 아키라(山田朗)의 보고서는 『徹底検証・昭和天皇「独白録」』, 大月書店, 1991, 101쪽을 보라.

10. 山田朗, 「昭和天皇の戦争指導―情報集中と作戦関与」, 『季刊 戦争責任研究』第8号(1995年 夏季号), 日本の戦争責任資料センター, 18쪽.

11. 모리마쓰 다시오(森松俊夫), 「昭和天皇を偲び奉る―尾形侍従武官日記から」, 『昭和軍事秘話―同台クラブ講演集 中巻』, 同台経済懇話会, 1989, 7~8쪽.

12. 山田朗, 앞 글, 19쪽.

13. 이모토 구마오(井本熊男), 『作戦日誌で綴る大東亜戦争』, 芙蓉書房, 1979, 37~38쪽. 藤原彰 粟屋憲太郎 吉田裕 山田朗, 『徹底検証・昭和天皇「独白録」』, 大月書店, 1991, 104쪽.

14. Jonathan Haslam, *The Soviet Union and the Threat From the East, 1933-41: Moscow, Tokyo and the Prelude to the pacific War*, University of Pittsburgh Press, 1992, p. 136.

15. 철도역에서 마쓰오카가 출발하기 직전에 히틀러는 다음과 같이 경고했다고 한다. "당신은 일본으로 돌아가서, 독일과 소련의 분쟁은 문제가 되지 않는다고 천황에게 보고해서는 안 된다." Paul Schmidt, *Hitler's Interpreter*, New York: Macmillan, 1951, p. 231.

16. ボリス スラヴィンスキー(Borisu Suravinsukii), 高橋実・江沢和弘訳, 『考証日ソ中立条約―公開されたロシア外務省機密文書』, 岩波書店, 1996, 114~116쪽에 인용되어 있다.

17. 위 책, 117쪽.

18. Joseph Gordon, "The Russo-Japanese Neutrality Pact of April 1941", in S. H. Jones Jr. and John E. Lane, eds., Columbia University East Asian Institute Studies 6: *Researches in the Social Science on Japan* 2, June 1959). スラヴィンスキー, 앞 책, 114~116쪽.

19. スラヴィンスキー, 위 책, 129~130쪽, 134~135쪽.

20. 위 책, 148쪽.

21. 위 책, 134~142쪽.

22. 위 책, 143쪽. 공개 출판되지 않은 후지이 시게루(藤井茂)의 일기에서 인용.

23. 아베 히코타(安部彦太), 「大東亜戦争の計数的分析」, 近藤新治 編, 『近代日本戦争史 第四編 大東亜戦争』, 同台経済懇話会, 1995, 824쪽.

24. 요시다 유타카(吉田裕)도 이에 대해 논하며 '임시 군사비 특별회계'가 육해군에 막대한 전력을 축적하게 한 기제가 되었다고 보았다. 육해군 양군은 중일전쟁을 위해 배정된 군사비를 기본 전력을 증강하는 비용으로 전용했다. 양군은 중국에서 매우 적은 비용을 들여 싸웠으며, 막대한 군사비의 대부분을 군비 비축과 확장을 위한 자금으로 확보했다. 대장성의 재정사(『昭和財政史 第4巻』, 東洋経済新報社, 1996)를 인용하며 요시다는 1945년까지 중일전쟁에 들어간 직접 비용이 임시 군사비 지출 총액의 3분의 1밖에 되지 않으리라고 추산한다.
    吉田裕, 『日本人の戦争観』, 岩波書店, 1995, 17~19쪽과 Captain John Weckerling, "Military Attaché Report No. 9221", Feb. 3, 1938, p. 4, National Archives, Reel no. 13 참조.

25. 노부타카 이케(Nobutaka Ike), ed. and trans., *Japan's Decision for War: Records of the 1941 Policy Conferences*, Stanford University Press, 1967, pp. 78~79. 노부타카 이케의 번역을 일부 고쳐서 인용했다. 参謀本部 編, 『杉山メモ 上』, 原書房, 1967, 260쪽 참조.

26. 粟屋憲太郎 외 編, 『東京裁判資料・木戸幸一尋問調書』, 大月書店, 1987, 557쪽.

27. 田中伸尚, 『ドキュメント昭和天皇 第1巻 侵略』, 緑風出版, 1984, 129쪽. 시마다 도시히코(島田俊彦), 『関東軍』, 中公新書, 1965, 168~175쪽.

28. 독백록에서 히로히토와 그 측근들은 7월 2일 어전회의와 그때의 남부 인도차이나 진주 결정을 대수롭지 않은 것으로 넘기려고 애썼다. 그리하여 히로히토는 미국

의 대일본 정책이 강경해진 것을 군부 탓으로 돌렸다. 히로히토는 "7월 2일 어전 회의에서는 소련에 대한 전쟁 선포론을 철회할 것을 명하고, 동시에 그 대가의 의미를 담아 남부 인도차이나 진주를 재가했다"고 했다. 그러고 나서 히로히토(또는 그 측근 중 하나)는 앞뒤가 안 맞는 설명을 덧붙였다. "8월경(사실은 7월이 맞다 —일본어판)은 하이난 섬(海南島)에 집결하는 중인 진군부대를 귀환시키려고 하면 그러할 수 있는 여유가 있는 때였다. 그래서 나는 하스누마(蓮沼)(번(蕃))] 무관장을 통해 도조에게, 국내의 쌀 작황이 극히 나쁘므로 남방에서 쌀 수입이 중지된다면 국민은 굶어 죽을 수밖에 없다, 진주를 멈추라고 말했으나 도조는 이를 듣지 않아, 결국 7월 26일에 발표된 일본군의 남부 인도차이나 진주는 가공할 대일 경제봉쇄라는 결과를 낳았다." 『昭和天皇独白録』, 文芸春秋, 1991, 59쪽 참조.

29. 『杉山メモ 上』, 284쪽.

30. 森山優, 앞 책, 171쪽.

31. 위 책, 164~165쪽.

32. 吉沢南, 『戦争拡大の構図』, 青木書店, 1986, 232쪽.

33. Michael Schaller, "The Debacle in the Philippines", in Robert Love, Jr. ed., *Pearl Harbor Revisited*, Macmillan Press Ltd., 1995, pp. 111~129. John E. Costello, "Remember Pearl Harbor", in *U. S. Naval Academy, Proceedings*, Sept. 1983, p. 55. 그리고 Brian McAlister Linn, *Guardians of Empire: The U. S. Army and the Pacific, 1902-1940*, University of North Carolina Press, 1997에 따르면 맥아더는 미국인 부대 1만 569명과 필리핀 '정찰대' 1만 1963명, 총 2만 2532명을 휘하에 두었다. 이들 병력은 12월에 상당히 증강되었다. 일본군이 공격하기까지 "파견된 미국인은 거의 1만 9000명으로 늘어났고, 여기에 또 다른 1만 9000명이 필리핀으로 향했다"(pp. 245~254). 워싱턴의 정치가와 군 관료 대부분은 맥아더의 방위 준비가 취약하다는 사실을 잘 알았기 때문에 필리핀을 방위하는 것은 불가능하다고 생각했다.

34. *FRUS, Japan 1931-1941*, vol. II, Washington, D. C.: USGPO, 1943, pp. 266~267.

35. 森山優, 앞 책, 166~167쪽에서 사와모토 요리오(沢本頼雄) 해군성 차관과 해군 군무국원인 후지이 시게루(藤井茂)의 일기를 포함해 미간행 해군 자료를 인용했다.

36. 『杉山メモ 上』, 286쪽.

37. 森山優, 앞 책, 169쪽에서 「沢本日記」를 인용. 『木戸幸一日記 下』, 東京大学出版会, 1966, 895쪽.

38. 森山優, 앞 책, 171~176쪽.

39. Robert J. C. Butow, "The Hull-Nomura Conversations: A Fundamental Misconception", in *American Historical Review* 64, no. 4, July 1960, pp. 822~836. Butow, "Backdoor Diplomacy in the Pacific: the Proposal for a Konoye-Roosevelt Meeting, 1941", in *Journal of American History* 59, no. 1, June 1972, pp. 48~72.

40. 스도 신지(須藤真志), 『日米開戦外交の研究―日米交渉の発端からハル ノートまで』, 慶応通信, 1986, 184쪽. 『木戸幸一日記 下』, 897쪽.

41. 森山優, 앞 책, 177쪽. 須藤真志, 위 책, 184쪽.

42. 이러한 논의의 최근 예로 Seishiro Sugihara, *Between Incompetence and Culpability: Assessing the Diplomacy of Japan's Foreign Ministry from Pearl Harbor to Potsdam*, trans. Norman Hu, University Press of America, 1997이 있다.

43. 須藤真志, 앞 책, 186쪽.

44. 纐纈厚, 『日本海軍の終戦工作』, 中公新書, 1996, 57~58쪽.

45. 위 책, 58~59쪽.

46. 1946년 3월 4일 스가모 구치소에서 헨리 R. 사켓의 심문에 대답한 기도의 진술, p. 603, in case 5, vol. 5, series 81180, National Archives Record Group 331, Records of Allied Operational and Occupation Headquarters, World War II.

47. 『高松宮日記 (3)』, 中央公論社, 1995, 283~284쪽.

48. 山田朗, 『軍備拡張の近代史―日本軍の膨張と崩壊』, 吉川弘文館, 1997, 223쪽. 防衛庁防衛研修所戦史室 編, 『戦史叢書 大本営陸軍部 大東亜戦争開戦経緯1』, 朝雲新聞社, 1973, 368~369쪽.

49. 纐纈厚, 위 책, 66쪽.

50. 『杉山メモ 上』, 303~305, 312쪽.

51. 위 책, 310쪽.

52. 『木戸幸一日記 下』, 900~901, 904쪽. 특히 8월 11일, 18일 치. 또한 고노에와 기도의 일기를 인용한 防衛庁防衛研修所戦史室 編, 『戦史叢書 大本営陸軍部

주석_849

大東亜戦争開戦経緯4』, 朝雲新聞社, 1974, 543~544쪽을 보라.

53. 시게미쓰 마모루(重光葵), 『続 重光葵手記』, 中央公論社, 1988, 104~106쪽.

54. 기도가 전후에 스가모 구치소에서 쓴 일기에 따르면, 고노에는 당초 기도에게 "군부가 밀어붙였다"고 말했다. 그 후 기도는 히로히토와 상의하며 스기야마 참모총장과 나가노 군령부 총장을 불러들이도록 진언했다.

> 천황의 하문(下問)에 대한 두 총장의 답변과 관련하여 폐하가 스기야마 참모총장을 질타하자, 나가노 군령부 총장이 앞에서 말한 바와 같이 "때로는 외과수술도 필요……" 하다며 그를 도와주는 장면도 있었다.〔영어판 원서에는 "폐하는 기안 문서의 첫 항이 전쟁 개시 결정에 관한 것이고 외교 협상은 둘째 항에 온다는 사실에 가장 큰 의구심을 품으셨다."는 문장이 추가로 인용되어 있다―옮긴이〕

기도의 설명은 천황이 미·영과 전쟁을 개시하는 데 소극적이었기 때문에 애매한 태도를 취했다는 느낌을 준다. 9월 5일 치 스기야마의 메모도 천황의 반전(反戰) 느낌을 증명하는 듯 보인다. 메모에 따르면 히로히토는 큰 소리로 "(남방 작전이) 예정대로 진행되리라고 생각하는가?" "그대가 대신이었을 때 장개석이 곧바로 항복할 것이라고 말했는데 아직도 안 되고 있지 않은가?"〔영어판 원서에는 "중국 내륙은 광대하다고 그대는 말하는데, 태평양은 중국보다 훨씬 더 크지 않은가?"라는 말도 인용되어 있다―옮긴이〕 하고 말했다(이때의 회의에 관해 나중에 고노에가 회상한 내용도 이를 뒷받침해준다). 그러나 고노에가 천황에게 한 질문은 스기야마의 메모에 기록되어 있지 않다. 다음의 문헌을 보라. 『木戸幸一日記―東京裁判期』, 東京大学出版会, 1980, 461~462쪽. 『杉山メモ 上』, 原書房, 1967, 310~311쪽. 矢部貞治, 『近衛文麿 下』, 弘文堂, 1952, 361쪽.

55. 다카기 소이치의 사료 문서, 「政界諸情報―昭和一二年から」, 589, 591~595쪽에서. 다카기의 사료 원문에 "육상의 직에 있어"와 "어려움이 의외로 많아서" 다음 말이 생략되어 있다. 이 문서는 도쿄의 방위청 전사부(戰史部) 도서관에 소장되어 있으며, 纐纈厚, 『日本海軍の終戦工作』, 71~72쪽에도 인용되었다.

56. 시이나 다케오(新名丈夫) 編, 『海軍戦争検討会議記録―太平洋戦争開戦の経緯』, 毎日新聞社, 1976, 28쪽.

57. 도몬 슈헤이(土門周平), 『戦う天皇』, 講談社, 1989, 22쪽.

58. 『木戸幸一日記 下』, 905쪽.

59. 『杉山メモ 上』, 322쪽.

60. 土門周平, 앞 책, 22쪽.

61. James W. Morley, ed., David A. Titus, trans., *Taiheiyo senso e no michi. English Selections: The Final Confrontation: Japan's Negotiations with the United States, 1941*, Columbia University Press, 1994, p. 176.

62. 岩井忠熊, 『明治天皇「大帝」伝説』, 三省堂, 1997, 150~151쪽.

63. 『杉山メモ 上』, 331쪽.

64. 위 책.

65. 纐纈厚, 『日本海軍の終戦工作』, 74~75쪽.

66. 『木戸幸一日記 下』, 909쪽. 고노에가 자살한 뒤에 스가모 구치소에서 기도는 1941년 9월 26일 고노에와 나눈 이야기를 일기에 적었다. 그의 일기에 따르면 "육군이 10월 15일을 기해 옳든 그르든 전쟁을 개시한다고 한다면 내게는 자신이 없으므로 진퇴를 생각하는 것 외에는 방법이 없다"고 고노에가 말하자, 기도는 "9월 9일의 어전회의를 결정한 것은 당신이 아닌가? 이제 와서 그만둔다는 것은 무책임하다"고 대답했다. 『木戸幸一関係文書』, 岩波書店, 1966, 30쪽.

67. 『木戸幸一日記 下』, 914쪽. 田中伸尚, 『ドキュメント昭和天皇 第1巻』, 141~142쪽.

68. 『杉山メモ 上』, 348~349쪽. 그 전날 고노에 내각의 마지막 각의가 열렸고, 천황은 기도에게 "작금의 정황으로는 일미 협상이 성립할 희망이 점차 엷어지는 것 같다. 만일 개전한다면 이번에는 선전조칙을 발표해야 한다고 생각한다"고 말했다. 『木戸幸一日記 下』, 914쪽.

69. 小田部雄次, 「反米英だった近衛首相, 『独断者』松岡像の修正も」, 『信濃毎日新聞』, 1995년 6월 5일 치.

70. 『昭和天皇独白録』, 69쪽.

71. 고노에의 사직서는 矢部貞治, 『近衛文麿 下』, 395~396쪽을 보라.

72. 保阪正康, 「昭和陸軍の興亡 第六回 昭和天皇と東条英機」, 『月刊 Asahi』 (1991년 2월호), 163쪽.

73. 『木戸幸一日記 下』, 918쪽.

74. 『高松宮日記 (3)』, 307쪽.

75. 藤原彰, 『昭和天皇の十五年戦争』, 126쪽. 도미타 겐지(富田健治), 『敗戦日本の内側 近衛公の思い出』, 古今書院, 1962에서 인용.

76. 『昭和天皇独白録』, 67쪽.

77. 호시나 젠시로(保科善四郎), 『大東亜戦争秘史―失われた和平工作』, 原書房, 1975, 43쪽. 해군병비국장(海軍兵備局長)으로 진주만 공격 작전 기안에 참여한 호시나 중장은 11월 1일 17시간에 걸친 연락회의에 참석하여, 회의 내용을 적었다.

78. 위 책, 43쪽.

79. 田中伸尚, 『ドキュメント昭和天皇 第1巻』, 270~271쪽.

80. 『杉山メモ 上』, 387쪽.

81. 위 책. 히로히토는 '히틀러의 교황', 반유대주의자인 비오 12세(Pius XII)를 가리킨 것이다.

82. 「대미 · 영 · 네덜란드 전쟁 종결 촉진에 관한 복안(対米英蘭蒋戦争終末促進に関する腹案)」의 마지막 두 항은 천황의 요청으로 삽입되었다. 그 내용은 다음과 같다.

유럽 전황의 정세가 변할 수 있는 좋은 기회, 특히 영국 본토의 몰락, 독소전의 종말, 대인도 시책의 성공.
이를 위해 신속하게 남미 제국, 스웨덴, 폴란드, 교황청에 대한 외교 및 선전 시책을 강화함. 〔영어판에는 이 뒤에 "독일, 이탈리아와 각각 협정을 맺어 일방적인 강화를 하지 않도록 함"이라는 문장이 덧붙어 있다―옮긴이〕
(중략) 영국의 굴복에 즈음하여 즉시 강화(講和)를 맺지 말고 영국으로 하여금 미국을 유도하게 하는 시책에 노력함.

이 문서는 山田朗 編, 『外交資料 近代日本の膨張と侵略』, 新日本出版社, 1997, 355쪽에 전문이 수록되어 있다.

83. 山田朗, 『大元帥 · 昭和天皇』, 新日本出版社, 1994, 156쪽.

84. 위 책, 156쪽. 전국시대에 최초로 일본을 통일한 오다 노부나가(織田信長)는 1560년 혼슈(本州) 중부의 오케하자마(桶狭間)에서 자신보다 훨씬 강대한 적을 쓰러뜨리고 국가 제패로 가는 새로운 길을 열었다. 근대의 '총력전'을 봉건시대나 전(前)봉건시대의 역사에 견주어 논하는 경향은 일본 장교들 사이에 널리 퍼져 있었다.

85. 『木戸幸一日記 下』, 921쪽.

86. 軍事史学会 編, 『大本営陸軍部戦争指導班 機密戦争日誌 上』, 錦正社, 1998,

182쪽, 1941년 11월 4일 치. 그들의 질의응답은 『杉山メモ 上』, 388~406쪽을 보라.

87. 防衛庁防衛研修所戦史室 編, 『戦史叢書 大本営陸軍部 大東亜戦争開戦経緯 5』, 朝雲新聞社, 1974, 338~339쪽.

88. 藤原彰, 앞 책, 129쪽.

89. 田中伸尚, 『ドキュメント昭和天皇 第2巻 開戦』, 緑風出版, 1985, 265쪽.

90. Nobutake Ike, trans. and ed., *Japan's Decision for War: Records of the 1941 Policy Conferences*, Stanford University Press, 1967, p. 204. James MacGregor Burns, *Roosevelt: The Soldier of Freedom*, Harcourt Brace Jovanovich, Inc., 1970, p. 155.

91. 『木戸幸一日記 下』, 921쪽. 기도는 11월 5일의 어전회의 내용을 기록한 일기를 증거물로 압수당했기 때문에, 전후 미국인 조사관들의 심문에 답할 때 그날 있었던 어전회의의 중요성을 깎아내리는 정도밖에는 달리 도리가 없었다. 그러나 도조는 11월 5일 어전회의가 열렸다는 사실 자체를 거듭 부인하다가 마침내 궁지에 몰렸을 때는 회의 내용에 대하여 거짓 진술을 했다. 히로히토는 독백록에서 이에 관해 어떠한 말도 하지 않았다. 도쿄재판에서 검찰이 이 중요한 회의의 의미를 온전히 파악하기는 대단히 어려웠다. "Case File No. 20, Tojo Hideki.", 粟屋憲太郎・吉田裕 編, 『国際検察局(IPS)尋問調書 第5巻』, 日本図書センター, 1993, 108쪽, 134쪽. 도조에 대한 1946년 3월 12일, 15일 심문도 이 책을 참조.

92. 防衛庁防衛研修所戦史部 編, 『戦史叢書 陸海軍年表 付 兵語・用語の解説』, 朝雲新聞社, 1980, 85쪽.

93. 『杉山メモ 上』, 431쪽.

94. 須藤真志, 『ハル ノートを書いた男─日米開戦外交と「雪」作戦』, 文春新書, 1999, 176쪽.

95. 森山優, 앞 책, 222~225쪽.

96. 田中伸尚, 앞 책, 256쪽. 『杉山メモ 上』, 536쪽.

97. 田中伸尚, 위 책, 259~260쪽, 『杉山メモ 上』, 535쪽에서 인용. 『木戸幸一日記 下』, 926~927쪽.

98. 『木戸幸一日記 下』, 928쪽. 『다카마쓰노미야 일기(高松宮日記)』에는 1941년 11월 14일부터 30일에 이르는, 결정적인 17일간의 일기가 빠져 있다. 이 점에 유의하여 『高松宮日記』의 편자(編者)인 아가와 히로유키(阿川弘之)도 다카마쓰노미

야나 다른 누군가가 이 부분을 없애버리지 않았을까 의심했다. "재확인 작업을 했으나 말소한 자취도, 원본에서 잘라내 버린 흔적도 전혀 찾을 수 없었다. 요컨대 사유는 명확하지 않으나 그 해 11월의 일기는 13일 이후 중단되어 이후 두 주 조금 넘게 쓰이지 않았던 것이다." 『高松宮日記(3)』, 422~423쪽.

99. Nobutake Ike, *Japan's Decision for War*, p. 279. 須藤真志, 『ハル ノートを書いた男』, 180쪽.

100. Nobutake Ike, 앞 책, p. 279.

101. 須藤真志, 앞 책, 188~189쪽. 만주에서 일본이 행동한 것은 이미 벌어진 일이었고, 헐도 루스벨트도 이를 미일전쟁으로 직결될 만한 우려 요인으로 문제 삼으려 하지 않았다.

102. 『杉山メモ 上』, 542쪽. Nobutake Ike, 앞 책, p. 282. 여기서는 대체로 이케(Nobutake Ike)의 번역을 따랐다.

103. Nobutake Ike, 앞 책, p. 283. 이케의 번역을 조금 고쳐서 썼다. 田中伸尚, 앞 책, 287쪽.

104. 『杉山メモ 上』, 543쪽. 기도는 일기에 "2시, 어전회의가 개최되어 바로 폐하의 대미 개전 결정이 내려졌다. 4시 반, 총리가 방으로 찾아와 선전 칙서에 대해 협의하다"라고 간단히 기술했다. 『木戸幸一日記 下』, 931쪽.

105. 防衛庁防衛研修所戦史室 編, 『戦史叢書 大本営陸軍部 大東亜戦争開戦経緯 5』, 517쪽. 田中伸尚, 앞 책, 291쪽.

106. 井上清, 『天皇の戦争責任』, 現代評論社, 1975, 181쪽.

107. 岡部牧夫, 「アジア太平洋戦争の開戦手続き」, 『季刊 戦争責任研究』 第8号 (1995年 夏季号), 29쪽.

108. 『木戸幸一日記 下』, 932쪽, 1941년 12월 5일, 6일 치. 田中伸尚, 앞 책, 361~363쪽.

109. 岡部牧夫, 앞 글, 29~30쪽.

110. 1941년 1월에 채택된 「전진훈(戦陣訓)」은 이렇게 시작된다. "이 전진(戦陣)은 대명(大命)에 따라 황군의 진수를 발휘하여, 공격하면 반드시 취할 것이요 싸우면 반드시 이기리니, 널리 황도를 선포하여 적으로 하여금 스스로 천황의 존엄에 감명케 하라."

111. 노무라 미노루(野村実) 編, 『侍従武官 城英一郎日記』, 山川出版社, 1982, 119쪽. 루스벨트의 친서에 대한 히로히토의 반응을 기록한 것 중 가장 신뢰할 수

있는 문헌이 『다카마쓰노미야 일기(高松宮日記)』다. 1941년 12월 10일 다카마쓰노미야는 히로히토에게 들은 이야기를 적었다. 히로히토는 루스벨트 대통령이 그루를 통해 친서를 보내 왔다고 이야기하고, "정부 간에 의견을 나눈 바대로 답장을 하면 된다. 사소한 일을 말해 오는 것이라고 말씀하셨다." 다카마쓰노미야는 "7일 밤에는 수상 관저라든지 외무성이 어수선한 것을 보도 관계자들은 이친서 때문이라고 생각, 작전이 은폐될 수 있었다"고 덧붙였다. 가장 신뢰할 수 없는 문헌은 히로히토의 '독백록'이다. 여기서는 친서에 답장하지 않은 것을 도고시게노리 외상의 탓으로 돌린다.

"나는 단파(短波) 수신으로 루스벨트로부터 친전이 올 것을 이미 알고 있었다. 기도 역시 걱정하며 기다렸으나 좀처럼 도착하지 않는다며 어찌된 것일까 생각하던 참에 12월 8일 오전 3시, 도고가 이를 가지고 왔다. 그루 대사는 스스로 나를 배알하고 전하고자 했던 모양이다. 나는 이 친전에 답할 생각이었지만, 도고는 6일 하와이 앞바다에서 우리 잠수함 2척이 폭격을 당했으므로 더 이상 답하지 않는 편이 좋겠다 하여 그 말에 따라 답장을 하지 않았다."
『高松宮日記(3)』, 333쪽. 『昭和天皇独白録』, 77~78쪽.
112. 『侍従武官 城英一郎日記』, 119~120쪽.

3부 12장 대원수의 시련

1. 진주만 공격 시점에 미국의 연간 생산량은 일본에 비해 철강 12배, 함선 5배, 자동차 105배, 전력 5배 반에 달했다. 山田朗, 『軍備拡張の近代史 日本軍の膨張と崩壊』, 吉川弘文館, 1997, 219~220쪽. 安部彦太, 「大東亜戦争の計数的分析」, 近藤新治 編, 『近代日本戦争史 第四編 大東亜戦争』, 東京堂出版, 1997, 824쪽.
2. 『木戸幸一日記 上』, 東京大学出版会, 1966, 999~1000쪽.
3. 野村実 編, 『侍従武官 城英一郎日記』, 山川出版社, 1982, 139쪽.
4. 위 책, 218쪽.
5. 위 책, 235쪽. 1943년 1월 28일 치 일기는 종교의례가 아닌 세속적인 행사를 언급한다. 이러한 '전통'은 고전 시가인 와카(和歌)를 이용하여 근대의 군주제를 과거와 연계하고 천황의 신민을 결속하려는 목적으로, 메이지 유신 이듬해인 1869년 1월 24일에 처음 도입되었다. 이 행사는, 최고지휘관은 시도 지을 줄 알아야 한다는

생각을 불어넣는다.

6. 위 책, 293쪽. 6월 30일과 12월 31일은 '속죄'의 날로, 히로히토는 흰 비단과 마로 지은 특별한 의상을 입고 '국민 일반이 알게 모르게 범한' 부정(不淨)을 깨끗이 하는 의식을 올렸다. 이하라 요리아키(井原賴明), 『增補皇室事典』, 富山房, 1938, 194쪽.

7. 安部彦太, 앞 글, 839쪽.

8. 1943년 9월 말, 제국육군은 70개 사단 중 겨우 5개 사단만을 태평양에 배치했다. 약 20만 명에 이르는 경장비 보병부대 대부분이 남태평양과 남서 태평양에 배치되었다. 연합군이 압도적인 화력을 퍼부었는데도 전쟁의 마지막 해에 이르기까지 육군은 백병전 방침을 포기하지 않았다. 패배에서 교훈을 얻지 못하고, 실제로 벌어지는 전쟁의 성격에 대응하여 스스로를 개혁하지도 못했다. 도리어 전쟁이 진행될수록 육군은 화력이나 기동력을 증대하지 않고 사단 규모를 축소하는 등 일관되게 영미의 전투 능력을 과소평가했다. 이 때문에 늘 일본육군은 전력을 집중하지 않고 분산하여, 필요에 따라 그때그때 부대를 투입했다. 安部彦太, 앞 글, 830, 845, 850쪽. 山田朗, 앞 책, 209, 221쪽.

9. 나카오 유지(中尾裕次), 「大東亞戰爭における防勢轉移遲延の要因」, 軍事史学会 編, 『第二次世界大戰 (三)終戰』(第31卷 第1·第2 合倂号), 錦正社, 1995년 9월, 110쪽.

10. 防衛庁防衛硏修所戰史部, 『戰史叢書 陸海軍年表 府 兵語·用語の解説』, 朝雲新聞社, 1980, 104쪽. 財団法人 史料調查会 編, 『大海令 解説』, 毎日新聞社, 1978, 122쪽. 이러한 동향에 대한 해석은 中尾裕次, 앞 글, 110쪽도 참고.

11. 財団法人 史料調查会 編, 『大海令 解説』, 97쪽.

12. 参謀本部 編, 『杉山メモ 下』, 原書房, 1967, 81~82쪽. 中尾裕次, 앞 글, 110~111쪽에도 같은 내용이 인용되어 있다. 이 정책문서의 제목은 「앞으로 취해야 할 전쟁 지도 대강(今後採ルヘキ戰爭指導ノ大綱)」이다. 이 문서의 3항은 "한층 적극적인 전쟁 지도의 구체적 방도는 우리의 국력, 작전의 추이, 독일과 소련의 전황, 미국과 소련의 관계, 중경의 동향 등 모든 정세를 감안하여 정해야 한다"는 것이다.

13. 山田朗, 『大元帥·昭和天皇』, 新日本出版社, 1994, 180쪽.

14. 위 책, 181쪽.

15. 기타 히로아키(北博昭), 『軍律法廷 戰時下の知られざる「裁判」』, 朝日新聞社,

1997, 53~54쪽.

16. 伊藤隆・照沼康孝 編, 『続・現代史資料 4 陸軍畑俊六日誌』, みすず書房, 1983, 376쪽. 北博昭, 위 책, 54~55쪽.

17. 山田朗, 앞 책, 185쪽. 藤原彰, 『昭和天皇の十五年戦争』, 青木書店, 1991, 135~138쪽.

18. 藤原彰, 위 책, 136쪽. 5호 작전에 대해서는 防衛庁防衛研修所戦史室 編, 『戦史 叢書 大本営陸軍部 5 昭和十七年十二月まで』, 朝雲新聞社, 1973, 76~81쪽 참조.

19. 山田朗, 「日本ファシズムにおける打撃的軍事力建設の挫折 日本海軍航空兵 力の特徴およびその崩壊の軍事的要因」, 『人文学報』 199号, 東京都立大学人 文学部, 1988년 3월, 138~139쪽.

20. 田中伸尚, 『ドキュメント昭和天皇 第3巻 崩壊』, 緑風出版, 1986, 203~204 쪽. 일본 쪽 자료에서만 인용한 것이지만, 미군은 미드웨이 해전에서 345명이 사 망하고 그중 210명이 조종사였다고 다나카는 집계했다.

21. 『杉山メモ 下』, 130~131쪽. 6월 10일의 연락간담회에서 해군은 항공모함 1척 을 상실하고 1척은 대파했으며, 순양함 1척이 대파했다고만 보고했다.

22. 『木戸幸一日記 上』, 966~967쪽.

23. 中尾裕次, 앞 글, 111쪽.

24. 『城英一郎日記』, 8쪽, 노무라 미노루(野村実)의 「解題」. 조(城)는 해군시종무관 으로서 1940년 11월 15일부터 1944년 1월 19일까지 쇼와 천황을 모셨다.

25. 위 책, 288~292쪽.

26. 위 책, 6~8쪽.

27. 瓜生忠夫, 「国策映画・日本ニュース小史」, 『別冊一億人の昭和史 日本ニ ュース映画史』, 毎日新聞社, 1977, 522쪽.

28. 『城英一郎日記』, 142~143쪽.

29. 위 책, 159쪽.

30. 위 책, 142~144쪽.

31. 위 책, 144쪽.

32. 『木戸幸一日記 上』, 949쪽.

33. 中尾裕次, 앞 글, 8쪽.

34. 『城英一郎日記』, 151~153쪽.

35. 山田朗, 『大元帥・昭和天皇』, 196쪽. 일본의 전쟁 입안자들이 1941년 말에 미국의 산업력과 군사력을 과소평가하고 1942년 말에도 다시금 똑같은 오류를 되풀이했듯이, 그들은 독일의 산업력을 매우 과대평가하는 실수를 저질렀다. 역사학자인 아베 히코타(安部彦太)에 따르면 육군참모본부는 1942년 10월 독일이 월간 전차 2000대, 항공기 3000기를 생산한 것으로 추정했다. 그러나 1942년 12월 독일의 실제 생산량은 전차 760대, 항공기 1548대였다. 참모본부는 전차에 대해서는 실제의 2.6배, 항공기에 대해서는 1.9배로 어림잡았던 것이다. 安部彦太, 앞 글, 853쪽.

36. 『木戸幸一日記 上』, 970쪽.

37. 山田朗, 앞 책, 196쪽에 인용된 1942년 7월 11일자 「用兵事項に関し奏上」(미간행).

38. 『戦史叢書 大本営陸軍部 5』, 350쪽.

39. 山田朗, 앞 책, 198~199쪽.

40. 土門周平, 『戦う天皇』, 講談社, 1989, 61쪽.

41. 위 책, 61, 63쪽.

42. 中尾裕次, 앞 글, 118쪽.

43. 도고 시게노리(東郷茂徳), 『時代の一面』, 改造社, 1952, 294, 298쪽.

44. 위 책, 296~297쪽. 『木戸幸一日記 上』, 980~981쪽, 1942년 9월 1일 치. 도조는 히로히토가 1943년 8월 20일 시게미쓰 마모루를 외무대신으로 지명하기까지 외상 자리를 내놓지 않았다. 도고는 사임한 뒤에도 도조와 대립하여, 1943년 들어 내내 도조가 외상직을 그만두도록 정치 상층부와 궁중에 압력을 넣었다. 東郷茂徳, 앞 책, 302쪽.

45. 山田朗, 앞 책, 203쪽.

46. 우가키 마토메(宇垣纏), 『戦藻録』, 原書房, 1968, 224쪽.

47. 위 책, 224쪽.

48. 山田朗, 앞 책, 205쪽.

49. 土門周平, 앞 책, 65쪽.

50. 山田朗, 앞 책, 199~201쪽.

51. 위 책, 201쪽.

52. 위 책, 202쪽.

53. 中尾裕次, 앞 글, 119쪽. 防衛庁防衛研修所戦史室 編, 『戦史叢書 南太平洋陸

軍作戦 2』, 朝雲新聞社, 1969, 444쪽.

54. 山田朗, 앞 책, 207쪽.

55. 위 책, 218쪽.

56. 『木戸幸一日記 上』, 999쪽. 『城英一郎日記』, 218쪽. 土門周平, 앞 책, 68쪽.

57. 『戦史叢書 大本営陸軍部 5』, 561쪽.

58. 中尾裕次, 앞 글, 119쪽. 井本熊男, 『作戦日誌で綴る大東亜戦争』, 芙蓉書房, 1979, 275쪽.

59. 대본영 어전회의를 마친 뒤, 히로히토는 스기야마에게 이렇게 말했다고 한다. "실은 과달카날 섬을 취할 수 있다면 칙어를 내려야겠다고 생각하고 있었는데, 어떠한가? 장병들은 지금 충분히 고전분투(苦戦奮闘)하고 있으므로 칙어를 내리는 게 어떠한가? 내린다면 몇 시가 좋겠는가?" 칙어는 1943년 1월 5일에 내려졌지만 일반에 공표되지는 않았다. 防衛庁防衛研修所戦史室 소장 戦史資料・陸第二号(南東方面作戦資料), 「真田穣一郎少将手記」, 19쪽.

60. 윗글, 18~19쪽. 이 자료는 사나다(真田)가 자신의 일기에 근거하여, 천황이 과달카날 철수를 결정하기에 이르는 상황을 적은 수기(手記)다.

61. 山田朗, 앞 책, 213~214쪽.

62. Charles W. Koburger, Jr., *Pacific Turning Point: The Solomons Campaign, 1942-1943*, Praeger, 1995, p. 75.

63. 『城英一郎日記』, 235쪽. Koburger, 위 책, p. 78.

64. 防衛庁防衛研修所戦史室 編, 『戦史叢書 南東方面海軍作戦 3 ガ島撤収後』, 朝雲新聞社, 1976, 106쪽.

65. Koburger, 앞 책, p. 90. 뉴조지아 섬에서 미군은 전사자 약 1000명, 부상자 4000명을 냈다〔영어판에 따름. 일본어판에서는 부상자 수가 400명이라고 했는데, 으레 부상자가 전사자보다 많게 마련이므로 이는 일본어판의 오타인 듯하다—편집자〕.

66. 藤原彰, 『昭和天皇の十五年戦争』, 140쪽.

67. 『木戸幸一日記 上』, 1020쪽.

68. 木戸日記研究会 編, 『木戸幸一関係文書』, 東京大学出版会, 1966, 128~129쪽.

69. 『杉山メモ 下』, 20~21쪽.

70. 위 책, 21쪽.

71. 山田朗, 「昭和天皇の戦争指導―情報集中と作戦関与」, 『季刊 戦争責任研究』 第8号(1995年 夏季号), 20쪽.

72. 1943년 8월 5일 주고받은 이야기의 전모는『杉山メモ 下』, 24~25쪽.

73. 中尾裕次, 앞 글, 120쪽. 防衛庁防衛研修所戦史室 소장「真田穣一郎少将手記」
에서.

74. 山田朗,『大元帥・昭和天皇』, 240~242쪽.

75.『戦史叢書 大本営陸軍部 7 昭和十八年十二月まで』, 朝雲新聞社, 1973, 148쪽.

76. 위 책, 158~159쪽.

77.『杉山メモ 下』, 471쪽.

78. 위 책, 471~472쪽.

79. 山田朗, 앞 책, 239쪽.

80. 1943년 9월 25일 대본영정부연락회의에서 작성되고 그 5일 뒤에 어전회의에서
채택된 문서의 초안에 관해서는『戦史叢書 大本営陸軍部 7 昭和十八年十二月
まで』, 185쪽과 山田朗, 앞 책, 242쪽을 보라. 1943년 9월 30일 채택된 정책문서
「今後採るべき戦争指導の大綱」의 전문은 山田朗,『外交資料 近代日本の膨張
と侵略』, 新日本出版社, 1997, 373~374쪽에서 보라.

81. 山田朗,『大元帥・昭和天皇』, 242쪽.

82.『城英一郎日記』, 324쪽.

83. Harry A. Gailey, *Bougainville 1943-1945: The Forgotten Campaign*,
University Press of Kentucky, 1991, p. 3.

84.『城英一郎日記』, 341쪽.

85.「解題」,『城英一郎日記』, 19~20쪽.

86. Stephen Taaffe, *MacArthur's Jungle War: the 1944 New Guinea Campaign*,
University Press of Kansas, 1998, pp. 3, 53.

87. 稲葉正夫,「資料解説」,「東条陸相の参謀総長兼任経緯」,『杉山メモ 下』, 31쪽.

88. 윗글, 26~34쪽.

89. 土門周平,『戦う天皇』, 99쪽.

90. 波多野澄雄,『太平洋戦争とアジア外交』, 東京大学出版会, 1996, 77~78쪽.

91. 1944년 1월 5일, 남경에서 청년 장교들과 대화하면서 미카사노미야는 일본육군
장교가 잘 매수되고 부패하며 오만하다고 대담하게 비판했다. 미카사노미야는 장
교들에게, 태도를 바꾸고 "본 정부(왕조명 정권)가 진실로 중국 4억 민중을 위
한…… 정치를 할" 수 있도록 지원할 것을 요구했다. 미카사노미야는 질의응답
문서를 미리 준비한 덕분에 참모부 장교들의 편협하고 경솔한, 반유대주의적인

발언까지 다 기록하고, 일본인의 인종 차별과 영·미의 동아시아 정책에 주의를 기울일 수 있었다. 三笠宮崇仁(若杉参謀), 「支那事○に対する日本人としての内省」(幕僚用), 『THIS IS 読売』(1994年 8月号), 63, 65, 67, 69, 71쪽.

92. 아카시 요지(明石陽至), 「太平洋戦争末期における日本軍部の延安政権との和平模索ーその背景」, 軍事史学会 編, 『第二次世界大戦 (3)終戦』(第31巻 第1·第2合併号), 錦正社, 1995년 9월, 177~178쪽. 현지 사령관은 바뀐 정책을 실시하는 데 맹렬히 저항했다.

93. 防衛庁防衛研修所戦史室 編, 『戦史叢書 インパール作戦, ビルマの防衛』, 朝雲新聞社, 1968, 151~159쪽.

94. 原剛·安岡昭男 編, 『日本陸海軍事典』, 新人物來社, 1997, 101~102쪽. 藤原彰 외, 『徹底検証·昭和天皇「独白録」』, 大月書店, 1991, 96쪽. 임팔 작전에서 연합군이 낸 사상자는 약 1만 8000명이었다.

95. 歴史教育者協議会 編, 『幻ではなかった本土決戦』, 高文研, 1995, 16~17쪽.

96. 위 책, 17쪽.

97. 사이판에서 미군 해병대가 입은 손실은 전사 3426명과 부상 1만 3099명이다. 일본의 완강한 방어전으로 말미암아 워싱턴의 전략가들은 '일본 병사 7명을 제거하는 데 미군은 전사자 약 1명, 부상자 몇 명이 나오게 된다'고 판단하게 되었다. 그후, 미국의 많은 작전 입안자들이 이 '사이판 비율'을 '태평양의 전략 수준에 따른 사상자 추계치'로 이용했다. 이에 대해서는 D. M. Giangreco, "Casualty Projections for the U.S. Invasions of Japan, 1945-1946: Planning and Policy Implications", in *Journal of Military History* 61, no. 3, July 1997, p. 535를 보라. 이 중요한 논문 덕분에 얻은 바가 크다.

98. 防衛庁防衛研修所戦史室 編, 『戦史叢書 大本営海軍部·聯合艦隊 6 第三段作戦後期』, 朝雲新聞社, 1970, 21쪽에 인용된 「軍令部第一部長中沢佑少将業務日誌」(미간행).

99. 윗글.

100. 『戦史叢書 大本営海軍部·聯合艦隊 6 第三段作戦後期』, 22쪽에 인용된, 사이판 탈환 작전을 계획한 군령부 1부 1과 참모장교 후지모리 야스오(藤森康男) 중령의 미간행 회상 자료.

101. 위 책, 33쪽.

102. 防衛庁防衛研修所戦史室 編, 『戦史叢書 大本営陸軍部 10 昭和二十年八月

まで』, 朝雲新聞社, 1975, 37쪽.

103. 日本兵器工業会 編, 『陸戦兵器総覧』, 図書出版社, 1977, 540쪽.

104. 高松宮宣仁親王, 『高松宮日記 (7)』, 中央公論社, 1997, 514~515, 517쪽.

105. 호소카와 모리사다(細川護貞), 『細川日記』, 中央公論社, 1978, 126쪽.

106. 문장의 내용은 『每日新聞』, 1995년 3월 19일 치 참조. 도조는 1945년 9월 11일 자결이 미수로 끝난 날, 이 칙어를 가지고 있었다.

107. 山田朗・纐纈厚, 『遅すぎた聖断―昭和天皇の戦争指導と戦争責任』, 昭和出版, 1991, 132~133쪽. Leon V. Sigal, *Fighting to a Finish: The Politics of War Termination in the United States and Japan, 1945*, Cornell University Press, 1988, p. 31.

108. 山田朗・纐纈厚, 위 책, 148쪽.

109. 吉田裕, 『昭和天皇の終戦史』, 岩波新書, 1992, 14쪽.

110. 『木戸幸一日記 上』, 1131쪽.

111. 歴史教育者協議会 編, 『幻ではなかった本土決戦』, 20~21쪽.

112. 山田朗・纐纈厚, 앞 책, 167~168쪽.

113. 칙어 전문은 千田夏光, 『天皇と勅語と昭和史』, 汐文社, 1983, 373쪽에서 보라.

114. 原剛・安岡昭男 編, 앞 책, 109~112쪽. 레이테 전투와 필리핀 해전에서 미군이 낸 사상자 수는 약 1만 5000명이다.

115. 寺崎英成・マリコ テラサキ ミラー 編著, 『昭和天皇独白録―寺崎英成 御用掛日記』, 文芸春秋, 1991, 100쪽. 『戦史叢書 大本営海軍部・聯合艦隊6』, 472쪽.

116. 풍선폭탄에 관한 명령을 담은 문서 자료는 『「大本営陸軍部」大陸命・大陸指総集成』第9巻, エムティ出版, 1994, 270~271, 513, 532~533쪽을 보라.

117. 『幻ではなかった本土決戦』, 23~24쪽. 『「大本営陸軍部」大陸命・大陸指総集成』第9巻, 532~533쪽.

118. 최근의 일본 쪽 조사에 따르면 태평양전쟁 막바지에 '자폭' 공격을 당한 연합군 함선은 항공모함 3척을 포함하여 57척이 침몰하고, 항공모함 6척을 포함하여 108척이 중대한 손상을 입어 전쟁 기간에 전선으로 복귀하지 못했으며, 그 밖에 해군 함선 84척에서 선체가 크게 훼손되거나 사상자 다수가 나왔고, 221척이 가벼운 선체 훼손을 입었다. 피해 함선은 모두 470척에 이른다. カミカゼ刊行委員会, 『写真集 カミカゼ 陸・海軍特別攻撃隊(上)』, ベストセラーズ, 1996,

19쪽. 최근의 미국 쪽 연구는 D. M. Giangreco, "The Truth About Kamikazes", in *Naval History*(May-June 1997), pp. 25~30를 보라.

119. 요시하시 가이조(吉橋戒三), 「侍従武官としてみた終戦の年の記録」, 『季刊 · 軍事史学2』, 軍事史学会, 1965년 8월, 96~97쪽. 勝野駿, 『昭和天皇の戦争』, 図書出版社, 1990, 200쪽. 瓜生忠夫, 「国策映画 · 日本ニュース小史」, 『別冊一億人の昭和史 日本ニュース映画史』, 522쪽.

120. 吉橋戒三, 앞 글, 97쪽.

121. 土門周平, 『戦う天皇』, 192쪽.

122. 原剛 安岡昭男 編, 앞 책, 112쪽. Craig M. Cameron, *American Samurai: Myth, Imagination, and the Conduct of Battle in the First Marine Division, 1941-1951*, Cambridge University Press, 1994, pp. 251~254에서는 국기 게양에 관한 미국인의 상징주의를 다룬다. 캐머런(Cameron)에 따르면 (pp. 252~253), 실제로 성조기는 두 번 게양되었다. 〔사진으로 유명해진—옮긴이〕 두 번째 게양은 "처음 게양된 깃발이 작아, 크고 더 잘 보이는 것으로 바꾼 것이다. 싸워서 그 화산의 정상까지 가는 길을 처음 열고, 그 일을 사진 기록으로 남긴 병사들(중략)은 두 번째 게양 사진에 의도된 상징화를 혼란스럽게 하지 않도록 해병대 홍보 전문가들이 적극적으로 노력한 결과, 세간에 알려지지 않은 채 곧 잊히고 말았다."

123. 防衛庁防衛研修所戦史室 編, 『戦史叢書 大本営陸軍部 10』, 113쪽.

124. 藤原彰 외, 『沖縄戦と天皇制』, 立風書房, 1987, 28쪽. 오타 요시히로(大田嘉弘), 『沖縄作戦の統帥』, 相模書房, 1984, 401~402쪽.

125. 『戦史叢書 大本営陸軍部 10』, 113쪽.

126. 土門周平, 앞 책, 192쪽.

127. 위 책, 193쪽.

128. 위 책.

129. 『戦史叢書 大本営陸軍部 10』, 128쪽.

130. 위 책, 211~212쪽. 5월 9일, 히로히토는 조선의 제17방면군을 관동군 휘하에 편입하자는 우메즈 대장의 요청을 거절하여, 육군참모본부 작전과를 경악케 했다. 히로히토는 그러한 조치가 외국인 만주와 '국토'인 조선 사이의 구별을 무시하는 처사라고 생각했다. 위 책, 224~225쪽.

3부 13장 뒤늦은 항복

1. Dick Wilson, *When Tigers Fight: The Story of the Sino-Japanese War, 1937-1945*, Viking Press, 1982, pp. 234~245.

2. 吉田裕, 『日本人の戦争観』, 岩波書店, 1995, 102쪽 표 13. 출전은 大蔵省財政史室 編, 『昭和財政史4』, 東洋経済新報社, 1996.

3. 위 책, 102쪽 표 12. 출전은 大江志乃夫 編, 『支那事変大東亜戦争間動員概史』, 不二出版, 1988.

4. 일본해군의 군함은 1944년 12월 말까지 모든 종류를 합쳐 총 250척으로 줄어들었고, 이는 1941년 12월 전쟁 개시 때 보유했던 총 톤수의 53.8퍼센트에 불과했다. 山田朗, 『軍備拡張の近代史―日本軍の膨張と崩壊』, 吉川弘文館, 1997, 205쪽.

5. 歴史教育者協議会 編, 『幻ではなかった本土決戦』, 高文研, 1995, 19~20쪽. 山田朗, 위 책, 210쪽.

6. 勝野駿, 『昭和天皇の戦争』, 図書出版社, 1990, 205~206쪽.

7. 고노에의 정치고문이었던 도쿄대학의 학자 야베 데이지(矢部貞治)는 전후, 1945년 2월 고노에가 천황을 배알한 것은 거의 3년 만에 허락된 일이라고 전했다. 또한 야베는 "적어도 사이판에서 실책을 범하기 전까지 기도는 도조를 절대적으로 신뢰했으며, 기도가 누군가에게 들은 말은 즉시 도조에게 전해졌으니, 그 분별 없음이 이루 말할 수 없었다"고 썼다. 矢部貞治, 「皇室の血流る近衛文麿」, 『特集文芸春秋 天皇白書』, 1956년 10월, 190쪽.

8. 이 말은 미국 전략폭격조사단이 한 것이다. *Japan's Struggle to End the War*, Washington, D. C., July 1946, p. 2.

9. 高松宮宣仁親王, 『高松宮日記 (6)』, 中央公論社, 1997, 466~467쪽.

10. 1945년 1월 혹은 2월 초쯤에 고노에는 일본이 직면한 상황을 분석하는 글을 썼는데, 이것이 '고노에 상소문'의 기초가 되었다. 서명 없이 자필로 쓴 이 문서에서 고노에는 소련에 대한 히로히토와 통수부의 견해를 명확히 부정했다. 또한 일소중립조약을 "일본과 영미의 항쟁을 조장하는" 시도로 규정했다. 고노에의 상소문은 庄司潤一郎, 「近衛文麿手記『ソ連ノ東亜ニ対スル意図』」, 『季刊・軍事史学』第34巻 第2号, 1998년 9월, 45~48쪽을 보라. 전 법무총재^{법무대신의 옛 명칭.}인 우에다 순키치(殖田俊吉)의 지적은 殖田俊吉, 「軍部・革新官僚の日本共産化計画案―昭和デモクラシーの挫折(下)」, 『自由』

(1960年 11月号), 89쪽을 보라.

11. 고노에 상소문에 대한 번역과 분석은 John W. Dower, *Empire and Aftermath: Yoshida Shigeru and the Japanese Experience, 1874-1954*, Harvard University Press, 1979, pp. 260~264를 보라.

12. 纐纈厚, 「『ポツダム宣言』と八月十五日 受諾遅延の背景」, 歴史教育者協議会 編, 『歴史地理教育』536号, 1995년 8월, 14~15쪽에 하라다 구마오(原田熊雄)가 천황과 고노에의 대화를 기록한 문서, 곧 防衛庁防衛研修所戦史室図書館 소장, 「高木惣吉 資料」 소재, 「原田男内話覚 昭和二十年三月二十一日付」가 인용되어 있다.

13. 후지타 히사노리(藤田尚徳), 『侍従長の回想』, 中公文庫, 1987, 66~67쪽. 山田朗・纐纈厚, 『遅すぎた聖断—昭和天皇の戦争指導と戦争責任』, 昭和出版, 1991, 180쪽에 인용된 中央公論社 간행, 『細川日記』.

14. 土門周平, 『戦う天皇』, 講談社, 1989, 192쪽.

15. 参謀本部 編, 『敗戦の記録』, 原書房, 1967, 230~231쪽.

16. 「連立協力内閣 小磯・米内」, 1945년 1월부터 2월, 노트 제6권 1B-74. 시게미쓰 문서는 도쿄의 헌정기념관(憲政記念館)에 소장되어 있다. 또한 다케다 도모키(武田知己), 「重光葵の戦時外交認識と政治戦略—宮中・天皇とのかかわりにおいて」, 『年報・近代日本研究20 宮中・皇室と政治』, 山川出版社, 1998, 197쪽 참조. 배알 직후에 마구 흘려 쓴 시게미쓰의 자필 메모에서는, 천황과 시게미쓰가 독일 황제와 독일제국의 붕괴를 회고했음이 드러난다.

17. 金原左門・竹前栄治 編, 『昭和史〔増補版〕』, 有斐閣, 1982, 218쪽. Walter LaFeber, *The Clash: A History of U.S.-Japan Relations*, W. W. Norton, 1997, p. 236.

18. 吉橋戒三, 「侍従武官としてみた終戦の年の記録」, 『軍事史学』第2号, 1965년 8월, 97~98쪽.

19. 구네기 도시히로(功刀俊洋), 「幣原喜重郎 『平和外交』の本音と建前」, 吉田裕 아라 게이(荒敬) 외, 『敗戦前後』, 青木書店, 1995, 96쪽.

20. 시데하라가 대학 시절부터 친구인 오오다이라 고마쓰치에게 보낸 편지. 위 책 97쪽에 인용되어 있다.

21. 細川護貞, 『細川日記』, 中央公論社, 1978, 373~374쪽, 1945년 3월 30일 치.

22. 독백록에서 히로히토는, 고이소 장군이 남경정부의 뒤편에서 활동하는 인물을 통

해 평화 협상을 시도한 것을 "식견이 없는 일"로 평가했다. 이 사건으로 대중국 협상 집행을 둘러싼 갈등이 드러났을 뿐 아니라, 히로히토가 일의 절차를 엄격히 중시했음을 알 수 있다. 寺崎英成・マリコ テラサキ ミラー 編著, 『昭和天皇独白録－寺崎英成・御用掛日記』, 文芸春秋, 1991, 106～107쪽. 石源華 著, 伊藤信之 訳, 「日中戦争後期における日本と汪精衛政府の『謀和』工作」, 軍事史学第130号記念特集号『日中戦争の諸相』, 錦正社, 1997년 12월, 294～295쪽. 사이토 하루코(斎藤治子), 「日本の対ソ終戦外交」, 『史論』第41集, 1988년 3월, 東京女子大学読史会, 54쪽.

23. 『木戸幸一日記 下』, 東京大学出版会, 1966, 1208～1209쪽. 大江志乃夫, 『御前会議』, 中公新書, 1991, 235쪽. 또한 6월 9일은 히로히토가 시종무관에게 도쿄를 떠날 생각은 없다고 말한 날로, 이에 따라 육군이 천황을 위해 나가노 현 마쓰시로(松代)에 지하 요새〔마쓰시로 대본영－일본어판〕를 건설하려던 계획은 무산되었다.

24. 『木戸幸一日記 下』, 1210쪽. 秦郁彦, 『裕仁天皇の五つの決断』, 講談社, 1984, 46쪽, 「尾形健一侍従武官日記」에서 인용.

25. 『木戸幸一日記 下』, 1212～1213쪽.

26. 山田朗・纐纈厚, 『遅すぎた聖断・昭和天皇の戦争指導と戦争責任』, 204～206쪽.

27. John Ray Skates, *The Invasion of Japan: Alternative to the Bomb*, University of South Carolina Press, 1994, p. 102. 결호(決号) 작전의 영문 번역은 *Reports of General MacArthur: Japanese Operation in the Southwest Pacific Area*, vol. 2, part 2, Washington, D. C.: USGPO, 1966, pp. 601~607에서 볼 수 있다.

28. 마쓰우라 소조(松浦総三), 『天皇とマスコミ』, 青木書店, 1975, 3～14쪽.

29. 平和博物館を創る会 編, 『紙の戦争・伝単－謀略宣伝ビラは語る』, エミール社, 1990, 125쪽.

30. "Report on Psychological Warfare Against Japan, Southwest Pacific Area, 1944-1945", Mar. 15, 1946, p. 13. Bonner F. Fellers Collection, Hoover Institution Archives, Stanford, Calif.

31. 히가시노 신(東野真), 『昭和天皇二つの「独白録」』, 日本放送出版協会, 1998, 79쪽.

32. 粟屋憲太郎 ·가와시마 다카미네(川島高峰), 「玉音放送は, 敵の謀略だ.」, 『THIS IS 読売』, 1994년 11월, 47쪽. 이 보고서는 1994년 11월 도쿄의 일본도서센터에서 『패전시 전국치안정보(敗戰時全国治安情報)』(전 7권)로 간행되었는데, 종전 당시 일본인의 의식을 아는 데 가치 있는 자료다.

33. 13세기 말 두 번에 걸쳐 몽골 대함대가 규슈 앞바다로 침공해 왔을 때, '신성한 바람(가미카제)'이 불어 몽골군을 물리쳤다. 이 가미카제라는 이름을 차용함으로써, 연합군 함대를 공격하는 조종사들에게 일본 역사상의 강렬한 기억을 떠올리게 했던 것이다.

34. 유이 다이자부로(油井大三郎), 「米国の戦後世界構想とアジア」, 『占領改革の国際比較−日本·アジア·ヨーロッパ』, 三省堂, 1994, 12~13쪽.

35. 粟屋憲太郎, 「日本敗戦は条件つき降伏か」, 藤原彰 外 編, 『日本近代史の虚像と実像(4) 降伏~「昭和」の終焉』, 大月書店, 1989, 14~20쪽.

36. 일본의 무조건 항복 원칙을 명시한 국무성의 중요 문헌 PWC-284a of Nov. 13, 1944. 이 문서에 대해서는 *FRUS, Diplomatic Papers 1944, vol. V, The Near East, South Asia, and Africa, The Far East*, USGPO, 1965, pp. 1275~1285를 보라. 기본적인 배경에 대해서는 Robert E. Sherwood, *The White House Papers of Harry L. Hopkins: An Intimate History*, vol. 2, *January 1942-July 1945*, London: Eyre & Spottiswoode, 1949, pp. 690, 693~694 참조.

37. William L. Shirer, *The Rise and Fall of the Third Reich*, New York, 1990, p. 1139. 이탈리아의 반파쇼 의용군이 1945년 4월 28일 즉결 심판으로 무솔리니를 처형하고, 5월 2일 이탈리아 전쟁이 종결되었다. 히틀러는 4월 30일에 자살했다. 독일 전체의 항복은 군대의 무조건 항복으로 실현되었다. 5월 23일, 되니츠(Dönitz, Karl) 북부최고사령관이 주도하는 나치스 임시정부 구성원들이 전원 체포된 뒤, 미국과 소련, 영국, 프랑스가 1945년 6월 베를린 선언에 서명함으로써 독일 항복의 성격이 명료해졌다. 아라이 신이치(荒井信一), 「教科書検定と無条件降伏論争」, 『歴史学研究』531号, 1984년 8월, 青木書店, 15쪽.

38. 트루먼 성명 후 몇 시간 지나지 않아 엘리스 자카리아스(Zacharias, Ellis Mark) 해군대령은 일본을 향해 주간(週刊) 방송을 개시하여, 천황에 대해서는 언급하지 않고 트루먼 성명을 거듭 내보냈다. Allan M. Winkler, *The Politics of Propaganda: The Office of War Information, 1942-1945*, Yale University Press, 1978, p. 145 참조.

39. '여왕벌'이라는 비유는 1944년 12월 12일 그루가 미 상원의 공청회에서 연설했을 때 나온 것이다. Nakamura Masanori, *The Japanese Monarchy: Ambassador Joseph Grew and the Making of the 'Symbol Emperor System', 1931-1991*, M. E. Sharpe, Inc., 1992, p. 66.

40. Joseph C. Grew, *Turbulent Era: A Diplomatic Record of Forty Years, 1904-1945*, vol. 2, Boston: Houghton Mifflin, Co., 1952, p. 1435. 그루는 전후 정책을 위해 천황제를 유지한다는 트루먼 정부의 결정을 지지했는데, 그도 히로히토가 퇴위도 하지 않고 전쟁범죄에 대해 면책을 받으리라고는 전혀 예상하지 못했다.

41. Ibid., pp. 1425~1426.

42. Nakamura Masanori, *The Japanese Monarchy: Ambassador Joseph Grew and the Making of the 'Symbol Emperor System'*, pp. 70~77.

43. 포츠담 선언은 전쟁부 장관(secretary of war) 미국에서 전쟁부(Department of War)는 건국 초기부터 있었던 정부 부처였는데, 1947년 육군부(Department of the Army)로 바뀌었다가 1949년 국방부(Department of Defense)로 통합되었다. 위키백과(Wikipedia) 참조―편집자 헨리 스팀슨과 그 측근들이 주축이 되어 작성했지만, 국무장관 제임스 번스가 천황의 지위에 관해 명확히 언급하지 않도록 수정하여 선언 공표 시기에 영향을 미쳤다.

44. 일본의 무조건 항복과 독일의 무조건 항복에서 크게 달랐던 점은 일본군대가 스스로 전시 체제를 해제한 것이다. 포츠담 선언 당시 미국의 공식 정책은 "일본에" 무조건 항복을 적용하는 것으로, 그 범위는 "무장 병력만이 아니라 천황과 정부, 인민을 아우른다. 이들 모두는 연합국이 그 정책을 수행하는 데 적절하다고 여기는 어떠한 행위에도 복종해야 한다." 1945년 7월 30일 미 국무부가 준비한 각서, "Comparison of the Proclamation of July 26, 1945, with the Policy of the Department of State", in *FRUS, Diplomatic Papers: The Conference of Berlin(The Potsdam Conference) 1945*, vol. II, Washington, D. C.: USGPO, 1960, p. 1285 참조.

45. 일본의 보도에서는 다음 부분이 삭제되었다. "(1) 우리는 (중략) 일본에 이 전쟁을 끝낼 기회를 부여하는 데 동의한다. (중략) (4) 무분별한 타산에 따라 일본제국을 멸망의 문으로 이끄는 방자한 군국주의자들의 지배를 계속해서 받을지, 아니면 합리적인 경로를 따를지 일본 스스로 결정할 시기가 왔다."

46. 다카기 소키치의 기록은 미노마쓰 조(実松譲) 編, 『海軍大将米内光政覚書』, 光

人社, 1988, 143~144쪽, 또는 田中伸尚, 『ドキュメント昭和天皇 第5巻 敗戦 (下)』, 綠風出版, 434쪽 참조. 실제로 처칠은 1945년 7월 5일 실시된 영국 총선에서 패배했다. 27일 처칠의 보수당이 지배하는 연립정권이 물러나고, 클레멘트 애틀리가 이끄는 노동당 정권이 들어섰다.

47. 트루먼은 회고록에 이렇게 썼다. "7월 28일, 라디오 도쿄는 일본정부가 전투를 지속할 것이라고 전했다. 미국과 영국, 중국의 공동 최후통첩에 대해 아무런 공식 답변이 없었다. 이제 대안이 없었다. 8월 3일까지 일본이 항복하지 않을 경우, 그 뒤에 〔원자—옮긴이〕폭탄이 투하될 예정이었다." *Memoirs by Harry S. Truman*, vol. 1, *Year of Decisions*, Garden City, N.Y., 1955, p. 421.

48. 田中伸尚, 『ドキュメント昭和天皇 第5巻 敗戦(下)』, 449쪽. 말할 것도 없이 스탈린은 스즈키 내각의 성명도, 이미 패배한 일본과 싸울 것을 약속한 얄타 회담도 필요로 하지 않았다. 어찌됐든 스탈린은 참전했을 것이다.

49. Walter LaFeber, The Clash: *A History of U.S.-Japan Relations*, p. 247.

50. 소련은 선전 포고에서 이렇게 말했다. "히틀러 독일의 패배, 항복 후 일본은 전쟁 지속을 주장하는 유일한 강대국으로 남았다. 7월 26일 3국, 곧 미합중국과 영국, 중국이 제기한 무장 병력의 무조건 항복 요구를 일본은 거절했다." 日本ジャーナリズム硏究会 編, 『昭和「発言」の記錄』, 東急エージェンシー出版事業部, 1989, 94쪽.

51. 田中伸尚, 앞 책, 475쪽. Committee for the Compilation of Materials on Damage Caused by the Atomic Bombs, *Hiroshima and Nagasaki: The Physical, Medical, and Socials Effects of the Atomic Bombings*, New York, 1981, p. 114 참조. 오늘날까지도 원자폭탄이 인간에 미친 피해의 전체상을 파악하기 어렵다.

52. Cyril Clemens, ed., *Truman Speaks*, Columbia University Press, 1960, p. 69.

53. 『木戸幸一日記 下』, 1220~1221쪽.

54. 이시구로 다다아쓰(石黒忠篤), 『農政落葉籠』, 岡書院, 1956, 421~422쪽. 鈴木貫太郎伝記編纂委員会 編, 『鈴木貫太郎伝』, 1960, 372쪽. 시모무라 국무대신은 내각고문회의의 우려를 각의에 전달했다. 이시구로 다다아쓰 농상무대신은 스즈키의 의도에 대해 회상록(422쪽)에 이렇게 썼다.

내가 입각했을 때 총리와 응대하면서도 [스즈키 내각이—옮긴이] 종전을 위한 내
각이라고는 할 수 없으나 이를 고려하고 있음은 확실하다고 생각했는데, 한편으
로 의회에서 싸우는 길밖에 없다고 말하고, 또 기자회견에서도 포츠담 선언에 대
한 태도는 마찬가지였으므로, 전쟁을 계속할지 끝낼지 어느 쪽으로 할지 알 수
없는 기분이 들었습니다. 표면에 나타나는 부분만 봐서는 전쟁을 속행하겠다는
뜻으로밖에 파악할 수 없습니다. 종전에 대한 표현은 하나도 없었습니다. 오히려
종전에 관해 표현하지 않는 것이 총리의 심중에 종전할 생각이 있기 때문이 아닐
까 생각되었습니다.

여기서 이시구로는 스즈키의 의도를 넌지시[일본어 표현으로는 하라게이(腹芸:
はらげい)—옮긴이] 감싼 것이다. '하라게이'란 일본의 문화적 관행으로, 협상하
는 쌍방이 미묘한, 말을 빌리지 않는 방법으로 서로 본심을 숨기면서 이야기를 진
행해나가는 것이다.

55. 『昭和天皇独白録』, 120쪽.

56. 와다 하루키(和田春樹), 「日ソ戦争」, 原暉之・外川継男 編, 『講座スラブの世
界 第8卷 スラブと日本』, 弘文堂, 1995, 110쪽.

57. 斎藤治子, 「日本の対ソ終戦外交」, 49쪽. 和田春樹, 윗글, 110쪽.

58. 斎藤治子, 앞 글, 49, 52쪽. 1943년 5월 스탈린은 "파시스트 진영이 평화에 대해
말하는 것은 그들이 중대한 위험에 처했을 때뿐이다"라고 말했고, 1944년 11월 6
일에는 일본을 "침략국"이라 불렀다.

59. 『昭和天皇独白録』, 120쪽.

60. 아리타는 상소를 이렇게 맺었다. "폐하께서는 영명한 자질로써 이 난국에 대처하
셨습니다. 부디 바라옵건대 전쟁의 귀추를 살펴 결단을 하셔서 황국의 위기를 구
하소서. 폐하. 삼가 아뢰옵니다." 外務省 編, 『終戦史録3』, 北洋社, 1977,
207~208쪽.

61. 사토 대사가 도고 외무대신 앞으로 보낸 전문, 1945년 6월 8일자, 위 책, 191쪽.

62. 사토 대사가 도고 외무대신 앞으로 보낸 전문, 1945년 7월 13일자, in *FRUS,
Diplomatic Papers: The Conference of Berlin(The Potsdam Conference),
1945*, vol. I, Washington, D. C.: USGPO, 1960, p. 881.

63. 사토 대사가 도고 외무대신 앞으로 보낸 전문 No. 1227(1945년 7월 19일자), No.
1228(1945년 7월 20일자), in *FRUS, Diplomatic Papers: The Conference of*

Berlin(The Potsdam Conference), 1945, vol. II, Washington, D. C.: USGPO, 1960, pp. 1251, 1256. 일본어 원문은 外務省 編, 『終戰史錄3』, 199쪽.

64. 田中伸尚, 앞 책, 439쪽에서 外務省 編, 『終戰史錄3』, 524~525쪽 인용.

65. 위 책, 440쪽.

66. 위 책, 444쪽.

67. David Holloway, *Stalin and the Bomb: The Soviet Union and Atomic Energy, 1939-1956*, Yale University Press, 1994, p. 128에서 인용.

68. 田中伸尚, 앞 책, 461~462쪽. 트루먼은 이를 회상하면서, 소련의 결정에 놀라지는 않았다고 했다. 히로시마 원폭 투하에 대한 소련의 초기 반응에 대해서는 Holloway, 위 책, pp. 127~129와 the review of Holloway by Vladislav Zubok in *Science* 266, Oct. 21, 1994, pp. 466~468을 보라.

69. 원폭 투하 결정에 관해 연구하는 역사학자들은 대개 트루먼이 일본의 '평화 타진'을 감청해 그 암호를 해독한 내용을 보았으며, 제임스 포러스틀(Forrestal, James Vincent) 해군장관과 마셜 육군참모총장도 그 내용을 알고 있었다는 결론을 짓는다. 그러나 이러한 전신문들은 일본정부가 강화를 원한다는 증거였을 뿐 무조건 항복에 관한 것은 아니었다. 히로시마 원폭 투하와 소련 참전 이전에 무조건 항복에 대한 언급은 일절 없었다. 이 시점에 이르기까지 천황과 기도가 추구한 것은 '평화'가 아니라 천황의 권위와 완전한 군주제를 유지하는 것이었다. 미국 측의 인식에 대해서는 Walter Millis, ed., *The Forrestal Diaries*, Viking Press, 1951, pp. 74~77. Robert H. Ferrell, ed., *off the Record: The Private Papers of Harry S. Truman*, Harper & Row, 1980, pp. 53~54. *Memoirs by Harry S. Truman*, vol. 1, p. 396.

70. 山田朗・纐纈厚, 『遲すぎた聖斷─昭和天皇の戰爭指導と戰爭責任』, 212~213쪽. 고노에가 모스크바에 가지고 갈 예정이었던 '천황의 친서'는 매우 짧아 보인다. 이 문서의 요약은 『終戰史錄3』, 160~161쪽에서 볼 수 있다.

71. 요나이와 다카기에 대해서는 吉田裕, 『昭和天皇の終戰史』, 岩波新書, 1992, 27쪽을 보라. 여기서 인용한 문장의 전문은 『高木惣吉 少將覺書』, 每日新聞社, 1979, 351쪽. 田中伸尚, 앞 책, 475쪽에도 인용되어 있다.

72. 기도는 자신과 히로히토가 일관되게 군국주의자들을 반대해왔다는 인상을 남기려고 항상 애썼다. 1966년 4월 6일 대담에서 그는 이렇게 천명했다. "대체로 [항복을 위한] 마음의 준비가 이미 되어 있었기 때문에 원폭이 투하되었어도 충격을

받지 않았다. 그게, 아직 상대편을 향해 왁자지껄하고 있을 때 원폭을 당했다면 정말 큰일이었을 것이다. 갑자기 항복할 수는 없으니까……. 2개월인가 얼마인가 전부터 공작을 해왔으므로……. 오히려 원폭 투하와 소련의 참전이 도움이 된 바도 있다. 아마 그 당시 원폭이 투하되지 않고 소련이 참전하지 않았더라면 우리는 성공하지 못했을 거라는 생각이 든다." 이듬해 기도는 "소련과 원자폭탄 덕에 일본이 이 정도로 소생했다고도 말할 수 있다"고 자랑스럽게 말했다. 「木戸幸一氏との対話」, 가나자와 마코토(金沢誠) 외 編, 『華族 明治百年の側面史』, 北洋社, 1978, 185쪽. 和田春樹, 앞 글, 119쪽.

73. 「和平交渉の要綱」 본문은 矢部貞治 編, 『近衛文麿 下』, 弘文堂, 1952, 559~562쪽에 있다.

74. 吉田裕, 앞 책, 23~24쪽.

75. 吉田裕, 「近衛文麿『革新』派宮廷政治家の誤算」, 吉田裕・荒敬 외, 『敗戦前後』, 40쪽. 1945년 8월, 소련군은 "장교 2만 6583명과 장성 191명"을 포함해 관동군 63만 9676명을 포로로 삼았다. 장성들을 제외하고 대부분(약 57만 명)이 수용소에서 중노동을 강요받았다. S. I. Kuznetsov, "Kwantung Army Generals in Soviet Prisons (1945-1956)", in *Journal of Slavic Military Studies* 11, no. 3, Sept. 1998, p. 187.

76. 항복을 전후하여 기도는 민간인과 헌병 장교들을 자주 만나, 악화 일로인 국내정세에 관한 최신 정보를 수집했다. 전후에 다카기 해군소장은 1945년 7월 12일 고노에 공작이 천황에게 "바야흐로 황실을 원망하는 사태에까지 이르렀다고 말씀드리자, 〔천황이〕 전적으로 동감하셨다"고 회상했다. 吉田裕, 앞 글, 29~30쪽. 林茂 외 編, 『日本終戦史 上巻』, 読売新聞社, 1962, 196~210쪽. 田中伸尚, 앞 책, 460쪽. John W. Dower, "Sensational Rumors, Seditious Graffiti, and the Nightmares of the Thought Police", in Dower, *Japan in War and Peace: Selected Essay*, New Press, 1993, pp. 101~154.

77. 기미시마 가즈히코(君島和彦), 「『終戦工作』と『国体』に関する一試論」, 『東京学芸大学紀要』 第三部門 社会科学第34集, 1982, 157쪽. 도요다 소에무(豊田副武), 『最後の帝国海軍』, 世界の日本社, 1950, 206~207쪽에서 인용.

78. 1949년 11월 28일, GHQ 역사과(歴史課) 소속인 오이 아쓰시(大井篤)와 면담하면서 도고는 이렇게 말했다. "나는 요나이 해군대신이 이 네 가지 조건 모두를 제시했는지 어떤지 기억나지 않는다." 그리고 도고 자신이 제안한 한 가지 조건에

아나미, 우메즈, 도요다가 세 가지 조건을 덧붙였다고 비난했다. 그러나 후속 조사에서 심문을 받은 다른 관료들은 다른 말을 했다.

79. 다나카 노부마사(田中伸尚)는 도요다 소에무와 도고 시게노리의 회상을 바탕으로 당시 장면을 재구성했다. 이에 따르면 우메즈는 자주적인 무장 해제에 대하여 다음과 같이 말했다.

일본군인의 사전에 항복이란 없다. 군대 교육에서는 무기를 잃으면 손으로 싸우고, 손을 쓸 수 없게 되면 발로 싸우고, 손발을 모두 사용할 수 없게 되면 입으로 물어뜯을 것이며, 이도 저도 안 된다면 혀를 깨물고 자결하라고 가르쳐왔다. 무기를 버리고 항복하라는 명령을 내려도 잘 지켜지지 않을 것이다. 그러므로 무장 해제를 하려면 각 전장에서 연합군과 일본군이 시간과 장소를 지정하여, 자발적으로 무기를 모으고, 부대가 지정 장소에 집결하여 무기를 넘겨주고, 그 후에는 저편에서 지정하는 대로 행동하겠다고 제안해야 한다.

田中伸尚, 앞 책, 479~480쪽.

80. 粟屋憲太郎, 「東京裁判にみる戦後処理」, 粟屋憲太郎 외, 『戦争責任·戦後責任 日本とドイツはどう違うか』, 朝日新聞社, 1994, 79~80쪽.

81. 田中伸尚, 앞 책, 493~494쪽. 도고가 1949년 5월 17일, 1950년 8월 17일 GHQ 역사과의 후속 조사를 받으며 조사관들의 심문에 답한 내용은 *U.S. Army Statements of Japanese Officials on World War II*(n.p. 1949-50), vol. 4, Microfilm Shelf No. 51256.

82. 外務省 編, 『日本外交年表並主要文書 下』, 原書房, 1966, 630쪽. 君島和彦, 앞 글, 161쪽.

83. 도조 내각을 끌어내리려고 막후에서 공작하던 다카마쓰노미야는 1944년 6월 29일 해군군령부 회의에서 호소카와에게 이렇게 말했다고 한다. "이미 절대 국방선인 뉴기니와 사이판, 오가사와라를 잇는 선이 붕괴된 이상, 종래의 동아시아 공영권 건설이라는 이상을 버리고, 전쟁 목적을 '극단적으로 말해' 어떻게 잘 패배할 것인가에 둬야 한다고 생각한다." 細川護貞, 『細川日記』, 中央公論社, 1978, 254쪽.

84. 吉田裕, 앞 글, 31쪽.

85. 마쓰다이라의 글 "The Japanese Emperor and the War"는 맥아더 보고서 제2

부 제2권의 '부속문서'에서 볼 수 있다. 이 보고서는 찰스 윌러비(Willoughby, Charles Andrew) 중장이 편집을 지휘하여 1950년 도쿄에서 맥아더의 참모진이 간행한 것이다. *Reports of General MacArthur: Japanese Operations in the Southwest Pacific Area*, vol. 2, part 2, Washington, D. C.: GPO, 1966, pp. 763~771.

86. 『木戸幸一日記 下』, 1223쪽.

87. 『昭和天皇独白録』, 129쪽.

88. 田中伸尚, 앞 책, 472쪽.

89. 어전회의에서 호시나가 적은 기록은 『日本外交年表並主要文書 下』, 630쪽. 그리고 吉田裕, 『日本人の戦争観』, 42~43쪽에 이케다 스미히사(池田純久), 『日本の曲がり角』, 千城出版, 1968과 호시나 젠시로(保科善四郎), 『大東亜戦争秘史』, 原書房, 1975가 인용되어 있다.

90. 田中伸尚, 앞 책, 506쪽.

91. 위 책, 507쪽.

92. 요코타 기사부로(横田喜三郎), 『天皇制』, ミュージアム図書, 1997, 183~184쪽.

93. 오모리 미노루(大森実), 『戦後秘史2 天皇と原子爆弾』, 講談社, 1975, 267쪽. 田中伸尚, 앞 책, 531쪽.

94. 『昭和天皇独白録』, 129쪽.

95. 山田朗, 『大元帥・昭和天皇』, 新日本出版社, 1994, 304쪽.

96. 吉田裕, 『昭和天皇の終戦史』, 226쪽.

97. 독백록에서 히로히토는 이렇게 말했다. "우메즈는 회의가 열린 다음 날〔6월 8일〕만주에서 돌아왔는데, 그 보고에 따르면 중국에 있는 우리의 모든 세력을 다 모아도 미국의 8개 사단 정도밖에 대항할 수 없는 상태이기 때문에 혹시 미국이 10개 사단을 중국에 상륙시킨다면 도저히 승산이 없다는 것이었다. 우메즈가 이렇게 나약한 소리를 한 것은 처음이었다." 『昭和天皇独白録』, 116~117쪽.

98. 5월 중순에 최고회의 구성원들이 모인 회의에서 스즈키 총리가 "스탈린의 성품은 사이고 난슈(西郷南州)와 비슷한 구석이 있는 것 같으니, 평화 중재를 소련 측에 전적으로 맡기는 것이 어떻겠는가"하고 발언했다. 이에 아나미 육군대신은 "전후에 미국과 대결하게 될 소련은 일본이 너무 약해지는 것을 원치 않기 때문에 상당히 여유 있는 협상이 가능할 것"이라고 단언했다. 요나이 해군대신은 "일본이 군함을 양보하고 그 대신에 석유나 비행기를 받는 게 어떻겠는가"하고 말했다. 斎

藤治子, 「日本の対ソ終戦外交」, 55쪽. 『日本外交年表並主要文書 下』, 612쪽.

99. 田中伸尚, 앞 책, 459~460쪽. 1949년 5월 17일 스가모 구치소에서 전쟁 종결에 관한 서면 질의를 받은 기도의 답변 진술에서 인용.

100. 도고 자신이 1950년 8월 17일, "소련에 강화 중재 역할을 요구했지만 일본의 강화 조건을 구체적으로 알리지는 못했다"며 이를 인정했다. Togo statement of Aug. 17, 1950, p. 4, in *U.S. Army statements of Japanese Officials on World War II*, vol. 4, microfilm shelf no. 51256.

101. 斎藤治子, 앞 글, 58쪽.

102. D. M. Giangreco, "Casualty Projections for the U.S. Invasions of Japan, 1945-1946: Planning and Policy Implications", *Journal of Military History* 61, no. 3, July 1997, pp. 521~581. 지안그레코(Giangreco)는 6월 18일 백악관에서 열린 회의의 의사록을 재현하고 주석을 달았다. 의사록 전문과 군부의 추산은 "Appendix" to Martin J. Sherwin, *A World Destroyed: Hiroshima and the Origins of the Arms Race*, Vintage Books, 1987, pp. 355~363을 보라.

103. Giangreco, 윗 글, p. 560.

104. Ibid., pp. 574~577. 지안그레코의 분석은 사상자 수 예측에 관한 바턴 번스타인(Bernstein, Barton)의 논의와 비교해 봐야 한다. "The Struggle Over History: Defining the Hiroshima Narrative", in Philip Nobile, ed., *Judgement at the Smithsonian*, Marlowe & Co., 1995, pp. 127~256.

105. Forrest C. Pouge, *George C. Marshall: Statesman*, vol. 4, Viking, 1987, p. 19, 1957년 2월 포그(Pogue)와 마셜의 대담 내용에서.

106. 『木戸幸一日記 下』, 1223쪽.

107. 松浦総三, 『天皇裕仁と地方都市空襲』, 大月書店, 1995, 175~178쪽.

108. 공식 영어 번역문은 Butow, *Japan's Decision to Surrender*, appendix 1, p. 248을 보라. 관련 논의는 Herbert P. Bix, "The Showa Emperor's 'Monologue' and the Problem of War Responsibility", *Journal of Japanese studies* 18, no. 2, Summer 1992, pp. 300~302. 후지타 쇼조(藤田省三), 『転向の思想史的研究』, 岩波書店, 1975, 227~230쪽.

109. 다케야마 아키코(竹山昭子), 『玉音放送』, 晩声社, 1989, 128쪽.

110. 위 책, 134, 138쪽.

111. 항복을 방송 '의례' 로 보는 발상은 위 책, 71쪽에 따른 것이다.

112. 千田夏光, 『天皇と勅語と昭和史』, 汐文社, 1983, 394쪽.

113. 大江志乃夫, 「ヒロシマ・ナガサキを免罪した昭和天皇の責任」, 『週刊金曜日』 1995年 4月 28日号, 40쪽. 8월 17일 칙서의 영문 번역은 U.S. Pacific Fleet and Pacific Ocean Areas, *Psychological Warfare Part Two, Supplement No. 3*(n.p., CINCPAC-CINCPOA Bulletin No. 164-45, 15 Aug. 1945)를 보라.

4부 14장 재발명된 군주제

1. 이 편지는 『文芸春秋特別号 大いなる昭和』, 1989년 3월, 364~365쪽에 옮겨 실렸다.

2. 히로히토가 아키히토에게 쓴 1945년 3월 6일 자 편지. 위 책, 362쪽.

3. 쓰루미 순스케(鶴見俊輔)・나카가와 롯페이(中川六平) 編, 『天皇百話 下』, ちくま文庫, 1989, 39~41쪽. 교도통신사는 1986년 4월 15일 이 편지를 일본 국내 언론에 송신했다. 당시 나카소네 야스히로 내각은 천황 재위 60년 기념식전을 준비하고 있었다. 사카모토 고지로(坂本孝治郎), 『象徴天皇制へのパフォーマンス─昭和期の天皇行幸の変遷』, 山川出版社, 1989, 65쪽. *Asahi Evening News*, Apr. 15, 1986.

4. 기노시타 미치오(木下道雄), 『側近日誌』, 文芸春秋, 1990, 48~49쪽.

5. 위 책, 49쪽.

6. 치모토 히데키(千本秀樹), 『天皇制の侵略責任と戦後責任』, 青木書店, 1990, 141쪽.

7. 위 책, 144쪽. 이오키베 마코토(五百旗頭真), 『占領期─首相たちの新日本』, 読売新聞社, 1997, 39쪽 참조.

8. 긴바라 사몬(金原左門)・다케마에 에이지(竹前栄治) 編, 『昭和史─国民のなかの波瀾と激動の半世紀〔増補版〕』, 有斐閣, 1982, 244쪽. 오키치(お吉)는 1856년 무렵 도쿠가와 막부의 시모다(下田)가 초대 주일본 미국 총영사인 타운센드 해리스에게 첩으로 보낸 젊은 여성의 이름이다.

9. 아와야 겐타로(粟屋憲太郎) 編, 『資料 日本現代史2─敗戦直後の政治と社会1』, 大月書店, 1980, 23~25쪽.

10. 粟屋憲太郎 · 가와시마 다카미네(川島高峰) 編, 『国際検察局押収重要文書1 敗戦時全国治安情報 第2巻』, 日本図書センター, 1994, 8~10, 240~245쪽. 粟屋憲太郎 · 川島高峰, 「玉音放送は, 敵の謀略だ.」, 『THIS IS 読売』, 1994년 11월, 50~52쪽.

11. 粟屋憲太郎 · 川島高峰, 「玉音放送は, 敵の謀略だ.」, 44쪽에 인용된 치안 보고 서.

12. 윗글, 56쪽.

13. 윗글, 55~56쪽에 인용된 오사카 부(大阪府) 특별고등1과의 1945년 9월 19일 자 보고서.

14. 이 문단과 이시하라의 동아연맹 관련 내용의 출전은 『国際検察局押収重要文書1 敗戦時全国治安情報 第2巻』, 84~85, 90쪽이다. 粟屋憲太郎 · 川島高峰, 「玉 音放送は, 敵の謀略だ.」, 58~60쪽에도 같은 내용이 인용되어 있다.

15. "Text of the Instrument of Surrender" in Ramond Dennett and Robert K. Turner, eds., *Documents on American Foreign Relations, vol. 3, July 1, 1945-December 31, 1946*, Princeton University Press, Kraus Reprint Co., 1976, pp. 109~110. 〔인용 부분의 일본어 번역은 『日本占領重要文書 第1巻』, 日本図書センター, 1989, 30쪽을 보라─일본어판〕

16. Theodore Cohen, *Remaking Japan: The American Occupation as New Deal*, Free Press, 1987, p. 4. 맥아더는 10월 22일까지 개혁 지령의 후반 부분을 받지 않았다.

17. 맥아더는 거의 1년 동안 천황의 방문을 희망해왔다. 마닐라에서 그는 연합국 번역 통역부(Allied Translation and Interpreter Service: ATIS) 부장인 시드니 마슈 버(Mashbir, Sydney) 대령에게 이러한 희망을 전했다. 마슈버는 "우리가 일본에 도착하면 곧 그러한 방향으로 조치를 강구하겠다"고 대답했다. Sidney F. Mashbir, *I was an American Spy*, Vantage Press, Inc., 1953, pp. 308~309를 보라. 후지타 시종장의 GHQ 방문에 대해서는 高松宮宣仁親王, 『高松宮日記 (8)』, 中央公論社, 1997, 152쪽을 보라.

18. 다카하시 히로시(高橋紘), 「象徴天皇の設計者たち」, 『諸君!』, 1995년 1월, 66~68쪽. 다카하시 히로시가 인용한 세키야의 미간행 일기 초록(抄録)에, 천황 에게 결코 전쟁 책임이 돌아가지 않도록 세키야와 가와이, 펠러스가 어떻게 협의 했는지 드러난다.

19. *FRUS, Diplomatic Papers 1945: The Far East*, vol. Ⅵ, p. 720.

20. *New York Times*, Sept. 26, 1945.

21. Ibid., Sept, 23, 1946.

22. 粟屋憲太郎・NHK取材班, 『東京裁判への道』, 日本放送出版協会, 1994, 13~14쪽에서 인용.

23. Frederick B. Wiener, "Comment: *The Years of MacArthur*, vol. Ⅲ: MacArthur Unjustifiably Accused of Meting Out "Victors' Justice" in War Crimes Cases", in *Military Law Review* 113, Summer 1986, p. 217.

24. Reports of Government Section/Supreme Commander for the Allied Powers, *Political Reorientation of Japan, September 1945 to September 1948*, vol. 2(Appendices), Washington, D. C.: USGPO, 1949, p. 423.

25. 히가시노 신(東野真), 『昭和天皇二つの「独白録」』, 日本放送出版協会, 1998, 62~68쪽. 펠러스는 1944년 중반에 기안한 「일본에 대한 대응(Answer to Japan)」이라는 보고서에서 "일본인들에게 천황의 정당성을 의심한다는 것은 가톨릭 신자가 동정녀 마리아의 순결을 의심하는 것과 진배없이 불경한 일이다"고 썼다.

26. 1945년 8월 8일자 '블랙리스트' 계획의 최종판은 일본인들이 점령 정책에 말없이 복종할 것을 전제로 했다. 그러나 실제로는 일본의 지도자들이 점령 직후부터 미국의 정책에 적극적으로 영향을 미쳤다. *Reports of General MacArthur, MacArthur in Japan: The Occupation: Military Phase*, vol. 1 Supplement, Prepared by His General Staff, Washington, D. C.: USGPO, 1966, pp. 2~12를 보라.

27. 도요시타 나라히코(豊下楢彦), 「『天皇・マッカーサー会見』の検証」, 岩波新書 編集部 編, 『昭和の終焉』, 岩波新書, 1990, 81쪽. 마쓰오 다카요시(松尾尊兊), 「考証 昭和天皇・マッカーサー元帥第一回会見」, 『京都大学文学部研究紀要』 第29号, 1990년 3월, 46~48쪽. 나중에 대변인이 정정해서 내놓은 답변은 다음과 같다. "육해군의 배치, 공격 시간이나 장소 등과 같은 전쟁의 개개 작전에 대해서는 천황과 거의 상의하지 않는다. 대부분의 경우 최고사령관이 독자적으로 결정을 내린다. 어쨌든 폐하께서는 전쟁 개시 전에 정식으로 선전 포고를 할 생각이셨다."(윗글, 48쪽—일본어판)

28. 호소카와 모리사다(細川護貞), 『細川日記』, 中央公論社, 1978, 180~181쪽.

木下道雄, 『側近日誌』, 34~35쪽.

29. 다나카 노부마사(田中伸尚), 『ドキュメント昭和天皇 大6巻 占領』, 綠風出版, 1990, 237쪽. 入江為年 監修, 『入江相政日記 第2巻』, 朝日新聞社, 1990, 11쪽.

30. Theodore Cohen, *Remaking Japan: The American Occupation as New Deal*, p. 64.

31. Douglas MacArthur, *Reminiscences: General of the Army Douglas MacArthur*, McGraw-Hill Book Co., 1964, p. 288. Richard E. Lauterbach, "Secret Japan War Plans: Official Reports Reveal Pearl Harbor Strategy", *Life*, Mar. 4, 1946, p. 22. John Gunther, *The Riddle of MacArthur: Japan, Korea and the Far East*, Harper & Brothers, 1957, p. 116. 『木戸幸一日記 下』, 東京大学出版会, 1966, 1237~1238쪽. 豊下楢彦, 앞 글 78쪽.

32. 豊下楢彦, 윗 글, 83~84쪽.

33. D. Clayton James, *The Years of MacArthur*, vol. 3, *Triumph and Disaster 1945-1964*, Boston: Houghton Mifflin Co., 1985, pp. 322~323.

34. 가네코 쇼이치로(兼子昭一郎), 『新聞カメラマンの○言一戦後新聞写真史』, 日本新聞協会, 1986, 28~33쪽.

35. *New York Times*, Sept. 29, 1945. Daizaburo Yui, "Democracy From the Ruins: The First Seven Weeks of the Occupation in Japan", in *Hitotsubashi Journal of Social Studies* 19 no. 1, April 1987, pp. 31~45.

36. 古川純, 「天皇·日の丸·君が代 天皇制の記号」, 横田耕一·江橋崇 編, 『象徴天皇制の構造一憲法学者による解読』, 日本評論社, 1990, 229쪽. '기미가요(君が代: 폐하의 치세)'는 청일전쟁과 러일전쟁 사이 10년(1894~1905년)을 거치는 동안에 처음 공식 국가(國歌)로 간주되었다.

37. 1945년 11월 1일 치 『아사히신문』과 『요미우리호치(読売報知)』 참조. GHQ가 1945년 10월 30일에 발표한 수치는 항복 직후의 화폐가치에 바탕을 두었다. 그후 재평가된 결과 황실 재산의 가치 총액은 가파르게 올라갔다. 네즈 마사시(ねずまさし), 『天皇と昭和史(下)』, 三一書房, 1976, 265~266쪽.

38. Herbert P. Bix, "The Shōwa Emperor's 'Monologue' and the Problem of War Responsibility", in *Journal of Japanese Studies* 18, no. 2, Summer 1992, p. 307.

39. 퇴위는 점령기 내내 유효한 쟁점이었다. 퇴위 문제에 관한 논고로는 Ibid., pp.

312~318을 보라.

40. 야스다 쓰네오(安田常雄), 「象徵天皇制と民衆意識-その思想的連関を中心に」, 『歷史學硏究』第621号, 1991년 7월, 36쪽.

41. 야마다 아키라(山田朗), 『大元帥・昭和天皇』, 新日本出版社, 1994, 306쪽. 육해군 두 성의 마지막 잔재-제1, 제2 복원국(復員局)-는 1947년 10월에 문을 닫았다.

42. 다나카 노부마사(田中伸尚), 『ドキュメント昭和天皇 第7卷 延命』, 綠風出版, 1992, 167~168쪽. 다나카는 침몰된 함선 무사시(武蔵)의 생존자로서 반전운동가이자 저술가인 와타나베 기요시(渡辺清)가 11월 8일 자 신문 보도에 대해 반응한 내용을 옮겨 썼다.

43. 『木戸幸一関係文書』, 東京大学出版会, 1966, 139~140쪽. 기도는 "황실 전용 열차가 누마즈 역에 도착해 보니, 역은 전화(戰火)로 전부 소실되어 작은 가건물만 서 있을 따름이었다. 명색뿐인 울타리 밖에 사람들이 모여들어 우리 쪽을 바라보고 있었는데, 전체적인 분위기는 조용했고, 머리를 숙이는 자가 있는가 하면 웃고 있는 자도 있는 등 지극히 자연스러운 정경이었으며, 길다고 생각한 6분도 무어라 말할 것 없이 지나버렸다……"고 덧붙였다.

44. 木下道雄, 『側近日誌』, 64쪽.

45. 田中伸尚, 위 책, 169쪽에서는 11월 24일 치 『아사히신문』 기사를 참고했다.

46. 다케야마 아키코(竹山昭子), 「占領下の放送-『真相はこうだ』」, 南博・社会心理研究所 編, 『続・昭和文化』1945-1989, 勁草書房, 1990, 121~122쪽. 『朝日新聞』, 1945년 12월 8일 치.

47. John Dunning, *Tune in Yesterday: The Ultimate Encyclopedia of Old-Time Radio, 1925-1976*, Prentice-Hall, Inc., 1976, pp. 393~396.

48. 竹山昭子, 윗글, 105~106쪽. Mark Gayn, *Japan Diary*, William Sloane Associates, 1948, p. 6도 참조. 〈진상은 이렇다〉 방송의 예행연습을 보고 나서 게인(Gayn)은 이렇게 썼다(p. 7).

라디오 방송이나 내일부터 20회〔원문대로〕에 걸쳐 연재될 예정인 신문 기고문과 관련해 나를 곤혹스럽게 하는 딱 한 가지가 그 정치성이었다. 겁쟁이 총리대신인 시데하라 기주로가 군국주의의 용감한 적수로 묘사되었다. 천황이나 재벌의 수뇌 등 명백한 전범들은 제쳐놓고 주로 군인들에게 포화를 퍼부었다. 최근 일본 역사의 일부는 너무 단순하게 해석되거나 왜곡되기까지 했다.

49. 竹山昭子, 앞 글, 131~134쪽. GHQ 민간정보교육국은 일본 청취자들의 반응에 대처하고자 프로그램을 개편하여 진행 방식을 바꾸었다. 1946년 1월 말에 새롭게 조정된 시험 프로그램이 방송되었다. 〈진상은 이렇다·질문상자(質問箱)〉라는 제목이 붙은 이 프로그램은 중간에 〈진실상자(真相箱)〉로 이름을 바꿔가며 1946년 2월 17일부터 11월 29일까지 방송했다. 그 후에도 변화가 거듭되어 다시 〈질문상자(質問箱)〉로 이름을 바꾸고 태평양전쟁, 노동조합, 새 헌법, 남녀공학 등에 관해 묻고 답하는 프로그램이 되었다. 이 프로그램은 1948년 1월, NHK에서 매일 방송하는 「인포메이션 아워(インフォメーション·アワー)」가 되었다. 竹山昭子, 앞 글, 140쪽 참조.

50. 요시다 유타카(吉田裕), 『日本人の戦争観』, 岩波書店, 1995, 26~27쪽에 인용된 『朝日新聞』, 1945년 8월 30일 치.

51. Genji Ōkubo, *The Problems of the Emperor System in Postwar Japan*, Nihon Taiheiyō Mondai Chōsakai, 1948, p. 9. 『毎日新聞』, 1945년 9월 6일 치 참조. 히가시쿠니의 연설은 『日本国会百年史(中)』, 国会資料編纂会, 1983, 585~593쪽에 재수록되어 있다.

52. 吉田裕, 앞 책, 27~28쪽.

53. 1945년 11월 5일의 정책 문서에 관한 논고 Bix, "The Shōwa Emperor's 'Monologue' and the Problem of War Responsibility", pp. 306~307을 보라.

54. 기사카 준이치로(木坂順一郎), 「アジア·太平洋戦争の歴史的性格をめぐって」, 『年報日本現代史 創刊号 戦後五〇年の史的検証』, 東出版, 1995, 9쪽.

55. 아카자와 시로(赤沢史朗), 「象徴天皇制の形成と戦争責任論」, 『歴史評論』 第315号, 1976년 7월, 47쪽.

56. 조서의 원문은 센다 가코(千田夏光), 『天皇と勅語と昭和史』, 汐文社, 1983, 401~404쪽.

57. 메이지의 5개조 「서문」에 관한 상세한 분석으로는 John Breen, "The Imperial Oath of April 1868: Ritual, Politics, and Power in the Restoration", in *Monumenta Nipponica: Studies in Japanese Culture* 51, no. 4, Winter 1996, p. 410을 보라. '인간 선언'에 대한 분석은 Bix, Ibid., pp. 318~321.

58. 赤沢史朗, 앞 글, 46쪽.

59. *New York Times*, Jan. 1, 1946.

60. *Chicago Daily Tribune*, Jan. 1, 1946.

61. 1977년 8월 23일 있었던 히로히토의 기자회견 전체 기록은 다카하시 히로시(高橋紘), 『陛下, お尋ね申し上げます』, 文春文庫, 1988, 250~262쪽을 보라.

62. 田中伸尚, 『ドキュメント昭和天皇 第8卷 象徵』, 綠風出版, 1993, 112쪽.

63. 坂本孝治郎, 『象徵天皇制へのパフォーマンス—昭和期の天皇行幸の変遷』, 96쪽에서 인용.

64. 연두 조서에 관한 대조적인 평가는 하타 이쿠히토(秦郁彦), 『裕仁天皇五つの決断』, 講談社, 1984, 221쪽과 田中伸尚, 위 책, 115~119쪽.

65. 吉田裕, 『昭和天皇の終戦史』, 岩波新書, 1992, 78쪽.

66. 발간 첫 해에 4쇄를 발행한 오노 노부루(小野昇), 『人間天皇』, 一洋社, 1947은 이러한 서술의 전형적인 예다.

67. 요시다 시게루(吉田茂), 『回想十年 第4卷』, 新潮社, 1958, 79~80쪽에서 인용, 이토 사토루(伊藤悟), 「吉田茂—戦前戦後を通じた親米派」, 吉田裕·荒敬 외, 『敗戦前後—昭和天皇と五人の指導者』, 青木書店, 1995, 260쪽.

68. 쓰다 소키치(津田左右吉), 「建国の事情と万世一系の思想」, 『世界』, 1946년 4월, 53~54쪽.

69. 사카구치 안고(坂口安吾), 「天皇陛下にささぐる言葉」, 『定本 坂口安吾全集 第7卷』, 冬樹社, 1967, 404쪽.

70. 「創刊のことば」, 『真相』 創刊号, 1946년 3월 1일, 3쪽.

71. 「천황은 빗자루다(天皇は箒である)」는 1947년 9월 1일 발행된 『진상』의 표지에 게재되었다. 천황을 빗자루라고 한 것은 "우리의 상징이 가는 곳, 지하 천 수백 척의 암흑 지대로부터 천황이 탄 차가 일순 질주해 사라진 거리의 일각, 건물의 벽에 이르기까지, 핥은 듯이 쓸어버린 듯이 순식간에 변하는 아름다운 마을, 아름다운 고장"이라는 이유에서였다.

72. '군사비서'를 통해 '최고사령관'에게 제출된 앤더튼의 메모는 펠러스 수집 자료 안에 있다.

73. *FRUS, Diplomatic Papers 1946: The Far East*, vol. Ⅷ, p. 396.

74. 마쓰모토 초안은 천황의 권한과 권력, 그리고 별도로 존재하는 황실전범 제도를 유지하면서 메이지 헌법의 문구를 몇 군데 고쳤을 뿐이었다. 더 큰 문제는 '신민'의 권리를 축소하고 의무를 확대했으며, 천황의 권한인 전쟁 선포·강화(講和)권

과 조약 체결권이 제국의회 상임위원회의 동의가 필요한 것으로 제한되었을 뿐, 의회의 권한을 본질적으로 강화하지 않았다는 것이다. Reports of Government Section/Supreme Commander for the Allied Powers, *Political Reorientation of Japan, September 1945 to September 1948*, Washington, D. C.: USGPO, 1949, vol. 1, pp. 98~101을 보라.

75. "전항(前項)의 목적을 달성하고자"라는 문구는 의회 심의 과정에서 아시다 히토시가 삽입했다〔이른바 아시다 수정—일본어판〕.

76. 와타나베 오사무(渡辺治), 「日本国憲法運用史序説」, 樋口陽一 編著, 『講座・憲法学 第1巻 憲法と憲法学』, 日本評論社, 1995, 126~129쪽.

77. 渡辺治, 「戦後改革と法—天皇制国家は打倒されたか」, 長谷川正安 外 編, 『講座 革命と法 第3巻 市民革命と日本法』, 日本評論社, 1994, 227쪽.

78. 윗글, 226쪽.

79. 木下道雄, 『側近日誌』, 145쪽.

80. 아시다 히토시(芦田均), 『芦田均日記(1)』, 岩波書店, 1986, 78~79쪽.

81. 위 책, 80쪽.

82. 위 책, 82쪽.

83. 木下道雄, 앞 책, 160쪽, 1946년 2월 28일 치.

84. *New York Times*, Mar. 4, 1946, p. 6.

85. 木下道雄, 앞 책, 163~164쪽.

86. 다나카 아키히토(田中明彦), 『20世紀の日本2 安全保障—戦後50年の模索』, 読売新聞社, 1997, 32~33쪽. 그 후 요코타는 제9조에 관한 처음의 해석을 포기하고 초기에 히로히토를 비판했던 태도와도 거리를 두었다. 한국전쟁이 일어난 뒤, 그는 아시다와 함께 재무장을 강력히 지지하게 되었다. 우익으로 돌아선 요코타의 행보는 1960년 최고법원의 판사로 임명되기에 충분했다.

87. 高橋紘, 「解説—昭和天皇と『側近日誌』の時代」, 木下道雄, 『側近日誌』, 268쪽.

88. 『芦田均日記(1)』, 90쪽. 천황의 저항에 대해서는 와타나베 오사무(渡辺治)가 『戦後政治史の中の天皇制』, 青木書店, 1990과 「天皇【戦後】」, 『日本史大事典 (4)』, 平凡社, 1993, 1246쪽에서 설득력 있게 논지를 펼쳤다.

89. 吉田茂, 앞 책, 86쪽.

90. 앨프리드 허시(Hussey, Alfred R.)가 쓴 GHQ의 설명은 다음과 같다. "〔1946년 2월〕 22일, 최후의 보루로서 총리는 요시다와 나라하시를 동반하고 천황에게 의

견을 구했다. 히로히토는 주저하지 않았다. 그는 가장 철저한 개정안을, 천황 자신의 모든 정치적 권위를 박탈한다는 점까지 전적으로 지지한다고 시데하라에게 조언했다." *Political Reorientation of Japan*, vol. 1, p. 106.

91. 渡辺治, 『戦後政治史の中の天皇制』, 119~120쪽에 인용된 『朝日新聞』, 1977년 4월 18일 치 석간.

92. 다음 날인 1946년 3월 6일, 기노시타는 대권 상실에 대해 차라리 구헌법을 버리는 편이 낫다고 말하면서 히로히토를 위로하고자 했다(木下道雄, 『側近日誌』, 165쪽).

> ……오히려 정치가 및 국민의 정신 지도에 자유의 천지를 얻으심을 바람직하게 생각한다는 뜻을 말씀드렸다. 폐하도 같은 생각이셨다.
> 또, 퇴위에 대해서는, 자신은 퇴위하는 편이 편할 것이다. 오늘날과 같은 역경을 맛보지 않아도 되겠지만, 지치부노미야는 병들었고 다카마쓰노미야는 개전론자이면서 동시에 당시 군의 중추부에 있었던 관계상 섭정에는 어울리지 않는다, 미카사노미야는 젊고 경험이 부족하다는 말씀이셨다. 히가시쿠니노미야가 이번에 저지른 경거망동을 특히 유감스럽게 생각하셨다. 히가시쿠니는 이러한 사정을 조금도 생각지 않을 것이라고 말씀하셨다.

93. 渡辺治, 「戦後改革と法—天皇制国家は打倒されたか」, 235~238쪽. 와타나베는 1946년에 이루어진 개정이 1870년대부터 1880년대 초에 걸친 헌법 제정 운동의 전통을 계승했다는 주장을 반박하여, 헌법 개정 과정의 매우 제한된 성격을 강조했다(239쪽). 그는 "전후 개혁의 혁명적 운동이 드높아진 것은 오히려 헌법의 기본 틀이 위로부터 결정되기 전후에 비로소 시작된 일이다"라고 썼다.

94. 1947년 9월 79세였던 시미즈 도오루는 천황을 꼭두각시로 만드는 새 헌법에 대한 분노와, 천황이 민중 사이에 치이는 모습을 담은 신문 사진에서 느낀 비탄을 토로한 유서를 남기고 자살했다고 한다. 清水虎雄, 「明治憲法に殉死した憲法学者—父は信ずるところに死んでいった」, 『文芸春秋』, 1964년 11월, 274~281쪽 참조.

95. 미노베 다쓰키치(美濃部達吉), 「民主主義と我が議会制度」, 『世界』 創刊号, 1946년 1월. 美濃部達吉, 「民主主義政治と憲法」, 『生活文化』, 1946년 2월, 貴族院事務局調査部, 『憲法改正に関する諸論輯録』(貴族院彙報附録, 1946년 5월) 소재.

96. 山田朗, 「現代における〈戦争責任〉問題―天皇の〈戦争責任〉論を中心に」, 『歴史評論』第545号, 1995년 9월, 24~25쪽. 야마우치 도시히로(山内敏弘), 「天皇の戦争責任」, 横田耕一・江橋崇 編, 『象徴天皇制の構造―憲法学者による解読』, 241~258쪽.

97. 요코다 고이치(横田耕一), 「『皇室典範』私注」, 横田耕一・江橋崇 編, 『象徴天皇制の構造―憲法学者による解読』, 106~108쪽 참조. 영문으로 된 것은 *Political Reorientation of Japan*, vol. 2, pp. 846~848.

98. 渡辺治, 「日本国憲法運用史序説」, 116~132쪽.

99. 木下道雄, 「聖上の御心境」, 『潮流』, 1946년 3월, 86~87쪽. 木下道雄, 『側近日誌』, 169쪽. 이 대담에 관해서 田中伸尚, 『ドキュメント昭和天皇 第8巻 象徴』, 424~425쪽에 상세히 나와 있다. 이 대담 기사는 천황에게 먼저 보이고 그의 허락을 얻은 다음에 게재되었다. 분명히 히로히토는 국민의 도덕적·정신적인 중심에 자신이 여전히 자리 잡을 수 있다고 믿었다.

4부 15장 도쿄재판

1. 섬너 웰스(Welles, Benjamin Sumner) 국무차관은 이러한 전쟁 목적을 매우 일찍 공표했다. 구르스 사부로(莱栖三郎) 전 주미대사는 1942년 11월 26일 대정익찬회(大政翼賛会)에서 연설하면서, 웰스의 발언을 예로 들며 전쟁범죄인에 대한 처벌이 미국의 주요 전쟁 목적이라고 말했다.

2. Timothy L. H. McCormack, "From Sun Tzu to the Sixth Committee: The Evolution of an International Criminal Law Regime", in Timothy McCormack and Gerry J. Simpson, *The Law of War Crimes: National and International Approaches*, Boston: Kluwer Law International, 1997, p. 57.

3. GHQ의 회답을 기다리는 동안 일본육군은 증거를 파괴하거나 조작, 날조해가며 조직 보위용 재판을 열어 7명을 기소했다〔3명은 처벌하고 4명에게 행정처분을 내렸다―일본어판〕. 1946년 3월 9일, GHQ는 일본정부에 전범 기소를 중지하라고 명령했다. Hitoshi Nagai, "War Crimes Trials by the Japanese Army", 『自然・人間・社会』第26号, 1999년 1월 참조.

4. Evan J. Wallach, "The Procedural and Evidentiary Rules of the Post-World

War II War Crimes Trials: Did They Provide An Outline for International Legal Procedure?", in *Columbia Journal of Transnational Law* 37, no. 3, 1999, pp. 873~874. 머피(Murphy) 판사는 혼마(本間) 재판에서 강요에 따른 증거를 사용하는 문제에 관한 예방책이 없는 데에 이의를 제기했다. 야마시타 재판에서 러틀리지(Rutledge) 판사는 맥아더의 재판 규정이 마닐라의 군사위원회를 '법 자체'로 만들었다며 비난했다. 필리핀 등 아시아 각지의 전범재판에 관한 상세한 내용은 Philip R. Piccigallo, *The Japanese on trial: Allied War Crimes Operations in the East, 1945-1951*, University of Texas Press, 1979, 특히 pp. 49~68을 보라.

5. Philip R. Piccigallo, 위 책, p. 66. Douglas MacArthur, *Reminiscences: General of the Army Douglas MacArthur*, McGraw-Hill, 1964, p. 298에서 인용.

6. 東野真, 『昭和天皇二つの「独白録」』, 日本放送出版協会, 1998, 102~103쪽.

7. Gordon Daniels, ed., "A Guide to the Reports of the United States Strategic Bombing Survey: Europe, The Pacific", London: Offices of the Royal Historical Society, 1981, pp. xxiii~xxiv. 吉田裕, 『昭和天皇の終戦史』, 岩波新書, 1992, 179~180쪽.

8. 도요다 구마오(豊田隈雄), 『戦争裁判余録』, 泰生社, 1986, 170쪽.

9. 다카다 마키코(高田万亀子), 「新出史料からみた『昭和天皇独白録』」, 『政治経済史学』第299号, 1991년 3월, 41쪽. 미조타(溝田) 문서는 豊田隈雄, 『戦争裁判余録』, 171~172쪽에서 처음 소개되었다.

10. 高田萬亀子, 윗글, 41~42쪽.

11. 윗글, 42쪽. 여기서 펠러스는 뉴딜 정책에 참여한 바 있는 법률가로 번스 국무장관의 자문이 된 벤저민 코언에 관해 언급했다.

12. 미조타 문서에서 볼 수 있듯이, 펠러스와 같은 사람들의 영향으로 반유대주의 관점을 지지하는 일본 관료가 없지는 않았다. 이러한 움직임은 전쟁 중 반서구 이념을 다지려고 일본정부가 부채질했던 반유대주의를 지속시켰다. 오늘날까지 유대인 없는 반유대주의는 과거의 대일본제국과 현대 일본의 연속성을 눈에 보이게 드러내는 요소로 남아 있다.

13. 「元極東国際軍事裁判弁護人塩原時三郎氏からの聴取書(第一回)」, 1961년 7월 4일 청취, 『極東国際軍事裁判関係聴取資料』, 靖国偕行文庫 소장 「井上忠男資料」 소재. 이 자료는 법무성 사법법제조사부에서 시오바라의 진술을 받아 적은

속기록이다.〔吉田裕, 「昭和天皇と戦争責任」, 『天皇と王権を考える1』, 岩波書店, 2002 참조—일본어판〕

14. 윗글.

15. "Investigative Division Progress Report", Memorandum of Lt. Colonel B. E. Sackett to Joseph B. Keenan, Jan. 22, 1946, in 粟屋憲太郎 외 編, 『東京裁判への道—国際検察局・政策決定関係文書 第2巻』, 現代史料出版, 1999, 149~155쪽.

16. *FRUS, Diplomatic Papers 1945: The Far East*, vol. Ⅵ, Washington, D. C.: USGPO, 1969, pp. 926~936. 히구라시 요시노부(日暮吉延), 「連合国の極東主要戦争犯罪裁判に関する基本政策—『SWNCC57/3』から『FEC007/3』へ」, 『日本歴史』 第495号, 1989년 8월, 55~60쪽. Arnold C. Brackman, *The Other Nuremberg: The Untold Story of the Tokyo War Crimes Trials*, William Morrow & Co., 1987, p. 47. 항복문서 서명국들에 보내진 「SWNCC57/3」과 통합참모본부의 지령(JCS1512)에 따라 IPS의 법적인 틀이 만들어졌다.

17. 마쓰타니 세이(松谷誠), 『東京裁判や再軍備など 日本再建秘話—動乱の半世紀を生きた元首相秘書官の回想』, 朝雲新聞社, 1983, 94~105쪽, 126~127쪽. 1947년 10월에 후생성에 속하게 된 연구단은 재판이 끝날 때까지 활동을 지속했다.

18. 「聖談拝聴録原稿(木下のメモ) 1 『緒信』」, 木下道雄, 『側近日誌』, 文芸春秋, 1990, 211쪽.

19. 木下道雄, 위 책, 170~172쪽.

20. 위 책, 175쪽.

21. 위 책, 176쪽. 데라사키 히데나리(寺崎英成)・마리코 데라사키 밀러(マリコ・テラサキ・ミラー) 編著, 『昭和天皇独白録—寺崎英成・御用掛日記』, 文芸春秋, 1991, 71쪽.

22. 寺崎英成・マリコ テラサキ ミラー 編著, 위 책, 88쪽, 96쪽.

23. 東野真, 앞 책, 140쪽. 영역한 '독백록' 원문은 209~219쪽에 실려 있다.

24. 오스트레일리아에서 제시한, 1946년 1월 16일자 일본인 주요 전쟁범죄인 '1차 명단(List No. 1)'은 粟屋憲太郎 외 編, 『東京裁判への道—国際検察局・政策決定関係文書 第2巻』, 402~425쪽에 실려 있다.

25. 가토 요코(加藤陽子), 「東条英機と石原莞爾」, 이가라시 다케시(五十嵐武士)・

기타카 신이치(北岡伸一) 編, 『〔争論〕東京裁判とは何だったのか』, 築地書館, 1997, 118~128쪽.

26. 粟屋憲太郎, 「占領·被占領—東京裁判を事例に」, 『岩波講座 日本通史(19) 近代(4)』, 岩波書店, 1995, 196~197쪽. 吉田裕, 「戦争責任と極東国際軍事裁判」, 中村政則 외 編, 『戦後日本—占領と戦後改革(5)』, 岩波書店, 1995, 74~76쪽.

27. Donald G. Gillin with Charles Etter, "Staying On: Japanese Soldiers and Civilians in China, 1945-1949", in *Journal of Asian Studies* 42, no. 3, May 1983, p. 499.

28. 粟屋憲太郎, 앞 글, 198쪽. 吉田裕, 앞 글, 74~75쪽. 나카무라 유에스(中村祐悦), 『白団—台湾軍をつくった日本軍将校たち』, 芙蓉書房出版, 1995, 74~83쪽.

29. 나가이 히토시(永井均), 「フィリピンと東京裁判—代表検事の検察活動を中心として」, 『史苑』第57巻 第2号, 1997년 3월, 58쪽.

30. Arnold C. Brackman, *The Other Nuremberg: The Untold Story of the Tokyo War Crimes Trials*, pp. 92, 344.

31. Meirion and Susie Harries, *Sheathing the Sword: The Demilitarisation of Japan*, London: Hamish Hamilton, 1987, p. 149. 히구라시 요시노부(日暮吉延), 「パル判決再考—東京裁判における別個意見の国際環境」, 이토 다카시(伊藤隆) 編, 『日本近代史の再構築』, 山川出版社, 1993, 396쪽.

32. Memo, Comyns-Carr to Keenan, Feb. 25, 1946; Higgins to Keenan, Feb. 27, 1946, in GHQ SCAP Records(RG331), International Prosecution Section, Entry 315; IPS Staff Historical Files, Microfilm Reel 2, National Archives Microfilm Publication, M1663〔이 자료들은 粟屋憲太郎 외 編, 『東京裁判への道—国際検察局·政策決定関係文書 第3巻』, 161~163쪽, 173~174쪽에 수록되어 있다—일본어판〕. 첫 선례가 된 뉘른베르크 재판은 '평화에 대한 죄'와 '인도humanity(더 정확하게 말하자면 인간성the human status)에 반한 죄'가 국제적인 관심사이며, 국가뿐만 아니라 개인도 이러한 가치를 위반하는 것은 잘못이라는 교훈을 남겼다. McCormack and Simpson, *The Law of War Crimes: National and International Approaches*, p. xxii과 Simon Chesterman, "Never Again··· And Again: Law, Order, and the Gender of

War Crimes in Bosnia and Beyond", in *Yale Journal of International Law* 22, no. 299, 1997, p. 318 참조.

33. "Case No. 43: Burning of Confidential Documents by Japanese Government", 粟屋憲太郎・吉田裕 編, 『国際検察局尋問調書』 第8巻, 日本書センター, 1993, 327~347쪽. 하타 순로쿠(畑俊六) 대장의 전 변호인이었던 애리스타이디즈 조지 래저러스(Lazarus, Aristides George)는 『극동경제평론(Far Eastern Economic Review)』지(1989년 7월 6일 자)에 보낸 편지에서, 자신은 키넌과 마찬가지로 트루먼 대통령의 촉구를 받아 히로히토를 재판에서 구제하기 위해 참여했다고 주장했다. "하타와 함께 나는 군인 피고인과 그 증인들이 진술하는 말에, 천황은 군사행동이나 군사계획을 심의하는 회의에 의례상 출석해서 그저 인자하게 자리를 지켰을 뿐이라는 말을 애써 집어넣도록 조정했다."

34. 吉田裕, 『昭和天皇の終戦史』, 183~185쪽.

35. John L. Ginn, *Sugamo Prison, Tokyo: An Account of the Trial and Sentencing of Japanese War Criminals in 1948, by a U.S. Participant*, MacFarland & Co., Pub., 1992, p. 39. IPS 언어부에는 중국어과와 러시아어과가 설치되었지만 그 기능 발휘 요청에 전혀 부응하지 못했다.

36. 좌석 수 총계는 큰 폭으로 변화했다. Arnold C. Brackman, *The Other Nuremberg: The Untold Story of the Tokyo War Crimes Trials*, p. 89. 東京裁判ハンドブック編集委員会 編, 『東京裁判ハンドブック』, 青木書店, 1989, 31쪽.

37. "Opening Statement", by Joseph B. Keenan, in *Trial of Japanese War Criminals: Documents*, Washington, D. C.: USGPO, 1946, p. 1.

38. Arnold C. Brackman, *The Other Nuremberg: The Untold Story of the Tokyo War Crimes Trials*, p. 133. 朝日新聞法廷記者団, 『東京裁判 上巻』, 東京裁判刊行会, 1963, 258~260쪽.

39. 『極東国際軍事裁判速記録』 第1巻 第20号, 1946년 6월 27일 치, 6쪽, 12쪽. Arnold C. Brackman, ibid., p. 134. 1947년 9월 변호인 쪽 입증 단계에서 아라키 대장도 이누카이 다케루의 증언을 반박했다. R. John Pritchard and Sonia Magbanua Zaide eds., *The Tokyo War Crimes Trial: The Complete Transcripts of the Proceedings of the International Military Tribunal for the Far East*(이하 *TWCT*), vol. 12: *Transcript of the Proceedings in Open*

Session Pages 27,839 to 30,420, N. Y. & London: Garland, 1981, pp. 28, 131~132 참조.

40. Arnold C. Brackman, 앞 글, p. 135. 『極東国際軍事裁判速記録』第1巻 第21号 1946년 6월 28일, 2~3쪽.

41. Meirion and Susie Harries, *Sheathing the Sword: The Demilitarisation of Japan*, p. 157.

42. *TWCT*, vol. 8: *Proceedings of the Tribunal/Pages 17,542~20,105*, p. 17,662. 2차 세계대전이 끝난 지 50년 뒤, 변호인 쪽에서 제출했으나 각하되었던 문서가 8권으로 정리, 일본에서 간행되었다. 東京裁判資料刊行会 編, 『東京裁判却下未提出弁護側資料』, 全8巻, 国書刊行会, 1995. 제1권에 스팀슨이 『하퍼스 매거진(Harper's Magazine)』에 기고한 글을 요약해 실은 『니폰 타임스(ニッポン・タイムズ)』의 기사가 들어 있다(345~351쪽).

43. Arnold C. Brackman, *The Other Nuremberg: The Untold Story of the Tokyo War Crimes Trials*, pp. 283~284.

44. *Ibid.*, p. 284.

45. *TWCT, vol. 13: Transcript of the Proceedings in Open Session Pages 30,421 to 32,971*, p. 31,310.

46. 朝日新聞法廷記者団, 『東京裁判(中)』, 544~561쪽. 「重臣評で虚実の問答」, 『朝日新聞』, 1947년 10월 23일 치.

47. 『極東国際軍事裁判速記録』第8巻 第342号, 1947년 12월 26일 치, 8쪽.

48. 『朝日新聞』, 1947년 12월 27일 치.

49. 『極東国際軍事裁判速記録』第8巻 第344号, 1947년 12월 30일 치, 16~17쪽. 가이노 미치타카(戒能通孝), 「中日戦争と太平洋戦争—日本ファッシズム論の序説として」, 2, 6쪽. 이 논문은 『中国研究』第6号, 日本評論社, 1949에 실릴 예정이었으나 SCAP의 검열을 받고 전면 삭제되었다.

50. 『極東国際軍事裁判速記録』第8巻 第345号, 1947년 12월 31일 치, 1~2쪽.

51. 1948년 1월 26일 『라이프(Life)』지가 재판을 비판했을 때, (2월 11일) 웨브는 맥아더 앞으로 자신은 "천황이…… 어떤 범죄에 대하여 유죄이거나 어떠한 점에서 전쟁 책임이 있음을 드러내려고 증인을 신문"한 적이 없고, "또한 (키넌에게) 검찰 쪽의 증거가 천황과 관련된다는 것을 지적"하지도 않았다고 써 보냈다.

52. 高松宮宣仁親王, 『高松宮日記(8)』, 中央公論社, 1997, 413, 209~210쪽.

53. 위 책, 159, 209~210쪽도 참조.

54. 아카자와 시로(赤沢史朗), 「象徵天皇制の形成と戰爭責任論」, 『歷史評論』第 315号, 1976년 7월, 48, 50쪽. 아카자와는 『展望』 1946년 3월호에 게재된 다나베(田辺)의 「政治哲学の急務」라는 시론을 인용했다.

55. 미요시 다쓰지(三好達治)의 「폐하는 신속하게 퇴위하시는 것이 좋다(陛下は速やかに御退位になるがよろしい)」는 잡지 『新潮』 1946년 1, 3, 4, 6월호에 「그리운 일본(なつかしい日本)」이라는 제하에 연재된 글 중 한 편이다. 鶴見俊輔・中川六平 編, 『天皇百話 下』, ちくま文庫, 1989, 323~331쪽에 복각되어 있다. 이 시론에 관한 논의로는 Herbert P. Bix, "The Shōwa Emperor's 'Monologue' and the Problem of War Responsibility", in *Journal of Japanese Studies*, vol. 18, no. 2, Summer 1992, pp. 314~315를 보라.

56. 木下道雄, 『側近日誌』, 225쪽에 삽입된 「国体護持ノ方略(木下のメモ)」.

57. 공화당과 극우 조직에서 활동하기 위해 미국으로 돌아가기 직전에 펠러스는 히로히토에게 '정신적으로 중요한 일들'에 대한 편지를 썼다. 정치가인 가사이 주지(笠井重治)를 통해 궁내성의 오가네 슈지로(大金益次郎) 시종장에게 전해진 이 편지를 히로히토는 틀림없이 읽었을 것이다. 17년 후인 1963년 4월에 가사이는 펠러스에게 다음과 같이 써서 보냈다(東野真, 『昭和天皇二つの「独白録」』, 192~193쪽에서).

오늘은 천황의 생일이다. 맥아더와 자네의 덕택으로 천황의 자리를 유지할 수 있었다. 자네에게 정말로 감사하는 바이다. 자네의 노력은 훌륭했다. 자네와 둘이서 천황에게 '유감의 뜻(Imperial repentance—일본어판)'을 표명하도록 간청했던 것을 기억하는가? 그 일이 실행되었다면 천황은 일본국민뿐만 아니라 전 세계 사람들의 경애를 끌어 모았으리라.

58. 맥아더는 「SWNCC57/3」의 내용에 부분적으로 따르면서, 뉘른베르크 헌장을 상당히 수정해서 IMTFE 헌장을 정했다. 그는 뉘른베르크 헌장에 명기된, 전시 '국가원수'에 대한 면책을 부정하는 조항(제7조)을 삭제했다. 그리고 예비 재판관 임명은 명기하지 않았다. 어떠한 경우에도 결정과 판결은 출석한 재판관의 다수결로 정한다고 규정했다. 결석한 재판관은 공판에서 '자신의 부재 중 진행된 과정'을 모른다고 스스로 선언하지 않는 한 이후 과정에 참여할 수 있었다.

Wallach, "The Procedural and Evidentiary Rules of the Post-World War II War Crimes Trials: Did They Provide An Outline For International Legal Procedure?", pp. 864~865. Yoram Dinstein and Mala Tabory, eds., *War Crimes in International Law*, The Hague, Boston: Martinus Nijhoff Publishers, 1996, p. 270.

59. Yoram Dinstein and Mala Tabory, eds., *War Crimes in International Law*, p. 5.

60. 국제법 학자인 테오도르 메론(Meron, Theodor)은, "도쿄재판에서는 IMT〔뉘른 베르크 재판─옮긴이〕와는 대조적으로 헤이그조약의 규정 전체를 관습법의 정확한 반영으로서 필수 불가결한 것으로 간주하지 않았다"고 지적했다. Theodor Meron, *Human Rights and Humanitarian Norms as Customary Law*, Oxford: Clarendon Press, 1989, p. 39를 보라.

61. "Opening Statement", by Joseph B. Keenan, in *Trial of Japanese War Criminals: Documents*, p. 19.

62. Arnold C. Brackman, *The Other Nuremberg: The Untold Story of the Tokyo War Crimes Trials*, p. 374. 東京裁判ハンドブック編集委員会 編, 『東京裁判 ハンドブック』, 62~63쪽.

63. 日暮吉延, 「東京裁判の訴願問題」, 『軍事史学』 第35巻 第2号, 1999년 9월, 52쪽.

64. Arnold C. Brackman, 앞 책, p. 399.

65. 『아사히신문』 기자들에 따르면 유골의 일부가 요코하마 화장장에 묻혔다가 화장 직후에 발굴되었고, 점령 종결 뒤 이치가야(市ヶ谷)에서 거행된 공식 의례 중에 후생성 관계자가 이를 유족에게 인도했다. 朝日新聞法廷記者団, 『東京裁判 (下)』, 970~972쪽을 보라.

66. 하시모토 아키라(橋本明), 「封印された天皇の『お詫び』」, 鶴見俊輔 中川六平 編, 『天皇百話 下』, 711~712쪽.

67. "Separate Opinion of the President", in B. V. A. Röling and C. F. Rüter, eds., *The Tokyo Judgment: The International Military Tribunal for the Far East (I.M.T.F.E.) 29 April 1946-12 November 1948*, vol. 1, APA-University Press, 1977, p. 478.

68. "Dissenting Judgment of the Member from France," in B. V. Röling and C.

F. Rüter, eds., 위 책, p. 496.

69. 리처드 포크(Falk, Richard)가 주장한 대로, 팔은 "남반구의 관점으로 분석 전망" 했다기보다는 반(反)백인주의 아시아 민족주의자로서 2차 세계대전을 보았다고 말하는 것이 더 정확한 듯하다. Richard Falk, "Telford Taylor and The Legacy of Nuremberg", in *Columbia Journal of International Law* 37, no. 3, 1999, p. 697, n. 12.

70. "Judgment of Mr. Justice Pal, Member from India", in B. V. A. Röling and C. F. Rüter, eds., 앞 책, p. 929. *TWCT*, vol. 21, *Separate Opinions*, p. 963. 팔의 반대 의견과 도쿄재판에서 그가 한 역할에 관해서는 나가오 류이치(長尾龍一), 「パル判事の論理」, 五十嵐武士・北岡伸一 編, 『〔争論〕東京裁判とは何だったのか』와 日暮吉延, 「パル判決再考−東京裁判における別個意見の国際環境」, 伊藤隆 編, 『日本近代史の再構築』.

71. CIE 요원들은 도쿄재판을 비군사화 민주화 과정의 일부로 생각했다. 그들의 '전쟁 유죄 계획'은 일본 언론이 매일 공판의 진행 상황을 보도하는 데 중점을 두었다.

72. 요시미 요시아키(吉見義明), 「占領期日本の民衆意識−戦争責任論をめぐって」, 『思想』 第811号, 1992년 1월. 吉田裕, 「占領期における戦争責任論」, 『一橋論叢』 第105巻 第2号, 1991년 2월. 아라 게이(荒敬), 「東京裁判・戦争責任論の源流−東京裁判と占領下の世論」, 『歴史評論』 第408号, 1984년 4월.

73. 나카무라 마사노리(中村政則), 『現代史を学ぶ−戦後改革と現代日本』, 吉川弘文館, 1997, 98~99쪽.

74. 아시다 히토시(芦田均), 『芦田均日記(2)』, 岩波書店, 1986, 247쪽.

75. 中村政則, 앞 책, 97쪽.

76. 粟屋憲太郎, 「東京裁判にみる戦後処理」, 粟屋憲太郎 외, 『戦争責任・戦後責任−日本とドイツはどう違うか』, 朝日新聞社, 1994, 116~118쪽. U.S. State Dept., "Japanese Reactions to Class A War Crimes Trial", Aug. 27, 1948, in *O.S.S./State Dept. Intelligence and Research Reports, Part 2, Postwar Japan, Korea, and Southeast Asia*, Reel 5, University Publication of America, Inc..

77. 이 칙령안은 아와야 겐타로(粟屋憲太郎)가 발굴, 영문으로 공개했다. "In the Shadows of the Tokyo Tribunal", "Appendix" in Chihiro Hosoya et al. eds., *The Tokyo War Crimes Trial: An International Symposium*, Kodansha

International Ltd., 1986, pp. 79~88을 보라.

78. 吉田裕,「『昭和天皇独白録』の歷史的位置づけ」, 東野真, 『昭和天皇二つの「独白録」』, 266쪽.

79. 中村政則, 앞 책, 93~120쪽.

80. 〔기소장의―옮긴이〕 부속서 D 제12절에, 강간이 여성 개인에 대한 폭력이라는 점은 부각되지 않고 "가족의 명예와 권리에 대한 존중 불이행"이라는 전통적인 개념으로 정의되어 있었다. 粟屋憲太郎 외 編, 『東京裁判への道 國際檢察局・政策決定関係文書 第4巻』, 416쪽.

81. "The Crime of Conspiracy", memorandum for Joseph B. Keenan, Washington, D. C., May 23, 1946. Arieh J. Kochavi, *Prelude to Nuremberg: Allied War Crimes Policy and the Question of Punishment*, University of North Carolina Press, 1998, p. 225. '공동 모의'에 대한 기소는 IMT 헌장을 둘러싼 런던회의 교섭 과정에서도 영국・미국과 프랑스・소련 사이에 분열을 일으켰다.

82. 戒能通孝,「極東裁判・その後」, 『思想』 第348号, 1953년 6월, 28쪽.

83. 粟屋憲太郎,「東京裁判にみる戰後処理」, 96~97쪽. 粟屋憲太郎 외 編, 『東京裁判への道―國際檢察局・政策決定関係文書 第4巻』, 416쪽.

84. 吉見義明,「戰爭犯罪と免責―アメリカはなぜ日本の毒ガス戰追及を中止したか」, 『季刊 戰爭責任研究』 第26号(1999年 冬季号), 2~7쪽. 粟屋憲太郎,「東京裁判にみる戰後処理」, 997쪽.

85. Stephen Endicott, Edward Hagerman, *The United States and Biological Warfare: Secrets from the Early Cold War and Korea*, Indiana University Press, 1998, pp. 37~41.

86. 사쿠타 게이이치(作田啓一),「日本人の連続観」, 作田啓一, 『価値の社会学』, 岩波書店, 1972, 413쪽.

87. 粟屋憲太郎, 윗글, 112~115쪽.

4부 16장 제왕의 신비감을 회복하다

1. 木下道雄, 『側近日誌』, 文芸春秋, 1990, 112쪽.

2. 레지널드 블라이스(Blyth, Reginald)의 편지에 쓰인 영어 문구. 위 책, 112쪽.

3. Mark Gayn, *Japan Diary*, Sloane Associates, Inc., 1948, pp. 137~138.

4. 남성적인 '대일본제국'에서 여성적인 '일본국'으로 전환한 데 대해서는 Takashi Fujitani, *Splendid Monarchy: Power and Pagentry in Modern Japan*, University of California Press, 1996을 보라.

5. 高橋紘·야마기와 아키라(山極晃),「天皇制─象徵天皇の誕生」, 神井林二郎·竹前栄治 編,『戰後日本の原点─占領史の現在(上)』, 悠思社, 1992, 113쪽.

6. 木下道雄, 앞 책, 181쪽, 1946년 3월 31일 치.

7. 시미즈 이쿠타로(清水幾太郎),「占領下の天皇制」,『思想』358号, 1953년 6월, 638쪽.

8. 山極晃 외 編,『資料日本占領 (1)天皇制』, 大月書店, 1990, 570~574쪽.

9. 木下道雄, 앞 책, 215쪽.

10.「稲田周一備忘錄」, 1946년 8월 14일 치, 東野真 編,『昭和天皇二つの「独白錄」』, 日本放送出版協会, 1998, 245~246쪽. 하쿠스키노에 전투(서기 663년)는 한반도 남서부의 구다라 왕국백제─옮긴이을 도우러 갔던 일본군과 나당연합군의 해전을 말한다. 패배한 일본은 한반도에서 손을 떼고 내정 개혁을 추진했다.

11. 야마즈미 마키미(山住正己),「戰後教育は成功したか」, 藤原彰 외 編,『日本近代史の虚像と実像 (4)降伏~「昭和」の終焉』, 大月書店, 1989, 272~276쪽.

12. 일찍이 맥아더는 같은 해 2월 1일 전국 규모로 계획된 총파업을 금지하여, 아래로부터 치솟으려는 민주화 운동에 제동을 걸면서 도쿄재판의 피고인들에게 희망을 주었다.

13. 마쓰이는 히로히토와 맥아더의 8차~11차 회담, 히로히토와 덜레스(Dulles)의 1951년 2월 10일, 4월 22일 회담에서 통역을 맡았다.『産経新聞』1994년 1월 6일 치. 신도 에이치(進藤栄一),「分割された領土」,『世界』, 1979년 4월, 47쪽. *Pacific Stars & Stripes*, May 7, 1947.

14. 아라사키 모리테루(新崎盛暉),『沖縄同時代史 (5)「脫北入南」の思想を 一九九一─一九九二』, 凱風社, 1993, 219쪽에서 인용. 中村政則,「憲法第九条と天皇制」,『月刊軍縮問題資料』, 1998년 6월 참조.

15. 片山哲記念財団 編,『片山内閣』, 片山内閣記録刊行会, 1980, 299쪽. 渡辺治,『戰後政治史の中の天皇制』, 青木書店, 1990, 152쪽에서 인용. 渡辺治,「戰後改革と法」, 長谷川正安 외 編,『講座 革命と法 第3巻 市民革命と日本法』, 日

本評論社, 1994, 245~246쪽.

16. 芦田均, 신도 에이이치(進藤栄一) 編, 『芦田均日記(2)』, 岩波書店, 1986, 13~14쪽.

17. 新崎盛暉, 앞 책, 219~220, 230쪽. *Nippon Times*, June 29, 1947. *Pacific Stars & Stripes*, June 29, 1947.

18. 山極晃 외 編, 앞 책, 579쪽.

19. 신도 에이이치(進藤栄一), 「分割された領土」, 『世界』, 1979년 4월, 47~51쪽.

20. 아케타가와 도루(明田川融)는 「行政協定の締結と『占領の論理』」, 豊下楢彦 編, 『安保条約の論理―その生成と展開』, 柏書房, 1999, 68쪽에서 혁명에 대한 히로히토의 두려움을 강조한다.

21. 스즈키 시즈코(鈴木しづ子), 「天皇行幸と象徴天皇制の確立」, 『歴史評論』 298, 1975년 2월, 65쪽. 니가타 행차 전반에 대해서는 스즈키 마사오(鈴木正男), 『昭和天皇の御巡幸』, 展転社, 1992, 166~170쪽을 보라.〔스즈키 시즈코는 "야마나시(山梨) 행차 중인 10월 10일"이라고 했지만, 지은이는 스즈키 마사오의 기록에 따라 나가오카 순행 중이라고 썼다. 참고로 10월 10일은 키넌의 성명이 일본 언론에 보도된 날이다―일본어판〕

22. *New York Times*, June 18, 1946. 키넌은 워싱턴에서 기자회견을 하며 천황을 가리켜, "일본인들을 기만한 허수아비"일 뿐이며 전범이 아니라고 단언했다. 천황제 자체를, 미개한 인민을 통제할 목적으로 만들어낸 '기만책'으로 보는 견해는 배절 홀 체임벌린(Chamberlain, Basil Hall)의 1912년 평론 「새로운 종교의 발명 (The Invention of a New Religion)」으로 거슬러 올라간다.

23. 1년 전인 1946년 4월 13일, 맥아더는 제국일본의 주요 무기 제조업체였던 미쓰비 시중공업(三菱重工)의 전 사장인 고코 기요시(郷古潔)를 나시모토노미야(梨本 宮)와 함께 석방했다. 그 직후 미쓰이재벌(三井財閥)의 전 상무이사 이케다 시게 아키(池田成彬) '이케다 세이힌'으로도 알려졌다―옮긴이를 비롯한 재계 지도자 네 명의 전범 혐의도 벗겨주었다. 粟屋憲太郎, 「東京裁判にみる戦後処理」, 粟屋憲太郎 외, 『戦争責任・戦後責任―日本とドイツはどう違うか』, 朝日新聞社, 1994, 98쪽.

24. 『芦田均日記(2)』, 27쪽.

25. "The Emperor's visit to Hiroshima", Dec. 9, 1947, Departmental Despatch No. 45/1947: From Australian Mission in Japan, Australian Archives, ACT CRS A 1838, Item 477/511.

26. 鈴木正男, 앞 책, 210~211쪽.

27. "The Emperor's Tour of the Chūgoku Region", Dec. 16, 1947, in National Diet Library, GHQ/SCAP Records Box No. 2195, Microfiche Sheet No. GS(B)-01787.〔일본 국립국회도서관 현대정치자료실 소장─일본어판〕

28. GHQ 민정국 과장 가이 스워프(Swopes, Guy)의 "Memorandum for the Record", Jan. 12, 1948. 나흘간의 히로시마 순행에 들인 엄청난 비용을 언급한 다음, 그는 현의회, 지방행정기관, 민간 기업도 히로히토의 여행으로 말미암은 대규모 거리 정비와 도로 보수에 "경이적인" 비용을 지출했다고 적었다. "일본의 천황은 인간이 되었"지만 그는 여전히 "지금도 본질적으로는 지난 수십 년 동안과 같은 지위를 차지하고 있다."

29. John W. Treat, "Beheaded Emperors and the Absent Figure in Contemporary Japanese Literature," in *PMLA(Publications of the Modern Language Association of America)*, Jan. 1994, p. 106.

30. 마쓰우라 소조(松浦総三), 『天皇とマスコミ』, 青木書店, 1975, 25쪽. 伊藤悟, 「日本国憲法と天皇」, 藤原彰 외, 『天皇の昭和史』, 新日本新書, 1984, 129~130쪽.

31. *Nippon Times*, Feb. 25, 1948.

32. 『芦田均日記(2)』앞 책, 72~73쪽, 1948년 3월 10일 치.

33. 이 정치사 이론에 따르면 일본은 과격한(대개 우익적인) 개혁 시기와 중용 시기를 번갈아 거치며 발전해왔다.

34. 전범 용의자 석방에 대해서는 Sebald to Sec. of States, Dec. 24, 1948, in *FRUS 1948*, vol. VI, *The Far East and Australasia*, USGPO, pp. 936~937을 보라. 그리고 Far Eastern Commission policy decisions of Feb. 24 and March 31, 1949 참조.

35. 샌프란시스코강화조약에서 미국은 일본에 대한 배상 요구를 포기하고, 제11조에 따라 일본정부가 도쿄재판의 판결을 받아들이도록 하는 최소한의 형태로만 전쟁 책임을 물었다.

36. NSC 13/2와 그 후의 전개에 대해서는 Michael Schaller, *The American Occupation of Japan: The Origins of the Cold War in Asia*, Oxford University Press, 1985, pp. 136~139와 中村政則, 「日本占領の諸段階─その歴史的整理」, 油井大三郎 외 編, 『占領改革の国際比較─日本・アジア・ヨー

ロッパ』, 三省堂, 1994, 94~96쪽을 보라.

37. 鈴木正男, 앞 책, 241~292쪽.

38. 坂本孝治郎, 『象徴天皇制へのパフォーマンス—昭和期の天皇行幸の変遷』, 山川出版社, 1989, 244쪽.

39. 우부키 사토루(宇吹暁), 「被爆体験と平和運動」, 中村政則 외 編, 『戦後日本—占領と戦後改革 (4) 戦後民主主義』, 岩波書店, 1995, 117쪽. John W. Treat, *Writing Ground Zero: Japanese Literature and the Atomic Bomb*, University of Chicago Press, 1995의 논의 참조.

40. 坂本孝治郎, 앞 책, 250~252쪽.

41. 위 책, 253쪽.

42. 위 책, 253~254쪽.

43. 시코쿠 순행에 관해서는 鈴木正男, 앞 책, 295~324쪽을 보라.

44. 安田常雄, 「象徴天皇制と民衆意識—その思想的連関を中心に」, 『歴史学研究』 621, 1991년 7월, 32~33쪽. 吉見義明, 「占領期日本の民衆意識—戦争責任論をめぐって」, 『思想』 811, 1992년 1월, 94~99쪽.

45. 소련의 고발은 전 관동군 사령관인 야마다 오쓰조(山田乙三)를 포함한 장교 12명에 대한 1949년 12월 하바롭스크군사법정의 판결에 근거한다. 소련 쪽의 보고는 18권에 이르는 법정 제출 자료를 언급했는데, 그중에는 세균전을 맡았던 제731부대, 제100부대의 '작전을 찍은 극비 기록영화'도 들어 있었다.

46. *FRUS 1950*, vol. VI, *East Asia and Pacific*, pp. 1195~1196. 미야자와 기이치(宮沢喜一), 『東京—ワシントンの密約』, 中公文庫, 1999, 55쪽에서 인용.

47. Ibid., pp. 1236~1237.

48. 豊下楢彦, 『安保条約の成立』, 岩波新書, 1996, 165~186쪽. John G. Roberts, "The 'Japan Crowd' and the Zaibatsu Restoration", in *Japan Interpreter* 12, no. 3-4, Summer 1979, pp. 402~403. Howard B. Schonberger, *Aftermath of War: Americans and the Remaking of Japan, 1945-1952*, Kent State University Press, 1989, pp. 151~156. 상무장관 윌리엄 애버럴 해리먼(Harriman, William Averell)의 요청으로 1950년 8월 중순, 패크넘과 히로히토의 측근들은 '구두 전갈'을 문서화했다. 豊下楢彦, 위 책, 172~173쪽. Schonberger, 위 책, p. 156.

49. 豊下楢彦, 앞 책, 47쪽. Ronald W. Pruessen, *John Foster Dulles: The Road to*

Power, Free Press, 1982, p. 473.

50. 무기명 기사인 「ヒロヒトを父に持つ男」, 『真相』 43, 1950년 7월, 7~17쪽.

51. 松浦総三, 앞 책, 29쪽.

52. 예를 들면 미카사노미야는 영국의 평화주의자인 뮤리얼 레스터(Lester, Muriel) 와 대담하면서 중국전선에서 참모로 근무할 때 보고 들은 것을 말했는데, 그는 사관학교 때부터 친구들에게 "초년병에게 총검술을 교육할 때는 살아 있는 포로를 겨냥해 총검술을 연습하게 하는 것이 좋다. 그렇게 하지 않으면 초년병에게 기합이 들어가지 않는다"는 말을 들었다. 포로는 그런 식으로 죽어갔다. 미카사노미야는 당시 그것이 그러한 잔학 행위를 저지른 당사자의 죄라고 생각했지만, "지금은…… 전우였던 내게도 죄가 있다. 그러므로 친구인 나도 전 세계 사람들에게 사죄해야 한다고 느끼고 있습니다"라고 말했다. 「平和は禁句か?—ヒューマニズムよどこへゆく」, 『文芸春秋』, 1951년 12월, 129~130쪽. 그의 이런 솔직함이 우익의 반발을 불러일으켰다.

53. David McCullough, *Truman*, Simon & Schuster, 1992, p. 834. 더 실제적인 평가는 Arnold A. Offner, " 'Another Victory' : President Truman, American Foreign Policy, and the Cold War", in *Diplomatic History*, 23, no. 2, Spring 1999, pp. 127~155를 보라.

54. James Chace, *Acheson: The Secretary of State Who Created the American World*, Simon & Schuster, 1998, p. 313에서 인용.

55. "Memorandum of Conversation," in John Foster Dulles Papers, "Japan Peace Treaty Files", reel 7, box 4, p. 604.

56. 伊藤悟, 「日本国憲法と天皇」, 141쪽.

57. 교토대학 문학 동아리, 「『平和のうた』는『君が代』をかきけした」, 『人民文学』, 1952년 1월, 41쪽. '해신의 외침(わだつみの声)'은 아시아태평양전쟁에서 전사한 일본인 학도병들이 남긴 편지를 모아 출간한 책에 붙은 제목이다.

58. 미나미 히로시(南博), 「天皇制の心理的地盤」, 久野収 · 神島二郎 編, 『「天皇制」論集』, 三一書房, 1974, 194~195쪽. 坂本孝治郎, 앞 책, 369쪽.

59. 渡辺治, 『日本の大国化とネオ · ナショナリズムの形成』, 桜井書店, 2001, 65쪽.

4부 17장 평온한 노년과 쇼와의 유산

1. John W. Dower, "A Message from the Shōwa Emperor". 明田川融 訳, 「天皇制民主主義の誕生—『昭和天皇のメッセージ』を読み解く」, 『世界』, 1999년 9월, 232쪽. 글 속의 '그'는 천황 측근 중의 한 사람이지만 누구라고 밝혀져 있지는 않다.

2. James J. Orr, "The Victim as Hero in Postwar Japan: The Rise of a Mythology of War Victimhood", 박사학위 논문, Department of East Asian Studies, Bucknell University, Lewisberg, Pennsylvania, pp. 230~231. 일본의 여론조사에서 안보조약 반대 의견이 다수였던 것은 개정을 둘러싼 1960년 위기 때뿐이었다. 1970년 대 초에는 조약을 지지하는 국민적 합의가 거의 회복되었다. 조약에 찬성한다는 의견은 1969년 41퍼센트에서 1984년 69퍼센트로 늘어났다. 히로히토 사망1989년 1월 7일—편집자 직전에는 67퍼센트였다.

3. 渡辺治, 「天皇 戦後」, 『日本史大事典(4)』, 平凡社, 1993, 1248쪽. 1953년 11월 19일에 방일한 미국의 부통령 리처드 닉슨도 헌법 개정 압력을 초기에 행사했다. 그는 전쟁 포기 조항은 "잘못"이었다고 말했다.

4. 『朝日新聞』 1999년 1월 6일 치. 이 기록 (「퇴위 문제에 관하여—1968년 4월 24일 이나다 시종장이 들은 요지에 근거함(退位問題について—昭和天皇43年4月24日に稲田侍従長が承った要旨による)」)은 전 시종장 徳川 요시히로(徳川義寛)의 미간행 일기(그 후 아사히신문사에서 『徳川義寛終戦日記』라는 제목으로 1999년 간행되었다—일본어판)에 부속된 자료에서 발견되었다. 항복 후 23년 동안 퇴위를 고려할 기회가 세 차례 있었지만—1945년 8월 중순, 1948년 도쿄재판 종료 직후, 1952년 점령 종결 때—히로히토는 편의대로 그 기회를 물리쳤다. 1945년 12월, 도쿠가와 나리히로(徳川斉宏)는 히로히토의 퇴위 의향을 미 국무부 소속으로 맥아더의 정치고문인 조지 애치슨 2세(Atcheson Jr., George)에게 전한 바 있다. 伊藤悟 編, 『政・官・識者の語る戦後構想』, 東出版, 1995, 157쪽.

5. 清水幾太郎, 「占領下の天皇制」, 『思想』 348, 1953년 6월, 640~641쪽.

6. Takushi Ohno, *War Reparations and Peace Settlement: Philippines-Japan Relations 1945-1956*, Manila: Solidaridad Publishing House, 1986, p. ix. 중국 본토는 일본의 침략으로 가장 큰 인명과 재산 피해를 입었지만 국민당은 1949년 중반까지 약소한 배상밖에 받지 못했고, 중국공산당은 아무것도 받지 못했다[장

개석과 모택동은 배상을 사절했다—일본어판]. 샌프란시스코강화회의에 앞선 대일 교전국 간의 협상에서, 대만은 대일 배상 청구를 포기하는 미국의 방침을 용인할 것을 강요당했다. 대만 주민은 말할 것도 없고 국민당 관리 대부분도 일본이 입힌 피해를 보상하길 바랐지만, 일본의 요청을 수락한 장개석은 강화조약 조인을 7시간 앞두고, 일본의 배상 의무에 대한 언급이 없는 '국교 정상화 조약' 체결에도 동의했다. 오늘날까지도 중국에 대한 배상을 둘러싼 복잡한 문제는 미결 상태다. 殷燕軍, 『中日戰爭賠償問題』, 御茶の水書房, 1996, 293~297쪽. 殷燕軍, 「日本の戰後處理—日中·日台關係を中心に」, 『年報·日本現代史』5, 1999년 8월, 85~115쪽. 니시카와 히로시(西川博史), 「戰後アジア経済と日本の賠償問題」, 위 책, 11~15쪽.

7. 주일미군의 수는 1959년까지 5만 8000명으로 줄어들었지만, 1990년까지도 여전히 미군 5만 2770명이 일본영토에 주둔했다. 무로야마 요시마사(室山義正), 『日米安保体制(上)』, 有斐閣, 1992, 242쪽. 荒敬, 「再軍備と在日米軍」, 『岩波講座 日本通史(20) 現代(1)』, 1995, 169쪽.

8. 吉田裕, 『日本人の戰爭観』, 岩波書店, 1995, 82쪽.

9. 요시오카 요시노리(吉岡吉典), 「戰後日本政治とA級戰犯」, 『文化評論』372, 1992년 1월, 90쪽. 1950년 말에 석방된 시게미쓰 마모루는 개진당 총재, 자민당 부총재, 하토야마 이치로(鳩山一郎) 내각(1954년 12월~1956년 12월)의 부총리와 외무대신을 역임했다. 가야 오키노리는 1955년에 석방되어 1958년부터 중의원에 다섯 차례 당선되었고, 이케다 하야토(池田勇人) 내각 때 법무대신 자리에 올랐다(1963년).

10. 吉田裕, 앞 책, 82쪽. 吉田裕, 「戰爭の記憶」, 『岩波講座 世界歷史(25) 戰爭と平和』, 1997, 99쪽.

11. 田中伸尚, 『戰爭の記憶—その隱蔽の構造』, 緑風出版, 1997, 60쪽.

12. 위 책, 61쪽.

13. 1997년 12월 20일 와세다대학, 요시다 유타카(吉田裕)의 연구 보고.

14. 渡辺治, 「日本国憲法運用史序説」, 樋口陽一 編, 『講座憲法学(1)』, 日本評論社, 1995, 136~137쪽.

15. 渡辺治, 『戰後政治史の中の天皇制』, 青木書店, 1990, 160, 199쪽.

16. Banno Junji, "Introduction: The Historical Origins of Companyism: From Westernization to Indigenization", in Banno Junji ed., *The Political*

Economy of Japanese Society, vol. 1, The State or the Market?, Oxford University Press, 1997, p. 1.

17. 伊藤隆 외 編, 『続重光葵手記』, 中央公論社, 1988, 732쪽.

18. 가사하라 도쿠시(笠原十九司), 『南京事件と三光作戦―未来に生かす戦争の記憶』, 大月書店, 1999, 81~82쪽.

19. 吉田裕, 「戦争の記憶」, 105쪽. 日本郷友連盟, 『日本郷友連盟十年史』, 1967, 157~158쪽. 나카지마 미치오(中島三千男), 「戦争と日本人」, 『岩波講座 日本通史(20) 現代(1)』, 1995, 234쪽.

20. 吉田裕, 앞 글, 108쪽.

21. Nakamura Masanori, The Japanese Monarchy: Ambassador Joseph Grew and the Making of the 'Symbol Emperor System,' 1931-1991, M. E. Sharpe, Inc., 1992, p. 124.

22. 安田常雄, 「象徴天皇制と民衆意識―その思想的連関を中心に」, 『歴史学研究』 621, 1991년 7월, 31~32쪽.

23. 신도 세력의 우파 논객 아시즈 우즈히코(葦津珍彦)는 황태자가 결혼했을 때, "결혼식이 현소(賢所) 앞에서 거행된 것은, 알고 보면 쇼다 미치코 씨가 성심여자학원이라는 가톨릭 학교의 우등생이었기 때문에 생긴 일이다. 만약 쇼다 가문이 가톨릭과 아무런 인연이 없는 집안이었다면 적어도 정부에서 이번과 같이 황실의 전통 회복을 위해 그런 과감한 결심을 하는 일도 없었을 것이다"고 빈정대었다. 아시즈 우즈히코(葦津珍彦), 「皇太子殿下御成婚の波紋」, 『みやびと覇権』, 日本教文社, 1980, 165쪽. 渡辺治, 『日本の大国化とネオ・ナショナリズムの形成』, 桜井書店, 2001, 61쪽에서 인용.

24. 「皇太子ご成婚」(朝日新聞), 鶴見俊輔・中川六平 編, 『天皇百話(下)』, ちくま文庫, 1989, 477쪽.

25. 渡辺治, 『日本の大国化とネオ・ナショナリズムの形成』, 64~69쪽.

26. 가와하라 도시아키(河原敏明), 『天皇家の50年―激動の昭和皇族史』, 講談社, 1975, 172~175쪽. 다케다 다이준(武田泰淳), 「夢と現実」, 『群像』, 1961년 2월, 192~194쪽. John W. Treat, "Beheaded Emperors and the Absent Figure in Contemporary Japanese Literature", in PMLA, Jan. 1994.

27. 후카자와 시치로(深沢七郎), 「風流夢譚」, 『中央公論』, 1960년 12월, 333쪽.

28. 윗글, 336쪽.

29. Treat, 앞 글, p. 111.

30. 松浦総三, 『天皇とマスコミ』, 青木書店, 1975, 110~111쪽.

31. 구네기 도시히로(功刀俊洋), 「軍国主義の復活と天皇」, 藤原彰 외, 『天皇の昭和史』, 新日本新書, 1984, 161쪽.

32. Nakamura Masanori, *The Japanese Monarchy: Ambassador Joseph Grew and the Making of the 'Symbol Emperor System,' 1931-1991*, pp. 132~133.

33. 吉田裕, 『日本人の戦争観』, 110쪽.

34. 功刀俊洋, 앞 글, 183쪽.

35. 渡辺治, 『日本とはどういう国か・どこへ向かって行くのか』, 教育史料出版会, 1998, 287쪽.

36. Watanabe Osamu, "The Weakness of the Contemporary Japanese State", in Banno Junji ed., *The Political Economy of Japanese Society*, vol. 1, pp. 120~124.

37. 야스마루 요시오(安丸良夫), 『近代天皇像の形成』, 岩波書店, 1992, 291~292쪽.

38. 伊藤隆 監修, 『佐藤栄作日記(2)』, 朝日新聞社, 1998, 211쪽.

39. 1966년 8월 6일, 사토는 "최고재판소 인사(人事)가 신문에 그토록 오르내린 일"로 천황에게 "문책을 받아 진심으로 송구스럽다. 다나카 쇼지(田中彰治) 사건에 대해 다시 한 번 머리를 숙인다"고 썼다. 다나카 쇼지는 자민당의 중의원의원으로 결산위원장 지위를 이용해, 토지 거래 등을 둘러싸고 수백만 엔을 뇌물로 받았다. 두 달 뒤 사토는 다른 두 각료의 직권남용 사건에 대해 천황에게 사죄했다. 위 책, 469, 502쪽.

40. 『朝日新聞』, 1972년 5월 15일. 入江為年 監修, 『入江相政日記(4)』, 朝日新聞社, 1991, 359, 407쪽.

41. 吉田裕, 앞 책, 138쪽.

42. 이와미 다카오(岩見隆夫), 「新編戦後政治(15)」, 『毎日新聞』, 1991년 7월 14일치. Bix, "The Shōwa Emperor's 'Monologue' and the problem of War Responsibility" in *Journal of Japanese Studies*, vol. 18, No. 2, Summer 1992, pp. 362~363에서 인용.

43. 岩見隆夫, 『陛下の御質問—昭和天皇と戦後政治』, 毎日新聞社, 1992, 85~88쪽. 이와이 다다쿠마(岩井忠熊), 「天皇制の五〇年」, 立命館大学人文科学研究所 編, 『戦後五〇年をどうみるか—二一世紀への展望のために(下)』, 人文書

院, 1998, 254쪽. Nakamura Masanori, *The Japanese Monarchy: Ambassador Joseph Grew and the Making of the 'Symbol Emperor System,' 1931-1991*, p. 139.

44. 吉田裕, 앞 책, 140쪽.

45. 『朝日新聞』, 1975년 9월 22일 치.

46. 『朝日新聞』, 1975년 9월 23일 치. 松浦総三, 앞 책, 242쪽.

46. 『朝日新聞』, 1975년 9월 23일 치.

48. *Time*(intl. ed), Oct. 20, 1975, pp. 14~15. *Newsweek*, Oct, 20, 1975, p. 25.

49. 『朝日新聞』, 1975년 11월 1일 치.

50. 吉田裕, 앞 책, 163쪽.

51. 『入江相政日記(4)』, 208쪽, 210~213쪽.

52. 가세 히데아키(加瀬英明), 「高松宮かく語りき」, 『文芸春秋』, 1975년 2월, 193, 196, 198, 200쪽.

53. 『入江相政日記(5)』, 1991, 273쪽.

54. 『入江相政日記(6)』, 1991, 56, 57, 111, 114, 132쪽. 1980년 들어 「배청록(拝聴録)」에 관한 간단한 언급이 자주 나온다.

55. 『入江相政日記(6)』, 214쪽.

56. 위 책, 217쪽.

57. 위와 같음.

58. 渡辺治, 「九〇年代日本国家と天皇制」, 『文化評論』 357 '臨時増刊 続・天皇制を問う', 1990년 10월, 45쪽.

59. 윤건차(尹健次), 「孤絶の歴史意識」, 『思想』 786, 1989년 12월, 12쪽.

60. 「即位儀礼の焦点」, 『朝日新聞』, 1990년 10월 19~23일.

61. 사사가와 노리가쓰(笹川紀勝), 「即位の礼と大嘗祭」, 横田耕一・江橋崇 編, 『象徴天皇制の構造—憲法学者による解読』, 日本評論社, 1990, 193~212쪽.

62. *Japan Times*, Nov. 23, 1990.

63. 『毎日新聞』, 1990년 12월 23일 치.

찾아보기

인명

ㄱ

지명

ㄱ ㄴ ㄷ ㄹ

기타